DODGERS

DODGERS

*The Complete Record
of Dodgers Baseball*

Historical Text by
Donald Honig

Dodgers Graphics by
John Warner Davenport

**COLLIER BOOKS
MACMILLAN PUBLISHING COMPANY**
New York
COLLIER MACMILLAN PUBLISHERS
London

Copyright © 1986 by Macmillan Publishing Company,
a division of Macmillan, Inc.

All rights reserved. No part of this book may be reproduced or
transmitted in any form or by any means, electronic or mechanical,
including photocopying, recording or by any information storage and
retrieval system, without permission in writing from the Publisher.

Macmillan Publishing Company
866 Third Avenue, New York, N.Y. 10022
Collier Macmillan Canada, Inc.

Library of Congress Cataloging-in-Publication Data

Honig, Donald.
  Dodgers: the complete record of Dodgers baseball.

  "Collier books."
  1. Los Angeles Dodgers (Baseball team)—Statistics.
  2. Brooklyn Dodgers (Baseball team)—Statistics.
  I. Title.
  GV875.L6H65 1986   796.357'64'0979494   85-30925
  ISBN 0-02-028380-6

Macmillan books are available at special discounts for bulk purchases for
sales promotions, premiums, fund-raising, or educational use. For details,
contact:

Special Sales Director
Macmillan Publishing Company
866 Third Avenue
New York, N.Y. 10022

10 9 8 7 6 5 4 3 2 1

Printed in the United States of America

Contents

The All-Time Dodgers Leaders	3
The Los Angeles Dodgers and Their Players, Year-by-Year	19
Dodgers Graphics	79
Player Register	97
Pitcher Register	245
Manager Register	331
Dodgers World Series Highlights and Summaries	337

The All-Time Dodgers Leaders

This section provides information on individual all-time single season and lifetime Dodgers leaders. Included for all the various categories are leaders in batting, base running, fielding, and pitching. All the information is self-explanatory with the possible exception of Home Run Percentage, which is the number of home runs per 100 times at bat. The records are for the combined Brooklyn/Los Angeles Dodgers franchise, dating back to Brooklyn's entry into the National League in 1890.

LIFETIME LEADERS

Batting. The top ten men are shown in batting and base-running categories. For averages, a minimum of 1500 at bats is necessary to qualify, except for pinch-hit batting average where 45 pinch-hit at bats is the minimum necessary to qualify. If required by ties, 11 players are shown. If ties would require more than 11 men to be shown, none of the last tied group is included.

Pitching. The top ten pitchers are shown in various categories. For averages, a minimum of 750 innings pitched is necessary to qualify. If required by ties, 11 players are shown. If ties would require more than 11 men to be shown, none of the last tied group is included. For relief pitching categories, the top five are shown.

Fielding. The top five in each fielding category are shown for each position. For averages, the minimum for qualification at each position except pitcher is 350 games played. For pitchers, 750 innings pitched are necessary. If required by ties, six players are shown. If ties would require more than six men to be shown, none of the last tied group is shown.

ALL-TIME SINGLE SEASON LEADERS

Batting. The top ten men are shown in batting and base-running categories. For averages, a player must have a total of at least 3.1 plate appearances for every scheduled game to qualify, except for pinch-hit batting average where 30 pinch-hit at bats are the minimum necessary to qualify. If required by ties, 11 players are shown. If ties would require more than 11 men to be shown, none of the last tied group is included.

Pitching. The top ten pitchers are shown in various categories. For averages, innings pitched must equal or exceed the number of scheduled games in order for a pitcher to qualify. If required by ties, 11 players are shown. If ties would require more than 11 men to be shown, none of the last tied group is included.

Fielding. The top five in each fielding category are shown for each position. For averages, the minimum for qualification at first base, second base, shortstop, third base, and catcher is 100 games played. For outfield, games played must equal or exceed two-thirds of the number of scheduled games. For pitchers, innings pitched must equal or exceed the number of scheduled games. If required by ties, 6 players are shown. If ties would require more than 6 men to be shown, none of the last tied group is shown.

Single Season Leaders - Individual Batting

BATTING AVERAGE
1. Babe Herman, 1930 .393
2. Babe Herman, 1929 .381
3. Willie Keeler, 1899 .377
4. Zack Wheat, 1924 .375
5. Willie Keeler, 1900 .368
6. Lefty O'Doul, 1932 .368
7. Babe Phelps, 1936 .367
8. Mike Griffin, 1894 .365
9. Oyster Burns, 1894 .361
10. Zack Wheat, 1925 .359

SLUGGING AVERAGE
1. Babe Herman, 1930 .678
2. Duke Snider, 1954 .647
3. Duke Snider, 1955 .628
4. Duke Snider, 1953 .627
5. Babe Herman, 1929 .612
6. Roy Campanella, 1953 .611
7. Duke Snider, 1956 .598
8. Roy Campanella, 1951 .590
9. Jack Fournier, 1923 .588
10. Duke Snider, 1957 .587

HITS
1. Babe Herman, 1930 241
2. Tommy Davis, 1962 230
3. Zack Wheat, 1925 221
4. Lefty O'Doul, 1932 219
5. Babe Herman, 1929 217
6. Willie Keeler, 1899 215
7. Zack Wheat, 1924 212
8. Steve Garvey, 1975 210
9. Willie Keeler, 1901 209
9. Willie Keeler, 1900 208
10. Maury Wills, 1962 208

DOUBLES
1. Johnny Frederick, 1929 52
2. Babe Herman, 1930 48
3. Wes Parker, 1970 47
4. Johnny Frederick, 1930 44
5. Augie Galan, 1944 43
5. Babe Herman, 1931 43
7. Babe Herman, 1929 42
7. Dixie Walker, 1945 42
7. Zack Wheat, 1925 42

TRIPLES
1. George Treadway, 1894 26
2. Hy Myers, 1920 22
3. Tommy Corcoran, 1894 20
3. Dan Brouthers, 1892 20
5. Jimmy Sheckard, 1901 19
6. Oyster Burns, 1892 18
6. Harry Lumley, 1904 18
8. John Anderson, 1896 17
8. Joe Kelley, 1900 17
8. Pete Reiser, 1941 17
8. Jim Gilliam, 1953 17

HOME RUNS
1. Duke Snider, 1956 43
2. Duke Snider, 1955 42
3. Gil Hodges, 1954 42
3. Duke Snider, 1953 42
5. Roy Campanella, 1953 41
6. Duke Snider, 1957 40
6. Gil Hodges, 1951 40
6. Duke Snider, 1954 40
9. Babe Herman, 1930 35
10. Dolf Camilli, 1941 34

RUNS
1. Hub Collins, 1890 148
2. Babe Herman, 1930 143
3. Mike Griffin, 1895 140
3. Willie Keeler, 1899 140
5. Mike Griffin, 1897 136
6. Tom Daly, 1894 135
7. Fielder Jones, 1897 134
8. Duke Snider, 1953 132
8. Pee Wee Reese, 1949 132
10. Maury Wills, 1962 130

RUNS BATTED IN
1. Tommy Davis, 1962 153
2. Roy Campanella, 1953 142
3. Duke Snider, 1955 136
4. Jack Fournier, 1925 130
4. Gil Hodges, 1954 130
4. Duke Snider, 1954 130
4. Babe Herman, 1930 130
8. Oyster Burns, 1890 128
9. Glenn Wright, 1930 126
9. Duke Snider, 1953 126

STOLEN BASES
1. Maury Wills, 1962 104
2. Maury Wills, 1965 94
3. Davey Lopes, 1975 77
4. Jimmy Sheckard, 1903 67
5. Davey Lopes, 1976 63
6. Davey Lopes, 1974 59
7. Steve Sax, 1983 56
8. Maury Wills, 1964 53
9. Maury Wills, 1960 50
10. Steve Sax, 1982 49

RUNS PER GAME
1. Mike Griffin, 1894 1.15
2. Hub Collins, 1890 1.15
3. Tom Daly, 1894 1.10
4. Mike Griffin, 1895 1.07
5. Mike Griffin, 1897 1.01
6. George Treadway, 1894 1.01
7. Fielder Jones, 1897 .99
8. Willie Keeler, 1899 .98
9. Tommy Corcoran, 1894 .95
10. Babe Herman, 1930 .93

RUNS BATTED IN PER GAME
1. Oyster Burns, 1890 1.08
2. Roy Campanella, 1953 .99
3. Tommy Davis, 1962 .94
4. Glenn Wright, 1930 .93
5. Duke Snider, 1955 .92
6. Hack Wilson, 1932 .91
7. Jack Fournier, 1925 .90
8. Duke Snider, 1954 .87
9. Roy Campanella, 1955 .87
10. Gil Hodges, 1953 .87

HOME RUN PERCENTAGE
1. Duke Snider, 1956 7.9
2. Roy Campanella, 1953 7.9
3. Duke Snider, 1957 7.9
4. Duke Snider, 1955 7.8
5. Gil Hodges, 1954 7.3
6. Roy Campanella, 1955 7.2
7. Duke Snider, 1953 7.1
8. Roy Campanella, 1950 7.1
9. Gil Hodges, 1951 6.9
10. Duke Snider, 1954 6.8

Single Season Leaders - Individual Batting

AT BATS
1. Maury Wills, 1962 — 695
2. Carl Furillo, 1951 — 667
3. Tommy Davis, 1962 — 665
4. Steve Garvey, 1975 — 659
5. Steve Garvey, 1980 — 658
6. Ivy Olson, 1921 — 652
7. Maury Wills, 1965 — 650
8. Steve Garvey, 1979 — 648
9. Steve Garvey, 1977 — 646
10. Willie Davis, 1968 — 643

EXTRA BASE HITS
1. Babe Herman, 1930 — 94
2. Duke Snider, 1954 — 89
3. Duke Snider, 1953 — 84
4. Duke Snider, 1955 — 82
4. Johnny Frederick, 1929 — 82
6. Duke Snider, 1956 — 78
7. Babe Herman, 1931 — 77
8. Babe Herman, 1929 — 76
9. Duke Snider, 1957 — 72
9. Johnny Frederick, 1930 — 72
9. Duke Snider, 1950 — 72

TOTAL BASES
1. Babe Herman, 1930 — 416
2. Duke Snider, 1954 — 378
3. Duke Snider, 1953 — 370
4. Tommy Davis, 1962 — 356
5. Babe Herman, 1929 — 348
6. Duke Snider, 1950 — 343
7. Johnny Frederick, 1929 — 342
8. Duke Snider, 1955 — 338
9. Gil Hodges, 1954 — 335
10. Zack Wheat, 1925 — 333

BASES ON BALLS
1. Eddie Stanky, 1945 — 148
2. Eddie Stanky, 1946 — 137
3. Dolf Camilli, 1938 — 119
4. Pee Wee Reese, 1949 — 116
5. Augie Galan, 1945 — 114
6. Jimmy Wynn, 1975 — 110
7. Dolf Camilli, 1939 — 110
8. Jimmy Wynn, 1974 — 108
9. Gil Hodges, 1952 — 107
10. Jackie Robinson, 1952 — 106

STRIKEOUTS
1. Billy Grabarkewitz, 1970 — 149
2. Mike Marshall, 1985 — 137
3. Mike Marshall, 1983 — 127
4. Frank Howard, 1963 — 116
5. Dolf Camilli, 1941 — 115
6. Frank Howard, 1964 — 113
6. Dick Allen, 1971 — 113
6. Mariano Duncan, 1985 — 113
9. Pedro Guerrero, 1983 — 110
10. Rick Monday, 1977 — 109

HIGHEST STRIKEOUT AVERAGE
1. Billy Grabarkewitz, 1970 — .282
2. Mike Marshall, 1983 — .273
3. Mike Marshall, 1985 — .264
4. Gib Brack, 1937 — .250
5. Frank Howard, 1960 — .241
6. Frank Howard, 1962 — .219
7. Dolf Camilli, 1941 — .217
8. Dick Allen, 1971 — .206
9. Duke Snider, 1957 — .205
10. Don Zimmer, 1958 — .202

BB AVERAGE
1. Eddie Stanky, 1946 — .221
2. Jimmy Wynn, 1975 — .211
3. Eddie Stanky, 1945 — .211
4. Dolf Camilli, 1938 — .189
5. Bill Joyce, 1892 — .181
6. Pee Wee Reese, 1947 — .179
7. Tony Smith, 1910 — .177
8. Reggie Smith, 1977 — .176
9. Gil Hodges, 1952 — .174
10. Augie Galan, 1943 — .172

PINCH HITS
1. Sid Gautreaux, 1936 — 16
2. Manny Mota, 1979 — 15
2. Manny Mota, 1974 — 15
2. Ed Goodson, 1976 — 15
5. Manny Mota, 1977 — 14
5. Terry Whitfield, 1985 — 14
7. Lee Walls, 1962 — 13
7. Lee Lacy, 1978 — 13
7. Len Gabrielson, 1969 — 13
7. Ron Roenicke, 1982 — 13

PINCH HIT AT BATS
1. Jorge Orta, 1982 — 60
2. Ed Goodson, 1976 — 56
3. Sid Gautreaux, 1936 — 55
4. Manny Mota, 1974 — 53
5. Terry Whitfield, 1985 — 50
6. Von Joshua, 1979 — 48
7. Vic Davalillo, 1978 — 47
8. Ed Goodson, 1977 — 45
8. Gary Thomasson, 1980 — 45
8. Von Joshua, 1974 — 45

PINCH HIT BATTING AVERAGE
1. Steve Garvey, 1973 — .400
2. Manny Mota, 1977 — .389
3. Lee Lacy, 1978 — .382
4. Buddy Hassett, 1938 — .375
5. Len Gabrielson, 1969 — .361
6. Manny Mota, 1979 — .357
7. Paul Waner, 1944 — .316
8. Manny Mota, 1978 — .303
9. Jose Morales, 1983 — .300
9. Manny Mota, 1976 — .300
9. Jose Morales, 1982 — .300

Single Season Leaders - Individual Pitching

GAMES
1. Mike Marshall, 1974 — 106
2. Charlie Hough, 1976 — 77
3. Bob Miller, 1964 — 74
4. Ron Perranoski, 1964 — 72
5. Charlie Hough, 1977 — 70
5. Ron Perranoski, 1967 — 70
5. Ron Perranoski, 1962 — 70
8. Ron Perranoski, 1963 — 69
9. Steve Howe, 1982 — 66
9. Tom Niedenfuer, 1983 — 66

WINS
1. Tom Lovett, 1890 — 30
2. Joe McGinnity, 1900 — 29
2. George Haddock, 1892 — 29
4. Jim Hughes, 1899 — 28
4. Dazzy Vance, 1924 — 28
6. Don Newcombe, 1956 — 27
6. Sandy Koufax, 1966 — 27
6. Ed Stein, 1894 — 27
6. Ed Stein, 1892 — 27

LOSSES
1. George Bell, 1910 — 27
2. Harry McIntyre, 1905 — 25
2. Oscar Jones, 1904 — 25
4. John Cronin, 1904 — 23
5. Joe Yeager, 1898 — 22
5. Kaiser Wilhelm, 1908 — 22
5. Brickyard Kennedy, 1897 — 22

COMPLETE GAMES
1. Brickyard Kennedy, 1893 — 40
2. Tom Lovett, 1890 — 39
2. Tom Lovett, 1891 — 39
2. George Haddock, 1892 — 39
5. Brickyard Kennedy, 1898 — 38
5. Oscar Jones, 1904 — 38
5. Ed Stein, 1894 — 38
5. Ed Stein, 1892 — 38
5. Adonis Terry, 1890 — 38
10. Wild Bill Donovan, 1901 — 36
10. Brickyard Kennedy, 1897 — 36

WINNING PERCENTAGE
1. Freddie Fitzsimmons, 1940 — .889
2. Preacher Roe, 1951 — .880
3. Orel Hershiser, 1985 — .864
4. Preacher Roe, 1952 — .846
5. Sandy Koufax, 1963 — .833
6. Jim Hughes, 1899 — .824
6. Dazzy Vance, 1924 — .824
8. Don Newcombe, 1955 — .800
8. Rick Rhoden, 1976 — .800
10. Don Newcombe, 1956 — .794

EARNED RUN AVERAGE
1. Rube Marquard, 1916 — 1.58
2. Ned Garvin, 1904 — 1.68
3. Sandy Koufax, 1966 — 1.73
4. Sandy Koufax, 1964 — 1.74
5. Kaiser Wilhelm, 1908 — 1.87
6. Sandy Koufax, 1963 — 1.88
7. Jeff Pfeffer, 1916 — 1.92
8. Larry Cheney, 1916 — 1.92
9. Jeff Pfeffer, 1914 — 1.97
10. Orel Hershiser, 1985 — 2.03

INNINGS PITCHED
1. Brickyard Kennedy, 1893 — 383
2. George Haddock, 1892 — 381
3. Ed Stein, 1892 — 377
4. Oscar Jones, 1904 — 377
5. Tom Lovett, 1890 — 372
6. Adonis Terry, 1890 — 370
7. Tom Lovett, 1891 — 366
8. Brickyard Kennedy, 1894 — 361
9. Ed Stein, 1894 — 359
10. Wild Bill Donovan, 1901 — 351

STRIKEOUTS
1. Sandy Koufax, 1965 — 382
2. Sandy Koufax, 1966 — 317
3. Sandy Koufax, 1963 — 306
4. Sandy Koufax, 1961 — 269
5. Dazzy Vance, 1924 — 262
6. Don Drysdale, 1963 — 251
7. Bill Singer, 1969 — 247
8. Don Drysdale, 1960 — 246
9. Don Drysdale, 1959 — 242
10. Fernando Valenzuela, 1984 — 240

BASES ON BALLS
1. Ed Stein, 1894 — 171
2. Brickyard Kennedy, 1893 — 168
3. George Haddock, 1892 — 163
4. Wild Bill Donovan, 1901 — 152
5. Ed Stein, 1892 — 150
6. Brickyard Kennedy, 1897 — 149
6. Brickyard Kennedy, 1894 — 149
8. Tom Lovett, 1890 — 141
9. Hal Gregg, 1944 — 137
10. Adonis Terry, 1890 — 133

Single Season Leaders - Individual Pitching

HITS PER 9 INNINGS
1. Sandy Koufax, 1965 — 5.79
2. Don Sutton, 1972 — 6.14
3. Sandy Koufax, 1963 — 6.19
4. Sandy Koufax, 1964 — 6.22
5. Larry Cheney, 1916 — 6.33
6. Sandy Koufax, 1962 — 6.54
7. Fernando Valenzuela, 1981 — 6.56
8. Sandy Koufax, 1966 — 6.72
9. Orel Hershiser, 1985 — 6.72
10. Don Drysdale, 1964 — 6.78

STRIKEOUTS PER 9 INNINGS
1. Sandy Koufax, 1962 — 10.55
2. Sandy Koufax, 1965 — 10.24
3. Sandy Koufax, 1960 — 10.13
4. Sandy Koufax, 1961 — 9.47
5. Sandy Koufax, 1964 — 9.00
6. Sandy Koufax, 1963 — 8.86
7. Sandy Koufax, 1966 — 8.83
8. Fernando Valenzuela, 1981 — 8.44
9. Don Sutton, 1966 — 8.34
10. Fernando Valenzuela, 1984 — 8.28

BASES ON BALLS PER 9 INNINGS
1. Bill Reidy, 1903 — 1.21
2. Watty Clark, 1935 — 1.22
3. Curt Davis, 1945 — 1.26
4. Leon Cadore, 1919 — 1.40
5. Don Newcombe, 1955 — 1.46
6. Don Drysdale, 1966 — 1.48
7. Don Newcombe, 1957 — 1.49
8. Sherry Smith, 1919 — 1.51
9. Don Newcombe, 1956 — 1.54
10. Jerry Reuss, 1980 — 1.57

SHUTOUTS
1. Sandy Koufax, 1963 — 11
2. Don Sutton, 1972 — 9
3. Fernando Valenzuela, 1981 — 8
3. Don Drysdale, 1968 — 8
3. Sandy Koufax, 1965 — 8
6. Burleigh Grimes, 1918 — 7
6. Sandy Koufax, 1964 — 7
6. Whit Wyatt, 1941 — 7
6. Andy Messersmith, 1975 — 7
6. Claude Osteen, 1969 — 7
6. Don Drysdale, 1965 — 7

RELIEF GAMES
1. Mike Marshall, 1974 — 106
2. Charlie Hough, 1976 — 77
3. Bob Miller, 1964 — 72
3. Ron Perranoski, 1964 — 72
5. Ron Perranoski, 1967 — 70
5. Ron Perranoski, 1962 — 70

RELIEF WINS
1. Ron Perranoski, 1963 — 16
2. Mike Marshall, 1974 — 15
3. Phil Regan, 1966 — 14
3. Joe Black, 1952 — 14
5. Clyde King, 1951 — 13
5. Larry Sherry, 1960 — 13

SAVES
1. Jim Brewer, 1970 — 24
1. Jim Hughes, 1954 — 24
3. Terry Forster, 1978 — 22
3. Charlie Hough, 1977 — 22
3. Jim Brewer, 1971 — 22

RELIEF WINS PLUS SAVES
1. Ron Perranoski, 1963 — 37
2. Mike Marshall, 1974 — 36
3. Phil Regan, 1966 — 35
4. Jim Hughes, 1954 — 32
5. Jim Brewer, 1970 — 31

RELIEF WINNING PERCENTAGE
1. Phil Regan, 1966 — .933
2. Ed Roebuck, 1957 — .889
3. Ron Perranoski, 1963 — .842
4. Clem Labine, 1955 — .833
4. Johnny Morrison, 1929 — .833
4. Ed Roebuck, 1962 — .833

Single Season Leaders - Individual Fielding

PUTOUTS

1B
1. Steve Garvey, 1977 — 1606
2. Steve Garvey, 1976 — 1583
3. Steve Garvey, 1978 — 1546
4. Steve Garvey, 1982 — 1539
5. Steve Garvey, 1974 — 1536

2B
1. George Cutshaw, 1914 — 455
2. Eddie Stanky, 1945 — 429
3. Jim Gilliam, 1957 — 407
4. Eddie Stanky, 1947 — 402
4. George Cutshaw, 1913 — 402

3B
1. Emil Batch, 1905 — 203
2. Bill Shindle, 1894 — 192
3. Bill Shindle, 1897 — 185
4. George Pinckney, 1890 — 179
5. Doc Casey, 1907 — 176

SS
1. Charlie Babb, 1904 — 370
2. Dave Bancroft, 1928 — 350
3. Ivy Olson, 1919 — 349
4. Pee Wee Reese, 1941 — 346
5. Ivy Olson, 1921 — 343

OF
1. Eddie Brown, 1925 — 449
2. Johnny Frederick, 1929 — 410
3. Willie Davis, 1971 — 404
4. Willie Davis, 1964 — 400
5. Hy Myers, 1922 — 399

C
1. Johnny Roseboro, 1963 — 908
2. Johnny Roseboro, 1966 — 904
3. Johnny Roseboro, 1961 — 877
4. Tom Haller, 1968 — 863
5. Johnny Roseboro, 1959 — 848

P
1. Ed Stein, 1892 — 36
2. Don Sutton, 1971 — 27
3. Ed Stein, 1893 — 25
3. Burleigh Grimes, 1924 — 25
3. Don Newcombe, 1956 — 25

ASSISTS

1. Gil Hodges, 1954 — 132
2. Dolf Camilli, 1939 — 129
3. Gil Hodges, 1951 — 126
4. Wes Parker, 1970 — 125
5. Buddy Hassett, 1936 — 121

1. Tony Cuccinello, 1932 — 525
2. Milt Stock, 1925 — 477
3. George Cutshaw, 1915 — 473
4. Monte Ward, 1892 — 472
5. George Cutshaw, 1916 — 467

1. Ron Cey, 1974 — 365
2. Ron Cey, 1977 — 346
3. Ron Cey, 1978 — 336
4. Ron Cey, 1976 — 334
5. Ron Cey, 1973 — 328

1. Bill Russell, 1973 — 560
2. Maury Wills, 1965 — 535
3. Bill Russell, 1978 — 533
4. Bill Russell, 1977 — 523
5. Bill Dahlen, 1900 — 517

1. Jimmy Sheckard, 1903 — 36
2. Mike Griffin, 1891 — 31
3. Casey Stengel, 1917 — 30
4. Tommy Griffith, 1921 — 27
5. Joe Kelley, 1899 — 26
5. Harry Lumley, 1904 — 26

1. Bill Bergen, 1909 — 202
2. Bill Bergen, 1910 — 151
2. Bill Bergen, 1904 — 151
4. Bill Bergen, 1906 — 149
5. Otto Miller, 1913 — 148

1. Elmer Stricklett, 1906 — 128
2. Ned Garvin, 1903 — 117
3. Elmer Stricklett, 1905 — 112

FIELDING AVERAGE

1. Steve Garvey, 1981 — .999
2. Wes Parker, 1968 — .999
3. Steve Garvey, 1976 — .998
4. Wes Parker, 1965 — .997
5. Wes Parker, 1972 — .997

1. Jackie Robinson, 1951 — .992
2. Charlie Neal, 1959 — .989
3. Jim Gilliam, 1957 — .986
4. Jackie Robinson, 1950 — .986
5. Eddie Stanky, 1947 — .985

1. Ron Cey, 1979 — .977
2. Ron Cey, 1980 — .972
3. Billy Cox, 1952 — .970
4. Joe Stripp, 1936 — .968
5. Joe Stripp, 1933 — .967

1. Maury Wills, 1971 — .978
2. Pee Wee Reese, 1949 — .977
3. Maury Wills, 1965 — .970
4. Pee Wee Reese, 1952 — .969
5. Bill Russell, 1980 — .968

1. Ken Landreaux, 1981 — 1.000
2. Derrel Thomas, 1979 — .996
3. Johnny Cooney, 1936 — .994
4. Len Koenecke, 1934 — .994
5. Goody Rosen, 1945 — .993

1. Joe Ferguson, 1973 — .996
2. Mickey Owen, 1941 — .995
3. Roy Campanella, 1952 — .994
4. Johnny Roseboro, 1965 — .994
5. Tom Haller, 1968 — .994

Single Season Leaders - Individual Fielding

1B

TOTAL CHANCES		TOTAL CHANCES PER GAME		DOUBLE PLAYS	
1. Steve Garvey, 1977	1669	1. Candy LaChance, 1896	11.3	1. Gil Hodges, 1951	171
2. Dolf Camilli, 1939	1661	2. Dave Foutz, 1890	11.1	2. Gil Hodges, 1950	159
3. Steve Garvey, 1982	1658	3. Jack Doyle, 1903	11.0	3. Gil Hodges, 1952	152
4. Steve Garvey, 1976	1653	4. Candy LaChance, 1897	11.0	4. Jackie Robinson, 1947	144
5. Dan Brouthers, 1892	1632	5. Ed Konetchy, 1920	11.0	5. Del Bissonette, 1930	142
				5. Gil Hodges, 1949	142

2B

TOTAL CHANCES		TOTAL CHANCES PER GAME		DOUBLE PLAYS	
1. George Cutshaw, 1914	937	1. Tom Daly, 1899	6.3	1. Jackie Robinson, 1951	137
2. Tony Cuccinello, 1932	935	2. Tom Daly, 1893	6.3	2. Jackie Robinson, 1950	133
3. Monte Ward, 1892	923	3. Monte Ward, 1892	6.2	3. Eddie Stanky, 1947	123
4. Eddie Stanky, 1945	904	4. Whitey Alperman, 1907	6.2	4. Charlie Neal, 1958	121
5. George Cutshaw, 1915	896	5. Pete Kilduff, 1921	6.2	5. Jackie Robinson, 1949	119

3B

TOTAL CHANCES		TOTAL CHANCES PER GAME		DOUBLE PLAYS	
1. Ron Cey, 1974	542	1. Lave Cross, 1900	4.0	1. Ron Cey, 1973	39
2. Jimmy Johnston, 1921	507	2. Bill Shindle, 1894	4.0	2. Billy Cox, 1950	35
3. Emil Batch, 1905	506	3. Bill Shindle, 1898	4.0	3. Jimmy Johnston, 1921	34
4. Red Smith, 1913	504	4. Bill Shindle, 1895	3.8	4. Ron Cey, 1977	29
5. Ron Cey, 1977	502	5. Bill Joyce, 1892	3.8	5. Billy Cox, 1949	28
				5. Cookie Lavagetto, 1939	28

SS

TOTAL CHANCES		TOTAL CHANCES PER GAME		DOUBLE PLAYS	
1. Charlie Babb, 1904	894	1. Bill Dahlen, 1900	6.7	1. Pee Wee Reese, 1951	106
2. Bill Dahlen, 1900	893	2. Tommy Corcoran, 1895	6.7	1. Bill Russell, 1973	106
3. Dave Bancroft, 1928	880	3. Tommy Corcoran, 1896	6.5	3. Maury Wills, 1961	104
4. Pee Wee Reese, 1941	866	4. George Magoon, 1898	6.5	3. Pee Wee Reese, 1946	104
5. Tommy Corcoran, 1896	864	5. Ivy Olson, 1921	6.4	5. Bill Russell, 1977	102

OF

TOTAL CHANCES		TOTAL CHANCES PER GAME		DOUBLE PLAYS	
1. Eddie Brown, 1925	469	1. Jigger Statz, 1927	3.2	1. Mike Griffin, 1895	12
2. Johnny Frederick, 1929	434	2. Eddie Brown, 1925	3.1	2. Casey Stengel, 1917	9
3. Hy Myers, 1922	426	3. Johnny Frederick, 1929	3.0		
4. Johnny Frederick, 1931	423	4. Mike Griffin, 1894	3.0		
4. Willie Davis, 1964	423	5. Mike Griffin, 1891	3.0		

C

TOTAL CHANCES		TOTAL CHANCES PER GAME		DOUBLE PLAYS	
1. Johnny Roseboro, 1963	982	1. Johnny Roseboro, 1960	8.0	1. Tom Haller, 1968	23
2. Johnny Roseboro, 1966	976	2. Johnny Roseboro, 1959	7.8	2. Bill Bergen, 1909	18
3. Tom Haller, 1968	950	3. Johnny Roseboro, 1961	7.6	3. Joe Ferguson, 1973	17
4. Johnny Roseboro, 1961	946	4. Johnny Roseboro, 1963	7.3	4. Johnny Roseboro, 1961	16
5. Johnny Roseboro, 1962	913	5. Johnny Roseboro, 1962	7.1	5. Bill Bergen, 1910	15

P

TOTAL CHANCES		TOTAL CHANCES PER GAME		DOUBLE PLAYS	
1. Elmer Stricklett, 1906	155	1. Elmer Stricklett, 1905	4.1	1. Burleigh Grimes, 1925	11
2. Elmer Stricklett, 1905	135	2. Elmer Stricklett, 1907	3.9	2. Don Drysdale, 1958	10
2. Ned Garvin, 1903	135	3. Ned Garvin, 1904	3.9		
4. Kaiser Wilhelm, 1908	132	4. Elmer Stricklett, 1906	3.8		
5. Brickyard Kennedy, 1893	131	5. Dan Daub, 1893	3.7		

Single Season Leaders - Individual Fielding

PUTOUTS PER GAME

1B
1. Candy LaChance, 1896 — 10.7
2. Dave Foutz, 1890 — 10.5
3. Candy LaChance, 1895 — 10.3
4. Ed Konetchy, 1920 — 10.2
5. Candy LaChance, 1897 — 10.2

2B
1. George Cutshaw, 1914 — 3.0
2. Eddie Stanky, 1945 — 2.8
3. Tom Daly, 1901 — 2.8
4. Eddie Stanky, 1947 — 2.8
5. Jim Gilliam, 1957 — 2.8

3B
1. Bill Shindle, 1894 — 1.7
2. Bill Joyce, 1892 — 1.5
3. George Pinckney, 1890 — 1.4
4. Emil Batch, 1905 — 1.4
5. Lave Cross, 1900 — 1.4

SS
1. Ivy Olson, 1921 — 2.6
2. Tony Smith, 1910 — 2.5
3. Ivy Olson, 1919 — 2.5
4. Charlie Babb, 1904 — 2.5
5. Tommy Corcoran, 1896 — 2.4

OF
1. Jigger Statz, 1927 — 3.0
2. Eddie Brown, 1925 — 2.9
3. Johnny Frederick, 1929 — 2.9
4. Mike Griffin, 1894 — 2.8
5. Augie Galan, 1943 — 2.8

C
1. Johnny Roseboro, 1960 — 7.4
2. Johnny Roseboro, 1959 — 7.2
3. Johnny Roseboro, 1961 — 7.0
4. Johnny Roseboro, 1963 — 6.8
5. Johnny Roseboro, 1962 — 6.6

P
1. Dave Foutz, 1892 — .8
2. Ed Stein, 1892 — .8
2. Don Sutton, 1980 — .8
2. Freddie Fitzsimmons, 1940 — .8
5. Don Sutton, 1971 — .7

ASSISTS PER GAME

1B
1. Buddy Hassett, 1937 — .9
2. Gil Hodges, 1954 — .9
3. Dolf Camilli, 1939 — .8
4. Gil Hodges, 1951 — .8
5. Gil Hodges, 1953 — .8

2B
1. Pete Kilduff, 1921 — 3.6
2. Tony Cuccinello, 1934 — 3.4
3. Tony Cuccinello, 1932 — 3.4
4. Pete Kilduff, 1920 — 3.4
5. Milt Stock, 1925 — 3.4

3B
1. Lave Cross, 1900 — 2.4
2. Ron Cey, 1976 — 2.3
3. Bill Shindle, 1898 — 2.3
4. Ron Cey, 1974 — 2.3
5. Gus Getz, 1915 — 2.3

SS
1. Bill Dahlen, 1900 — 3.9
2. Tommy Corcoran, 1893 — 3.9
3. Tommy Corcoran, 1895 — 3.8
4. George Magoon, 1898 — 3.8
5. Bill Russell, 1972 — 3.6

OF
1. Jimmy Sheckard, 1903 — .3
2. Mike Griffin, 1891 — .2
3. Jim Hickman, 1917 — .2
4. Tommy Griffith, 1921 — .2
5. John Hummel, 1908 — .2

C
1. Bill Bergen, 1909 — 1.8
2. Bill Bergen, 1910 — 1.7
3. Bill Bergen, 1904 — 1.6
4. Otto Miller, 1912 — 1.5
5. Bill Bergen, 1906 — 1.4

P
1. Elmer Stricklett, 1905 — 3.4
2. Elmer Stricklett, 1907 — 3.3
3. Elmer Stricklett, 1906 — 3.1
4. Ned Garvin, 1903 — 3.1
5. Dan Daub, 1893 — 2.9

Lifetime Batting Leaders

GAMES
1. Zack Wheat — 2322
2. Pee Wee Reese — 2166
3. Bill Russell — 2076
4. Gil Hodges — 2006
5. Jim Gilliam — 1956
6. Willie Davis — 1952
7. Duke Snider — 1923
8. Carl Furillo — 1806
9. Steve Garvey — 1727
10. Maury Wills — 1593

DOUBLES
1. Zack Wheat — 464
2. Duke Snider — 343
3. Steve Garvey — 333
4. Pee Wee Reese — 330
5. Carl Furillo — 324
6. Willie Davis — 321
7. Jim Gilliam — 304
8. Gil Hodges — 294
9. Bill Russell — 282
10. Dixie Walker — 274

BATTING AVERAGE
1. Willie Keeler — .358
2. Babe Herman — .339
3. Jack Fournier — .337
4. Zack Wheat — .317
5. Babe Phelps — .315
6. Manny Mota — .315
7. Fielder Jones — .314
8. Jackie Robinson — .311
9. Dixie Walker — .311
10. Mike Griffin — .308

AT BATS
1. Zack Wheat — 8859
2. Pee Wee Reese — 8058
3. Willie Davis — 7495
4. Jim Gilliam — 7119
5. Bill Russell — 7102
6. Gil Hodges — 6881
7. Duke Snider — 6640
8. Steve Garvey — 6543
9. Carl Furillo — 6378
10. Maury Wills — 6156

TRIPLES
1. Zack Wheat — 171
2. Willie Davis — 110
3. Hy Myers — 97
4. Jake Daubert — 87
5. John Hummel — 82
6. Duke Snider — 82
7. Pee Wee Reese — 80
8. Jimmy Sheckard — 76
8. Tom Daly — 76
10. Jimmy Johnston — 73

SLUGGING AVERAGE
1. Babe Herman — .557
2. Duke Snider — .553
3. Jack Fournier — .552
4. Reggie Smith — .528
5. Pedro Guerrero — .513
6. Roy Campanella — .500
7. Dolf Camilli — .497
8. Frank Howard — .495
9. Gil Hodges — .488
10. Del Bissonette — .485

HITS
1. Zack Wheat — 2804
2. Pee Wee Reese — 2170
3. Willie Davis — 2091
4. Duke Snider — 1995
5. Steve Garvey — 1968
6. Carl Furillo — 1910
7. Jim Gilliam — 1889
8. Gil Hodges — 1884
9. Bill Russell — 1872
10. Maury Wills — 1732

HOME RUNS
1. Duke Snider — 389
2. Gil Hodges — 361
3. Roy Campanella — 242
4. Ron Cey — 228
5. Steve Garvey — 211
6. Carl Furillo — 192
7. Willie Davis — 154
8. Dusty Baker — 144
9. Dolf Camilli — 139
10. Jackie Robinson — 137

HOME RUN PERCENTAGE
1. Duke Snider — 5.9
2. Frank Howard — 5.8
3. Roy Campanella — 5.8
4. Reggie Smith — 5.6
5. Gil Hodges — 5.2
6. Pedro Guerrero — 4.8
7. Rick Monday — 4.8
8. Dolf Camilli — 4.6
9. Mike Marshall — 4.4
10. Jack Fournier — 4.4

EXTRA BASE HITS
1. Duke Snider — 814
2. Zack Wheat — 766
3. Gil Hodges — 703
4. Willie Davis — 585
5. Steve Garvey — 579
6. Carl Furillo — 572
7. Pee Wee Reese — 536
8. Ron Cey — 469
9. Jackie Robinson — 464
10. Jim Gilliam — 440

TOTAL BASES
1. Zack Wheat — 4003
2. Duke Snider — 3669
3. Gil Hodges — 3357
4. Willie Davis — 3094
5. Pee Wee Reese — 3038
6. Steve Garvey — 3004
7. Carl Furillo — 2922
8. Jim Gilliam — 2530
9. Bill Russell — 2406
10. Ron Cey — 2321

STOLEN BASES
1. Maury Wills — 490
2. Davey Lopes — 418
3. Willie Davis — 335
4. Pee Wee Reese — 232
5. Jimmy Sheckard — 207
6. Jim Gilliam — 203
6. Zack Wheat — 203
8. Jackie Robinson — 197
9. Jake Daubert — 187
10. Steve Sax — 171

Lifetime Batting Leaders

RUNS

1. Pee Wee Reese — 1338
2. Zack Wheat — 1255
3. Duke Snider — 1199
4. Jim Gilliam — 1163
5. Gil Hodges — 1088
6. Willie Davis — 1004
7. Jackie Robinson — 947
8. Carl Furillo — 895
9. Mike Griffin — 882
10. Maury Wills — 876

RUNS BATTED IN PER GAME

1. Jack Fournier — .76
2. Oyster Burns — .76
3. Roy Campanella — .70
4. Dolf Camilli — .68
5. Candy LaChance — .68
6. Babe Herman — .67
7. Duke Snider — .66
8. Del Bissonette — .65
9. Gil Hodges — .63
10. Dave Foutz — .61

STRIKEOUTS

1. Duke Snider — 1123
2. Gil Hodges — 1108
3. Pee Wee Reese — 890
4. Ron Cey — 838
5. Willie Davis — 815
6. Steve Garvey — 751
7. Steve Yeager — 703
8. Bill Russell — 644
9. Davey Lopes — 629
10. Wes Parker — 615

RUNS BATTED IN

1. Duke Snider — 1271
2. Gil Hodges — 1254
3. Zack Wheat — 1223
4. Carl Furillo — 1058
5. Steve Garvey — 992
6. Pee Wee Reese — 885
7. Roy Campanella — 856
8. Willie Davis — 849
9. Ron Cey — 842
10. Jackie Robinson — 734

BASES ON BALLS

1. Pee Wee Reese — 1210
2. Jim Gilliam — 1036
3. Gil Hodges — 925
4. Duke Snider — 893
5. Ron Cey — 765
6. Jackie Robinson — 740
7. Zack Wheat — 632
8. Davey Lopes — 603
9. Dolf Camilli — 584
10. Mike Griffin — 544

HIGHEST STRIKEOUTS PER AT BAT

1. Harry Lumley — .286
2. Rick Monday — .272
3. Frank Howard — .244
4. Mike Marshall — .240
5. Willie Crawford — .208
6. Steve Yeager — .204
7. Joe Ferguson — .201
8. Reggie Smith — .189

RUNS PER GAME

1. Mike Griffin — .89
2. Willie Keeler — .83
3. Fielder Jones — .78
4. Tom Daly — .72
5. Oyster Burns — .71
6. Jackie Robinson — .69
7. Dave Foutz — .67
8. Eddie Stanky — .67
9. Jimmy Sheckard — .65
10. Pete Reiser — .65

BB AVERAGE

1. Eddie Stanky — .189
2. Dolf Camilli — .163
3. Augie Galan — .163
4. Joe Ferguson — .154
5. Rick Monday — .137
6. Reggie Smith — .135
7. Jackie Robinson — .132
8. Cookie Lavagetto — .131
9. Pee Wee Reese — .131
10. Wally Moon — .129

LOWEST STRIKEOUTS PER AT BAT

1. Andy High — .035
2. Buddy Hassett — .036
3. Ivy Olson — .037
4. Fielder Jones — .038
5. Mickey Owen — .038
6. Tommy Corcoran — .038
7. Dixie Walker — .041
8. Tommy Griffith — .044
9. Joe Stripp — .046
10. Bill Shindle — .046

PINCH HITS

1. Manny Mota — 106
2. Duke Snider — 43
3. Rick Monday — 34
4. Lee Lacy — 33
4. George Shuba — 33
4. Len Gabrielson — 33
7. Willie Crawford — 31
8. Wally Moon — 30
8. Von Joshua — 30
10. Ron Fairly — 27

PH BATTING AVERAGE

1. Manny Mota — .319
2. Duke Snider — .293
3. Norm Larker — .282
3. Lee Lacy — .282
5. Terry Whitfield — .278
6. Jose Morales — .270
7. Frenchy Bordagaray — .269
8. Johnny Roseboro — .267
9. Lee Walls — .266
10. George Shuba — .264

Lifetime Pitching Leaders

GAMES
1. Don Sutton — 534
2. Don Drysdale — 518
3. Jim Brewer — 474
4. Ron Perranoski — 457
5. Clem Labine — 425
6. Charlie Hough — 401
7. Sandy Koufax — 397
8. Brickyard Kennedy — 381
9. Dazzy Vance — 378
10. Johnny Podres — 366

COMPLETE GAMES
1. Brickyard Kennedy — 279
2. Dazzy Vance — 212
3. Burleigh Grimes — 205
4. Nap Rucker — 186
5. Don Drysdale — 167
6. Jeff Pfeffer — 157
7. Don Sutton — 156
8. Sandy Koufax — 137
9. Ed Stein — 136
10. Harry McIntyre — 119

INNINGS PITCHED
1. Don Sutton — 3727
2. Don Drysdale — 3432
3. Brickyard Kennedy — 2857
4. Dazzy Vance — 2758
5. Burleigh Grimes — 2426
6. Claude Osteen — 2397
7. Nap Rucker — 2375
8. Sandy Koufax — 2324
9. Johnny Podres — 2029
10. Burt Hooton — 1861

WINS
1. Don Sutton — 230
2. Don Drysdale — 209
3. Dazzy Vance — 190
4. Brickyard Kennedy — 174
5. Sandy Koufax — 165
6. Burleigh Grimes — 158
7. Claude Osteen — 147
8. Johnny Podres — 136
9. Nap Rucker — 134
10. Don Newcombe — 123

WINNING PERCENTAGE
1. Preacher Roe — .715
2. Tommy John — .674
3. Jim Hughes — .674
4. Sandy Koufax — .655
5. Don Newcombe — .651
6. Kirby Higbe — .648
7. Whit Wyatt — .640
8. Hugh Casey — .631
9. Andy Messersmith — .618
10. Tom Lovett — .615

STRIKEOUTS
1. Don Sutton — 2652
2. Don Drysdale — 2486
3. Sandy Koufax — 2396
4. Dazzy Vance — 1918
5. Johnny Podres — 1331
6. Nap Rucker — 1217
7. Claude Osteen — 1162
8. Burt Hooton — 1042
9. Fernando Valenzuela — 1032
10. Van Mungo — 1031

LOSSES
1. Don Sutton — 175
2. Don Drysdale — 166
3. Brickyard Kennedy — 150
4. Nap Rucker — 134
5. Dazzy Vance — 131
6. Claude Osteen — 126
7. Burleigh Grimes — 121
8. Johnny Podres — 104
9. Van Mungo — 99
10. Harry McIntyre — 98

EARNED RUN AVERAGE
1. Jeff Pfeffer — 2.31
2. Nap Rucker — 2.42
3. Ron Perranoski — 2.56
4. Rube Marquard — 2.58
5. Jim Brewer — 2.62
6. Andy Messersmith — 2.67
7. Sandy Koufax — 2.76
8. Elmer Stricklett — 2.78
9. George Bell — 2.85
10. Whit Wyatt — 2.86

BASES ON BALLS
1. Brickyard Kennedy — 1128
2. Don Sutton — 966
3. Don Drysdale — 855
4. Sandy Koufax — 817
5. Dazzy Vance — 764
6. Burleigh Grimes — 744
7. Nap Rucker — 701
8. Van Mungo — 697
9. Johnny Podres — 670
10. Carl Erskine — 646

Lifetime Pitching Leaders

HITS PER 9 INNINGS
1. Sandy Koufax — 6.79
2. Jim Brewer — 6.91
3. Andy Messersmith — 7.02
4. Charlie Hough — 7.23
5. Fernando Valenzuela — 7.49
6. Doc Scanlan — 7.63
7. Whit Wyatt — 7.71
8. Don Sutton — 7.73
9. Bill Singer — 7.74
10. Kirby Higbe — 7.82

SHUTOUTS
1. Don Sutton — 52
2. Don Drysdale — 49
3. Sandy Koufax — 40
4. Nap Rucker — 38
5. Claude Osteen — 34
6. Dazzy Vance — 30
7. Jeff Pfeffer — 25
8. Fernando Valenzuela — 23
8. Johnny Podres — 23
10. Burt Hooton — 22
10. Don Newcombe — 22

SAVES
1. Jim Brewer — 125
2. Ron Perranoski — 101
3. Clem Labine — 83
4. Charlie Hough — 60
5. Steve Howe — 59

STRIKEOUTS PER 9 INNINGS
1. Sandy Koufax — 9.28
2. Jim Brewer — 7.37
3. Fernando Valenzuela — 7.23
4. Bill Singer — 6.99
5. Stan Williams — 6.78
6. Don Drysdale — 6.52
7. Don Sutton — 6.40
8. Dazzy Vance — 6.26
9. Andy Messersmith — 6.19
10. Bob Welch — 6.17

RELIEF GAMES
1. Jim Brewer — 456
1. Ron Perranoski — 456
3. Clem Labine — 388
4. Charlie Hough — 385
5. Ed Roebuck — 321

WINS PLUS SAVES
1. Jim Brewer — 180
2. Ron Perranoski — 155
3. Clem Labine — 139
4. Charlie Hough — 100
5. Hugh Casey — 96

BASES ON BALLS PER 9 INNINGS
1. Curt Davis — 1.77
2. Watty Clark — 1.92
3. Frank Kitson — 1.94
4. Rube Marquard — 1.96
5. Sherry Smith — 1.98
6. Leon Cadore — 2.04
7. Claude Osteen — 2.13
8. Jerry Reuss — 2.14
9. Jeff Pfeffer — 2.14
10. Luke Hamlin — 2.15

RELIEF WINS
1. Clem Labine — 56
2. Jim Brewer — 55
3. Ron Perranoski — 54
4. Hugh Casey — 46
5. Ed Roebuck — 40
5. Charlie Hough — 40

RELIEF WINNING PERCENTAGE
1. Joe Black — .808
2. Phil Regan — .724
3. Hugh Casey — .708
4. Carl Erskine — .684
5. Ed Roebuck — .656

Lifetime Fielding Leaders

1B

GAMES		CHANCES PER GAME		FIELDING AVERAGE	
1. Gil Hodges	1851	1. Candy LaChance	10.9	1. Steve Garvey	.996
2. Steve Garvey	1471	2. Dave Foutz	10.7	2. Wes Parker	.996
3. Jake Daubert	1206	3. Tim Jordan	10.6	3. Gil Hodges	.993
4. Wes Parker	1108	4. Del Bissonette	10.2	4. Dolf Camilli	.992
5. Dolf Camilli	835	5. Jake Daubert	10.2	5. Jake Daubert	.991

2B

GAMES		CHANCES PER GAME		FIELDING AVERAGE	
1. Davey Lopes	1150	1. Tom Daly	6.0	1. Jackie Robinson	.983
2. Jim Gilliam	1046	2. Tony Cuccinello	5.8	2. Charlie Neal	.980
3. George Cutshaw	833	3. George Cutshaw	5.8	3. Jim Gilliam	.979
4. Tom Daly	791	4. Whitey Alperman	5.7	4. Jim Lefebvre	.979
5. Jackie Robinson	751	5. Eddie Stanky	5.5	5. Davey Lopes	.977

3B

GAMES		CHANCES PER GAME		FIELDING AVERAGE	
1. Ron Cey	1468	1. Bill Shindle	3.7	1. Billy Cox	.964
2. Jim Gilliam	761	2. Red Smith	3.5	2. Ron Cey	.963
3. Billy Cox	663	3. Doc Casey	3.4	3. Joe Stripp	.961
4. Cookie Lavagetto	647	4. Jimmy Johnston	3.1	4. Jim Gilliam	.952
5. Bill Shindle	617	5. Ron Cey	3.1	5. Wally Gilbert	.950

SS

GAMES		CHANCES PER GAME		FIELDING AVERAGE	
1. Pee Wee Reese	2014	1. Tommy Corcoran	6.2	1. Maury Wills	.963
2. Bill Russell	1714	2. Bill Dahlen	6.1	2. Pee Wee Reese	.962
3. Maury Wills	1497	3. Ivy Olson	5.9	3. Bill Russell	.960
4. Ivy Olson	828	4. Lonny Frey	5.5	4. Glenn Wright	.948
5. Tommy Corcoran	654	5. Glenn Wright	5.5	5. Ivy Olson	.936

OF

GAMES		CHANCES PER GAME		FIELDING AVERAGE	
1. Zack Wheat	2288	1. Mike Griffin	2.8	1. Goody Rosen	.991
2. Willie Davis	1906	2. Goody Rosen	2.7	2. Dusty Baker	.987
3. Duke Snider	1769	3. Hy Myers	2.6	3. Ken Landreaux	.987
4. Carl Furillo	1739	4. Johnny Frederick	2.6	4. Bill Buckner	.986
5. Dixie Walker	1176	5. Billy Maloney	2.6	5. Duke Snider	.985

C

GAMES		CHANCES PER GAME		FIELDING AVERAGE	
1. Johnny Roseboro	1218	1. Johnny Roseboro	7.0	1. Tom Haller	.991
2. Roy Campanella	1183	2. Tom Haller	6.1	2. Johnny Roseboro	.990
3. Steve Yeager	1181	3. Mike Scioscia	6.1	3. Jeff Torborg	.989
4. Otto Miller	891	4. Bill Bergen	6.1	4. Roy Campanella	.988
5. Al Lopez	746	5. Roy Campanella	6.0	5. Joe Ferguson	.988

P

GAMES		CHANCES PER GAME	
1. Don Sutton	534	1. Elmer Stricklett	3.9
2. Don Drysdale	518	2. Fred Mitchell	3.7
3. Jim Brewer	474	3. Ned Garvin	3.7
4. Ron Perranoski	457	4. Henry Schmidt	3.2
5. Clem Labine	425	5. Burleigh Grimes	3.0

Lifetime Fielding Leaders

PUTOUTS

1B
1. Gil Hodges 14968
2. Steve Garvey 13984
3. Jake Daubert 11545
4. Wes Parker 9640
5. Dolf Camilli 7736

2B
1. Davey Lopes 2578
2. Jim Gilliam 2279
3. George Cutshaw 2126
4. Tom Daly 2067
5. Jackie Robinson 1877

3B
1. Ron Cey 1196
2. Bill Shindle 817
3. Cookie Lavagetto 695
4. Billy Cox 640
5. Joe Stripp 625

SS
1. Pee Wee Reese 4040
2. Bill Russell 2500
3. Maury Wills 2464
4. Ivy Olson 1920
5. Bill Dahlen 1454

OF
1. Zack Wheat 4891
2. Willie Davis 4436
3. Duke Snider 3916
4. Carl Furillo 3322
5. Hy Myers 2604

C
1. Johnny Roseboro 7895
2. Roy Campanella 6520
3. Steve Yeager 5876
4. Otto Miller 3873
5. Bill Bergen 3070

P
1. Don Sutton 238
2. Don Drysdale 188
3. Burleigh Grimes 133
4. Don Newcombe 126
5. Brickyard Kennedy 117

PUTOUTS PER GAME

1. Candy LaChance 10.3
2. Dave Foutz 10.1
3. Tim Jordan 9.9
4. Del Bissonette 9.6
5. Jake Daubert 9.6

1. Eddie Stanky 2.6
2. Tom Daly 2.6
3. George Cutshaw 2.6
4. Tony Cuccinello 2.5
5. Jackie Robinson 2.5

1. Bill Shindle 1.3
2. Red Smith 1.3
3. Doc Casey 1.2
4. Cookie Lavagetto 1.1
5. Jimmy Johnston 1.1

1. Ivy Olson 2.3
2. Bill Dahlen 2.2
3. Tommy Corcoran 2.1
4. Lonny Frey 2.1
5. Glenn Wright 2.0

1. Goody Rosen 2.6
2. Mike Griffin 2.5
3. Johnny Frederick 2.5
4. Hy Myers 2.4
5. Billy Maloney 2.3

1. Johnny Roseboro 6.5
2. Tom Haller 5.6
3. Mike Scioscia 5.5
4. Roy Campanella 5.5
5. Joe Ferguson 5.1

1. Dave Foutz 7
2. Jim Hughes 6
3. Ed Stein 6
4. Jack Dunn 5
5. Fernando Valenzuela 5

ASSISTS

1. Gil Hodges 1241
2. Steve Garvey 734
3. Wes Parker 695
4. Jake Daubert 677
5. Dolf Camilli 546

1. Davey Lopes 3174
2. Jim Gilliam 2724
3. George Cutshaw 2499
4. Tom Daly 2303
5. Jackie Robinson 2047

1. Ron Cey 3124
2. Jim Gilliam 1265
3. Bill Shindle 1253
4. Billy Cox 1206
5. Cookie Lavagetto 1124

1. Pee Wee Reese 5891
2. Bill Russell 5482
3. Maury Wills 4630
4. Ivy Olson 2616
5. Tommy Corcoran 2343

1. Zack Wheat 224
2. Mike Griffin 153
3. Carl Furillo 151
4. Hy Myers 134
5. Jimmy Sheckard 128

1. Bill Bergen 1105
2. Otto Miller 1054
3. Steve Yeager 652
4. Johnny Roseboro 565
5. Roy Campanella 550

1. Burleigh Grimes 763
2. Brickyard Kennedy 731
3. Don Drysdale 686
4. Nap Rucker 627
5. Dazzy Vance 535

Lifetime Fielding Leaders

1B

ASSISTS PER GAME		DOUBLE PLAYS		CHANCES	
1. Gil Hodges	.7	1. Gil Hodges	1584	1. Gil Hodges	16330
2. Dolf Camilli	.7	2. Steve Garvey	1100	2. Steve Garvey	14781
3. Wes Parker	.6	3. Wes Parker	757	3. Jake Daubert	12329
4. Sam Leslie	.6	4. Dolf Camilli	660	4. Wes Parker	10380
5. Jack Fournier	.6	5. Jake Daubert	630	5. Dolf Camilli	8353

2B

1. Tony Cuccinello	3.2	1. Davey Lopes	639	1. Davey Lopes	5887
2. George Cutshaw	3.0	2. Jim Gilliam	628	2. Jim Gilliam	5110
3. Whitey Alperman	3.0	3. Jackie Robinson	607	3. George Cutshaw	4811
4. Tom Daly	2.9	4. Charlie Neal	397	4. Tom Daly	4717
5. Steve Sax	2.9	5. Steve Sax	362	5. Jackie Robinson	3992

3B

1. Ron Cey	2.1	1. Ron Cey	252	1. Ron Cey	4486
2. Bill Shindle	2.0	2. Billy Cox	149	2. Bill Shindle	2289
3. Wally Gilbert	2.0	3. Jim Gilliam	110	3. Cookie Lavagetto	1939
4. Red Smith	2.0	4. Cookie Lavagetto	105	4. Billy Cox	1914
5. Doc Casey	1.9	5. Joe Stripp	93	5. Jim Gilliam	1888

SS

1. Tommy Corcoran	3.6	1. Pee Wee Reese	1246	1. Pee Wee Reese	10319
2. Bill Dahlen	3.5	2. Bill Russell	896	2. Bill Russell	8317
3. Bill Russell	3.2	3. Maury Wills	822	3. Maury Wills	7366
4. Glenn Wright	3.2	4. Ivy Olson	352	4. Ivy Olson	4845
5. Ivy Olson	3.2	5. Glenn Wright	261	5. Tommy Corcoran	4084

OF

1. Al Burch	.2	1. Mike Griffin	53	1. Zack Wheat	5296
2. Mike Griffin	.2	1. Zack Wheat	53	2. Willie Davis	4664
3. Jimmy Sheckard	.2	3. Hy Myers	35	3. Duke Snider	4095
4. Oyster Burns	.2	4. Jimmy Sheckard	34	4. Carl Furillo	3547
5. Bernie Neis	.1	4. Carl Furillo	34	5. Hy Myers	2816

C

1. Bill Bergen	1.6	1. Johnny Roseboro	89	1. Johnny Roseboro	8547
2. Lou Ritter	1.2	2. Otto Miller	85	2. Roy Campanella	7155
3. Otto Miller	1.2	3. Bill Bergen	82	3. Steve Yeager	6616
4. Hank DeBerry	.8	3. Roy Campanella	82	4. Otto Miller	5062
5. Al Lopez	.6	5. Steve Yeager	70	5. Bill Bergen	4290

P

1. Elmer Stricklett	3.3	1. Don Drysdale	55	1. Burleigh Grimes	943
2. Ned Garvin	3.0	2. Burleigh Grimes	36	2. Don Drysdale	933
3. Fred Mitchell	2.8	3. Don Sutton	31	3. Brickyard Kennedy	902
4. Henry Schmidt	2.7	4. Brickyard Kennedy	29	4. Nap Rucker	706
5. Ed Poole	2.6	5. Claude Osteen	24	5. Don Sutton	700
		5. Dazzy Vance	24		

The Los Angeles Dodgers and Their Players Year-by-Year

This section is a chronological listing of every season from the Dodgers' move to Los Angeles in 1958 through 1985. All format information and abbreviations are explained below.

ROSTER INFORMATION

POS	Fielding Position	R	Runs
B	Bats B(oth), L(eft), or R(ight)	RBI	Runs Batted In
		BB	Bases on Balls
G	Games	SO	Strikeouts
AB	At Bats	SB	Stolen Bases
H	Hits		
2B	Doubles	*Pinch-Hit*	
3B	Triples	AB	Pinch-Hit At Bats
HR	Home Runs	H	Pinch Hits
HR%	Home Run Percentage (the number of home runs per 100 times at bat)	BA	Batting Average
		SA	Slugging Average

Regulars. The men who appear first on the team roster are considered the regulars for that team at the positions indicated. There are several factors for determining regulars of which "most games played at a position" and "most fielding chances at a position," are the two prime considerations.

Substitutes. Appearing directly beneath the regulars are the substitutes for the team. Substitutes are listed by position: first infielders, then outfielders, then catchers. Within these areas, substitutes are listed in order of most at bats, and can be someone who played most of the team's games as a regular, but not at one position. The rules for determining the listed positions of substitutes are as follows:

One Position Substitutes. If a man played at least 70% of his games in the field at one position, then he is listed only at that position, except for outfielders, where all three outfield positions are included under one category.

Two Position Substitutes. If a man did not play at least 70% of his games in the field at one position, but did play more than 90% of his total games at two positions, then he is shown with a combination fielding position. For example, if a player has an "S2" shown in his position column, it would mean that he played at least 90% of his games at shortstop and second base. These combinations are always indicated by the first letter or number of the position. The position listed first is where the most games were played.

Utility Players. If a player has a "UT" shown in his position column, it means that he did not meet the above 70% or 90% requirement and is listed as a utility player.

Pinch Hitters. Men who played no games in the field are considered pinch hitters and are listed as "PH."

Individual League Leaders. (Applies to batting, fielding, and pitching.) Statistics that appear in bold-faced print indicate the player led or tied for the league lead in the particular statistical category.

Traded League Leaders. (Applies to batting, fielding, and pitching.) An asterisk (*) next to a particular figure indicates that the player led the league that year in the particular statistical category, but since he played for more than one team, the figure does not necessarily represent his league-leading total or average.

INDIVIDUAL FIELDING INFORMATION

T	Throws L(eft) or R(ight) (blank if not available)	E	Errors
		DP	Double Plays
G	Games	TC/G	Total Chances per Game
PO	Putouts		
A	Assists	FA	Fielding Average

Each man's fielding record is shown for each position he played during the year. Fielding information for pitchers is not included.

TEAM AND LEAGUE INFORMATION

W	Wins	*Fielding*		
L	Losses		E	Errors
PCT	Winning Percentage		DP	Double Plays
GB	Games Behind the League Leader		FA	Fielding Average
R	Runs Scored			
OR	Opponents' Runs (Runs Scored Against)	*Pitching*		
			CG	Complete Games
Batting			BB	Bases on Balls
			SO	Strikeouts
2B	Doubles		ShO	Shutouts
3B	Triples		SV	Saves
HR	Home Runs		ERA	Earned Run Average
BA	Batting Average			
SA	Slugging Average			
SB	Stolen Bases			

Team League Leaders. Statistics that appear in bold-faced print indicate the team led or tied for the league lead in the particular statistical category. When teams are tied for league lead, the figures for all teams who tied are shown in boldface.

INDIVIDUAL PITCHING INFORMATION

T	Throws R(ight) or L(eft)		BB	Bases on Balls Allowed
W	Wins		SO	Strikeouts
L	Losses		R	Runs Allowed
PCT	Winning Percentage		ER	Earned Runs Allowed
ERA	Earned Run Average		ShO	Shutouts
SV	Saves		H/9	Hits Allowed Per 9 Innings Pitched
G	Games Pitched			
GS	Games Started		BB/9	Bases on Balls Allowed Per 9 Innings Pitched
CG	Complete Games			
IP	Innings Pitched		SO/9	Strikeouts Per 9 Innings Pitched
H	Hits Allowed			

The abbreviations for the teams appear as listed below.

ATL	Atlanta		NY	New York
CHI	Chicago		PHI	Philadelphia
CIN	Cincinnati		PIT	Pittsburgh
HOU	Houston		SD	San Diego
LA	Los Angeles		SF	San Francisco
MIL	Milwaukee		STL	St. Louis
MON	Montreal			

Los Angeles 1958　　Won 71　Lost 83　Pct. .461

MANAGER	W	L	PCT
Walter Alston	71	83	.461

POS	Player	B	G	AB	H	2B	3B	HR	HR%	R	RBI	BB	SO	SB	Pinch Hit AB	Pinch Hit H	BA	SA
REGULARS																		
1B	Gil Hodges	R	141	475	123	15	1	22	4.6	68	64	52	87	8	9	1	.259	.434
2B	Charlie Neal	R	140	473	120	9	6	22	4.7	87	65	61	91	7	2	1	.254	.438
SS	Don Zimmer	R	127	455	119	15	2	17	3.7	52	60	28	92	14	1	0	.262	.415
3B	Dick Gray	R	58	197	49	5	6	9	4.6	25	30	19	30	1	4	2	.249	.472
RF	Carl Furillo	R	122	411	119	19	3	18	4.4	54	83	35	28	0	5	3	.290	.482
CF	Duke Snider	L	106	327	102	12	3	15	4.6	45	58	32	49	2	15	4	.312	.505
LF	Gino Cimoli	R	109	325	80	6	3	9	2.8	35	27	18	49	3	8	0	.246	.366
C	Johnny Roseboro	L	114	384	104	11	9	14	3.6	52	43	36	56	11	7	1	.271	.456
SUBSTITUTES																		
S3	Pee Wee Reese	R	59	147	33	7	2	4	2.7	21	17	26	15	1	15	1	.224	.381
1B	Steve Bilko	R	47	101	21	1	2	7	6.9	13	18	8	37	0	19	4	.208	.465
SS	Bob Lillis	R	20	69	27	3	1	1	1.4	10	5	4	2	1	1	1	.391	.507
3B	Randy Jackson	R	35	65	12	3	0	1	1.5	8	4	5	10	0	17	2	.185	.277
1B	Jim Gentile	L	12	30	4	1	0	0	0.0	0	4	4	6	0	4	1	.133	.167
3B	Earl Robinson	R	8	15	3	0	0	0	0.0	3	0	1	4	0	0	0	.200	.200
UT	Jim Gilliam	B	147	555	145	25	5	2	0.4	81	43	78	22	18	5	1	.261	.335
O1	Norm Larker	L	99	253	70	16	5	4	1.6	32	29	29	21	1	29	7	.277	.427
OF	Don Demeter	R	43	106	20	2	0	5	4.7	19	8	5	32	2	4	0	.189	.349
OF	Elmer Valo	L	65	101	25	2	1	1	1.0	9	14	12	11	0	36	9	.248	.317
OF	Ron Fairly	L	15	53	15	1	0	2	3.8	6	8	6	7	0	0	0	.283	.415
OF	Frank Howard	R	8	29	7	1	0	1	3.4	3	2	1	11	0	0	0	.241	.379
OF	Don Miles	L	8	22	4	0	0	0	0.0	2	0	0	6	0	3	0	.182	.182
OF	Bob Wilson	R	3	5	1	0	0	0	0.0	0	0	0	1	0	2	1	.200	.200
C	Joe Pignatano	R	63	142	31	4	0	9	6.3	18	17	16	26	4	3	0	.218	.437
C	Rube Walker	L	25	44	5	2	0	1	2.3	3	7	5	10	0	5	1	.114	.227
PITCHERS																		
P	Johnny Podres	L	42	71	9	0	0	0	0.0	5	4	2	17	0	0	0	.127	.127
P	Don Drysdale	R	47	66	15	1	1	7	10.6	9	12	3	25	0	2	0	.227	.591
P	Sandy Koufax	R	40	49	6	1	0	0	0.0	0	2	1	26	0	0	0	.122	.143
P	Stan Williams	R	27	40	2	0	0	1	2.5	2	1	0	24	0	0	0	.050	.125
P	Fred Kipp	L	42	36	9	1	0	0	0.0	4	1	1	4	0	0	0	.250	.278
P	Carl Erskine	R	32	27	1	0	0	0	0.0	1	0	1	8	0	0	0	.037	.037
P	Johnny Klippstein	R	45	20	1	0	0	0	0.0	0	0	0	10	0	0	0	.050	.050
P	Clem Labine	R	52	18	1	0	0	0	0.0	0	0	2	12	0	0	0	.056	.056
P	Danny McDevitt	L	13	15	2	1	0	0	0.0	1	2	0	6	0	0	0	.133	.200
P	Don Newcombe	R	11	12	5	0	0	0	0.0	2	0	2	2	0	0	0	.417	.417
P	Roger Craig	R	9	9	0	0	0	0	0.0	0	0	1	3	0	0	0	.000	.000
P	Babe Birrer	R	16	7	4	1	0	0	0.0	0	0	1	2	0	0	0	.571	.714
P	Bob Giallombardo	L	8	6	1	0	0	0	0.0	1	0	0	3	0	0	0	.167	.167
P	Ralph Mauriello	R	3	4	0	0	0	0	0.0	0	0	0	2	0	0	0	.000	.000
P	Ed Roebuck	R	32	4	2	1	0	0	0.0	2	0	0	1	0	0	0	.500	.750
P	Don Bessent	R	19	2	0	0	0	0	0.0	0	0	0	0	0	0	0	.000	.000
P	Ron Negray	R	4	2	0	0	0	0	0.0	0	0	1	0	0	0	0	.000	.000
P	Jackie Collum	L	2	1	0	0	0	0	0.0	0	0	0	0	0	0	0	.000	.000
P	Larry Sherry	R	5	0	0	0	0	0	–	0	0	0	0	0	0	0	–	–
TEAM TOTAL				5173	1297	166	50	172	3.3	66	627	495	850	73	196	40	.251	.402

INDIVIDUAL FIELDING

POS	Player	T	G	PO	A	E	DP	TC/G	FA	POS	Player	T	G	PO	A	E	DP	TC/G	FA
1B	G. Hodges	R	122	907	69	8	134	8.1	.992	OF	C. Furillo	R	119	187	5	5	0	1.7	.975
	N. Larker	L	25	178	14	4	18	7.8	.980		G. Cimoli	R	104	180	10	5	2	1.9	.974
	S. Bilko	R	25	173	17	1	20	7.6	.995		D. Snider	L	92	151	4	2	0	1.7	.987
	J. Gentile	L	8	50	2	1	9	6.6	.981		J. Gilliam	R	75	142	5	2	2	2.0	.987
2B	C. Neal	R	132	334	343	17	121	5.3	.976		D. Demeter	R	39	70	0	0	0	1.8	1.000
	J. Gilliam	R	32	65	68	1	19	4.2	.993		N. Larker	L	43	61	3	1	0	1.5	.985
	D. Zimmer	R	1	4	3	0	1	7.0	1.000		R. Fairly	L	15	33	0	1	0	2.3	.971
SS	D. Zimmer	R	114	265	372	23	100	5.8	.965		E. Valo	R	26	24	0	0	0	0.9	1.000
	B. Lillis	R	19	29	52	3	10	4.4	.964		D. Zimmer	R	1	0	0	0	0	0.0	.000
	P. Reese	R	22	26	52	6	14	3.8	.929		D. Miles	L	5	16	0	0	0	3.2	1.000
3B	D. Gray	R	55	56	139	15	18	3.8	.929		F. Howard	R	8	12	1	0	0	1.6	1.000
	J. Gilliam	R	44	38	103	9	16	3.4	.940		G. Hodges	R	9	6	0	0	0	0.7	1.000
	P. Reese	R	21	18	37	4	2	2.8	.932		J. Roseboro	R	5	4	0	0	0	0.8	1.000
	R. Jackson	R	17	13	41	2	6	3.3	.964		B. Wilson	R	1	1	0	0	0	1.0	1.000
	G. Hodges	R	15	18	34	1	3	3.5	.981	C	J. Roseboro	R	104	594	36	8	5	6.1	.987
	D. Zimmer	R	12	12	20	3	1	2.9	.914		J. Pignatano	R	57	286	18	0	3	5.3	1.000
	C. Neal	R	9	10	18	2	2	3.3	.933		R. Walker	R	20	62	5	1	1	3.4	.985
	E. Robinson	R	6	4	10	0	0	2.3	1.000		G. Hodges	R	1	1	0	0	0	1.0	1.000

Los Angeles 1958

Big league baseball came to California in 1958; the New York Giants migrated to San Francisco, the Brooklyn Dodgers to Los Angeles. For Walter Alston's club, it was a two-pronged trip—geographically, west; artistically, south. The team that had won four pennants in the preceding six years, that had finished third in 1957, promptly dropped through the eight-team league and ended in seventh place.

Some people blamed it on their lopsided temporary home field—the Los Angeles Coliseum, a vast arena built for everything except baseball. You could hit one over the neighborly leftfield screen with a Ping Pong paddle, but needed a howitzer to shoot one over the rightfield barrier. Left-handed slugger Duke Snider went from five consecutive 40-homer seasons in Brooklyn to 15 home runs for the year.

Then there was the problem of Don Drysdale, the club's right-handed ace, whose strength was pitching inside; his strike zone sometimes included the rib cage. Intimidated by the screen, Drysdale changed his pitching pattern and fell to a 12–13 record. Only rookie righty Stan Williams posted a better than .500 winning percentage with his 9–7 record.

Another reason for the team's dismal maiden voyage in Los Angeles was the loss of their star catcher Roy Campanella, who had suffered crippling injuries in an automobile accident in January. Nevertheless, club owner Walter O'Malley could take satisfaction in the attendance figures. Starting with an Opening Day crowd of 78,672, the Dodgers went on to an all-time attendance record of 1,845,556. The team also posted its biggest win of the year on June 3, when a referendum for them to acquire the Chavez Ravine land on which to build a new stadium passed by the uncomfortably close vote of 345,435 to 321,142.

TEAM STATISTICS

	W	L	PCT	GB	R	OR	2B	3B	HR	BA	SA	SB	E	DP	FA	CG	B	SO	ShO	SV	ERA
MIL	92	62	.597		675	541	221	21	167	.266	.412	26	120	152	.980	72	426	773	16	17	3.21
PIT	84	70	.545	8	662	607	229	68	134	.264	.410	30	133	173	.978	43	470	679	10	41	3.56
SF	80	74	.519	12	727	698	250	42	170	.263	.422	64	152	156	.975	38	512	775	7	25	3.98
CIN	76	78	.494	16	695	621	242	40	123	.258	.389	61	100	148	.983	45	419	705	7	20	3.73
CHI	72	82	.468	20	709	725	207	49	182	.265	.426	39	150	161	.975	27	619	805	5	24	4.22
STL	72	82	.468	20	619	704	216	39	111	.261	.380	44	153	163	.974	45	567	822	6	25	4.12
LA	71	83	.461	21	668	761	166	50	172	.251	.402	73	146	198	.975	30	606	855	7	31	4.47
PHI	69	85	.448	23	664	762	238	56	124	.266	.400	51	129	136	.978	51	446	778	6	15	4.32
LEAGUE TOTAL					5419	5419	1769	365	1183	.262	.405	388	1083	1287	.977	356	4065	6192	64	198	3.95

INDIVIDUAL PITCHING

PITCHER	T	W	L	PCT	ERA	SV	G	GS	CG	IP	H	BB	SO	R	ER	ShO	H/9	BB/9	SO/9
Don Drysdale	R	12	13	.480	4.17	0	44	29	6	211.2	214	72	131	107	98	1	9.10	3.06	5.57
Johnny Podres	L	13	15	.464	3.72	1	39	31	10	210.1	208	78	143	96	87	2	8.90	3.34	6.12
Sandy Koufax	L	11	11	.500	4.48	1	40	26	5	158.2	132	105	131	89	79	0	7.49	5.96	7.43
Stan Williams	R	9	7	.563	4.01	0	27	21	3	119	99	65	80	58	53	2	7.49	4.92	6.05
Clem Labine	R	6	6	.500	4.15	14	52	2	0	104	112	33	43	55	48	0	9.69	2.86	3.72
Fred Kipp	L	6	6	.500	5.01	0	40	9	0	102.1	107	45	58	60	57	0	9.41	3.96	5.10
Carl Erskine	R	4	4	.500	5.13	0	31	9	2	98.1	115	35	54	61	56	1	10.53	3.20	4.94
Johnny Klippstein	R	3	5	.375	3.80	9	45	0	0	90	81	44	73	40	38	0	8.10	4.40	7.30
Danny McDevitt	L	2	6	.250	7.45	0	13	10	2	48.1	71	31	26	43	40	0	13.22	5.77	4.84
Ed Roebuck	R	0	1	.000	3.48	5	32	0	0	44	45	15	26	22	17	0	9.20	3.07	5.32
Don Newcombe	R	0	6	.000	7.86	0	11	8	1	34.1	53	8	16	37	30	0	13.89	2.10	4.19
Babe Birrer	R	0	0	–	4.50	1	16	0	0	34	43	7	16	20	17	0	11.38	1.85	4.24
Roger Craig	R	2	1	.667	4.50	0	9	2	1	32	30	12	16	20	16	0	8.44	3.38	4.50
Bob Giallombardo	L	1	1	.500	3.76	0	6	5	0	26.1	29	15	14	14	11	0	9.91	5.13	4.78
Don Bessent	R	1	0	1.000	3.33	0	19	0	0	24.1	24	17	13	14	9	0	8.88	6.29	4.81
Ralph Mauriello	R	1	1	.500	4.63	0	3	2	0	11.2	10	8	11	6	6	0	7.71	6.17	8.49
Ron Negray	R	0	0	–	7.15	0	4	0	0	11.1	12	7	2	9	9	0	9.53	5.56	1.59
Larry Sherry	R	0	0	–	12.46	0	5	0	0	4.1	10	7	2	7	6	0	20.77	14.54	4.15
Jackie Collum	L	0	0	–	8.10	0	2	0	0	3.1	4	2	0	3	3	0	10.80	5.40	0.00
TEAM TOTAL		71	83	.461	4.47	31	438	154	30	1368.1	1399	606	855	761	680	6	9.20	3.99	5.62

Los Angeles 1959   Won 88 Lost 68 Pct. .564   24

MANAGER	W	L	PCT
Walter Alston	88	68	.564

POS	Player	B	G	AB	H	2B	3B	HR	HR%	R	RBI	BB	SO	SB	Pinch Hit AB	H	BA	SA
REGULARS																		
1B	Gil Hodges	R	124	413	114	19	2	25	6.1	57	80	58	92	3	7	1	.276	.513
2B	Charlie Neal	R	151	616	177	30	11	19	3.1	103	83	43	86	17	0	0	.287	.464
SS	Don Zimmer	R	97	249	41	7	1	4	1.6	21	28	37	56	3	4	1	.165	.249
3B	Jim Gilliam	B	145	553	156	18	4	3	0.5	91	34	96	25	23	7	1	.282	.345
RF	Duke Snider	L	126	370	114	11	2	23	6.2	59	88	58	71	1	21	7	.308	.535
CF	Don Demeter	R	139	371	95	11	1	18	4.9	55	70	16	87	5	22	3	.256	.437
LF	Wally Moon	L	145	543	164	26	11	19	3.5	93	74	81	64	15	3	2	.302	.495
C	Johnny Roseboro	L	118	397	92	14	7	10	2.5	39	38	52	69	7	2	0	.232	.378
SUBSTITUTES																		
1O	Norm Larker	L	108	311	90	14	1	8	2.6	37	49	26	25	0	24	7	.289	.418
SS	Maury Wills	B	83	242	63	5	2	0	0.0	27	7	13	27	7	0	0	.260	.298
3B	Dick Gray	R	21	52	8	1	0	2	3.8	8	4	6	12	0	8	1	.154	.288
SS	Bob Lillis	R	30	48	11	2	0	0	0.0	7	2	3	4	0	1	1	.229	.271
3B	Jim Baxes	R	11	33	10	1	0	2	6.1	4	5	4	7	1	0	0	.303	.515
OF	Ron Fairly	L	118	244	58	12	1	4	1.6	27	23	31	29	0	31	7	.238	.344
OF	Rip Repulski	R	53	94	24	4	0	2	2.1	11	14	13	23	0	25	8	.255	.362
OF	Carl Furillo	R	50	93	27	4	0	0	0.0	8	13	7	11	0	25	7	.290	.333
OF	Chuck Essegian	R	24	46	14	6	0	1	2.2	6	5	4	11	0	13	4	.304	.500
OF	Frank Howard	R	9	21	3	0	1	1	4.8	2	6	2	9	0	4	1	.143	.381
OF	Solly Drake	B	9	8	2	0	0	0	0.0	2	0	1	3	1	3	0	.250	.250
C	Joe Pignatano	R	52	139	33	4	1	1	0.7	17	11	21	15	1	0	0	.237	.302
C	Norm Sherry	R	2	3	1	0	0	0	0.0	0	2	0	0	0	0	0	.333	.333
PH	Sandy Amoros	L	5	5	1	0	0	0	0.0	1	1	0	1	0	5	1	.200	.200
PH	Tommy Davis	R	1	1	0	0	0	0	0.0	0	0	0	1	0	1	0	.000	.000
PITCHERS																		
P	Don Drysdale	R	46	91	15	1	1	4	4.4	9	12	4	31	0	0	0	.165	.330
P	Johnny Podres	L	34	65	16	1	0	0	0.0	4	4	6	13	0	0	0	.246	.262
P	Sandy Koufax	R	35	54	6	3	0	0	0.0	3	0	2	29	0	0	0	.111	.167
P	Roger Craig	R	29	52	3	0	0	0	0.0	1	3	1	28	0	0	0	.058	.058
P	Danny McDevitt	L	39	46	5	1	0	0	0.0	4	3	0	17	0	0	0	.109	.130
P	Stan Williams	R	35	36	7	0	0	0	0.0	3	3	3	15	0	0	0	.194	.194
P	Larry Sherry	R	23	32	7	0	0	2	6.3	3	5	1	6	0	0	0	.219	.406
P	Clem Labine	R	56	16	0	0	0	0	0.0	1	0	0	9	0	0	0	.000	.000
P	Art Fowler	R	36	12	1	0	0	0	0.0	0	0	0	4	0	0	0	.083	.083
P	Carl Erskine	R	10	7	0	0	0	0	0.0	0	0	0	4	0	0	0	.000	.000
P	Johnny Klippstein	R	28	7	1	0	0	0	0.0	0	0	0	2	0	0	0	.143	.143
P	Chuck Churn	R	14	6	1	1	0	0	0.0	1	0	0	3	0	0	0	.167	.333
P	Gene Snyder	R	11	6	0	0	0	0	0.0	1	0	2	2	0	0	0	.000	.000
P	Bill Harris	L	1	0	0	0	0	0	–	0	0	0	0	0	0	0	–	–
P	Fred Kipp	L	2	0	0	0	0	0	–	0	0	0	0	0	0	0	–	–
	TEAM TOTAL			5282	1360	196	46	148	2.8	70	667	591	891	84	209	52	.257	.396

INDIVIDUAL FIELDING

POS	Player	T	G	PO	A	E	DP	TC/G	FA	POS	Player	T	G	PO	A	E	DP	TC/G	FA
1B	G. Hodges	R	113	891	66	8	77	8.5	**.992**	OF	W. Moon	R	143	224	13	4	2	1.7	.983
	N. Larker	L	55	456	42	5	53	9.1	.990		D. Demeter	R	124	223	5	4	1	1.9	.983
	W. Moon	R	1	2	0	0	0	2.0	1.000		D. Snider	R	107	157	2	4	1	1.5	.975
2B	C. Neal	R	151	**386**	413	9	**110**	5.4	**.989**		R. Fairly	L	88	97	8	4	1	1.2	.963
	J. Gilliam	R	8	16	13	1	2	3.8	.967		N. Larker	L	30	35	6	0	0	1.4	1.000
	D. Zimmer	R	1	0	1	0	0	1.0	1.000		R. Repulski	R	31	30	0	0	0	1.0	1.000
SS	M. Wills	R	82	121	220	12	39	4.3	.966		C. Furillo	R	25	23	0	2	0	1.0	.920
	D. Zimmer	R	88	115	226	10	43	4.0	.972		C. Essegian	R	10	11	0	0	0	1.1	1.000
	B. Lillis	R	20	27	52	7	10	4.3	.919		F. Howard	R	6	10	0	0	0	1.7	1.000
	C. Neal	R	1	0	2	0	0	2.0	1.000		J. Gilliam	R	4	6	0	0	0	1.5	1.000
3B	J. Gilliam	R	132	121	245	16	18	2.9	.958		S. Drake	R	4	2	0	1	0	0.8	.667
	J. Baxes	R	10	11	29	2	2	4.2	.952	C	J. Roseboro	R	117	**848**	54	8	10	**7.8**	.991
	D. Gray	R	11	4	20	0	2	2.2	1.000		J. Pignatano	R	49	322	17	1	8	6.9	.997
	D. Zimmer	R	5	5	13	0	0	3.6	1.000		N. Sherry	R	2	4	0	0	0	2.0	1.000
	G. Hodges	R	4	5	8	0	3	3.3	1.000										

Los Angeles 1959

It took just a year for the Dodgers to give their new fans a case of "baseball palpitation," Dodger style. The fans in Brooklyn had become used to teeth-gnashing pennant races, and now it was the turn of those in Los Angeles.

From seventh place to first in one bounding leap. To get there, Alston had had to do a bit of restructuring. With left-handed-hitting Wally Moon chipping shots off and over the looming screen ("Moon shots," naturally) and 26-year-old rookie shortstop Maury Wills taking over in July, and with the help of another midseason replacement—right-handed reliever Larry Sherry—the team battled the Braves and Giants down the stretch. A three-game sweep of the Giants late in September put the Dodgers on top for the first time since April. And when the season ended, they were still there, though with a bit of company: the Milwaukee Braves, who were gunning for a third straight pennant.

The tie necessitated a two-of-three playoff. The Dodgers won the first game in Milwaukee, and then the two clubs traveled to Los Angeles. There, Alston's club put on a three-run rally in the bottom of the ninth inning to tie the game at 5–5, then won it in twelve, 6–5, giving Los Angeles its first pennant and the West Coast its first World Series.

The Dodgers' opponents in the Series were Al Lopez's "Go-Go" White Sox, a team built on speed and pitching. After being stunned, 11–0, in the opener, Alston's boys came back to take four of the next five, with Sherry dominating out of the bullpen, winning two and saving two.

The pennant chase pushed the Dodgers' attendance over two million for the first time, enabling O'Malley to put a rubber-band grin around his ever-present cigar. And young southpaw Sandy Koufax, beginning to locate the general direction of home plate, was 8–6, with 173 strikeouts in 153 innings. Included in his efforts was a 5–2 win over the Giants on August 31 in which he tied Bob Feller's major league record with 18 whiffs.

TEAM STATISTICS

	W	L	PCT	GB	R	OR	2B	3B	HR	BA	SA	SB	E	DP	FA	CG	B	SO	ShO	SV	ERA
LA	88	68	.564		705	670	196	46	148	.257	.396	84	114	154	.981	43	614	1077	14	26	3.79
MIL	86	70	.551	2	724	623	216	36	177	.265	.417	41	127	138	.979	69	429	775	18	18	3.51
SF	83	71	.539	4	705	613	239	35	167	.261	.414	81	152	118	.974	52	500	873	12	23	3.47
PIT	78	76	.506	9	651	680	230	42	112	.263	.384	32	154	165	.975	48	418	730	7	17	3.90
CHI	74	80	.481	13	673	688	209	44	163	.249	.398	32	140	142	.977	30	519	765	11	25	4.01
CIN	74	80	.481	13	764	738	258	34	161	.274	.427	65	126	157	.978	44	456	690	7	26	4.31
STL	71	83	.461	16	641	725	244	49	118	.269	.400	65	146	158	.975	36	564	846	8	25	4.34
PHI	64	90	.416	23	599	725	196	38	113	.242	.362	39	154	132	.973	54	474	769	8	15	4.27
LEAGUE TOTAL					5462	5462	1788	324	1159	.260	.400	439	1113	1164	.977	376	3974	6525	85	175	3.95

INDIVIDUAL PITCHING

PITCHER	T	W	L	PCT	ERA	SV	G	GS	CG	IP	H	BB	SO	R	ER	ShO	H/9	BB/9	SO/9
Don Drysdale	R	17	13	.567	3.46	2	44	36	15	270.2	237	93	242	113	104	4	7.88	3.09	8.05
Johnny Podres	L	14	9	.609	4.11	0	34	29	6	195	192	74	145	93	89	2	8.86	3.42	6.69
Sandy Koufax	L	8	6	.571	4.05	2	35	23	6	153.1	136	92	173	74	69	1	7.98	5.40	10.15
Roger Craig	R	11	5	.688	2.06	0	29	17	7	152.2	122	45	76	49	35	4	7.19	2.65	4.48
Danny McDevitt	L	10	8	.556	3.97	4	39	22	6	145	149	51	106	83	64	2	9.25	3.17	6.58
Stan Williams	R	5	5	.500	3.97	0	35	15	2	124.2	102	86	89	64	55	0	7.36	6.21	6.43
Larry Sherry	R	7	2	.778	2.19	3	23	9	1	94.1	75	43	72	27	23	1	7.16	4.10	6.87
Clem Labine	R	5	10	.333	3.93	9	56	0	0	84.2	91	25	37	39	37	0	9.67	2.66	3.93
Art Fowler	R	3	4	.429	5.31	2	36	0	0	61	70	23	47	39	36	0	10.33	3.39	6.93
Johnny Klippstein	R	4	0	1.000	5.91	2	28	0	0	45.2	48	33	30	31	30	0	9.46	6.50	5.91
Chuck Churn	R	3	2	.600	4.99	1	14	0	0	30.2	28	10	24	17	17	0	8.22	2.93	7.04
Gene Snyder	L	1	1	.500	5.47	0	11	2	0	26.1	32	20	20	19	16	0	10.94	6.84	6.84
Carl Erskine	R	0	3	.000	7.71	1	10	3	0	23.1	33	13	15	22	20	0	12.73	5.01	5.79
Fred Kipp	L	0	0	–	0.00	0	2	0	0	2.2	2	3	1	0	0	0	6.75	10.13	3.38
Bill Harris	R	0	0	–	0.00	0	1	0	0	1.2	3	0	0	0	0	0	0.00	16.20	0.00
TEAM TOTAL		88	68	.564	3.79	26	397	156	43	1411.2	1317	614	1077	670	595	14	8.40	3.91	6.87

Los Angeles 1960   Won 82   Lost 72   Pct. .532

MANAGER	W	L	PCT
Walter Alston	82	72	.532

POS	Player	B	G	AB	H	2B	3B	HR	HR%	R	RBI	BB	SO	SB	Pinch Hit AB	H	BA	SA
REGULARS																		
1B	Norm Larker	L	133	440	142	26	3	5	1.1	56	78	36	24	1	15	6	.323	.430
2B	Charlie Neal	R	139	477	122	23	2	8	1.7	60	40	48	75	5	2	0	.256	.363
SS	Maury Wills	B	148	516	152	15	2	0	0.0	75	27	35	47	50	0	0	.295	.331
3B	Jim Gilliam	B	151	557	138	20	2	5	0.9	96	40	96	28	12	2	1	.248	.318
RF	Frank Howard	R	117	448	120	15	2	23	5.1	54	77	32	108	0	2	0	.268	.464
CF	Tommy Davis	R	110	352	97	18	1	11	3.1	43	44	13	35	6	21	7	.276	.426
LF	Wally Moon	L	138	469	140	21	6	13	2.8	74	69	67	53	6	12	3	.299	.452
C	Johnny Roseboro	L	103	287	61	15	3	8	2.8	22	42	44	53	7	14	4	.213	.369
SUBSTITUTES																		
1B	Gil Hodges	R	101	197	39	8	1	8	4.1	22	30	26	37	0	15	0	.198	.371
S3	Bob Lillis	R	48	60	16	4	0	0	0.0	6	6	2	6	2	3	0	.267	.333
3B	Charley Smith	R	18	60	10	1	1	0	0.0	2	5	1	15	0	0	0	.167	.217
S3	Bob Aspromonte	R	21	55	10	1	0	1	1.8	1	6	0	6	1	5	1	.182	.255
OF	Duke Snider	L	101	235	57	13	5	14	6.0	38	36	46	54	1	25	6	.243	.519
OF	Don Demeter	R	64	168	46	7	1	9	5.4	23	29	8	34	0	8	2	.274	.488
OF	Willie Davis	L	22	88	28	6	1	2	2.3	12	10	4	12	3	0	0	.318	.477
OF	Chuck Essegian	R	52	79	17	3	0	3	3.8	8	11	8	24	0	37	8	.215	.367
OF	Ron Fairly	L	14	37	4	0	3	1	2.7	6	3	7	12	0	1	0	.108	.351
OF	Sandy Amoros	L	9	14	2	0	0	0	0.0	1	0	3	2	0	4	0	.143	.143
OF	Carl Furillo	R	8	10	2	0	1	0	0.0	1	1	0	2	0	5	1	.200	.400
OF	Rip Repulski	R	4	5	1	0	0	0	0.0	0	0	0	1	0	2	0	.200	.200
C	Norm Sherry	R	47	138	39	4	1	8	5.8	22	19	12	29	0	5	1	.283	.500
C	Joe Pignatano	R	58	90	21	4	0	2	2.2	11	9	15	17	1	5	3	.233	.344
C	Doug Camilli	R	6	24	8	2	0	1	4.2	4	3	1	4	0	1	0	.333	.542
PH	Irv Noren	L	26	25	5	0	0	1	4.0	1	1	1	8	0	25	5	.200	.320
PITCHERS																		
P	Don Drysdale	R	41	83	13	6	0	0	0.0	3	4	6	32	0	0	0	.157	.277
P	Johnny Podres	L	34	66	9	0	0	0	0.0	3	3	5	15	0	0	0	.136	.136
P	Stan Williams	R	38	64	9	1	0	2	3.1	7	7	3	35	0	0	0	.141	.250
P	Sandy Koufax	R	37	57	7	0	0	0	0.0	1	1	3	28	0	0	0	.123	.123
P	Larry Sherry	R	57	37	6	0	1	1	2.7	1	2	1	7	0	0	0	.162	.297
P	Roger Craig	R	21	36	2	0	0	0	0.0	2	2	4	16	0	0	0	.056	.056
P	Ed Roebuck	R	58	24	4	1	0	0	0.0	2	3	1	8	0	1	0	.167	.208
P	Danny McDevitt	L	24	10	2	0	0	0	0.0	2	0	1	6	0	0	0	.200	.200
P	Ed Palmquist	R	22	7	0	0	0	0	0.0	0	0	0	1	0	0	0	.000	.000
P	Ed Rakow	R	9	6	2	0	0	0	0.0	0	1	0	1	0	0	0	.333	.333
P	Jim Golden	L	1	3	1	1	0	0	0.0	1	0	0	1	0	0	0	.333	.667
P	Clem Labine	R	13	2	1	1	0	0	0.0	1	0	0	1	0	0	0	.500	1.000
P	Phil Ortega	R	3	1	0	0	0	0	0.0	0	0	0	0	0	0	0	.000	.000
TEAM TOTAL				5227	1333	216	38	126	2.4	66	606	529	837	95	210	48	.255	.383

INDIVIDUAL FIELDING

POS	Player	T	G	PO	A	E	DP	TC/G	FA
1B	N. Larker	L	119	914	80	7	81	8.4	.993
	G. Hodges	R	92	403	33	2	40	4.8	.995
	J. Roseboro	R	1	0	0	0	0	0.0	.000
	F. Howard	R	4	19	3	1	2	5.8	.957
2B	C. Neal	R	136	250	291	13	78	4.1	.977
	J. Gilliam	R	30	51	69	1	12	4.0	.992
	B. Lillis	R	1	2	1	0	1	3.0	1.000
SS	M. Wills	R	145	260	431	40	78	5.0	.945
	B. Lillis	R	23	24	30	1	8	2.4	.982
	Aspromonte	R	15	11	17	2	4	2.0	.933
	C. Neal	R	3	1	5	0	1	2.0	1.000
3B	J. Gilliam	R	130	101	262	15	21	2.9	.960
	C. Smith	R	18	14	27	2	2	2.4	.953
	J. Roseboro	R	1	0	0	0	0	0.0	.000
	B. Lillis	R	14	14	21	0	2	2.5	1.000
	G. Hodges	R	10	8	11	3	2	2.2	.864
	Aspromonte	R	4	5	8	2	1	3.8	.867
	T. Davis	R	5	2	10	0	0	2.4	1.000

POS	Player	T	G	PO	A	E	DP	TC/G	FA
OF	W. Moon	R	127	194	15	3	3	1.7	.986
	F. Howard	R	115	177	8	3	1	1.6	.984
	T. Davis	R	87	151	7	4	2	1.9	.975
	D. Snider	R	75	108	3	4	1	1.5	.965
	D. Demeter	R	62	92	2	1	1	1.5	.989
	W. Davis	L	22	52	1	1	0	2.5	.981
	C. Essegian	R	18	29	1	1	0	1.7	.968
	R. Fairly	L	13	15	1	0	0	1.2	1.000
	S. Amoros	L	3	5	1	0	0	2.0	1.000
	N. Larker	L	2	3	0	0	0	1.5	1.000
	C. Furillo	R	2	2	0	0	0	1.0	1.000
	R. Repulski	R	2	1	0	0	0	0.5	1.000
C	J. Roseboro	R	87	640	48	5	10	8.0	.993
	N. Sherry	R	44	282	15	2	3	6.8	.993
	J. Pignatano	R	40	231	21	4	2	6.4	.984
	D. Camilli	R	6	46	3	1	1	8.3	.980

Los Angeles 1960

The World Champions slipped to a rather passive fourth-place finish in 1960. They were a team in transition. By the time the 1960 season came to a close, only two of the old Brooklyn regulars were in the starting lineup: Charlie Neal at second and Jim Gilliam at third.

Among the new names being filtered into the lineup by Alston was an economy-sized outfielder named Frank Howard, a massive slugger who hit a more standard kind of moon shot: home runs that fell to earth coated with ice. He hit 23 of them in his first season, earning himself Rookie of the Year honors. Norm Larker, replacing Gil Hodges at first base, batted .323, while Moon came in a dollar short at .299. Another rookie outfielder, Tommy Davis, batted .276.

But the symbols of coming Dodger teams lay in two league-leading numbers; stolen bases, 95, and team earned run average, 3.40. More than half of those thefts—50 to be exact—were by Wills. The slender shortstop, who batted .295, was reviving an old, neglected, dead-ball era weapon. His 50 stolen bases were the most in the league since Max Carey's 51 in 1923.

Drysdale was the ace in 1960 with a 15–14 record, leading the league with 246 strikeouts. Behind him were a trio of 14-game winners: Podres, Williams, and reliever Sherry. Koufax was just 8–13, but again showed there was electricity in that left arm with 197 strikeouts in 175 innings. The staff received a severe jolt in early May when Roger Craig suffered a fractured shoulder in a baseline collision. The tall right-hander was never quite the same again.

TEAM STATISTICS

	W	L	PCT	GB	R	OR	2B	3B	HR	BA	SA	SB	E	DP	FA	CG	B	SO	ShO	SV	ERA
PIT	95	59	.617		734	593	236	56	120	.276	.407	34	128	163	.979	47	386	811	11	33	3.49
MIL	88	66	.571	7	724	658	198	48	170	.265	.417	69	141	137	.976	55	518	807	13	28	3.76
STL	86	68	.558	9	639	616	213	48	138	.254	.393	48	141	152	.976	37	511	906	11	30	3.64
LA	82	72	.532	13	662	593	216	38	126	.255	.383	95	125	142	.979	46	564	1122	13	20	3.40
SF	79	75	.513	16	671	631	220	62	130	.255	.393	86	166	117	.972	55	512	897	16	26	3.44
CIN	67	87	.435	28	640	692	230	40	140	.250	.388	73	125	155	.979	33	442	740	8	35	4.00
CHI	60	94	.390	35	634	776	213	48	119	.243	.369	51	143	133	.977	36	565	805	6	25	4.35
PHI	59	95	.383	36	546	691	196	44	99	.239	.351	45	155	129	.974	45	439	736	6	16	4.01
LEAGUE TOTAL					5250	5250	1722	384	1042	.255	.388	501	1124	1128	.977	354	3937	6824	84	213	3.76

INDIVIDUAL PITCHING

PITCHER	T	W	L	PCT	ERA	SV	G	GS	CG	IP	H	BB	SO	R	ER	ShO	H/9	BB/9	SO/9
Don Drysdale	R	15	14	.517	2.84	2	41	36	15	269	214	72	246	93	85	5	7.16	2.41	8.23
Johnny Podres	L	14	12	.538	3.08	0	34	33	8	227.2	217	71	159	88	78	1	8.58	2.81	6.29
Stan Williams	R	14	10	.583	3.00	1	38	30	9	207.1	162	72	175	84	69	2	7.03	3.13	7.60
Sandy Koufax	L	8	13	.381	3.91	1	37	26	7	175	133	100	197	83	76	2	6.84	5.14	10.13
Larry Sherry	R	14	10	.583	3.79	7	57	3	1	142.1	125	82	114	65	60	0	7.90	5.19	7.21
Ed Roebuck	R	8	3	.727	2.78	8	58	0	0	116.2	109	38	77	42	36	0	8.41	2.93	5.94
Roger Craig	R	8	3	.727	3.27	0	21	15	6	115.2	99	43	69	48	42	1	7.70	3.35	5.37
Danny McDevitt	L	0	4	.000	4.25	0	24	7	0	53	51	42	30	26	25	0	8.66	7.13	5.09
Ed Palmquist	R	0	1	.000	2.54	0	22	0	0	39	34	16	23	16	11	0	7.85	3.69	5.31
Ed Rakow	R	0	1	.000	7.36	0	9	2	0	22	30	11	9	19	18	0	12.27	4.50	3.68
Clem Labine	R	0	1	.000	5.82	1	13	0	0	17	26	8	15	12	11	0	13.76	4.24	7.94
Jim Golden	R	1	0	1.000	6.43	0	1	1	0	7	6	4	4	5	5	0	7.71	5.14	5.14
Phil Ortega	R	0	0	–	17.05	0	3	1	0	6.1	12	5	4	12	12	0	17.05	7.11	5.68
TEAM TOTAL		82	72	.532	3.40	20	358	154	46	1398	1218	564	1122	593	528	11	7.84	3.63	7.22

Los Angeles 1961 Won 89 Lost 65 Pct. .578   28

MANAGER	W	L	PCT
Walter Alston	89	65	.578

POS	Player	B	G	AB	H	2B	3B	HR	HR%	R	RBI	BB	SO	SB	Pinch Hit AB	H	BA	SA
REGULARS																		
1B	Gil Hodges	R	109	215	52	4	0	8	3.7	25	31	24	43	3	28	7	.242	.372
2B	Charlie Neal	R	108	341	80	6	1	10	2.9	40	48	30	49	3	4	1	.235	.346
SS	Maury Wills	B	148	613	173	12	10	1	0.2	105	31	59	50	35	1	0	.282	.339
3B	Jim Gilliam	B	144	439	107	26	3	4	0.9	74	32	79	34	8	11	3	.244	.344
RF	Tommy Davis	R	132	460	128	13	2	15	3.3	60	58	32	53	10	10	3	.278	.413
CF	Willie Davis	L	128	339	86	19	6	12	3.5	56	45	27	46	12	9	1	.254	.451
LF	Wally Moon	L	134	463	152	25	3	17	3.7	79	88	89	79	7	3	0	.328	.505
C	Johnny Roseboro	L	128	394	99	16	6	18	4.6	59	59	56	62	6	7	3	.251	.459
SUBSTITUTES																		
1B	Norm Larker	L	97	282	76	16	1	5	1.8	29	38	24	22	0	10	2	.270	.387
3B	Daryl Spencer	R	60	189	46	7	0	8	4.2	27	27	20	35	0	1	0	.243	.407
UT	Bob Aspromonte	R	47	58	14	3	0	0	0.0	7	2	4	12	0	31	9	.241	.293
3S	Charley Smith	R	9	24	6	1	0	2	8.3	4	3	1	6	0	1	0	.250	.542
3B	Bob Lillis	R	19	9	1	0	0	0	0.0	0	1	1	1	0	3	0	.111	.111
1B	Tim Harkness	L	5	8	4	2	0	0	0.0	4	0	3	1	1	2	1	.500	.750
OF	Frank Howard	R	99	267	79	10	2	15	5.6	36	45	21	50	0	19	7	.296	.517
O1	Ron Fairly	L	111	245	79	15	2	10	4.1	42	48	48	22	0	20	6	.322	.522
OF	Duke Snider	L	85	233	69	8	3	16	6.9	35	56	29	43	1	18	4	.296	.562
OF	Gordie Windhorn	R	34	33	8	2	1	2	6.1	10	6	4	3	0	8	1	.242	.545
OF	Don Demeter	R	15	29	5	0	0	1	3.4	3	2	3	6	0	4	0	.172	.276
OF	Carl Warwick	R	19	11	1	0	0	0	0.0	2	1	2	3	0	6	1	.091	.091
C	Norm Sherry	R	47	121	31	2	0	5	4.1	10	21	9	30	0	10	1	.256	.397
C	Doug Camilli	R	13	30	4	0	0	3	10.0	3	4	1	9	0	4	0	.133	.433
PITCHERS																		
P	Don Drysdale	R	40	83	16	1	0	5	6.0	9	12	6	24	0	0	0	.193	.386
P	Stan Williams	R	41	78	13	2	0	0	0.0	3	5	7	39	0	0	0	.167	.192
P	Sandy Koufax	R	42	77	5	0	0	0	0.0	3	2	9	35	0	0	0	.065	.065
P	Johnny Podres	L	32	69	16	2	0	0	0.0	3	7	2	8	0	0	0	.232	.261
P	Roger Craig	R	40	27	4	1	0	0	0.0	3	0	3	12	0	0	0	.148	.185
P	Dick Farrell	R	50	18	0	0	0	0	0.0	0	0	0	5	0	0	0	.000	.000
P	Larry Sherry	R	53	13	2	0	0	0	0.0	2	1	1	2	0	0	0	.154	.154
P	Ron Perranoski	L	53	12	1	0	0	0	0.0	2	0	2	8	0	0	0	.083	.083
P	Phil Ortega	R	4	4	1	0	0	0	0.0	0	0	0	2	0	0	0	.250	.250
P	Jim Golden	L	28	3	0	0	0	0	0.0	0	0	0	1	0	0	0	.000	.000
P	Ed Roebuck	R	5	2	0	0	0	0	0.0	0	0	0	1	0	0	0	.000	.000
P	Ed Palmquist	R	5	0	0	0	0	0	–	0	0	0	0	0	0	0	–	–
	TEAM TOTAL			5189	1358	193	40	157	3.0	73	673	596	796	86	210	50	.262	.405

INDIVIDUAL FIELDING

POS	Player	T	G	PO	A	E	DP	TC/G	FA
1B	N. Larker	L	86	589	52	3	68	7.5	.995
	G. Hodges	R	100	454	37	1	44	4.9	.998
	R. Fairly	L	23	157	11	2	16	7.4	.988
	F. Howard	R	7	43	4	2	2	7.0	.959
	T. Harkness	L	2	11	1	0	2	6.0	1.000
2B	C. Neal	R	104	211	246	11	63	4.5	.976
	J. Gilliam	R	71	133	179	6	45	4.5	.981
	Aspromonte	R	2	0	0	0	0	0.0	.000
	B. Lillis	R	1	6	3	0	1	9.0	1.000
SS	M. Wills	R	148	253	428	29	104	4.8	.959
	Aspromonte	R	4	6	9	0	0	3.8	1.000
	D. Spencer	R	3	6	7	0	2	4.3	1.000
	C. Smith	R	3	3	8	1	0	4.0	.917
	B. Lillis	R	1	0	0	1	0	1.0	.000
3B	J. Gilliam	R	74	48	104	7	9	2.1	.956
	D. Spencer	R	57	42	92	5	14	2.4	.964
	T. Davis	R	59	30	88	13	6	2.2	.901
	Aspromonte	R	9	2	9	1	0	1.3	.917
	C. Smith	R	4	4	3	0	1	1.8	1.000
	B. Lillis	R	12	1	2	0	0	0.3	1.000

POS	Player	T	G	PO	A	E	DP	TC/G	FA
OF	W. Davis	L	114	224	4	4	1	2.0	.983
	W. Moon	R	133	186	5	6	1	1.5	.970
	T. Davis	R	86	143	3	4	2	1.7	.973
	D. Snider	R	66	113	6	3	3	1.8	.975
	R. Fairly	L	71	85	7	1	1	1.3	.989
	F. Howard	R	65	79	6	6	0	1.4	.934
	G. Windhorn	R	17	16	1	1	0	1.1	.944
	N. Larker	L	1	0	0	0	0	0.0	.000
	D. Demeter	R	14	18	1	1	1	1.4	.950
	J. Gilliam	R	11	14	0	0	1	1.3	1.000
	C. Warwick	L	12	2	0	0	0	0.2	1.000
C	J. Roseboro	R	125	877	56	13	16	7.6	.986
	N. Sherry	R	45	253	16	2	3	6.0	.993
	D. Camilli	R	12	64	5	1	1	5.8	.986

In their final season in the Coliseum, the Dodgers were in the pennant race until late summer before running out of gas. A 19–3 streak swept them into first place in early August, but then they abruptly reversed gears and took a 10-game nosedive. It included a doubleheader loss to the surprising Cincinnati Reds, who went on to head the second-place Dodgers by four games.

The club filtered two more youngsters into the lineup: first baseman-outfielder Ron Fairly, batting .322 as a part-timer, and another Davis in the outfield, this one named Willie, a swift centerfielder who gave the Dodgers their finest coverage in that area since Duke Snider's prime. Snider was limited to 85 games because of a broken elbow suffered early in the season. Moon was the club's top hitter with a .328 average, while catcher John Roseboro led with 18 homers. Wills again led the league in stolen bases with 35, a modest total by latter-day standards, but his nearest competitor (Vada Pinson) had 23.

The starting pitching was extremely strong. Johnny Podres had his best season in the big leagues with an 18–5 record; Drysdale was 13–10, and Williams, 15–12. Gradually replacing Sherry as the No. 1 man in the bullpen was southpaw Ron Perranoski, acquired from the Cubs in April in a little-noticed trade for Don Zimmer. But the biggest noise of the year came from the left arm of Sandy Koufax. On the very brink of greatness now, the Brooklyn-born southpaw was 18–13 for his first full season of work, a good record but hardly astonishing. What did elevate eyebrows throughout the world of baseball were the 25-year-old's 269 strikeouts, two better than Christy Mathewson's National League record, set 58 years before.

"All winter," said Walter Alston, "whenever we talked trade with somebody they brought up Koufax's name. Forget it, we told them."

TEAM STATISTICS

	W	L	PCT	GB	R	OR	2B	3B	HR	BA	SA	SB	E	DP	FA	CG	B	SO	ShO	SV	ERA
CIN	93	61	.604		710	653	247	35	158	.270	.421	70	134	124	.977	46	500	829	12	40	3.78
LA	89	65	.578	4	735	697	193	40	157	.262	.405	86	144	162	.975	40	544	1105	10	35	4.04
SF	85	69	.552	8	773	655	219	32	183	.264	.423	79	133	126	.977	39	502	924	9	30	3.77
MIL	83	71	.539	10	712	656	199	34	188	.258	.415	70	111	152	.982	57	493	652	8	16	3.89
STL	80	74	.519	13	703	668	236	51	103	.271	.393	46	166	165	.972	49	570	823	10	24	3.74
PIT	75	79	.487	18	694	675	232	57	128	.273	.410	26	150	187	.975	34	400	759	9	29	3.92
CHI	64	90	.416	29	689	800	238	51	176	.255	.418	35	183	175	.970	34	465	755	6	25	4.48
PHI	47	107	.305	46	584	796	185	50	103	.243	.357	56	146	179	.976	29	521	775	9	13	4.61
LEAGUE TOTAL					5600	5600	1749	350	1196	.262	.405	468	1167	1270	.976	328	3995	6622	73	212	4.03

INDIVIDUAL PITCHING

PITCHER	T	W	L	PCT	ERA	SV	G	GS	CG	IP	H	BB	SO	R	ER	ShO	H/9	BB/9	SO/9
Sandy Koufax	L	18	13	.581	3.52	1	42	35	15	255.2	212	96	269	117	100	2	7.46	3.38	9.47
Don Drysdale	R	13	10	.565	3.69	0	40	37	10	244	236	83	182	111	100	3	8.70	3.06	6.71
Stan Williams	R	15	12	.556	3.90	0	41	35	6	235.1	213	108	205	114	102	2	8.15	4.13	7.84
Johnny Podres	L	18	5	.783	3.74	0	32	29	6	182.2	192	51	124	81	76	1	9.46	2.51	6.11
Roger Craig	R	5	6	.455	6.15	2	40	14	2	112.2	130	52	63	87	77	0	10.38	4.15	5.03
Larry Sherry	R	4	4	.500	3.90	15	53	1	0	94.2	90	39	79	48	41	0	8.56	3.71	7.51
Ron Perranoski	L	7	5	.583	2.65	6	53	1	0	91.2	82	41	56	31	27	0	8.05	4.03	5.50
Dick Farrell	R	6	6	.500	5.06	10	50	0	0	89	107	43	80	56	50	0	10.82	4.35	8.09
Jim Golden	R	1	1	.500	5.79	0	28	0	0	42	52	20	18	30	27	0	11.14	4.29	3.86
Phil Ortega	R	0	2	.000	5.54	0	4	2	1	13	10	2	15	9	8	0	6.92	1.38	10.38
Ed Roebuck	R	2	0	1.000	5.00	0	5	0	0	9	12	2	9	5	5	0	12.00	2.00	9.00
Ed Palmquist	R	0	1	.000	6.23	1	7	0	0	8.2	10	7	5	8	6	0	10.38	7.27	5.19
TEAM TOTAL		89	65	.578	4.04	35	393	154	40	1378.1	1346	544	1105	697	619	8	8.79	3.55	7.22

Los Angeles 1962   Won 102   Lost 63   Pct. .618

MANAGER	W	L	PCT
Walter Alston	102	63	.618

POS	Player	B	G	AB	H	2B	3B	HR	HR %	R	RBI	BB	SO	SB	Pinch Hit AB	Pinch Hit H	BA	SA
REGULARS																		
1B	Ron Fairly	L	147	460	128	15	7	14	3.0	80	71	75	59	1	7	0	.278	.433
2B	Larry Burright	R	115	249	51	6	5	4	1.6	35	30	21	67	4	1	0	.205	.317
3B	Jim Gilliam	B	160	588	159	24	1	4	0.7	83	43	93	35	17	2	0	.270	.335
RF	Frank Howard	R	141	493	146	25	6	31	6.3	80	119	39	108	1	11	2	.296	.560
CF	Willie Davis	L	157	600	171	18	10	21	3.5	103	85	42	72	32	0	0	.285	.453
LF	Tommy Davis	R	163	665	**230**	27	9	27	4.1	120	153	33	65	18	2	0	**.346**	.535
C	Johnny Roseboro	L	128	389	97	16	7	7	1.8	45	55	50	60	12	4	0	.249	.380
SUBSTITUTES																		
SS	Maury Wills	B	165	695	208	13	10	6	0.9	130	48	51	57	**104**	0	0	.299	.373
3B	Daryl Spencer	R	77	157	37	5	1	2	1.3	24	12	32	31	0	13	1	.236	.318
3B	Andy Carey	R	53	111	26	5	1	2	1.8	12	13	16	23	0	13	2	.234	.351
1B	Tim Harkness	L	92	62	16	2	0	2	3.2	9	7	10	20	1	30	8	.258	.387
SS	Dick Tracewski	R	15	2	0	0	0	0	0.0	3	0	2	0	0	1	0	.000	.000
O1	Wally Moon	L	95	244	59	9	1	4	1.6	36	31	30	33	5	32	6	.242	.336
OF	Duke Snider	L	80	158	44	11	3	5	3.2	28	30	36	32	2	33	6	.278	.481
UT	Lee Walls	R	60	109	29	3	1	0	0.0	9	17	10	21	1	27	13	.266	.312
OF	Ken McMullen	R	6	11	3	0	0	0	0.0	0	0	0	3	0	4	1	.273	.273
C	Doug Camilli	R	45	88	25	5	2	4	4.5	16	22	12	21	0	6	3	.284	.523
C	Norm Sherry	R	35	88	16	2	0	3	3.4	7	16	6	17	0	1	1	.182	.307
PITCHERS																		
P	Don Drysdale	R	43	111	22	4	1	0	0.0	9	14	5	29	0	0	0	.198	.252
P	Johnny Podres	L	40	88	14	2	0	1	1.1	6	5	2	8	0	0	0	.159	.216
P	Sandy Koufax	R	28	69	6	0	0	1	1.4	1	4	2	42	0	0	0	.087	.130
P	Stan Williams	R	40	66	5	0	0	2	3.0	4	3	2	33	0	0	0	.076	.167
P	Joe Moeller	R	19	33	7	0	0	0	0.0	1	0	0	17	0	0	0	.212	.212
P	Ed Roebuck	R	64	28	6	0	0	0	0.0	1	3	0	5	0	0	0	.214	.214
P	Pete Richert	L	19	25	2	0	0	0	0.0	0	0	0	9	0	0	0	.080	.080
P	Larry Sherry	R	58	17	2	0	0	0	0.0	0	0	1	5	0	0	0	.118	.118
P	Ron Perranoski	L	70	14	1	0	0	0	0.0	0	0	0	8	0	0	0	.071	.071
P	Phil Ortega	R	24	7	0	0	0	0	0.0	0	0	0	5	0	0	0	.000	.000
P	Jack Smith	R	8	1	0	0	0	0	0.0	0	0	0	1	0	0	0	.000	.000
P	Willard Hunter	R	10	0	0	0	0	0	—	0	0	0	0	0	0	0	—	—
TEAM TOTAL				5628	1510	192	65	140	2.5	84	781	572	886	198	187	43	.268	.400

INDIVIDUAL FIELDING

POS	Player	T	G	PO	A	E	DP	TC/G	FA
1B	R. Fairly	L	120	968	43	11	76	8.5	.989
	W. Moon	R	32	249	18	6	28	8.5	.978
	T. Harkness	L	59	116	8	0	14	2.1	1.000
	L. Walls	R	11	85	4	1	4	8.2	.989
2B	J. Gilliam	R	113	192	262	9	60	4.1	.981
	L. Burright	R	109	176	206	15	35	3.6	.962
SS	M. Wills	R	165	295	493	36	86	5.0	.956
	D. Spencer	R	10	3	13	0	3	1.6	1.000
	D. Tracewski	R	4	1	4	0	0	1.3	1.000
	L. Burright	R	1	0	1	0	0	1.0	1.000
3B	J. Gilliam	R	90	51	126	11	12	2.1	.941
	D. Spencer	R	57	35	88	10	4	2.3	.925
	T. Davis	R	39	29	51	10	7	2.3	.889
	A. Carey	R	42	28	54	6	4	2.1	.932
	L. Walls	R	4	1	7	0	0	2.0	1.000

POS	Player	T	G	PO	A	E	DP	TC/G	FA
OF	W. Davis	L	156	379	13	**15**	0	2.6	.963
	T. Davis	R	146	240	9	10	0	1.8	.961
	F. Howard	R	131	187	19	6	4	1.6	.972
	D. Snider	R	39	56	3	2	0	1.6	.967
	W. Moon	R	36	51	2	1	1	1.5	.981
	R. Fairly	L	48	39	2	0	0	0.9	1.000
	L. Walls	R	17	12	1	1	0	0.8	.929
	J. Gilliam	R	1	0	0	0	0	0.0	.000
	K. McMullen	R	2	1	0	0	0	0.5	1.000
C	J. Roseboro	R	128	842	57	**14**	10	7.1	.985
	N. Sherry	R	34	221	13	2	2	6.9	.992
	D. Camilli	R	39	162	8	3	1	4.4	.983

The year 1962 was historic for the National League, and for the Los Angeles Dodgers both memorable and forgettable. It was the year the league expanded to 10 teams (taking in the Houston Astros and New York Mets), and it was the year Dodger Stadium opened. It was also the year the Dodgers and Giants met in a pennant playoff for the second time in 11 years, and for the second time the Giants engineered a last-game, last-inning, four-run rally to turn imminent dream into sudden nightmare.

Alston's club won 102 games and drew 2,755,184 customers; it also had an abundance of stirring individual performances. Drysdale took the Cy Young Award with a 25–9 record; Tommy Davis led the league with his .346 batting average, 153 runs batted in, and 230 hits; Frank Howard hit 31 homers and drove in 119 runs. But these achievements, notable as they were, were overshadowed by Maury Wills's 104 stolen bases, breaking Ty Cobb's "unbreakable" record of 96, set in 1915. The performance earned Wills the league's Most Valuable Player Award.

The Dodgers were out in front by four games as late as September 16, but were unable to put a lock on it, stumbling as the Giants came on for the tie. But there wouldn't have been a tie or a playoff if Koufax hadn't suffered a strange circulatory ailment in his pitching hand, which took him out of the rotation in mid-July.

After splitting the first two playoff games, the Dodgers took a 4–2 lead into the top of the ninth of the finale, but a tired Ed Roebuck, working for the sixth time in seven days, was unable to hold it. The Giants' rally wasn't as dramatic as in 1951 when it climaxed with Bobby Thomson's home run; through a prosaic combination of walks, singles, a sacrifice fly, and an infield error, they scored four times and left the Dodgers wondering how many times this script was to be re-run.

All in all, it was a wonderful season, except that it ran an inning too long.

TEAM STATISTICS

	W	L	PCT	GB	R	OR	2B	3B	HR	BA	SA	SB	E	DP	FA	CG	B	SO	ShO	SV	ERA
SF	103	62	.624		878	690	235	32	204	.278	.441	73	142	153	.977	62	503	886	10	39	3.79
LA	102	63	.618	1	842	697	192	65	140	.268	.400	198	193	144	.970	44	588	1104	8	46	3.62
CIN	98	64	.605	3.5	802	685	252	40	167	.270	.417	66	145	144	.977	51	567	964	13	35	3.75
PIT	93	68	.578	8	706	626	240	65	108	.268	.394	50	152	177	.976	40	466	897	13	41	3.37
MIL	86	76	.531	15.5	730	665	204	38	181	.252	.403	57	124	154	.980	59	407	802	10	24	3.68
STL	84	78	.519	17.5	774	664	221	31	137	.271	.394	86	132	170	.979	53	517	914	17	25	3.55
PHI	81	80	.503	20	705	759	199	39	142	.260	.390	79	138	167	.977	43	574	863	7	24	4.28
HOU	64	96	.400	36.5	592	717	170	47	105	.246	.351	42	173	149	.973	34	471	1047	9	19	3.83
CHI	59	103	.364	42.5	632	827	196	56	126	.253	.377	78	146	171	.977	29	601	783	4	26	4.54
NY	40	120	.250	60.5	617	948	166	40	139	.240	.361	59	210	167	.967	43	571	772	4	10	5.04
LEAGUE TOTAL					7278	7278	2075	453	1449	.261	.393	788	1555	1596	.975	458	5265	9032	95	289	3.94

INDIVIDUAL PITCHING

PITCHER	T	W	L	PCT	ERA	SV	G	GS	CG	IP	H	BB	SO	R	ER	ShO	H/9	BB/9	SO/9
Don Drysdale	R	25	9	.735	2.83	1	43	41	19	314.1	272	78	232	122	99	2	7.79	2.23	6.64
Johnny Podres	L	15	13	.536	3.81	0	40	40	8	255	270	71	178	121	108	0	9.53	2.51	6.28
Stan Williams	R	14	12	.538	4.46	1	40	28	4	185.2	184	98	108	104	92	1	8.92	4.75	5.24
Sandy Koufax	L	14	7	.667	2.54	1	28	26	11	184.1	134	57	216	61	52	2	6.54	2.78	10.55
Ed Roebuck	R	10	2	.833	3.09	9	64	0	0	119.1	102	54	72	60	41	0	7.69	4.07	5.43
Ron Perranoski	L	6	6	.500	2.85	20	70	0	0	107.1	103	36	68	40	34	0	8.64	3.02	5.70
Larry Sherry	R	7	3	.700	3.20	11	58	0	0	90	81	44	71	40	32	0	8.10	4.40	7.10
Joe Moeller	R	6	5	.545	5.25	1	19	15	1	85.2	87	58	46	55	50	0	9.14	6.09	4.83
Pete Richert	L	5	4	.556	3.87	0	19	12	1	81.1	77	45	75	35	35	0	8.52	4.98	8.30
Phil Ortega	R	0	2	.000	6.88	1	24	3	0	53.2	60	39	30	43	41	0	10.06	6.54	5.03
Jack Smith	R	0	0	—	4.50	1	8	0	0	10	10	4	7	6	5	0	9.00	3.60	6.30
Willard Hunter	L	0	0	—	40.50	0	1	0	0	2	6	4	1	10	9	0	27.00	18.00	4.50
TEAM TOTAL		102	63	.618	3.62	46	414	165	44	1488.2	1386	588	1104	697	598	5	8.38	3.55	6.67

Los Angeles 1963   Won 99 Lost 63 Pct. .611   32

MANAGER	W	L	PCT
Walter Alston	99	63	.611

POS	Player	B	G	AB	H	2B	3B	HR	HR %	R	RBI	BB	SO	SB	Pinch Hit AB	Pinch Hit H	BA	SA
REGULARS																		
1B	Ron Fairly	L	152	490	133	21	0	12	2.4	62	77	58	69	5	5	2	.271	.388
2B	Jim Gilliam	B	148	525	148	27	4	6	1.1	77	49	60	28	19	9	1	.282	.383
SS	Maury Wills	B	134	527	159	19	3	0	0.0	83	34	44	48	**40**	0	0	.302	.349
3B	Ken McMullen	R	79	233	55	9	0	5	2.1	16	28	20	46	1	8	1	.236	.339
RF	Frank Howard	R	123	417	114	16	1	28	6.7	58	64	33	116	1	15	3	.273	.518
CF	Willie Davis	L	156	515	126	19	8	9	1.7	60	60	25	61	25	4	2	.245	.365
LF	Tommy Davis	R	146	556	181	19	3	16	2.9	69	88	29	59	15	3	0	**.326**	.457
C	Johnny Roseboro	L	135	470	111	13	7	9	1.9	50	49	36	50	7	3	1	.236	.351
SUBSTITUTES																		
1B	Bill Skowron	R	89	237	48	8	0	4	1.7	19	19	13	49	0	24	6	.203	.287
S2	Dick Tracewski	R	104	217	49	2	1	1	0.5	23	10	19	39	2	0	0	.226	.258
2B	Nate Oliver	R	65	163	39	2	3	1	0.6	23	9	13	25	3	6	0	.239	.307
2B	Marv Breeding	R	20	36	6	0	0	0	0.0	6	1	2	5	1	1	0	.167	.167
3B	Don Zimmer	R	22	23	5	1	0	1	4.3	4	2	3	10	0	10	2	.217	.391
3B	Daryl Spencer	R	7	9	1	0	0	0	0.0	0	0	3	2	0	4	0	.111	.111
1B	Dick Nen	L	7	8	1	0	0	1	12.5	2	1	3	3	0	4	0	.125	.500
2B	Derrell Griffith	L	1	2	0	0	0	0	0.0	0	0	0	0	0	1	0	.000	.000
OF	Wally Moon	L	122	343	90	13	2	8	2.3	41	48	45	43	5	25	6	.262	.382
O1	Lee Walls	R	64	86	20	1	0	3	3.5	12	11	7	25	0	39	7	.233	.349
OF	Al Ferrara	R	21	44	7	0	0	1	2.3	2	1	6	9	0	8	1	.159	.227
C	Doug Camilli	R	49	117	19	1	1	3	2.6	9	10	11	22	0	3	1	.162	.265
PH	Roy Gleason	B	8	1	1	0	0	0	0.0	3	0	0	0	0	1	1	1.000	2.000
PITCHERS																		
P	Sandy Koufax	R	40	110	7	0	0	1	0.9	3	7	6	51	0	0	0	.064	.091
P	Don Drysdale	R	42	96	16	1	1	0	0.0	5	5	9	35	0	0	0	.167	.198
P	Johnny Podres	L	37	64	9	2	0	1	1.6	6	8	1	11	0	0	0	.141	.219
P	Bob Miller	R	42	57	4	0	0	0	0.0	1	2	2	24	0	0	0	.070	.070
P	Ron Perranoski	L	69	24	3	0	0	0	0.0	1	0	2	15	0	0	0	.125	.125
P	Pete Richert	L	20	22	4	1	0	0	0.0	1	1	1	9	0	0	0	.182	.227
P	Nick Willhite	L	8	10	3	1	0	0	0.0	2	0	0	1	0	0	0	.300	.400
P	Larry Sherry	R	36	9	1	1	0	0	0.0	1	0	2	3	0	0	0	.111	.222
P	Dick Calmus	R	21	6	0	0	0	0	0.0	0	0	0	5	0	0	0	.000	.000
P	Ken Rowe	R	14	5	0	0	0	0	0.0	0	0	0	3	0	0	0	.000	.000
P	Ed Roebuck	R	29	4	1	0	0	0	0.0	1	0	0	0	0	0	0	.250	.250
P	Jack Smith	R	4	2	0	0	0	0	0.0	0	0	0	1	0	0	0	.000	.000
P	Phil Ortega	R	1	0	0	0	0	0	–	0	0	0	0	0	0	0	–	–
P	Dick Scott	R	9	0	0	0	0	0	–	0	0	0	0	0	0	0	–	–
TEAM TOTAL				5428	1361	178	34	110	2.0	64	584	453	867	124	173	34	.251	.357

INDIVIDUAL FIELDING

POS	Player	T	G	PO	A	E	DP	TC/G	FA
1B	R. Fairly	L	119	884	45	5	74	7.8	**.995**
	B. Skowron	R	66	518	34	5	44	8.4	.991
	L. Walls	R	5	42	3	1	2	9.2	.978
	D. Nen	L	5	22	0	0	0	4.4	1.000
2B	J. Gilliam	R	119	242	277	8	61	4.4	.985
	N. Oliver	R	57	109	112	9	26	4.0	.961
	M. Breeding	R	17	15	20	1	0	2.1	.972
	D. Tracewski	R	23	13	20	1	2	1.5	.971
	D. Griffith	R	1	0	0	0	0	0.0	.000
	D. Zimmer	R	1	0	2	0	0	2.0	1.000
	K. McMullen	R	1	1	0	0	0	1.0	1.000
SS	M. Wills	R	109	171	322	21	47	4.7	.959
	D. Tracewski	R	81	92	196	13	32	3.7	.957
	N. Oliver	R	2	2	2	0	0	2.0	1.000
	D. Zimmer	R	1	0	1	1	0	2.0	.500
	M. Breeding	R	1	0	1	0	0	1.0	1.000
3B	K. McMullen	R	71	47	133	13	8	2.7	.933
	J. Gilliam	R	55	25	66	5	6	1.7	.948
	T. Davis	R	40	23	60	9	7	2.3	.902
	M. Wills	R	33	26	59	5	7	2.7	.944
	M. Breeding	R	1	0	0	0	0	0.0	.000
	B. Skowron	R	1	0	0	0	0	0.0	.000
	D. Zimmer	R	10	3	11	1	0	1.5	.933
	L. Walls	R	2	1	9	0	1	5.0	1.000
	D. Spencer	R	3	2	3	0	0	1.7	1.000

POS	Player	T	G	PO	A	E	DP	TC/G	FA
OF	W. Davis	L	153	337	16	8	3	2.4	.978
	F. Howard	R	111	190	4	8	0	1.8	.960
	T. Davis	R	129	181	7	6	3	1.5	.969
	W. Moon	R	96	125	2	5	0	1.4	.962
	R. Fairly	L	45	62	3	2	0	1.5	.970
	L. Walls	R	18	12	0	0	0	0.7	1.000
	A. Ferrara	R	11	18	1	1	0	1.8	.950
	K. McMullen	R	1	0	1	0	0	1.0	1.000
C	J. Roseboro	R	134	908	66	8	6	7.3	.992
	D. Camilli	R	47	285	15	7	1	6.5	.977

Despite a six-game margin at the end, the Dodgers were in a tight pennant race with the Cardinals throughout most of the year. The Cards made life miserable for the Dodgers with a late August–early September splurge of 19 wins in 20 games. On September 16, the Dodgers went into St. Louis for a three-game series, holding a one-game lead. Alston's gang swept all three, all but burning the bridges behind them.

The difference between the heartbreak of 1962 and the triumph of 1963 was the year-long good health of Sandy Koufax. In 40 starts, the smoke-throwing lefty was 25–5, with 306 strikeouts, 11 shutouts, and a 1.88 ERA. Included in the year's trophies for Sandy was what would become almost an annual event: a no-hitter, this one against the Giants (the most powerful lineup in the league) on May 11. His near-invincible season earned Koufax both the MVP and Cy Young Awards.

The Dodgers met a familiar rival in the World Series: their seven-time October opponents, the New York Yankees. Six of those times it was the Yankees who uncorked the champagne. But this time the New Yorkers were completely throttled by some of the most suffocating pitching ever seen in a World Series. Koufax fanned a Series-record 15 (since broken) in a 5–2 first-game win. Then it was Podres, with ninth-inning help from Perranoski, winning, 4–1. Game 3 saw Drysdale win, 1–0, and then Koufax came back and wrapped it up by edging Whitey Ford, 2–1. Alston's staff held the Yankees to a paltry .171 batting average in the four-game sweep. So what if the Dodgers batted only .214 themselves?

TEAM STATISTICS

	W	L	PCT	GB	R	OR	2B	3B	HR	BA	SA	SB	E	DP	FA	CG	B	SO	ShO	SV	ERA
LA	99	63	.611		640	550	178	34	110	.251	.357	124	159	129	.975	51	402	1095	24	29	2.85
STL	93	69	.574	6	747	628	231	66	128	.271	.403	77	147	136	.976	49	463	978	17	32	3.32
SF	88	74	.543	11	725	641	206	35	197	.258	.414	55	156	113	.975	46	464	954	9	30	3.35
PHI	87	75	.537	12	642	578	228	54	126	.252	.381	56	142	147	.978	45	553	1052	12	31	3.09
CIN	86	76	.531	13	648	594	225	44	122	.246	.371	92	135	127	.978	55	425	1048	22	36	3.29
MIL	84	78	.519	15	677	603	204	39	139	.244	.370	75	129	161	.980	56	489	924	18	25	3.26
CHI	82	80	.506	17	570	578	205	44	127	.238	.363	68	155	172	.976	45	400	851	15	28	3.08
PIT	74	88	.457	25	567	595	181	49	108	.250	.359	57	182	195	.972	34	457	900	16	33	3.10
HOU	66	96	.407	33	464	640	170	39	62	.220	.301	39	162	100	.974	36	378	937	16	20	3.44
NY	51	111	.315	48	501	774	156	35	96	.219	.315	41	210	151	.967	42	529	806	5	12	4.12
LEAGUE TOTAL					6181	6181	1984	439	1215	.245	.364	684	1577	1431	.975	459	4560	9545	154	276	3.29

INDIVIDUAL PITCHING

PITCHER	T	W	L	PCT	ERA	SV	G	GS	CG	IP	H	BB	SO	R	ER	ShO	H/9	BB/9	SO/9
Don Drysdale	R	19	17	.528	2.63	0	42	42	17	315.1	287	57	251	114	92	3	8.19	1.63	7.16
Sandy Koufax	L	25	5	.833	1.88	0	40	40	20	311	214	58	306	68	65	11	6.19	1.68	8.86
Johnny Podres	L	14	12	.538	3.54	1	37	34	10	198.1	196	64	134	91	78	5	8.89	2.90	6.08
Bob Miller	R	10	8	.556	2.89	1	42	23	2	187	171	65	125	71	60	0	8.23	3.13	6.02
Ron Perranoski	L	16	3	.842	1.67	21	69	0	0	129	112	43	75	30	24	0	7.81	3.00	5.23
Larry Sherry	R	2	6	.250	3.73	3	36	3	0	79.2	82	24	47	43	33	0	9.26	2.71	5.31
Pete Richert	L	5	3	.625	4.50	0	20	12	1	78	80	28	54	40	39	0	9.23	3.23	6.23
Dick Calmus	R	3	1	.750	2.66	0	21	1	0	44	32	16	25	14	13	0	6.55	3.27	5.11
Ed Roebuck	R	2	4	.333	4.24	0	29	0	0	40.1	54	21	26	25	19	0	12.05	4.69	5.80
Nick Willhite	L	2	3	.400	3.79	0	8	8	1	38	44	10	28	19	16	1	10.42	2.37	6.63
Ken Rowe	R	1	1	.500	2.93	1	14	0	0	27.2	28	11	12	16	9	0	9.11	3.58	3.90
Dick Scott	L	0	0	–	6.75	2	9	0	0	12	17	3	6	10	9	0	12.75	2.25	4.50
Jack Smith	R	0	0	–	7.56	0	4	0	0	8.1	10	2	5	7	7	0	10.80	2.16	5.40
Phil Ortega	R	0	0	–	18.00	0	1	0	0	1	2	0	1	2	2	0	18.00	0.00	9.00
TEAM TOTAL		99	63	.611	2.85	29	372	163	51	1469.2	1329	402	1095	550	466	20	8.14	2.46	6.71

Los Angeles 1964

Won 80 Lost 82 Pct. .494

MANAGER	W	L	PCT
Walter Alston	80	82	.494

POS	Player	B	G	AB	H	2B	3B	HR	HR%	R	RBI	BB	SO	SB	Pinch Hit AB	H	BA	SA
REGULARS																		
1B	Ron Fairly	L	150	454	116	19	5	10	2.2	62	74	65	59	4	9	2	.256	.385
2B	Nate Oliver	R	99	321	78	9	0	0	0.0	28	21	31	57	7	1	0	.243	.271
SS	Maury Wills	B	158	630	173	15	5	2	0.3	81	34	41	73	53	4	0	.275	.324
3B	Jim Gilliam	B	116	334	76	8	3	2	0.6	44	27	42	21	4	13	3	.228	.287
RF	Frank Howard	R	134	433	98	13	2	24	5.5	60	69	51	113	1	10	0	.226	.432
CF	Willie Davis	L	157	613	180	23	7	12	2.0	91	77	22	59	42	1	0	.294	.413
LF	Tommy Davis	R	152	592	163	20	5	14	2.4	70	86	29	68	11	4	2	.275	.397
C	Johnny Roseboro	L	134	414	119	24	1	3	0.7	42	45	44	61	3	12	4	.287	.372
SUBSTITUTES																		
UT	Dick Tracewski	R	106	304	75	13	4	1	0.3	31	26	31	61	3	4	2	.247	.326
3O	Derrell Griffith	L	78	238	69	16	2	4	1.7	27	23	5	21	5	12	1	.290	.424
3B	Johnny Werhas	R	29	83	16	2	1	0	0.0	6	8	13	12	0	1	0	.193	.241
UT	Ken McMullen	R	24	67	14	0	0	1	1.5	3	2	3	7	0	6	0	.209	.254
3S	Bart Shirley	R	18	62	17	1	1	0	0.0	6	7	4	8	0	0	0	.274	.323
O1	Wes Parker	B	124	214	55	7	1	3	1.4	29	10	14	45	5	30	6	.257	.341
OF	Wally Moon	L	68	118	26	2	1	2	1.7	8	9	12	22	1	43	8	.220	.305
OF	Lee Walls	R	37	28	5	1	0	0	0.0	1	3	2	12	0	28	5	.179	.214
OF	Willie Crawford	L	10	16	5	1	0	0	0.0	3	0	1	7	1	3	1	.313	.375
C	Doug Camilli	R	50	123	22	3	0	0	0.0	1	10	8	19	0	3	0	.179	.203
C	Jeff Torborg	R	28	43	10	1	1	0	0.0	4	4	3	8	0	1	0	.233	.302
PITCHERS																		
P	Don Drysdale	R	40	110	19	2	0	1	0.9	10	8	4	29	0	0	0	.173	.218
P	Sandy Koufax	R	29	74	7	0	0	0	0.0	3	1	3	32	0	0	0	.095	.095
P	Joe Moeller	R	27	45	3	0	0	0	0.0	1	0	1	19	0	0	0	.067	.067
P	Phil Ortega	R	35	44	6	0	0	0	0.0	1	3	1	24	0	0	0	.136	.136
P	Larry Miller	L	16	26	7	0	0	0	0.0	0	2	0	4	0	0	0	.269	.269
P	Jim Brewer	L	34	22	6	0	0	0	0.0	0	3	1	10	0	0	0	.273	.273
P	Howie Reed	R	26	20	2	0	0	0	0.0	0	1	2	12	0	0	0	.100	.100
P	Bob Miller	R	74	19	3	0	0	0	0.0	1	0	2	7	0	0	0	.158	.158
P	Ron Perranoski	L	72	19	2	0	0	0	0.0	1	0	1	8	0	0	0	.105	.105
P	Pete Richert	L	8	11	1	0	0	0	0.0	0	1	0	5	1	0	0	.091	.091
P	Nick Willhite	L	10	11	0	0	0	0	0.0	0	0	2	7	0	0	0	.000	.000
P	Bill Singer	R	2	6	1	0	0	0	0.0	0	0	0	2	0	0	0	.167	.167
P	John Purdin	R	3	5	1	0	0	0	0.0	0	1	0	1	0	0	0	.200	.200
P	Johnny Podres	L	2	0	0	0	0	0	—	0	0	0	0	0	0	0	—	—
TEAM TOTAL				5499	1375	180	39	79	1.4	61	555	438	893	141	185	34	.250	.340

INDIVIDUAL FIELDING

POS	Player	T	G	PO	A	E	DP	TC/G	FA
1B	R. Fairly	L	141	1081	82	15	89	8.4	.987
	W. Parker	L	31	260	24	4	18	9.3	.986
	K. McMullen	R	13	101	7	1	7	8.4	.991
2B	N. Oliver	R	98	194	247	15	44	4.7	.967
	D. Tracewski	R	56	98	130	7	24	4.2	.970
	J. Gilliam	R	25	47	50	6	8	4.1	.942
SS	M. Wills	R	149	273	422	27	77	4.8	.963
	D. Tracewski	R	19	25	42	4	9	3.7	.944
	N. Oliver	R	1	0	0	0	0	0.0	.000
	B. Shirley	R	8	13	29	1	5	5.4	.977
3B	J. Gilliam	R	86	54	121	12	7	2.2	.936
	D. Griffith	R	35	15	55	21	3	2.6	.769
	J. Werhas	R	28	30	49	4	4	3.0	.952
	D. Tracewski	R	30	29	46	4	2	2.6	.949
	B. Shirley	R	10	6	12	2	0	2.0	.900
	K. McMullen	R	4	4	2	2	0	2.0	.750
	M. Wills	R	6	2	6	0	0	1.3	1.000

POS	Player	T	G	PO	A	E	DP	TC/G	FA
OF	W. Davis	L	155	400	16	7	2	2.7	.983
	T. Davis	R	148	264	9	5	1	1.9	.982
	F. Howard	R	122	183	2	4	0	1.5	.979
	W. Parker	L	69	66	2	2	0	1.0	.971
	D. Griffith	R	29	42	1	2	0	1.6	.956
	W. Moon	R	23	33	0	0	0	1.4	1.000
	J. Gilliam		2	0	0	0	0	0.0	.000
	W. Crawford	L	4	7	0	0	0	1.8	1.000
	K. McMullen	R	3	1	0	0	0	0.3	1.000
	L. Walls	R	6	1	0	0	0	0.2	1.000
C	J. Roseboro	R	128	809	64	6	8	6.9	.993
	D. Camilli	R	46	266	19	3	0	6.3	.990
	J. Torborg	R	27	80	4	2	1	3.2	.977
	L. Walls	R	1	0	0	0	0	0.0	.000

Los Angeles 1964

Walter Alston's World Champions stumbled coming out of the starting gate in 1964 and never caught up, limping in for a sixth-place tie with Pittsburgh. Somebody pulled the plug on their power, as they hit just 79 home runs all season, 24 by Frank Howard. Tommy Davis dropped to .275, Gilliam to .228, and Howard to .226.

Koufax was 19–5, took a third straight ERA title with a 1.74 mark, and led with seven shutouts despite being disabled in mid-August when he jammed his left elbow diving into second base. On June 4, Sandy pitched his third no-hitter, a 3–0 backhanding of the Phillies. The club's tepid attack was reflected in Drysdale's record: despite a glittering 2.18 ERA, the big right-hander labored through an 18–16 season, with four of his defeats coming by 1–0 scores. Outside of their Big Two, no other Dodger pitcher won more than seven games. The season was a washout for Johnny Podres; an elbow injury kept the veteran lefty out of all but two games.

Wills continued his wanton ways on the base paths, leading the league with 53 steals, with Willie Davis close behind at 42. The two speedsters together outstole every team in the league, which still hadn't caught on to the Wills revolution, with only Lou Brock (43 steals for the Cubs and Cardinals) taking the hint.

Two new men of note joined the team: a smooth-fielding, switch-hitting first baseman-outfielder named Wes Parker, who batted .257, and screwballing left-handed reliever Jim Brewer, who had been finessed away from the Cubs in another of general manager Buzzy Bavasi's good trades (for pitcher Dick Scott).

Bavasi went to market again that December, surprising everyone by trading his premier longballer Frank Howard to Washington along with right-hander Phil Ortega, lefty Pete Richert, and third baseman Ken McMullen. In return the Dodgers obtained left-hander Claude Osteen and infielder John Kennedy. "Sure we needed power," Alston explained to a writer. "But Podres was uncertain and we needed another starter. You always begin with good pitching, and Osteen was a good one."

TEAM STATISTICS

	W	L	PCT	GB	R	OR	2B	3B	HR	BA	SA	SB	E	DP	FA	CG	B	SO	ShO	SV	ERA
STL	93	69	.574		715	652	240	53	109	.272	.392	73	172	147	.973	47	410	877	10	38	3.43
CIN	92	70	.568	1	660	566	220	38	130	.249	.372	90	130	137	.979	54	436	1122	14	35	3.07
PHI	92	70	.568	1	693	632	241	51	130	.258	.391	30	157	150	.975	37	440	1009	17	41	3.36
SF	90	72	.556	3	656	587	185	38	165	.246	.382	64	159	136	.975	48	480	1023	17	30	3.19
MIL	88	74	.543	5	803	744	274	32	159	.272	.418	53	143	139	.977	45	452	906	14	39	4.12
LA	80	82	.494	13	614	572	180	39	79	.250	.340	141	170	126	.973	47	458	1062	19	27	2.95
PIT	80	82	.494	13	663	636	225	54	121	.264	.389	39	177	179	.972	42	476	951	14	29	3.52
CHI	76	86	.469	17	649	724	239	50	145	.251	.390	70	162	147	.975	58	423	737	11	19	4.08
HOU	66	96	.407	27	495	628	162	41	70	.229	.315	40	149	124	.976	30	353	852	9	31	3.41
NY	53	109	.327	40	569	776	195	31	103	.246	.348	36	167	154	.974	40	466	717	10	15	4.25
LEAGUE TOTAL					6517	6517	2161	427	1211	.254	.374	636	1586	1439	.975	448	4394	9256	135	304	3.54

INDIVIDUAL PITCHING

PITCHER	T	W	L	PCT	ERA	SV	G	GS	CG	IP	H	BB	SO	R	ER	ShO	H/9	BB/9	SO/9
Don Drysdale	R	18	16	.529	2.18	0	40	40	21	321.1	242	68	237	91	78	5	6.78	1.90	6.64
Sandy Koufax	L	19	5	.792	1.74	1	29	28	15	223	154	53	223	49	43	7	6.22	2.14	9.00
Phil Ortega	R	7	9	.438	4.00	1	34	25	4	157.1	149	56	107	74	70	3	8.52	3.20	6.12
Joe Moeller	R	7	13	.350	4.21	0	27	24	1	145.1	153	31	97	89	68	0	9.47	1.92	6.01
Bob Miller	R	7	7	.500	2.62	9	74	2	0	137.2	115	63	94	49	40	0	7.52	4.12	6.15
Ron Perranoski	L	5	7	.417	3.09	14	72	0	0	125.1	128	46	79	62	43	0	9.19	3.30	5.67
Jim Brewer	L	4	3	.571	3.00	1	34	5	1	93	79	25	63	33	31	1	7.65	2.42	6.10
Howie Reed	R	3	4	.429	3.20	1	26	7	0	90	79	36	52	34	32	0	7.90	3.60	5.20
Larry Miller	L	4	8	.333	4.18	0	16	14	1	79.2	87	28	50	44	37	0	9.83	3.16	5.65
Nick Willhite	L	2	4	.333	3.71	0	10	7	2	43.2	43	13	24	19	18	0	8.86	2.68	4.95
Pete Richert	L	2	3	.400	4.15	0	8	6	1	34.2	38	18	25	17	16	1	9.87	4.67	6.49
John Purdin	R	2	0	1.000	0.56	0	3	2	1	16	6	6	8	1	1	1	3.38	3.38	4.50
Bill Singer	R	0	1	.000	3.21	0	2	2	0	14	11	12	3	5	5	0	7.07	7.71	1.93
Johnny Podres	L	0	2	.000	16.88	0	2	2	0	2.2	5	3	0	5	5	0	16.88	10.13	0.00
TEAM TOTAL		80	82	.494	2.95	27	377	164	47	1483.2	1289	458	1062	572	487	18	7.82	2.78	6.44

Los Angeles 1965　　Won 97　Lost 65　Pct. .599

MANAGER	W	L	PCT
Walter Alston	97	65	.599

POS	Player	B	G	AB	H	2B	3B	HR	HR%	R	RBI	BB	SO	SB	Pinch Hit AB	H	BA	SA
REGULARS																		
1B	Wes Parker	B	154	542	129	24	7	8	1.5	80	51	75	95	13	1	1	.238	.352
2B	Jim Lefebvre	B	157	544	136	21	4	12	2.2	57	69	71	92	3	2	1	.250	.369
3B	John Kennedy	R	104	105	18	3	0	1	1.0	12	5	8	33	1	3	0	.171	.229
RF	Ron Fairly	L	158	555	152	28	1	9	1.6	73	70	76	72	2	3	0	.274	.377
CF	Willie Davis	L	142	558	133	24	3	10	1.8	52	57	14	81	25	2	1	.238	.346
LF	Lou Johnson	R	131	468	121	24	1	12	2.6	57	58	24	81	15	2	0	.259	.391
C	Johnny Roseboro	L	136	437	102	10	0	8	1.8	42	57	34	51	1	9	4	.233	.311
SUBSTITUTES																		
SS	Maury Wills	B	158	650	186	14	7	0	0.0	92	33	40	64	94	2	0	.286	.329
3O	Jim Gilliam	B	111	372	104	19	4	4	1.1	54	39	53	31	9	7	1	.280	.384
32	Dick Tracewski	R	78	186	40	6	0	1	0.5	17	20	25	30	2	8	1	.215	.263
3B	Don LeJohn	R	34	78	20	2	0	0	0.0	2	7	5	13	0	10	2	.256	.282
1B	Johnny Werhas	R	4	3	0	0	0	0	0.0	1	0	1	2	0	2	0	.000	.000
2B	Nate Oliver	R	8	1	1	0	0	0	0.0	3	0	0	0	1	0	0	1.000	1.000
OF	Wally Moon	L	53	89	18	3	0	1	1.1	6	11	13	22	2	25	5	.202	.270
OF	Al Ferrara	R	41	81	17	2	1	1	1.2	5	10	9	20	0	12	3	.210	.296
OF	Tommy Davis	R	17	60	15	1	1	0	0.0	3	9	2	4	2	1	0	.250	.300
OF	Derrell Griffith	L	22	41	7	0	0	1	2.4	3	2	0	9	0	8	2	.171	.244
OF	Willie Crawford	L	52	27	4	0	0	0	0.0	10	0	2	8	2	13	0	.148	.148
OF	Dick Smith	R	10	6	0	0	0	0	0.0	0	1	0	3	0	0	0	.000	.000
C	Jeff Torborg	R	56	150	36	5	1	3	2.0	8	13	10	26	0	6	1	.240	.347
C	Hector Valle	R	9	13	4	0	0	0	0.0	1	2	2	3	0	2	1	.308	.308
PITCHERS																		
P	Don Drysdale	R	58	130	39	4	1	7	5.4	18	19	5	34	0	12	3	.300	.508
P	Sandy Koufax	R	43	113	20	2	0	0	0.0	4	7	10	44	0	0	0	.177	.195
P	Claude Osteen	L	42	99	12	0	1	0	0.0	6	2	3	32	0	2	0	.121	.141
P	Johnny Podres	L	27	45	8	0	0	0	0.0	1	2	1	8	0	0	0	.178	.178
P	Ron Perranoski	L	59	19	3	0	0	0	0.0	0	0	2	7	0	0	0	.158	.158
P	Bob Miller	R	61	16	0	0	0	0	0.0	0	0	0	10	0	0	0	.000	.000
P	Howie Reed	R	38	12	0	0	0	0	0.0	0	1	4	10	0	0	0	.000	.000
P	Jim Brewer	L	20	10	0	0	0	0	0.0	0	0	0	2	0	0	0	.000	.000
P	Nick Willhite	L	15	10	4	1	0	0	0.0	1	3	3	3	0	0	0	.400	.500
P	John Purdin	R	11	3	0	0	0	0	0.0	0	0	0	1	0	0	0	.000	.000
P	Mike Kekich	R	5	2	0	0	0	0	0.0	0	0	0	0	0	0	0	.000	.000
P	Bill Singer	R	2	0	0	0	0	0	—	0	0	0	0	0	0	0	—	—
TEAM TOTAL				5425	1329	193	32	78	1.4	60	548	492	891	172	132	26	.245	.335

INDIVIDUAL FIELDING

POS	Player	T	G	PO	A	E	DP	TC/G	FA
1B	W. Parker	L	154	1434	95	5	112	10.0	**.997**
	R. Fairly	L	13	99	6	1	6	8.2	.991
	J. Werhas	R	1	3	0	0	0	3.0	1.000
2B	J. Lefebvre	R	156	349	429	24	91	5.1	.970
	D. Tracewski	R	14	14	11	1	1	1.9	.962
	J. Gilliam	R	5	6	7	1	2	2.8	.929
	N. Oliver	R	2	2	1	0	0	1.5	1.000
SS	M. Wills	R	155	267	535	25	89	5.3	.970
	D. Tracewski	R	7	7	18	4	0	4.1	.862
	J. Kennedy	R	5	5	10	1	1	3.2	.938
3B	J. Gilliam	R	80	55	135	8	13	2.5	.960
	D. Tracewski	R	53	30	103	7	6	2.6	.950
	J. Kennedy	R	95	35	64	3	5	1.1	.971
	D. LeJohn	R	26	9	38	2	2	1.9	.959
	J. Roseboro	R	1	0	0	0	0	0.0	.000

POS	Player	T	G	PO	A	E	DP	TC/G	FA
OF	W. Davis	L	141	318	6	11	1	2.4	.967
	R. Fairly	L	148	262	7	5	1	1.9	.982
	L. Johnson	R	128	199	3	3	2	1.6	.985
	A. Ferrara	R	27	38	0	3	0	1.5	.927
	W. Moon	R	23	25	1	0	0	1.1	1.000
	J. Gilliam	R	22	24	0	1	0	1.1	.960
	T. Davis	R	16	21	1	0	1	1.4	1.000
	W. Parker	L	1	0	0	0	0	0.0	.000
	D. Griffith	R	11	17	0	0	0	1.5	1.000
	W. Crawford	L	8	7	0	0	0	0.9	1.000
	D. Smith	R	9	1	0	0	0	0.1	1.000
C	J. Roseboro	R	131	824	55	5	7	6.7	.994
	J. Torborg	R	53	300	19	3	1	6.1	.991
	H. Valle	R	6	20	1	0	0	3.5	1.000

Los Angeles 1965

It was the year Tommy Davis broke his ankle on May 1 and was lost for the season, the year the Dodgers hit the fewest home runs in the league, were outscored by seven teams, and outhit by six—and won the World Championship.

To replace Davis, the Dodgers brought up Lou Johnson. The 31-year-old journeyman hustled all year and batted .259, an average inlaid with many glittering performances. With Parker installed at first base, Rookie of the Year Jim Lefebvre at second, Wills at short, and Jim Gilliam at third, Alston had baseball's only all-switch-hitting infield ever. Wills kept the burners going all year, swiping 94 bases, more than any team in the league with the exception of the Cardinals. Maury's .286 average led the team.

Koufax zoomed to a 26–8 record, a fourth straight ERA title, and for good luck pitched a record fourth no-hitter, this one a perfect game against the Cubs on September 9. It was a 1–0 affair, with Chicago's Bob Hendley allowing just one hit of his own. Drysdale was 23–12, Osteen was 15–15, and Perranoski, Brewer, Howie Reed and Bob Miller provided a deep and effective bullpen.

The steamy pennant race against the Giants erupted in an ugly incident on August 22, in San Francisco. The Giants' Juan Marichal had been throwing close to Dodger hitters, and when the pitcher came to bat, Johnny Roseboro's return throws to the mound were, Marichal felt, a bit close to Juan's head. Thus riled, Marichal smacked Roseboro on the head with the bat, and a lively fracas ensued. Marichal was subsequently suspended for eight days and fined $1,750.

Behind on September 20 by four games, the Dodgers caught up, took the top spot on the 28th, and clinched it on October 2 when Koufax, working on two days' rest, beat the Braves, 3–1, fanning 15. They then won the World Series against the Minnesota Twins in seven games, with Koufax taking Game 7, again on two days' rest, in a 2–0 whitewash.

TEAM STATISTICS

	W	L	PCT	GB	R	OR	2B	3B	HR	BA	SA	SB	E	DP	FA	CG	B	SO	ShO	SV	ERA
LA	97	65	.599		608	521	193	32	78	.245	.335	172	134	135	.979	58	425	1079	23	34	2.81
SF	95	67	.586	2	682	593	169	43	159	.252	.385	47	148	124	.976	42	408	1060	17	42	3.20
PIT	90	72	.556	7	675	580	217	57	111	.265	.382	51	152	189	.977	49	469	882	17	27	3.01
CIN	89	73	.549	8	825	704	268	61	183	.273	.439	82	117	142	.981	43	587	1113	9	34	3.88
MIL	86	76	.531	11	708	633	243	28	196	.256	.416	64	140	145	.978	43	541	966	4	38	3.52
PHI	85	76	.528	11.5	654	667	205	53	144	.250	.384	46	157	153	.975	50	466	1071	18	21	3.53
STL	80	81	.497	16.5	707	674	234	46	109	.254	.371	100	130	152	.979	40	467	916	11	35	3.77
CHI	72	90	.444	25	635	723	202	33	134	.238	.358	65	171	166	.974	33	481	855	9	35	3.78
HOU	65	97	.401	32	569	711	188	42	97	.237	.340	90	166	130	.974	29	388	931	7	26	3.84
NY	50	112	.309	47	495	752	203	27	107	.221	.327	28	171	153	.974	29	498	776	11	14	4.06
LEAGUE TOTAL					6558	6558	2122	422	1318	.249	.374	745	1486	1489	.977	416	4730	9649	126	306	3.54

INDIVIDUAL PITCHING

PITCHER	T	W	L	PCT	ERA	SV	G	GS	CG	IP	H	BB	SO	R	ER	ShO	H/9	BB/9	SO/9
Sandy Koufax	L	26	8	.765	2.04	2	43	41	27	335.2	216	71	382	90	76	8	5.79	1.90	10.24
Don Drysdale	R	23	12	.657	2.77	1	44	42	20	308.1	270	66	210	113	95	7	7.88	1.93	6.13
Claude Osteen	L	15	15	.500	2.79	0	40	40	9	287	253	78	162	95	89	1	7.93	2.45	5.08
Johnny Podres	L	7	6	.538	3.43	1	27	22	2	134	126	39	63	57	51	1	8.46	2.62	4.23
Ron Perranoski	L	6	6	.500	2.24	17	59	0	0	104.2	85	40	53	28	26	0	7.31	3.44	4.56
Bob Miller	R	6	7	.462	2.97	9	61	1	0	103	82	26	77	37	34	0	7.17	2.27	6.73
Howie Reed	R	7	5	.583	3.12	1	38	5	0	78	73	27	47	31	27	0	8.42	3.12	5.42
Jim Brewer	L	3	2	.600	1.82	2	19	2	0	49.1	33	28	31	13	10	0	6.02	5.11	5.66
Nick Willhite	L	2	2	.500	5.36	1	15	6	0	42	47	22	28	26	25	0	10.07	4.71	6.00
John Purdin	R	2	1	.667	6.75	0	11	2	0	22.2	26	13	16	19	17	0	10.32	5.16	6.35
Mike Kekich	L	0	1	.000	9.58	0	5	1	0	10.1	10	13	9	12	11	0	8.71	11.32	7.84
Bill Singer	R	0	0	–	0.00	0	2	0	0	1	2	2	1	0	0	0	18.00	18.00	9.00
TEAM TOTAL		97	65	.599	2.81	34	364	162	58	1476	1223	425	1079	521	461	17	7.46	2.59	6.58

Los Angeles 1966 — Won 95 Lost 67 Pct. .586

MANAGER	W	L	PCT
Walter Alston	95	67	.586

POS	Player	B	G	AB	H	2B	3B	HR	HR%	R	RBI	BB	SO	SB	Pinch Hit AB	Pinch Hit H	BA	SA
REGULARS																		
1B	Wes Parker	B	156	475	120	17	5	12	2.5	67	51	69	83	7	7	1	.253	.385
2B	Jim Lefebvre	B	152	544	149	23	3	24	4.4	69	74	48	72	1	3	1	.274	.460
SS	Maury Wills	B	143	594	162	14	2	1	0.2	60	39	34	60	38	1	0	.273	.308
3B	John Kennedy	R	125	274	55	9	2	3	1.1	15	24	10	64	1	1	0	.201	.281
RF	Ron Fairly	L	117	351	101	20	0	14	4.0	53	61	52	38	3	6	2	.288	.464
CF	Willie Davis	L	153	624	177	31	6	11	1.8	74	61	15	68	21	0	0	.284	.405
LF	Lou Johnson	R	152	526	143	20	2	17	3.2	71	73	21	75	8	1	0	.272	.414
C	Johnny Roseboro	L	142	445	123	23	2	9	2.0	47	53	44	51	3	8	1	.276	.398
SUBSTITUTES																		
3B	Jim Gilliam	B	88	235	51	9	0	1	0.4	30	16	34	17	2	22	3	.217	.268
2B	Nate Oliver	R	80	119	23	2	0	0	0.0	17	3	13	17	3	3	1	.193	.210
1B	Dick Stuart	R	38	91	24	1	0	3	3.3	4	9	11	17	0	11	3	.264	.374
3B	Dick Schofield	B	20	70	18	0	0	0	0.0	10	4	8	8	1	0	0	.257	.257
SS	Bart Shirley	R	12	5	1	0	0	0	0.0	2	0	0	2	0	4	1	.200	.200
1B	Tom Hutton	L	3	2	0	0	0	0	0.0	0	0	0	0	0	0	0	.000	.000
OF	Tommy Davis	R	100	313	98	11	1	3	1.0	27	27	16	36	3	22	5	.313	.383
OF	Al Ferrara	R	63	115	31	4	0	5	4.3	15	23	9	35	0	31	5	.270	.435
OF	Jim Barbieri	L	39	82	23	5	0	0	0.0	9	3	9	7	2	17	4	.280	.341
OF	Wes Covington	L	37	33	4	0	1	1	3.0	1	6	6	5	0	27	4	.121	.273
OF	Derrell Griffith	L	23	15	1	0	0	0	0.0	0	3	2	3	0	9	1	.067	.067
C	Jeff Torborg	R	46	120	27	3	0	1	0.8	4	13	10	23	0	2	0	.225	.275
C	Jim Campanis	R	1	1	0	0	0	0	0.0	0	0	0	0	0	1	0	.000	.000
PH	Willie Crawford	L	6	0	0	0	0	0	—	1	0	0	0	0	0	0	—	—
PITCHERS																		
P	Sandy Koufax	R	41	118	9	3	0	0	0.0	5	5	5	57	0	0	0	.076	.102
P	Don Drysdale	R	46	106	20	2	0	2	1.9	6	8	3	28	0	6	0	.189	.264
P	Don Sutton	R	38	82	15	2	0	0	0.0	4	2	1	27	0	0	0	.183	.207
P	Claude Osteen	L	39	76	16	1	2	1	1.3	8	6	5	18	1	0	0	.211	.316
P	Phil Regan	R	65	21	3	0	0	0	0.0	0	2	0	3	0	0	0	.143	.143
P	Bob Miller	R	46	13	1	0	0	0	0.0	0	0	1	0	4	0	0	.077	.077
P	Joe Moeller	R	29	12	2	0	0	0	0.0	1	0	2	5	0	0	0	.167	.167
P	Ron Perranoski	L	55	8	2	1	1	0	0.0	1	1	0	5	0	0	0	.250	.625
P	Howie Reed	R	1	1	0	0	0	0	0.0	0	0	0	1	0	0	0	.000	.000
P	Jim Brewer	L	13	0	0	0	0	—	—	0	0	0	0	0	0	0	—	—
P	Johnny Podres	L	1	0	0	0	0	0	—	0	0	0	0	0	0	0	—	—
P	Bill Singer	R	3	0	0	0	0	0	—	0	0	0	0	0	0	0	—	—
P	Nick Willhite	L	6	0	0	0	0	0	—	0	0	0	0	0	0	0	—	—
TEAM TOTAL				5471	1399	201	27	108	2.0	60	565	430	830	94	182	32	.256	.362

INDIVIDUAL FIELDING

POS	Player	T	G	PO	A	E	DP	TC/G	FA
1B	W. Parker	L	140	1118	70	9	74	8.6	.992
	D. Stuart	R	25	191	21	2	16	8.6	.991
	R. Fairly	L	25	154	12	1	20	6.7	.994
	T. Hutton	L	3	2	0	0	0	0.7	1.000
	J. Gilliam	R	2	1	0	0	0	0.5	1.000
2B	J. Lefebvre	R	119	246	332	12	59	5.0	.980
	N. Oliver	R	68	99	114	5	22	3.2	.977
	J. Kennedy	R	15	26	26	0	7	3.5	1.000
	J. Gilliam	R	2	2	0	0	0	1.0	1.000
SS	M. Wills	R	139	227	453	23	79	5.1	.967
	J. Kennedy	R	28	37	57	2	15	3.4	.979
	N. Oliver	R	2	0	0	0	0	0.0	.000
	D. Schofield	R	3	2	5	0	2	2.3	1.000
	B. Shirley	R	5	3	2	0	0	1.0	1.000
3B	J. Kennedy	R	87	39	127	6	10	2.0	.965
	J. Gilliam	R	70	40	103	7	8	2.1	.953
	J. Lefebvre	R	40	22	57	4	4	2.1	.952
	D. Schofield	R	19	9	39	4	0	2.7	.923
	M. Wills	R	4	4	7	0	1	2.8	1.000
	T. Davis	R	2	1	4	0	0	2.5	1.000
	N. Oliver	R	1	0	0	1	0	1.0	.000

POS	Player	T	G	PO	A	E	DP	TC/G	FA
OF	W. Davis	L	152	347	9	11	0	2.4	.970
	L. Johnson	R	148	249	8	4	2	1.8	.985
	R. Fairly	L	98	110	2	3	0	1.2	.974
	T. Davis	R	79	98	5	3	1	1.3	.972
	A. Ferrara	R	32	43	0	2	0	1.4	.956
	J. Barbieri	R	20	29	2	2	1	1.7	.939
	W. Parker	L	14	31	0	0	0	2.2	1.000
	D. Griffith	R	7	5	0	0	0	0.7	1.000
	W. Covington	R	2	1	0	0	0	0.5	1.000
C	J. Roseboro	R	138	904	65	7	11	7.1	.993
	J. Torborg	R	45	269	17	4	2	6.4	.986
	J. Campanis	R	1	2	0	0	0	2.0	1.000

Los Angeles 1966

The world champions opened spring training in Vero Beach, Florida, with star pitchers Koufax and Drysdale sitting home in California holding out for more money, threatening to become actors if they didn't get it. Well, the silver screen was spared, but National League batters weren't, for after 32 days the double holdouts came to terms: $120,000 for Sandy, $105,000 for Don.

The Dodgers ran their fans through another brutal pennant race, fending off assaults from the Giants and Pirates before winning on the last day of the season. Koufax (who else?) won the clincher, beating the Phillies in the second game of a doubleheader, 6–3, on two days' rest—a repeat of his performance of the year before. Although he missed out on his annual no-hitter, Koufax put together another titanic season, winning 27, losing 9, striking out 317, and taking his fifth straight ERA title with 1.73—all of it good for yet another Cy Young Award.

The pitching, led by Koufax and Phil Regan, the relief ace who "vultured" 14 wins, again had to carry a weak attack. Jim Lefebvre's 74 runs batted in led the team; 20 other players in the league bettered that total. And if they hit little during the season, they hit even less in the World Series. In being swept in four straight by the Orioles, the Dodgers batted a collective .142, going scoreless over the last 33 innings.

The Dodgers suffered their greatest loss after the season when Koufax, after pitching in pain for several years with a worsening arthritic left elbow, was forced to retire. The club also lost shortstop and spark plug Maury Wills, who was traded to the Pirates, reportedly for irking Walter O'Malley by jumping the club while the Dodgers were on a barnstorming tour of Japan. Also leaving was Tommy Davis, swapped to the Mets for second baseman Ron Hunt and outfielder Jim Hickman.

TEAM STATISTICS

	W	L	PCT	GB	R	OR	2B	3B	HR	BA	SA	SB	E	DP	FA	CG	B	SO	ShO	SV	ERA
LA	95	67	.586		606	490	201	27	108	.256	.362	94	133	128	.979	52	356	1084	20	35	2.62
SF	93	68	.578	1.5	675	626	195	31	181	.248	.392	29	168	131	.974	52	359	973	14	27	3.24
PIT	92	70	.568	3	759	641	238	66	158	.279	.428	64	141	215	.978	35	463	898	12	43	3.52
PHI	87	75	.537	8	696	640	224	49	117	.258	.378	56	113	147	.982	52	412	928	15	23	3.57
ATL	85	77	.525	10	782	683	220	32	207	.263	.424	59	154	139	.976	37	485	884	10	36	3.68
STL	83	79	.512	12	571	577	196	61	108	.251	.368	144	145	166	.977	47	448	892	19	32	3.11
CIN	76	84	.475	18	692	702	232	33	149	.260	.395	70	122	133	.980	28	490	1043	10	35	4.08
HOU	72	90	.444	23	612	695	203	35	112	.255	.365	90	174	126	.972	34	391	929	13	26	3.76
NY	66	95	.410	28.5	587	761	187	35	98	.239	.342	55	159	171	.975	37	521	773	9	22	4.17
CHI	59	103	.364	36	644	809	203	43	140	.254	.380	76	166	132	.974	28	479	908	6	24	4.33
LEAGUE TOTAL					6624	6624	2099	412	1378	.256	.384	737	1475	1488	.977	402	4404	9312	128	303	3.61

INDIVIDUAL PITCHING

PITCHER	T	W	L	PCT	ERA	SV	G	GS	CG	IP	H	BB	SO	R	ER	ShO	H/9	BB/9	SO/9
Sandy Koufax	L	27	9	.750	1.73	0	41	41	27	323	241	77	317	74	62	5	6.72	2.15	8.83
Don Drysdale	R	13	16	.448	3.42	0	40	40	11	273.2	279	45	177	114	104	3	9.18	1.48	5.82
Claude Osteen	L	17	14	.548	2.85	0	39	38	8	240.1	238	65	137	92	76	3	8.91	2.43	5.13
Don Sutton	R	12	12	.500	2.99	0	37	35	6	225.2	192	52	209	82	75	2	7.66	2.07	8.34
Phil Regan	R	14	1	.933	1.62	21	65	0	0	116.2	85	24	88	24	21	0	6.56	1.85	6.79
Bob Miller	R	4	2	.667	2.77	5	46	0	0	84.1	70	29	58	31	26	0	7.47	3.09	6.19
Ron Perranoski	L	6	7	.462	3.18	7	55	0	0	82	82	31	50	32	29	0	9.00	3.40	5.49
Joe Moeller	R	2	4	.333	2.52	0	29	8	0	78.2	73	14	31	31	22	0	8.35	1.60	3.55
Jim Brewer	L	0	2	.000	3.68	2	13	0	0	22	17	11	8	9	9	0	6.95	4.50	3.27
Nick Willhite	L	0	0	–	2.08	0	6	0	0	4.1	3	5	4	1	1	0	6.23	10.38	8.31
Bill Singer	R	0	0	–	0.00	0	3	0	0	4	2	4	0	0	0	0	9.00	4.50	9.00
Johnny Podres	L	0	0	–	0.00	0	1	0	0	1.2	2	1	1	0	0	0	10.80	5.40	5.40
Howie Reed	R	0	0	–	0.00	0	1	0	0	1.2	1	0	0	0	0	0	5.40	0.00	0.00
TEAM TOTAL		95	67	.586	2.62	35	376	162	52	1458	1287	356	1084	490	425	13	7.94	2.20	6.69

Los Angeles 1967   Won 73 Lost 89 Pct. .451

MANAGER	W	L	PCT
Walter Alston	73	89	.451

POS	Player	B	G	AB	H	2B	3B	HR	HR%	R	RBI	BB	SO	SB	Pinch Hit AB	H	BA	SA
REGULARS																		
1B	Wes Parker	B	139	413	102	16	5	5	1.2	56	31	65	83	10	13	5	.247	.346
2B	Ron Hunt	R	110	388	102	17	3	3	0.8	44	33	39	24	2	10	1	.263	.345
SS	Gene Michael	B	98	223	45	3	1	0	0.0	20	7	11	30	1	2	0	.202	.224
3B	Jim Lefebvre	B	136	494	129	18	5	8	1.6	51	50	44	64	1	7	0	.261	.366
RF	Ron Fairly	L	153	486	107	19	0	10	2.1	45	55	54	51	1	9	1	.220	.321
CF	Willie Davis	L	143	569	146	27	9	6	1.1	65	41	29	65	20	6	1	.257	.367
LF	Lou Johnson	R	104	330	89	14	1	11	3.3	39	41	24	52	4	16	5	.270	.418
C	Johnny Roseboro	L	116	334	91	18	2	4	1.2	37	24	38	33	2	17	5	.272	.374
SUBSTITUTES																		
3O	Bob Bailey	R	116	322	73	8	2	4	1.2	21	28	40	50	5	19	3	.227	.301
2S	Nate Oliver	R	77	232	55	6	2	0	0.0	18	7	13	50	3	12	3	.237	.280
SS	Dick Schofield	B	84	232	50	10	1	2	0.9	23	15	31	40	1	6	0	.216	.293
2B	Luis Alcaraz	R	17	60	14	1	0	0	0.0	1	3	1	13	1	0	0	.233	.250
SS	Tommy Dean	R	12	28	4	1	0	0	0.0	1	0	2	9	0	0	0	.143	.179
OF	Al Ferrara	R	122	347	96	16	1	16	4.6	41	50	33	73	0	28	5	.277	.467
OF	Len Gabrielson	L	90	238	62	10	3	7	2.9	20	29	15	41	3	25	5	.261	.416
OF	Jim Hickman	R	65	98	16	6	1	0	0.0	7	10	14	28	1	25	3	.163	.245
OF	Willie Crawford	L	4	4	1	0	0	0	0.0	0	0	1	3	0	3	1	.250	.250
C	Jeff Torborg	R	76	196	42	4	1	2	1.0	11	12	13	31	1	1	1	.214	.276
C	Jim Campanis	R	41	62	10	1	0	2	3.2	3	2	9	14	0	24	5	.161	.274
PH	Johnny Werhas	R	7	7	1	0	0	0	0.0	0	0	0	3	0	7	1	.143	.143
PITCHERS																		
P	Claude Osteen	L	42	101	18	3	1	2	2.0	9	9	4	22	0	2	0	.178	.287
P	Don Drysdale	R	38	93	12	1	0	0	0.0	2	6	5	26	0	0	0	.129	.140
P	Don Sutton	R	43	75	10	2	0	0	0.0	4	4	2	24	0	0	0	.133	.160
P	Bill Singer	R	34	67	6	1	0	0	0.0	1	4	0	28	0	0	0	.090	.104
P	Jim Brewer	L	30	22	1	1	0	0	0.0	0	1	0	8	0	0	0	.045	.091
P	Ron Perranoski	L	70	10	1	0	0	0	0.0	0	1	0	7	0	0	0	.100	.100
P	Phil Regan	R	55	10	1	0	0	0	0.0	0	0	0	2	0	0	0	.100	.100
P	Bob Miller	R	52	8	1	0	0	0	0.0	0	0	0	3	0	0	0	.125	.125
P	Alan Foster	R	4	4	0	0	0	0	0.0	0	0	0	2	0	0	0	.000	.000
P	John Duffie	R	2	2	0	0	0	0	0.0	0	0	0	1	0	0	0	.000	.000
P	Dick Egan	L	20	1	0	0	0	0	0.0	0	0	0	1	0	0	0	.000	.000
P	Bob Lee	R	4	0	0	0	0	0	–	0	0	0	0	0	0	0	–	–
P	Joe Moeller	R	6	0	0	0	0	0	–	0	0	0	0	0	0	0	–	–
P	Bruce Brubaker	R	1	0	0	0	0	0	–	0	0	0	0	0	0	0	–	–
TEAM TOTAL				5456	1285	203	38	82	1.5	51	465	485	881	56	232	45	.236	.332

INDIVIDUAL FIELDING

POS	Player	T	G	PO	A	E	DP	TC/G	FA
1B	W. Parker	L	112	913	68	4	72	8.8	.996
	R. Fairly	L	68	598	47	9	54	9.6	.986
	J. Lefebvre	R	5	54	4	0	4	11.6	1.000
	B. Bailey	R	4	17	1	1	1	4.8	.947
	J. Hickman	R	2	2	0	0	0	1.0	1.000
2B	R. Hunt	R	90	211	224	9	50	4.9	.980
	J. Lefebvre	R	34	70	112	6	23	5.5	.968
	N. Oliver	R	39	73	72	4	13	3.8	.973
	L. Alcaraz	R	17	44	51	1	18	5.6	.990
	D. Schofield	R	4	2	4	0	0	1.5	1.000
SS	G. Michael	R	83	117	204	17	30	4.1	.950
	D. Schofield	R	69	107	213	8	37	4.8	.976
	N. Oliver	R	32	51	85	8	22	4.5	.944
	T. Dean	R	12	19	33	1	10	4.4	.981
	B. Bailey	R	1	0	1	1	0	2.0	.500
3B	J. Lefebvre	R	92	49	205	12	12	2.9	.955
	B. Bailey	R	65	40	152	12	11	3.1	.941
	R. Hunt	R	8	4	11	3	1	2.3	.833
	J. Hickman	R	2	0	1	0	0	0.5	1.000
	D. Schofield	R	2	0	1	0	0	0.5	1.000

POS	Player	T	G	PO	A	E	DP	TC/G	FA
OF	W. Davis	L	138	300	6	9	2	2.3	.971
	L. Johnson	R	91	153	7	4	0	1.8	.976
	A. Ferrara	R	94	135	1	3	0	1.5	.978
	R. Fairly	L	97	129	8	2	1	1.4	.986
	Gabrielson	R	68	92	7	2	0	1.5	.980
	J. Hickman	R	37	52	2	0	1	1.5	1.000
	W. Parker	R	18	36	2	1	0	2.2	.974
	B. Bailey	R	27	37	0	2	0	1.4	.949
	W. Crawford	L	1	0	0	1	0	1.0	.000
	N. Oliver	R	1	1	0	0	0	1.0	1.000
C	J. Roseboro	R	107	550	60	10	6	5.8	.984
	J. Torborg	R	75	413	30	5	3	6.0	.989
	J. Campanis	R	23	90	6	1	2	4.2	.990

In 1965, with Koufax winning 26 games, the Dodgers won the pennant by two games; in 1966, with Koufax winning 27, the Dodgers won the pennant on the last day of the season. It didn't take much to figure out where the team was going to finish without their superman left-hander. The Dodgers sank through the 10-team league like a lead block, landing in eighth place. Along with everything else, the club observed a dubious first in 1967: the first rained-out home game since their arrival in Los Angeles, after a stretch of 737 games.

The team's .236 batting average was the lowest in the league, as were their 82 home runs. Even their vaunted running game suffered; their 56 steals were bettered by seven other clubs. It was, as whimsical losers like to say, a team effort. Lou Johnson (.270), Johnny Roseboro (.272), and Al Ferrara (.277) were the only ones to post respectable batting averages.

On the mound, Osteen ran up a 17–17 record, while Drysdale repeated his 13–16 mark of a year before, despite a 2.74 ERA. Young Don Sutton was 11–15, while rookie right-hander Bill Singer had the only plus-.500 record with 12–8. Perranoski, Regan, and Brewer were available in the bullpen, but there just wasn't much to save.

After the season, the club made a few moves with hopes of bettering things. To the Minnesota Twins they traded Perranoski, Bob Miller, and Roseboro for right-hander Jim (Mudcat) Grant and former MVP shortstop Zoilo Versalles. To replace Roseboro, they dealt for the Giants' catcher Tom Haller, sending to San Francisco a pair of second basemen, Ron Hunt and Nate Oliver.

TEAM STATISTICS

	W	L	PCT	GB	R	OR	2B	3B	HR	BA	SA	SB	E	DP	FA	CG	B	SO	ShO	SV	ERA
STL	101	60	.627		695	557	225	40	115	.263	.379	102	140	127	.978	44	431	956	17	45	3.05
SF	91	71	.562	10.5	652	551	201	39	140	.245	.372	22	134	149	.979	64	453	990	17	25	2.92
CHI	87	74	.540	14	702	624	211	49	128	.251	.378	63	121	143	.981	47	463	888	7	28	3.48
CIN	87	75	.537	14.5	604	563	251	54	109	.248	.372	92	121	124	.980	34	498	1065	18	39	3.05
PHI	82	80	.506	19.5	612	581	221	47	103	.242	.357	79	137	174	.978	46	403	967	17	23	3.10
PIT	81	81	.500	20.5	679	693	193	62	91	.277	.380	79	141	186	.978	35	561	820	5	35	3.74
ATL	77	85	.475	24.5	631	640	191	29	158	.240	.372	55	138	148	.978	35	449	862	5	32	3.47
LA	73	89	.451	28.5	519	595	203	38	82	.236	.332	56	160	144	.975	41	393	967	17	24	3.21
HOU	69	93	.426	32.5	626	742	259	46	93	.249	.364	88	159	120	.974	35	485	1060	8	21	4.03
NY	61	101	.377	40.5	498	672	178	23	83	.238	.325	58	157	147	.975	36	536	893	10	19	3.73
LEAGUE TOTAL					6218	6218	2133	427	1102	.249	.363	694	1408	1462	.978	417	4672	9468	121	291	3.38

INDIVIDUAL PITCHING

PITCHER	T	W	L	PCT	ERA	SV	G	GS	CG	IP	H	BB	SO	R	ER	ShO	H/9	BB/9	SO/9
Claude Osteen	L	17	17	.500	3.22	0	39	39	14	288.1	298	52	152	116	103	5	9.30	1.62	4.74
Don Drysdale	R	13	16	.448	2.74	0	38	38	9	282	269	60	196	101	86	3	8.59	1.91	6.26
Don Sutton	R	11	15	.423	3.95	1	37	34	11	232.2	223	57	169	106	102	3	8.63	2.20	6.54
Bill Singer	R	12	8	.600	2.64	0	32	29	7	204.1	185	61	169	68	60	3	8.15	2.69	7.44
Ron Perranoski	L	6	7	.462	2.45	16	70	0	0	110	97	45	75	36	30	0	7.94	3.68	6.14
Jim Brewer	L	5	4	.556	2.68	1	30	11	0	100.2	78	31	74	32	30	0	6.97	2.77	6.62
Phil Regan	R	6	9	.400	2.99	6	55	3	0	96.1	108	32	53	38	32	0	10.09	2.99	4.95
Bob Miller	R	2	9	.182	4.31	0	52	4	0	85.2	88	27	32	46	41	0	9.25	2.84	3.36
Dick Egan	L	1	1	.500	6.25	0	20	0	0	31.2	34	15	20	25	22	0	9.66	4.26	5.68
Alan Foster	R	0	1	.000	2.16	0	4	2	0	16.2	10	3	15	4	4	0	5.40	1.62	8.10
John Duffie	R	0	2	.000	2.79	0	2	2	0	9.2	11	4	6	6	3	0	10.24	3.72	5.59
Bob Lee	R	0	0	–	5.40	0	4	0	0	6.2	6	3	2	8	4	0	8.10	4.05	2.70
Joe Moeller	R	0	0	–	9.00	0	6	0	0	5	9	3	2	5	5	0	16.20	5.40	3.60
Jim Hickman	R	0	0	–	4.50	0	1	0	0	2	2	0	0	1	1	0	9.00	0.00	0.00
Bruce Brubaker	R	0	0	–	20.25	0	1	0	0	1.1	3	2	2	3	3	0	20.25	0.00	13.50
TEAM TOTAL		73	89	.451	3.21	24	391	162	41	1473	1421	393	967	595	526	14	8.68	2.40	5.91

Los Angeles 1968   Won 76   Lost 86   Pct. .469   42

MANAGER	W	L	PCT
Walter Alston	76	86	.469

POS	Player	B	G	AB	H	2B	3B	HR	HR %	R	RBI	BB	SO	SB	Pinch Hit AB	H	BA	SA
REGULARS																		
1B	Wes Parker	B	135	468	112	22	2	3	0.6	42	27	49	87	4	6	0	.239	.314
2B	Paul Popovich	B	134	418	97	8	1	2	0.5	35	25	29	37	1	4	0	.232	.270
SS	Zoilo Versalles	R	122	403	79	16	3	2	0.5	29	24	26	84	6	2	1	.196	.266
3B	Bob Bailey	R	105	322	73	9	3	8	2.5	24	39	38	69	1	16	2	.227	.348
RF	Ron Fairly	L	141	441	103	15	1	4	0.9	32	43	41	61	0	12	4	.234	.299
CF	Willie Davis	L	160	643	161	24	10	7	1.1	86	31	31	88	36	2	1	.250	.351
LF	Len Gabrielson	L	108	304	82	16	1	10	3.3	38	35	32	47	1	27	7	.270	.428
C	Tom Haller	L	144	474	135	27	5	4	0.8	37	53	46	76	1	12	1	.285	.388
SUBSTITUTES																		
23	Jim Lefebvre	B	84	286	69	12	1	5	1.7	23	31	26	55	0	5	1	.241	.343
31	Ken Boyer	R	83	221	60	7	2	6	2.7	20	41	16	34	2	26	6	.271	.403
23	Luis Alcaraz	R	41	106	16	1	0	2	1.9	4	5	9	23	1	5	1	.151	.217
3B	Bill Sudakis	B	24	87	24	4	2	3	3.4	11	12	15	14	1	0	0	.276	.471
S2	Bart Shirley	R	39	83	15	3	0	0	0.0	6	4	10	13	0	1	0	.181	.217
OF	Willie Crawford	L	61	175	44	12	1	4	2.3	25	14	20	64	1	12	2	.251	.400
OF	Jim Fairey	L	99	156	31	3	3	1	0.6	17	10	9	32	1	37	8	.199	.276
OF	Ted Savage	R	61	126	26	6	1	2	1.6	7	7	10	20	1	18	2	.206	.317
OF	Rocky Colavito	R	40	113	23	3	0	3	2.7	8	11	15	18	0	7	1	.204	.310
OF	Cleo James	R	10	10	2	1	0	0	0.0	2	0	0	6	0	6	1	.200	.300
OF	Al Ferrara	R	2	7	1	0	0	0	0.0	0	0	0	2	0	0	0	.143	.143
C	Jeff Torborg	R	37	93	15	2	0	0	0.0	2	4	6	10	0	0	0	.161	.183
C	Jim Campanis	R	4	11	1	0	0	0	0.0	0	0	1	2	0	0	0	.091	.091
PITCHERS																		
P	Claude Osteen	L	40	84	15	3	0	0	0.0	4	2	2	26	0	1	0	.179	.214
P	Bill Singer	R	37	81	12	7	0	0	0.0	6	4	4	30	0	0	0	.148	.235
P	Don Drysdale	R	31	79	14	1	0	0	0.0	4	3	0	29	0	0	0	.177	.190
P	Don Sutton	R	36	62	11	0	0	0	0.0	3	3	2	22	0	0	0	.177	.177
P	Mike Kekich	R	25	37	3	0	0	0	0.0	3	1	1	9	0	0	0	.081	.081
P	Mudcat Grant	R	43	31	4	0	0	1	3.2	1	2	0	9	0	7	1	.129	.226
P	Jim Brewer	L	54	9	2	0	0	0	0.0	0	2	0	1	0	0	0	.222	.222
P	Joe Moeller	R	3	7	0	0	0	0	0.0	0	0	0	5	0	0	0	.000	.000
P	John Purdin	R	36	6	3	0	0	0	0.0	1	0	0	2	0	0	0	.500	.500
P	Alan Foster	R	3	4	1	0	0	0	0.0	0	1	0	2	0	0	0	.250	.250
P	Hank Aguirre	B	25	3	0	0	0	0	0.0	0	0	0	2	0	0	0	.000	.000
P	Jack Billingham	R	50	3	0	0	0	0	0.0	1	1	0	1	0	0	0	.000	.000
P	Phil Regan	R	5	1	0	0	0	0	0.0	0	0	0	0	0	0	0	.000	.000
P	Vicente Romo	R	1	0	0	0	0	—	—	0	0	0	0	0	—	—	—	—
	TEAM TOTAL			5354	1234	202	36	67	1.3	47	434	439	980	57	206	39	.230	.319

INDIVIDUAL FIELDING

POS	Player	T	G	PO	A	E	DP	TC/G	FA	POS	Player	T	G	PO	A	E	DP	TC/G	FA
1B	W. Parker	L	114	939	69	1	74	8.9	**.999**	OF	W. Davis	L	158	345	9	10	2	2.3	.973
	R. Fairly	L	36	247	13	1	20	7.3	.996		R. Fairly	L	105	159	13	2	7	1.7	.989
	K. Boyer	R	32	245	11	3	25	8.1	.988		Gabrielson	R	86	114	6	3	1	1.4	.976
	J. Lefebvre	R	3	29	2	0	0	10.3	1.000		W. Crawford	L	48	78	6	3	1	1.8	.966
2B	P. Popovich	R	89	172	229	7	48	4.6	.983		J. Fairey	L	63	65	3	4	1	1.1	.944
	J. Lefebvre	R	62	126	137	6	29	4.3	.978		T. Savage	R	39	61	4	1	1	1.7	.985
	L. Alcaraz	R	20	45	47	2	8	4.7	.979		R. Colavito	R	33	45	2	0	1	1.4	1.000
	B. Shirley	R	18	28	40	1	7	3.8	.986		W. Parker	L	28	41	1	1	0	1.5	.977
SS	Z. Versalles	R	119	204	380	28	62	5.1	.954		B. Bailey	R	1	0	0	0	0	0.0	.000
	P. Popovich	R	45	59	119	4	20	4.0	.978		J. Lefebvre	R	5	9	0	0	0	1.8	1.000
	B. Shirley	R	21	16	40	6	13	3.0	.903		A. Ferrara	R	2	1	0	1	0	1.0	.500
	B. Bailey	R	1	0	0	1	0	1.0	.000		C. James	R	2	2	0	0	0	1.0	1.000
	L. Alcaraz	R	1	0	0	1	0	1.0	.000	C	T. Haller	R	139	863	81	6	**23**	6.8	.994
3B	B. Bailey	R	90	81	164	12	14	2.9	.953		J. Torborg	R	37	206	20	2	10	6.2	.991
	K. Boyer	R	34	30	53	7	4	2.6	.922		J. Campanis	R	4	18	6	1	0	6.3	.960
	B. Sudakis	R	24	25	57	4	3	3.6	.953										
	J. Lefebvre	R	16	15	22	2	4	2.4	.949										
	L. Alcaraz	R	13	12	24	4	1	3.1	.900										
	P. Popovich	R	7	1	1	0	0	0.3	1.000										

Los Angeles 1968

Don Drysdale finally worked out the formula in 1968. After enduring several years of frustrating low-score losses, the big right-hander figured out the way to win with the meager paddlers he had in his lineup. It was simple: pitch shutouts. So he went to work. On May 14, 18, 22, 26, 31, and June 4 he allowed the opposition nothing. Six consecutive shutouts, a record. By the time the Phillies edged across a run against him in the fifth inning on June 8, he had broken Walter Johnson's long-standing record of 56 straight scoreless innings with his streak of 58 2/3.

Drysdale's string was the highlight of an otherwise dismal Dodger season. The team batted .230, hit just 67 homers, and was last in runs scored. Wes Parker gave the club a near-perfect performance around the first-base bag, committing just one error in 1,009 chances, but unfortunately coupled it with a .239 batting average, which, modest as it was, was still better than those posted by fellow regulars Paul Popovich (.232), Zoilo Versalles (.196), Bob Bailey (.227), and Ron Fairly (.234). Only catcher Tom Haller, with a .285 mark, did any consistent damage at the plate.

Drysdale, despite his great spring, wound down to a 14–12 record, while Singer was 13–17, Osteen 12–18, and Sutton 11–15. It all added up to a quiet seventh-place finish, which wasn't a very happy beginning for new general manager Al Campanis, replacement for Buzzy Bavasi, who had gone down to San Diego to prepare that expansion club for the new 12-team, two-division structure coming up in 1969.

TEAM STATISTICS

	W	L	PCT	GB	R	OR	2B	3B	HR	BA	SA	SB	E	DP	FA	CG	B	SO	ShO	SV	ERA
STL	97	65	.599		583	472	227	48	73	.249	.346	110	140	135	.978	63	375	971	30	32	2.49
SF	88	74	.543	9	599	529	162	33	108	.239	.341	50	162	125	.975	77	344	942	20	16	2.71
CHI	84	78	.519	13	612	611	203	43	130	.242	.366	41	119	149	.981	46	392	894	12	32	3.41
CIN	83	79	.512	14	690	673	281	36	106	.273	.389	59	144	144	.978	24	573	963	16	38	3.56
ATL	81	81	.500	16	514	549	179	31	80	.252	.339	83	125	139	.980	44	362	871	16	29	2.92
PIT	80	82	.494	17	583	532	180	44	80	.252	.343	130	139	162	.979	42	485	897	19	30	2.74
LA	76	86	.469	21	470	509	202	36	67	.230	.319	57	144	144	.977	38	414	994	23	31	2.69
PHI	76	86	.469	21	543	615	178	30	100	.233	.333	58	127	163	.980	42	421	935	12	27	3.36
NY	73	89	.451	24	473	499	178	30	81	.228	.315	72	133	142	.979	45	430	1014	25	32	2.72
HOU	72	90	.444	25	510	588	205	28	66	.231	.317	44	156	129	.975	50	479	1021	12	23	3.26
LEAGUE TOTAL					5577	5577	1995	359	891	.243	.341	704	1389	1432	.978	471	4275	9502	185	290	2.99

INDIVIDUAL PITCHING

PITCHER	T	W	L	PCT	ERA	SV	G	GS	CG	IP	H	BB	SO	R	ER	ShO	H/9	BB/9	SO/9
Bill Singer	R	13	17	.433	2.88	0	37	36	12	256.1	227	78	227	97	82	6	7.97	2.74	7.97
Claude Osteen	L	12	18	.400	3.08	0	39	36	5	254	267	54	119	109	87	3	9.46	1.91	4.22
Don Drysdale	R	14	12	.538	2.15	0	31	31	12	239	201	56	155	68	57	8	7.57	2.11	5.84
Don Sutton	R	11	15	.423	2.60	1	35	27	7	207.2	179	59	162	64	60	2	7.76	2.56	7.02
Mike Kekich	L	2	10	.167	3.91	0	25	20	1	115	116	46	84	54	50	1	9.08	3.60	6.57
Mudcat Grant	R	6	4	.600	2.08	3	37	4	1	95	77	19	35	29	22	0	7.29	1.80	3.32
Jim Brewer	L	8	3	.727	2.49	14	54	0	0	76	59	33	75	22	21	0	6.99	3.91	8.88
Jack Billingham	R	3	0	1.000	2.14	8	50	1	0	71.1	54	30	46	18	17	0	6.81	3.79	5.80
John Purdin	R	2	3	.400	3.07	2	35	1	0	55.2	42	21	38	22	19	0	6.79	3.40	6.14
Hank Aguirre	L	1	2	.333	0.69	3	25	0	0	39	32	13	25	8	3	0	7.38	3.00	5.77
Joe Moeller	R	1	1	.500	5.06	0	3	3	0	16	17	2	11	10	9	0	9.56	1.13	6.19
Alan Foster	R	1	1	.500	1.72	0	3	3	0	15.2	11	2	10	4	3	0	6.32	1.15	5.74
Phil Regan	R	2	0	1.000	3.52	0*	5	0	0	7.2	10	1	7	3	3	0	11.74	1.17	8.22
Vicente Romo	R	0	0	—	0.00	0	1	0	0	1	1	0	0	1	0	0	9.00	0.00	0.00
TEAM TOTAL		76	86	.469	2.69	31	380	162	38	1449.1	1293	414	994	509	433	20	8.03	2.57	6.17

Los Angeles 1969   Won 85   Lost 77   Pct. .525   44

MANAGER	W	L	PCT
Walter Alston	85	77	.525

POS	Player	B	G	AB	H	2B	3B	HR	HR%	R	RBI	BB	SO	SB	Pinch Hit AB	Pinch Hit H	BA	SA
REGULARS																		
1B	Wes Parker	B	132	471	131	23	4	13	2.8	76	68	56	46	4	5	3	.278	.427
2B	Ted Sizemore	R	159	590	160	20	5	4	0.7	69	46	45	40	5	0	0	.271	.342
SS	Maury Wills	B	104	434	129	7	8	4	0.9	57	39	39	40	25	1	1	.297	.378
3B	Bill Sudakis	B	132	462	108	17	5	14	3.0	50	53	40	94	3	12	1	.234	.383
RF	Andy Kosco	R	120	424	105	13	2	19	4.5	51	74	21	66	0	13	5	.248	.422
CF	Willie Davis	L	129	498	155	23	8	11	2.2	66	59	33	39	24	4	0	.311	.456
LF	Willie Crawford	L	129	389	96	17	5	11	2.8	64	41	49	85	4	21	6	.247	.401
C	Tom Haller	L	134	445	117	18	3	6	1.3	46	39	48	58	0	7	3	.263	.357
SUBSTITUTES																		
32	Jim Lefebvre	B	95	275	65	15	2	4	1.5	29	44	48	37	2	11	4	.236	.349
UT	Billy Grabarkewitz	R	34	65	6	1	1	0	0.0	4	5	4	19	1	3	0	.092	.138
1O	Ron Fairly	L	30	64	14	3	2	0	0.0	3	8	9	6	0	7	3	.219	.328
2B	Paul Popovich	R	28	50	10	0	0	0	0.0	5	4	1	4	0	3	1	.200	.200
1B	Tom Hutton	L	16	48	13	0	0	0	0.0	2	4	5	7	0	0	0	.271	.271
1B	Ken Boyer	R	25	34	7	2	0	0	0.0	0	4	2	7	0	19	4	.206	.265
OF	Manny Mota	R	85	294	95	6	4	3	1.0	35	30	26	25	5	10	1	.323	.401
OF	Bill Russell	R	98	212	48	6	2	5	2.4	35	15	22	45	4	22	6	.226	.344
OF	Len Gabrielson	L	83	178	48	5	1	1	0.6	13	18	12	25	1	36	13	.270	.326
UT	John Miller	R	26	38	8	1	0	1	2.6	3	1	2	9	0	15	3	.211	.316
OF	Von Joshua	L	14	8	2	0	0	0	0.0	2	0	0	2	1	1	0	.250	.250
C	Jeff Torborg	R	51	124	23	4	0	0	0.0	7	7	9	17	1	1	0	.185	.218
C	Bob Stinson	B	4	8	3	0	0	0	0.0	1	2	0	2	0	0	0	.375	.375
PH	Steve Garvey	R	3	3	1	0	0	0	0.0	0	0	0	1	0	3	1	.333	.333
PH	Bill Buckner	L	1	1	0	0	0	0	0.0	0	0	0	0	0	1	0	.000	.000
PH	Bobby Valentine	R	5	0	0	0	0	0	—	3	0	0	0	0	0	0	—	—
PITCHERS																		
P	Claude Osteen	L	44	111	24	1	0	1	0.9	7	12	5	25	0	0	0	.216	.252
P	Bill Singer	R	41	108	11	1	0	0	0.0	7	2	1	47	0	0	0	.102	.111
P	Don Sutton	R	41	98	15	0	0	0	0.0	6	3	0	28	0	0	0	.153	.153
P	Alan Foster	R	24	27	2	0	0	0	0.0	1	1	3	16	0	0	0	.074	.074
P	Don Drysdale	R	12	22	3	1	0	0	0.0	1	3	2	11	0	0	0	.136	.182
P	Jim Bunning	R	9	18	2	0	0	0	0.0	0	1	0	6	0	0	0	.111	.111
P	Jim Brewer	L	59	11	1	1	0	0	0.0	0	0	1	4	0	0	0	.091	.182
P	Joe Moeller	R	23	10	2	0	0	0	0.0	1	1	0	5	0	0	0	.200	.200
P	Pete Mikkelsen	R	48	6	1	0	0	0	0.0	0	0	0	4	0	0	0	.167	.167
P	Al McBean	R	31	3	0	0	0	0	0.0	0	0	1	2	0	0	0	.000	.000
P	John Purdin	R	9	2	0	0	0	0	0.0	0	0	0	1	0	0	0	.000	.000
P	Ray Lamb	R	10	1	0	0	0	0	0.0	0	0	0	0	0	0	0	.000	.000
P	Bobby Darwin	R	6	0	0	0	0	0	—	1	0	0	0	0	0	0	—	—
P	Jack Jenkins	R	1	0	0	0	0	0	—	0	0	0	0	0	0	0	—	—
TEAM TOTAL				5532	1405	185	52	97	1.8	64	584	484	823	80	195	55	.254	.359

INDIVIDUAL FIELDING

POS	Player	T	G	PO	A	E	DP	TC/G	FA
1B	W. Parker	L	128	1189	79	6	87	10.0	.995
	T. Hutton	L	16	130	19	1	9	9.4	.993
	R. Fairly	L	12	92	9	2	5	8.6	.981
	J. Lefebvre	R	6	58	4	0	3	10.3	1.000
	K. Boyer	R	4	31	2	1	6	8.5	.971
	J. Miller	R	5	29	3	0	2	6.4	1.000
	Gabrielson	R	2	11	0	0	0	5.5	1.000
	A. Kosco	R	3	8	0	0	1	2.7	1.000
2B	T. Sizemore	R	118	283	331	13	76	5.3	.979
	J. Lefebvre	R	37	62	83	4	16	4.0	.973
	P. Popovich	R	23	27	38	1	9	2.9	.985
	Grabarkewitz	R	3	1	1	0	0	0.7	1.000
	J. Miller	R	1	0	1	0	0	1.0	1.000
SS	M. Wills	R	104	168	357	17	61	5.2	.969
	T. Sizemore	R	46	64	138	11	17	4.6	.948
	Grabarkewitz	R	18	18	44	3	4	3.6	.954
	P. Popovich	R	3	0	2	1	0	1.0	.667
3B	B. Sudakis	R	121	98	272	21	26	3.2	.946
	J. Lefebvre	R	44	34	98	2	7	3.0	.985
	J. Miller	R	2	0	0	0	0	0.0	.000
	Grabarkewitz	R	6	1	6	0	0	1.2	1.000
OF	W. Davis	L	125	271	8	6	1	2.3	.979
	W. Crawford	L	113	177	5	5	0	1.7	.973
	A. Kosco	R	109	153	6	3	2	1.5	.981
	B. Russell	R	86	132	4	3	1	1.6	.978
	M. Mota	R	80	118	8	4	2	1.6	.969
	Gabrielson	R	47	50	1	1	0	1.1	.981
	T. Sizemore	R	1	0	0	0	0	0.0	.000
	R. Fairly	L	10	10	0	0	0	1.0	1.000
	V. Joshua	L	8	4	0	1	0	0.6	.800
	W. Parker	L	2	1	0	0	0	0.5	1.000
	J. Miller	R	6	1	0	0	0	0.2	1.000
C	T. Haller	R	132	800	48	7	4	6.5	.992
	J. Torborg	R	50	251	26	1	5	5.6	.996
	B. Stinson	R	4	20	0	1	0	5.3	.952

Los Angeles 1969

The Dodgers finished fourth in 1969, and it wasn't just because they were now in a six-team division. Alston's boys cleared the .500 mark with an 85–77 record, jumped the club batting average 24 points to .254, and clubbed 97 homers, an improvement of 30.

In June, the Dodgers brought Maury Wills back, getting their shortstop and outfielder Manny Mota in a deal that sent Ron Fairly and Paul Popovich to Montreal. Maury responded well to the homecoming, batting .297, while Mota made the trade look even better by batting .323 in 85 games.

Top man among the regulars was Willie Davis, who broke out with a .311 batting average. Willie also supplied some late-season sparkle when he hit in 31 straight games, breaking Zack Wheat's 53-year-old club record of 29.

The Dodgers notched another Rookie of the Year in second baseman Ted Sizemore, who batted .271. The club home run (19) and RBI (74) leader was outfielder Andy Kosco, picked up over the winter from the Yankees. And as harbingers of better times, rookies Bill Russell, Steve Garvey, and Bill Buckner broke into the lineup for varying amounts of time. And despite the fourth-place finish, the Dodgers had a pair of 20-game winners in Claude Osteen (20–15) and Bill Singer (20–12).

On June 28, Drysdale, getting support he was unused to, pitched a 19–0 shutout victory over the Padres. The game was noteworthy not just for the uncharacteristic ferocity of the Dodger batters, but because it marked the 49th and last shutout of Drysdale's career. Suffering from a torn muscle in his shoulder, the big sidewheeler was forced into retirement on August 11, at the age of 32. It marked the final severing of the team's link with its Brooklyn past; Drysdale was the last active player who had come west with the team.

TEAM STATISTICS

	W	L	PCT	GB	R	OR	2B	3B	HR	BA	SA	SB	E	DP	FA	CG	B	SO	ShO	SV	ERA
WEST																					
ATL	93	69	.574		691	631	195	22	141	.258	.380	59	115	114	.981	38	438	893	7	42	3.53
SF	90	72	.556	3	713	636	187	28	136	.242	.361	71	169	155	.974	71	461	906	15	17	3.25
CIN	89	73	.549	4	**798**	768	224	42	**171**	.277	**.422**	79	168	158	.973	23	611	818	11	**44**	4.13
LA	85	77	.525	8	645	561	185	**52**	97	.254	.359	80	126	130	.980	47	570	975	20	31	3.09
HOU	81	81	.500	12	676	668	208	40	104	.240	.352	**101**	153	136	.975	52	547	**1221**	11	34	3.60
SD	52	110	.321	41	468	746	180	42	99	.225	.329	45	156	140	.975	16	592	764	9	25	4.24
EAST																					
NY	100	62	.617		632	541	184	41	109	.242	.351	66	122	146	.980	51	517	1012	**28**	35	2.99
CHI	92	70	.568	8	720	611	215	40	142	.253	.384	30	136	149	.979	58	475	1017	22	27	3.34
PIT	88	74	.543	12	725	652	220	52	119	**.277**	.398	74	155	169	.975	39	553	1124	9	33	3.61
STL	87	75	.537	13	595	**540**	**228**	44	90	.253	.359	87	138	144	.978	63	511	1004	12	26	**2.94**
PHI	63	99	.389	37	645	745	227	35	137	.241	.372	73	136	157	.978	47	570	921	14	21	4.17
MON	52	110	.321	48	582	791	202	33	125	.240	.359	52	184	**179**	.971	26	702	973	8	21	4.33
LEAGUE TOTAL					7890	7890	2455	471	1470	.250	.369	817	1758	1777	.977	531	6397	11628	166	356	3.60

INDIVIDUAL PITCHING

PITCHER	T	W	L	PCT	ERA	SV	G	GS	CG	IP	H	BB	SO	R	ER	ShO	H/9	BB/9	SO/9
Claude Osteen	L	20	15	.571	2.66	0	41	41	16	321	**293**	74	183	103	95	7	8.21	2.07	5.13
Bill Singer	R	20	12	.625	2.34	1	41	40	16	316	244	74	247	96	82	2	6.95	2.11	7.03
Don Sutton	R	17	18	.486	3.47	0	41	41	11	293	269	91	217	123	113	4	8.26	2.80	6.67
Alan Foster	R	3	9	.250	4.37	0	24	15	2	103	119	29	59	55	50	2	10.40	2.53	5.16
Jim Brewer	L	7	6	.538	2.56	20	59	0	0	88	71	41	92	30	25	0	7.26	4.19	9.41
Pete Mikkelsen	R	7	5	.583	2.78	4	48	0	0	81	57	30	51	34	25	0	6.33	3.33	5.67
Don Drysdale	R	5	4	.556	4.43	0	12	12	1	63	71	13	24	34	31	1	10.14	1.86	3.43
Jim Bunning	R	3	1	.750	3.36	0	9	9	1	56.1	65	10	33	23	21	0	10.38	1.60	5.27
Joe Moeller	R	1	0	1.000	3.35	1	23	4	0	51	54	13	25	23	19	0	9.53	2.29	4.41
Al McBean	R	2	6	.250	3.91	4	31	0	0	48.1	46	21	26	22	21	0	8.57	3.91	4.84
John Purdin	R	0	0	–	6.19	0	9	0	0	16	19	12	6	11	11	0	10.69	6.75	3.38
Ray Lamb	R	0	1	.000	1.80	1	10	0	0	15	12	7	11	3	3	0	7.20	4.20	6.60
Bobby Darwin	R	0	0	–	9.00	0	3	0	0	4	4	5	0	4	4	0	9.00	11.25	0.00
Jack Jenkins	R	0	0	–	0.00	0	1	0	0	1	0	0	1	0	0	0	0.00	0.00	9.00
TEAM TOTAL		85	77	.525	3.09	31	352	162	47	1456.2	1324	420	975	561	500	16	8.18	2.59	6.02

Los Angeles 1970   Won 87 Lost 74 Pct. .540   46

MANAGER
Walter Alston — W 87 L 74 PCT .540

POS	Player	B	G	AB	H	2B	3B	HR	HR%	R	RBI	BB	SO	SB	Pinch Hit AB	Pinch Hit H	BA	SA
REGULARS																		
1B	Wes Parker	B	161	614	196	47	4	10	1.6	84	111	79	70	8	0	0	.319	.458
2B	Ted Sizemore	R	96	340	104	10	1	1	0.3	40	34	34	19	5	3	2	.306	.350
SS	Maury Wills	B	132	522	141	19	3	0	0.0	77	34	50	34	28	5	1	.270	.318
3B	Billy Grabarkewitz	R	156	529	153	20	8	17	3.2	92	84	95	149	19	2	1	.289	.454
RF	Manny Mota	R	124	417	127	12	6	3	0.7	63	37	47	37	11	16	6	.305	.384
CF	Willie Davis	L	146	593	181	23	16	8	1.3	92	93	29	54	38	4	0	.305	.438
LF	Willie Crawford	L	109	299	70	8	6	8	2.7	48	40	33	88	4	15	3	.234	.381
C	Tom Haller	L	112	325	93	16	6	10	3.1	47	47	32	35	3	12	5	.286	.465
SUBSTITUTES																		
23	Jim Lefebvre	B	109	314	79	15	1	4	1.3	33	44	29	42	1	17	3	.252	.344
3B	Steve Garvey	R	34	93	25	5	0	1	1.1	8	6	4	17	1	10	3	.269	.355
OF	Bill Russell	R	81	278	72	11	9	0	0.0	30	28	16	28	9	7	1	.259	.363
OF	Andy Kosco	R	74	224	51	12	0	8	3.6	21	27	1	40	1	16	2	.228	.388
OF	Von Joshua	L	72	109	29	1	3	1	0.9	23	8	6	24	2	21	5	.266	.358
OF	Bill Buckner	L	28	68	13	3	1	0	0.0	6	4	3	7	0	8	2	.191	.265
O1	Len Gabrielson	L	43	42	8	2	0	0	0.0	1	6	1	15	0	38	8	.190	.238
OF	Gary Moore	R	7	16	3	0	2	0	0.0	2	0	0	1	1	2	1	.188	.438
OF	Tom Paciorek	R	8	9	2	1	0	0	0.0	2	0	0	3	0	5	1	.222	.333
C3	Bill Sudakis	B	94	269	71	11	0	14	5.2	37	44	35	46	4	21	5	.264	.461
C	Jeff Torborg	R	64	134	31	8	0	1	0.7	11	17	14	15	1	2	1	.231	.313
C	Joe Ferguson	R	5	4	1	0	0	0	0.0	0	1	2	2	0	0	0	.250	.250
C	Bob Stinson	B	4	3	0	0	0	0	0.0	1	0	0	1	0	0	0	.000	.000
PITCHERS																		
P	Claude Osteen	L	39	93	19	5	0	1	1.1	10	9	3	20	0	0	0	.204	.290
P	Don Sutton	R	40	84	13	2	1	0	0.0	6	6	10	22	1	0	0	.155	.202
P	Alan Foster	R	33	64	7	0	0	0	0.0	4	6	5	13	0	0	0	.109	.109
P	Joe Moeller	R	31	39	6	0	0	0	0.0	2	2	3	21	0	0	0	.154	.154
P	Bill Singer	R	16	38	5	1	0	0	0.0	4	1	2	10	0	0	0	.132	.158
P	Sandy Vance	R	20	37	7	1	0	0	0.0	2	2	1	9	0	0	0	.189	.216
P	Jim Brewer	L	58	12	1	0	0	0	0.0	0	1	1	6	1	0	0	.083	.083
P	Jose Pena	R	29	8	1	0	0	0	0.0	1	0	2	1	0	0	0	.125	.125
P	Mike Strahler	R	6	8	2	0	0	0	0.0	1	2	0	3	0	0	0	.250	.250
P	Fred Norman	L	30	7	1	0	0	0	0.0	1	0	2	4	0	0	0	.143	.143
P	Pete Mikkelsen	R	33	6	2	0	0	0	0.0	0	1	0	3	0	0	0	.333	.333
P	Ray Lamb	R	35	4	0	0	0	0	0.0	0	0	0	2	0	0	0	.000	.000
P	Charlie Hough	R	8	3	1	0	0	0	0.0	0	0	0	0	0	0	0	.333	.333
P	Jerry Stephenson	L	3	1	0	0	0	0	0.0	0	0	0	0	0	0	0	.000	.000
P	Al McBean	R	1	0	0	0	0	—	—	0	0	0	0	0	0	0	—	—
P	Camilo Pascual	R	10	0	0	0	0	—	—	0	0	0	0	0	0	0	—	—
	TEAM TOTAL			5606	1515	233	67	87	1.6	74	695	541	841	138	204	50	.270	.382

INDIVIDUAL FIELDING

POS	Player	T	G	PO	A	E	DP	TC/G	FA
1B	W. Parker	L	161	1498	125	7	116	10.1	.996
	J. Lefebvre	R	1	6	1	0	3	7.0	1.000
	B. Sudakis	R	1	4	1	0	0	5.0	1.000
	G. Moore	L	1	4	0	0	0	4.0	1.000
	Gabrielson	R	1	2	1	0	1	3.0	1.000
	A. Kosco	R	1	-1	0	0	0	1.0	1.000
	B. Buckner	L	1	1	0	0	0	1.0	1.000
2B	T. Sizemore	R	86	194	232	7	47	5.0	.984
	J. Lefebvre	R	70	142	177	4	34	4.6	.988
	Grabarkewitz	R	20	43	42	1	10	4.3	.988
	S. Garvey	R	1	0	0	0	0	0.0	.000
SS	M. Wills	R	126	171	396	24	58	4.7	.959
	Grabarkewitz	R	50	47	135	8	16	3.8	.958
	T. Sizemore	R	2	6	5	1	3	6.0	.917
	B. Russell	R	1	0	2	0	0	2.0	1.000
3B	Grabarkewitz	R	97	88	190	12	19	3.0	.959
	B. Sudakis	R	37	27	85	11	8	3.3	.911
	S. Garvey	R	27	23	59	5	4	3.2	.943
	J. Lefebvre	R	20	20	34	2	4	2.8	.964
	M. Mota	R	3	1	0	1	0	1.0	1.000
	M. Wills	R	4	0	1	0	0	0.3	1.000

POS	Player	T	G	PO	A	E	DP	TC/G	FA
OF	W. Davis	L	143	342	12	3	4	2.5	.992
	M. Mota	R	111	172	8	5	3	1.7	.973
	B. Russell	R	79	167	8	3	1	2.3	.983
	W. Crawford	L	94	160	9	7	1	1.9	.960
	A. Kosco	R	58	101	2	2	0	1.8	.981
	V. Joshua	L	41	47	1	3	1	1.2	.941
	B. Buckner	L	20	36	1	0	1	1.9	1.000
	T. Sizemore	R	9	9	2	1	0	1.3	.917
	G. Moore	L	5	5	0	0	0	1.0	1.000
	B. Sudakis	R	3	2	0	0	0	0.7	1.000
	Gabrielson	R	2	1	0	0	0	0.5	1.000
	T. Paciorek	R	3	1	0	0	0	0.3	1.000
C	T. Haller	R	106	524	26	4	7	5.2	.993
	J. Torborg	R	63	275	16	5	2	4.7	.983
	B. Sudakis	R	38	161	14	3	1	4.7	.983
	J. Ferguson	R	3	9	0	0	0	3.0	1.000
	B. Stinson	R	3	3	0	0	0	1.0	1.000

Los Angeles 1970

In 1970, the Dodgers jumped their team batting average by 16 points to .270. The lineup suddenly had four .300 hitters: Wes Parker, .319; Ted Sizemore, .306; Willie Davis, .305; Manny Mota, .305. It was Parker's finest year in the majors; along with his .319 went 196 hits, a league-leading 47 doubles, and 111 runs batted in. He also hit for the cycle on May 7 against the Mets, becoming the first Los Angeles Dodger to accomplish the feat.

Backing up the attack was rookie infielder Billy Grabarkewitz at .289 and a club-leading 17 homers, Tom Haller at .286, and Maury Wills at .270. Breaking in at third base for 27 games was Steve Garvey, batting .269 but showing an unsteady glove and an even shakier arm.

Benefiting from this improved hitting were Osteen (16–14) and Sutton (15–13), the two top winners on the club. Singer provided the pitching highlight of the season when he no-hit the Phillies, 5–0, on July 20. Unfortunately, a case of hepatitis put the hard-throwing right-hander on the sidelines for seven weeks.

The Dodgers finished a distant second, 14 1/2 games behind Sparky Anderson's Reds. That club was beginning to hone the gears of what would become the Big Red Machine, a team which, along with the Dodgers, would dominate the Western Division throughout much of the decade. One telling point of the difference between the two clubs was their home run output: the Reds clubbed 191 in 1970 to the Dodgers' major-league low 87. Immediately after the season, Al Campanis set out to reduce the disparity. Sending Sizemore and a minor-leaguer to the Cardinals, the Dodgers obtained power-hitting infielder-outfielder Richie Allen, a man noted for the distance and frequency of his home runs. Another postseason acquisition was veteran left-hander Al Downing, obtained from Milwaukee for Andy Kosco.

TEAM STATISTICS

	W	L	PCT	GB	R	OR	2B	3B	HR	BA	SA	SB	E	DP	FA	CG	B	SO	ShO	SV	ERA
WEST																					
CIN	102	60	.630		775	681	253	45	191	.270	.436	115	151	173	.976	32	592	843	15	60	3.71
LA	87	74	.540	14.5	749	684	233	67	87	.270	.382	138	135	135	.978	37	496	880	17	42	3.82
SF	86	76	.531	16	831	826	257	35	165	.262	.409	83	170	153	.973	50	604	931	7	30	4.50
HOU	79	83	.488	23	744	763	250	47	129	.259	.391	114	140	144	.978	36	577	942	6	35	4.23
ATL	76	86	.469	26	736	772	215	24	160	.270	.404	58	141	118	.977	45	478	960	9	24	4.35
SD	63	99	.389	39	681	788	208	36	172	.246	.391	60	158	159	.975	24	611	886	9	32	4.38
EAST																					
PIT	89	73	.549		729	664	235	70	130	.270	.406	66	137	195	.979	36	625	990	13	43	3.70
CHI	84	78	.519	5	806	679	228	44	179	.259	.415	39	137	146	.978	59	475	1000	9	25	3.76
NY	83	79	.512	6	695	630	211	42	120	.249	.370	118	124	136	.979	47	575	1064	10	32	3.46
STL	76	86	.469	13	744	747	218	51	113	.263	.379	117	150	159	.977	51	632	960	11	20	4.05
PHI	73	88	.453	15.5	594	730	224	58	101	.238	.356	72	114	134	.981	24	538	1047	8	36	4.17
MON	73	89	.451	16	687	807	211	35	136	.237	.365	65	141	193	.977	29	716	914	10	32	4.50
LEAGUE TOTAL					8771	8771	2743	554	1683	.258	.392	1045	1698	1845	.977	470	6919	11417	124	411	4.05

INDIVIDUAL PITCHING

PITCHER	T	W	L	PCT	ERA	SV	G	GS	CG	IP	H	BB	SO	R	ER	ShO	H/9	BB/9	SO/9
Don Sutton	R	15	13	.536	4.08	0	38	38	10	260	251	78	201	127	118	4	8.69	2.70	6.96
Claude Osteen	L	16	14	.533	3.82	0	37	37	11	259	280	52	114	121	110	4	9.73	1.81	3.96
Alan Foster	R	10	13	.435	4.25	0	33	33	7	199	200	81	83	104	94	1	9.05	3.66	3.75
Joe Moeller	R	7	9	.438	3.93	4	31	19	2	135	131	43	63	63	59	1	8.73	2.87	4.20
Sandy Vance	R	7	7	.500	3.13	0	20	18	2	115	109	37	45	47	40	0	8.53	2.90	3.52
Bill Singer	R	8	5	.615	3.14	0	16	16	5	106	79	32	93	39	37	3	6.71	2.72	7.90
Jim Brewer	L	7	6	.538	3.13	24	58	0	0	89	66	33	91	36	31	0	6.67	3.34	9.20
Pete Mikkelsen	R	4	2	.667	2.76	6	33	0	0	62	48	20	47	20	19	0	6.97	2.90	6.82
Fred Norman	L	2	0	1.000	5.23	1	30	0	0	62	65	33	47	40	36	0	9.44	4.79	6.82
Jose Pena	R	4	3	.571	4.42	4	29	0	0	57	51	29	31	32	28	0	8.05	4.58	4.89
Ray Lamb	R	6	1	.857	3.79	0	35	0	0	57	59	27	32	27	24	0	9.32	4.26	5.05
Mike Strahler	R	1	1	.500	1.42	1	6	0	0	19	13	10	11	6	3	0	6.16	4.74	5.21
Charlie Hough	R	0	0	—	5.29	2	8	0	0	17	18	11	8	11	10	0	9.53	5.82	4.24
Camilo Pascual	R	0	0	—	2.57	0	10	0	0	14	12	5	8	4	4	0	7.71	3.21	5.14
Jerry Stephenson	R	0	0	—	9.00	0	3	0	0	7	11	5	6	7	7	0	14.14	6.43	7.71
Al McBean	R	0	0	—	0.00	0	1	0	0	1	1	0	0	0	0	0	9.00	0.00	0.00
TEAM TOTAL		87	74	.540	3.82	42	388	161	37	1459	1394	496	880	684	620	13	8.60	3.06	5.43

Los Angeles 1971   Won 89 Lost 73 Pct. .549   48

MANAGER	W	L	PCT
Walter Alston	89	73	.549

POS	Player	B	G	AB	H	2B	3B	HR	HR%	R	RBI	BB	SO	SB	Pinch Hit AB	Pinch Hit H	BA	SA
REGULARS																		
1B	Wes Parker	B	157	533	146	24	1	6	1.1	69	62	63	63	6	1	1	.274	.356
2B	Jim Lefebvre	B	119	388	95	14	2	12	3.1	40	68	39	55	0	15	4	.245	.384
SS	Maury Wills	B	149	601	169	14	3	3	0.5	73	44	40	44	15	6	1	.281	.329
3B	Steve Garvey	R	81	225	51	12	1	7	3.1	27	26	21	33	1	2	0	.227	.382
RF	Bill Buckner	L	108	358	99	15	1	5	1.4	37	41	11	18	4	17	3	.277	.366
CF	Willie Davis	L	158	641	198	33	10	10	1.6	84	74	23	47	20	3	1	.309	.438
LF	Willie Crawford	L	114	342	96	16	6	9	2.6	64	40	28	49	5	19	8	.281	.442
C	Duke Sims	L	90	230	63	7	2	6	2.6	23	25	30	39	0	18	2	.274	.400
SUBSTITUTES																		
UT	Dick Allen	R	155	549	162	24	1	23	4.2	82	90	93	113	8	3	0	.295	.468
UT	Bobby Valentine	R	101	281	70	10	2	1	0.4	32	25	15	20	5	14	5	.249	.310
2O	Bill Russell	R	91	211	48	7	4	2	0.9	29	15	11	39	6	3	0	.227	.327
23	Billy Grabarkewitz	R	44	71	16	5	0	0	0.0	9	6	19	16	1	11	3	.225	.296
OF	Manny Mota	R	91	269	84	13	5	0	0.0	24	34	20	20	4	15	5	.312	.398
OF	Bobby Darwin	R	11	20	5	1	0	1	5.0	2	4	2	9	0	7	2	.250	.450
OF	Von Joshua	L	11	7	0	0	0	0	0.0	2	0	0	1	0	5	0	.000	.000
OF	Tom Paciorek	R	2	2	1	0	0	0	0.0	0	1	0	0	0	2	1	.500	.500
C	Tom Haller	L	84	202	54	5	0	5	2.5	23	32	25	30	0	17	6	.267	.366
C	Joe Ferguson	R	36	102	22	3	0	2	2.0	13	7	12	15	1	2	1	.216	.304
C3	Bill Sudakis	B	41	83	16	3	0	3	3.6	10	7	12	22	0	21	4	.193	.337
PH	Ron Cey	R	2	2	0	0	0	0	0.0	0	0	0	2	0	2	0	.000	.000
PITCHERS																		
P	Al Downing	R	37	92	16	2	0	0	0.0	4	10	6	28	0	0	0	.174	.196
P	Don Sutton	R	39	88	19	2	0	0	0.0	4	7	3	18	0	0	0	.216	.239
P	Claude Osteen	L	39	86	16	3	0	0	0.0	7	7	4	21	0	1	0	.186	.221
P	Bill Singer	R	31	58	6	0	0	0	0.0	1	2	5	24	0	0	0	.103	.103
P	Doyle Alexander	R	17	33	9	0	0	0	0.0	3	2	3	13	0	0	0	.273	.273
P	Pete Mikkelsen	R	41	10	2	0	0	0	0.0	0	1	1	4	0	0	0	.200	.200
P	Jim Brewer	L	55	9	3	0	0	0	0.0	0	1	0	2	0	0	0	.333	.333
P	Joe Moeller	R	28	9	0	0	0	0	0.0	0	0	2	6	0	0	0	.000	.000
P	Bob O'Brien	L	14	9	1	0	0	0	0.0	0	0	0	0	0	0	0	.111	.111
P	Sandy Vance	R	10	5	0	0	0	0	0.0	0	0	1	1	0	0	0	.000	.000
P	Hoyt Wilhelm	R	9	3	0	0	0	0	0.0	0	0	0	2	0	0	0	.000	.000
P	Jose Pena	R	21	3	2	0	0	0	0.0	1	0	0	1	0	0	0	.667	.667
P	Mike Strahler	R	6	1	0	0	0	0	0.0	0	0	0	0	0	0	0	.000	.000
P	Charlie Hough	R	4	0	0	0	0	0	–	0	0	0	0	0	0	0	–	–
TEAM TOTAL				5523	1469	213	38	95	1.7	66	631	489	755	76	184	47	.266	.370

INDIVIDUAL FIELDING

POS	Player	T	G	PO	A	E	DP	TC/G	FA
1B	W. Parker	L	148	1215	97	5	113	8.9	.996
	D. Allen	R	28	258	13	2	26	9.8	.993
	B. Sudakis	R	1	0	0	0	0	0.0	.000
	B. Buckner	L	11	70	6	0	4	6.9	1.000
2B	J. Lefebvre	R	102	244	260	6	69	5.0	.988
	B. Russell	R	41	81	108	7	21	4.8	.964
	B. Valentine	R	21	49	45	4	13	4.7	.959
	Grabarkewitz	R	13	26	31	0	8	4.4	1.000
SS	M. Wills	R	144	220	484	16	86	5.0	.978
	B. Valentine	R	37	43	80	5	17	3.5	.961
	B. Russell	R	6	1	5	1	2	1.2	.857
	Grabarkewitz	R	1	1	0	0	0	1.0	1.000
3B	S. Garvey	R	79	53	161	14	11	2.9	.939
	D. Allen	R	67	36	133	15	12	2.7	.918
	B. Valentine	R	23	17	50	7	1	3.2	.905
	Grabarkewitz	R	10	6	21	0	2	2.7	1.000
	J. Lefebvre	R	7	3	14	3	2	2.9	.850
	B. Sudakis	R	3	2	7	0	1	3.0	1.000
	M. Wills	R	4	0	2	1	1	0.8	.667

POS	Player	T	G	PO	A	E	DP	TC/G	FA
OF	W. Davis	L	157	404	7	8	0	2.7	.981
	B. Buckner	L	86	165	5	1	0	2.0	.994
	W. Crawford	L	97	146	5	3	1	1.6	.981
	M. Mota	R	80	108	3	4	1	1.4	.965
	D. Allen	R	60	88	5	4	0	1.6	.959
	B. Russell	R	40	49	1	0	0	1.3	1.000
	W. Parker	L	18	25	1	0	1	1.4	1.000
	B. Valentine	R	11	14	1	0	0	1.4	1.000
	B. Darwin	R	4	9	0	0	0	2.3	1.000
	V. Joshua	L	5	7	0	0	0	1.4	1.000
	B. Sudakis	R	1	3	0	0	0	3.0	1.000
	T. Paciorek	R	1	1	0	0	0	1.0	1.000
C	D. Sims	R	74	345	33	3	5	5.1	.992
	T. Haller	R	67	320	34	8	3	5.4	.978
	J. Ferguson	R	35	167	9	3	0	5.1	.983
	B. Sudakis	R	19	85	9	0	0	4.9	1.000

The Dodgers were now receiving steady infusions of youth. Along with 22-year-old Garvey, who played third base part of the season, was 21-year-old first baseman-outfielder Bill Buckner and 22-year-old Bill Russell, still without a position as he moved back and forth between second base and the outfield. Less of a factor in 1971 (batting only twice) was 23-year-old Ron Cey. All of these gifted young players were presenting Alston with a pleasant problem: where and how to get them into the lineup.

The Dodgers stirred their fans with a blistering pennant race in 1971, made all the more exciting because their opponents were the Giants. Despite an eight-game deficit on September 5, the Dodgers kept charging. With 14 games remaining for each club, the Giants' lead had been cut to one game. It was still one game on the last day of the season. Sutton won for the Dodgers, but the great Juan Marichal whipped the Padres, and the Giants slipped in by that single game.

Allen supplied much of the Dodgers' punch—23 home runs and 90 runs batted in. Willie Crawford batted .281, as did Wills, while the club leader was Willie Davis at .309.

The surprise of the staff was Al Downing, who logged a 20–9 record, followed by Sutton's 17–12 and Osteen's 14–11. Singer disappointed with 10–17, while Brewer had a superb year in relief.

At the winter meetings that December, the Dodgers worked a couple of major transactions. Allen was traded to the White Sox for southpaw Tommy John. On the same day, the Dodgers plugged the power gap left by Allen when they obtained 35-year-old Frank Robinson from the Orioles for right-hander Doyle Alexander and three minor leaguers.

TEAM STATISTICS

	W	L	PCT	GB	R	OR	2B	3B	HR	BA	SA	SB	E	DP	FA	CG	B	SO	ShO	SV	ERA
WEST																					
SF	90	72	.556		706	644	224	36	140	.247	.378	101	179	153	.972	45	471	831	14	30	3.33
LA	89	73	.549	1	663	587	213	38	95	.266	.370	76	131	159	.979	48	399	853	18	33	3.23
ATL	82	80	.506	8	643	699	192	30	153	.257	.385	57	146	180	.977	40	485	823	11	31	3.75
CIN	79	83	.488	11	586	581	203	28	138	.241	.366	59	103	174	.984	27	501	750	11	38	3.35
HOU	79	83	.488	11	585	567	230	52	71	.240	.340	101	106	152	.983	43	475	914	10	25	3.13
SD	61	100	.379	28.5	486	610	184	31	96	.233	.332	70	161	144	.974	47	559	923	10	17	3.23
EAST																					
PIT	97	65	.599		788	599	223	61	154	.274	.416	65	133	164	.979	43	470	813	15	48	3.31
STL	90	72	.556	7	739	699	225	54	95	.275	.385	124	142	155	.978	56	576	911	14	22	3.87
CHI	83	79	.512	14	637	648	202	34	128	.258	.378	44	126	150	.980	75	411	900	17	13	3.61
NY	83	79	.512	14	588	550	203	29	98	.249	.351	89	114	135	.981	42	529	1157	13	22	**3.00**
MON	71	90	.441	25.5	622	729	197	29	88	.246	.343	51	150	164	.976	49	658	829	8	25	4.12
PHI	67	95	.414	30	558	688	209	35	123	.233	.350	63	122	158	.981	31	525	838	10	25	3.71
LEAGUE TOTAL					7601	7601	2505	457	1379	.252	.366	900	1613	1888	.979	546	6059	10542	151	329	3.47

INDIVIDUAL PITCHING

PITCHER	T	W	L	PCT	ERA	SV	G	GS	CG	IP	H	BB	SO	R	ER	ShO	H/9	BB/9	SO/9
Don Sutton	R	17	12	.586	2.55	1	38	37	12	265	231	55	194	85	75	4	7.85	1.87	6.59
Al Downing	L	20	9	.690	2.68	0	37	36	12	262	245	84	136	93	78	5	8.42	2.89	4.67
Claude Osteen	L	14	11	.560	3.51	0	38	38	11	259	262	63	109	108	101	4	9.10	2.19	3.79
Bill Singer	R	10	17	.370	4.17	0	31	31	8	203	195	71	144	103	94	1	8.65	3.15	6.38
Doyle Alexander	R	6	6	.500	3.82	0	17	12	4	92	105	18	30	45	39	0	10.27	1.76	2.93
Jim Brewer	L	6	5	.545	1.89	22	55	0	0	81	55	24	66	17	17	0	6.11	2.67	7.33
Pete Mikkelsen	R	8	5	.615	3.65	5	41	0	0	74	67	17	46	38	30	0	8.15	2.07	5.59
Joe Moeller	R	2	4	.333	3.82	1	28	1	0	66	72	12	32	32	28	0	9.82	1.64	4.36
Jose Pena	R	2	0	1.000	3.56	1	21	0	0	43	32	18	44	18	17	0	6.70	3.77	9.21
Bob O'Brien	L	2	2	.500	3.00	0	14	4	1	42	42	13	15	18	14	1	9.00	2.79	3.21
Sandy Vance	R	2	1	.667	6.92	0	10	3	0	26	38	9	11	21	20	0	13.15	3.12	3.81
Hoyt Wilhelm	R	0	1	.000	1.02	3	9	0	0	17.2	6	4	15	2	2	0	3.06	2.04	7.64
Mike Strahler	R	0	0	–	2.77	0	6	0	0	13	10	8	7	4	4	0	6.92	5.54	4.85
Charlie Hough	R	0	0	–	4.50	0	4	0	0	4	3	3	4	3	2	0	6.75	6.75	9.00
TEAM TOTAL		89	73	.549	3.24	33	349	162	48	1447.2	1363	399	853	587	521	15	8.47	2.48	5.30

Los Angeles 1972　　Won 85　Lost 70　Pct. .548　　50

MANAGER	W	L	PCT
Walter Alston	85	70	.548

POS	Player	B	G	AB	H	2B	3B	HR	HR%	R	RBI	BB	SO	SB	Pinch Hit AB	H	BA	SA
REGULARS																		
1B	Wes Parker	B	130	427	119	14	3	4	0.9	45	59	62	43	3	8	2	.279	.354
2B	Lee Lacy	R	60	243	63	7	3	0	0.0	34	12	19	37	5	2	1	.259	.313
SS	Bill Russell	R	129	434	118	19	5	4	0.9	47	34	34	64	14	5	2	.272	.366
3B	Steve Garvey	R	96	294	79	14	2	9	3.1	36	30	19	36	4	11	3	.269	.422
RF	Frank Robinson	R	103	342	86	6	1	19	5.6	41	59	55	76	2	5	0	.251	.442
CF	Willie Davis	L	149	615	178	22	7	19	3.1	81	79	27	61	20	2	1	.289	.441
LF	Manny Mota	R	118	371	120	16	5	5	1.3	57	48	27	15	4	25	10	.323	.434
C	Chris Cannizzaro	R	73	200	48	6	0	2	1.0	14	18	31	38	0	5	2	.240	.300
SUBSTITUTES																		
UT	Bobby Valentine	R	119	391	107	11	2	3	0.8	42	32	27	33	5	10	1	.274	.335
23	Jim Lefebvre	R	70	169	34	8	0	5	3.0	11	24	17	30	0	25	6	.201	.337
32	Billy Grabarkewitz	R	53	144	24	4	0	4	2.8	17	16	18	53	3	5	1	.167	.278
S3	Maury Wills	B	71	132	17	3	1	0	0.0	16	4	10	18	1	5	1	.129	.167
2B	Davey Lopes	R	11	42	9	4	0	0	0.0	6	1	7	6	4	0	0	.214	.310
3B	Ron Cey	R	11	37	10	1	0	1	2.7	3	3	7	10	0	0	0	.270	.378
1B	Terry McDermott	R	9	23	3	0	0	0	0.0	2	0	2	8	0	3	1	.130	.130
O1	Bill Buckner	L	105	383	122	14	3	5	1.3	47	37	17	13	10	11	3	.319	.410
OF	Willie Crawford	L	96	243	61	7	3	8	3.3	28	27	35	55	4	18	4	.251	.403
O1	Tom Paciorek	R	11	47	12	4	0	1	2.1	4	6	1	7	1	0	0	.255	.404
C	Duke Sims	L	51	151	29	7	0	2	1.3	7	11	17	23	0	6	2	.192	.278
C	Steve Yeager	R	35	106	29	0	1	4	3.8	18	15	16	26	0	0	0	.274	.406
C	Dick Dietz	R	27	56	9	1	0	1	1.8	4	6	14	11	2	7	0	.161	.232
CO	Joe Ferguson	R	8	24	7	3	0	1	4.2	2	5	2	4	0	0	0	.292	.542
PITCHERS																		
P	Don Sutton	R	33	91	13	0	0	0	0.0	4	1	2	24	0	0	0	.143	.143
P	Claude Osteen	L	36	88	24	5	1	1	1.1	9	11	5	19	0	0	0	.273	.386
P	Al Downing	R	31	66	8	1	1	0	0.0	2	2	1	27	0	0	0	.121	.167
P	Tommy John	R	29	63	10	0	0	0	0.0	3	2	0	10	0	0	0	.159	.159
P	Bill Singer	R	26	55	4	1	0	0	0.0	1	0	2	21	0	0	0	.073	.091
P	Mike Strahler	R	19	11	2	0	0	0	0.0	2	0	3	6	0	0	0	.182	.182
P	Pete Mikkelsen	R	33	7	0	0	0	0	0.0	0	0	1	6	0	0	0	.000	.000
P	Doug Rau	L	7	7	1	0	1	0	0.0	0	1	1	2	0	0	0	.143	.429
P	Pete Richert	L	37	6	3	0	0	0	0.0	0	0	0	3	0	0	0	.500	.500
P	Jim Brewer	L	51	1	0	0	0	0	0.0	1	0	1	0	0	0	0	.000	.000
P	Hoyt Wilhelm	R	16	1	0	0	0	0	0.0	0	0	0	1	0	0	0	.000	.000
P	Ron Perranoski	L	9	0	0	0	0	0	—	0	0	0	0	0	0	0	—	—
P	Jose Pena	R	5	0	0	0	0	0	—	0	0	0	0	0	0	0	—	—
P	Charlie Hough	R	2	0	0	0	0	0	—	0	0	0	0	0	0	0	—	—
TEAM TOTAL				5270	1349	178	39	98	1.9	58	543	480	786	82	153	40	.256	.360

INDIVIDUAL FIELDING

POS	Player	T	G	PO	A	E	DP	TC/G	FA
1B	W. Parker	L	120	1074	68	4	91	9.6	**.997**
	B. Buckner	L	35	311	21	3	28	9.6	.991
	T. Paciorek	R	6	44	3	1	4	8.0	.979
	McDermott	R	7	46	2	0	4	6.9	1.000
	S. Garvey	R	3	33	2	0	3	11.7	1.000
2B	L. Lacy	R	58	125	161	8	38	5.1	.973
	B. Valentine	R	49	110	132	6	28	5.1	.976
	J. Lefebvre	R	33	66	82	2	21	4.5	.987
	Grabarkewitz	R	19	45	43	4	12	4.8	.957
	D. Lopes	R	11	27	27	2	5	5.1	.964
SS	B. Russell	R	121	197	439	34	69	5.5	.949
	M. Wills	R	31	38	89	2	18	4.2	.984
	B. Valentine	R	10	23	32	3	6	5.8	.948
	Grabarkewitz	R	2	1	1	1	1	1.5	.667
3B	S. Garvey	R	85	71	187	28	18	3.4	.902
	B. Valentine	R	39	20	81	14	4	2.9	.878
	Grabarkewitz	R	24	15	40	6	1	2.5	.902
	M. Wills	R	26	1	14	0	2	0.6	1.000
	R. Cey	R	11	7	20	3	1	2.7	.900
	J. Lefebvre	R	11	4	17	2	3	2.1	.913

POS	Player	T	G	PO	A	E	DP	TC/G	FA
OF	W. Davis	L	146	373	10	5	1	2.7	.987
	F. Robinson	R	95	168	6	6	2	1.9	.967
	M. Mota	R	99	141	3	1	1	1.5	.993
	B. Buckner	L	61	123	1	1	0	2.0	.992
	W. Crawford	L	74	111	2	2	0	1.6	.983
	B. Valentine	R	16	25	0	0	0	1.6	1.000
	W. Parker	L	5	11	0	0	0	2.2	1.000
	T. Paciorek	R	6	9	2	0	0	1.8	1.000
	J. Ferguson	R	2	5	0	0	0	2.5	1.000
	B. Russell	R	6	5	0	0	0	0.8	1.000
C	Cannizzaro	R	72	312	26	6	4	4.8	.983
	D. Sims	R	48	244	17	3	4	5.5	.989
	S. Yeager	R	35	220	19	4	2	6.9	.984
	D. Dietz	R	22	104	12	0	1	5.3	1.000
	J. Ferguson	R	7	37	1	0	1	5.4	1.000

Walter Alston called the 1972 season, his 19th as Dodger manager, his toughest and most frustrating. Pre-season favorites to take the Western Division title, the Dodgers ended in a virtual tie for second place with Houston, 10 games behind the Reds.

Time had finally frayed the elastic in Maury Wills's legs, and Bill Russell took over at short, though shakily, making 34 errors. The Dodgers were still trying Garvey at third and paying the price—28 errors in 85 games. Overall, the team committed 162 errors, most in the league, and too many games were donated to the opposition, nullifying the strong performances from the mound staff.

Osteen (20–11), Sutton (19–9), newcomer John (11–5), and Downing (9–9) all logged earned run averages under 3.00, while Brewer had a sensational year with 8 wins, 17 saves, and a 1.27 ERA. The big disappointment was Singer, dropping to a 6–16 record. On August 8, against Cincinnati, the pitchers suffered a particularly frustrating outing, fanning 22 in a 19-inning marathon but losing, 2–1.

An early-season injury limited Frank Robinson to 103 games in which he batted a disappointing .251 with 19 home runs. Manny Mota, platooned in the outfield, batted .323. Mota was also building a reputation as an outstanding pinch hitter, batting .400 in the role, with 10 hits. Buckner, platooning in the outfield and spelling Parker at first base, batted .319.

Despite an obvious need for power, the Dodgers could never resist when a good starting pitcher became available. Consequently, in November they sent their big gun Robinson, along with Billy Grabarkewitz, utility man Bobby Valentine, and pitchers Bill Singer and Mike Strahler, to the California Angels for right-hander Andy Messersmith and ex-Dodger third baseman Ken McMullen.

TEAM STATISTICS

	W	L	PCT	GB	R	OR	2B	3B	HR	BA	SA	SB	E	DP	FA	CG	B	SO	ShO	SV	ERA
WEST																					
CIN	95	59	.617		707	557	214	44	124	.251	.380	140	110	143	.982	25	435	806	15	60	3.21
HOU	84	69	.549	10.5	708	636	233	38	134	.258	.393	111	116	151	.980	38	498	971	14	31	3.77
LA	85	70	.548	10.5	584	527	178	39	98	.256	.360	82	162	145	.974	50	429	856	23	29	2.78
ATL	70	84	.455	25	628	730	186	17	144	.258	.382	47	156	130	.974	40	512	732	4	27	4.27
SF	69	86	.445	26.5	662	649	211	36	150	.244	.384	123	156	121	.974	44	507	771	8	23	3.70
SD	58	95	.379	36.5	488	665	168	38	102	.227	.332	78	144	146	.976	39	618	960	17	19	3.78
EAST																					
PIT	96	59	.619		691	512	251	47	110	.274	.397	49	136	171	.978	39	433	838	15	48	2.81
CHI	85	70	.548	11	685	567	206	40	133	.257	.387	69	132	148	.979	54	421	824	19	32	3.22
NY	83	73	.532	13.5	528	578	175	31	105	.225	.332	41	116	122	.980	32	486	1059	12	41	3.27
STL	75	81	.481	21.5	568	600	214	42	70	.260	.355	104	141	146	.977	64	531	912	13	13	3.42
MON	70	86	.449	26.5	513	609	156	22	91	.234	.325	68	134	141	.978	39	579	888	11	23	3.60
PHI	59	97	.378	37.5	503	635	200	36	98	.236	.344	42	116	142	.981	43	536	927	13	15	3.67
LEAGUE TOTAL					7265	7265	2392	430	1359	.248	.365	954	1619	1706	.978	507	5985	10544	164	361	3.46

INDIVIDUAL PITCHING

PITCHER	T	W	L	PCT	ERA	SV	G	GS	CG	IP	H	BB	SO	R	ER	ShO	H/9	BB/9	SO/9
Don Sutton	R	19	9	.679	2.08	0	33	33	18	272.2	186	63	207	78	63	9	6.14	2.08	6.83
Claude Osteen	L	20	11	.645	2.64	0	33	33	14	252	232	69	100	82	74	4	8.29	2.46	3.57
Al Downing	L	9	9	.500	2.98	0	31	30	7	202.2	196	67	117	81	67	4	8.70	2.98	5.20
Tommy John	L	11	5	.688	2.89	0	29	29	4	186.2	172	40	117	68	60	1	8.29	1.93	5.64
Bill Singer	R	6	16	.273	3.67	0	26	25	4	169.1	148	60	101	84	69	3	7.87	3.19	5.37
Jim Brewer	L	8	7	.533	1.26	17	51	0	0	78.1	41	25	69	16	11	0	4.71	2.87	7.93
Pete Mikkelsen	R	5	5	.500	4.06	5	33	0	0	57.2	65	23	41	32	26	0	10.14	3.59	6.40
Pete Richert	L	2	3	.400	2.25	6	37	0	0	52	42	18	38	17	13	0	7.27	3.12	6.58
Mike Strahler	R	1	2	.333	3.26	0	19	2	1	47	42	22	25	25	17	0	8.04	4.21	4.79
Doug Rau	L	2	2	.500	2.20	0	7	3	2	32.2	18	11	19	11	8	0	4.96	3.03	5.23
Hoyt Wilhelm	R	0	1	.000	4.62	1	16	0	0	25.1	20	15	9	16	13	0	7.11	5.33	3.20
Ron Perranoski	L	2	0	1.000	2.70	0	9	0	0	16.2	19	8	5	8	5	0	10.26	4.32	2.70
Jose Pena	R	0	0	–	8.59	0	5	0	0	7.1	13	6	4	8	7	0	15.95	7.36	4.91
Charlie Hough	R	0	0	–	3.38	0	2	0	0	2.2	2	2	4	1	1	0	6.75	6.75	13.50
TEAM TOTAL		85	70	.548	2.78	29	331	155	50	1403	1196	429	856	527	434	21	7.67	2.75	5.49

Los Angeles 1973   Won 95 Lost 66 Pct. .590

MANAGER	W	L	PCT
Walter Alston	95	66	.590

POS	Player	B	G	AB	H	2B	3B	HR	HR%	R	RBI	BB	SO	SB	Pinch Hit AB	H	BA	SA
REGULARS																		
1B	Bill Buckner	L	140	575	158	20	0	8	1.4	68	46	17	34	12	9	2	.275	.351
2B	Davey Lopes	R	142	535	147	13	5	6	1.1	77	37	62	77	36	1	0	.275	.351
SS	Bill Russell	R	162	615	163	26	3	4	0.7	55	56	34	63	15	0	0	.265	.337
3B	Ron Cey	R	152	507	124	18	4	15	3.0	60	80	74	77	1	7	1	.245	.385
RF	Willie Crawford	L	145	457	135	26	2	14	3.1	75	66	78	91	12	7	2	.295	.453
CF	Willie Davis	L	152	599	171	29	9	16	2.7	82	77	29	62	17	7	3	.285	.444
LF	Manny Mota	R	89	293	92	11	2	0	0.0	33	23	25	12	1	14	5	.314	.365
C	Joe Ferguson	R	136	487	128	26	0	25	5.1	84	88	87	81	1	1	1	.263	.470
SUBSTITUTES																		
1B	Steve Garvey	R	114	349	106	17	3	8	2.3	37	50	11	42	0	30	12	.304	.438
2B	Lee Lacy	R	57	135	28	2	0	0	0.0	14	8	15	34	2	13	1	.207	.222
3B	Ken McMullen	R	42	85	21	5	0	5	5.9	6	18	6	13	0	19	6	.247	.482
3B	Jerry Royster	R	10	19	4	0	0	0	0.0	1	2	0	5	1	0	0	.211	.211
OF	Tom Paciorek	R	96	195	51	8	0	5	2.6	26	18	11	35	3	17	4	.262	.379
OF	Von Joshua	L	75	159	40	4	1	2	1.3	19	17	8	29	7	25	8	.252	.327
OF	Paul Powell	R	2	1	0	0	0	0	0.0	0	0	0	1	0	1	0	.000	.000
C	Steve Yeager	R	54	134	34	5	0	2	1.5	18	10	15	33	1	4	1	.254	.336
C	Chris Cannizzaro	R	17	21	4	0	0	0	0.0	0	3	3	3	0	3	0	.190	.190
PH	Jim Fairey	L	10	9	2	0	0	0	0.0	0	0	1	1	0	9	2	.222	.222
PH	Jesus Alvarez	R	4	4	1	1	0	0	0.0	0	0	0	1	0	4	1	.250	.500
PITCHERS																		
P	Andy Messersmith	R	34	89	15	3	0	0	0.0	3	6	5	16	0	1	0	.169	.202
P	Don Sutton	R	33	84	10	1	0	0	0.0	6	5	5	17	0	0	0	.119	.131
P	Claude Osteen	L	33	78	12	1	0	0	0.0	4	1	2	22	0	0	0	.154	.167
P	Tommy John	R	36	74	15	1	0	0	0.0	3	7	4	17	0	0	0	.203	.216
P	Al Downing	R	30	57	5	2	0	0	0.0	2	3	5	18	0	0	0	.088	.123
P	Charlie Hough	R	37	14	3	0	0	0	0.0	0	1	0	2	0	0	0	.214	.214
P	Doug Rau	L	31	11	1	0	0	0	0.0	0	1	0	2	0	0	0	.091	.091
P	Jim Brewer	L	56	5	2	0	0	0	0.0	0	0	0	2	0	0	0	.400	.400
P	Pete Richert	L	39	5	1	0	0	0	0.0	1	0	0	2	0	0	0	.200	.200
P	George Culver	R	28	4	0	0	0	0	0.0	0	0	0	1	0	0	0	.000	.000
P	Geoff Zahn	L	6	2	0	0	0	0	0.0	0	0	0	1	0	0	0	.000	.000
P	Greg Shanahan	R	7	1	0	0	0	0	0.0	1	0	0	1	0	0	0	.000	.000
P	Eddie Solomon	R	4	1	0	0	0	0	0.0	0	0	0	0	0	0	0	.000	.000
P	Greg Heydeman	R	1	0	0	0	0	0	—	0	0	0	0	0	0	0	—	—
TEAM TOTAL				5604	1473	219	29	110	2.0	67	623	497	795	109	172	49	.263	.371

INDIVIDUAL FIELDING

POS	Player	T	G	PO	A	E	DP	TC/G	FA	POS	Player	T	G	PO	A	E	DP	TC/G	FA
1B	B. Buckner	L	93	888	50	2	93	10.1	.998	OF	W. Davis	L	146	344	6	7	0	2.4	.980
	S. Garvey	R	76	718	26	5	58	9.9	.993		W. Crawford	L	138	250	13	6	4	1.9	.978
	T. Paciorek	R	4	25	1	0	3	6.5	1.000		M. Mota	R	74	96	4	0	0	1.4	1.000
2B	D. Lopes	R	135	319	379	11	90	5.3	.984		T. Paciorek	R	77	92	2	2	0	1.2	.979
	L. Lacy	R	41	80	85	6	22	4.2	.965		B. Buckner	L	48	93	0	1	0	2.0	.989
	J. Royster	R	1	1	0	0	0	1.0	1.000		V. Joshua	L	46	61	2	1	0	1.4	.984
SS	B. Russell	R	162	243	560	31	106	5.1	.963		J. Ferguson	R	20	29	0	2	0	1.6	.935
	D. Lopes	R	2	1	0	0	0	0.5	1.000		P. Powell	R	1	0	0	0	0	0.0	.000
3B	R. Cey	R	146	111	328	18	39	3.1	.961		S. Garvey	R	10	13	1	2	0	1.6	.875
	K. McMullen	R	24	5	54	5	2	2.7	.922		D. Lopes	R	5	3	0	0	0	0.6	1.000
	J. Royster	R	6	2	14	3	1	3.2	.842	C	J. Ferguson	R	122	757	57	3	17	6.7	**.996**
	D. Lopes	R	1	0	1	0	0	1.0	1.000		S. Yeager	R	50	230	24	5	2	5.2	.981
											Cannizzaro	R	13	33	0	0	0	2.5	1.000

Los Angeles 1973

On June 13, 1973, the Dodgers' infield consisted, for the first time, of Steve Garvey at first base, Davey Lopes at second, Bill Russell at short, and Ron Cey at third. And it would remain that way for 8 1/2 years, a longevity record for a big-league infield. What made Garvey's shift to first base possible was the premature retirement of 32-year-old Wes Parker. With Garvey taking over at first, Buckner platooned in the outfield with Mota. Another new man was catcher Joe Ferguson, who caught well and had 25 homers and 88 RBIs, both club-leading figures.

Alston's starting rotation had the regularity of a metronome: five men started 158 of the club's 162 games. The five were Sutton (18–10), John (16–7), Osteen (16–11), Messersmith (14–10), and Downing (9–9).

The year saw the beginning of a pattern of Dodgers–Reds dominance of the division that was to prevail for the rest of the decade. In 1973 it was Cincinnati, running a spirited second-half race that won. On July 1, the Reds took a doubleheader from the Dodgers and went on a blazing 60–26 tear that gradually chipped away at the Los Angeles lead. Four losses in five games to Cincinnati in September sealed the Dodgers' doom, and the Reds went on to win by 3 1/2.

The Dodgers were convinced that their team of the future needed but a bit of fine-tuning to put them over the top. Accordingly, in December they swapped their longtime centerfielder Willie Davis to Montreal for right-handed reliever Mike Marshall, who had appeared in an astounding 92 games. To replace Davis, the Dodgers then traded Claude Osteen to Houston for power-hitting Jimmy Wynn, at five-foot-ten and 165 pounds known as the Toy Cannon. The Dodgers, who seemed unable to make a bad trade, had made two more good ones.

TEAM STATISTICS

	W	L	PCT	GB	R	OR	2B	3B	HR	BA	SA	SB	E	DP	FA	CG	B	SO	ShO	SV	ERA
WEST																					
CIN	99	63	.611		741	621	232	34	137	.254	.383	148	115	162	.982	39	518	801	17	43	3.43
LA	95	66	.590	3.5	675	565	219	29	110	.263	.371	109	125	166	.981	45	461	961	15	38	**3.00**
SF	88	74	.543	11	739	702	212	**52**	161	.262	.407	112	163	138	.974	33	485	787	8	**44**	3.79
HOU	82	80	.506	17	681	672	216	35	134	.251	.376	92	116	140	.981	45	575	907	14	26	3.78
ATL	76	85	.472	22.5	**799**	774	219	34	**206**	**.266**	**.427**	84	166	142	.974	34	575	803	9	35	4.25
SD	60	102	.370	39	548	770	198	26	112	.244	.351	88	170	152	.973	34	548	845	10	23	4.16
EAST																					
NY	82	79	.509		608	588	198	24	85	.246	.338	27	126	140	.980	47	490	**1027**	15	40	3.27
STL	81	81	.500	1.5	643	603	240	35	75	.259	.357	100	159	149	.975	42	486	867	14	36	3.25
PIT	80	82	.494	2.5	704	693	**257**	44	154	.261	.405	23	151	156	.976	26	564	839	11	**44**	3.74
MON	79	83	.488	3.5	668	702	190	23	125	.251	.364	77	163	156	.974	26	681	866	6	38	3.73
CHI	77	84	.478	5	614	655	201	21	117	.247	.357	65	157	155	.975	27	**438**	885	13	40	3.66
PHI	71	91	.438	11.5	642	717	218	29	134	.249	.371	51	134	**179**	.979	**49**	632	919	11	22	4.00
LEAGUE TOTAL					8062	8062	2600	386	1550	.254	.376	976	1745	1835	.977	447	6453	10507	143	429	3.67

INDIVIDUAL PITCHING

PITCHER	T	W	L	PCT	ERA	SV	G	GS	CG	IP	H	BB	SO	R	ER	ShO	H/9	BB/9	SO/9
Don Sutton	R	18	10	.643	2.42	0	33	33	14	256.1	196	56	200	78	69	3	6.88	1.97	7.02
Andy Messersmith	R	14	10	.583	2.70	0	33	33	10	249.2	196	77	177	90	75	3	7.07	2.78	6.38
Claude Osteen	L	16	11	.593	3.31	0	33	33	12	236.2	227	61	86	97	87	3	8.63	2.32	3.27
Tommy John	L	16	7	**.696**	3.10	0	36	31	4	218	202	50	116	88	75	2	8.34	2.06	4.79
Al Downing	L	9	9	.500	3.31	0	30	28	5	193	155	68	124	87	71	2	7.23	3.17	5.78
Jim Brewer	L	6	8	.429	3.01	20	56	0	0	71.2	58	25	56	26	24	0	7.28	3.14	7.03
Charlie Hough	R	4	2	.667	2.76	5	37	0	0	71.2	52	45	70	24	22	0	6.53	5.65	8.79
Doug Rau	L	4	2	.667	3.96	3	31	3	0	63.2	64	28	51	28	28	0	9.05	3.96	7.21
Pete Richert	L	3	3	.500	3.18	7	39	0	0	51	44	19	31	18	18	0	7.76	3.35	5.47
George Culver	R	4	4	.500	3.00	2	28	0	0	42	45	21	23	15	14	0	9.64	4.50	4.93
Greg Shanahan	R	0	0	–	3.45	1	7	0	0	15.2	14	4	11	6	6	0	8.04	2.30	6.32
Geoff Zahn	L	1	0	1.000	1.35	0	6	1	0	13.1	5	2	9	2	2	0	3.38	1.35	6.08
Eddie Solomon	R	0	0	–	7.11	0	4	0	0	6.1	10	4	6	5	5	0	14.21	5.68	8.53
Greg Heydeman	R	0	0	–	4.50	0	1	0	0	2	2	1	1	1	1	0	9.00	4.50	4.50
TEAM TOTAL		95	66	.590	3.00	38	374	162	45	1491	1270	461	961	565	497	13	7.67	2.78	5.80

Los Angeles 1974   Won 102 Lost 60 Pct. .630

MANAGER	W	L	PCT
Walter Alston	102	60	.630

POS	Player	B	G	AB	H	2B	3B	HR	HR%	R	RBI	BB	SO	SB	Pinch Hit AB	H	BA	SA
REGULARS																		
1B	Steve Garvey	R	156	642	200	32	3	21	3.3	95	111	31	66	5	0	0	.312	.469
2B	Davey Lopes	R	145	530	141	26	3	10	1.9	95	35	66	71	59	0	0	.266	.383
SS	Bill Russell	R	160	553	149	18	6	5	0.9	61	65	53	53	14	1	0	.269	.351
3B	Ron Cey	R	159	577	151	20	2	18	3.1	88	97	76	68	1	0	0	.262	.397
RF	Willie Crawford	L	139	468	138	23	4	11	2.4	73	61	64	88	7	8	1	.295	.432
CF	Jimmy Wynn	R	150	535	145	17	4	32	6.0	104	108	108	104	18	3	0	.271	.497
LF	Bill Buckner	L	145	580	182	30	5	7	1.2	83	58	30	24	31	9	1	.314	.412
C	Steve Yeager	R	94	316	84	16	1	12	3.8	41	41	32	77	2	0	0	.266	.437
SUBSTITUTES																		
2B	Lee Lacy	R	48	78	22	6	0	0	0.0	13	8	2	14	2	11	3	.282	.359
S2	Rick Auerbach	R	45	73	25	0	0	1	1.4	12	4	8	9	4	4	1	.342	.384
32	Ken McMullen	R	44	60	15	1	0	3	5.0	5	12	2	12	0	35	9	.250	.417
SS	Ivan DeJesus	R	3	3	1	0	0	0	0.0	1	0	0	2	0	1	0	.333	.333
OF	Tom Paciorek	R	85	175	42	8	6	1	0.6	23	24	10	32	1	18	6	.240	.371
OF	Von Joshua	L	81	124	29	5	1	1	0.8	11	16	7	17	3	45	8	.234	.315
OF	Manny Mota	R	66	57	16	2	0	0	0.0	5	16	5	4	0	53	15	.281	.316
OF	John Hale	L	4	4	4	1	0	0	0.0	2	2	0	0	0	1	1	1.000	1.250
OF	Jesus Alvarez	R	2	1	0	0	0	0	0.0	0	0	0	0	0	1	0	.000	.000
UT	Jerry Royster	R	6	0	0	0	0	0	—	2	0	0	0	0	0	0	—	—
CO	Joe Ferguson	R	111	349	88	14	1	16	4.6	54	57	75	73	2	6	0	.252	.436
C1	Gail Hopkins	L	15	18	4	0	0	0	0.0	1	0	3	1	0	11	4	.222	.222
C	Kevin Pasley	R	1	0	0	0	0	0	—	0	0	0	0	0	0	0	—	—
PITCHERS																		
P	Don Sutton	R	40	98	18	2	0	0	0.0	7	7	3	22	0	0	0	.184	.204
P	Andy Messersmith	R	39	96	23	8	0	1	1.0	12	11	11	28	0	0	0	.240	.354
P	Doug Rau	L	36	64	9	0	0	0	0.0	3	4	6	22	0	0	0	.141	.141
P	Tommy John	R	22	51	6	2	0	0	0.0	0	2	2	10	0	0	0	.118	.157
P	Mike Marshall	R	106	34	8	0	0	0	0.0	2	2	0	3	0	0	0	.235	.235
P	Al Downing	R	21	29	5	0	0	0	0.0	3	2	1	11	0	0	0	.172	.172
P	Geoff Zahn	L	21	23	4	0	0	0	0.0	2	0	0	5	0	0	0	.174	.174
P	Charlie Hough	R	49	12	0	0	0	0	0.0	0	0	1	2	0	0	0	.000	.000
P	Jim Brewer	L	24	2	0	0	0	0	0.0	0	0	0	1	0	0	0	.000	.000
P	Rick Rhoden	R	4	2	1	0	0	0	0.0	0	0	0	1	0	0	0	.500	.500
P	Rex Hudson	R	1	0	0	0	0	0	—	0	0	0	0	0	0	0	—	—
P	Greg Shanahan	R	4	0	0	0	0	0	—	0	0	0	0	0	0	0	—	—
P	Eddie Solomon	R	4	0	0	0	0	0	—	0	0	0	0	0	0	0	—	—
TEAM TOTAL				5554	1510	231	34	139	2.5	79	743	596	820	149	207	49	.272	.401

INDIVIDUAL FIELDING

POS	Player	T	G	PO	A	E	DP	TC/G	FA
1B	S. Garvey	R	156	**1536**	62	8	108	10.3	.995
	B. Buckner	L	6	49	1	1	2	8.5	.980
	G. Hopkins	R	2	17	2	0	0	9.5	1.000
	T. Paciorek	R	1	2	0	0	0	2.0	1.000
2B	D. Lopes	R	143	309	360	**24**	71	4.8	.965
	L. Lacy	R	34	38	53	3	8	2.8	.968
	R. Auerbach	R	16	25	31	6	2	3.9	.903
	K. McMullen	R	3	8	3	0	1	3.7	1.000
	J. Royster	R	1	0	2	0	0	2.0	1.000
SS	B. Russell	R	160	194	491	**39**	68	4.5	.946
	R. Auerbach	R	19	12	26	2	4	2.1	.950
	I. DeJesus	R	2	1	0	0	0	0.5	1.000
3B	R. Cey	R	158	155	365	22	25	3.4	.959
	L. Lacy	R	1	0	0	0	0	0.0	.000
	J. Royster	R	1	0	0	0	0	0.0	.000
	K. McMullen	R	7	2	11	0	0	1.9	1.000
	R. Auerbach	R	3	1	3	0	0	1.3	1.000

POS	Player	T	G	PO	A	E	DP	TC/G	FA
OF	J. Wynn	R	148	365	10	3	3	2.6	.992
	B. Buckner	L	137	235	4	6	0	1.8	.976
	W. Crawford	L	133	225	3	8	1	1.8	.966
	T. Paciorek	R	77	83	1	5	1	1.2	.944
	J. Ferguson	R	32	50	0	1	0	1.6	.980
	V. Joshua	L	35	33	0	2	0	1.0	.943
	B. Russell	R	1	0	0	0	0	0.0	.000
	J. Hale	R	3	0	0	0	0	0.0	.000
	J. Alvarez	R	1	1	0	0	0	1.0	1.000
	J. Royster	R	1	0	1	0	0	1.0	1.000
	M. Mota	R	3	1	0	0	0	0.3	1.000
C	S. Yeager	R	93	552	58	5	4	6.6	.992
	J. Ferguson	R	82	436	40	6	2	5.9	.988
	G. Hopkins	R	2	3	1	0	0	2.0	1.000
	K. Pasley	R	1	1	0	0	0	1.0	1.000

Los Angeles 1974

"He told me he could do it," Walter Alston said, "and I let him." The skipper was talking about his new relief pitcher, Mike Marshall, who appeared in a record-shattering 106 games, including 13 consecutive games between June 18 and July 3. Marshall won 15 games and saved 21 others, working 208 innings, a record for a relief pitcher. His tireless and efficient labor earned him the first Cy Young Award ever given a reliever.

It was the year that Al Downing joined the trivia lists on April 8 when he served up Henry Aaron's record-setting 715th home run in Atlanta. It was also the year the Dodgers lost their ace lefty Tommy John for a year and a half when John, 13–3 at the time, suffered a ruptured ligament in his left elbow.

It was also the year that Steve Garvey emerged as a star, winning the MVP Award with a .312 batting average and 111 runs batted in. Jimmy Wynn hit 32 homers (an L.A. team record) and drove in 108 runs. Buckner batted .314, while Lopes stole 59 bases. Messersmith came to full bloom with a 20–6 mark and 2.59 ERA, while Sutton was 19–9.

On July 10, the Dodgers held a 10 1/2-game lead over the Reds, but then memories of the 1973 race began haunting L.A. fans as the Reds kept winning. On September 14, the lead had dwindled to 1 1/2. But then the Dodgers began edging away and took the division by four games. They beat the Pirates three games to one for the National League pennant, but lost the World Series to Oakland in five.

It was a good year for the Dodgers, but would prove even better than they realized at the time. On April 3, they made a little-noted swap of minor-league players with Cleveland, sending pitcher Bruce Ellingsen to the Indians for a 17-year-old infielder named Pedro Guerrero, who had played in 44 games for Sarasota and batted .255.

TEAM STATISTICS

	W	L	PCT	GB	R	OR	2B	3B	HR	BA	SA	SB	E	DP	FA	CG	B	SO	ShO	SV	ERA
WEST																					
LA	102	60	.630		798	561	231	34	139	.272	.401	149	157	122	.975	33	464	943	19	23	2.97
CIN	98	64	.605	4	776	631	271	35	135	.260	.394	146	134	151	.979	34	536	875	11	27	3.42
ATL	88	74	.543	14	661	563	202	37	120	.249	.363	72	132	161	.979	46	488	772	21	22	3.05
HOU	81	81	.500	21	653	632	222	41	110	.263	.378	108	113	161	.982	36	601	738	18	18	3.48
SF	72	90	.444	30	634	723	228	38	93	.252	.358	107	175	153	.972	27	559	756	11	25	3.80
SD	60	102	.370	42	541	830	196	27	99	.229	.330	85	170	126	.973	25	715	855	7	19	4.61
EAST																					
PIT	88	74	.543		751	657	238	46	114	.274	.391	55	162	154	.975	51	543	721	9	17	3.49
STL	86	75	.534	1.5	677	643	216	46	83	.265	.365	172	147	192	.977	37	616	794	13	20	3.48
PHI	80	82	.494	8	676	701	233	50	95	.261	.373	115	148	168	.976	46	682	892	4	19	3.92
MON	79	82	.491	8.5	662	657	201	29	86	.254	.350	124	153	157	.976	35	544	822	8	27	3.60
NY	71	91	.438	17	572	646	183	22	96	.235	.329	43	158	150	.975	46	504	908	15	14	3.42
CHI	66	96	.407	22	669	826	221	42	110	.251	.365	78	199	141	.969	23	576	895	6	26	4.28
LEAGUE TOTAL					8070	8070	2642	447	1280	.255	.367	1254	1848	1836	.976	439	6828	9971	142	257	3.62

INDIVIDUAL PITCHING

PITCHER	T	W	L	PCT	ERA	SV	G	GS	CG	IP	H	BB	SO	R	ER	ShO	H/9	BB/9	SO/9
Andy Messersmith	R	20	6	.769	2.59	0	39	39	13	292	227	94	221	93	84	3	7.00	2.90	6.81
Don Sutton	R	19	9	.679	3.23	0	40	40	10	276	241	80	179	111	99	5	7.86	2.61	5.84
Mike Marshall	R	15	12	.556	2.42	21	106	0	0	208	191	56	143	66	56	0	8.26	2.42	6.19
Doug Rau	L	13	11	.542	3.73	0	36	35	3	198	191	70	126	90	82	1	8.68	3.18	5.73
Tommy John	L	13	3	.813	2.59	0	22	22	5	153	133	42	78	51	44	3	7.82	2.47	4.59
Al Downing	L	5	6	.455	3.67	0	21	16	1	98	94	45	63	52	40	1	8.63	4.13	5.79
Charlie Hough	R	9	4	.692	3.75	1	49	0	0	96	65	40	63	45	40	0	6.09	3.75	5.91
Geoff Zahn	L	3	5	.375	2.03	0	21	10	1	80	78	16	33	28	18	0	8.78	1.80	3.71
Jim Brewer	L	4	4	.500	2.54	0	24	0	0	39	29	10	26	14	11	0	6.69	2.31	6.00
Rick Rhoden	R	1	0	1.000	2.00	0	4	0	0	9	5	4	7	2	2	0	5.00	4.00	7.00
Greg Shanahan	R	0	0	–	3.86	0	4	0	0	7	7	5	2	3	3	0	9.00	6.43	2.57
Eddie Solomon	R	0	0	–	1.35	1	4	0	0	6.2	5	2	2	1	1	0	6.75	2.70	2.70
Rex Hudson	R	0	0	–	22.50	0	1	0	0	2	6	0	0	5	5	0	27.00	0.00	0.00
TEAM TOTAL		102	60	.630	2.98	23	371	162	33	1464.2	1272	464	943	561	485	13	7.82	2.85	5.79

Los Angeles 1975   Won 88   Lost 74   Pct. .543

MANAGER   W   L   PCT
Walter Alston   88   74   .543

POS	Player	B	G	AB	H	2B	3B	HR	HR%	R	RBI	BB	SO	SB	Pinch Hit AB	H	BA	SA
REGULARS																		
1B	Steve Garvey	R	160	659	210	38	6	18	2.7	85	95	33	66	11	0	0	.319	.476
2B	Davey Lopes	R	155	618	162	24	6	8	1.3	108	41	91	93	77	0	0	.262	.359
SS	Bill Russell	R	84	252	52	9	2	0	0.0	24	14	23	28	5	0	0	.206	.258
3B	Ron Cey	R	158	566	160	29	2	25	4.4	72	101	78	74	5	0	0	.283	.473
RF	Willie Crawford	L	124	373	98	15	2	9	2.4	46	46	49	43	5	16	3	.263	.386
CF	Jimmy Wynn	R	130	412	102	16	0	18	4.4	80	58	110	77	7	10	0	.248	.417
LF	Bill Buckner	L	92	288	70	11	2	6	2.1	30	31	17	15	8	19	3	.243	.358
C	Steve Yeager	R	135	452	103	16	1	12	2.7	34	54	40	75	2	0	0	.228	.347
SUBSTITUTES																		
SS	Rick Auerbach	R	85	170	38	9	0	0	0.0	18	12	18	22	3	0	0	.224	.276
SS	Ivan DeJesus	R	63	87	16	2	1	0	0.0	10	2	11	15	1	2	0	.184	.230
31	Ken McMullen	R	39	46	11	1	1	2	4.3	4	14	7	12	0	25	6	.239	.435
O2	Lee Lacy	R	101	306	96	11	5	7	2.3	44	40	22	29	5	21	4	.314	.451
OF	John Hale	L	71	204	43	7	0	6	2.9	20	22	26	51	1	7	2	.211	.333
OF	Tom Paciorek	R	62	145	28	8	0	1	0.7	14	5	11	29	4	10	2	.193	.269
OF	Henry Cruz	L	53	94	25	3	1	0	0.0	8	5	7	6	1	14	2	.266	.319
OF	Manny Mota	R	52	49	13	1	0	0	0.0	3	10	5	1	0	40	10	.265	.286
OF	Leron Lee	L	48	43	11	4	0	0	0.0	2	2	3	9	0	40	10	.256	.349
UT	Jerry Royster	R	13	36	9	2	1	0	0.0	2	1	1	3	1	2	0	.250	.361
OF	Joe Simpson	L	9	6	2	0	0	0	0.0	3	0	0	2	0	1	0	.333	.333
CO	Joe Ferguson	R	66	202	42	2	1	5	2.5	15	23	35	47	2	8	4	.208	.302
C	Paul Powell	R	8	10	2	1	0	0	0.0	2	0	1	2	0	0	0	.200	.300
PH	Chuck Manuel	L	15	15	2	0	0	0	0.0	0	2	0	3	0	15	2	.133	.133
PH	Jesus Alvarez	R	4	4	0	0	0	0	0.0	0	0	0	1	0	4	0	.000	.000
PITCHERS																		
P	Andy Messersmith	R	44	108	17	4	0	0	0.0	8	9	7	25	0	0	0	.157	.194
P	Doug Rau	L	38	87	17	0	0	0	0.0	5	6	5	28	0	0	0	.195	.195
P	Don Sutton	R	35	80	11	1	0	0	0.0	4	3	4	20	0	0	0	.138	.150
P	Burt Hooton	R	31	70	9	3	0	1	1.4	6	7	4	27	0	0	0	.129	.214
P	Rick Rhoden	R	26	28	2	0	0	0	0.0	0	1	1	6	0	0	0	.071	.071
P	Al Downing	R	22	16	0	0	0	0	0.0	0	0	2	8	0	0	0	.000	.000
P	Mike Marshall	R	58	15	1	0	0	0	0.0	0	1	0	6	0	0	0	.067	.067
P	Charlie Hough	R	38	6	2	0	0	0	0.0	1	0	0	1	0	0	0	.333	.333
P	Jim Brewer	L	21	3	0	0	0	0	0.0	0	0	0	0	0	0	0	.000	.000
P	Juan Marichal	R	2	2	0	0	0	0	0.0	0	0	0	1	0	0	0	.000	.000
P	Dave Sells	R	5	1	1	0	0	0	0.0	0	1	0	0	0	0	0	1.000	1.000
P	Dennis Lewallyn	R	2	0	0	0	0	–	0	0	0	0	0	0	0	–	–
P	Stan Wall	L	10	0	0	0	0	–	0	0	0	0	0	0	0	–	–
P	Geoff Zahn	L	2	0	0	0	0	0	0.0	0	0	0	0	0	0	0		
TEAM TOTAL				5453	1355	217	31	118	2.2	64	606	611	825	138	234	48	.248	.365

INDIVIDUAL FIELDING

POS	Player	T	G	PO	A	E	DP	TC/G	FA	POS	Player	T	G	PO	A	E	DP	TC/G	FA
1B	S. Garvey	R	160	**1500**	77	8	96	9.9	.995	OF	J. Wynn	R	120	282	6	5	2	2.4	.983
	K. McMullen	R	3	19	4	0	1	7.7	1.000		W. Crawford	L	113	201	2	2	0	1.8	.990
	R. Auerbach	R	1	5	0	0	1	5.0	1.000		B. Buckner	L	72	138	4	2	0	2.0	.986
2B	D. Lopes	R	137	307	377	15	58	5.1	.979		J. Hale	R	68	128	2	3	0	2.0	.977
	L. Lacy	R	43	62	68	9	10	3.2	.935		L. Lacy	R	43	89	7	4	1	2.3	.960
	J. Royster	R	4	5	11	0	3	4.0	1.000		T. Paciorek	R	54	69	0	2	0	1.3	.972
SS	B. Russell	R	83	94	230	11	27	4.0	.967		J. Ferguson	R	34	57	4	1	3	1.8	.984
	R. Auerbach	R	81	77	137	9	17	2.8	.960		H. Cruz	L	41	48	0	2	0	1.2	.960
	I. DeJesus	R	63	45	107	4	18	2.5	.974		D. Lopes	R	24	45	3	0	1	2.0	1.000
	J. Royster	R	1	0	0	0	0	0.0	.000		P. Powell	R	1	0	0	0	0	0.0	.000
	D. Lopes	R	14	8	6	1	1	1.1	.933		M. Mota	R	5	9	0	0	0	1.8	1.000
	L. Lacy	R	1	1	0	0	0	1.0	1.000		J. Royster	R	7	6	0	0	0	0.9	1.000
3B	R. Cey	R	158	144	309	19	23	3.0	.960		J. Simpson	L	6	5	0	0	0	0.8	1.000
	R. Auerbach	R	1	0	0	0	0	0.0	.000		L. Lee	R	4	1	0	0	0	0.3	1.000
	K. McMullen	R	11	7	8	0	0	1.4	1.000	C	S. Yeager	R	135	**806**	62	7	4	6.5	.992
	J. Royster	R	3	1	4	2	1	2.3	.714		J. Ferguson	R	35	158	16	1	1	5.0	.994
											P. Powell	R	7	18	3	1	1	3.1	.955

Los Angeles 1975

It was a frustrating summer for the Dodgers. The seemingly indestructible Marshall went down for two months with a tear in his rib cage. In addition, John was sidelined all year, his future in doubt. Although Garvey (.319), Cey (25 homers, 101 RBIs), and Lopes (77 steals, including a record 38 in a row) had strong seasons, there was a sharp decline by Wynn, Russell, Buckner, and Ferguson, the latter three bothered by injuries. But even in full, ruddy health, the Dodgers probably couldn't have caught the Reds. Sparky's team won 108 games and the division by an eye-popping 20.

Messersmith again topped the pitchers with a 19-14 record, while Sutton was 16-13, and southpaw Doug Rau went 15-9. On May 2, the Dodgers bolstered the staff when they sent pitchers Geoff Zahn and Eddie Solomon to the Cubs for right-hander Burt Hooton. Hooton had a superb year with an 18-7 record.

In November the Dodgers completed yet another excellent trade. Dealing with Atlanta this time, they sent Wynn, outfielder Tom Paciorek, and infielders Lee Lacy and Jerry Royster to the Braves for outfielder Dusty Baker and first baseman Ed Goodson.

In December, Messersmith made news. Along with Montreal pitcher Dave McNally, Andy had played the 1975 season without signing a contract, contending that doing so constituted playing out one's option, enabling a declaration of free agency after the season. This contention was upheld on December 23 by baseball's official arbiter, Peter Seitz, and upheld by the courts a few months later. Messersmith signed a lucrative contract with Atlanta, and soon after that baseball's vaults flew open, releasing riches beyond anyone's rosiest dreams.

TEAM STATISTICS

	W	L	PCT	GB	R	OR	2B	3B	HR	BA	SA	SB	E	DP	FA	CG	B	SO	ShO	SV	ERA
WEST																					
CIN	108	54	.667		840	586	278	37	124	.271	.401	168	102	173	.984	22	487	663	8	50	3.37
LA	88	74	.543	20	648	534	217	31	118	.248	.365	138	127	106	.979	51	448	894	18	21	2.92
SF	80	81	.497	27.5	659	671	235	45	84	.259	.365	99	146	164	.976	37	612	856	9	24	3.74
SD	71	91	.438	37	552	683	215	22	78	.244	.335	85	188	163	.971	40	521	713	12	20	3.51
ATL	67	94	.416	40.5	583	739	179	28	107	.244	.346	55	175	147	.972	32	519	669	4	25	3.93
HOU	64	97	.398	43.5	664	711	218	54	84	.254	.359	133	137	166	.979	39	679	839	6	25	4.05
EAST																					
PIT	92	69	.571		712	565	255	47	138	.263	.402	49	151	147	.976	43	551	768	14	31	3.02
PHI	86	76	.531	6.5	735	694	283	42	125	.269	.402	126	152	156	.976	33	546	897	11	30	3.82
NY	82	80	.506	10.5	646	625	217	34	101	.256	.361	32	151	144	.976	40	580	989	14	31	3.39
STL	82	80	.506	10.5	662	689	239	46	81	.273	.375	116	171	140	.973	33	571	824	13	36	3.58
CHI	75	87	.463	17.5	712	827	229	41	95	.259	.368	67	179	152	.972	27	551	850	8	33	4.57
MON	75	87	.463	17.5	601	690	216	31	98	.244	.348	108	180	179	.973	30	665	831	12	25	3.73
LEAGUE TOTAL					8014	8014	2781	458	1233	.257	.369	1176	1859	1837	.976	427	6730	9793	129	351	3.63

INDIVIDUAL PITCHING

PITCHER	T	W	L	PCT	ERA	SV	G	GS	CG	IP	H	BB	SO	R	ER	ShO	H/9	BB/9	SO/9
Andy Messersmith	R	19	14	.576	2.29	1	42	40	19	322	244	96	213	92	82	7	6.82	2.68	5.95
Doug Rau	L	15	9	.625	3.10	0	38	38	8	258	227	61	151	96	89	2	7.92	2.13	5.27
Don Sutton	R	16	13	.552	2.87	0	35	35	11	254	202	62	175	87	81	4	7.16	2.20	6.20
Burt Hooton	R	18	7	.720	2.82	0	31	30	12	223.2	172	64	148	76	70	4	6.92	2.58	5.96
Mike Marshall	R	9	14	.391	3.30	13	57	0	0	109	98	39	64	46	40	0	8.09	3.22	5.28
Rick Rhoden	R	3	3	.500	3.09	0	26	11	1	99	94	32	40	40	34	0	8.55	2.91	3.64
Al Downing	L	2	1	.667	2.88	1	22	6	0	75	59	28	39	31	24	0	7.08	3.36	4.68
Charlie Hough	R	3	7	.300	2.95	4	38	0	0	61	43	34	34	25	20	0	6.34	5.02	5.02
Jim Brewer	L	3	1	.750	5.18	2	21	0	0	33	44	12	21	20	19	0	12.00	3.27	5.73
Stan Wall	L	0	0	.000	1.69	0	10	0	0	16	12	7	6	6	3	0	6.75	3.94	3.38
Dave Sells	R	0	2	.000	3.86	0	5	0	0	7	6	3	1	3	3	0	7.71	3.86	1.29
Juan Marichal	R	0	1	.000	13.50	0	2	2	0	6	11	5	1	9	9	0	16.50	7.50	1.50
Dennis Lewallyn	R	0	0	–	0.00	0	2	0	0	3	1	0	0	0	0	0	3.00	0.00	0.00
Geoff Zahn	L	0	1	.000	9.00	0	2	0	0	3	2	5	1	3	3	0	6.00	15.00	3.00
TEAM TOTAL		88	74	.543	2.92	21	331	162	51	1469.2	1215	448	894	534	477	17	7.44	2.74	5.47

Los Angeles 1976 Won 92 Lost 70 Pct. .568

MANAGER	W	L	PCT
Walter Alston	90	68	.570
Tom Lasorda	2	2	.500

POS	Player	B	G	AB	H	2B	3B	HR	HR %	R	RBI	BB	SO	SB	Pinch Hit AB	Pinch Hit H	BA	SA
REGULARS																		
1B	Steve Garvey	R	162	631	200	37	4	13	2.1	85	80	50	69	19	0	0	.317	.450
2B	Davey Lopes	R	117	427	103	17	7	4	0.9	72	20	56	49	63	0	0	.241	.342
SS	Bill Russell	R	149	554	152	17	3	5	0.9	53	65	21	46	15	0	0	.274	.343
3B	Ron Cey	R	145	502	139	18	3	23	4.6	69	80	89	74	0	1	0	.277	.462
RF	Reggie Smith	B	65	225	63	8	4	10	4.4	35	26	18	42	2	5	3	.280	.484
CF	Dusty Baker	R	112	384	93	13	0	4	1.0	36	39	31	54	2	8	4	.242	.307
LF	Bill Buckner	L	154	642	193	28	4	7	1.1	76	60	26	26	28	1	1	.301	.389
C	Steve Yeager	R	117	359	77	11	3	11	3.1	42	35	30	84	3	1	1	.214	.354
SUBSTITUTES																		
2B	Ted Sizemore	R	84	266	64	8	1	0	0.0	18	18	15	22	2	13	5	.241	.278
UT	Ed Goodson	L	83	118	27	4	0	3	2.5	8	17	8	19	0	56	15	.229	.339
UT	Rick Auerbach	R	36	47	6	0	0	0	0.0	7	1	6	6	0	2	0	.128	.128
S3	Ivan DeJesus	R	22	41	7	2	1	0	0.0	4	2	4	9	0	1	0	.171	.268
OC	Joe Ferguson	R	54	185	41	7	0	6	3.2	24	18	25	41	2	2	0	.222	.357
OF	Lee Lacy	R	53	158	42	7	1	0	0.0	17	14	16	13	1	12	5	.266	.323
OF	John Hale	L	44	91	14	2	1	0	0.0	4	8	16	14	4	6	0	.154	.198
OF	Henry Cruz	L	49	88	16	2	1	4	4.5	8	14	9	11	0	20	3	.182	.364
OF	Jim Lyttle	L	23	68	15	3	0	0	0.0	3	5	8	12	0	5	0	.221	.265
OF	Manny Mota	R	50	52	15	3	0	0	0.0	1	13	7	5	0	40	12	.288	.346
OF	Glenn Burke	R	25	46	11	2	0	0	0.0	9	5	3	8	3	1	0	.239	.283
OF	Leron Lee	L	23	45	6	0	1	0	0.0	1	2	2	9	0	14	3	.133	.178
OF	Joe Simpson	L	23	30	4	1	0	0	0.0	2	0	1	6	0	0	0	.133	.167
C	Ellie Rodriguez	R	36	66	14	0	0	0	0.0	10	9	19	12	0	1	1	.212	.212
C	Kevin Pasley	R	23	52	12	2	0	0	0.0	4	2	3	7	0	0	0	.231	.269
C	Sergio Robles	R	6	3	0	0	0	0	0.0	0	0	0	2	0	0	0	.000	.000
PITCHERS																		
P	Don Sutton	R	35	84	7	1	0	0	0.0	2	3	6	19	0	0	0	.083	.095
P	Rick Rhoden	R	27	65	20	3	0	1	1.5	6	9	1	12	0	0	0	.308	.400
P	Tommy John	R	31	64	7	1	0	0	0.0	0	3	2	10	0	0	0	.109	.125
P	Burt Hooton	R	33	62	6	1	0	0	0.0	2	4	3	28	0	0	0	.097	.113
P	Doug Rau	L	34	60	9	0	0	0	0.0	5	2	7	15	0	0	0	.150	.150
P	Charlie Hough	R	77	21	6	2	0	0	0.0	1	4	0	5	0	0	0	.286	.381
P	Al Downing	L	17	6	0	0	0	0	0.0	0	0	0	4	0	0	0	.000	.000
P	Mike Marshall	R	30	5	0	0	0	0	0.0	1	1	3	2	0	0	0	.000	.000
P	Dennis Lewallyn	R	4	5	0	0	0	0	0.0	0	0	0	5	0	0	0	.000	.000
P	Stan Wall	L	31	4	0	0	0	0	0.0	0	0	0	1	0	0	0	.000	.000
P	Rick Sutcliffe	R	1	1	0	0	0	0	0.0	0	0	0	1	0	0	0	.000	.000
P	Elias Sosa	R	24	0	0	0	0	0	—	0	0	0	0	0	0	0	—	—
TEAM TOTAL				5457	1369	200	34	91	1.7	60	559	485	742	144	189	53	.251	.350

INDIVIDUAL FIELDING

POS	Player	T	G	PO	A	E	DP	TC/G	FA
1B	S. Garvey	R	162	1583	67	3	138	10.2	.998
	B. Buckner	L	1	0	0	0	0	0.0	.000
	E. Goodson	R	3	7	0	0	0	2.3	1.000
2B	D. Lopes	R	100	218	266	18	56	5.0	.964
	T. Sizemore	R	71	168	191	5	51	5.1	.986
	E. Goodson	R	1	0	0	0	0	0.0	.000
	R. Auerbach	R	7	16	20	1	4	5.3	.973
	L. Lacy	R	2	5	2	0	0	3.5	1.000
SS	B. Russell	R	149	251	476	28	90	5.1	.963
	I. DeJesus	R	13	18	39	3	7	4.6	.950
	R. Auerbach	R	12	23	27	3	8	4.4	.943
3B	R. Cey	R	144	111	334	16	22	3.2	.965
	E. Goodson	R	16	8	27	7	2	2.6	.833
	I. DeJesus	R	7	2	8	0	0	1.4	1.000
	L. Lacy	R	3	3	6	0	3	3.0	1.000
	R. Auerbach	R	8	2	3	2	1	0.9	.714
	T. Sizemore	R	3	2	0	2	0	1.3	.500
	R. Smith	R	1	0	1	0	0	1.0	1.000

POS	Player	T	G	PO	A	E	DP	TC/G	FA
OF	B. Buckner	L	153	315	7	5	0	2.1	.985
	D. Baker	R	106	254	3	1	1	2.4	.996
	R. Smith	R	58	130	3	2	2	2.3	.985
	L. Lacy	R	37	91	1	2	0	2.5	.979
	J. Ferguson	R	39	82	2	3	0	2.2	.966
	J. Hale	R	37	55	3	1	0	1.6	.983
	J. Lyttle	R	18	48	5	0	2	2.9	1.000
	H. Cruz	L	23	39	1	1	1	1.8	.976
	D. Lopes	R	19	36	2	1	0	2.1	.974
	G. Burke	R	20	33	0	1	0	1.7	.971
	J. Simpson	L	20	24	0	0	0	1.2	1.000
	M. Mota	R	6	11	1	0	0	2.0	1.000
	L. Lee	R	10	12	0	0	0	1.2	1.000
	E. Goodson	R	2	2	0	0	0	1.0	1.000
C	S. Yeager	R	115	522	77	9	9	5.3	.985
	E. Rodriguez	R	33	128	17	2	2	4.5	.986
	K. Pasley	R	23	86	15	3	0	4.5	.971
	J. Ferguson	R	17	74	10	3	2	5.1	.966
	S. Robles	R	6	9	0	0	0	1.5	1.000
	T. Sizemore	R	2	8	0	0	0	4.0	1.000

Los Angeles 1976

Sparky's Reds kept galloping in 1976, outdistancing Alston's Dodgers by 10 games. For the Dodgers it was a season of positives and negatives. Among the positives were the continued fine hitting of Garvey (.317) and Buckner (.301), and a league-leading 63 steals from Lopes. Sutton won a career-high 21 games, while Charlie Hough emerged as the new bullpen ace when Mike Marshall's welcome wore out before his arm; he was traded to Atlanta in June. Perhaps the most heartwarming of the positives was the comeback from the professional graveyard by Tommy John. Nicknamed "The Bionic Man" because of his rebuilt left elbow, John worked to a 10–10 record.

In June, the canny deep thinkers in the front office scored yet another coup when they obtained switch-hitting outfielder Reggie Smith from the Cardinals for catcher Joe Ferguson (who returned via Houston two years later) and a minor leaguer.

The negatives included a wretched debut year for Dusty Baker—.242 batting average, four homers, 39 runs batted in—and a .214 year from catcher Steve Yeager. Also, the Dodgers suffered the indignity of being no-hit for the first time since moving west when Pittsburgh's John Candelaria stopped them on August 9, 2–0.

The year marked the end of the Alston era. On September 27, several days before the end of the season, the quiet man from Ohio submitted his resignation after 23 years as manager of the Dodgers in Brooklyn and Los Angeles. His one-club managerial tenure is exceeded only by Connie Mack's 50 years with the Philadelphia Athletics and John McGraw's 31 years with the New York Giants. Alston's resignation had not been unexpected, nor was the name of his successor: coach Tom Lasorda, a loyal company man who claimed he bled Dodger blue.

TEAM STATISTICS

	W	L	PCT	GB	R	OR	2B	3B	HR	BA	SA	SB	E	DP	FA	CG	B	SO	ShO	SV	ERA
WEST																					
CIN	102	60	.630		857	633	271	63	141	.280	.424	210	102	157	.984	33	491	790	12	45	3.51
LA	92	70	.568	10	608	543	200	34	91	.251	.349	144	128	154	.980	47	479	747	17	28	3.02
HOU	80	82	.494	22	625	657	195	50	66	.256	.347	150	140	155	.978	42	662	780	17	29	3.55
SF	74	88	.457	28	595	686	211	37	85	.246	.345	88	186	153	.971	27	518	746	18	31	3.53
SD	73	89	.451	29	570	662	216	37	64	.247	.337	92	141	148	.978	47	543	652	11	18	3.65
ATL	70	92	.432	32	620	700	170	30	82	.245	.334	74	167	151	.973	33	564	818	13	27	3.87
EAST																					
PHI	101	61	.623		770	557	259	45	110	.272	.395	127	115	148	.981	34	397	918	9	44	3.10
PIT	92	70	.568	9	708	630	249	56	110	.267	.391	130	163	142	.975	45	460	762	12	35	3.37
NY	86	76	.531	15	615	538	198	34	102	.246	.352	66	131	116	.979	53	419	1025	18	25	2.94
CHI	75	87	.463	26	611	728	216	24	105	.251	.356	74	140	145	.978	27	490	850	12	33	3.93
STL	72	90	.444	29	629	671	243	57	63	.260	.359	123	174	163	.973	35	581	731	15	26	3.61
MON	55	107	.340	46	531	734	224	32	94	.235	.340	86	155	179	.976	26	659	783	10	21	3.99
LEAGUE TOTAL					7739	7739	2652	499	1113	.255	.361	1364	1742	1811	.977	449	6263	9602	164	362	3.50

INDIVIDUAL PITCHING

PITCHER	T	W	L	PCT	ERA	SV	G	GS	CG	IP	H	BB	SO	R	ER	ShO	H/9	BB/9	SO/9
Don Sutton	R	21	10	.677	3.06	0	35	34	15	267.2	231	82	161	98	91	4	7.77	2.76	5.41
Doug Rau	L	16	12	.571	2.57	0	34	32	8	231	221	69	98	71	66	3	8.61	2.69	3.82
Burt Hooton	R	11	15	.423	3.26	0	33	33	8	226.2	203	60	116	93	82	4	8.06	2.38	4.61
Tommy John	L	10	10	.500	3.09	0	31	31	6	207	207	61	91	76	71	2	9.00	2.65	3.96
Rick Rhoden	R	12	3	.800	2.98	0	27	26	10	181	165	53	77	66	60	3	8.20	2.64	3.83
Charlie Hough	R	12	8	.600	2.21	18	77	0	0	142.2	102	77	81	43	35	0	6.43	4.86	5.11
Mike Marshall	R	4	3	.571	4.45	8	30	0	0	62.2	64	25	39	33	31	0	9.19	3.59	5.60
Stan Wall	L	2	2	.500	3.60	1	31	0	0	50	50	15	27	21	20	0	9.00	2.70	4.86
Al Downing	L	1	2	.333	3.86	0	17	3	0	46.2	43	18	30	21	20	0	8.29	3.47	5.79
Elias Sosa	R	2	4	.333	3.48	1	24	0	0	33.2	30	12	20	16	13	0	8.02	3.21	5.35
Dennis Lewallyn	R	1	1	.500	2.16	0	4	2	0	16.2	12	6	4	5	4	0	6.48	3.24	2.16
Rick Sutcliffe	R	0	0	–	0.00	0	1	1	0	5	2	1	3	0	0	0	3.60	1.80	5.40
TEAM TOTAL		92	70	.568	3.02	28	344	162	47	1470.2	1330	479	747	543	493	16	8.14	2.93	4.57

Los Angeles 1977 Won 98 Lost 64 Pct. .605

MANAGER	W	L	PCT
Tom Lasorda	98	64	.605

POS	Player	B	G	AB	H	2B	3B	HR	HR%	R	RBI	BB	SO	SB	Pinch Hit AB	Pinch Hit H	BA	SA
REGULARS																		
1B	Steve Garvey	R	162	646	192	25	3	33	5.1	91	115	38	90	9	1	0	.297	.498
2B	Davey Lopes	R	134	502	142	19	5	11	2.2	85	53	73	69	47	1	1	.283	.406
SS	Bill Russell	R	153	634	176	28	6	4	0.6	84	51	24	43	16	0	0	.278	.360
3B	Ron Cey	R	153	564	136	22	3	30	5.3	77	110	93	106	3	0	0	.241	.450
RF	Reggie Smith	B	148	488	150	27	4	32	6.6	104	87	104	76	7	6	1	.307	.576
CF	Rick Monday	L	118	392	90	13	1	15	3.8	47	48	60	109	1	6	0	.230	.383
LF	Dusty Baker	R	153	533	155	26	1	30	5.6	86	86	58	89	2	2	0	.291	.512
C	Steve Yeager	R	125	387	99	21	2	16	4.1	53	55	43	84	1	3	0	.256	.444
SUBSTITUTES																		
UT	Teddy Martinez	R	67	137	41	6	1	1	0.7	21	10	2	20	3	4	0	.299	.380
13	Ed Goodson	L	61	66	11	1	0	1	1.5	3	5	3	10	0	45	8	.167	.227
1B	Boog Powell	L	50	41	10	0	0	0	0.0	0	5	12	9	0	36	8	.244	.244
SS	Ron Washington	R	10	19	7	0	0	0	0.0	4	1	0	2	1	0	0	.368	.368
2S	Rafael Landestoy	R	15	18	5	0	0	0	0.0	6	0	3	2	2	0	0	.278	.278
OF	Glenn Burke	R	83	169	43	8	0	1	0.6	16	13	5	22	13	9	0	.254	.320
UT	Lee Lacy	R	75	169	45	7	0	6	3.6	28	21	10	21	4	24	6	.266	.414
OF	John Hale	L	79	108	26	4	1	2	1.9	10	11	15	28	2	5	1	.241	.352
OF	Vic Davalillo	L	24	48	15	2	0	0	0.0	3	4	0	6	0	14	4	.313	.354
OF	Manny Mota	R	49	38	15	1	0	1	2.6	5	4	10	0	1	36	14	.395	.500
OF	Joe Simpson	L	29	23	4	0	0	0	0.0	2	1	2	6	1	0	0	.174	.174
OF	Jeff Leonard	R	11	10	3	0	1	0	0.0	1	2	1	4	0	3	0	.300	.500
C	Johnny Oates	L	60	156	42	4	0	3	1.9	18	11	11	11	1	6	0	.269	.353
C	Jerry Grote	R	18	27	7	0	0	0	0.0	3	4	2	5	0	2	1	.259	.259
C	Kevin Pasley	R	2	3	1	0	0	0	0.0	0	0	0	0	0	0	0	.333	.333
PITCHERS																		
P	Tommy John	R	31	79	14	1	0	1	1.3	3	4	3	14	0	0	0	.177	.228
P	Rick Rhoden	R	32	78	18	3	0	3	3.8	8	12	0	13	0	1	0	.231	.385
P	Don Sutton	R	33	73	11	2	0	0	0.0	3	8	8	21	0	0	0	.151	.178
P	Doug Rau	L	32	71	10	1	0	0	0.0	4	2	5	11	0	0	0	.141	.155
P	Burt Hooton	R	32	67	11	2	0	0	0.0	1	3	2	15	0	0	0	.164	.194
P	Charlie Hough	R	70	22	4	0	0	1	4.5	1	2	1	2	0	0	0	.182	.318
P	Mike Garman	R	49	7	0	0	0	0	0.0	0	0	0	2	0	0	0	.000	.000
P	Dennis Lewallyn	R	5	6	0	0	0	0	0.0	1	1	0	4	0	0	0	.000	.000
P	Elias Sosa	R	45	4	1	0	0	0	0.0	1	0	0	1	0	0	0	.250	.250
P	Al Downing	R	12	1	0	0	0	0	0.0	0	0	0	0	0	0	0	.000	.000
P	Stan Wall	L	25	1	0	0	0	0	0.0	0	0	0	0	0	0	0	.000	.000
P	Bobby Castillo	R	6	1	0	0	0	0	0.0	0	0	0	0	0	0	0	.000	.000
P	Lance Rautzhan	R	25	1	0	0	0	0	0.0	0	0	0	1	0	0	0	.000	.000
P	Hank Webb	R	5	0	0	0	0	0	—	0	0	0	0	0	0	0	—	—
TEAM TOTAL				5589	1484	223	28	191	3.4	76	729	588	896	114	204	44	.266	.418

INDIVIDUAL FIELDING

POS	Player	T	G	PO	A	E	DP	TC/G	FA
1B	S. Garvey	R	160	**1606**	55	8	137	10.4	.995
	E. Goodson	R	13	32	2	0	5	2.6	1.000
	B. Powell	R	4	15	0	1	1	4.0	.938
	R. Monday	L	3	13	2	0	0	5.0	1.000
	J. Simpson	L	1	3	1	0	0	4.0	1.000
2B	D. Lopes	R	130	287	380	14	74	5.2	.979
	T. Martinez	R	27	59	67	1	23	4.7	.992
	L. Lacy	R	22	33	57	2	11	4.2	.978
	R. Landestoy	R	8	5	12	0	2	2.1	1.000
SS	B. Russell	R	153	234	523	29	**102**	5.1	.963
	T. Martinez	R	13	18	18	1	5	2.8	.973
	Washington	R	10	4	14	3	2	2.1	.857
	R. Landestoy	R	3	3	6	0	0	3.0	1.000
3B	R. Cey	R	153	138	346	18	29	3.3	.964
	L. Lacy	R	12	5	12	2	0	1.6	.895
	T. Martinez	R	12	3	11	1	1	1.3	.933
	E. Goodson	R	4	6	7	0	0	3.3	1.000
	J. Grote	R	2	2	4	0	1	3.0	1.000

POS	Player	T	G	PO	A	E	DP	TC/G	FA
OF	R. Smith	R	140	240	7	5	0	1.8	.980
	D. Baker	R	152	227	8	3	2	1.6	.987
	R. Monday	L	115	208	3	2	0	1.9	.991
	G. Burke	R	74	98	1	3	0	1.4	.971
	J. Hale	R	73	68	1	1	0	1.0	.986
	J. Simpson	L	28	21	1	1	1	0.8	.957
	L. Lacy	R	32	18	0	0	0	0.6	1.000
	V. Davalillo	L	12	13	0	0	0	1.1	1.000
	J. Leonard	R	10	7	0	0	0	0.7	1.000
	M. Mota	R	1	1	0	0	0	1.0	1.000
C	S. Yeager	R	123	690	89	**18**	12	6.5	.977
	J. Oates	R	56	258	37	4	3	5.3	.987
	J. Grote	R	16	47	7	0	1	3.4	1.000
	K. Pasley	R	2	6	1	0	0	3.5	1.000

Los Angeles 1977

Lasorda's first task as manager seemed a hopeless one: stopping the runaway Big Red Machine. But it turned out to be an unexpectedly easy one, thanks to a 17–3 April breakaway and steady play the rest of the way. The April binge was supported largely by Ron Cey, who hit .425 in the opening month, with 9 homers and 29 RBIs.

By May 27, the Dodgers had a 13-game lead over the Reds and never stumbled, riding home in first place by 10 games. The season even included an outburst of patriotic indignation by centerfielder Rick Monday (obtained from the Cubs in a trade for Buckner), who prevented two demonstrators from burning an American flag in the outfield during a game, earning himself front-page headlines around the country.

Flashing some real power, the Dodgers became the first team ever to have four men hit 30 or more home runs in a season. The bombers were Garvey (33), Smith (32), Cey (30), and Baker (30). Smith led the club with a .307 average. Tommy John was not only all the way back from his injury, but better than ever with a 20–7 record. The Dodgers also got winning records from Rhoden, Sutton, Rau, and Hooton.

The Dodgers took on the eastern champion Phillies for the pennant and won it 3 games to 1. Included in this victory was a stunning two-out, nobody-on-base, three-run rally in the top of the ninth inning of the third game that gave the Dodgers a 6–5 win.

For the ninth time in their mutual history, it was a Dodgers–Yankees World Series. The New Yorkers won it in six games, with Yankee Reggie Jackson making the final game memorable. Already having hit two home runs in the Series, Reggie added three more in Game 6, hitting the first pitch from three different pitchers on three consecutive at bats.

In November the Dodgers signed their first free agent, left-handed reliever Terry Forster, late of the Pittsburgh Pirates.

TEAM STATISTICS

	W	L	PCT	GB	R	OR	2B	3B	HR	BA	SA	SB	E	DP	FA	CG	B	SO	ShO	SV	ERA
WEST																					
LA	98	64	.605		769	582	223	28	191	.266	.418	114	124	160	.981	34	438	930	13	39	3.22
CIN	88	74	.543	10	802	725	269	42	181	.274	.436	170	95	154	.984	33	544	868	12	32	4.22
HOU	81	81	.500	17	680	650	263	60	114	.254	.385	187	142	136	.978	37	545	871	11	28	3.54
SF	75	87	.463	23	673	711	227	41	134	.253	.383	90	179	136	.972	27	529	854	10	33	3.75
SD	69	93	.426	29	692	834	245	49	120	.249	.375	133	189	142	.971	6	673	827	5	44	4.43
ATL	61	101	.377	37	678	895	218	20	139	.254	.376	82	175	127	.972	28	701	915	5	31	4.85
EAST																					
PHI	101	61	.623		847	668	266	56	186	.279	.448	135	120	168	.981	31	482	856	4	47	3.71
PIT	96	66	.593	5	734	665	278	57	133	.274	.413	260	145	137	.977	25	485	890	15	39	3.61
STL	83	79	.512	18	737	688	252	56	96	.270	.388	134	139	174	.978	26	532	768	10	31	3.81
CHI	81	81	.500	20	692	739	271	37	111	.266	.387	64	153	147	.977	16	489	942	6	44	4.01
MON	75	87	.463	26	665	736	294	50	138	.260	.402	88	129	128	.980	31	579	856	11	33	4.01
NY	64	98	.395	37	587	663	227	30	88	.244	.346	98	134	132	.978	27	490	911	12	28	3.77
LEAGUE TOTAL					8556	8556	3033	526	1631	.262	.396	1555	1724	1741	.977	321	6487	10488	118	429	3.91

INDIVIDUAL PITCHING

PITCHER	T	W	L	PCT	ERA	SV	G	GS	CG	IP	H	BB	SO	R	ER	ShO	H/9	BB/9	SO/9
Don Sutton	R	14	8	.636	3.19	0	33	33	9	240	207	69	150	93	85	3	7.76	2.59	5.63
Burt Hooton	R	12	7	.632	2.62	1	32	31	6	223	184	60	153	74	65	2	7.43	2.42	6.17
Tommy John	L	20	7	.741	2.78	0	31	31	11	220	225	50	123	82	68	3	9.20	2.05	5.03
Rick Rhoden	R	16	10	.615	3.75	0	31	31	4	216	223	63	122	98	90	1	9.29	2.63	5.08
Doug Rau	L	14	8	.636	3.44	4	32	32	4	212	232	49	126	87	81	2	9.85	2.08	5.35
Charlie Hough	R	6	12	.333	3.33	22	70	1	0	127	98	70	105	53	47	0	6.94	4.96	7.44
Elias Sosa	R	2	2	.500	1.97	1	44	0	0	64	42	12	47	15	14	0	5.91	1.69	6.61
Mike Garman	R	4	4	.500	2.71	12	49	0	0	63	60	22	29	20	19	0	8.57	3.14	4.14
Stan Wall	L	2	3	.400	5.34	0	25	0	0	32	36	13	22	20	19	0	10.13	3.66	6.19
Lance Rautzhan	L	4	1	.800	4.29	2	25	0	0	21	25	7	13	10	10	0	10.71	3.00	5.57
Al Downing	L	0	1	.000	6.75	0	12	1	0	20	22	16	23	15	15	0	9.90	7.20	10.35
Dennis Lewallyn	R	3	1	.750	4.24	1	5	1	0	17	22	4	8	8	8	0	11.65	2.12	4.24
Bobby Castillo	R	1	0	1.000	4.09	0	6	1	0	11	12	2	7	5	5	0	9.82	1.64	5.73
Hank Webb	R	0	0	–	2.25	0	5	0	0	8	5	1	2	2	2	0	5.63	1.13	2.25
TEAM TOTAL		98	64	.605	3.22	39	400	162	34	1474	1393	438	930	582	528	11	8.51	2.67	5.68

Los Angeles 1978   Won 95 Lost 67 Pct. .586

MANAGER	W	L	PCT
Tom Lasorda	95	67	.586

POS	Player	B	G	AB	H	2B	3B	HR	HR%	R	RBI	BB	SO	SB	Pinch Hit AB	H	BA	SA
REGULARS																		
1B	Steve Garvey	R	162	639	202	36	9	21	3.3	89	113	40	70	10	0	0	.316	.499
2B	Davey Lopes	R	151	587	163	25	4	17	2.9	93	58	71	70	45	1	1	.278	.421
SS	Bill Russell	R	155	625	179	32	4	3	0.5	72	46	30	34	10	1	0	.286	.365
3B	Ron Cey	R	159	555	150	32	0	23	4.1	84	84	96	96	2	1	0	.270	.452
RF	Reggie Smith	B	128	447	132	27	2	29	6.5	82	93	70	90	12	2	0	.295	.559
CF	Rick Monday	L	119	342	87	14	1	19	5.6	54	57	49	100	2	16	2	.254	.468
LF	Dusty Baker	R	149	522	137	24	1	11	2.1	62	66	47	66	12	5	0	.262	.375
C	Steve Yeager	R	94	228	44	7	0	4	1.8	19	23	36	41	0	4	1	.193	.276
SUBSTITUTES																		
UT	Teddy Martinez	R	54	55	14	1	0	1	1.8	13	5	4	14	3	4	0	.255	.327
1B	Pedro Guerrero	R	5	8	5	0	1	0	0.0	3	1	0	0	0	1	1	.625	.875
SS	Enzo Hernandez	R	4	3	0	0	0	0	0.0	0	0	0	1	0	0	0	.000	.000
OF	Billy North	B	110	304	71	10	0	0	0.0	54	10	65	48	27	4	1	.234	.266
UT	Lee Lacy	R	103	245	64	16	4	13	5.3	29	40	27	30	7	34	13	.261	.518
OF	Vic Davalillo	L	75	77	24	1	1	1	1.3	15	11	3	7	2	47	12	.312	.390
OF	Glenn Burke	R	16	19	4	0	0	0	0.0	2	2	0	4	1	0	0	.211	.211
OF	Rudy Law	L	11	12	3	0	0	0	0.0	2	1	1	2	3	1	0	.250	.250
OF	Joe Simpson	L	10	5	2	0	0	0	0.0	1	1	0	2	0	0	0	.400	.400
OF	Myron White	L	7	4	2	0	0	0	0.0	1	1	0	1	0	0	0	.500	.500
C	Joe Ferguson	R	67	198	47	11	0	7	3.5	20	28	34	41	1	4	1	.237	.399
C	Johnny Oates	L	40	75	23	1	0	0	0.0	5	6	5	3	0	14	3	.307	.320
C	Jerry Grote	R	41	70	19	5	0	0	0.0	5	9	10	5	0	2	1	.271	.343
C	Brad Gulden	L	3	4	0	0	0	0	0.0	0	0	0	2	0	0	0	.000	.000
PITCHERS																		
P	Don Sutton	R	34	72	6	0	0	0	0.0	1	3	4	22	0	0	0	.083	.083
P	Burt Hooton	R	32	67	10	1	0	0	0.0	4	2	7	15	0	0	0	.149	.164
P	Tommy John	R	33	66	8	2	0	0	0.0	2	6	3	13	0	0	0	.121	.152
P	Doug Rau	L	30	63	9	1	0	0	0.0	3	5	2	13	0	0	0	.143	.159
P	Rick Rhoden	R	30	52	7	1	0	0	0.0	5	4	3	14	0	0	0	.135	.154
P	Bob Welch	R	23	29	5	1	0	0	0.0	3	1	0	7	0	0	0	.172	.207
P	Charlie Hough	R	55	12	4	1	0	0	0.0	0	1	2	2	0	0	0	.333	.417
P	Terry Forster	L	47	8	4	1	0	0	0.0	1	2	0	0	0	0	0	.500	.625
P	Bobby Castillo	R	18	7	0	0	0	0	0.0	0	0	0	0	0	0	0	.000	.000
P	Lance Rautzhan	R	43	4	0	0	0	0	0.0	0	0	0	1	0	0	0	.000	.000
P	Mike Garman	R	10	0	0	0	0	0	—	0	0	0	0	0	0	0	—	—
P	Dennis Lewallyn	R	1	0	0	0	0	0	—	0	0	0	0	0	0	0	—	—
P	Gerry Hannahs	L	1	0	0	0	0	0	—	0	0	0	0	0	0	0	—	—
P	Rick Sutcliffe	L	2	0	0	0	0	0	—	0	0	0	0	0	0	0	—	—
P	Dave Stewart	R	1	0	0	0	0	0	—	0	0	0	0	0	0	0	—	—
TEAM TOTAL				5404	1425	250	27	149	2.8	72	680	607	814	137	141	36	.264	.403

INDIVIDUAL FIELDING

POS	Player	T	G	PO	A	E	DP	TC/G	FA
1B	S. Garvey	R	162	1546	74	9	121	10.1	.994
	P. Guerrero	R	4	25	1	0	0	6.5	1.000
	R. Monday	L	1	8	0	0	1	8.0	1.000
	V. Davalillo	L	2	4	1	0	1	2.5	1.000
2B	D. Lopes	R	147	337	424	20	88	5.3	.974
	L. Lacy	R	24	46	45	6	5	4.0	.938
	T. Martinez	R	10	12	10	0	3	2.2	1.000
SS	B. Russell	R	155	245	533	31	91	5.2	.962
	T. Martinez	R	17	21	31	5	4	3.4	.912
	L. Lacy	R	1	0	0	0	0	0.0	.000
	E. Hernandez	R	2	0	0	0	0	0.0	.000
3B	R. Cey	R	158	116	336	16	26	3.0	.966
	T. Martinez	R	16	6	10	0	1	1.0	1.000
	L. Lacy	R	9	2	17	1	1	2.2	.950
	J. Grote	R	7	2	9	1	0	1.7	.917

POS	Player	T	G	PO	A	E	DP	TC/G	FA
OF	D. Baker	R	145	250	13	4	1	1.8	.985
	B. North	R	103	232	2	6	1	2.3	.975
	R. Smith	R	126	220	8	12	4	1.9	.950
	R. Monday	L	103	209	3	1	0	2.1	.995
	L. Lacy	R	44	66	2	2	1	1.6	.971
	V. Davalillo	L	25	17	0	0	0	0.7	1.000
	G. Burke	R	15	10	0	0	0	0.7	1.000
	J. Simpson	L	10	8	0	0	0	0.8	1.000
	D. Lopes	R	2	3	0	0	0	1.5	1.000
	R. Law	L	6	3	0	0	0	0.5	1.000
	M. White	L	4	2	0	0	0	0.5	1.000
	J. Ferguson	R	3	1	0	0	0	0.3	1.000
C	S. Yeager	R	91	373	55	5	3	4.8	.988
	J. Ferguson	R	62	284	23	5	2	5.0	.984
	J. Grote	R	32	123	12	2	0	4.3	.985
	J. Oates	R	24	77	10	4	1	3.8	.956
	B. Gulden	R	3	8	1	0	1	3.0	1.000

Los Angeles 1978

Tom Lasorda made it two for two in 1978 while seeing some of his highly touted Dodger togetherness go asunder in a well-publicized brawl between two of his stalwarts.

The brawl occurred on August 20, in the visitors' clubhouse in Shea Stadium. It was between Garvey and Sutton, and brought out into the open some long-simmering antagonism. Sutton reportedly resented Garvey's image of granite-jawed virtue, while Garvey resented Sutton's resentment. Some words were carelessly employed, and the two fought a brief no-decision battle.

The pennant race was a little more competitive, with the Dodgers scrambling against two clubs, the Reds and the Giants. Although their final victory margin was 2 1/2 games, the Dodgers were a comfortable 7 1/2 games in front at the time of the clinching.

Reggie Smith led the club with 29 home runs, while Garvey kept up his high-level consistency with a .316 batting average and 113 runs batted in. Hooton was the ace this year with a 19–10 record. The already strong staff was bolstered with the midseason promotion from the minors of 21-year-old right-hander Bob Welch. The young fastballer finished with a 7–4 record and 2.03 ERA. Forster had a good year coming out of the bullpen, notching 22 saves.

The Dodgers again upended the Phillies in four games in the League Championship Series. Once again the Yankees provided the World Series opposition. The Dodgers won the first two games, but after that the Yankees took four straight, thanks to some spectacular glovework by third baseman Graig Nettles in Game 3. The Dodgers suffered a further loss to the Yankees a month later, with Tommy John heading east as a free agent.

Despite the World Series loss, it was a notable season in Los Angeles, the Dodgers becoming the first team ever to clear the three million mark in attendance with a grand total of 3,347,845.

TEAM STATISTICS

	W	L	PCT	GB	R	OR	2B	3B	HR	BA	SA	SB	E	DP	FA	CG	B	SO	ShO	SV	ERA
WEST																					
LA	95	67	.586		727	573	251	27	149	.264	.402	137	140	138	.978	46	440	800	16	38	3.12
CIN	92	69	.571	2.5	710	688	270	32	136	.256	.393	137	134	120	.978	16	567	908	10	46	3.81
SF	89	73	.549	6	613	594	240	41	117	.248	.374	87	146	118	.977	42	453	840	17	29	3.30
SD	84	78	.519	11	591	598	208	42	75	.252	.348	152	160	171	.975	21	483	744	10	55	3.28
HOU	74	88	.457	21	605	634	231	45	70	.258	.355	178	133	109	.978	48	578	930	17	23	3.63
ATL	69	93	.426	26	600	750	191	39	123	.244	.363	90	153	126	.975	29	624	848	12	32	4.08
EAST																					
PHI	90	72	.556		708	586	248	32	133	.258	.388	152	104	155	.983	38	393	813	9	29	3.33
PIT	88	73	.547	1.5	684	637	239	54	115	.257	.385	213	167	133	.973	30	499	880	13	44	3.41
CHI	79	83	.488	11	664	724	224	48	72	.264	.361	110	144	154	.978	24	539	768	7	38	4.05
MON	76	86	.469	14	633	611	269	31	121	.254	.379	80	134	150	.979	42	572	740	13	32	3.42
STL	69	93	.426	21	600	657	263	44	79	.249	.358	97	136	155	.978	32	600	859	13	22	3.58
NY	66	96	.407	24	607	690	227	47	86	.245	.352	100	132	159	.979	21	531	775	7	26	3.87
LEAGUE TOTAL					7742	7742	2861	482	1276	.254	.372	1533	1683	1688	.978	389	6279	9905	144	414	3.58

INDIVIDUAL PITCHING

PITCHER	T	W	L	PCT	ERA	SV	G	GS	CG	IP	H	BB	SO	R	ER	ShO	H/9	BB/9	SO/9
Don Sutton	R	15	11	.577	3.55	0	34	34	12	238	228	54	154	109	94	2	8.62	2.04	5.82
Burt Hooton	R	19	10	.655	2.71	0	32	32	10	236	196	61	104	74	71	3	7.47	2.33	3.97
Tommy John	L	17	10	.630	3.30	1	33	30	7	213	230	53	124	95	78	0	9.72	2.24	5.24
Doug Rau	L	15	9	.625	3.26	0	30	30	7	199	219	68	95	82	72	2	9.90	3.08	4.30
Rick Rhoden	R	10	8	.556	3.65	0	30	23	6	165	160	51	79	77	67	3	8.73	2.78	4.31
Bob Welch	R	7	4	.636	2.03	3	23	13	4	111	92	26	66	28	25	3	7.46	2.11	5.35
Charlie Hough	R	5	5	.500	3.29	7	55	0	0	93	69	48	66	38	34	0	6.68	4.65	6.39
Terry Forster	L	5	4	.556	1.94	22	47	0	0	65	56	23	46	19	14	0	7.75	3.18	6.37
Lance Rautzhan	L	2	1	.667	2.95	4	43	0	0	61	61	19	25	22	20	0	9.00	2.80	3.69
Bobby Castillo	R	0	4	.000	3.97	1	18	0	0	34	28	33	30	19	15	0	7.41	8.74	7.94
Mike Garman	R	0	1	.000	4.41	0	10	0	0	16.1	15	3	5	8	8	0	8.27	1.65	2.76
Dennis Lewallyn	R	0	0	–	0.00	0	1	0	0	2	2	0	0	0	0	0	9.00	0.00	0.00
Gerry Hannahs	L	0	0	–	9.00	0	1	0	0	2	3	0	5	2	2	0	13.50	0.00	22.50
Rick Sutcliffe	R	0	0	–	0.00	0	2	0	0	2	2	1	0	0	0	0	9.00	4.50	0.00
Dave Stewart	R	0	0	–	0.00	0	1	0	0	2	1	0	1	0	0	0	4.50	0.00	4.50
TEAM TOTAL		95	67	.586	3.13	38	360	162	46	1439.1	1362	440	800	573	500	13	8.52	2.75	5.00

Los Angeles 1979   Won 79 Lost 83 Pct. .488

MANAGER	W	L	PCT
Tom Lasorda	79	83	.488

POS	Player	B	G	AB	H	2B	3B	HR	HR%	R	RBI	BB	SO	SB	Pinch Hit AB	H	BA	SA
REGULARS																		
1B	Steve Garvey	R	162	648	204	32	1	28	4.3	92	110	37	59	3	0	0	.315	.497
2B	Davey Lopes	R	153	582	154	20	6	28	4.8	109	73	97	88	44	1	0	.265	.464
SS	Bill Russell	R	153	627	170	26	4	7	1.1	72	56	24	43	6	3	1	.271	.359
3B	Ron Cey	R	150	487	137	20	1	28	5.7	77	81	86	85	3	0	0	.281	.499
RF	Gary Thomasson	L	115	315	78	11	1	14	4.4	39	45	43	70	4	18	2	.248	.422
CF	Derrel Thomas	B	141	406	104	15	4	5	1.2	47	44	41	49	18	11	1	.256	.350
LF	Dusty Baker	R	151	554	152	29	1	23	4.2	86	88	56	70	11	2	0	.274	.455
C	Steve Yeager	R	105	310	67	9	2	13	4.2	33	41	29	68	1	2	2	.216	.384
SUBSTITUTES																		
UT	Teddy Martinez	R	81	112	30	5	2	0	0.0	19	2	4	16	3	4	0	.268	.330
OF	Reggie Smith	B	68	234	64	13	1	10	4.3	41	32	31	50	6	5	2	.274	.466
OF	Von Joshua	L	94	142	40	7	1	3	2.1	22	14	7	23	1	48	9	.282	.408
O3	Mickey Hatcher	R	33	93	25	4	1	1	1.1	9	5	7	12	1	6	1	.269	.366
UT	Pedro Guerrero	R	25	62	15	2	0	2	3.2	7	9	1	14	2	7	3	.242	.371
OF	Manny Mota	R	47	42	15	0	0	0	0.0	1	3	3	4	0	42	15	.357	.357
OF	Rick Monday	L	12	33	10	0	0	0	0.0	2	2	5	6	0	1	1	.303	.303
OF	Vic Davalillo	L	29	27	7	1	0	0	0.0	2	2	2	0	2	24	6	.259	.296
CO	Joe Ferguson	R	122	363	95	14	0	20	5.5	54	69	70	68	1	9	1	.262	.466
C	Johnny Oates	L	26	46	6	2	0	0	0.0	4	2	4	1	0	6	1	.130	.174
PITCHERS																		
P	Rick Sutcliffe	L	40	85	21	3	0	1	1.2	6	17	1	20	0	1	0	.247	.318
P	Don Sutton	R	33	77	11	0	0	0	0.0	2	3	1	17	0	0	0	.143	.143
P	Burt Hooton	R	30	75	11	3	0	0	0.0	5	5	1	18	0	0	0	.147	.187
P	Jerry Reuss	L	39	42	7	1	0	0	0.0	4	1	3	19	0	0	0	.167	.190
P	Charlie Hough	R	42	38	6	1	0	0	0.0	1	2	0	9	0	0	0	.158	.184
P	Andy Messersmith	R	11	22	2	1	0	0	0.0	1	2	0	6	0	0	0	.091	.136
P	Bob Welch	R	25	19	3	0	0	0	0.0	1	3	0	6	0	0	0	.158	.158
P	Doug Rau	L	11	14	2	1	0	0	0.0	1	0	2	2	0	0	0	.143	.214
P	Ken Brett	L	30	11	3	0	0	0	0.0	0	2	0	2	0	0	0	.273	.273
P	Dave Patterson	R	37	7	1	0	0	0	0.0	0	0	0	2	0	0	0	.143	.143
P	Joe Beckwith	L	17	5	0	0	0	0	0.0	1	0	0	2	0	0	0	.000	.000
P	Gerry Hannahs	L	4	4	1	0	0	0	0.0	1	0	0	2	0	0	0	.250	.250
P	Bobby Castillo	R	19	3	0	0	0	0	0.0	0	0	0	1	0	0	0	.000	.000
P	Lerrin LaGrow	R	31	3	1	0	0	0	0.0	0	0	0	1	0	0	0	.333	.333
P	Dennis Lewallyn	R	7	2	1	0	0	0	0.0	0	0	0	1	0	0	0	.500	.500
P	Terry Forster	L	17	0	0	0	0	0	–	0	0	1	0	0	0	0	–	–
P	Lance Rautzhan	R	12	0	0	0	0	0	–	0	0	0	0	0	0	0	–	–
	TEAM TOTAL			5490	1443	220	24	183	3.3	73	713	556	834	106	190	45	.263	.412

INDIVIDUAL FIELDING

POS	Player	T	G	PO	A	E	DP	TC/G	FA
1B	S. Garvey	R	162	1402	93	7	101	9.3	.995
	D. Thomas	R	1	0	0	0	0	0.0	.000
	P. Guerrero	R	8	33	2	1	0	4.5	.972
	G. Thomasson	L	1	2	0	0	0	2.0	1.000
2B	D. Lopes	R	152	341	384	14	82	4.9	.981
	T. Martinez	R	18	25	29	0	2	3.0	1.000
	D. Thomas	R	5	5	9	0	1	2.8	1.000
SS	B. Russell	R	150	218	452	30	70	4.7	.957
	T. Martinez	R	21	16	34	2	4	2.5	.962
	D. Thomas	R	3	4	4	1	0	3.0	.889
3B	R. Cey	R	150	123	265	9	25	2.6	**.977**
	M. Hatcher	R	17	11	23	4	0	2.2	.895
	D. Thomas	R	18	20	15	3	3	2.1	.921
	T. Martinez	R	23	4	6	3	1	0.6	.769
	P. Guerrero	R	3	1	2	0	1	1.0	1.000

POS	Player	T	G	PO	A	E	DP	TC/G	FA
OF	D. Baker	R	150	289	14	3	4	2.0	.990
	D. Thomas	R	119	269	10	1	4	2.4	.996
	G. Thomasson	L	100	194	4	4	1	2.0	.980
	R. Smith	R	62	159	5	2	0	2.7	.988
	J. Ferguson	R	52	88	2	2	2	1.8	.978
	V. Joshua	L	46	56	2	2	0	1.3	.967
	M. Hatcher	R	19	36	1	1	0	2.0	.974
	M. Mota	R	1	0	0	0	0	0.0	.000
	R. Monday	L	10	27	0	1	0	2.8	.964
	P. Guerrero	R	12	19	0	0	0	1.6	1.000
	V. Davalillo	L	3	2	0	0	0	0.7	1.000
C	S. Yeager	R	103	513	56	9	7	5.6	.984
	J. Ferguson	R	67	326	35	7	6	5.5	.981
	J. Oates	R	20	64	13	2	2	4.0	.975

Los Angeles 1979

Aiming for a third straight pennant, the Dodgers stumbled early and never quite recovered. After playing .500 ball over the first two months, the team took a 7–20 slide in June which just about ended their hopes. They finished in third place with a 79–83 record, having played sub-.500 ball for the first time in 11 years.

Rookie right-hander Rick Sutcliffe had a fine break-in year, his 17–10 record earning him Rookie of the Year honors. Other than that, the pitching was not a strong suit in 1979. Sutton was 12–15, Hooton 11–10, and Welch, who later admitted to a drinking problem, was 5–6. Left-hander Jerry Reuss, obtained from Pittsburgh for Rick Rhoden, was a disappointing 7–14, while arm miseries cost the club Terry Forster and Doug Rau for most of the season.

The batters hit a league-high 183 home runs, with 28 apiece from Garvey, Lopes, and Cey. Garvey had another patented Steve Garvey year, batting .315 and driving in 110 runs. Injuries suffered soon after the All-Star Game shelved Reggie Smith for the season, while Rick Monday was limited to just 12 games.

There were a few bright notes along the way. On May 20, Sutton won his 210th game as a Dodger, topping Drysdale's club record. And in September, Manny Mota delivered a record-setting 145th lifetime pinch hit.

On August 9, the club lost its principal owner, and baseball one of its dominant figures, when Walter O'Malley died at the age of 75 at the Mayo Clinic in Rochester, Minnesota. O'Malley had, several years before, handed over the reins of responsibility to his son Peter, the club's current president.

After the season, the Dodgers again went fishing in the free agent waters, coming up with pitchers Dave Goltz and Don Stanhouse and outfielder Jay Johnstone.

TEAM STATISTICS

	W	L	PCT	GB	R	OR	2B	3B	HR	BA	SA	SB	E	DP	FA	CG	B	SO	ShO	SV	ERA
WEST																					
CIN	90	71	.559		731	644	266	31	132	.264	.396	99	124	152	.980	27	485	773	10	40	3.58
HOU	89	73	.549	1.5	583	582	224	52	49	.256	.344	190	138	146	.978	55	504	854	19	31	3.19
LA	79	83	.488	11.5	739	717	220	24	183	.263	.412	106	118	123	.981	30	555	811	6	34	3.83
SF	71	91	.438	19.5	672	751	192	36	125	.246	.365	140	163	138	.974	25	577	880	6	34	4.16
SD	68	93	.422	22	603	681	193	53	93	.242	.348	100	141	154	.978	29	513	779	7	25	3.69
ATL	66	94	.413	23.5	669	763	220	28	126	.256	.377	98	183	139	.970	32	494	779	3	34	4.18
EAST																					
PIT	98	64	.605		775	643	264	52	148	.272	.416	180	134	163	.979	24	504	904	7	52	3.41
MON	95	65	.594	2	701	581	273	42	143	.264	.408	121	131	123	.979	33	450	813	18	39	3.14
STL	86	76	.531	12	731	693	279	63	100	.278	.401	116	132	166	.980	38	501	788	10	25	3.72
PHI	84	78	.519	14	683	718	250	53	119	.266	.396	128	106	148	.983	33	477	787	14	29	4.16
CHI	80	82	.494	18	706	707	250	43	135	.269	.403	73	159	163	.975	20	521	933	11	44	3.88
NY	63	99	.389	35	593	706	255	41	74	.250	.350	135	140	168	.978	16	607	819	10	36	3.84
LEAGUE TOTAL					8186	8186	2886	518	1427	.261	.385	1486	1669	1783	.978	362	6188	9920	121	423	3.73

INDIVIDUAL PITCHING

PITCHER	T	W	L	PCT	ERA	SV	G	GS	CG	IP	H	BB	SO	R	ER	ShO	H/9	BB/9	SO/9
Rick Sutcliffe	R	17	10	.630	3.46	0	39	30	5	242	217	97	117	104	93	1	8.07	3.61	4.35
Don Sutton	R	12	15	.444	3.82	1	33	32	6	226	201	61	146	109	96	1	8.00	2.43	5.81
Burt Hooton	R	11	10	.524	2.97	0	29	29	12	212	191	63	129	85	70	1	8.11	2.67	5.48
Jerry Reuss	L	7	14	.333	3.54	3	39	21	4	160	178	60	83	88	63	1	10.01	3.38	4.67
Charlie Hough	R	7	5	.583	4.77	0	42	14	0	151	152	66	76	88	80	0	9.06	3.93	4.53
Bob Welch	R	5	6	.455	4.00	5	25	12	1	81	82	32	64	42	36	0	9.11	3.56	7.11
Andy Messersmith	R	2	4	.333	4.94	0	11	11	1	62	55	34	26	34	34	0	7.98	4.94	3.77
Doug Rau	L	1	5	.167	5.30	0	11	11	1	56	73	22	28	37	33	1	11.73	3.54	4.50
Dave Patterson	R	4	1	.800	5.26	6	36	0	0	53	62	22	34	35	31	0	10.53	3.74	5.77
Ken Brett	L	4	3	.571	3.45	2	30	0	0	47	52	12	13	20	18	0	9.96	2.30	2.49
Lerrin LaGrow	R	5	1	.833	3.41	4	31	0	0	37	38	18	22	16	14	0	9.24	4.38	5.35
Joe Beckwith	R	1	2	.333	4.38	2	17	0	0	37	42	15	28	18	18	0	10.22	3.65	6.81
Bobby Castillo	R	2	0	1.000	1.13	7	19	0	0	24	26	13	25	5	3	4	9.75	4.88	9.38
Terry Forster	L	1	2	.333	5.63	2	17	0	0	16	18	11	8	11	10	0	10.13	6.19	4.50
Gerry Hannahs	L	0	2	.000	3.38	1	4	2	0	16	10	13	6	8	6	0	5.63	7.31	3.38
Dennis Lewallyn	R	0	1	.000	5.25	0	7	0	0	12	19	5	1	8	7	0	14.25	3.75	0.75
Lance Rautzhan	L	0	2	.000	7.20	1	12	0	0	10	9	11	5	9	8	0	8.10	9.90	4.50
TEAM TOTAL		79	83	.488	3.87	34	402	162	30	1442	1425	555	811	717	620	5	8.89	3.46	5.06

Los Angeles 1980   Won 92   Lost 71   Pct. .564

MANAGER	W	L	PCT
Tom Lasorda	92	71	.564

POS	Player	B	G	AB	H	2B	3B	HR	HR%	R	RBI	BB	SO	SB	Pinch Hit AB	Pinch Hit H	BA	SA
REGULARS																		
1B	Steve Garvey	R	163	658	200	27	1	26	4.0	78	106	36	67	6	1	0	.304	.467
2B	Davey Lopes	R	141	553	139	15	3	10	1.8	79	49	58	71	23	0	0	.251	.344
SS	Bill Russell	R	130	466	123	23	2	3	0.6	38	34	18	44	13	1	0	.264	.341
3B	Ron Cey	R	157	551	140	25	0	28	5.1	81	77	69	92	2	0	0	.254	.452
RF	Reggie Smith	B	92	311	100	13	0	15	4.8	47	55	41	63	5	6	3	.322	.508
CF	Rudy Law	L	128	388	101	5	4	1	0.3	55	23	23	27	40	16	4	.260	.302
LF	Dusty Baker	R	153	579	170	26	4	29	5.0	80	97	43	66	12	3	0	.294	.503
C	Steve Yeager	R	96	227	48	8	0	2	0.9	20	20	20	54	2	4	1	.211	.273
SUBSTITUTES																		
2B	Jack Perconte	L	14	17	4	0	0	0	0.0	2	2	2	1	3	3	0	.235	.235
SS	Pepe Frias	R	14	9	2	1	0	0	0.0	1	0	0	0	0	0	0	.222	.333
1B	Vic Davalillo	L	7	6	1	0	0	0	0.0	1	0	0	1	0	5	1	.167	.167
UT	Derrel Thomas	B	117	297	79	18	3	1	0.3	32	22	26	48	7	8	3	.266	.357
OF	Jay Johnstone	L	109	251	77	15	2	2	0.8	31	20	24	29	3	41	11	.307	.406
OF	Rick Monday	L	96	194	52	7	1	10	5.2	35	25	28	49	2	36	8	.268	.469
O2	Pedro Guerrero	R	75	183	59	9	1	7	3.8	27	31	12	31	2	17	11	.322	.497
OF	Gary Thomasson	L	80	111	24	3	0	1	0.9	6	12	17	26	0	45	11	.216	.270
O3	Mickey Hatcher	R	57	84	19	2	0	1	1.2	4	5	2	12	0	21	4	.226	.286
OF	Bobby Mitchell	L	9	3	1	0	0	0	0.0	1	0	1	0	0	1	1	.333	.333
C	Joe Ferguson	R	77	172	41	3	2	9	5.2	20	29	38	46	2	14	2	.238	.436
C	Mike Scioscia	L	54	134	34	5	1	1	0.7	8	8	12	9	1	1	0	.254	.328
PITCHERS																		
P	Bob Welch	R	34	70	17	3	0	0	0.0	1	3	1	13	0	0	0	.243	.286
P	Jerry Reuss	L	37	68	6	1	0	1	1.5	4	3	6	25	0	0	0	.088	.147
P	Don Sutton	R	32	64	5	0	0	0	0.0	3	1	1	19	0	0	0	.078	.078
P	Burt Hooton	R	34	64	4	0	0	1	1.6	4	6	3	15	0	0	0	.063	.109
P	Dave Goltz	R	35	47	6	0	0	0	0.0	1	4	7	23	0	0	0	.128	.128
P	Rick Sutcliffe	L	44	27	4	0	0	0	0.0	1	3	2	5	0	1	1	.148	.148
P	Steve Howe	L	59	11	1	0	0	0	0.0	1	0	0	3	0	0	0	.091	.091
P	Bobby Castillo	R	62	9	1	0	0	0	0.0	0	0	0	4	0	0	0	.111	.111
P	Charlie Hough	R	19	2	1	0	0	0	0.0	0	1	0	1	0	0	0	.500	.500
P	Joe Beckwith	L	38	2	0	0	0	0	0.0	0	0	1	1	0	0	0	.000	.000
P	Don Stanhouse	R	21	2	0	0	0	0	0.0	0	0	1	0	0	0	0	.000	.000
P	Fernando Valenzuela	L	10	1	0	0	0	0	0.0	0	0	0	1	0	0	0	.000	.000
P	Terry Forster	L	9	0	0	0	0	0	—	0	0	0	0	0	0	0	—	—
TEAM TOTAL				5561	1459	209	24	148	2.7	66	636	492	846	123	224	61	.262	.388

INDIVIDUAL FIELDING

POS	Player	T	G	PO	A	E	DP	TC/G	FA
1B	S. Garvey	R	162	1502	112	6	122	10.0	.996
	P. Guerrero	R	2	14	2	0	1	8.0	1.000
	V. Davalillo	L	1	2	0	0	1	2.0	1.000
	G. Thomasson	L	1	2	0	0	0	2.0	1.000
2B	D. Lopes	R	140	304	416	15	85	5.3	.980
	D. Thomas	R	18	28	48	2	13	4.3	.974
	P. Guerrero	R	12	12	25	2	3	3.3	.949
	J. Perconte	R	9	13	18	0	3	3.4	1.000
SS	B. Russell	R	129	179	387	19	57	4.5	.968
	D. Thomas	R	49	74	119	11	25	4.2	.946
	P. Frias	R	11	5	9	1	2	1.4	.933
3B	R. Cey	R	157	127	317	13	24	2.9	.972
	M. Hatcher	R	18	13	22	3	2	2.1	.921
	P. Guerrero	R	3	3	9	0	1	4.0	1.000
	D. Thomas	R	4	1	3	0	0	1.0	1.000
OF	D. Baker	R	151	308	5	3	3	2.1	.991
	R. Law	L	106	233	6	3	3	2.3	.988
	R. Smith	R	84	153	15	1	5	2.0	.994
	J. Johnstone	R	61	100	9	4	0	1.9	.965
	R. Monday	L	50	92	1	3	0	1.9	.969
	D. Thomas	R	52	75	2	1	1	1.5	.987
	P. Guerrero	R	40	74	1	1	0	1.9	.987
	G. Thomasson	L	31	36	1	1	0	1.2	.974
	M. Hatcher	R	25	18	1	0	0	0.8	1.000
	B. Castillo	R	1	0	0	0	0	0.0	.000
	B. Mitchell	L	8	5	0	0	0	0.6	1.000
	J. Ferguson	R	1	0	0	1	0	1.0	.000
C	S. Yeager	R	95	382	36	7	5	4.5	.984
	J. Ferguson	R	66	297	23	6	4	4.9	.982
	M. Scioscia	R	54	226	26	2	5	4.7	.992
	D. Thomas	R	5	25	3	0	0	5.6	1.000

Through a rare mistake in judgment, the Dodgers found themselves carrying two losing pitchers with multimillion-dollar multiyear contracts. Neither Goltz nor Stanhouse contributed much to the race in 1980; the Dodgers, in fact, bought out the remainder of Stanhouse's contract in the spring of 1981.

The club did receive some unanticipated help from left-handed reliever Steve Howe (Rookie of the Year), righty reliever Bobby Castillo, and, at the end of the season, a portly 19-year-old southpaw named Fernando Valenzuela. Sutcliffe fell from his fine rookie season all the way to a 3–9 record, but the club got an 18–6 year from Reuss, which included a no-hitter against the Giants on June 27. Hooton was 14–8, Welch 14–9, and Sutton 13–5.

Garvey remained Garvey, batting .304 with 26 homers and 106 RBIs. Baker hit 29 homers and Cey hit 28. The Dodgers again lost Reggie Smith in July, the switch-hitter going out with a .322 batting average.

On July 8, Dodger Stadium hosted its first All-Star Game, the National League winning, 4–2. At that point, the Dodgers and Houston Astros were in a virtual first-place tie. At the end of the regular season the two clubs were in an exact first-place tie, and the route to the tie could only have been imagined in one of Hollywood's nearby reverie centers. The Dodgers returned home for their final three games trailing Houston by three; their opponents for the season-ending series were, yes, the Astros. In three pulsing, high-stakes games, Lasorda's men swept the set by nerve-racking scores of 3–2 (in 10 innings), 2–1, and 4–3, forcing a one-game playoff for the division title. The playoff game, however, proved to be a Houston cakewalk, the Astros rolling to an easy 7–1 victory.

TEAM STATISTICS

	W	L	PCT	GB	R	OR	2B	3B	HR	BA	SA	SB	E	DP	FA	CG	B	SO	ShO	SV	ERA
WEST																					
HOU	93	70	.571		637	589	231	67	75	.261	.367	194	140	145	.978	31	466	929	18	41	3.10
LA	92	71	.564	1	663	591	209	24	148	.263	.388	123	123	149	.981	24	480	835	19	42	3.24
CIN	89	73	.549	3.5	707	670	256	45	113	.262	.386	156	106	144	.983	30	506	833	12	37	3.85
ATL	81	80	.503	11	630	660	226	22	144	.250	.380	73	162	156	.975	29	454	696	9	37	3.77
SF	75	86	.466	17	573	634	199	44	80	.244	.342	100	159	124	.975	27	492	811	10	35	3.46
SD	73	89	.451	19.5	591	654	195	43	67	.255	.342	239	132	157	.980	19	536	728	9	39	3.65
EAST																					
PHI	91	71	.562		728	639	272	54	117	.270	.400	140	136	136	.979	25	530	889	8	40	3.43
MON	90	72	.556	1	694	629	250	61	114	.257	.388	237	144	126	.977	33	460	823	15	36	3.48
PIT	83	79	.512	8	666	646	249	38	116	.266	.388	209	137	154	.978	25	451	832	8	43	3.58
STL	74	88	.457	17	738	710	300	49	101	.275	.400	117	122	174	.981	34	495	664	9	27	3.93
NY	67	95	.414	24	611	702	218	41	61	.257	.345	158	154	132	.975	17	510	886	9	33	3.85
CHI	64	98	.395	27	614	728	251	35	107	.251	.365	93	174	149	.974	13	589	923	6	35	3.89
LEAGUE TOTAL					7852	7852	2856	523	1243	.259	.374	1839	1689	1746	.978	307	5969	9849	132	445	3.60

INDIVIDUAL PITCHING

PITCHER	T	W	L	PCT	ERA	SV	G	GS	CG	IP	H	BB	SO	R	ER	ShO	H/9	BB/9	SO/9
Jerry Reuss	L	18	6	.750	2.52	3	37	29	10	229	193	40	111	74	64	6	7.59	1.57	4.36
Bob Welch	R	14	9	.609	3.28	0	32	32	3	214	190	79	141	85	78	2	7.99	3.32	5.93
Don Sutton	R	13	5	.722	2.21	1	32	31	4	212	163	47	128	56	52	2	6.92	2.00	5.43
Burt Hooton	R	14	8	.636	3.65	1	34	33	4	207	194	64	118	90	84	2	8.43	2.78	5.13
Dave Goltz	R	7	11	.389	4.32	1	35	27	2	171	198	59	91	91	82	2	10.42	3.11	4.79
Rick Sutcliffe	R	3	9	.250	5.56	5	42	10	1	110	122	55	59	73	68	1	9.98	4.50	4.83
Bobby Castillo	R	8	6	.571	2.76	5	61	0	0	98	70	45	60	31	30	0	6.43	4.13	5.51
Steve Howe	L	7	9	.438	2.65	17	59	0	0	85	83	22	39	33	25	0	8.79	2.33	4.13
Joe Beckwith	R	3	3	.500	1.95	0	38	0	0	60	60	23	40	17	13	0	9.00	3.45	6.00
Charlie Hough	R	1	3	.250	5.63	1	19	1	0	32	37	21	25	21	20	0	10.41	5.91	7.03
Don Stanhouse	R	2	2	.500	5.04	7	21	0	0	25	30	16	5	14	14	0	10.80	5.76	1.80
Fernando Valenzuela	L	2	0	1.000	0.00	1	10	0	0	18	8	5	16	2	0	0	4.00	2.50	8.00
Terry Forster	L	0	0	–	3.00	0	9	0	0	12	10	4	2	4	4	0	7.50	3.00	1.50
TEAM TOTAL		92	71	.564	3.26	42	429	163	24	1473	1358	480	835	591	534	15	8.30	2.93	5.10

Los Angeles 1981   Won 63 Lost 47 Pct. .573

MANAGER	W	L	PCT
Tom Lasorda	36	21	.632
Tom Lasorda	27	26	.509

POS	Player	B	G	AB	H	2B	3B	HR	HR%	R	RBI	BB	SO	SB	Pinch Hit AB	H	BA	SA
REGULARS																		
1B	Steve Garvey	R	110	431	122	23	1	10	2.3	63	64	25	49	3	0	0	.283	.411
2B	Davey Lopes	R	58	214	44	2	0	5	2.3	35	17	22	35	20	3	0	.206	.285
SS	Bill Russell	R	82	262	61	9	2	0	0.0	20	22	19	20	2	0	0	.233	.282
3B	Ron Cey	R	85	312	90	15	2	13	4.2	42	50	40	55	0	1	1	.288	.474
RF	Pedro Guerrero	R	98	347	104	17	2	12	3.5	46	48	34	57	5	4	1	.300	.464
CF	Ken Landreaux	L	99	390	98	16	4	7	1.8	48	41	25	42	18	4	1	.251	.367
LF	Dusty Baker	R	103	400	128	17	3	9	2.3	48	49	29	43	10	1	1	.320	.445
C	Mike Scioscia	L	93	290	80	10	0	2	0.7	27	29	36	18	0	2	1	.276	.331
SUBSTITUTES																		
UT	Derrel Thomas	B	80	218	54	4	0	4	1.8	25	24	25	23	7	3	0	.248	.321
2B	Steve Sax	R	31	119	33	2	0	2	1.7	15	9	7	14	5	2	1	.277	.345
S2	Pepe Frias	R	25	36	9	1	0	0	0.0	6	3	1	3	0	1	0	.250	.278
1B	Reggie Smith	B	41	35	7	1	0	1	2.9	5	8	7	8	0	31	6	.200	.314
UT	Mike Marshall	R	14	25	5	-3	0	0	0.0	2	1	1	4	0	7	3	.200	.320
SS	Gary Weiss	L	14	19	2	0	0	0	0.0	2	1	1	4	0	1	0	.105	.105
2B	Jack Perconte	L	8	9	2	0	1	0	0.0	2	1	2	2	1	5	2	.222	.444
OF	Rick Monday	L	66	130	41	1	2	11	8.5	24	25	24	42	1	23	8	.315	.608
OF	Jay Johnstone	L	61	83	17	3	0	3	3.6	8	6	7	13	0	38	11	.205	.349
OF	Ron Roenicke	B	22	47	11	0	0	0	0.0	6	0	6	8	1	4	0	.234	.234
OF	Joe Ferguson	R	17	14	2	1	0	0	0.0	2	1	2	5	0	13	0	.143	.214
OF	Candy Maldonado	R	11	12	1	0	0	0	0.0	0	0	0	5	0	4	0	.083	.083
OF	Bobby Mitchell	L	10	8	1	0	0	0	0.0	0	0	1	4	0	2	0	.125	.125
OF	Mark Bradley	R	9	6	1	1	0	0	0.0	2	0	0	1	0	2	0	.167	.333
C	Steve Yeager	R	42	86	18	2	0	3	3.5	5	7	6	14	0	5	2	.209	.337
C	Jerry Grote	R	2	2	0	0	0	0	0.0	0	0	0	1	0	0	0	.000	.000
PITCHERS																		
P	Fernando Valenzuela	L	25	64	16	0	1	0	0.0	3	7	1	9	0	0	0	.250	.281
P	Jerry Reuss	L	22	51	10	0	0	0	0.0	3	3	0	18	0	0	0	.196	.196
P	Bob Welch	R	23	45	10	0	1	0	0.0	3	2	1	16	0	0	0	.222	.267
P	Burt Hooton	R	23	42	8	3	0	0	0.0	3	3	4	13	0	0	0	.190	.262
P	Dave Goltz	R	26	17	1	0	0	0	0.0	0	2	1	9	0	0	0	.059	.059
P	Rick Sutcliffe	L	14	11	2	0	0	0	0.0	2	2	2	3	0	0	0	.182	.182
P	Bobby Castillo	R	34	9	4	2	0	0	0.0	1	1	0	2	0	0	0	.444	.667
P	Alejandro Pena	R	14	6	0	0	0	0	0.0	0	0	0	6	0	0	0	.000	.000
P	Dave Stewart	R	32	5	2	0	1	0	0.0	2	1	1	0	0	0	0	.400	.800
P	Ted Power	R	5	3	0	0	0	0	0.0	0	0	0	3	0	0	0	.000	.000
P	Terry Forster	L	21	2	0	0	0	0	0.0	0	0	0	0	0	0	0	.000	.000
P	Steve Howe	L	41	1	0	0	0	0	0.0	0	0	1	1	0	0	0	.000	.000
P	Tom Niedenfuer	R	17	0	0	0	0	0		0	0	0	0	0	0	0		
TEAM TOTAL				3751	984	133	20	82	2.2	45	427	331	550	73	156	38	.262	.374

INDIVIDUAL FIELDING

POS	Player	T	G	PO	A	E	DP	TC/G	FA
1B	S. Garvey	R	110	1019	55	1	84	9.8	**.999**
	R. Smith	R	2	15	1	0	1	8.0	1.000
	J. Johnstone	R	2	14	1	0	2	7.5	1.000
	M. Marshall	R	3	9	0	0	2	3.0	1.000
	P. Guerrero	R	1	6	0	0	0	6.0	1.000
2B	D. Lopes	R	55	129	161	2	30	5.3	.993
	S. Sax	R	29	64	93	4	22	5.6	.975
	D. Thomas	R	30	73	71	2	16	4.9	.986
	J. Perconte	R	2	4	13	0	3	8.5	1.000
	P. Frias	R	6	4	3	1	1	1.3	.875
SS	B. Russell	R	80	128	261	14	49	5.0	.965
	D. Thomas	R	26	42	63	9	13	4.4	.921
	P. Frias	R	15	11	18	3	2	2.1	.906
	G. Weiss	R	13	12	11	2	8	1.9	.920
3B	R. Cey	R	84	71	184	16	15	3.2	.941
	P. Guerrero	R	21	14	51	7	5	3.4	.903
	P. Frias	R	1	0	0	0	0	0.0	.000
	D. Thomas	R	10	3	9	1	0	1.3	.923
	M. Marshall	R	3	2	2	0	0	1.3	1.000

POS	Player	T	G	PO	A	E	DP	TC/G	FA
OF	K. Landreaux	R	95	210	4	0	0	2.3	**1.000**
	D. Baker	R	101	181	8	2	1	1.9	.990
	P. Guerrero	R	75	145	4	4	0	2.0	.974
	R. Monday	L	41	50	1	2	0	1.3	.962
	R. Roenicke	L	20	38	1	0	1	2.0	1.000
	J. Johnstone	R	16	19	3	1	0	1.4	.957
	D. Thomas	R	18	15	1	2	1	1.0	.889
	J. Ferguson	R	1	0	0	0	0	0.0	.000
	C. Maldonado	R	9	8	0	0	0	0.9	1.000
	B. Mitchell	L	7	6	0	0	0	0.9	1.000
	M. Bradley	R	6	3	1	0	0	0.7	1.000
	M. Marshall	R	2	3	0	0	0	1.5	1.000
C	M. Scioscia	R	91	493	48	7	4	6.0	.987
	S. Yeager	R	40	142	13	1	1	3.9	.994
	J. Grote	R	1	2	0	0	0	2.0	1.000

Los Angeles 1981

The players went on strike from June 11 to August 10, carving a third from the schedule. When play came to a halt, the Dodgers were leading their division by one-half game, and that thin slice proved significant: when play resumed, the Dodgers were declared first-half champions, and had assured themselves a spot in the playoffs.

With Jerry Reuss unable to start on Opening Day, Lasorda handed the ball to chubby southpaw Fernando Valenzuela. He responded with a 2–0 zipping of the Braves, launching one of the most eye-catching rookie seasons ever. Fernando won his first eight decisions, five by shutout, and ended the season at 13–7, the eventual Rookie of the Year and Cy Young Award winner.

The Dodgers faced Houston for the division title in the first round of playoffs. After dropping the first two, Lasorda's men regrouped to sweep the next three. Next came Montreal, for the pennant. The Dodgers again lost the first two, and again swept the next three, the final win on Rick Monday's ninth-inning homer. And the World Series against the Yankees followed the same pattern: two losses, then a sweep of the remaining games to become the champions of baseball's craziest, most mixed-up season ever.

First Half

	W	L	PCT	GB
EAST				
PHI	34	21	.618	
STL	30	20	.600	1.5
MON	30	25	.545	4
PIT	25	23	.521	5.5
NY	17	34	.333	15
CHI	15	37	.288	17.5

*Defeated Philadelphia in playoff 3 games to 2.

	W	L	PCT	GB
WEST				
LA*	36	21	.632	
CIN	35	21	.625	.5
HOU	28	29	.491	8
ATL	25	29	.463	9.5
SF	27	32	.458	10
SD	23	33	.411	12.5

*Defeated Houston in playoff 3 games to 2.

Second Half

	W	L	PCT	GB
EAST				
MON*	30	23	.566	
STL	29	23	.558	.5
PHI	25	27	.481	4.5
NY	24	28	.462	5.5
CHI	23	28	.451	6
PIT	21	33	.389	9.5

	W	L	PCT	GB
WEST				
HOU	33	20	.623	
CIN	31	21	.596	1.5
SF	29	23	.558	3.5
LA	27	26	.509	6
ATL	25	27	.481	7.5
SD	18	36	.333	15.5

TEAM STATISTICS

	W	L	PCT	GB	R	OR	2B	3B	HR	BA	SA	SB	E	DP	FA	CG	B	SO	ShO	SV	ERA
WEST																					
CIN	66	42	.611		464	440	190	24	64	.267	.385	58	**80**	99	.981	25	393	593	14	20	3.73
LA	63	47	.573	4	450	356	133	20	**82**	.262	.374	73	87	101	.980	**26**	302	603	19	24	3.01
HOU	61	49	.555	6	394	331	160	35	45	.257	.356	81	87	81	.980	23	300	**610**	19	25	**2.66**
SF	56	55	.505	11.5	427	414	161	26	63	.250	.357	89	102	102	.977	8	393	561	9	**33**	3.28
ATL	50	56	.472	15	395	416	148	22	64	.243	.349	98	102	93	.976	11	330	471	4	24	3.45
SD	41	69	.373	26	382	455	170	35	32	.256	.346	83	102	**117**	.977	9	414	492	6	23	3.72
EAST																					
STL	59	43	.578		464	417	158	**45**	50	.265	.377	88	82	108	**.981**	11	290	388	5	**33**	3.63
MON	60	48	.556	2	443	394	146	28	81	.246	.370	**138**	81	88	.980	20	**268**	520	12	23	3.30
PHI	59	48	.551	2.5	491	472	165	25	69	**.273**	**.389**	103	86	90	.980	19	347	580	5	23	4.05
PIT	46	56	.451	13	407	425	176	30	55	.257	.369	122	86	106	.979	11	346	492	5	29	3.56
NY	41	62	.398	18.5	348	432	136	35	57	.248	.356	103	130	89	.968	7	336	490	3	24	3.55
CHI	38	65	.369	21.5	370	483	138	29	57	.236	.340	72	113	103	.974	6	388	532	2	20	4.01
LEAGUE TOTAL					5035	5035	1881	354	719	.255	.364	1108	1138	1177	.978	176	4107	6332	103	301	3.49

INDIVIDUAL PITCHING

PITCHER	T	W	L	PCT	ERA	SV	G	GS	CG	IP	H	BB	SO	R	ER	ShO	H/9	BB/9	SO/9
Fernando Valenzuela	L	13	7	.650	2.48	0	25	**25**	11	192	140	61	**180**	55	53	8	6.56	2.86	8.44
Jerry Reuss	L	10	4	.714	2.29	0	22	22	8	153	138	27	51	44	39	2	8.12	1.59	3.00
Burt Hooton	R	11	6	.647	2.28	0	23	23	5	142	124	33	74	42	36	4	7.86	2.09	4.69
Bob Welch	R	9	5	.643	3.45	0	23	23	2	141	141	41	88	56	54	1	9.00	2.62	5.62
Dave Goltz	R	2	7	.222	4.09	1	26	8	0	77	83	25	48	35	35	0	9.70	2.92	5.61
Steve Howe	L	5	3	.625	2.50	8	41	0	0	54	51	18	32	17	15	0	8.50	3.00	5.33
Bobby Castillo	R	2	4	.333	5.29	5	34	1	0	51	50	24	35	31	30	0	8.82	4.24	6.18
Rick Sutcliffe	R	2	2	.500	4.02	0	14	6	0	47	41	20	16	24	21	0	7.85	3.83	3.06
Dave Stewart	R	4	3	.571	2.51	6	32	0	0	43	40	14	29	13	12	0	8.37	2.93	6.07
Terry Forster	L	0	1	.000	4.06	0	21	0	0	31	37	15	17	14	14	0	10.74	4.35	4.94
Tom Niedenfuer	R	3	1	.750	3.81	2	17	0	0	26	25	6	12	11	11	0	8.65	2.08	4.15
Alejandro Pena	R	1	1	.500	2.88	2	14	0	0	25	18	11	14	8	8	0	6.48	3.96	5.04
Ted Power	R	1	3	.250	3.21	0	5	2	0	14	16	7	7	6	5	0	10.29	4.50	4.50
TEAM TOTAL		63	47	.573	3.01	24	297	110	26	996	904	302	603	356	333	15	8.17	2.73	5.45

Los Angeles 1982   Won 88   Lost 74   Pct. .543

MANAGER	W	L	PCT
Tom Lasorda	88	74	.543

POS	Player	B	G	AB	H	2B	3B	HR	HR%	R	RBI	BB	SO	SB	Pinch Hit AB	Pinch Hit H	BA	SA
REGULARS																		
1B	Steve Garvey	R	162	625	176	35	1	16	2.6	66	86	20	86	5	5	0	.282	.418
2B	Steve Sax	R	150	638	180	23	7	4	0.6	88	47	49	53	49	1	1	.282	.359
SS	Bill Russell	R	153	497	136	20	2	3	0.6	64	46	63	30	10	2	2	.274	.340
3B	Ron Cey	R	150	556	141	23	1	24	4.3	62	79	57	99	3	1	0	.254	.428
RF	Pedro Guerrero	R	150	575	175	27	5	32	5.6	87	100	65	89	22	0	0	.304	.536
CF	Ken Landreaux	L	129	461	131	23	7	7	1.5	71	50	39	54	31	11	1	.284	.410
LF	Dusty Baker	R	147	570	171	19	1	23	4.0	80	88	56	62	17	4	1	.300	.458
C	Mike Scioscia	L	129	365	80	11	1	5	1.4	31	38	44	31	2	8	0	.219	.296
SUBSTITUTES																		
SS	Mark Belanger	R	54	50	12	1	0	0	0.0	6	4	5	10	1	4	1	.240	.260
1B	Greg Brock	L	18	17	2	1	0	0	0.0	1	1	1	5	0	13	2	.118	.176
UT	Alex Taveras	R	11	3	1	1	0	0	0.0	1	2	0	1	0	0	0	.333	.667
OF	Rick Monday	L	104	210	54	6	4	11	5.2	37	42	39	51	2	35	4	.257	.481
OF	Ron Roenicke	B	109	143	37	8	0	1	0.7	18	12	21	32	5	44	13	.259	.336
OF	Jorge Orta	L	86	115	25	5	0	2	1.7	13	8	12	13	0	60	9	.217	.313
UT	Derrel Thomas	B	66	98	26	2	1	0	0.0	13	2	10	12	2	5	0	.265	.306
O1	Mike Marshall	R	49	95	23	3	0	5	5.3	10	9	13	23	2	20	3	.242	.432
OF	Candy Maldonado	R	6	4	0	0	0	0	0.0	0	0	1	2	0	2	0	.000	.000
OF	Mark Bradley	R	8	3	1	0	0	0	0.0	1	0	0	0	0	1	0	.333	.333
OF	Dave Sax	R	2	2	0	0	0	0	0.0	0	0	0	0	0	1	0	.000	.000
C	Steve Yeager	R	82	196	48	5	2	2	1.0	13	18	13	28	0	9	2	.245	.321
C	Don Crow	R	4	4	0	0	0	0	0.0	0	0	0	3	0	0	0	.000	.000
PITCHERS																		
P	Fernando Valenzuela	L	38	95	16	0	0	1	1.1	6	9	3	16	0	0	0	.168	.200
P	Bob Welch	R	38	85	12	1	0	0	0.0	5	3	3	32	0	0	0	.141	.153
P	Jerry Reuss	L	39	77	17	3	0	0	0.0	8	3	2	28	0	0	0	.221	.260
P	Dave Stewart	R	45	39	7	1	0	0	0.0	3	2	2	14	0	0	0	.179	.205
P	Burt Hooton	R	21	35	3	1	0	1	2.9	3	1	0	5	0	0	0	.086	.200
P	Ricky Wright	L	14	8	1	1	0	0	0.0	1	1	0	2	0	0	0	.125	.250
P	Joe Beckwith	L	19	7	0	0	0	0	0.0	1	0	0	4	0	0	0	.000	.000
P	Steve Howe	L	66	7	0	0	0	0	0.0	0	0	0	3	0	0	0	.000	.000
P	Ted Power	R	12	6	0	0	0	0	0.0	0	0	0	5	0	0	0	.000	.000
P	Vicente Romo	R	15	5	1	0	0	0	0.0	0	0	0	1	0	0	0	.200	.200
P	Tom Niedenfuer	R	55	3	0	0	0	0	0.0	0	0	1	0	0	0	0	.000	.000
P	Terry Forster	L	56	2	0	0	0	0	0.0	0	0	0	0	0	0	0	.000	.000
P	Dave Goltz	R	2	1	0	0	0	0	0.0	0	0	0	0	0	0	0	.000	.000
P	Steve Shirley	L	11	1	1	0	0	0	0.0	0	0	0	0	0	0	0	1.000	1.000
P	Alejandro Pena	R	29	0	0	0	0	0	—	0	0	0	0	0	0	0		
TEAM TOTAL				5598	1477	220	32	137	2.4	68	651	519	794	151	226	39	.264	.388

INDIVIDUAL FIELDING

POS	Player	T	G	PO	A	E	DP	TC/G	FA		POS	Player	T	G	PO	A	E	DP	TC/G	FA
1B	S. Garvey	R	158	1539	111	8	132	10.5	.995		OF	K. Landreaux	R	117	281	3	4	1	2.5	.986
	M. Marshall	R	13	100	5	2	6	8.2	.981			P. Guerrero	R	137	269	11	7	6	2.1	.976
	R. Monday	L	4	24	3	0	2	6.8	1.000			D. Baker	R	144	226	7	6	1	1.7	.975
	G. Brock	R	3	9	0	0	0	3.0	1.000			R. Monday	L	57	62	4	4	0	1.2	.943
2B	S. Sax	R	149	347	452	19	83	5.5	.977			R. Roenicke	L	72	59	1	1	0	0.8	.984
	D. Thomas	R	18	28	44	1	8	4.1	.986			J. Orta	R	17	35	1	2	1	2.2	.947
	A. Taveras	R	4	1	2	0	0	0.8	1.000			M. Marshall	R	19	22	0	0	0	1.2	1.000
	M. Belanger	R	1	0	1	0	0	1.0	1.000			D. Thomas	R	28	21	0	0	0	0.8	1.000
SS	B. Russell	R	150	216	502	29	64	5.0	.961			B. Welch	R	1	0	0	0	0	0.0	.000
	M. Belanger	R	44	20	62	4	4	2.0	.953			Valenzuela	L	1	0	0	0	0	0.0	.000
	D. Thomas	R	6	5	11	3	6	3.2	.842			C. Maldonado	R	3	5	0	0	0	1.7	1.000
	A. Taveras	R	2	2	3	0	0	2.5	1.000			D. Sax	R	1	1	0	0	0	1.0	1.000
												M. Bradley	R	3	1	0	0	0	0.3	1.000
3B	R. Cey	R	149	93	320	16	23	2.9	.963		C	M. Scioscia	R	123	631	57	10	10	5.7	.986
	P. Guerrero	R	24	13	42	5	3	2.5	.917			S. Yeager	R	76	338	42	4	8	5.1	.990
	D. Thomas	R	14	4	3	0	0	0.5	1.000			D. Crow	R	4	9	1	0	0	2.5	1.000
	A. Taveras	R	4	0	5	0	0	1.3	1.000											

When the Dodgers convened for spring training in 1982, there were two f
missing. One belonged to Davey Lopes, whose trade to Oakland in February broke up
the longest-running infield act in major-league history. Replacing Lopes at second was
a newcomer who would become the team's fourth straight Rookie of the Year, Steve
Sax. The other missing face belonged to Fernando Valenzuela, whose holdout was a
daily headline. Asking for a million, the pitcher—not yet eligible for arbitration—
settled for $350,000.

It was the year of the Atlanta Braves, but almost wasn't. The Braves left everyone
in the division choking on dust with a record 13–0 start. On July 29, the Dodgers were
in third place, 10 1/2 behind the Braves. Lasorda's band then swept a four-game series
in Atlanta, and a week later swept the Braves four more in Los Angeles. On August
10, the Dodgers were in first place, having made up a 10 1/2-game deficit in less than
two weeks.

On September 20, the Dodgers held a 2 1/2-game lead over the Braves with 12 to
play. But then they slumped, losing eight in a row, enabling the Braves to retake the
lead and the Giants to enter the race. On the final day of the season the Dodgers needed
a win coupled with an Atlanta loss to force a playoff. The Dodgers' opponents were
the Giants, eliminated the day before by Los Angeles in a 15–2 pasting. In the bottom
of the seventh inning of a 2–2 tie, the Giants' Joe Morgan settled the issue with a
three-run homer. The Giants had the satisfaction of eliminating their old rivals, 5–3.

The final attendance figures for 1982 showed the Dodgers at an Olympian all-time
high of 3,608,881, a per-game average of better than 44,000.

TEAM STATISTICS

	W	L	PCT	GB	R	OR	2B	3B	HR	BA	SA	SB	E	DP	FA	CG	B	SO	ShO	SV	ERA
WEST																					
ATL	89	73	.549		739	702	215	22	146	.256	.383	151	137	186	.979	15	502	813	11	51	3.82
LA	88	74	.543	1	691	612	222	32	138	.264	.388	151	139	131	.979	37	468	932	16	28	3.26
SF	87	75	.537	2	673	687	213	30	133	.253	.376	130	173	125	.973	18	466	810	4	45	3.64
SD	81	81	.500	8	675	658	217	52	81	.257	.359	165	152	142	.976	20	502	765	11	41	3.52
HOU	77	85	.475	12	569	620	236	48	74	.247	.349	140	136	154	.978	37	479	899	16	31	3.41
CIN	61	101	.377	28	545	661	228	34	82	.251	.350	131	128	158	.980	22	570	998	7	31	3.66
EAST																					
STL	92	70	.568		685	609	239	52	67	.264	.364	200	124	169	.981	25	502	689	10	47	3.37
PHI	89	73	.549	3	664	654	245	25	112	.260	.376	128	121	138	.981	38	472	1002	13	33	3.61
MON	86	76	.531	6	697	616	270	38	133	.262	.396	156	122	117	.980	34	448	936	10	43	3.31
PIT	84	78	.519	8	724	696	272	40	134	.273	.408	161	145	133	.977	19	521	933	7	39	3.81
CHI	73	89	.451	19	676	709	239	46	102	.260	.375	132	132	110	.979	9	452	764	7	43	3.92
NY	65	97	.401	27	609	723	227	26	97	.247	.350	137	175	134	.972	15	582	759	5	37	3.88
LEAGUE TOTAL					7947	7947	2823	445	1299	.258	.373	1782	1684	1697	.978	289	5964	10300	117	469	3.60

INDIVIDUAL PITCHING

PITCHER	T	W	L	PCT	ERA	SV	G	GS	CG	IP	H	BB	SO	R	ER	ShO	H/9	BB/9	SO/9
Fernando Valenzuela	L	19	13	.594	2.87	0	37	37	18	285	247	83	199	105	91	4	7.80	2.62	6.28
Jerry Reuss	L	18	11	.621	3.11	0	39	37	8	254.2	232	50	138	98	88	4	8.20	1.77	4.88
Bob Welch	R	16	11	.593	3.36	0	36	36	9	235.2	199	81	176	94	88	3	7.60	3.09	6.72
Dave Stewart	R	9	8	.529	3.81	1	45	14	0	146.1	137	49	80	72	62	0	8.43	3.01	4.92
Burt Hooton	R	4	7	.364	4.03	0	21	21	2	120.2	130	33	51	57	54	2	9.70	2.46	3.80
Steve Howe	L	7	5	.583	2.08	13	66	0	0	99.1	87	17	49	27	23	0	7.88	1.54	4.44
Terry Forster	L	5	6	.455	3.04	3	56	0	0	83	66	31	52	38	28	0	7.16	3.36	5.64
Tom Niedenfuer	R	3	4	.429	2.71	9	55	0	0	69.2	71	25	60	22	21	0	9.17	3.23	7.75
Joe Beckwith	R	2	1	.667	2.70	1	19	1	0	40	38	14	33	14	12	0	8.55	3.15	7.43
Vicente Romo	R	1	2	.333	3.03	1	15	6	0	35.2	25	14	24	12	12	0	6.31	3.53	6.06
Alejandro Pena	R	0	2	.000	4.79	0	29	0	0	35.2	37	21	20	24	19	0	9.34	5.30	5.05
Ted Power	R	1	1	.500	6.68	0	12	4	0	33.2	38	23	15	27	25	0	10.16	6.15	4.01
Ricky Wright	L	2	1	.667	3.03	0	14	5	0	32.2	28	20	24	12	11	0	7.71	5.51	6.61
Steve Shirley	L	1	1	.500	4.26	0	11	0	0	12.2	15	7	8	6	6	0	10.66	4.97	5.68
Dave Goltz	R	0	1	.000	4.91	0	2	1	0	3.2	6	0	3	4	2	0	14.73	0.00	7.36
TEAM TOTAL		88	74	.543	3.28	28	457	162	37	1488.1	1356	468	932	612	542	13	8.20	2.83	5.64

Los Angeles 1983   Won 91 Lost 71 Pct. .562

MANAGER
Tom Lasorda — W 91 — L 71 — PCT .562

POS	Player	B	G	AB	H	2B	3B	HR	HR%	R	RBI	BB	SO	SB	Pinch Hit AB	H	BA	SA
REGULARS																		
1B	Greg Brock	L	146	455	102	14	2	20	4.4	64	66	83	81	5	6	1	.224	.396
2B	Steve Sax	R	155	623	175	18	5	5	0.8	94	41	58	73	56	4	1	.281	.350
SS	Bill Russell	R	131	451	111	13	1	1	0.2	47	30	33	31	13	5	0	.246	.286
3B	Pedro Guerrero	R	160	584	174	28	6	32	5.5	87	103	72	110	23	1	1	.298	.531
RF	Mike Marshall	R	140	465	132	17	1	17	3.7	47	65	43	127	7	6	1	.284	.434
CF	Ken Landreaux	L	141	481	135	25	3	17	3.5	63	66	34	52	30	4	1	.281	.451
LF	Dusty Baker	R	149	531	138	25	1	15	2.8	71	73	72	59	7	6	1	.260	.395
C	Steve Yeager	R	113	335	68	8	3	15	4.5	31	41	23	57	1	2	0	.203	.379
SUBSTITUTES																		
SS	Dave Anderson	R	61	115	19	4	2	1	0.9	12	2	12	15	6	2	0	.165	.261
UT	Rafael Landestoy	R	64	64	11	1	1	1	1.6	6	1	3	8	0	31	4	.172	.266
1B	Jose Morales	R	47	53	15	3	0	3	5.7	4	8	1	11	0	40	12	.283	.509
3B	German Rivera	R	13	17	6	1	0	0	0.0	1	0	2	2	0	5	1	.353	.412
1B	Sid Bream	L	15	11	2	0	0	0	0.0	0	2	2	2	0	10	2	.182	.182
UT	Alex Taveras	R	10	4	0	0	0	0	0.0	0	0	0	1	0	0	0	.000	.000
UT	Derrel Thomas	B	118	192	48	6	6	2	1.0	38	8	27	36	9	16	3	.250	.375
OF	Rick Monday	L	99	178	44	7	1	6	3.4	21	20	29	42	0	42	8	.247	.399
OF	Ron Roenicke	B	81	145	32	4	0	2	1.4	12	12	14	26	3	22	5	.221	.290
OF	Candy Maldonado	R	42	62	12	1	1	1	1.6	5	6	5	14	0	9	2	.194	.290
OF	R. J. Reynolds	B	24	55	13	0	0	2	3.6	5	11	3	11	5	7	2	.236	.345
OF	Cecil Espy	B	20	11	3	1	0	0	0.0	4	1	1	2	0	2	1	.273	.364
C	Jack Fimple	R	54	148	37	8	1	2	1.4	16	22	11	39	1	0	0	.250	.358
C	Mike Scioscia	L	12	35	11	3	0	1	2.9	3	7	5	2	0	1	0	.314	.486
C	Gilberto Reyes	R	19	31	5	2	0	0	0.0	1	0	0	5	0	0	0	.161	.226
C	Dave Sax	R	7	8	0	0	0	0	0.0	0	1	0	0	0	4	0	.000	.000
PITCHERS																		
P	Fernando Valenzuela	L	36	91	17	3	0	1	1.1	5	9	1	23	0	1	0	.187	.253
P	Bob Welch	R	31	73	7	1	0	1	1.4	2	2	1	22	0	0	0	.096	.151
P	Jerry Reuss	L	32	71	20	2	0	0	0.0	4	3	2	28	0	0	0	.282	.310
P	Alejandro Pena	R	34	60	6	0	0	1	1.7	2	4	0	21	0	0	0	.100	.150
P	Burt Hooton	R	33	50	8	2	0	0	0.0	0	5	7	3	15	0	0	.160	.200
P	Rick Honeycutt	L	9	12	1	0	0	0	0.0	1	1	0	0	0	0	0	.083	.083
P	Steve Howe	L	46	8	1	0	0	0	0.0	1	0	1	3	0	0	0	.125	.125
P	Dave Stewart	R	46	7	1	0	0	0	0.0	0	1	0	3	0	0	0	.143	.143
P	Joe Beckwith	L	42	5	1	0	0	0	0.0	1	0	0	3	0	0	0	.200	.200
P	Pat Zachry	R	40	4	2	0	0	0	0.0	0	0	0	1	0	0	0	.500	.500
P	Tom Niedenfuer	R	66	4	0	0	0	0	0.0	1	0	0	0	0	0	0	.000	.000
P	Sid Fernandez	L	2	1	1	0	0	0	0.0	0	0	0	0	0	0	0	1.000	1.000
P	Ricky Wright	L	6	0	0	0	0	0	—	0	0	0	0	0	0	0	—	—
P	Orel Hershiser	R	8	0	0	0	0	0	—	0	0	0	0	0	0	0	—	—
P	Rich Rodas	L	7	0	0	0	0	0	—	0	0	0	0	0	0	0	—	—
P	Larry White	R	4	0	0	0	0	0	—	0	0	0	0	0	0	0	—	—
TEAM TOTAL				5440	1358	197	34	146	2.7	65	613	541	925	166	226	47	.250	.379

INDIVIDUAL FIELDING

POS	Player	T	G	PO	A	E	DP	TC/G	FA
1B	G. Brock	R	140	1162	106	12	94	9.1	.991
	M. Marshall	R	33	235	18	2	15	7.7	.992
	J. Morales	R	4	37	2	2	2	10.3	.951
	R. Monday	L	4	18	1	1	1	5.0	.950
	P. Guerrero	R	2	7	3	1	0	5.5	.909
	S. Bream	L	4	8	0	0	1	2.0	1.000
2B	S. Sax	R	152	331	399	30	74	5.0	.961
	R. Landestoy	R	14	15	21	0	6	2.6	1.000
	D. Thomas	R	9	13	12	2	4	3.0	.926
	A. Taveras	R	2	3	3	0	0	3.0	1.000
SS	B. Russell	R	127	192	392	22	61	4.8	.964
	D. Anderson	R	53	56	100	5	19	3.0	.969
	A. Taveras	R	3	0	0	0	0	.000	.000
	D. Thomas	R	13	19	28	1	7	3.7	.979
	R. Landestoy	R	1	0	2	0	0	2.0	1.000
3B	P. Guerrero	R	157	123	305	30	22	2.9	.934
	D. Anderson	R	1	0	0	0	0	0.0	.000
	D. Thomas	R	7	5	8	1	0	2.0	.929
	G. Rivera	R	8	2	11	1	0	1.8	.929
	R. Landestoy	R	10	5	5	1	0	1.1	.909
	A. Taveras	R	1	0	2	0	1	2.0	1.000
OF	K. Landreaux	R	137	299	4	3	1	2.2	.990
	D. Baker	R	143	249	4	5	2	1.8	.981
	M. Marshall	R	109	160	3	4	1	1.5	.976
	D. Thomas	R	82	97	3	1	0	1.2	.990
	R. Roenicke	L	62	75	1	1	0	1.2	.987
	R. Monday	L	44	62	1	2	0	1.5	.969
	R. Reynolds	R	18	25	2	2	1	1.6	.931
	C. Maldonado	R	33	26	0	0	0	0.8	1.000
	C. Espy	R	15	11	0	0	0	0.7	1.000
	R. Landestoy	R	10	8	0	1	0	0.9	.889
C	S. Yeager	R	112	579	63	10	10	5.8	.985
	J. Fimple	R	54	336	32	4	2	6.9	.989
	G. Reyes	R	19	59	9	4	2	3.8	.944
	M. Scioscia	R	11	55	4	0	0	5.4	1.000
	D. Sax	R	4	11	0	1	0	3.0	.917

Los Angeles 1983

On April 16, 1983, Steve Garvey played in his 1,118th consecutive game, breaking Billy Williams's National League record for endurance. Fittingly, the game was played in Dodger Stadium; the only thing amiss was that he was wearing a San Diego uniform. Unable to come to terms with Garvey, who had declared free agency after the 1982 season, the Dodgers saw their first baseman sign with the Padres. A month later, in a virtual giveaway, the Dodgers sent another member of their veteran infield, Ron Cey, to the Cubs for two minor leaguers.

Despite these major departures, and despite their losing Steve Howe for part of the season to drug rehabilitation, Lasorda's club won the division title, finishing three up on Atlanta. The skipper got winning seasons from Valenzuela (now earning $1,000,000 after a successful arbitration hearing), Welch, Alejandro Pena, Reuss, and Hooton. With Howe on the sidelines, the bullpen stopper was Tom Niedenfuer, a hard-throwing righty.

The Dodgers needed strong pitching, as they were outhit by 22 points by Atlanta (.272 to .250). Their big gun was Guerrero, who hit 32 home runs and drove in 103 runs. Sax batted .281 with 56 steals, Landreaux was at .281, and rookie outfielder Mike Marshall hit .284. Another rookie, Garvey's replacement Greg Brock, showed some power with 20 homers but batted a meager .224. The Dodgers fell in the League Championship Series to the Philadelphia Phillies, three games to one.

After the season, the Dodgers broke with their tradition of one-year managerial contracts when they signed Lasorda to a three-year deal. In December, Commissioner Bowie Kuhn suspended Steve Howe for one year because of cocaine addiction. It was done, said Kuhn, for the good of baseball's image.

TEAM STATISTICS

	W	L	PCT	GB	R	OR	2B	3B	HR	BA	SA	SB	E	DP	FA	CG	B	SO	ShO	SV	ERA
WEST																					
LA	91	71	.562		654	609	197	34	146	.250	.379	166	168	132	.974	27	495	1000	12	40	3.10
ATL	88	74	.543	3	746	640	218	45	130	.272	.400	146	137	176	.978	18	540	895	4	48	3.67
HOU	85	77	.525	6	643	646	239	60	97	.257	.375	164	147	165	.977	22	570	904	14	48	3.45
SD	81	81	.500	10	653	653	207	34	93	.250	.351	179	129	135	.979	23	528	850	5	44	3.62
SF	79	83	.488	12	687	697	206	30	142	.247	.375	140	171	109	.973	20	520	881	9	47	3.70
CIN	74	88	.457	17	623	710	236	35	107	.239	.356	154	114	121	.981	34	627	934	5	29	3.98
EAST																					
PHI	90	72	.556		696	635	209	45	125	.249	.373	143	152	117	.976	20	464	1092	10	41	3.34
PIT	84	78	.519	6	659	648	238	29	121	.264	.383	124	115	165	.982	25	563	1061	14	41	3.55
MON	82	80	.506	8	677	646	297	41	102	.264	.386	138	116	130	.981	38	479	899	15	34	3.58
STL	79	83	.488	11	679	710	262	63	83	.270	.384	207	152	173	.976	22	525	709	10	27	3.79
CHI	71	91	.438	19	701	719	272	42	140	.261	.401	84	115	164	.982	9	498	807	10	42	4.07
NY	68	94	.420	22	575	680	172	26	112	.241	.344	141	151	171	.976	18	615	717	7	33	3.68
LEAGUE TOTAL					7993	7993	2753	484	1398	.255	.376	1786	1667	1758	.978	276	6424	10749	115	474	3.63

INDIVIDUAL PITCHING

PITCHER	T	W	L	PCT	ERA	SV	G	GS	CG	IP	H	BB	SO	R	ER	ShO	H/9	BB/9	SO/9
Fernando Valenzuela	L	15	10	.600	3.75	0	35	35	9	257	245	99	189	122	107	4	8.58	3.47	6.62
Jerry Reuss	L	12	11	.522	2.94	0	32	31	7	223.1	233	50	143	94	73	0	9.39	2.01	5.76
Bob Welch	R	15	12	.556	2.65	0	31	31	4	204	164	72	156	73	60	3	7.24	3.18	6.88
Alejandro Pena	R	12	9	.571	2.75	1	34	26	4	177	152	51	120	67	54	3	7.73	2.59	6.10
Burt Hooton	R	9	8	.529	4.22	0	33	27	2	160	156	59	87	86	75	0	8.78	3.32	4.89
Tom Niedenfuer	R	8	3	.727	1.90	11	66	0	0	94.2	55	29	66	22	20	0	5.23	2.76	6.27
Dave Stewart	R	5	2	.714	2.96	8	46	1	0	76	67	33	54	28	25	0	7.93	3.91	6.39
Joe Beckwith	R	3	4	.429	3.55	1	42	3	0	71	73	35	50	40	28	0	9.25	4.44	6.34
Steve Howe	L	4	7	.364	1.44	18	46	0	0	68.2	55	12	52	15	11	0	7.21	1.57	6.82
Pat Zachry	R	6	1	.857	2.49	0	40	1	0	61.1	63	21	36	22	17	0	9.24	3.08	5.28
Rick Honeycutt	L	2	3	.400	5.77	0	9	7	1	39	46	13	18	26	25	0	10.62	3.00	4.15
Orel Hershiser	R	0	0	–	3.38	1	8	0	0	8	7	6	5	6	3	0	7.88	6.75	5.63
Larry White	R	0	0	–	1.29	0	4	0	0	7	4	3	5	1	1	0	5.14	3.86	6.43
Ricky Wright	L	0	0	–	2.84	0	6	0	0	6.1	5	2	5	2	2	0	7.11	2.84	7.11
Sid Fernandez	L	0	1	.000	6.00	0	2	1	0	6	7	7	9	4	4	0	10.50	10.50	13.50
Rich Rodas	L	0	0	–	1.93	0	7	0	0	4.2	4	3	5	1	1	0	7.71	5.79	9.64
TEAM TOTAL		91	71	.562	3.11	40	441	163	27	1464	1336	495	1000	609	506	10	8.21	3.04	6.15

Los Angeles 1984   Won 79   Lost 83   Pct. .488

MANAGER	W	L	PCT
Tom Lasorda	79	83	.488

POS	Player	B	G	AB	H	2B	3B	HR	HR%	R	RBI	BB	SO	SB	Pinch Hit AB	H	BA	SA
REGULARS																		
1B	Greg Brock	L	88	271	61	6	0	14	5.2	33	34	39	37	8	8	0	.225	.402
2B	Steve Sax	R	145	569	138	24	4	1	0.2	70	35	47	53	34	3	0	.243	.304
SS	Dave Anderson	R	121	374	94	16	2	3	0.8	51	34	45	55	15	5	0	.251	.329
3B	German Rivera	R	94	227	59	12	2	2	0.9	20	17	21	30	1	5	1	.260	.357
RF	Candy Maldonado	R	116	254	68	14	0	5	2.0	25	28	19	29	0	31	9	.268	.382
CF	Ken Landreaux	L	134	438	110	11	5	11	2.5	39	47	29	35	10	16	3	.251	.374
LF	Mike Marshall	R	134	495	127	27	0	21	4.2	69	65	40	93	4	7	2	.257	.438
C	Mike Scioscia	L	114	341	93	18	0	5	1.5	29	38	52	26	2	7	0	.273	.370
SUBSTITUTES																		
UT	Pedro Guerrero	R	144	535	162	29	4	16	3.0	85	72	49	105	9	7	1	.303	.462
SO	Bill Russell	R	89	262	70	12	1	0	0.0	25	19	25	24	4	6	1	.267	.321
1O	Franklin Stubbs	L	87	217	42	2	3	8	3.7	22	17	24	63	2	22	4	.194	.341
UT	Bob Bailor	R	65	131	36	4	0	0	0.0	11	8	8	1	3	7	2	.275	.305
UT	Rafael Landestoy	R	53	54	10	0	0	1	1.9	10	2	1	6	2	18	3	.185	.241
1B	Sid Bream	L	27	49	9	3	0	0	0.0	2	6	6	9	1	11	1	.184	.245
1B	Rick Monday	L	31	47	9	2	0	1	2.1	4	7	8	16	0	17	3	.191	.298
OF	R. J. Reynolds	B	73	240	62	12	2	2	0.8	23	24	14	38	7	13	5	.258	.350
OF	Terry Whitfield	L	87	180	44	8	0	4	2.2	15	18	17	35	1	29	8	.244	.356
OF	Ed Amelung	L	34	46	10	0	0	0	0.0	7	4	2	4	3	11	1	.217	.217
OF	Tony Brewer	R	24	37	4	1	0	1	2.7	3	4	4	9	1	14	1	.108	.216
OF	Mike Vail	R	16	16	1	0	0	0	0.0	1	2	1	7	0	13	1	.063	.063
OF	Lemmie Miller	R	8	12	2	0	0	0	0.0	2	1	0	5	1	2	1	.167	.167
C	Steve Yeager	R	74	197	45	4	0	4	2.0	16	29	20	38	1	17	4	.228	.310
C	Jack Fimple	R	12	26	5	1	0	0	0.0	2	3	1	6	0	0	0	.192	.231
C	Gilberto Reyes	R	4	5	0	0	0	0	0.0	0	0	0	3	0	2	0	.000	.000
PITCHERS																		
P	Fernando Valenzuela	L	35	79	15	3	0	3	3.8	5	7	1	11	0	1	0	.190	.342
P	Alejandro Pena	R	28	66	8	3	0	0	0.0	5	1	2	26	0	0	0	.121	.167
P	Rick Honeycutt	L	29	56	8	0	0	0	0.0	1	1	3	17	1	0	0	.143	.143
P	Bob Welch	R	32	51	4	0	0	0	0.0	0	3	2	15	0	0	0	.078	.078
P	Orel Hershiser	R	45	50	10	0	0	0	0.0	4	2	3	14	0	0	0	.200	.200
P	Jerry Reuss	L	30	24	4	1	0	0	0.0	2	2	3	9	0	0	0	.167	.208
P	Burt Hooton	R	54	14	1	0	0	0	0.0	0	1	0	3	0	0	0	.071	.071
P	Pat Zachry	R	58	6	2	0	0	0	0.0	0	0	0	1	0	0	0	.333	.333
P	Ken Howell	R	32	5	0	0	0	0	0.0	0	0	0	3	0	0	0	.000	.000
P	Tom Niedenfuer	R	33	3	0	0	0	0	0.0	0	0	0	3	0	0	0	.000	.000
P	Carlos Diaz	R	37	1	0	0	0	0	0.0	0	0	0	1	0	0	0	.000	.000
P	Rich Rodas	L	3	1	0	0	0	0	0.0	0	0	0	0	0	0	0	.000	.000
P	Larry White	R	7	1	0	0	0	0	0.0	0	0	0	0	0	0	0	.000	.000
TEAM TOTAL				5380	1313	213	23	102	1.9	58	530	487	827	109	275	51	.244	.349

INDIVIDUAL FIELDING

POS	Player	T	G	PO	A	E	DP	TC/G	FA
1B	G. Brock	R	83	703	65	4	61	9.3	.995
	F. Stubbs	L	51	395	37	3	31	8.5	.993
	P. Guerrero	R	16	129	6	6	12	8.8	.957
	M. Marshall	R	15	131	8	1	11	9.3	.993
	S. Bream	L	14	95	11	0	9	7.6	1.000
	R. Monday	L	10	72	4	1	3	7.7	.987
2B	S. Sax	R	141	318	450	21	99	5.6	.973
	B. Bailor	R	23	38	47	5	8	3.9	.944
	R. Landestoy	R	14	15	16	4	4	2.5	.886
	B. Russell	R	5	3	7	0	0	2.0	1.000
SS	D. Anderson	R	111	169	334	18	63	4.7	.965
	B. Russell	R	65	81	165	9	29	3.9	.965
	B. Bailor	R	16	15	51	0	10	4.1	1.000
3B	G. Rivera	R	90	55	167	15	12	2.6	.937
	P. Guerrero	R	76	36	141	16	12	2.5	.917
	B. Bailor	R	17	6	19	1	1	1.5	.962
	D. Anderson	R	11	7	25	1	4	3.0	.970
	R. Landestoy	R	11	2	8	2	1	1.1	.833
	C. Maldonado	R	4	0	1	2	0	0.8	.333

POS	Player	T	G	PO	A	E	DP	TC/G	FA
OF	K. Landreaux	R	129	212	3	3	2	1.7	.986
	M. Marshall	R	118	200	9	4	1	1.8	.981
	C. Maldonado	R	102	124	4	6	0	1.3	.955
	R. Reynolds	R	63	104	4	3	1	1.8	.973
	P. Guerrero	R	58	106	4	0	0	1.9	1.000
	T. Whitfield	R	58	76	4	1	0	1.4	.988
	B. Russell	R	18	31	1	0	0	1.8	1.000
	E. Amelung	L	23	31	0	0	0	1.3	1.000
	F. Stubbs	L	20	22	0	1	0	1.2	.957
	M. Vail	R	1	0	0	0	0	0.0	.000
	T. Brewer	R	10	9	0	0	0	0.9	1.000
	R. Landestoy	R	5	5	0	0	1	1.0	1.000
	L. Miller	R	5	3	0	0	0	0.6	1.000
	R. Monday	L	2	2	0	0	0	1.0	1.000
C	M. Scioscia	R	112	701	64	12	8	6.9	.985
	S. Yeager	R	65	317	30	2	1	5.4	.994
	J. Fimple	R	12	54	4	1	0	4.9	.983
	G. Reyes	R	2	5	0	0	0	2.5	1.000

Los Angeles 1984

The Dodgers started off well in 1984, going 17–8 in April. But then they suffered four losing months in a row and gradually dropped from the race, settling into fourth place.

A team batting average of .244 sabotaged some excellent work by the pitchers. Despite a strong year that included 240 strikeouts, Valenzuela ended at 12–17. Welch was 13–13, while league ERA leader Alejandro Pena was 12–6. Rick Honeycutt, obtained from Texas the previous August, was 10–9 with a 2.84 ERA. The bright newcomer on the staff was baby-faced Orel Hershiser, a righthander with a penchant for throwing low-hit games. He was 11–8 with a 2.66 ERA.

Weak hitting combined with a season-long rash of injuries to sink the club. At one time or another 15 men were on the disabled list, while assorted miseries hampered the effectiveness of Reuss and Niedenfuer.

After a slow start, Guerrero wound up at .303, but fell to 16 homers and 72 RBIs. Marshall led the club with 21 homers, but drove in just 65 runs. The club had released Dusty Baker with two years remaining on his contract, and found themselves unable to replace his sock (he batted .292 as a part-timer for the Giants). Shortstop Dave Anderson and third baseman German Rivera hit in the mid-.200s with little power, while first baseman Brock hit just .225 and Sax fell to .243.

With this uninspiring performance, attendance fell off nearly 400,000. Only the Dodgers could lose that many customers and still draw over three million.

TEAM STATISTICS

	W	L	PCT	GB	R	OR	2B	3B	HR	BA	SA	SB	E	DP	FA	CG	B	SO	ShO	SV	ERA
WEST																					
SD	92	70	.568		686	634	207	42	109	.259	.371	152	138	144	.978	13	563	812	17	44	3.48
ATL	80	82	.494	12	632	655	234	27	111	.247	.361	140	139	153	.978	17	525	859	7	49	3.57
HOU	80	82	.494	12	693	630	222	67	79	.264	.371	105	133	160	.979	24	502	950	13	29	3.32
LA	79	83	.488	13	580	600	213	23	102	.244	.348	109	163	146	.975	39	499	1033	16	27	3.17
CIN	70	92	.432	22	627	747	238	30	106	.244	.356	160	139	116	.977	25	578	946	6	25	4.16
SF	66	96	.407	26	682	807	229	26	112	.265	.375	126	173	134	.973	9	549	854	7	38	4.39
EAST																					
CHI	96	65	.596		762	658	239	47	136	.260	.397	154	121	137	.981	19	442	879	8	50	3.75
NY	90	72	.556	6.5	652	676	235	25	107	.257	.369	149	129	154	.979	12	573	1028	15	50	3.60
STL	84	78	.519	12.5	652	645	225	44	75	.252	.351	220	118	184	.982	19	494	808	12	51	3.58
PHI	81	81	.500	15.5	720	690	248	51	147	.266	.407	186	161	112	.975	11	448	904	6	35	3.62
MON	78	83	.484	18	593	585	242	36	96	.251	.362	131	132	147	.978	19	474	861	10	48	3.31
PIT	75	87	.463	21.5	615	567	237	33	98	.255	.363	96	128	142	.980	27	502	995	13	34	3.11
LEAGUE TOTAL					7894	7894	2769	451	1278	.255	.369	1728	1674	1729	.978	234	6149	10929	130	480	3.59

INDIVIDUAL PITCHING

PITCHER	T	W	L	PCT	ERA	SV	G	GS	CG	IP	H	BB	SO	R	ER	ShO	H/9	BB/9	SO/9
Fernando Valenzuela	L	12	17	.414	3.03	0	34	34	12	261	218	106	240	109	88	2	7.52	3.66	8.28
Alejandro Pena	R	12	6	.667	2.48	0	28	28	8	199.1	186	46	135	67	55	4	8.40	2.08	6.10
Orel Hershiser	R	11	8	.579	2.66	2	45	20	8	189.2	160	50	150	65	56	4	7.59	2.37	7.12
Rick Honeycutt	L	10	9	.526	2.84	0	29	28	6	183.2	180	51	75	72	58	2	8.82	2.50	3.68
Bob Welch	R	13	13	.500	3.78	0	31	29	3	178.2	191	58	126	86	75	1	9.62	2.92	6.35
Burt Hooton	R	3	6	.333	3.44	4	54	6	0	110	109	43	62	43	42	0	8.92	3.52	5.07
Jerry Reuss	L	5	7	.417	3.82	1	30	15	2	99	102	31	44	51	42	0	9.27	2.82	4.00
Pat Zachry	R	5	6	.455	3.81	2	58	0	0	82.2	84	51	55	38	35	0	9.15	5.55	5.99
Ken Howell	R	5	5	.500	3.33	6	32	1	0	51.1	51	9	54	21	19	0	8.94	1.58	9.47
Tom Niedenfuer	R	2	5	.286	2.47	11	33	0	0	47.1	39	23	45	14	13	0	7.42	4.37	8.56
Carlos Diaz	L	1	0	1.000	5.49	1	37	0	0	41	47	24	36	26	25	0	10.32	5.27	7.90
Larry White	R	0	1	.000	3.00	0	7	1	0	12	9	6	10	5	4	0	6.75	4.50	7.50
Rich Rodas	L	0	0	–	5.40	0	3	0	0	5	5	1	1	3	3	0	9.00	1.80	1.80
TEAM TOTAL		79	83	.488	3.17	27	421	162	39	1460.2	1381	499	1033	600	515	13	8.51	3.07	6.36

Los Angeles 1985 — Won 95 Lost 67 Pct. .586

MANAGER	W	L	PCT
Tom Lasorda	95	67	.586

POS	Player	B	G	AB	H	2B	3B	HR	HR%	R	RBI	BB	SO	SB	Pinch Hit AB	H	BA	SA
REGULARS																		
1B	Greg Brock	L	129	438	110	19	0	21	4.8	64	66	54	72	4	9	2	.251	.438
2B	Steve Sax	R	136	488	136	8	4	1	0.2	62	42	54	43	27	1	0	.279	.318
SS	Mariano Duncan	B	142	562	137	24	6	6	1.1	74	39	38	113	38	2	1	.244	.340
3B	Dave Anderson	R	77	221	44	6	0	4	1.8	24	18	35	42	5	4	2	.199	.281
RF	Mike Marshall	R	135	518	152	27	2	28	5.4	72	95	37	137	3	3	0	.293	.515
CF	Ken Landreaux	L	147	482	129	26	2	12	2.5	70	50	33	37	15	22	4	.268	.405
LF	Pedro Guerrero	R	137	487	156	22	2	33	6.8	99	87	83	68	12	3	0	.320	**.577**
C	Mike Scioscia	L	141	429	127	26	3	7	1.6	47	53	77	21	3	7	1	.296	.420
SUBSTITUTES																		
31	Enos Cabell	R	57	192	56	11	0	0	0.0	20	22	14	21	6	11	4	.292	.349
UT	Bill Russell	R	76	169	44	6	1	0	0.0	19	13	18	9	4	20	5	.260	.308
32	Bob Bailor	R	74	118	29	3	1	0	0.0	8	7	3	5	1	6	3	.246	.288
3B	Bill Madlock	R	34	114	41	4	0	2	1.8	20	15	10	11	7	2	2	.360	.447
1B	Sid Bream	L	24	53	7	0	0	3	5.7	4	6	7	10	0	8	2	.132	.302
S2	Mike Ramsey	B	9	15	2	1	0	0	0.0	1	0	2	4	0	5	1	.133	.200
1B	Franklin Stubbs	L	10	9	2	0	0	0	0.0	0	2	0	3	0	7	2	.222	.222
OF	Candy Maldonado	R	121	213	48	7	1	5	2.3	20	19	19	40	1	31	7	.225	.338
OF	R. J. Reynolds	B	73	207	55	10	4	0	0.0	22	25	13	31	6	19	3	.266	.353
OF	Terry Whitfield	L	79	104	27	7	0	3	2.9	8	16	6	27	0	50	14	.260	.413
OF	Al Oliver	L	35	79	20	5	0	0	0.0	1	8	5	11	1	17	4	.253	.316
O1	Len Matuszek	L	43	63	14	2	1	3	4.8	10	13	8	14	0	16	1	.222	.429
OF	Jose Gonzalez	R	23	11	3	2	0	0	0.0	6	0	1	3	1	1	0	.273	.455
OF	Reggie Williams	R	22	9	3	0	0	0	0.0	4	0	0	4	1	3	1	.333	.333
OF	Ralph Bryant	L	6	6	2	0	0	0	0.0	0	1	0	2	0	4	1	.333	.333
OF	Stu Pederson	L	8	4	0	0	0	0	0.0	1	1	0	2	0	3	0	.000	.000
C	Steve Yeager	R	53	121	25	4	1	0	0.0	4	9	7	24	0	7	1	.207	.256
C	Gilberto Reyes	R	6	1	0	0	0	0	0.0	0	0	1	1	0	1	0	.000	.000
PITCHERS																		
P	Fernando Valenzuela	L	35	97	21	2	0	1	1.0	7	7	0	9	0	0	0	.216	.268
P	Orel Hershiser	R	37	76	15	1	0	0	0.0	5	4	4	20	1	0	0	.197	.211
P	Jerry Reuss	L	34	74	10	0	0	0	0.0	1	7	2	28	0	0	0	.135	.135
P	Bob Welch	R	25	50	9	1	0	0	0.0	4	4	3	13	0	0	0	.180	.200
P	Rick Honeycutt	L	32	38	5	1	0	0	0.0	5	1	3	6	0	0	0	.132	.158
P	Bobby Castillo	R	36	10	1	0	0	0	0.0	0	0	1	4	0	0	0	.100	.100
P	Tom Niedenfuer	R	64	9	1	0	0	0	0.0	0	0	0	3	0	0	0	.111	.111
P	Tom Brennan	R	12	8	1	0	0	0	0.0	0	0	0	1	0	0	0	.125	.125
P	Carlos Diaz	R	46	4	0	0	0	0	0.0	0	0	0	1	0	0	0	.000	.000
P	Ken Howell	R	56	4	0	0	0	0	0.0	0	0	0	2	0	0	0	.000	.000
P	Dennis Powell	R	16	3	0	0	0	0	0.0	0	0	0	2	0	0	0	.000	.000
P	Alejandro Pena	R	2	1	0	0	0	0	0.0	0	0	0	0	0	0	0	.000	.000
P	Steve Howe	L	19	0	0	0	0	0	–	0	0	0	0	0	0	0	–	–
P	Brian Holton	R	3	0	0	0	0	0	–	0	0	0	0	0	0	0	–	–
TEAM TOTAL				5487	1432	225	28	129	2.4	68	630	538	844	136	262	61	.261	.383

INDIVIDUAL FIELDING

POS	Player	T	G	PO	A	E	DP	TC/G	FA	POS	Player	T	G	PO	A	E	DP	TC/G	FA
1B	G. Brock	R	122	1113	84	7	86	9.9	.994	OF	K. Landreaux	R	140	267	4	7	1	2.0	.975
	S. Bream	L	16	148	14	1	8	10.2	.994		M. Marshall	R	125	206	9	2	2	1.7	.991
	E. Cabell	R	21	119	4	1	5	5.9	.992		P. Guerrero	R	81	141	7	4	2	1.9	.974
	P. Guerrero	R	12	89	5	0	7	7.8	1.000		C. Maldonado	R	113	121	6	2	0	1.1	.984
	M. Marshall	R	7	59	3	2	7	9.1	.969		R. Reynolds	R	54	94	3	3	0	1.9	.970
	L. Matuszek	R	10	23	1	0	2	2.4	1.000		T. Whitfield	R	28	23	2	2	0	1.0	.926
	F. Stubbs	L	4	11	0	0	1	2.8	1.000		L. Matuszek	R	17	24	0	0	1	1.4	1.000
2B	S. Sax	R	135	330	357	22	84	5.3	.969		B. Russell	R	21	23	0	1	0	1.1	.958
	M. Duncan	R	19	50	44	3	7	5.1	.969		A. Oliver	L	17	13	2	2	0	1.0	.882
	B. Bailor	R	16	18	30	0	5	3.0	1.000		R. Williams	R	15	8	1	1	0	0.7	.900
	B. Russell	R	8	10	17	1	0	3.5	.964		J. Gonzalez	R	18	10	0	0	0	0.6	1.000
	D. Anderson	R	2	4	2	0	1	3.0	1.000		B. Bailor	R	1	0	0	0	0	0.0	.000
	M. Ramsey	R	2	1	3	1	0	2.5	.800		R. Bryant	R	3	0	0	0	0	0.0	.000
SS	M. Duncan	R	123	174	386	27	57	4.8	.954		E. Cabell	R	4	5	0	0	0	1.3	1.000
	D. Anderson	R	25	29	78	3	9	4.4	.973		S. Pederson	L	5	2	0	0	0	0.4	1.000
	B. Russell	R	23	27	64	8	11	4.3	.919	C	M. Scioscia	R	139	818	66	13	8	6.5	.986
	M. Ramsey	R	4	4	8	1	1	3.3	.923		S. Yeager	R	48	212	28	2	5	5.0	.992
	B. Bailor	R	5	3	10	0	1	2.6	1.000		G. Reyes	R	6	6	4	0	0	1.7	1.000
3B	P. Guerrero	R	44	21	111	9	9	3.2	.936										
	D. Anderson	R	51	28	107	6	10	2.8	.957										
	E. Cabell	R	32	21	71	8	6	3.1	.920										
	B. Madlock	R	32	28	63	5	7	3.0	.948										
	B. Bailor	R	45	14	63	3	6	1.8	.963										
	L. Matuszek	R	1	0	1	0	0	1.0	1.000										
	S. Sax	R	1	0	1	0	0	1.0	1.000										
	B. Russell	R	5	0	1	0	0	0.2	1.000										

Los Angeles 1985

Should they have walked him and pitched to Van Slyke? That was the question destined to haunt Lasorda, his team, and Dodger fans all winter. This managerial pressure point occurred in Game 6 of the newly expanded best-of-seven League Championship Series. The Dodgers were playing the Cardinals in Dodger Stadium. The Cards led the series, three games to two. It was the top of the ninth, Cardinal runners on second and third, two out, the Dodgers leading, 5–4, and the dangerous Jack Clark at bat, with Andy Van Slyke on deck. Tom Niedenfuer, who had coughed up a game-winnning homer to Ozzie Smith in Game 5, was on the mound. Lasorda elected to pitch to Clark. The ball, ticketed home run the moment it was struck, ended up in the left-field stands, and the Cardinals headed for the World Series.

It had been, nevertheless, a surprisingly good year for the Dodgers, who finished 5 1/2 games ahead of a tenacious Cincinnati team. The club was sparked by the hitting of Guerrero, particularly torrid in midseason, who batted .320 with 33 homers and 87 RBIs. Marshall finally had the big year the club had been waiting for, with 28 home runs and 95 runs batted in. Mike Scioscia batted a solid .296, while late-season help came from third baseman Bill Madlock, picked up from Pittsburgh for the stretch run. Mariano Duncan took over at short and fielded superbly. Brock jumped his average to .251 and hit 21 homers.

The staff led with a 2.96 ERA, despite losing Pena for the year with arm trouble and releasing the unhappy Howe. Hershiser blossomed into a star with a 19–3 record, his 2.03 ERA third best in the league. Valenzuela was 17–10 with a 2.45 ERA, Welch was 14–4 and 2.31, and Reuss went 14–10 and 2.92.

There was no question that the Dodgers hit well and pitched well in 1985. The only question was: Should they have pitched to Clark?

TEAM STATISTICS

	W	L	PCT	GB	R	OR	2B	3B	HR	BA	SA	SB	E	DP	FA	CG	B	SO	ShO	SV	ERA
WEST																					
LA	95	67	.586		682	579	226	28	129	.261	.382	136	166	131	.974	37	462	979	21	36	**2.96**
CIN	89	72	.553	5.5	677	666	249	34	114	.255	.376	159	122	142	.980	24	535	910	11	45	3.71
HOU	83	79	.512	12	706	691	**261**	42	121	.261	.388	96	152	159	.976	17	543	909	9	42	3.66
SD	83	79	.512	12	650	622	241	28	109	.255	.368	60	124	158	.980	26	**443**	727	19	44	3.41
ATL	66	96	.407	29	632	781	213	28	126	.246	.363	72	159	147	.976	9	642	776	9	29	4.19
SF	62	100	.383	33	556	674	217	31	115	.233	.348	99	148	134	.976	13	572	985	5	24	3.61
EAST																					
STL	101	61	.623		747	572	245	59	87	**.264**	.379	314	108	166	**.983**	37	453	798	20	44	3.10
NY	98	64	.605	3	695	568	239	35	134	.257	.385	117	115	138	.982	32	515	**1039**	19	37	3.11
MON	84	77	.522	16.5	633	636	242	49	118	.247	.375	169	121	152	.981	13	509	870	13	54	3.55
CHI	77	84	.478	23.5	686	729	239	28	**150**	.254	**.390**	182	134	150	.979	20	519	820	8	42	4.16
PHI	75	87	.463	26	667	673	238	47	141	.245	.383	122	139	142	.978	24	596	899	9	30	3.68
PIT	57	104	.354	43.5	568	708	252	28	80	.247	.347	110	133	127	.979	15	584	962	6	29	3.97
LEAGUE TOTAL					7899	7899	2862	437	1424	.252	.374	1636	1621	1796	.979	267	6373	10674	149	456	3.59

INDIVIDUAL PITCHING

PITCHER	T	W	L	PCT	ERA	SV	G	GS	CG	IP	H	BB	SO	R	ER	ShO	H/9	BB/9	SO/9
Fernando Valenzuela	L	17	10	.630	2.45	0	35	35	14	272.1	211	101	208	92	74	5	6.97	3.34	6.87
Orel Hershiser	R	19	3	**.864**	2.03	0	36	34	9	239.2	179	68	157	72	54	5	6.72	2.55	5.90
Jerry Reuss	L	14	10	.583	2.92	0	34	33	5	212.2	210	58	84	78	69	3	8.89	2.45	3.55
Bob Welch	R	14	4	.778	2.31	0	23	23	8	167.1	141	35	96	49	43	3	7.58	1.88	5.16
Rick Honeycutt	L	8	12	.400	3.42	1	31	25	1	142	141	49	67	71	54	0	8.94	3.11	4.25
Tom Niedenfuer	R	7	9	.438	2.71	19	64	0	0	106.1	86	24	102	32	32	0	7.28	2.03	8.63
Ken Howell	R	4	7	.364	3.77	12	56	0	0	86	66	35	85	41	36	0	6.91	3.66	8.90
Carlos Diaz	L	6	3	.667	2.61	0	46	0	0	79.1	70	18	73	28	23	0	7.94	2.04	8.28
Bobby Castillo	R	2	2	.500	5.43	0	35	5	0	68	59	41	57	42	41	0	7.81	5.43	7.54
Tom Brennan	R	1	3	.250	7.39	0	12	4	0	31.2	41	11	17	26	26	0	11.65	3.13	4.83
Dennis Powell	L	1	1	.500	5.22	1	16	2	0	29.1	30	13	19	19	17	0	9.20	3.99	5.83
Steve Howe	L	1	1	.500	4.91	3	19	0	0	22	30	5	11	17	12	0	12.27	2.05	4.50
Alejandro Pena	R	0	1	.000	8.31	0	2	1	0	4.1	7	3	2	5	4	0	14.54	6.23	4.15
Brian Holton	R	1	1	.500	9.00	0	3	0	0	4	9	1	1	7	4	0	20.25	2.25	2.25
TEAM TOTAL		95	67	.586	3.00	36	412	162	37	1465	1280	462	979	579	489	16	7.86	2.84	6.01

Dodgers Graphics

Graphs are not everyone's cup of tea. That's a shame, because a clear, well-drawn graph can present an enormous amount of information in an instant. And baseball is the perfect subject for a graphic treatment that can make quick sense of the wealth of statistics and measures generated by that most measured of all sports.

The graphs that follow paint a clear portrait of more than eighty years of accumulated results, and communicate them at a glance. Take a look at the graph below, which charts the Dodgers' finishes and won-lost percentage for every season from 1901 through 1985. After a slow start, interrupted by pennants in 1916 and 1920, the Dodgers made it to the top of the league in the 1940s, and have been near the top ever since. No other team in baseball with so long a history can match their eighteen first-place finishes against only one year in the cellar—not even the mighty Yankees.

Graphic History of the Dodgers

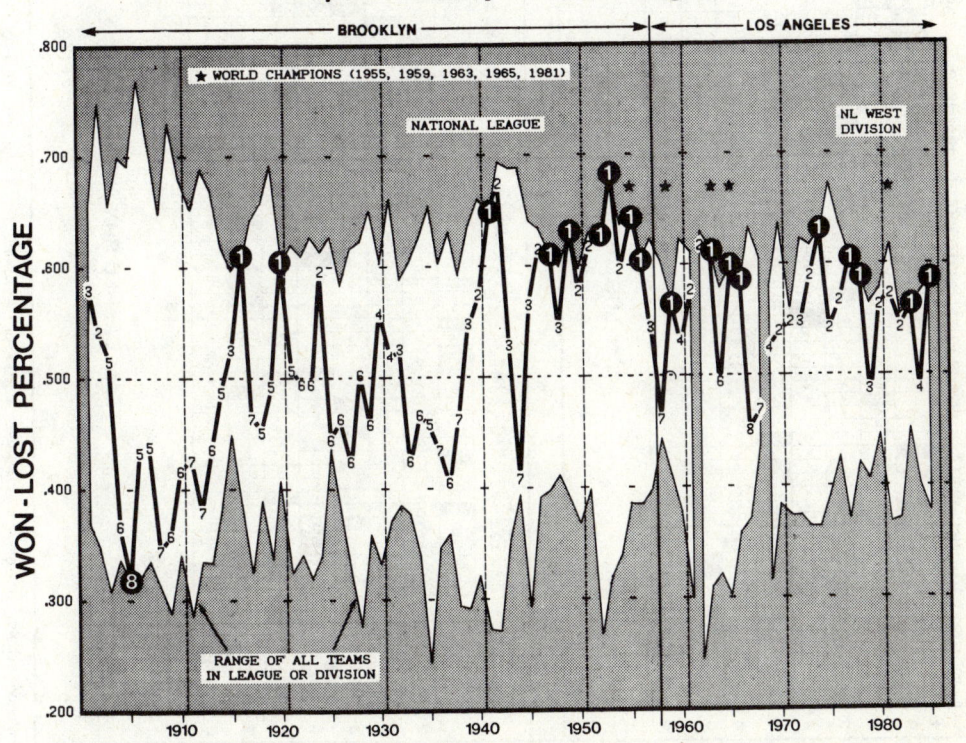

The white space indicates the range of won-lost percentages for all teams in the league or division for the given season; the numbers represent the Dodgers' finish for the year. In case of ties, the higher finish is listed.

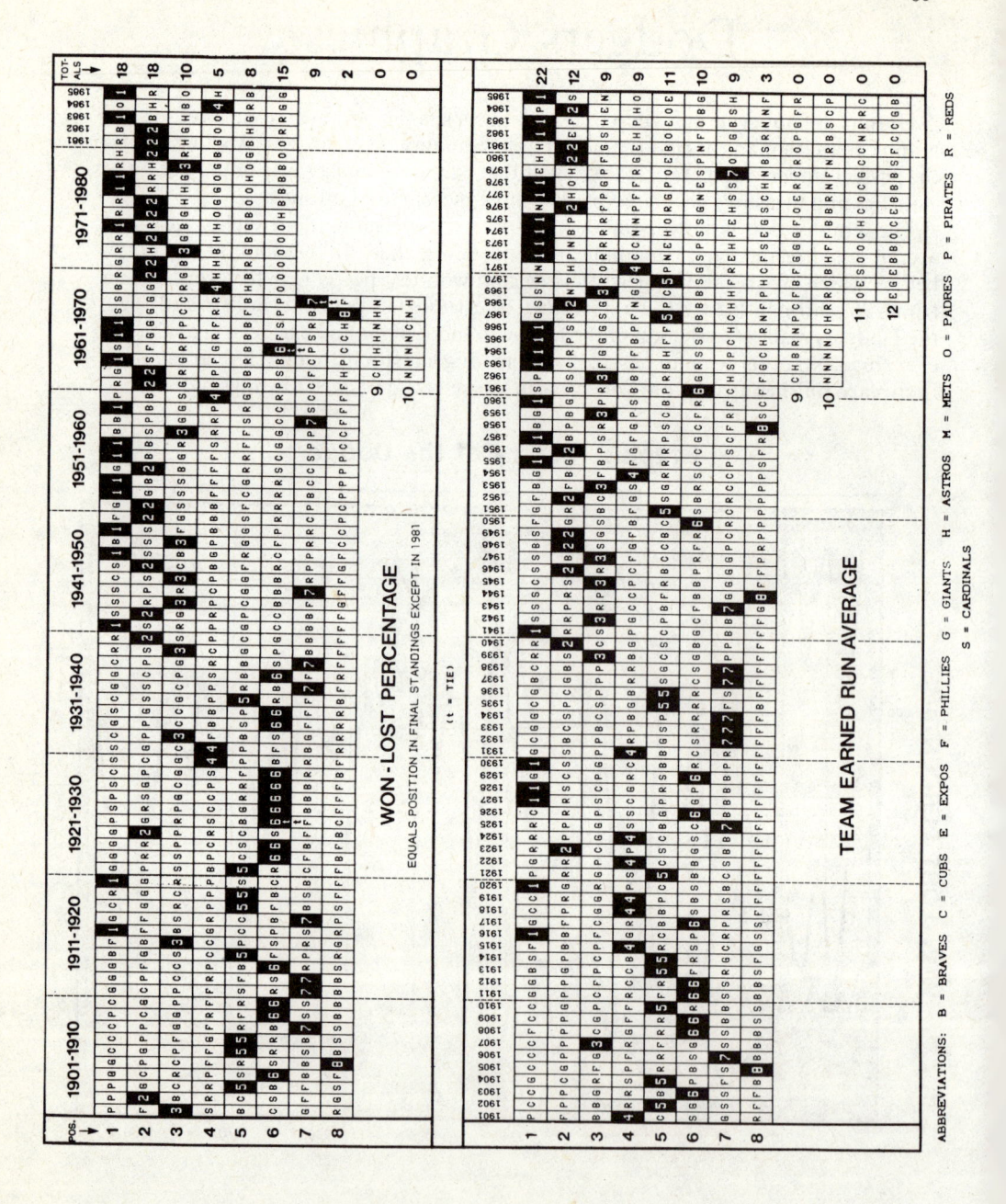

Part graph, part table, the "grables" show the Dodgers' rank in each of the indicated categories year by year since 1901. The black numbered boxes show where the Dodgers finished; the white lettered boxes show the finish of every other team in the league.

The first two panels here show how vital pitching has been to the Dodgers. The patterns traced by the Dodgers' won-lost rankings and rankings in earned-run average are almost identical. The ERA grable also emphasizes the extraordinary quality of the Dodgers' recent pitching: first or second in the league in thirteen of the last fourteen years.

There's more than one way to score runs, but it's better to stick to one method at a time. If the team is hitting home runs, then the stolen base is probably not worth the risk of losing a potential run by being caught stealing. If you're not hitting home runs, you may as well try to steal.

The Dodgers' understanding of this is shown in their pattern of finishes in homers and steals since the early '50s. When home runs were down, the club was at the top of the league in steals. When more power hitters came in, their ranking fell.

Home Games

Defense ← RUNS ALLOWED PER GAME RUNS SCORED PER GAME → Offense

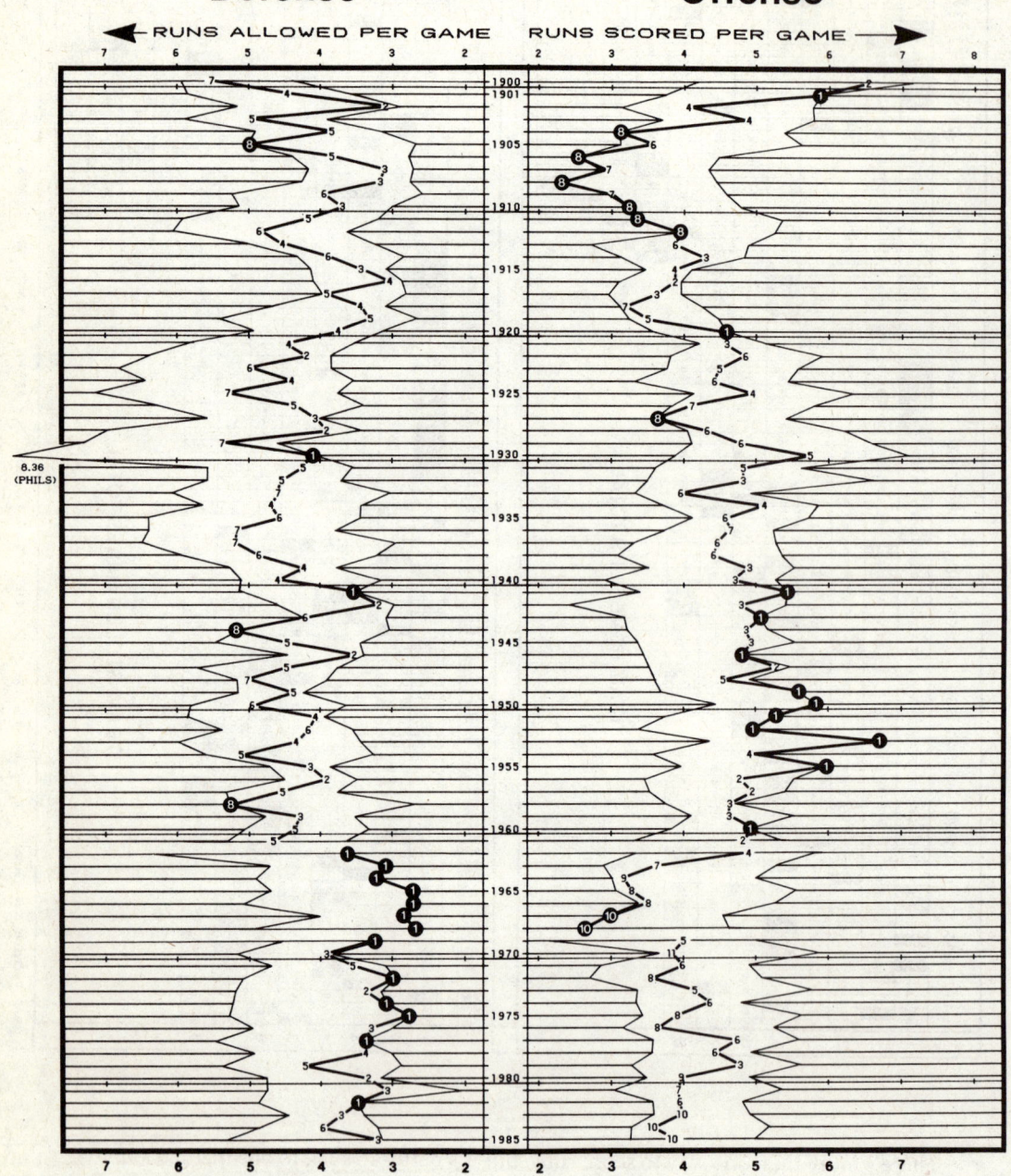

8.36 (PHILS)

The graphs on these two pages show where the Dodgers have ranked, year by year, in runs scored and allowed per game at home and on the road. The Home Games graphs demonstrate the incredible changes in the team that followed the move to Los Angeles. The Brooklyn teams of the 1940s and '50s dominated the league with an offense built for a great hitters' park. With the move west, the pitching and defense took over.

Road Games

Defense   Offense

◀— RUNS ALLOWED PER GAME   RUNS SCORED PER GAME —▶

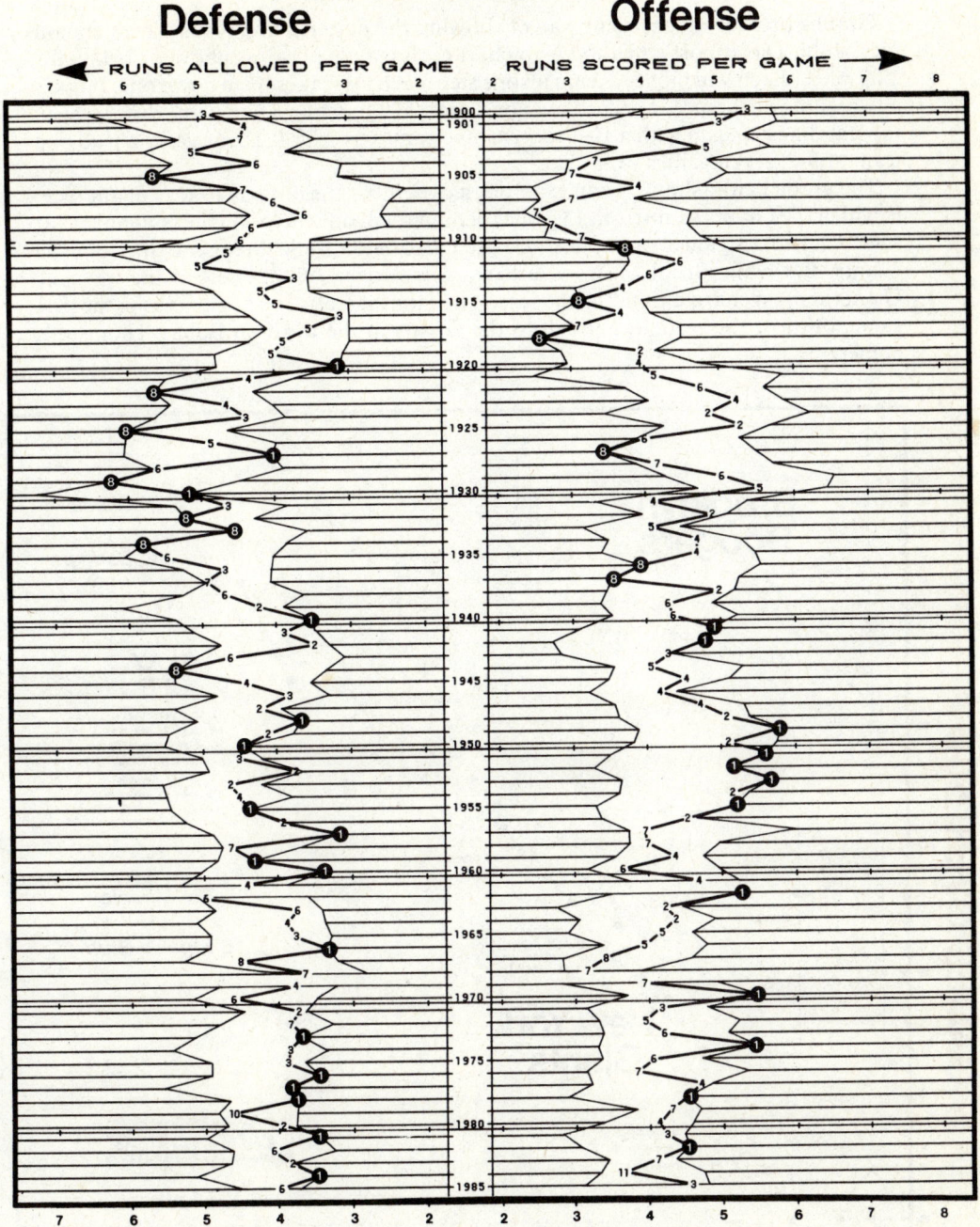

The Road Games graph indicates that, outside of Dodger Stadium, perennially a terrific pitchers' park, the offense of the 1960s wasn't quite as bad as it looked. And the defense portion of the Road graph shows that, through the 1970s and '80s, even apart from the advantage of Dodger Stadium, the pitching is every bit as good as it seems. From Ebbets Field to the Coliseum to Dodger Stadium, the Dodgers have adjusted to whatever game had to be played, and just kept on winning.

THE PENNANT RACES

Graphs provide an excellent way of showing the patterns and results of a pennant race. John Davenport's method is to chart each team's progress above or below the .500 mark. Each win moves a team up one step; each loss takes them down one. It takes a two-game difference in record over or under .500 to make a one-game difference in the standings; a team with a 10-1 record, nine games over .500, is one game ahead of a team at 9-2, seven games over .500.

The graph below shows, as an example, a closeup of the famous 1951 pennant race, in which the Giants came from 13 games behind the Dodgers to win the pennant. That lead reached 13 games on August 11, after Brooklyn took three straight from the Giants. But while Brooklyn went just two games over .500 the rest of the way, the Giants kept on charging, ending the season tied for the lead. The Dodgers took the first game, but lost the second, and fell to the Giants in the third on Bobby Thomson's homer.

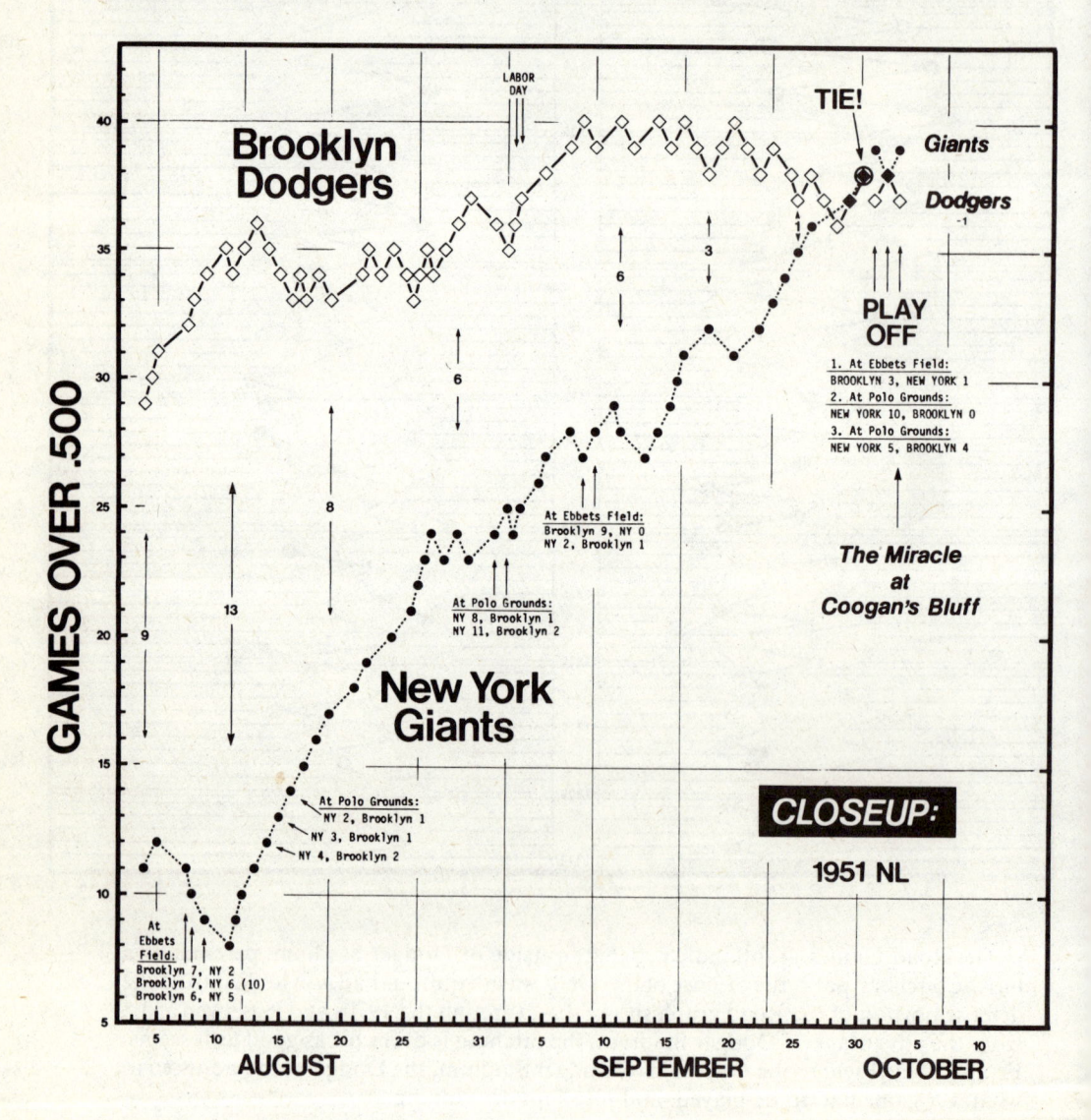

GAMES OVER OR UNDER .500

The graphs on the following pages track the Dodgers' standing from start to finish for every season since 1901. The black space shows the range of all the clubs in the league (or division since 1969). The numbers in the white circles show where the Dodgers stood on the date indicated at the bottom of the graph.

GAMES OVER OR UNDER .500

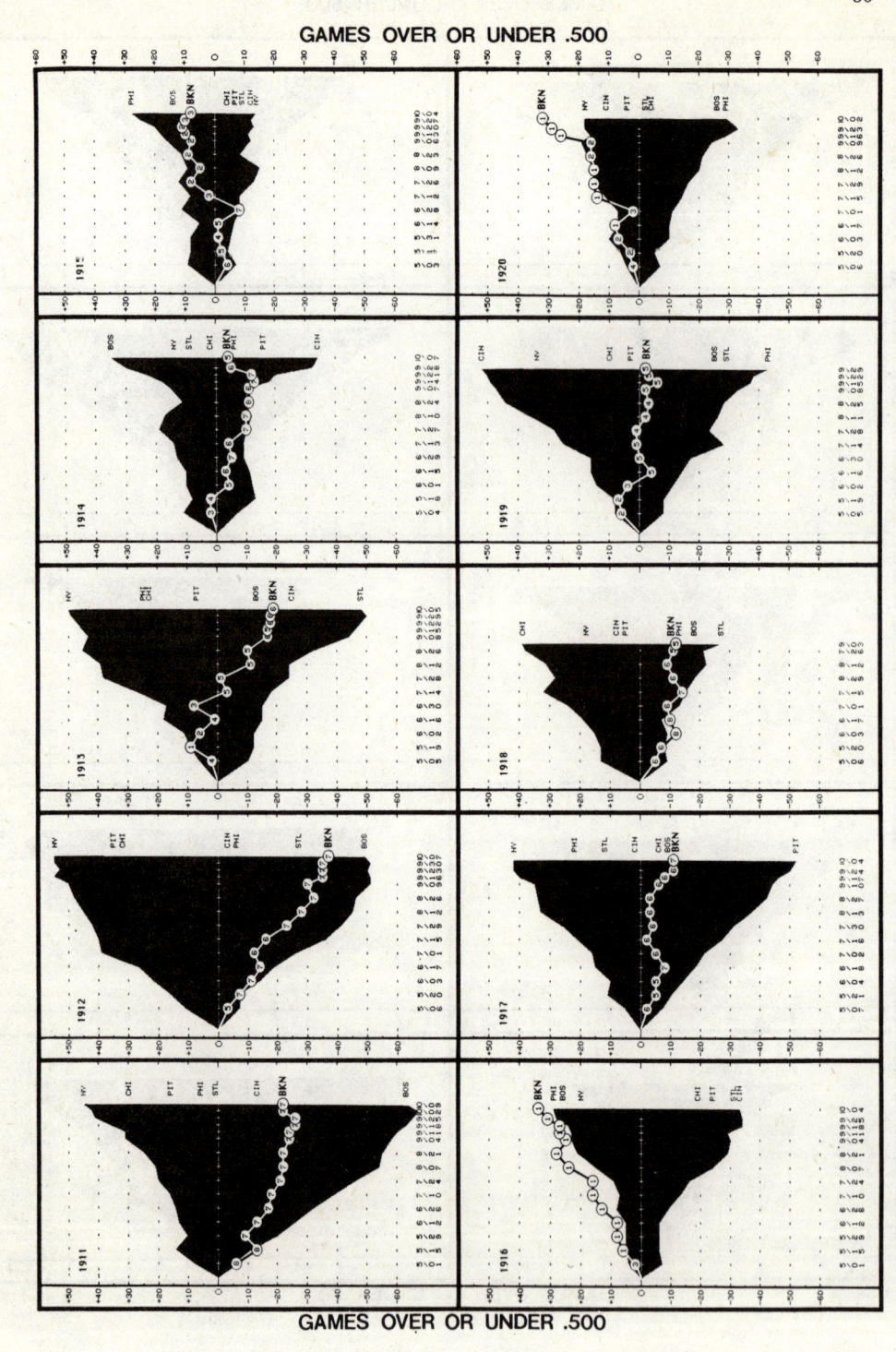

The emergence of the Federal League in 1914-15 brought the National League closer from top to bottom. The Dodgers took advantage, and moved up from a second division club to a champion in two years.

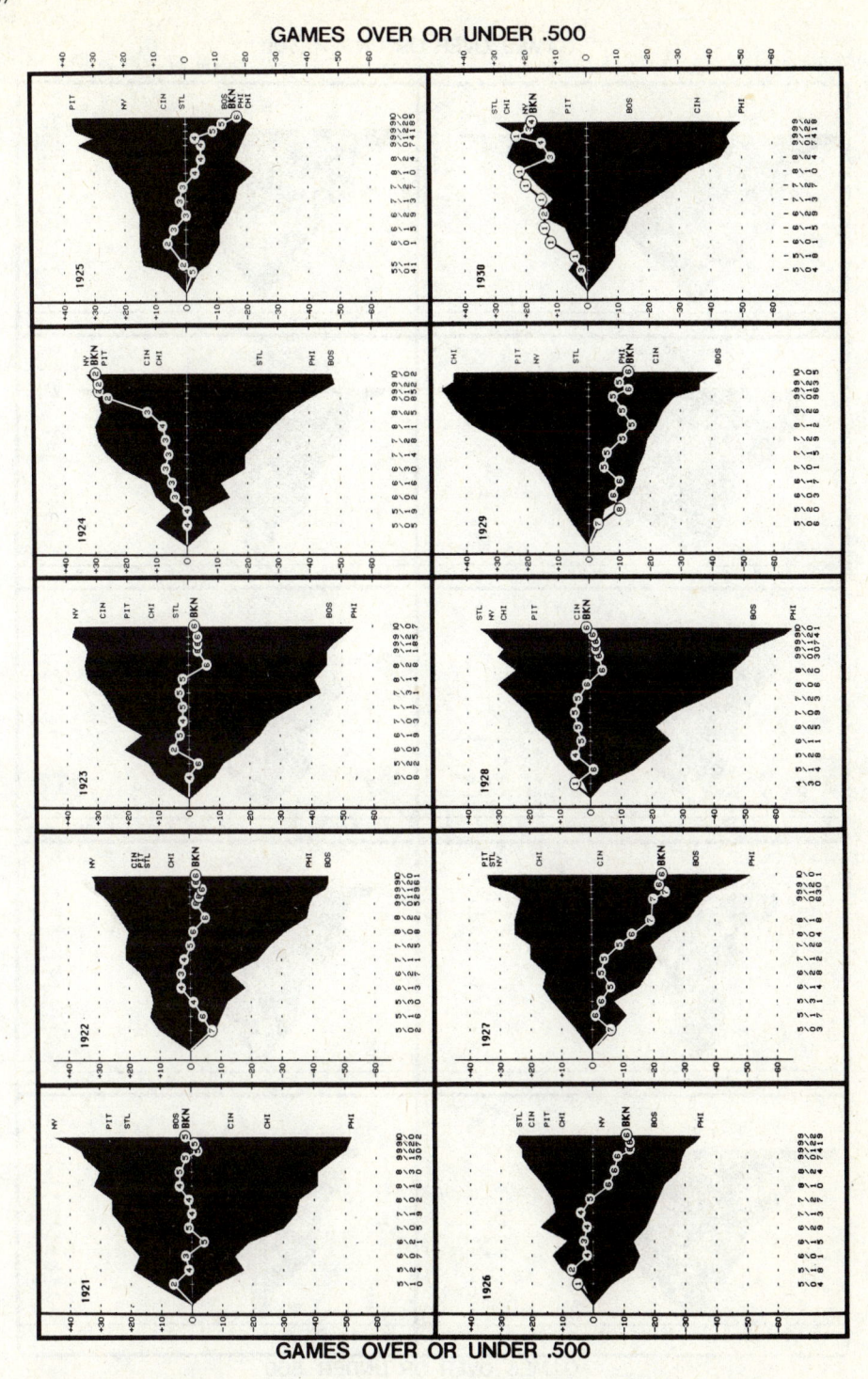

Seven sixth-place finishes in eight years—Brooklyn fell into a deep rut in the Roaring Twenties, punctuated only by near-misses in 1924 and 1930.

GAMES OVER OR UNDER .500

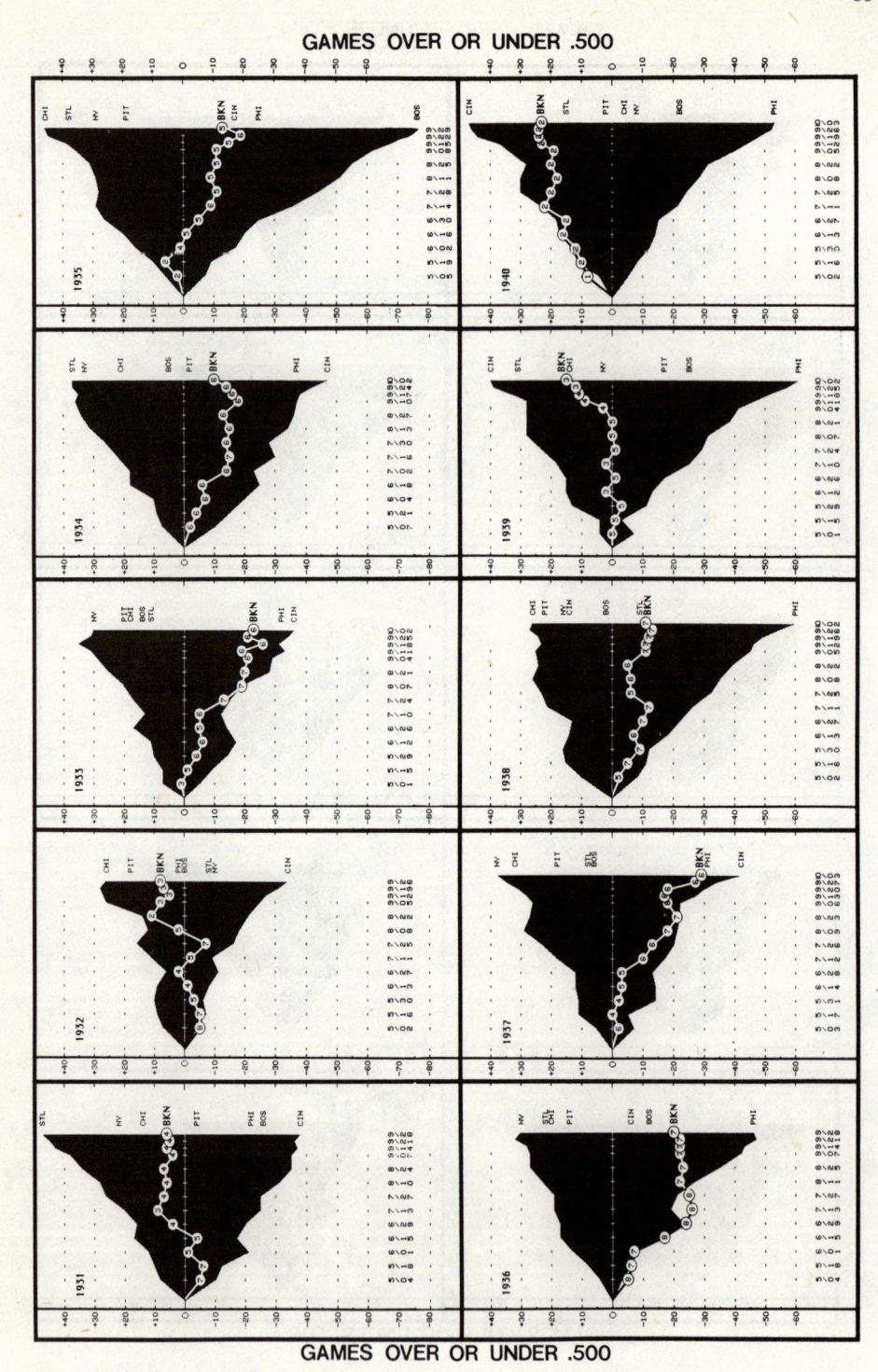

Even though their place in the standings didn't necessarily reflect it, the Dodgers were on a distinct upswing from 1937 to 1940, setting the stage for the pennants to come.

GAMES OVER OR UNDER .500

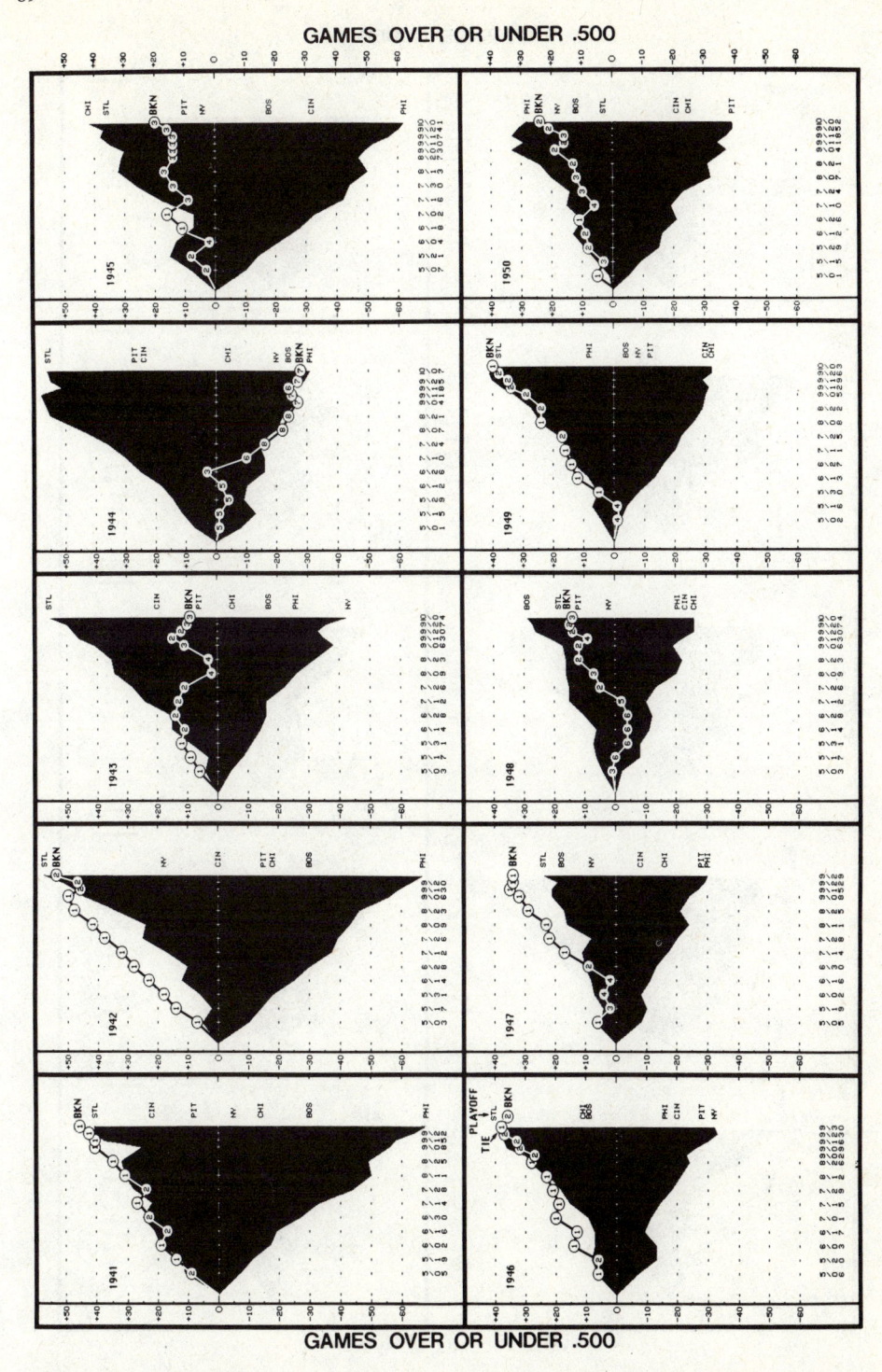

GAMES OVER OR UNDER .500

Except for the war years of 1943 and '44, the Dodgers were in serious contention every year. They traded come-from-behind pennant wins with St. Louis in 1942 and 1949, as the team Branch Rickey was building overtook the team he had built.

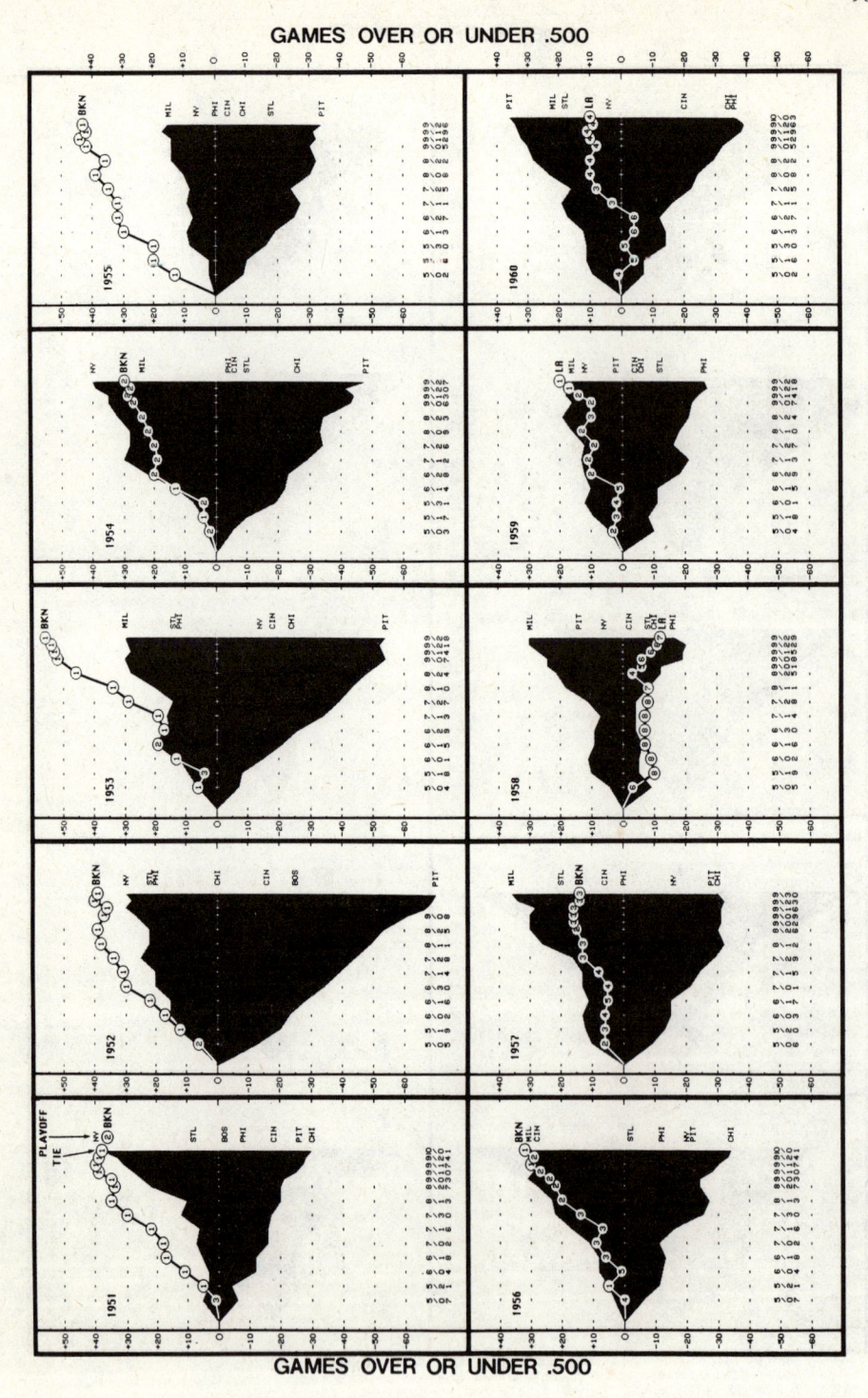

Five pennants, including the wire-to-wire victory in 1955, highlighted the decade that saw the club's move west.

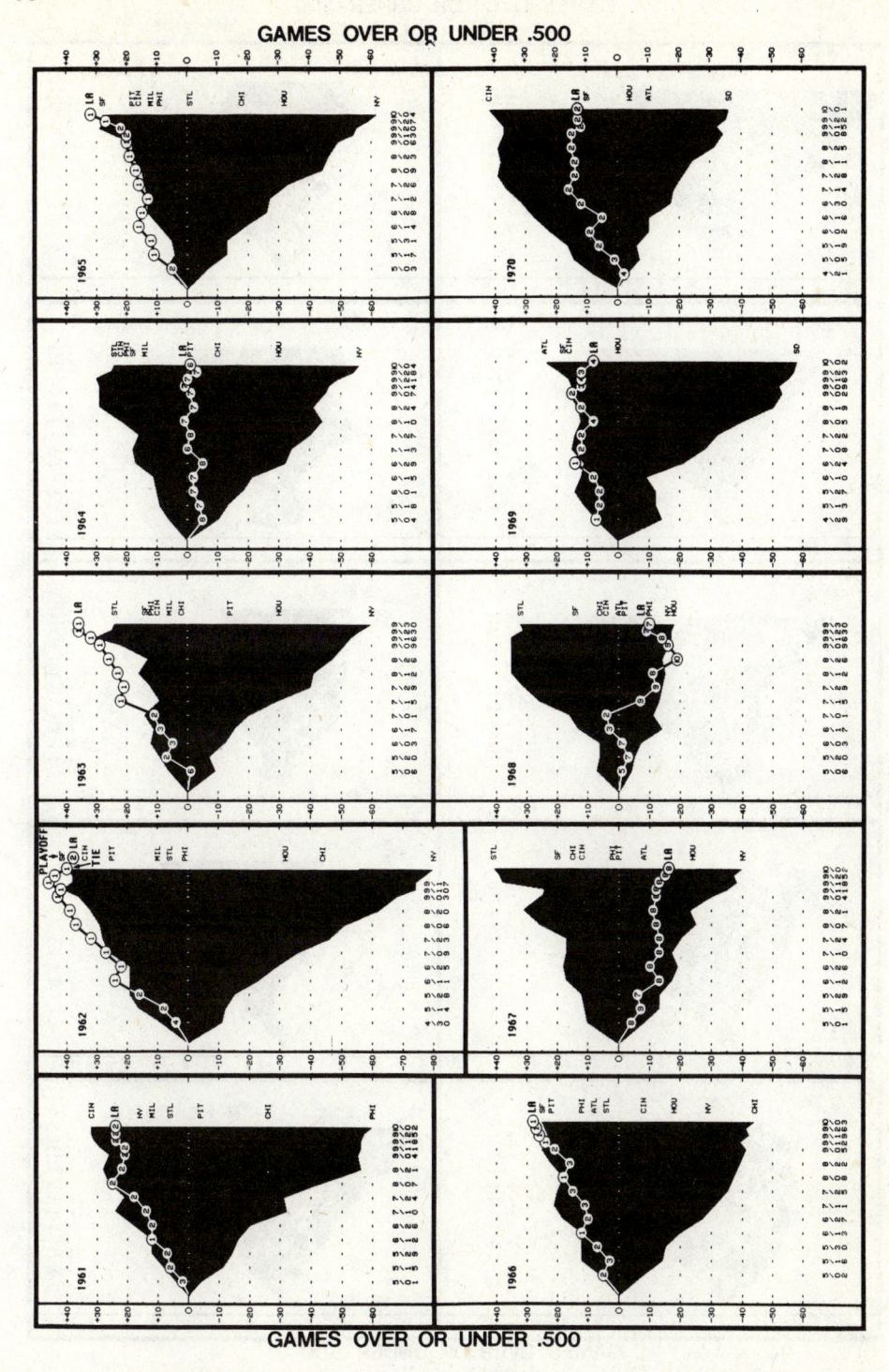

Three more pennants came to the pitching-rich Dodgers of the 1960s, but none of them came easy; it took last-weekend wins to nail down the titles in 1965 and '66.

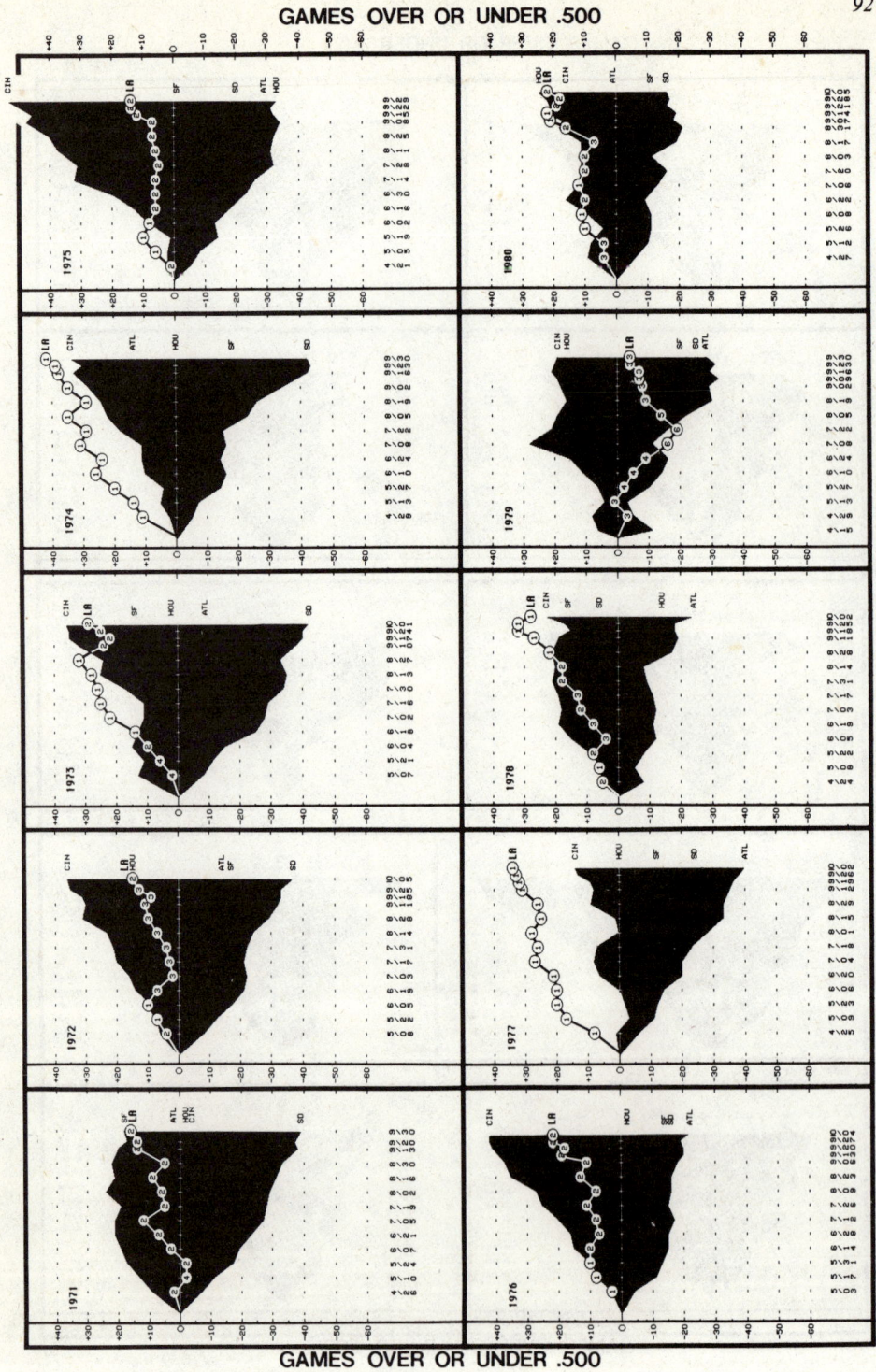

Dodger Blue battled back and forth with Cincinnati Red for western supremacy throughout the '70s. The Big Red Machine became a legend, but the Dodgers more than held their own.

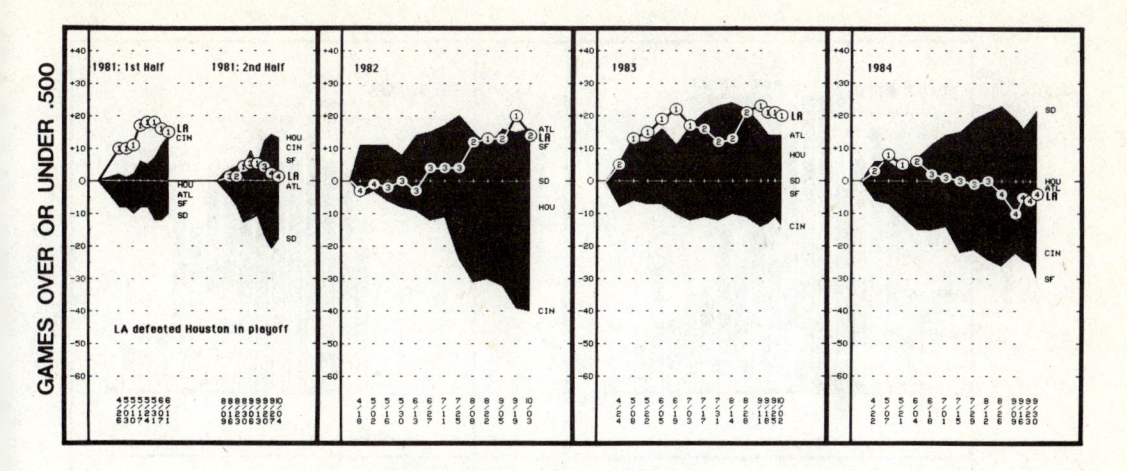

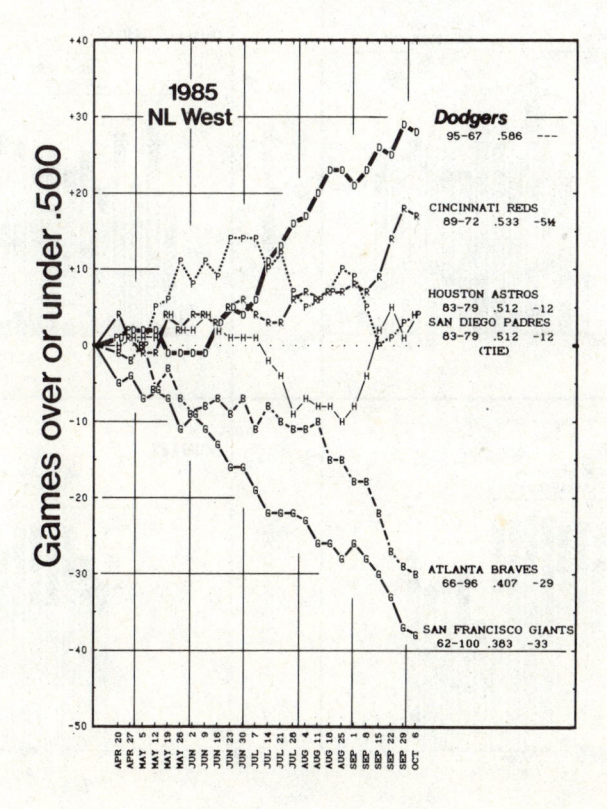

    The oddest race of the 1980s came in '82, when the Dodgers struggled all year to overcome Atlanta's hot start, finally overtook them, and then collapsed down the stretch. In 1985, the Dodgers' brisk march to the front coincided with Pedro Guerrero's summer hot streak.

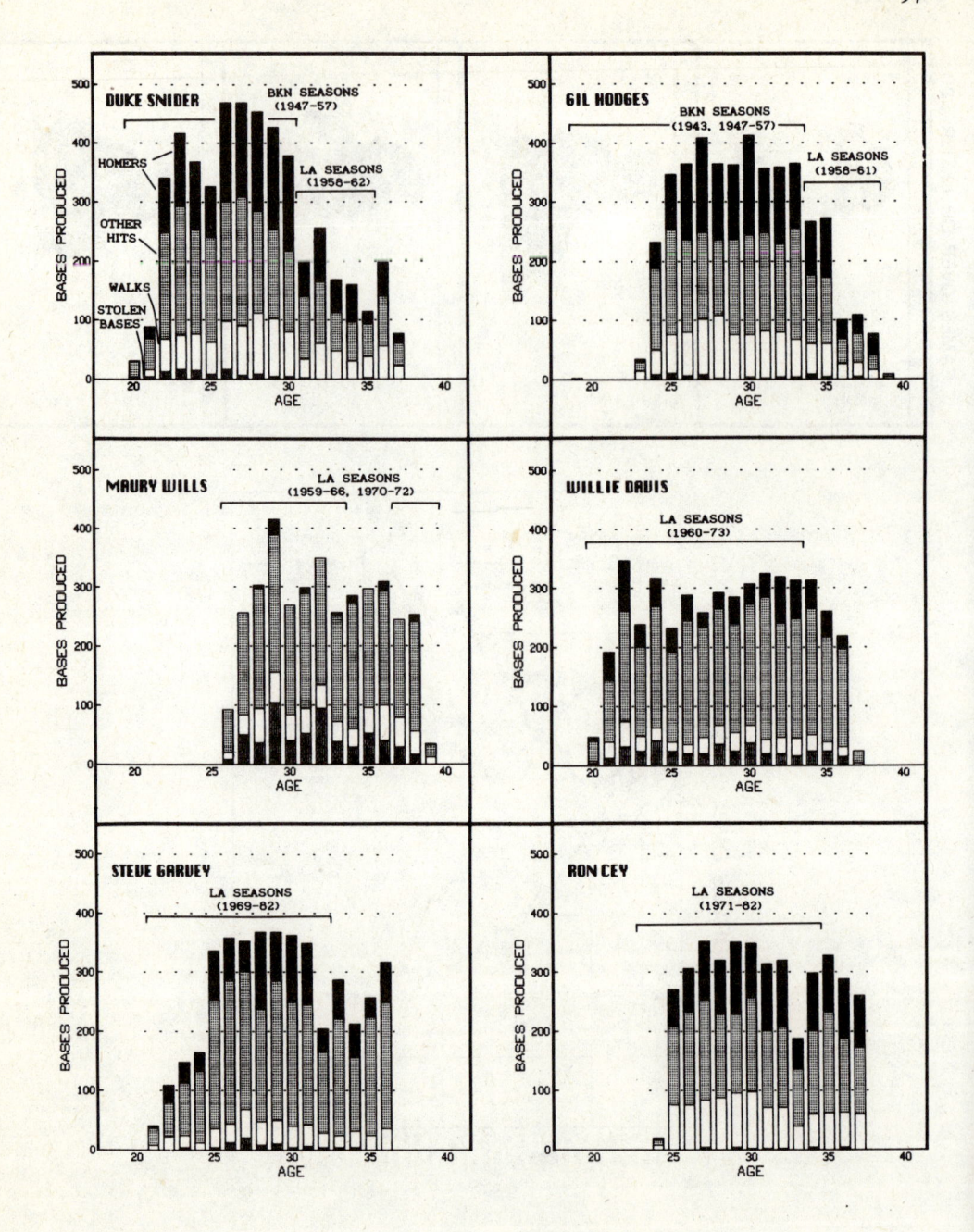

How do you stack up home runs against walks and steals? By looking at all of them as Bases Produced. Surprisingly, Willie Davis's singles, doubles, and triples prove to have been almost as productive as Ron Cey's homers. The charts for Duke Snider and Gil Hodges show just how dramatically the shift to the Coliseum affected the lefty sluggers who had feasted in Ebbets Field.

Sandy Koufax

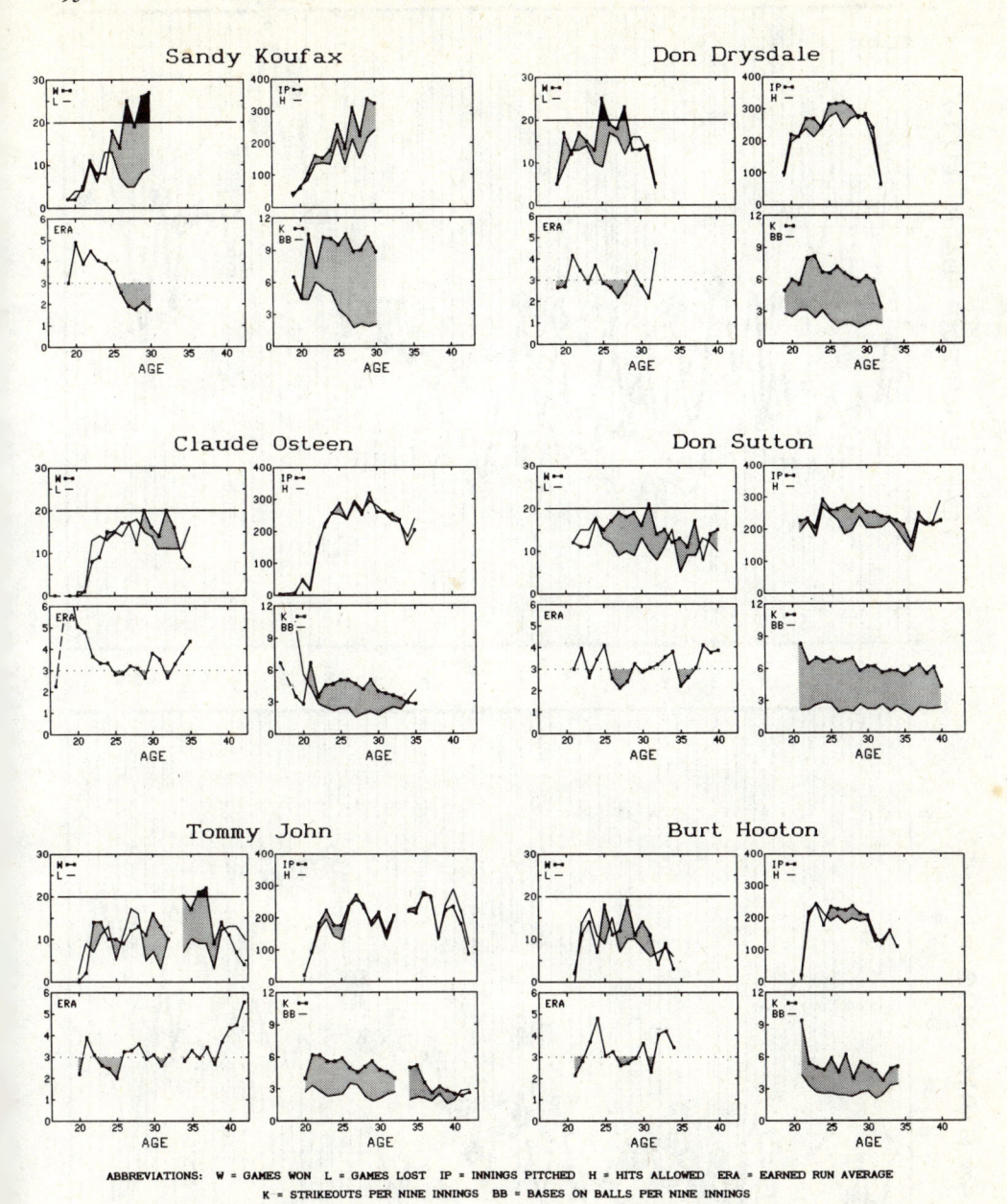

Don Drysdale

Claude Osteen

Don Sutton

Tommy John

Burt Hooton

ABBREVIATIONS: W = GAMES WON L = GAMES LOST IP = INNINGS PITCHED H = HITS ALLOWED ERA = EARNED RUN AVERAGE
K = STRIKEOUTS PER NINE INNINGS BB = BASES ON BALLS PER NINE INNINGS

These sets of graphs examine the Dodgers' great pitchers from a variety of perspectives; the top left of each set shows won-lost record, with black shading meaning wins over 20, gray shading indicating more wins than losses; top right gives innings pitched and hits, with shading indicating less than a hit allowed per inning; lower left tracks his ERA, with shading for an ERA under 3.00; lower right compares strikeouts with walks—note the dramatic improvement in Sandy Koufax's performance in this over the years!

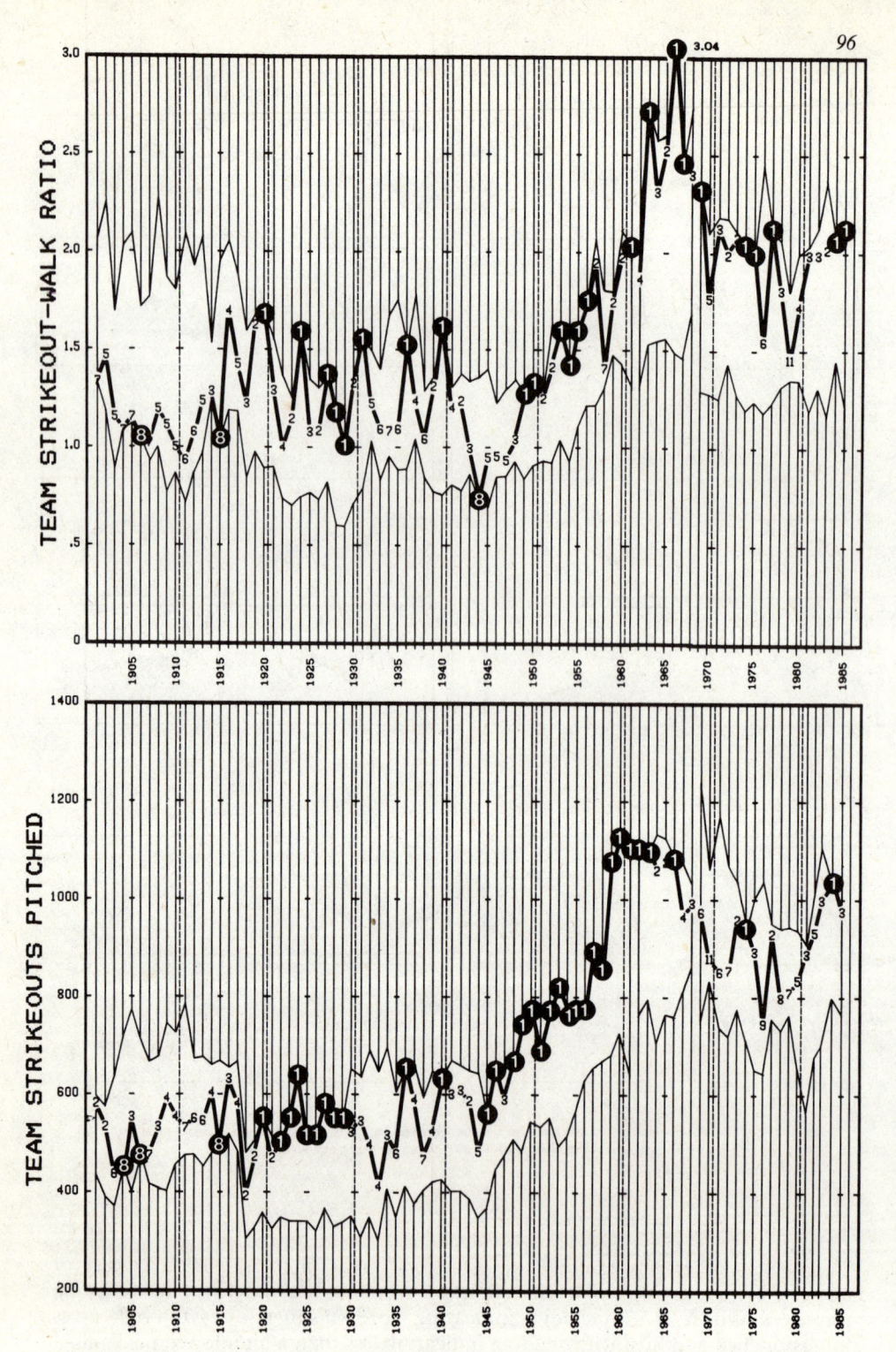

These two graphs show the Dodgers' rankings in total strikeouts and in strikeout/walk ratio. While the Dodgers have only led the league in strikeouts twice in the last fifteen years, they have maintained their lofty position in the ratio, leading the league each of the last two years. This brings their total of league-leading seasons to twenty-four in this category in which the Dodgers, regardless of where they've played,

Player Register

The Player Register is an alphabetical listing of every man who has played in the major leagues and played or managed for the Los Angeles or the Brooklyn Dodgers from 1876 through today, except those players who were primarily pitchers. However, pitchers who pinch-hit and played in other positions for a total of 25 games or more are listed in this Player Register. Included are facts about the players and their year-by-year batting records and their lifetime totals of League Championship Series and World Series.

Much of this information has never been compiled, especially for the period 1876 through 1919. For certain other years some statistics are still missing or incomplete. Research in this area is still in progress, and the years that lack complete information are indicated. In fact, all information and abbreviations that may appear unfamiliar are explained in the sample format presented below. John Doe, the player used in the sample, is fictitious and serves only to illustrate the information.

	G	AB	H	2B	3B	HR	HR%	R	RBI	BB	SO	SB	BA	SA	Pinch Hit AB	Pinch Hit H	G by POS
John Doe					DOE, JOHN LEE (Slim) Played as John Cherry part of 1900. Born John Lee Doughnut. Brother of Bill Doe. B. Jan. 1, 1850, New York, N.Y. D. July 1, 1955, New York, N.Y. Manager 1908-15. Hall of Fame 1946.										BR TR 6'2" 165 lbs. BB 1884 BL 1906
1884 STL U	125	435	121	18	1	3	0.7	44		37	42	7	.278	.345	9	2	SS-99, P-26
1885 LOU AA	155	547	138	22	3	3	0.6	50	58	42	48	8	.252	.320	8	4	SS-115, P-40
1886 CLE N	147	485	134	38	5	0	0.0	66	54	48	50	8	.276	.375	7	1	SS-107, P-40
1887 BOS N	129	418	117	15	3	1	0.2	38	52	32	37	1	.280	.337	1	0	SS-102, P-27
1888 NY N	144	506	135	26	2	6	1.2	50	63	43	50	1	.267	.362	10	8	SS-105, P-39
1889 3 teams	DET	N (10G –	.300)		PIT	N (32G –	.241)		PHI	N (41G –	.364)						
" total	83	237	75	31	16	7	3.0	90	42	25	35	3	.316	.671	6	3	SS-61, P-22
1890 NY P	123	430	119	27	5	1	0.2	63	59	39	39	2	.277	.370	12	10	SS-85, P-38
1900 CHI N	146	498	116	29	4	3	0.6	51	46	59	53	1	.233	.325	13	8	SS-111, P-35
1901 NY N	149	540	147	19	6	4	0.7	57	74	49	58	3	.272	.352	23	15	SS-114, P-35
1906 BKN N	144	567	143	26	4	4	0.7	70	43	37	54	1	.252	.333	7	1	SS-113, P-31
1907	134	515	140	31	2	5	1.0	61	70	37	42	0	.272	.369	13	8	SS-97, P-37
1908	106	372	92	10	2	4	1.1	36	40	4	55	1	.247	.317	1	0	SS-105, P-1
1914 CHI F	6	6	0	0	0	0	0.0	0	0	0	1	0	.000	.000	0	0	P-6
1915 NY A	1	0	0	0	0	0	–	0	0	0	0	0	–	–	0	0	SS-1
14 yrs.	1592	5556	1927	292	53 4th	41	0.7	676	601	452	564	36	.266	.360	110	60	SS-1215, P-377
3 yrs.	384	1454	375	67	8	13	0.9	167	153	78	151	2	.258	.342	21 6th	9	SS-315, P-96
LEAGUE CHAMPIONSHIP SERIES																	
1901 NY N	3	14	5	2	0	3	21.4	3	7	0	1	0	.357	1.143	0	0	OF-3
WORLD SERIES																	
1901 NY N	7	28	9	1	0	6	21.4	12	14	3	4	0	.321	1.000	0	0	SS-5, P-2
1906 DET A	5	10	5	1	0	1	10.0	3	2	0	2	0	.500	.900	2	0	P-4, SS-1
2 yrs.	12	38	14	2	0	7 5th	18.4	15	16 9th	3	6	0	.368	.974	2	0	SS-6, P-6

97

PLAYER INFORMATION

John Doe	This shortened version of the player's full name is the name most familiar to the fans. All players in this section are alphabetically arranged by the last name part of this name.
DOE, JOHN LEE	Player's full name. The arrangement is last name first, then first and middle name(s).
(Slim)	Player's nickname. Any name or names appearing in parentheses indicates a nickname.

The player's main batting and throwing style. Doe, for instance, batted and threw righthanded. The information listed directly below the main batting information indicates that at various times in a player's career he changed his batting style. The "BB" for Doe in 1884 means he was a switch hitter that year, and the "BL" means he batted lefthanded in 1906. For the years that are not shown it can be assumed that Doe batted right, as his main batting information indicates.	BR TR BB 1884 BL 1906
Player's height.	6'2"
Player's average playing weight.	165 lbs
The player at one time in his major league career played under another name and can be found only in box scores or newspaper stories under that name.	Played as John Cherry part of 1900
The name the player was given at birth. (For the most part, the player never used this name while playing in the major leagues, but, if he did, it would be listed as "played as," which is explained above under the heading "Played as John Cherry part of 1900.")	Born John Lee Doughnut
The player's brother. (Relatives indicated here are fathers, sons, brothers, grandfathers, and grandsons who played or managed in the major leagues and the National Association.)	Brother of Bill Doe

Date and place of birth.	B. Jan. 1, 1850, New York, N.Y.
Date and place of death. (For those players who are listed simply as "deceased," it means that, although no certification of death or other information is presently available, it is reasonably certain they are dead.)	D. July 1, 1955, New York, N.Y.
Doe also served as a major league manager. All men who were managers for the Dodgers can be found in the Manager Register, where their complete managerial record is shown.	Manager 1908–15
Doe was elected to the Baseball Hall of Fame in 1946.	Hall of Fame 1946

COLUMN HEADINGS INFORMATION

G	AB	H	2B	3B	HR	HR %	R	RBI	BB	SO	SB	BA	SA	Pinch Hit AB H	G by POS

G	Games
AB	At Bats
H	Hits
2B	Doubles
3B	Triples
HR	Home Runs
HR %	Home Run Percentage (the number of home runs per 100 times at bat)
R	Runs Scored
RBI	Runs Batted In
BB	Bases on Balls
SO	Strikeouts
SB	Stolen Bases
BA	Batting Average
SA	Slugging Average

Pinch Hit
AB	Pinch Hit At Bats
H	Pinch Hits
G by POS	Games by Position. (All fielding positions a man played within the given year are shown. The position where the most games were played is listed first. Any man who pitched, as Doe did, is listed also in the alphabetically arranged Pitcher Register, where his complete pitching record can be found.) If no fielding positions are shown in a particular year, it means the player only pinch-hit, pinch-ran, or was a "designated hitter."

TEAM AND LEAGUE INFORMATION

Doe's record has been exaggerated so that his playing career spans all the years of the six different major leagues. Directly alongside the year and team information is the symbol for the league:

N   National League (1876 to date)
A   American League (1901 to date)
F   Federal League (1914–15)
AA American Association (1882–91)
P   Players' League (1890)
U   Union Association (1884)

STL—The abbreviation of the city in which the team played. Doe, for example, played for St. Louis in 1884. All teams in this section are listed by an abbreviation of the city in which the team played. The abbreviations follow:

ALT	Altoona		NWK	Newark
ATL	Atlanta		NY	New York
BAL	Baltimore		OAK	Oakland
BOS	Boston		PHI	Philadelphia
BKN	Brooklyn		PIT	Pittsburgh
BUF	Buffalo		PRO	Providence
CAL	California		RIC	Richmond
CHI	Chicago		ROC	Rochester
CIN	Cincinnati		SD	San Diego
CLE	Cleveland		SEA	Seattle
COL	Columbus		SF	San Francisco
DET	Detroit		STL	St. Louis
HAR	Hartford		STP	St. Paul
HOU	Houston		SYR	Syracuse
IND	Indianapolis		TEX	Texas
KC	Kansas City		TOL	Toledo
LA	Los Angeles		TOR	Toronto
LOU	Louisville		TRO	Troy
MIL	Milwaukee		WAS	Washington
MIN	Minnesota		WIL	Wilmington
MON	Montreal		WOR	Worcester

Three franchises in the history of major league baseball changed their location during the season. These teams are designated by the first letter of the two cities they represented. They are:

B-B   Brooklyn-Baltimore (American Association, 1890)
C-M   Cincinnati-Milwaukee (American Association, 1891)
C-P   Chicago-Pittsburgh (Union Association, 1884)

Blank space appearing beneath a team and league indicates that the team and league are the same. Doe, for example, played for Brooklyn in the National League from 1906 through 1908.

3 Teams Total. Indicates a player played for more than one team in the same year. Doe played for three teams in 1889. The number of games he played and his batting average for each team are also shown. Directly beneath this line, following the word "total," is Doe's combined record for all three teams for 1889.

Total Playing Years. This information, which appears as the first item on the player's lifetime total line, indicates the total number of years in which he played at least one game. Doe, for example, played in at least one game for fourteen years.

Dodgers Playing Years. This information, which appears as the first item on the player's Dodgers career total line, indicates the total number of years in which he played at least one game for the Dodgers.

STATISTICAL INFORMATION

League Leaders. Statistics that appear in bold-faced print indicate the player led his league that year in a particular statistical category. Doe, for example, led the National League in doubles in 1889. When there is a tie for league lead, the figures for all the men who tied are shown in boldface.

All-Time Single Season Leaders. Indicated by the small number that appears next to the statistic. Doe, for example, is shown with a small number "1" next to his doubles total in 1889. This means he is first on the all-time major league list for hitting the most doubles in a single season. All players who tied for first are also shown by the same number.

Lifetime Leaders. Indicated by the figure that appears beneath the line showing the player's lifetime totals. Doe has a "4th" shown below his lifetime triples total. This means that, lifetime, Doe ranks fourth among major league players for hitting the most triples. Once again, only the top ten are indicated, and players who are tied receive the same number.

Unavailable Information. Any time a blank space is shown in a particular statistical column, such as in Doe's 1884 RBI total, it indicates the information was unavailable or incomplete.

Meaningless Averages. Indicated by use of a dash (—). In the case of Doe, a dash is shown for his 1915 batting average. This means that, although he played one game, he had no official at bats. A batting average of .000 would mean he had at least one at bat with no hits.

Dodgers Career Totals. The statistical line appearing below Doe's major league career totals indicates his totals for his career with the Brooklyn and Los Angeles Dodgers. In Doe's case, the totals are for the years 1906–1908.

Dodgers Lifetime Leaders. Indicated by the figure that appears beneath his Dodgers career total. Doe has a "6th" shown below his Dodgers career pinch hit at bats total. This means that he ranks sixth among Dodgers in that category, counting only his years with the club.

World Series Lifetime Leaders. Indicated by the figure that appears beneath the player's lifetime World Series totals. Doe as a "5th" shown below his lifetime home run total. This means that, lifetime, Doe ranks fifth among major league players for hitting the most home runs in total World Series play. Players who tied for a position in the top ten are shown by the same number, so that, if two men tied for fourth and fifth place, the appropriate information for both men would be followed by the small number "4," and the next man would be considered sixth in the ranking. Dodgers career totals are not provided for post-season play; the indicated totals are for Doe's entire career.

Player Register

	G	AB	H	2B	3B	HR	HR%	R	RBI	BB	SO	SB	BA	SA	Pinch Hit AB	H	G by POS

Cal Abrams
ABRAMS, CALVIN ROSS   BL TL 5'11½" 195 lbs.
B. Mar. 2, 1924, Philadelphia, Pa.

	G	AB	H	2B	3B	HR	HR%	R	RBI	BB	SO	SB	BA	SA	PH AB	H	G by POS
1949 BKN N	8	24	2	1	0	0	0.0	6	0	7	6	1	.083	.125	1	0	OF-7
1950	38	44	9	1	0	0	0.0	5	4	9	13	0	.205	.227	20	4	OF-15
1951	67	150	42	8	0	3	2.0	27	19	36	26	3	.280	.393	22	5	OF-34
1952 2 teams	BKN	N	(10G –	.200)		CIN	N	(71G –	.278)								
" total	81	168	46	9	2	2	1.2	24	13	21	29	1	.274	.387	35	6	OF-46
1953 PIT N	119	448	128	10	6	15	3.3	66	43	58	70	4	.286	.435	7	2	OF-112
1954 2 teams	PIT	N	(17G –	.143)		BAL	A	(115G –	.293)								
" total	132	465	130	23	8	6	1.3	73	27	82	76	1	.280	.402	5	1	OF-128
1955 BAL A	118	309	75	12	3	6	1.9	56	32	89	69	2	.243	.359	16	2	OF-96, 1B-4
1956 CHI A	4	3	1	0	0	0	0.0	0	0	2	1	0	.333	.333	2	1	OF-2
8 yrs.	567	1611	433	64	19	32	2.0	257	138	304	290	12	.269	.392	108	21	OF-440, 1B-8
4 yrs.	123	228	55	10	0	3	1.3	39	23	54	49	4	.241	.325	52	11	OF-57

Morrie Aderholt
ADERHOLT, MORRIS WOODROW   BL TR 6'1" 188 lbs.
B. Sept. 13, 1915, Mt. Olive, N. C.   D. Mar. 18, 1955, Sarasota, Fla.

	G	AB	H	2B	3B	HR	HR%	R	RBI	BB	SO	SB	BA	SA	PH AB	H	G by POS
1939 WAS A	7	25	5	0	0	1	4.0	5	4	2	6	0	.200	.320	1	0	2B-7
1940	1	2	0	0	0	0	0.0	0	0	0	0	0	.000	.000	0	0	2B-1
1941	11	14	2	0	0	0	0.0	3	1	1	3	0	.143	.143	5	1	2B-2, 3B-1
1944 BKN N	17	59	16	2	3	0	0.0	9	10	4	4	0	.271	.407	3	0	OF-13
1945 2 teams	BKN	N	(39G –	.217)		BOS	N	(31G –	.333)								
" total	70	162	47	5	0	2	1.2	19	17	12	16	3	.290	.358	36	8	OF-32, 2B-1
5 yrs.	106	262	70	7	3	3	1.1	36	32	19	29	3	.267	.351	45	9	OF-45, 2B-11, 3B-1
2 yrs.	56	119	29	3	3	0	0.0	13	16	7	14	0	.244	.319	32	5	OF-21

Eddie Ainsmith
AINSMITH, EDWARD WILBUR   BR TR 5'11" 180 lbs.
B. Feb. 4, 1890, Cambridge, Mass.   D. Sept. 6, 1981, Fort Lauderdale, Fla.

	G	AB	H	2B	3B	HR	HR%	R	RBI	BB	SO	SB	BA	SA	PH AB	H	G by POS
1910 WAS A	33	104	20	1	2	0	0.0	4	9	6		0	.192	.240	0	0	C-30
1911	61	149	33	2	3	0	0.0	12	14	10		5	.221	.275	7	1	C-49
1912	60	186	42	7	2	0	0.0	22	22	14		4	.226	.285	2	0	C-58
1913	79	229	49	4	4	2	0.9	26	20	12	41	17	.214	.293	0	0	C-79, P-1
1914	58	151	34	7	0	0	0.0	11	13	9	28	8	.225	.272	3	2	C-51
1915	47	120	24	4	2	0	0.0	13	6	10	18	7	.200	.267	3	0	C-42
1916	51	100	17	4	0	0	0.0	11	8	8	14	3	.170	.210	1	0	C-46
1917	125	350	67	17	4	0	0.0	38	42	40	48	16	.191	.263	5	0	C-119
1918	96	292	62	10	9	0	0.0	22	20	29	44	6	.212	.308	4	1	C-89
1919 DET A	114	364	99	17	12	3	0.8	42	32	45	30	9	.272	.409	8	1	C-106
1920	69	186	43	5	3	1	0.5	19	19	14	19	4	.231	.306	7	2	C-61
1921 2 teams	DET	A	(35G –	.276)		STL	N	(27G –	.290)								
" total	62	160	45	5	3	0	0.0	11	17	16	11	1	.281	.350	4	0	C-57, 1B-1
1922 STL N	119	379	111	14	4	13	3.4	46	59	28	43	2	.293	.454	2	1	C-116
1923 2 teams	STL	N	(82G –	.213)		BKN	N	(2G –	.200)								
" total	84	273	58	11	6	3	1.1	22	36	22	19	4	.212	.330	2	1	C-82
1924 NY N	10	5	3	0	0	0	0.0	0	0	0	1	0	.600	.600	1	1	C-9
15 yrs.	1068	3048	707	108	54	22	0.7	299	317	263	315	86	.232	.324	49	10	C-994, 1B-1, P-1
1 yr.	2	10	2	0	0	0	0.0	0	2	0	0	0	.200	.200	0	0	C-2

Luis Alcaraz
ALCARAZ, ANGEL LUIS   BR TR 5'9" 165 lbs.
B. June 20, 1941, Humacao, Puerto Rico

	G	AB	H	2B	3B	HR	HR%	R	RBI	BB	SO	SB	BA	SA	PH AB	H	G by POS
1967 LA N	17	60	14	1	0	0	0.0	1	3	1	13	1	.233	.250	0	0	2B-17
1968	41	106	16	1	0	2	1.9	4	5	9	23	1	.151	.217	5	1	2B-20, 3B-13, SS-1
1969 KC A	22	79	20	2	1	1	1.3	15	7	7	9	0	.253	.342	1	0	2B-19, 3B-2, SS-1
1970	35	120	20	5	1	1	0.8	10	14	4	13	0	.167	.250	3	1	2B-31
4 yrs.	115	365	70	9	2	4	1.1	30	29	21	58	2	.192	.260	9	2	2B-87, 3B-15, SS-2
2 yrs.	58	166	30	2	0	2	1.2	5	8	10	36	2	.181	.229	5	1	2B-37, 3B-13, SS-1

Dick Allen
ALLEN, RICHARD ANTHONY   BR TR 5'11" 187 lbs.
Also known as Richie Allen. Brother of Hank Allen.
Brother of Ron Allen.
B. Mar. 8, 1942, Wampum, Pa.

	G	AB	H	2B	3B	HR	HR%	R	RBI	BB	SO	SB	BA	SA	PH AB	H	G by POS
1963 PHI N	10	24	7	2	1	0	0.0	6	2	0	5	0	.292	.458	2	0	OF-7, 3B-1
1964	162	632	201	38	13	29	4.6	125	91	67	138	3	.318	.557	0	0	3B-162
1965	161	619	187	31	14	20	3.2	93	85	74	150	15	.302	.494	1	0	3B-160, SS-2
1966	141	524	166	25	10	40	7.6	112	110	68	136	10	.317	.632	4	1	3B-91, OF-47
1967	122	463	142	31	10	23	5.0	89	77	75	117	20	.307	.566	1	0	3B-121, SS-1, 2B-1
1968	152	521	137	17	9	33	6.3	87	90	74	161	7	.263	.520	8	0	OF-139, 3B-10
1969	118	438	126	23	3	32	7.3	79	89	64	144	9	.288	.573	1	1	1B-117
1970 STL N	122	459	128	17	5	34	7.4	88	101	71	118	5	.279	.560	3	1	1B-79, 3B-38, OF-3
1971 LA N	155	549	162	24	1	23	4.2	82	90	93	113	8	.295	.468	3	0	3B-67, OF-60, 1B-28
1972 CHI A	148	506	156	28	5	37	7.3	90	113	99	126	19	.308	.603	7	1	1B-143, 3B-2
1973	72	250	79	20	3	16	6.4	39	41	33	51	7	.316	.612	3	0	1B-67, 2B-2, DH-1
1974	128	462	139	23	1	32	6.9	84	88	57	89	7	.301	.563	4	0	1B-125, DH-1, 2B-1
1975 PHI N	119	416	97	21	3	12	2.9	54	62	58	109	11	.233	.385	5	0	1B-113
1976	85	298	80	16	1	15	5.0	52	49	37	63	11	.268	.480	2	1	1B-85
1977 OAK A	54	171	41	4	0	5	2.9	19	31	24	36	1	.240	.351	2	0	1B-50, DH-1
15 yrs.	1749	6332	1848	320	79	351	5.5	1099	1119	894	1556	133	.292	.534	46	5	1B-807, 3B-652, OF-256, 2B-4, DH-3, SS-3
1 yr.	155	549	162	24	1	23	4.2	82	90	93	113	8	.295	.468	3	0	3B-67, OF-60, 1B-28

LEAGUE CHAMPIONSHIP SERIES

	G	AB	H	2B	3B	HR	HR%	R	RBI	BB	SO	SB	BA	SA	PH AB	H	G by POS
1976 PHI N	3	9	2	0	0	0	0.0	1	0	3	2	0	.222	.222	0	0	1B-3

Player Register

	G	AB	H	2B	3B	HR	HR%	R	RBI	BB	SO	SB	BA	SA	Pinch Hit AB	H	G by POS

Horace Allen
ALLEN, HORACE TANNER (Pug)   BB TR 6'   187 lbs.
B. June 11, 1899, DeLand, Fla.   D. July 5, 1981, Canton, N. C.

	G	AB	H	2B	3B	HR	HR%	R	RBI	BB	SO	SB	BA	SA	AB	H	G by POS
1919 BKN N	4	7	0	0	0	0	0.0	0	0	0	2	0	.000	.000	1	0	OF-2

Mel Almada
ALMADA, BALDOMERO MELO   BL TL 6'   170 lbs.
B. Feb. 7, 1913, Hwatabampo, Mexico

	G	AB	H	2B	3B	HR	HR%	R	RBI	BB	SO	SB	BA	SA	AB	H	G by POS
1933 BOS A	14	44	15	0	0	1	2.3	11	3	11	3	3	.341	.409	1	0	OF-13
1934	23	90	21	2	1	0	0.0	7	10	6	8	3	.233	.278	0	0	OF-23
1935	151	607	176	27	9	3	0.5	85	59	55	34	20	.290	.379	0	0	OF-149, 1B-3
1936	96	320	81	16	4	1	0.3	40	21	24	15	2	.253	.338	13	5	OF-81
1937 2 teams	BOS A (32G – .236)							WAS A (100G – .309)									
" total	132	543	160	27	6	5	0.9	91	42	53	27	12	.295	.394	0	0	OF-127, 1B-4
1938 2 teams	WAS A (47G – .244)							STL A (102G – .342)									
" total	149	633	197	29	6	4	0.6	101	52	46	38	13	.311	.395	1	0	OF-148
1939 2 teams	STL A (42G – .239)							BKN N (39G – .214)									
" total	81	246	56	6	1	1	0.4	28	10	19	25	3	.228	.272	8	3	OF-66
7 yrs.	646	2483	706	107	27	15	0.6	363	197	214	150	56	.284	.367	23	8	OF-607, 1B-7
1 yr.	39	112	24	4	0	0	0.0	11	3	9	17	2	.214	.250	0	0	OF-32

Whitey Alperman
ALPERMAN, CHARLES AUGUSTUS   BR TR 5'10"   180 lbs.
B. Nov. 11, 1879, Etna, Pa.   D. Dec. 25, 1942, Pittsburgh, Pa.

	G	AB	H	2B	3B	HR	HR%	R	RBI	BB	SO	SB	BA	SA	AB	H	G by POS
1906 BKN N	128	441	111	15	7	3	0.7	38	46	6		13	.252	.338	1	0	2B-104, SS-24, 3B-1
1907	141	558	130	23	16	2	0.4	44	39	13		5	.233	.342	3	1	2B-115, 3B-14, SS-12
1908	70	213	42	3	1	1	0.5	17	15	9		2	.197	.235	11	1	2B-42, 3B-9, OF-5, SS-2
1909	111	420	104	19	12	1	0.2	35	41	2		7	.248	.357	3	0	2B-108
4 yrs.	450	1632	387	60	36	7	0.4	134	141	30		27	.237	.331	18	2	2B-369, SS-38, 3B-24, OF-5
4 yrs.	450	1632	387	60	36	7	0.4	134	141	30		27	.237	.331	18	2	2B-369, SS-38, 3B-24, OF-5

Walter Alston
ALSTON, WALTER EMMONS (Smokey)   BR TR 6'2"   195 lbs.
B. Dec. 1, 1911, Venice, Ohio   D. Oct. 1, 1984, Oxford, Ohio
Manager 1954-76.
Hall of Fame 1983.

	G	AB	H	2B	3B	HR	HR%	R	RBI	BB	SO	SB	BA	SA	AB	H	G by POS
1936 STL N	1	1	0	0	0	0	0.0	0	0	0	1	0	.000	.000	0	0	1B-1

Jesus Alvarez
ALVAREZ, JESUS ORLANDO   BR TR 6'   165 lbs.
B. Feb. 28, 1953, Cinega Baja, Puerto Rico

	G	AB	H	2B	3B	HR	HR%	R	RBI	BB	SO	SB	BA	SA	AB	H	G by POS
1973 LA N	4	4	1	1	0	0	0.0	0	0	0	1	0	.250	.500	4	1	
1974	2	1	0	0	0	0	0.0	0	0	0	0	0	.000	.000	1	0	OF-1
1975	4	4	0	0	0	0	0.0	0	0	0	1	0	.000	.000	4	0	
1976 CAL A	15	42	7	1	0	2	4.8	4	8	0	3	0	.167	.333	5	0	OF-11, DH-2
4 yrs.	25	51	8	2	0	2	3.9	4	8	0	5	0	.157	.314	14	1	OF-12, DH-2
3 yrs.	10	9	1	1	0	0	0.0	0	0	0	2	0	.111	.222	9	1	OF-1

Ed Amelung
AMELUNG, EDWARD ALLEN   BL TL 6'   185 lbs.
B. Apr. 13, 1959, Fullerton, Calif.

	G	AB	H	2B	3B	HR	HR%	R	RBI	BB	SO	SB	BA	SA	AB	H	G by POS
1984 LA N	34	46	10	0	0	0	0.0	7	4	2	4	3	.217	.217	11	1	OF-23

Sandy Amoros
AMOROS, EDMUNDO ISASI   BL TL 5'7½"   170 lbs.
B. Jan. 30, 1930, Havana, Cuba

	G	AB	H	2B	3B	HR	HR%	R	RBI	BB	SO	SB	BA	SA	AB	H	G by POS
1952 BKN N	20	44	11	3	1	0	0.0	10	3	5	14	1	.250	.364	11	0	OF-10
1954	79	263	72	18	6	9	3.4	44	34	31	24	1	.274	.490	8	2	OF-70
1955	119	388	96	16	7	10	2.6	59	51	55	45	10	.247	.402	9	3	OF-109
1956	114	292	76	11	8	16	5.5	53	58	59	51	3	.260	.517	22	3	OF-86
1957	106	238	66	7	1	7	2.9	40	26	46	42	3	.277	.403	28	4	OF-66
1959 LA N	5	5	1	0	0	0	0.0	1	1	0	1	0	.200	.200	5	1	
1960 2 teams	LA N (9G – .143)							DET A (65G – .149)									
" total	74	81	12	0	0	1	1.2	8	7	15	12	0	.148	.185	48	8	OF-13
7 yrs.	517	1311	334	55	23	43	3.3	215	180	211	189	18	.255	.430	131	21	OF-354
7 yrs.	452	1244	324	55	23	42	3.4	208	173	199	179	18	.260	.443	87	13	OF-344

WORLD SERIES

	G	AB	H	2B	3B	HR	HR%	R	RBI	BB	SO	SB	BA	SA	AB	H	G by POS
1952 BKN N	1	0	0	0	0	0	–	0	0	0	0	0	–	–	0	0	
1955	5	12	4	0	0	1	8.3	3	3	4	4	0	.333	.583	0	0	OF-5
1956	6	19	1	0	0	0	0.0	1	1	2	4	0	.053	.053	0	0	OF-6
3 yrs.	12	31	5	0	0	1	3.2	4	4	6	8	0	.161	.258	0	0	OF-11

Dave Anderson
ANDERSON, DAVID CARTER   BR TR 6'2"   185 lbs.
B. Aug. 1, 1960, Louisville, Ky.

	G	AB	H	2B	3B	HR	HR%	R	RBI	BB	SO	SB	BA	SA	AB	H	G by POS
1983 LA N	61	115	19	4	2	1	0.9	12	2	12	15	6	.165	.261	2	1	SS-53, 3B-1
1984	121	374	94	16	2	3	0.8	51	34	45	55	15	.251	.329	5	0	SS-111, 3B-11
1985	77	221	44	6	0	4	1.8	24	18	35	42	5	.199	.281	4	2	3B-51, SS-25, 2B-2
3 yrs.	259	710	157	26	4	8	1.1	87	54	92	112	26	.221	.303	11	3	SS-189, 3B-63, 2B-2
3 yrs.	259	710	157	26	4	8	1.1	87	54	92	112	26	.221	.303	11	3	SS-189, 3B-63, 2B-2

LEAGUE CHAMPIONSHIP SERIES

	G	AB	H	2B	3B	HR	HR%	R	RBI	BB	SO	SB	BA	SA	AB	H	G by POS
1985 LA N	4	5	0	0	0	0	0.0	1	0	3	1	0	.000	.000	0	0	SS-3

	G	AB	H	2B	3B	HR	HR%	R	RBI	BB	SO	SB	BA	SA	Pinch Hit AB	Pinch Hit H	G by POS

Ferrell Anderson

ANDERSON, FERRELL JACK BR TR 6'1" 200 lbs.
B. Jan. 9, 1918, Maple City, Kans. D. Mar. 12, 1978, Joplin, Mo.

	G	AB	H	2B	3B	HR	HR%	R	RBI	BB	SO	SB	BA	SA	PH AB	PH H	G by POS
1946 BKN N	70	199	51	10	0	2	1.0	19	14	18	21	1	.256	.337	8	2	C-70
1953 STL N	18	35	10	2	0	0	0.0	1	1	0	4	0	.286	.343	7	0	C-12
2 yrs.	88	234	61	12	0	2	0.9	20	15	18	25	1	.261	.338	15	2	C-82
1 yr.	70	199	51	10	0	2	1.0	19	14	18	21	1	.256	.337	8	2	C-70

John Anderson

ANDERSON, JOHN JOSEPH (Honest John) BB TR 6'2" 180 lbs.
B. Dec. 14, 1873, Sasbourg, Norway D. July 23, 1949, Worcester, Mass.

	G	AB	H	2B	3B	HR	HR%	R	RBI	BB	SO	SB	BA	SA	PH AB	PH H	G by POS
1894 BKN N	17	63	19	1	3	1	1.6	14	19	3	3	7	.302	.460	0	0	OF-16, 3B-1
1895	102	419	120	11	9	2.1		76	87	12	29	24	.286	.444	0	0	OF-101
1896	108	430	135	23	17	1	0.2	70	55	18	23	37	.314	.453	1	0	OF-68, 1B-42
1897	117	492	160	28	12	4	0.8	93	85	17		29	.325	.455	0	0	OF-115, 1B-3
1898 2 teams		BKN N (25G – .244)				WAS N (110G – .305)											
" total	135	520	153	33	22	9	1.7	82	81	29		20	.294	.494	1	0	OF-115, 1B-19
1899 BKN N	117	439	118	18	7	3	0.7	65	92	27		25	.269	.362	3	0	OF-76, 1B-41
1901 MIL A	138	576	190	46	7	8	1.4	90	99	24		35	.330	.476	0	0	1B-125, OF-13
1902 STL A	126	524	149	29	6	4	0.8	60	85	21		15	.284	.385	0	0	1B-126, OF-3
1903	138	550	156	34	8	2	0.4	65	78	23		16	.284	.385	0	0	1B-133, OF-7
1904 NY A	143	558	155	27	12	3	0.5	62	82	23		20	.278	.385	1	1	OF-111, 1B-33
1905 2 teams		NY A (32G – .232)				WAS A (93G – .290)											
" total	125	499	139	24	7	1	0.2	62	52	30		31	.279	.361	7	1	OF-111, 1B-7
1906 WAS A	151	583	158	25	4	3	0.5	62	70	19		39	.271	.343	0	0	OF-151
1907	87	333	96	12	4	0	0.0	33	44	34		19	.288	.348	0	0	1B-61, OF-26
1908 CHI A	123	355	93	17	1	0	0.0	36	47	30		21	.262	.315	25	5	OF-90, 1B-9
14 yrs.	1627	6341	1841	328	124	48	0.8	870	976	310	55	338	.290	.404	38	7	OF-1003, 1B-599, 3B-1
6 yrs.	486	1933	574	86	57	18	0.9	330	348	83	55	124	.297	.428	5	0	OF-398, 1B-88, 3B-1

Stan Andrews

ANDREWS, STANLEY JOSEPH (Polo) BR TR 5'11" 178 lbs.
Born Stanley Joseph Andruskewicz.
B. Apr. 17, 1917, Lynn, Mass.

	G	AB	H	2B	3B	HR	HR%	R	RBI	BB	SO	SB	BA	SA	PH AB	PH H	G by POS
1939 BOS N	13	26	6	0	0	0	0.0	1	1	1	2	0	.231	.231	3	1	C-10
1940	19	33	6	0	0	0	0.0	1	2	0	3	1	.182	.182	5	1	C-14
1944 BKN N	4	8	1	0	0	0	0.0	1	1	1	2	0	.125	.125	0	0	C-4
1945 2 teams		BKN N (21G – .163)				PHI N (13G – .333)											
" total	34	82	19	2	1	1	1.2	8	8	6	9	1	.232	.317	1	0	C-33
4 yrs.	70	149	32	2	1	1	0.7	11	12	8	16	2	.215	.262	9	2	C-61
2 yrs.	25	57	9	0	1	0	0.0	6	3	6	6	0	.158	.193	0	0	C-25

Pat Ankenman

ANKENMAN, FRED NORMAN BR TR 5'4" 125 lbs.
B. Dec. 23, 1912, Houston, Tex.

	G	AB	H	2B	3B	HR	HR%	R	RBI	BB	SO	SB	BA	SA	PH AB	PH H	G by POS
1936 STL N	1	3	0	0	0	0	0.0	0	0	3	0	0	.000	.000	0	0	SS-1
1943 BKN N	1	2	1	0	0	0	0.0	1	0	0	0	0	.500	.500	0	0	SS-1
1944	13	24	6	1	0	0	0.0	1	3	0	0	2	0	.250	.292	1	0	2B-11, SS-2
3 yrs.	15	29	7	1	0	0	0.0	2	3	0	5	0	.241	.276	1	0	2B-11, SS-4
2 yrs.	14	26	7	1	0	0	0.0	2	3	0	2	0	.269	.308	1	0	2B-11, SS-3

Bill Antonello

ANTONELLO, WILLIAM JAMES BR TR 5'11" 185 lbs.
B. May 19, 1927, Brooklyn, N. Y.

	G	AB	H	2B	3B	HR	HR%	R	RBI	BB	SO	SB	BA	SA	PH AB	PH H	G by POS
1953 BKN N	40	43	7	1	1	1	2.3	9	4	2	11	0	.163	.302	8	0	OF-25

Jimmy Archer

ARCHER, JAMES PETER BR TR 5'10" 168 lbs.
B. May 13, 1883, Dublin, Ireland D. Mar. 29, 1958, Milwaukee, Wis.

	G	AB	H	2B	3B	HR	HR%	R	RBI	BB	SO	SB	BA	SA	PH AB	PH H	G by POS
1904 PIT N	7	20	3	0	0	0	0.0	1	1	0		0	.150	.150	0	0	C-7, OF-1
1907 DET A	18	42	5	0	0	0	0.0	6	0	4		0	.119	.119	0	0	C-17, 2B-1
1909 CHI N	80	261	60	9	2	1	0.4	31	30	12		5	.230	.291	0	0	C-80
1910	98	313	81	17	6	2	0.6	36	41	14	49	6	.259	.371	8	3	C-49, 1B-40
1911	116	387	98	18	5	4	1.0	41	41	18	43	5	.253	.357	3	0	C-102, 1B-10, 2B-1
1912	120	385	109	20	2	5	1.3	35	58	22	36	7	.283	.384	1	0	C-118
1913	110	367	98	14	7	2	0.5	38	44	19	27	4	.267	.360	3	1	C-103, 1B-8
1914	79	248	64	9	2	0	0.0	17	19	9	9	1	.258	.310	3	1	C-76
1915	97	309	75	11	5	1	0.3	21	27	11	38	5	.243	.320	5	2	C-88
1916	77	205	45	6	2	1	0.5	11	30	12	24	3	.220	.283	16	2	C-65, 3B-1
1917	2	2	0	0	0	0	0.0	0	0	0	0	1	0	.000	.000	2	0	
1918 3 teams		PIT N (24G – .155)				BKN N (9G – .273)				CIN N (9G – .269)							
" total	42	106	22	2	3	0	0.0	10	5	3	14	0	.208	.283	5	1	C-35, 1B-2
12 yrs.	846	2645	660	106	34	16	0.6	247	296	124	241	36	.250	.333	46	10	C-740, 1B-60, 2B-2, OF-1, 3B-1
1 yr.	9	22	6	0	1	0	0.0	3	0	1	5	0	.273	.364	2	1	C-7

WORLD SERIES

	G	AB	H	2B	3B	HR	HR%	R	RBI	BB	SO	SB	BA	SA	PH AB	PH H	G by POS
1907 DET A	1	3	0	0	0	0	0.0	0	0	0	1	0	.000	.000	0	0	C-1
1910 CHI N	3	11	2	1	0	0	0.0	1	0	0	4	0	.182	.273	0	0	1B-1
2 yrs.	4	14	2	1	0	0	0.0	1	0	0	5	0	.143	.214	0	0	1B-1, C-1

Bob Aspromonte

ASPROMONTE, ROBERT THOMAS BR TR 6'2" 170 lbs.
Brother of Ken Aspromonte.
B. June 19, 1938, Brooklyn, N. Y.

	G	AB	H	2B	3B	HR	HR%	R	RBI	BB	SO	SB	BA	SA	PH AB	PH H	G by POS
1956 BKN N	1	1	0	0	0	0	0.0	0	0	0	1	0	.000	.000	1	0	
1960 LA N	21	55	10	3	0	1	1.8	1	6	6	1	.182	.255	5	1	SS-15, 3B-4
1961	47	58	14	3	0	0	0.0	7	2	4	12	0	.241	.293	31	9	3B-9, SS-4, 2B-2
1962 HOU N	149	534	142	18	4	11	2.1	59	59	46	54	4	.266	.376	1	0	3B-142, SS-11, 2B-1

Player Register 106

Bob Aspromonte continued

	G	AB	H	2B	3B	HR	HR%	R	RBI	BB	SO	SB	BA	SA	Pinch Hit AB	H	G by POS
1963	136	468	100	9	5	8	1.7	42	49	40	57	3	.214	.306	5	0	3B-131, 1B-1
1964	157	553	155	20	3	12	2.2	51	69	35	54	6	.280	.392	2	0	3B-155
1965	152	578	152	15	2	5	0.9	53	52	38	54	2	.263	.322	1	1	3B-146, 1B-6, SS-4
1966	152	560	141	16	3	8	1.4	55	52	35	63	0	.252	.334	3	0	3B-149, SS-2, 1B-2
1967	137	486	143	24	5	6	1.2	51	58	45	44	2	.294	.401	4	2	3B-133
1968	124	409	92	9	2	1	0.2	25	46	35	57	1	.225	.264	12	3	3B-75, OF-36, SS-1, 1B-1
1969 ATL N	82	198	50	8	1	3	1.5	16	24	13	19	0	.253	.348	26	5	OF-24, 3B-23, SS-18, 2B-2
1970	62	127	27	3	0	0	0.0	5	7	13	13	0	.213	.236	27	5	3B-30, SS-4, OF-1, 1B-1
1971 NY N	104	342	77	9	1	5	1.5	21	33	29	25	0	.225	.301	7	1	3B-97
13 yrs.	1324	4369	1103	135	26	60	1.4	386	457	333	459	19	.252	.336	125	27	3B-1094, OF-61, SS-59, 1B-11, 2B-5
3 yrs.	69	114	24	4	0	1	0.9	8	8	4	19	1	.211	.272	37	10	SS-19, 3B-13, 2B-2

LEAGUE CHAMPIONSHIP SERIES

| 1969 ATL N | 3 | 3 | 0 | 0 | 0 | 0 | 0.0 | 0 | 0 | 0 | 0 | 0 | .000 | .000 | 3 | 0 | |

Rick Auerbach

AUERBACH, FREDERICK STEVEN
B. Feb. 15, 1950, Glendale, Calif.
BR TR 6' 165 lbs.

	G	AB	H	2B	3B	HR	HR%	R	RBI	BB	SO	SB	BA	SA	Pinch Hit AB	H	G by POS
1971 MIL A	79	236	48	10	0	1	0.4	22	9	20	40	3	.203	.258	0	0	SS-78
1972	153	554	121	16	3	2	0.4	50	30	43	62	24	.218	.269	1	0	SS-153
1973	6	10	1	0	0	0	0.0	2	0	0	1	0	.100	.200	1	0	SS-2
1974 LA N	45	73	25	0	0	1	1.4	12	4	8	9	4	.342	.384	4	1	SS-19, 2B-16, 3B-3
1975	85	170	38	9	0	0	0.0	18	12	18	22	3	.224	.276	0	0	SS-81, 3B-1, 1B-1
1976	36	47	6	0	0	0	0.0	7	1	6	6	0	.128	.128	2	0	SS-12, 3B-8, 2B-7
1977 CIN N	33	45	7	2	0	0	0.0	5	3	4	7	0	.156	.200	2	0	2B-19, SS-12
1978	63	55	18	6	0	2	3.6	17	5	7	12	1	.327	.545	13	7	SS-26, 2B-10, 3B-3
1979	62	100	21	8	1	1	1.0	17	12	14	19	0	.210	.340	23	5	3B-18, SS-16, 2B-3
1980	24	33	11	1	1	1	3.0	5	4	3	5	0	.333	.515	17	3	SS-3, 3B-3, 2B-1
1981 SEA A	38	84	13	3	0	1	1.2	12	6	4	15	1	.155	.226	0	0	SS-38
11 yrs.	624	1407	309	56	5	9	0.6	167	86	127	198	36	.220	.286	63	16	SS-440, 2B-56, 3B-36, 1B-1
3 yrs.	166	290	69	9	0	3	0.3	37	17	32	37	7	.238	.279	6	1	SS-112, 2B-23, 3B-12, 1B-1

LEAGUE CHAMPIONSHIP SERIES

1974 LA N	1	1	1	0	0	0	0.0	0	0	0	0	0	1.000	2.000	1	1	
1979 CIN N	2	2	0	0	0	0	0.0	0	0	0	1	0	.000	.000	2	0	
2 yrs.	3	3	1	0	0	0	0.0	0	0	0	1	0	.333	.667	3	1	

WORLD SERIES

| 1974 LA N | 1 | 0 | 0 | 0 | 0 | 0 | — | 0 | 0 | 0 | 0 | 0 | — | — | 0 | 0 | |

Charlie Babb

BABB, CHARLES AMOS
B. Feb. 20, 1873, Milwaukie, Ore. D. Mar. 20, 1954, Portland, Ore.
BB TR 5'10½" 165 lbs.

	G	AB	H	2B	3B	HR	HR%	R	RBI	BB	SO	SB	BA	SA	Pinch Hit AB	H	G by POS
1903 NY N	121	424	105	15	8	0	0.0	68	46	45		22	.248	.321	0	0	SS-113, 3B-8
1904 BKN N	151	521	138	18	3	0	0.0	49	53	53		34	.265	.311	0	0	SS-151
1905	75	235	44	8	2	0	0.0	27	17	27		10	.187	.238	1	0	SS-36, 1B-31, 3B-5, 2B-2
3 yrs.	347	1180	287	41	13	0	0.0	144	116	125		66	.243	.300	1	0	SS-300, 1B-31, 3B-13, 2B-2
2 yrs.	226	756	182	26	5	0	0.0	76	70	80		44	.241	.288	1	0	SS-187, 1B-31, 3B-5, 2B-2

Bob Bailey

BAILEY, ROBERT SHERWOOD
B. Oct. 13, 1942, Long Beach, Calif.
BR TR 6'1" 180 lbs.

	G	AB	H	2B	3B	HR	HR%	R	RBI	BB	SO	SB	BA	SA	Pinch Hit AB	H	G by POS
1962 PIT N	14	42	7	2	1	0	0.0	6	6	6	10	1	.167	.262	2	0	3B-12
1963	154	570	130	15	3	12	2.1	60	45	58	98	10	.228	.328	1	1	3B-153, SS-3
1964	143	530	149	26	3	11	2.1	73	51	44	78	10	.281	.404	13	3	3B-105, OF-35, SS-2
1965	159	626	160	28	3	11	1.8	87	49	70	93	10	.256	.363	2	0	3B-142, OF-28
1966	126	380	106	19	3	13	3.4	51	46	47	65	5	.279	.447	11	4	3B-96, OF-22
1967 LA N	116	322	73	8	2	4	1.2	21	28	40	50	5	.227	.301	19	3	3B-65, OF-27, 1B-4, SS-1
1968	105	322	73	9	3	8	2.5	24	39	38	69	1	.227	.348	16	2	3B-90, OF-1, SS-1
1969 MON N	111	358	95	16	6	9	2.5	46	53	40	76	3	.265	.419	15	4	1B-85, OF-12, 3B-1
1970	131	352	101	19	3	28	8.0	77	84	72	70	5	.287	.597	36	12	3B-48, OF-44, 1B-18
1971	157	545	137	21	4	14	2.6	65	83	97	105	13	.251	.382	0	0	3B-120, OF-51, 1B-9
1972	143	489	114	10	4	16	3.3	55	57	59	112	6	.233	.368	7	3	3B-134, OF-5, 1B-3
1973	151	513	140	25	4	26	5.1	77	86	88	99	5	.273	.489	5	0	3B-146, OF-2
1974	152	507	142	20	2	20	3.9	69	73	100	107	4	.280	.446	8	2	OF-78, 3B-68
1975	106	227	62	5	0	5	2.2	23	30	46	38	4	.273	.361	40	11	OF-61, 3B-3
1976 CIN N	69	124	37	6	1	6	4.8	17	23	16	26	0	.298	.508	27	10	OF-31, 3B-10
1977 2 teams	CIN N (49G — .253)							BOS A (2G — .000)									
" total	51	81	20	2	1	2	2.5	9	11	12	11	1	.247	.370	27	6	1B-19, OF-3
1978 BOS A	43	94	18	3	0	4	4.3	12	9	19	19	2	.191	.351	13	1	DH-34, OF-1, 3B-1
17 yrs.	1931	6082	1564	234	43	189	3.1	772	773	852	1126	85	.257	.403	242	62	3B-1194, OF-401, 1B-138, DH-34, SS-7
2 yrs.	221	644	146	17	5	12	1.9	45	67	78	119	6	.227	.325	35	5	3B-155, OF-28, 1B-4, SS-2

Gene Bailey

BAILEY, ARTHUR EUGENE
B. Nov. 25, 1893, Pearsall, Tex. D. Nov. 14, 1973, Houston, Tex.
BR TR 5'8" 160 lbs.

	G	AB	H	2B	3B	HR	HR%	R	RBI	BB	SO	SB	BA	SA	Pinch Hit AB	H	G by POS
1917 PHI A	5	12	1	0	0	0	0.0	1	1	1		0	.083	.083	0	0	OF-4
1919 BOS N	4	6	2	0	0	0	0.0	1	0	2	1	1	.333	.333	1	1	OF-3
1920 2 teams	BOS N (13G — .083)							BOS A (46G — .230)									
" total	59	159	33	2	0	0	0.0	16	5	12	18	2	.208	.220	3	0	OF-48
1923 BKN N	127	411	109	11	7	1	0.2	71	42	43	34	9	.265	.333	12	3	OF-100, 1B-5

	G	AB	H	2B	3B	HR	HR %	R	RBI	BB	SO	SB	BA	SA	Pinch Hit AB	Pinch Hit H	G by POS

Gene Bailey continued
1924	18	46	11	3	0	1	2.2	7	4	7	6	1	.239	.370	0	0	OF-17
5 yrs.	213	634	156	16	7	2	0.3	95	52	63	61	13	.246	.303	16	4	OF-172, 1B-5
2 yrs.	145	457	120	14	7	2	0.4	78	46	50	40	10	.263	.337	12	3	OF-117, 1B-5

Bob Bailor
BAILOR, ROBERT MICHAEL BR TR 5'11" 170 lbs.
B. July 10, 1951, Connellsville, Pa.

1975 BAL A	5	7	1	0	0	0	0.0	0	0	1	0	0	.143	.143	0	0	SS-2, 2B-1
1976	9	6	2	0	1	0	0.0	2	0	0	0	0	.333	.667	1	0	DH-1, SS-1
1977 TOR A	122	496	154	21	5	5	1.0	62	32	17	26	15	.310	.403	3	2	OF-63, SS-53, DH-7
1978	154	621	164	29	7	1	0.2	74	52	38	21	5	.264	.338	3	2	OF-125, 3B-28, SS-4
1979	130	414	95	11	5	1	0.2	50	38	36	27	14	.229	.287	4	1	OF-118, 2B-9, DH-1
1980	117	347	82	14	3	1	0.3	44	16	36	33	12	.236	.297	1	0	OF-98, SS-12, 3B-11, P-3, DH-1, 2B-1
1981 NY N	51	81	23	3	1	0	0.0	11	8	8	11	2	.284	.346	3	0	SS-22, OF-13, 2B-13, 3B-1
1982	110	376	104	14	1	0	0.0	44	31	20	17	20	.277	.319	13	6	SS-60, 2B-56, 3B-21, OF-4
1983	118	340	85	8	0	1	0.3	33	30	20	23	18	.250	.282	9	1	SS-75, 2B-50, 3B-11, OF-3
1984 LA N	65	131	36	4	0	0	0.0	11	8	8	1	3	.275	.305	7	2	2B-23, 3B-17, SS-16
1985	74	118	29	3	1	0	0.0	8	7	3	5	1	.246	.288	6	3	3B-45, 2B-16, SS-5, OF-1
11 yrs.	955	2937	775	107	23	9	0.3	339	222	187	164	90	.264	.325	50	17	OF-425, SS-250, 2B-169, 3B-134, DH-10, P-3
2 yrs.	139	249	65	7	1	0	0.0	19	15	11	6	4	.261	.297	13	5	3B-62, 2B-39, SS-21, OF-1

LEAGUE CHAMPIONSHIP SERIES
1985 LA N	2	1	0	0	0	0	0.0	0	0	0	0	0	.000	.000	0	0	3B-2

Doug Baird
BAIRD, HOWARD DOUGLASS BR TR 5'9½" 148 lbs.
B. Sept. 27, 1891, St. Charles, Mo. D. June 13, 1967, Thomasville, Ga.

1915 PIT N	145	512	112	26	12	1	0.2	49	53	37	88	29	.219	.322	2	0	3B-131, OF-20, 2B-3
1916	128	430	93	10	7	1	0.2	41	28	24	49	20	.216	.279	3	0	3B-80, 2B-29, OF-16
1917 2 teams	PIT N (43G – .259)			STL N (104G – .253)													
" total	147	499	127	25	13	0	0.0	55	42	43	71	26	.255	.357	0	0	3B-144, OF-2, 2B-2
1918 STL N	82	316	78	12	8	2	0.6	41	25	25	42	25	.247	.354	0	0	3B-81, OF-1, SS-1
1919 3 teams	PHI N (66G – .252)			STL N (16G – .212)			BKN N (20G – .183)										
" total	102	335	79	13	5	2	0.6	43	42	25	41	18	.236	.322	5	1	3B-91, OF-1, 2B-1
1920 2 teams	BKN N (6G – .333)			NY N (7G – .125)													
" total	13	14	3	0	0	0	0.0	1	1	3	4	0	.214	.214	3	1	3B-6
6 yrs.	617	2106	492	86	45	6	0.3	230	191	157	295	118	.234	.326	13	2	3B-533, OF-40, 2B-35, SS-1
2 yrs.	26	66	13	0	1	0	0.0	7	9	3	11	3	.197	.227	2	0	3B-19

Dusty Baker
BAKER, JOHNNIE B, JR. BR TR 6'2" 183 lbs.
B. June 15, 1949, Riverside, Calif.

1968 ATL N	6	5	2	0	0	0	0.0	0	0	1	1	0	.400	.400	3	1	OF-3
1969	3	7	0	0	0	0	0.0	0	0	0	3	0	.000	.000	0	0	OF-3
1970	13	24	7	0	0	0	0.0	3	4	2	4	0	.292	.292	1	0	OF-11
1971	29	62	14	2	0	0	0.0	2	4	1	14	0	.226	.258	13	2	OF-18
1972	127	446	143	27	2	17	3.8	62	76	45	68	4	.321	.504	4	1	OF-123
1973	159	604	174	29	4	21	3.5	101	99	67	72	24	.288	.454	4	1	OF-156
1974	149	574	147	35	0	20	3.5	80	69	71	87	18	.256	.422	1	0	OF-148
1975	142	494	129	18	2	19	3.8	63	72	67	57	12	.261	.421	6	2	OF-136
1976 LA N	112	384	93	13	0	4	1.0	36	39	31	54	2	.242	.307	8	0	OF-106
1977	153	533	155	26	1	30	5.6	86	86	58	89	2	.291	.512	2	0	OF-152
1978	149	522	137	24	1	11	2.1	62	66	47	66	12	.262	.375	5	0	OF-145
1979	151	554	152	29	4	23	4.2	86	88	56	70	11	.274	.455	2	0	OF-150
1980	153	579	170	26	4	29	5.0	80	97	43	66	12	.294	.503	3	0	OF-151
1981	103	400	128	17	3	9	2.3	48	49	29	43	10	.320	.445	1	1	OF-101
1982	147	570	171	19	2	23	4.0	80	88	56	62	17	.300	.458	4	0	OF-144
1983	149	531	138	25	1	15	2.8	71	73	72	59	7	.260	.395	6	1	OF-143
1984 SF N	100	243	71	7	2	3	1.2	31	32	40	27	4	.292	.374	30	7	OF-62
1985 OAK A	111	343	92	15	1	14	4.1	48	52	50	47	2	.268	.440	17	7	1B-58, OF-35, DH-13
18 yrs.	1956	6875	1923	312	23	238	3.5	939	994	735	889	137	.280	.436	110	28	OF-1787, 1B-58, DH-13
8 yrs.	1117	4073	1144	179	12	144 8th	3.5	549	586	392	509	73	.281	.437	31	7	OF-1092

DIVISIONAL PLAYOFF SERIES
1981 LA N	5	18	3	1	0	0	0.0	2	1	2	0	0	.167	.222	0	0	OF-5

LEAGUE CHAMPIONSHIP SERIES
1977 LA N	4	14	5	1	0	2	14.3	4	8	2	3	0	.357	.857	0	0	OF-4
1978	4	15	7	2	0	0	0.0	1	1	3	0	0	.467	.600	0	0	OF-4
1981	5	19	6	1	0	0	0.0	3	3	1	0	0	.316	.368	0	0	OF-5
1983	4	14	5	1	0	1	7.1	4	1	2	0	0	.357	.643	0	0	OF-4
4 yrs.	17	62	23	5	0	3	4.8	12	13	8	3	0	.371	.597	0	0	OF-17

WORLD SERIES
1977 LA N	6	24	7	0	0	1	4.2	4	5	0	2	0	.292	.417	0	0	OF-6
1978	6	21	5	0	0	1	4.8	2	1	1	3	0	.238	.381	0	0	OF-6
1981	6	24	4	0	0	0	0.0	3	1	1	6	0	.167	.167	0	0	OF-6
3 yrs.	18	69	16	0	0	2	2.9	9	7	2	11	0	.232	.319	0	0	OF-18

Player Register

	G	AB	H	2B	3B	HR	HR%	R	RBI	BB	SO	SB	BA	SA	Pinch Hit AB	Pinch Hit H	G by POS

Dave Bancroft

BANCROFT, DAVID JAMES (Beauty)   BB TR 5'9½" 160 lbs.
B. Apr. 20, 1891, Sioux City, Iowa   D. Oct. 9, 1972, Superior, Wis.
Manager 1924-27.
Hall of Fame 1971.

	G	AB	H	2B	3B	HR	HR%	R	RBI	BB	SO	SB	BA	SA	PH AB	PH H	G by POS
1915 PHI N	153	563	143	18	2	7	1.2	85	30	77	62	15	.254	.330	0	0	SS-153
1916	142	477	101	10	0	3	0.6	53	33	74	57	15	.212	.252	0	0	SS-142
1917	127	478	116	22	5	4	0.8	56	43	44	42	14	.243	.335	1	0	SS-120, 2B-3, OF-2
1918	125	499	132	19	4	0	0.0	69	26	54	36	11	.265	.319	0	0	SS-125
1919	92	335	91	13	7	0	0.0	45	25	31	30	8	.272	.352	4	1	SS-88
1920 2 teams	PHI	N (42G —	.298)		NY	N (108G —	.299)										
" total	150	613	183	36	9	0	0.0	102	36	42	44	8	.299	.387	0	0	SS-150
1921 NY N	153	606	193	26	15	6	1.0	121	67	66	23	17	.318	.441	0	0	SS-153
1922	156	651	209	41	5	4	0.6	117	60	79	27	16	.321	.418	0	0	SS-156
1923	107	444	135	33	3	1	0.2	80	31	62	23	8	.304	.399	0	0	SS-96, 2B-11
1924 BOS N	79	319	89	11	1	2	0.6	49	21	37	24	4	.279	.339	0	0	SS-79
1925	128	479	153	29	8	2	0.4	75	49	64	22	7	.319	.426	3	1	SS-125
1926	127	453	141	18	6	1	0.2	70	44	64	29	3	.311	.384	1	0	SS-123, 3B-2
1927	111	375	91	13	4	1	0.3	44	31	43	36	5	.243	.307	5	1	SS-104, 3B-1
1928 BKN N	149	515	127	19	5	0	0.0	47	51	59	20	7	.247	.303	0	0	SS-149
1929	104	358	99	11	3	1	0.3	35	44	29	11	7	.277	.332	2	0	SS-102
1930 NY N	10	17	1	1	0	0	0.0	0	0	2	1	0	.059	.118	1	0	SS-8
16 yrs.	1913	7182	2004	320	77	32	0.4	1048	591	827	487	145	.279	.358	17	3	SS-1873, 2B-14, 3B-3, OF-2
2 yrs.	253	873	226	30	8	1	0.1	82	95	88	31	14	.259	.315	2	0	SS-251
WORLD SERIES																	
1915 PHI N	5	17	5	0	0	0	0.0	2	1	2	2	0	.294	.294	0	0	SS-5
1921 NY N	8	33	5	1	0	0	0.0	3	3	1	5	0	.152	.182	0	0	SS-8
1922	5	19	4	0	0	0	0.0	4	2	2	1	0	.211	.211	0	0	SS-5
1923	6	24	2	0	0	0	0.0	1	1	1	2	1	.083	.083	0	0	SS-6
4 yrs.	24	93	16	1	0	0	0.0	10	7	6	10	1	.172	.183	0	0	SS-24

Turner Barber

BARBER, TYRUS TURNER   BL TR 5'11" 170 lbs.
B. July 9, 1893, Lavinia, Tenn.   D. Oct. 20, 1968, Milan, Tenn.

	G	AB	H	2B	3B	HR	HR%	R	RBI	BB	SO	SB	BA	SA	PH AB	PH H	G by POS
1915 WAS A	20	53	16	1	1	0	0.0	9	6	6	7	0	.302	.358	1	0	OF-19
1916	15	33	7	0	1	1	3.0	3	5	2	8	1	.212	.364	3	1	OF-9
1917 CHI N	7	28	6	1	0	0	0.0	2	2	2	8	1	.214	.250	0	0	OF-7
1918	55	123	29	3	2	0	0.0	11	10	9	16	3	.236	.293	20	4	OF-27, 1B-4
1919	76	230	72	9	4	0	0.0	26	21	14	17	7	.313	.387	6	1	OF-68
1920	94	340	90	10	5	0	0.0	27	50	9	26	5	.265	.324	5	2	1B-69, OF-17, 2B-2
1921	127	452	142	14	4	1	0.2	73	54	41	24	5	.314	.369	2	1	OF-123
1922	84	226	70	7	4	0	0.0	35	29	30	9	7	.310	.376	19	2	OF-47, 1B-16
1923 BKN N	13	46	10	2	0	0	0.0	3	8	2	2	0	.217	.261	1	1	OF-12
9 yrs.	491	1531	442	47	21	2	0.1	189	185	115	112	28	.289	.351	57	12	OF-329, 1B-89, 2B-2
1 yr.	13	46	10	2	0	0	0.0	3	8	2	2	0	.217	.261	1	1	OF-12
WORLD SERIES																	
1918 CHI N	3	2	0	0	0	0	0.0	0	0	0	0	0	.000	.000	2	0	

Jim Barbieri

BARBIERI, JAMES PATRICK   BL TR 5'7" 155 lbs.
B. Sept. 15, 1941, Schenectady, N. Y.

	G	AB	H	2B	3B	HR	HR%	R	RBI	BB	SO	SB	BA	SA	PH AB	PH H	G by POS
1966 LA N	39	82	23	5	0	0	0.0	9	3	9	7	2	.280	.341	17	4	OF-20
WORLD SERIES																	
1966 LA N	1	1	0	0	0	0	0.0	0	0	0	1	0	.000	.000	1	0	

Cy Barger

BARGER, EROS BOLIVAR   BL TR 6' 160 lbs.
B. May 18, 1885, Jamestown, Ky.   D. Sept. 23, 1964, Columbia, Ky.

	G	AB	H	2B	3B	HR	HR%	R	RBI	BB	SO	SB	BA	SA	PH AB	PH H	G by POS
1906 NY A	2	3	1	0	0	0	0.0	0	0		0	0	.333	.333	0	0	P-2
1907	1	2	0	0	0	0	0.0	0	0		0	0	.000	.000	0	0	P-1
1910 BKN N	35	104	24	3	2	0	0.0	7	7	5	14	0	.231	.298	6	3	P-35
1911	57	145	33	1	1	0	0.0	16	9	5	20	2	.228	.248	10	2	P-30, OF-11, 1B-1
1912	17	37	7	1	0	0	0.0	3	3	3	7	1	.189	.216	1	0	P-16
1914 PIT F	38	83	17	1	2	0	0.0	4	9	2		0	.205	.265	0	0	P-33, SS-1
1915	36	54	15	2	0	0	0.0	3	3	1		0	.278	.315	0	0	P-34
7 yrs.	186	428	97	8	5	0	0.0	33	31	16	41	3	.227	.269	17	5	P-151, OF-11, SS-1, 1B-1
3 yrs.	109	286	64	5	3	0	0.0	26	19	13	41	3	.224	.262	17	5	P-81, OF-11, 1B-1

Red Barkley

BARKLEY, JOHN DUNCAN   BR TR 5'11" 160 lbs.
B. Sept. 19, 1913, Childress, Tex.

	G	AB	H	2B	3B	HR	HR%	R	RBI	BB	SO	SB	BA	SA	PH AB	PH H	G by POS
1937 STL A	31	101	27	6	0	0	0.0	9	14	14	17	1	.267	.327	0	0	2B-31
1939 BOS N	12	11	0	0	0	0	0.0	1	0	1	2	0	.000	.000	1	0	SS-7, 3B-4
1943 BKN N	20	51	16	3	0	0	0.0	6	7	4	7	1	.314	.373	0	0	SS-18
3 yrs.	63	163	43	9	0	0	0.0	16	21	19	26	2	.264	.319	1	0	2B-31, SS-25, 3B-4
1 yr.	20	51	16	3	0	0	0.0	6	7	4	7	1	.314	.373	0	0	SS-18

Bob Barrett

BARRETT, ROBERT SCHLEY (Jumbo)   BR TR 5'11" 175 lbs.
B. Jan. 27, 1899, Atlanta, Ga.   D. Jan. 18, 1982, Atlanta, Ga.

	G	AB	H	2B	3B	HR	HR%	R	RBI	BB	SO	SB	BA	SA	PH AB	PH H	G by POS
1923 CHI N	3	3	1	0	0	0	0.0	0	0	0	0	0	.333	.333	3	1	
1924	54	133	32	3	5	3	3.8	12	21	7	29	1	.241	.414	10	2	2B-25, 1B-10, 3B-8
1925 2 teams	CHI	N (14G —	.313)		BKN	N (1G —	.000)										
" total	15	33	10	1	0	0	0.0	1	8	1	4	1	.303	.333	5	2	3B-6, 2B-4
1927 BKN N	99	355	92	10	2	5	1.4	29	38	14	72	1	.259	.341	3	0	3B-96

Player Register

	G	AB	H	2B	3B	HR	HR%	R	RBI	BB	SO	SB	BA	SA	Pinch Hit AB	H	G by POS

Bob Barrett continued

1929 BOS A	68	126	34	10	0	0	0.0	15	19	10	6	3	.270	.349	23	7	3B-34, 1B-4, 2B-2, OF-1
5 yrs.	239	650	169	23	5	10	1.5	57	86	32	61	6	.260	.357	44	12	3B-144, 2B-31, 1B-14, OF-1
2 yrs.	100	356	92	10	2	5	1.4	29	39	14	22	1	.258	.340	4	0	3B-96

Boyd Bartley

BARTLEY, BOYD OWEN
B. Feb. 11, 1920, Chicago, Ill.
BR TR 5'8½" 165 lbs.

| 1943 BKN N | 9 | 21 | 1 | 0 | 0 | 0 | 0.0 | 0 | 1 | 1 | 3 | 0 | .048 | .048 | 0 | 0 | SS-9 |

Al Bashang

BASHANG, ALBERT C.
B. Aug. 22, 1888, Cincinnati, Ohio D. June 23, 1967, Cincinnati, Ohio
BB TR 5'8" 150 lbs.

1912 DET A	5	12	1	0	0	0	0.0	3	0	3	0	0	.083	.083	0	0	OF-5
1918 BKN N	2	5	1	0	0	0	0.0	0	0	0	0	0	.200	.200	1	0	OF-1
2 yrs.	7	17	2	0	0	0	0.0	3	0	3	0	0	.118	.118	1	0	OF-6
1 yr.	2	5	1	0	0	0	0.0	0	0	0	0	0	.200	.200	1	0	OF-1

Eddie Basinski

BASINSKI, EDWIN FRANK (Fiddler)
B. Nov. 4, 1922, Buffalo, N. Y.
BR TR 6'1" 172 lbs.

1944 BKN N	39	105	27	4	1	0	0.0	13	9	6	10	1	.257	.314	1	0	2B-37, SS-3
1945	108	336	88	9	4	0	0.0	30	33	11	33	0	.262	.313	2	0	SS-101, 2B-6
1947 PIT N	56	161	32	6	2	4	2.5	15	17	18	27	0	.199	.335	0	0	2B-56
3 yrs.	203	602	147	19	7	4	0.7	58	59	35	70	1	.244	.319	3	0	SS-104, 2B-99
2 yrs.	147	441	115	13	5	0	0.0	43	42	17	43	1	.261	.313	3	0	SS-104, 2B-43

Emil Batch

BATCH, EMIL HENRY (Heinie)
B. Jan. 21, 1880, Brooklyn, N. Y. D. Aug. 23, 1926, Brooklyn, N. Y.
BR TR

1904 BKN N	28	94	24	1	2	2	2.1	9	7	1		6	.255	.372	0	0	3B-28
1905	145	568	143	20	11	5	0.9	64	49	26		21	.252	.352	0	0	3B-145
1906	59	203	52	7	6	0	0.0	23	11	15		3	.256	.350	6	1	OF-50, 3B-2
1907	116	388	96	10	3	0	0.0	38	31	23		7	.247	.289	8	1	OF-102, 3B-2, SS-1, 2B-1
4 yrs.	348	1253	315	38	22	7	0.6	134	98	65		37	.251	.334	14	2	3B-177, OF-152, SS-1, 2B-1
4 yrs.	348	1253	315	38	22	7	0.6	134	98	65		37	.251	.334	14	2	3B-177, OF-152, SS-1, 2B-1

Jim Baxes

BAXES, DIMITRIOS SPEROS
Brother of Mike Baxes.
B. July 5, 1928, San Francisco, Calif.
BR TR 6'1" 190 lbs.

| 1959 2 teams | LA N (11G – .303) | | | CLE A (77G – .239) | | | | | | | | | | | | | |
| " total | 88 | 280 | 69 | 12 | 0 | 17 | 6.1 | 39 | 39 | 25 | 54 | 1 | .246 | .471 | 12 | 3 | 2B-48, 3B-32 |

Erve Beck

BECK, ERVIN THOMAS (Dutch)
B. July 19, 1878, Toledo, Ohio D. Dec. 23, 1916, Toledo, Ohio
BR TR 5'10" 168 lbs.

1899 BKN N	8	24	4	2	0	0	0.0	2	2	0		0	.167	.250	0	0	2B-6, SS-2
1901 CLE A	135	539	156	26	8	6	1.1	78	79	23		7	.289	.401	3	1	2B-132
1902 2 teams	CIN N (48G – .305)			DET A (41G – .296)													
" total	89	349	105	14	3	3	0.9	42	42	7		5	.301	.384	4	1	1B-42, 2B-32, OF-11
3 yrs.	232	912	265	42	11	9	1.0	122	123	30		12	.291	.390	7	2	2B-170, 1B-42, OF-11, SS-2
1 yr.	8	24	4	2	0	0	0.0	2	2	0		0	.167	.250	0	0	2B-6, SS-2

Mark Belanger

BELANGER, MARK HENRY
B. June 8, 1944, Pittsfield, Mass.
BR TR 6'1" 170 lbs.

1965 BAL A	11	3	1	0	0	0	0.0	1	0	0	0	0	.333	.333	0	0	SS-4
1966	8	19	3	1	0	0	0.0	2	0	0	3	0	.158	.211	0	0	SS-6
1967	69	184	32	5	0	1	0.5	19	10	12	46	6	.174	.217	2	0	SS-38, 2B-26, 3B-2
1968	145	472	98	13	0	2	0.4	40	21	40	114	10	.208	.248	0	0	SS-145
1969	150	530	152	17	4	2	0.4	76	50	53	54	14	.287	.345	3	1	SS-148
1970	145	459	100	6	5	1	0.2	53	36	52	65	13	.218	.259	3	0	SS-143
1971	150	500	133	19	4	0	0.0	67	35	73	48	10	.266	.320	1	0	SS-149
1972	113	285	53	9	1	2	0.7	36	16	18	53	6	.186	.246	1	0	SS-105
1973	154	470	106	15	1	0	0.0	60	27	49	54	13	.226	.262	0	0	SS-154
1974	155	493	111	14	4	5	1.0	54	36	51	69	17	.225	.300	0	0	SS-155
1975	152	442	100	11	1	3	0.7	44	27	36	53	16	.226	.276	0	0	SS-152
1976	153	522	141	22	2	1	0.2	66	40	51	64	27	.270	.326	0	0	SS-153
1977	144	402	83	13	4	2	0.5	39	30	43	68	15	.206	.274	0	0	SS-142
1978	135	348	74	13	0	0	0.0	39	16	40	55	6	.213	.250	1	0	SS-134
1979	101	198	33	6	0	0	0.0	28	9	29	33	5	.167	.217	1	1	SS-98
1980	113	268	61	7	3	0	0.0	37	22	12	25	6	.228	.276	2	0	SS-109
1981	64	139	23	3	2	0	0.0	9	10	12	25	2	.165	.237	1	0	SS-63
1982 LA N	54	50	12	1	0	0	0.0	6	4	5	10	1	.240	.260	4	1	SS-44, 2B-1
18 yrs.	2016	5784	1316	175	33	20	0.3	676	389	576	839	167	.228	.280	19	3	SS-1942, 2B-27, 3B-2
1 yr.	54	50	12	1	0	0	0.0	6	4	5	10	1	.240	.260	4	1	SS-44, 2B-1

LEAGUE CHAMPIONSHIP SERIES

1969 BAL A	3	15	4	0	1	1	6.7	4	1	0	0	0	.267	.600	0	0	SS-3
1970	3	12	4	0	0	0	0.0	5	1	1	0	0	.333	.333	0	0	SS-3
1971	3	8	2	0	0	0	0.0	1	1	3	2	0	.250	.250	0	0	SS-3
1973	5	16	2	0	0	0	0.0	1	1	1	1	0	.125	.125	0	0	SS-5

Player Register

	G	AB	H	2B	3B	HR	HR%	R	RBI	BB	SO	SB	BA	SA	Pinch Hit AB H	G by POS

Mark Belanger continued

1974	4	9	0	0	0	0	0.0	0	0	1	3	0	.000	.000	0	0	SS-4
1979	3	5	1	0	0	0	0.0	0	1	0	2	0	.200	.200	0	0	SS-3
6 yrs.	21	65	13	0	1	1	1.5	10	5	6	8	0	.200	.277	0	0	SS-21

WORLD SERIES
1969 BAL A	5	15	3	0	0	0	0.0	2	1	2	1	0	.200	.200	0	0	SS-5
1970	5	19	2	0	0	0	0.0	0	1	1	2	0	.105	.105	0	0	SS-5
1971	7	21	5	0	1	0	0.0	4	0	5	2	1	.238	.333	0	0	SS-7
1979	5	6	0	0	0	0	0.0	1	0	1	1	0	.000	.000	0	0	SS-4
4 yrs.	22	61	10	0	1	0	0.0	7	2	9	6	1	.164	.197	0	0	SS-21

Wayne Belardi

BELARDI, CARROLL WAYNE (Footsie)
B. Sept. 5, 1930, Calistoga, Calif.
BL TL 6'1" 185 lbs.

1950 BKN N	10	10	0	0	0	0	0.0	0	0	0	4	0	.000	.000	9	0	1B-1
1951	3	3	1	0	1	0	0.0	1	0	0	2	0	.333	1.000	3	1	
1953	69	163	39	3	2	11	6.7	19	34	16	40	0	.239	.485	28	9	1B-38
1954 2 teams		BKN N (11G – .222)				DET A (88G – .232)											
" total	99	259	60	7	1	11	4.2	27	25	35	37	1	.232	.394	21	4	1B-79
1955 DET A	3	3	0	0	0	0	0.0	0	0	0	1	0	.000	.000	3	0	
1956	79	154	43	3	1	6	3.9	24	15	15	13	0	.279	.429	37	8	1B-31, OF-2
6 yrs.	263	592	143	13	5	28	4.7	71	74	66	97	1	.242	.422	101	22	1B-149, OF-2
4 yrs.	93	185	42	3	3	11	5.9	20	35	18	49	0	.227	.454	49	12	1B-39

WORLD SERIES
| 1953 BKN N | 2 | 2 | 0 | 0 | 0 | 0 | 0.0 | 0 | 0 | 0 | 1 | 0 | .000 | .000 | 2 | 0 | |

Moe Berg

BERG, MORRIS
B. Mar. 2, 1902, New York, N. Y.   D. May 29, 1972, Belleville, N. J.
BR TR 6'1" 185 lbs.

1923 BKN N	49	129	24	3	2	0	0.0	9	6	2	5	1	.186	.240	0	0	SS-47, 2B-1
1926 CHI A	41	113	25	6	0	0	0.0	4	7	6	9	0	.221	.274	6	1	SS-31, 2B-2, 3B-1
1927	35	69	17	4	0	0	0.0	4	4	4	10	0	.246	.304	6	1	2B-10, C-10, SS-6, 3B-3
1928	76	224	55	16	0	0	0.0	25	29	14	25	2	.246	.317	3	1	C-73
1929	106	351	101	7	0	0	0.0	32	47	17	16	5	.288	.308	0	0	C-106
1930	20	61	7	3	0	0	0.0	4	7	1	5	0	.115	.164	0	0	C-20
1931 CLE A	10	13	1	1	0	0	0.0	1	0	1	1	0	.077	.154	1	0	C-8
1932 WAS A	75	195	46	8	1	1	0.5	16	26	8	13	1	.236	.303	0	0	C-75
1933	40	65	12	0	2	2	3.1	8	9	4	5	0	.185	.323	4	0	C-35
1934 2 teams		WAS A (33G – .244)				CLE A (29G – .258)											
" total	62	183	46	7	1	0	0.0	9	15	7	11	2	.251	.301	3	0	C-62
1935 BOS A	38	98	28	5	0	2	2.0	13	12	5	3	0	.286	.398	1	0	C-37
1936	39	125	30	4	1	0	0.0	9	19	2	6	0	.240	.288	0	0	C-39
1937	47	141	36	3	1	0	0.0	13	20	5	4	0	.255	.291	0	0	C-47
1938	10	12	4	0	0	0	0.0	0	1	0	1	0	.333	.333	3	2	C-7, 1B-1
1939	14	33	9	1	0	1	3.0	3	5	2	3	0	.273	.394	1	0	C-13
15 yrs.	662	1812	441	71	6	6	0.3	150	206	78	117	11	.243	.299	28	5	C-532, SS-84, 2B-13, 3B-4, 1B-1
1 yr.	49	129	24	3	2	0	0.0	9	6	2	5	1	.186	.240	0	0	SS-47, 2B-1

Bill Bergen

BERGEN, WILLIAM ALOYSIUS
Brother of Marty Bergen.
B. June 13, 1873, N. Brookfield, Mass.   D. Dec. 19, 1943, Worcester, Mass.
BR TR 6' 184 lbs.

1901 CIN N	87	308	55	6	4	1	0.3	15	17	8		2	.179	.234	0	0	C-87
1902	89	322	58	8	3	0	0.0	19	36	14		2	.180	.224	0	0	C-89
1903	58	207	47	4	2	0	0.0	21	19	7		2	.227	.266	0	0	C-58
1904 BKN N	96	329	60	4	2	0	0.0	17	12	9		3	.182	.207	0	0	C-93, 1B-1
1905	79	247	47	3	2	0	0.0	12	22	7		4	.190	.219	3	0	C-76
1906	103	353	56	3	3	0	0.0	9	19	7		2	.159	.184	0	0	C-103
1907	51	138	22	3	0	0	0.0	2	14	1		1	.159	.181	0	0	C-51
1908	99	302	53	8	2	0	0.0	8	15	5		1	.175	.215	0	0	C-99
1909	112	346	48	1	1	1	0.3	16	15	10		4	.139	.156	0	0	C-112
1910	89	249	40	2	1	0	0.0	11	14	6	39	0	.161	.177	0	0	C-89
1911	84	227	30	3	0	0	0.0	8	10	14	42	2	.132	.154	0	0	C-84
11 yrs.	947	3028	516	45	21	2	0.1	138	193	88	81	23	.170	.201	3	0	C-941, 1B-1
8 yrs.	713	2191	356	27	12	1	0.0	83	121	59	81	17	.162	.187	3	0	C-707, 1B-1

Ray Berres

BERRES, RAYMOND FREDERICK
B. Aug. 21, 1908, Kenosha, Wis.
BR TR 5'9" 170 lbs.

1934 BKN N	39	79	17	4	0	0	0.0	7	3	1	16	0	.215	.266	1	0	C-37
1936	105	267	64	10	1	1	0.4	16	13	14	35	1	.240	.296	0	0	C-105
1937 PIT N	2	6	1	0	0	0	0.0	0	0	0	0	0	.167	.167	0	0	C-2
1938	40	100	23	2	0	0	0.0	7	6	8	10	0	.230	.250	0	0	C-40
1939	81	231	53	6	1	0	0.0	22	16	11	25	0	.229	.264	1	1	C-80
1940 2 teams		PIT N (21G – .188)				BOS N (85G – .192)											
" total	106	261	50	4	1	0	0.0	14	16	19	20	0	.192	.215	0	0	C-106
1941 BOS N	120	279	56	10	1	1	0.4	21	19	17	20	2	.201	.247	0	0	C-120
1942 NY N	12	32	6	0	0	0	0.0	0	1	2	3	0	.188	.188	0	0	C-12
1943	20	28	4	1	0	0	0.0	1	0	1	2	0	.143	.179	3	1	C-17
1944	16	17	8	0	0	1	5.9	4	2	1	0	0	.471	.647	0	0	C-12
1945	20	30	5	0	0	0	0.0	4	2	2	3	0	.167	.167	0	0	C-20
11 yrs.	561	1330	287	37	3	3	0.2	96	78	76	134	4	.216	.255	5	2	C-551
2 yrs.	144	346	81	14	1	1	0.3	23	16	15	51	1	.234	.289	1	0	C-142

Player Register

	G	AB	H	2B	3B	HR	HR%	R	RBI	BB	SO	SB	BA	SA	Pinch Hit AB	Pinch Hit H	G by POS

Steve Bilko

BILKO, STEVEN THOMAS BR TR 6'1" 230 lbs.
B. Nov. 13, 1928, Nanticoke, Pa. D. Mar. 7, 1978, Wilkes Barre, Pa.

Year	Team	G	AB	H	2B	3B	HR	HR%	R	RBI	BB	SO	SB	BA	SA	PH AB	PH H	G by POS
1949	STL N	6	17	5	2	0	0	0.0	3	2	5	6	0	.294	.412	1	0	1B-5
1950		10	33	6	1	0	0	0.0	1	2	4	10	0	.182	.212	1	1	1B-9
1951		21	72	16	4	0	2	2.8	5	12	9	10	0	.222	.361	2	1	1B-19
1952		20	72	19	6	1	1	1.4	7	6	4	15	0	.264	.417	0	0	1B-20
1953		154	570	143	23	3	21	3.7	72	84	70	125	0	.251	.412	0	0	1B-154
1954	2 teams	STL N (8G – .143)			CHI N (47G – .239)													
"	total	55	106	24	8	1	4	3.8	12	13	14	25	0	.226	.434	24	6	1B-28
1958	2 teams	CIN N (31G – .264)			LA N (47G – .208)													
"	total	78	188	44	5	4	11	5.9	25	35	18	57	0	.234	.479	27	5	1B-46
1960	DET A	78	222	46	11	2	9	4.1	20	25	27	31	0	.207	.396	17	1	1B-62
1961	LA A	114	294	82	16	1	20	6.8	49	59	58	81	1	.279	.544	24	8	1B-86, OF-3
1962		64	164	47	9	1	8	4.9	26	38	25	35	1	.287	.500	14	3	1B-50
	10 yrs.	600	1738	432	85	13	76	4.4	220	276	234	395	2	.249	.444	110	25	1B-479, OF-3
	1 yr.	47	101	21	1	2	7	6.9	13	18	8	37	0	.208	.465	19	4	1B-25

Del Bissonette

BISSONETTE, ADELPHIA LOUIS BL TL 6' 190 lbs.
B. Sept. 6, 1899, Winthrop, Me. D. June 9, 1972, Augusta, Me.
Manager 1945.

Year	Team	G	AB	H	2B	3B	HR	HR%	R	RBI	BB	SO	SB	BA	SA	PH AB	PH H	G by POS
1928	BKN N	155	587	188	30	13	25	4.3	90	106	70	75	5	.320	.543	0	0	1B-155
1929		116	431	121	28	10	12	2.8	68	75	46	58	2	.281	.476	3	0	1B-113
1930		146	572	192	33	13	16	2.8	102	113	56	66	4	.336	.523	0	0	1B-146
1931		152	587	170	19	14	12	2.0	90	87	59	53	4	.290	.431	0	0	1B-152
1933		35	114	28	7	0	0	0.0	9	10	2	17	2	.246	.307	3	1	1B-32
	5 yrs.	604	2291	699	117	50	65	2.8	359	391	233	269	17	.305	.485	6	1	1B-598
	5 yrs.	604	2291	699	117	50	65	2.8	359	391	233	269	17	.305	.485	6	1	1B-598
															10th			

Lu Blue

BLUE, LUZERNE ATWELL BB TL 5'10" 165 lbs.
B. Mar. 5, 1897, Washington, D. C. D. July 28, 1958, Alexandria, Va.

Year	Team	G	AB	H	2B	3B	HR	HR%	R	RBI	BB	SO	SB	BA	SA	PH AB	PH H	G by POS
1921	DET A	153	585	180	33	11	5	0.9	103	75	103	47	13	.308	.427	1	0	1B-152
1922		145	584	175	31	9	6	1.0	131	45	82	48	8	.300	.414	1	1	1B-144
1923		129	504	143	27	7	1	0.2	100	46	96	40	9	.284	.371	0	0	1B-129
1924		108	395	123	26	7	2	0.5	81	50	64	26	9	.311	.428	0	0	1B-108
1925		150	532	163	18	9	3	0.6	91	94	83	29	19	.306	.391	2	0	1B-148
1926		128	429	123	24	14	1	0.2	92	52	90	18	13	.287	.415	12	5	1B-109, OF-1
1927		112	365	95	17	9	1	0.3	71	42	71	28	13	.260	.364	5	2	1B-104
1928	STL A	154	549	154	32	11	14	2.6	116	80	105	43	12	.281	.455	0	0	1B-154
1929		151	573	168	40	6	1.0		111	61	126	32	12	.293	.429	0	0	1B-151
1930		117	425	100	27	5	4	0.9	85	42	81	44	12	.235	.351	4	1	1B-111
1931	CHI A	155	589	179	23	15	1	0.2	119	62	127	60	13	.304	.399	0	0	1B-155
1932		112	373	93	21	2	0	0.0	51	43	64	21	17	.249	.316	6	1	1B-105
1933	BKN N	1	0	0	0	0	0	0.0	0	0	0	0	0	.000	.000	0	0	1B-1
	13 yrs.	1615	5904	1696	319	109	44	0.7	1151	692	1092	436	150	.287	.401	31	10	1B-1571, OF-1
	1 yr.	1	0	0	0	0	0	0.0	0	0	0	0	0	.000	.000	0	0	1B-1

Sammy Bohne

BOHNE, SAMMY ARTHUR BR TR 5'7½" 170 lbs.
Born Sammy Arthur Cohen.
B. Oct. 22, 1896, San Francisco, Calif. D. May 23, 1977, Menlo Park, Calif.

Year	Team	G	AB	H	2B	3B	HR	HR%	R	RBI	BB	SO	SB	BA	SA	PH AB	PH H	G by POS
1916	STL N	14	38	9	0	0	0	0.0	3	0	4	6	3	.237	.237	0	0	SS-14
1921	CIN N	153	613	175	28	16	3	0.5	98	44	54	38	26	.285	.398	0	0	2B-102, 3B-53
1922		112	383	105	14	5	3	0.8	53	51	39	18	13	.274	.360	2	0	2B-85, SS-22
1923		139	539	136	18	10	3	0.6	77	47	48	37	16	.252	.340	0	0	2B-96, 3B-35, SS-9, 1B-1
1924		100	349	89	15	9	4	1.1	42	46	18	24	9	.255	.384	0	0	2B-48, SS-40, 3B-12
1925		73	214	55	9	1	2	0.9	24	24	14	14	6	.257	.336	3	1	SS-49, 2B-10, OF-4, 3B-2, 1B-2
1926	2 teams	CIN N (25G – .204)			BKN N (47G – .200)													
"	total	72	179	36	3	4	1	0.6	12	16	16	17	2	.201	.279	0	0	2B-31, SS-20, 3B-15
	7 yrs.	663	2315	605	87	45	16	0.7	309	228	193	154	75	.261	.359	5	1	2B-372, SS-154, 3B-117, OF-4, 1B-3
	1 yr.	47	125	25	3	2	1	0.8	4	11	12	9	1	.200	.280	0	0	2B-31, 3B-15

John Bolling

BOLLING, JOHN EDWARD BL TL 5'11" 168 lbs.
B. Feb. 20, 1917, Mobile, Ala.

Year	Team	G	AB	H	2B	3B	HR	HR%	R	RBI	BB	SO	SB	BA	SA	PH AB	PH H	G by POS
1939	PHI N	69	211	61	11	0	3	1.4	27	13	11	10	6	.289	.384	17	4	1B-48
1944	BKN N	56	131	46	14	1	1	0.8	21	25	14	4	0	.351	.496	24	6	1B-27
	2 yrs.	125	342	107	25	1	4	1.2	48	38	25	14	6	.313	.427	41	10	1B-75
	1 yr.	56	131	46	14	1	1	0.8	21	25	14	4	0	.351	.496	24	6	1B-27

Frank Bonner

BONNER, FRANK J (The Human Flea) TR 5'7½" 169 lbs.
B. Aug. 20, 1869, Lowell, Mass. D. Dec. 31, 1905, Kansas City, Mo.

Year	Team	G	AB	H	2B	3B	HR	HR%	R	RBI	BB	SO	SB	BA	SA	PH AB	PH H	G by POS
1894	BAL N	33	118	38	10	2	0	0.0	27	24	17	5	12	.322	.441	1	0	2B-27, OF-4, 3B-2, SS-1
1895	2 teams	BAL N (11G – .333)			STL N (15G – .136)													
"	total	26	101	22	2	1	1.0		12	15	6	9	6	.218	.297	0	0	3B-21, OF-5, C-1
1896	BKN N	9	34	6	2	0	0	0.0	8	5	2	8	1	.176	.235	0	0	2B-9
1899	WAS N	85	347	95	20	4	2	0.6	41	44	18			.274	.372	0	0	2B-85
1902	2 teams	CLE A (34G – .280)			PHI A (11G – .182)													
"	total	45	176	45	6	0	0	0.0	16	17	5		1	.256	.290	0	0	2B-45
1903	BOS N	48	173	38	5	1	0	0.6	11	10	7		2	.220	.266	2	1	2B-24, SS-22
	6 yrs.	246	949	244	44	8	4	0.4	115	115	55	22	28	.257	.333	3	1	2B-190, SS-23, 3B-23, OF-9, C-1
	1 yr.	9	34	6	2	0	0	0.0	8	5	2	8	1	.176	.235	0	0	2B-9

Player Register

	G	AB	H	2B	3B	HR	HR%	R	RBI	BB	SO	SB	BA	SA	Pinch Hit AB	H	G by POS

Ike Boone
BOONE, ISAAC MORGAN
Brother of Danny Boone.
B. Feb. 17, 1897, Samantha, Ala.   D. Aug. 1, 1958, Northport, Ala.
BL TR 6'   195 lbs.

Year	Team																
1922	NY N	2	2	1	0	0	0.0	0	0	0	1	0	.500	.500	2	1	
1923	BOS A	5	15	4	0	1	0	0.0	1	2	1	0	0	.267	.400	1	0	OF-4
1924		128	486	162	29	3	13	2.7	71	96	55	32	2	.333	.486	4	1	OF-123
1925		133	476	157	34	5	9	1.9	79	68	60	19	1	.330	.479	11	3	OF-118
1927	CHI A	29	53	12	4	0	1	1.9	10	11	3	4	0	.226	.358	16	3	OF-11
1930	BKN N	40	101	30	9	1	3	3.0	13	13	14	8	0	.297	.495	9	3	OF-27
1931		6	5	1	0	0	0	0.0	0	0	2	2	0	.200	.200	5	1	
1932		13	21	3	1	0	0	0.0	2	2	5	2	0	.143	.190	5	0	OF-8
8 yrs.		356	1159	370	77	10	26	2.2	176	192	140	68	3	.319	.470	53	12	OF-291
3 yrs.		59	127	34	10	1	3	2.4	15	15	21	12	0	.268	.433	19	4	OF-35

Frenchy Bordagaray
BORDAGARAY, STANLEY GEORGE
B. Jan. 3, 1910, Coalinga, Calif.
BR TR 5'7½"   175 lbs.

Year	Team																
1934	CHI A	29	87	28	3	1	0	0.0	12	2	3	8	1	.322	.379	12	8	OF-17
1935	BKN N	120	422	119	19	6	1	0.2	69	39	17	29	18	.282	.363	9	2	OF-105
1936		125	372	117	21	3	4	1.1	63	31	17	42	12	.315	.419	6	2	OF-92, 2B-11
1937	STL N	96	300	88	11	4	1	0.3	43	37	15	25	11	.293	.367	16	1	3B-50, OF-28
1938		81	156	44	5	1	0	0.0	19	21	8	9	2	.282	.327	43	20	OF-29, 3B-4
1939	CIN N	63	122	24	5	1	0	0.0	19	12	9	10	3	.197	.254	11	0	OF-43, 2B-2
1941	NY A	36	73	19	1	0	0	0.0	10	4	6	8	1	.260	.274	13	4	OF-19
1942	BKN N	48	58	14	2	0	0	0.0	11	5	3	3	2	.241	.276	15	4	OF-17
1943		89	268	81	18	2	0	0.0	47	19	30	15	6	.302	.384	6	2	OF-53, 3B-25
1944		130	501	141	26	4	6	1.2	85	51	36	22	2	.281	.385	10	3	3B-98, OF-22
1945		113	273	70	9	6	2	0.7	32	49	29	15	7	.256	.355	32	8	3B-57, OF-22
11 yrs.		930	2632	745	120	28	14	0.5	410	270	173	186	65	.283	.366	173	54	OF-450, 3B-234, 2B-13
6 yrs.		625	1894	542	95	21	13	0.7	307	194	132	126	47	.286	.379	78	21	OF-314, 3B-180, 2B-11

WORLD SERIES
1939	CIN N	2	0	0	0	0	0	—	0	0	0	0	0	—	—	0	0	
1941	NY A	1	0	0	0	0	0	—	0	0	0	0	0	—	—	0	0	
2 yrs.		3	0	0	0	0	0	—	0	0	0	0	0	—	—	0	0	

Bob Borkowski
BORKOWSKI, ROBERT VILARIAN (Bush)
B. Jan. 27, 1926, Dayton, Ohio
BR TR 6'   182 lbs.

Year	Team																
1950	CHI N	85	256	70	7	4	4	1.6	27	29	16	30	1	.273	.379	14	2	OF-65, 1B-1
1951		58	89	14	1	0	0	0.0	9	10	3	16	0	.157	.169	23	3	OF-25
1952	CIN N	126	377	95	11	4	4	1.1	42	24	26	53	1	.252	.334	18	3	OF-103, 1B-5
1953		94	249	67	11	1	7	2.8	32	29	21	41	0	.269	.406	27	9	OF-67, 1B-2
1954		73	162	43	12	1	1	0.6	13	19	8	18	0	.265	.370	33	8	OF-36, 1B-3
1955	2 teams	CIN N (25G – .167)					BKN N (9G – .105)											
"	total	34	37	5	1	0	0	0.0	3	1	2	8	0	.135	.162	9	2	OF-20, 1B-1
6 yrs.		470	1170	294	43	10	16	1.4	126	112	76	166	2	.251	.346	124	27	OF-316, 1B-12
1 yr.		9	19	2	0	0	0	0.0	2	0	1	6	0	.105	.105	0	0	OF-9

Ken Boyer
BOYER, KENTON LLOYD
Brother of Cloyd Boyer.   Brother of Clete Boyer.
B. May 20, 1931, Liberty, Mo.   D. Sept. 7, 1982, St. Louis, Mo.
Manager 1978-80.
BR TR 6'1½"   190 lbs.

Year	Team																
1955	STL N	147	530	140	27	2	18	3.4	78	62	37	67	22	.264	.425	1	0	3B-139, SS-18
1956		150	595	182	30	2	26	4.4	91	98	38	65	8	.306	.494	1	0	3B-149
1957		142	544	144	18	3	19	3.5	79	62	44	77	12	.265	.414	1	0	OF-105, 3B-41
1958		150	570	175	21	9	23	4.0	101	90	49	53	11	.307	.496	1	0	3B-144, OF-6, SS-1
1959		149	563	174	18	5	28	5.0	86	94	67	77	12	.309	.508	1	0	3B-143, SS-12
1960		151	552	168	26	10	32	5.8	95	97	56	77	8	.304	.562	5	1	3B-146
1961		153	589	194	26	11	24	4.1	109	95	68	91	6	.329	.533	0	0	3B-153
1962		160	611	178	27	5	24	3.9	92	98	75	104	12	.291	.470	0	0	3B-160
1963		159	617	176	28	2	24	3.9	86	111	70	90	1	.285	.454	0	0	3B-159
1964		162	628	185	30	10	24	3.8	100	119	70	85	3	.295	.489	0	0	3B-162
1965		144	535	139	18	2	13	2.4	71	75	57	73	2	.260	.374	3	0	3B-143
1966	NY N	136	496	132	28	2	14	2.8	62	61	30	64	4	.266	.415	7	3	3B-130, 1B-2
1967	2 teams	NY N (56G – .235)					CHI A (57G – .261)											
"	total	113	346	86	12	3	7	2.0	34	34	33	47	2	.249	.361	15	4	3B-77, 1B-26
1968	2 teams	CHI A (10G – .125)					LA N (83G – .271)											
"	total	93	245	63	7	2	6	2.4	20	41	17	40	2	.257	.376	29	6	3B-39, 1B-33
1969	LA N	25	34	7	2	0	0	0.0	0	4	2	7	0	.206	.265	19	4	1B-7
15 yrs.		2034	7455	2143	318	68	282	3.8	1104	1141	713	1017	105	.287	.462	83	18	3B-1785, OF-111, 1B-65, SS-31
2 yrs.		108	255	67	8	2	6	2.4	20	45	18	41	2	.263	.384	45	10	1B-36, 3B-34

WORLD SERIES
| 1964 | STL N | 7 | 27 | 6 | 1 | 0 | 2 | 7.4 | 5 | 6 | 1 | 5 | 0 | .222 | .481 | 0 | 0 | 3B-7 |

Buzz Boyle
BOYLE, RALPH FRANCIS
Brother of Jim Boyle.
B. Feb. 9, 1908, Cincinnati, Ohio   D. Nov. 12, 1978, Cincinnati, Ohio
BL TL 5'11½"   170 lbs.

Year	Team																
1929	BOS N	17	57	15	2	1	1	1.8	8	2	6	11	2	.263	.386	0	0	OF-17
1930		1	1	0	0	0	0	0.0	0	0	0	1	0	.000	.000	0	0	OF-1
1933	BKN N	93	338	101	13	4	0	0.0	38	31	16	24	7	.299	.361	3	1	OF-90
1934		128	472	144	26	10	7	1.5	88	48	51	44	8	.305	.447	6	2	OF-121

	G	AB	H	2B	3B	HR	HR%	R	RBI	BB	SO	SB	BA	SA	Pinch Hit AB	H	G by POS

Buzz Boyle continued
1935	127	475	129	17	9	4	0.8	51	44	43	45	7	.272	.371	2	0	OF-124
5 yrs.	366	1343	389	58	24	12	0.9	185	125	116	125	24	.290	.395	11	3	OF-353
3 yrs.	348	1285	374	56	23	11	0.9	177	123	110	113	22	.291	.396	11	3	OF-335

Gib Brack
BRACK, GILBERT HERMAN (Gibby)   BR TR 5'9" 170 lbs.
B. Mar. 29, 1908, Chicago, Ill.   D. Jan. 20, 1960, Greenville, Tex.

1937 BKN N	112	372	102	27	9	5	1.3	60	38	44	93	9	.274	.435	6	1	OF-101
1938 2 teams	BKN N (40G – .214)					PHI N (72G – .287)											
" total	112	338	93	22	5	5	1.5	50	34	22	44	3	.275	.414	14	6	OF-81
1939 PHI N	91	270	78	21	4	6	2.2	40	41	26	49	1	.289	.463	19	5	OF-48, 1B-19
3 yrs.	315	980	273	70	18	16	1.6	150	113	92	186	13	.279	.436	39	12	OF-230, 1B-19
2 yrs.	152	428	114	29	10	6	1.4	70	44	48	107	10	.266	.423	18	6	OF-114

Mark Bradley
BRADLEY, MARK ALLEN   BR TR 6'1" 180 lbs.
B. Dec. 3, 1956, Elizabethtown, Ky.

1981 LA N	9	6	1	1	0	0	0.0	2	0	0	1	0	.167	.333	2	0	OF-6
1982	8	3	1	0	0	0	0.0	1	0	0	0	0	.333	.333	1	0	OF-3
1983 NY N	73	104	21	4	0	3	2.9	10	5	11	35	4	.202	.327	34	6	OF-35
3 yrs.	90	113	23	5	0	3	2.7	13	5	11	36	4	.204	.327	37	6	OF-44
2 yrs.	17	9	2	1	0	0	0.0	3	0	0	1	0	.222	.333	3	0	OF-9

Bobby Bragan
BRAGAN, ROBERT RANDALL   BR TR 5'10½" 175 lbs.
B. Oct. 30, 1917, Birmingham, Ala.
Manager 1956-58, 1963-66.

1940 PHI N	132	474	105	14	1	7	1.5	36	44	28	34	2	.222	.300	5	0	SS-132, 3B-2
1941	154	557	140	19	3	4	0.7	37	69	26	29	7	.251	.318	0	0	SS-154, 2B-2, 3B-1
1942	109	335	73	12	2	2	0.6	17	15	20	21	0	.218	.284	2	0	SS-78, C-22, 2B-4, 3B-3
1943 BKN N	74	220	58	7	2	2	0.9	17	24	15	16	0	.264	.341	1	0	C-57, 3B-12, SS-5
1944	94	266	71	8	4	0	0.0	26	17	13	14	2	.267	.327	3	1	SS-51, C-35, 2B-1
1947	25	36	7	2	0	0	0.0	3	3	7	3	1	.194	.250	4	1	C-24
1948	9	12	2	0	0	0	0.0	0	1	1	0	0	.167	.167	4	0	C-5
7 yrs.	597	1900	456	62	12	15	0.8	136	172	110	117	12	.240	.309	14	2	SS-420, C-143, 3B-18, 2B-7
4 yrs.	202	534	138	17	6	2	0.4	46	44	36	33	3	.258	.324	12	2	C-121, SS-56, 3B-12, 2B-1

WORLD SERIES
| 1947 BKN N | 1 | 1 | 1 | 1 | 0 | 0 | 0.0 | 0 | 1 | 0 | 0 | 0 | 1.000 | 2.000 | 1 | 1 | |

Sid Bream
BREAM, SIDNEY EUGENE   BL TL 6'4" 215 lbs.
B. Aug. 3, 1960, Carlisle, Pa.

1983 LA N	15	11	2	0	0	0	0.0	0	2	2	2	0	.182	.182	10	2	1B-4
1984	27	49	9	3	0	0	0.0	2	6	6	9	1	.184	.245	11	1	1B-14
1985 2 teams	LA N (24G – .132)					PIT N (26G – .284)											
" total	50	148	34	7	0	6	4.1	18	21	18	24	0	.230	.399	10	2	1B-41
3 yrs.	92	208	45	10	0	6	2.9	20	29	26	35	1	.216	.351	31	5	1B-59
3 yrs.	66	113	18	3	0	3	2.7	6	14	15	21	1	.159	.265	29	5	1B-34

Marv Breeding
BREEDING, MARVIN EUGENE   BR TR 6' 175 lbs.
B. Mar. 8, 1934, Decatur, Ala.

1960 BAL A	152	551	147	25	2	3	0.5	69	43	35	80	10	.267	.336	0	0	2B-152
1961	90	244	51	8	0	1	0.4	32	16	14	33	5	.209	.254	3	0	2B-80
1962	95	240	59	10	1	2	0.8	27	18	8	41	2	.246	.321	10	1	2B-73, SS-1, 3B-1
1963 2 teams	WAS A (58G – .274)					LA N (20G – .167)											
" total	78	233	60	7	2	1	0.4	26	15	9	26	2	.258	.318	10	4	2B-39, 3B-30, SS-3
4 yrs.	415	1268	317	50	5	7	0.6	154	92	66	180	19	.250	.314	23	5	2B-344, 3B-31, SS-4
1 yr.	20	36	6	0	0	0	0.0	6	1	2	5	1	.167	.167	1	0	2B-17, SS-1, 3B-1

Rube Bressler
BRESSLER, RAYMOND BLOOM   BR TL 6' 187 lbs.
B. Oct. 23, 1894, Coder, Pa.   D. Nov. 7, 1966, Cincinnati, Ohio

1914 PHI A	29	51	11	1	0	0	0.0	6	4	6	7	0	.216	.275	0	0	P-29
1915	33	55	8	0	1	1	1.8	9	4	9	13	0	.145	.236	1	0	P-32
1916	4	5	1	0	1	0	0.0	1	1	0	0	0	.200	.600	0	0	P-4
1917 CIN N	3	5	1	0	0	0	0.0	0	0	0	2	0	.200	.200	1	0	P-2
1918	23	62	17	5	0	0	0.0	10	6	5	4	0	.274	.355	1	0	P-17, OF-3
1919	61	165	34	3	4	2	1.2	22	17	23	15	2	.206	.309	1	0	OF-48, P-13
1920	21	30	8	1	0	0	0.0	4	3	1	4	1	.267	.300	6	0	P-10, OF-3, 1B-2
1921	109	323	99	18	6	1	0.3	41	56	39	20	5	.307	.409	12	4	OF-85, 1B-6
1922	52	53	14	0	2	0	0.0	7	8	4	4	1	.264	.340	43	13	1B-3, OF-2
1923	54	119	33	3	1	0	0.0	25	18	20	4	3	.277	.319	24	9	1B-22, OF-6
1924	115	383	133	14	13	4	1.0	41	49	22	20	9	.347	.483	16	3	1B-50, OF-49
1925	97	319	111	17	6	4	1.3	43	61	40	16	9	.348	.476	6	3	1B-52, OF-38
1926	86	297	106	15	9	1	0.3	58	51	37	20	3	.357	.478	4	0	OF-80, 1B-4
1927	124	467	136	14	8	0	0.0	43	77	32	22	4	.291	.375	3	0	OF-120
1928 BKN N	145	501	148	29	13	4	0.8	78	70	80	33	2	.295	.429	7	3	OF-137
1929	136	456	145	22	8	9	2.0	72	77	67	27	4	.318	.461	12	3	OF-122
1930	109	335	100	12	8	3	0.9	53	52	51	19	4	.299	.409	8	0	OF-90, 1B-7
1931	67	153	43	4	5	0	0.0	22	26	11	10	0	.281	.373	29	2	OF-35, 1B-1
1932 2 teams	PHI N (27G – .229)					STL N (10G – .158)											
" total	37	102	22	6	1	0	0.0	9	8	2	6	0	.216	.294	14	5	OF-22
19 yrs.	1305	3881	1170	164	87	32	0.8	544	586	449	246	47	.301	.413	188	45	OF-840, 1B-147, P-107
4 yrs.	457	1445	436	67	34	16	1.1	225	225	209	89	10	.302	.428	56	8	OF-384, 1B-8

Player Register 114

	G	AB	H	2B	3B	HR	HR%	R	RBI	BB	SO	SB	BA	SA	Pinch Hit AB	H	G by POS

Ken Brett

BRETT, KENNETH ALVIN
Brother of George Brett.
B. Sept. 18, 1948, Brooklyn, N.Y.   BL TL 6'   190 lbs.

		G	AB	H	2B	3B	HR	HR%	R	RBI	BB	SO	SB	BA	SA	PH AB	H	G by POS
1967	BOS A	1	0	0	0	0	0	-	0	0	0	0	0	-	-	0	0	P-1
1969		8	10	3	1	0	1	10.0	1	3	1	1	0	.300	.700	0	0	P-8
1970		41	41	13	3	0	2	4.9	8	3	2	7	0	.317	.537	0	0	P-41
1971		29	10	2	0	0	0	0.0	0	0	0	2	0	.200	.200	0	0	P-29
1972	MIL A	31	44	10	1	0	0	0.0	6	1	2	10	0	.227	.250	1	0	P-26
1973	PHI N	37	80	20	5	0	4	5.0	6	16	4	17	0	.250	.463	2	0	P-31
1974	PIT N	43	87	27	4	1	2	2.3	13	15	4	20	0	.310	.448	15	3	P-27
1975		26	52	12	4	0	1	1.9	5	4	1	7	0	.231	.365	3	0	P-23
1976	2 teams	NY A (2G – .000)			CHI A (33G – .083)													
"	total	35	12	1	0	0	0	0.0	0	0	1	0	0	.083	.083	6	1	P-29
1977	2 teams	CHI A (13G – .000)			CAL A (21G – .000)													
"	total	34	0	0	0	0	0	-	0	0	0	0	0	-	-	0	0	P-34
1978	CAL A	31	0	0	0	0	0	-	0	0	0	0	0	-	-	0	0	P-31
1979	2 teams	MIN A (9G – .000)			LA N (30G – .273)													
"	total	39	11	3	0	0	0	0.0	0	2	0	2	0	.273	.273	0	0	P-39
1980	KC A	8	0	0	0	0	0	-	0	0	0	0	0	-	-	0	0	P-8
1981		22	0	0	0	0	0	-	0	0	0	0	0	-	-	0	0	P-22
14 yrs.		385	347	91	18	1	10	2.9	39	44	14	67	0	.262	.406	27	4	P-349
1 yr.		30	11	3	0	0	0	0.0	0	2	0	2	0	.273	.273	0	0	P-30

LEAGUE CHAMPIONSHIP SERIES

1974	PIT N	1	1	0	0	0	0	0.0	0	0	1	0	0	.000	.000	0	0	P-1
1975		2	0	0	0	0	0	-	0	0	0	1	0	-	-	0	0	P-2
2 yrs.		3	1	0	0	0	0	0.0	0	0	1	1	0	.000	.000	0	0	P-3

WORLD SERIES

| 1967 | BOS A | 2 | 0 | 0 | 0 | 0 | 0 | - | 0 | 0 | 0 | 0 | 0 | - | - | 0 | 0 | P-2 |

Tony Brewer

BREWER, ANTHONY BRUCE
B. Nov. 25, 1957, Coushatta, La.   BR TR 5'11"   175 lbs.

| 1984 | LA N | 24 | 37 | 4 | 1 | 0 | 1 | 2.7 | 3 | 4 | 4 | 9 | 1 | .108 | .216 | 14 | 1 | OF-10 |

Rocky Bridges

BRIDGES, EVERETT LAMAR
B. Aug. 7, 1927, Refugio, Tex.   BR TR 5'8"   170 lbs.

1951	BKN N	63	134	34	7	0	1	0.7	13	15	10	10	0	.254	.328	2	0	3B-40, 2B-10, SS-9
1952		51	56	11	3	0	0	0.0	9	2	7	9	0	.196	.250	3	1	2B-24, SS-13, 3B-6
1953	CIN N	122	432	98	13	2	1	0.2	52	21	37	42	6	.227	.273	4	0	2B-115, SS-6, 3B-3
1954		53	52	12	1	0	0	0.0	4	2	7	7	0	.231	.250	1	0	SS-20, 2B-19, 3B-13
1955		95	168	48	4	0	1	0.6	20	18	15	19	1	.286	.327	0	0	3B-59, SS-26, 2B-9
1956		71	19	4	0	0	0	0.0	9	1	4	3	1	.211	.211	2	0	3B-51, 2B-8, SS-7, OF-1
1957	2 teams	CIN N (5G – .000)			WAS A (120G – .228)													
"	total	125	392	89	17	2	3	0.8	41	47	41	33	0	.227	.304	0	0	SS-109, 2B-16, 3B-2
1958	WAS A	116	377	99	14	3	5	1.3	38	28	27	32	0	.263	.355	4	0	SS-112, 3B-3, 2B-3
1959	DET A	116	381	102	16	3	3	0.8	38	35	30	35	1	.268	.349	2	0	SS-110, 2B-5
1960	3 teams	DET A (10G – .200)			CLE A (10G – .333)					STL N (3G – .000)								
"	total	23	32	10	0	0	0	0.0	1	3	1	2	0	.313	.313	0	0	SS-10, 3B-10, 2B-3
1961	LA N	84	229	55	5	1	2	0.9	20	15	26	37	1	.240	.297	1	0	2B-58, SS-25, 3B-4
11 yrs.		919	2272	562	80	11	16	0.7	245	187	205	229	10	.247	.313	19	1	SS-447, 2B-270, 3B-191, OF-1
2 yrs.		114	190	45	10	0	1	0.5	22	17	17	19	0	.237	.305	5	1	3B-46, 2B-34, SS-22

Greg Brock

BROCK, GREGORY ALLEN
B. June 14, 1957, McMinville, Ore.   BL TR 6'3"   200 lbs.

1982	LA N	18	17	2	1	0	0	0.0	1	1	1	5	0	.118	.176	13	2	1B-3
1983		146	455	102	14	2	20	4.4	64	66	83	81	5	.224	.396	6	1	1B-140
1984		88	271	61	6	0	14	5.2	33	34	39	37	8	.225	.402	8	0	1B-83
1985		129	438	110	19	0	21	4.8	64	66	54	72	4	.251	.438	9	2	1B-122
4 yrs.		381	1181	275	40	2	55	4.7	162	167	177	195	17	.233	.410	36	5	1B-348
4 yrs.		381	1181	275	40	2	55	4.7	162	167	177	195	17	.233	.410	36	5	1B-348

LEAGUE CHAMPIONSHIP SERIES

1983	LA N	3	9	0	0	0	0	0.0	1	0	0	3	0	.000	.000	0	0	1B-3
1985		5	12	1	0	0	1	8.3	2	2	2	2	0	.083	.333	1	0	1B-4
2 yrs.		8	21	1	0	0	1	4.8	3	2	2	5	0	.048	.190	1	0	1B-7

Matt Broderick

BRODERICK, MATTHEW THOMAS
B. Dec. 1, 1877, Lattimer Mines, Pa.   D. Feb. 26, 1940, Freeland, Pa.   TR 5'6½"   135 lbs.

| 1903 | BKN N | 2 | 2 | 0 | 0 | 0 | 0 | 0.0 | 0 | 0 | 0 | | 0 | .000 | .000 | 1 | 0 | 2B-1 |

Dan Brouthers

BROUTHERS, DENNIS JOSEPH (Big Dan)
B. May 8, 1858, Sylvan Lake, N.Y.   D. Aug. 2, 1932, East Orange, N.J.   BL TL 6'2"   207 lbs.
Hall of Fame 1945.

1879	TRO N	39	168	46	13	1	4	2.4	17	17	1	18		.274	.435	0	0	1B-37, P-3
1880		3	13	2	0	0	0	0.0	0		1	0		.154	.154	0	0	1B-3
1881	BUF N	65	270	86	18	9	8	3.0	60	45	18	22		.319	.541	0	0	OF-35, 1B-30
1882		84	351	129	23	11	6	1.7	71		21	7		.368	.547	0	0	1B-84
1883		98	425	159	41	17	3	0.7	85		16	17		.374	.572	0	0	1B-97, 3B-1, P-1
1884		94	398	130	22	16	14	3.5	82		33	20		.327	.568	0	0	1B-93, 3B-1
1885		98	407	146	32	11	7	1.7	87	60	34	10		.359	.543	0	0	1B-98
1886	DET N	121	489	181	40	15	11	2.2	139	72	66	16		.370	.581	0	0	1B-121
1887		123	500	169	36	20	12	2.4	153	101	71	9	34	.338	.562	0	0	1B-123

Player Register — 115

	G	AB	H	2B	3B	HR	HR%	R	RBI	BB	SO	SB	BA	SA	Pinch Hit AB	H	G by POS

Dan Brouthers continued

	G	AB	H	2B	3B	HR	HR%	R	RBI	BB	SO	SB	BA	SA	PH AB	H	G by POS
1888	129	522	160	33	11	9	1.7	118	66	68	13	34	.307	.464	0	0	1B-129
1889 BOS N	126	485	181	26	9	7	1.4	105	118	66	6	22	.373	.507	0	0	1B-126
1890 BOS P	123	464	160	36	9	1	0.2	117	97	99	17	28	.345	.468	0	0	1B-123
1891 BOS AA	130	486	170	26	19	5	1.0	117	108	87	20	31	.350	.512	0	0	1B-130
1892 BKN N	152	588	197	30	20	5	0.9	121	124	84	30	31	.335	.480	0	0	1B-152
1893	77	282	95	21	11	2	0.7	57	59	52	10	9	.337	.511	0	0	1B-77
1894 BAL N	123	525	182	39	23	9	1.7	137	128	67	9	38	.347	.560	0	0	1B-123
1895 2 teams	BAL N (5G – .261)			LOU N (24G – .309)													
" total	29	120	36	12	1	2	1.7	15	20	12	3	1	.300	.467	0	0	1B-29
1896 PHI N	57	218	75	13	3	1	0.5	42	41	44	11	7	.344	.445	0	0	1B-57
1904 NY N	2	5	0	0	0	0	0.0	0	0	0		0	.000	.000	1	0	1B-1
19 yrs.	1673	6716	2304	461	206	106	1.6	1523	1056	840	238	235	.343	.520	1	0	1B-1633, OF-35, P-4, 3B-2
					8th								9th				
2 yrs.	229	870	292	51	31	7	0.8	178	183	136	40	40	.336	.490	0	0	1B-229

Eddie Brown

BROWN, EDWARD WILLIAM (Glass Arm Eddie) BR TR 6'3" 190 lbs.
B. July 17, 1891, Milligan, Neb. D. Sept. 10, 1956, Vallejo, Calif.

	G	AB	H	2B	3B	HR	HR%	R	RBI	BB	SO	SB	BA	SA	PH AB	H	G by POS
1920 NY N	3	8	1	1	0	0	0.0	1	0	0	3	0	.125	.250	1	0	OF-2
1921	70	128	36	6	2	0	0.0	16	12	4	11	1	.281	.359	37	11	OF-30
1924 BKN N	114	455	140	30	4	5	1.1	56	78	26	15	3	.308	.424	0	0	OF-114
1925	153	618	189	39	11	5	0.8	88	99	22	18	3	.306	.429	0	0	OF-153
1926 BOS N	153	612	201	31	8	2	0.3	71	84	23	20	5	.328	.415	0	0	OF-153
1927	155	558	171	35	6	2	0.4	64	75	28	20	11	.306	.401	4	2	OF-150, 1B-1
1928	142	523	140	28	2	2	0.4	45	59	24	22	6	.268	.340	10	4	OF-129, 1B-1
7 yrs.	790	2902	878	170	33	16	0.6	341	407	127	109	29	.303	.400	52	17	OF-731, 1B-2
2 yrs.	267	1073	329	69	15	10	0.9	144	177	48	33	6	.307	.427	0	0	OF-267

Lindsay Brown

BROWN, JOHN LINDSAY (Red) BR TR 5'10" 160 lbs.
B. July 22, 1911, Mason, Tex. D. Jan. 1, 1967, San Antonio, Tex.

	G	AB	H	2B	3B	HR	HR%	R	RBI	BB	SO	SB	BA	SA	PH AB	H	G by POS
1937 BKN N	48	115	31	3	1	0	0.0	16	6	3	17	1	.270	.313	0	0	SS-45

Tommy Brown

BROWN, THOMAS MICHAEL (Buckshot) BR TR 6'1" 170 lbs.
B. Dec. 6, 1927, Brooklyn, N. Y.

	G	AB	H	2B	3B	HR	HR%	R	RBI	BB	SO	SB	BA	SA	PH AB	H	G by POS
1944 BKN N	46	146	24	4	0	0	0.0	17	8	8	17	0	.164	.192	0	0	SS-46
1945	57	196	48	3	4	2	1.0	13	19	6	16	3	.245	.332	1	0	SS-55, OF-1
1947	15	34	8	1	0	0	0.0	3	2	1	6	0	.235	.265	4	1	3B-6, OF-3, SS-1
1948	54	145	35	4	0	2	1.4	18	20	7	17	1	.241	.310	9	1	3B-43, 1B-1
1949	41	89	27	2	0	3	3.4	14	18	6	8	0	.303	.427	13	4	OF-27
1950	48	86	25	2	1	8	9.3	15	20	11	9	0	.291	.616	29	7	OF-16
1951 2 teams	BKN N (11G – .160)			PHI N (78G – .219)													
" total	89	221	47	4	1	10	4.5	26	33	17	25	1	.213	.376	26	4	OF-37, 2B-14, 1B-12, 3B-1
1952 2 teams	PHI N (18G – .160)			CHI N (61G – .320)													
" total	79	225	68	12	0	4	1.8	26	26	16	27	1	.302	.409	15	3	SS-39, 2B-10, 1B-8, OF-3
1953 CHI N	65	138	27	7	1	2	1.4	19	13	13	17	1	.196	.304	30	5	SS-25, OF-6
9 yrs.	494	1280	309	39	7	31	2.4	151	159	85	142	7	.241	.355	127	25	SS-166, OF-93, 3B-50, 2B-24, 1B-21
7 yrs.	272	721	171	18	5	15	2.1	82	88	41	77	4	.237	.338	61	14	SS-102, OF-52, 3B-49, 1B-1

WORLD SERIES

	G	AB	H	2B	3B	HR	HR%	R	RBI	BB	SO	SB	BA	SA	PH AB	H	G by POS
1949 BKN N	2	2	0	0	0	0	0.0	0	0	1	0	.000	.000	2	0		

George Browne

BROWNE, GEORGE EDWARD BL TR 5'10½" 160 lbs.
B. Jan. 12, 1876, Richmond, Va. D. Dec. 9, 1920, Hyde Park, N. Y.

	G	AB	H	2B	3B	HR	HR%	R	RBI	BB	SO	SB	BA	SA	PH AB	H	G by POS
1901 PHI N	8	26	5	1	0	0	0.0	2	4	1		2	.192	.231	0	0	OF-8
1902 2 teams	PHI N (70G – .260)			NY N (53G – .319)													
" total	123	497	142	16	6	0	0.0	71	40	25		24	.286	.342	0	0	OF-123
1903 NY N	141	591	185	20	3	3	0.5	105	45	43		27	.313	.372	0	0	OF-141
1904	150	596	169	16	5	4	0.7	99	39	39		24	.284	.347	1	0	OF-149
1905	127	536	157	16	14	4	0.7	95	43	20		26	.293	.397	0	0	OF-127
1906	122	477	126	10	4	0	0.0	61	38	27		32	.264	.302	1	0	OF-121
1907	127	458	119	11	10	5	1.1	54	37	31		15	.260	.360	4	0	OF-121
1908 BOS N	138	536	122	10	6	1	0.2	61	34	36		17	.228	.274	3	1	OF-138
1909 2 teams	CHI N (12G – .205)			WAS A (103G – .272)													
" total	115	432	115	15	6	1	0.2	47	17	22		16	.266	.336	2	0	OF-113
1910 2 teams	WAS A (7G – .182)			CHI A (30G – .241)													
" total	37	134	31	4	1	0	0.0	18	4	13		5	.231	.276	3	0	OF-34
1911 BKN N	8	12	4	0	0	0	0.0	1	2	1		2	.333	.333	4	0	OF-2
1912 PHI N	6	5	1	0	0	0	0.0	0	0	1		0	.200	.200	4	1	3B-1
12 yrs.	1102	4300	1176	119	55	18	0.4	614	303	259		190	.273	.339	22	2	OF-1077, 3B-1
1 yr.	8	12	4	0	0	0	0.0	1	2	1		2	.333	.333	4	0	OF-2

WORLD SERIES

	G	AB	H	2B	3B	HR	HR%	R	RBI	BB	SO	SB	BA	SA	PH AB	H	G by POS
1905 NY N	5	22	4	0	0	0	0.0	2	1	0	2	2	.182	.182	0	0	OF-5

Pete Browning

BROWNING, LOUIS ROGERS (The Gladiator) BR TR 6' 180 lbs.
B. June 17, 1861, Louisville, Ky. D. Sept. 10, 1905, Louisville, Ky.

	G	AB	H	2B	3B	HR	HR%	R	RBI	BB	SO	SB	BA	SA	PH AB	H	G by POS
1882 LOU AA	69	288	110	19	3	5	1.7	67	26				.382	.521	0	0	2B-42, SS-18, 3B-13
1883	84	360	121	14	11	4	1.1	95	23				.336	.469	0	0	OF-48, SS-26, 3B-10, 2B-3, 1B-1
1884	105	454	150	34	8	4	0.9	101	13				.330	.467	0	0	3B-52, OF-24, 1B-23, 2B-4, P-1

Player Register

	G	AB	H	2B	3B	HR	HR%	R	RBI	BB	SO	SB	BA	SA	Pinch Hit AB	H	G by POS

Pete Browning continued

	G	AB	H	2B	3B	HR	HR%	R	RBI	BB	SO	SB	BA	SA	PH AB	PH H	G by POS
1885	112	481	**174**	34	10	9	1.9	98		25			**.362**	.530	0	0	OF-112
1886	112	467	159	29	6	3	0.6	86		30			.340	.448	0	0	OF-112
1887	134	547	220	36	18	4	0.7	137		55		103	.402	.556	0	0	OF-134
1888	99	383	120	23	8	3	0.8	58	72	37		36	.313	.439	0	0	OF-99
1889	83	324	83	19	5	2	0.6	39	32	34	30	21	.256	.364	0	0	OF-83
1890 CLE P	118	493	191	**40**	8	5	1.0	114	93	75	36	35	**.387**	.531	0	0	OF-118
1891 2 teams	PIT	N (50G –	.291)		CIN	N	(55G –	.343)									
" total	105	419	133	24	4	4	1.0	64	61	51	54	16	.317	.422	0	0	OF-105
1892 2 teams	LOU	N (21G –	.247)		CIN	N	(83G –	.303)									
" total	104	384	112	16	5	3	0.8	57	56	52	32	13	.292	.383	0	0	OF-103, 1B-2
1893 LOU N	57	220	78	11	3	1	0.5	38	37	44	15	8	.355	.445	0	0	OF-57
1894 2 teams	STL	N (2G –	.143)		BKN	N	(1G –	1.000)									
" total	3	9	3	0	0	0	0.0	2	2	1	0	0	.333	.333	0	0	OF-3
13 yrs.	1185	4829	1654	299	89	47	1.0	956	352	466	167	232	.343 10th	.470	0	0	OF-998, 3B-75, 2B-49, SS-44, 1B-26, P-1
1 yr.	1	2	2	0	0	0	0.0	1	2	1	0	0	1.000	1.000	0	0	OF-1

Ralph Bryant

BRYANT, RALPH WENDELL
B. May 20, 1961, Fort Gaines, Ga.
BL TR 6'2" 200 lbs.

	G	AB	H	2B	3B	HR	HR%	R	RBI	BB	SO	SB	BA	SA	PH AB	PH H	G by POS
1985 LA N	6	6	2	0	0	0	0.0	0	1	0	2	0	.333	.333	4	1	OF-3

Jim Bucher

BUCHER, JAMES QUINTER
B. Mar. 11, 1911, Manassas, Va.
BL TR 5'11" 170 lbs.

	G	AB	H	2B	3B	HR	HR%	R	RBI	BB	SO	SB	BA	SA	PH AB	PH H	G by POS
1934 BKN N	47	84	19	5	2	0	0.0	12	8	4	7	1	.226	.333	18	8	2B-20, 3B-6
1935	123	473	143	22	1	7	1.5	72	58	10	33	4	.302	.397	12	0	3B-41, 3B-39, OF-37
1936	110	370	93	12	8	2	0.5	49	41	29	27	5	.251	.343	10	3	3B-39, 2B-32, OF-30
1937	125	380	96	11	2	4	1.1	44	37	20	18	5	.253	.324	23	3	2B-49, 3B-43, OF-6
1938 STL N	17	57	13	3	1	0	0.0	7	7	2	2	0	.228	.316	2	1	2B-14, 3B-1
1944 BOS A	80	277	76	9	2	4	1.4	39	31	19	13	3	.274	.365	15	5	3B-44, 2B-21
1945	52	151	34	4	3	0	0.0	19	11	7	13	1	.225	.291	17	2	3B-32, 2B-2
7 yrs.	554	1792	474	66	19	17	0.9	242	193	91	113	19	.265	.351	97	22	3B-204, 2B-179, OF-73
4 yrs.	405	1307	351	50	13	13	1.0	177	144	63	85	15	.269	.357	63	14	2B-142, 3B-127, OF-73

Bill Buckner

BUCKNER, WILLIAM JOSEPH
B. Dec. 14, 1949, Vallejo, Calif.
BL TL 6' 185 lbs.

	G	AB	H	2B	3B	HR	HR%	R	RBI	BB	SO	SB	BA	SA	PH AB	PH H	G by POS
1969 LA N	1	1	0	0	0	0	0.0	0	0	0	0	0	.000	.000	1	0	
1970	28	68	13	3	1	0	0.0	6	4	3	7	0	.191	.265	8	2	OF-20, 1B-1
1971	108	358	99	15	1	5	1.4	37	41	11	18	4	.277	.366	17	5	OF-86, 1B-11
1972	105	383	122	14	3	5	1.3	47	37	17	13	10	.319	.410	11	3	OF-61, 1B-35
1973	140	575	158	20	0	8	1.4	68	46	17	34	12	.275	.351	9	2	1B-93, OF-48
1974	145	580	182	30	3	7	1.2	83	58	30	24	31	.314	.412	9	1	OF-137, 1B-6
1975	92	288	70	11	2	6	2.1	30	31	17	15	8	.243	.358	19	3	OF-72
1976	154	642	193	28	4	7	1.1	76	60	26	26	28	.301	.389	1	0	OF-153, 1B-1
1977 CHI N	122	426	121	27	0	11	2.6	40	60	21	23	7	.284	.425	22	7	1B-99
1978	117	446	144	26	1	5	1.1	47	74	18	17	7	.323	.419	12	2	1B-105
1979	149	591	168	34	7	14	2.4	72	66	30	28	9	.284	.437	8	3	1B-140
1980	145	578	187	41	3	10	1.7	69	68	30	18	1	**.324**	.457	6	0	1B-94, OF-50
1981	106	421	131	**35**	3	10	2.4	45	75	26	16	5	.311	.480	2	1	1B-105
1982	161	**657**	201	34	5	15	2.3	93	105	36	26	15	.306	.441	0	0	1B-161
1983	153	626	175	**38**	6	16	2.6	79	66	25	30	12	.280	.436	2	1	1B-144, OF-15
1984 2 teams	CHI	N (21G –	.209)		BOS	A	(114G –	.278)									
" total	135	482	131	21	2	11	2.3	54	69	25	39	2	.272	.392	12	3	1B-120, OF-2
1985 BOS A	162	673	201	46	3	16	2.4	89	110	30	36	18	.299	.447	0	0	1B-162
17 yrs.	2023	7795	2296	423	44	146	1.9	935	970	362	370	169	.295	.416	139	32	1B-1277, OF-644
8 yrs.	773	2895	837	121	14	38	1.3	347	277	121	137	93	.289	.380	75	15	OF-577, 1B-147

LEAGUE CHAMPIONSHIP SERIES

	G	AB	H	2B	3B	HR	HR%	R	RBI	BB	SO	SB	BA	SA	PH AB	PH H	G by POS
1974 LA N	4	18	3	1	0	0	0.0	0	0	0	2	0	.167	.222	0	0	OF-4

WORLD SERIES

	G	AB	H	2B	3B	HR	HR%	R	RBI	BB	SO	SB	BA	SA	PH AB	PH H	G by POS
1974 LA N	5	20	5	1	0	1	5.0	1	1	0	1	0	.250	.450	0	0	OF-5

Al Burch

BURCH, ALBERT WILLIAM
B. Oct. 7, 1883, Albany, N. Y.   D. Oct. 5, 1926, Brooklyn, N. Y.
BL TR 5'8½" 160 lbs.

	G	AB	H	2B	3B	HR	HR%	R	RBI	BB	SO	SB	BA	SA	PH AB	PH H	G by POS
1906 STL N	91	335	89	5	1	0	0.0	40	11	27		15	.266	.287	0	0	OF-91
1907 2 teams	STL	N (48G –	.227)		BKN	N	(40G –	.292)									
" total	88	274	70	5	3	0	0.0	30	17	28		12	.255	.296	3	0	OF-84, 2B-1
1908 BKN N	123	456	111	8	4	2	0.4	45	18	33		15	.243	.292	6	1	OF-116
1909	152	601	163	20	6	1	0.2	80	30	51		38	.271	.329	0	0	OF-151, 1B-1
1910	103	352	83	8	3	1	0.3	41	20	22	30	13	.236	.284	18	7	OF-70, 1B-13
1911	54	167	38	2	3	0	0.0	18	7	15	22	3	.228	.275	6	0	OF-43, 2B-3
6 yrs.	611	2185	554	48	20	4	0.2	254	103	186	52	96	.254	.299	33	8	OF-555, 1B-14, 2B-4
5 yrs.	472	1696	430	40	18	4	0.2	196	87	132	52	74	.254	.305	33	8	OF-416, 1B-14, 2B-4

Jack Burdock

BURDOCK, JOHN JOSEPH (Black Jack)
B. 1851, Brooklyn, N. Y.   D. Nov. 28, 1931, Brooklyn, N. Y.
Manager 1883.
BR TR 5'9½" 158 lbs.

	G	AB	H	2B	3B	HR	HR%	R	RBI	BB	SO	SB	BA	SA	PH AB	PH H	G by POS
1876 HAR N	69	309	80	9	1	0	0.0	66	23	13	16		.259	.294	0	0	2B-69, 3B-1
1877	58	277	72	6	0	0	0.0	35	9	2	16		.260	.282	0	0	2B-55, 3B-3
1878 BOS N	60	246	64	12	6	0	0.0	37	25	3	17		.260	.358	0	0	2B-60
1879	84	359	86	10	3	0	0.0	64	36	9	28		.240	.284	0	0	2B-84
1880	86	356	90	17	4	2	0.6	58	35	8	26		.253	.340	0	0	2B-86

Jack Burdock continued

	G	AB	H	2B	3B	HR	HR%	R	RBI	BB	SO	SB	BA	SA	Pinch Hit AB	H	G by POS
1881	73	282	67	12	4	1	0.4	36	24	7	18		.238	.319	0	0	2B-72, SS-1
1882	83	319	76	6	7	0	0.0	36	27	9	24		.238	.301	0	0	2B-83
1883	96	400	132	27	8	5	1.3	80	88	14	35		.330	.475	0	0	2B-96
1884	87	361	97	14	4	6	1.7	65		15	52		.269	.380	0	0	2B-87, 3B-1
1885	45	169	24	5	0	0	0.0	18	7	8	18		.142	.172	0	0	2B-45
1886	59	221	48	6	1	0	0.0	26	25	11	27		.217	.253	0	0	2B-59
1887	65	237	61	6	0	0	0.0	36	29	18	22	19	.257	.283	0	0	2B-65
1888 2 teams		BOS	N (22G - .203)			BKN	AA (70G - .122)										
" total	92	325	46	1	2	1	0.3	20	12	10	5	10	.142	.166	0	0	2B-92
1891 BKN N	3	12	1	0	0	0	0.0	1	1	1	1	0	.083	.083	0	0	2B-3
14 yrs.	960	3873	944	131	40	15	0.4	578	341	128	305	29	.244	.310	0	0	2B-956, 3B-5, SS-1
1 yr.	3	12	1	0	0	0	0.0	1	1	1	1	0	.083	.083	0	0	2B-3

Glenn Burke

BURKE, GLENN LAWRENCE BR TR 6' 195 lbs.
B. Nov. 16, 1952, Oakland, Calif.

	G	AB	H	2B	3B	HR	HR%	R	RBI	BB	SO	SB	BA	SA	Pinch Hit AB	H	G by POS
1976 LA N	25	46	11	2	0	0	0.0	9	5	3	8	3	.239	.283	1	0	OF-20
1977	83	169	43	8	0	1	0.6	16	13	5	22	13	.254	.320	9	0	OF-74
1978 2 teams		LA	N (16G - .211)			OAK	A (78G - .235)										
" total	94	219	51	6	1	1	0.5	21	16	10	30	16	.233	.283	2	0	OF-82, DH-2, 1B-1
1979 OAK A	23	89	19	2	1	0	0.0	4	4	4	10	3	.213	.258	0	0	OF-23
4 yrs.	225	523	124	18	2	2	0.4	50	38	22	70	35	.237	.291	12	0	OF-199, DH-2, 1B-1
3 yrs.	124	234	58	10	0	1	0.4	27	20	8	34	17	.248	.303	10	0	OF-109

LEAGUE CHAMPIONSHIP SERIES
| 1977 LA N | 4 | 7 | 0 | 0 | 0 | 0 | 0.0 | 0 | 0 | 0 | 3 | 0 | .000 | .000 | 0 | 0 | OF-4 |

WORLD SERIES
| 1977 LA N | 3 | 5 | 1 | 0 | 0 | 0 | 0.0 | 0 | 0 | 0 | 1 | 0 | .200 | .200 | 0 | 0 | OF-3 |

Oyster Burns

BURNS, THOMAS P. BR TR 5'8" 183 lbs.
B. Sept. 6, 1864, Philadelphia, Pa.   D. Nov. 11, 1928, Brooklyn, N. Y.

	G	AB	H	2B	3B	HR	HR%	R	RBI	BB	SO	SB	BA	SA	Pinch Hit AB	H	G by POS
1884 2 teams		WIL	U (2G - .143)			BAL	AA (35G - .298)										
" total	37	138	40	2	7	6	4.3	34		8			.290	.536	0	0	OF-24, 2B-10, SS-2, P-2, 3B-1
1885 BAL AA	78	321	74	11	6	5	1.6	47		16			.231	.349	0	0	OF-45, P-15, SS-10, 3B-6, 2B-6, 1B-1
1887	140	551	188	33	19	10	1.8	122		63		58	.341	.525	0	0	SS-98, 3B-42, P-3, 2B-1
1888 2 teams		BAL	AA (79G - .308)			BKN	AA (52G - .286)										
" total	131	528	158	27	15	6	1.1	95	67	38		44	.299	.441	0	0	OF-70, SS-59, P-5, 2B-4, 3B-2
1889 BKN AA	131	504	153	19	13	5	1.0	105	100	68	26	32	.304	.423	0	0	OF-113, SS-19
1890 BKN N	119	472	134	22	13	13	2.8	102	128	51	42	21	.284	.468	0	0	OF-116, 3B-3
1891	123	470	134	24	13	4	0.9	75	83	53	30	21	.285	.417	0	0	OF-113, SS-6, 3B-5
1892	141	542	171	27	18	4	0.7	91	96	65	42	33	.315	.454	0	0	OF-129, 3B-7, SS-5
1893	109	415	112	22	8	7	1.7	68	60	36	16	14	.270	.412	0	0	OF-108, SS-1
1894	126	513	185	32	14	5	1.0	107	109	44	18	30	.361	.507	0	0	OF-125
1895 2 teams		BKN	N (20G - .184)			NY	N (33G - .307)										
" total	53	190	49	5	8	1	0.5	28	32	22	8	10	.258	.384	1	0	OF-32, 1B-1
11 yrs.	1188	4644	1398	224	134	66	1.4	874	674	464	182	263	.301	.450	1	0	OF-875, SS-200, 3B-66, P-25, 2B-21, 1B-2
6 yrs.	638	2488	750	127	71	33	1.3	450	483	257	150	119	.301	.449	1	0	OF-591, 3B-15, SS-12

Buster Burrell

BURRELL, FRANK ANDREW BR TR 5'10" 165 lbs.
B. Dec. 8, 1866, E. Weymouth, Mass.   D. May 8, 1962, S. Weymouth, Mass.

	G	AB	H	2B	3B	HR	HR%	R	RBI	BB	SO	SB	BA	SA	Pinch Hit AB	H	G by POS
1891 NY N	15	53	5	0	0	0	0.0	1	1	3	12	2	.094	.094	0	0	C-15, OF-1
1895 BKN N	12	28	4	0	1	0	3.6	7	5	4	3	0	.143	.250	0	0	C-12
1896	62	206	62	11	3	0	0.0	19	23	15	13	1	.301	.383	2	0	C-60
1897	33	103	25	2	0	2	1.9	15	18	10		1	.243	.320	2	1	C-27, 1B-4
4 yrs.	122	390	96	13	3	3	0.8	42	47	32	28	4	.246	.318	4	1	C-114, 1B-4, OF-1
3 yrs.	107	337	91	13	3	3	0.9	41	46	29	16	2	.270	.353	4	1	C-99, 1B-4

Larry Burright

BURRIGHT, LARRY ALLEN (Possum) BR TR 5'11" 170 lbs.
B. July 10, 1937, Roseville, Ill.

	G	AB	H	2B	3B	HR	HR%	R	RBI	BB	SO	SB	BA	SA	Pinch Hit AB	H	G by POS
1962 LA N	115	249	51	6	5	4	1.6	35	30	21	67	4	.205	.317	1	0	2B-109, SS-1
1963 NY N	41	100	22	2	1	0	0.0	9	3	8	25	1	.220	.260	2	0	SS-19, 2B-15, 3B-1
1964	3	7	0	0	0	0	0.0	0	0	0	0	0	.000	.000	0	0	2B-3
3 yrs.	159	356	73	8	6	4	1.1	44	33	29	92	5	.205	.295	3	0	2B-127, SS-20, 3B-1
1 yr.	115	249	51	6	5	4	1.6	35	30	21	67	4	.205	.317	1	0	2B-109, SS-1

Doc Bushong

BUSHONG, ALBERT JOHN BR TR 5'11" 165 lbs.
B. Jan. 10, 1856, Philadelphia, Pa.   D. Aug. 19, 1908, Brooklyn, N. Y.

	G	AB	H	2B	3B	HR	HR%	R	RBI	BB	SO	SB	BA	SA	Pinch Hit AB	H	G by POS
1876 PHI N	5	21	1	0	0	0	0.0	4	1	0			.048	.048	0	0	C-5
1880 WOR N	41	146	25	3	0	0	0.0	13		1	16		.171	.192	0	0	C-40, OF-1, 3B-1
1881	76	275	64	7	4	0	0.0	35	21	21	23		.233	.287	0	0	C-76
1882	69	253	40	4	1	1	0.4	20	15	5	17		.158	.194	0	0	C-69
1883 CLE N	63	215	37	5	0	0	0.0	15		7	19		.172	.195	0	0	C-63
1884	62	203	48	6	1	0	0.0	24	10	17	11		.236	.276	0	0	C-62, OF-1
1885 STL AA	85	300	80	13	5	0	0.0	42		11			.267	.343	0	0	C-85, 3B-1
1886	107	386	86	8	0	1	0.3	56		31			.223	.251	0	0	C-106, 1B-1
1887	53	201	51	4	0	0	0.0	35		11		14	.254	.274	0	0	C-52, OF-2, 3B-2
1888 BKN AA	69	253	53	5	1	0	0.0	23	16	5		9	.209	.237	0	0	C-69
1889	25	84	13	1	0	0	0.0	15	8	9	7	2	.155	.167	0	0	C-25

Player Register 118

	G	AB	H	2B	3B	HR	HR%	R	RBI	BB	SO	SB	BA	SA	Pinch Hit AB	H	G by POS

Doc Bushong continued
1890 BKN N	16	55	13	2	0	0	0.0	5	7	6	4	2	.236	.273	0	0	C-15, OF-1
12 yrs.	671	2392	511	58	12	2	0.1	287	78	124	97	27	.214	.250	0	0	C-667, OF-5, 3B-4, 1B-1
1 yr.	16	55	13	2	0	0	0.0	5	7	6	4	2	.236	.273	0	0	C-15, OF-1

John Butler
BUTLER, JOHN ALBERT   BR TR 5'7"   170 lbs.
Played as Fred King in 1901.
B. July 26, 1879, Boston, Mass.   D. Feb. 2, 1950, Boston, Mass.

	G	AB	H	2B	3B	HR	HR%	R	RBI	BB	SO	SB	BA	SA	PH AB	H	G by POS
1901 MIL A	1	3	0	0	0	0	0.0	0	0	0		0	.000	.000	0	0	C-1
1904 STL N	12	37	6	1	0	0	0.0	0	1	4		0	.162	.189	0	0	C-12
1906 BKN N	1	0	0	0	0	0	–	0	0	0		0	–	–	0	0	C-1
1907	30	79	10	1	0	0	0.0	6	2	9		0	.127	.139	1	0	C-28, OF-1
4 yrs.	44	119	16	2	0	0	0.0	6	3	13		0	.134	.151	1	0	C-42, OF-1
2 yrs.	31	79	10	1	0	0	0.0	6	2	9		0	.127	.139	1	0	C-29, OF-1

Johnny Butler
BUTLER, JOHN STEPHEN (Trolley Line)   BR TR 6'   175 lbs.
B. Mar. 8, 1894, Eureka, Kans.   D. Apr. 29, 1967, Long Beach, Calif.

	G	AB	H	2B	3B	HR	HR%	R	RBI	BB	SO	SB	BA	SA	PH AB	H	G by POS
1926 BKN N	147	501	135	27	5	1	0.2	54	68	54	44	6	.269	.349	0	0	SS-102, 3B-42, 2B-8
1927	149	521	124	13	6	2	0.4	39	57	34	33	9	.238	.298	1	0	SS-90, 3B-60
1928 CHI N	62	174	47	7	0	0	0.0	17	16	19	7	2	.270	.310	1	0	3B-59, SS-2
1929 STL N	17	55	9	1	1	0	0.0	5	5	4	5	0	.164	.218	0	0	3B-9, SS-8
4 yrs.	375	1251	315	48	12	3	0.2	115	146	111	89	17	.252	.317	2	0	SS-202, 3B-170, 2B-8
2 yrs.	296	1022	259	40	11	3	0.3	93	125	88	77	15	.253	.323	1	0	SS-192, 3B-102, 2B-8

Enos Cabell
CABELL, ENOS MILTON   BR TR 6'4"   170 lbs.
B. Oct. 8, 1949, Fort Riley, Kans.

	G	AB	H	2B	3B	HR	HR%	R	RBI	BB	SO	SB	BA	SA	PH AB	H	G by POS
1972 BAL A	3	5	0	0	0	0	0.0	0	1	0	0	0	.000	.000	1	0	1B-1
1973	32	47	10	2	0	1	2.1	12	3	3	7	1	.213	.319	4	1	1B-23, 3B-1
1974	80	174	42	4	2	3	1.7	24	17	7	20	5	.241	.339	4	1	1B-28, OF-22, 3B-19, 2B-1
1975 HOU N	117	348	92	17	6	2	0.6	43	43	18	53	12	.264	.365	17	7	OF-67, 1B-25, 3B-22
1976	144	586	160	13	7	2	0.3	85	43	29	79	35	.273	.329	1	0	3B-143, 1B-3
1977	150	625	176	36	7	16	2.6	101	68	27	55	42	.282	.438	3	0	3B-144, 1B-8, SS-1
1978	162	660	195	31	8	7	1.1	92	71	22	80	33	.295	.398	0	0	3B-153, 1B-14, SS-1
1979	155	603	164	30	5	6	1.0	60	67	21	68	37	.272	.368	0	0	3B-132, 1B-51
1980	152	604	167	23	8	2	0.3	69	55	26	84	21	.276	.351	1	1	3B-150, 1B-1
1981 SF N	96	396	101	20	1	2	0.5	41	36	10	47	6	.255	.326	6	1	1B-69, 3B-22
1982 DET A	125	464	121	17	3	2	0.4	45	37	15	48	15	.261	.323	10	2	1B-83, 3B-59, OF-3
1983	121	392	122	23	5	5	1.3	62	46	16	41	4	.311	.434	11	4	1B-106, DH-8, 3B-4, SS-1
1984 HOU N	127	436	135	17	8	8	1.8	52	44	21	47	8	.310	.417	17	5	1B-112
1985 2 teams		HOU N (60G – .245)				LA N (57G – .292)											
" total	117	335	91	19	1	2	0.6	40	36	30	36	9	.272	.352	31	10	1B-70, 3B-32, OF-4
14 yrs.	1581	5675	1576	252	56	58	1.0	726	567	245	665	228	.278	.373	106	31	3B-881, 1B-594, OF-96, DH-8, SS-3, 2B-1
1 yr.	57	192	56	11	0	0	0.0	20	22	14	21	6	.292	.349	11	4	3B-32, 1B-21, OF-4

LEAGUE CHAMPIONSHIP SERIES
	G	AB	H	2B	3B	HR	HR%	R	RBI	BB	SO	SB	BA	SA	PH AB	H	G by POS
1974 BAL A	3	4	1	0	0	0	0.0	0	0	0	2	0	.250	.250	1	0	OF-1
1980 HOU N	5	21	5	1	0	0	0.0	1	0	1	3	0	.238	.286	0	0	3B-5
1985 LA N	5	13	1	0	0	0	0.0	1	0	0	3	0	.077	.077	3	0	1B-3
3 yrs.	13	38	7	1	0	0	0.0	2	0	1	8	0	.184	.211	4	0	3B-5, 1B-3, OF-1

Bruce Caldwell
CALDWELL, BRUCE   BR TR 6'   195 lbs.
B. Feb. 8, 1906, Ashton, R. I.   D. Feb. 15, 1959, New Haven, Conn.

	G	AB	H	2B	3B	HR	HR%	R	RBI	BB	SO	SB	BA	SA	PH AB	H	G by POS
1928 CLE A	18	27	6	1	1	0	0.0	2	3	2	2	1	.222	.333	7	0	OF-10, 1B-1
1932 BKN N	7	11	1	0	0	0	0.0	2	2	2	0	0	.091	.091	1	1	1B-6
2 yrs.	25	38	7	1	1	0	0.0	4	5	4	4	1	.184	.263	8	1	OF-10, 1B-7
1 yr.	7	11	1	0	0	0	0.0	2	2	2	0	0	.091	.091	1	1	1B-6

Leo Callahan
CALLAHAN, LEO DAVID   BL TL 5'8"   142 lbs.
B. Aug. 9, 1890, Jamaica Plain, Mass.   D. May 2, 1982, Erie, Pa.

	G	AB	H	2B	3B	HR	HR%	R	RBI	BB	SO	SB	BA	SA	PH AB	H	G by POS
1913 BKN N	33	41	7	3	1	0	0.0	6	3	4	5	0	.171	.293	24	5	OF-8
1919 PHI N	81	235	54	14	4	1	0.4	26	9	29	19	5	.230	.336	21	3	OF-58
2 yrs.	114	276	61	17	5	1	0.4	32	12	33	24	5	.221	.330	45	8	OF-66
1 yr.	33	41	7	3	1	0	0.0	6	3	4	5	0	.171	.293	24	5	OF-8

Dolf Camilli
CAMILLI, ADOLF LOUIS   BL TL 5'10"   185 lbs.
Father of Doug Camilli.
B. Apr. 23, 1907, San Francisco, Calif.

	G	AB	H	2B	3B	HR	HR%	R	RBI	BB	SO	SB	BA	SA	PH AB	H	G by POS
1933 CHI N	16	58	13	2	1	2	3.4	8	7	4	11	3	.224	.397	0	0	1B-16
1934 2 teams		CHI N (32G – .275)				PHI N (102G – .265)											
" total	134	498	133	28	3	16	3.2	69	87	53	94	4	.267	.432	0	0	1B-134
1935 PHI N	156	602	157	23	5	25	4.2	88	83	65	113	9	.261	.440	0	0	1B-156
1936	151	530	167	29	13	28	5.3	106	102	116	84	5	.315	.577	1	1	1B-150
1937	131	475	161	23	7	27	5.7	101	80	90	82	6	.339	.587	0	0	1B-131
1938 BKN N	146	509	128	25	11	24	4.7	106	100	119	101	6	.251	.485	0	0	1B-145
1939	157	565	164	30	12	26	4.6	105	104	110	107	1	.290	.524	0	0	1B-157
1940	142	512	147	29	13	23	4.5	92	96	89	83	9	.287	.529	1	0	1B-140
1941	149	529	151	29	8	34	6.4	92	120	104	115	3	.285	.556	1	0	1B-148
1942	150	524	132	23	7	26	5.0	89	109	97	85	10	.252	.471	0	0	1B-150
1943	95	353	87	15	6	6	1.7	56	43	65	48	2	.246	.374	0	0	1B-95

Player Register

	G	AB	H	2B	3B	HR	HR%	R	RBI	BB	SO	SB	BA	SA	Pinch Hit AB	Pinch Hit H	G by POS

Dolf Camilli continued

1945 BOS A	63	198	42	5	2	2	1.0	24	19	35	38	2	.212	.288	8	1	1B-54
12 yrs.	1490	5353	1482	261	86	239	4.5	936	950	947	961	60	.277	.492	11	2	1B-1476
6 yrs.	839	2992	809	151	55	139	4.6	540	572	584	539	31	.270	.497	2	0	1B-835
							9th	8th			9th			7th			

WORLD SERIES
1941 BKN N	5	18	3	1	0	0	0.0	1	1	1	6	0	.167	.222	0	0	1B-5

Doug Camilli

CAMILLI, DOUGLASS JOSEPH
Son of Dolf Camilli.
B. Sept. 22, 1936, Philadelphia, Pa.
BR TR 5'11" 195 lbs.

1960 LA N	6	24	8	2	0	1	4.2	4	3	1	4	0	.333	.542	1	0	C-6
1961	13	30	4	0	0	3	10.0	3	4	1	9	0	.133	.433	4	0	C-12
1962	45	88	25	5	2	4	4.5	16	22	12	21	0	.284	.523	6	3	C-39
1963	49	117	19	1	1	3	2.6	9	10	11	22	0	.162	.265	3	1	C-47
1964	50	123	22	3	0	0	0.0	1	10	8	19	0	.179	.203	3	0	C-46
1965 WAS A	75	193	37	6	1	3	1.6	13	18	16	34	0	.192	.280	14	2	C-59
1966	44	107	22	4	0	2	1.9	5	8	3	19	0	.206	.299	3	1	C-39
1967	30	82	15	1	0	2	2.4	5	5	4	16	0	.183	.268	6	2	C-24
1969	1	3	1	0	0	0	0.0	0	0	0	2	0	.333	.333	0	0	C-1
9 yrs.	313	767	153	22	4	18	2.3	56	80	56	146	0	.199	.309	40	9	C-273
5 yrs.	163	382	78	11	3	11	2.9	33	49	33	75	0	.204	.335	17	4	C-150

Roy Campanella

CAMPANELLA, ROY
B. Nov. 19, 1921, Philadelphia, Pa.
Hall of Fame 1969.
BR TR 5'9½" 190 lbs.

1948 BKN N	83	279	72	11	3	9	3.2	32	45	36	45	3	.258	.416	4	1	C-78
1949	130	436	125	22	2	22	5.0	65	82	67	36	3	.287	.498	3	1	C-127
1950	126	437	123	19	3	31	7.1	70	89	55	51	1	.281	.551	3	2	C-123
1951	143	505	164	33	1	33	6.5	90	108	53	51	1	.325	.590	5	2	C-140
1952	128	468	126	18	1	22	4.7	73	97	57	59	8	.269	.453	6	1	C-122
1953	144	519	162	26	3	41	7.9	103	**142**	67	58	4	.312	.611	9	5	C-140
1954	111	397	82	14	3	19	4.8	43	51	42	49	1	.207	.401	1	0	C-111
1955	123	446	142	20	1	32	7.2	81	107	56	41	2	.318	.583	3	2	C-121
1956	124	388	85	6	1	20	5.2	39	73	66	61	1	.219	.394	7	0	C-121
1957	103	330	80	9	0	13	3.9	31	62	34	50	1	.242	.388	4	1	C-100
10 yrs.	1215	4205	1161	178	18	242	5.8	627	856	533	501	25	.276	.500	45	15	C-1183
10 yrs.	1215	4205	1161	178	18	242	5.8	627	856	533	501	25	.276	.500	45	15	C-1183
							3rd	3rd		7th				6th			

WORLD SERIES
1949 BKN N	5	15	4	1	0	1	6.7	2	2	3	1	0	.267	.533	0	0	C-5
1952	7	28	6	0	0	0	0.0	0	1	1	6	0	.214	.214	0	0	C-7
1953	6	22	6	0	0	1	4.5	6	2	2	3	0	.273	.409	0	0	C-6
1955	7	27	7	3	0	2	7.4	4	4	3	3	0	.259	.593	0	0	C-7
1956	7	22	4	1	0	0	0.0	2	3	3	7	0	.182	.227	0	0	C-7
5 yrs.	32	114	27	5	0	4	3.5	14	12	12	20	0	.237	.386	0	0	C-32

Al Campanis

CAMPANIS, ALEXANDER SEBASTIAN
Father of Jim Campanis.
B. Nov. 2, 1916, Kos, Greece
BB TR 6' 185 lbs.

1943 BKN N	7	20	2	0	0	0	0.0	3	0	4	5	0	.100	.100	0	0	2B-7

Jim Campanis

CAMPANIS, JAMES ALEXANDER
Son of Al Campanis.
B. Feb. 9, 1944, New York, N.Y.
BR TR 6' 195 lbs.

1966 LA N	1	1	0	0	0	0	0.0	0	0	0	0	0	.000	.000	1	0	C-1
1967	41	62	10	1	0	2	3.2	3	2	9	14	0	.161	.274	24	5	C-23
1968	4	11	1	0	0	0	0.0	0	1	1	2	0	.091	.091	0	0	C-4
1969 KC A	30	83	13	5	0	0	0.0	4	5	5	19	0	.157	.217	7	1	C-26
1970	31	54	7	0	0	2	3.7	6	2	4	14	0	.130	.241	16	1	C-13, OF-1
1973 PIT N	6	6	1	0	0	0	0.0	0	0	0	0	0	.167	.167	6	1	
6 yrs.	113	217	32	6	0	4	1.8	13	9	19	49	0	.147	.230	54	8	C-67, OF-1
3 yrs.	46	74	11	1	0	2	2.7	3	2	10	16	0	.149	.243	25	5	C-28

Gilly Campbell

CAMPBELL, WILLIAM GILTHORPE
B. Feb. 13, 1908, Kansas City, Kans. D. Feb. 21, 1973, Los Angeles, Calif.
BL TR 5'11" 176 lbs.

1933 CHI N	46	89	25	3	1	1	1.1	11	10	7	4	0	.281	.371	23	6	C-20
1935 CIN N	88	218	56	7	0	3	1.4	26	30	42	7	3	.257	.330	15	4	C-66, 1B-5, OF-1
1936	89	235	63	13	1	1	0.4	28	40	43	14	2	.268	.345	14	3	C-71, 1B-1
1937	18	40	11	2	0	0	0.0	3	2	5	1	0	.275	.325	1	0	C-17
1938 BKN N	54	126	31	5	0	0	0.0	10	11	19	9	0	.246	.286	10	2	C-44
5 yrs.	295	708	186	30	2	5	0.7	78	93	116	35	5	.263	.332	63	15	C-218, 1B-6, OF-1
1 yr.	54	126	31	5	0	0	0.0	10	11	19	9	0	.246	.286	10	2	C-44

Jimmy Canavan

CANAVAN, JAMES EDWARD
B. Nov. 26, 1866, New Bedford, Mass. D. May 26, 1949, New Bedford, Mass.
BR TR 5'8" 160 lbs.

1891 C-M AA	136	568	135	15	18	10	1.8	107	87	43	54	28	.238	.380	0	0	SS-112, 2B-24
1892 CHI N	118	439	73	10	11	0	0.0	48	32	48	48	33	.166	.239	0	0	2B-112, OF-4, SS-2
1893 CIN N	121	461	104	13	7	5	1.1	65	64	51	20	31	.226	.317	1	0	OF-116, 2B-5, 3B-1
1894	101	356	97	16	9	13	3.7	77	70	62	25	13	.272	.478	1	0	OF-95, SS-3, 3B-2, 2B-1,

Player Register   120

	G	AB	H	2B	3B	HR	HR%	R	RBI	BB	SO	SB	BA	SA	Pinch Hit AB	H	G by POS

Jimmy Canavan continued

1897 BKN N	63	240	52	9	3	2	0.8	25	34	26		9	.217	.304	0	0	2B-63
5 yrs.	539	2064	461	63	48	30	1.5	322	287	230	147	114	.223	.344	2	0	OF-215, 2B-205, SS-117, 3B-3, 1B-1
1 yr.	63	240	52	9	3	2	0.8	25	34	26		9	.217	.304	0	0	2B-63

Chris Cannizzaro   CANNIZZARO, CHRISTOPHER JOHN   BR TR 6'   190 lbs.
B. May 3, 1938, Oakland, Calif.

1960 STL N	7	9	2	0	0	0	0.0	0	1	1	3	0	.222	.222	0	0	C-6
1961	6	2	1	0	0	0	0.0	0	0	0	0	0	.500	.500	1	1	C-5
1962 NY N	59	133	32	2	1	0	0.0	9	9	19	26	1	.241	.271	3	1	C-56, OF-1
1963	16	33	8	1	0	0	0.0	4	4	1	8	0	.242	.273	1	1	C-15
1964	60	164	51	10	0	0	0.0	11	10	14	28	0	.311	.372	5	1	C-53
1965	114	251	46	8	2	0	0.0	17	7	28	60	0	.183	.231	2	0	C-112
1968 PIT N	25	58	14	2	2	1	1.7	5	7	9	13	0	.241	.397	0	0	C-25
1969 SD N	134	418	92	14	3	4	1.0	23	33	42	81	0	.220	.297	2	0	C-132
1970	111	341	95	13	3	5	1.5	27	42	48	49	2	.279	.378	2	0	C-110
1971 2 teams	SD	N (21G – .190)			CHI	N (71G – .213)											
" total	92	260	54	9	1	6	2.3	20	31	39	34	0	.208	.319	2	0	C-89
1972 LA N	73	200	48	6	0	2	1.0	14	18	31	38	0	.240	.300	5	2	C-72
1973	17	21	4	0	0	0	0.0	0	3	3	3	0	.190	.190	3	0	C-13
1974 SD N	26	60	11	1	0	0	0.0	2	4	6	11	0	.183	.200	0	0	C-26
13 yrs.	740	1950	458	66	12	18	0.9	132	169	241	354	3	.235	.309	26	6	C-714, OF-1
2 yrs.	90	221	52	6	0	2	0.9	14	21	34	41	0	.235	.290	8	2	C-85

Andy Carey   CAREY, ANDREW ARTHUR   BR TR 6'1½" 190 lbs.
Born Andrew Arthur Nordstrom.
B. Oct. 18, 1931, Oakland, Calif.

1952 NY A	16	40	6	0	0	0	0.0	6	1	3	10	0	.150	.150	0	0	3B-14, SS-1
1953	51	81	26	5	0	4	4.9	14	8	9	12	2	.321	.531	7	1	3B-40, SS-2, 2B-1
1954	122	411	124	14	6	8	1.9	60	65	43	38	5	.302	.423	3	0	3B-120
1955	135	510	131	19	11	7	1.4	73	47	44	51	3	.257	.378	0	0	3B-135
1956	132	422	100	18	2	7	1.7	54	50	45	53	9	.237	.339	1	0	3B-131
1957	85	247	63	6	5	6	2.4	30	33	15	42	2	.255	.393	6	1	3B-81
1958	102	315	90	19	4	12	3.8	39	45	34	43	1	.286	.486	7	2	3B-99
1959	41	101	26	1	0	3	3.0	11	9	7	17	1	.257	.356	8	3	3B-34
1960 2 teams	NY	A (4G – .333)			KC	A (102G – .233)											
" total	106	346	81	14	4	12	3.5	31	54	26	53	0	.234	.402	15	1	3B-93, OF-1
1961 2 teams	KC	A (39G – .244)			CHI	A (56G – .266)											
" total	95	266	68	18	5	3	1.1	41	25	26	47	0	.256	.395	1	0	3B-93
1962 LA N	53	111	26	5	1	2	1.8	12	13	16	23	0	.234	.351	13	2	3B-42
11 yrs.	938	2850	741	119	38	64	2.2	371	350	268	389	23	.260	.396	61	10	3B-882, SS-3, OF-1, 2B-1
1 yr.	53	111	26	5	1	2	1.8	12	13	16	23	0	.234	.351	13	2	3B-42

WORLD SERIES
1955 NY A	2	2	1	0	1	0	0.0	0	1	0	0	0	.500	1.500	2	1	
1956	7	19	3	0	0	0	0.0	2	0	1	6	0	.158	.158	0	0	3B-7
1957	2	7	2	1	0	0	0.0	0	1	1	0	0	.286	.429	0	0	3B-2
1958	5	12	1	0	0	0	0.0	1	0	0	3	0	.083	.083	0	0	3B-5
4 yrs.	16	40	7	1	1	0	0.0	3	2	2	9	0	.175	.250	2	1	3B-14

Max Carey   CAREY, MAX GEORGE (Scoops)   BB TR 5'11½" 170 lbs.
Also known as Maximilian Carnarius.
B. Jan. 11, 1890, Terre Haute, Ind.   D. May 30, 1976, Miami, Fla.
Manager 1932-33.
Hall of Fame 1961.

1910 PIT N	2	6	3	0	1	0	0.0	2	2	2	1	0	.500	.833	0	0	OF-2
1911	129	427	110	15	10	5	1.2	77	43	44	75	27	.258	.375	5	1	OF-122
1912	150	587	177	23	8	5	0.9	114	66	61	79	45	.302	.394	0	0	OF-150
1913	154	620	172	23	10	5	0.8	99	49	55	67	61	.277	.371	0	0	OF-154
1914	156	593	144	25	17	1	0.2	76	31	59	56	38	.243	.347	1	1	OF-154
1915	140	564	143	26	5	3	0.5	76	27	57	58	36	.254	.333	1	0	OF-140
1916	154	599	158	23	11	7	1.2	90	42	59	58	63	.264	.374	0	0	OF-154
1917	155	588	174	21	12	1	0.2	82	51	58	38	46	.296	.378	2	2	OF-153
1918	126	468	128	14	6	3	0.6	70	48	62	25	58	.274	.348	0	0	OF-126
1919	66	244	75	10	2	0	0.0	41	9	25	24	18	.307	.365	2	0	OF-63
1920	130	485	140	18	4	1	0.2	74	35	59	31	52	.289	.348	2	1	OF-129
1921	140	521	161	34	4	7	1.3	85	56	70	30	37	.309	.430	1	0	OF-139
1922	155	629	207	28	12	10	1.6	140	70	80	26	51	.329	.459	0	0	OF-155
1923	153	610	188	32	19	6	1.0	120	63	73	28	51	.308	.452	0	0	OF-153
1924	149	599	178	30	9	7	1.2	113	55	58	17	49	.297	.412	0	0	OF-149
1925	133	542	186	39	13	5	0.9	109	44	66	19	46	.343	.491	2	0	OF-130
1926 2 teams	PIT	N (86G – .222)			BKN	N (27G – .260)											
" total	113	424	98	17	6	0	0.0	64	35	38	19	10	.231	.300	3	3	OF-109
1927 BKN N	144	538	143	30	10	1	0.2	70	54	64	18	32	.266	.364	2	1	OF-141
1928	108	296	73	11	0	2	0.7	41	19	47	24	18	.247	.304	10	3	OF-95
1929	19	23	7	0	0	0	0.0	2	1	3	2	0	.304	.304	11	4	OF-4
20 yrs.	2476	9363	2665	419	159	69	0.7	1545	800	1040	695	738	.285	.385	42	17	OF-2422
												4th					
4 yrs.	298	957	249	44	11	3	0.3	131	81	122	49	50	.260	.339	23	8	OF-267

WORLD SERIES
| 1925 PIT N | 7 | 24 | 11 | 4 | 0 | 0 | 0.0 | 6 | 2 | 2 | 3 | 3 | .458 | .625 | 0 | 0 | OF-7 |

Player Register

	G	AB	H	2B	3B	HR	HR%	R	RBI	BB	SO	SB	BA	SA	Pinch Hit AB	H	G by POS

Kid Carsey

CARSEY, WILFRED BL TR 5'7" 168 lbs.
B. Oct. 22, 1870, New York, N.Y. D. Mar. 29, 1960, Miami, Fla.

	G	AB	H	2B	3B	HR	HR%	R	RBI	BB	SO	SB	BA	SA	PH AB	H	G by POS
1891 WAS AA	61	187	28	5	2	0	0.0	25	15	19	38	2	.150	.198	0	0	P-54, OF-7, SS-2
1892 PHI N	44	131	20	2	1	1	0.8	8	10	9	24	1	.153	.206	0	0	P-43, OF-2
1893	39	145	27	1	1	0	0.0	12	10	5	14	2	.186	.207	0	0	P-39
1894	35	125	34	2	2	0	0.0	30	18	16	11	3	.272	.320	0	0	P-35
1895	44	141	41	2	0	0	0.0	24	20	15	12	2	.291	.305	0	0	P-44
1896	27	81	18	2	2	0	0.0	13	7	11	12	1	.222	.296	0	0	P-27
1897 2 teams	PHI	N (4G –	.231)	STL	N (13G –	.302)											
" total	17	56	16	2	0	0	0.0	3	6	1		1	.286	.393	1	1	P-16
1898 STL N	38	105	21	0	1	1	1.0	8	10	10		3	.200	.248	0	0	P-20, 2B-10, OF-8
1899 3 teams	CLE	N (11G –	.278)	WAS	N (4G –	.000)		NY	N (5G –	.333)							
" total	20	65	16	1	0	0	0.0	8	5	5		2	.246	.262	0	0	P-14, SS-3, 3B-3
1901 BKN N	2	2	0	0	0	0	0.0	0	0	0		0	.000	.000	0	0	P-2
10 yrs.	327	1038	221	17	11	2	0.2	131	101	91	111	17	.213	.256	1	1	P-294, OF-17, 2B-10, SS-5, 3B-3
1 yr.	2	2	0	0	0	0	0.0	0	0	0		0	.000	.000	0	0	P-2

Bob Caruthers

CARUTHERS, ROBERT LEE (Parisian Bob) BL TR 5'7" 138 lbs.
B. Jan. 5, 1864, Memphis, Tenn. D. Aug. 5, 1911, Peoria, Ill.

	G	AB	H	2B	3B	HR	HR%	R	RBI	BB	SO	SB	BA	SA	PH AB	H	G by POS
1884 STL AA	23	82	21	2	0	2	2.4	15		4			.256	.354	0	0	OF-16, P-13
1885	60	222	50	10	2	1	0.5	37		20			.225	.302	0	0	P-53, OF-7
1886	87	317	106	21	14	4	1.3	91		64			.334	.527	0	0	P-44, OF-43, 2B-2
1887	98	364	130	23	11	8	2.2	102		66		49	.357	.547	0	0	OF-54, P-39, 1B-7
1888 BKN AA	94	335	77	10	5	5	1.5	58	53	45		23	.230	.334	0	0	OF-51, P-44
1889	59	172	43	8	3	2	1.2	45	31	44	17	9	.250	.366	0	0	P-56, OF-3, 1B-2
1890 BKN N	71	238	63	7	4	1	0.4	46	29	47	18	13	.265	.340	0	0	OF-39, P-37
1891	56	171	48	5	3	2	1.2	24	23	25	13	4	.281	.380	1	0	P-38, OF-17, 2B-1
1892 STL N	143	513	142	16	8	3	0.6	76	69	86	29	24	.277	.357	0	0	OF-122, P-16, 2B-6, 1B-4
1893 2 teams	CHI	N (1G –	.000)	CIN	N (13G –	.292)											
" total	14	51	14	2	0	1	2.0	14	8	16	2	4	.275	.373	0	0	OF-14
10 yrs.	705	2465	694	104	50	29	1.2	508	212	417	79	126	.282	.400	1	0	OF-366, P-340, 1B-13, 2B-9
2 yrs.	127	409	111	12	7	3	0.7	70	52	72	31	17	.271	.357	1	0	P-75, OF-56, 2B-1

Doc Casey

CASEY, JAMES PETER BL TR
B. Mar. 15, 1871, Lawrence, Mass. D. Dec. 30, 1936, Detroit, Mich.

	G	AB	H	2B	3B	HR	HR%	R	RBI	BB	SO	SB	BA	SA	PH AB	H	G by POS
1898 WAS N	28	112	31	2	0	0	0.0	13	15	3		15	.277	.295	0	0	3B-22, SS-4, C-3
1899 2 teams	WAS	N (9G –	.118)	BKN	N (134G –	.269)											
" total	143	559	145	16	8	1	0.2	78	45	27		28	.259	.322	0	0	3B-143
1900 BKN N	1	3	1	0	0	0	0.0	0	1	0		0	.333	.333	0	0	3B-1
1901 DET A	128	540	153	16	9	2	0.4	105	46	32		34	.283	.357	0	0	3B-127
1902	132	520	142	18	7	3	0.6	69	55	44		22	.273	.352	0	0	3B-132
1903 CHI N	112	435	126	8	3	1	0.2	56	40	19		11	.290	.329	0	0	3B-112
1904	136	548	147	20	4	1	0.2	71	43	18		21	.268	.325	0	0	3B-134, C-2
1905	144	526	122	21	10	1	0.2	66	56	41		22	.232	.316	2	0	3B-142, SS-1
1906 BKN N	149	571	133	17	8	0	0.0	71	34	52		22	.233	.291	0	0	3B-149
1907	141	527	122	19	3	0	0.0	55	19	34		16	.231	.279	3	0	3B-138
10 yrs.	1114	4341	1122	137	52	9	0.2	584	354	270		191	.258	.320	6	0	3B-1100, SS-5, C-5
4 yrs.	425	1626	397	50	19	1	0.1	201	97	111		65	.244	.300	3	0	3B-422

Pete Cassidy

CASSIDY, PETER FRANCIS BR TR 5'10" 165 lbs.
B. Apr. 8, 1873, Wilmington, Del. D. July 9, 1929, Wilmington, Del.

	G	AB	H	2B	3B	HR	HR%	R	RBI	BB	SO	SB	BA	SA	PH AB	H	G by POS
1896 LOU N	49	184	39	1	1	0	0.0	16	12	7		5	.212	.228	0	0	1B-38, SS-11
1899 2 teams	BKN	N (6G –	.150)	WAS	N (46G –	.315)											
" total	52	198	59	14	0	3	1.5	23	36	10		6	.298	.414	1	0	1B-37, 3B-9, SS-5
2 yrs.	101	382	98	15	1	3	0.8	39	48	17	7	11	.257	.325	1	0	1B-75, SS-16, 3B-9
1 yr.	6	20	3	1	0	0	0.0	2	4	1		1	.150	.200	1	0	3B-3, SS-2

Tom Catterson

CATTERSON, THOMAS HENRY BL TL 5'10" 170 lbs.
B. Aug. 25, 1884, Warwick, R.I. D. Feb. 5, 1920, Portland, Me.

	G	AB	H	2B	3B	HR	HR%	R	RBI	BB	SO	SB	BA	SA	PH AB	H	G by POS
1908 BKN N	19	68	13	1	1	1	1.5	5	2	5		0	.191	.279	1	0	OF-18
1909	9	18	4	0	0	0	0.0	0	1	3		0	.222	.222	1	0	OF-6
2 yrs.	28	86	17	1	1	1	1.2	5	3	8		0	.198	.267	2	0	OF-24
2 yrs.	28	86	17	1	1	1	1.2	5	3	8		0	.198	.267	2	0	OF-24

Ron Cey

CEY, RONALD CHARLES (Penguin) BR TR 5'10" 185 lbs.
B. Feb. 15, 1948, Tacoma, Wash.

	G	AB	H	2B	3B	HR	HR%	R	RBI	BB	SO	SB	BA	SA	PH AB	H	G by POS
1971 LA N	2	2	0	0	0	0	0.0	0	0	0	2	0	.000	.000	2	0	
1972	11	37	10	1	0	1	2.7	3	3	7	10	0	.270	.378	0	0	3B-11
1973	152	507	124	18	4	15	3.0	60	80	74	77	1	.245	.385	7	1	3B-146
1974	159	577	151	20	2	18	3.1	88	97	76	68	1	.262	.397	0	0	3B-158
1975	158	566	160	29	2	25	4.4	72	101	78	74	5	.283	.473	0	0	3B-158
1976	145	502	139	18	3	23	4.6	69	80	89	74	0	.277	.462	1	0	3B-144
1977	153	564	136	22	3	30	5.3	77	110	93	106	3	.241	.450	0	0	3B-153
1978	159	555	150	32	0	23	4.1	84	84	96	96	2	.270	.452	1	0	3B-158
1979	150	487	137	20	1	28	5.7	77	81	86	85	3	.281	.499	0	0	3B-150
1980	157	551	140	25	0	28	5.1	81	77	69	92	2	.254	.452	0	0	3B-157
1981	85	312	90	15	2	13	4.2	42	50	40	55	0	.288	.474	1	1	3B-84
1982	150	556	141	23	1	24	4.3	62	79	57	99	3	.254	.428	0	0	3B-149
1983 CHI N	159	581	160	33	1	24	4.1	73	90	62	85	0	.275	.460	1	0	3B-157
1984	146	505	121	27	0	25	5.0	71	97	61	108	3	.240	.442	2	1	3B-144

Player Register

	G	AB	H	2B	3B	HR	HR%	R	RBI	BB	SO	SB	BA	SA	Pinch Hit AB	H	G by POS

Ron Cey continued
1985	145	500	116	18	2	22	4.4	64	63	58	106	1	.232	.408	7	2	3B-140
15 yrs.	1931	6802	1775	301	21	299	4.4	923	1092	946	1137	24	.261	.443	23	5	3B-1909
12 yrs.	1481	5216	1378	223	18	228	4.4	715	842	765	838	20	.264	.445	13	2	3B-1468
						4th			9th	5th	4th						

LEAGUE CHAMPIONSHIP SERIES
1974 LA N	4	16	5	3	0	1	6.3	2	1	3	2	0	.313	.688	0	0	3B-4
1977	4	13	4	1	0	1	7.7	4	4	2	4	1	.308	.615	0	0	3B-4
1978	4	16	5	1	0	1	6.3	4	3	2	4	0	.313	.563	0	0	3B-4
1981	5	18	5	1	0	0	0.0	1	3	3	2	0	.278	.333	0	0	3B-5
1984 CHI N	5	19	3	1	0	1	5.3	3	3	3	3	0	.158	.368	0	0	3B-5
5 yrs.	22	82	22	7	0	4	4.9	14	14	13	15	1	.268	.500	0	0	3B-22

WORLD SERIES
1974 LA N	5	17	3	0	0	0	0.0	1	0	3	3	0	.176	.176	0	0	3B-5
1977	6	21	4	1	0	1	4.8	2	3	3	5	0	.190	.381	0	0	3B-6
1978	6	21	6	0	0	1	4.8	2	4	3	3	0	.286	.429	0	0	3B-6
1981	6	20	7	0	0	1	5.0	3	6	3	3	0	.350	.500	0	0	3B-6
4 yrs.	23	79	20	1	0	3	3.8	8	13	12	14	0	.253	.380	0	0	3B-23

Ben Chapman
CHAPMAN, WILLIAM BENJAMIN
B. Dec. 25, 1908, Nashville, Tenn.
Manager 1945-48.
BR TR 6' 190 lbs.

1930 NY A	138	513	162	31	10	10	1.9	74	81	43	58	14	.316	.474	2	0	3B-91, 2B-45
1931	149	600	189	28	11	17	2.8	120	122	75	77	61	.315	.483	1	0	OF-137, 2B-11
1932	150	581	174	41	15	10	1.7	101	107	71	55	38	.299	.473	1	0	OF-149
1933	147	565	176	36	4	9	1.6	112	98	72	45	27	.312	.437	0	0	OF-147
1934	149	588	181	21	13	5	0.9	82	86	67	68	26	.308	.413	0	0	OF-149
1935	140	553	160	38	8	8	1.4	118	74	61	39	17	.289	.430	2	0	OF-138
1936 2 teams	NY A (36G – .266)			WAS A (97G – .332)													
" total	133	540	170	50	10	5	0.9	110	81	84	38	20	.315	.472	0	0	OF-133
1937 2 teams	WAS A (35G – .262)			BOS A (113G – .307)													
" total	148	553	164	30	12	7	1.3	99	69	83	42	35	.297	.432	2	1	OF-144, SS-1
1938 BOS A	127	480	163	40	8	6	1.3	92	80	65	33	13	.340	.494	1	0	OF-126, 3B-1
1939 CLE A	149	545	158	31	9	6	1.1	101	82	87	30	18	.290	.413	2	0	OF-146
1940	143	548	157	40	6	4	0.7	82	50	78	45	13	.286	.403	3	1	OF-140
1941 2 teams	WAS A (28G – .255)			CHI A (57G – .226)													
" total	85	300	71	15	1	3	1.0	35	29	29	20	4	.237	.323	10	2	OF-75
1944 BKN N	20	38	14	4	0	0	0.0	11	11	5	4	1	.368	.474	9	3	P-11
1945 2 teams	BKN N (13G – .136)			PHI N (24G – .314)													
" total	37	73	19	2	0	0	0.0	6	7	4	-2	0	.260	.288	10	4	P-13, OF-10, 3B-4
1946 PHI N	1	1	0	0	0	0	0.0	1	0	0	0	0	.000	.000	0	0	P-1
15 yrs.	1716	6478	1958	407	107	90	1.4	1144	977	824	556	287	.302	.440	43	13	OF-1494, 3B-96, 2B-56, P-25, SS-1
2 yrs.	33	60	17	4	0	0	0.0	13	14	7	5	1	.283	.350	12	4	P-21

WORLD SERIES
| 1932 NY A | 4 | 17 | 5 | 1 | 0 | 0 | 0.0 | 1 | 6 | 2 | 4 | 0 | .294 | .353 | 0 | 0 | OF-4 |

Glenn Chapman
CHAPMAN, GLENN JUSTICE (Pete)
B. Jan. 21, 1906, Cambridge City, Ind.
BR TR 5'11½" 170 lbs.

| 1934 BKN N | 67 | 93 | 26 | 5 | 1 | 1 | 1.1 | 19 | 10 | 7 | 19 | 1 | .280 | .387 | 2 | 0 | OF-40, 2B-14 |

Paul Chervinko
CHERVINKO, PAUL
B. July 23, 1910, Trauger, Pa. D. June 3, 1976, Danville, Ill.
BR TR 5'8" 185 lbs.

1937 BKN N	30	48	7	0	0	0	0.0	1	2	3	16	0	.146	.188	3	0	C-26
1938	12	27	4	0	0	0	0.0	0	3	2	0	0	.148	.148	0	0	C-12
2 yrs.	42	75	11	0	0	0	0.0	1	5	5	16	0	.147	.173	3	0	C-38
2 yrs.	42	75	11	0	0	0	0.0	1	5	5	16	0	.147	.173	3	0	C-38

Gino Cimoli
CIMOLI, GINO NICHOLAS
B. Dec. 18, 1929, San Francisco, Calif.
BR TR 6'1" 180 lbs.

1956 BKN N	73	36	4	1	0	0	0.0	3	4	1	8	1	.111	.139	4	1	OF-62
1957	142	532	156	22	5	10	1.9	88	57	39	86	3	.293	.410	3	2	OF-138
1958 LA N	109	325	80	6	3	9	2.8	35	29	18	49	0	.246	.366	8	0	OF-104
1959 STL N	143	519	145	40	7	8	1.5	61	72	37	83	7	.279	.430	3	1	OF-141
1960 PIT N	101	307	82	14	4	0	0.0	36	28	32	43	1	.267	.339	10	2	OF-91
1961 2 teams	PIT N (21G – .299)			MIL N (37G – .197)													
" total	58	184	43	8	1	3	1.6	16	10	13	28	0	.234	.337	7	1	OF-50
1962 KC A	152	550	151	20	15	10	1.8	67	71	40	89	2	.275	.420	7	2	OF-147
1963	145	529	139	19	11	4	0.8	56	48	39	72	3	.263	.363	9	4	OF-136
1964 2 teams	KC A (4G – .000)			BAL A (38G – .138)													
" total	42	67	8	3	2	0	0.0	7	3	2	14	0	.119	.224	6	1	OF-39
1965 CAL A	4	5	0	0	0	0	0.0	1	0	0	2	0	.000	.000	3	0	OF-1
10 yrs.	969	3054	808	133	48	44	1.4	370	321	221	474	21	.265	.383	60	14	OF-909
3 yrs.	324	893	240	29	8	19	2.1	126	88	58	143	7	.269	.383	15	3	OF-304

WORLD SERIES
1956 BKN N	1	0	0	0	0	0	–	0	0	0	0	–	–	–	0	0	OF-1
1960 PIT N	7	20	5	0	0	0	0.0	4	1	2	4	0	.250	.250	1	1	OF-6
2 yrs.	8	20	5	0	0	0	0.0	4	1	2	4	0	.250	.250	1	1	OF-7

George Cisar
CISAR, GEORGE JOSEPH
B. Aug. 25, 1912, Chicago, Ill.
BR TR 6' 175 lbs.

| 1937 BKN N | 20 | 29 | 6 | 0 | 0 | 0 | 0.0 | 8 | 4 | 2 | 6 | 3 | .207 | .207 | 1 | 0 | OF-13 |

	G	AB	H	2B	3B	HR	HR%	R	RBI	BB	SO	SB	BA	SA	Pinch Hit AB H	G by POS

Moose Clabaugh
CLABAUGH, JOHN WILLIAM BL TR 6' 185 lbs.
B. Nov. 13, 1901, Albany, Mo. D. July 11, 1984, Tucson, Ariz.

	G	AB	H	2B	3B	HR	HR%	R	RBI	BB	SO	SB	BA	SA	AB	H	G by POS
1926 BKN N	11	14	1	1	0	0	0.0	2	1	0	1	0	.071	.143	9	1	OF-2

Bud Clancy
CLANCY, JOHN WILLIAM BL TL 6' 170 lbs.
B. Sept. 15, 1900, Odell, Ill. D. Sept. 27, 1968, Ottumwa, Iowa

	G	AB	H	2B	3B	HR	HR%	R	RBI	BB	SO	SB	BA	SA	AB	H	G by POS
1924 CHI A	13	35	9	1	0	0	0.0	5	6	3	2	3	.257	.286	4	1	1B-8
1925	4	3	0	0	0	0	0.0	0	0	1	0	0	.000	.000	3	0	
1926	12	38	13	2	2	0	0.0	3	7	1	1	0	.342	.500	2	0	1B-10
1927	130	464	139	21	2	3	0.6	46	53	24	24	4	.300	.373	5	1	1B-123
1928	130	487	132	19	11	2	0.4	64	37	42	25	6	.271	.368	2	0	1B-128
1929	92	290	82	14	6	3	1.0	36	45	16	19	3	.283	.403	16	4	1B-74
1930	68	234	57	8	3	3	1.3	28	27	12	18	3	.244	.342	7	1	1B-63
1932 BKN N	53	196	60	4	2	0	0.0	14	16	6	13	0	.306	.347	0	0	1B-53
1934 PHI N	20	49	12	0	0	1	2.0	8	7	6	4	0	.245	.306	9	2	1B-10
9 yrs.	522	1796	504	69	26	12	0.7	204	198	111	106	19	.281	.368	48	9	1B-469
1 yr.	53	196	60	4	2	0	0.0	14	16	6	13	0	.306	.347	0	0	1B-53

Bob Clark
CLARK, ROBERT H. BR TR 5'10" 175 lbs.
B. May 18, 1864, Covington, Ky. D. Aug. 21, 1919, Covington, Ky.

	G	AB	H	2B	3B	HR	HR%	R	RBI	BB	SO	SB	BA	SA	AB	H	G by POS
1886 BKN AA	71	269	58	8	2	0	0.0	37		17			.216	.260	0	0	C-44, OF-17, SS-12
1887	48	177	47	3	1	0	0.0	24		7		15	.266	.294	0	0	C-45, OF-3
1888	45	150	36	5	3	1	0.7	23	20	9		11	.240	.333	0	0	C-36, OF-8, 1B-1
1889	53	182	50	5	2	0	0.0	32	22	26	7	18	.275	.324	0	0	C-53
1890 BKN N	43	151	33	3	3	0	0.0	24	15	15	8	10	.219	.278	0	0	C-42, OF-1
1891 CIN N	16	54	6	0	0	0	0.0	2	3	6	9	3	.111	.111	0	0	C-16
1893 LOU N	12	28	3	1	0	0	0.0	3	3	5	5	0	.107	.143	0	0	C-10, OF-1, SS-1
7 yrs.	288	1011	233	25	11	1	0.1	145	62	85	29	57	.230	.280	0	0	C-246, OF-30, SS-13, 1B-1
1 yr.	43	151	33	3	3	0	0.0	24	15	15	8	10	.219	.278	0	0	C-42, OF-1

Wally Clement
CLEMENT, WALLACE OAKES TR
B. July 21, 1881, Auburn, Me. D. Nov. 1, 1953, Coral Gables, Fla.

	G	AB	H	2B	3B	HR	HR%	R	RBI	BB	SO	SB	BA	SA	AB	H	G by POS
1908 PHI N	16	36	8	3	0	0	0.0	0	1	0		2	.222	.306	8	2	OF-8
1909 2 teams	PHI	N	(3G –	.000)		BKN	N	(92G –	.256)								
" total	95	343	87	8	4	0	0.0	35	17	18		11	.254	.300	7	1	OF-88
2 yrs.	111	379	95	11	4	0	0.0	35	18	18		13	.251	.301	15	3	OF-96
1 yr.	92	340	87	8	4	0	0.0	35	17	18		11	.256	.303	4	1	OF-88

Alta Cohen
COHEN, ALBERT (Schoolboy) BL TL 5'10½" 170 lbs.
B. Dec. 25, 1908, New York, N. Y.

	G	AB	H	2B	3B	HR	HR%	R	RBI	BB	SO	SB	BA	SA	AB	H	G by POS
1931 BKN N	1	3	2	0	0	0	0.0	1	0	0	0	0	.667	.667	0	0	OF-1
1932	9	32	5	1	0	0	0.0	1	1	3	7	0	.156	.188	0	0	OF-8
1933 PHI N	19	32	6	1	0	0	0.0	6	1	6	4	0	.188	.219	10	0	OF-7
3 yrs.	29	67	13	2	0	0	0.0	8	2	9	11	0	.194	.224	10	0	OF-16
2 yrs.	10	35	7	1	0	0	0.0	2	1	3	7	0	.200	.229	0	0	OF-9

Rocky Colavito
COLAVITO, ROCCO DOMENICO BR TR 6'3" 190 lbs.
B. Aug. 10, 1933, New York, N. Y.

	G	AB	H	2B	3B	HR	HR%	R	RBI	BB	SO	SB	BA	SA	AB	H	G by POS
1955 CLE A	5	9	4	2	0	0	0.0	3	0	0	2	0	.444	.667	2	0	OF-2
1956	101	322	89	11	4	21	6.5	55	65	49	46	0	.276	.531	5	0	OF-98
1957	134	461	116	26	0	25	5.4	66	84	71	80	1	.252	.471	3	1	OF-130
1958	143	489	148	26	3	41	8.4	80	113	84	89	0	.303	.620	5	1	OF-129, 1B-11, P-1
1959	154	588	151	24	0	42	7.1	90	111	71	86	3	.257	.512	0	0	OF-154
1960 DET A	145	555	138	18	1	35	6.3	67	87	53	80	3	.249	.474	2	0	OF-144
1961	163	583	169	30	2	45	7.7	129	140	113	75	1	.290	.580	2	0	OF-161
1962	161	601	164	30	2	37	6.2	90	112	96	68	2	.273	.514	0	0	OF-161
1963	160	597	162	29	2	22	3.7	91	91	84	78	0	.271	.437	1	0	OF-159
1964 KC A	160	588	161	31	2	34	5.8	89	102	83	56	3	.274	.507	1	1	OF-159
1965 CLE A	162	592	170	25	2	26	4.4	92	108	93	63	1	.287	.468	0	0	OF-162
1966	151	533	127	13	0	30	5.6	68	72	76	81	2	.238	.432	5	0	OF-146
1967 2 teams	CLE	A	(63G –	.241)		CHI	A	(60G –	.221)								
" total	123	381	88	13	1	8	2.1	30	50	49	41	3	.231	.333	12	3	OF-108
1968 2 teams	LA	N	(40G –	.204)		NY	A	(39G –	.220)								
" total	79	204	43	5	2	8	3.9	21	24	29	35	0	.211	.373	17	2	OF-61, P-1
14 yrs.	1841	6503	1730	283	21	374	5.8	971	1159	951	880	19	.266	.489	55	11	OF-1774, 1B-11, P-2
1 yr.	40	113	23	3	0	2	2.7	9	11	15	18	0	.204	.310	7	1	OF-33

Bill Collins
COLLINS, WILLIAM SHIRLEY BR TR
B. Mar. 27, 1882, Chestertown, Ind. D. June 26, 1961, San Bernardino, Calif.

	G	AB	H	2B	3B	HR	HR%	R	RBI	BB	SO	SB	BA	SA	AB	H	G by POS
1910 BOS N	151	584	141	6	7	3	0.5	67	40	43	48	36	.241	.291	0	0	OF-151
1911 2 teams	BOS	N	(17G –	.136)		CHI	N	(7G –	.200)								
" total	24	49	7	2	1	0	0.0	10	8	2	11	4	.143	.224	1	1	OF-17, 3B-1
1913 BKN N	32	95	18	1	0	0	0.0	8	4	8	11	2	.189	.200	4	0	OF-27
1914 BUF F	21	47	7	2	2	0	0.0	6	2	1	0	0	.149	.277	4	0	OF-15
4 yrs.	228	775	173	11	10	3	0.4	91	54	54	70	42	.223	.275	9	1	OF-210, 3B-1
1 yr.	32	95	18	1	0	0	0.0	8	4	8	11	2	.189	.200	4	0	OF-27

Player Register

	G	AB	H	2B	3B	HR	HR%	R	RBI	BB	SO	SB	BA	SA	Pinch Hit AB	H	G by POS

Hub Collins
COLLINS, GEORGE HUBBERT BR TR
B. Apr. 15, 1864, Louisville, Ky.   D. May 21, 1892, Brooklyn, N. Y.

	G	AB	H	2B	3B	HR	HR%	R	RBI	BB	SO	SB	BA	SA	PH AB	H	G by POS
1886 LOU AA	27	101	29	3	2	0	0.0	12		5			.287	.356	0	0	OF-24, 3B-2, SS-1, 2B-1, 1B-1
1887	130	559	162	22	8	1	0.2	122		39		71	.290	.363	0	0	OF-109, 2B-10, 1B-8, SS-4, 3B-1
1888 2 teams	LOU	AA (116G – .307)		BKN	AA (12G – .310)												
" total	128	527	162	31	12	2	0.4	133	53	50		71	.307	.423	0	0	OF-82, 2B-31, SS-15
1889 BKN AA	138	560	149	18	3	2	0.4	139	73	80	41	65	.266	.320	0	0	2B-138
1890 BKN N	129	510	142	32	7	3	0.6	148	69	85	47	85	.278	.386	0	0	2B-129
1891	107	435	120	16	5	3	0.7	82	31	59	63	32	.276	.356	0	0	2B-72, OF-35
1892	21	87	26	5	1	0	0.0	17	17	14	13	4	.299	.379	0	0	OF-21
7 yrs.	680	2779	790	127	38	11	0.4	653	242	332	164	328	.284	.369	0	0	2B-381, OF-271, SS-20, 1B-9, 3B-3
3 yrs.	257	1032	288	53	13	6	0.6	247	117	158	123	121	.279	.373	0	0	2B-201, OF-56

Chuck Connors
CONNORS, KEVIN JOSEPH BL TL 6'5" 190 lbs.
B. Apr. 10, 1921, Brooklyn, N. Y.

	G	AB	H	2B	3B	HR	HR%	R	RBI	BB	SO	SB	BA	SA	PH AB	H	G by POS
1949 BKN N	1	1	0	0	0	0	0.0	0	0	0	0	0	.000	.000	1	0	
1951 CHI N	66	201	48	5	1	2	1.0	16	18	12	25	4	.239	.303	10	1	1B-57
2 yrs.	67	202	48	5	1	2	1.0	16	18	12	25	4	.238	.302	11	1	1B-57
1 yr.	1	1	0	0	0	0	0.0	0	0	0	0	0	.000	.000	1	0	

Jack Coombs
COOMBS, JOHN WESLEY (Colby Jack) BB TR 6' 185 lbs.
B. Nov. 18, 1882, LeGrand, Iowa   D. Apr. 15, 1957, LeGrand, Iowa
Manager 1919.

	G	AB	H	2B	3B	HR	HR%	R	RBI	BB	SO	SB	BA	SA	PH AB	H	G by POS
1906 PHI A	24	67	16	2	0	0	0.0	9	3	1		2	.239	.269	1	0	P-23
1907	24	48	8	0	0	1	2.1	4	4	0		1	.167	.229	1	0	P-23
1908	78	220	56	9	5	1	0.5	24	23	9		6	.255	.355	5	4	OF-47, P-26
1909	37	83	14	4	0	0	0.0	4	10	4		1	.169	.217	6	1	P-31
1910	46	132	29	3	0	0	0.0	20	9	7		3	.220	.242	1	0	P-45
1911	52	141	45	6	1	2	1.4	31	23	8		5	.319	.418	4	1	P-47
1912	55	110	28	2	0	0	0.0	10	13	14		1	.255	.273	14	4	P-40
1913	2	3	1	1	0	0	0.0	1	0	0	2	0	.333	.667	0	0	P-2
1914	5	11	3	1	0	0	0.0	0	2	1	1	0	.273	.364	1	0	OF-2, P-2
1915 BKN N	29	75	21	1	1	0	0.0	8	5	2	17	0	.280	.320	0	0	P-29
1916	27	61	11	2	0	0	0.0	2	3	2	10	0	.180	.213	0	0	P-27
1917	32	44	10	1	0	0	0.0	4	2	4	9	1	.227	.273	0	0	P-31
1918	46	113	19	3	2	0	0.0	6	3	7	5	1	.168	.230	3	0	P-27, OF-13
1920 DET A	2	2	0	0	0	0	0.0	0	0	0	0	0	.000	.000	0	0	P-2
14 yrs.	459	1110	261	34	10	4	0.4	123	100	59	44	21	.235	.295	36	11	P-355, OF-62
4 yrs.	134	293	61	6	4	0	0.0	20	13	15	41	2	.208	.256	3	1	P-114, OF-13

WORLD SERIES

	G	AB	H	2B	3B	HR	HR%	R	RBI	BB	SO	SB	BA	SA	PH AB	H	G by POS
1910 PHI A	3	13	5	1	0	0	0.0	0	3	0	3	0	.385	.462	0	0	P-3
1911	2	8	2	0	0	0	0.0	1	0	0	0	0	.250	.250	0	0	P-2
1916 BKN N	1	3	1	0	0	0	0.0	0	1	0	0	0	.333	.333	0	0	P-1
3 yrs.	6	24	8	1	0	0	0.0	1	4	0	3	0	.333	.375	0	0	P-6

Johnny Cooney
COONEY, JOHN WALTER BR TL 5'10" 165 lbs.
Son of Jimmy Cooney.   Brother of Jimmy Cooney.
B. Mar. 18, 1901, Cranston, R. I.

	G	AB	H	2B	3B	HR	HR%	R	RBI	BB	SO	SB	BA	SA	PH AB	H	G by POS
1921 BOS N	8	5	1	0	0	0	0.0	0	0	0	1	0	.200	.200	0	0	P-8
1922	4	8	0	0	0	0	0.0	0	0	0	0	0	.000	.000	0	0	P-4
1923	42	66	25	1	0	0	0.0	7	3	4	2	0	.379	.394	1	1	P-23, OF-11, 1B-1
1924	55	130	33	2	1	0	0.0	10	4	9	5	0	.254	.285	1	0	P-34, OF-14, 1B-1
1925	54	103	33	7	0	0	0.0	17	13	3	6	1	.320	.388	1	0	P-31, 1B-3, OF-1
1926	64	126	38	3	2	0	0.0	17	18	13	7	6	.302	.357	5	3	1B-32, P-19, OF-1
1927	10	1	0	0	0	0	0.0	3	0	0	0	0	.000	.000	1	0	
1928	33	41	7	0	0	0	0.0	2	2	4	3	0	.171	.171	3	0	P-24, 1B-3, OF-2
1929	41	72	23	4	1	0	0.0	10	6	3	3	1	.319	.403	5	3	OF-16, P-14
1930	4	3	0	0	0	0	0.0	0	0	0	0	0	.000	.000	1	0	P-2
1935 BKN N	10	29	9	0	1	0	0.0	3	1	3	2	0	.310	.379	0	0	OF-10
1936	130	507	143	17	5	0	0.0	71	30	24	15	3	.282	.335	0	0	OF-130
1937	120	430	126	18	5	0	0.0	61	37	22	10	5	.293	.358	5	0	OF-111, 1B-2
1938 BOS N	120	432	117	25	5	0	0.0	45	17	22	12	2	.271	.352	0	0	OF-110, 1B-13
1939	118	368	101	8	1	2	0.5	39	27	21	8	2	.274	.318	0	0	OF-116, 1B-2
1940	108	365	116	14	3	0	0.0	40	21	25	9	4	.318	.373	1	0	OF-99, 1B-7
1941	123	442	141	25	2	0	0.0	52	29	29	15	3	.319	.385	6	1	OF-111, 1B-4
1942	74	198	41	6	0	0	0.0	23	7	23	5	2	.207	.237	0	0	OF-54, 1B-23
1943 BKN N	37	34	7	0	0	0	0.0	7	2	4	3	1	.206	.206	22	4	1B-3, OF-2
1944 2 teams	BKN	N (7G – .750)		NY	A (10G – .125)												
" total	17	12	4	0	0	0	0.0	2	1	0	0	0	.333	.333	7	3	OF-4
20 yrs.	1172	3372	965	130	26	2	0.1	408	219	208	107	30	.286	.342	59	17	OF-792, P-159, 1B-94
5 yrs.	304	1004	288	35	11	0	0.0	142	71	53	30	9	.287	.344	31	6	OF-255, 1B-5

Claude Corbitt
CORBITT, CLAUDE ELLIOTT BR TR 5'10" 170 lbs.
B. July 21, 1915, Sunbury, N. C.   D. May 1, 1978, Cincinnati, Ohio

	G	AB	H	2B	3B	HR	HR%	R	RBI	BB	SO	SB	BA	SA	PH AB	H	G by POS
1945 BKN N	2	4	2	0	0	0	0.0	1	0	1	0	0	.500	.500	0	0	3B-2
1946 CIN N	82	274	68	10	1	0	0.4	25	16	23	13	3	.248	.303	2	1	SS-77
1948	87	258	66	11	0	0	0.0	24	18	14	16	4	.256	.298	9	3	2B-52, 3B-16, SS-11

The Los Angeles Dodgers debuted at the Coliseum on April 18, 1958, before a record Opening Day crowd of 78,672. The crowd was thrilled finally to get a chance to see major league baseball in California. The transplanted Dodgers, particularly the left-handed sluggers, were less thrilled with their look at the cavernous right-field gap.

The Dodgers soon shed their transplant image and developed their own identity and stars: (*clockwise from left*) Wally Moon, who sliced home runs into the left-field screen; Larry Sherry, hero of the 1959 World Series; and Maury Wills, who led the revival of the lost art of the stolen base.

The most devastating lefty-righty combination in baseball history: Sandy Koufax (*left*) and Don Drysdale (*below*), from 1962 to 1966, combined for an average of 42 wins, 510 strikeouts, and eleven shutouts a season. They added two World Series championships, four Cy Young Awards, and, ultimately, two Hall of Fame plaques.

The heart of the offense, such as it was, in the early 1960s was the two Davises: Willie (*above*), the fleet centerfielder who combined with Maury Wills to wreak havoc on the basepaths, and Tommy (*right*), two-time National League batting champ and the last major leaguer to top 150 RBIs.

As the Dodgers moved into the 1970s, pitching remained at the core of the team's success. (*Clockwise from above*) Don Sutton won in double figures in each of his fifteen years with the team; Tommy John came back from a career-threatening injury to pitch more effectively than ever; and Mike Marshall helped put the Dodgers in the 1974 Series with his astounding 106 appearances and 208 innings pitched in relief, both all-time records.

Those teams could also hit; Dusty Baker (*below*) and Reggie Smith (*left*), acquired in trades within eight months of each other, were two of the four Dodgers to top 30 home runs in 1977. That club led the league in both home runs and earned run average, making it one of the best balanced teams Los Angeles has ever seen.

The Infield played together for eight years, making their first appearance together on June 23, 1973, and their last on October 28, 1981—the date on which they finally won their first world championship together. From left, as they aligned on the field: Ron Cey, Bill Russell, Davey Lopes, and Steve Garvey.

The only managers the Los Angeles Dodgers have ever had: stoic Walt Alston (*above*), signer of twenty-three consecutive one-year contracts; and ebullient Tom Lasorda (*right*), friend and manager of the rich and famous.

Player Register

	G	AB	H	2B	3B	HR	HR %	R	RBI	BB	SO	SB	BA	SA	Pinch Hit AB	Pinch Hit H	G by POS

Claude Corbitt continued

1949	44	94	17	1	0	0	0.0	10	3	9	1	1	.181	.191	3	0	SS-18, 2B-17, 3B-1
4 yrs.	215	630	153	22	1	1	0.2	60	37	47	30	8	.243	.286	14	4	SS-106, 2B-69, 3B-19
1 yr.	2	4	2	0	0	0	0.0	1	0	1	0	0	.500	.500	0	0	3B-2

Tommy Corcoran

CORCORAN, THOMAS WILLIAM   BR TR 5'9"   164 lbs.
B. Jan. 4, 1869, New Haven, Conn.   D. June 25, 1960, Plainfield, Conn.

1890 PIT P	123	505	121	14	13	1	0.2	80	61	38	45	43	.240	.325	0	0	SS-123
1891 PHI AA	133	511	130	11	15	7	1.4	84	71	29	56	30	.254	.376	0	0	SS-133
1892 BKN N	151	615	146	12	6	1	0.2	77	74	34	51	39	.237	.281	0	0	SS-151
1893	115	459	126	11	10	2	0.4	61	58	27	12	14	.275	.355	0	0	SS-115
1894	129	576	173	21	20	5	0.9	123	92	25	17	33	.300	.432	0	0	SS-129
1895	128	541	150	17	10	2	0.4	85	69	23	11	17	.277	.357	0	0	SS-127
1896	132	532	154	15	7	3	0.6	63	73	15	13	16	.289	.361	0	0	SS-132
1897 CIN N	109	445	128	30	5	3	0.7	76	57	13		15	.288	.398	0	0	SS-63, 2B-47
1898	153	619	155	28	15	2	0.3	80	87	26		19	.250	.354	0	0	SS-153
1899	137	537	149	11	8	0	0.0	91	81	28		32	.277	.328	1	1	SS-123, 2B-14
1900	127	523	128	21	9	1	0.2	64	54	22		27	.245	.325	0	0	SS-124, 2B-5
1901	31	115	24	4	3	0	0.0	14	15	11		6	.209	.296	1	1	SS-30
1902	138	537	135	20	4	0	0.0	54	54	11		20	.251	.304	0	0	SS-137, 2B-1
1903	115	459	113	18	7	2	0.4	61	73	12		12	.246	.329	0	0	SS-115
1904	150	578	133	17	9	2	0.3	55	74	19		19	.230	.301	0	0	SS-150
1905	151	605	150	21	11	2	0.3	70	85	23		28	.248	.329	0	0	SS-151
1906	117	430	89	13	1	1	0.2	29	33	19		8	.207	.249	0	0	SS-117
1907 NY N	62	226	60	9	2	0	0.0	21	24	7		9	.265	.323	0	0	2B-62
18 yrs.	2201	8813	2264	293	155	34	0.4	1188	1135	382	205	387	.257	.337	2	2	SS-2073, 2B-129
5 yrs.	655	2723	749	76	53	13	0.5	409	366	124	104	119	.275	.356	0	0	SS-654

Chuck Corgan

CORGAN, CHARLES HOWARD   BB TR 5'11"   180 lbs.
B. Dec. 3, 1903, Wagoner, Okla.   D. June 13, 1928, Wagoner, Okla.

1925 BKN N	14	47	8	1	1	0	0.0	4		3	9	0	.170	.234	0	0	SS-14
1927	19	57	15	1	0	0	0.0	3	1	4	4	0	.263	.281	2	0	2B-13, SS-3
2 yrs.	33	104	23	2	1	0	0.0	7	1	7	13	0	.221	.260	2	0	SS-17, 2B-13
2 yrs.	33	104	23	2	1	0	0.0	7	1	7	13	0	.221	.260	2	0	SS-17, 2B-13

Pop Corkhill

CORKHILL, JOHN STEWART   BL TR 5'10"   180 lbs.
B. Apr. 11, 1858, Parkesburg, Pa.   D. Apr. 4, 1921, Pennsauken, N. J.

1883 CIN AA	88	375	81	10	8	2	0.5	53		3			.216	.301	0	0	OF-85, SS-2, 2B-2, 1B-2
1884	110	452	124	13	11	4	0.9	85		6			.274	.378	0	0	OF-92, SS-11, 1B-6, 3B-3, P-1
1885	112	440	111	10	8	1	0.2	64		7			.252	.318	0	0	OF-110, P-8, 1B-3
1886	129	540	143	9	8	4	0.7	81		23			.265	.333	0	0	OF-112, 3B-12, 1B-7, SS-3, P-1
1887	128	541	168	19	11	5	0.9	79		14		30	.311	.414	0	0	OF-128, P-5
1888 2 teams	CIN	AA (118G – .271)		BKN	AA (19G – .380)												
" total	137	561	160	15	12	2	0.4	85	93	19		30	.285	.365	0	0	OF-135, P-2, 2B-1, 1B-1
1889 BKN AA	138	537	134	21	9	8	1.5	91	78	42	24	22	.250	.367	0	0	OF-138, SS-1, 1B-1
1890 BKN N	51	204	46	4	2	1	0.5	23	21	15	11	6	.225	.279	0	0	OF-48, 1B-6
1891 3 teams	PHI	AA (83G – .209)		CIN	N (1G – .000)			PIT	N (41G – .228)								
" total	125	498	106	8	8	3	0.6	66	51	33	26	19	.213	.279	0	0	OF-125
1892 PIT N	68	256	47	1	4	0	0.0	23	25	12	19	6	.184	.219	0	0	OF-68
10 yrs.	1086	4404	1120	110	81	30	0.7	650	267	174	80	113	.254	.337	0	0	OF-1041, 1B-26, SS-17, P-17, 3B-15, 2B-3
1 yr.	51	204	46	4	2	1	0.5	23	21	15	11	6	.225	.279	0	0	OF-48, 1B-6

John Corriden

CORRIDEN, JOHN MICHAEL, JR.   BB TR 5'6"   160 lbs.
Son of Red Corriden.
B. Oct. 6, 1918, Logansport, Ind.

| 1946 BKN N | 1 | 0 | 0 | 0 | 0 | 0 | – | 1 | 0 | 0 | 0 | 0 | – | – | 0 | 0 | |

Pete Coscarart

COSCARART, PETER JOSEPH   BR TR 5'11½"   175 lbs.
Brother of Joe Coscarart.
B. June 16, 1913, Escondido, Calif.

1938 BKN N	32	79	12	3	0	0	0.0	10	6	9	18	0	.152	.190	2	0	2B-27
1939	115	419	116	22	2	4	1.0	59	43	46	56	10	.277	.368	0	0	2B-107, 3B-4, SS-2
1940	143	506	120	24	4	9	1.8	55	58	53	59	5	.237	.354	2	1	2B-140
1941	43	62	8	1	0	0	0.0	13	5	7	12	1	.129	.145	15	2	2B-19, SS-1
1942 PIT N	133	487	111	12	4	3	0.6	57	29	38	56	2	.228	.287	1	0	SS-108, 2B-25
1943	133	491	119	19	6	0	0.0	57	48	46	48	4	.242	.305	1	1	2B-85, SS-47, 3B-1
1944	139	554	146	30	4	4	0.7	89	42	41	57	10	.264	.354	1	0	2B-136, SS-4, OF-1
1945	123	392	95	17	2	8	2.0	59	38	55	55	2	.242	.357	1	0	2B-122, SS-1
1946	3	2	1	1	0	0	0.0	0	0	0	0	0	.500	1.000	1	0	SS-1
9 yrs.	864	2992	728	129	22	28	0.9	399	269	295	361	34	.243	.329	25	6	2B-661, SS-164, 3B-5, OF-1
4 yrs.	333	1066	256	50	6	13	1.2	137	112	115	145	16	.240	.335	19	3	2B-293, 3B-4, SS-3

WORLD SERIES
| 1941 BKN N | 3 | 7 | 0 | 0 | 0 | 0 | 0.0 | 1 | 0 | 1 | 2 | 0 | .000 | .000 | 0 | 0 | 2B-3 |

Player Register 126

	G	AB	H	2B	3B	HR	HR%	R	RBI	BB	SO	SB	BA	SA	Pinch Hit AB	H	G by POS

Bob Coulson
COULSON, ROBERT JACKSON BR TR 5'10½" 175 lbs.
B. June 17, 1887, Courtney, Pa. D. Sept. 11, 1953, Washington, Pa.

		G	AB	H	2B	3B	HR	HR%	R	RBI	BB	SO	SB	BA	SA	PH AB	PH H	G by POS
1908	CIN N	8	18	6	1	1	0	0.0	3	1	3		0	.333	.500	1	0	OF-6
1910	BKN N	25	89	22	3	4	1	1.1	14	13	6	14	9	.247	.404	0	0	OF-25
1911		146	521	122	23	7	0	0.0	52	50	42	78	32	.234	.305	1	1	OF-145
1914	PIT F	18	64	13	1	0	0	0.0	7	3	7		2	.203	.219	0	0	OF-18
4 yrs.		197	692	163	28	12	1	0.1	76	67	58	92	43	.236	.315	2	1	OF-194
2 yrs.		171	610	144	26	11	1	0.2	66	63	48	92	41	.236	.320	1	1	OF-170

Wes Covington
COVINGTON, JOHN WESLEY BL TR 6'1" 205 lbs.
B. Mar. 27, 1932, Laurinburg, N. C.

		G	AB	H	2B	3B	HR	HR%	R	RBI	BB	SO	SB	BA	SA	PH AB	PH H	G by POS
1956	MIL N	75	138	39	4	0	2	1.4	17	16	16	20	1	.283	.355	31	10	OF-35
1957		96	328	93	4	8	21	6.4	51	65	29	44	4	.284	.537	8	1	OF-89
1958		90	294	97	12	1	24	8.2	43	74	20	35	0	.330	.622	6	0	OF-82
1959		103	373	104	17	3	7	1.9	38	45	26	41	0	.279	.397	9	2	OF-94
1960		95	281	70	16	1	10	3.6	25	35	15	37	1	.249	.420	22	5	OF-72
1961	4 teams	MIL N (9G – .190)	CHI A (22G – .288)						KC A (17G – .159)					PHI N (57G – .303)				
"	total	105	289	78	11	0	12	4.2	34	47	25	33	0	.270	.433	28	6	OF-76
1962	PHI N	116	304	86	12	1	9	3.0	36	44	19	44	0	.283	.418	30	9	OF-88
1963		119	353	107	24	1	17	4.8	46	64	26	56	1	.303	.521	25	8	OF-101
1964		129	339	95	18	0	13	3.8	37	58	38	50	0	.280	.448	31	5	OF-108
1965		101	235	58	10	1	15	6.4	27	45	26	47	0	.247	.489	35	7	OF-64
1966	2 teams	CHI N (9G – .091)	LA N (37G – .121)															
"	total	46	44	5	0	1	1	2.3	1	6	7	7	0	.114	.227	34	4	OF-3
11 yrs.		1075	2978	832	128	17	131	4.4	355	499	247	414	7	.279	.466	260	57	OF-812
1 yr.		37	33	4	0	1	1	3.0	1	6	6	5	0	.121	.273	27	4	OF-2
WORLD SERIES																		
1957	MIL N	7	24	5	1	0	0	0.0	1	1	2	6	1	.208	.250	0	0	OF-7
1958		7	26	7	0	0	0	0.0	2	4	2	4	0	.269	.269	0	0	OF-7
1966	LA N	1	1	0	0	0	0	0.0	0	0	0	1	0	.000	.000	1	0	
3 yrs.		15	51	12	1	0	0	0.0	3	5	4	11	1	.235	.255	1	0	OF-14

Billy Cox
COX, WILLIAM RICHARD BR TR 5'10" 150 lbs.
B. Aug. 29, 1919, Newport, Pa. D. Mar. 30, 1978, Harrisburg, Pa.

		G	AB	H	2B	3B	HR	HR%	R	RBI	BB	SO	SB	BA	SA	PH AB	PH H	G by POS
1941	PIT N	10	37	10	3	1	0	0.0	4	2	3	2	1	.270	.405	0	0	SS-10
1946		121	411	119	22	6	2	0.5	32	36	26	15	4	.290	.387	3	1	SS-114
1947		132	529	145	30	7	15	2.8	75	54	29	28	5	.274	.442	2	1	SS-129
1948	BKN N	88	237	59	13	2	3	1.3	36	15	38	19	3	.249	.359	6	1	3B-70, SS-6, 2B-1
1949		100	390	91	18	2	8	2.1	48	40	30	18	5	.233	.351	0	0	3B-100
1950		119	451	116	17	2	8	1.8	62	44	35	24	6	.257	.357	1	0	3B-107, 2B-13, SS-9
1951		142	455	127	25	4	9	2.0	62	51	37	30	5	.279	.411	3	1	3B-139, SS-1
1952		116	455	118	12	3	6	1.3	56	34	25	32	10	.259	.338	4	1	3B-100, SS-10, 2B-9
1953		100	327	95	18	1	10	3.1	44	44	37	21	2	.291	.443	5	1	3B-89, SS-6, 2B-1
1954		77	226	53	9	2	2	0.9	26	17	21	13	0	.235	.319	4	1	3B-58, 2B-11, SS-8
1955	BAL A	53	194	41	7	2	3	1.5	25	14	17	16	1	.211	.314	3	1	3B-37, 2B-18, SS-6
11 yrs.		1058	3712	974	174	32	66	1.8	470	351	298	218	42	.262	.380	31	8	3B-700, SS-299, 2B-53
7 yrs.		742	2541	659	112	16	46	1.8	334	245	223	157	31	.259	.370	23	5	3B-663, SS-40, 2B-35
WORLD SERIES																		
1949	BKN N	2	3	1	0	0	0	0.0	0	0	0	1	0	.333	.333	2	1	3B-1
1952		7	27	8	2	0	0	0.0	4	0	3	4	0	.296	.370	0	0	3B-7
1953		6	23	7	3	0	1	4.3	3	6	1	4	0	.304	.565	0	0	3B-6
3 yrs.		15	53	16	5	0	1	1.9	7	6	4	9	0	.302	.453	2	1	3B-14

Dick Cox
COX, ELMER JOSEPH BR TR 5'7½" 158 lbs.
B. Sept. 30, 1897, Pasadena, Calif. D. June 1, 1966, Morro Bay, Calif.

		G	AB	H	2B	3B	HR	HR%	R	RBI	BB	SO	SB	BA	SA	PH AB	PH H	G by POS
1925	BKN N	122	434	143	23	10	7	1.6	68	64	37	29	4	.329	.477	8	3	OF-111
1926		124	398	118	17	4	1	0.3	53	45	46	20	6	.296	.367	6	3	OF-117
2 yrs.		246	832	261	40	14	8	1.0	121	109	83	49	10	.314	.424	14	6	OF-228
2 yrs.		246	832	261	40	14	8	1.0	121	109	83	49	10	.314	.424	14	6	OF-228

Cannonball Crane
CRANE, EDWARD NICHOLAS BR TR 5'10½" 204 lbs.
B. May, 1862, Boston, Mass. D. Sept. 19, 1896, Rochester, N. Y.

		G	AB	H	2B	3B	HR	HR%	R	RBI	BB	SO	SB	BA	SA	PH AB	PH H	G by POS
1884	BOS U	101	428	122	23	6	12	2.8	83		14			.285	.451	0	0	OF-57, C-42, 1B-5, P-4
1885	2 teams	PRO N (1G – .000)	BUF N (13G – .275)															
"	total	14	53	14	2	0	1	1.9	2	3	8	5	10	.264	.415	0	0	OF-14
1886	WAS N	80	292	50	11	3	0	0.0	20	20	13	54		.171	.229	0	0	OF-68, P-10, C-4
1888	NY N	12	37	6	2	0	1	2.7	3	2	3	11	1	.162	.297	0	0	P-12
1889		29	103	21	1	0	2	1.9	16	11	13	21	6	.204	.272	0	0	P-29, 1B-1
1890	NY P	43	146	46	5	4	0	0.0	27	16	10	26	5	.315	.404	0	0	P-43
1891	2 teams	C-M AA (34G – .155)	CIN N (15G – .109)															
"	total	49	156	22	0	0	1	0.6	16	9	11	40	7	.141	.160	2	0	P-47, OF-3
1892	NY N	48	163	40	1	1	0	0.0	20	14	11	30	2	.245	.264	0	0	P-47, OF-1
1893	2 teams	NY N (12G – .462)	BKN N (3G – .400)															
"	total	15	31	14	2	0	0	0.0	9	3	7	0	0	.452	.516	0	0	P-12, OF-2, 1B-1
9 yrs.		391	1409	335	45	15	18	1.3	199	84	86	191	21	.238	.329	0		P-204, OF-145, C-46, 1B-7
1 yr.		3	5	2	1	0	0	0.0	1	0	0	0	0	.400	.600	0	0	P-2, OF-1

Sam Crane
CRANE, SAMUEL BYREN (Red) BR TR 5'11½" 154 lbs.
B. Sept. 13, 1894, Harrisburg, Pa. D. Nov. 12, 1955, Philadelphia, Pa.

		G	AB	H	2B	3B	HR	HR%	R	RBI	BB	SO	SB	BA	SA	PH AB	PH H	G by POS
1914	PHI A	2	6	0	0	0	0	0.0	2	3	0		0	.000	.000	0	0	SS-2
1915		8	23	2	2	0	0	0.0	3	1	0	4	0	.087	.174	1	0	SS-6, 2B-1
1916		2	4	1	0	0	0	0.0	1	0	2	1	0	.250	.250	0	0	SS-2

Player Register

	G	AB	H	2B	3B	HR	HR%	R	RBI	BB	SO	SB	BA	SA	Pinch Hit AB	Pinch Hit H	G by POS

Sam Crane continued

	G	AB	H	2B	3B	HR	HR%	R	RBI	BB	SO	SB	BA	SA	PH AB	PH H	G by POS
1917 WAS A	32	95	17	2	0	0	0.0	6	4	4	14	0	.179	.200	0	0	SS-32
1920 CIN N	54	144	31	4	0	0	0.0	20	9	7	9	5	.215	.243	7	0	SS-25, 3B-10, 2B-4, OF-3
1921	73	215	50	10	2	0	0.0	20	16	14	14	2	.233	.298	3	0	SS-63, 3B-2, OF-1
1922 BKN N	3	8	2	1	0	0	0.0	1	0	0	1	0	.250	.375	0	0	SS-3
7 yrs.	174	495	103	19	2	0	0.0	51	30	29	46	7	.208	.255	11	0	SS-133, 3B-12, 2B-5, OF-4
1 yr.	3	8	2	1	0	0	0.0	1	0	0	1	0	.250	.375	0	0	SS-3

Willie Crawford

CRAWFORD, WILLIE MURPHY
B. Sept. 7, 1946, Los Angeles, Calif.
BL TL 6'1" 197 lbs.

	G	AB	H	2B	3B	HR	HR%	R	RBI	BB	SO	SB	BA	SA	PH AB	PH H	G by POS
1964 LA N	10	16	5	1	0	0	0.0	3	0	1	7	1	.313	.375	3	1	OF-4
1965	52	27	4	0	0	0	0.0	10	0	2	8	2	.148	.148	13	0	OF-8
1966	6	0	0	0	0	0	–	1	0	0	0	0	–	–	0	0	
1967	4	4	1	0	0	0	0.0	0	0	1	3	0	.250	.250	3	1	OF-1
1968	61	175	44	12	1	4	2.3	25	14	20	64	1	.251	.400	12	2	OF-48
1969	129	389	96	17	5	11	2.8	64	41	49	85	6	.247	.401	21	6	OF-113
1970	109	299	70	8	6	8	2.7	48	40	33	88	4	.234	.381	15	3	OF-94
1971	114	342	96	16	6	9	2.6	64	40	28	49	5	.281	.442	19	8	OF-97
1972	96	243	61	7	3	8	3.3	28	27	35	55	4	.251	.403	18	4	OF-74
1973	145	457	135	26	2	14	3.1	75	66	78	91	12	.295	.453	7	2	OF-138
1974	139	468	138	23	4	11	2.4	73	61	64	88	7	.295	.432	8	1	OF-133
1975	124	373	98	15	2	9	2.4	46	46	49	43	5	.263	.386	16	3	OF-113
1976 STL N	120	392	119	17	5	9	2.3	49	50	37	53	2	.304	.441	16	5	OF-107
1977 2 teams		HOU N (42G – .254)			OAK A (59G – .184)												
" total	101	250	54	10	3	3	1.2	21	34	34	30	0	.216	.300	22	3	OF-52, DH-18
14 yrs.	1210	3435	921	152	35	86	2.5	507	419	431	664	47	.268	.408	173	39	OF-982, DH-18
12 yrs.	989	2793	748	125	29	74	2.6	437	335	360	581	45	.268	.413	135 6th	31 7th	OF-823

LEAGUE CHAMPIONSHIP SERIES

	G	AB	H	2B	3B	HR	HR%	R	RBI	BB	SO	SB	BA	SA	PH AB	PH H	G by POS
1974 LA N	2	4	1	0	0	0	0.0	1	1	1	1	0	.250	.250	1	1	OF-2

WORLD SERIES

	G	AB	H	2B	3B	HR	HR%	R	RBI	BB	SO	SB	BA	SA	PH AB	PH H	G by POS
1965 LA N	2	2	1	0	0	0	0.0	0	0	0	1	0	.500	.500	2	1	
1974	3	6	2	0	0	1	16.7	1	0	1	0	0	.333	.833	2	1	OF-2
2 yrs.	5	8	3	0	0	1	12.5	1	0	1	1	0	.375	.750	4	2	OF-2

Lave Cross

CROSS, LAFAYETTE NAPOLEON
Brother of Frank Cross. Brother of Amos Cross.
B. May 11, 1867, Milwaukee, Wis. D. Sept. 4, 1927, Toledo, Ohio
Manager 1899.
BR TR 5'8½" 155 lbs.

	G	AB	H	2B	3B	HR	HR%	R	RBI	BB	SO	SB	BA	SA	PH AB	PH H	G by POS
1887 LOU AA	54	203	54	8	3	0	0.0	32		15		15	.266	.335	0	0	C-44, OF-10
1888	47	181	41	3	0	0	0.0	20	15	2		10	.227	.243	0	0	C-37, OF-12, SS-2
1889 PHI AA	55	199	44	8	2	0	0.0	22	23	14	9	11	.221	.281	0	0	C-55
1890 PHI P	63	245	73	7	8	3	1.2	42	47	12	6	5	.298	.429	0	0	C-49, OF-15
1891 PHI AA	110	402	121	20	14	5	1.2	66	52	38	23	14	.301	.458	0	0	OF-43, C-43, 3B-24, SS-1, 2B-1
1892 PHI N	140	541	149	15	10	4	0.7	84	69	39	16	18	.275	.362	0	0	3B-65, C-39, OF-25, 2B-14, SS-5
1893	96	415	124	17	6	1	1.0	81	78	26	7	18	.299	.398	1	1	C-40, 3B-30, OF-10, SS-10, 1B-6
1894	119	529	204	34	9	7	1.3	123	125	29	7	21	.386	.524	0	0	3B-100, C-16, SS-7, 2B-1
1895	125	535	145	26	9	2	0.4	95	101	35	8	21	.271	.364	0	0	3B-125
1896	106	406	104	23	5	1	0.2	63	73	32	14	8	.256	.345	0	0	3B-61, SS-37, 2B-6, OF-2, C-1
1897	88	344	89	17	5	3	0.9	37	51	10		10	.259	.363	0	0	3B-47, 2B-38, OF-2, SS-1
1898 STL N	151	602	191	28	8	3	0.5	71	79	28		14	.317	.405	0	0	3B-149, SS-2
1899 2 teams		CLE N (38G – .286)			STL N (103G – .303)												
" total	141	557	166	19	5	5	0.9	76	84	25		13	.298	.377	0	0	3B-141
1900 2 teams		STL N (16G – .295)			BKN N (117G – .293)												
" total	133	522	153	15	6	4	0.8	79	73	26		21	.293	.368	0	0	3B-133
1901 PHI A	100	420	139	28	12	2	0.5	82	73	19		23	.331	.469	0	0	3B-100
1902	137	559	191	39	8	0	0.0	90	108	27		25	.342	.440	0	0	3B-137
1903	137	559	163	22	4	2	0.4	61	90	10		14	.292	.356	0	0	3B-136, 1B-1
1904	155	607	176	31	10	1	0.2	73	71	13		10	.290	.379	0	0	3B-155
1905	147	583	155	29	5	0	0.0	68	77	26		8	.266	.333	0	0	3B-147
1906 WAS A	130	494	130	14	6	1	0.2	55	45	28		19	.263	.322	0	0	3B-130
1907	41	161	32	8	0	0	0.0	13	10	10		3	.199	.248	0	0	3B-41
21 yrs.	2275	9064	2644	411	135	47	0.5	1333	1344	464	90	301	.292	.382	1	1	3B-1721, C-324, OF-119, SS-65, 2B-60, 1B-7
1 yr.	117	461	135	14	6	4	0.9	73	67	25		20	.293	.375	0	0	3B-117

WORLD SERIES

	G	AB	H	2B	3B	HR	HR%	R	RBI	BB	SO	SB	BA	SA	PH AB	PH H	G by POS
1905 PHI A	5	19	2	0	0	0	0.0	0	0	1	1	0	.105	.105	0	0	3B-5

Don Crow

CROW, DONALD LEROY
B. Aug. 18, 1958, Yakima, Wash.
BR TR 6'4" 185 lbs.

	G	AB	H	2B	3B	HR	HR%	R	RBI	BB	SO	SB	BA	SA	PH AB	PH H	G by POS
1982 LA N	4	4	0	0	0	0	0.0	0	0	0	3	0	.000	.000	0	0	C-4

Henry Cruz

CRUZ, HENRY ACOSTA
B. Feb. 27, 1952, St Croix, Virgin Islands
BL TL 6' 175 lbs.

	G	AB	H	2B	3B	HR	HR%	R	RBI	BB	SO	SB	BA	SA	PH AB	PH H	G by POS
1975 LA N	53	94	25	3	1	0	0.0	8	5	7	6	1	.266	.319	14	2	OF-41
1976	49	88	16	2	1	4	4.5	8	14	9	11	0	.182	.364	20	3	OF-23
1977 CHI A	16	21	6	0	0	2	9.5	3	5	1	3	0	.286	.571	1	0	OF-9

Player Register 128

	G	AB	H	2B	3B	HR	HR%	R	RBI	BB	SO	SB	BA	SA	Pinch Hit AB	Pinch Hit H	G by POS

Henry Cruz continued

1978	53	77	17	2	1	2	2.6	13	10	8	11	0	.221	.351	11	1	OF-40, DH-1
4 yrs.	171	280	64	7	3	8	2.9	32	34	25	31	1	.229	.361	46	6	OF-113, DH-1
2 yrs.	102	182	41	5	2	4	2.2	16	19	16	17	1	.225	.341	34	5	OF-64

Tony Cuccinello

CUCCINELLO, ANTHONY FRANCIS (Chick)   BR TR 5'7"   160 lbs.
Brother of Al Cuccinello.
B. Nov. 8, 1907, Long Island City, N. Y.

1930 CIN N	125	443	138	22	5	10	2.3	64	78	47	44	5	.312	.451	3	1	3B-109, 2B-15, SS-4
1931	154	575	181	39	11	2	0.3	67	93	54	28	1	.315	.431	0	0	2B-154
1932 BKN N	154	597	168	32	6	12	2.0	76	77	46	47	5	.281	.415	0	0	2B-154
1933	134	485	122	31	4	9	1.9	58	65	44	40	4	.252	.388	0	0	2B-120, 3B-14
1934	140	528	138	32	2	14	2.7	59	94	49	45	0	.261	.409	1	1	2B-101, 3B-43
1935	102	360	105	20	3	8	2.2	49	53	40	35	3	.292	.431	4	1	2B-64, 3B-36
1936 BOS N	150	565	174	26	3	7	1.2	68	86	58	49	1	.308	.402	0	0	2B-150
1937	152	575	156	36	4	11	1.9	77	80	61	40	2	.271	.405	1	0	2B-151
1938	147	555	147	25	2	9	1.6	62	76	52	32	4	.265	.366	0	0	2B-147
1939	81	310	95	17	1	2	0.6	42	40	26	26	5	.306	.387	1	0	2B-80
1940 2 teams		BOS	N	(34G	–	.270)		NY	N	(88G	–	.208)					
" total	122	433	98	18	2	5	1.2	40	55	24	51	2	.226	.312	6	1	3B-70, 2B-47
1942 BOS N	40	104	21	3	0	1	1.0	8	8	9	11	1	.202	.260	5	2	3B-20, 2B-14
1943 2 teams		BOS	N	(13G	–	.000)		CHI	A	(34G	–	.272)					
" total	47	122	28	5	0	2	1.6	5	13	16	14	3	.230	.320	7	0	3B-34, 2B-2, SS-1
1944 CHI A	38	130	34	3	0	0	0.0	5	17	8	16	0	.262	.285	2	0	3B-30, 2B-6
1945	118	402	124	25	3	2	0.5	50	49	45	19	6	.308	.400	6	1	3B-112
15 yrs.	1704	6184	1729	334	46	94	1.5	730	884	579	497	42	.280	.394	36	7	2B-1205, 3B-468, SS-5
4 yrs.	530	1970	533	115	15	43	2.2	242	289	179	167	12	.271	.410	5	2	2B-439, 3B-93

Roy Cullenbine

CULLENBINE, ROY JOSEPH   BB TR 6'1"   195 lbs.
B. Oct. 18, 1915, Nashville, Tenn.   BL 1938,1941

1938 DET A	25	67	19	1	3	0	0.0	12	9	12	9	2	.284	.388	7	2	OF-17
1939	75	179	43	9	2	6	3.4	31	23	34	29	0	.240	.413	25	7	OF-46, 1B-2
1940 2 teams		BKN	N	(22G	–	.180)		STL	A	(86G	–	.230)					
" total	108	318	70	12	2	8	2.5	49	40	73	45	2	.220	.346	21	3	OF-76, 1B-6
1941 STL A	149	501	159	29	9	9	1.8	82	98	121	43	6	.317	.465	9	3	OF-120, 1B-22
1942 3 teams		STL	A	(38G	–	.193)		WAS	A	(64G	–	.286)		NY	A	(21G – .364)
" total	123	427	118	33	1	6	1.4	61	66	92	40	1	.276	.400	6	1	OF-77, 3B-28, 1B-6
1943 CLE A	138	488	141	24	4	8	1.6	66	56	96	58	3	.289	.404	5	0	OF-121, 1B-13
1944	154	571	162	34	5	16	2.8	98	80	87	49	4	.284	.445	2	0	OF-151
1945 2 teams		CLE	A	(8G	–	.077)		DET	A	(146G	–	.277)					
" total	154	536	146	28	5	18	3.4	83	93	112	36	2	.272	.444	1	0	OF-150, 3B-3
1946 DET A	113	328	110	21	0	15	4.6	63	56	88	39	3	.335	.537	9	2	OF-81, 1B-21
1947	142	464	104	18	1	24	5.2	82	78	137	51	3	.224	.422	4	0	1B-138
10 yrs.	1181	3879	1072	209	32	110	2.8	627	599	852	399	26	.276	.432	89	18	OF-839, 1B-208, 3B-31
1 yr.	22	61	11	1	0	1	1.6	8	9	23	11	2	.180	.246	3	0	OF-19

WORLD SERIES

1942 NY A	5	19	5	1	0	0	0.0	3	2	1	2	1	.263	.316	0	0	OF-5
1945 DET A	7	22	5	2	0	0	0.0	5	4	8	2	1	.227	.318	0	0	OF-7
2 yrs.	12	41	10	3	0	0	0.0	8	6	9	4	2	.244	.317	0	0	OF-12

Nick Cullop

CULLOP, HENRY NICHOLAS (Tomato Face)   BR TR 6'   200 lbs.
B. Oct. 16, 1900, St. Louis, Mo.   D. Dec. 8, 1978, Westerville, Ohio

1926 NY A	2	2	1	0	0	0	0.0	0	1	0		0	.500	.500	2	1	
1927 2 teams		WAS	A	(15G	–	.217)		CLE	A	(32G	–	.235)					
" total	47	91	21	4	3	1	1.1	11	9	10	25	0	.231	.374	19	5	OF-25, 1B-1, P-1
1929 BKN N	13	41	8	2	1	1	2.4	7	5	8	7	0	.195	.415	1	0	OF-11, 1B-1
1930 CIN N	7	22	4	0	0	1	4.5	2	5	1	9	0	.182	.318	2	0	OF-5
1931	104	334	88	23	7	8	2.4	29	48	21	86	1	.263	.446	19	3	OF-83
5 yrs.	173	490	122	29	12	11	2.2	49	67	40	128	1	.249	.424	43	9	OF-124, 1B-2, P-1
1 yr.	13	41	8	2	1	1	2.4	7	5	8	7	0	.195	.415	1	0	OF-11, 1B-1

George Cutshaw

CUTSHAW, GEORGE WILLIAM (Clancy)   BR TR 5'9"   160 lbs.
B. July 29, 1887, Wilmington, Ill.   D. Aug. 22, 1973, San Diego, Calif.

1912 BKN N	102	357	100	14	4	0	0.0	41	28	31	16	16	.280	.342	5	1	2B-91, 3B-5, SS-1
1913	147	592	158	23	13	7	1.2	72	80	39	22	39	.267	.385	0	0	2B-147
1914	153	583	150	22	12	2	0.3	69	78	30	32	34	.257	.346	0	0	2B-153
1915	154	566	139	18	9	0	0.0	68	62	34	35	28	.246	.309	0	0	2B-154
1916	154	581	151	21	4	2	0.3	58	63	25	32	27	.260	.320	0	0	2B-154
1917	135	487	126	17	7	4	0.8	42	49	21	26	22	.259	.347	1	0	2B-134
1918 PIT N	126	463	132	16	10	5	1.1	56	68	27	18	25	.285	.395	0	0	2B-126
1919	139	512	124	15	8	3	0.6	49	51	30	22	36	.242	.320	0	0	2B-139
1920	131	488	123	16	8	0	0.0	56	47	23	10	17	.252	.318	2	0	2B-129
1921	98	350	119	18	4	0	0.0	46	53	11	11	14	.340	.414	14	2	2B-84
1922 DET A	132	499	133	14	8	2	0.4	57	61	20	13	11	.267	.339	0	0	2B-132
1923	45	143	32	1	2	0	0.0	15	13	9	5	2	.224	.259	0	0	2B-43, 3B-2
12 yrs.	1516	5621	1487	195	89	25	0.4	629	653	300	242	271	.265	.344	22	3	2B-1486, 3B-7, SS-1
6 yrs.	845	3166	824	115	49	15	0.5	350	360	180	163	166	.260	.342	1	0	2B-833, 3B-5, SS-1

WORLD SERIES

| 1916 BKN N | 5 | 19 | 2 | 1 | 0 | 0 | 0.0 | 2 | 2 | 1 | 1 | 0 | .105 | .158 | 0 | 0 | 2B-5 |

Player Register

	G	AB	H	2B	3B	HR	HR%	R	RBI	BB	SO	SB	BA	SA	Pinch Hit AB	Pinch Hit H	G by POS

Kiki Cuyler

CUYLER, HAZEN SHIRLEY BR TR 5'10½" 180 lbs.
B. Aug. 30, 1899, Harrisville, Mich. D. Feb. 11, 1950, Ann Arbor, Mich.
Hall of Fame 1968.

		G	AB	H	2B	3B	HR	HR%	R	RBI	BB	SO	SB	BA	SA	PH AB	PH H	G by POS
1921	PIT N	1	3	0	0	0	0	0.0	0	0	0	1	0	.000	.000	0	0	OF-1
1922		1	0	0	0	0	0	-	0	0	0	0	0	-	-	0	0	
1923		11	40	10	1	1	0	0.0	4	2	5	3	2	.250	.325	0	0	OF-11
1924		117	466	165	27	16	9	1.9	94	85	30	62	32	.354	.539	3	1	OF-114
1925		153	617	220	43	26	17	2.8	144	102	58	56	41	.357	.593	0	0	OF-153
1926		157	614	197	31	15	8	1.3	113	92	50	66	35	.321	.459	0	0	OF-157
1927		85	285	88	13	7	3	1.1	60	31	37	36	20	.309	.435	11	2	OF-73
1928	CHI N	133	499	142	25	9	17	3.4	92	79	51	61	37	.285	.473	5	0	OF-127
1929		139	509	183	29	7	15	2.9	111	102	66	56	43	.360	.532	9	4	OF-129
1930		156	642	228	50	17	13	2.0	155	134	72	49	37	.355	.547	0	0	OF-156
1931		154	613	202	37	12	9	1.5	110	88	72	54	13	.330	.473	1	0	OF-153
1932		110	446	130	19	9	10	2.2	58	77	29	43	9	.291	.442	1	0	OF-109
1933		70	262	83	13	3	5	1.9	37	35	21	29	4	.317	.447	1	0	OF-69
1934		142	559	189	42	8	6	1.1	80	69	31	62	15	.338	.474	0	0	OF-142
1935	2 teams	CHI	N (45G -	.268)		CIN	N (62G -	.251)										
"	total	107	380	98	13	4	6	1.6	58	40	37	34	8	.258	.361	6	2	OF-99
1936	CIN N	144	567	185	29	11	7	1.2	96	74	47	67	16	.326	.453	4	2	OF-140
1937		117	406	110	12	4	0	0.0	48	32	36	50	10	.271	.320	10	2	OF-106
1938	BKN N	82	253	69	10	8	2	0.8	45	23	34	23	6	.273	.399	11	1	OF-68
18 yrs.		1879	7161	2299	394	157	127	1.8	1305	1065	676	752	328	.321	.473	62	14	OF-1807
1 yr.		82	253	69	10	8	2	0.8	45	23	34	23	6	.273	.399	11	1	OF-68
WORLD SERIES																		
1925	PIT N	7	26	7	3	0	1	3.8	3	6	1	4	0	.269	.500	0	0	OF-7
1929	CHI N	5	20	6	1	0	0	0.0	4	4	1	7	0	.300	.350	0	0	OF-5
1932		4	18	5	1	1	1	5.6	2	2	0	3	1	.278	.611	0	0	OF-4
3 yrs.		16	64	18	5	1	2	3.1	9	12	2	14	1	.281	.484	0	0	OF-16

Bill Dahlen

DAHLEN, WILLIAM FREDERICK (Bad Bill) BR TR 5'9" 180 lbs.
B. Jan. 5, 1870, Nelliston, N.Y. D. Dec. 5, 1950, Brooklyn, N.Y.
Manager 1910-13.

		G	AB	H	2B	3B	HR	HR%	R	RBI	BB	SO	SB	BA	SA	PH AB	PH H	G by POS
1891	CHI N	135	551	145	20	13	9	1.6	116	76	67	60	29	.263	.396	0	0	3B-84, OF-37, SS-15
1892		143	587	173	23	19	5	0.9	116	58	45	56	60	.295	.424	0	0	SS-72, 3B-68, OF-2, 2B-1
1893		116	485	146	28	15	5	1.0	113	64	58	30	31	.301	.452	0	0	SS-88, OF-17, 2B-10, 3B-3
1894		121	508	184	32	14	15	3.0	150	107	76	33	42	.362	.569	0	0	SS-66, 3B-55
1895		129	509	139	19	10	7	1.4	107	62	61	51	38	.273	.391	0	0	SS-129, OF-1
1896		125	476	172	30	19	9	1.9	153	74	64	36	51	.361	.561	0	0	SS-125
1897		75	277	82	18	8	6	2.2	67	40	43		15	.296	.484	0	0	SS-75
1898		142	524	152	35	8	1	0.2	96	79	58		27	.290	.393	0	0	SS-142
1899	BKN N	121	428	121	22	7	4	0.9	87	76	67		29	.283	.395	0	0	SS-110, 3B-11
1900		133	483	125	16	11	1	0.2	87	69	73		31	.259	.344	0	0	SS-133
1901		131	513	134	17	10	4	0.8	69	82	30		23	.261	.357	0	0	SS-129, 2B-2
1902		138	527	139	26	7	2	0.4	67	74	43		20	.264	.351	0	0	SS-138
1903		138	474	124	17	9	1	0.2	71	64	82		34	.262	.342	0	0	SS-138
1904	NY N	145	523	140	26	2	2	0.4	70	80	44		47	.268	.337	0	0	SS-145
1905		148	520	126	20	4	7	1.3	67	81	62		37	.242	.337	0	0	SS-147, OF-1
1906		143	471	113	18	3	1	0.2	63	49	76		16	.240	.297	0	0	SS-143
1907		143	464	96	20	1	0	0.0	40	34	51		11	.207	.254	0	0	SS-143
1908	BOS N	144	524	125	23	2	3	0.6	50	48	35		10	.239	.307	0	0	SS-144
1909		69	197	46	6	1	2	1.0	22	16	29		4	.234	.305	8	2	SS-49, 2B-6, 3B-2
1910	BKN N	3	2	0	0	0	0	0.0	0	0	0	0	0	.000	.000	2	0	
1911		1	3	0	0	0	0	0.0	0	0	0	0	3	.000	.000	0	0	SS-1
21 yrs.		2443	9046	2482	416	163	84	0.9	1611	1233	1064	269	555	.274	.384	10	2	SS-2132, 3B-223, OF-58, 2B-19
7 yrs.		665	2430	643	98	44	12	0.5	381	365	295	3	137	.265	.356	2	0	SS-649, 3B-11, 2B-2
WORLD SERIES																		
1905	NY N	5	15	0	0	0	0	0.0	1	1	3	2	2	.000	.000	0	0	SS-5

Babe Dahlgren

DAHLGREN, ELLSWORTH TENNEY BR TR 6' 190 lbs.
B. June 15, 1912, San Francisco, Calif.

		G	AB	H	2B	3B	HR	HR%	R	RBI	BB	SO	SB	BA	SA	PH AB	PH H	G by POS
1935	BOS A	149	525	138	27	7	9	1.7	77	63	56	67	6	.263	.392	0	0	1B-149
1936		16	57	16	3	1	1	1.8	6	7	7	1	2	.281	.421	0	0	1B-16
1937	NY A	1	1	0	0	0	0	0.0	0	0	0	0	0	.000	.000	1	0	
1938		29	43	8	1	0	0	0.0	8	1	1	7	0	.186	.209	6	0	3B-8, 1B-6
1939		144	531	125	18	6	15	2.8	71	89	57	54	2	.235	.377	0	0	1B-144
1940		155	568	150	24	4	12	2.1	51	73	46	54	1	.264	.384	0	0	1B-155
1941	2 teams	BOS	N (44G -	.235)		CHI	N (99G -	.281)										
"	total	143	525	140	28	2	23	4.4	70	89	59	52	2	.267	.459	1	0	1B-137, 3B-5
1942	3 teams	CHI	N (17G -	.214)		STL	A (2G -	.000)		BKN	N (17G -	.053)						
"	total	36	77	13	1	0	0	0.0	6	6	8	7	0	.169	.182	8	0	1B-24
1943	PHI N	136	508	146	19	2	5	1.0	55	56	50	39	2	.287	.362	3	2	1B-73, 3B-35, SS-25, C-1
1944	PIT N	158	599	173	28	7	12	2.0	67	101	47	56	2	.289	.419	0	0	1B-158
1945		144	531	133	24	8	5	0.9	57	75	51	51	1	.250	.354	2	0	1B-142
1946	STL A	28	80	14	1	0	0	0.0	2	9	8	13	0	.175	.188	4	1	1B-24
12 yrs.		1139	4045	1056	174	37	82	2.0	470	569	390	401	18	.261	.383	25	3	1B-1028, 3B-48, SS-25, C-1
1 yr.		17	19	1	0	0	0	0.0	2	0	4	5	0	.053	.053	5	0	1B-10
WORLD SERIES																		
1939	NY A	4	14	3	2	0	1	7.1	2	2	0	4	0	.214	.571	0	0	1B-4

	G	AB	H	2B	3B	HR	HR%	R	RBI	BB	SO	SB	BA	SA	Pinch Hit AB	H	G by POS

Con Daily
DAILY, CORNELIUS F.
Brother of Ed Daily.
B. Sept. 11, 1864, Blackstone, Mass.   D. June 14, 1928, Brooklyn, N. Y.   BL   6'   192 lbs.

		G	AB	H	2B	3B	HR	HR%	R	RBI	BB	SO	SB	BA	SA	AB	H	G by POS
1884	PHI U	2	8	0	0	0	0	0.0	0		0			.000	.000	0	0	C-2
1885	PRO N	60	223	58	6	1	0	0.0	20	19	12	20		.260	.296	0	0	C-48, 1B-7, OF-6
1886	BOS N	50	180	43	4	2	0	0.0	25	21	19	29		.239	.283	0	0	C-49
1887		36	120	19	5	0	0	0.0	12	13	9	8	7	.158	.200	0	0	C-36
1888	IND N	57	202	44	6	1	0	0.0	14	14	10	28	15	.218	.257	0	0	C-42, OF-5, 3B-5, 1B-5, 2B-1
1889		62	219	55	6	2	0	0.0	35	26	28	21	14	.251	.297	0	0	C-51, OF-6, 1B-6, 3B-1
1890	BKN P	46	168	42	6	3	0	0.0	20	35	15	14	6	.250	.321	0	0	C-40, 1B-6, OF-1
1891	BKN N	60	206	66	10	1	0	0.0	25	30	15	13	7	.320	.379	0	0	C-55, OF-3, SS-2, 1B-1
1892		80	278	65	10	1	0	0.0	38	28	38	21	18	.234	.277	0	0	C-68, OF-13
1893		61	215	57	4	2	1	0.5	33	32	20	12	13	.265	.316	1	1	C-51, OF-9
1894		67	234	60	14	7	0	0.0	40	32	31	22	8	.256	.376	0	0	C-60, 1B-7
1895		40	142	30	3	2	1	0.7	17	11	10	18	3	.211	.282	0	0	C-39, OF-1
1896	CHI N	9	27	2	0	0	0	0.0	1	1	1	2	1	.074	.074	0	0	C-9
13 yrs.		630	2222	541	74	22	2	0.1	280	261	208	208	92	.243	.299	1	1	C-550, OF-44, 1B-32, 3B-6, SS-2, 2B-1
5 yrs.		308	1075	278	41	13	2	0.2	153	133	114	86	49	.259	.327	1	1	C-273, OF-26, 1B-8, SS-2

Jud Daley
DALEY, JUDSON LAWRENCE
B. Mar. 14, 1884, S. Coventry, Conn.   D. Jan. 26, 1967, East Gadsden, Ala.   BL TR   5'8"   172 lbs.

		G	AB	H	2B	3B	HR	HR%	R	RBI	BB	SO	SB	BA	SA	AB	H	G by POS
1911	BKN N	19	65	15	2	1	0	0.0	8	7	2	8	2	.231	.292	2	0	OF-16
1912		61	199	51	9	1	2	1.0	22	13	24	17	2	.256	.342	6	3	OF-55
2 yrs.		80	264	66	11	2	2	0.8	30	20	26	25	4	.250	.330	8	3	OF-71
2 yrs.		80	264	66	11	2	2	0.8	30	20	26	25	4	.250	.330	8	3	OF-71

Jack Dalton
DALTON, TALBOT PERCY
B. July 3, 1885, Henderson, Tenn.   BR TR   5'10½"   187 lbs.

		G	AB	H	2B	3B	HR	HR%	R	RBI	BB	SO	SB	BA	SA	AB	H	G by POS
1910	BKN N	77	273	62	9	4	1	0.4	33	21	26	30	5	.227	.300	4	1	OF-72
1914		128	442	141	13	8	1	0.2	65	45	53	39	19	.319	.391	10	4	OF-116
1915	BUF F	132	437	128	17	3	2	0.5	68	46	50		28	.293	.359	12	4	OF-119
1916	DET A	8	11	2	0	0	0	0.0	1	0	0	5	0	.182	.182	2	1	OF-4
4 yrs.		345	1163	333	39	15	4	0.3	167	112	129	74	52	.286	.356	28	10	OF-311
2 yrs.		205	715	203	22	12	2	0.3	98	66	79	69	24	.284	.357	14	5	OF-188

Tom Daly
DALY, THOMAS PETER (Tido)
Brother of Joe Daly.
B. Feb. 7, 1866, Philadelphia, Pa.   D. Oct. 29, 1939, Brooklyn, N. Y.   BB TR   5'7"   170 lbs.

		G	AB	H	2B	3B	HR	HR%	R	RBI	BB	SO	SB	BA	SA	AB	H	G by POS
1887	CHI N	74	256	53	10	4	2	0.8	45	17	22	25	29	.207	.301	0	0	C-64, OF-8, SS-2, 2B-2, 1B-2
1888		65	219	42	2	6	0	0.0	34	29	10	26	10	.192	.256	0	0	C-62, OF-4
1889	WAS N	71	250	75	13	5	1	0.4	39	40	38	28	18	.300	.404	0	0	C-57, 1B-8, 2B-4, OF-3, SS-1
1890	BKN N	82	292	71	9	4	5	1.7	55	43	32	43	20	.243	.353	0	0	C-69, 1B-12, OF-1
1891		58	200	50	11	5	2	1.0	29	27	21	34	7	.250	.385	0	0	C-26, 1B-15, SS-11, OF-7
1892		124	446	114	15	6	4	0.9	76	51	64	61	34	.256	.343	0	0	3B-57, OF-30, C-27, 2B-10
1893		126	470	136	21	14	8	1.7	94	70	76	65	32	.289	.445	0	0	2B-82, 3B-45
1894		123	492	168	22	10	8	1.6	135	82	77	42	51	.341	.476	0	0	2B-123
1895		120	455	128	17	8	2	0.4	89	68	52	52	28	.281	.367	0	0	2B-120
1896		67	224	63	13	6	3	1.3	43	29	33	25	19	.281	.433	0	0	2B-66, C-1
1898		23	73	24	3	1	0	0.0	11	11	14		6	.329	.397	0	0	2B-23
1899		141	498	156	24	9	5	1.0	95	88	69		43	.313	.428	0	0	2B-141
1900		97	343	107	17	3	4	1.2	70	55	46		27	.312	.414	0	0	2B-93, 1B-3, OF-2
1901		133	520	164	38	10	3	0.6	88	90	42		31	.315	.444	0	0	2B-133
1902	CHI A	137	489	110	22	3	1	0.2	57	54	55		19	.225	.288	0	0	2B-137
1903	2 teams	CHI A (43G – .207)				CIN N (80G – .293)												
" total		123	457	121	25	9	1	0.2	62	57	36		11	.265	.365	1	0	2B-122
16 yrs.		1564	5684	1582	262	103	49	0.9	1022	811	687	401	385	.278	.387	1	0	2B-1056, C-306, 3B-102, OF-55, 1B-40, SS-14
11 yrs.		1094	4013	1181	190	76 8th	44	1.1	785	614	526	322	298	.294	.412	0	0	2B-791, C-123, 3B-102, OF-40, 1B-30, SS-11

Jake Daniel
DANIEL, HANDLEY JACOB
B. Apr. 22, 1911, Roanoke, Ala.   BL TL   5'11"   175 lbs.

		G	AB	H	2B	3B	HR	HR%	R	RBI	BB	SO	SB	BA	SA	AB	H	G by POS
1937	BKN N	12	27	5	1	0	0	0.0	3	3	3	4	0	.185	.222	2	0	1B-7

Fats Dantonio
DANTONIO, JOHN JAMES
B. Dec. 31, 1919, New Orleans, La.   BR TR   5'8"   165 lbs.

		G	AB	H	2B	3B	HR	HR%	R	RBI	BB	SO	SB	BA	SA	AB	H	G by POS
1944	BKN N	3	7	1	0	0	0	0.0	0	0	0	1	0	.143	.143	0	0	C-3
1945		47	128	32	6	1	0	0.0	12	12	11	6	3	.250	.313	1	1	C-45
2 yrs.		50	135	33	6	1	0	0.0	12	12	11	7	3	.244	.304	1	1	C-48
2 yrs.		50	135	33	6	1	0	0.0	12	12	11	7	3	.244	.304	1	1	C-48

Cliff Dapper
DAPPER, CLIFFORD ROLAND
B. Jan. 2, 1920, Los Angeles, Calif.   BR TR   6'2"   190 lbs.

		G	AB	H	2B	3B	HR	HR%	R	RBI	BB	SO	SB	BA	SA	AB	H	G by POS
1942	BKN N	8	17	8	1	0	1	5.9	2	9	2	2	0	.471	.706	0	0	C-8

Player Register

	G	AB	H	2B	3B	HR	HR%	R	RBI	BB	SO	SB	BA	SA	Pinch Hit AB	Pinch Hit H	G by POS

Bobby Darwin
DARWIN, ARTHUR BOBBY LEE
B. Feb. 16, 1943, Los Angeles, Calif.
BR TR 6'2" 190 lbs.

Year	Team	G	AB	H	2B	3B	HR	HR%	R	RBI	BB	SO	SB	BA	SA	PH-AB	PH-H	G by POS
1962	LA A	1	1	0	0	0	0	0.0	0	0	0	1	0	.000	.000	0	0	P-1
1969	LA N	6	0	0	0	0	0	–	1	0	0	0	0	–	–	0	0	P-3
1971		11	20	5	1	0	1	5.0	2	4	2	9	0	.250	.450	7	2	OF-4
1972	MIN A	145	513	137	20	2	22	4.3	48	80	38	145	2	.267	.442	5	1	OF-142
1973		145	560	141	20	2	18	3.2	69	90	46	137	5	.252	.391	6	0	OF-140, DH-1
1974		152	575	152	13	7	25	4.3	67	94	37	127	1	.264	.442	9	4	OF-142
1975	2 teams	MIN A (48G – .219)				MIL A (55G – .247)												
"	total	103	355	83	12	2	13	3.7	45	41	29	98	6	.234	.389	6	2	OF-70, DH-28
1976	2 teams	MIL A (25G – .247)				BOS A (43G – .179)												
"	total	68	179	37	8	3	4	2.2	15	18	8	51	0	.207	.352	18	3	OF-38, DH-17
1977	2 teams	BOS A (4G – .222)				CHI N (11G – .167)												
"	total	15	21	4	2	0	0	0.0	3	1	0	9	0	.190	.286	10	2	DH-2, OF-2
9 yrs.		646	2224	559	76	16	83	3.7	250	328	160	577	15	.251	.412	61	14	OF-538, DH-48, P-4
2 yrs.		17	20	5	1	0	1	5.0	3	4	2	9	0	.250	.450	7	2	OF-4, P-3

Jake Daubert
DAUBERT, JACOB ELSWORTH
B. Apr. 7, 1884, Shamokin, Pa. D. Oct. 9, 1924, Cincinnati, Ohio
BL TL 5'10½" 160 lbs.

Year	Team	G	AB	H	2B	3B	HR	HR%	R	RBI	BB	SO	SB	BA	SA	PH-AB	PH-H	G by POS
1910	BKN N	144	552	146	15	15	8	1.4	67	50	47	53	23	.264	.389	0	0	1B-144
1911		149	573	176	17	8	5	0.9	89	45	51	56	32	.307	.391	0	0	1B-149
1912		145	559	172	19	16	3	0.5	81	66	48	45	29	.308	.415	1	0	1B-143
1913		139	508	178	17	7	2	0.4	76	52	44	40	25	**.350**	.423	1	0	1B-138
1914		126	474	156	17	7	6	1.3	89	45	30	34	25	**.329**	.432	0	0	1B-126
1915		150	544	164	21	8	2	0.4	62	47	57	48	11	.301	.381	0	0	1B-150
1916		127	478	151	16	7	3	0.6	75	33	38	39	21	.316	.397	1	0	1B-126
1917		125	468	122	4	4	2	0.4	59	30	51	30	11	.261	.299	0	0	1B-125
1918		108	396	122	12	**15**	2	0.5	50	47	27	18	10	.308	.429	2	0	1B-105
1919	CIN N	140	537	148	10	12	2	0.4	79	44	35	23	11	.276	.350	0	0	1B-140
1920		142	553	168	28	13	4	0.7	97	48	47	29	11	.304	.423	2	0	1B-140
1921		136	516	158	18	12	2	0.4	69	64	24	16	12	.306	.399	0	0	1B-136
1922		156	610	205	15	**22**	12	2.0	114	66	56	21	14	.336	.492	0	0	1B-156
1923		125	500	146	27	10	2	0.4	63	54	40	20	11	.292	.398	4	1	1B-121
1924		102	405	114	14	9	1	0.2	47	31	28	17	5	.281	.368	0	0	1B-102
15 yrs.		2014	7673	2326	250	165	56	0.7	1117	722	623	489	251	.303	.401	11	1	1B-2001
9 yrs.		1213	4552	1387	138	87 4th	33	0.7	648	415	393	363 9th	187	.305	.395	5	0	1B-1206

WORLD SERIES

Year	Team	G	AB	H	2B	3B	HR	HR%	R	RBI	BB	SO	SB	BA	SA	PH-AB	PH-H	G by POS
1916	BKN N	4	17	3	0	1	0	0.0	1	0	2	3	0	.176	.294	0	0	1B-4
1919	CIN N	8	29	7	0	1	0	0.0	4	1	1	2	1	.241	.310	0	0	1B-8
2 yrs.		12	46	10	0	2	0	0.0	5	1	3	5	1	.217	.304	0	0	1B-12

Vic Davalillo
DAVALILLO, VICTOR JOSE
Brother of Yo-Yo Davalillo.
B. July 31, 1939, Cabimas, Venezuela
BL TL 5'7" 150 lbs.

Year	Team	G	AB	H	2B	3B	HR	HR%	R	RBI	BB	SO	SB	BA	SA	PH-AB	PH-H	G by POS
1963	CLE A	90	370	108	18	5	7	1.9	44	36	16	41	3	.292	.424	2	2	OF-89
1964		150	577	156	26	2	6	1.0	64	51	34	77	21	.270	.354	5	0	OF-143
1965		142	505	152	19	1	5	1.0	67	40	35	50	26	.301	.372	8	1	OF-134
1966		121	344	86	6	4	3	0.9	42	19	24	37	8	.250	.317	18	3	OF-108
1967		139	359	103	17	5	2	0.6	47	22	10	30	6	.287	.379	20	4	OF-125
1968	2 teams	CLE A (51G – .239)				CAL A (93G – .298)												
"	total	144	519	144	17	7	3	0.6	49	31	18	53	25	.277	.355	7	3	OF-135
1969	2 teams	CAL A (33G – .155)				STL N (63G – .265)												
"	total	96	169	37	4	1	2	1.2	25	11	13	13	4	.219	.290	43	10	OF-45, 1B-3, P-2
1970	STL N	111	183	57	14	3	1	0.5	29	33	13	19	4	.311	.437	73	24	OF-54
1971	PIT N	99	295	84	14	6	1	0.3	48	33	11	31	10	.285	.383	27	9	OF-61, 1B-16
1972		117	368	117	19	2	4	1.1	59	28	26	44	14	.318	.413	12	5	OF-97, 1B-8
1973	2 teams	PIT N (59G – .181)				OAK A (38G – .188)												
"	total	97	147	27	2	0	1	0.7	14	7	5	11	0	.184	.218	49	10	OF-29, 1B-18, DH-2
1974	OAK A	17	23	4	0	0	0	0.0	0	1	2	2	0	.174	.174	6	1	OF-6, DH-4
1977	LA N	24	48	15	2	0	0	0.0	3	4	0	6	0	.313	.354	14	4	OF-12
1978		75	77	24	1	1	0	1.3	15	11	3	7	2	.312	.390	47	12	OF-25, 1B-2
1979		29	27	7	1	0	0	0.0	2	2	2	0	2	.259	.296	24	6	OF-3
1980		7	6	1	0	0	0	0.0	1	0	1	0	0	.167	.167	5	1	1B-1
16 yrs.		1458	4017	1122	160	37	36	0.9	509	329	212	422	125	.279	.364	360	95	OF-1066, 1B-48, DH-6, P-2
4 yrs.		135	158	47	4	1	0	0.6	21	17	5	14	4	.297	.354	90	23	OF-40, 1B-3

LEAGUE CHAMPIONSHIP SERIES

Year	Team	G	AB	H	2B	3B	HR	HR%	R	RBI	BB	SO	SB	BA	SA	PH-AB	PH-H	G by POS
1971	PIT N	2	2	0	0	0	0	0.0	0	0	0	1	0	.000	.000	2	0	
1972		1	0	0	0	0	0	–	0	0	1	0	0	–	–	0	0	
1973	OAK A	4	8	5	1	1	0	0.0	2	1	1	0	0	.625	1.000	1	1	OF-2
1977	LA N	1	1	1	0	0	0	0.0	1	0	0	0	0	1.000	1.000	1	1	
4 yrs.		8	11	6	1	1	0	0.0	3	1	2	1	0	.545	.818	4	2	OF-2

WORLD SERIES

Year	Team	G	AB	H	2B	3B	HR	HR%	R	RBI	BB	SO	SB	BA	SA	PH-AB	PH-H	G by POS
1971	PIT N	3	3	1	0	0	0	0.0	1	0	0	0	0	.333	.333	3	1	OF-2
1973	OAK A	6	11	1	0	0	0	0.0	0	0	2	1	0	.091	.091	2	0	1B-1
1977	LA N	3	3	1	0	0	0	0.0	0	1	0	0	0	.333	.333	3	1	
1978		2	3	1	0	0	0	0.0	0	0	0	0	0	.333	.333	1	0	DH-1
4 yrs.		14	20	4	0	0	0	0.0	1	1	2	1	0	.200	.200 2nd	9	2	OF-2, DH-1, 1B-1

Bill Davidson
DAVIDSON, WILLIAM SIMPSON
B. May 10, 1884, Lafayette, Ind. D. May 23, 1954, Lincoln, Neb.
BR TR

Year	Team	G	AB	H	2B	3B	HR	HR%	R	RBI	BB	SO	SB	BA	SA	PH-AB	PH-H	G by POS
1909	CHI N	2	7	1	0	0	0	0.0	2	0	1		1	.143	.143	0	0	OF-2

Player Register

	G	AB	H	2B	3B	HR	HR%	R	RBI	BB	SO	SB	BA	SA	Pinch Hit AB	H	G by POS

Bill Davidson continued

		G	AB	H	2B	3B	HR	HR%	R	RBI	BB	SO	SB	BA	SA	PH AB	PH H	G by POS
1910	BKN N	136	509	121	13	7	0	0.0	48	34	24	54	27	.238	.291	4	0	OF-131
1911		87	292	68	3	4	1	0.3	33	26	16	21	18	.233	.281	8	2	OF-74
3 yrs.		225	808	190	16	11	1	0.1	83	60	41	75	46	.235	.286	12	2	OF-207
2 yrs.		223	801	189	16	11	1	0.1	81	60	40	75	45	.236	.287	12	2	OF-205

Lefty Davis

DAVIS, ALFONZO DeFORD BL TL 5'10" 170 lbs.
B. Feb. 4, 1875, Nashville, Tenn. D. Feb. 4, 1919, Collins, N. Y.

1901	2 teams	BKN N (25G – .209)				PIT N (87G – .313)												
"	total	112	426	124	10	11	2	0.5	98	40	66		26	.291	.380	1	0	OF-110, 2B-1
1902	PIT N	59	232	65	7	3	0	0.0	52	20	35		19	.280	.336	0	0	OF-59
1903	NY A	104	372	88	10	0	0	0.0	54	25	43		11	.237	.263	2	0	OF-102, SS-1
1907	CIN N	73	266	61	5	5	1	0.4	28	25	23		9	.229	.297	2	0	OF-70
4 yrs.		348	1296	338	32	19	3	0.2	232	110	167		65	.261	.322	5	0	OF-341, SS-1, 2B-1
1 yr.		25	91	19	2	0	0	0.0	11	7	10		4	.209	.231	0	0	OF-24, 2B-1

Otis Davis

DAVIS, OTIS ALLEN (Scat) BL TR 6' 160 lbs.
B. Sept. 24, 1920, Charleston, Ark.

| 1946 | BKN N | 1 | 0 | 0 | 0 | 0 | 0 | – | 1 | 0 | 0 | 0 | 0 | – | – | 0 | 0 | |

Tommy Davis

DAVIS, HERMAN THOMAS BR TR 6'2" 195 lbs.
B. Mar. 21, 1939, Brooklyn, N. Y.

1959	LA N	1	1	0	0	0	0	0.0	0	0	0	1	0	.000	.000	1	0	
1960		110	352	97	18	1	11	3.1	43	44	13	35	6	.276	.426	21	7	OF-87, 3B-5
1961		132	460	128	13	2	15	3.3	60	58	32	53	10	.278	.413	10	3	OF-86, 3B-59
1962		163	665	230	27	9	27	4.1	120	153	33	65	18	**.346**	.535	2	0	OF-146, 3B-39
1963		146	556	181	19	3	16	2.9	69	88	29	59	15	**.326**	.457	3	0	OF-129, 3B-40
1964		152	592	163	20	5	14	2.4	70	86	29	68	11	.275	.397	4	2	OF-148
1965		17	60	15	1	1	0	0.0	3	9	2	4	2	.250	.300	1	0	OF-16
1966		100	313	98	11	1	3	1.0	27	27	16	36	3	.313	.383	22	5	OF-79, 3B-2
1967	NY N	154	577	174	32	0	16	2.8	72	73	31	71	9	.302	.440	4	0	OF-149, 1B-1
1968	CHI A	132	456	122	5	3	8	1.8	30	50	16	48	4	.268	.344	12	4	OF-116, 1B-6
1969	2 teams	SEA A (123G – .271)				HOU N (24G – .241)												
"	total	147	533	142	32	1	7	1.3	54	89	38	55	20	.266	.370	16	7	OF-133, 1B-1
1970	3 teams	HOU N (57G – .282)				OAK A (66G – .290)				CHI N (11G – .262)								
"	total	134	455	129	23	3	6	1.3	45	65	16	44	10	.284	.387	23	5	OF-108, 1B-8
1971	OAK A	79	219	71	8	1	3	1.4	26	42	15	19	7	.324	.411	28	13	1B-35, OF-16, 2B-3, 3B-2
1972	2 teams	CHI N (15G – .269)				BAL A (26G – .256)												
"	total	41	108	28	4	0	0	0.0	12	12	8	21	2	.259	.296	15	3	OF-20, 1B-6
1973	BAL A	137	552	169	20	3	7	1.3	53	89	30	56	11	.306	.391	6	4	DH-127, 1B-4
1974		158	626	181	20	1	11	1.8	67	84	34	49	6	.289	.377	4	1	DH-155
1975		116	460	130	14	1	6	1.3	43	57	23	52	2	.283	.357	4	1	DH-111
1976	2 teams	CAL A (72G – .265)				KC A (8G – .263)												
"	total	80	238	63	5	0	3	1.3	17	26	16	18	0	.265	.324	21	8	DH-56, 1B-1
18 yrs.		1999	7223	2121	272	35	153	2.1	811	1052	381	754	136	.294	.405	197	63	OF-1233, DH-449, 3B-147, 1B-62, 2B-3
8 yrs.		821	2999	912	109	22	86	2.9	392	465	154	321	65	.304	.441	64	17	OF-691, 3B-145

LEAGUE CHAMPIONSHIP SERIES

1971	OAK A	3	8	3	1	0	0	0.0	0	0	0	0	0	.375	.500	1	0	1B-2
1973	BAL A	5	21	6	1	0	0	0.0	1	2	1	0	0	.286	.333	0	0	DH-5
1974		4	15	4	0	0	0	0.0	0	1	0	1	0	.267	.267	0	0	DH-4
3 yrs.		12	44	13	2	0	0	0.0	2	3	1	1	0	.295	.341	1	0	DH-9, 1B-2

WORLD SERIES

1963	LA N	4	15	6	0	2	0	0.0	0	2	0	2	1	.400	.667	0	0	OF-4
1966		4	8	2	0	0	0	0.0	0	0	1	1	0	.250	.250	2	2	OF-3
2 yrs.		8	23	8	0	2	0	0.0	0	2	1	3	1	.348	.522	2	2	OF-7

Willie Davis

DAVIS, WILLIE HENRY BL TL 5'11" 180 lbs.
B. Apr. 15, 1940, Mineral Springs, Ark.

1960	LA N	22	88	28	6	1	2	2.3	12	10	4	12	3	.318	.477	0	0	OF-22
1961		128	339	86	19	6	12	3.5	56	45	27	46	12	.254	.451	9	1	OF-114
1962		157	600	171	18	**10**	21	3.5	103	85	42	72	32	.285	.453	0	0	OF-156
1963		156	515	126	19	9	9	1.7	60	60	25	61	25	.245	.365	4	2	OF-153
1964		157	613	180	23	7	12	2.0	91	77	22	59	42	.294	.413	1	0	OF-155
1965		142	558	133	24	3	10	1.8	52	57	14	81	25	.238	.346	2	1	OF-141
1966		153	624	177	31	6	11	1.8	74	61	15	68	21	.284	.405	0	0	OF-152
1967		143	569	146	27	9	6	1.1	65	41	29	65	20	.257	.367	6	1	OF-138
1968		160	643	161	24	10	7	1.1	86	31	31	88	36	.250	.351	2	1	OF-158
1969		129	498	155	23	8	11	2.2	66	59	33	39	24	.311	.456	4	0	OF-125
1970		146	593	181	23	**16**	8	1.3	92	93	29	54	38	.305	.438	4	3	OF-143
1971		158	641	198	33	10	10	1.6	84	74	23	47	20	.309	.438	3	1	OF-157
1972		149	615	178	22	7	19	3.1	81	79	27	61	20	.289	.441	2	1	OF-146
1973		152	599	171	29	9	16	2.7	82	77	29	62	17	.285	.444	7	3	OF-146
1974	MON N	153	611	180	27	9	12	2.0	86	89	27	69	25	.295	.427	5	0	OF-151
1975	2 teams	TEX A (42G – .249)				STL N (98G – .291)												
"	total	140	519	144	27	8	11	2.1	57	67	18	52	23	.277	.424	12	3	OF-131
1976	SD N	141	493	132	18	10	5	1.0	61	46	19	34	14	.268	.375	12	2	OF-128
1979	CAL A	43	56	14	2	1	0	0.0	9	2	4	7	1	.250	.321	24	5	OF-7, DH-6
18 yrs.		2429	9174	2561	395	138	182	2.0	1217	1053	418	977	398	.279	.412	97	23	OF-2323, DH-6
14 yrs.		1952	7495	2091	321	110	154	2.1	1004	849	350	815	335	.279	.413	44	11	OF-1906
		6th	3rd	3rd	6th	2nd	7th		6th	8th			5th	3rd				

LEAGUE CHAMPIONSHIP SERIES

| 1979 | CAL A | 2 | 2 | 1 | 1 | 0 | 0 | 0.0 | 1 | 0 | 0 | 0 | 0 | .500 | 1.000 | 2 | 1 | |

Player Register

	G	AB	H	2B	3B	HR	HR%	R	RBI	BB	SO	SB	BA	SA	Pinch Hit AB H	G by POS

Willie Davis continued

WORLD SERIES
1963 LA N	4	12	2	2	0	0	0.0	2	3	0	6	0	.167	.333	0 0	OF-4
1965	7	26	6	0	0	0	0.0	3	0	0	2	3	.231	.231	0 0	OF-7
1966	4	16	1	0	0	0	0.0	0	0	0	4	0	.063	.063	0 0	OF-4
3 yrs.	15	54	9	2	0	0	0.0	5	3	0	12	3	.167	.204	0 0	OF-15

Lindsay Deal

DEAL, LINDSAY FRED BL TR 6' 175 lbs.
B. Sept. 3, 1911, Lenoir, N. C. D. Apr. 18, 1979, Little Rock, Ark.

1939 BKN N	4	7	0	0	0	0	0.0	0	0	0	2	0	.000	.000	3 0	OF-1

Tommy Dean

DEAN, TOMMY DOUGLAS BR TR 6' 165 lbs.
B. Aug. 30, 1945, Iuka, Miss.

1967 LA N	12	28	4	1	0	0	0.0	1	2	0	9	0	.143	.179	0 0	SS-12
1969 SD N	101	273	48	9	2	2	0.7	14	9	27	54	0	.176	.245	0 0	SS-97, 2B-2
1970	61	158	35	5	1	2	1.3	18	13	11	29	2	.222	.304	1 1	SS-55
1971	41	70	8	0	0	0	0.0	2	1	4	13	1	.114	.114	2 1	SS-28, 3B-11, 2B-1
4 yrs.	215	529	95	15	3	4	0.8	35	25	42	105	3	.180	.242	3 2	SS-192, 3B-11, 2B-3
1 yr.	12	28	4	1	0	0	0.0	1	2	0	9	0	.143	.179	0 0	SS-12

Hank DeBerry

DeBERRY, JOHN HERMAN BR TR 5'11" 195 lbs.
B. Dec. 29, 1893, Savannah, Tenn. D. Sept. 10, 1951, Savannah, Tenn.

1916 CLE A	15	33	9	4	0	0	0.0	7	4	6	9	0	.273	.394	1 0	C-14
1917	25	33	9	2	0	0	0.0	3	1	2	7	0	.273	.333	14 3	C-9
1922 BKN N	85	259	78	10	1	3	1.2	29	35	20	9	4	.301	.382	3 1	C-81
1923	78	235	67	11	6	1	0.4	21	48	20	12	2	.285	.396	13 3	C-60
1924	77	218	53	10	3	3	1.4	20	26	20	21	0	.243	.358	12 2	C-63
1925	67	193	50	8	1	2	1.0	26	24	16	8	2	.259	.342	11 1	C-55
1926	48	115	33	11	0	0	0.0	6	13	8	5	0	.287	.383	10 2	C-37
1927	68	201	47	3	2	1	0.5	15	21	17	8	1	.234	.284	1 1	C-67
1928	82	258	65	8	2	0	0.0	19	23	18	15	3	.252	.298	2 0	C-80
1929	68	210	55	11	1	1	0.5	13	25	17	15	1	.262	.338	0 0	C-68
1930	35	95	28	3	0	0	0.0	11	14	4	10	0	.295	.326	0 0	C-35
11 yrs.	648	1850	494	81	16	11	0.6	170	234	148	119	13	.267	.346	67 13	C-569
9 yrs.	608	1784	476	75	16	11	0.6	160	229	140	103	13	.267	.345	52 10	C-546

Artie Dede

DEDE, ARTHUR RICHARD BR TR 5'9" 155 lbs.
B. July 12, 1895, Brooklyn, N. Y. D. Sept. 6, 1971, Keene, N. H.

1916 BKN N	1	1	0	0	0	0	0.0	0	0	0	0	0	.000	.000	0 0	C-1

Raoul Dedeaux

DEDEAUX, RAOUL (Rod) BR TR 5'11" 160 lbs.
B. Feb. 17, 1915, New Orleans, La.

1935 BKN N	2	4	1	0	0	0	0.0	0	1	0	0	0	.250	.250	0 0	SS-2

Pat Deisel

DEISEL, EDWARD BR TR 5'10" 180 lbs.
B. Apr. 9, 1876, Ripley, Ohio D. Apr. 17, 1948, Cincinnati, Ohio

1902 BKN N	1	3	2	0	0	0	0.0	0	1	1	0	0	.667	.667	0 0	C-1
1903 CIN N	2	0	0	0	0	0	-	0	0	1	0	0	-	-	0 0	C-1
2 yrs.	3	3	2	0	0	0	0.0	0	1	2	0	0	.667	.667	0 0	C-2
1 yr.	1	3	2	0	0	0	0.0	0	1	1	0	0	.667	.667	0 0	C-1

Ivan DeJesus

DeJESUS, IVAN BR TR 5'11" 175 lbs.
Born Ivan DeJesus Alvarez.
B. Jan. 9, 1953, Santurce, Puerto Rico

1974 LA N	3	3	1	0	0	0	0.0	1	0	0	2	0	.333	.333	1 0	SS-2
1975	63	87	16	2	1	0	0.0	10	2	11	15	1	.184	.230	2 0	SS-63
1976	22	41	7	2	1	0	0.0	4	2	4	9	0	.171	.268	1 0	SS-13, 3B-7
1977 CHI N	155	624	166	31	7	3	0.5	91	40	56	90	24	.266	.353	0 0	SS-154
1978	160	619	172	24	7	3	0.5	104	35	74	78	41	.278	.354	0 0	SS-160
1979	160	636	180	26	10	5	0.8	92	52	59	82	24	.283	.379	0 0	SS-160
1980	157	618	160	26	3	3	0.5	78	33	60	81	44	.259	.325	0 0	SS-156
1981	106	403	78	8	4	0	0.0	49	13	46	61	21	.194	.233	0 0	SS-106
1982 PHI N	161	536	128	21	5	3	0.6	53	59	54	70	14	.239	.313	0 0	SS-154, 3B-7
1983	158	497	126	15	7	4	0.8	60	45	53	77	11	.254	.336	0 0	SS-158
1984	144	435	112	15	3	0	0.0	40	35	43	76	12	.257	.306	2 0	SS-141
1985 STL N	59	72	16	5	0	0	0.0	11	7	4	16	2	.222	.292	24 6	3B-20, SS-13
12 yrs.	1348	4571	1162	175	48	21	0.5	593	323	464	657	194	.254	.327	30 6	SS-1280, 3B-34
3 yrs.	88	131	24	4	2	0	0.0	15	4	15	26	1	.183	.244	4 0	SS-78, 3B-7

LEAGUE CHAMPIONSHIP SERIES
1983 PHI N	4	12	3	0	0	0	0.0	0	1	3	3	0	.250	.250	0 0	SS-4

WORLD SERIES
1983 PHI N	5	16	2	0	0	0	0.0	0	1	0	2	0	.125	.125	0 0	SS-5
1985 STL N	1	1	0	0	0	0	0.0	0	0	0	0	0	.000	.000	1 0	
2 yrs.	6	17	2	0	0	0	0.0	0	1	0	2	0	.118	.118	1 0	SS-5

Player Register

	G	AB	H	2B	3B	HR	HR%	R	RBI	BB	SO	SB	BA	SA	Pinch Hit AB	H	G by POS

Bert Delmas
DELMAS, ALBERT CHARLES — BL TR 5'11" 165 lbs.
B. May 20, 1911, San Francisco, Calif. D. Dec. 4, 1979, Huntington Beach, Calif.

	G	AB	H	2B	3B	HR	HR%	R	RBI	BB	SO	SB	BA	SA	PH AB	H	G by POS
1933 BKN N	12	28	7	0	0	0	0.0	4	0	1	7	0	.250	.250	1	0	2B-10

Don Demeter
DEMETER, DONALD LEE — BR TR 6'4" 190 lbs.
B. June 25, 1935, Oklahoma City, Okla.

	G	AB	H	2B	3B	HR	HR%	R	RBI	BB	SO	SB	BA	SA	PH AB	H	G by POS
1956 BKN N	3	3	1	0	0	1	33.3	1	1	0	1	0	.333	1.333	2	0	OF-1
1958 LA N	43	106	20	2	0	5	4.7	11	8	5	32	2	.189	.349	4	0	OF-39
1959	139	371	95	11	1	18	4.9	55	70	16	87	5	.256	.437	22	3	OF-124
1960	64	168	46	7	1	9	5.4	23	29	8	34	0	.274	.488	8	2	OF-62
1961 2 teams	LA N (15G – .172)							PHI N (106G – .257)									
" total	121	411	103	18	4	21	5.1	57	70	22	80	2	.251	.467	13	2	OF-93, 1B-22
1962 PHI N	153	550	169	24	3	29	5.3	85	107	41	93	2	.307	.520	6	2	3B-105, OF-63, 1B-1
1963	154	515	133	20	2	22	4.3	63	83	31	93	1	.258	.433	11	2	OF-119, 3B-43, 1B-26
1964 DET A	134	441	113	22	1	22	5.0	57	80	17	85	4	.256	.460	27	5	OF-88, 1B-23
1965	122	389	108	16	4	16	4.1	50	58	23	65	4	.278	.463	15	6	OF-81, 1B-34
1966 2 teams	DET A (32G – .212)							BOS A (73G – .292)									
" total	105	325	87	18	1	14	4.3	43	41	8	61	2	.268	.458	21	2	OF-84, 1B-6
1967 2 teams	BOS A (20G – .279)							CLE A (51G – .207)									
" total	71	164	37	9	0	6	3.7	22	16	9	27	0	.226	.390	26	7	OF-47, 3B-2
11 yrs.	1109	3443	912	147	17	163	4.7	467	563	180	658	22	.265	.459	155	31	OF-801, 3B-150, 1B-112
5 yrs.	264	677	167	20	2	34	5.0	93	110	32	160	7	.247	.433	40	5	OF-240

WORLD SERIES
| 1959 LA N | 6 | 12 | 3 | 0 | 0 | 0 | 0.0 | 2 | 0 | 1 | 3 | 0 | .250 | .250 | 0 | 0 | OF-6 |

Gene DeMontreville
DeMONTREVILLE, EUGENE — BR TR 5'8" 165 lbs.
Also appeared in box score as Demont   Brother of Lee DeMontreville.
B. Mar. 26, 1874, St. Paul, Minn. D. Feb. 18, 1935, Memphis, Tenn.

	G	AB	H	2B	3B	HR	HR%	R	RBI	BB	SO	SB	BA	SA	PH AB	H	G by POS
1894 PIT N	2	8	2	0	0	0	0.0	0	1	4		0	.250	.250	0	0	SS-2
1895 WAS N	12	46	10	1	3	0	0.0	7	9	3	4	5	.217	.370	0	0	SS-12
1896	133	533	183	24	5	8	1.5	94	77	29	27	28	.343	.452	0	0	SS-133
1897	133	566	197	27	8	3	0.5	92	93	21		30	.348	.440	1	1	SS-99, 2B-33
1898 BAL N	151	567	186	19	2	0	0.0	93	86	52		49	.328	.369	0	0	2B-123, SS-28
1899 2 teams	CHI N (82G – .281)							BAL N (60G – .279)									
" total	142	550	154	19	7	1	0.2	83	76	27		47	.280	.345	0	0	SS-82, 2B-60
1900 BKN N	69	234	57	8	1	0	0.0	32	28	10		21	.244	.286	1	0	2B-48, SS-12, 3B-7, OF-1, 1B-1
1901 BOS N	140	570	173	14	4	5	0.9	83	72	17		25	.304	.368	0	0	2B-120, 3B-20
1902	124	481	129	16	5	0	0.0	51	53	12		23	.268	.322	2	0	2B-112, SS-10
1903 WAS A	12	44	12	2	0	0	0.0	0	3	0		0	.273	.318	0	0	2B-11, SS-1
1904 STL A	4	9	1	0	0	0	0.0	0	0	2		0	.111	.111	0	0	2B-3
11 yrs.	922	3608	1104	130	35	17	0.5	535	497	174	35	228	.306	.376	5	1	2B-510, SS-379, 3B-27, OF-1, 1B-1
1 yr.	69	234	57	8	1	0	0.0	32	28	10		21	.244	.286	1	0	2B-48, SS-12, 3B-7, OF-1, 1B-1

Dick Dietz
DIETZ, RICHARD ALLEN — BR TR 6'1" 195 lbs.
B. Sept. 18, 1941, Crawfordsville, Ind.

	G	AB	H	2B	3B	HR	HR%	R	RBI	BB	SO	SB	BA	SA	PH AB	H	G by POS
1966 SF N	13	23	1	0	0	0	0.0	1	0	2	9	0	.043	.043	7	0	C-6
1967	56	120	27	3	0	4	3.3	10	19	25	44	0	.225	.350	15	4	C-43
1968	98	301	82	14	2	6	2.0	21	38	34	68	1	.272	.392	12	6	C-90
1969	79	244	56	8	1	11	4.5	28	35	53	53	0	.230	.406	2	2	C-73
1970	148	493	148	36	2	22	4.5	82	107	109	106	0	.300	.515	9	1	C-139
1971	142	453	114	19	0	19	4.2	58	72	97	86	1	.252	.419	9	4	C-135
1972 ATL N	27	56	9	1	0	1	1.8	4	6	14	11	2	.161	.232	7	0	C-22
1973 LA N	83	139	41	8	1	3	2.2	22	24	49	25	0	.295	.432	18	6	1B-36, C-20
8 yrs.	646	1829	478	89	6	66	3.6	226	301	381	402	4	.261	.425	79	23	C-528, 1B-36
1 yr.	27	56	9	1	0	1	1.8	4	6	14	11	2	.161	.232	7	0	C-22

LEAGUE CHAMPIONSHIP SERIES
| 1971 SF N | 4 | 15 | 1 | 0 | 0 | 0 | 0.0 | 0 | 0 | 2 | 5 | 0 | .067 | .067 | 0 | 0 | C-4 |

Pop Dillon
DILLON, FRANK EDWARD — BL TR
B. Oct. 17, 1873, Normal, Ill. D. Sept. 12, 1931, Pasadena, Calif.

	G	AB	H	2B	3B	HR	HR%	R	RBI	BB	SO	SB	BA	SA	PH AB	H	G by POS
1899 PIT N	30	121	31	5	0	0	0.0	21	20	5		5	.256	.298	0	0	1B-30
1900	5	18	2	1	0	0	0.0	3	1	0		0	.111	.167	0	0	1B-5
1901 DET A	74	281	81	14	6	1	0.4	40	42	15		14	.288	.391	0	0	1B-74
1902 2 teams	DET A (66G – .206)							BAL A (2G – .286)									
" total	68	250	52	6	4	0	0.0	22	22	18		2	.208	.264	0	0	1B-68
1904 BKN N	135	511	132	18	6	0	0.0	60	31	40		13	.258	.317	0	0	1B-134
5 yrs.	312	1181	298	44	16	1	0.1	146	116	78		34	.252	.319	0	0	1B-311
1 yr.	135	511	132	18	6	0	0.0	60	31	40		13	.258	.317	0	0	1B-134

John Dobbs
DOBBS, JOHN L. — BL TR 5'9½" 170 lbs.
B. June 3, 1876, Chattanooga, Tenn. D. Sept. 9, 1934, Charlotte, N. C.

	G	AB	H	2B	3B	HR	HR%	R	RBI	BB	SO	SB	BA	SA	PH AB	H	G by POS
1901 CIN N	109	435	119	17	4	2	0.5	71	27	36		19	.274	.345	1	0	OF-100, 3B-8
1902 2 teams	CIN N (63G – .297)							CHI N (59G – .302)									
" total	122	491	147	16	5	1	0.2	70	51	37		10	.299	.358	0	0	OF-122
1903 2 teams	CHI N (16G – .230)							BKN N (111G – .237)									
" total	127	475	112	16	8	2	0.4	69	63	55		23	.236	.316	1	0	OF-126
1904 BKN N	101	363	90	16	2	0	0.0	36	30	28		11	.248	.303	3	0	OF-92, SS-2, 2B-2

Player Register

	G	AB	H	2B	3B	HR	HR%	R	RBI	BB	SO	SB	BA	SA	Pinch Hit AB	Pinch Hit H	G by POS

John Dobbs continued

1905		123	460	117	21	4	2	0.4	59	36	31		15	.254	.330	0	0	OF-123
5 yrs.		582	2224	585	86	23	7	0.3	305	207	187		78	.263	.332	5	1	OF-563, 3B-8, SS-2, 2B-2
3 yrs.		335	1237	305	52	13	4	0.3	156	125	107		49	.247	.319	4	1	OF-325, SS-2, 2B-2

Cozy Dolan

DOLAN, PATRICK HENRY BL TL 5'10" 160 lbs.
B. Dec. 3, 1872, Cambridge, Mass. D. Mar. 29, 1907, Louisville, Ky.

1895 BOS N	26	83	20	4	1	0	0.0	12	7	6	7	3	.241	.313	0	0	P-25, OF-1
1896	6	14	2	0	0	0	0.0	4	0	0	1	0	.143	.143	0	0	P-6
1900 CHI N	13	48	13	1	0	0	0.0	5	2	2		2	.271	.292	0	0	OF-13
1901 2 teams		CHI N (43G – .263)				BKN N (66G – .261)												
" total	109	424	111	12	3	0	0.0	62	45	24		10	.262	.304	4	1	OF-105
1902 BKN N	141	592	166	16	7	1	0.2	72	54	33		24	.280	.336	0	0	OF-141
1903 2 teams		CHI A (27G – .260)				CIN N (93G – .288)												
" total	120	489	138	25	4	0	0.0	80	65	34		16	.282	.350	4	0	OF-97, 1B-19
1904 CIN N	129	465	132	8	10	6	1.3	88	51	39		19	.284	.383	3	0	OF-102, 1B-24
1905 2 teams		CIN N (22G – .234)				BOS N (112G – .275)												
" total	134	510	137	13	8	3	0.6	51	52	34		23	.269	.343	0	0	OF-120, 1B-15, P-2
1906 BOS N	152	549	136	20	4	0	0.0	54	39	55		17	.248	.299	0	0	OF-144, 2B-7, P-2, 1B-1
9 yrs.	830	3174	855	99	37	10	0.3	428	315	227	8	114	.269	.333	11	1	OF-723, 1B-59, P-35, 2B-7
2 yrs.	207	845	232	27	8	1	0.1	105	83	50		31	.275	.329	2	1	OF-205

Patsy Donovan

DONOVAN, PATRICK JOSEPH BL TL 5'11½" 175 lbs.
B. Mar. 16, 1865, County Cork, Ireland D. Dec. 25, 1953, Lawrence, Mass.
Manager 1897, 1899, 1901-04, 1906-08, 1910-11.

1890 2 teams		BOS N (32G – .179)				BKN N (28G – .352)												
" total	60	245	62	6	1	0	0.0	34	17	13	22	13	.253	.286	0	0	OF-60
1891 2 teams		LOU AA (105G – .321)				WAS AA (17G – .200)												
" total	122	509	155	11	3	2	0.4	82	56	34	23	28	.305	.350	0	0	OF-122
1892 2 teams		WAS N (40G – .239)				PIT N (90G – .294)												
" total	130	551	153	18	6	2	0.4	106	38	31	29	56	.278	.343	0	0	OF-130
1893 PIT N	113	499	158	5	8	2	0.4	114	56	42	8	46	.317	.371	1	0	OF-112
1894	132	576	174	21	10	4	0.7	145	76	33	12	41	.302	.394	0	0	OF-132
1895	125	519	160	17	6	1	0.2	114	58	47	19	36	.308	.370	0	0	OF-125
1896	131	573	183	20	5	3	0.5	113	59	35	18	48	.319	.387	0	0	OF-131
1897	120	479	154	16	7	0	0.0	82	57	25		34	.322	.384	0	0	OF-120
1898	147	610	184	16	9	0	0.0	112	37	34		41	.302	.357	0	0	OF-147
1899	121	531	156	11	7	1	0.2	82	55	17		26	.294	.347	0	0	OF-121
1900 STL N	126	503	159	11	1	0	0.0	78	61	38		45	.316	.342	2	1	OF-124
1901	130	527	154	23	5	1	0.2	92	73	27		28	.292	.361	0	0	OF-129
1902	126	502	158	12	4	0	0.0	70	35	28		34	.315	.355	0	0	OF-126
1903	105	410	134	15	3	0	0.0	63	39	25		25	.327	.378	0	0	OF-105
1904 WAS A	125	436	100	6	0	0	0.0	30	19	24		17	.229	.243	3	0	OF-122
1906 BKN N	7	21	5	0	0	0	0.0	1	0	0		0	.238	.238	1	0	OF-6
1907	1	1	0	0	0	0	0.0	0	0	0		0	.000	.000	0	0	OF-1
17 yrs.	1821	7492	2249	208	75	16	0.2	1318	736	453	131	518	.300	.354	7	1	OF-1813
3 yrs.	36	127	42	3	1	0	0.0	18	8	5	5	3	.331	.370	1	0	OF-35

Wild Bill Donovan

DONOVAN, WILLIAM EDWARD BR TR 5'11" 190 lbs.
B. Oct. 13, 1876, Lawrence, Mass. D. Dec. 9, 1923, Forsyth, N. Y.
Manager 1915-17, 1921.

1898 WAS N	39	103	17	2	3	1	1.0	11	8	4		2	.165	.272	2	1	OF-20, P-17, SS-1, 2B-1
1899 BKN N	5	13	3	1	0	0	0.0	2	0	0		0	.231	.308	0	0	P-5
1900	5	13	0	0	0	0	0.0	0	2	0		0	.000	.000	0	0	P-5
1901	46	135	23	3	0	2	1.5	16	13	8		1	.170	.237	0	0	P-45
1902	48	161	27	3	2	1	0.6	16	16	9		7	.168	.230	0	0	P-35, 1B-8, OF-4, 2B-1
1903 DET A	40	124	30	3	2	0	0.0	11	12	4		3	.242	.298	2	0	P-35, SS-2, OF-1, 2B-1
1904	46	140	38	2	1	1	0.7	12	6	3		2	.271	.321	2	1	P-34, 1B-8, OF-1
1905	46	130	25	4	0	0	0.0	16	5	12		8	.192	.223	0	0	P-34, OF-8, 2B-2
1906	28	91	11	0	1	0	0.0	5	0	1		6	.121	.143	0	0	P-25, 2B-3, OF-1
1907	37	109	29	7	2	0	0.0	20	19	6		4	.266	.367	4	0	P-32
1908	30	82	13	1	0	0	0.0	5	2	10		2	.159	.171	0	0	P-29
1909	22	45	9	0	0	0	0.0	6	1	2		0	.200	.200	0	0	P-21
1910	26	69	10	1	0	0	0.0	6	2	5		0	.145	.159	0	0	P-26
1911	24	60	12	3	1	1	1.7	11	6	11		1	.200	.333	1	1	P-20
1912	6	13	1	0	0	0	0.0	3	0	1		0	.077	.077	0	0	P-3, OF-2, 1B-2
1915 NY A	10	12	1	0	0	0	0.0	1	0	1	6	0	.083	.083	0	0	P-9
1916	1	0	0	0	0	0	–	0	0	0	0	0	–	–	0	0	P-1
1918 DET A	2	2	1	0	0	0	0.0	1	1	0	0	0	.500	.500	0	0	P-2
18 yrs.	461	1302	250	30	12	6	0.5	142	93	77	6	36	.192	.247	11	3	P-378, OF-37, 1B-18, 2B-8, SS-3
4 yrs.	104	322	53	7	2	3	0.9	34	31	17		8	.165	.227	0	0	P-90, 1B-8, OF-4, 2B-1
WORLD SERIES																		
1907 DET A	2	8	0	0	0	0	0.0	0	0	0	3	0	.000	.000	0	0	P-2
1908	2	4	0	0	0	0	0.0	0	0	1	1	0	.000	.000	0	0	P-2
1909	2	4	0	0	0	0	0.0	0	1	0	1	1	.000	.000	0	0	P-2
3 yrs.	6	16	0	0	0	0	0.0	0	1	1	5	1	.000	.000	0	0	P-6

Mickey Doolan

DOOLAN, MICHAEL JOSEPH BR TR 5'10½" 170 lbs.
Born Michael Joseph Doolittle.
B. May 7, 1880, Ashland, Pa. D. Nov. 1, 1951, Orlando, Fla.

| 1905 PHI N | 136 | 492 | 125 | 27 | 11 | 1 | 0.2 | 53 | 48 | 24 | | 17 | .254 | .360 | 1 | 0 | SS-135 |
| 1906 | 154 | 535 | 123 | 19 | 7 | 1 | 0.2 | 41 | 55 | 27 | | 16 | .230 | .297 | 0 | 0 | SS-154 |

… Player Register …136

Mickey Doolan continued

	G	AB	H	2B	3B	HR	HR%	R	RBI	BB	SO	SB	BA	SA	Pinch Hit AB	H	G by POS
1907	145	509	104	19	7	1	0.2	33	47	25		18	.204	.275	0	0	SS-145
1908	129	445	104	25	4	2	0.4	29	49	17		5	.234	.321	0	0	SS-129
1909	147	493	108	12	10	1	0.2	39	35	37		10	.219	.290	0	0	SS-147
1910	148	536	141	31	6	2	0.4	58	57	35	56	16	.263	.354	0	0	SS-148
1911	146	512	122	23	6	1	0.2	51	49	44	65	14	.238	.313	1	0	SS-145
1912	146	532	137	26	6	1	0.2	47	62	34	59	6	.258	.335	0	0	SS-146
1913	151	518	113	12	6	1	0.2	32	43	29	68	17	.218	.270	0	0	SS-148, 2B-3
1914 BAL F	145	486	119	23	6	1	0.2	58	53	40		30	.245	.323	0	0	SS-145
1915 2 teams	BAL	F	(119G –	.186)		CHI	F	(24G –	.267)								
" total	143	490	98	14	8	2	0.4	50	30	26		15	.200	.273	0	0	SS-143
1916 2 teams	CHI	N	(28G –	.214)		NY	N	(18G –	.235)								
" total	46	121	27	5	2	1	0.8	8	8	10	11	1	.223	.322	3	0	SS-40, 2B-2
1918 BKN N	92	308	55	8	2	0	0.0	14	18	22	24	8	.179	.218	0	0	2B-91
13 yrs.	1728	5977	1376	244	81	15	0.3	513	554	370	283	173	.230	.306	5	0	SS-1625, 2B-96
1 yr.	92	308	55	8	2	0	0.0	14	18	22	24	8	.179	.218	0	0	2B-91

John Douglas

DOUGLAS, JOHN FRANKLIN BL TL 6'2½" 195 lbs.
B. Sept. 14, 1917, Thayer, W. Va.

	G	AB	H	2B	3B	HR	HR%	R	RBI	BB	SO	SB	BA	SA	PH AB	H	G by POS
1945 BKN N	5	9	0	0	0	0	0.0	0	0	2	4	0	.000	.000	1	0	1B-4

Snooks Dowd

DOWD, RAYMOND BERNARD BR TR 5'8" 163 lbs.
B. Dec. 20, 1897, Springfield, Mass. D. Apr. 4, 1962, Springfield, Mass.

	G	AB	H	2B	3B	HR	HR%	R	RBI	BB	SO	SB	BA	SA	PH AB	H	G by POS
1919 2 teams	DET	A	(1G –	.000)		PHI	A	(13G –	.167)								
" total	14	18	3	0	0	0	0.0	4	6	0	5	2	.167	.167	1	0	2B-3, SS-2, OF-1, 3B-1
1926 BKN N	2	8	0	0	0	0	0.0	0	0	0	0	0	.000	.000	0	0	2B-2
2 yrs.	16	26	3	0	0	0	0.0	4	6	0	5	2	.115	.115	1	0	2B-5, SS-2, OF-1, 3B-1
1 yr.	2	8	0	0	0	0	0.0	0	0	0	0	0	.000	.000	0	0	2B-2

Red Downey

DOWNEY, ALEXANDER CUMMINGS BL TL 5'11" 174 lbs.
B. Feb. 6, 1889, Aurora, Ind. D. July 10, 1949, Detroit, Mich.

	G	AB	H	2B	3B	HR	HR%	R	RBI	BB	SO	SB	BA	SA	PH AB	H	G by POS
1909 BKN N	19	78	20	1	0	0	0.0	7	8	2		4	.256	.269	0	0	OF-19

Red Downs

DOWNS, JEROME WILLIS BR TR 5'11" 155 lbs.
B. Aug. 22, 1883, Neola, Iowa D. Oct. 19, 1939, Council Bluffs, Iowa

	G	AB	H	2B	3B	HR	HR%	R	RBI	BB	SO	SB	BA	SA	PH AB	H	G by POS
1907 DET A	105	374	82	13	5	1	0.3	28	42	13		3	.219	.289	4	1	2B-80, OF-20, SS-1, 3B-1
1908	84	289	64	10	3	1	0.3	29	35	5		2	.221	.287	1	0	2B-82, 3B-1
1912 2 teams	BKN	N	(9G –	.250)		CHI	N	(43G –	.263)								
" total	52	127	33	7	3	1	0.8	11	17	10	22	8	.260	.386	11	2	2B-25, SS-9, 3B-5
3 yrs.	241	790	179	30	11	3	0.4	68	94	28	22	13	.227	.304	16	3	2B-187, OF-20, SS-10, 3B-7
1 yr.	9	32	8	3	0	0	0.0	2	3	1	5	3	.250	.344	0	0	2B-9
WORLD SERIES																	
1908 DET A	2	6	1	1	0	0	0.0	1	1	2		0	.167	.333	0	0	2B-2

Jack Doyle

DOYLE, JOHN JOSEPH (Dirty Jack) BR TR 5'9" 155 lbs.
B. Oct. 25, 1869, Killorgin, Ireland D. Dec. 31, 1958, Holyoke, Mass.
Manager 1895, 1898.

	G	AB	H	2B	3B	HR	HR%	R	RBI	BB	SO	SB	BA	SA	PH AB	H	G by POS
1889 COL AA	11	36	10	1	1	0	0.0	6	3	6	6	9	.278	.361	0	0	C-7, OF-3, 2B-2
1890	77	298	80	17	7	2	0.7	48		13		27	.268	.393	0	0	C-38, SS-25, OF-9, 2B-6, 3B-3
1891 CLE N	69	250	69	14	4	0	0.0	43	43	26	44	24	.276	.364	0	0	C-29, OF-21, 3B-20, SS-1
1892 2 teams	CLE	N	(24G –	.295)		NY	N	(90G –	.298)								
" total	114	454	135	26	2	6	1.3	78	69	24	40	47	.297	.403	1	1	C-35, 2B-31, OF-29, 3B-13, SS-8, 1B-1
1893 NY N	82	318	102	17	5	1	0.3	56	51	27	12	40	.321	.415	0	0	C-48, OF-29, SS-4, 3B-3, 1B-1
1894	105	425	157	30	8	3	0.7	94	100	35	3	42	.369	.499	0	0	1B-99, C-6
1895	82	319	100	21	3	1	0.3	52	66	24	12	35	.313	.408	2	1	1B-58, 2B-13, 3B-6, C-4
1896 BAL N	118	487	168	29	4	1	0.2	116	101	42	15	73	.345	.427	0	0	1B-118, 2B-1
1897	114	463	165	29	4	1	0.2	93	87	29		62	.356	.443	0	0	1B-114
1898 2 teams	WAS	N	(43G –	.305)		NY	N	(82G –	.283)								
" total	125	474	138	17	3	3	0.6	68	69	19		23	.291	.367	1	1	1B-62, OF-38, SS-15, 3B-5, 2B-5, C-2
1899 NY N	118	454	140	15	7	3	0.7	57	76	33		35	.308	.392	1	0	1B-113, C-5
1900	133	505	138	24	1	1	0.2	69	66	34		34	.273	.331	0	0	1B-133
1901 CHI N	75	285	66	9	2	0	0.0	21	39	7		8	.232	.277	0	0	1B-75
1902 2 teams	NY	N	(49G –	.301)		WAS	A	(78G –	.247)								
" total	127	498	133	27	2	2	0.4	73	39	39		18	.267	.341	0	0	2B-68, 1B-56, OF-4, C-1
1903 BKN N	139	524	164	27	6	0	0.0	84	91	54		34	.313	.387	0	0	1B-139
1904 2 teams	BKN	N	(8G –	.227)		PHI	N	(66G –	.220)								
" total	74	258	57	11	3	1	0.4	22	24	25		5	.221	.298	0	0	1B-73, 2B-1
1905 NY A	1	3	0	0	0	0	0.0	0	0	0		0	.000	.000	0	0	1B-1
17 yrs.	1564	6051	1822	314	64	25	0.4	980	924	437	132	516	.301	.387	5	3	1B-1043, C-175, OF-133, 2B-127, SS-53, 3B-50
2 yrs.	147	546	169	28	4	0	0.0	86	93	60		35	.310	.383	0	0	1B-147

Solly Drake

DRAKE, SOLOMON LOUIS BB TR 6' 170 lbs.
Brother of Sammy Drake.
B. Oct. 23, 1930, Little Rock, Ark.

	G	AB	H	2B	3B	HR	HR%	R	RBI	BB	SO	SB	BA	SA	PH AB	H	G by POS
1956 CHI N	65	215	55	9	1	2	0.9	29	15	23	35	9	.256	.335	8	3	OF-53

	G	AB	H	2B	3B	HR	HR%	R	RBI	BB	SO	SB	BA	SA	Pinch Hit AB H	G by POS

Solly Drake continued
1959 2 teams	LA	N (9G – .250)		PHI	N (67G – .145)											
" total	76	70	11	1	0	0	0.0	12	3	9	18	6	.157	.171	22 0	OF-41
2 yrs.	141	285	66	10	1	2	0.7	41	18	32	53	15	.232	.295	30 3	OF-94
1 yr.	9	8	2	0	0	0	0.0	2	0	1	3	1	.250	.250	3 0	OF-4

Chuck Dressen
DRESSEN, CHARLES WALTER   BR TR 5'5½" 146 lbs.
B. Sept. 20, 1898, Decatur, Ill.   D. Aug. 10, 1966, Detroit, Mich.
Manager 1934-37, 1951-53, 1955-57, 1960-61, 1963-66.

1925 CIN N	76	215	59	8	2	3	1.4	35	19	12	4	5	.274	.372	10 0	3B-47, 2B-5, OF-4
1926	127	474	126	27	11	4	0.8	76	48	49	31	0	.266	.395	0 0	3B-123, OF-1, SS-1
1927	144	548	160	36	10	2	0.4	78	55	71	32	7	.292	.405	1 0	3B-142, SS-2
1928	135	498	145	26	3	1	0.2	72	59	43	22	10	.291	.361	0 0	3B-135
1929	110	401	98	22	3	1	0.2	49	36	41	21	8	.244	.322	5 0	3B-98, 2B-8
1930	33	19	4	0	0	0	0.0	0	1	1	3	0	.211	.211	13 2	3B-10, 2B-3
1931	5	15	1	0	0	0	0.0	0	0	1	1	0	.067	.067	0 0	3B-4
1933 NY N	16	45	10	4	0	0	0.0	3	3	1	4	0	.222	.311	0 0	3B-16
8 yrs.	646	2215	603	123	29	11	0.5	313	221	219	118	30	.272	.369	29 2	3B-575, 2B-16, OF-5, SS-3

Mariano Duncan
DUNCAN, MARIANO   BB TR 6' 165 lbs.
Born Mariano Duncan Nalasco.
B. Mar. 13, 1963, San Pedro de Macoris, Dominican Republic

1985 LA N	142	562	137	24	6	6	1.1	74	39	38	113	38	.244	.340	2 1	SS-123, 2B-19
LEAGUE CHAMPIONSHIP SERIES																
1985 LA N	5	18	4	2	1	0	0.0	2	1	1	3	1	.222	.444	0 0	SS-5

Jack Dunn
DUNN, JOHN JOSEPH   BR TR 5'9"
B. Oct. 6, 1872, Meadville, Pa.   D. Oct. 22, 1928, Towson, Md.

1897 BKN N	36	131	29	4	0	0	0.0	20	17	4		2	.221	.252	0 0	P-25, 2B-4, OF-3, 3B-3, SS-1
1898	51	167	41	0	1	0	0.0	21	19	7		3	.246	.257	0 0	P-41, OF-4, SS-4, 3B-2
1899	43	122	30	2	1	0	0.0	21	16	3		3	.246	.279	1 0	P-41, SS-1
1900 2 teams	BKN	N (10G – .231)		PHI	N (10G – .303)											
" total	20	59	16	1	0	0	0.0	5	6	1		1	.271	.288	0 0	P-20
1901 2 teams	PHI	N (2G – 1.000)		BAL	A (96G – .249)											
" total	98	363	91	9	4	0	0.0	42	36	22		10	.251	.298	0 0	3B-67, SS-19, P-11, OF-1, 2B-1
1902 NY N	100	342	72	11	1	0	0.0	26	14	20		13	.211	.249	1 1	OF-43, SS-36, 3B-18, P-3, 2B-2
1903	78	257	62	15	1	0	0.0	35	37	15		12	.241	.307	6 1	SS-27, 3B-25, 2B-19, OF-1
1904	64	181	56	12	2	1	0.6	27	19	11		11	.309	.414	6 1	3B-28, SS-10, 2B-9, OF-7, P-1
8 yrs.	490	1622	397	54	10	1	0.1	197	164	83		55	.245	.292	14 3	3B-143, P-142, SS-98, OF-59, 2B-35
4 yrs.	140	446	106	6	2	0	0.0	64	53	15		8	.238	.260	1 0	P-117, OF-7, SS-6, 3B-5, 2B-4

Joe Dunn
DUNN, JOSEPH EDWARD   BR TR
B. Mar. 11, 1885, Springfield, Ohio   D. Mar. 19, 1944, Springfield, Ohio

1908 BKN N	20	64	11	3	0	0	0.0	3	5	0		0	.172	.219	0 0	C-20
1909	10	25	4	1	0	0	0.0	1	2	0		0	.160	.200	3 0	C-7
2 yrs.	30	89	15	4	0	0	0.0	4	7	0		0	.169	.213	3 0	C-27
2 yrs.	30	89	15	4	0	0	0.0	4	7	0		0	.169	.213	3 0	C-27

Leo Durocher
DUROCHER, LEO ERNEST (The Lip)   BR TR 5'10" 160 lbs.
B. July 27, 1905, W. Springfield, Mass.
Manager 1939-46, 1948-55, 1966-73.   BB 1929

1925 NY A	2	1	0	0	0	0	0.0	1	0	0	0	0	.000	.000	1 0	
1928	102	296	80	8	6	0	0.0	46	31	22	52	1	.270	.338	3 1	2B-66, SS-29
1929	106	341	84	4	5	0	0.0	53	32	34	33	3	.246	.287	1 0	SS-93, 2B-12
1930 CIN N	119	354	86	15	3	3	0.8	31	32	20	45	0	.243	.328	0 0	SS-103, 2B-13
1931	121	361	82	11	5	1	0.3	26	29	18	32	0	.227	.294	0 0	SS-120
1932	143	457	99	22	5	1	0.2	43	33	36	40	3	.217	.293	0 0	SS-142
1933 2 teams	CIN	N (16G – .216)		STL	N (123G – .258)											
" total	139	446	113	19	4	3	0.7	51	44	30	37	3	.253	.334	0 0	SS-139
1934 STL N	146	500	130	26	5	3	0.6	62	70	33	40	2	.260	.350	0 0	SS-146
1935	143	513	136	23	5	8	1.6	62	78	29	46	4	.265	.376	0 0	SS-142
1936	136	510	146	22	3	1	0.2	57	58	29	47	3	.286	.347	0 0	SS-136
1937	135	477	97	11	3	0	0.0	46	47	38	36	6	.203	.245	0 0	SS-134
1938 BKN N	141	479	105	18	5	0	0.2	41	56	47	30	3	.219	.284	0 0	SS-141
1939	116	390	108	21	6	1	0.3	42	34	27	24	2	.277	.369	2 0	SS-113, 3B-1
1940	62	160	37	9	1	1	0.6	10	14	12	13	1	.231	.319	1 0	SS-53, 2B-4
1941	18	42	12	1	0	0	0.0	2	6	1	3	0	.286	.310	5 1	SS-12, 2B-1
1943	6	18	4	0	0	0	0.0	1	1	1	2	0	.222	.222	0 0	SS-6
1945	2	5	1	0	0	0	0.0	1	2	0		0	.200	.200	0 0	2B-2
17 yrs.	1637	5350	1320	210	56	24	0.4	575	567	377	480	31	.247	.320	13 2	SS-1509, 2B-98, 3B-1
6 yrs.	345	1094	267	49	12	3	0.3	97	113	88	72	6	.244	.319	8 1	SS-325, 2B-7, 3B-1
WORLD SERIES																
1928 NY A	4	2	0	0	0	0	0.0	0	0	0	1	0	.000	.000	0 0	2B-4

Player Register   138

	G	AB	H	2B	3B	HR	HR%	R	RBI	BB	SO	SB	BA	SA	Pinch Hit AB	H	G by POS

Leo Durocher continued

| 1934 STL N | 7 | 27 | 7 | 1 | 1 | 0 | 0.0 | 4 | 0 | 0 | 0 | 0 | .259 | .370 | 0 | 0 | SS-7 |
| 2 yrs. | 11 | 29 | 7 | 1 | 1 | 0 | 0.0 | 4 | 0 | 0 | 1 | 0 | .241 | .345 | 0 | 0 | SS-7, 2B-4 |

Red Durrett
DURRETT, ELMER CHARLES BL TL 5'10" 170 lbs.
B. Feb. 3, 1921, Sherman, Tex.

1944 BKN N	11	32	5	1	0	1	3.1	3	1	7	10	0	.156	.281	1	0	OF-9
1945	8	16	2	0	0	0	0.0	2	0	3	3	0	.125	.125	2	0	OF-4
2 yrs.	19	48	7	1	0	1	2.1	5	1	10	13	0	.146	.229	3	0	OF-13
2 yrs.	19	48	7	1	0	1	2.1	5	1	10	13	0	.146	.229	3	0	OF-13

Billy Earle
EARLE, WILLIAM MOFFAT (The Little Globetrotter) BR TR 5'10½" 170 lbs.
B. Nov. 10, 1867, Philadelphia, Pa. D. May 30, 1946, Omaha, Neb.

1889 CIN AA	53	169	45	4	7	4	2.4	37	31	30	24	26	.266	.444	0	0	OF-26, C-23, 1B-5
1890 STL AA	22	73	17	3	1	0	0.0	16		7		6	.233	.301	0	0	C-18, OF-3, SS-1, 3B-1, 2B-1
1892 PIT N	5	13	7	2	0	0	0.0	5	3	4	1	2	.538	.692	0	0	C-5
1893	27	95	24	4	4	2	2.1	21	15	7	6	1	.253	.442	0	0	C-27
1894 2 teams	LOU N (21G − .354)			BKN N (14G − .340)													
" total	35	115	40	7	0	0	0.0	23	13	15	5	6	.348	.409	1	0	C-30, 2B-2, OF-1, 3B-1, 1B-1
5 yrs.	142	465	133	20	12	6	1.3	102	62	63	36	41	.286	.419	1	0	C-103, OF-30, 1B-6, 2B-3, 3B-2, SS-1
1 yr.	14	50	17	6	0	0	0.0	13	6	6	2	4	.340	.460	1	0	C-12, 2B-1

Eddie Eayrs
EAYRS, EDWIN BL TL 5'7" 160 lbs.
B. Nov. 10, 1890, Blackstone, Mass. D. Nov. 30, 1969, Warwick, R. I.

1913 PIT N	4	6	1	0	0	0	0.0	0	0	0	1	0	.167	.167	2	0	P-2
1920 BOS N	87	244	80	5	2	1	0.4	31	24	30	18	4	.328	.377	16	5	OF-63, P-7
1921 2 teams	BOS N (15G − .067)			BKN N (8G − .167)													
" total	23	21	2	0	0	0	0.0	1	2	2	4	0	.095	.095	18	1	P-2, OF-1
3 yrs.	114	271	83	5	2	1	0.4	32	26	32	23	4	.306	.351	36	6	OF-64, P-11
1 yr.	8	6	1	0	0	0	0.0	1	1	2	0	0	.167	.167	5	0	OF-1

Ox Eckhardt
ECKHARDT, OSCAR GEORGE BL TR 6'1" 185 lbs.
B. Dec. 23, 1901, Yorktown, Tex. D. Apr. 22, 1951, near Yorktown, Tex.

1932 BOS N	8	8	2	0	0	0	0.0	1	1	0	1	0	.250	.250	8	2	
1936 BKN N	16	44	8	1	0	1	2.3	5	6	5	2	0	.182	.273	3	0	OF-10
2 yrs.	24	52	10	1	0	1	1.9	6	7	5	3	0	.192	.269	11	2	OF-10
1 yr.	16	44	8	1	0	1	2.3	5	6	5	2	0	.182	.273	3	0	OF-10

Bruce Edwards
EDWARDS, CHARLES BRUCE (Bull) BR TR 5'8" 180 lbs.
B. July 15, 1923, Quincy, Ill. D. Apr. 25, 1975, Sacramento, Calif.

1946 BKN N	92	292	78	13	5	1	0.3	24	25	34	20	1	.267	.356	0	0	C-91
1947	130	471	139	15	8	9	1.9	53	80	49	55	2	.295	.418	2	0	C-128
1948	96	286	79	17	2	8	2.8	36	54	26	28	4	.276	.434	9	2	C-48, OF-21, 3B-14, 1B-1
1949	64	148	31	3	0	8	5.4	24	25	25	15	0	.209	.392	17	3	C-41, OF-4, 3B-1
1950	50	142	26	4	1	8	5.6	16	16	13	22	1	.183	.394	8	1	C-38, 1B-2
1951 2 teams	BKN N (17G − .250)			CHI N (51G − .234)													
" total	68	177	42	11	2	4	2.3	25	25	17	17	1	.237	.390	22	8	C-42, 1B-9
1952 CHI N	50	94	23	2	2	1	1.1	7	12	8	12	0	.245	.340	24	7	C-22, 2B-1
1954	4	3	0	0	0	0	0.0	1	1	2	2	0	.000	.000	3	0	
1955 WAS A	30	57	10	2	0	0	0.0	5	3	16	6	0	.175	.211	1	0	C-22, 3B-5
1956 CIN N	7	5	1	0	0	0	0.0	0	0	0	2	0	.200	.200	5	1	C-2, 3B-1, 2B-1
10 yrs.	591	1675	429	67	20	39	2.3	191	241	190	179	9	.256	.390	91	22	C-434, OF-25, 3B-21, 1B-12, 2B-2
6 yrs.	449	1375	362	54	16	35	2.5	159	208	148	143	8	.263	.402	45	9	C-360, OF-25, 3B-15, 1B-3

WORLD SERIES

1947 BKN N	7	27	6	1	0	0	0.0	3	2	2	7	0	.222	.259	0	0	C-7
1949	2	2	1	0	0	0	0.0	0	0	0	1	0	.500	.500	2	1	
2 yrs.	9	29	7	1	0	0	0.0	3	2	2	8	0	.241	.276	2	1	C-7

Hank Edwards
EDWARDS, HENRY ALBERT BL TL 6' 190 lbs.
B. Jan. 29, 1919, Elmwood Place, Ohio

1941 CLE A	16	68	15	1	1	1	1.5	10	6	2	4	0	.221	.309	0	0	OF-16
1942	13	48	12	2	1	0	0.0	6	7	5	8	2	.250	.333	1	0	OF-12
1943	92	297	82	18	6	3	1.0	38	28	30	34	4	.276	.407	15	4	OF-74
1946	124	458	138	33	16	10	2.2	62	54	43	48	1	.301	.509	2	0	OF-123
1947	108	393	102	12	3	15	3.8	54	59	31	55	1	.260	.420	8	3	OF-100
1948	55	160	43	9	2	3	1.9	27	18	18	18	1	.269	.406	12	2	OF-41
1949 2 teams	CLE A (5G − .267)			CHI N (58G − .290)													
" total	63	191	55	8	4	8	4.2	28	22	20	24	0	.288	.497	6	1	OF-56
1950 CHI N	41	110	40	11	1	2	1.8	13	21	10	13	0	.364	.536	10	0	OF-29
1951 2 teams	BKN N (35G − .226)			CIN N (41G − .315)													
" total	76	158	47	12	1	3	1.9	15	23	17	26	0	.297	.443	37	8	OF-34
1952 2 teams	CIN N (74G − .283)			CHI A (8G − .333)													
" total	82	202	58	7	6	3	3.0	26	29	19	24	0	.287	.470	26	4	OF-54
1953 STL A	65	106	21	3	0	0	0.0	6	9	13	10	0	.198	.226	40	12	OF-21
11 yrs.	735	2191	613	116	41	51	2.3	285	276	208	264	9	.280	.440	157	35	OF-560
1 yr.	35	31	7	3	0	0	0.0	1	3	4	9	0	.226	.323	31	7	

Player Register

	G	AB	H	2B	3B	HR	HR%	R	RBI	BB	SO	SB	BA	SA	Pinch Hit AB	Pinch Hit H	G by POS

Dick Egan
EGAN, RICHARD JOSEPH   BR TR 5'11" 162 lbs.
B. June 23, 1884, Portland, Ore.   D. July 7, 1947, Oakland, Calif.

	G	AB	H	2B	3B	HR	HR%	R	RBI	BB	SO	SB	BA	SA	PH AB	PH H	G by POS
1908 CIN N	18	68	14	3	1	0	0.0	8	5	2		7	.206	.279	0	0	2B-18
1909	127	480	132	14	3	2	0.4	59	53	37		39	.275	.329	1	0	2B-116, SS-10
1910	135	474	116	11	5	0	0.0	70	46	53	38	41	.245	.289	0	0	2B-131, SS-3
1911	153	558	139	11	5	1	0.2	80	56	59	50	37	.249	.292	1	1	2B-152
1912	149	507	125	14	5	0	0.0	69	52	56	26	24	.247	.294	0	0	2B-149
1913	60	195	55	7	3	0	0.0	15	22	15	13	6	.282	.349	4	0	2B-38, SS-17, 3B-2
1914 BKN N	106	337	76	10	3	1	0.3	30	21	22	25	8	.226	.282	6	5	SS-83, 3B-10, OF-3, 2B-2, 1B-1
1915 2 teams	BKN N (3G – .000)				BOS N (83G – .259)												
" total	86	223	57	9	1	0	0.0	20	7	21	28	18	3	.256	.305	15	3	OF-24, 2B-22, SS-10, 1B-9, 3B-4
1916 BOS N	83	238	53	8	3	0	0.0	23	16	19	21	2	.223	.282	11	5	2B-53, SS-12, 3B-8
9 yrs.	917	3080	767	87	29	4	0.1	374	292	291	191	167	.249	.300	38	14	2B-681, SS-135, OF-27, 3B-24, 1B-10
2 yrs.	109	340	76	10	3	1	0.3	30	21	22	25	8	5	.224	.279	9	5	SS-83, 3B-10, OF-3, 2B-2, 1B-1

Kid Elberfeld
ELBERFELD, NORMAN ARTHUR (The Tabasco Kid)   BR TR 5'5½" 134 lbs.
B. Apr. 13, 1875, Pomeroy, Ohio   D. Jan. 13, 1944, Chattanooga, Tenn.
Manager 1908.

	G	AB	H	2B	3B	HR	HR%	R	RBI	BB	SO	SB	BA	SA	PH AB	PH H	G by POS
1898 PHI N	14	38	9	4	0	0	0.0	1	7	5		0	.237	.342	0	0	3B-14
1899 CIN N	41	138	36	4	2	0	0.0	23	22	15		5	.261	.319	0	0	SS-24, 3B-18
1901 DET A	122	436	135	21	11	3	0.7	76	76	57		24	.310	.429	0	0	SS-121
1902	130	488	127	17	6	1	0.2	70	64	55		19	.260	.326	0	0	SS-130
1903 2 teams	DET A (35G – .341)				NY A (90G – .287)												
" total	125	481	145	23	8	0	0.0	78	64	33		22	.301	.383	0	0	SS-124, 3B-1
1904 NY A	122	445	117	13	5	2	0.4	55	46	37		18	.263	.328	0	0	SS-122
1905	111	390	102	18	2	0	0.0	48	53	23		18	.262	.318	2	0	SS-108
1906	99	346	106	11	5	2	0.6	59	31	30		19	.306	.384	0	0	SS-98
1907	120	447	121	17	6	0	0.0	61	51	36		22	.271	.336	2	2	SS-118
1908	19	56	11	3	0	0	0.0	11	5	6		1	.196	.250	2	0	SS-17
1909	106	379	90	9	5	0	0.0	47	26	28		23	.237	.288	2	0	SS-61, 3B-43
1910 WAS A	127	455	114	9	2	2	0.4	53	42	35		19	.251	.292	3	0	3B-113, 2B-10, SS-3
1911	127	404	110	19	4	0	0.0	58	47	65		24	.272	.339	7	1	2B-66, 3B-54
1914 BKN N	30	62	14	1	0	0	0.0	7	1	2	4	0	.226	.242	6	1	SS-18, 2B-1
14 yrs.	1293	4565	1237	169	56	10	0.2	647	535	427		214	.271	.339	24	4	SS-944, 3B-243, 2B-77
1 yr.	30	62	14	1	0	0	0.0	7	1	2	4	0	.226	.242	6	1	SS-18, 2B-1

Rowdy Elliott
ELLIOTT, HAROLD B.   BR TR 5'9½" 160 lbs.
B. July 8, 1890, Kokomo, Ind.   D. Feb. 12, 1934, San Francisco, Calif.

	G	AB	H	2B	3B	HR	HR%	R	RBI	BB	SO	SB	BA	SA	PH AB	PH H	G by POS
1910 BOS N	3	2	0	0	0	0	0.0	0	0	0	0	0	.000	.000	2	0	C-1
1916 CHI N	23	55	14	3	0	0	0.0	5	3	3	5	1	.255	.309	4	0	C-18
1917	85	223	56	8	5	0	0.0	18	28	11	11	4	.251	.332	12	2	C-73
1918	5	10	0	0	0	0	0.0	0	0	2	1	0	.000	.000	0	0	C-5
1920 BKN N	41	112	27	4	0	1	0.9	13	13	3	6	0	.241	.304	2	0	C-39
5 yrs.	157	402	97	15	5	1	0.2	36	44	19	23	5	.241	.311	20	2	C-136
1 yr.	41	112	27	4	0	1	0.9	13	13	3	6	0	.241	.304	2	0	C-39

Bones Ely
ELY, FREDERICK WILLIAM   BR TR 6'1" 155 lbs.
B. June 7, 1863, Girard, Pa.   D. Jan. 10, 1952, Berkeley, Calif.

	G	AB	H	2B	3B	HR	HR%	R	RBI	BB	SO	SB	BA	SA	PH AB	PH H	G by POS
1884 BUF N	1	4	0	0	0	0	0.0	0		0		2	.000	.000	0	0	OF-1, P-1
1886 LOU AA	10	32	5	0	0	0	0.0	5		2			.156	.156	0	0	P-6, OF-5
1890 SYR AA	119	496	130	16	6	0	0.0	72		31		44	.262	.319	0	0	OF-78, SS-36, 1B-4, 2B-2, 3B-1, P-1
1891 BKN N	31	111	17	0	1	0	0.0	9	11	7	9	4	.153	.171	0	0	SS-28, 3B-2, 2B-1
1893 STL N	44	178	45	1	6	0	0.0	25	16	17	13	2	.253	.326	0	0	SS-44
1894	127	510	156	20	12	12	2.4	85	89	30	34	23	.306	.463	0	0	SS-126, 2B-1, P-1
1895	117	467	121	16	2	1	0.2	68	46	19	17	28	.259	.308	0	0	SS-117
1896 PIT N	128	537	153	15	9	3	0.6	85	77	33	33	18	.285	.363	0	0	SS-128
1897	133	516	146	20	8	2	0.4	63	74	25		10	.283	.364	0	0	SS-133
1898	148	519	110	14	5	2	0.4	49	44	24		6	.212	.270	0	0	SS-148
1899	138	522	145	18	6	3	0.6	66	72	22		8	.278	.352	0	0	SS-132, 2B-6
1900	130	475	116	6	6	0	0.0	60	51	17		6	.244	.282	0	0	SS-130
1901 2 teams	PIT N (65G – .208)				PHI A (45G – .216)												
" total	110	411	87	12	5	0	0.0	29	44	9		11	.212	.265	1	0	SS-109, 3B-1
1902 WAS A	105	381	100	11	2	1	0.3	39	62	21		3	.262	.310	0	0	SS-105
14 yrs.	1341	5159	1331	149	68	24	0.5	655	585	257	108	163	.258	.327	1	0	SS-1236, OF-84, 2B-10, P-9, 3B-4, 1B-4
1 yr.	31	111	17	0	1	0	0.0	9	11	7	9	4	.153	.171	0	0	SS-28, 3B-2, 2B-1

Gil English
ENGLISH, GILBERT RAYMOND   BR TR 5'11" 180 lbs.
B. July 2, 1909, Glenola, N. C.

	G	AB	H	2B	3B	HR	HR%	R	RBI	BB	SO	SB	BA	SA	PH AB	PH H	G by POS
1931 NY N	3	8	0	0	0	0	0.0	0	0	1	3	0	.000	.000	0	0	3B-3
1932	59	204	46	7	5	2	1.0	22	19	5	20	0	.225	.338	1	0	3B-39, SS-23
1936 DET A	1	1	0	0	0	0	0.0	0	0	0	1	0	.000	.000	0	0	3B-1
1937 2 teams	DET A (18G – .262)				BOS N (79G – .290)												
" total	97	334	95	6	2	3	0.9	31	43	29	31	4	.284	.341	6	4	3B-77, 2B-12
1938 BOS N	53	165	41	6	0	2	1.2	17	21	15	16	1	.248	.321	4	2	3B-43, OF-3, SS-2, 2B-2
1944 BKN N	27	79	12	3	0	1	1.3	4	7	6	7	0	.152	.228	1	0	SS-13, 3B-11, 2B-2
6 yrs.	240	791	194	22	7	8	1.0	74	90	56	78	5	.245	.321	12	6	3B-174, SS-38, 2B-16, OF-3
1 yr.	27	79	12	3	0	1	1.3	4	7	6	7	0	.152	.228	1	0	SS-13, 3B-11, 2B-2

Player Register 140

	G	AB	H	2B	3B	HR	HR%	R	RBI	BB	SO	SB	BA	SA	Pinch Hit AB	Pinch Hit H	G by POS

Woody English
ENGLISH, ELWOOD GEORGE BR TR 5'10" 155 lbs.
B. Mar. 2, 1907, Fredonia, Ohio

		G	AB	H	2B	3B	HR	HR%	R	RBI	BB	SO	SB	BA	SA	PH-AB	PH-H	G by POS
1927	CHI N	87	334	97	14	4	1	0.3	46	28	16	26	1	.290	.365	0	0	SS-84, 3B-1
1928		116	475	142	22	4	2	0.4	68	34	30	28	4	.299	.375	0	0	SS-114, 3B-2
1929		144	608	168	29	3	1	0.2	131	52	68	50	13	.276	.339	0	0	SS-144
1930		156	638	214	36	17	14	2.2	152	59	100	72	3	.335	.511	0	0	3B-83, SS-78
1931		156	634	202	38	8	2	0.3	117	53	68	80	12	.319	.413	0	0	SS-138, 3B-18
1932		127	522	142	23	7	3	0.6	70	47	55	73	5	.272	.360	1	0	3B-93, SS-38
1933		105	398	104	19	2	3	0.8	54	41	53	44	5	.261	.342	0	0	3B-103, SS-1
1934		109	421	117	26	5	3	0.7	65	31	48	65	6	.278	.385	0	0	SS-56, 3B-46, 2B-7
1935		34	84	17	2	0	2	2.4	11	8	20	4	1	.202	.298	4	2	3B-16, SS-12
1936		64	182	45	9	0	0	0.0	33	20	40	28	1	.247	.297	5	0	SS-42, 3B-17, 2B-1
1937	BKN N	129	378	90	16	2	1	0.3	45	42	65	55	4	.238	.299	2	0	SS-116, 2B-11
1938		34	72	18	2	0	0	0.0	9	7	8	11	2	.250	.278	7	1	3B-21, SS-3, 2B-3
	12 yrs.	1261	4746	1356	236	52	32	0.7	801	422	571	536	57	.286	.378	19	3	SS-826, 3B-400, 2B-22
	2 yrs.	163	450	108	18	2	1	0.2	54	49	73	66	6	.240	.296	9	1	SS-119, 3B-21, 2B-14

WORLD SERIES

1929	CHI N	5	21	4	2	0	0	0.0	1	0	1	6	0	.190	.286	0	0	SS-5
1932		4	17	3	0	0	0	0.0	2	1	2	2	0	.176	.176	0	0	3B-4
	2 yrs.	9	38	7	2	0	0	0.0	3	1	3	8	0	.184	.237	0	0	SS-5, 3B-4

Tex Erwin
ERWIN, ROSS EMIL BL TR 6' 185 lbs.
B. Dec. 22, 1885, Forney, Tex. D. Apr. 5, 1953, Rochester, N. Y.

1907	DET A	4	5	1	0	0	0	0.0	0	1	1		0	.200	.200	0	0	C-4
1910	BKN N	81	202	38	3	1	1	0.5	15	10	24	12	3	.188	.228	12	1	C-68
1911		91	218	59	13	2	7	3.2	30	34	31	23	5	.271	.445	15	4	C-74
1912		59	133	28	3	0	2	1.5	14	14	18	16	1	.211	.278	12	2	C-41
1913		20	31	8	1	0	0	0.0	6	3	4	5	0	.258	.290	7	1	C-13
1914	2 teams		BKN N (9G – .455)				CIN N (12G – .314)											
"	total	21	46	16	3	0	1	2.2	5	8	4	4	1	.348	.478	6	3	C-16
	6 yrs.	276	635	150	23	3	11	1.7	70	70	82	60	10	.236	.334	52	11	C-216
	5 yrs.	260	595	138	20	3	10	1.7	65	62	79	57	10	.232	.326	52	11	C-200

Cecil Espy
ESPY, CECIL EDWARD BB TR 6'3" 190 lbs.
B. Jan. 20, 1963, San Diego, Calif.

1983	LA N	20	11	3	1	0	0	0.0	4	1	1	2	0	.273	.364	2	1	OF-15

Chuck Essegian
ESSEGIAN, CHARLES ABRAHAM BR TR 5'11" 200 lbs.
B. Aug. 9, 1931, Boston, Mass.

1958	PHI N	39	114	28	5	2	5	4.4	15	16	12	34	0	.246	.456	9	2	OF-30
1959	2 teams		STL N (17G – .179)				LA N (24G – .304)											
"	total	41	85	21	8	1	1	1.2	8	10	5	24	0	.247	.400	22	5	OF-19
1960	LA N	52	79	17	3	0	3	3.8	8	11	8	24	0	.215	.367	37	8	OF-18
1961	3 teams		BAL A (1G – .000)				KC A (4G – .333)				CLE A (60G – .289)							
"	total	65	173	50	8	1	12	6.9	26	36	11	35	0	.289	.555	20	7	OF-50
1962	CLE A	106	336	92	12	0	21	6.3	59	50	42	68	0	.274	.497	14	2	OF-90
1963	KC A	101	231	52	9	0	5	2.2	23	27	19	48	0	.225	.329	40	9	OF-53
	6 yrs.	404	1018	260	45	4	47	4.6	139	150	97	233	0	.255	.446	142	33	OF-260
	2 yrs.	76	125	31	9	0	4	3.2	14	16	12	35	0	.248	.416	50	12	OF-28

WORLD SERIES

1959	LA N	4	3	2	0	0	2	66.7	2	2	1	1	0	.667	2.667	4	2	

Dude Esterbrook
ESTERBROOK, THOMAS JEFFERSON BR TR 5'11" 167 lbs.
B. June 20, 1860, Staten Island, N. Y. D. Apr. 30, 1901, Middletown, N. Y.
Manager 1889.

1880	BUF N	64	253	61	12	1	0	0.0	20	35	0	15		.241	.296	0	0	1B-47, OF-15, 2B-6, SS-1, C-1
1882	CLE N	45	179	44	4	3	0	0.0	13	19	5	12		.246	.302	0	0	OF-45, 1B-1
1883	NY AA	97	407	103	9	7	0	0.0	55		15			.253	.310	0	0	3B-97
1884		112	477	150	29	11	1	0.2	110		12			.314	.428	0	0	3B-112
1885	NY N	88	359	92	14	5	2	0.6	48		4	28		.256	.340	0	0	3B-84, OF-4
1886		123	473	125	20	6	3	0.6	62	43	8	43		.264	.351	0	0	3B-123
1887	NY AA	26	101	17	1	0	0	0.0	11		6		8	.168	.178	0	0	1B-9, OF-7, SS-5, 2B-5
1888	2 teams		IND N (64G – .220)				LOU AA (23G – .226)											
"	total	87	339	75	14	0	0	0.0	30	24	5	20	16	.221	.263	0	0	1B-84, 3B-3
1889	LOU AA	11	44	14	3	0	0	0.0	8	9	5	2	6	.318	.386	0	0	1B-8, OF-2, SS-1
1890	NY N	45	197	57	14	1	0	0.0	29	29	10	8	12	.289	.371	0	0	1B-45
1891	BKN N	3	8	3	0	0	0	0.0	1	0	1	0	1	.375	.375	0	0	OF-2, 2B-1
	11 yrs.	701	2837	741	120	34	6	0.2	387	159	70	129	42	.261	.334	0	0	3B-419, 1B-194, OF-75, 2B-12, SS-7, C-1
	1 yr.	3	8	3	0	0	0	0.0	1	0	1	0	1	.375	.375	0	0	OF-2, 2B-1

Bunny Fabrique
FABRIQUE, ALBERT LaVERNE BB TR 5'8½" 150 lbs.
B. Dec. 23, 1887, Clinton, Mich. D. Jan. 10, 1960, Ann Arbor, Mich.

1916	BKN N	2	2	0	0	0	0	0.0	0	0	0	1	0	.000	.000	0	0	SS-2
1917		25	88	18	3	0	1	1.1	8	3	8	9	0	.205	.273	4	0	SS-21
	2 yrs.	27	90	18	3	0	1	1.1	8	3	8	10	0	.200	.267	4	0	SS-23
	2 yrs.	27	90	18	3	0	1	1.1	8	3	8	10	0	.200	.267	4	0	SS-23

141   Player Register

	G	AB	H	2B	3B	HR	HR%	R	RBI	BB	SO	SB	BA	SA	Pinch Hit AB	H	G by POS

Jim Fairey
FAIREY, JAMES BURKE
B. Sept. 22, 1944, Orangeburg, S. C.
BL TL 5'10"   190 lbs.

1968 LA N	99	156	31	3	3	1	0.6	17	10	9	32	1	.199	.276	37	8	OF-63
1969 MON N	20	49	14	1	0	1	2.0	6	6	1	7	0	.286	.367	11	2	OF-13
1970	92	211	51	9	3	3	1.4	35	25	14	38	1	.242	.355	37	14	OF-59
1971	92	200	49	8	1	1	0.5	19	19	12	23	3	.245	.310	36	11	OF-58
1972	86	141	33	7	0	1	0.7	9	15	10	21	0	.234	.305	55	10	OF-37
1973 LA N	10	9	2	0	0	0	0.0	0	0	1	1	0	.222	.222	9	2	
6 yrs.	399	766	180	28	7	7	0.9	86	75	47	122	6	.235	.317	185	47	OF-230
2 yrs.	109	165	33	3	3	1	0.6	17	10	10	33	1	.200	.273	46	10	OF-63

Ron Fairly
FAIRLY, RONALD RAY
B. July 12, 1938, Macon, Ga.
BL TL 5'10"   175 lbs.

1958 LA N	15	53	15	1	0	2	3.8	6	8	6	7	0	.283	.415	0	0	OF-15
1959	118	244	58	12	1	4	1.6	27	23	31	29	0	.238	.344	31	7	OF-88
1960	14	37	4	0	3	1	2.7	6	3	7	12	0	.108	.351	1	0	OF-13
1961	111	245	79	15	2	10	4.1	42	48	48	22	0	.322	.522	20	6	OF-71, 1B-23
1962	147	460	128	15	7	14	3.0	80	71	75	59	1	.278	.433	7	0	1B-120, OF-48
1963	152	490	133	21	0	12	2.4	62	77	58	69	5	.271	.388	5	2	1B-119, OF-45
1964	150	454	116	19	5	10	2.2	62	74	65	59	4	.256	.385	9	2	1B-141
1965	158	555	152	28	1	9	1.6	73	70	76	72	2	.274	.377	3	0	OF-148, 1B-13
1966	117	351	101	20	0	14	4.0	53	61	52	38	3	.288	.464	6	2	OF-98, 1B-25
1967	153	486	107	19	0	10	2.1	45	55	54	51	1	.220	.321	9	1	OF-97, 1B-68
1968	141	441	103	15	1	4	0.9	32	43	41	61	0	.234	.299	12	4	OF-105, 1B-36
1969 2 teams		LA N (30G – .219)				MON N (70G – .289)											
" total	100	317	87	16	6	12	3.8	38	47	37	28	1	.274	.476	10	3	1B-64, OF-31
1970 MON N	119	385	111	19	0	15	3.9	54	61	72	64	10	.288	.455	7	2	1B-118, OF-4
1971	146	447	115	23	0	13	2.9	58	71	81	65	1	.257	.396	17	5	1B-135, OF-10
1972	140	446	124	15	1	17	3.8	51	68	46	45	3	.278	.430	13	4	OF-70, 1B-68
1973	142	413	123	13	1	17	4.1	70	49	86	33	2	.298	.458	25	3	OF-121, 1B-5
1974	101	282	69	9	1	12	4.3	35	43	57	28	2	.245	.411	15	1	1B-67, OF-20
1975 STL N	107	229	69	13	2	7	3.1	32	37	45	22	0	.301	.467	35	12	1B-56, OF-20
1976 2 teams		STL N (73G – .264)				OAK A (15G – .239)											
" total	88	156	40	5	0	3	1.9	22	31	32	24	0	.256	.346	47	11	1B-42
1977 TOR A	132	458	128	24	2	19	4.1	60	64	58	58	0	.279	.465	4	2	DH-58, 1B-40, OF-33
1978 CAL A	91	235	51	5	0	10	4.3	23	40	25	31	0	.217	.366	13	1	1B-78, DH-5
21 yrs.	2442	7184	1913	307	33	215	3.0	931	1044	1052	877	35	.266	.408	289	68	1B-1218, OF-1037, DH-63
12 yrs.	1306	3880	1010	168	22	90	2.3	491	541	522	485	16	.260	.385	110	27	OF-738, 1B-557
															10th	10th	

WORLD SERIES

1959 LA N	6	3	0	0	0	0	0.0	0	1	0	.000	.000	2	0	OF-4
1963	4	1	0	0	0	0	0.0	0	3	0	0	0	.000	.000	0	0	OF-4
1965	7	29	11	3	0	2	6.9	7	6	0	1	0	.379	.690	0	0	OF-7
1966	3	7	1	0	0	0	0.0	0	2	4	0	.143	.143	1	0	OF-2
4 yrs.	20	40	12	3	0	2	5.0	7	6	5	6	0	.300	.525	3	0	OF-17

George Fallon
FALLON, GEORGE DECATUR (Flash)
B. July 8, 1916, Jersey City, N. J.
BR TR 5'9"   155 lbs.

1937 BKN N	4	8	2	1	0	0	0.0	0	0	1	0	0	.250	.375	0	0	2B-4
1943 STL N	36	78	18	1	0	0	0.0	6	5	2	9	0	.231	.244	0	0	2B-36
1944	69	141	28	6	0	1	0.7	16	9	16	11	1	.199	.262	0	0	2B-38, SS-24, 3B-6
1945	24	55	13	2	1	0	0.0	4	7	6	6	1	.236	.309	0	0	SS-20, 2B-4
4 yrs.	133	282	61	10	1	1	0.4	26	21	25	26	2	.216	.270	0	0	2B-82, SS-44, 3B-6
1 yr.	4	8	2	1	0	0	0.0	0	0	1	0	0	.250	.375	0	0	2B-4

WORLD SERIES

| 1944 STL N | 2 | 2 | 0 | 0 | 0 | 0 | 0.0 | 0 | 0 | 0 | 1 | 0 | .000 | .000 | 0 | 0 | 2B-2 |

Alex Farmer
FARMER, ALEXANDER JOHNSON
B. May 9, 1880, New York, N. Y.   D. Mar. 5, 1920, New York, N. Y.
BR TR 6'   175 lbs.

| 1908 BKN N | 12 | 30 | 5 | 1 | 0 | 0 | 0.0 | 1 | 2 | 1 | | 0 | .167 | .200 | 1 | 0 | C-11 |

Duke Farrell
FARRELL, CHARLES ANDREW
B. Aug. 31, 1866, Oakdale, Mass.   D. Feb. 15, 1925, Boston, Mass.
BB TR 6'2"   180 lbs.

1888 CHI N	64	241	56	6	3	3	1.2	34	19	4	41	8	.232	.320	0	0	C-33, OF-31, 1B-1
1889	101	407	101	19	7	11	2.7	66	75	41	21	13	.248	.410	0	0	C-76, OF-25
1890 CHI P	117	451	131	21	12	2	0.4	79	84	42	28	8	.290	.404	0	0	C-90, 1B-22, OF-10
1891 BOS AA	122	473	143	19	13	12	2.5	108	110	59	48	21	.302	.474	0	0	3B-66, C-37, OF-23, 1B-4
1892 PIT N	152	605	130	10	13	8	1.3	96	77	46	53	20	.215	.314	0	0	3B-133, OF-20
1893 WAS N	124	511	143	13	4	4	0.8	84	75	47	12	11	.280	.380	0	0	C-81, 3B-41, 1B-3
1894 NY N	114	401	114	20	12	4	1.0	47	66	35	15	9	.284	.424	1	0	C-104, 3B-5, 1B-4
1895	90	312	90	16	9	1	0.3	38	58	38	18	11	.288	.407	2	1	C-62, 3B-24, 1B-2
1896 2 teams		NY N (58G – .283)				WAS N (37G – .300)											
" total	95	321	93	14	6	2	0.6	41	67	26	10	4	.290	.389	10	4	C-52, 3B-21, SS-13
1897 WAS N	78	261	84	9	6	0	0.0	41	53	17		8	.322	.402	14	8	C-63, 1B-1
1898	99	338	106	12	6	1	0.3	47	53	34		12	.314	.393	10	5	C-61, 1B-28
1899 2 teams		WAS N (5G – .333)				BKN N (80G – .299)											
" total	85	266	80	11	7	2	0.8	42	56	37		7	.301	.417	3	1	C-82
1900 BKN N	76	273	75	11	5	0	0.0	33	39	11		3	.275	.352	2	0	C-74
1901	80	284	84	10	6	1	0.4	38	31	7		7	.296	.384	4	3	C-59, 1B-17
1902	74	264	64	5	2	0	0.0	14	24	12		6	.242	.277	2	0	C-49, 1B-24
1903 BOS A	17	52	21	5	1	0	0.0	5	8	5		1	.404	.538	0	0	C-17
1904	68	198	42	9	2	0	0.0	11	15	15		1	.212	.278	11	1	C-56

Player Register   142

	G	AB	H	2B	3B	HR	HR%	R	RBI	BB	SO	SB	BA	SA	Pinch Hit AB	Pinch Hit H	G by POS

Duke Farrell continued

1905	7	21	6	1	0	0	0.0	2	2	1		0	.286	.333	0	0	C-7
18 yrs.	1563	5679	1563	211	123	51	0.9	826	912	477	246	150	.275	.383	59	23	C-1003, 3B-290, OF-109, 1B-106, SS-13
4 yrs.	310	1075	299	36	20	3	0.3	125	149	65		22	.278	.357	10	4	C-260, 1B-41

WORLD SERIES
| 1903 BOS A | 2 | 2 | 0 | 0 | 0 | 0 | 0.0 | 0 | 1 | 0 | 0 | 0 | .000 | .000 | 2 | 0 | |

Gus Felix

FELIX, AUGUST GUENTHER   BR TR 6'   180 lbs.
B. May 24, 1895, Cincinnati, Ohio   D. May 12, 1960, Montgomery, Ala.

1923 BOS N	139	506	138	17	2	6	1.2	64	44	51	65	8	.273	.350	3	1	OF-123, 2B-5, 3B-4
1924	59	204	43	7	1	1	0.5	25	10	18	16	0	.211	.270	3	2	OF-51
1925	121	459	141	25	7	2	0.4	60	66	30	34	5	.307	.405	7	1	OF-114
1926 BKN N	134	432	121	21	7	3	0.7	64	53	51	32	9	.280	.382	8	1	OF-125
1927	130	445	118	21	8	0	0.0	43	57	39	47	6	.265	.348	11	4	OF-119
5 yrs.	583	2046	561	91	25	12	0.6	256	230	189	194	28	.274	.361	32	9	OF-532, 2B-5, 3B-4
2 yrs.	264	877	239	42	15	3	0.3	107	110	90	79	15	.273	.365	19	5	OF-244

Joe Ferguson

FERGUSON, JOE VANCE   BR TR 6'2"   200 lbs.
B. Sept. 19, 1946, San Francisco, Calif.

1970 LA N	5	4	1	0	0	0	0.0	0	1	2	2	0	.250	.250	0	0	C-3
1971	36	102	22	3	0	2	2.0	13	7	16	15	1	.216	.304	2	1	C-35
1972	8	24	7	3	0	1	4.2	2	5	2	4	0	.292	.542	0	0	C-7, OF-2
1973	136	487	128	26	0	25	5.1	84	88	87	81	1	.263	.470	1	1	C-122, OF-20
1974	111	349	88	14	1	16	4.6	54	57	75	73	2	.252	.436	6	0	C-82, OF-32
1975	66	202	42	2	1	5	2.5	15	23	35	47	2	.208	.302	8	4	C-35, OF-34
1976 2 teams		LA N (54G – .222)				STL N (71G – .201)											
" total	125	374	79	15	4	10	2.7	46	39	57	81	6	.211	.353	14	2	C-65, OF-53
1977 HOU N	132	421	108	21	3	16	3.8	59	61	85	79	6	.257	.435	12	2	C-122, 1B-1
1978 2 teams		HOU N (51G – .207)				LA N (67G – .237)											
" total	118	348	78	16	0	14	4.0	40	50	71	71	1	.224	.391	5	1	C-113, OF-3
1979 LA N	122	363	95	14	0	20	5.5	54	69	70	68	1	.262	.466	9	1	C-67, OF-52
1980	77	172	41	3	2	9	5.2	20	29	38	46	0	.238	.436	14	2	C-66, OF-1
1981 2 teams		LA N (17G – .143)				CAL A (12G – .233)											
" total	29	44	9	2	0	1	2.3	7	6	11	13	0	.205	.318	13	0	C-8, OF-5
1982 CAL A	36	84	19	2	0	3	3.6	10	8	12	19	0	.226	.357	0	0	C-32, OF-2
1983	12	27	2	0	0	0	0.0	3	2	5	8	0	.074	.074	0	0	C-9, OF-3
14 yrs.	1013	3001	719	121	11	122	4.1	407	445	562	607	22	.240	.409	84	14	C-766, OF-207, 1B-1
11 yrs.	699	2100	514	84	4	91	4.3	288	326	382	423	12	.245	.419	59	10	C-496, OF-184

LEAGUE CHAMPIONSHIP SERIES
1974 LA N	4	13	3	0	0	0	0.0	3	2	5	1	0	.231	.231	0	0	OF-3
1978	2	2	0	0	0	0	0.0	0	0	0	1	0	.000	.000	2	0	
2 yrs.	6	15	3	0	0	0	0.0	3	2	5	2	0	.200	.200	2	0	OF-3

WORLD SERIES
1974 LA N	5	16	2	0	0	1	6.3	2	2	4	6	1	.125	.313	0	0	C-2
1978	2	4	2	2	0	0	0.0	1	0	0	1	0	.500	1.000	0	0	C-2
2 yrs.	7	20	4	2	0	1	5.0	3	2	4	7	1	.200	.450	0	0	C-4

Chico Fernandez

FERNANDEZ, HUMBERTO PEREZ   BR TR 6'   165 lbs.
B. Mar. 2, 1932, Havana, Cuba

1956 BKN N	34	66	15	2	0	1	1.5	11	9	3	10	2	.227	.303	1	0	SS-25
1957 PHI N	149	500	131	14	4	5	1.0	42	51	31	64	18	.262	.336	0	0	SS-149
1958	148	522	120	18	5	6	1.1	38	51	37	48	12	.230	.318	0	0	SS-148
1959	45	123	26	5	1	0	0.0	15	3	10	11	2	.211	.268	0	0	SS-40, 2B-2
1960 DET A	133	435	105	13	3	4	0.9	44	35	39	50	13	.241	.313	2	0	SS-130
1961	133	435	108	15	4	3	0.7	41	40	36	45	8	.248	.322	4	2	SS-121, 3B-8
1962	141	503	125	17	2	20	4.0	64	59	42	69	10	.249	.410	1	0	SS-138, 3B-2, 1B-1
1963 2 teams		DET A (15G – .143)				NY N (58G – .200)											
" total	73	194	36	7	0	1	0.5	15	11	15	41	3	.186	.237	15	1	SS-59, 3B-5, 2B-3
8 yrs.	856	2778	666	91	19	40	1.4	270	259	213	338	68	.240	.329	23	3	SS-810, 3B-15, 2B-5, 1B-1
1 yr.	34	66	15	2	0	1	1.5	11	9	3	10	2	.227	.303	1	0	SS-25

Al Ferrara

FERRARA, ALFRED JOHN (The Bull)   BR TR 6'1"   200 lbs.
B. Dec. 22, 1939, Brooklyn, N. Y.

1963 LA N	21	44	7	0	0	1	2.3	2	1	6	9	0	.159	.227	8	1	OF-11
1965	41	81	17	2	1	1	1.2	5	10	9	20	0	.210	.296	12	3	OF-27
1966	63	115	31	4	0	5	4.3	15	23	9	35	0	.270	.435	31	6	OF-32
1967	122	347	96	16	1	16	4.6	41	50	33	73	0	.277	.467	28	5	OF-94
1968	2	7	1	0	0	0	0.0	0	0	0	2	0	.143	.143	0	0	OF-2
1969 SD N	138	366	95	22	1	14	3.8	39	56	45	69	0	.260	.440	38	7	OF-96
1970	138	372	103	15	4	13	3.5	44	51	46	63	0	.277	.444	36	9	OF-96
1971 2 teams		SD N (17G – .118)				CIN N (32G – .182)											
" total	49	50	8	1	0	1	2.0	2	7	8	15	0	.160	.240	37	6	OF-7
8 yrs.	574	1382	358	60	7	51	3.7	148	198	156	286	0	.259	.423	190	36	OF-365
5 yrs.	249	594	152	22	4	23	3.9	63	84	57	139	0	.256	.416	79	14	OF-166

WORLD SERIES
| 1966 LA N | 1 | 1 | 1 | 0 | 0 | 0 | 0.0 | 0 | 0 | 0 | 0 | 0 | 1.000 | 1.000 | 1 | 1 | |

Player Register

	G	AB	H	2B	3B	HR	HR%	R	RBI	BB	SO	SB	BA	SA	Pinch Hit AB	H	G by POS

Wes Ferrell
FERRELL, WESLEY CHEEK
Brother of Rick Ferrell.
B. Feb. 2, 1908, Greensboro, N. C.   D. Dec. 9, 1976, Sarasota, Fla.
BR TR 6'2"   195 lbs.

Year	Team	G	AB	H	2B	3B	HR	HR%	R	RBI	BB	SO	SB	BA	SA	PH AB	H	G by POS
1927	CLE A	1	0	0	0	0	0	—	0	0	0	0	0	—	—	0	0	P-1
1928		2	4	1	0	1	0	0.0	0	0	0	0	0	.250	.750	0	0	P-2
1929		47	93	22	5	3	1	1.1	12	12	6	28	1	.237	.387	4	2	P-43
1930		53	118	35	8	3	0	0.0	19	14	12	15	0	.297	.415	7	3	P-43
1931		48	116	37	6	1	9	7.8	24	30	10	21	0	.319	.621	7	0	P-40
1932		55	128	31	5	2	2	1.6	14	18	6	21	0	.242	.359	17	4	P-38
1933		61	140	38	7	0	7	5.0	26	26	20	22	0	.271	.471	14	2	P-28, OF-13
1934	BOS A	34	78	22	4	0	4	5.1	12	17	7	15	1	.282	.487	8	3	P-26
1935		75	150	52	5	1	7	4.7	25	32	21	16	0	.347	.533	32	9	P-41
1936		61	135	36	6	1	5	3.7	20	24	14	10	0	.267	.437	19	0	P-39
1937	2 teams	BOS A (18G – .364)				WAS A (53G – .255)												
"	total	71	139	39	7	0	1	0.7	14	25	16	21	0	.281	.353	28	8	P-37
1938	2 teams	WAS A (26G – .224)				NY A (5G – .167)												
"	total	31	61	13	3	0	1	1.6	7	7	16	11	0	.213	.311	2	0	P-28
1939	NY A	3	8	1	1	0	0	0.0	0	1	0	2	0	.125	.250	0	0	P-3
1940	BKN N	2	0	0	0	0	0	0.0	0	0	0	2	0	.000	.000	1	0	P-1
1941	BOS N	4	4	2	0	0	1	25.0	2	2	1	1	0	.500	1.250	0	0	P-4
15 yrs.		548	1176	329	57	12	38	3.2	175	208	129	185	2	.280	.446	139	31	P-374, OF-13
1 yr.		2	2	0	0	0	0	0.0	0	0	0	2	0	.000	.000	1	0	P-1

Chick Fewster
FEWSTER, WILSON LLOYD
B. Nov. 10, 1895, Baltimore, Md.   D. Apr. 16, 1945, Baltimore, Md.
BR TR 5'11"   160 lbs.

Year	Team	G	AB	H	2B	3B	HR	HR%	R	RBI	BB	SO	SB	BA	SA	PH AB	H	G by POS
1917	NY A	11	36	8	0	0	0	0.0	2	1	5	5	1	.222	.222	0	0	2B-11
1918		5	2	1	0	0	0	0.0	1	0	0	0	0	.500	.500	1	0	2B-2
1919		81	244	69	9	3	1	0.4	38	15	34	36	8	.283	.357	7	3	OF-41, SS-23, 2B-4, 3B-2
1920		21	21	6	1	0	0	0.0	8	1	7	2	0	.286	.333	4	1	SS-5, 2B-2
1921		66	207	58	19	0	1	0.5	44	19	28	43	4	.280	.386	4	0	OF-43, 2B-15
1922	2 teams	NY A (44G – .242)				BOS A (23G – .289)												
"	total	67	215	56	8	2	1	0.5	28	18	22	33	10	.260	.330	1	0	OF-38, 3B-23, 2B-2
1923	BOS A	90	284	67	10	1	0	0.0	32	15	39	35	7	.236	.278	1	0	2B-48, SS-36
1924	CLE A	101	322	86	12	2	0	0.0	36	36	24	36	12	.267	.317	0	0	2B-94, 3B-5
1925		93	294	73	16	1	1	0.3	39	38	36	25	6	.248	.320	2	1	2B-86, 3B-10, OF-1
1926	BKN N	105	337	82	16	3	2	0.6	53	24	45	49	9	.243	.326	1	0	2B-103
1927		4	1	0	0	0	0	0.0	1	0	0	0	0	.000	.000	1	0	
11 yrs.		644	1963	506	91	12	6	0.3	282	167	240	264	57	.258	.326	22	5	2B-367, OF-123, SS-64, 3B-40
2 yrs.		109	338	82	16	3	2	0.6	54	24	45	49	9	.243	.325	2	0	2B-103

WORLD SERIES

1921	NY A	4	10	2	0	0	1	10.0	3	2	3	3	0	.200	.500	0	0	OF-4

Jack Fimple
FIMPLE, JOHN JOSEPH
B. Feb. 10, 1959, Darby, Pa.
BR TR 6'2"   185 lbs.

Year	Team	G	AB	H	2B	3B	HR	HR%	R	RBI	BB	SO	SB	BA	SA	PH AB	H	G by POS
1983	LA N	54	148	37	8	1	2	1.4	16	22	11	39	1	.250	.358	0	0	C-54
1984		12	26	5	1	0	0	0.0	2	3	1	6	0	.192	.231	0	0	C-12
2 yrs.		66	174	42	9	1	2	1.1	18	25	12	45	1	.241	.339	0	0	C-66
2 yrs.		66	174	42	9	1	2	1.1	18	25	12	45	1	.241	.339	0	0	C-66

LEAGUE CHAMPIONSHIP SERIES

1983	LA N	3	7	1	0	0	0	0.0	0	1	0	3	0	.143	.143	0	0	C-3

Mickey Finn
FINN, CORNELIUS FRANCIS NEAL
B. Jan. 24, 1904, New York, N. Y.   D. July 7, 1933, Altoona, Pa.
BR TR 5'11"   168 lbs.

Year	Team	G	AB	H	2B	3B	HR	HR%	R	RBI	BB	SO	SB	BA	SA	PH AB	H	G by POS
1930	BKN N	87	273	76	13	0	3	1.1	42	30	26	18	3	.278	.359	2	0	2B-81
1931		118	413	113	22	2	0	0.0	46	45	21	42	2	.274	.337	4	1	2B-112
1932		65	189	45	5	2	0	0.0	22	14	11	15	2	.238	.286	3	2	3B-50, 2B-2, SS-1
1933	PHI N	51	169	40	4	1	0	0.0	15	13	10	14	2	.237	.272	0	0	2B-51
4 yrs.		321	1044	274	44	5	3	0.3	125	102	68	89	9	.262	.323	9	3	2B-246, 3B-50, SS-1
3 yrs.		270	875	234	40	4	3	0.3	110	89	58	75	7	.267	.333	9	3	2B-195, 3B-50, SS-1

Bill Fischer
FISCHER, WILLIAM CHARLES
B. Mar. 2, 1891, New York, N. Y.   D. Sept. 4, 1945, Richmond, Va.
BL TR 6'   174 lbs.

Year	Team	G	AB	H	2B	3B	HR	HR%	R	RBI	BB	SO	SB	BA	SA	PH AB	H	G by POS
1913	BKN N	62	165	44	9	4	1	0.6	16	12	10	5	0	.267	.388	1	0	C-51
1914		43	105	27	1	2	0	0.0	12	8	8	12	1	.257	.305	12	5	C-30
1915	CHI F	105	292	96	15	4	4	1.4	30	50	24		5	.329	.449	21	7	C-80
1916	2 teams	CHI N (65G – .196)				PIT N (42G – .257)												
"	total	107	292	64	16	3	2	0.7	26	20	21	11	3	.219	.315	12	0	C-91
1917	PIT N	95	245	70	9	2	3	1.2	25	25	27	19	11	.286	.376	16	3	C-69, 1B-2
5 yrs.		412	1099	301	50	15	10	0.9	109	115	90	47	20	.274	.374	62	15	C-321, 1B-2
2 yrs.		105	270	71	10	6	1	0.4	28	20	18	17	1	.263	.356	13	5	C-81

Bob Fisher
FISHER, ROBERT TECUMSEH
Brother of Newt Fisher.
B. Nov. 3, 1887, Nashville, Tenn.   D. Aug. 4, 1963, Jacksonville, Fla.
BR TR 5'9½"   170 lbs.

Year	Team	G	AB	H	2B	3B	HR	HR%	R	RBI	BB	SO	SB	BA	SA	PH AB	H	G by POS
1912	BKN N	82	257	60	10	3	0	0.0	27	26	14	32	6	.233	.296	4	0	SS-74, 3B-1, 2B-1
1913		132	474	124	11	10	4	0.8	42	54	10	43	16	.262	.352	11	2	SS-131
1914	CHI N	15	50	15	2	2	0	0.0	5	5	3	4	2	.300	.420	0	0	SS-15
1915		147	568	163	22	5	5	0.9	70	53	30	51	9	.287	.370	2	0	SS-147
1916	CIN N	61	136	37	4	3	0	0.0	9	11	8	14	7	.272	.346	25	6	SS-29, 2B-6, OF-1
1918	STL N	63	246	78	11	3	2	0.8	36	20	15	11	7	.317	.411	0	0	2B-63

Player Register 144

	G	AB	H	2B	3B	HR	HR%	R	RBI	BB	SO	SB	BA	SA	Pinch Hit AB	H	G by POS

Bob Fisher continued

1919		3	11	3	1	0	0	0.0	0	1	0	2	0	.273	.364	0	0	2B-3
7 yrs.		503	1742	480	61	26	11	0.6	189	170	80	157	48	.276	.359	42	8	SS-396, 2B-73, OF-1, 3B-1
2 yrs.		214	731	184	21	13	4	0.5	69	80	24	75	23	.252	.332	15	2	SS-205, 3B-1, 2B-1

Tom Fitzsimmons

FITZSIMMONS, THOMAS WILLIAM BR TR 6'1" 190 lbs.
B. Apr. 6, 1890, Oakland, Calif. D. Dec. 20, 1971, Oakland, Calif.

1919 BKN N	4	4	0	0	0	0	0.0	1	0	1	2	0	.000	.000	0	0	3B-4

Tim Flood

FLOOD, TIMOTHY A. BR TR
B. Mar. 13, 1877, Montgomery City, Mo. D. June 15, 1929, St. Louis, Mo.

1899 STL N	10	31	9	0	0	0	0.0	0	3	4		1	.290	.290	0	0	2B-10
1902 BKN N	132	476	104	11	4	3	0.6	43	50	23		8	.218	.277	0	0	2B-132, OF-1
1903	89	309	77	15	2	0	0.0	27	32	15		14	.249	.311	2	0	2B-84, SS-2, OF-1
3 yrs.	231	816	190	26	6	3	0.4	70	85	42		23	.233	.290	2	0	2B-226, OF-2, SS-2
2 yrs.	221	785	181	26	6	3	0.4	70	82	38		22	.231	.290	2	0	2B-216, OF-2, SS-2

Jake Flowers

FLOWERS, D'ARCY RAYMOND BR TR 5'11½" 170 lbs.
B. Mar. 16, 1902, Cambridge, Md. D. Dec. 27, 1962, Clearwater, Fla.

1923 STL N	13	32	3	1	0	0	0.0	0	2	2	7	1	.094	.125	1	0	SS-7, 3B-2, 2B-2
1926	40	74	20	1	0	3	4.1	13	9	5	9	1	.270	.405	23	6	2B-11, 1B-3, SS-1
1927 BKN N	67	231	54	5	5	2	0.9	26	20	21	25	3	.234	.325	1	0	SS-65, 2B-1
1928	103	339	93	11	6	2	0.6	51	44	47	30	10	.274	.360	3	1	2B-94, SS-6
1929	46	130	26	6	0	1	0.8	16	16	22	6	9	.200	.269	5	2	2B-39
1930	89	253	81	18	3	2	0.8	37	50	21	18	5	.320	.439	16	6	2B-65, OF-1
1931 2 teams	BKN N (22G – .226)					STL N (45G – .248)												
" total	67	168	41	11	1	2	1.2	22	20	16	10	8	.244	.357	12	3	2B-26, SS-23, 3B-1
1932 STL N	67	247	63	11	1	2	0.8	35	18	31	18	7	.255	.332	4	2	3B-54, SS-7, 2B-2
1933 BKN N	78	210	49	11	2	2	1.0	28	22	24	15	13	.233	.333	7	2	SS-36, 2B-19, 3B-8, OF-1
1934 CIN N	13	9	3	0	0	0	0.0	1	0	1	1	1	.333	.333	9	3	
10 yrs.	583	1693	433	75	18	16	0.9	229	201	190	139	58	.256	.350	81	25	2B-259, SS-145, 3B-65, 1B-3, OF-2
6 yrs.	405	1194	310	51	16	9	0.8	161	153	142	98	41	.260	.352	42	14	2B-224, SS-108, 3B-8, OF-2

WORLD SERIES

1926 STL N	3	3	0	0	0	0	0.0	0	0	1	0		.000	.000	3	0	
1931	5	11	1	1	0	0	0.0	1	0	1	0	0	.091	.182	1	0	3B-4
2 yrs.	8	14	1	1	0	0	0.0	1	0	1	1	0	.071	.143	4	0	3B-4

Hod Ford

FORD, HORACE HILLS BR TR 5'10" 165 lbs.
B. July 23, 1897, New Haven, Conn. D. Jan. 29, 1977, Winchester, Mass.

1919 BOS N	10	28	6	0	1	0	0.0	4	3	2	6	0	.214	.286	0	0	SS-8, 3B-2
1920	88	257	62	12	5	1	0.4	16	30	18	25	3	.241	.339	6	0	2B-59, SS-18, 1B-4
1921	152	555	155	29	5	2	0.4	50	61	36	49	2	.279	.360	0	0	2B-119, SS-33
1922	143	515	140	23	9	2	0.4	58	60	30	36	2	.272	.363	0	0	SS-115, 2B-28
1923	111	380	103	16	7	2	0.5	27	50	31	30	1	.271	.366	0	0	2B-95, SS-19
1924 PHI N	145	530	144	27	5	3	0.6	58	53	27	40	1	.272	.358	0	0	2B-145
1925 BKN N	66	216	59	11	0	1	0.5	32	15	26	15	0	.273	.338	0	0	SS-66
1926 CIN N	57	197	55	6	1	0	0.0	14	18	14	12	1	.279	.320	0	0	SS-57
1927	115	409	112	16	2	1	0.2	45	46	33	34	0	.274	.330	0	0	SS-104, 2B-12
1928	149	506	122	17	4	0	0.0	49	54	47	31	1	.241	.291	0	0	SS-149
1929	148	529	146	14	6	3	0.6	68	50	41	25	8	.276	.342	0	0	SS-108, 2B-42
1930	132	424	98	16	7	1	0.2	36	34	24	28	2	.231	.309	1	0	SS-74, 2B-66
1931	84	175	40	8	1	0	0.0	18	13	13	13	0	.229	.286	7	1	SS-73, 2B-3, 3B-1
1932 2 teams	STL N (1G – .000)					BOS N (40G – .274)												
" total	41	97	26	5	2	0	0.0	9	6	6	9	0	.268	.361	2	0	2B-20, SS-17, 3B-2
1933 BOS N	5	15	1	0	0	0	0.0	0	1	3	1	0	.067	.067	0	0	SS-5
15 yrs.	1446	4833	1269	200	55	16	0.3	484	494	351	354	21	.263	.337	16	1	SS-846, 2B-589, 3B-5, 1B-4
1 yr.	66	216	59	11	0	1	0.5	32	15	26	15	0	.273	.338	0	0	SS-66

Jack Fournier

FOURNIER, JOHN FRANK (Jacques) BL TR 6' 195 lbs.
B. Sept. 28, 1892, Au Sable, Mich. D. Sept. 5, 1973, Tacoma, Wash.

1912 CHI A	35	73	14	5	2	0	0.0	5	2	4		1	.192	.315	18	5	1B-17
1913	68	172	40	8	5	1	0.6	20	23	21	23	9	.233	.355	13	1	1B-29, OF-23
1914	109	379	118	14	9	6	1.6	44	44	31	44	10	.311	.443	6	0	1B-97, OF-6
1915	126	422	136	20	18	5	1.2	86	77	64	37	21	.322	.491	4	2	1B-65, OF-57
1916	105	313	75	13	9	3	1.0	36	44	36	40	19	.240	.367	14	2	1B-85, OF-1
1917	1	1	0	0	0	0	0.0	0	0	0	1	0	.000	.000	1	0	
1918 NY A	27	100	35	6	1	0	0.0	9	12	7	7	7	.350	.430	0	0	1B-27
1920 STL N	141	530	162	33	14	3	0.6	77	61	42	42	26	.306	.438	3	2	1B-138
1921	149	574	197	27	9	16	2.8	103	86	56	48	20	.343	.505	0	0	1B-149
1922	128	404	119	23	9	10	2.5	64	61	40	21	6	.295	.470	12	5	1B-109, P-1
1923 BKN N	133	515	181	30	13	22	4.3	91	102	43	28	11	.351	.588	0	0	1B-133
1924	154	563	188	25	4	27	4.8	93	116	83	46	7	.334	.536	1	0	1B-153
1925	145	545	191	21	16	22	4.0	99	130	86	39	4	.350	.569	0	0	1B-145
1926	87	243	69	9	2	11	4.5	39	48	30	16	0	.284	.473	18	4	1B-64

Player Register

	G	AB	H	2B	3B	HR	HR%	R	RBI	BB	SO	SB	BA	SA	Pinch Hit AB H	G by POS

Jack Fournier continued
1927 BOS N	122	374	106	18	2	10	2.7	55	53	44	16	4	.283	.422	19 8	1B-102
15 yrs.	1530	5208	1631	252	113	136	2.6	821	859	587	408	145	.313	.483	109 29	1B-1313, OF-87, P-1
4 yrs.	519	1866	629	85	35	82	4.4	322	396	242	129	22	.337	.552	19 4	1B-495
							10th						3rd	3rd		

Dave Foutz
FOUTZ, DAVID LUTHER (Scissors) BR TR 6'2" 161 lbs.
B. Sept. 7, 1856, Carroll County, Md. D. Mar. 5, 1897, Waverly, Md.
Manager 1893-96.

1884 STL AA	33	119	27	4	0	0	0.0	17		8			.227	.261	0 0	P-25, OF-14
1885	65	238	59	6	4	0	0.0	42		11			.248	.307	0 0	P-47, 1B-15, OF-4
1886	102	414	116	18	9	3	0.7	66		9			.280	.389	0 0	P-59, OF-34, 1B-11
1887	102	423	151	26	13	4	0.9	79		23		22	.357	.508	0 0	OF-50, P-40, 1B-15
1888 BKN AA	140	563	156	20	13	3	0.5	91	99	28		35	.277	.375	0 0	OF-78, 1B-42, P-23
1889	138	553	153	19	8	7	1.3	118	113	64	23	43	.277	.378	0 0	1B-134, P-12
1890 BKN N	129	509	154	25	13	5	1.0	106	98	52	25	42	.303	.432	0 0	1B-113, OF-13, P-5
1891	130	521	134	26	8	2	0.4	87	73	40	25	48	.257	.349	0 0	1B-124, P-6, SS-1
1892	61	220	41	5	3	1	0.5	33	26	14	14	19	.186	.250	1 0	OF-29, P-27, 1B-6
1893	130	557	137	20	10	7	1.3	91	67	32	34	39	.246	.355	0 0	OF-77, 1B-54, P-6
1894	72	293	90	12	9	0	0.0	40	51	14	13	14	.307	.410	0 0	1B-72, P-1
1895	31	115	34	4	1	0	0.0	14	21	4	2	1	.296	.348	3 0	OF-20, 1B-8
1896	2	8	2	1	0	0	0.0	0	0	1	0	0	.250	.375	0 0	OF-1, 1B-1
13 yrs.	1135	4533	1254	186	91	32	0.7	784	547	300	136	263	.277	.379	4 0	1B-595, OF-320, P-251, SS-1
7 yrs.	555	2223	592	93	44	15	0.7	371	336	157	113	163	.266	.368	4 0	1B-378, OF-140, P-45, SS-1

Herman Franks
FRANKS, HERMAN LOUIS BL TR 5'10½" 187 lbs.
B. Jan. 4, 1914, Price, Utah
Manager 1965-68, 1977-79.

1939 STL N	17	17	1	0	0	0	0.0	1	3	3	3	0	.059	.059	2 0	C-13
1940 BKN N	65	131	24	4	0	1	0.8	11	14	20	6	2	.183	.237	19 3	C-43
1941	59	139	28	7	0	1	0.7	10	11	14	13	0	.201	.273	2 1	C-54, OF-1
1947 PHI A	8	15	3	0	1	0	0.0	2	1	4	4	0	.200	.333	2 0	C-4
1948	40	98	22	7	1	1	1.0	10	14	16	11	0	.224	.347	9 1	C-27
1949 NY N	1	3	2	0	0	0	0.0	1	0	0	0	0	.667	.667	0 0	C-1
6 yrs.	190	403	80	18	2	3	0.7	35	43	57	37	2	.199	.275	34 5	C-142, OF-1
2 yrs.	124	270	52	11	0	2	0.7	21	25	34	19	2	.193	.256	21 4	C-97, OF-1
WORLD SERIES																
1941 BKN N	1	1	0	0	0	0	0.0	0	0	0	0	0	.000	.000	0 0	C-1

Johnny Frederick
FREDERICK, JOHN HENRY BL TL 5'11" 165 lbs.
B. Jan. 26, 1902, Denver, Colo. D. June 18, 1977, Tigard, Ore.

1929 BKN N	148	628	206	52	6	24	3.8	127	75	39	34	6	.328	.545	5 2	OF-143
1930	142	616	206	44	11	17	2.8	120	76	46	34	1	.334	.524	0 0	OF-142
1931	146	611	165	34	8	17	2.8	81	71	31	46	2	.270	.435	1 0	OF-145
1932	118	384	115	28	2	16	4.2	54	56	25	35	1	.299	.508	29 9	OF-88
1933	147	556	171	22	7	7	1.3	65	64	36	14	9	.308	.410	9 2	OF-138
1934	104	307	91	20	1	4	1.3	51	35	33	13	4	.296	.407	18 6	OF-77, 1B-1
6 yrs.	805	3102	954	200	35	85	2.7	498	377	210	176	23	.308	.477	62 19	OF-733, 1B-1
6 yrs.	805	3102	954	200	35	85	2.7	498	377	210	176	23	.308	.477	62 19	OF-733, 1B-1

Howard Freigau
FREIGAU, HOWARD EARL (Ty) BR TR 5'10½" 160 lbs.
B. Aug. 1, 1902, Dayton, Ohio D. July 18, 1932, Chattanooga, Tenn.

1922 STL N	3	1	0	0	0	0	0.0	0	0	0	0	0	.000	.000	0 0	SS-2, 3B-1
1923	113	358	94	18	1	1	0.3	30	35	25	36	5	.263	.327	0 0	SS-87, 2B-16, 1B-9, OF-1, 3B-1
1924	98	376	101	17	6	2	0.5	35	39	19	24	10	.269	.362	0 0	3B-98, SS-2
1925 2 teams	STL N (9G – .154)					CHI N (117G – .307)										
" total	126	502	150	22	10	8	1.6	79	71	32	32	10	.299	.430	0 0	3B-96, SS-24, 1B-7, 2B-1
1926 CHI N	140	508	137	27	7	3	0.6	51	51	43	42	6	.270	.368	4 2	3B-135, SS-2, OF-1
1927	30	86	20	5	0	0	0.0	12	10	9	10	0	.233	.291	0 0	3B-30
1928 2 teams	BKN N (17G – .206)					BOS N (52G – .257)										
" total	69	143	35	10	1	0	0.7	17	20	10	17	1	.245	.350	26 8	SS-15, 2B-11, 3B-10
7 yrs.	579	1974	537	99	25	15	0.8	224	226	138	161	32	.272	.370	30 10	3B-371, SS-132, 2B-28, 1B-16, OF-2
1 yr.	17	34	7	2	0	0	0.0	6	3	1	3	0	.206	.265	4 0	3B-10, SS-1

Ray French
FRENCH, WALTER EDWARD BR TR 5'9½" 158 lbs.
B. Jan. 9, 1897, Alameda, Calif. D. May 13, 1984, Mountain Home, Ark.

1920 NY A	2	2	0	0	0	0	0.0	2	1	0	1	0	.000	.000	0 0	SS-1
1923 BKN N	43	73	16	2	1	0	0.0	14	7	4	7	0	.219	.274	1 0	SS-30
1924 CHI A	37	112	20	4	0	0	0.0	13	11	10	13	3	.179	.214	5 0	SS-28, 2B-3
3 yrs.	82	187	36	6	1	0	0.0	29	19	14	21	3	.193	.235	6 0	SS-59, 2B-3
1 yr.	43	73	16	2	1	0	0.0	14	7	4	7	0	.219	.274	1 0	SS-30

Lonny Frey
FREY, LINUS REINHARD (Junior) BL TR 5'10" 160 lbs.
B. Aug. 23, 1910, St. Louis, Mo. BB 1933-38

1933 BKN N	34	135	43	5	3	0	0.0	25	12	13	13	4	.319	.400	0 0	SS-34
1934	125	490	139	24	5	8	1.6	77	57	52	54	11	.284	.402	2 0	SS-109, 3B-13
1935	131	515	135	35	11	11	2.1	88	77	66	68	6	.262	.437	0 0	SS-127, 2B-4

Player Register

	G	AB	H	2B	3B	HR	HR%	R	RBI	BB	SO	SB	BA	SA	Pinch Hit AB	H	G by POS

Lonny Frey continued

		G	AB	H	2B	3B	HR	HR%	R	RBI	BB	SO	SB	BA	SA	PH AB	H	G by POS
1936		148	524	146	29	4	4	0.8	63	60	71	56	7	.279	.372	3	0	SS-117, 2B-30, OF-1
1937 CHI	N	78	198	55	9	3	1	0.5	33	22	33	15	6	.278	.369	14	2	SS-30, 2B-13, 3B-9, OF-5
1938 CIN	N	124	501	133	26	4	4	0.8	76	36	49	50	4	.265	.365	0	0	2B-121, SS-3
1939		125	484	141	27	9	11	2.3	95	55	72	46	5	.291	.452	1	1	2B-123
1940		150	563	150	23	6	8	1.4	102	54	80	48	22	.266	.371	0	0	2B-150
1941		146	543	138	29	5	6	1.1	78	59	72	37	16	.254	.359	1	1	2B-145
1942		141	523	139	23	6	2	0.4	66	39	87	38	9	.266	.344	1	0	2B-140
1943		144	586	154	20	8	2	0.3	78	43	76	56	7	.263	.334	0	0	2B-144
1946		111	333	82	10	3	3	0.9	46	24	63	31	5	.246	.321	17	4	2B-65, OF-28
1947 2 teams		CHI	N (24G – .209)			NY	A (24G – .179)											
" total		48	71	14	2	0	0	0.0	14	5	14	7	3	.197	.225	14	4	2B-32
1948 2 teams		NY	A (1G – .000)			NY	N (29G – .255)											
" total		30	51	13	1	0	1	2.0	7	6	4	6	0	.255	.333	14	2	2B-13
14 yrs.		1535	5517	1482	263	69	61	1.1	848	549	752	525	105	.269	.374	67	14	2B-980, SS-420, OF-34, 3B-22
4 yrs.		438	1664	463	93	23	23	1.4	253	206	202	191	28	.278	.403	5	0	SS-387, 2B-34, 3B-13, OF-1

WORLD SERIES

1939 CIN	N	4	17	0	0	0	0	0.0	0	0	1	4	0	.000	.000	0	0	2B-4
1940		3	2	0	0	0	0	0.0	0	0	0	0	0	.000	.000	2	0	
1947 NY	A	1	1	0	0	0	0	0.0	0	1	0	0	0	.000	.000	1	0	
3 yrs.		8	20	0	0	0	0	0.0	0	1	1	4	0	.000	.000	3	0	2B-4

Pepe Frias

FRIAS, JESUS MARIA BR TR 5'10" 159 lbs.
Born Jesus Maria Frias Andujar.
B. July 15, 1948, San Pedro de Macoris, Dominican Republic

1973 MON	N	100	225	52	10	1	0	0.0	19	22	10	24	1	.231	.284	2	0	SS-46, 2B-44, 3B-6, OF-1
1974		75	112	24	4	1	0	0.0	12	7	7	10	1	.214	.268	4	1	SS-30, 3B-27, 2B-15, OF-3
1975		51	64	8	2	0	0	0.0	4	4	3	13	0	.125	.156	4	0	SS-29, 3B-11, 2B-7
1976		76	113	28	5	0	0	0.0	7	8	4	14	1	.248	.292	1	0	SS-35, 2B-35, 3B-4
1977		53	70	18	1	0	0	0.0	10	5	0	10	1	.257	.271	13	2	2B-20, SS-14, 3B-1
1978		73	15	4	2	1	0	0.0	5	5	0	3	0	.267	.533	2	0	2B-61, SS-3
1979 ATL	N	140	475	123	18	4	1	0.2	41	44	20	36	3	.259	.320	3	1	SS-137
1980 2 teams		TEX	A (116G – .242)			LA	N (14G – .222)											
" total		130	236	57	6	1	0	0.0	28	10	4	23	5	.242	.275	5	1	SS-117, 3B-7, 2B-2
1981 LA	N	25	36	9	1	0	0	0.0	6	3	1	3	0	.250	.278	1	0	SS-15, 2B-6, 3B-1
9 yrs.		723	1346	323	49	8	1	0.1	132	108	49	136	12	.240	.290	35	5	SS-426, 2B-190, 3B-57, OF-4
2 yrs.		39	45	11	2	0	0	0.0	7	3	1	3	0	.244	.289	1	0	SS-26, 2B-6, 3B-1

Nig Fuller

FULLER, CHARLES F. BR TR
B. Feb. 17, 1886, Indiana   D. Apr. 2, 1931, Hartford, Mich.

1902 BKN	N	3	9	0	0	0	0	0.0	0	1	0		0	.000	.000	0	0	C-3

Carl Furillo

FURILLO, CARL ANTHONY (Skoonj, The Reading Rifle) BR TR 6' 190 lbs.
B. Mar. 8, 1922, Stony Creek Mills, Pa.

1946 BKN	N	117	335	95	18	6	3	0.9	29	35	31	20	6	.284	.400	4	1	OF-112
1947		124	437	129	24	7	8	1.8	61	88	34	24	7	.295	.437	2	1	OF-121
1948		108	364	108	20	4	4	1.1	55	44	43	32	6	.297	.407	4	0	OF-104
1949		142	549	177	27	10	18	3.3	95	106	37	29	4	.322	.506	0	0	OF-142
1950		153	620	189	30	6	18	2.9	99	106	41	40	8	.305	.460	0	0	OF-153
1951		158	667	197	32	4	16	2.4	93	91	43	33	8	.295	.427	1	0	OF-157
1952		134	425	105	18	1	8	1.9	52	59	31	33	1	.247	.351	2	0	OF-131
1953		132	479	165	38	6	21	4.4	82	92	34	32	1	**.344**	.580	2	0	OF-131
1954		150	547	161	23	1	19	3.5	56	96	49	35	2	.294	.444	1	0	OF-149
1955		140	523	164	24	3	26	5.0	83	95	43	43	4	.314	.520	1	0	OF-140
1956		149	523	151	30	0	21	4.0	66	83	57	41	1	.289	.467	3	0	OF-146
1957		119	395	121	17	4	12	3.0	61	66	29	33	0	.306	.461	10	1	OF-107
1958 LA	N	122	411	119	19	3	18	4.4	54	83	35	28	0	.290	.482	5	3	OF-119
1959		50	93	27	4	0	0	0.0	8	13	7	11	0	.290	.333	25	7	OF-25
1960		8	10	2	0	1	0	0.0	1	1	0	2	0	.200	.400	5	1	OF-2
15 yrs.		1806	6378	1910	324	56	192	3.0	895	1058	514	436	48	.299	.458	65	14	OF-1739
15 yrs.		1806	6378	1910	324	56	192	3.0	895	1058	514	436	48	.299	.458	65	14	OF-1739
		8th	9th	6th	5th		6th		8th	4th								

WORLD SERIES

1947 BKN	N	6	17	6	2	0	0	0.0	2	3	3	0	0	.353	.471	2	2	OF-6
1949		3	8	1	0	0	0	0.0	0	0	1	0	0	.125	.125	1	0	OF-2
1952		7	23	4	2	0	0	0.0	1	0	3	3	0	.174	.261	0	0	OF-7
1953		6	24	8	2	0	1	4.2	4	4	1	3	0	.333	.542	1	0	OF-6
1955		7	27	8	1	0	1	3.7	4	3	3	5	0	.296	.444	0	0	OF-7
1956		7	25	6	2	0	0	0.0	2	1	2	3	0	.240	.320	0	0	OF-7
1959 LA	N	4	4	1	0	0	0	0.0	0	2	0	1	0	.250	.250	4	1	OF-1
7 yrs.		40	128	34	9	0	2	1.6	13	13	13	15	0	.266	.383	7	3	OF-36
					3rd											6th	1st	

Len Gabrielson

GABRIELSON, LEONARD GARY BL TR 6'4" 210 lbs.
Son of Len Gabrielson.
B. Feb. 14, 1940, Oakland, Calif.

1960 MIL	N	4	3	0	0	0	0	0.0	1	0	1	0	0	.000	.000	3	0	OF-1
1963		46	120	26	5	0	3	2.5	14	15	8	23	1	.217	.333	12	4	OF-22, 1B-16, 3B-3

Player Register

	G	AB	H	2B	3B	HR	HR %	R	RBI	BB	SO	SB	BA	SA	Pinch Hit AB	H	G by POS

Len Gabrielson continued

1964 2 teams	MIL N (24G – .184)			CHI N (89G – .246)													
" total	113	310	74	13	2	5	1.6	22	24	20	45	10	.239	.342	25	8	OF-70, 1B-20
1965 2 teams	CHI N (28G – .250)			SF N (88G – .301)													
" total	116	317	93	6	5	7	2.2	40	31	33	64	4	.293	.410	22	4	OF-91, 1B-6
1966 SF N	94	240	52	7	0	4	1.7	27	16	21	51	0	.217	.296	25	5	OF-67, 1B-6
1967 2 teams	CAL A (11G – .083)			LA N (90G – .261)													
" total	101	250	63	10	3	7	2.8	22	31	17	45	3	.252	.400	34	6	OF-69
1968 LA N	108	304	82	16	1	10	3.3	38	35	32	47	1	.270	.428	27	7	OF-86
1969	83	178	48	5	1	1	0.6	13	18	12	25	1	.270	.326	36	13	OF-47, 1B-2
1970	43	42	8	2	0	0	0.0	1	6	1	15	0	.190	.238	38	8	OF-2, 1B-1
9 yrs.	708	1764	446	64	12	37	2.1	178	176	145	315	20	.253	.366	222	55	OF-455, 1B-51, 3B-3
4 yrs.	324	762	200	33	5	18	2.4	72	88	60	128	5	.262	.390	126 7th	33 4th	OF-203, 1B-3

Augie Galan

GALAN, AUGUST JOHN
B. May 25, 1912, Berkeley, Calif.

BB TR 6' 175 lbs.
BL 1945-49

1934 CHI N	66	192	50	6	2	5	2.6	31	22	16	15	4	.260	.391	12	5	2B-43, 3B-3, SS-1
1935	154	646	203	41	11	12	1.9	133	79	87	53	22	.314	.467	0	0	OF-154
1936	145	575	152	26	4	8	1.4	74	81	67	50	16	.264	.365	2	0	OF-145
1937	147	611	154	24	10	18	2.9	104	78	79	48	23	.252	.412	0	0	OF-140, 2B-8, SS-2
1938	110	395	113	16	9	6	1.5	52	69	49	17	8	.286	.418	6	0	OF-103
1939	148	549	167	36	8	6	1.1	104	71	75	26	8	.304	.432	3	0	OF-145
1940	68	209	48	14	2	3	1.4	33	22	37	23	9	.230	.359	9	2	OF-54, 2B-2
1941 2 teams	CHI N (65G – .208)			BKN N (17G – .259)													
" total	82	147	32	6	0	1	0.7	21	17	25	11	0	.218	.279	40	7	OF-37
1942 BKN N	69	209	55	16	0	0	0.0	24	24	24	12	2	.263	.340	9	3	OF-55, 1B-4, 2B-3
1943	139	495	142	26	3	9	1.8	83	67	103	39	6	.287	.406	1	0	OF-124, 1B-13
1944	151	547	174	43	9	12	2.2	96	93	101	23	4	.318	.495	4	2	OF-147, 2B-2
1945	152	576	177	36	7	9	1.6	114	92	114	27	13	.307	.441	1	1	1B-66, OF-49, 3B-40
1946	99	274	85	22	5	3	1.1	53	38	68	21	8	.310	.460	7	1	OF-60, 3B-19, 1B-12
1947 CIN N	124	392	123	18	2	6	1.5	60	61	94	19	0	.314	.416	5	2	OF-118
1948	54	77	22	3	2	2	2.6	18	16	26	4	0	.286	.455	26	3	OF-18
1949 2 teams	NY N (22G – .059)			PHI A (12G – .308)													
" total	34	43	9	3	0	0	0.0	4	2	14	5	0	.209	.279	18	2	OF-10, 1B-3
16 yrs.	1742	5937	1706	336	74	100	1.7	1004	830	979	393	123	.287	.419	143	28	OF-1359, 1B-98, 3B-62, 2B-58, SS-3
6 yrs.	627	2128	640	146	24	33	1.6	373	316	413	123	33	.301	.438	34	10	OF-441, 1B-95, 3B-59, 2B-5

WORLD SERIES

1935 CHI N	6	25	4	1	0	0	0.0	2	2	2	2	0	.160	.200	0	0	OF-6
1938	2	2	0	0	0	0	0.0	0	0	0	1	0	.000	.000	2	0	
1941 BKN N	2	2	0	0	0	0	0.0	0	0	0	1	0	.000	.000	2	0	
3 yrs.	10	29	4	1	0	0	0.0	2	2	2	4	0	.138	.172	4	0	OF-6

Joe Gallagher

GALLAGHER, JOSEPH EMMETT (Muscles)
B. Mar. 7, 1914, Buffalo, N. Y.

BR TR 6'2" 210 lbs.

1939 2 teams	NY A (14G – .244)			STL A (71G – .282)													
" total	85	307	85	17	3	11	3.6	49	49	20	50	1	.277	.459	5	2	OF-79
1940 2 teams	STL A (23G – .271)			BKN N (57G – .264)													
" total	80	180	48	9	2	5	2.8	24	24	6	26	3	.267	.422	42	12	OF-46
2 yrs.	165	487	133	26	5	16	3.3	73	73	26	76	4	.273	.446	47	14	OF-125
1 yr.	57	110	29	6	1	3	2.7	10	16	2	14	1	.264	.418	35	9	OF-31

Steve Garvey

GARVEY, STEVEN PATRICK
B. Dec. 22, 1948, Tampa, Fla.

BR TR 5'10" 192 lbs.

1969 LA N	3	3	1	0	0	0	0.0	0	0	0	1	0	.333	.333	3	1	
1970	34	93	25	5	0	1	1.1	8	6	6	17	1	.269	.355	10	3	3B-27, 2B-1
1971	81	225	51	12	1	7	3.1	27	26	21	33	1	.227	.382	2	0	3B-79
1972	96	294	79	14	2	9	3.1	36	30	19	36	4	.269	.422	11	3	3B-85, 1B-3
1973	114	349	106	17	3	8	2.3	37	50	11	42	0	.304	.438	30	12	1B-76, OF-10
1974	156	642	200	32	3	21	3.3	95	111	31	66	5	.312	.469	0	0	1B-156
1975	160	659	210	38	6	18	2.7	85	95	33	66	11	.319	.476	0	0	1B-160
1976	162	631	200	37	4	13	2.1	85	80	50	69	19	.317	.450	0	0	1B-162
1977	162	646	192	25	3	33	5.1	91	115	38	90	9	.297	.498	1	0	1B-160
1978	162	639	202	36	9	21	3.3	89	113	40	70	10	.316	.499	0	0	1B-162
1979	162	648	204	32	1	28	4.3	92	110	37	59	3	.315	.497	0	0	1B-162
1980	163	658	200	27	1	26	4.0	78	106	36	67	6	.304	.467	1	0	1B-162
1981	110	431	122	23	1	10	2.3	63	64	25	49	3	.283	.411	0	0	1B-110
1982	162	625	176	35	1	16	2.6	66	86	20	86	5	.282	.418	5	0	1B-158
1983 SD N	100	388	114	22	0	14	3.6	76	59	29	39	4	.294	.459	0	0	1B-100
1984	161	617	175	27	2	8	1.3	72	86	24	64	1	.284	.373	1	1	1B-160
1985	162	654	184	34	6	17	2.6	80	81	35	67	0	.281	.430	0	0	1B-162
17 yrs.	2150	8202	2441	416	43	250	3.0	1080	1218	455	921	82	.298	.450	64	20	1B-1893, 3B-191, OF-10, 2B-1
14 yrs.	1727 9th	6543 8th	1968 5th	333 3rd	35	211 5th	3.2	852	992 5th	367	751 6th	77	.301	.459	63	19	1B-1471, 3B-191, OF-10, 2B-1

DIVISIONAL PLAYOFF SERIES

1981 LA N	5	19	7	0	1	2	10.5	4	4	0	2	0	.368	.789	0	0	1B-5

LEAGUE CHAMPIONSHIP SERIES

1974 LA N	4	18	7	1	0	2	11.1	4	5	1	0	0	.389	.778	0	0	1B-4
1977	4	13	4	0	0	0	0.0	2	0	2	1	1	.308	.308	0	0	1B-4
1978	4	18	7	1	1	4	22.2	6	7	0	1	0	.389	1.222	0	0	1B-4

Player Register

	G	AB	H	2B	3B	HR	HR%	R	RBI	BB	SO	SB	BA	SA	Pinch Hit AB	Pinch Hit H	G by POS

Steve Garvey continued

	G	AB	H	2B	3B	HR	HR%	R	RBI	BB	SO	SB	BA	SA	PH AB	PH H	G by POS
1981	5	21	6	0	0	1	4.8	2	2	0	4	0	.286	.429	0	0	1B-5
1984 SD N	5	20	8	1	0	1	5.0	1	7	1	2	0	.400	.600	0	0	1B-5
5 yrs.	22	90	32	3	1	8	8.9	15	21	4	9	1	.356	.678	0	0	1B-22

WORLD SERIES

	G	AB	H	2B	3B	HR	HR%	R	RBI	BB	SO	SB	BA	SA	PH AB	PH H	G by POS
1974 LA N	5	21	8	0	0	0	0.0	2	1	0	3	0	.381	.381	0	0	1B-5
1977	6	24	9	1	1	1	4.2	5	3	1	4	0	.375	.625	0	0	1B-6
1978	6	24	5	1	0	0	0.0	1	0	1	7	1	.208	.250	0	0	1B-6
1981	6	24	10	1	0	0	0.0	3	0	2	5	0	.417	.458	0	0	1B-6
1984 SD N	5	20	4	2	0	0	0.0	2	2	0	2	0	.200	.300	0	0	1B-5
5 yrs.	28	113	36	5	1	1	0.9	13	6	4	21	1	.319	.407	0	0	1B-28

Frank Gatins
GATINS, FRANK ANTHONY
B. Mar. 6, 1871, Johnstown, Pa. D. Nov. 8, 1911, Johnstown, Pa.

	G	AB	H	2B	3B	HR	HR%	R	RBI	BB	SO	SB	BA	SA	PH AB	PH H	G by POS
1898 WAS N	17	58	13	2	0	0	0.0	6	5	3		2	.224	.259	0	0	SS-17
1901 BKN N	50	197	45	7	2	1	0.5	21	21	5		6	.228	.299	0	0	3B-46, SS-5
2 yrs.	67	255	58	9	2	1	0.4	27	26	8		8	.227	.290	0	0	3B-46, SS-22
1 yr.	50	197	45	7	2	1	0.5	21	21	5		6	.228	.299	0	0	3B-46, SS-5

Sid Gautreaux
GAUTREAUX, SIDNEY ALLEN (Pudge) BR TR 5'8" 190 lbs.
B. May 4, 1912, Schriever, La. D. Apr. 19, 1980, Morgan City, La.

	G	AB	H	2B	3B	HR	HR%	R	RBI	BB	SO	SB	BA	SA	PH AB	PH H	G by POS
1936 BKN N	75	71	19	3	0	0	0.0	8	16	9	7	0	.268	.310	55	16	C-15
1937	11	10	1	1	0	0	0.0	0	2	1	1	0	.100	.200	10	1	
2 yrs.	86	81	20	4	0	0	0.0	8	18	10	8	0	.247	.296	65	17	C-15
2 yrs.	86	81	20	4	0	0	0.0	8	18	10	8	0	.247	.296	65	17	C-15

Jim Gentile
GENTILE, JAMES EDWARD (Diamond Jim) BL TL 6'3½" 210 lbs.
B. June 3, 1934, San Francisco, Calif.

	G	AB	H	2B	3B	HR	HR%	R	RBI	BB	SO	SB	BA	SA	PH AB	PH H	G by POS
1957 BKN N	4	6	1	0	0	1	16.7	1	1	1	1	0	.167	.667	1	0	1B-2
1958 LA N	12	30	4	1	0	0	0.0	0	4	4	6	0	.133	.167	4	1	1B-8
1960 BAL A	138	384	112	17	0	21	5.5	67	98	68	72	0	.292	.500	28	8	1B-124
1961	148	486	147	25	2	46	9.5	96	141	96	106	1	.302	.646	1	3	1B-144
1962	152	545	137	21	1	33	6.1	80	87	77	100	1	.251	.475	2	0	1B-150
1963	145	496	123	16	1	24	4.8	65	72	76	101	1	.248	.429	3	1	1B-143
1964 KC A	136	439	110	10	0	28	6.4	71	71	84	122	0	.251	.465	6	1	1B-128
1965 2 teams		KC A (38G – .246)				HOU N (81G – .242)											
" total	119	345	84	16	1	17	4.9	36	53	43	98	0	.243	.443	14	3	1B-103
1966 2 teams		HOU N (49G – .243)				CLE A (33G – .128)											
" total	82	191	41	7	1	9	4.7	18	22	26	57	0	.215	.403	30	6	1B-52
9 yrs.	936	2922	759	113	6	179	6.1	434	549	475	663	3	.260	.486	99	23	1B-854
2 yrs.	16	36	5	1	0	1	2.8	1	5	5	7	0	.139	.250	5	1	1B-10

Greek George
GEORGE, CHARLES PETER BR TR 6'2" 200 lbs.
B. Dec. 25, 1912, Waycross, Ga.

	G	AB	H	2B	3B	HR	HR%	R	RBI	BB	SO	SB	BA	SA	PH AB	PH H	G by POS
1935 CLE A	2	0	0	0	0	0	–	0	0	0	0	0	–	–	0	0	C-1
1936	23	77	15	3	0	0	0.0	3	5	9	16	0	.195	.234	1	0	C-22
1938 BKN N	7	20	4	0	1	0	0.0	0	2	0	4	0	.200	.300	0	0	C-7
1941 CHI N	35	64	10	2	0	0	0.0	4	6	2	10	0	.156	.188	17	0	C-18
1945 PHI A	51	138	24	4	1	0	0.0	8	11	17	29	0	.174	.217	5	0	C-46
5 yrs.	118	299	53	9	2	0	0.0	15	24	28	59	0	.177	.221	23	0	C-94
1 yr.	7	20	4	0	1	0	0.0	0	2	0	4	0	.200	.300	0	0	C-7

Ben Geraghty
GERAGHTY, BENJAMIN RAYMOND BR TR 5'11½" 155 lbs.
B. July 19, 1912, Jersey City, N. J. D. June 18, 1963, Jacksonville, Fla.

	G	AB	H	2B	3B	HR	HR%	R	RBI	BB	SO	SB	BA	SA	PH AB	PH H	G by POS
1936 BKN N	51	129	25	4	0	0	0.0	11	9	8	16	4	.194	.225	1	0	SS-31, 2B-9, 3B-5
1943 BOS N	8	1	0	0	0	0	0.0	2	0	0	0	0	.000	.000	1	0	SS-1, 3B-1, 2B-1
1944	11	16	4	0	0	0	0.0	3	0	1	2	0	.250	.250	0	0	2B-4, 3B-3
3 yrs.	70	146	29	4	0	0	0.0	16	9	9	18	4	.199	.226	1	0	SS-32, 2B-14, 3B-9
1 yr.	51	129	25	4	0	0	0.0	11	9	8	16	4	.194	.225	1	0	SS-31, 2B-9, 3B-5

Doc Gessler
GESSLER, HARRY HOMER BL TR
B. Dec. 23, 1880, Indiana, Pa. D. Dec. 26, 1924, Indiana, Pa.
Manager 1914.

	G	AB	H	2B	3B	HR	HR%	R	RBI	BB	SO	SB	BA	SA	PH AB	PH H	G by POS
1903 2 teams		DET A (29G – .238)				BKN N (49G – .247)											
" total	78	259	63	13	7	0	0.0	29	30	20		10	.243	.347	4	1	OF-71
1904 BKN N	104	341	99	18	4	2	0.6	41	28	30		13	.290	.384	12	2	OF-88, 2B-1, 1B-1
1905	126	431	125	17	4	3	0.7	44	46	38		26	.290	.369	7	2	1B-107, OF-12
1906 2 teams		BKN N (9G – .242)				CHI N (34G – .253)											
" total	43	116	29	4	2	0	0.0	11	14	15		7	.250	.319	11	2	OF-21, 1B-10
1908 BOS A	128	435	134	13	4	0	0.5	55	63	51		19	.308	.423	2	2	OF-126
1909 2 teams		BOS A (111G – .298)				WAS A (17G – .241)											
" total	128	440	128	26	2	0	0.0	66	54	43		20	.291	.359	1	0	OF-127, 1B-2
1910 WAS A	145	487	126	17	11	2	0.4	58	50	62		18	.259	.351	1	0	OF-144
1911	128	450	127	19	5	4	0.9	65	78	74		29	.282	.373	1	0	OF-126, 1B-1
8 yrs.	880	2959	831	127	49	14	0.5	369	363	333		142	.281	.371	39	9	OF-715, 1B-121, 2B-1
4 yrs.	288	959	270	44	13	5	0.5	108	96	88		51	.282	.370	22	5	OF-143, 1B-117, 2B-1

WORLD SERIES

	G	AB	H	2B	3B	HR	HR%	R	RBI	BB	SO	SB	BA	SA	PH AB	PH H	G by POS
1906 CHI N	2	1	0	0	0	0	0.0	0	0	1	0	0	.000	.000	1	0	

Player Register

	G	AB	H	2B	3B	HR	HR%	R	RBI	BB	SO	SB	BA	SA	Pinch Hit AB H	G by POS

Gus Getz
GETZ, GUSTAVE (Gee-Gee)   BR TR 5'11" 165 lbs.
B. Aug. 3, 1889, Pittsburgh, Pa. D. May 28, 1969, Keansburg, N. J.

	G	AB	H	2B	3B	HR	HR%	R	RBI	BB	SO	SB	BA	SA	PH AB	PH H	G by POS
1909 BOS N	40	148	33	2	0	0	0.0	6	9	1		2	.223	.236	0	0	3B-36, SS-2, 2B-2
1910	54	144	28	0	1	0	0.0	14	7	6	10	2	.194	.208	6	1	3B-22, 2B-13, OF-8, SS-4
1914 BKN N	55	210	52	8	1	0	0.0	13	20	2	15	9	.248	.295	0	0	3B-55
1915	130	477	123	10	5	2	0.4	39	46	8	14	19	.258	.312	0	0	3B-128, SS-2
1916	40	96	21	1	2	0	0.0	9	8	0	5	9	.219	.271	7	0	3B-20, SS-7, 1B-3
1917 CIN N	7	14	4	0	0	0	0.0	2	3	3	0	0	.286	.286	0	0	2B-4, 3B-3
1918 2 teams	CLE A (6G – .133)			PIT N (7G – .200)													
" total	13	25	4	1	0	0	0.0	2	0	4	2	0	.160	.200	4	0	OF-3, 3B-2
7 yrs.	339	1114	265	22	9	2	0.2	85	93	24	46	41	.238	.279	17	1	3B-266, 2B-19, SS-15, OF-11, 1B-3
3 yrs.	225	783	196	19	8	2	0.3	61	74	10	34	37	.250	.303	7	0	3B-203, SS-9, 1B-3
WORLD SERIES																	
1916 BKN N	1	1	0	0	0	0	0.0	0	0	0	0	0	.000	.000	1	0	

Charlie Gilbert
GILBERT, CHARLES MADER   BL TL 5'9" 165 lbs.
Son of Larry Gilbert.   Brother of Tookie Gilbert.
B. July 8, 1919, New Orleans, La.   D. Aug. 13, 1983, New Orleans, La.

	G	AB	H	2B	3B	HR	HR%	R	RBI	BB	SO	SB	BA	SA	PH AB	PH H	G by POS
1940 BKN N	57	142	35	9	1	2	1.4	23	8	8	13	0	.246	.366	8	1	OF-43
1941 CHI N	39	86	24	2	1	0	0.0	11	12	11	6	1	.279	.326	14	2	OF-22
1942	74	179	33	6	3	0	0.0	18	7	25	24	1	.184	.251	23	2	OF-47
1943	8	20	3	0	0	0	0.0	1	0	3	3	1	.150	.150	2	0	OF-6
1946 2 teams	CHI N (15G – .077)			PHI N (88G – .242)													
" total	103	273	64	5	2	1	0.4	36	18	26	22	1	.234	.278	28	0	OF-71
1947 PHI N	83	152	36	5	2	1	0.7	20	10	13	14	1	.237	.336	40	9	OF-37
6 yrs.	364	852	195	27	9	5	0.6	109	55	86	82	5	.229	.299	115	14	OF-226
1 yr.	57	142	35	9	1	2	1.4	23	8	8	13	0	.246	.366	8	1	OF-43

Pete Gilbert
GILBERT, PETER   TR
B. Sept. 6, 1867, Baltic, Conn.   D. Jan. 1, 1912, Springfield, Mass.

	G	AB	H	2B	3B	HR	HR%	R	RBI	BB	SO	SB	BA	SA	PH AB	PH H	G by POS
1890 B-B AA	29	100	28	2	1	1	1.0	25		10		12	.280	.350	0	0	3B-29
1891 BAL AA	139	513	118	15	7	3	0.6	81	72	37	77	31	.230	.304	0	0	3B-139
1892 BAL N	4	15	3	0	0	0	0.0	0	0	1	3	1	.200	.200	0	0	3B-4
1894 2 teams	BKN N (6G – .080)			LOU N (28G – .306)													
" total	34	133	35	3	1	1	0.8	14	15	6	7	4	.263	.323	0	0	3B-31, 2B-3
4 yrs.	206	761	184	20	9	5	0.7	120	86	54	87	48	.242	.311	0	0	3B-203, 2B-3
1 yr.	6	25	2	0	0	0	0.0	0	1	1	1	3	.080	.080	0	0	3B-3, 2B-3

Wally Gilbert
GILBERT, WALTER JOHN   BR TR 6' 180 lbs.
B. Dec. 19, 1901, Oscoda, Mich.   D. Sept. 8, 1958, Duluth, Minn.

	G	AB	H	2B	3B	HR	HR%	R	RBI	BB	SO	SB	BA	SA	PH AB	PH H	G by POS
1928 BKN N	39	153	31	4	0	0	0.0	26	3	14	8	2	.203	.229	0	0	3B-39
1929	143	569	173	31	4	3	0.5	88	58	42	29	7	.304	.388	1	0	3B-142
1930	150	623	183	34	5	3	0.5	92	67	47	33	7	.294	.379	0	0	3B-150
1931	145	552	147	25	6	0	0.0	60	46	39	38	3	.266	.333	0	0	3B-145
1932 CIN N	114	420	90	18	2	1	0.2	35	40	20	23	2	.214	.274	2	1	3B-111
5 yrs.	591	2317	624	112	17	7	0.3	301	214	162	131	21	.269	.341	3	1	3B-587
4 yrs.	477	1897	534	94	15	6	0.3	266	174	142	108	19	.281	.356	1	0	3B-476

Carden Gillenwater
GILLENWATER, CLARAL LEWIS   BR TR 6'1" 175 lbs.
B. May 13, 1918, Riceville, Tenn.   D. Feb. 26, 1978, Bradenton, Fla.

	G	AB	H	2B	3B	HR	HR%	R	RBI	BB	SO	SB	BA	SA	PH AB	PH H	G by POS
1940 STL N	7	25	4	1	0	0	0.0	1	5	0	2	0	.160	.200	0	0	OF-7
1943 BKN N	8	17	3	0	0	0	0.0	1	2	2	3	0	.176	.176	3	0	OF-5
1945 BOS N	144	517	149	20	2	7	1.4	74	72	73	70	13	.288	.375	3	1	OF-140
1946	99	224	51	10	1	1	0.4	30	14	39	27	3	.228	.295	14	2	OF-78
1948 WAS A	77	221	54	10	4	3	1.4	23	21	39	36	4	.244	.367	11	0	OF-67
5 yrs.	335	1004	261	41	7	11	1.1	129	114	153	138	20	.260	.348	31	3	OF-297
1 yr.	8	17	3	0	0	0	0.0	1	2	2	3	0	.176	.176	3	0	OF-5

Jim Gilliam
GILLIAM, JAMES (Junior)   BB TR 5'10½" 175 lbs.
B. Oct. 17, 1928, Nashville, Tenn.   D. Oct. 8, 1978, Los Angeles, Calif.

	G	AB	H	2B	3B	HR	HR%	R	RBI	BB	SO	SB	BA	SA	PH AB	PH H	G by POS
1953 BKN N	151	605	168	31	17	6	1.0	125	63	100	38	21	.278	.415	2	1	2B-149
1954	146	607	171	28	8	13	2.1	107	52	76	30	8	.282	.418	2	0	2B-143, OF-5
1955	147	538	134	20	8	7	1.3	110	40	70	37	15	.249	.355	6	3	2B-99, OF-46
1956	153	594	178	23	8	6	1.0	102	43	95	39	21	.300	.396	1	0	2B-102, OF-56
1957	149	617	154	26	4	2	0.3	89	37	64	31	26	.250	.314	0	0	2B-148, OF-2
1958 LA N	147	555	145	25	5	2	0.4	81	43	78	22	18	.261	.335	5	1	OF-75, 3B-44, 2B-32
1959	145	553	156	18	4	3	0.5	91	34	96	25	23	.282	.345	7	1	3B-132, 2B-8, OF-4
1960	151	557	138	20	2	5	0.9	96	40	96	28	12	.248	.318	2	1	3B-130, 2B-30
1961	144	439	107	26	3	4	0.9	74	32	79	34	8	.244	.344	11	3	3B-74, 2B-71, OF-11
1962	160	588	159	24	1	4	0.7	83	43	93	35	17	.270	.335	2	0	2B-113, 3B-90, OF-1
1963	148	525	148	27	4	6	1.1	77	49	60	28	19	.282	.383	9	1	2B-119, 3B-55
1964	116	334	76	8	3	2	0.6	44	27	42	21	4	.228	.287	13	3	3B-86, 2B-25, OF-2
1965	111	372	104	19	4	4	1.1	54	39	53	31	9	.280	.384	7	1	3B-80, OF-22, 2B-5
1966	88	235	51	9	0	1	0.4	30	16	34	17	2	.217	.268	22	3	3B-70, 2B-2, 1B-2
14 yrs.	1956	7119	1889	304	71	65	0.9	1163	558	1036	416	203	.265	.355	89	18	2B-1046, 3B-761, OF-224, 1B-2
14 yrs.	1956 5th	7119 4th	1889 7th	304 7th	71	65	0.9	1163 4th	558	1036 2nd	416	203 6th	.265	.355	89	18	2B-1046, 3B-761, OF-224, 1B-2
WORLD SERIES																	
1953 BKN N	6	27	8	3	0	2	7.4	4	4	0	2	0	.296	.630	0	0	2B-6
1955	7	24	7	1	0	0	0.0	2	3	8	1	1	.292	.333	0	0	2B-5

Player Register 150

	G	AB	H	2B	3B	HR	HR%	R	RBI	BB	SO	SB	BA	SA	Pinch Hit AB	Pinch Hit H	G by POS

Jim Gilliam continued

1956		7	24	2	0	0	0	0.0	2	2	7	3	1	.083	.083	0	0	2B-6
1959	LA N	6	25	6	0	0	0	0.0	2	0	2	2	2	.240	.240	0	0	3B-6
1963		4	13	2	0	0	0	0.0	3	0	3	1	0	.154	.154	0	0	3B-4
1965		7	28	6	1	0	0	0.0	2	2	1	0	0	.214	.250	0	0	3B-7
1966		2	6	0	0	0	0	0.0	0	1	2	0	0	.000	.000	0	0	3B-2
7 yrs.		39	147	31	5	0	2	1.4	15	12	23 7th	9	4	.211	.286	0	0	3B-19, 2B-17

Al Gionfriddo

GIONFRIDDO, ALBERT FRANCIS
B. Mar. 8, 1922, Dysart, Pa.
BL TL 5'6" 165 lbs.

1944	PIT N	4	6	1	0	0	0	0.0	0	1	1	0	1	.167	.167	3	1	OF-1
1945		122	409	116	18	9	2	0.5	74	42	60	22	12	.284	.386	14	2	OF-106
1946		64	102	26	2	2	0	0.0	11	10	14	5	1	.255	.314	24	5	OF-33
1947	2 teams	PIT N (1G – .000)				BKN N (37G – .177)												
"	total	38	63	11	2	1	0	0.0	10	6	16	11	2	.175	.238	13	2	OF-17
4 yrs.		228	580	154	22	12	2	0.3	95	58	91	39	15	.266	.355	54	10	OF-157
1 yr.		37	62	11	2	1	0	0.0	10	6	16	11	2	.177	.242	12	2	OF-17

WORLD SERIES
| 1947 | BKN N | 4 | 3 | 0 | 0 | 0 | 0 | 0.0 | 2 | 0 | 1 | 0 | 1 | .000 | .000 | 1 | 0 | OF-1 |

Tony Giuliani

GIULIANI, ANGELO JOHN
B. Nov. 24, 1912, St. Paul, Minn.
BR TR 5'11" 175 lbs.

1936	STL A	71	198	43	3	0	0	0.0	17	13	11	13	0	.217	.232	8	1	C-66
1937		19	53	16	1	0	0	0.0	6	3	3	3	0	.302	.321	0	0	C-19
1938	WAS A	46	115	25	4	0	0	0.0	10	15	8	3	1	.217	.252	0	0	C-46
1939		54	172	43	6	2	0	0.0	20	18	4	7	0	.250	.308	3	1	C-50
1940	BKN N	1	1	0	0	0	0	0.0	0	0	0	0	0	.000	.000	0	0	C-1
1941		3	2	0	0	0	0	0.0	0	0	0	0	0	.000	.000	0	0	C-3
1943	WAS A	49	133	30	4	1	0	0.0	5	20	12	14	0	.226	.271	0	0	C-49
7 yrs.		243	674	157	18	3	0	0.0	58	69	38	40	1	.233	.269	11	2	C-234
2 yrs.		4	3	0	0	0	0	0.0	0	0	0	0	0	.000	.000	0	0	C-4

Roy Gleason

GLEASON, ROY WILLIAM
B. Apr. 9, 1943, Melrose Park, Ill.
BB TR 6'5½" 220 lbs.

| 1963 | LA N | 8 | 1 | 1 | 1 | 0 | 0 | 0.0 | 3 | 0 | 0 | 0 | 0 | 1.000 | 2.000 | 1 | 1 | |

Al Glossop

GLOSSOP, ALBAN
B. July 23, 1912, Christopher, Ill.
BB TR 6' 170 lbs.

1939	NY N	10	32	6	0	0	1	3.1	3	3	4	2	0	.188	.281	0	0	2B-10
1940	2 teams	NY N (27G – .209)				BOS N (60G – .236)												
"	total	87	239	54	5	1	7	2.9	33	22	27	38	2	.226	.343	25	5	2B-42, 3B-18, SS-10
1942	PHI N	121	454	102	15	1	4	0.9	33	40	29	35	3	.225	.289	3	1	2B-118, 3B-1
1943	BKN N	87	217	37	9	0	3	1.4	28	21	28	27	0	.171	.253	11	0	SS-33, 2B-24, 3B-17
1946	CHI N	4	10	0	0	0	0	0.0	2	0	1	3	0	.000	.000	0	0	SS-2, 2B-2
5 yrs.		309	952	199	29	2	15	1.6	99	86	89	105	5	.209	.291	39	6	2B-196, SS-45, 3B-36
1 yr.		87	217	37	9	0	3	1.4	28	21	28	27	0	.171	.253	11	0	SS-33, 2B-24, 3B-17

John Gochnaur

GOCHNAUR, JOHN PETER
B. Sept. 12, 1875, Altoona, Pa.   D. Sept. 27, 1929, Altoona, Pa.
BR TR 5'9" 160 lbs.

1901	BKN N	3	11	4	0	0	0	0.0	1	2	1		1	.364	.364	0	0	SS-3
1902	CLE A	127	459	85	16	4	0	0.0	45	37	38		7	.185	.237	0	0	SS-127
1903		134	438	81	16	4	0	0.0	48	48	48		10	.185	.240	0	0	SS-134
3 yrs.		264	908	170	32	8	0	0.0	94	87	87		18	.187	.240	0	0	SS-264
1 yr.		3	11	4	0	0	0	0.0	1	2	1		1	.364	.364	0	0	SS-3

Jose Gonzalez

GONZALEZ, JOSE RAFAEL
Born Jose Rafael Gonzalez Gutierrez.
B. Nov. 23, 1964, Puerto Plata, Dominican Republic
BR TR 6'3" 197 lbs.

| 1985 | LA N | 23 | 11 | 3 | 2 | 0 | 0 | 0.0 | 6 | 0 | 1 | 3 | 1 | .273 | .455 | 1 | 0 | OF-18 |

Johnny Gooch

GOOCH, JOHN BEVERLEY
B. Nov. 9, 1897, Smyrna, Tenn.   D. May 15, 1975, Nashville, Tenn.
BB TR 5'11" 175 lbs.

1921	PIT N	13	38	9	0	0	0	0.0	2	3	3	3	1	.237	.237	0	0	C-13
1922		105	353	116	15	3	1	0.3	45	42	39	15	1	.329	.397	2	1	C-103
1923		66	202	56	10	2	1	0.5	16	20	17	13	2	.277	.361	0	0	C-66
1924		70	224	65	6	5	0	0.0	26	25	16	12	1	.290	.362	1	0	C-69
1925		79	215	64	8	4	0	0.0	24	30	20	16	1	.298	.372	3	0	C-76
1926		86	218	59	15	1	1	0.5	19	42	20	14	1	.271	.362	6	0	C-80
1927		101	291	75	17	2	2	0.7	22	48	19	21	0	.258	.351	9	1	C-91
1928	2 teams	PIT N (31G – .238)				BKN N (42G – .317)												
"	total	73	181	51	3	3	0	0.0	16	17	10	15	0	.282	.331	4	1	C-69
1929	2 teams	BKN N (1G – .000)				CIN N (92G – .300)												
"	total	93	288	86	13	5	0	0.0	22	34	24	10	4	.299	.378	7	1	C-86
1930	CIN N	92	276	67	10	3	2	0.7	29	30	27	15	0	.243	.322	2	0	C-79
1933	BOS A	37	77	14	1	1	0	0.0	6	2	11	7	0	.182	.221	8	1	C-26
11 yrs.		815	2363	662	98	29	7	0.3	227	293	206	141	11	.280	.355	39	5	C-758
2 yrs.		43	102	32	1	2	0	0.0	9	12	7	9	0	.314	.363	5	1	C-38

WORLD SERIES
| 1925 | PIT N | 3 | 3 | 0 | 0 | 0 | 0 | 0.0 | 0 | 0 | 0 | 0 | 0 | .000 | .000 | 0 | 0 | C-3 |

151   Player Register

	G	AB	H	2B	3B	HR	HR %	R	RBI	BB	SO	SB	BA	SA	Pinch Hit AB H	G by POS

Johnny Gooch continued
| 1927 | 3 | 5 | 0 | 0 | 0 | 0 | 0.0 | 0 | 0 | 1 | 1 | 0 | .000 | .000 | 0 0 | C-3 |
| 2 yrs. | 6 | 8 | 0 | 0 | 0 | 0 | 0.0 | 0 | 0 | 1 | 1 | 0 | .000 | .000 | 0 0 | C-6 |

Ed Goodson
GOODSON, JAMES EDWARD BL TR 6'3" 180 lbs.
B. Jan. 25, 1948, Pulaski, Va.

1970 SF N	7	11	3	0	0	0	0.0	1	0	0	2	0	.273	.273	5 2	1B-7
1971	20	42	8	1	0	0	0.0	4	1	2	4	0	.190	.214	7 1	1B-14
1972	58	150	42	1	0	6	4.0	15	30	8	12	0	.280	.420	15 4	1B-42
1973	102	384	116	20	1	12	3.1	37	53	15	44	0	.302	.453	8 3	3B-93
1974	98	298	81	15	0	6	2.0	25	48	18	22	1	.272	.383	20 6	1B-73, 3B-8
1975 2 teams	SF N (39G – .207)				ATL N (47G – .211)											
" total	86	197	41	9	0	2	1.0	15	16	9	22	0	.208	.284	40 9	1B-29, 3B-14
1976 LA N	83	118	27	4	0	3	2.5	8	17	8	19	0	.229	.339	56 15	3B-16, 1B-3, OF-2, 2B-1
1977	61	66	11	1	0	1	1.5	3	5	3	10	0	.167	.227	45 8	1B-13, 3B-4
8 yrs.	515	1266	329	51	2	30	2.4	108	170	63	135	1	.260	.374	196 48	1B-176, 3B-135, OF-2, 2B-1
2 yrs.	144	184	38	5	0	4	2.2	11	22	11	29	0	.207	.299	101 23	3B-20, 1B-16, OF-2, 2B-1

LEAGUE CHAMPIONSHIP SERIES
| 1977 LA N | 1 | 1 | 0 | 0 | 0 | 0 | 0.0 | 0 | 0 | 0 | 0 | 0 | .000 | .000 | 1 0 | |

WORLD SERIES
| 1977 LA N | 1 | 1 | 0 | 0 | 0 | 0 | 0.0 | 0 | 0 | 0 | 1 | 0 | .000 | .000 | 1 0 | |

Billy Grabarkewitz
GRABARKEWITZ, BILLY CORDELL BR TR 5'10" 165 lbs.
B. Jan. 18, 1946, Lockhart, Tex.

1969 LA N	34	65	6	1	1	0	0.0	4	5	4	19	1	.092	.138	3 0	SS-18, 3B-6, 2B-3
1970	156	529	153	20	8	17	3.2	92	84	95	149	19	.289	.454	2 1	3B-97, SS-50, 2B-20
1971	44	71	16	5	0	0	0.0	9	6	19	16	1	.225	.296	11 3	2B-13, 3B-10, SS-1
1972	53	144	24	4	0	4	2.8	17	16	18	53	3	.167	.278	5 1	3B-24, 2B-19, SS-2
1973 2 teams	CAL A (61G – .163)				PHI N (25G – .288)											
" total	86	195	40	8	1	5	2.6	39	16	40	45	5	.205	.333	16 6	2B-38, 3B-14, OF-2, SS-1
1974 2 teams	PHI N (34G – .133)				CHI N (53G – .248)											
" total	87	155	35	3	2	2	1.3	28	14	26	38	4	.226	.310	14 2	2B-45, SS-7, 3B-7, OF-5
1975 OAK A	6	2	0	0	0	0	0.0	0	0	0	1	0	.000	.000	2 0	2B-4, DH-1
7 yrs.	466	1161	274	41	12	28	2.4	189	141	202	321	33	.236	.364	53 13	3B-158, 2B-142, SS-79, OF-7, DH-1
4 yrs.	287	809	199	30	9	21	2.6	122	111	136	237	24	.246	.383	21 5	3B-137, SS-71, 2B-55

Jack Graham
GRAHAM, JOHN BERNARD BL TL 6'2" 200 lbs.
Son of Peaches Graham.
B. Dec. 24, 1916, Minneapolis, Minn.

1946 2 teams	BKN N (2G – .200)				NY N (100G – .219)											
" total	102	275	60	6	4	14	5.1	34	47	23	37	1	.218	.422	25 4	OF-62, 1B-9
1949 STL A	137	500	119	22	1	24	4.8	71	79	61	62	0	.238	.430	1 1	1B-136
2 yrs.	239	775	179	28	5	38	4.9	105	126	84	99	1	.231	.427	26 5	1B-145, OF-62
1 yr.	2	5	1	0	0	0	0.0	0	0	0	0	0	.200	.200	0 0	1B-2

Dick Gray
GRAY, RICHARD BENJAMIN BR TR 5'11" 165 lbs.
B. July 11, 1931, Jefferson, Pa.

1958 LA N	58	197	49	5	6	9	4.6	25	30	19	30	1	.249	.472	4 2	3B-55
1959 2 teams	LA N (21G – .154)				STL N (36G – .314)											
" total	57	103	24	2	0	3	2.9	17	10	12	20	3	.233	.340	25 5	3B-17, SS-13, 2B-2, OF-1
1960 STL N	9	5	0	0	0	0	0.0	1	1	2	2	0	.000	.000	3 0	2B-4, 3B-1
3 yrs.	124	305	73	7	6	12	3.9	43	41	33	52	4	.239	.420	32 7	3B-73, SS-13, 2B-6, OF-1
2 yrs.	79	249	57	6	6	11	4.4	33	34	25	42	1	.229	.434	12 3	3B-66

Mike Griffin
GRIFFIN, MICHAEL JOSEPH BL TR 5'7" 160 lbs.
B. Mar. 20, 1865, Utica, N. Y. D. Apr. 10, 1908, Utica, N. Y.
Manager 1898.

1887 BAL AA	136	532	160	32	13	3	0.6	142		55		94	.301	.427	0 0	OF-136
1888	137	542	141	11	0	0	0.0	137		46		55	.260	.339	0 0	OF-137
1889	137	533	149	21	14	4	0.8	152	48	91	29	39	.280	.394	0 0	OF-109, SS-25, 2B-5
1890 PHI P	115	492	143	29	6	6	1.2	127	54	64	19	30	.291	.411	0 0	OF-115
1891 BKN N	134	521	141	36	9	3	0.6	106	65	57	31	65	.271	.392	0 0	OF-134
1892	129	459	127	18	11	3	0.7	103	66	68	36	49	.277	.383	0 0	OF-127, SS-2
1893	95	362	106	22	8	5	1.4	85	59	59	23	30	.293	.439	0 0	OF-93, 2B-2
1894	107	405	148	29	5	5	1.2	123	75	78	14	39	.365	.499	1 0	OF-106
1895	131	522	175	38	7	4	0.8	140	65	93	29	27	.335	.458	0 0	OF-131, SS-1
1896	122	493	155	28	9	4	0.8	101	51	48	25	23	.314	.432	0 0	OF-122
1897	134	534	170	25	11	2	0.4	136	56	81		16	.318	.418	0 0	OF-134
1898	138	544	161	18	6	2	0.4	88	40	60		15	.296	.362	0 0	OF-138
12 yrs.	1511	5939	1776	317	110	41	0.7	1406	624	809	206	473	.299	.410	1 0	OF-1478, SS-28, 2B-7
8 yrs.	986	3840	1183	214	66	28	0.7	882	477	544	158	264	.308	.420	1 0	OF-981, SS-3, 2B-2
								9th		10th		10th				

Bert Griffith
GRIFFITH, BERT JOSEPH BR TR 5'11" 185 lbs.
B. Mar. 3, 1897, St. Louis, Mo. D. May 5, 1973, Bishop, Calif.

| 1922 BKN N | 106 | 325 | 100 | 22 | 8 | 2 | 0.6 | 45 | 35 | 5 | 11 | 5 | .308 | .443 | 23 4 | OF-77, 1B-6 |
| 1923 | 79 | 248 | 73 | 8 | 4 | 2 | 0.8 | 23 | 37 | 13 | 16 | 1 | .294 | .383 | 17 3 | OF-62 |

Player Register 152

	G	AB	H	2B	3B	HR	HR%	R	RBI	BB	SO	SB	BA	SA	Pinch Hit AB	H	G by POS

Bert Griffith continued

1924 WAS A	6	8	1	0	0	0	0.0	1	0	0	1	0	.125	.125	4	0	OF-2
3 yrs.	191	581	174	30	12	4	0.7	69	72	18	28	6	.299	.413	44	7	OF-141, 1B-6
2 yrs.	185	573	173	30	12	4	0.7	68	72	18	27	6	.302	.417	40	7	OF-139, 1B-6

Derrell Griffith

GRIFFITH, ROBERT DERRELL BL TR 6' 168 lbs.
B. Dec. 12, 1943, Anadarko, Okla.

1963 LA N	1	2	0	0	0	0	0.0	0	0	0	0	0	.000	.000	1	0	2B-1
1964	78	238	69	16	2	4	1.7	27	23	5	21	5	.290	.424	12	1	3B-35, OF-29
1965	22	41	7	0	0	1	2.4	3	2	0	9	0	.171	.244	8	2	OF-11
1966	23	15	1	0	0	0	0.0	3	2	2	3	0	.067	.067	9	1	OF-7
4 yrs.	124	296	77	16	2	5	1.7	33	27	7	33	5	.260	.378	30	4	OF-47, 3B-35, 2B-1
4 yrs.	124	296	77	16	2	5	1.7	33	27	7	33	5	.260	.378	30	4	OF-47, 3B-35, 2B-1

Tommy Griffith

GRIFFITH, THOMAS HERMAN BL TR 5'10" 175 lbs.
B. Oct. 26, 1889, Prospect, Ohio   D. Apr. 13, 1967, Cincinnati, Ohio

1913 BOS N	37	127	32	4	1	1	0.8	16	12	9	8	1	.252	.323	1	0	OF-35
1914	16	48	5	0	0	0	0.0	3	1	2	6	0	.104	.104	2	2	OF-14
1915 CIN N	160	583	179	31	16	4	0.7	59	85	41	34	6	.307	.436	0	0	OF-160
1916	155	595	158	28	7	2	0.3	50	61	36	37	16	.266	.346	0	0	OF-155
1917	115	363	98	18	7	1	0.3	45	45	19	23	5	.270	.366	13	4	OF-100
1918	118	427	113	10	4	2	0.5	47	48	39	30	10	.265	.321	0	0	OF-118
1919 BKN N	125	484	136	18	4	6	1.2	65	57	23	32	8	.281	.372	0	0	OF-125
1920	93	334	87	9	4	2	0.6	41	30	15	18	3	.260	.329	1	1	OF-92
1921	129	455	142	21	6	12	2.6	66	71	36	13	3	.312	.464	4	1	OF-124
1922	99	329	104	17	8	4	1.2	44	49	23	10	7	.316	.453	14	4	OF-82
1923	131	481	141	21	9	8	1.7	70	66	50	19	8	.293	.424	2	0	OF-128
1924	140	482	121	19	5	3	0.6	43	67	34	19	0	.251	.330	0	0	OF-139
1925 2 teams		BKN	N (7G –	.000)		CHI	N (76G –	.285)									
" total	83	239	67	12	1	7	2.9	40	27	24	13	3	.280	.427	16	3	OF-62
13 yrs.	1401	4947	1383	208	72	52	1.1	589	619	351	262	70	.280	.382	53	15	OF-1334
7 yrs.	724	2569	731	105	36	35	1.4	331	340	184	113	30	.285	.394	24	6	OF-692

WORLD SERIES

1920 BKN N	7	21	4	2	0	0	0.0	1	3	0	2	0	.190	.286	0	0	OF-7

John Grim

GRIM, JOHN HELM BR TR 6'2" 175 lbs.
B. Aug. 9, 1867, Lebanon, Ky.   D. July 28, 1961, Indianapolis, Ind.

1888 PHI N	2	7	1	0	0	0	0.0	0	0	0	0	0	.143	.143	0	0	OF-1, 2B-1
1890 ROC AA	50	192	51	6	9	2	1.0	30		7		14	.266	.422	0	0	SS-21, C-15, 3B-8, 2B-4, OF-3, 1B-2, P-1
1891 C-M AA	29	119	28	5	1	1	0.8	14	14	2	5	1	.235	.319	0	0	C-16, 3B-10, 2B-3
1892 LOU N	97	370	90	16	4	1	0.3	40	36	13	24	18	.243	.316	0	0	C-69, 1B-11, 2B-10, OF-8, SS-1, 3B-1
1893	99	415	111	19	8	3	0.7	68	54	12	10	15	.267	.373	0	0	C-92, 1B-3, 2B-2, OF-1, SS-1
1894	108	410	122	27	7	7	1.7	69	70	16	15	14	.298	.449	1	0	C-77, 2B-24, 1B-7, 3B-1
1895 BKN N	93	329	92	17	5	0	0.0	54	44	13	9	9	.280	.362	0	0	C-91, OF-1, 1B-1
1896	81	281	75	13	1	2	0.7	32	35	12	14	7	.267	.342	0	0	C-77, 1B-5
1897	80	290	72	10	1	0	0.0	26	25	1		3	.248	.290	3	0	C-77
1898	52	178	50	5	1	0	0.0	17	11	8		1	.281	.320	0	0	C-52
1899	15	47	13	1	0	0	0.0	3	7	1		0	.277	.298	3	0	C-12
11 yrs.	706	2638	705	119	37	16	0.6	350	295	85	77	82	.267	.359	7	0	C-578, 2B-44, 1B-29, SS-23, 3B-20, OF-14, P-1
5 yrs.	321	1125	302	46	8	2	0.2	132	122	35	23	20	.268	.329	6	0	C-309, 1B-6, OF-1

Jerry Grote

GROTE, GERALD WAYNE BR TR 5'10" 185 lbs.
B. Oct. 6, 1942, San Antonio, Tex.

1963 HOU N	3	5	1	0	0	0	0.0	0	1	1	3	0	.200	.200	0	0	C-3
1964	100	298	54	9	3	3	1.0	26	24	20	75	0	.181	.262	2	0	C-98
1966 NY N	120	317	75	12	2	3	0.9	26	31	40	81	4	.237	.315	5	1	C-115, 3B-2
1967	120	344	67	8	0	4	1.2	25	23	14	65	2	.195	.253	2	0	C-119
1968	124	404	114	18	0	3	0.7	29	31	44	81	1	.282	.349	8	2	C-115
1969	113	365	92	12	3	6	1.6	38	40	32	59	2	.252	.351	4	1	C-112
1970	126	415	106	14	1	2	0.5	38	34	36	39	2	.255	.308	0	0	C-125
1971	125	403	109	25	0	2	0.5	35	35	40	47	1	.270	.347	4	0	C-122
1972	64	205	43	5	1	3	1.5	15	21	26	27	1	.210	.288	2	0	C-59, 3B-3, OF-1
1973	84	285	73	10	2	1	0.4	17	32	13	23	0	.256	.316	1	0	C-81, 3B-2
1974	97	319	82	8	1	5	1.6	25	36	33	33	0	.257	.335	3	0	C-94
1975	119	386	114	14	5	2	0.5	28	39	38	23	0	.295	.373	8	2	C-111
1976	101	323	88	14	2	4	1.2	30	28	38	19	1	.272	.365	10	4	C-95, OF-2
1977 2 teams		NY	N (42G –	.270)		LA	N (18G –	.259)									
" total	60	142	38	3	0	0	0.0	11	11	11	17	0	.268	.303	11	3	C-44, 3B-13
1978 LA N	41	70	19	5	0	0	0.0	4	9	3	10	5	.271	.343	2	1	C-32, 3B-7
1981 2 teams		KC	A (22G –	.304)		LA	N (2G –	.000)									
" total	24	58	17	3	1	1	1.7	4	9	3	3	1	.293	.431	5	0	C-23
16 yrs.	1421	4339	1092	160	22	39	0.9	352	404	399	600	15	.252	.326	62	14	C-1348, 3B-27, OF-3
3 yrs.	61	99	26	5	0	0	0.0	8	13	12	11	0	.263	.313	4	2	C-49, 3B-9

LEAGUE CHAMPIONSHIP SERIES

1969 NY N	3	12	2	1	0	0	0.0	3	1	1	4	0	.167	.250	0	0	C-3
1973	5	19	4	0	0	0	0.0	2	2	1	3	0	.211	.211	0	0	C-5
1977 LA N	2	0	0	0	0	0	–	0	0	1	0	0	–	–	0	0	C-1

Player Register

	G	AB	H	2B	3B	HR	HR%	R	RBI	BB	SO	SB	BA	SA	Pinch Hit AB	Pinch Hit H	G by POS

Jerry Grote continued

| 1978 | 1 | 0 | 0 | 0 | 0 | 0 | – | 0 | 0 | 0 | 0 | 0 | – | – | 0 | 0 | C-1 |
| 4 yrs. | 11 | 31 | 6 | 1 | 0 | 0 | 0.0 | 5 | 3 | 3 | 7 | 0 | .194 | .226 | 0 | 0 | C-10 |

WORLD SERIES

1969 NY N	5	19	4	2	0	0	0.0	1	1	1	3	0	.211	.316	0	0	C-5
1973	7	30	8	0	0	0	0.0	2	0	0	1	0	.267	.267	0	0	C-7
1977 LA N	1	1	0	0	0	0	0.0	0	0	0	0	0	.000	.000	0	0	C-1
1978	2	0	0	0	0	0	–	0	0	0	0	0	–	–	0	0	C-2
4 yrs.	15	50	12	2	0	0	0.0	3	1	1	4	0	.240	.280	0	0	C-15

Pedro Guerrero

GUERRERO, PEDRO BR TR 5'11" 176 lbs.
B. June 29, 1956, San Pedro de Macorís, Dominican Republic

1978 LA N	5	8	5	0	1	0	0.0	3	1	0	0	0	.625	.875	1	1	1B-4
1979	25	62	15	2	0	2	3.2	7	9	1	14	2	.242	.371	7	3	OF-12, 1B-8, 3B-3
1980	75	183	59	9	1	7	3.8	27	31	12	31	2	.322	.497	17	11	OF-40, 2B-12, 3B-3, 1B-2
1981	98	347	104	17	2	12	3.5	46	48	34	57	5	.300	.464	4	1	OF-75, 3B-21, 1B-1
1982	150	575	175	27	5	32	5.6	87	100	65	89	22	.304	.536	0	0	OF-137, 3B-24
1983	160	584	174	28	6	32	5.5	87	103	72	110	23	.298	.531	1	1	3B-157, 1B-2
1984	144	535	162	29	4	16	3.0	85	72	49	105	9	.303	.462	7	1	3B-76, OF-58, 1B-16
1985	137	487	156	22	2	33	6.8	99	87	83	68	12	.320	.577	3	0	OF-81, 3B-44, 1B-12
8 yrs.	794	2781	850	134	21	134	4.8	441	451	316	474	75	.306	.513	40	18	OF-403, 3B-328, 1B-45, 2B-12
8 yrs.	794	2781	850	134	21	134	4.8 6th	441	451	316	474	75	.306	.513 5th	40	18	OF-403, 3B-328, 1B-45, 2B-12

DIVISIONAL PLAYOFF SERIES

| 1981 LA N | 5 | 17 | 3 | 1 | 0 | 1 | 5.9 | 1 | 1 | 2 | 4 | 1 | .176 | .412 | 0 | 0 | 3B-5 |

LEAGUE CHAMPIONSHIP SERIES

1981 LA N	5	19	2	0	0	1	5.3	1	2	1	4	0	.105	.263	0	0	OF-5
1983	4	12	3	1	1	0	0.0	1	2	3	3	0	.250	.500	0	0	3B-4
1985	6	20	5	1	0	0	0.0	2	4	5	2	2	.250	.300	0	0	OF-6
3 yrs.	15	51	10	2	1	1	2.0	4	8	9	9	2	.196	.333	0	0	OF-11, 3B-4

WORLD SERIES

| 1981 LA N | 6 | 21 | 7 | 1 | 1 | 2 | 9.5 | 2 | 7 | 2 | 6 | 0 | .333 | .762 | 0 | 0 | OF-6 |

Brad Gulden

GULDEN, BRADLEY LEE BL TR 5'10" 175 lbs.
B. June 10, 1956, New Ulm, Minn.

1978 LA N	3	4	0	0	0	0	0.0	0	0	0	2	0	.000	.000	0	0	C-3
1979 NY A	40	92	15	4	0	0	0.0	10	6	9	16	0	.163	.207	0	0	C-40
1980	2	3	1	0	0	1	33.3	1	2	0	0	0	.333	1.333	0	0	C-2
1981 SEA A	8	16	3	2	0	0	0.0	0	1	0	2	0	.188	.313	4	0	C-6, DH-2
1982 MON N	5	6	0	0	0	0	0.0	1	0	1	1	0	.000	.000	3	0	C-2
1984 CIN N	107	292	66	8	2	4	1.4	31	33	33	35	2	.226	.308	20	3	C-100
6 yrs.	165	413	85	14	2	5	1.2	43	42	43	56	2	.206	.286	27	3	C-153, DH-2
1 yr.	3	4	0	0	0	0	0.0	0	0	0	2	0	.000	.000	0	0	C-3

Ad Gumbert

GUMBERT, ADDISON COURTNEY BR TR 5'10" 200 lbs.
Brother of Billy Gumbert.
B. Oct. 10, 1868, Pittsburgh, Pa. D. Apr. 23, 1925, Pittsburgh, Pa.

1888 CHI N	7	24	8	0	1	0	0.0	3	2	0	2	0	.333	.417	0	0	P-6, OF-2
1889	41	153	44	3	2	7	4.6	30	29	11	36	2	.288	.471	0	0	P-31, OF-13
1890 BOS P	44	145	35	7	1	3	2.1	23	20	18	26	5	.241	.366	0	0	P-39, OF-7
1891 CHI N	34	105	32	7	4	0	0.0	18	16	13	14	4	.305	.448	0	0	P-32, OF-1, 1B-1
1892	52	178	42	1	2	1	0.6	18	8	14	24	5	.236	.281	0	0	P-46, OF-7
1893 PIT N	29	95	21	3	3	0	0.0	17	10	10	16	0	.221	.316	0	0	P-22, OF-7
1894	38	113	33	4	5	1	0.9	18	19	6	20	1	.292	.442	1	0	P-37
1895 BKN N	34	97	35	6	0	2	2.1	21	13	7	10	0	.361	.485	0	0	P-33, OF-1
1896 2 teams	BKN	N (5G – .182)			PHI	N (11G – .265)											
" total	16	45	11	2	1	0	2.2	7	7	1	5	1	.244	.400	0	0	P-16
9 yrs.	295	955	261	33	19	15	1.6	155	124	80	153	18	.273	.395	1	0	P-262, OF-38, 1B-1
2 yrs.	39	108	37	7	0	2	1.9	21	13	8	12	0	.343	.463	0	0	P-38, OF-1

Bert Haas

HAAS, BERTHOLD JOHN BR TR 5'11" 178 lbs.
B. Feb. 8, 1914, Naperville, Ill.

1937 BKN N	16	25	10	3	0	0	0.0	2	2	1	1	0	.400	.520	9	4	OF-4, 1B-3
1938	1	0	0	0	0	0	–	0	0	0	0	0	–	–	0	0	
1942 CIN N	154	585	140	21	6	6	1.0	59	54	59	54	6	.239	.326	0	0	3B-146, 1B-6, OF-2
1943	101	332	87	17	6	4	1.2	39	44	22	26	6	.262	.386	16	4	1B-44, 3B-23, OF-18
1946	140	535	141	24	7	3	0.6	57	50	33	42	22	.264	.351	2	1	1B-131, 3B-6
1947	135	482	138	17	7	3	0.6	58	67	42	27	9	.286	.369	11	2	OF-69, 1B-53
1948 PHI N	95	333	94	9	2	4	1.2	35	34	36	25	8	.282	.357	9	2	3B-54, 1B-35
1949 2 teams	PHI	N (2G – .000)			NY	N (54G – .260)											
" total	56	105	27	2	3	1	1.0	12	10	6	9	0	.257	.362	19	4	1B-23, 3B-11
1951 CHI A	25	43	7	0	1	1	2.3	1	2	5	4	0	.163	.279	11	3	1B-7, OF-4, 3B-1
9 yrs.	723	2440	644	93	32	22	0.9	263	263	204	188	51	.264	.355	77	20	1B-302, 3B-241, OF-97
2 yrs.	17	25	10	3	0	0	0.0	2	2	1	1	0	.400	.520	9	4	OF-4, 1B-3

George Haddock

HADDOCK, GEORGE SILAS (Gentleman George) TR 5'11" 155 lbs.
B. Dec. 25, 1866, Portsmouth, N. H. D. Apr. 18, 1926, Boston, Mass.

1888 WAS N	2	5	1	0	0	0	0.0	0	1	0	2	0	.200	.200	0	0	P-2
1889	34	112	25	3	0	2	1.8	13	14	19	27	3	.223	.304	0	0	P-33, OF-3
1890 BUF P	42	146	36	11	0	0	0.0	21	24	24	32	3	.247	.322	0	0	P-35, OF-7

Player Register

	G	AB	H	2B	3B	HR	HR%	R	RBI	BB	SO	SB	BA	SA	Pinch Hit AB	Pinch Hit H	G by POS

George Haddock continued

1891 BOS AA	58	185	45	4	1	3	1.6	30	23	21	46	3	.243	.324	0	0	P-51, OF-8
1892 BKN N	47	158	28	6	1	0	0.0	23	11	12	31	2	.177	.228	0	0	P-46, OF-1
1893	29	85	24	1	2	1	1.2	21	7	8	15	2	.282	.376	0	0	P-23, OF-7
1894 2 teams	PHI	N (10G – .172)			WAS	N (5G – .188)											
" total	15	45	8	2	2	0	0.0	6	4	4	4	1	.178	.311	0	0	P-14, OF-1
7 yrs.	227	736	167	27	6	6	0.8	114	83	89	157	14	.227	.304	0	0	P-204, OF-27
2 yrs.	76	243	52	7	3	1	0.4	44	18	20	46	4	.214	.280	0	0	P-69, OF-8

John Hale

HALE, JOHN STEVEN BL TR 6'2" 195 lbs.
B. Aug. 5, 1953, Fresno, Calif.

1974 LA N	4	4	4	1	0	0	0.0	2	2	0	0	0	1.000	1.250	1	1	OF-3
1975	71	204	43	7	0	6	2.9	20	22	26	51	1	.211	.333	7	2	OF-68
1976	44	91	14	2	1	0	0.0	4	8	16	14	4	.154	.198	6	0	OF-37
1977	79	108	26	4	1	2	1.9	10	11	15	28	2	.241	.352	5	1	OF-73
1978 SEA A	107	211	36	8	0	4	1.9	24	22	34	64	3	.171	.265	6	1	OF-98, DH-3
1979	54	63	14	3	0	2	3.2	6	7	12	26	0	.222	.365	8	0	OF-42, DH-2
6 yrs.	359	681	137	25	2	14	2.1	66	72	103	183	10	.201	.305	33	5	OF-321, DH-5
4 yrs.	198	407	87	14	2	8	2.0	36	43	57	93	7	.214	.317	19	4	OF-181

Bob Hall

HALL, ROBERT PRILL TR 5'10" 158 lbs.
B. Dec. 20, 1878, Baltimore, Md. D. Dec. 1, 1950, Wellesley, Mass.

1904 PHI N	46	163	26	4	0	0	0.0	11	17	14		5	.160	.184	0	0	3B-20, SS-15, 1B-11
1905 2 teams	NY	N (1G – .333)			BKN	N (56G – .236)											
" total	57	206	49	4	1	2	1.0	22	15	11		8	.238	.296	4	0	OF-43, 2B-7, 1B-3
2 yrs.	103	369	75	8	1	2	0.5	33	32	25		13	.203	.247	4	0	OF-43, 3B-20, SS-15, 1B-14, 2B-7
1 yr.	56	203	48	4	1	2	1.0	21	15	11		8	.236	.296	4	0	OF-42, 2B-7, 1B-3

Tom Haller

HALLER, THOMAS FRANK BL TR 6'4" 195 lbs.
B. June 23, 1937, Lockport, Ill.

1961 SF N	30	62	9	1	0	2	3.2	5	8	9	23	0	.145	.258	4	0	C-25
1962	99	272	71	13	1	18	6.6	53	55	51	59	1	.261	.515	9	0	C-91
1963	98	298	76	8	1	14	4.7	32	44	34	45	4	.255	.430	8	2	C-85, OF-7
1964	117	388	98	14	3	16	4.1	43	48	55	51	4	.253	.428	7	1	C-113, OF-3
1965	134	422	106	4	3	16	3.8	40	49	47	67	0	.251	.389	3	1	C-133
1966	142	471	113	19	2	27	5.7	74	67	53	74	1	.240	.461	10	1	C-136, 1B-4
1967	141	455	114	23	5	14	3.1	54	49	62	61	0	.251	.415	12	5	C-136, OF-1
1968 LA N	144	474	135	27	5	4	0.8	37	53	46	76	1	.285	.388	12	1	C-139
1969	134	445	117	18	3	6	1.3	46	39	48	58	0	.263	.357	7	3	C-132
1970	112	325	93	16	6	10	3.1	47	47	32	35	3	.286	.465	12	5	C-106
1971	84	202	54	5	0	5	2.5	23	32	25	30	0	.267	.366	17	6	C-67
1972 DET A	59	121	25	5	2	2	1.7	7	13	15	14	0	.207	.331	20	2	C-36
12 yrs.	1294	3935	1011	153	31	134	3.4	461	504	477	593	14	.257	.414	121	27	C-1199, OF-11, 1B-4
4 yrs.	474	1446	399	66	14	25	1.7	153	171	151	199	4	.276	.393	48	15	C-444

LEAGUE CHAMPIONSHIP SERIES

| 1972 DET A | 1 | 1 | 0 | 0 | 0 | 0 | 0.0 | 0 | 0 | 0 | 0 | 0 | .000 | .000 | 1 | 0 | |

WORLD SERIES

| 1962 SF N | 4 | 14 | 4 | 1 | 0 | 1 | 7.1 | 1 | 3 | 2 | 0 | | .286 | .571 | 0 | 0 | C-4 |

Bill Hallman

HALLMAN, WILLIAM WILSON BR TR 5'8"
B. Mar. 30, 1867, Pittsburgh, Pa. D. Sept. 11, 1920, Philadelphia, Pa.
Manager 1897.

1888 PHI N	18	63	13	4	1	0	0.0	5	6	1	12	1	.206	.302	0	0	C-10, 2B-4, OF-3, SS-1, 3B-1
1889	119	462	117	21	8	2	0.4	67	60	36	54	20	.253	.346	0	0	SS-106, 2B-13, C-1
1890 PHI P	84	356	95	16	7	1	0.3	59	37	33	24	6	.267	.360	0	0	OF-34, C-26, 2B-14, 3B-10, SS-2
1891 PHI AA	141	587	166	21	13	6	1.0	112	69	38	56	18	.283	.394	0	0	2B-141
1892 PHI N	138	586	171	27	10	2	0.3	106	84	32	52	19	.292	.382	0	0	2B-138
1893	132	596	183	28	7	4	0.7	119	76	51	27	22	.307	.398	0	0	2B-120, 1B-12
1894	119	505	156	19	7	0	0.0	107	66	36	15	36	.309	.374	0	0	2B-119
1895	124	539	169	26	5	1	0.2	94	91	34	20	16	.314	.386	0	0	2B-122, SS-3
1896	120	469	150	21	3	2	0.4	82	83	45	23	16	.320	.390	0	0	2B-120, P-1
1897 2 teams	PHI	N (31G – .262)			STL	N (79G – .221)											
" total	110	424	99	9	2	0	0.0	47	41	32		13	.233	.264	0	0	2B-108, 1B-3
1898 BKN N	134	509	124	10	7	2	0.4	57	63	29		9	.244	.303	0	0	2B-124, 3B-10
1901 2 teams	CLE	A (5G – .211)			PHI	N (123G – .184)											
" total	128	464	86	13	5	0	0.0	48	41	28		13	.185	.235	0	0	2B-90, 3B-33, SS-5
1902 PHI N	73	254	63	8	4	0	0.0	15	35	14		9	.248	.311	1	1	3B-72
1903	63	198	42	11	2	0	0.0	20	17	16		2	.212	.288	6	0	2B-22, 3B-19, 1B-9, OF-4, SS-3
14 yrs.	1503	6012	1634	234	81	20	0.3	938	769	425	283	200	.272	.348	7	1	2B-1135, 3B-145, SS-120, OF-41, C-37, 1B-24, P-1
1 yr.	134	509	124	10	7	2	0.4	57	63	29		9	.244	.303	0	0	2B-124, 3B-10

Bert Hamric

HAMRIC, ODBERT HERMAN BL TR 6' 165 lbs.
B. Mar. 1, 1928, Clarksburg, W. Va. D. Aug. 8, 1984, Springfield, Ohio

| 1955 BKN N | 2 | 1 | 0 | 0 | 0 | 0 | 0.0 | 0 | 0 | 0 | 1 | 0 | .000 | .000 | 1 | 0 | |

Player Register

	G	AB	H	2B	3B	HR	HR%	R	RBI	BB	SO	SB	BA	SA	Pinch Hit AB	H	G by POS

Bert Hamric continued
1958 BAL A	8	8	1	0	0	0	0.0	0	0	0	6	0	.125	.125	8	1	
2 yrs.	10	9	1	0	0	0	0.0	0	0	0	7	0	.111	.111	9	1	
1 yr.	2	1	0	0	0	0	0.0	0	0	0	1	0	.000	.000	1	0	

Pat Hanifin
HANIFIN, PATRICK JAMES
B. 1873, Nova Scotia, Canada   D. Nov. 5, 1908, Springfield, Mass.

| 1897 BKN N | 10 | 20 | 5 | 0 | 0 | 0 | 0.0 | 4 | 2 | 1 | | 4 | .250 | .250 | 3 | 1 | OF-3, 2B-2 |

Charlie Hargreaves
HARGREAVES, CHARLES RUSSELL   BR TR 6'   170 lbs.
B. Dec. 14, 1896, Trenton, N. J.   D. May 9, 1979, Neptune, N. J.

1923 BKN N	20	57	16	0	0	0	0.0	5	4	1	2	0	.281	.281	5	1	C-15
1924	15	27	11	2	0	0	0.0	4	5	1	1	0	.407	.481	5	1	C-9
1925	45	83	23	3	1	0	0.0	9	13	6	1	1	.277	.337	22	5	C-18, 1B-2
1926	85	208	52	13	2	2	1.0	14	23	19	10	1	.250	.361	13	2	C-70
1927	44	133	38	3	1	0	0.0	9	11	14	7	1	.286	.323	2	0	C-44
1928 2 teams	BKN N (20G – .197)			PIT N (79G – .285)													
" total	99	321	86	10	2	1	0.3	18	37	18	15	2	.268	.321	2	0	C-97
1929 PIT N	102	328	88	12	5	1	0.3	33	44	16	12	1	.268	.345	1	0	C-102
1930	11	31	7	1	0	0	0.0	4	2	2	1	0	.226	.258	0	0	C-11
8 yrs.	421	1188	321	44	11	4	0.3	96	139	77	49	6	.270	.336	50	9	C-366, 1B-2
6 yrs.	229	569	152	23	4	2	0.4	44	61	47	27	4	.267	.332	47	9	C-176, 1B-2

Tim Harkness
HARKNESS, THOMAS WILLIAM   BL TL 6'2"   182 lbs.
B. Dec. 23, 1937, Lachine, Que., Canada

1961 LA N	5	8	4	2	0	0	0.0	4	0	3	1	0	.500	.750	2	1	1B-2
1962	92	62	16	2	0	2	3.2	9	7	10	20	1	.258	.387	30	8	1B-59
1963 NY N	123	375	79	12	3	10	2.7	35	41	36	79	4	.211	.339	16	1	1B-106
1964	39	117	33	2	1	2	1.7	11	13	9	18	1	.282	.368	9	0	1B-32
4 yrs.	259	562	132	18	4	14	2.5	59	61	58	118	7	.235	.356	57	10	1B-199
2 yrs.	97	70	20	4	0	2	2.9	13	7	13	21	2	.286	.429	32	9	1B-61

Joe Harris
HARRIS, JOSEPH (Moon)   BR TR 5'9"   170 lbs.
B. May 20, 1891, Coulters, Pa.   D. Dec. 10, 1959, Plum Borough, Pa.

1914 NY A	2	1	0	0	0	0	0.0	0	0	3	1	0	.000	.000	0	0	OF-1, 1B-1
1917 CLE A	112	369	112	22	4	0	0.0	40	65	55	32	11	.304	.385	8	0	1B-95, OF-5, 3B-1
1919	62	184	69	16	1	0	0.5	30	46	33	21	2	.375	.489	12	4	1B-46, SS-4
1922 BOS A	119	408	129	30	9	6	1.5	53	54	30	15	2	.316	.478	15	4	OF-83, 1B-21
1923	142	483	162	28	11	13	2.7	82	76	52	27	7	.335	.520	4	1	OF-132, 1B-9
1924	134	491	148	36	9	3	0.6	82	77	81	29	6	.301	.430	2	0	1B-127, OF-3
1925 2 teams	BOS A (8G – .158)			WAS A (100G – .323)													
" total	108	319	100	21	10	13	4.1	64	61	56	33	5	.313	.564	10	1	1B-63, OF-41
1926 WAS A	92	257	79	13	9	5	1.9	43	55	37	9	2	.307	.486	18	4	1B-36, OF-35
1927 PIT N	129	411	134	27	9	5	1.2	57	73	48	19	0	.326	.472	10	2	1B-116, OF-3
1928 2 teams	PIT N (16G – .391)			BKN N (55G – .236)													
" total	71	112	30	8	2	1	0.9	10	10	18	6	0	.268	.402	42	9	OF-16, 1B-6
10 yrs.	971	3035	963	201	64	47	1.5	461	517	413	188	35	.317	.472	121	25	1B-520, OF-319, SS-4, 3B-1
1 yr.	55	89	21	6	1	1	1.1	8	8	14	4	0	.236	.360	34	7	OF-16
WORLD SERIES																	
1925 WAS A	7	25	11	2	0	3	12.0	5	6	3	4	0	.440	.880	0	0	OF-7
1927 PIT N	4	15	3	0	0	0	0.0	0	1	0	0	0	.200	.200	0	0	1B-4
2 yrs.	11	40	14	2	0	3	7.5	5	7	3	4	0	.350	.625	0	0	OF-7, 1B-4

Bill Hart
HART, WILLIAM FRANKLIN   TR 6'   160 lbs.
B. July 19, 1865, Louisville, Ky.   D. Sept. 19, 1936, Cincinnati, Ohio

1886 PHI AA	22	73	10	1	1	0	0.0	3		3			.137	.178	0	0	P-22
1887	3	13	1	0	0	0	0.0	0		0		0	.077	.077	0	0	P-3
1892 BKN N	37	125	24	3	4	2	1.6	14	17	7	22	4	.192	.328	0	0	P-28, OF-12
1895 PIT N	36	106	25	5	2	0	0.0	8	11	1	12	1	.236	.321	0	0	P-36
1896 STL N	49	161	30	4	5	0	0.0	9	15	3	15	7	.186	.273	0	0	P-42, OF-8
1897	46	156	39	1	2	1	1.3	14	14	1		4	.250	.321	0	0	P-39, OF-6, 1B-1
1898 PIT N	16	50	12	0	1	0	0.0	4	3	1		1	.240	.280	0	0	P-16
1901 CLE A	20	64	14	0	0	0	0.0	7	6	1		0	.219	.219	0	0	P-20
8 yrs.	229	748	155	14	15	4	0.5	59	65	17	49	17	.207	.282	0	0	P-206, OF-26, 1B-1
1 yr.	37	125	24	3	4	2	1.6	14	17	7	22	4	.192	.328	0	0	P-28, OF-12

Bill Hart
HART, WILLIAM WOODROW   BR TR 6'   175 lbs.
B. Mar. 4, 1913, Wiconisco, Pa.   D. July 29, 1968, Lykins, Pa.

1943 BKN N	8	19	3	0	0	0	0.0	0	1	1	2	0	.158	.158	1	0	3B-6, SS-1
1944	29	90	16	4	2	0	0.0	8	4	9	7	1	.178	.267	2	1	SS-25, 3B-2
1945	58	161	37	6	2	3	1.9	27	27	14	21	7	.230	.348	8	1	3B-39, SS-8
3 yrs.	95	270	56	10	4	3	1.1	35	32	24	30	8	.207	.307	11	2	3B-47, SS-34
3 yrs.	95	270	56	10	4	3	1.1	35	32	24	30	8	.207	.307	11	2	3B-47, SS-34

Chris Hartje
HARTJE, CHRISTIAN HENRY   BR TR 5'11½" 180 lbs.
B. Mar. 25, 1915, San Francisco, Calif.   D. June 26, 1946, Seattle, Wash.

| 1939 BKN N | 9 | 16 | 5 | 1 | 0 | 0 | 0.0 | 2 | 5 | 1 | 0 | 0 | .313 | .375 | 1 | 1 | C-8 |

Player Register

	G	AB	H	2B	3B	HR	HR%	R	RBI	BB	SO	SB	BA	SA	Pinch Hit AB	H	G by POS

Buddy Hassett
HASSETT, JOHN ALOYSIUS
B. Sept. 5, 1911, New York, N.Y.   BL TL 5'11" 180 lbs.

Year	Team	G	AB	H	2B	3B	HR	HR%	R	RBI	BB	SO	SB	BA	SA	PH AB	H	G by POS
1936	BKN N	156	635	197	29	11	3	0.5	79	82	35	17	5	.310	.405	0	0	1B-156
1937		137	556	169	31	6	1	0.2	71	53	20	19	13	.304	.387	0	0	1B-131, OF-7
1938		115	335	98	11	6	0	0.0	49	40	32	19	3	.293	.361	32	12	OF-71, 1B-8
1939	BOS N	147	590	182	15	3	2	0.3	72	60	29	14	13	.308	.354	2	1	1B-127, OF-23
1940		124	458	107	19	4	0	0.0	59	27	25	16	4	.234	.293	12	0	1B-98, OF-13
1941		118	405	120	9	4	1	0.2	59	33	36	15	10	.296	.346	16	5	1B-99
1942	NY A	132	538	153	16	6	5	0.9	80	48	32	16	5	.284	.364	0	0	1B-132
7 yrs.		929	3517	1026	130	40	12	0.3	469	343	209	116	53	.292	.362	62	18	1B-751, OF-114
3 yrs.		408	1526	464	71	23	4	0.3	199	175	87	55	21	.304	.389	32	12	1B-295, OF-78

WORLD SERIES

1942	NY A	3	9	3	1	0	0	0.0	1	2	0	1	0	.333	.444	0	0	1B-3

Mickey Hatcher
HATCHER, MICHAEL VAUGHN, JR.
B. Mar. 15, 1955, Cleveland, Ohio   BR TR 6'2" 200 lbs.

Year	Team	G	AB	H	2B	3B	HR	HR%	R	RBI	BB	SO	SB	BA	SA	PH AB	H	G by POS
1979	LA N	33	93	25	4	1	1	1.1	9	5	7	12	1	.269	.366	6	1	OF-19, 3B-17
1980		57	84	19	2	0	1	1.2	4	5	2	12	0	.226	.286	21	4	OF-25, 3B-18
1981	MIN A	99	377	96	23	2	3	0.8	36	37	15	29	3	.255	.350	2	1	OF-91, 1B-7, 3B-2, DH-1
1982		84	277	69	13	2	3	1.1	23	26	8	27	0	.249	.343	9	3	OF-47, DH-29, 3B-5
1983		105	375	119	15	3	9	2.4	50	47	14	19	2	.317	.445	15	6	OF-56, DH-39, 1B-7, 3B-1
1984		152	576	174	35	5	5	0.9	61	69	37	34	0	.302	.406	2	0	OF-100, DH-37, 1B-17, 3B-1
1985		116	444	125	28	0	3	0.7	46	49	16	23	0	.282	.365	6	2	OF-97, DH-11, 1B-4
7 yrs.		646	2226	627	120	13	25	1.1	229	238	99	156	6	.282	.381	61	17	OF-435, DH-117, 3B-44, 1B-35
2 yrs.		90	177	44	6	1	2	1.1	13	10	9	24	1	.249	.328	27	5	OF-44, 3B-35

Gil Hatfield
HATFIELD, GILBERT
Brother of John Hatfield.
B. Jan. 27, 1855, Hoboken, N.J.   D. May 27, 1921, Hoboken, N.J.   TR 5'9" 168 lbs.

Year	Team	G	AB	H	2B	3B	HR	HR%	R	RBI	BB	SO	SB	BA	SA	PH AB	H	G by POS
1885	BUF N	11	30	4	0	1	0	0.0	1	0	0	11		.133	.200	0	0	3B-8, 2B-3
1887	NY N	2	7	3	1	0	0	0.0	2	3	0	1	0	.429	.571	0	0	3B-2
1888		28	105	19	1	0	0	0.0	7	9	2	18	8	.181	.190	0	0	3B-14, SS-13, OF-1, 2B-1
1889		32	125	23	2	0	1	0.8	21	12	9	15	9	.184	.224	0	0	SS-24, P-6, 3B-2
1890	NY P	71	287	80	13	6	1	0.3	32	37	17	19	12	.279	.376	0	0	3B-42, SS-27, P-3, OF-1
1891	WAS AA	134	500	128	11	8	1	0.2	83	48	50	39	43	.256	.316	0	0	SS-105, 3B-27, P-4, OF-3
1893	BKN N	34	120	35	3	3	2	1.7	24	19	17	5	9	.292	.417	0	0	3B-34
1895	LOU N	5	16	3	0	0	0	0.0	3	1	1	1	0	.188	.188	0	0	3B-3, SS-2
8 yrs.		317	1190	295	31	18	5	0.4	173	129	96	109	81	.248	.317	0	0	SS-171, 3B-132, P-13, OF-5, 2B-4
1 yr.		34	120	35	3	3	2	1.7	24	19	17	5	9	.292	.417	0	0	3B-34

Ray Hathaway
HATHAWAY, RAY WILSON
B. Oct. 13, 1916, Greenville, Ohio   BR TR 6' 165 lbs.

1945	BKN N	49	2	0	0	0	0	0.0	0	0	0	1	0	.000	.000	0	0	P-4

Ray Hayworth
HAYWORTH, RAYMOND HALL
Brother of Red Hayworth.
B. Jan. 29, 1904, High Point, N.C.   BR TR 6' 180 lbs.

Year	Team	G	AB	H	2B	3B	HR	HR%	R	RBI	BB	SO	SB	BA	SA	PH AB	H	G by POS
1926	DET A	12	11	3	0	0	0	0.0	1	5	1	0	0	.273	.273	3	1	C-8
1929		14	43	11	0	0	0	0.0	5	4	3	8	0	.256	.256	0	0	C-14
1930		77	227	63	15	4	0	0.0	24	22	20	19	0	.278	.379	0	0	C-76
1931		88	273	70	10	3	0	0.0	28	25	19	27	0	.256	.315	0	0	C-88
1932		108	338	99	20	2	2	0.6	41	44	31	22	1	.293	.382	3	1	C-105
1933		134	425	104	14	3	1	0.2	37	45	35	28	0	.245	.299	1	0	C-133
1934		54	167	49	5	2	0	0.0	20	27	16	22	0	.293	.347	1	0	C-54
1935		51	175	54	14	2	0	0.0	22	22	9	14	0	.309	.411	3	1	C-48
1936		81	250	60	10	0	0	0.0	4	31	30	39	18	0	.240	.292	1	0	C-81
1937		30	78	21	2	0	1	1.3	9	8	14	15	0	.269	.333	1	0	C-28
1938 2 teams	DET A (8G – .211)	BKN N (5G – .000)
	total	13	23	4	0	0	0	0.0	1	5	4	5	1	.174	.174	2	1	C-10
1939 2 teams	BKN N (21G – .154)	NY N (5G – .231)
	total	26	39	7	2	0	0	0.0	1	1	4	8	0	.179	.231	2	0	C-23
1942	STL A	1	1	1	0	0	0	0.0	0	0	0	0	0	1.000	1.000	1	1	
1944	BKN N	7	10	0	0	0	0	0.0	1	0	2	1	0	.000	.000	0	0	C-6
1945		2	2	0	0	0	0	0.0	0	0	1	0	0	.000	.000	0*	0	C-2
15 yrs.		698	2062	546	92	16	5	0.2	221	238	198	188	2	.265	.332	19	4	C-676
4 yrs.		35	42	4	0	0	0	0.0	1	1	8	9	0	.095	.143	4	0	C-29

WORLD SERIES

1934	DET A	1	0	0	0	0	-	0	0	0	0	-	-	0	0	C-1

Hugh Hearne
HEARNE, HUGH JOSEPH
B. Apr. 18, 1873, Troy, N.Y.   D. Sept. 22, 1932, Troy, N.Y.   BR TR 5'8" 182 lbs.

Year	Team	G	AB	H	2B	3B	HR	HR%	R	RBI	BB	SO	SB	BA	SA	PH AB	H	G by POS
1901	BKN N	2	5	2	0	0	0	0.0	1	3	0		0	.400	.400	0	0	C-2
1902		66	231	65	10	0	0	0.0	22	28	16		0	.281	.325	1	0	C-65
1903		26	57	16	3	2	0	0.0	8	4	3		2	.281	.404	6	1	C-17, 1B-2
3 yrs.		94	293	83	13	2	0	0.0	31	35	19		5	.283	.341	7	1	C-84, 1B-2
3 yrs.		94	293	83	13	2	0	0.0	31	35	19		5	.283	.341	7	1	C-84, 1B-2

Player Register

	G	AB	H	2B	3B	HR	HR %	R	RBI	BB	SO	SB	BA	SA	Pinch Hit AB	H	G by POS

Mike Hechinger
HECHINGER, MICHAEL VINCENT BR TR 6' 175 lbs.
B. Feb. 14, 1890, Chicago, Ill. D. Aug. 13, 1967, Chicago, Ill.

		G	AB	H	2B	3B	HR	HR%	R	RBI	BB	SO	SB	BA	SA	PH AB	H	G by POS
1912	CHI N	2	3	0	0	0	0	0.0	0		2	0	0	.000	.000	0	0	C-2
1913	2 teams		CHI N (2G –	.000)		BKN N (9G –	.182)											
"	total	11	13	2	1	0	0	0.0	1	0	0	2	0	.154	.231	7	1	C-4
2 yrs.		13	16	2	1	0	0	0.0	1	0	2	2	0	.125	.188	7	1	C-6
1 yr.		9	11	2	1	0	0	0.0	1	0	0	2	0	.182	.273	5	1	C-4

Fred Heimach
HEIMACH, FRED AMOS (Lefty) BL TL 6' 175 lbs.
B. Jan. 27, 1901, Camden, N.J. D. June 1, 1973, Fort Myers, Fla.

		G	AB	H	2B	3B	HR	HR%	R	RBI	BB	SO	SB	BA	SA	PH AB	H	G by POS
1920	PHI A	1	1	0	0	0	0	0.0	0	0	0	0	0	.000	.000	0	0	P-1
1921		1	4	1	0	0	0	0.0	0	1	0	1	0	.250	.250	0	0	P-1
1922		37	60	15	3	1	0	0.0	6	7	5	12	1	.250	.333	0	0	P-37
1923		63	118	30	4	1	1	0.8	14	11	4	18	0	.254	.331	12	4	P-40, 1B-6
1924		58	90	29	3	2	0	0.0	14	12	3	8	1	.322	.400	16	7	P-40
1925		15	6	1	0	0	0	0.0	3	0	0	2	0	.167	.167	1	0	P-10
1926	2 teams		PHI A (14G –	.100)		BOS A (26G –	.295)											
"	total	40	54	14	1	0	0	0.0	2	4	3	13	0	.259	.278	6	4	P-33
1928	NY A	18	30	5	0	0	0	0.0	2	2	2	6	0	.167	.167	5	1	P-13
1929		36	49	9	2	0	1	2.0	5	2	3	12	0	.184	.286	0	0	P-35
1930	BKN N	13	4	1	0	0	0	0.0	0	0	0	1	0	.250	.250	4	1	P-9
1931		39	61	12	0	1	0	0.0	3	5	4	7	0	.197	.230	7	3	P-31
1932		37	55	9	2	0	1	1.8	9	4	4	18	0	.164	.255	1	0	P-36
1933		10	10	2	0	0	0	0.0	0	1	0	0	0	.200	.200	0	0	P-10
13 yrs.		368	542	128	15	5	3	0.6	58	49	28	98	2	.236	.299	52	20	P-296, 1B-6
4 yrs.		99	130	24	2	1	1	0.8	12	10	8	26	0	.185	.238	12	4	P-86

Harvey Hendrick
HENDRICK, HARVEY LEE (Gink) BL TR 6'2" 190 lbs.
B. Nov. 9, 1897, Mason, Tenn. D. Oct. 29, 1941, Covington, Tenn.

		G	AB	H	2B	3B	HR	HR%	R	RBI	BB	SO	SB	BA	SA	PH AB	H	G by POS
1923	NY A	37	66	18	3	1	3	4.5	9	12	2	8	3	.273	.485	24	6	OF-12
1924		40	76	20	0	0	1	1.3	7	11	2	7	1	.263	.303	21	4	OF-17
1925	CLE A	25	28	8	1	2	0	0.0	2	9	3	5	0	.286	.464	16	6	1B-3
1927	BKN N	128	458	142	18	11	4	0.9	55	50	24	40	29	.310	.424	10	0	OF-64, 1B-53, 2B-1
1928		126	425	135	15	10	11	2.6	83	59	54	34	16	.318	.478	13	5	3B-91, OF-17
1929		110	384	136	25	6	14	3.6	69	82	31	20	14	.354	.560	13	7	OF-42, 1B-39, 3B-7, SS-4
1930		68	167	43	10	1	5	3.0	29	28	20	19	2	.257	.419	16	4	OF-42, 1B-7
1931	2 teams		BKN N (1G –	.000)		CIN N (137G –	.315)											
"	total	138	531	167	32	9	1	0.2	74	75	53	40	3	.315	.414	1	0	1B-137
1932	2 teams		STL N (28G –	.250)		CIN N (94G –	.302)											
"	total	122	470	138	32	3	5	1.1	64	45	28	38	3	.294	.406	9	3	1B-94, 3B-12, OF-5
1933	CHI N	69	189	55	13	3	4	2.1	30	23	13	17	4	.291	.455	19	6	1B-38, OF-8, 3B-1
1934	PHI N	59	116	34	8	0	0	0.0	12	19	9	15	0	.293	.362	31	7	OF-12, 3B-7, 1B-7
11 yrs.		922	2910	896	157	46	48	1.6	434	413	239	243	75	.308	.443	173	51	1B-378, OF-219, 3B-118, SS-4, 2B-1
5 yrs.		433	1435	456	68	28	34	2.4	236	219	129	113	61	.318	.475	53	19	OF-165, 1B-99, 3B-98, SS-4, 2B-1

WORLD SERIES

		G	AB	H	2B	3B	HR	HR%	R	RBI	BB	SO	SB	BA	SA	PH AB	H	G by POS
1923	NY A	1	1	0	0	0	0	0.0	0	0	0	0	0	.000	.000	1	0	

Butch Henline
HENLINE, WALTER JOHN BR TR 5'10" 175 lbs.
B. Dec. 20, 1894, Fort Wayne, Ind. D. Oct. 9, 1957, Sarasota, Fla.

		G	AB	H	2B	3B	HR	HR%	R	RBI	BB	SO	SB	BA	SA	PH AB	H	G by POS
1921	2 teams		NY N (1G –	.000)		PHI N (33G –	.306)											
"	total	34	112	34	2	0	0	0.0	8	8	2	7	1	.304	.321	2	0	C-32
1922	PHI N	125	430	136	20	4	14	3.3	57	64	36	33	2	.316	.479	4	2	C-119
1923		111	330	107	14	3	7	2.1	45	46	37	33	7	.324	.448	12	3	C-96, OF-1
1924		115	289	82	18	4	5	1.7	41	35	27	15	1	.284	.426	28	7	C-83, OF-2
1925		93	263	80	12	5	8	3.0	43	48	24	16	3	.304	.479	18	2	C-68, OF-1
1926		99	283	80	14	1	2	0.7	32	30	21	18	1	.283	.360	17	4	C-77, 1B-4, OF-2
1927	BKN N	67	177	47	10	3	1	0.6	12	18	17	10	1	.266	.373	7	1	C-60
1928		55	132	28	3	1	2	1.5	12	8	17	8	2	.212	.295	8	2	C-45
1929		27	62	15	2	0	1	1.6	5	7	9	9	0	.242	.323	5	0	C-21
1930	CHI A	3	8	1	0	0	0	0.0	1	2	0	3	0	.125	.125	0	0	C-3
1931		11	15	1	1	0	0	0.0	2	2	2	4	0	.067	.133	5	1	C-4
11 yrs.		740	2101	611	96	21	40	1.9	258	268	192	156	18	.291	.414	106	22	C-608, OF-6, 1B-4
3 yrs.		149	371	90	15	4	4	1.1	29	33	43	27	3	.243	.337	20	3	C-126

Babe Herman
HERMAN, FLOYD CAVES BL TL 6'4" 190 lbs.
B. June 26, 1903, Buffalo, N.Y.

		G	AB	H	2B	3B	HR	HR%	R	RBI	BB	SO	SB	BA	SA	PH AB	H	G by POS
1926	BKN N	137	496	158	35	11	11	2.2	64	81	44	53	8	.319	.500	6	2	1B-101, OF-35
1927		130	412	112	26	9	14	3.4	65	73	39	41	4	.272	.481	20	7	1B-105, OF-1
1928		134	486	165	37	6	12	2.5	64	91	38	36	1	.340	.514	6	1	OF-127
1929		146	569	217	42	13	21	3.7	105	113	55	45	21	.381	.612	3	2	OF-141, 1B-2
1930		153	614	241	48	11	35	5.7	143	130	66	56	18	.393	.678	0	0	OF-153
1931		151	610	191	43	16	18	3.0	93	97	50	65	17	.313	.525	0	0	OF-150
1932	CIN N	148	577	188	38	19	16	2.8	87	87	60	45	7	.326	.541	2	1	OF-146
1933	CHI N	137	508	147	36	12	16	3.1	77	93	50	57	6	.289	.502	5	4	OF-131
1934		125	467	142	34	5	14	3.0	65	84	35	71	1	.304	.488	6	2	OF-113, 1B-7
1935	2 teams		PIT N (26G –	.235)		CIN N (92G –	.335)											
"	total	118	430	136	31	6	10	2.3	52	65	38	35	5	.316	.486	10	0	OF-91, 1B-17
1936	CIN N	119	380	106	25	2	13	3.4	59	71	39	36	4	.279	.458	19	4	OF-92, 1B-4
1937	DET A	17	20	6	3	0	0	0.0	2	3	1	6	2	.300	.450	14	3	OF-2

Player Register

	G	AB	H	2B	3B	HR	HR%	R	RBI	BB	SO	SB	BA	SA	Pinch Hit AB	H	G by POS

Babe Herman continued

1945 BKN N	37	34	9	1	0	1	2.9	6	9	5	7	0	.265	.382	29	6	OF-3
13 yrs.	1552	5603	1818	399	110	181	3.2	882	997	520	553	94	.324	.532	120	32	OF-1185, 1B-236
7 yrs.	888	3221	1093	232	66	112	3.5	540	594	297	303	69	.339	.557	64	18	OF-610, 1B-208
													2nd	1st			

Billy Herman

HERMAN, WILLIAM JENNINGS (Bryan)
B. July 7, 1909, New Albany, Ind.
Manager 1947, 1964-66.
Hall of Fame 1975.
BR TR 5'11" 180 lbs.

	G	AB	H	2B	3B	HR	HR%	R	RBI	BB	SO	SB	BA	SA	PH AB	H	G by POS
1931 CHI N	25	98	32	7	0	0	0.0	14	16	13	6	2	.327	.398	0	0	2B-25
1932	154	656	206	42	7	1	0.2	102	51	40	33	14	.314	.404	0	0	2B-154
1933	153	619	173	35	2	0	0.0	82	44	45	34	5	.279	.342	0	0	2B-153
1934	113	456	138	21	6	3	0.7	79	42	34	31	6	.303	.395	1	0	2B-111
1935	154	666	**227**	57	6	7	1.1	113	83	42	29	6	.341	.476	0	0	2B-154
1936	153	632	211	57	7	5	0.8	101	93	59	30	5	.334	.470	0	0	2B-153
1937	138	564	189	35	11	8	1.4	106	65	56	22	2	.335	.479	1	0	2B-137
1938	152	624	173	34	7	1	0.2	86	56	59	31	9	.277	.359	1	0	2B-151
1939	156	623	191	34	**18**	7	1.1	111	70	66	31	9	.307	.453	0	0	2B-156
1940	135	558	163	24	4	5	0.9	77	57	47	30	1	.292	.376	0	0	2B-135
1941 2 teams		CHI	N (11G –	.194)		BKN	N (133G –	.291)									
" total	144	572	163	30	5	3	0.5	81	41	67	43	1	.285	.371	0	0	2B-144
1942 BKN N	155	571	146	34	2	2	0.4	76	65	72	52	6	.256	.333	0	0	2B-153, 1B-3
1943	153	585	193	41	2	2	0.3	76	100	66	26	4	.330	.417	0	0	2B-117, 3B-37
1946 2 teams		BKN	N (47G –	.288)		BOS	N (75G –	.306)									
" total	122	436	130	31	5	3	0.7	56	50	69	23	3	.298	.413	4	1	2B-76, 3B-63, 1B-22
1947 PIT N	15	47	10	4	0	0	0.0	3	6	2	7	0	.213	.298	1	0	2B-10, 1B-2
15 yrs.	1922	7707	2345	486	82	47	0.6	1163	839	737	428	67	.304	.407	8	1	2B-1829, 3B-100, 1B-27
4 yrs.	488	1876	548	113	12	7	0.4	253	234	222	126	13	.292	.376	1	0	2B-419, 3B-66, 1B-3

WORLD SERIES

1932 CHI N	4	18	4	1	0	0	0.0	5	1	1	3	0	.222	.278	0	0	2B-4
1935	6	24	8	2	1	1	4.2	3	6	0	2	0	.333	.625	0	0	2B-6
1938	4	16	3	0	0	0	0.0	1	0	1	4	0	.188	.188	0	0	2B-4
1941 BKN N	4	8	1	0	0	0	0.0	0	0	2	0	0	.125	.125	0	0	2B-4
4 yrs.	18	66	16	3	1	1	1.5	9	7	4	9	0	.242	.364	0	0	2B-18

Gene Hermanski

HERMANSKI, EUGENE VICTOR
B. May 11, 1920, Pittsfield, Mass.
BL TR 5'11½" 185 lbs.

	G	AB	H	2B	3B	HR	HR%	R	RBI	BB	SO	SB	BA	SA	PH AB	H	G by POS
1943 BKN N	18	60	18	2	1	0	0.0	6	12	11	7	1	.300	.367	0	0	OF-18
1946	64	110	22	2	2	0	0.0	15	8	17	10	2	.200	.255	24	4	OF-34
1947	79	189	52	7	1	7	3.7	36	39	28	7	5	.275	.434	12	4	OF-66
1948	133	400	116	22	7	15	3.8	63	60	64	46	15	.290	.493	12	3	OF-119
1949	87	224	67	12	3	8	3.6	48	42	47	21	12	.299	.487	13	5	OF-77
1950	94	289	86	17	3	7	2.4	36	34	36	26	2	.298	.450	12	3	OF-78
1951 2 teams		BKN	N (31G –	.250)		CHI	N (75G –	.281)									
" total	106	311	85	16	1	4	1.3	36	25	45	42	3	.273	.370	20	7	OF-94
1952 CHI N	99	275	70	6	0	4	1.5	28	34	29	32	2	.255	.320	21	10	OF-76
1953 2 teams		CHI	N (18G –	.150)		PIT	N (41G –	.177)									
" total	59	102	17	0	1	1	1.0	8	5	12	21	1	.167	.206	29	4	OF-26
9 yrs.	739	1960	533	85	18	46	2.3	276	259	289	212	43	.272	.404	143	38	OF-588
7 yrs.	506	1352	381	66	17	38	2.8	212	200	213	129	37	.282	.440	82	19	OF-411

WORLD SERIES

1947 BKN N	7	19	3	0	1	0	0.0	4	1	3	3	0	.158	.263	0	0	OF-7
1949	4	13	4	0	1	0	0.0	1	2	3	3	0	.308	.462	0	0	OF-4
2 yrs.	11	32	7	0	2	0	0.0	5	3	6	6	0	.219	.344	0	0	OF-11

Enzo Hernandez

HERNANDEZ, ENZO OCTAVIO
B. Feb. 12, 1949, Valle de Guanape, Puerto Rico
BR TR 5'8" 155 lbs.

	G	AB	H	2B	3B	HR	HR%	R	RBI	BB	SO	SB	BA	SA	PH AB	H	G by POS
1971 SD N	143	549	122	9	3	0	0.0	58	12	54	34	21	.222	.250	0	0	SS-143
1972	114	329	64	11	2	1	0.3	33	15	22	25	24	.195	.249	1	0	SS-107, OF-3
1973	70	247	55	2	1	0	0.0	26	9	17	14	15	.223	.239	2	0	SS-67
1974	147	512	119	19	2	0	0.0	55	34	38	36	37	.232	.277	1	1	SS-145
1975	116	344	75	12	2	0	0.0	37	19	26	25	20	.218	.265	0	0	SS-111
1976	113	340	87	13	3	1	0.3	31	24	32	16	12	.256	.321	3	2	SS-101
1977	7	3	0	0	0	0	0.0	1	0	0	1	0	.000	.000	0	0	SS-7
1978 LA N	4	3	0	0	0	0	0.0	0	0	0	0	0	.000	.000	0	0	SS-2
8 yrs.	714	2327	522	66	13	2	0.1	241	113	189	151	129	.224	.266	7	3	SS-683, OF-3
1 yr.	4	3	0	0	0	0	0.0	0	0	0	0	1	.000	.000	0	0	SS-2

Jim Hickman

HICKMAN, DAVID JAMES
B. May 19, 1894, Johnson City, Tenn. D. Dec. 30, 1958, Brooklyn, N. Y.
BR TR 5'7½" 170 lbs.

	G	AB	H	2B	3B	HR	HR%	R	RBI	BB	SO	SB	BA	SA	PH AB	H	G by POS
1915 BAL F	20	81	17	4	1	1	1.2	7	7	4		5	.210	.321	0	0	OF-20
1916 BKN N	9	5	1	0	0	0	0.0	3	0	2	0	1	.200	.200	0	0	OF-3
1917	114	370	81	15	4	6	1.6	46	36	17	66	14	.219	.330	3	1	OF-101
1918	53	167	39	4	7	1	0.6	14	16	8	31	5	.234	.359	3	0	OF-46
1919	57	104	20	3	1	0	0.0	14	11	6	17	2	.192	.240	16	1	OF-29
5 yrs.	253	727	158	26	13	8	1.1	84	70	37	114	27	.217	.322	19	2	OF-199
4 yrs.	233	646	141	22	12	7	1.1	77	63	33	114	22	.218	.322	19	2	OF-179

Jim Hickman

HICKMAN, JAMES LUCIUS
B. May 10, 1937, Henning, Tenn.
BR TR 6'3" 192 lbs.

	G	AB	H	2B	3B	HR	HR%	R	RBI	BB	SO	SB	BA	SA	PH AB	H	G by POS
1962 NY N	140	392	96	18	2	13	3.3	54	46	47	96	4	.245	.401	13	3	OF-124

Player Register

	G	AB	H	2B	3B	HR	HR%	R	RBI	BB	SO	SB	BA	SA	Pinch Hit AB	H	G by POS

Jim Hickman continued

	G	AB	H	2B	3B	HR	HR%	R	RBI	BB	SO	SB	BA	SA	PH AB	PH H	G by POS
1963	146	494	113	21	6	17	3.4	53	51	44	120	0	.229	.399	11	1	OF-82, 3B-59
1964	139	409	105	14	1	11	2.7	48	57	36	90	0	.257	.377	31	8	OF-113, 3B-1
1965	141	369	87	18	0	15	4.1	32	40	27	76	3	.236	.407	29	5	OF-91, 1B-30, 3B-14
1966	58	160	38	7	0	4	2.5	15	16	13	34	2	.238	.356	11	1	OF-45, 1B-17
1967 LA N	65	98	16	6	1	0	0.0	7	10	14	28	1	.163	.245	25	3	OF-37, 3B-2, 1B-2, P-1
1968 CHI N	75	188	42	6	3	5	2.7	22	23	18	38	1	.223	.367	12	2	OF-66
1969	134	338	80	11	2	21	6.2	38	54	47	74	2	.237	.467	18	5	OF-125
1970	149	514	162	33	4	32	6.2	102	115	93	99	0	.315	.582	2	0	OF-79, 1B-74
1971	117	383	98	13	2	19	5.0	50	60	50	61	0	.256	.449	12	2	OF-69, 1B-44
1972	115	368	100	15	2	17	4.6	65	64	52	64	3	.272	.462	13	3	1B-77, OF-27
1973	92	201	49	1	2	3	1.5	27	20	42	42	1	.244	.313	34	6	1B-51, OF-13
1974 STL N	50	60	16	0	0	2	3.3	5	4	8	10	0	.267	.367	30	6	1B-14, 3B-1
13 yrs.	1421	3974	1002	163	25	159	4.0	518	560	491	832	17	.252	.426	241	45	OF-871, 1B-309, 3B-77, P-1
1 yr.	65	98	16	6	1	0	0.0	7	10	14	28	1	.163	.245	25	3	OF-37, 3B-2, 1B-2, P-1

Bob Higgins

HIGGINS, ROBERT STONE — BR TR 5'8" 176 lbs.
B. Sept. 23, 1886, Fayetteville, Tenn. D. May 25, 1941, Chattanooga, Tenn.

	G	AB	H	2B	3B	HR	HR%	R	RBI	BB	SO	SB	BA	SA	PH AB	PH H	G by POS
1909 CLE A	8	23	2	0	0	0	0.0	0	0	0		0	.087	.087	0	0	C-8
1911 BKN N	4	10	3	0	0	0	0.0	1	2	1	0	1	.300	.300	1	1	C-2, 3B-1
1912	1	2	0	0	0	0	0.0	0	0	0	1	0	.000	.000	0	0	C-1
3 yrs.	13	35	5	0	0	0	0.0	1	2	1	1	1	.143	.143	1	1	C-11, 3B-1
2 yrs.	5	12	3	0	0	0	0.0	1	2	1	1	1	.250	.250	1	1	C-3, 3B-1

Andy High

HIGH, ANDREW AIRD (Handy Andy) — BL TR 5'6" 155 lbs.
Brother of Charlie High. Brother of Hugh High.
B. Nov. 21, 1897, Ava, Ill. D. Feb. 22, 1981, Toledo, Ohio

	G	AB	H	2B	3B	HR	HR%	R	RBI	BB	SO	SB	BA	SA	PH AB	PH H	G by POS
1922 BKN N	153	579	164	27	10	6	1.0	82	65	59	26	3	.283	.396	0	0	3B-130, SS-22, 2B-1
1923	123	426	115	23	9	3	0.7	51	37	47	13	4	.270	.387	6	1	3B-80, SS-45, 2B-5
1924	144	582	191	26	13	6	1.0	98	61	57	16	3	.328	.448	0	0	2B-133, SS-17, 3B-1
1925 2 teams		BKN	N	(44G –	.200)		BOS	N	(60G –	.288)							
" total	104	334	86	15	2	4	1.2	42	34	38	7	3	.257	.350	17	5	3B-71, 2B-12, SS-3
1926 BOS N	130	476	141	17	10	2	0.4	55	66	39	9	4	.296	.387	4	2	3B-81, 2B-49
1927	113	384	116	15	9	4	1.0	59	46	26	11	4	.302	.419	13	6	3B-89, 2B-8, SS-2
1928 STL N	111	368	105	14	3	6	1.6	58	37	37	10	2	.285	.389	17	4	3B-73, 2B-19
1929	146	603	178	32	4	10	1.7	95	63	38	18	7	.295	.411	1	1	3B-123, 2B-22
1930	72	215	60	12	2	2	0.9	34	29	23	6	1	.279	.381	17	5	3B-48, 2B-3
1931	63	131	35	6	1	0	0.0	20	19	24	4	0	.267	.328	19	5	3B-23, 2B-19
1932 CIN N	84	191	36	4	2	0	0.0	16	12	23	6	1	.188	.230	23	7	3B-46, 2B-12
1933	24	43	9	2	0	1	2.3	4	6	5	1	0	.209	.326	10	2	3B-11, 2B-2
1934 PHI N	47	68	14	2	0	0	0.0	4	7	9	3	1	.206	.235	23	5	3B-14, 2B-2
13 yrs.	1314	4400	1250	195	65	44	1.0	618	482	425	130	33	.284	.388	144	42	3B-790, 2B-287, SS-89
4 yrs.	464	1702	493	80	33	15	0.9	242	169	177	60	10	.290	.402	17	5	3B-222, 2B-150, SS-87

WORLD SERIES

	G	AB	H	2B	3B	HR	HR%	R	RBI	BB	SO	SB	BA	SA	PH AB	PH H	G by POS
1928 STL N	4	17	5	2	0	0	0.0	1	1	1	3	0	.294	.412	0	0	3B-4
1930	1	2	1	0	0	0	0.0	1	0	0	0	0	.500	.500	0	0	3B-1
1931	4	15	4	0	0	0	0.0	3	0	0	2	0	.267	.267	0	0	3B-4
3 yrs.	9	34	10	2	0	0	0.0	5	1	1	5	0	.294	.353	0	0	3B-9

George Hildebrand

HILDEBRAND, GEORGE ALBERT — BR TR 5'8" 170 lbs.
B. Sept. 6, 1878, San Francisco, Calif. D. May 30, 1960, Woodland Hills, Calif.

	G	AB	H	2B	3B	HR	HR%	R	RBI	BB	SO	SB	BA	SA	PH AB	PH H	G by POS
1902 BKN N	11	41	9	1	0	0	0.0	3	5	3		0	.220	.244	0	0	OF-11

Hunkey Hines

HINES, HENRY FRED — 5'7" 165 lbs.
B. Sept. 29, 1864, Elgin, Ill. D. Jan. 2, 1928, Rockford, Ill.

	G	AB	H	2B	3B	HR	HR%	R	RBI	BB	SO	SB	BA	SA	PH AB	PH H	G by POS
1895 BKN N	2	8	2	0	0	0	0.0	3	1	2	0	0	.250	.250	0	0	OF-2

Don Hoak

HOAK, DONALD ALBERT (Tiger) — BR TR 6'1" 170 lbs.
B. Feb. 5, 1928, Roulette, Pa. D. Oct. 9, 1969, Pittsburgh, Pa.

	G	AB	H	2B	3B	HR	HR%	R	RBI	BB	SO	SB	BA	SA	PH AB	PH H	G by POS
1954 BKN N	88	261	64	9	5	7	2.7	41	26	25	39	8	.245	.398	11	2	3B-75
1955	94	279	67	13	3	5	1.8	50	19	46	50	9	.240	.362	4	1	3B-78
1956 CHI N	121	424	91	18	4	5	1.2	51	37	41	46	8	.215	.311	5	1	3B-110
1957 CIN N	149	529	155	39	2	19	3.6	78	89	74	54	8	.293	.482	0	0	3B-149, 2B-1
1958	114	417	109	30	6	6	1.4	51	50	43	36	6	.261	.376	1	0	3B-112, SS-1
1959 PIT N	155	564	166	29	3	8	1.4	60	65	71	75	9	.294	.399	0	0	3B-155
1960	155	553	156	24	9	16	2.9	97	79	74	74	3	.282	.445	0	0	3B-155
1961	145	503	150	27	7	12	2.4	72	61	73	53	4	.298	.451	2	2	3B-143
1962	121	411	99	14	8	5	1.2	63	48	49	49	4	.241	.350	3	1	3B-116
1963 PHI N	115	377	87	11	3	6	1.6	35	24	27	52	5	.231	.324	9	2	3B-106
1964	6	4	0	0	0	0	0.0	0	0	0	2	0	.000	.000	4	0	
11 yrs.	1263	4322	1144	214	44	89	2.1	598	498	523	530	64	.265	.396	39	9	3B-1199, SS-1, 2B-1
2 yrs.	182	540	131	22	8	12	2.2	91	45	71	89	17	.243	.380	15	3	3B-153

WORLD SERIES

	G	AB	H	2B	3B	HR	HR%	R	RBI	BB	SO	SB	BA	SA	PH AB	PH H	G by POS
1955 BKN N	3	3	1	0	0	0	0.0	0	0	2	0	0	.333	.333	0	0	3B-1
1960 PIT N	7	23	5	2	0	0	0.0	3	3	4	1	0	.217	.304	0	0	3B-7
2 yrs.	10	26	6	2	0	0	0.0	3	3	6	1	0	.231	.308	0	0	3B-8

Player Register 160

	G	AB	H	2B	3B	HR	HR%	R	RBI	BB	SO	SB	BA	SA	Pinch Hit AB	H	G by POS

Oris Hockett
HOCKETT, ORIS LEON BL TR 5'9" 182 lbs.
B. Sept. 29, 1909, Bluffton, Ind. D. Mar. 23, 1969, Hawthorne, Calif.

	G	AB	H	2B	3B	HR	HR%	R	RBI	BB	SO	SB	BA	SA	PH AB	H	G by POS
1938 BKN N	21	70	23	5	1	1	1.4	8	8	4	9	0	.329	.471	4	2	OF-17
1939	9	13	3	0	0	0	0.0	3	1	1	1	0	.231	.231	7	2	OF-1
1941 CLE A	2	6	2	0	0	0	0.0	0	1	2	0	0	.333	.333	0	0	OF-2
1942	148	601	150	22	7	7	1.2	85	48	45	45	12	.250	.344	1	0	OF-145
1943	141	601	166	33	4	2	0.3	70	51	45	45	13	.276	.354	2	0	OF-139
1944	124	457	132	29	5	1	0.2	47	50	35	27	8	.289	.381	14	2	OF-110
1945 CHI A	106	417	122	23	4	2	0.5	46	55	27	30	10	.293	.381	0	0	OF-106
7 yrs.	551	2165	598	112	21	13	0.6	259	214	159	157	43	.276	.365	28	6	OF-520
2 yrs.	30	83	26	5	1	1	1.2	11	9	5	10	0	.313	.434	11	4	OF-18

Gil Hodges
HODGES, GILBERT RAYMOND BR TR 6'1½" 200 lbs.
B. Apr. 4, 1924, Princeton, Ind. D. Apr. 2, 1972, West Palm Beach, Fla.
Manager 1963-71.

	G	AB	H	2B	3B	HR	HR%	R	RBI	BB	SO	SB	BA	SA	PH AB	H	G by POS
1943 BKN N	1	2	0	0	0	0	0.0	0	0	1	2	1	.000	.000	0	0	3B-1
1947	28	77	12	3	1	1	1.3	9	7	14	19	0	.156	.260	4	1	C-24
1948	134	481	120	18	5	11	2.3	48	70	43	61	1	.249	.376	2	0	1B-96, C-38
1949	156	596	170	23	4	23	3.9	94	115	66	64	10	.285	.453	0	0	1B-156
1950	153	561	159	26	2	32	5.7	98	113	73	73	6	.283	.508	0	0	1B-153
1951	158	582	156	25	3	40	6.9	118	103	93	99	9	.268	.527	0	0	1B-158
1952	153	508	129	27	1	32	6.3	87	102	107	90	2	.254	.500	0	0	1B-153
1953	141	520	157	22	7	31	6.0	101	122	75	84	1	.302	.550	1	1	1B-127, OF-24
1954	154	579	176	23	5	42	7.3	106	130	74	84	3	.304	.579	0	0	1B-154
1955	150	546	158	24	5	27	4.9	75	102	80	91	2	.289	.500	0	0	1B-139, OF-16
1956	153	550	146	29	4	32	5.8	86	87	76	91	3	.265	.507	1	0	1B-138, OF-30, C-1
1957	150	579	173	28	7	27	4.7	94	98	63	91	5	.299	.511	0	0	1B-150, 3B-2, 2B-1
1958 LA N	141	475	123	15	1	22	4.6	68	64	52	87	8	.259	.434	9	1	1B-122, 3B-15, OF-9, C-1
1959	124	413	114	19	2	25	6.1	57	80	58	92	3	.276	.513	7	1	1B-113, 3B-4
1960	101	197	39	8	1	8	4.1	22	30	26	37	0	.198	.371	15	0	1B-92, 3B-10
1961	109	215	52	4	0	8	3.7	25	31	24	43	3	.242	.372	28	7	1B-100
1962 NY N	54	127	32	1	0	9	7.1	15	17	15	27	0	.252	.472	9	2	1B-47
1963	11	22	5	0	0	0	0.0	2	3	3	2	0	.227	.227	1	0	1B-10
18 yrs.	2071	7030	1921	295	48	370	5.3	1105	1274	943	1137	63	.273	.487	77	13	1B-1908, OF-79, C-64, 3B-32, 2B-1
16 yrs.	2006	6881	1884	294	48	361	5.2	1088	1254	925	1108	63	.274	.488	67	11	1B-1851, OF-79, C-64, 3B-32, 2B-1
	4th	6th	8th	8th		2nd	5th	5th	2nd	3rd	2nd			9th			

WORLD SERIES

	G	AB	H	2B	3B	HR	HR%	R	RBI	BB	SO	SB	BA	SA	PH AB	H	G by POS
1947 BKN N	1	1	0	0	0	0	0.0	0	0	0	1	0	.000	.000	1	0	
1949	5	17	4	0	0	1	5.9	2	4	1	4	0	.235	.412	0	0	1B-5
1952	7	21	0	0	0	0	0.0	1	1	5	6	0	.000	.000	0	0	1B-7
1953	6	22	8	0	0	1	4.5	3	1	3	3	1	.364	.500	0	0	1B-6
1955	7	24	7	0	0	1	4.2	2	5	3	2	0	.292	.417	0	0	1B-7
1956	7	23	7	2	0	1	4.3	5	8	4	4	0	.304	.522	0	0	1B-7
1959 LA N	6	23	9	0	1	1	4.3	2	2	1	2	0	.391	.609	0	0	1B-6
7 yrs.	39	131	35	2	1	5	3.8	15	21	17	22	1	.267	.412	1	0	1B-38

Bert Hogg
HOGG, WILBERT GEORGE (Sonny) BR TR 5'11½" 162 lbs.
B. Apr. 21, 1913, Detroit, Mich. D. Nov. 5, 1973, Detroit, Mich.

	G	AB	H	2B	3B	HR	HR%	R	RBI	BB	SO	SB	BA	SA	PH AB	H	G by POS
1934 BKN N	2	1	0	0	0	0	0.0	0	0	0	0	0	.000	.000	0	0	3B-1

Tommy Holmes
HOLMES, THOMAS FRANCIS (Kelly) BL TL 5'10" 180 lbs.
B. Mar. 29, 1917, Brooklyn, N. Y.
Manager 1951-52.

	G	AB	H	2B	3B	HR	HR%	R	RBI	BB	SO	SB	BA	SA	PH AB	H	G by POS
1942 BOS N	141	558	155	24	4	4	0.7	56	41	64	10	2	.278	.357	0	0	OF-140
1943	152	629	170	33	10	5	0.8	75	41	58	20	7	.270	.378	0	0	OF-152
1944	155	631	195	42	6	13	2.1	93	73	61	11	4	.309	.456	0	0	OF-155
1945	154	636	224	47	6	28	4.4	125	117	70	9	15	.352	.577	0	0	OF-154
1946	149	568	176	35	6	6	1.1	80	79	58	14	7	.310	.424	2	1	OF-146
1947	150	618	191	33	3	9	1.5	90	53	44	16	3	.309	.416	1	0	OF-147
1948	139	585	190	35	7	6	1.0	85	61	46	20	1	.325	.439	2	1	OF-137
1949	117	380	101	20	4	8	2.1	47	59	39	6	1	.266	.403	12	4	OF-103
1950	105	322	96	20	1	9	2.8	44	51	33	8	0	.298	.450	15	4	OF-88
1951	27	29	5	2	0	0	0.0	1	5	3	4	0	.172	.241	22	3	OF-3
1952 BKN N	31	36	4	1	0	0	0.0	2	1	4	4	0	.111	.139	23	2	OF-6
11 yrs.	1320	4992	1507	292	47	88	1.8	698	581	480	122	40	.302	.432	77	15	OF-1231
1 yr.	31	36	4	1	0	0	0.0	2	1	4	4	0	.111	.139	23	2	OF-6

WORLD SERIES

	G	AB	H	2B	3B	HR	HR%	R	RBI	BB	SO	SB	BA	SA	PH AB	H	G by POS
1948 BOS N	6	26	5	0	0	0	0.0	3	1	0	0	0	.192	.192	0	0	OF-6
1952 BKN N	3	1	0	0	0	0	0.0	0	0	0	0	0	.000	.000	0	0	OF-3
2 yrs.	9	27	5	0	0	0	0.0	3	1	0	0	0	.185	.185	0	0	OF-9

Wally Hood
HOOD, WALLACE JAMES, SR. BR TR 5'11½" 160 lbs.
Father of Wally Hood.
B. Feb. 9, 1895, Whittier, Calif. D. May 2, 1965, Hollywood, Calif.

	G	AB	H	2B	3B	HR	HR%	R	RBI	BB	SO	SB	BA	SA	PH AB	H	G by POS
1920 2 teams	BKN N (7G — .143)					PIT N (2G — .000)											
" total	9	15	2	1	0	0	0.0	5	1	5	4	3	.133	.200	1	0	OF-5
1921 BKN N	56	65	17	1	2	1	1.5	16	4	9	14	2	.262	.385	20	4	OF-20
1922	2	0	0	0	0	0	—	2	0	0	0	0	—	—	0	0	
3 yrs.	67	80	19	2	2	1	1.3	23	5	14	18	5	.238	.350	21	4	OF-25
3 yrs.	65	79	19	2	2	1	1.3	22	5	13	18	4	.241	.354	20	4	OF-25

Player Register

	G	AB	H	2B	3B	HR	HR%	R	RBI	BB	SO	SB	BA	SA	Pinch Hit AB	Pinch Hit H	G by POS

Gail Hopkins

HOPKINS, GAIL EASON
B. Feb. 19, 1943, Tulsa, Okla.
BL TR 5'10" 198 lbs.

Year	Team		G	AB	H	2B	3B	HR	HR%	R	RBI	BB	SO	SB	BA	SA	PH AB	PH H	G by POS
1968	CHI	A	29	37	8	2	0	0	0.0	4	2	6	3	0	.216	.270	20	4	1B-7
1969			124	373	99	13	3	8	2.1	52	46	50	28	2	.265	.381	21	6	1B-101
1970			116	287	82	8	1	6	2.1	32	29	28	19	0	.286	.383	36	10	1B-77, C-8
1971	KC	A	103	295	82	16	1	9	3.1	35	47	37	13	3	.278	.431	17	5	1B-83
1972			53	71	15	2	0	0	0.0	1	5	7	4	0	.211	.239	34	6	1B-13, 3B-1
1973			74	138	34	6	1	2	1.4	17	16	29	15	1	.246	.348	19	7	DH-36, 1B-10
1974	LA	N	15	18	4	0	0	0	0.0	1	0	3	1	0	.222	.222	11	4	1B-2, C-2
7 yrs.			514	1219	324	47	6	25	2.1	142	145	160	83	6	.266	.376	158	42	1B-293, DH-36, C-10, 3B-1
1 yr.			15	18	4	0	0	0	0.0	1	0	3	1	0	.222	.222	11	4	1B-2, C-2

Johnny Hopp

HOPP, JOHN LEONARD (Hippity)
B. July 18, 1916, Hastings, Neb.
BL TL 5'10" 170 lbs.

Year	Team		G	AB	H	2B	3B	HR	HR%	R	RBI	BB	SO	SB	BA	SA	PH AB	PH H	G by POS
1939	STL	N	6	4	2	1	0	0	0.0	1	2	1	1	0	.500	.750	3	2	1B-1
1940			80	152	41	7	4	1	0.7	24	14	9	21	3	.270	.388	23	4	OF-39, 1B-10
1941			134	445	135	25	11	4	0.9	83	50	50	63	15	.303	.436	6	1	OF-91, 1B-39
1942			95	314	81	16	7	3	1.0	41	37	36	40	14	.258	.382	3	1	1B-88
1943			91	241	54	10	2	2	0.8	33	25	24	22	8	.224	.307	4	0	OF-52, 1B-27
1944			139	527	177	35	9	11	2.1	106	72	58	47	15	.336	.499	2	0	OF-131, 1B-6
1945			124	446	129	22	8	3	0.7	67	44	49	24	14	.289	.395	6	1	OF-104, 1B-15
1946	BOS	N	129	445	148	23	8	3	0.7	71	48	34	34	21	.333	.440	8	3	1B-68, OF-58
1947			134	430	124	20	2	2	0.5	74	32	58	30	13	.288	.358	7	0	OF-125
1948	PIT	N	120	392	109	15	12	1	0.3	64	31	40	25	5	.278	.385	14	7	OF-80, 1B-25
1949	2 teams		PIT	N (105G – .318)				BKN	N (8G – .000)										
"	total		113	385	118	14	5	5	1.3	55	39	37	32	9	.306	.408	13	5	1B-79, OF-20
1950	2 teams		PIT	N (106G – .340)				NY	A (19G – .333)										
"	total		125	345	117	26	9	2	2.6	60	55	52	18	7	.339	.528	28	8	1B-82, OF-13
1951	NY	A	46	63	13	1	0	2	3.2	10	4	9	11	2	.206	.317	19	4	1B-25
1952	2 teams		NY	A (15G – .160)				DET	A (42G – .217)										
"	total		57	71	14	1	0	0	0.0	9	5	8	10	2	.197	.211	33	8	1B-13, OF-4
14 yrs.			1393	4260	1262	216	74	46	1.1	698	458	465	378	128	.296	.414	169	44	OF-717, 1B-478
1 yr.			8	14	0	0	0	0	0.0	0	0	0	3	0	.000	.000	3	0	OF-4, 1B-2

WORLD SERIES

Year	Team		G	AB	H	2B	3B	HR	HR%	R	RBI	BB	SO	SB	BA	SA	PH AB	PH H	G by POS
1942	STL	N	5	17	3	0	0	0	0.0	3	0	1	1	0	.176	.176	0	0	1B-5
1943			1	4	0	0	0	0	0.0	0	0	0	1	0	.000	.000	0	0	OF-1
1944			6	27	5	0	0	0	0.0	2	0	0	8	0	.185	.185	0	0	OF-6
1950	NY	A	3	2	0	0	0	0	0.0	0	0	0	0	0	.000	.000	0	0	1B-3
1951			1	0	0	0	0	0	—	0	0	1	0	0	—	—	0	0	
5 yrs.			16	50	8	0	0	0	0.0	5	0	2	10	0	.160	.160	0	0	1B-8, OF-7

Ed Householder

HOUSEHOLDER, EDWARD H.
B. Oct. 12, 1869, Pittsburgh, Pa. D. July 3, 1924, Los Angeles, Calif.

Year	Team		G	AB	H	2B	3B	HR	HR%	R	RBI	BB	SO	SB	BA	SA	PH AB	PH H	G by POS
1903	BKN	N	12	43	9	0	0	0	0.0	5	9	2		3	.209	.209	0	0	OF-12

Frank Howard

HOWARD, FRANK OLIVER (The Capital Punisher, Hondo)
B. Aug. 8, 1936, Columbus, Ohio
Manager 1981, 1983.
BR TR 6'7" 255 lbs.

Year	Team		G	AB	H	2B	3B	HR	HR%	R	RBI	BB	SO	SB	BA	SA	PH AB	PH H	G by POS
1958	LA	N	8	29	7	1	0	1	3.4	3	2	1	11	0	.241	.379	0	0	OF-8
1959			9	21	3	0	1	1	4.8	2	6	2	9	0	.143	.381	4	1	OF-6
1960			117	448	120	15	2	23	5.1	54	77	32	108	0	.268	.464	2	0	OF-115, 1B-4
1961			99	267	79	10	2	15	5.6	36	45	21	50	0	.296	.517	19	7	OF-65, 1B-7
1962			141	493	146	25	6	31	6.3	80	119	39	108	1	.296	.560	11	2	OF-131
1963			123	417	114	16	1	28	6.7	58	64	33	116	1	.273	.518	15	3	OF-111
1964			134	433	98	13	2	24	5.5	60	69	51	113	1	.226	.432	10	0	OF-122
1965	WAS	A	149	516	149	22	6	21	4.1	53	84	55	112	0	.289	.477	10	1	OF-138
1966			146	493	137	19	4	18	3.7	52	71	53	104	1	.278	.442	9	1	OF-135
1967			149	519	133	20	2	36	6.9	71	89	60	**155**	0	.256	.511	5	0	OF-141, 1B-4
1968			158	598	164	28	3	**44**	7.4	79	106	54	141	0	.274	**.552**	1	1	OF-107, 1B-55
1969			161	592	175	17	2	48	8.1	111	111	102	96	1	.296	.574	1	0	OF-114, 1B-70
1970			161	566	160	15	1	**44**	7.8	90	**126**	**132**	125	1	.283	.546	0	0	OF-120, 1B-48
1971			153	549	153	25	2	26	4.7	60	83	77	121	1	.279	.474	5	0	OF-100, 1B-68
1972	2 teams		TEX	A (95G – .244)				DET	A (14G – .242)										
"	total		109	320	78	10	0	10	3.1	29	38	46	63	0	.244	.369	17	3	1B-76, OF-22
1973	DET	A	85	227	58	9	1	12	5.3	26	29	24	28	0	.256	.463	7	1	DH-76, 1B-2
16 yrs.			1902	6488	1774	245	35	382	5.9	864	1119	782	1460	8	.273	.499	116	20	OF-1435, 1B-334, DH-76
7 yrs.			631	2108	567	80	14	123	5.8	293	382	179	515	3	.269	.495	61	13	OF-558, 1B-11
									2nd				8th						

WORLD SERIES

Year	Team		G	AB	H	2B	3B	HR	HR%	R	RBI	BB	SO	SB	BA	SA	PH AB	PH H	G by POS
1963	LA	N	3	10	3	1	0	1	10.0	2	1	0	2	0	.300	.700	0	0	OF-3

Dixie Howell

HOWELL, HOMER ELLIOTT
B. Apr. 24, 1919, Louisville, Ky.
BR TR 5'11½" 190 lbs.
BB 1947

Year	Team		G	AB	H	2B	3B	HR	HR%	R	RBI	BB	SO	SB	BA	SA	PH AB	PH H	G by POS
1947	PIT	N	76	214	59	11	0	4	1.9	23	25	27	34	1	.276	.383	1	0	C-74
1949	CIN	N	64	172	42	6	1	2	1.2	17	18	8	21	0	.244	.326	8	4	C-56
1950			82	224	50	9	1	2	0.9	30	22	32	31	0	.223	.299	1	0	C-81
1951			77	207	52	6	1	2	1.0	22	18	15	34	0	.251	.319	4	2	C-73
1952			17	37	7	1	1	2	5.4	4	4	3	9	0	.189	.432	5	0	C-12
1953	BKN	N	1	1	0	0	0	0	0.0	0	0	0	1	0	.000	.000	1	0	
1955			16	42	11	4	0	0	0.0	2	5	1	7	0	.262	.357	4	1	C-13

Player Register

	G	AB	H	2B	3B	HR	HR%	R	RBI	BB	SO	SB	BA	SA	Pinch Hit AB	H	G by POS

Dixie Howell continued

	G	AB	H	2B	3B	HR	HR%	R	RBI	BB	SO	SB	BA	SA	AB	H	G by POS
1956	7	13	3	2	0	0	0.0	0	1	1	3	0	.231	.385	2	0	C-6
8 yrs.	340	910	224	39	4	12	1.3	98	93	87	140	1	.246	.337	26	7	C-315
3 yrs.	24	56	14	6	0	0	0.0	2	6	2	11	0	.250	.357	7	1	C-19

Harry Howell

HOWELL, HENRY (Handsome Harry) BR TR 5'9"
B. Nov. 14, 1876, New Jersey D. May 22, 1956, Spokane, Wash.

	G	AB	H	2B	3B	HR	HR%	R	RBI	BB	SO	SB	BA	SA	AB	H	G by POS
1898 BKN N	2	8	2	0	0	0	0.0	1	1	1		0	.250	.250	0	0	P-2
1899 BAL N	28	82	12	2	2	0	0.0	4	3	3		0	.146	.220	0	0	P-28
1900 BKN N	22	42	12	2	0	1	2.4	6	6	6		1	.286	.405	0	0	P-21
1901 BAL A	53	188	41	10	5	2	1.1	26	26	5		6	.218	.356	0	0	P-37, OF-9, SS-6, 1B-2, 2B-1
1902	96	347	93	16	11	2	0.6	42	42	18		7	.268	.395	1	0	2B-26, P-26, OF-18, 3B-15, SS-11, 1B-1
1903 NY A	40	106	23	3	2	1	0.9	14	12	5		1	.217	.311	4	0	P-25, 3B-7, SS-5, 2B-1, 1B-1
1904 STL A	36	113	25	5	2	1	0.9	9	6	4		0	.221	.327	2	1	P-34
1905	41	135	26	6	2	1	0.7	9	10	3		0	.193	.289	0	0	P-38, OF-3
1906	35	104	13	3	1	0	0.0	5	6	6		2	.125	.173	0	0	P-35
1907	44	114	27	5	0	2	1.8	12	7	7		2	.237	.333	0	0	P-42, OF-2
1908	41	120	22	7	0	1	0.8	10	9	4		0	.183	.267	0	0	P-41
1909	18	34	6	1	0	0	0.0	5	3	2		0	.176	.206	0	0	P-10, 3B-7, OF-1
1910	1	2	0	0	0	0	0.0	0	0	0		0	.000	.000	0	0	P-1
13 yrs.	457	1395	302	60	25	11	0.8	143	131	64		19	.216	.319	7	1	P-340, OF-33, 3B-29, 2B-28, SS-22, 1B-4
2 yrs.	24	50	14	2	0	1	2.0	7	7	7		1	.280	.380	0	0	P-23

Johnny Hudson

HUDSON, JOHN WILSON BR TR 5'10" 160 lbs.
B. June 30, 1912, Bryan, Tex. D. Nov. 7, 1970, Bryan, Tex.

	G	AB	H	2B	3B	HR	HR%	R	RBI	BB	SO	SB	BA	SA	AB	H	G by POS
1936 BKN N	6	12	2	0	0	0	0.0	1	0	2	1	0	.167	.167	0	0	SS-4, 2B-1
1937	13	27	5	4	0	0	0.0	3	2	3	9	0	.185	.333	1	0	SS-11, 2B-1
1938	135	498	130	21	5	2	0.4	59	37	39	76	7	.261	.335	1	0	2B-132, SS-3
1939	109	343	87	17	3	2	0.6	46	32	30	36	5	.254	.338	12	3	SS-50, 2B-45, 3B-1
1940	85	179	39	4	3	0	0.0	13	19	9	26	2	.218	.274	4	2	SS-38, 2B-27, 3B-1
1941 CHI N	50	99	20	4	0	0	0.0	8	6	3	15	3	.202	.242	11	0	SS-17, 2B-13, 3B-10
1945 NY N	28	11	0	0	0	0	0.0	8	0	1	1	0	.000	.000	4	0	3B-5, 2B-2
7 yrs.	426	1169	283	50	11	4	0.3	138	96	87	164	17	.242	.314	33	5	2B-221, SS-123, 3B-17
5 yrs.	348	1059	263	46	11	4	0.4	122	90	83	148	14	.248	.324	18	5	2B-206, SS-106, 3B-2

Ed Hug

HUG, EDWARD AMBROSE BR TR
B. July 14, 1880, Fayetteville, Ohio D. May 11, 1953, Cincinnati, Ohio

	G	AB	H	2B	3B	HR	HR%	R	RBI	BB	SO	SB	BA	SA	AB	H	G by POS
1903 BKN N	1	0	0	0	0	0	—	0	0		1	0	—	—	0	0	C-1

John Hummel

HUMMEL, JOHN EDWIN (Silent John) BR TR 5'11" 160 lbs.
B. Apr. 4, 1883, Bloomsburg, Pa. D. May 18, 1959, Springfield, Mass.

	G	AB	H	2B	3B	HR	HR%	R	RBI	BB	SO	SB	BA	SA	AB	H	G by POS
1905 BKN N	30	109	29	3	4	0	0.0	19	7	9		6	.266	.367	0	0	2B-30
1906	97	286	57	6	4	1	0.3	20	21	36		10	.199	.259	8	2	2B-50, OF-21, 1B-15
1907	107	342	80	12	3	3	0.9	41	31	26		8	.234	.313	10	2	2B-44, OF-33, 1B-12, SS-8
1908	154	594	143	11	12	4	0.7	51	41	34		20	.241	.320	0	0	OF-95, 2B-43, SS-9, 1B-8
1909	146	542	152	15	9	4	0.7	54	52	22		16	.280	.363	2	0	1B-54, 2B-38, SS-36, OF-17
1910	153	578	141	21	13	5	0.9	67	74	57	81	21	.244	.351	0	0	2B-153
1911	137	477	129	21	11	5	1.0	54	58	67	66	16	.270	.392	3	0	2B-127, 1B-4, SS-2
1912	122	411	116	21	7	5	1.2	55	54	49	55	7	.282	.404	9	0	2B-58, OF-44, 1B-11
1913	67	198	48	7	7	2	1.0	20	24	13	23	4	.242	.379	15	3	OF-28, SS-17, 1B-6, 2B-3
1914	73	208	55	8	9	0	0.0	25	20	16	25	5	.264	.389	17	2	1B-36, OF-19, SS-1, 2B-1
1915	53	100	23	2	3	0	0.0	6	8	9	11	1	.230	.310	17	2	OF-20, 1B-11, SS-1
1918 NY A	22	61	18	1	2	0	0.0	9	4	11	8	3	.295	.377	4	1	OF-15, 1B-3, 2B-1
12 yrs.	1161	3906	991	128	84	29	0.7	421	394	346	269	117	.254	.352	85	12	2B-548, OF-292, 1B-160, SS-74
11 yrs.	1139	3845	973	127	82	29	0.8	412	390	335	261	114	.253	.351	81	11	2B-547, OF-277, 1B-157, SS-74
					5th												

Al Humphrey

HUMPHREY, ALBERT BL TR 5'11" 180 lbs.
B. Feb. 28, 1886, Ashtabula, Ohio D. May 13, 1961, Ashtabula, Ohio

	G	AB	H	2B	3B	HR	HR%	R	RBI	BB	SO	SB	BA	SA	AB	H	G by POS
1911 BKN N	8	27	5	0	0	0	0.0	4	0	3	7	0	.185	.185	0	0	OF-8

Bernie Hungling

HUNGLING, BERNARD HERMAN (Bud) BR TR 6'2" 180 lbs.
B. Mar. 5, 1896, Dayton, Ohio D. Mar. 30, 1968, Dayton, Ohio

	G	AB	H	2B	3B	HR	HR%	R	RBI	BB	SO	SB	BA	SA	AB	H	G by POS
1922 BKN N	39	102	23	1	2	1	1.0	9	13	6	20	2	.225	.304	3	0	C-36
1923	2	4	0	0	0	0	0.0	0	0	2	0	0	.000	.000	0	0	C-1
1930 STL A	10	31	10	2	0	0	0.0	4	2	5	3	0	.323	.387	0	0	C-10
3 yrs.	51	137	33	3	2	1	0.7	13	15	11	25	2	.241	.314	3	0	C-47
2 yrs.	41	106	23	1	2	1	0.9	9	13	6	22	2	.217	.292	3	0	C-37

Ron Hunt

HUNT, RONALD KENNETH BR TR 6' 186 lbs.
B. Feb. 23, 1941, St. Louis, Mo.

	G	AB	H	2B	3B	HR	HR%	R	RBI	BB	SO	SB	BA	SA	AB	H	G by POS
1963 NY N	143	533	145	28	4	10	1.9	64	42	40	50	5	.272	.396	1	1	2B-142, 3B-1
1964	127	475	144	19	6	6	1.3	59	42	29	30	6	.303	.406	6	2	2B-109, 3B-12

Player Register

	G	AB	H	2B	3B	HR	HR%	R	RBI	BB	SO	SB	BA	SA	Pinch Hit AB	Pinch Hit H	G by POS

Ron Hunt continued

1965		57	196	47	12	1	1	0.5	21	10	14	19	2	.240	.327	4	0	2B-46, 3B-6
1966		132	479	138	19	2	3	0.6	63	33	41	34	8	.288	.355	8	2	2B-123, SS-1, 3B-1
1967	LA N	110	388	102	17	3	3	0.8	44	33	39	24	2	.263	.345	10	1	2B-90, 3B-8
1968	SF N	148	529	132	19	0	2	0.4	79	28	78	41	6	.250	.297	2	1	2B-147
1969		128	478	125	23	3	3	0.6	72	41	51	47	9	.262	.341	3	0	2B-125, 3B-1
1970		117	367	103	17	1	6	1.6	70	41	44	29	1	.281	.381	23	7	2B-85, 3B-16
1971	MON N	152	520	145	20	3	5	1.0	89	38	58	41	5	.279	.358	5	1	2B-133, 3B-19
1972		129	443	112	20	0	0	0.0	56	18	51	29	9	.253	.298	5	0	2B-122, 3B-5
1973		113	401	124	14	0	0	0.0	61	18	52	19	10	.309	.344	6	2	2B-102, 3B-14
1974	2 teams	MON N (115G – .268)				STL N (12G – .174)												
"	total	127	426	112	15	0	0	0.0	67	26	58	19	2	.263	.298	10	3	3B-75, 2B-36, SS-1
12 yrs.		1483	5235	1429	223	23	39	0.7	745	370	555	382	65	.273	.347	83	20	2B-1260, 3B-158, SS-2
1 yr.		110	388	102	17	3	3	0.8	44	33	39	24	2	.263	.345	10	1	2B-90, 3B-8

George Hunter

HUNTER, GEORGE HENRY BB TL 5'8½" 165 lbs.
Brother of Bill Hunter.
B. July 8, 1886, Buffalo, N. Y. D. Jan. 11, 1968, Harrisburg, Pa.

1909	BKN N	44	123	28	7	0	0	0.0	8	8	9		1	.228	.285	3	0	OF-23, P-16
1910		1	0	0	0	0	0	–	0	0	0	0	0	–	–	0	0	OF-1
2 yrs.		45	123	28	7	0	0	0.0	8	8	9	0	1	.228	.285	3	0	OF-24, P-16
2 yrs.		45	123	28	7	0	0	0.0	8	8	9	0	1	.228	.285	3	0	OF-24, P-16

Pat Hurley

HURLEY, JERRY J. (Jerry) BR TR
B. Apr., 1875, New York, N. Y. D. Dec. 27, 1919, New York, N. Y.

1901	CIN N	9	21	1	0	0	0	0.0	1	0	1		1	.048	.048	2	0	C-7
1907	BKN N	1	2	0	0	0	0	0.0	0	0	1		0	.000	.000	0	0	C-1
2 yrs.		10	23	1	0	0	0	0.0	1	0	2		1	.043	.043	2	0	C-8
1 yr.		1	2	0	0	0	0	0.0	0	0	1		0	.000	.000	0	0	C-1

Joe Hutcheson

HUTCHESON, JOSEPH JOHNSON (Poodles) BL TR 6'2" 200 lbs.
B. Feb. 5, 1905, Springtown, Tex.

1933	BKN N	55	184	43	4	1	6	3.3	19	21	15	13	1	.234	.364	10	1	OF-45

Roy Hutson

HUTSON, ROY LEE BL TR 5'9" 165 lbs.
B. Feb. 27, 1902, Luray, Mo. D. May 20, 1957, La Mesa, Calif.

1925	BKN N	7	8	4	0	0	0	0.0	1	1	1	1	0	.500	.500	0	0	OF-4

Tom Hutton

HUTTON, THOMAS GEORGE BL TL 5'11" 180 lbs.
B. Apr. 20, 1946, Los Angeles, Calif.

1966	LA N	3	2	0	0	0	0	0.0	0	0	0	0	0	.000	.000	0	0	1B-3
1969		16	48	13	0	0	0	0.0	2	4	5	7	0	.271	.271	0	0	1B-16
1972	PHI N	134	381	99	16	2	4	1.0	40	38	56	24	5	.260	.344	19	8	1B-87, OF-48
1973		106	247	65	11	0	5	2.0	31	29	32	31	3	.263	.368	37	10	1B-71
1974		96	208	50	6	3	4	1.9	32	33	30	13	2	.240	.356	22	8	1B-39, OF-33
1975		113	165	41	6	0	3	1.8	24	24	27	10	2	.248	.339	36	11	1B-71, OF-12
1976		95	124	25	5	1	1	0.8	15	13	27	11	1	.202	.282	19	5	1B-72, OF-1
1977		107	81	25	3	0	2	2.5	12	11	12	10	1	.309	.420	34	10	1B-73, OF-9
1978	2 teams	TOR A (64G – .254)				MON N (39G – .203)												
"	total	103	232	56	12	0	2	0.9	23	14	29	16	1	.241	.319	24	4	OF-60, 1B-26
1979	MON N	86	83	21	2	1	1	1.2	14	13	10	7	0	.253	.337	43	11	1B-25, OF-9
1980		62	55	12	2	0	0	0.0	2	5	4	10	0	.218	.255	43	10	1B-7, OF-4, P-1
1981		31	29	3	0	0	0	0.0	1	2	2	1	0	.103	.103	17	2	1B-9, OF-2
12 yrs.		952	1655	410	63	7	22	1.3	196	186	234	140	15	.248	.334	294	79	1B-499, OF-178, P-1
2 yrs.		19	50	13	0	0	0	0.0	2	4	5	7	0	.260	.260	0	0	1B-19

LEAGUE CHAMPIONSHIP SERIES

1976	PHI N	1	1	0	0	0	0	0.0	0	0	0	0	0	.000	.000	1	0	
1977		3	3	0	0	0	0	0.0	0	0	0	0	0	.000	.000	2	0	1B-1
2 yrs.		4	4	0	0	0	0	0.0	0	0	0	0	0	.000	.000	3	0	1B-1

Charlie Irwin

IRWIN, CHARLES EDWIN BR TR 5'10" 160 lbs.
B. Feb. 15, 1869, Clinton, Ill. D. Sept. 21, 1925, Chicago, Ill.

1893	CHI N	21	82	25	6	2	0	0.0	14	13	10	1	4	.305	.427	0	0	SS-21
1894		128	498	144	24	9	8	1.6	84	95	63	23	35	.289	.422	0	0	3B-67, SS-61
1895		3	10	2	0	0	0	0.0	4	0	2	1	0	.200	.200	0	0	SS-3
1896	CIN N	127	476	141	16	6	1	0.2	77	67	26	17	31	.296	.361	0	0	3B-127
1897		134	505	146	26	6	0	0.0	89	74	47		27	.289	.364	0	0	3B-134
1898		136	501	120	14	5	3	0.6	77	55	31		18	.240	.305	0	0	3B-136
1899		90	314	73	4	8	1	0.3	42	52	26		26	.232	.306	2	1	3B-78, SS-6, 2B-3, 1B-1
1900		87	333	91	15	0	1	0.3	59	44	14		9	.273	.363	2	0	3B-61, SS-16, OF-6, 2B-3
1901	2 teams	CIN N (67G – .238)				BKN N (65G – .215)												
"	total	132	502	114	25	4	0	0.0	50	45	28		17	.227	.293	0	0	3B-132
1902	BKN N	131	458	125	14	0	2	0.4	59	43	39		13	.273	.317	0	0	3B-130, SS-1
10 yrs.		989	3679	981	144	46	16	0.4	555	488	286	42	180	.267	.344	4	1	3B-865, SS-108, OF-6, 2B-6, 1B-1
2 yrs.		196	700	177	27	2	2	0.3	84	63	53		17	.253	.306	0	0	3B-195, SS-1

Player Register

	G	AB	H	2B	3B	HR	HR%	R	RBI	BB	SO	SB	BA	SA	Pinch Hit AB H	G by POS

Fred Jacklitsch
JACKLITSCH, FREDERICK LAWRENCE BR TR
B. May 24, 1876, Brooklyn, N. Y. D. July 18, 1937, Brooklyn, N. Y.

	G	AB	H	2B	3B	HR	HR%	R	RBI	BB	SO	SB	BA	SA	PH AB	PH H	G by POS
1900 PHI N	5	11	2	1	0	0	0.0	0	3	0		0	.182	.273	2	0	C-3
1901	33	120	30	4	3	0	0.0	14	24	12		2	.250	.333	1	0	C-30, 3B-1
1902	38	114	23	4	0	0	0.0	8	8	9		2	.202	.237	8	2	C-29, OF-1
1903 BKN N	60	176	47	8	3	1	0.6	31	21	33		4	.267	.364	6	2	C-53, OF-1, 2B-1
1904	26	77	18	3	1	0	0.0	8	8	7		7	.234	.299	2	0	1B-11, 2B-8, C-5
1905 NY A	1	3	0	0	0	0	0.0	1	1	1		0	.000	.000	0	0	C-1
1907 PHI N	73	202	43	7	0	0	0.0	19	17	27		7	.213	.248	8	0	C-58, 1B-6, OF-1
1908	37	86	19	3	0	0	0.0	6	7	14		3	.221	.256	5	1	C-30
1909	20	32	10	1	1	0	0.0	6	1	10		1	.313	.406	7	0	C-11, 2B-1
1910	25	51	10	3	0	0	0.0	7	2	5	9	0	.196	.255	7	2	C-13, 1B-2, 3B-1, 2B-1
1914 BAL F	122	337	93	21	4	2	0.6	40	48	52		7	.276	.380	4		C-118
1915	49	135	32	9	0	2	1.5	20	13	31		2	.237	.348	2	0	C-45, SS-1
1917 BOS N	1	0	0	0	0	0	—	0	0	0	0	0	—	—	0	0	C-1
13 yrs.	490	1344	327	64	12	5	0.4	160	153	201	9	35	.243	.320	52	8	C-397, 1B-19, 2B-11, OF-3, 3B-2, SS-1
2 yrs.	86	253	65	11	4	1	0.4	39	29	40		11	.257	.344	8	2	C-58, 1B-11, 2B-9, OF-1

Randy Jackson
JACKSON, RANSOM JOSEPH (Handsome Ransom) BR TR 6'1½" 180 lbs.
B. Feb. 10, 1926, Little Rock, Ark.

	G	AB	H	2B	3B	HR	HR%	R	RBI	BB	SO	SB	BA	SA	PH AB	PH H	G by POS
1950 CHI N	34	111	25	4	3	3	2.7	13	6	7	25	4	.225	.396	7	0	3B-27
1951	145	557	153	24	6	16	2.9	78	76	47	44	14	.275	.425	2	1	3B-143
1952	116	379	88	8	5	9	2.4	44	34	27	42	6	.232	.351	10	2	3B-104, OF-1
1953	139	498	142	22	8	19	3.8	61	66	42	61	8	.285	.476	7	0	3B-133
1954	126	484	132	17	6	19	3.9	77	67	44	55	2	.273	.450	2	0	3B-124
1955	138	499	132	13	7	21	4.2	73	70	58	58	0	.265	.445	3	1	3B-134
1956 BKN N	101	307	84	15	7	8	2.6	37	53	28	38	2	.274	.446	21	5	3B-80
1957	48	131	26	1	0	2	1.5	7	16	9	20	0	.198	.252	4	2	3B-34
1958 2 teams	LA N (35G – .185)					CLE A (29G – .242)											
" total	64	156	34	6	1	5	3.2	15	17	8	28	0	.218	.365	21	4	3B-41
1959 2 teams	CLE A (3G – .143)					CHI N (41G – .243)											
" total	44	81	19	5	1	1	1.2	7	10	11	11	0	.235	.358	16	1	3B-24, OF-1
10 yrs.	955	3203	835	115	44	103	3.2	412	415	281	382	36	.261	.421	93	16	3B-844, OF-2
3 yrs.	184	503	122	19	7	11	2.2	52	73	42	68	2	.243	.374	42	9	3B-131
WORLD SERIES																	
1956 BKN N	3	3	0	0	0	0	0.0	0	0	0	2	0	.000	.000	3	0	

Merwin Jacobson
JACOBSON, MERWIN JOHN WILLIAM (Jake) BL TL 5'11½" 165 lbs.
B. Mar. 7, 1894, New Britain, Conn. D. Jan. 13, 1978, Baltimore, Md.

	G	AB	H	2B	3B	HR	HR%	R	RBI	BB	SO	SB	BA	SA	PH AB	PH H	G by POS
1915 NY N	8	24	2	0	0	0	0.0	0		1	5	0	.083	.083	2	0	OF-5
1916 CHI N	4	13	3	0	0	0	0.0	2	0	1	4	2	.231	.231	0	0	OF-4
1926 BKN N	110	288	71	9	2	0	0.0	41	23	36	24	5	.247	.292	17	5	OF-86
1927	11	6	0	0	0	0	0.0	4	1	0	1	0	.000	.000	5	0	OF-3
4 yrs.	133	331	76	9	2	0	0.0	47	24	38	34	7	.230	.269	24	5	OF-98
2 yrs.	121	294	71	9	2	0	0.0	45	24	36	25	5	.241	.286	22	5	OF-89

Cleo James
JAMES, CLEO JOEL BR TR 5'10" 176 lbs.
B. Aug. 31, 1940, Clarksdale, Mich.

	G	AB	H	2B	3B	HR	HR%	R	RBI	BB	SO	SB	BA	SA	PH AB	PH H	G by POS
1968 LA N	10	10	2	1	0	0	0.0	2	0	0	6	0	.200	.300	6	1	OF-2
1970 CHI N	100	176	39	7	2	3	1.7	33	14	17	24	5	.210	.324	6	0	OF-90
1971	54	150	43	7	0	2	1.3	25	13	10	16	6	.287	.373	3	1	OF-48, 3B-2
1973	44	45	5	0	0	0	0.0	9	0	1	6	5	.111	.111	10	1	OF-22
4 yrs.	208	381	87	15	2	5	1.3	69	27	28	52	16	.228	.318	25	3	OF-162, 3B-2
1 yr.	10	10	2	1	0	0	0.0	2	0	0	6	0	.200	.300	6	1	OF-2

Hal Janvrin
JANVRIN, HAROLD CHANDLER (Childe Harold) BR TR 5'11½" 168 lbs.
B. Aug. 27, 1892, Haverhill, Mass. D. Mar. 2, 1962, Boston, Mass.

	G	AB	H	2B	3B	HR	HR%	R	RBI	BB	SO	SB	BA	SA	PH AB	PH H	G by POS
1911 BOS A	9	27	4	1	0	0	0.0	2	1	3		0	.148	.185	0	0	3B-5, 1B-4
1913	86	276	57	5	1	3	1.1	18	25	23	27	17	.207	.264	5	0	SS-48, 3B-19, 2B-8, 1B-1
1914	143	492	117	18	6	1	0.2	65	51	38	50	29	.238	.305	0	0	2B-57, 1B-56, SS-20, 3B-6
1915	99	316	85	9	1	0	0.0	41	37	14	27	8	.269	.304	3	1	SS-64, 3B-20, 2B-8
1916	117	310	69	11	4	0	0.0	32	26	32	32	6	.223	.284	7	1	SS-59, 2B-39, 1B-4, 3B-3
1917	55	127	25	3	0	0	0.0	21	8	11	13	2	.197	.220	4	1	2B-38, SS-10, 1B-1
1919 2 teams	WAS A (61G – .178)					STL N (7G – .214)											
" total	68	222	40	5	1	0	0.0	18	14	21	19	8	.180	.225	3	1	2B-58, SS-3, 3B-1
1920 STL N	87	270	74	8	4	1	0.4	33	28	17	19	5	.274	.344	4	1	SS-27, 1B-25, OF-20, 2B-6
1921 2 teams	STL N (18G – .281)					BKN N (44G – .196)											
" total	62	124	27	5	0	0	0.0	13	19	8	6	4	.218	.258	8	1	SS-17, 2B-11, 1B-8, 3B-5, OF-1
1922 BKN N	30	57	17	3	0	0	0.0	7	1	4	4	0	.298	.386	5	2	2B-15, SS-4, 3B-2, OF-1, 1B-1
10 yrs.	756	2221	515	68	18	6	0.3	250	210	171	197	79	.232	.287	39	8	SS-252, 2B-240, 1B-105, 3B-61, OF-22
2 yrs.	74	149	35	7	1	0	0.0	15	15	11	10	3	.235	.295	6	2	2B-25, SS-21, 1B-9, 3B-7, OF-2
WORLD SERIES																	
1915 BOS A	1	1	0	0	0	0	0.0	0	0	0	0	0	.000	.000	1	0	SS-1
1916	5	23	5	3	0	0	0.0	2	1	0	6	0	.217	.348	0	0	2B-5
2 yrs.	6	24	5	3	0	0	0.0	2	1	0	6	0	.208	.333	1	0	2B-5, SS-1

Player Register

	G	AB	H	2B	3B	HR	HR%	R	RBI	BB	SO	SB	BA	SA	Pinch Hit AB	H	G by POS

Roy Jarvis
JARVIS, LeROY GILBERT
B. June 7, 1926, Shawnee, Okla.   BR TR 5'9" 160 lbs.

1944 BKN N	1	1	0	0	0	0	0.0	0	0	0	1	0	.000	.000	0	0	C-1
1946 PIT N	2	4	1	0	0	0	0.0	0	0	1	0	0	.250	.250	1	0	C-1
1947	18	45	7	1	0	1	2.2	4	4	6	5	0	.156	.244	2	0	C-15
3 yrs.	21	50	8	1	0	1	2.0	4	4	7	7	0	.160	.240	3	0	C-17
1 yr.	1	1	0	0	0	0	0.0	0	0	0	1	0	.000	.000	0	0	C-1

Hughie Jennings
JENNINGS, HUGH AMBROSE (Ee-Yah)   BR TR 5'8½" 165 lbs.
B. Apr. 2, 1869, Pittston, Pa.   D. Feb. 1, 1928, Scranton, Pa.
Manager 1907-20.
Hall of Fame 1945.

1891 LOU AA	90	360	105	10	8	1	0.3	53	58	17	36	12	.292	.372	0	0	SS-70, 1B-17, 3B-3
1892 LOU N	152	594	132	16	4	2	0.3	65	61	30	30	28	.222	.273	0	0	SS-152
1893 2 teams	LOU	N	(23G –	.136)		BAL	N	(16G –	.255)								
" total	39	143	26	3	0	1	0.7	12	15	7	6	0	.182	.224	0	0	SS-38, OF-1
1894 BAL N	128	501	168	28	16	4	0.8	134	109	37	17	37	.335	.479	0	0	SS-128
1895	131	529	204	41	7	4	0.8	159	125	24	17	53	.386	.512	0	0	SS-131
1896	130	523	208	27	9	0	0.0	125	121	19	11	70	.398	.484	0	0	SS-130
1897	117	439	156	26	9	2	0.5	133	79	42		60	.355	.469	1	0	SS-116
1898	143	534	175	25	11	1	0.2	135	87	78		28	.328	.421	0	0	SS-115, 2B-27, OF-1
1899 2 teams	BAL	N	(2G –	.375)		BKN	N	(67G –	.296)								
" total	69	224	67	3	12	0	0.0	44	42	22		18	.299	.420	1	1	1B-50, SS-12, 2B-3
1900 BKN N	115	441	120	18	6	1	0.2	61	69	31		31	.272	.347	1	1	1B-112, 2B-2
1901 PHI N	82	302	83	21	2	1	0.3	38	39	25		13	.275	.368	0	0	1B-80, SS-1, 2B-1
1902	78	289	80	16	3	1	0.3	31	32	14		8	.277	.363	0	0	1B-69, SS-5, 2B-4
1903 BKN N	6	17	4	0	0	0	0.0	2	1	1		1	.235	.235	2	0	OF-4
1907 DET A	1	4	1	1	0	0	0.0	0	0	0		0	.250	.500	0	0	SS-1, 2B-1
1909	2	4	2	0	0	0	0.0	1	2	0		0	.500	.500	0	0	1B-2
1912	1	1	0	0	0	0	0.0	0	0	0		0	.000	.000	1	0	
1918	1	0	0	0	0	0	–	0	0	0	0	0	–	–	0	0	1B-1
17 yrs.	1285	4905	1531	235	87	18	0.4	993	840	347	117	359	.312	.407	6	2	SS-899, 1B-331, 2B-38, OF-6, 3B-3
3 yrs.	188	674	188	21	16	1	0.1	105	110	54		50	.279	.362	4	2	1B-162, SS-12, OF-4, 2B-3

Lou Johnson
JOHNSON, LOUIS BROWN (Slick, Sweet Lou)   BR TR 5'11" 170 lbs.
B. Sept. 22, 1934, Lexington, Ky.

1960 CHI N	34	68	14	2	1	0	0.0	6	1	5	19	3	.206	.265	6	0	OF-25
1961 LA A	1	0	0	0	0	0	–	0	0	0	0	0	–	–	0	0	OF-1
1962 MIL N	61	117	33	4	5	2	1.7	22	13	11	27	6	.282	.453	9	1	OF-55
1965 LA N	131	468	121	24	1	12	2.6	57	58	24	81	15	.259	.391	2	0	OF-128
1966	152	526	143	20	2	17	3.2	71	73	21	75	8	.272	.414	1	0	OF-148
1967	104	330	89	14	1	11	3.3	39	41	24	52	4	.270	.418	16	5	OF-91
1968 2 teams	CHI	N	(62G –	.244)		CLE	A	(65G –	.257)								
" total	127	407	102	25	4	6	1.5	39	37	15	47	9	.251	.376	14	7	OF-114
1969 CAL A	67	133	27	8	0	0	0.0	10	9	10	19	5	.203	.263	22	3	OF-44
8 yrs.	677	2049	529	97	14	48	2.3	244	232	110	320	50	.258	.389	70	16	OF-606
3 yrs.	387	1324	353	58	4	40	3.0	167	172	69	208	27	.267	.407	19	5	OF-367

WORLD SERIES

1965 LA N	7	27	8	2	0	2	7.4	3	4	1	3	0	.296	.593	0	0	OF-7
1966	4	15	4	1	0	0	0.0	1	0	1	1	0	.267	.333	0	0	OF-4
2 yrs.	11	42	12	3	0	2	4.8	4	4	2	4	0	.286	.500	0	0	OF-11

Fred Johnston
JOHNSTON, WILFRED IVY (Red Top)   BR TR 5'10½" 160 lbs.
B. July 9, 1900, Pineville, N. C.   D. July 14, 1959, Tyler, Tex.

1924 BKN N	4	4	1	0	0	0	0.0	1	0	0	1	0	.250	.250	0	0	3B-1, 2B-1

Jimmy Johnston
JOHNSTON, JAMES HARLE   BR TR 5'10" 160 lbs.
Brother of Doc Johnston.
B. Dec. 10, 1889, Cleveland, Tenn.   D. Feb. 14, 1967, Chattanooga, Tenn.

1911 CHI A	1	2	0	0	0	0	0.0	0	2	0	0	0	.000	.000	0	0	OF-1
1914 CHI N	50	101	23	3	2	1	1.0	9	8	4	9	3	.228	.327	11	2	OF-28, 2B-4
1916 BKN N	118	425	107	13	8	1	0.2	58	26	35	38	22	.252	.327	1	1	OF-106
1917	103	330	89	10	4	0	0.0	33	25	23	28	16	.270	.324	8	1	OF-92, 1B-14, SS-4, 3B-3, 2B-3
1918	123	484	136	16	8	0	0.0	54	27	33	31	22	.281	.347	1	0	OF-96, 1B-21, 3B-4, 2B-1
1919	117	405	114	11	4	1	0.2	56	23	29	26	11	.281	.336	9	1	2B-87, OF-14, 1B-2, SS-1
1920	155	635	185	12	7	0	0.0	87	52	43	23	19	.291	.361	0	0	3B-146, OF-7, SS-3
1921	152	624	203	41	14	5	0.8	104	56	45	26	28	.325	.460	0	0	3B-150, SS-3
1922	138	567	181	20	7	4	0.7	110	49	38	17	18	.319	.400	0	0	2B-62, SS-50, 3B-26
1923	151	625	203	29	11	4	0.6	111	60	53	15	16	.325	.426	1	0	2B-84, SS-52, 3B-14
1924	86	315	94	11	2	2	0.6	51	29	27	10	5	.298	.365	7	1	SS-63, 3B-10, 1B-4, OF-1
1925	123	431	128	13	3	2	0.5	63	43	45	15	7	.297	.355	12	4	3B-81, OF-20, 1B-8, SS-2
1926 2 teams	BOS	N	(23G –	.246)		NY	N	(37G –	.232)								
" total	60	126	30	1	0	1	0.8	18	10	16	8	2	.238	.270	25	5	OF-15, 3B-14, 2B-2
13 yrs.	1377	5070	1493	185	75	22	0.4	754	410	391	246	169	.294	.374	75	18	3B-448, OF-380, 2B-243, SS-178, 1B-49
10 yrs.	1266	4841	1440	181	73	20	0.4	727	390	371	229	164	.297	.377	39	11	3B-434, OF-336, 2B-237, SS-178, 1B-49
					10th												

WORLD SERIES

1916 BKN N	3	10	3	0	0	0	0.0	1	0	1	0	0	.300	.500	1	1	OF-2

	G	AB	H	2B	3B	HR	HR %	R	RBI	BB	SO	SB	BA	SA	Pinch Hit AB	H	G by POS

Jimmy Johnston continued
| 1920 | 4 | 14 | 3 | 0 | 0 | 0 | 0.0 | 2 | 0 | 0 | 2 | 1 | .214 | .214 | 0 | 0 | 3B-4 |
| 2 yrs. | 7 | 24 | 6 | 0 | 1 | 0 | 0.0 | 3 | 0 | 1 | 2 | 1 | .250 | .333 | 1 | 1 | 3B-4, OF-2 |

Jay Johnstone
JOHNSTONE, JOHN WILLIAM
B. Nov. 20, 1945, Manchester, Conn.
BL TR 6'1" 175 lbs.
BB 1966

1966 CAL A	61	254	67	12	4	3	1.2	35	17	11	36	3	.264	.378	0	0	OF-61
1967	79	230	48	7	1	2	0.9	18	10	5	37	3	.209	.274	21	5	OF-63
1968	41	115	30	4	1	0	0.0	11	3	7	15	2	.261	.313	8	0	OF-29
1969	148	540	146	20	5	10	1.9	64	59	38	75	3	.270	.381	4	1	OF-144
1970	119	320	76	10	5	11	3.4	34	39	24	53	1	.238	.403	23	5	OF-100
1971 CHI A	124	388	101	14	1	16	4.1	53	40	38	50	10	.260	.425	11	3	OF-119
1972	113	261	49	9	0	4	1.5	27	17	25	42	2	.188	.268	19	6	OF-97
1973 OAK A	23	28	3	1	0	0	0.0	1	3	2	4	0	.107	.143	11	0	OF-7, DH-4, 2B-2
1974 PHI N	64	200	59	10	4	6	3.0	30	30	24	28	5	.295	.475	6	4	OF-59
1975	122	350	115	19	2	7	2.0	50	54	42	39	7	.329	.454	25	10	OF-101
1976	129	440	140	38	4	5	1.1	62	53	41	39	5	.318	.457	12	2	OF-122, 1B-6
1977	112	363	103	18	4	15	4.1	64	59	38	38	3	.284	.479	14	5	OF-91, 1B-19
1978 2 teams	PHI	N	(35G –	.179)	NY	A	(36G –	.262)
" total	71	121	27	2	0	1	0.8	9	10	10	19	0	.223	.264	28	2	OF-29, 1B-8, DH-5
1979 2 teams	NY	A (23G –	.208)	SD	N	(75G –	.294)
" total	98	249	69	9	2	1	0.4	17	39	20	28	2	.277	.341	25	6	OF-64, 1B-22, DH-3
1980 LA N	109	251	77	15	2	2	0.8	31	20	24	29	3	.307	.406	41	11	OF-61
1981	61	83	17	3	0	3	3.6	8	6	7	13	0	.205	.349	38	11	OF-16, 1B-2
1982 2 teams	LA	N (21G –	.077)	CHI	N	(98G –	.249)
" total	119	282	68	14	1	10	3.5	40	45	45	43	0	.241	.404	26	3	OF-86
1983 CHI N	86	140	36	7	0	6	4.3	16	22	20	24	1	.257	.436	38	6	OF-44
1984	52	73	21	2	2	0	0.0	8	3	7	18	0	.288	.370	39	10	OF-15
1985 LA N	17	15	2	1	0	0	0.0	0	2	1	2	0	.133	.200	15	2	
20 yrs.	1748	4703	1254	215	38	102	2.2	578	531	429	632	50	.267	.394	404 9th	92	OF-1308, 1B-57, DH-12, 2B-2
4 yrs.	208	362	97	20	2	5	1.4	40	30	37	46	3	.268	.376	107	25	OF-77, 1B-2

DIVISIONAL PLAYOFF SERIES
| 1981 LA N | 1 | 1 | 0 | 0 | 0 | 0 | 0.0 | 0 | 0 | 0 | 0 | 0 | .000 | .000 | 1 | 0 | |

LEAGUE CHAMPIONSHIP SERIES
1976 PHI N	3	9	7	1	1	0	0.0	1	2	1	0	0	.778	1.111	1	1	OF-2
1977	2	5	1	0	0	0	0.0	0	0	0	1	0	.200	.200	1	0	OF-2
1981 LA N	2	2	0	0	0	0	0.0	0	0	0	0	0	.000	.000	2	0	
1985	1	1	0	0	0	0	0.0	0	0	0	0	0	.000	.000	1	0	
4 yrs.	8	17	8	1	1	0	0.0	1	2	1	1	0	.471	.647	5	1	OF-4

WORLD SERIES
1978 NY A	2	0	0	0	0	0	–	0	0	0	0	0			0	0	OF-2
1981 LA N	3	3	2	0	0	1	33.3	1	3	0	0	0	.667	1.667	3	2	
2 yrs.	5	3	2	0	0	1	33.3	1	3	0	0	0	.667	1.667	3	2	OF-2

Binky Jones
JONES, JOHN JOSEPH
B. July 11, 1899, St. Louis, Mo.   D. May 13, 1961, St. Louis, Mo.
BR TR 5'9" 154 lbs.

| 1924 BKN N | 10 | 37 | 4 | 1 | 0 | 0 | 0.0 | 0 | 2 | 0 | 3 | 0 | .108 | .135 | 0 | 0 | SS-10 |

Fielder Jones
JONES, FIELDER ALLISON
B. Aug. 13, 1871, Shinglehouse, Pa.   D. Mar. 13, 1934, Portland, Ore.
Manager 1904-08, 1914-18.
BL TR 5'11" 180 lbs.

1896 BKN N	104	399	141	10	8	3	0.8	82	46	48		15	.353	.441	0	0	OF-103
1897	135	553	178	14	10	2	0.4	134	49	61		48	.322	.394	0	0	OF-135
1898	147	599	181	15	9	1	0.2	89	69	46		36	.302	.362	0	0	OF-144, SS-2
1899	102	365	104	8	2	2	0.5	75	38	54		18	.285	.334	5	2	OF-96
1900	136	556	172	26	4	4	0.7	108	54	57		33	.309	.392	0	0	OF-136
1901 CHI A	133	521	162	16	3	2	0.4	120	65	84		38	.311	.365	0	0	OF-133
1902	135	532	171	16	5	0	0.0	98	54	57		33	.321	.370	0	0	OF-135
1903	136	530	152	18	5	0	0.0	71	45	47		21	.287	.340	0	0	OF-136
1904	154	564	137	14	6	3	0.5	74	43	54		25	.243	.305	0	0	OF-154
1905	153	568	139	17	12	2	0.4	91	38	73		20	.245	.327	0	0	OF-153
1906	144	496	114	22	4	2	0.4	77	34	83		26	.230	.302	0	0	OF-144
1907	154	559	146	18	1	0	0.0	72	47	67		17	.261	.297	0	0	OF-154
1908	149	529	134	11	7	1	0.2	92	50	86		26	.253	.306	0	0	OF-149
1914 STL F	5	3	1	0	0	0	0.0	0	0	1		0	.333	.333	3	1	
1915	7	6	0	0	0	0	0.0	1	0	0		0	.000	.000	3	0	OF-3
15 yrs.	1794	6780	1932	205	76	22	0.3	1184	632	818		15	359	.285	.347	11	3	OF-1775, SS-2
5 yrs.	624	2472	776	73	33	12	0.5	488	256	266		15	153	.314	.385	5	2	OF-614, SS-2
													7th				

WORLD SERIES
| 1906 CHI A | 6 | 21 | 2 | 0 | 0 | 0 | 0.0 | 4 | 0 | 3 | | 0 | .095 | .095 | 0 | 0 | OF-6 |

Dutch Jordan
JORDAN, ADOLPH OTTO
B. Jan. 5, 1880, Pittsburgh, Pa.   D. Dec. 23, 1972, Pittsburgh, Pa.
BR TR

1903 BKN N	78	267	63	11	1	0	0.0	27	21	19		9	.236	.285	1	0	2B-54, 3B-18, OF-4, 1B-1
1904	87	252	45	10	2	0	0.0	21	19	13		7	.179	.234	2	1	2B-70, 3B-11, 1B-4
2 yrs.	165	519	108	21	3	0	0.0	48	40	32		16	.208	.260	3	1	2B-124, 3B-29, 1B-5, OF-4
2 yrs.	165	519	108	21	3	0	0.0	48	40	32		16	.208	.260	3	1	2B-124, 3B-29, 1B-5, OF-4

Player Register

	G	AB	H	2B	3B	HR	HR%	R	RBI	BB	SO	SB	BA	SA	Pinch Hit AB	Pinch Hit H	G by POS

Jimmy Jordan
JORDAN, JAMES WILLIAM (Lord) BR TR 5'9" 157 lbs.
B. Jan. 13, 1908, Tucapau, S. C. D. Dec. 4, 1957, Charlotte, N. C.

	G	AB	H	2B	3B	HR	HR%	R	RBI	BB	SO	SB	BA	SA	PH AB	PH H	G by POS
1933 BKN N	70	211	54	12	1	0	0.0	16	17	4	6	3	.256	.322	2	1	SS-51, 2B-11
1934	97	369	98	17	2	0	0.0	34	43	9	32	1	.266	.322	1	0	SS-51, 2B-41, 3B-9
1935	94	295	82	7	0	0	0.0	26	30	9	17	3	.278	.302	14	5	2B-46, SS-28, 3B-5
1936	115	398	93	15	1	2	0.5	26	28	15	21	1	.234	.291	4	1	2B-98, 3B-6, SS-1
4 yrs.	376	1273	327	51	4	2	0.2	102	118	37	76	8	.257	.308	21	7	2B-196, SS-131, 3B-20
4 yrs.	376	1273	327	51	4	2	0.2	102	118	37	76	8	.257	.308	21	7	2B-196, SS-131, 3B-20

Tim Jordan
JORDAN, TIMOTHY JOSEPH BL TR 6'1" 170 lbs.
B. Feb. 14, 1879, New York, N. Y. D. Sept. 13, 1949, Bronx, N. Y.

	G	AB	H	2B	3B	HR	HR%	R	RBI	BB	SO	SB	BA	SA	PH AB	PH H	G by POS
1901 WAS A	6	20	4	1	0	0	0.0	2	2	3		0	.200	.250	0	0	1B-6
1903 NY A	2	8	1	0	0	0	0.0	2	0	0		0	.125	.125	0	0	1B-2
1906 BKN N	129	450	118	20	8	12	2.7	67	78	59		16	.262	.422	3	0	1B-126
1907	147	485	133	15	8	4	0.8	43	53	74		10	.274	.363	3	0	1B-143
1908	148	515	127	18	5	12	2.3	58	60	59		9	.247	.371	1	0	1B-146
1909	103	330	90	20	3	3	0.9	47	36	59		13	.273	.379	7	1	1B-95
1910	5	5	1	0	0	1	20.0	1	3	0		2	.200	.800	5	1	
7 yrs.	540	1813	474	74	24	32	1.8	220	232	254	2	48	.261	.382	19	2	1B-518
5 yrs.	532	1785	469	73	24	32	1.8	216	230	251	2	48	.263	.384	19	2	1B-510

Spider Jorgensen
JORGENSEN, JOHN DONALD BL TR 5'9" 155 lbs.
B. Nov. 3, 1919, Folsom, Calif.

	G	AB	H	2B	3B	HR	HR%	R	RBI	BB	SO	SB	BA	SA	PH AB	PH H	G by POS
1947 BKN N	129	441	121	29	8	5	1.1	57	67	58	45	4	.274	.410	1	1	3B-128
1948	31	90	27	6	2	1	1.1	15	13	16	13	1	.300	.444	5	3	3B-24
1949	53	134	36	5	1	1	0.7	15	14	23	13	0	.269	.343	13	2	3B-36
1950 2 teams	BKN	N (2G –	.000)	NY	N	(24G –	.135)										
" total	26	39	5	0	0	0	0.0	5	5	6	2	0	.128	.128	17	2	3B-6
1951 NY N	28	51	12	0	0	2	3.9	5	8	3	2	0	.235	.353	16	3	OF-11, 3B-1
5 yrs.	267	755	201	40	11	9	1.2	97	107	106	75	5	.266	.384	52	11	3B-195, OF-11
4 yrs.	215	667	184	40	11	7	1.0	87	95	98	71	5	.276	.400	20	6	3B-189

WORLD SERIES

	G	AB	H	2B	3B	HR	HR%	R	RBI	BB	SO	SB	BA	SA	PH AB	PH H	G by POS
1947 BKN N	7	20	4	2	0	0	0.0	1	3	2	4	0	.200	.300	0	0	3B-7
1949	4	11	2	2	0	0	0.0	1	0	2	2	0	.182	.364	1	0	3B-3
2 yrs.	11	31	6	4	0	0	0.0	2	3	4	6	0	.194	.323	1	0	3B-10

Von Joshua
JOSHUA, VON EVERETT BL TL 5'10" 170 lbs.
B. May 1, 1948, Oakland, Calif.

	G	AB	H	2B	3B	HR	HR%	R	RBI	BB	SO	SB	BA	SA	PH AB	PH H	G by POS
1969 LA N	14	8	2	0	0	0	0.0	2	0	0	2	1	.250	.250	1	0	OF-8
1970	72	109	29	1	3	1	0.9	23	8	6	24	2	.266	.358	21	5	OF-41
1971	11	7	0	0	0	0	0.0	2	0	0	1	0	.000	.000	5	0	OF-5
1973	75	159	40	4	1	2	1.3	19	17	8	29	7	.252	.327	25	8	OF-46
1974	81	124	29	5	1	1	0.8	11	16	7	17	3	.234	.315	45	8	OF-35
1975 SF N	129	507	161	25	10	7	1.4	75	43	32	75	20	.318	.448	11	4	OF-117
1976 2 teams	SF	N (42G –	.263)	MIL	A	(107G –	.267)										
" total	149	579	154	18	7	5	0.9	57	30	22	78	9	.266	.347	10	3	OF-140, DH-1
1977 MIL A	144	536	140	25	7	9	1.7	58	49	21	74	12	.261	.384	12	1	OF-140
1979 LA N	94	142	40	7	1	3	2.1	22	14	7	23	1	.282	.408	48	9	OF-46
1980 SD N	53	63	15	2	1	2	3.2	8	7	5	15	0	.238	.397	39	9	OF-12, 1B-2
10 yrs.	822	2234	610	87	31	30	1.3	277	184	108	338	55	.273	.380	217	47	OF-590, 1B-2, DH-1
6 yrs.	347	549	140	17	6	7	1.3	79	55	28	96	14	.255	.346	145	30	OF-181
															4th	8th	

LEAGUE CHAMPIONSHIP SERIES

	G	AB	H	2B	3B	HR	HR%	R	RBI	BB	SO	SB	BA	SA	PH AB	PH H	G by POS
1974 LA N	1	0	0	0	0	0	–	0	0	1	0	0	–	–	0	0	

WORLD SERIES

	G	AB	H	2B	3B	HR	HR%	R	RBI	BB	SO	SB	BA	SA	PH AB	PH H	G by POS
1974 LA N	4	4	0	0	0	0	0.0	0	0	0	0	0	.000	.000	4	0	

Bill Joyce
JOYCE, WILLIAM MICHAEL (Scrappy Bill) BL TR 5'11" 185 lbs.
B. Sept. 21, 1865, St. Louis, Mo. D. May 8, 1941, St. Louis, Mo.
Manager 1896-98.

	G	AB	H	2B	3B	HR	HR%	R	RBI	BB	SO	SB	BA	SA	PH AB	PH H	G by POS
1890 BKN P	133	489	123	18	18	1	0.2	121	78	123	77	43	.252	.368	0	0	3B-133
1891 BOS AA	65	243	75	9	15	3	1.2	76	51	63	27	36	.309	.506	0	0	3B-64, 1B-1
1892 BKN N	97	372	91	15	12	6	1.6	89	45	82	55	23	.245	.398	0	0	3B-94, OF-3
1894 WAS N	99	355	126	25	14	17	4.8	103	89	87	33	21	.355	.648	0	0	3B-99
1895	98	474	148	25	13	17	3.6	110	95	96	54	29	.312	.527	0	0	3B-126
1896 2 teams	WAS	N (81G –	.313)	NY	N	(49G –	.370)										
" total	130	475	158	25	12	14	2.9	121	94	101	34	45	.333	.524	0	0	3B-97, 2B-33
1897 NY N	110	396	121	15	13	3	0.8	110	64	78		33	.306	.432	0	0	3B-106, 1B-2
1898	145	508	131	20	9	10	2.0	91	91	88		34	.258	.392	0	0	1B-130, 3B-14, 2B-2
8 yrs.	905	3312	973	152	106	71	2.1	821	607	718	280	264	.294	.468	0	0	3B-733, 1B-133, 2B-35, OF-3
1 yr.	97	372	91	15	12	6	1.6	89	45	82	55	23	.245	.398	0	0	3B-94, OF-3

Joe Judge
JUDGE, JOSEPH IGNATIUS BL TL 5'8½" 155 lbs.
B. May 25, 1894, Brooklyn, N. Y. D. Mar. 11, 1963, Washington, D. C.

	G	AB	H	2B	3B	HR	HR%	R	RBI	BB	SO	SB	BA	SA	PH AB	PH H	G by POS
1915 WAS A	12	41	17	2	0	0	0.0	7	9	4	6	2	.415	.463	0	0	1B-10, OF-2
1916	103	336	74	10	8	0	0.0	42	31	54	44	18	.220	.298	0	0	1B-103
1917	102	393	112	15	15	2	0.5	62	30	50	40	17	.285	.415	0	0	1B-100
1918	130	502	131	23	7	1	0.2	56	46	49	32	20	.261	.341	0	0	1B-130
1919	135	521	150	33	12	2	0.4	83	31	81	35	23	.288	.409	2	0	1B-133
1920	126	493	164	19	15	5	1.0	103	51	65	34	12	.333	.462	1	0	1B-124

Player Register 168

	G	AB	H	2B	3B	HR	HR %	R	RBI	BB	SO	SB	BA	SA	Pinch Hit AB	Pinch Hit H	G by POS

Joe Judge continued

1921	153	622	187	26	11	7	1.1	87	72	68	35	21	.301	.412	0	0	1B-152
1922	148	591	174	32	15	10	1.7	84	81	50	20	5	.294	.450	1	1	1B-148
1923	113	405	127	24	6	2	0.5	56	63	58	20	11	.314	.417	1	0	1B-112
1924	140	516	167	38	9	3	0.6	71	79	53	21	13	.324	.450	0	0	1B-140
1925	112	376	118	31	5	8	2.1	65	66	55	21	7	.314	.487	2	0	1B-109
1926	134	453	132	25	11	7	1.5	70	92	53	25	7	.291	.442	6	3	1B-128
1927	137	522	161	29	11	2	0.4	68	71	45	22	10	.308	.418	1	0	1B-136
1928	153	542	166	31	10	3	0.6	78	93	80	19	16	.306	.417	3	1	1B-149
1929	143	543	171	35	8	6	1.1	83	71	73	33	12	.315	.442	1	0	1B-142
1930	126	442	144	29	11	10	2.3	83	80	60	29	13	.326	.509	9	3	1B-117
1931	35	74	21	3	0	0	0.0	11	9	8	8	0	.284	.324	18	4	1B-15
1932	82	291	75	16	3	3	1.0	45	29	37	19	3	.258	.364	4	0	1B-78
1933 2 teams		BKN	N (42G – .214)		BOS	A (34G – .288)											
" total	76	216	54	10	2	0	0.0	27	31	20	14	3	.250	.315	18	4	1B-56
1934 BOS A	10	15	5	2	0	0	0.0	3	2	2	1	0	.333	.467	8	2	1B-2
20 yrs.	2170	7894	2350	433	159	71	0.9	1184	1037	965	478	213	.298	.420	75	18	1B-2084, OF-2
1 yr.	42	112	24	2	1	0	0.0	7	9	7	10	1	.214	.250	12	1	1B-28

WORLD SERIES

1924 WAS A	7	26	10	1	0	0	0.0	4	0	5	2	0	.385	.423	0	0	1B-7
1925	7	23	4	1	0	1	4.3	2	4	3	2	0	.174	.348	0	0	1B-7
2 yrs.	14	49	14	2	0	1	2.0	6	4	8	4	0	.286	.388	0	0	1B-14

Alex Kampouris

KAMPOURIS, ALEX WILLIAM BR TR 5'8" 155 lbs.
B. Nov. 13, 1912, Sacramento, Calif.

1934 CIN N	19	66	13	1	0	0	0.0	6	3	3	18	2	.197	.212	2	0	2B-16
1935	148	499	123	26	5	7	1.4	46	62	32	84	8	.246	.361	2	0	2B-141, SS-6
1936	122	355	85	10	4	5	1.4	43	46	24	46	3	.239	.332	1	0	2B-119, OF-1
1937	146	458	114	21	4	17	3.7	62	71	60	65	2	.249	.424	0	0	2B-146
1938 2 teams		CIN	N (21G – .257)		NY	N (82G – .246)											
" total	103	342	85	10	1	7	2.0	48	44	37	63	0	.249	.345	3	0	2B-100
1939 NY N	74	201	50	12	2	5	2.5	23	29	30	41	0	.249	.403	1	0	2B-62, 3B-11
1941 BKN N	16	51	16	4	2	2	3.9	8	9	11	8	0	.314	.588	1	0	2B-15
1942	10	21	5	2	1	0	0.0	3	3	0	4	0	.238	.429	1	0	2B-9
1943 2 teams		BKN	N (19G – .227)		WAS	A (51G – .207)											
" total	70	189	40	8	1	2	1.1	33	17	47	31	7	.212	.296	6	2	3B-33, 2B-28, OF-1
9 yrs.	708	2182	531	94	20	45	2.1	272	284	244	360	22	.243	.367	17	2	2B-636, 3B-44, SS-6, OF-2
3 yrs.	45	116	31	10	4	2	1.7	20	16	28	18	0	.267	.474	3	0	2B-42

John Karst

KARST, JOHN GOTTLIEB (King) BL TR 5'11½" 175 lbs.
B. Oct. 15, 1893, Philadelphia, Pa. D. May 21, 1976, Cape May, N. J.

1915 BKN N	1	0	0	0	0	0	–	0	0	0	0	0	–	–	0	0	3B-1

Willie Keeler

KEELER, WILLIAM HENRY (Wee Willie) BL TL 5'4½" 140 lbs.
B. Mar. 3, 1872, Brooklyn, N. Y. D. Jan. 1, 1923, Brooklyn, N. Y.
Hall of Fame 1939.

1892 NY N	14	53	17	3	0	0	0.0	7	6	3	3	5	.321	.377	0	0	3B-14
1893 2 teams		NY	N (7G – .333)		BKN	N (20G – .313)											
" total	27	104	33	3	2	2	1.9	19	16	9	5	5	.317	.442	0	0	3B-12, OF-11, SS-2, 2B-2
1894 BAL N	129	590	219	27	22	5	0.8	165	94	40	6	32	.371	.517	0	0	OF-128, 2B-1
1895	131	565	221	24	15	4	0.7	162	78	37	12	47	.391	.508	0	0	OF-131
1896	127	546	214	22	13	4	0.7	154	82	37		67	.392	.502	0	0	OF-126
1897	128	562	**243**	27	19	1	0.2	147	74	35		64	**.432**	.553	0	0	OF-129
1898	128	564	214	10	2	1	0.2	126	44	31		28	.379	.410	1	0	OF-128, 3B-1
1899 BKN N	143	571	215	13	14	1	0.2	**140**	61	37		45	.377	.454	0	0	OF-141
1900	137	565	**208**	11	14	4	0.7	106	68	30		41	.368	.458	0	0	OF-136, 2B-1
1901	136	589	209	16	15	2	0.3	123	43	21		23	.355	.443	0	0	OF-125, 3B-10, 2B-3
1902	132	556	188	18	7	0	0.0	86	38	21		19	.338	.396	0	0	OF-132
1903 NY A	132	515	164	14	7	0	0.0	95	32	32		24	.318	.373	0	0	OF-128, 3B-4
1904	143	543	186	14	8	2	0.4	78	40	35		21	.343	.409	1	1	OF-142
1905	149	560	169	14	4	4	0.7	81	38	43		19	.302	.363	0	0	OF-139, 2B-12, 3B-3
1906	152	592	180	8	3	2	0.3	96	33	40		23	.304	.338	0	0	OF-152
1907	107	423	99	5	2	0	0.0	50	17	15		7	.234	.255	0	0	OF-107
1908	91	323	85	3	1	1	0.3	38	14	31		14	.263	.288	3	0	OF-88
1909	99	360	95	7	5	1	0.3	44	32	24		10	.264	.319	3	0	OF-95
1910 NY N	19	10	3	0	0	0	0.0	5	0	3		1	.300	.300	9	2	OF-2
19 yrs.	2124	8591	2962	239	153	34	0.4	1722	810	524	36	495	.345 5th	.420	17	3	OF-2040, 3B-44, 2B-19, SS-2
5 yrs.	568	2361	845	59	51	8	0.3	469	219	113	4	130	.358 1st	.436	0	0	OF-542, 3B-22, 2B-4

John Kelleher

KELLEHER, JOHN PATRICK BR TR 5'11" 150 lbs.
B. Sept. 13, 1893, Brookline, Mass. D. Aug. 21, 1960, Boston, Mass.

1912 STL N	8	12	4	1	0	0	0.0	0	1	0	2	0	.333	.417	4	1	3B-3
1916 BKN N	2	3	0	0	0	0	0.0	0	0	0	0	0	.000	.000	0	0	SS-1, 3B-1
1921 CHI N	95	301	93	11	7	4	1.3	31	47	16	16	2	.309	.432	9	5	2B-37, 3B-27, SS-11, 1B-11, OF-1
1922	63	193	50	7	1	0	0.0	23	20	15	14	0	.259	.306	6	0	3B-46, SS-7, 1B-4
1923	66	193	59	10	0	6	3.1	27	21	14	9	2	.306	.451	15	6	1B-22, SS-14, 3B-11, 2B-6

Player Register

	G	AB	H	2B	3B	HR	HR %	R	RBI	BB	SO	SB	BA	SA	Pinch Hit AB	Pinch Hit H	G by POS

John Kelleher continued
1924 BOS N	1	1	0	0	0	0	0.0	0	0	0	1	0	.000	.000	1	0	
6 yrs.	235	703	206	29	8	10	1.4	81	89	45	42	9	.293	.400	35	12	3B-98, 1B-37, SS-33, 2B-33, OF-1
1 yr.	2	3	0	0	0	0	0.0	0	0	0	0	0	.000	.000	0	0	SS-1, 3B-1

Frank Kellert
KELLERT, FRANK WILLIAM BR TR 6'2½" 185 lbs.
B. July 6, 1924, Oklahoma City, Okla. D. Nov. 19, 1976, Oklahoma City, Okla.

1953 STL A	2	4	0	0	0	0	0.0	0	0	0	0	0	.000	.000	1	0	1B-1
1954 BAL A	10	34	7	2	0	0	0.0	3	1	5	4	0	.206	.265	1	0	1B-9
1955 BKN N	39	80	26	4	2	4	5.0	12	19	9	10	0	.325	.575	13	3	1B-22
1956 CHI N	71	129	24	3	1	4	3.1	10	17	12	22	0	.186	.318	41	10	1B-27
4 yrs.	122	247	57	9	3	8	3.2	25	37	26	36	0	.231	.389	56	13	1B-59
1 yr.	39	80	26	4	2	4	5.0	12	19	9	10	0	.325	.575	13	3	1B-22

WORLD SERIES
| 1955 BKN N | 3 | 3 | 1 | 0 | 0 | 0 | 0.0 | 0 | 0 | 0 | 0 | 0 | .333 | .333 | 3 | 1 | |

Joe Kelley
KELLEY, JOSEPH JAMES BR TR 5'11" 190 lbs.
B. Dec. 9, 1871, Cambridge, Mass. D. Aug. 14, 1943, Baltimore, Md.
Manager 1902-05, 1908.
Hall of Fame 1971.

1891 2 teams	BOS N (12G – .244)				PIT N (2G – .143)												
" total	14	52	12	1	1	0	0.0	8	2	1	4	0	.231	.288	0	0	OF-14
1892 2 teams	PIT N (56G – .239)				BAL N (10G – .212)												
" total	66	238	56	7	7	0	0.0	29	32	21	28	10	.235	.324	0	0	OF-66
1893 BAL N	125	502	153	27	16	9	1.8	120	76	77	44	33	.305	.476	0	0	OF-125
1894	129	507	199	48	20	6	1.2	167	111	107	36	46	.393	.602	0	0	OF-129
1895	131	518	189	26	19	10	1.9	148	134	77	29	54	.365	.546	0	0	OF-131
1896	131	519	189	31	19	8	1.5	148	100	91	19	87	.364	.543	0	0	OF-130
1897	131	505	196	31	9	5	1.0	113	118	70		44	.388	.515	0	0	OF-130, SS-3, 3B-2
1898	124	467	153	18	15	2	0.4	71	110	56		24	.328	.443	1	0	OF-122, 3B-2
1899 BKN N	144	540	178	21	14	6	1.1	108	93	70		31	.330	.454	0	0	OF-143
1900	121	454	145	23	17	6	1.3	92	91	53		26	.319	.485	1	1	OF-77, 1B-32, 3B-13
1901	120	492	152	22	12	4	0.8	77	65	40		18	.309	.427	0	0	1B-115, 3B-5
1902 2 teams	BAL A (60G – .311)				CIN N (40G – .321)												
" total	100	378	119	24	9	2	0.5	74	46	49		15	.315	.442	1	1	OF-68, 3B-17, 2B-10, 1B-5, SS-2
1903 CIN N	105	383	121	22	4	3	0.8	85	45	51		18	.316	.418	1	0	OF-67, SS-12, 2B-11, 3B-8, 1B-6
1904	123	449	126	21	13	0	0.0	75	63	49		15	.281	.385	0	0	OF-117, OF-6, 2B-1
1905	90	321	89	7	6	1	0.3	43	37	27		8	.277	.346	3	0	OF-85, 1B-2
1906	129	465	106	19	11	1	0.2	43	53	44		9	.228	.323	2	1	OF-122, 1B-3, SS-1, 3B-1
1908 BOS N	62	228	59	8	2	2	0.9	25	17	27		5	.259	.338	10	1	OF-38, 1B-10
17 yrs.	1845	7018	2242	356	194	65	0.9	1426	1193	910	160	443	.319	.453	19	4	OF-1453, 1B-290, 3B-48, 2B-22, SS-18
							9th										
3 yrs.	385	1486	475	66	43	16	1.1	277	249	163		75	.320	.454	1	1	OF-220, 1B-147, 3B-18

George Kelly
KELLY, GEORGE LANGE (Highpockets) BR TR 6'4" 190 lbs.
Brother of Ren Kelly.
B. Sept. 10, 1895, San Francisco, Calif. D. Oct. 13, 1984, Burlingame, Calif.
Hall of Fame 1973.

1915 NY N	17	38	6	0	0	1	2.6	2	4	1	9	0	.158	.237	2	0	1B-9, OF-4
1916	49	76	12	2	1	0	0.0	4	3	6	24	1	.158	.211	23	5	1B-13, OF-12, 3B-1
1917 2 teams	NY N (11G – .000)				PIT N (8G – .087)												
" total	19	30	2	0	1	0	0.0	2	0	1	12	0	.067	.133	3	0	1B-9, OF-3, 2B-1, P-1
1919 NY N	32	107	31	6	2	1	0.9	12	14	3	15	1	.290	.411	0	0	1B-32
1920	155	590	157	22	11	11	1.9	69	94	41	92	6	.266	.397	0	0	1B-155
1921	149	587	181	42	9	23	3.9	95	122	40	73	4	.308	.528	0	0	1B-149
1922	151	592	194	33	8	17	2.9	96	107	30	65	12	.328	.497	0	0	1B-151
1923	145	560	172	23	5	16	2.9	82	103	47	64	14	.307	.452	0	0	1B-145
1924	144	571	185	37	9	21	3.7	91	136	38	52	7	.324	.531	2	0	1B-125, OF-14, 2B-5, 3B-1
1925	147	586	181	29	3	20	3.4	87	99	35	54	5	.309	.471	0	0	2B-108, 1B-25, OF-17
1926	136	499	151	24	4	13	2.6	70	80	36	52	4	.303	.445	5	0	1B-114, 2B-18
1927 CIN N	61	222	60	16	4	5	2.3	27	21	11	23	1	.270	.446	1	0	1B-49, 2B-13, OF-2
1928	116	402	119	33	7	3	0.7	46	58	28	35	2	.296	.435	2	0	1B-99, OF-13
1929	147	577	169	45	9	5	0.9	73	103	33	61	7	.293	.428	0	0	1B-147
1930 2 teams	CIN N (51G – .287)				CHI N (39G – .331)												
" total	90	354	109	16	2	8	2.3	40	54	14	36	1	.308	.432	1	0	1B-89
1932 BKN N	64	202	49	9	1	4	2.0	23	22	22	27	0	.243	.356	1	0	1B-62, OF-1
16 yrs.	1622	5993	1778	337	76	148	2.5	819	1020	386	694	65	.297	.452	40	5	1B-1373, 2B-145, OF-66, 3B-2, P-1
1 yr.	64	202	49	9	1	4	2.0	23	22	22	27	0	.243	.356	1	0	1B-62, OF-1

WORLD SERIES
1921 NY N	8	30	7	1	0	0	0.0	3	3	3	10	0	.233	.267	0	0	1B-8
1922	5	18	5	0	0	0	0.0	0	2	0	3	0	.278	.278	0	0	1B-5
1923	6	22	4	0	0	0	0.0	1	1	1	2	0	.182	.182	0	0	1B-6
1924	7	31	9	1	0	1	3.2	7	4	1	8	0	.290	.419	0	0	1B-4
4 yrs.	26	101	25	2	0	1	1.0	11	10	5	23	0	.248	.297	0	0	1B-23
							10th										

Bob Kennedy
KENNEDY, ROBERT DANIEL BR TR 6'2" 193 lbs.
Father of Terry Kennedy.
B. Aug. 18, 1920, Chicago, Ill.
Manager 1963-65, 1968.

| 1939 CHI A | 3 | 8 | 2 | 0 | 0 | 0 | 0.0 | 0 | 1 | 0 | 0 | 0 | .250 | .250 | 1 | 0 | 3B-2 |

Player Register 170

	G	AB	H	2B	3B	HR	HR%	R	RBI	BB	SO	SB	BA	SA	Pinch Hit AB	H	G by POS

Bob Kennedy continued

	G	AB	H	2B	3B	HR	HR%	R	RBI	BB	SO	SB	BA	SA	PH AB	H	G by POS
1940	154	606	153	23	3	3	0.5	74	52	42	58	3	.252	.315	0	0	3B-154
1941	76	257	53	9	3	1	0.4	16	29	17	23	5	.206	.276	0	0	3B-71
1942	113	412	95	18	5	0	0.0	37	38	22	41	11	.231	.299	1	0	3B-96, OF-16
1946	113	411	106	13	5	5	1.2	43	34	24	42	6	.258	.350	5	2	OF-75, 3B-29
1947	115	428	112	19	3	6	1.4	47	48	18	38	3	.262	.362	4	0	OF-106, 3B-1
1948 2 teams		CHI A (30G – .248)				CLE A (66G – .301)											
" total	96	186	50	11	3	0	0.0	14	19	8	23	0	.269	.360	12	6	OF-80, 2B-2, 1B-1
1949 CLE A	121	424	117	23	5	9	2.1	49	57	37	40	5	.276	.417	2	0	OF-98, 3B-21
1950	146	540	157	27	5	9	1.7	79	54	53	31	3	.291	.409	2	0	OF-144
1951	108	321	79	15	4	7	2.2	30	29	34	33	4	.246	.383	4	0	OF-106
1952	22	40	12	3	1	0	0.0	6	12	9	5	1	.300	.425	5	0	OF-13, 3B-3
1953	100	161	38	5	0	3	1.9	22	22	19	11	0	.236	.323	6	2	OF-89
1954 2 teams		CLE A (1G – .000)				BAL A (106G – .251)											
" total	107	323	81	13	2	6	1.9	37	45	28	43	2	.251	.359	17	4	3B-71, OF-22
1955 2 teams		BAL A (26G – .143)				CHI A (83G – .304)											
" total	109	284	75	11	2	9	3.2	38	48	26	26	0	.264	.412	23	4	3B-56, OF-34, 1B-9
1956 2 teams		CHI A (8G – .077)				DET A (69G – .232)											
" total	77	190	42	5	0	4	2.1	17	22	26	23	2	.221	.311	19	2	3B-33, OF-29
1957 2 teams		CHI A (4G – .000)				BKN N (19G – .129)											
" total	23	33	4	1	0	1	3.0	5	4	1	6	0	.121	.242	7	1	OF-9, 3B-3
16 yrs.	1483	4624	1176	196	41	63	1.4	514	514	364	443	45	.254	.355	108	21	OF-821, 3B-540, 1B-10, 2B-2
1 yr.	19	31	4	1	0	1	3.2	5	4	1	5	0	.129	.258	5	1	OF-9, 3B-3

WORLD SERIES

| 1948 CLE A | 3 | 2 | 1 | 0 | 0 | 0 | 0.0 | 0 | 1 | 0 | 1 | 0 | .500 | .500 | 0 | 0 | OF-3 |

John Kennedy

KENNEDY, JOHN EDWARD BR TR 6' 185 lbs.
B. May 29, 1941, Chicago, Ill.

	G	AB	H	2B	3B	HR	HR%	R	RBI	BB	SO	SB	BA	SA	PH AB	H	G by POS
1962 WAS A	14	42	11	0	1	1	2.4	6	2	2	7	0	.262	.381	3	2	SS-9, 3B-2
1963	36	62	11	1	1	0	0.0	3	4	6	22	2	.177	.226	3	0	3B-26, SS-2
1964	148	482	111	16	4	7	1.5	55	35	29	119	3	.230	.324	1	0	3B-106, SS-49, 2B-2
1965 LA N	104	105	18	3	0	1	1.0	12	5	8	33	1	.171	.229	3	0	3B-95, SS-5
1966	125	274	55	9	2	3	1.1	15	24	10	64	1	.201	.281	1	0	3B-87, SS-28, 2B-15
1967 NY A	78	179	35	4	0	1	0.6	22	17	17	35	2	.196	.235	5	2	SS-36, 3B-34, 2B-2
1969 SEA A	61	128	30	3	1	4	3.1	18	14	14	25	4	.234	.367	5	0	SS-33, 3B-23
1970 2 teams		MIL A (25G – .255)				BOS A (43G – .256)											
" total	68	184	47	9	1	6	3.3	23	23	11	23	0	.255	.413	8	1	3B-38, 2B-18, SS-4, 1B-1
1971 BOS A	74	272	75	12	5	5	1.8	41	22	14	42	1	.276	.412	2	1	2B-37, SS-33, 3B-5
1972	71	212	52	11	1	2	0.9	22	22	18	40	0	.245	.335	5	0	2B-32, SS-27, 3B-11
1973	67	155	28	9	1	1	0.6	17	16	12	45	0	.181	.271	1	0	2B-31, 3B-24, DH-9
1974	10	15	2	0	0	1	6.7	3	1	1	6	0	.133	.333	0	0	2B-6, 3B-4
12 yrs.	856	2110	475	77	17	32	1.5	237	185	142	461	14	.225	.323	39	6	3B-455, SS-226, 2B-143, DH-9, 1B-1
2 yrs.	229	379	73	12	2	4	1.1	27	29	18	97	2	.193	.266	4	0	3B-182, SS-33, 2B-15

WORLD SERIES

1965 LA N	4	1	0	0	0	0	0.0	0	0	0	0	0	.000	.000	0	0	3B-4
1966	2	5	1	0	0	0	0.0	0	0	0	0	0	.200	.200	0	0	3B-2
2 yrs.	6	6	1	0	0	0	0.0	0	0	0	0	0	.167	.167	0	0	3B-6

Pete Kilduff

KILDUFF, PETER JOHN BR TR 5'7" 155 lbs.
B. Apr. 4, 1893, Weir City, Kans. D. Feb. 14, 1930, Pittsburg, Kans.

	G	AB	H	2B	3B	HR	HR%	R	RBI	BB	SO	SB	BA	SA	PH AB	H	G by POS
1917 2 teams		NY N (31G – .205)				CHI N (56G – .277)											
" total	87	280	72	12	5	1	0.4	35	27	16	30	13	.257	.346	0	0	SS-56, 2B-26, 3B-1
1918 CHI N	30	93	19	2	2	0	0.0	7	13	7	7	1	.204	.269	0	0	2B-30
1919 2 teams		CHI N (31G – .273)				BKN N (32G – .301)											
" total	63	161	46	7	3	0	0.0	14	16	22	16	6	.286	.366	2	1	3B-40, 2B-9, SS-7
1920 BKN N	141	478	130	26	8	0	0.0	62	58	58	43	2	.272	.360	2	1	2B-134, 3B-5
1921	107	372	107	15	10	3	0.8	45	45	31	36	6	.288	.406	1	0	2B-105, 3B-1
5 yrs.	428	1384	374	62	28	4	0.3	163	159	134	132	28	.270	.364	5	2	2B-304, SS-63, 3B-47
3 yrs.	280	923	259	44	19	3	0.3	116	111	101	90	13	.281	.379	4	1	2B-240, 3B-32

WORLD SERIES

| 1920 BKN N | 7 | 21 | 2 | 0 | 0 | 0 | 0.0 | 0 | 0 | 1 | 4 | 0 | .095 | .095 | 0 | 0 | 2B-7 |

Fred King

Playing record listed under John Butler

Tom Kinslow

KINSLOW, THOMAS F. TR 5'10" 160 lbs.
B. Jan. 12, 1866, Washington, D. C. D. Feb. 22, 1901, Washington, D. C.

	G	AB	H	2B	3B	HR	HR%	R	RBI	BB	SO	SB	BA	SA	PH AB	H	G by POS
1886 WAS N	3	8	2	0	0	0	0.0	1	1	0	1		.250	.250	0	0	C-3
1887 NY AA	2	6	0	0	0	0	0.0	0				0	.000	.000	0	0	C-2
1890 BKN P	64	242	64	11	6	4	1.7	30	46	10	22	2	.264	.409	0	0	C-64
1891 BKN N	61	228	54	6	0	0	0.0	22	33	9	22	3	.237	.263	0	0	C-61
1892	66	246	75	6	11	2	0.8	37	40	13	16	4	.305	.443	0	0	C-66
1893	78	312	76	8	4	4	1.3	38	45	11	3	4	.244	.333	0	0	C-76, OF-2
1894	62	223	68	5	6	2	0.9	39	41	20	11	4	.305	.408	0	0	C-61, 1B-1
1895 PIT N	19	62	14	2	0	0	0.0	10	5	2	2	1	.226	.258	1	0	C-18
1896 LOU N	8	25	7	0	1	0	0.0	4	7	1	5	0	.280	.360	2	0	C-5, 1B-1
1898 2 teams		WAS N (3G – .111)				STL N (14G – .283)											
" total	17	62	16	2	1	0	0.0	5	4	1	0	0	.258	.323	0	0	C-17, 1B-1
10 yrs.	380	1414	376	40	29	12	0.8	186	222	67	92	18	.266	.361	3	0	C-373, 1B-3, OF-2
4 yrs.	267	1009	273	25	21	8	0.8	136	159	53	62	15	.271	.361	0	0	C-264, OF-2, 1B-1

Player Register

	G	AB	H	2B	3B	HR	HR%	R	RBI	BB	SO	SB	BA	SA	Pinch Hit AB	Pinch Hit H	G by POS

Enos Kirkpatrick
KIRKPATRICK, ENOS CLAIRE   BR TR 5'10" 175 lbs.
B. Dec. 8, 1885, Pittsburgh, Pa.   D. Apr. 14, 1964, Pittsburgh, Pa.

Year/Team	G	AB	H	2B	3B	HR	HR%	R	RBI	BB	SO	SB	BA	SA	PH AB	PH H	G by POS
1912 BKN N	32	94	18	1	1	0	0.0	13	6	9	15	5	.191	.223	1	0	3B-29, SS-3
1913	48	89	22	4	1	1	1.1	13	5	3	18	5	.247	.348	13	2	SS-10, 1B-8, 2B-6, 3B-4
1914 BAL F	55	174	44	7	2	2	1.1	22	16	18		10	.253	.351	2	1	3B-36, SS-11, OF-3, 1B-1
1915	68	171	41	8	2	0	0.0	22	19	24		12	.240	.310	5	1	3B-28, 2B-21, SS-5, 1B-5
4 yrs.	203	528	125	20	6	3	0.6	70	46	54	33	32	.237	.314	21	4	3B-97, SS-29, 2B-27, 1B-14, OF-3
2 yrs.	80	183	40	5	2	1	0.5	26	11	12	33	10	.219	.284	14	2	3B-33, SS-13, 1B-8, 2B-6

Frank Kitson
KITSON, FRANK L.   BL TR 5'11" 165 lbs.
B. Apr. 11, 1872, Hopkins, Mich.   D. Apr. 14, 1930, Allegan, Mich.

Year/Team	G	AB	H	2B	3B	HR	HR%	R	RBI	BB	SO	SB	BA	SA	PH AB	PH H	G by POS
1898 BAL N	31	86	27	1	3	0	0.0	13	16	5		2	.314	.395	3	2	P-17, OF-11
1899	45	134	27	7	1	0	0.0	13	8	6		7	.201	.269	4	0	P-40
1900 BKN N	43	109	32	5	1	0	0.0	20	16	6		2	.294	.358	2	0	P-40, OF-1
1901	47	133	35	5	2	1	0.8	22	16	4		0	.263	.353	6	2	P-38, OF-2, 1B-1
1902	39	113	30	3	4	1	0.9	9	11	3		0	.265	.389	7	3	P-31
1903 DET A	36	116	21	0	2	0	0.0	12	4	2		2	.181	.216	0	0	P-31, OF-5
1904	27	72	15	0	0	1	1.4	9	4	1		0	.208	.250	1	0	P-26
1905	33	87	16	2	0	0	0.0	8	4	3		0	.184	.207	0	0	P-33
1906 WAS A	31	90	22	4	4	1	1.1	9	12	8		1	.244	.411	1	0	P-30
1907 2 teams	WAS A (5G – .125)			NY A (12G – .261)													
" total	17	31	7	0	0	0	0.0	4	4	1		0	.226	.226	0	0	P-17
10 yrs.	349	971	232	27	17	4	0.4	119	95	39		14	.239	.314	24	7	P-303, OF-19, 1B-1
3 yrs.	129	355	97	13	7	2	0.6	51	43	13		2	.273	.366	15	5	P-109, OF-3, 1B-1

Joe Klugman
KLUGMAN, JOSIE   BR TR 5'11" 175 lbs.
B. Mar. 26, 1895, St. Louis, Mo.   D. July 18, 1951, Moberly, Mo.

Year/Team	G	AB	H	2B	3B	HR	HR%	R	RBI	BB	SO	SB	BA	SA	PH AB	PH H	G by POS
1921 CHI N	6	21	6	0	0	0	0.0	3	2	1	2	0	.286	.286	1	1	2B-5
1922	2	2	0	0	0	0	0.0	0	0	0	0	0	.000	.000	0	0	2B-2
1924 BKN N	31	79	13	2	1	0	0.0	7	3	2	9	0	.165	.215	1	0	2B-28, SS-1
1925 CLE A	38	85	28	9	2	0	0.0	12	12	8	4	3	.329	.482	3	1	2B-18, 1B-4, 3B-2
4 yrs.	77	187	47	11	3	0	0.0	22	17	11	15	3	.251	.342	5	2	2B-64, 1B-4, 3B-2, SS-1
1 yr.	31	79	13	2	1	0	0.0	7	3	2	9	0	.165	.215	1	0	2B-28, SS-1

Elmer Klumpp
KLUMPP, ELMER EDWARD   BR TR 6' 184 lbs.
B. Aug. 26, 1906, St. Louis, Mo.

Year/Team	G	AB	H	2B	3B	HR	HR%	R	RBI	BB	SO	SB	BA	SA	PH AB	PH H	G by POS
1934 WAS A	12	15	2	0	0	0	0.0	2	0	0	1	0	.133	.133	1	0	C-11
1937 BKN N	5	11	1	0	0	0	0.0	0	2	1	4	0	.091	.091	1	0	C-3
2 yrs.	17	26	3	0	0	0	0.0	2	2	1	5	0	.115	.115	2	0	C-14
1 yr.	5	11	1	0	0	0	0.0	0	2	1	4	0	.091	.091	1	0	C-3

Barney Koch
KOCH, BARNETT   BR TR 5'8" 140 lbs.
B. Mar. 23, 1923, Campbell, Neb.

Year/Team	G	AB	H	2B	3B	HR	HR%	R	RBI	BB	SO	SB	BA	SA	PH AB	PH H	G by POS
1944 BKN N	33	96	21	2	0	0	0.0	11	1	3	9	0	.219	.240	1	1	2B-29, SS-1

Len Koenecke
KOENECKE, LEONARD GEORGE   BL TR 5'11½" 192 lbs.
B. Jan. 18, 1904, Baraboo, Wis.   D. Sept. 17, 1935, Toronto, Ont., Canada

Year/Team	G	AB	H	2B	3B	HR	HR%	R	RBI	BB	SO	SB	BA	SA	PH AB	PH H	G by POS
1932 NY N	42	137	35	5	0	4	2.9	33	14	11	13	3	.255	.380	1	0	OF-35
1934 BKN N	123	460	147	31	7	14	3.0	79	73	70	38	8	.320	.509	2	0	OF-121
1935	100	325	92	13	2	4	1.2	43	27	43	45	0	.283	.372	8	0	OF-91
3 yrs.	265	922	274	49	9	22	2.4	155	114	124	96	11	.297	.441	11	0	OF-247
2 yrs.	223	785	239	44	9	18	2.3	122	100	113	83	8	.304	.452	10	0	OF-212

Ed Konetchy
KONETCHY, EDWARD JOSEPH (Big Ed)   BR TR 6'2½" 195 lbs.
Also appeared in box score as Koney
B. Sept. 3, 1885, LaCrosse, Wis.   D. May 27, 1947, Fort Worth, Tex.

Year/Team	G	AB	H	2B	3B	HR	HR%	R	RBI	BB	SO	SB	BA	SA	PH AB	PH H	G by POS
1907 STL N	90	330	83	11	8	3	0.9	34	30	26		13	.252	.361	0	0	1B-90
1908	154	545	135	19	12	5	0.9	64	50	38		16	.248	.354	0	0	1B-154
1909	152	576	165	23	14	4	0.7	88	80	65		25	.286	.396	0	0	1B-152
1910	144	520	157	23	16	3	0.6	87	78	78	59	18	.302	.425	0	0	1B-144, P-1
1911	158	571	165	38	13	6	1.1	90	88	81	63	27	.289	.433	0	0	1B-158
1912	143	538	169	26	13	8	1.5	81	82	62	66	25	.314	.455	0	0	1B-142, OF-1
1913	139	502	137	18	17	7	1.4	74	68	53	41	27	.273	.418	0	0	1B-139, P-1
1914 PIT F	154	563	140	23	9	4	0.7	56	51	32	48	20	.249	.343	0	0	1B-154
1915 PIT F	152	576	181	31	18	10	1.7	79	93	41		27	.314	.483	0	0	1B-152
1916 BOS N	158	566	147	29	13	3	0.5	76	70	43	46	13	.260	.373	0	0	1B-158
1917	130	474	129	19	13	2	0.4	56	54	36	40	16	.272	.380	1	0	1B-129
1918	119	437	103	15	5	2	0.5	33	56	32	35	5	.236	.307	0	0	1B-112, OF-6, P-1
1919 BKN N	132	486	145	24	9	1	0.2	46	47	29	39	14	.298	.391	0	0	1B-132
1920	131	497	153	22	12	5	1.0	62	63	33	18	2	.308	.431	0	0	1B-130
1921 2 teams	BKN N (55G – .269)			PHI N (72G – .321)													
" total	127	465	139	23	9	11	2.4	63	82	40	38	6	.299	.458	2	0	1B-125
15 yrs.	2083	7646	2148	344	181	74	1.0	971	992	689	493	255	.281	.402	4	0	1B-2071, OF-7, P-3
3 yrs.	318	1180	351	52	26	9	0.8	133	133	81	78	20	.297	.408	2	0	1B-316

WORLD SERIES

Year/Team	G	AB	H	2B	3B	HR	HR%	R	RBI	BB	SO	SB	BA	SA	PH AB	PH H	G by POS
1920 BKN N	7	23	4	0	1	0	0.0	0	2	3	2	0	.174	.261	0	0	1B-7

Player Register

	G	AB	H	2B	3B	HR	HR%	R	RBI	BB	SO	SB	BA	SA	Pinch Hit AB	H	G by POS

Andy Kosco
KOSCO, ANDREW JOHN
B. Oct. 5, 1941, Youngstown, Ohio
BR TR 6'3" 205 lbs.

	G	AB	H	2B	3B	HR	HR%	R	RBI	BB	SO	SB	BA	SA	PH AB	H	G by POS
1965 MIN A	23	55	13	4	0	1	1.8	3	6	1	15	0	.236	.364	8	3	OF-14, 1B-2
1966	57	158	35	5	0	2	1.3	11	13	7	31	0	.222	.291	14	6	OF-40, 1B-5
1967	9	28	4	1	0	0	0.0	4	4	2	4	0	.143	.179	3	1	OF-7
1968 NY A	131	466	112	19	1	15	3.2	47	59	16	71	2	.240	.382	11	4	OF-95, 1B-28
1969 LA N	120	424	105	13	2	19	4.5	51	74	21	66	0	.248	.422	13	5	OF-109, 1B-3
1970	74	224	51	12	0	8	3.6	21	27	1	40	1	.228	.388	16	2	OF-58, 1B-1
1971 MIL A	98	264	60	6	2	10	3.8	27	39	24	57	1	.227	.379	28	8	OF-45, 1B-29, 3B-12
1972 2 teams	CAL A (49G – .239)					BOS A (17G – .213)											
" total	66	189	44	6	3	9	4.8	20	19	7	32	1	.233	.439	18	3	OF-48
1973 CIN N	47	118	33	7	0	9	7.6	17	21	13	26	0	.280	.568	13	3	OF-36, 1B-1
1974	33	37	7	2	0	0	0.0	3	5	7	8	0	.189	.243	20	4	3B-8, OF-1
10 yrs.	658	1963	464	75	8	73	3.7	204	267	99	350	5	.236	.394	144	39	OF-453, 1B-69, 3B-20
2 yrs.	194	648	156	25	2	27	4.2	72	101	22	106	1	.241	.410	29	7	OF-167, 1B-4
LEAGUE CHAMPIONSHIP SERIES																	
1973 CIN N	3	10	3	0	0	0	0.0	0	0	2	3	0	.300	.300	0	0	OF-3

Ernie Koy
KOY, ERNEST ANYZ (Chief)
B. Sept. 17, 1909, Sealy, Tex.
BR TR 6' 200 lbs.

	G	AB	H	2B	3B	HR	HR%	R	RBI	BB	SO	SB	BA	SA	PH AB	H	G by POS
1938 BKN N	142	521	156	29	13	11	2.1	78	76	38	76	15	.299	.468	3	1	OF-135, 3B-1
1939	123	425	118	37	5	8	1.9	57	67	39	64	11	.278	.445	9	1	OF-114
1940 2 teams	BKN N (24G – .229)					STL N (93G – .310)											
" total	117	396	119	21	9	2.3		53	60	31	62	13	.301	.452	7	0	OF-110
1941 2 teams	STL N (13G – .200)					CIN N (67G – .250)											
" total	80	244	59	12	2	4	1.6	29	31	15	30	1	.242	.357	13	3	OF-61
1942 2 teams	CIN N (3G – .000)					PHI N (91G – .244)											
" total	94	260	63	9	3	4	1.5	21	26	14	52	0	.242	.346	9	2	OF-78
5 yrs.	556	1846	515	108	29	36	2.0	238	260	137	284	40	.279	.427	41	7	OF-498, 3B-1
3 yrs.	289	994	285	68	19	20	2.0	144	151	80	143	27	.287	.454	17	2	OF-268, 3B-1

Charlie Kress
KRESS, CHARLES STEVEN (Chuck)
B. Dec. 9, 1921, Philadelphia, Pa.
BL TL 6' 190 lbs.

	G	AB	H	2B	3B	HR	HR%	R	RBI	BB	SO	SB	BA	SA	PH AB	H	G by POS
1947 CIN N	11	27	4	0	0	0	0.0	4	0	6	4	0	.148	.148	2	1	1B-8
1949 2 teams	CIN A (27G – .207)					CHI A (97G – .278)											
" total	124	382	104	20	6	1	0.3	48	47	42	49	6	.272	.364	11	3	1B-111
1950 CHI A	3	8	0	0	0	0	0.0	0	0	2	0	.000	.000	1	0	1B-2	
1954 2 teams	DET A (24G – .189)					BKN N (13G – .083)											
" total	37	49	8	0	1	0	0.0	5	5	1	4	0	.163	.204	27	3	1B-8, OF-1
4 yrs.	175	466	116	20	7	1	0.2	57	52	49	59	6	.249	.328	41	7	1B-129, OF-1
1 yr.	13	12	1	0	0	0	0.0	1	2	0	0	0	.083	.083	12	1	1B-1

Ernie Krueger
KRUEGER, ERNEST GEORGE
B. Dec. 27, 1890, Chicago, Ill. D. Apr. 22, 1976, Waukegan, Ill.
BR TR 5'10½" 185 lbs.

	G	AB	H	2B	3B	HR	HR%	R	RBI	BB	SO	SB	BA	SA	PH AB	H	G by POS
1913 CLE A	5	6	0	0	0	0	0.0	0	0	0	2	0	.000	.000	1	0	C-4
1915 NY N	10	29	5	1	0	0	0.0	0	3	0	5	0	.172	.207	2	0	C-8
1917 2 teams	NY N (8G – .000)					BKN N (31G – .272)											
" total	39	91	22	2	2	1	1.1	10	6	5	11	1	.242	.341	9	1	C-29
1918 BKN N	30	87	25	4	2	0	0.0	4	7	4	9	2	.287	.379	7	2	C-23
1919	80	226	56	7	4	5	2.2	24	36	19	25	4	.248	.381	10	2	C-66
1920	52	146	42	4	2	1	0.7	21	17	16	13	2	.288	.363	5	1	C-46
1921	65	163	43	11	4	3	1.8	18	20	14	12	2	.264	.436	14	3	C-52
1925 CIN N	37	88	27	4	0	1	1.1	7	7	6	8	1	.307	.386	6	0	C-30
8 yrs.	318	836	220	33	14	11	1.3	87	93	64	85	12	.263	.376	54	9	C-258
5 yrs.	258	703	188	28	14	10	1.4	77	86	58	66	11	.267	.390	43	9	C-210
WORLD SERIES																	
1920 BKN N	4	6	1	0	0	0	0.0	0	0	0	0	0	.167	.167	1	0	C-3

Joe Kustus
KUSTUS, JOSEPH JULIUS
B. Sept. 5, 1882, Detroit, Mich. D. Apr. 27, 1916, Eloise, Mich.
BR TR 5'10"

	G	AB	H	2B	3B	HR	HR%	R	RBI	BB	SO	SB	BA	SA	PH AB	H	G by POS
1909 BKN N	53	173	25	5	0	1	0.6	12	11	11		9	.145	.191	3	0	OF-50

Candy LaChance
LaCHANCE, GEORGE JOSEPH
B. Feb. 15, 1870, Waterbury, Conn. D. Aug. 18, 1932, Waterbury, Conn.
BB TR 6'2"

	G	AB	H	2B	3B	HR	HR%	R	RBI	BB	SO	SB	BA	SA	PH AB	H	G by POS
1893 BKN N	11	35	6	1	0	0	0.0	1	6	2	12	0	.171	.200	0	0	C-6, OF-5
1894	68	257	83	13	8	5	1.9	48	52	16	32	20	.323	.494	0	0	1B-56, C-10, OF-3
1895	127	536	167	22	8	8	1.5	99	108	29	48	32	.312	.427	0	0	1B-125, OF-3
1896	89	348	99	10	13	7	2.0	60	58	23	32	17	.284	.448	0	0	1B-89
1897	126	520	160	28	16	4	0.8	86	90	15		26	.308	.446	0	0	1B-126
1898	136	526	130	23	7	5	1.0	62	65	31		23	.247	.346	1	0	1B-74, SS-48, OF-13
1899 BAL N	125	472	145	23	10	1	0.2	65	75	21		31	.307	.405	0	0	1B-125
1901 CLE A	133	548	166	22	9	1	0.2	81	75	7		11	.303	.381	0	0	1B-133
1902 BOS A	138	541	151	13	4	6	1.1	60	54	18		8	.279	.351	0	0	1B-138
1903	141	522	134	22	6	1	0.2	60	53	28		12	.257	.328	0	0	1B-141
1904	157	573	130	19	5	1	0.2	55	47	23		7	.227	.283	0	0	1B-157
1905	12	41	6	1	0	0	0.0	3	5	6		0	.146	.171	0	0	1B-12
12 yrs.	1263	4919	1377	197	86	39	0.8	678	690	219	124	192	.280	.379	1	0	1B-1176, SS-48, OF-24, C-16
6 yrs.	557	2222	645	97	52	29	1.3	356	379	116	124	123	.290	.420	1	0	1B-470, SS-48, OF-24, C-16
WORLD SERIES																	
1903 BOS A	8	27	6	2	1	0	0.0	5	4	3	2	0	.222	.370	0	0	1B-8

Player Register

	G	AB	H	2B	3B	HR	HR%	R	RBI	BB	SO	SB	BA	SA	Pinch Hit AB	H	G by POS

Lee Lacy

LACY, LEONDAUS BR TR 6'1" 175 lbs.
B. Apr. 10, 1948, Longview, Tex.

	G	AB	H	2B	3B	HR	HR%	R	RBI	BB	SO	SB	BA	SA	PH AB	H	G by POS
1972 LA N	60	243	63	7	3	0	0.0	34	12	19	37	5	.259	.313	2	1	2B-58
1973	57	135	28	2	0	0	0.0	14	8	15	34	2	.207	.222	13	1	2B-41
1974	48	78	22	6	0	0	0.0	13	8	2	14	2	.282	.359	11	3	2B-34, 3B-1
1975	101	306	96	11	5	7	2.3	44	40	22	29	5	.314	.451	21	4	OF-43, 2B-43, SS-1
1976 2 teams		ATL	N (50G −	.272)		LA	N (53G −	.266)									
" total	103	338	91	11	3	3	0.9	42	34	22	25	3	.269	.346	17	5	2B-46, OF-42, 3B-4
1977 LA N	75	169	45	7	0	6	3.6	28	21	10	21	4	.266	.414	24	6	OF-32, 2B-22, 3B-12
1978	103	245	64	16	4	13	5.3	29	40	27	30	7	.261	.518	34	13	OF-44, 2B-24, 3B-9, SS-1
1979 PIT N	84	182	45	9	3	5	2.7	17	15	22	36	6	.247	.412	33	6	OF-41, 2B-5
1980	109	278	93	20	4	7	2.5	45	33	28	33	18	.335	.511	16	5	OF-88, 3B-3
1981	78	213	57	11	4	2	0.9	31	10	11	29	24	.268	.385	13	3	OF-63, 3B-1
1982	121	359	112	16	3	5	1.4	66	31	32	57	40	.312	.415	13	3	OF-113, 3B-2
1983	108	288	87	12	3	4	1.4	40	13	22	36	31	.302	.406	20	6	OF-98
1984	138	474	152	26	3	12	2.5	66	70	32	61	21	.321	.464	8	0	OF-127, 2B-2
1985 BAL A	121	492	144	22	4	9	1.8	69	48	39	95	10	.293	.409	4	2	OF-115, DH-5
14 yrs.	1306	3800	1099	176	39	73	1.9	538	383	303	537	178	.289	.414	229	58	OF-806, 2B-275, 3B-32, DH-5, SS-2
7 yrs.	497	1334	360	56	13	26	1.9	179	143	111	178	26	.270	.390	117 9th	33 4th	2B-224, OF-156, 3B-25, SS-2

LEAGUE CHAMPIONSHIP SERIES

	G	AB	H	2B	3B	HR	HR%	R	RBI	BB	SO	SB	BA	SA	AB	H	G by POS
1974 LA N	1	0	0	0	0	0	−	0	0	0	0	0	−	−	0	0	
1977	1	1	1	0	0	0	0.0	1	0	0	0	0	1.000	1.000	1	1	
1978	2	2	0	0	0	0	0.0	0	0	0	0	0	.000	.000	2	0	
3 yrs.	4	3	1	0	0	0	0.0	1	0	0	0	0	.333	.333	3	1	

WORLD SERIES

	G	AB	H	2B	3B	HR	HR%	R	RBI	BB	SO	SB	BA	SA	AB	H	G by POS
1974 LA N	1	1	0	0	0	0	0.0	0	0	0	1	0	.000	.000	1	0	
1977	4	7	3	0	0	0	0.0	1	2	1	0	0	.429	.429	2	1	OF-2
1978	4	14	2	0	0	0	0.0	0	1	1	3	0	.143	.143	0	0	DH-4
1979 PIT N	4	4	1	0	0	0	0.0	0	0	0	1	0	.250	.250	4	1	
4 yrs.	13	26	6	0	0	0	0.0	1	3	2	6	0	.231	.231	7 6th	2	DH-4, OF-2

Bill Lamar

LAMAR, WILLIAM HARMONG (Good Time Bill) BL TR 6'1" 185 lbs.
B. Mar. 21, 1897, Rockville, Md. BB 1927
D. May 24, 1970, Rockport, Mass.

	G	AB	H	2B	3B	HR	HR%	R	RBI	BB	SO	SB	BA	SA	PH AB	H	G by POS
1917 NY A	11	41	10	0	0	0	0.0	2	3	0	2	1	.244	.244	0	0	OF-11
1918	28	110	25	3	0	0	0.0	12	2	6	2	2	.227	.255	1	1	OF-27
1919 2 teams		NY	A (11G −	.188)		BOS	A (48G −	.291)									
" total	59	164	46	6	1	0	0.0	19	14	7	10	4	.280	.329	19	3	OF-39, 1B-1
1920 BKN N	24	44	12	4	0	0	0.0	5	4	0	1	0	.273	.364	10	3	OF-12
1921	3	3	1	0	0	0	0.0	2	0	0	0	0	.333	.333	2	1	OF-1
1924 PHI A	87	367	121	22	5	7	1.9	68	48	18	21	8	.330	.474	0	0	OF-87
1925	138	568	202	39	8	3	0.5	85	77	21	17	2	.356	.468	6	1	OF-131
1926	116	419	119	17	6	5	1.2	62	50	18	15	4	.284	.389	8	3	OF-105
1927	84	324	97	23	3	4	1.2	48	47	16	10	4	.299	.426	5	1	OF-79
9 yrs.	550	2040	633	114	23	19	0.9	303	245	86	78	25	.310	.417	51	13	OF-492, 1B-1
2 yrs.	27	47	13	4	0	0	0.0	7	4	0	1	0	.277	.362	12	4	OF-13

WORLD SERIES

1920 BKN N	3	3	0	0	0	0	0.0	0	0	0	0	0	.000	.000	3	0	

Rafael Landestoy

LANDESTOY, RAFAEL SILVIALDO BR TR 5'10" 165 lbs.
Born Rafael Silvialdo Landestoy Santana.
B. May 28, 1953, Bani, Dominican Republic

	G	AB	H	2B	3B	HR	HR%	R	RBI	BB	SO	SB	BA	SA	PH AB	H	G by POS
1977 LA N	15	18	5	0	0	0	0.0	6	0	3	2	2	.278	.278	0	0	2B-8, SS-3
1978 HOU N	59	218	58	5	1	0	0.0	18	9	8	23	7	.266	.298	9	2	SS-50, 2B-2
1979	129	282	76	9	6	0	0.0	33	30	29	24	13	.270	.344	14	2	2B-114, SS-3
1980	149	393	97	13	8	1	0.3	42	27	31	37	23	.247	.328	26	3	2B-94, SS-65, 3B-3
1981 2 teams		HOU	N (35G −	.149)		CIN	N (12G −	.182)									
" total	47	85	13	1	1	0	0.0	8	5	17	9	5	.153	.188	10	1	2B-34
1982 CIN N	73	111	21	3	0	1	0.9	11	9	8	14	2	.189	.243	35	11	3B-21, 2B-16, OF-3, SS-2
1983 2 teams		CIN	N (7G −	.000)		LA	N (64G −	.172)									
" total	71	69	11	1	1	0	1.4	6	1	3	8	0	.159	.246	33	4	OF-11, 3B-11, 1B-2, SS-1
1984 LA N	53	54	10	0	0	1	1.9	10	2	1	6	2	.185	.241	18	3	2B-14, 3B-11, OF-5
8 yrs.	596	1230	291	32	17	4	0.3	134	83	100	123	54	.237	.300	145	25	2B-296, SS-124, 3B-46, OF-19, 1B-2
3 yrs.	132	136	26	1	1	2	1.5	22	3	7	16	4	.191	.257	49	7	2B-36, 3B-21, OF-15, SS-4

LEAGUE CHAMPIONSHIP SERIES

	G	AB	H	2B	3B	HR	HR%	R	RBI	BB	SO	SB	BA	SA	AB	H	G by POS
1980 HOU N	5	9	2	0	0	0	0.0	3	2	1	0	1	.222	.222	0	0	2B-3
1983 LA N	2	2	0	0	0	0	0.0	0	0	0	1	0	.000	.000	2	0	
2 yrs.	7	11	2	0	0	0	0.0	3	2	1	1	1	.182	.182	2	0	2B-3

WORLD SERIES

1977 LA N	1	0	0	0	0	0	−	0	0	0	0	0	−	−	0	0	

Ken Landreaux

LANDREAUX, KENNETH FRANCIS BL TR 5'10" 165 lbs.
B. Dec. 22, 1954, Los Angeles, Calif.

	G	AB	H	2B	3B	HR	HR%	R	RBI	BB	SO	SB	BA	SA	PH AB	H	G by POS
1977 CAL A	23	76	19	5	1	0	0.0	6	5	5	15	1	.250	.342	0	0	OF-22
1978	93	260	58	7	5	5	1.9	37	23	20	20	7	.223	.346	7	2	OF-83, DH-1
1979 MIN A	151	564	172	27	5	15	2.7	81	83	37	57	10	.305	.450	7	1	OF-147
1980	129	484	136	23	11	7	1.4	56	62	39	42	8	.281	.417	3	2	OF-120, DH-6
1981 LA N	99	390	98	16	4	7	1.8	48	41	25	42	18	.251	.367	4	1	OF-95

Player Register

	G	AB	H	2B	3B	HR	HR%	R	RBI	BB	SO	SB	BA	SA	Pinch Hit AB	H	G by POS

Ken Landreaux continued

	G	AB	H	2B	3B	HR	HR%	R	RBI	BB	SO	SB	BA	SA	AB	H	G by POS
1982	129	461	131	23	7	7	1.5	71	50	39	54	31	.284	.410	11	1	OF-117
1983	141	481	135	25	3	17	3.5	63	66	34	52	30	.281	.451	4	1	OF-137
1984	134	438	110	11	5	11	2.5	39	47	29	35	10	.251	.374	16	3	OF-129
1985	147	482	129	26	2	12	2.5	70	50	33	37	15	.268	.405	22	4	OF-140
9 yrs.	1046	3636	988	163	43	81	2.2	471	427	261	354	130	.272	.407	74	15	OF-990, DH-7
5 yrs.	650	2252	603	101	21	54	2.4	291	254	160	220	104	.268	.403	57	10	OF-618

DIVISIONAL PLAYOFF SERIES
| 1981 LA N | 5 | 20 | 4 | 1 | 0 | 0 | 0.0 | 1 | 1 | 0 | 1 | 0 | .200 | .250 | 0 | 0 | OF-5 |

LEAGUE CHAMPIONSHIP SERIES
1981 LA N	5	10	1	1	0	0	0.0	0	0	3	2	0	.100	.200	0	0	OF-5
1983	4	14	2	0	0	0	0.0	0	1	1	3	0	.143	.143	0	0	OF-4
1985	5	18	7	3	0	0	0.0	4	2	1	1	0	.389	.556	1	0	OF-4
3 yrs.	14	42	10	4	0	0	0.0	4	3	5	6	0	.238	.333	1	0	OF-13

WORLD SERIES
| 1981 LA N | 5 | 6 | 1 | 1 | 0 | 0 | 0.0 | 1 | 0 | 0 | 2 | 1 | .167 | .333 | 2 | 1 | OF-3 |

Norm Larker

LARKER, NORMAN HOWARD JOHN BL TL 6' 185 lbs.
B. Dec. 27, 1930, Beaver Meadows, Pa.

	G	AB	H	2B	3B	HR	HR%	R	RBI	BB	SO	SB	BA	SA	AB	H	G by POS
1958 LA N	99	253	70	16	5	4	1.6	32	29	29	21	1	.277	.427	29	7	OF-43, 1B-25
1959	108	311	90	14	1	8	2.6	37	49	26	25	0	.289	.418	24	7	1B-55, OF-30
1960	133	440	142	26	3	5	1.1	56	78	36	24	1	.323	.430	15	6	1B-119, OF-2
1961	97	282	76	16	1	5	1.8	29	38	24	22	0	.270	.387	10	2	1B-86, OF-1
1962 HOU N	147	506	133	19	5	9	1.8	58	63	70	47	1	.263	.374	10	6	1B-135, OF-6
1963 2 teams	MIL N (64G – .177)			SF N (19G – .071)													
" total	83	161	27	6	0	1	0.6	15	14	26	26	0	.168	.224	30	4	1B-53
6 yrs.	667	1953	538	97	15	32	1.6	227	271	211	165	3	.275	.390	118	32	1B-473, OF-82
4 yrs.	437	1286	378	72	10	22	1.7	154	194	115	92	2	.294	.417	78	22	1B-285, OF-76

WORLD SERIES
| 1959 LA N | 6 | 16 | 3 | 0 | 0 | 0 | 0.0 | 2 | 0 | 2 | 3 | 0 | .188 | .188 | 0 | 0 | OF-6 |

Lyn Lary

LARY, LYNFORD HOBART BR TR 6' 165 lbs.
B. Jan. 28, 1906, Armona, Calif. D. Jan. 9, 1973, Downey, Calif.

	G	AB	H	2B	3B	HR	HR%	R	RBI	BB	SO	SB	BA	SA	AB	H	G by POS
1929 NY A	80	236	73	9	2	5	2.1	48	26	24	15	4	.309	.428	7	0	3B-55, SS-14, 2B-2
1930	117	464	134	20	8	3	0.6	93	52	45	40	14	.289	.386	3	0	SS-113
1931	155	610	171	35	9	10	1.6	100	107	88	54	13	.280	.416	0	0	SS-155
1932	91	280	65	14	4	3	1.1	56	39	52	28	9	.232	.343	1	0	SS-80, 1B-5, 3B-2, 2B-2, OF-1
1933	52	127	28	3	3	0	0.0	25	13	28	17	2	.220	.291	4	0	3B-28, SS-16, 1B-3, OF-1
1934 2 teams	NY A (1G – .000)			BOS A (129G – .241)													
" total	130	419	101	20	4	2	0.5	58	54	67	51	12	.241	.322	0	0	SS-129, 1B-1
1935 2 teams	WAS A (39G – .194)			STL A (93G – .288)													
" total	132	474	127	29	7	2	0.4	86	42	76	53	28	.268	.371	3	1	SS-123
1936 STL A	155	620	179	30	6	2	0.3	112	52	117	54	37	.289	.366	0	0	SS-155
1937 CLE A	156	644	187	46	7	8	1.2	110	77	88	64	18	.290	.421	0	0	SS-156
1938	141	568	152	36	4	3	0.5	94	51	88	65	23	.268	.361	0	0	SS-141
1939 3 teams	CLE A (3G – .000)			BKN N (29G – .161)			STL N (34G – .187)										
" total	66	108	19	4	1	0	0.0	18	10	28	22	2	.176	.231	3	0	SS-44, 3B-10
1940 STL A	27	54	3	1	1	0	0.0	5	3	4	7	0	.056	.111	6	0	SS-12, 2B-1
12 yrs.	1302	4604	1239	247	56	38	0.8	805	526	705	470	162	.269	.372	27	1	SS-1138, 3B-95, 1B-9, 2B-5, OF-2
1 yr.	29	31	5	1	1	0	0.0	7	1	12	6	1	.161	.258	2	0	SS-12, 3B-7

Tacks Latimer

LATIMER, CLIFFORD WESLEY TR 6' 180 lbs.
B. Nov. 30, 1877, Loveland, Ohio D. Apr. 24, 1936, Loveland, Ohio

	G	AB	H	2B	3B	HR	HR%	R	RBI	BB	SO	SB	BA	SA	AB	H	G by POS
1898 NY N	5	17	5	1	0	0	0.0	1	1	0		0	.294	.353	0	0	C-4, OF-2
1899 LOU N	9	29	8	1	0	0	0.0	3	4	2		1	.276	.310	0	0	C-8, 1B-1
1900 PIT N	4	12	4	1	0	0	0.0	1	2	0		0	.333	.417	0	0	C-4
1901 BAL A	1	4	1	0	0	0	0.0	0	0	0		0	.250	.250	0	0	C-1
1902 BKN N	8	24	1	0	0	0	0.0	0	0	0		0	.042	.042	0	0	C-8
5 yrs.	27	86	19	3	0	0	0.0	5	7	2		1	.221	.256	0	0	C-25, OF-2, 1B-1
1 yr.	8	24	1	0	0	0	0.0	0	0	0		0	.042	.042	0	0	C-8

Cookie Lavagetto

LAVAGETTO, HARRY ARTHUR BR TR 6' 170 lbs.
B. Dec. 1, 1912, Oakland, Calif.
Manager 1957-61.

	G	AB	H	2B	3B	HR	HR%	R	RBI	BB	SO	SB	BA	SA	AB	H	G by POS
1934 PIT N	87	304	67	16	3	3	1.0	41	46	32	39	6	.220	.322	2	1	2B-83
1935	78	231	69	9	4	0	0.0	27	19	18	15	1	.290	.364	16	3	2B-42, 3B-15
1936	60	197	48	15	2	2	1.0	21	26	15	13	0	.244	.371	9	0	2B-37, 3B-13, SS-1
1937 BKN N	149	503	142	26	6	8	1.6	64	70	74	41	13	.282	.406	4	0	2B-100, 3B-45
1938	137	487	133	34	6	6	1.2	68	79	68	31	15	.273	.405	3	0	3B-132, 2B-4
1939	153	587	176	28	5	10	1.7	93	87	78	30	14	.300	.416	4	2	3B-149
1940	118	448	115	21	3	4	0.9	56	43	70	32	4	.257	.344	1	0	3B-116
1941	132	441	122	24	7	1	0.2	75	78	80	21	7	.277	.370	10	0	3B-120
1946	88	242	57	9	1	3	1.2	36	27	38	17	3	.236	.318	11	2	3B-67
1947	41	69	18	1	0	3	4.3	6	11	12	5	0	.261	.406	17	4	3B-18, 1B-3
10 yrs.	1043	3509	945	183	37	40	1.1	487	486	485	244	63	.269	.377	77	12	3B-675, 2B-266, 1B-3, SS-1
7 yrs.	818	2777	763	143	28	35	1.3	398	395	420	177	56	.275	.384	50	8	3B-647, 2B-104, 1B-3

WORLD SERIES
| 1941 BKN N | 3 | 10 | 1 | 0 | 0 | 0 | 0.0 | 1 | 0 | 2 | 0 | 0 | .100 | .100 | 0 | 0 | 3B-3 |

Player Register

	G	AB	H	2B	3B	HR	HR%	R	RBI	BB	SO	SB	BA	SA	Pinch Hit AB	H	G by POS

Cookie Lavagetto continued
| 1947 | 5 | 7 | 1 | 1 | 0 | 0 | 0.0 | 0 | 3 | 0 | 2 | 0 | .143 | .286 | 5 | 1 | 3B-3 |
| 2 yrs. | 8 | 17 | 2 | 1 | 0 | 0 | 0.0 | 1 | 3 | 2 | 2 | 0 | .118 | .176 | 5 | 1 | 3B-6 |

Rudy Law
LAW, RUDY KARL
B. Oct. 7, 1956, Waco, Tex.
BL TL 6'1" 165 lbs.

1978 LA N	11	12	3	0	0	0	0.0	2	1	1	2	3	.250	.250	1	0	OF-6
1980	128	388	101	5	4	1	0.3	55	23	23	27	40	.260	.302	16	4	OF-106
1982 CHI A	121	336	107	15	8	3	0.9	55	32	23	41	36	.318	.438	17	3	OF-94, DH-3
1983	141	501	142	20	7	3	0.6	95	34	42	36	77	.283	.369	13	4	OF-132, DH-3
1984	136	487	122	14	7	6	1.2	68	37	39	42	29	.251	.345	11	5	OF-130
1985	125	390	101	21	6	4	1.0	62	35	27	40	29	.259	.374	17	6	OF-120, DH-3
6 yrs.	662	2114	576	75	32	17	0.8	337	162	155	188	214	.272	.362	75	22	OF-588, DH-9
2 yrs.	139	400	104	5	4	1	0.3	57	24	24	29	43	.260	.300	17	4	OF-112

LEAGUE CHAMPIONSHIP SERIES
| 1983 CHI A | 4 | 18 | 7 | 1 | 0 | 0 | 0.0 | 1 | 0 | 0 | 1 | 2 | .389 | .444 | 0 | 0 | OF-4 |

Tony Lazzeri
LAZZERI, ANTHONY MICHAEL (Poosh 'Em Up)
B. Dec. 6, 1903, San Francisco, Calif. D. Aug. 6, 1946, San Francisco, Calif.
BR TR 5'11½" 170 lbs.

1926 NY A	155	589	162	28	14	18	3.1	79	114	54	96	16	.275	.462	0	0	2B-149, SS-5, 3B-1
1927	153	570	176	29	8	18	3.2	92	102	69	82	22	.309	.482	0	0	2B-113, SS-38, 3B-9
1928	116	404	134	30	11	10	2.5	62	82	43	50	15	.332	.535	4	1	2B-116
1929	147	545	193	37	11	18	3.3	101	106	69	45	9	.354	.561	0	0	2B-147, SS-61
1930	143	571	173	34	15	9	1.6	109	121	60	62	4	.303	.462	1	0	2B-77, 3B-60, SS-8, OF-1, 1B-1
1931	135	484	129	27	7	8	1.7	67	83	79	80	18	.267	.401	7	5	2B-90, 3B-39
1932	141	510	153	28	16	15	2.9	79	113	82	64	11	.300	.506	3	1	2B-133, 3B-5
1933	139	523	154	22	12	18	3.4	94	104	73	62	15	.294	.486	1	0	2B-138
1934	123	438	117	24	6	14	3.2	59	67	71	64	11	.267	.445	1	1	2B-92, 3B-30
1935	130	477	130	18	6	13	2.7	72	83	63	75	11	.273	.417	5	3	2B-118, SS-9
1936	150	537	154	29	6	14	2.6	82	109	97	65	8	.287	.441	0	0	2B-148, SS-2
1937	126	446	109	21	3	14	3.1	56	70	71	76	7	.244	.399	1	0	2B-125
1938 CHI N	54	120	32	5	0	5	4.2	21	23	22	30	0	.267	.433	14	2	SS-25, 3B-7, 2B-4, OF-1
1939 2 teams	BKN N (14G – .282)							NY N (13G – .295)									
" total	27	83	24	2	0	4	4.8	13	14	17	13	1	.289	.458	1	0	3B-15, 2B-11
14 yrs.	1739	6297	1840	334	115	178	2.8	986	1191	870	864	148	.292	.467	38	13	2B-1461, 3B-166, SS-148, OF-2, 1B-1
1 yr.	14	39	11	2	0	3	7.7	6	6	10	7	1	.282	.564	1	0	2B-11, 3B-2

WORLD SERIES
1926 NY A	7	26	5	1	0	0	0.0	2	3	1	6	0	.192	.231	0	0	2B-7
1927	4	15	4	1	0	0	0.0	1	2	1	4	0	.267	.333	0	0	2B-4
1928	4	12	3	1	0	0	0.0	2	0	1	0	2	.250	.333	0	0	2B-4
1932	4	17	5	0	0	2	11.8	4	5	2	1	0	.294	.647	0	0	2B-4
1936	6	20	5	0	0	1	5.0	4	7	4	4	0	.250	.400	0	0	2B-6
1937	5	15	6	0	1	1	6.7	3	2	3	3	0	.400	.733	0	0	2B-5
1938 CHI N	2	2	0	0	0	0	0.0	0	0	0	1	0	.000	.000	2	0	
7 yrs.	32	107	28	3	1	4	3.7	16	19	12	19	2	.262	.421	2	0	2B-30

Bill Leard
LEARD, WILLIAM WALLACE (Wild Bill)
B. Oct. 14, 1885, Oneida, N.Y. D. Jan. 15, 1970, San Francisco, Calif.
BR TR 5'10" 155 lbs.

| 1917 BKN N | 3 | 3 | 0 | 0 | 0 | 0 | 0.0 | 0 | 0 | 1 | 0 | .000 | .000 | 1 | 0 | 2B-1 |

Hal Lee
LEE, HAROLD BURNHAM (Sheriff)
B. Feb. 15, 1905, Ludlow, Miss.
BR TR 5'11" 180 lbs.

1930 BKN N	22	37	6	0	0	1	2.7	5	4	4	5	0	.162	.243	7	1	OF-12
1931 PHI N	44	131	29	10	0	2	1.5	13	12	10	18	0	.221	.344	5	1	OF-38
1932	149	595	180	42	10	18	3.0	76	85	36	45	6	.303	.497	0	0	OF-148
1933 2 teams	PHI N (46G – .287)							BOS N (88G – .221)									
" total	134	479	117	27	11	1	0.2	57	40	36	39	2	.244	.353	1	0	OF-132
1934 BOS N	139	521	152	23	6	8	1.5	70	79	47	43	3	.292	.405	7	1	OF-128, 2B-4
1935	112	422	128	18	6	0	0.0	49	39	18	25	0	.303	.374	2	0	OF-110
1936	152	565	143	24	7	3	0.5	46	64	52	50	4	.253	.336	1	0	OF-150
7 yrs.	752	2750	755	144	40	33	1.2	316	323	203	225	15	.275	.392	23	3	OF-718, 2B-4
1 yr.	22	37	6	0	0	1	2.7	5	4	4	5	0	.162	.243	7	1	OF-12

Leron Lee
LEE, LERON
B. Mar. 4, 1948, Bakersfield, Calif.
BL TR 6' 196 lbs.

1969 STL N	7	23	5	1	0	0	0.0	3	0	3	8	0	.217	.261	0	0	OF-7
1970	121	264	60	13	1	6	2.3	28	23	24	66	5	.227	.352	38	9	OF-77
1971 2 teams	STL N (25G – .179)							SD N (79G – .273)									
" total	104	284	75	21	2	5	1.8	32	23	22	57	4	.264	.405	26	3	OF-76
1972 SD N	101	370	111	23	7	12	3.2	50	47	29	58	2	.300	.497	4	2	OF-96
1973	118	333	79	7	2	3	0.9	36	30	33	61	4	.237	.297	30	7	OF-84
1974 CLE A	79	232	54	13	0	5	2.2	18	25	15	42	9	.233	.353	17	2	OF-62, DH-2
1975 2 teams	CLE A (13G – .130)							LA N (48G – .256)									
" total	61	66	14	5	0	0	0.0	5	2	5	14	1	.212	.288	46	10	OF-9, DH-3
1976 LA N	23	45	6	0	1	0	0.0	1	2	2	9	0	.133	.178	14	3	OF-10
8 yrs.	614	1617	404	83	13	31	1.9	173	152	133	315	19	.250	.375	175	36	OF-421, DH-5
2 yrs.	71	88	17	4	1	0	0.0	3	4	5	18	0	.193	.261	54	13	OF-14

Player Register   176

	G	AB	H	2B	3B	HR	HR%	R	RBI	BB	SO	SB	BA	SA	Pinch Hit AB	H	G by POS

Jim Lefebvre

LEFEBVRE, JAMES KENNETH (Frenchy) BB TR 6' 180 lbs.
B. Jan. 7, 1943, Hawthorne, Calif.

1965 LA N	157	544	136	21	4	12	2.2	57	69	71	92	3	.250	.369	2	1	2B-156
1966	152	544	149	23	3	24	4.4	69	74	48	72	1	.274	.460	3	1	2B-119, 3B-40
1967	136	494	129	18	5	8	1.6	51	50	44	64	1	.261	.366	0	0	3B-92, 2B-34, 1B-5
1968	84	286	69	12	1	5	1.7	23	31	26	55	0	.241	.343	5	1	2B-62, 3B-16, OF-5, 1B-3
1969	95	275	65	15	2	4	1.5	29	44	48	37	2	.236	.349	11	4	3B-44, 2B-37, 1B-6
1970	109	314	79	15	1	4	1.3	33	44	29	42	1	.252	.344	17	3	2B-70, 3B-20, 1B-1
1971	119	388	95	14	2	12	3.1	40	68	39	55	0	.245	.384	15	4	2B-102, 3B-7
1972	70	169	34	8	0	5	3.0	11	24	17	30	0	.201	.337	25	6	2B-33, 3B-11
8 yrs.	922	3014	756	126	18	74	2.5	313	404	322	447	8	.251	.378	85	20	2B-613, 3B-230, 1B-15, OF-5
8 yrs.	922	3014	756	126	18	74	2.5	313	404	322	447	8	.251	.378	85	20	2B-613, 3B-230, 1B-15, OF-5

WORLD SERIES
1965 LA N	3	10	4	0	0	0	0.0	2	0	0	0	0	.400	.400	0	0	2B-3
1966	4	12	2	0	0	1	8.3	1	1	3	4	0	.167	.417	0	0	2B-4
2 yrs.	7	22	6	0	0	1	4.5	3	1	3	4	0	.273	.409	0	0	2B-7

Larry LeJeune

LeJEUNE, SHELDON ALDENBERT BR TR 6' 180 lbs.
B. July 22, 1885, Chicago, Ill. D. Apr. 21, 1952, Eloise, Mich.

1911 BKN N	6	19	3	0	0	0	0.0	2	2	2	8	2	.158	.158	0	0	OF-6
1915 PIT N	18	65	11	0	1	0	0.0	4	2	2	7	4	.169	.200	0	0	OF-18
2 yrs.	24	84	14	0	1	0	0.0	6	4	4	15	6	.167	.190	0	0	OF-24
1 yr.	6	19	3	0	0	0	0.0	2	2	2	8	2	.158	.158	0	0	OF-6

Don LeJohn

LeJOHN, DONALD EVERETT BR TR 5'10" 175 lbs.
B. May 13, 1934, Daisytown, Pa.

| 1965 LA N | 34 | 78 | 20 | 2 | 0 | 0 | 0.0 | 2 | 7 | 5 | 13 | 0 | .256 | .282 | 10 | 2 | 3B-26 |

WORLD SERIES
| 1965 LA N | 1 | 1 | 0 | 0 | 0 | 0 | 0.0 | 0 | 0 | 0 | 1 | 0 | .000 | .000 | 1 | 0 | |

Steve Lembo

LEMBO, STEPHEN NEAL BR TR 6'1" 185 lbs.
B. Nov. 13, 1926, Brooklyn, N.Y.

1950 BKN N	5	6	1	0	0	0	0.0	0	0	1	0	0	.167	.167	0	0	C-5
1952	2	5	1	0	0	0	0.0	0	1	0	1	0	.200	.200	0	0	C-2
2 yrs.	7	11	2	0	0	0	0.0	0	1	1	1	0	.182	.182	0	0	C-7
2 yrs.	7	11	2	0	0	0	0.0	0	1	1	1	0	.182	.182	0	0	C-7

Ed Lennox

LENNOX, JAMES EDGAR (Eggie) BR TR 5'10" 174 lbs.
B. Nov. 3, 1885, Camden, N.J. D. Oct. 26, 1939, Camden, N.J.

1906 PHI A	6	17	1	0	0	0	0.0	1	0	1		0	.059	.118	2	0	3B-6
1909 BKN N	126	435	114	18	9	2	0.5	33	44	47		11	.262	.359	5	1	3B-121
1910	110	367	95	19	4	3	0.8	19	32	36	39	7	.259	.357	10	1	3B-100
1912 CHI N	27	81	19	4	1	1	1.2	13	16	12	10	1	.235	.346	2	1	3B-24
1914 PIT F	124	430	134	25	10	11	2.6	71	84	71		19	.312	.493	1	0	3B-123
1915	55	53	16	3	1	1	1.9	1	9	7		0	.302	.453	45	14	3B-3
6 yrs.	448	1383	379	70	25	18	1.3	138	185	174	49	38	.274	.400	63	17	3B-377
2 yrs.	236	802	209	37	13	5	0.6	52	76	83	39	18	.261	.358	15	2	3B-221

Jeff Leonard

LEONARD, JEFFREY N. BR TR 6'4" 210 lbs.
B. Sept. 22, 1955, Philadelphia, Pa.

1977 LA N	11	10	3	0	0	0	0.0	1	2	1	4	0	.300	.500	3	0	OF-10
1978 HOU N	8	26	10	2	0	0	0.0	2	4	1	2	0	.385	.462	1	0	OF-8
1979	134	411	119	15	5	0	0.0	47	47	46	68	23	.290	.350	11	2	OF-123
1980	88	216	46	7	5	3	1.4	29	20	19	46	4	.213	.333	24	6	OF-56, 1B-11
1981 2 teams		HOU N (7G – .167)				SF N (37G – .307)											
" total	44	145	42	12	4	4	2.8	21	29	12	25	5	.290	.510	6	1	1B-30, OF-7
1982 SF N	80	278	72	16	1	9	3.2	32	49	19	65	18	.259	.421	4	0	OF-74, 1B-1
1983	139	516	144	17	7	21	4.1	74	87	35	116	26	.279	.461	4	2	OF-136
1984	136	514	155	27	2	21	4.1	76	86	47	123	17	.302	.484	4	0	OF-131
1985	133	507	122	20	3	17	3.4	49	62	21	107	11	.241	.393	7	1	OF-126
9 yrs.	773	2623	713	116	28	75	2.9	331	386	201	556	104	.272	.423	62	13	OF-671, 1B-42
1 yr.	11	10	3	0	0	0	0.0	1	2	1	4	0	.300	.500	3	0	OF-10

LEAGUE CHAMPIONSHIP SERIES
| 1980 HOU N | 3 | 3 | 0 | 0 | 0 | 0 | 0.0 | 0 | 0 | 2 | 1 | 0 | .000 | .000 | 2 | 0 | OF-1 |

Sam Leslie

LESLIE, SAMUEL ANDREW (Sambo) BL TL 6' 192 lbs.
B. July 26, 1905, Pascagoula, Fla. D. Jan. 21, 1979, Pascagoula, Fla.

1929 NY N	1	1	0	0	0	0	0.0	0	0	0	0	0	.000	.000	1	0	OF-1
1930	2	2	1	0	0	0	0.0	0	0	0	1	0	.500	.500	2	1	
1931	53	53	16	4	0	3	5.7	11	5	1	2	3	.302	.547	45	12	1B-6
1932	77	75	22	4	0	1	1.3	5	15	2	5	0	.293	.387	72	22	1B-2
1933 2 teams		NY N (40G – .321)				BKN N (96G – .286)											
" total	136	501	148	23	7	8	1.6	62	73	35	23	1	.295	.417	6	3	1B-130
1934 BKN N	146	546	181	29	6	9	1.6	75	102	69	34	5	.332	.456	6	1	1B-138
1935	142	520	160	30	7	5	1.0	72	93	55	19	4	.308	.421	4	1	1B-138
1936 NY N	117	417	123	19	5	6	1.4	49	54	23	16	0	.295	.408	15	5	1B-99
1937	72	191	59	7	2	3	1.6	25	30	20	12	1	.309	.414	26	8	1B-44

	G	AB	H	2B	3B	HR	HR%	R	RBI	BB	SO	SB	BA	SA	Pinch Hit AB	H	G by POS

Sam Leslie continued

1938	76	154	39	7	1	1	0.6	12	16	11	6	0	.253	.331	40	6	1B-32
10 yrs.	822	2460	749	123	28	36	1.5	311	389	216	118	14	.304	.421	216	59	1B-589, OF-1
3 yrs.	384	1430	445	70	17	19	1.3	188	241	147	67	10	.311	.424	11	3	1B-371

WORLD SERIES
1936 NY N	3	3	2	0	0	0	0.0	0	0	0	0	0	.667	.667	3	2	
1937	2	1	0	0	0	0	0.0	0	0	1	0	0	.000	.000	1	0	
2 yrs.	5	4	2	0	0	0	0.0	0	0	1	0	0	.500	.500	4	2	

Phil Lewis

LEWIS, PHILIP BR TR 6' 195 lbs.
B. Oct. 7, 1883, Pittsburgh, Pa. D. Aug. 8, 1959, Port Wentworth, Ga.

1905 BKN N	118	433	110	9	2	3	0.7	32	33	16		16	.254	.305	0	0	SS-118
1906	136	452	110	8	4	0	0.0	40	37	43		14	.243	.279	1	1	SS-135
1907	136	475	118	11	1	0	0.0	52	30	23		16	.248	.276	0	0	SS-136
1908	118	415	91	5	6	1	0.2	22	30	13		9	.219	.267	3	0	SS-116
4 yrs.	508	1775	429	33	13	4	0.2	146	130	95		55	.242	.282	4	1	SS-505
4 yrs.	508	1775	429	33	13	4	0.2	146	130	95		55	.242	.282	4	1	SS-505

Bob Lillis

LILLIS, ROBERT PERRY (Flea) BR TR 5'11" 160 lbs.
B. June 2, 1930, Altadena, Calif.
Manager 1982-85.

1958 LA N	20	69	27	3	1	1	1.4	10	5	4	2	1	.391	.507	1	1	SS-19
1959	30	48	11	2	0	0	0.0	7	2	3	4	0	.229	.271	1	1	SS-20
1960	48	60	16	4	0	0	0.0	6	6	2	6	2	.267	.333	3	0	SS-23, 3B-14, 2B-1
1961 2 teams	LA	N (19G – .111)				STL	N (86G – .217)										
" total	105	239	51	4	0	0	0.0	24	22	8	14	3	.213	.230	3	0	SS-57, 2B-25, 3B-12
1962 HOU N	129	457	114	12	4	1	0.2	38	30	28	23	7	.249	.300	1	1	SS-99, 2B-33, 3B-9
1963	147	469	93	13	1	1	0.2	31	19	15	35	3	.198	.237	3	0	SS-124, 2B-19, 3B-6
1964	109	332	89	11	2	0	0.0	31	17	11	10	4	.268	.313	13	3	2B-52, SS-43, 3B-12
1965	124	408	90	12	1	0	0.0	34	20	20	10	2	.221	.255	5	3	SS-104, 3B-9, 2B-6
1966	68	164	38	6	0	0	0.0	14	11	7	4	1	.232	.268	8	1	2B-35, SS-18, 3B-6
1967	37	82	20	1	0	0	0.0	3	5	1	8	0	.244	.256	9	1	SS-23, 2B-3, 3B-2
10 yrs.	817	2328	549	68	9	3	0.1	198	137	99	116	23	.236	.277	47	11	SS-530, 2B-174, 3B-70
4 yrs.	117	186	55	9	1	1	0.5	23	14	10	13	3	.296	.371	8	2	SS-63, 3B-26, 2B-2

Freddie Lindstrom

LINDSTROM, FRED CHARLES (Lindy) BR TR 5'11" 170 lbs.
Born Frederick Anthony Lindstrom. Father of Charlie Lindstrom.
B. Nov. 21, 1905, Chicago, Ill. D. Oct. 4, 1981, Chicago, Ill.
Hall of Fame 1976.

1924 NY N	52	79	20	3	1	0	0.0	19	4	6	10	3	.253	.316	6	2	2B-23, 3B-11
1925	104	356	102	15	12	4	1.1	43	33	22	20	5	.287	.430	2	1	3B-96, SS-1, 2B-1
1926	140	543	164	19	9	9	1.7	90	76	39	21	11	.302	.420	1	1	3B-138, OF-1
1927	138	562	172	36	8	7	1.2	107	58	40	40	10	.306	.436	1	0	3B-87, OF-51
1928	153	646	231	39	9	14	2.2	99	107	25	21	15	.358	.511	0	0	3B-153
1929	130	549	175	23	6	15	2.7	99	91	30	28	10	.319	.464	2	0	3B-128
1930	148	609	231	39	7	22	3.6	127	106	48	33	15	.379	.575	0	0	3B-148
1931	78	303	91	12	6	5	1.7	38	36	26	12	5	.300	.429	1	0	OF-73, 2B-4
1932	144	595	161	26	5	15	2.5	83	92	27	28	6	.271	.407	0	0	OF-128, 3B-15
1933 PIT N	138	538	167	39	10	5	0.9	70	55	33	22	1	.310	.448	8	3	OF-130
1934	97	383	111	24	4	4	1.0	59	49	23	21	1	.290	.405	4	1	OF-92
1935 CHI N	90	342	94	22	4	3	0.9	49	62	10	13	1	.275	.389	6	1	OF-50, 3B-33
1936 BKN N	26	106	28	4	0	0	0.0	12	10	5	7	1	.264	.302	0	0	OF-26
13 yrs.	1438	5611	1747	301	81	103	1.8	895	779	334	276	84	.311	.449	31	9	3B-809, OF-551, 2B-28, SS-1
1 yr.	26	106	28	4	0	0	0.0	12	10	5	7	1	.264	.302	0	0	OF-26

WORLD SERIES
1924 NY N	7	30	10	2	0	0	0.0	1	4	3	6	0	.333	.400	0	0	3B-7
1935 CHI N	4	15	3	1	0	0	0.0	0	0	1	1	0	.200	.267	0	0	3B-1
2 yrs.	11	45	13	3	0	0	0.0	1	4	4	7	0	.289	.356	0	0	3B-8

Mickey Livingston

LIVINGSTON, THOMPSON ORVILLE BR TR 6'1½" 185 lbs.
B. Nov. 15, 1914, Newberry, S. C. D. Apr. 3, 1983, Newberry, S. C.

1938 WAS A	2	4	3	2	0	0	0.0	0	1	0	0	0	.750	1.250	0	0	C-2
1941 PHI N	95	207	42	6	1	0	0.0	16	18	20	38	2	.203	.242	18	4	C-71, 1B-1
1942	89	239	49	6	1	2	0.8	20	22	25	20	0	.205	.264	6	2	C-78, 1B-6
1943 2 teams	PHI	N (84G – .249)				CHI	N (36G – .261)										
" total	120	376	95	14	3	7	1.9	36	34	31	26	2	.253	.362	2	0	C-115, 1B-6
1945 CHI N	71	224	57	4	2	2	0.9	19	23	19	6	2	.254	.317	2	0	C-68, 1B-1
1946	66	176	45	14	0	2	1.1	14	20	20	19	0	.256	.369	8	1	C-56
1947 2 teams	CHI	N (19G – .212)				NY	N (5G – .167)										
" total	24	39	8	2	0	0	0.0	2	3	2	7	0	.205	.256	14	5	C-9
1948 NY N	45	99	21	4	1	2	2.0	9	12	21	11	1	.212	.333	3	1	C-42
1949 2 teams	NY	N (19G – .298)				BOS	N (28G – .234)										
" total	47	121	32	4	1	4	3.3	12	18	5	13	0	.264	.413	6	0	C-41
1951 BKN N	2	5	2	0	0	0	0.0	0	2	1	0	0	.400	.400	0	0	C-2
10 yrs.	561	1490	354	56	9	19	1.3	128	153	144	141	7	.238	.326	59	13	C-484, 1B-14
1 yr.	2	5	2	0	0	0	0.0	0	2	1	0	0	.400	.400	0	0	C-2

WORLD SERIES
| 1945 CHI N | 6 | 22 | 8 | 3 | 0 | 0 | 0.0 | 3 | 4 | 1 | 1 | 0 | .364 | .500 | 0 | 0 | C-6 |

Player Register

	G	AB	H	2B	3B	HR	HR %	R	RBI	BB	SO	SB	BA	SA	Pinch Hit AB	Pinch Hit H	G by POS

Dick Loftus
LOFTUS, RICHARD JOSEPH   BL TR 6'   155 lbs.
B. Mar. 7, 1901, Concord, Mass.   D. Jan. 21, 1972, Concord, Mass.

	G	AB	H	2B	3B	HR	HR %	R	RBI	BB	SO	SB	BA	SA	PH AB	PH H	G by POS
1924 BKN N	46	81	22	6	0	0	0.0	18	8	7	2	1	.272	.346	7	3	OF-29, 1B-1
1925	51	131	31	6	0	0	0.0	16	13	5	5	2	.237	.282	10	1	OF-38
2 yrs.	97	212	53	12	0	0	0.0	34	21	12	7	3	.250	.307	17	4	OF-67, 1B-1
2 yrs.	97	212	53	12	0	0	0.0	34	21	12	7	3	.250	.307	17	4	OF-67, 1B-1

Ernie Lombardi
LOMBARDI, ERNEST NATALI (Schnozz, Bocci)   BR TR 6'3"   230 lbs.
B. Apr. 6, 1908, Oakland, Calif.   D. Sept. 26, 1977, Santa Cruz, Calif.

	G	AB	H	2B	3B	HR	HR %	R	RBI	BB	SO	SB	BA	SA	PH AB	PH H	G by POS
1931 BKN N	73	182	54	7	1	4	2.2	20	23	12	12	1	.297	.412	21	7	C-50
1932 CIN N	118	413	125	22	9	11	2.7	43	68	41	19	0	.303	.479	7	2	C-108
1933	107	350	99	21	1	4	1.1	30	47	16	17	2	.283	.383	10	2	C-95
1934	132	417	127	19	4	9	2.2	42	62	16	22	0	.305	.434	19	4	C-111
1935	120	332	114	23	3	12	3.6	36	64	16	6	0	.343	.539	36	8	C-82
1936	121	387	129	23	2	12	3.1	42	68	19	16	1	.333	.496	15	3	C-105
1937	120	368	123	22	1	9	2.4	41	59	14	17	1	.334	.473	28	5	C-90
1938	129	489	167	30	1	19	3.9	60	95	40	14	0	**.342**	.524	6	3	C-123
1939	130	450	129	26	2	20	4.4	43	85	35	19	0	.287	.487	8	1	C-120
1940	109	376	120	22	0	14	3.7	50	74	31	14	0	.319	.489	7	2	C-101
1941	117	398	105	12	1	10	2.5	33	60	36	14	1	.264	.374	1	0	C-116
1942 BOS N	105	309	102	14	0	11	3.6	32	46	37	12	1	**.330**	.482	16	2	C-85
1943 NY N	104	295	90	7	0	10	3.4	19	51	16	11	1	.305	.431	28	7	C-73
1944	117	373	95	13	0	10	2.7	37	58	33	25	0	.255	.370	14	3	C-100
1945	115	368	113	7	1	19	5.2	46	70	43	11	0	.307	.486	18	4	C-96
1946	88	238	69	4	1	12	5.0	19	39	18	24	0	.290	.466	24	6	C-63
1947	48	110	31	5	0	4	3.6	8	21	7	9	0	.282	.436	23	7	C-24
17 yrs.	1853	5855	1792	277	27	190	3.2	601	990	430	262	8	.306	.460	281	66	C-1542
1 yr.	73	182	54	7	1	4	2.2	20	23	12	12	1	.297	.412	21	7	C-50

WORLD SERIES

	G	AB	H	2B	3B	HR	HR %	R	RBI	BB	SO	SB	BA	SA	PH AB	PH H	G by POS
1939 CIN N	4	14	3	0	0	0	0.0	0	2	0	1	0	.214	.214	0	0	C-4
1940	2	3	1	1	0	0	0.0	0	0	1	0	0	.333	.667	0	0	C-1
2 yrs.	6	17	4	1	0	0	0.0	0	2	1	1	0	.235	.294	0	0	C-5

Davey Lopes
LOPES, DAVID EARL   BR TR 5'9"   170 lbs.
B. May 3, 1946, Providence, R. I.

	G	AB	H	2B	3B	HR	HR %	R	RBI	BB	SO	SB	BA	SA	PH AB	PH H	G by POS
1972 LA N	11	42	9	4	0	0	0.0	6	1	7	6	4	.214	.310	0	0	2B-11
1973	142	535	147	13	5	6	1.1	77	37	62	77	36	.275	.351	1	0	2B-135, OF-5, SS-2, 3B-1
1974	145	530	141	26	3	10	1.9	95	35	66	71	59	.266	.383	0	0	2B-143
1975	155	618	162	24	6	8	1.3	108	41	91	93	**77**	.262	.359	0	0	2B-137, OF-24, SS-14
1976	117	427	103	17	7	4	0.9	72	20	56	49	**63**	.241	.342	0	0	2B-100, OF-19
1977	134	502	142	19	5	11	2.2	85	53	73	69	47	.283	.406	1	1	2B-130
1978	151	587	163	25	4	17	2.9	93	58	71	70	45	.278	.421	1	1	2B-147, OF-2
1979	153	582	154	20	6	28	4.8	109	73	97	88	44	.265	.464	0	0	2B-152
1980	141	553	139	15	3	10	1.8	79	49	58	71	23	.251	.344	0	0	2B-140
1981	58	214	44	2	0	5	2.3	35	17	22	35	20	.206	.285	3	0	2B-55
1982 OAK A	128	450	109	19	3	11	2.4	58	42	40	51	28	.242	.371	0	0	2B-125, OF-6
1983	147	494	137	13	4	17	3.4	64	67	51	61	22	.277	.423	10	3	2B-123, DH-12, OF-7, 3B-5
1984 2 teams		OAK A (72G – .257)				CHI N (16G – .235)											
" total	88	247	63	12	1	9	3.6	37	36	37	41	15	.255	.421	7	2	OF-51, 2B-19, DH-9, 3B-5
1985 CHI N	99	275	78	11	0	11	4.0	52	44	46	37	47	.284	.444	22	4	OF-79, 3B-4, 2B-1
14 yrs.	1669	6056	1591	220	47	147	2.4	970	573	777	819	530	.263	.387	46	11	2B-1418, OF-193, DH-21, SS-16, 3B-15
10 yrs.	1207	4590	1204	165	39	99	2.2	759	384	603	629	418	.262	.380	7	2	2B-1150, OF-50, SS-16, 3B-1
										8th	9th	2nd					

DIVISIONAL PLAYOFF SERIES

	G	AB	H	2B	3B	HR	HR %	R	RBI	BB	SO	SB	BA	SA	PH AB	PH H	G by POS
1981 LA N	5	20	4	1	0	0	0.0	1	0	3	7	1	.200	.250	0	0	2B-5

LEAGUE CHAMPIONSHIP SERIES

	G	AB	H	2B	3B	HR	HR %	R	RBI	BB	SO	SB	BA	SA	PH AB	PH H	G by POS
1974 LA N	4	15	4	0	1	0	0.0	4	3	5	1	3	.267	.400	0	0	2B-4
1977	4	17	4	0	0	0	0.0	2	3	2	0	0	.235	.235	0	0	2B-4
1978	4	18	7	1	1	2	11.1	3	5	0	1	1	.389	.889	0	0	2B-4
1981	5	18	5	0	0	0	0.0	0	0	1	3	5	.278	.278	0	0	2B-5
1984 CHI N	2	1	0	0	0	0	0.0	0	0	0	0	0	.000	.000	1	0	OF-1
5 yrs.	19	69	20	1	2	2	2.9	9	11	8	5	9	.290	.449	1	0	2B-17, OF-1

WORLD SERIES

	G	AB	H	2B	3B	HR	HR %	R	RBI	BB	SO	SB	BA	SA	PH AB	PH H	G by POS
1974 LA N	5	18	2	0	0	0	0.0	0	3	4	2	.111	.111	0	0	2B-5	
1977	6	24	4	0	1	1	4.2	3	2	4	3	2	.167	.375	0	0	2B-6
1978	6	26	8	0	0	3	11.5	7	7	2	1	2	.308	.654	0	0	2B-6
1981	6	22	5	1	0	0	0.0	6	2	4	3	4	.227	.273	0	0	2B-6
4 yrs.	23	90	19	1	1	4	4.4	18	11	13	11	10	.211	.378	0	0	2B-23
												3rd					

Al Lopez
LOPEZ, ALFONSO RAYMOND   BR TR 5'11"   165 lbs.
B. Aug. 20, 1908, Tampa, Fla.
Manager 1951-65, 1968-69.
Hall of Fame 1977.

	G	AB	H	2B	3B	HR	HR %	R	RBI	BB	SO	SB	BA	SA	PH AB	PH H	G by POS
1928 BKN N	3	12	0	0	0	0	0.0	0	0	0	0	0	.000	.000	0	0	C-3
1930	128	421	130	20	4	6	1.4	60	57	33	35	3	.309	.418	1	1	C-126
1931	111	360	97	13	4	0	0.0	38	40	28	33	1	.269	.328	5	1	C-105
1932	126	404	111	18	6	1	0.2	44	43	34	35	3	.275	.356	1	0	C-125
1933	126	372	112	11	4	3	0.8	39	41	21	39	10	.301	.376	1	1	C-124, 2B-1
1934	140	439	120	23	2	7	1.6	58	54	49	44	2	.273	.383	1	0	C-137, 3B-2, 2B-2

178

Player Register

	G	AB	H	2B	3B	HR	HR%	R	RBI	BB	SO	SB	BA	SA	Pinch Hit AB	Pinch Hit H	G by POS

Al Lopez continued

1935		128	379	95	12	4	3	0.8	50	39	35	36	2	.251	.327	1	0	C-126
1936	BOS N	128	426	103	12	4	8	1.9	46	50	41	41	1	.242	.345	1	0	C-127, 1B-1
1937		105	334	68	11	1	3	0.9	31	38	35	57	3	.204	.269	1	1	C-102
1938		71	236	63	6	1	1	0.4	19	14	11	24	5	.267	.314	0	0	C-71
1939		131	412	104	22	1	8	1.9	32	49	40	45	1	.252	.369	0	0	C-129
1940	2 teams	BOS N (36G – .294)					PIT N (59G – .259)											
"	total	95	293	80	9	3	3	1.0	35	41	19	21	6	.273	.355	0	0	C-95
1941	PIT N	114	317	84	9	1	5	1.6	33	43	31	23	0	.265	.347	0	0	C-114
1942		103	289	74	8	2	1	0.3	17	26	34	17	0	.256	.308	2	2	C-99
1943		118	372	98	9	4	1	0.3	40	39	49	25	2	.263	.317	1	0	C-116, 3B-1
1944		115	331	76	12	1	1	0.3	27	34	34	24	4	.230	.281	0	0	C-115
1945		91	243	53	8	0	0	0.0	22	18	35	12	1	.218	.251	0	0	C-91
1946		56	150	46	2	0	1	0.7	13	12	23	14	1	.307	.340	0	0	C-56
1947	CLE A	61	126	33	1	0	0	0.0	9	14	9	13	1	.262	.270	4	0	C-57
19 yrs.		1950	5916	1547	206	42	52	0.9	613	652	561	538	46	.261	.337	19	6	C-1918, 3B-3, 2B-3, 1B-1
7 yrs.		762	2387	665	97	24	20	0.8	289	274	200	222	21	.279	.364	10	3	C-746, 2B-3, 3B-2

Charlie Loudenslager
LOUDENSLAGER, CHARLES EDWARD TR 5'9" 186 lbs.
B. May 21, 1881, Baltimore, Md. D. Oct. 31, 1933, Baltimore, Md.

1904 BKN N	1	2	0	0	0	0	0.0	0	0	0		0	.000	.000	0	0	2B-1

Harry Lumley
LUMLEY, HARRY G BL TR
B. Sept. 29, 1880, Forest City, Pa. D. May 22, 1938, Binghamton, N.Y.
Manager 1909.

1904 BKN N	150	577	161	23	18	9	1.6	79	78	41		30	.279	.428	0	0	OF-150
1905	130	505	148	19	10	7	1.4	50	47	36		22	.293	.412	1	1	OF-129
1906	133	484	157	23	12	9	1.9	72	61	48		35	.324	**.477**	2	0	OF-131
1907	127	454	121	23	11	9	**2.0**	47	66	31		18	.267	.425	9	1	OF-118
1908	127	440	95	13	12	4	0.9	36	39	29		4	.216	.327	11	2	OF-116
1909	55	172	43	8	3	0	0.0	13	14	16		1	.250	.331	3	1	OF-52
1910	8	21	3	0	0	0	0.0	3	0	3	6	0	.143	.143	2	0	OF-4
7 yrs.	730	2653	728	109	66	38	1.4	300	305	204	6	110	.274	.408	28	5	OF-700
7 yrs.	730	2653	728	109	66	38	1.4	300	305	204	6	110	.274	.408	28	5	OF-700

Don Lund
LUND, DONALD ANDREW BR TR 6' 200 lbs.
B. May 18, 1923, Detroit, Mich.

1945 BKN N	4	3	0	0	0	0	0.0	0	0	1	1	0	.000	.000	3	0	
1947	11	20	6	2	0	2	10.0	5	5	3	7	0	.300	.700	5	2	OF-5
1948	2 teams	BKN N (27G – .188)			STL A (63G – .248)												
"	total	90	230	53	11	4	4	1.7	30	30	15	33	1	.230	.365	16	0	OF-70
1949 DET A	2	2	0	0	0	0	0.0	0	0	0	1	0	.000	.000	2	0	
1952	8	23	7	0	0	0	0.0	1	1	3	3	0	.304	.304	1	0	OF-7
1953	131	421	108	21	4	9	2.1	51	47	39	65	3	.257	.390	8	2	OF-123
1954	35	54	7	2	0	0	0.0	4	3	4	3	1	.130	.167	9	1	OF-31
7 yrs.	281	753	181	36	8	15	2.0	91	86	65	113	5	.240	.369	44	5	OF-236
3 yrs.	42	92	19	6	0	3	3.3	14	10	9	24	1	.207	.370	10	2	OF-30

Jim Lyttle
LYTTLE, JAMES LAWRENCE BL TR 6' 180 lbs.
B. May 20, 1946, Hamilton, Ohio

1969 NY A	28	83	15	4	0	0	0.0	7	4	4	19	1	.181	.229	1	0	OF-28
1970	87	126	39	7	1	3	2.4	20	14	10	26	3	.310	.452	7	3	OF-70
1971	49	86	17	5	0	1	1.2	7	7	8	18	0	.198	.291	15	1	OF-29
1972 CHI A	44	82	19	5	2	0	0.0	8	5	1	28	0	.232	.341	21	6	OF-21
1973 MON N	49	116	30	5	1	4	3.4	12	19	9	14	0	.259	.422	11	2	OF-36
1974	25	9	3	0	0	0	0.0	1	2	1	3	0	.333	.333	6	2	OF-18
1975	44	55	15	4	0	0	0.0	7	6	13	6	0	.273	.345	19	4	OF-16
1976 2 teams	MON N (42G – .271)			LA N (23G – .221)													
" total	65	153	38	7	1	1	0.7	9	13	15	25	0	.248	.327	20	5	OF-47
8 yrs.	391	710	176	37	5	9	1.3	71	70	61	139	4	.248	.352	100	23	OF-265
1 yr.	23	68	15	3	0	0	0.0	3	5	8	12	0	.221	.265	5	0	OF-18

Eddie MacGamwell
MacGAMWELL, EDWARD M. BL TL
B. Jan. 10, 1879, Buffalo, N.Y. D. May 26, 1924, Albany, N.Y.

1905 BKN N	4	16	4	0	0	0	0.0	0	0	1		0	.250	.250	0	0	1B-4

Max Macon
MACON, MAX CULLEN BL TL 6'3" 175 lbs.
B. Oct. 14, 1915, Pensacola, Fla.

1938 STL N	46	36	11	0	0	0	0.0	5	3	2	4	0	.306	.306	2	0	P-38, OF-1
1940 BKN N	2	1	1	0	0	0	0.0	0	0	0	0	0	1.000	1.000	0	0	P-2
1942	26	43	12	2	0	0	0.0	4	1	2	4	0	.279	.372	11	5	P-14
1943	45	55	9	0	0	0	0.0	7	6	0	1	1	.164	.164	13	1	P-25, 1B-3
1944 BOS N	106	366	100	15	3	3	0.8	38	36	12	23	7	.273	.355	10	2	1B-72, OF-22, P-1
1947	1	1	0	0	0	0	0.0	0	0	0	0	0	.000	.000	0	0	P-1
6 yrs.	226	502	133	17	4	3	0.6	54	46	16	32	9	.265	.333	36	8	P-81, 1B-75, OF-23
3 yrs.	73	99	22	2	0	0	0.0	11	7	2	5	2	.222	.263	24	6	P-41, 1B-3

Bill Madlock
MADLOCK, BILL JR. (Mad Dog) BR TR 5'11" 185 lbs.
B. Jan. 12, 1951, Memphis, Tenn.

1973 TEX A	21	77	27	5	3	1	1.3	16	5	7	9	3	.351	.532	0	0	3B-21

Player Register

	G	AB	H	2B	3B	HR	HR%	R	RBI	BB	SO	SB	BA	SA	Pinch Hit AB H	G by POS

Bill Madlock continued

1974 CHI N	128	453	142	21	5	9	2.0	65	54	42	39	11	.313	.442	8 4	3B-121
1975	130	514	182	29	7	7	1.4	77	64	42	34	9	.354	.479	0 0	3B-128
1976	142	514	174	36	1	15	2.9	68	84	56	27	15	.339	.500	5 1	3B-136
1977 SF N	140	533	161	28	1	12	2.3	70	46	43	33	13	.302	.426	8 1	3B-126, 2B-6
1978	122	447	138	26	3	15	3.4	76	44	48	39	16	.309	.481	8 1	2B-114, 1B-3
1979 2 teams	SF	N (69G –	.261)		PIT	N (85G –	.328)									
" total	154	560	167	26	5	14	2.5	85	85	52	41	32	.298	.438	5 2	3B-85, 2B-63, 1B-5
1980 PIT N	137	494	137	22	4	10	2.0	62	53	45	33	16	.277	.399	3 1	3B-127, 1B-12
1981	82	279	95	23	1	6	2.2	35	45	34	17	18	.341	.495	4 2	3B-78
1982	154	568	181	33	3	19	3.3	92	95	48	39	18	.319	.488	7 2	3B-146, 1B-3
1983	130	473	153	21	0	12	2.5	68	68	49	24	3	.323	.444	4 1	3B-126
1984	103	403	102	16	0	4	1.0	38	44	26	29	3	.253	.323	3 0	3B-98, 1B-1
1985 2 teams	PIT	N (110G –	.251)		LA	N (34G –	.360)									
" total	144	513	141	27	1	12	2.3	69	56	49	53	10	.275	.402	5 4	3B-130, 1B-12
13 yrs.	1587	5828	1800	313	34	136	2.3	821	743	541	417	167	.309	.444	60 17	3B-1322, 2B-183, 1B-36
1 yr.	34	114	41	4	0	2	1.8	20	15	10	11	7	.360	.447	2 2	3B-32

LEAGUE CHAMPIONSHIP SERIES

1979 PIT N	3	12	3	0	0	1	8.3	1	2	2	0	2	.250	.500	0 0	3B-3
1985 LA N	6	24	8	1	0	3	12.5	5	7	0	2	1	.333	.750	0 0	3B-6
2 yrs.	9	36	11	1	0	4	11.1	6	9	2	2	3	.306	.667	0 0	3B-9

WORLD SERIES

1979 PIT N	9	24	9	1	0	0	0.0	2	3	5	1	0	.375	.417	0 0	3B-7

Lee Magee

MAGEE, LEO CHRISTOPHER BB TR 5'11" 165 lbs.
Born Leopold Christopher Hoernschemeyer.
B. June 4, 1889, Cincinnati, Ohio D. Mar. 14, 1966, Columbus, Ohio
Manager 1915.

1911 STL N	26	69	18	1	0	0	0.0	9	8	8	8	4	.261	.304	2 0	2B-18, SS-3
1912	128	458	133	13	8	0	0.0	60	40	39	29	16	.290	.354	8 3	OF-85, 2B-23, 1B-6, SS-1
1913	136	529	140	13	7	2	0.4	53	31	34	30	23	.265	.327	0 0	OF-107, 2B-21, 1B-6, SS-2
1914	162	529	150	23	4	2	0.4	59	40	42	24	36	.284	.353	0 0	OF-102, 1B-40, 2B-6
1915 BKN F	121	452	146	19	10	4	0.9	87	49	22		34	.323	.436	4 0	2B-115, 1B-2
1916 NY A	131	510	131	18	4	3	0.6	57	45	50	31	29	.257	.325	1 0	OF-128, 2B-2
1917 2 teams	NY	A (51G –	.220)		STL	A (36G –	.170)									
" total	87	285	57	5	1	0	0.0	28	12	19	24	6	.200	.225	3 1	OF-51, 3B-20, 2B-6, 1B-5
1918 CIN N	119	459	133	22	13	0	0.0	62	28	28	19	19	.290	.394	1 0	2B-114, 3B-3
1919 2 teams	BKN	N (45G –	.238)		CHI	N (79G –	.292)									
" total	124	448	121	19	6	1	0.2	52	24	23	24	19	.270	.346	7 2	OF-44, 2B-43, 3B-19, SS-13
9 yrs.	1034	3739	1029	133	54	12	0.3	467	277	265	189	186	.275	.349	26 6	OF-517, 2B-348, 1B-59, 3B-42, SS-19
1 yr.	45	181	43	7	2	0	0.0	16	7	5	8	5	.238	.298	0 0	2B-36, 3B-9

George Magoon

MAGOON, GEORGE HENRY (Topsy Maggie) BR TR 5'9" 165 lbs.
B. Mar. 27, 1875, St. Albans, Me. D. Dec. 6, 1943, Rochester, N. H.

1898 BKN N	93	343	77	7	0	1	0.3	35	39	30		7	.224	.254	0 0	SS-93
1899 2 teams	BAL	N (62G –	.256)		CHI	N (59G –	.228)									
" total	121	396	96	13	4	0	0.0	50	52	50		12	.242	.295	0 0	SS-121
1901 CIN N	127	460	116	16	7	0	0.2	47	53	52		15	.252	.324	0 0	SS-112, 2B-15
1902	45	162	44	9	2	0	0.0	29	23	13		7	.272	.352	1 0	2B-41, SS-3
1903 2 teams	CIN	N (42G –	.216)		CHI	A (94G –	.228)									
" total	136	473	106	17	3	0	0.0	38	34	49		6	.224	.273	1 0	2B-126, 3B-9
5 yrs.	522	1834	439	62	16	2	0.1	199	201	194		47	.239	.294	2 0	SS-329, 2B-182, 3B-9
1 yr.	93	343	77	7	0	1	0.3	35	39	30		7	.224	.254	0 0	SS-93

Charlie Malay

MALAY, CHARLES FRANCIS BB TR 5'11½" 175 lbs.
Father of Joe Malay.
B. June 13, 1879, Brooklyn, N. Y. D. Sept. 18, 1949, Brooklyn, N. Y.

1905 BKN N	102	349	88	7	2	1	0.3	33	31	22		13	.252	.292	1 0	2B-75, OF-25, SS-1

Candy Maldonado

MALDONADO, CANDIDO BR TR 6' 185 lbs.
Born Candido Maldonado Guadarrama.
B. Sept. 5, 1960, Humacao, Puerto Rico

1981 LA N	11	12	1	0	0	0	0.0	0	0	0	5	0	.083	.083	4 0	OF-9
1982	6	4	0	0	0	0	0.0	0	0	1	2	0	.000	.000	2 0	OF-3
1983	42	62	12	1	1	1	1.6	5	6	5	14	0	.194	.290	9 2	OF-33
1984	116	254	68	14	0	5	2.0	25	28	19	29	0	.268	.382	31 9	OF-102, 3B-4
1985	121	213	48	7	1	5	2.3	20	19	19	40	1	.225	.338	31 7	OF-113
5 yrs.	296	545	129	22	2	11	2.0	50	53	44	90	1	.237	.345	77 18	OF-260, 3B-4
5 yrs.	296	545	129	22	2	11	2.0	50	53	44	90	1	.237	.345	77 18	OF-260, 3B-4

LEAGUE CHAMPIONSHIP SERIES

1983 LA N	2	2	0	0	0	0	0.0	0	0	0	1	0	.000	.000	2 0	
1985	4	7	1	0	0	0	0.0	0	1	0	3	0	.143	.143	1 0	OF-3
2 yrs.	6	9	1	0	0	0	0.0	0	1	0	4	0	.111	.111	3 0	OF-3

Tony Malinosky

MALINOSKY, ANTHONY FRANCIS BR TR 5'10½" 165 lbs.
B. Oct. 5, 1909, Collinsville, Ill.

1937 BKN N	35	79	18	2	0	0	0.0	7	3	9	11	0	.228	.253	9 1	3B-13, SS-11

181   Player Register

	G	AB	H	2B	3B	HR	HR %	R	RBI	BB	SO	SB	BA	SA	Pinch Hit AB H	G by POS

Lew Malone

MALONE, LEWIS ALOYSIUS BR TR 5'11" 175 lbs.
Played as Lew Ryan Part of 1915.
B. Mar. 13, 1897, Baltimore, Md.   D. Feb. 17, 1973, Brooklyn, N. Y.

	G	AB	H	2B	3B	HR	HR%	R	RBI	BB	SO	SB	BA	SA	PH AB	PH H	G by POS
1915 PHI A	76	201	41	4	4	1	0.5	17	17	21	40	7	.204	.279	12	3	2B-43, 3B-12, OF-4, SS-2
1916	5	4	0	0	0	0	0.0	1	0	1	2	0	.000	.000	3	0	SS-1
1917 BKN N	1	0	0	0	0	0	–	1	0	0	0	0	–	–	1	0	
1919	51	162	33	7	3	0	0.0	9	11	6	18	1	.204	.284	0	0	3B-47, SS-2, 2B-2
4 yrs.	133	367	74	11	7	1	0.3	28	28	28	60	8	.202	.278	16	3	3B-59, 2B-45, SS-5, OF-4
2 yrs.	52	162	33	7	3	0	0.0	10	11	6	18	1	.204	.284	1	0	3B-47, SS-2, 2B-2

Billy Maloney

MALONEY, WILLIAM ALPHONSE BL TR 5'10" 177 lbs.
B. June 5, 1878, Lewiston, Me.   D. Sept. 2, 1960, Breckenridge, Tex.

	G	AB	H	2B	3B	HR	HR%	R	RBI	BB	SO	SB	BA	SA	PH AB	PH H	G by POS
1901 MIL A	86	290	85	3	4	0	0.0	42	22	7		11	.293	.331	5	2	C-72, OF-8
1902 2 teams		STL A (30G – .205)				CIN N (27G – .247)											
" total	57	201	45	7	1	0	0.5	21	18	8		8	.224	.274	3	0	OF-41, C-14
1905 CHI N	145	558	145	17	14	2	0.4	78	56	43		59	.260	.351	0	0	OF-145
1906 BKN N	151	566	125	15	7	0	0.0	71	32	49		38	.221	.272	0	0	OF-151
1907	144	502	115	7	10	0	0.0	51	32	31		25	.229	.283	0	0	OF-144
1908	113	359	70	5	7	3	0.8	31	17	24		14	.195	.273	6	1	OF-103, C-4
6 yrs.	696	2476	585	54	42	6	0.2	294	177	162		155	.236	.299	14	3	OF-592, C-90
3 yrs.	408	1427	310	27	24	3	0.2	153	81	104		77	.217	.276	6	1	OF-398, C-4

Gus Mancuso

MANCUSO, AUGUST RODNEY (Blackie) BR TR 5'10" 185 lbs.
Brother of Frank Mancuso.
B. Dec. 5, 1905, Galveston, Tex.   D. Oct. 26, 1984, Houston, Tex.

	G	AB	H	2B	3B	HR	HR%	R	RBI	BB	SO	SB	BA	SA	PH AB	PH H	G by POS
1928 STL N	11	38	7	0	1	0	0.0	2	3	0	5	0	.184	.237	0	0	C-11
1930	76	227	83	17	2	7	3.1	39	59	18	16	1	.366	.551	12	3	C-61
1931	67	187	49	16	1	1	0.5	13	23	18	13	2	.262	.374	10	1	C-56
1932	103	310	88	23	1	5	1.6	25	43	30	15	0	.284	.413	19	6	C-82
1933 NY N	144	481	127	17	2	6	1.2	39	56	48	21	0	.264	.345	2	1	C-142
1934	122	383	94	14	0	7	1.8	32	46	27	19	0	.245	.337	0	0	C-122
1935	128	447	133	18	2	5	1.1	33	56	30	16	1	.298	.380	2	0	C-126
1936	139	519	156	21	3	9	1.7	55	63	39	28	0	.301	.405	1	0	C-138
1937	86	287	80	17	1	4	1.4	30	39	17	20	1	.279	.387	5	0	C-81
1938	52	158	55	8	0	2	1.3	19	15	17	13	0	.348	.437	8	2	C-44
1939 CHI N	80	251	58	10	0	2	0.8	17	17	24	19	0	.231	.295	3	0	C-76
1940 BKN N	60	144	33	8	0	0	0.0	16	16	13	7	0	.229	.285	4	1	C-56
1941 STL N	106	328	75	13	1	2	0.6	25	37	37	19	0	.229	.293	1	0	C-105
1942 2 teams		STL N (5G – .077)				NY N (39G – .193)											
" total	44	122	22	1	1	0	0.0	4	9	14	7	1	.180	.205	3	0	C-41
1943 NY N	94	252	50	5	0	2	0.8	11	20	28	16	0	.198	.242	15	3	C-77
1944	78	195	49	4	1	1	0.5	15	25	30	20	0	.251	.297	4	2	C-72
1945 PHI N	70	176	35	5	0	0	0.0	11	16	28	10	2	.199	.227	0	0	C-70
17 yrs.	1460	4505	1194	197	16	53	1.2	386	543	418	264	8	.265	.351	89	19	C-1360
1 yr.	60	144	33	8	0	0	0.0	16	16	13	7	0	.229	.285	4	1	C-56
WORLD SERIES																	
1930 STL N	2	7	2	0	0	0	0.0	1	0	1	2	0	.286	.286	0	0	C-2
1931	2	1	0	0	0	0	0.0	0	0	0	0	0	.000	.000	1	0	C-1
1933 NY N	5	17	2	1	0	0	0.0	2	2	3	0	0	.118	.176	0	0	C-5
1936	6	19	5	2	0	0	0.0	3	1	3	3	0	.263	.368	0	0	C-6
1937	3	8	0	0	0	0	0.0	0	1	0	1	0	.000	.000	1	0	C-2
5 yrs.	18	52	9	3	0	0	0.0	6	4	7	6	0	.173	.231	2	0	C-16

Chuck Manuel

MANUEL, CHARLES FUQUA BL TR 6'4" 195 lbs.
B. Jan. 4, 1944, North Fork, W. Va.

	G	AB	H	2B	3B	HR	HR%	R	RBI	BB	SO	SB	BA	SA	PH AB	PH H	G by POS
1969 MIN A	83	164	34	6	0	2	1.2	14	24	28	33	1	.207	.280	37	3	OF-46
1970	59	64	12	0	0	1	1.6	4	7	6	17	0	.188	.234	43	9	OF-11
1971	18	16	2	1	0	0	0.0	1	1	1	8	0	.125	.188	16	2	OF-1
1972	63	122	25	5	0	1	0.8	6	8	4	16	0	.205	.270	33	7	OF-28
1974 LA N	4	3	1	0	0	0	0.0	0	1	1	0	0	.333	.333	3	1	
1975	15	15	2	0	0	0	0.0	0	2	0	3	0	.133	.133	15	2	
6 yrs.	242	384	76	12	0	4	1.0	25	43	40	77	1	.198	.260	147	24	OF-86
2 yrs.	19	18	3	0	0	0	0.0	0	3	1	3	0	.167	.167	18	3	
LEAGUE CHAMPIONSHIP SERIES																	
1969 MIN A	1	0	0	0	0	0	–	0	1	0	0	0	–	–	0	0	
1970	1	1	0	0	0	0	0.0	0	0	0	1	0	.000	.000	1	0	
2 yrs.	2	1	0	0	0	0	0.0	0	1	0	1	0	.000	.000	1	0	

Heinie Manush

MANUSH, HENRY EMMETT BL TL 6'1" 200 lbs.
Brother of Frank Manush.
B. July 20, 1901, Tuscumbia, Ala.   D. May 12, 1971, Sarasota, Fla.
Hall of Fame 1964.

	G	AB	H	2B	3B	HR	HR%	R	RBI	BB	SO	SB	BA	SA	PH AB	PH H	G by POS
1923 DET A	109	308	103	20	5	4	1.3	59	54	20	21	3	.334	.471	27	6	OF-79
1924	120	422	122	24	8	9	2.1	83	68	27	30	14	.289	.448	11	1	OF-106, 1B-1
1925	99	277	84	14	3	5	1.8	46	47	24	21	8	.303	.430	22	6	OF-73
1926	136	498	188	35	8	14	2.8	95	86	31	28	11	**.378**	.564	14	5	OF-120
1927	152	593	177	31	18	6	1.0	102	80	47	29	12	.298	.442	1	1	OF-150
1928 STL A	154	638	241	47	20	13	2.0	104	108	39	14	17	.378	.575	0	0	OF-154
1929	142	574	204	45	10	6	1.0	85	81	43	24	9	.355	.500	1	0	OF-141
1930 2 teams		STL A (49G – .328)				WAS A (88G – .362)											
" total	137	554	194	49	12	9	1.6	100	94	31	24	7	.350	.531	3	0	OF-134
1931 WAS A	146	616	189	41	11	6	1.0	110	70	36	27	3	.307	.438	3	0	OF-143
1932	149	625	214	41	14	14	2.2	121	116	36	29	7	.342	.520	3	1	OF-146

Player Register 182

	G	AB	H	2B	3B	HR	HR%	R	RBI	BB	SO	SB	BA	SA	Pinch Hit AB	H	G by POS

Heinie Manush continued

	G	AB	H	2B	3B	HR	HR%	R	RBI	BB	SO	SB	BA	SA	PH AB	PH H	G by POS
1933	153	658	221	32	17	5	0.8	115	95	36	18	6	.336	.459	3	2	OF-150
1934	137	556	194	42	11	11	2.0	88	89	36	23	7	.349	.523	7	1	OF-131
1935	119	479	131	26	9	4	0.8	68	56	35	17	2	.273	.390	7	1	OF-111
1936 BOS A	82	313	91	15	5	0	0.0	43	45	17	11	1	.291	.371	9	4	OF-72
1937 BKN N	132	466	155	25	7	4	0.9	57	73	40	24	6	.333	.442	9	3	OF-123
1938 2 teams	BKN N (17G – .235)					PIT N (15G – .308)											
" total	32	64	16	4	2	0	0.0	11	10	7	4	1	.250	.375	18	5	OF-12
1939 PIT N	10	12	0	0	0	0	0.0	0	1	1	1	0	.000	.000	8	0	OF-1
17 yrs.	2009	7653	2524	491	160	110	1.4	1287	1173	506	345	114	.330	.479	146	36	OF-1846, 1B-1
2 yrs.	149	517	167	28	8	4	0.8	66	79	45	28	7	.323	.431	14	4	OF-135

WORLD SERIES
| 1933 WAS A | 5 | 18 | 2 | 0 | 0 | 0 | 0.0 | 2 | 0 | 2 | 1 | 0 | .111 | .111 | 0 | 0 | OF-5 |

Rabbit Maranville

MARANVILLE, WALTER JAMES VINCENT   BR TR 5'5" 155 lbs.
B. Nov. 11, 1891, Springfield, Mass.   D. Jan. 5, 1954, New York, N. Y.
Manager 1925.
Hall of Fame 1954.

	G	AB	H	2B	3B	HR	HR%	R	RBI	BB	SO	SB	BA	SA	PH AB	PH H	G by POS
1912 BOS N	26	86	18	2	0	0	0.0	8	8	9	14	1	.209	.233	0	0	SS-26
1913	143	571	141	13	8	2	0.4	68	48	68	62	25	.247	.308	0	0	SS-143
1914	156	586	144	23	6	4	0.7	74	78	45	56	28	.246	.326	0	0	SS-156
1915	149	509	124	23	6	2	0.4	51	43	45	65	18	.244	.324	0	0	SS-149
1916	155	604	142	16	13	4	0.7	79	38	50	69	32	.235	.325	0	0	SS-155
1917	142	561	146	19	13	3	0.5	69	43	40	47	27	.260	.357	0	0	SS-142
1918	11	38	12	0	1	0	0.0	3	3	4	0	0	.316	.368	0	0	SS-11
1919	131	480	128	18	10	5	1.0	44	43	36	23	12	.267	.377	0	0	SS-131
1920	134	493	131	19	15	1	0.2	48	43	28	24	14	.266	.371	1	0	SS-133
1921 PIT N	153	612	180	25	12	1	0.2	90	70	47	38	25	.294	.379	0	0	SS-153
1922	155	672	198	26	15	0	0.0	115	63	61	43	24	.295	.378	0	0	SS-138, 2B-18
1923	141	581	161	19	9	1	0.2	78	41	42	34	14	.277	.346	0	0	SS-141
1924	152	594	158	33	20	2	0.3	62	71	35	53	18	.266	.399	0	0	2B-152
1925 CHI N	75	266	62	10	3	0	0.0	37	23	29	20	6	.233	.293	1	0	SS-74
1926 BKN N	78	234	55	8	5	0	0.0	32	24	26	24	7	.235	.312	0	0	SS-60, 2B-18
1927 STL N	9	29	7	1	0	0	0.0	0	0	2	2	0	.241	.276	0	0	SS-9
1928	112	366	88	14	10	1	0.3	40	34	36	27	3	.240	.342	0	0	SS-112, 2B-2
1929 BOS N	146	560	159	26	10	0	0.0	87	55	47	33	13	.284	.366	0	0	SS-146, 2B-1
1930	142	558	157	26	8	2	0.4	85	43	48	23	9	.281	.367	0	0	SS-138, 3B-4
1931	145	562	146	22	5	0	0.0	69	33	56	34	9	.260	.317	1	0	SS-137, 2B-11
1932	149	571	134	20	4	0	0.0	67	37	46	28	4	.235	.284	0	0	2B-149
1933	143	478	104	15	4	0	0.0	46	38	36	34	2	.218	.266	1	1	2B-142
1935	23	67	10	2	0	0	0.0	3	5	3	3	0	.149	.179	3	0	2B-20
23 yrs.	2670	10078	2605	380	177	28	0.3	1255	884	839	756	291	.258	.340	7	1	SS-2154, 2B-513, 3B-4
1 yr.	78	234	55	8	5	0	0.0	32	24	26	24	7	.235	.312	0	0	SS-60, 2B-18

WORLD SERIES
1914 BOS N	4	13	4	0	0	0	0.0	1	3	1	1	2	.308	.308	0	0	SS-4
1928 STL N	4	13	4	1	0	0	0.0	2	0	1	1	1	.308	.385	0	0	SS-4
2 yrs.	8	26	8	1	0	0	0.0	3	3	2	2	3	.308	.346	0	0	SS-8

Bill Marriott

MARRIOTT, WILLIAM EARL   BL TR 6' 170 lbs.
B. Apr. 18, 1893, Pratt, Kans.   D. Aug. 11, 1969, Berkeley, Calif.

	G	AB	H	2B	3B	HR	HR%	R	RBI	BB	SO	SB	BA	SA	PH AB	PH H	G by POS
1917 CHI N	2	6	0	0	0	0	0.0	0	0	0	1	0	.000	.000	2	0	OF-1
1920	14	43	12	4	2	0	0.0	7	5	6	5	1	.279	.465	0	0	2B-14
1921	30	38	12	1	1	0	0.0	3	7	4	1	0	.316	.395	20	4	2B-6, OF-1, SS-1, 3B-1
1925 BOS N	103	370	99	9	1	1	0.3	37	40	28	26	3	.268	.305	8	1	3B-89, OF-1
1926 BKN N	109	360	96	13	9	3	0.8	39	42	17	20	12	.267	.378	4	0	3B-104
1927	6	9	1	0	1	0	0.0	0	1	2	2	0	.111	.333	4	0	3B-2
6 yrs.	264	826	220	27	14	4	0.5	86	95	57	55	16	.266	.347	38	5	3B-196, 2B-20, OF-3, SS-1
2 yrs.	115	369	97	13	10	3	0.8	39	43	19	22	12	.263	.377	8	0	3B-106

Doc Marshall

MARSHALL, WILLIAM RIDDLE   BR TR 6'1" 185 lbs.
B. Sept. 22, 1875, Butler, Pa.   D. Dec. 11, 1959, Clinton, Ill.

	G	AB	H	2B	3B	HR	HR%	R	RBI	BB	SO	SB	BA	SA	PH AB	PH H	G by POS
1904 3 teams	PHI N (8G – .100)					NY N (11G – .353)				BOS N (13G – .209)							
" total	32	80	17	1	1	0	0.0	7	5	3		2	.213	.250	7	0	C-20, OF-3, 2B-1
1906 2 teams	NY N (38G – .167)					STL N (39G – .276)											
" total	77	225	51	7	3	0	0.0	14	17	13		8	.227	.284	9	1	C-51, OF-16, 1B-2
1907 STL N	84	268	54	8	2	0	0.7	19	18	12		2	.201	.269	1	0	C-83
1908 2 teams	STL N (6G – .071)					CHI N (12G – .300)											
" total	18	34	7	0	1	0	0.0	4	4	0			.206	.265	2	1	C-10, OF-3
1909 BKN N	50	149	30	7	1	0	0.0	7	10	9		3	.201	.262	1	0	C-49, OF-1
5 yrs.	261	756	159	23	8	2	0.3	51	54	34		15	.210	.270	20	2	C-213, OF-23, 1B-2, 2B-1
1 yr.	50	149	30	7	1	0	0.0	7	10	6		3	.201	.262	1	0	C-49, OF-1

Mike Marshall

MARSHALL, MICHAEL ALLEN   BR TR 6'5" 215 lbs.
B. Jan. 12, 1960, Libertyville, Ill.

	G	AB	H	2B	3B	HR	HR%	R	RBI	BB	SO	SB	BA	SA	PH AB	PH H	G by POS
1981 LA N	14	25	5	3	0	0	0.0	2	1	1	4	0	.200	.320	7	3	3B-3, 1B-3, OF-2
1982	49	95	23	3	0	5	5.3	10	9	13	23	2	.242	.432	20	3	OF-19, 1B-13
1983	140	465	132	17	1	17	3.7	47	65	43	127	7	.284	.434	6	1	OF-109, 1B-33
1984	134	495	127	27	0	21	4.2	69	65	40	93	4	.257	.438	7	2	OF-118, 1B-15
1985	135	518	152	27	2	28	5.4	72	95	37	137	3	.293	.515	3	0	OF-125, 1B-7
5 yrs.	472	1598	439	77	3	71	4.4	200	235	134	384	16	.275	.460	43	9	OF-373, 1B-71, 3B-3
5 yrs.	472	1598	439	77	3	71	4.4	200	235	134	384	16	.275	.460	43	9	OF-373, 1B-71, 3B-3

9th

Player Register

	G	AB	H	2B	3B	HR	HR%	R	RBI	BB	SO	SB	BA	SA	Pinch Hit AB	Pinch Hit H	G by POS

Mike Marshall continued

DIVISIONAL PLAYOFF SERIES
| 1981 LA N | 1 | 1 | 0 | 0 | 0 | 0 | 0.0 | 0 | 0 | 0 | 1 | 0 | .000 | .000 | 1 | 0 | |

LEAGUE CHAMPIONSHIP SERIES
1983 LA N	4	15	2	1	0	1	6.7	1	2	1	6	0	.133	.400	0	0	1B-3
1985	6	23	5	2	0	1	4.3	1	3	1	3	0	.217	.435	0	0	OF-6
2 yrs.	10	38	7	3	0	2	5.3	2	5	2	9	0	.184	.421	0	0	OF-6, 1B-3

Teddy Martinez

MARTINEZ, TEODORO NOEL
B. Dec. 10, 1947, Central Barahona, Dominican Republic
BR TR 6' 165 lbs.

1970 NY N	4	16	1	0	0	0	0.0	0	0	0	3	0	.063	.063	0	0	2B-4, SS-1
1971	38	125	36	5	2	1	0.8	16	10	4	22	6	.288	.384	1	0	SS-23, 2B-13, 3B-3, OF-1
1972	103	330	74	5	5	1	0.3	22	19	12	49	7	.224	.279	4	0	2B-47, SS-42, OF-15, 3B-2
1973	92	263	67	11	0	1	0.4	34	14	13	38	3	.255	.308	1	0	SS-44, OF-21, 3B-14, 2B-5
1974	116	334	73	15	7	2	0.6	32	43	14	40	3	.219	.323	8	1	SS-75, 3B-12, 2B-11, OF-10
1975 2 teams	STL N (16G – .190)				OAK A (86G – .172)												
" total	102	108	19	2	0	0	0.0	8	5	2	11	1	.176	.194	11	1	SS-46, 2B-33, 3B-15, OF-7
1977 LA N	67	137	41	6	1	1	0.7	21	10	2	20	3	.299	.380	4	0	2B-27, SS-13, 3B-12
1978	54	55	14	1	0	1	1.8	13	5	4	14	3	.255	.327	4	0	SS-17, 3B-16, 2B-10
1979	81	112	30	5	1	0	0.0	19	2	4	16	3	.268	.330	4	0	3B-21, SS-21, 2B-18
9 yrs.	657	1480	355	50	16	7	0.5	165	108	55	213	29	.240	.309	37	2	SS-282, 2B-168, 3B-97, OF-54
3 yrs.	202	304	85	12	2	2	0.7	53	17	10	50	9	.280	.352	12	0	2B-55, SS-51, 3B-51

LEAGUE CHAMPIONSHIP SERIES
| 1975 OAK A | 3 | 0 | 0 | 0 | 0 | 0 | – | 0 | 0 | 0 | 0 | 0 | – | – | 0 | 0 | 2B-3 |

WORLD SERIES
| 1973 NY N | 2 | 0 | 0 | 0 | 0 | 0 | – | 0 | 0 | 0 | 0 | 0 | – | – | 0 | 0 | |

Len Matuszek

MATUSZEK, LEONARD JAMES
B. Sept. 27, 1954, Toledo, Ohio
BL TR 6'2" 190 lbs.

1981 PHI N	13	11	3	1	0	0	0.0	1	3	1	0	0	.273	.364	9	3	3B-1, 1B-1
1982	25	39	3	1	0	0	0.0	1	3	1	10	0	.077	.103	17	1	3B-8, 1B-3
1983	28	80	22	6	1	4	5.0	12	16	4	14	0	.275	.525	6	1	1B-21
1984	101	262	65	17	1	12	4.6	40	43	39	54	4	.248	.458	24	10	1B-81, OF-1
1985 2 teams	TOR A (62G – .212)				LA N (43G – .222)												
" total	105	214	46	8	3	5	2.3	33	28	19	38	2	.215	.350	29	4	DH-54, OF-17, 1B-15, 3B-1
5 yrs.	272	606	139	33	5	21	3.5	87	91	66	117	6	.229	.404	85	19	1B-121, DH-54, OF-18, 3B-10
1 yr.	43	63	14	2	1	3	4.8	10	13	8	14	0	.222	.429	16	1	OF-17, 1B-10, 3B-1

LEAGUE CHAMPIONSHIP SERIES
| 1985 LA N | 3 | 1 | 1 | 0 | 0 | 0 | 0.0 | 1 | 0 | 0 | 0 | 0 | 1.000 | 1.000 | 1 | 1 | OF-1 |

Gene Mauch

MAUCH, GENE WILLIAM (Skip)
B. Nov. 18, 1925, Salina, Kans.
Manager 1960-82, 1985.
BR TR 5'10" 165 lbs.

1944 BKN N	5	15	2	1	0	0	0.0	2	2	2	3	0	.133	.200	0	0	SS-5
1947 PIT N	16	30	9	0	0	0	0.0	8	1	7	6	0	.300	.300	0	0	2B-6, SS-4
1948 2 teams	BKN N (12G – .154)				CHI N (53G – .203)												
" total	65	151	30	3	2	1	0.7	19	7	27	14	1	.199	.265	11	0	2B-33, SS-20
1949 CHI N	72	150	37	6	2	1	0.7	15	7	21	15	3	.247	.333	13	4	2B-25, SS-19, 3B-7
1950 BOS N	48	121	28	5	0	1	0.8	17	15	14	9	1	.231	.298	3	2	2B-28, 3B-7, SS-5
1951	19	20	2	0	0	0	0.0	5	1	7	4	0	.100	.100	2	0	SS-10, 3B-3, 2B-2
1952 STL N	7	3	0	0	0	0	0.0	0	0	1	2	0	.000	.000	1	0	SS-2
1956 BOS A	7	25	8	0	0	0	0.0	4	1	3	3	0	.320	.320	1	0	2B-6
1957	65	222	60	10	3	2	0.9	23	28	22	26	1	.270	.369	7	3	2B-58
9 yrs.	304	737	176	25	7	5	0.7	93	62	104	82	6	.239	.312	38	9	2B-158, SS-65, 3B-17
2 yrs.	17	28	4	1	0	0	0.0	3	2	3	7	0	.143	.179	4	0	2B-7, SS-6

Al Maul

MAUL, ALBERT JOSEPH (Smiling Al)
B. Oct. 9, 1865, Philadelphia, Pa. D. May 3, 1958, Philadelphia, Pa.
BR TR 6' 175 lbs.

1884 PHI U	1	4	0	0	0	0	0.0	0					.000	.000	0	0	P-1
1887 PHI N	16	56	17	2	2	1	1.8	15	4	15	10	5	.304	.464	0	0	OF-8, P-7, 1B-2
1888 PIT N	74	259	54	9	4	0	0.0	21	31	21	45	9	.208	.274	0	0	1B-38, OF-34, P-3
1889	68	257	71	6	6	4	1.6	37	44	29	41	18	.276	.393	0	0	OF-64, P-6
1890 PIT P	45	162	42	6	2	0	0.0	31	21	22	12	5	.259	.321	0	0	P-30, OF-15, SS-1
1891 PIT N	47	149	28	2	0	0	0.0	15	14	20	28	1	.188	.255	0	0	OF-40, P-8
1893 WAS N	44	134	34	8	4	0	0.0	10	12	33	14	1	.254	.373	2	0	P-37, OF-7
1894	41	124	30	3	3	2	1.6	23	20	14	11	1	.242	.363	2	0	P-28, OF-12
1895	22	72	18	5	2	0	0.0	9	16	6	7	0	.250	.375	2	1	P-16, OF-4
1896	8	28	8	1	1	0	0.0	6	5	3	2	0	.286	.393	0	0	P-8
1897 2 teams	WAS N (1G – .000)				BAL N (2G – .333)												
" total	3	4	1	0	0	0	0.0	0	0		0	0	.250	.250	0	0	P-3
1898 BAL N	29	93	19	3	2	0	0.0	21	10	16		0	.204	.280	0	0	P-28, OF-1
1899 BKN N	4	11	3	0	0	0	0.0	2	0	1		0	.273	.273	0	0	P-4
1900 PHI N	5	15	3	0	0	0	0.0	2	1	2		0	.200	.200	0	0	P-5

Player Register

	G	AB	H	2B	3B	HR	HR%	R	RBI	BB	SO	SB	BA	SA	Pinch Hit AB	H	G by POS

Al Maul continued
1901 NY N	3	8	3	0	0	0	0.0	1	1	0		0	.375	.375	0	0	P-3
15 yrs.	410	1376	331	45	30	7	0.5	193	178	182	170	44	.241	.332	6	1	P-187, OF-185, 1B-40, SS-1
1 yr.	4	11	3	0	0	0	0.0	2	0	1		0	.273	.273	0	0	P-4

Carmen Mauro
MAURO, CARMEN LOUIS BL TR 6' 167 lbs.
B. Nov. 10, 1926, St. Paul, Minn.

	G	AB	H	2B	3B	HR	HR%	R	RBI	BB	SO	SB	BA	SA	AB	H	G by POS
1948 CHI N	3	5	1	0	0	1	20.0	2	1	2	0	0	.200	.800	0	0	OF-2
1950	62	185	42	4	3	1	0.5	19	10	13	31	3	.227	.297	9	1	OF-49
1951	13	29	5	1	0	0	0.0	3	3	2	6	0	.172	.207	6	1	OF-6
1953 3 teams	BKN N (8G – .000)			WAS A (17G – .174)				PHI A (64G – .267)									
" total	89	197	48	4	5	0	0.0	16	19	20	28	3	.244	.315	31	8	OF-56, 3B-1
4 yrs.	167	416	96	9	8	2	0.5	40	33	37	65	6	.231	.305	46	10	OF-113, 3B-1
1 yr.	8	9	0	0	0	0	0.0	1	0	0	4	0	.000	.000	5	0	OF-1

Bill McCabe
McCABE, WILLIAM FRANCIS BB TR 5'9½" 180 lbs.
B. Oct. 28, 1892, Chicago, Ill. D. July 2, 1968, Chicago, Ill.

	G	AB	H	2B	3B	HR	HR%	R	RBI	BB	SO	SB	BA	SA	AB	H	G by POS
1918 CHI N	29	45	8	1	0	0	0.0	9	5	4	7	2	.178	.222	6	1	2B-13, OF-4
1919	33	84	13	3	1	0	0.0	8	5	9	15	3	.155	.214	3	0	OF-19, SS-4, 3B-1
1920 2 teams	CHI N (3G – .500)			BKN N (41G – .147)													
" total	44	70	11	0	1	0	0.0	11	3	2	6	1	.157	.157	4	1	SS-13, OF-6, 2B-4, 3B-3
3 yrs.	106	199	32	3	2	0	0.0	28	13	15	28	6	.161	.196	13	2	OF-29, SS-17, 2B-17, 3B-4
1 yr.	41	68	10	0	0	0	0.0	10	3	2	6	1	.147	.147	2	0	SS-13, OF-6, 2B-4, 3B-3
WORLD SERIES																	
1918 CHI N	3	1	0	0	0	0	0.0	1	0	0	0	0	.000	.000	1	0	
1920 BKN N	1	0	0	0	0	0	–	0	0	0	0	0	–	–	0	0	
2 yrs.	4	1	0	0	0	0	0.0	1	0	0	0	0	.000	.000	1	0	

Bill McCarren
McCARREN, WILLIAM JOSEPH BR TR 5'11½" 170 lbs.
B. Nov. 4, 1895, Honesdale, Pa. D. Sept. 11, 1983, Denver, Colo.

	G	AB	H	2B	3B	HR	HR%	R	RBI	BB	SO	SB	BA	SA	AB	H	G by POS
1923 BKN N	69	216	53	10	1	3	1.4	28	27	22	39	0	.245	.343	1	0	3B-66, OF-1

Jack McCarthy
McCARTHY, JOHN A. BL TL 5'9" 155 lbs.
B. Mar. 26, 1869, Gilbertville, Mass. D. Sept. 11, 1931, Chicago, Ill.

	G	AB	H	2B	3B	HR	HR%	R	RBI	BB	SO	SB	BA	SA	AB	H	G by POS
1893 CIN N	49	195	55	8	3	0	0.0	28	22	22	7	6	.282	.354	0	0	OF-47, 1B-2
1894	40	167	45	9	1	0	0.0	29	21	17		3	.269	.335	0	0	OF-25, 1B-15
1898 PIT N	137	537	155	13	12	4	0.7	75	78	34		7	.289	.380	0	0	OF-137
1899	138	560	171	22	17	3	0.5	108	67	39		28	.305	.421	0	0	OF-138
1900 CHI N	124	503	148	16	7	0	0.0	68	48	24		22	.294	.354	1	0	OF-123
1901 CLE A	86	343	110	14	7	0	0.0	60	32	30		9	.321	.402	0	0	OF-86
1902	95	359	102	31	5	0	0.0	45	41	24		12	.284	.398	0	0	OF-95
1903 2 teams	CLE A (108G – .265)			CHI N (24G – .277)													
" total	132	516	138	25	8	0	0.0	58	57	23		23	.267	.347	0	0	OF-132
1904 CHI N	115	432	114	14	2	0	0.0	36	51	23		14	.264	.306	0	0	OF-115
1905	59	170	47	4	3	0	0.0	16	14	10		8	.276	.335	15	6	OF-37, 1B-6
1906 BKN N	91	322	98	13	1	0	0.0	23	35	20		9	.304	.351	5	1	OF-86
1907	25	91	20	2	0	0	0.0	4	8	2		4	.220	.242	0	0	OF-25
12 yrs.	1091	4195	1203	171	66	7	0.2	550	474	268	13	145	.287	.364	21	7	OF-1046, 1B-23
2 yrs.	116	413	118	15	1	0	0.0	27	43	22		13	.286	.327	5	1	OF-111

Johnny McCarthy
McCARTHY, JOHN JOSEPH BL TL 6'1½" 185 lbs.
B. Jan. 7, 1910, Chicago, Ill. D. Sept. 13, 1973, Nundelein, Ill.

	G	AB	H	2B	3B	HR	HR%	R	RBI	BB	SO	SB	BA	SA	AB	H	G by POS
1934 BKN N	17	39	7	2	0	1	2.6	7	5	2	2	0	.179	.308	3	0	1B-13
1935	22	48	12	1	1	0	0.0	9	4	2	9	0	.250	.313	3	0	1B-19
1936 NY N	4	16	7	0	0	1	6.3	1	2	0	1	1	.438	.625	0	0	1B-4
1937	114	420	117	19	3	10	2.4	53	65	24	37	2	.279	.410	4	0	1B-110
1938	134	470	128	13	4	8	1.7	55	59	39	28	3	.272	.368	8	3	1B-125
1939	50	80	21	6	1	1	1.3	12	11	3	8	0	.263	.400	33	8	1B-12, OF-4, P-1
1940	51	67	16	4	0	0	0.0	6	5	2	8	0	.239	.299	43	11	1B-6
1941	14	40	13	3	0	0	0.0	1	2	3	0	0	.325	.400	5	2	1B-8, OF-1
1943 BOS N	78	313	95	24	6	2	0.6	32	33	10	19	1	.304	.438	0	0	1B-78
1946	2	7	1	0	0	0	0.0	0	1	2	0	0	.143	.143	0	0	1B-2
1948 NY N	56	57	15	0	1	2	3.5	6	12	3	2	0	.263	.404	45	13	1B-6
11 yrs.	542	1557	432	72	16	25	1.6	182	209	90	114	7	.277	.392	144	37	1B-383, OF-5, P-1
2 yrs.	39	87	19	3	1	1	1.5	16	9	4	11	0	.218	.310	6	0	1B-32
WORLD SERIES																	
1937 NY N	5	19	4	2	0	0	0.0	1	1	2	0	0	.211	.263	0	0	1B-5

Tommy McCarthy
McCARTHY, THOMAS FRANCIS MICHAEL BR TR 5'7" 170 lbs.
B. July 24, 1864, Boston, Mass. D. Aug. 5, 1922, Boston, Mass.
Manager 1890.
Hall of Fame 1946.

	G	AB	H	2B	3B	HR	HR%	R	RBI	BB	SO	SB	BA	SA	AB	H	G by POS
1884 BOS U	53	209	45	3	2	0	0.0	37		6			.215	.249	0	0	OF-48, P-7
1885 BOS N	40	148	27	2	0	0	0.0	16	11	5	25		.182	.196	0	0	OF-40
1886 PHI N	8	27	5	2	1	0	0.0	6	3	2	3		.185	.333	0	0	OF-8, P-1
1887	18	70	13	4	0	0	0.0	7	6	2	5	15	.186	.243	0	0	OF-8, 2B-5, SS-3, 3B-2
1888 STL AA	131	511	140	20	3	1	0.2	107	68	38		93	.274	.331	0	0	OF-131, P-2
1889	140	**604**	176	24	7	2	0.3	136	63	46	26	57	.291	.364	0	0	OF-140, 2B-2, P-1

Tommy McCarthy continued

	G	AB	H	2B	3B	HR	HR%	R	RBI	BB	SO	SB	BA	SA	Pinch Hit AB	Pinch Hit H	G by POS
1890	133	548	192	28	9	6	1.1	137		66		83	.350	.467	0	0	OF-102, 3B-32, 2B-1
1891	136	578	179	21	8	8	1.4	127	95	50	19	37	.310	.415	0	0	OF-113, 2B-14, SS-12, 3B-3, P-1
1892 BOS N	152	603	146	18	6	4	0.7	119	63	93	29	53	.242	.312	0	0	OF-152
1893	116	462	160	28	6	5	1.1	107	111	64	10	46	.346	.465	0	0	OF-108, 2B-7, SS-3
1894	127	539	188	21	8	13	2.4	118	126	59	17	43	.349	.490	0	0	OF-127, SS-2, 2B-1, P-1
1895	117	452	131	13	2	2	0.4	90	73	72	12	18	.290	.341	0	0	OF-109, 2B-9
1896 BKN N	104	377	94	8	6	3	0.8	62	47	34	17	22	.249	.326	0	0	OF-103
13 yrs.	1275	5128	1496	192	58	44	0.9	1069	665	537	163	467	.292	.378	0	0	OF-1189, 2B-39, 3B-37, SS-20, P-13
1 yr.	104	377	94	8	6	3	0.8	62	47	34	17	22	.249	.326	0	0	OF-103

Lew McCarty

McCARTY, GEORGE LEWIS BR TR 5'11½" 192 lbs.
B. Nov. 17, 1888, Milton, Pa. D. June 9, 1930, Reading, Pa.

	G	AB	H	2B	3B	HR	HR%	R	RBI	BB	SO	SB	BA	SA	PH AB	PH H	G by POS
1913 BKN N	9	26	6	0	0	0	0.0	1	2	2	2	0	.231	.231	0	0	C-9
1914	90	284	72	14	2	1	0.4	20	30	14	22	1	.254	.327	6	2	C-84
1915	84	276	66	9	4	0	0.0	19	19	7	23	7	.239	.301	3	1	C-84
1916 2 teams		BKN N (55G – .313)				NY N (25G – .397)											
" total	80	218	74	9	5	0	0.0	23	22	21	25	4	.339	.427	10	4	C-51, 1B-17
1917 NY N	56	162	40	3	2	2	1.2	15	19	14	6	1	.247	.327	2	1	C-54
1918	86	257	69	7	3	0	0.0	16	24	17	13	3	.268	.319	7	2	C-75
1919	85	210	59	5	4	2	1.0	17	21	18	15	2	.281	.371	24	7	C-59
1920 2 teams		NY N (36G – .132)				STL N (5G – .286)											
" total	41	45	7	0	0	0	0.0	2	0	9	2	2	.156	.156	29	5	C-8
1921 STL N	1	1	0	0	0	0	0.0	0	0	0	1	0	.000	.000	1	0	
9 yrs.	532	1479	393	47	20	5	0.3	113	137	102	109	20	.266	.335	82	22	C-424, 1B-17
4 yrs.	238	736	191	29	7	1	0.1	57	64	37	63	12	.260	.322	18	7	C-204, 1B-17

WORLD SERIES
| 1917 NY N | 3 | 5 | 2 | 0 | 1 | 0 | 0.0 | 1 | 1 | 0 | 0 | 0 | .400 | .800 | 1 | 0 | C-2 |

Mike McCormick

McCORMICK, MICHAEL J. BR TR 5'9"
B. 1883, Jersey City, N. J. D. Nov. 18, 1953, Jersey City, N. J.

| 1904 BKN N | 105 | 347 | 64 | 5 | 4 | 0 | 0.0 | 28 | 27 | 43 | | 22 | .184 | .222 | 0 | 0 | 3B-104, 2B-1 |

Mike McCormick

McCORMICK, MYRON WINTHROP BR TR 6' 195 lbs.
B. May 6, 1917, Angels Camp, Calif. D. Apr. 14, 1976, Los Angeles, Calif.

	G	AB	H	2B	3B	HR	HR%	R	RBI	BB	SO	SB	BA	SA	PH AB	PH H	G by POS
1940 CIN N	110	417	125	20	0	1	0.2	48	30	13	36	8	.300	.355	2	0	OF-107
1941	110	369	106	17	3	4	1.1	52	31	30	24	4	.287	.382	4	0	OF-101
1942	40	135	32	2	3	1	0.7	18	11	13	7	0	.237	.319	1	0	OF-38
1943	4	15	2	0	0	0	0.0	0	0	2	0	0	.133	.133	0	0	OF-4
1946 2 teams		CIN N (23G – .216)				BOS N (59G – .262)											
" total	82	238	59	8	2	1	0.4	33	21	19	12	0	.248	.311	10	2	OF-69
1947 BOS N	92	284	81	13	7	3	1.1	42	36	20	21	1	.285	.412	12	4	OF-79
1948	115	343	104	22	7	1	0.3	45	39	32	34	1	.303	.417	14	6	OF-100
1949 BKN N	55	139	29	5	1	2	1.4	17	14	14	12	1	.209	.302	6	1	OF-49
1950 2 teams		NY N (4G – .000)				CHI A (55G – .232)											
" total	59	142	32	4	3	0	0.0	16	10	16	8	0	.225	.296	11	1	OF-44
1951 WAS A	81	243	70	9	3	1	0.4	31	23	29	20	1	.288	.362	15	7	OF-62
10 yrs.	748	2325	640	100	29	14	0.6	302	215	188	174	16	.275	.361	75	22	OF-653
1 yr.	55	139	29	5	1	2	1.4	17	14	14	12	1	.209	.302	6	2	OF-49

WORLD SERIES
1940 CIN N	7	29	9	3	0	0	0.0	1	2	1	6	0	.310	.414	0	0	OF-7
1948 BOS N	6	23	6	0	0	0	0.0	1	2	0	4	0	.261	.261	0	0	OF-6
1949 BKN N	1	0	0	0	0	0	–	0	0	0	0	0			0	0	OF-1
3 yrs.	14	52	15	3	0	0	0.0	2	4	1	10	0	.288	.346	0	0	OF-14

Judge McCreedie

McCREEDIE, WALTER HENRY
B. Nov. 29, 1876, Manchester, Iowa D. July 29, 1934, Portland, Ore.

| 1903 BKN N | 56 | 213 | 69 | 5 | 0 | 0 | 0.0 | 40 | 20 | 24 | | 10 | .324 | .347 | 0 | 0 | OF-56 |

Tom McCreery

McCREERY, THOMAS LIVINGSTON BB TR 5'11" 180 lbs.
B. Oct. 19, 1874, Beaver, Pa. D. July 3, 1941, Beaver, Pa.

	G	AB	H	2B	3B	HR	HR%	R	RBI	BB	SO	SB	BA	SA	PH AB	PH H	G by POS
1895 LOU N	31	108	35	3	1	0	0.0	18	10	8	15	3	.324	.370	0	0	OF-18, P-8, SS-4, 3B-1, 1B-1
1896	115	441	155	23	21	7	1.6	87	65	42	58	26	.351	.546	2	1	OF-111, 2B-1, P-1
1897 2 teams		LOU N (89G – .284)				NY N (49G – .299)											
" total	138	525	149	13	11	5	1.0	91	68	60		28	.289	.386	2	0	OF-134, 2B-3
1898 2 teams		NY N (35G – .198)				PIT N (53G – .311)											
" total	88	311	83	9	10	3	1.0	48	37	45		6	.267	.389	2	1	OF-86
1899 PIT N	118	455	147	21	9	2	0.4	76	64	47		11	.323	.422	5	2	OF-97, SS-9, 2B-7
1900	43	132	29	4	3	1	0.8	20	13	16		2	.220	.318	5	0	OF-35, P-1
1901 BKN N	91	335	97	11	14	3	0.9	47	53	32		13	.290	.433	3	1	OF-82, 1B-4, SS-2
1902	112	430	105	8	4	4	0.9	49	57	29		16	.244	.309	0	0	1B-108, OF-4
1903 2 teams		BKN N (40G – .262)				BOS N (23G – .217)											
" total	63	224	55	7	3	1	0.4	28	20	29		11	.246	.317	2	2	OF-61
9 yrs.	799	2951	855	99	76	26	0.9	464	387	308	73	116	.290	.401	21	7	OF-628, 1B-113, SS-15, 2B-11, P-10, 3B-1
3 yrs.	243	906	239	24	20	7	0.8	109	120	81		34	.264	.358	5	3	OF-124, 1B-112, SS-2

Player Register 186

	G	AB	H	2B	3B	HR	HR%	R	RBI	BB	SO	SB	BA	SA	Pinch Hit AB	H	G by POS

Terry McDermott
McDERMOTT, TERRENCE MICHAEL
B. Mar. 20, 1951, Rockville Center, N. Y.
BR TR 6'3" 205 lbs.

| 1972 LA N | 9 | 23 | 3 | 0 | 0 | 0 | 0.0 | 2 | 0 | 2 | 8 | 0 | .130 | .130 | 3 | 1 | 1B-7 |

Pryor McElveen
McELVEEN, PRYOR MYNATT (Humpy)
B. Nov. 5, 1883, Atlanta, Ga. D. Oct. 27, 1951, Pleasant Hill, Tenn.
TR 5'10" 168 lbs.

1909 BKN N	81	258	51	8	1	3	1.2	22	25	14		6	.198	.271	13	4	3B-37, OF-13, SS-10, 2B-5, 1B-5
1910	74	213	48	8	3	1	0.5	19	26	22	47	6	.225	.305	9	3	3B-54, SS-6, 2B-3, C-1
1911	16	31	6	0	0	0	0.0	1	5	0	3	0	.194	.194	10	3	2B-5, SS-1
3 yrs.	171	502	105	16	4	4	0.8	42	56	36	50	12	.209	.281	32	10	3B-91, SS-17, OF-13, 2B-13, 1B-5, C-1
3 yrs.	171	502	105	16	4	4	0.8	42	56	36	50	12	.209	.281	32	10	3B-91, SS-17, OF-13, 2B-13, 1B-5, C-1

Dan McGann
McGANN, DENNIS LAWRENCE (Cap)
B. July 15, 1872, Shelbyville, Ky. D. Dec. 13, 1910, Louisville, Ky.
BB TR 6' 190 lbs.

1895 LOU N	20	73	21	5	2	0	0.0	9	9	8	6	6	.288	.411	1	0	SS-8, 3B-6, OF-5
1896 BOS N	43	171	55	6	7	2	1.2	25	30	12	10	2	.322	.474	0	0	2B-43
1898 BAL N	145	535	161	18	8	5	0.9	99	106	53		33	.301	.393	0	0	1B-145
1899 2 teams		BKN	N	(63G –	.243)		WAS	N	(76G –	.343)							
" total	139	494	148	20	12	7	1.4	114	90	35		27	.300	.431	2	0	1B-137
1900 STL N	124	450	136	14	9	4	0.9	79	58	32		26	.302	.400	0	0	1B-121, 2B-1
1901	103	426	123	14	10	6	1.4	73	56	16		17	.289	.411	0	0	1B-103
1902 2 teams		BAL	A	(68G –	.316)		NY	N	(61G –	.300)							
" total	129	477	147	15	0	0	0.0	67	63	31		29	.308	.403	0	0	1B-129
1903 NY N	129	482	130	21	6	3	0.6	75	50	32		36	.270	.357	0	0	1B-129
1904	141	517	148	22	6	6	1.2	81	71	36		42	.286	.387	0	0	1B-141
1905	136	491	147	23	14	5	1.0	88	75	55		22	.299	.434	0	0	1B-136
1906	134	451	107	14	8	0	0.0	62	37	60		30	.237	.304	1	0	1B-133
1907	81	262	78	9	1	2	0.8	29	36	29		9	.298	.363	0	0	1B-81
1908 BOS N	135	475	114	8	5	2	0.4	52	55	38		9	.240	.291	5	1	1B-121, 2B-9
13 yrs.	1459	5304	1515	189	103	42	0.8	853	736	437	16	288	.286	.384	9	1	1B-1376, 2B-53, SS-8, 3B-6, OF-5
1 yr.		63	214	52	11	4	2	0.9	49	32	21		16	.243	.360	2	0	1B-61
WORLD SERIES																	
1905 NY N	5	17	4	2	0	0	0.0	1	4	2	7	0	.235	.353	0	0	1B-5

Deacon McGuire
McGUIRE, JAMES THOMAS
B. Nov. 2, 1865, Youngstown, Ohio D. Oct. 31, 1936, Albion, Mich.
Manager 1898, 1907-11.
BR TL 6'1" 185 lbs.

1884 TOL AA	45	151	28	7	0	1	0.7	12		5			.185	.252	0	0	C-41, OF-4, SS-3
1885 DET N	34	121	23	4	2	0	0.0	11	9	5	23		.190	.256	0	0	C-31, OF-3
1886 PHI N	50	167	33	7	1	2	1.2	25	18	19	25		.198	.287	0	0	C-49, OF-1
1887	41	150	46	6	2	1.3		22	23	11	8	3	.307	.467	0	0	C-41
1888 3 teams		PHI	N	(12G –	.333)		DET	N	(3G –	.000)		CLE	AA	(26G –	.255)		
" total	41	158	41	5	5	1	0.6	22	24	11	13	2	.259	.373	0	0	C-30, 1B-6, OF-3, 3B-2
1890 ROC AA	87	331	99	16	4	4	1.2	46		21		8	.299	.408	0	0	C-71, 1B-15, OF-3, P-1
1891 WAS AA	114	413	125	22	10	3	0.7	55	66	43	34	10	.303	.426	0	0	C-98, OF-18, 3B-3, 1B-1
1892 WAS N	97	315	73	14	4	4	1.3	46	43	61	48	7	.232	.340	0	0	C-89, 1B-8, OF-1
1893	63	237	62	14	3	1	0.4	29	26	26	12	3	.262	.359	0	0	C-50, 1B-12
1894	104	425	130	18	6	6	1.4	67	78	33	19	11	.306	.419	0	0	C-104
1895	132	533	179	30	8	10	1.9	89	97	40	18	16	.336	.478	0	0	C-132, SS-1
1896	108	389	125	25	3	2	0.5	60	70	30	14	12	.321	.416	9	2	C-98, 1B-1
1897	93	327	112	17	7	4	1.2	51	53	21		9	.343	.474	11	3	C-73, 1B-6
1898	131	489	131	18	3	1	0.2	59	57	24		10	.268	.323	3	2	C-93, 1B-37
1899 2 teams		WAS	N	(59G –	.271)		BKN	N	(46G –	.318)							
" total	105	356	104	15	5	1	0.3	47	35	28		7	.292	.371	2	0	C-102, 1B-1
1900 BKN N	71	241	69	15	2	0	0.0	20	34	19		2	.286	.365	2	1	C-69
1901	85	301	89	16	4	0	0.0	28	40	18		4	.296	.375	1	0	C-81, 1B-3
1902 DET A	73	229	52	14	1	2	0.9	27	23	24		0	.227	.323	2	0	C-70
1903	72	248	62	12	1	0	0.0	15	21	19		3	.250	.306	2	0	C-69, 1B-1
1904 NY A	101	322	67	12	2	0	0.0	17	20	27		2	.208	.258	2	2	C-97, 1B-1
1905	72	228	50	7	2	0	0.0	9	33	18		3	.219	.268	1	0	C-71
1906	51	144	43	5	0	0	0.0	11	14	12		3	.299	.333	7	0	C-49, 1B-1
1907 2 teams		NY	A	(1G –	.000)		BOS	A	(6G –	.750)							
" total	7	5	3	0	0	1	20.0	1	1			0	.600	1.200	4	3	C-1
1908 2 teams		BOS	A	(1G –	.000)		CLE	A	(1G –	.250)							
" total	2	5	1	1	0	0	0.0	0	2	0		0	.200	.400	1	0	1B-1
1910 CLE A	1	3	1	0	0	0	0.0	0	0	0		0	.333	.333	0	0	C-1
1912 DET A	1	2	1	0	0	0	0.0	1	0	0		0	.500	.500	0	0	C-1
26 yrs.	1781	6290	1749	300	79	45	0.7	770	786	515	214	115	.278	.372	41	14	C-1611, 1B-94, OF-33, 3B-5, SS-4, P-1
3 yrs.	202	699	208	43	10	0	0.0	70	97	49		10	.298	.388	3	1	C-196, 1B-3

Harry McIntyre
McINTYRE, JOHN REED (Rocks)
B. Jan. 11, 1879, Dayton, Ohio D. Jan. 9, 1949, Daytona Beach, Fla.
BR TR 5'11" 180 lbs.

1905 BKN N	45	138	34	6	0	1	0.7	16	11	3		2	.246	.312	5	0	P-40, OF-5
1906	45	103	18	1	1	0	0.0	5	3	6		0	.175	.204	3	1	P-39, OF-3
1907	30	69	15	3	0	0	0.0	6	3	7		0	.217	.290	2	0	P-28
1908	40	100	20	3	1	0	0.0	5	4	2		0	.200	.250	0	0	P-40
1909	32	76	13	4	2	0	0.0	9	4	1		0	.171	.276	0	0	P-32
1910 CHI N	30	66	17	2	0	1	1.5	3	8	4	13	0	.258	.333	2	0	P-28

187 Player Register

	G	AB	H	2B	3B	HR	HR%	R	RBI	BB	SO	SB	BA	SA	Pinch Hit AB H	G by POS

Harry McIntyre continued

1911		26	53	14	4	0	0	0.0	9	2	5	10	0	.264	.340	1	1	P-25
1912		8	10	3	0	1	0	0.0	1	5	1	1	0	.300	.500	4	3	P-4
1913	CIN N	1	0	0	0	0	0	–	0	0	0	0	0	–	–	0	0	P-1
9 yrs.		257	615	134	23	6	2	0.3	54	40	29	24	2	.218	.285	17	5	P-237, OF-8
5 yrs.		192	486	100	17	5	1	0.2	41	25	19		2	.206	.267	10	1	P-179, OF-8

WORLD SERIES
| 1910 | CHI N | 2 | 1 | 0 | 0 | 0 | 0 | 0.0 | 0 | 0 | 0 | 1 | 0 | .000 | .000 | 0 | 0 | P-2 |

Ed McLane

McLANE, EDWARD CAMERON
B. Aug. 20, 1881, Weston, Mass. Deceased.

| 1907 | BKN N | 1 | 2 | 0 | 0 | 0 | 0 | 0.0 | 0 | 0 | 0 | | 0 | .000 | .000 | 0 | 0 | OF-1 |

Frank McManus

McMANUS, FRANCIS E.   TR 5'10"
B. Sept. 21, 1875, Lawrence, Mass. D. Sept. 1, 1923, Syracuse, N.Y.

1899	WAS N	7	21	8	1	0	0	0.0	3	2	2		3	.381	.429	0	0	C-7
1903	BKN N	2	7	0	0	0	0	0.0	0	0	0		0	.000	.000	0	0	C-2
1904	2 teams	DET A (1G – .000)			NY A (4G – .000)													
"	total	5	7	0	0	0	0	0.0	0	0	0		0	.000	.000	0	0	C-5
3 yrs.		14	35	8	1	0	0	0.0	3	2	2		3	.229	.257	0	0	C-14
1 yr.		2	7	0	0	0	0	0.0	0	0	0		0	.000	.000	0	0	C-2

Tommy McMillan

McMILLAN, THOMAS LAW (Rebel)   BR TR 5'5" 130 lbs.
B. Apr. 17, 1888, Pittston, Pa. D. July 15, 1966, Orlando, Fla.

1908	BKN N	43	147	35	3	0	0	0.0	9	3	9		5	.238	.259	0	0	SS-29, OF-14
1909		108	373	79	15	1	0	0.0	18	24	20		11	.212	.257	1	0	SS-105, 2B-2, 3B-1
1910	2 teams	BKN N (23G – .176)			CIN N (82G – .185)													
"	total	105	322	59	1	3	0	0.0	22	15	37	33	11	.183	.205	0	0	SS-105
1912	NY A	41	149	34	2	0	0	0.0	24	12	15		18	.228	.242	0	0	SS-41
4 yrs.		297	991	207	21	4	0	0.0	73	54	81	33	45	.209	.238	1	0	SS-280, OF-14, 2B-2, 3B-1
3 yrs.		174	594	127	19	1	0	0.0	29	29	35	10	20	.214	.249	1	0	SS-157, OF-14, 2B-2, 3B-1

Ken McMullen

McMULLEN, KENNETH LEE   BR TR 6'3" 190 lbs.
B. June 1, 1942, Oxnard, Calif.

1962	LA N	6	11	3	0	0	0	0.0	0	0	0	3	0	.273	.273	4	1	OF-2
1963		79	233	55	9	0	5	2.1	16	28	20	46	1	.236	.339	8	1	3B-71, OF-1, 2B-1
1964		24	67	14	0	0	1	1.5	3	2	3	7	0	.209	.254	6	0	1B-13, 3B-4, OF-3
1965	WAS A	150	555	146	18	6	18	3.2	75	54	47	90	2	.263	.414	5	0	3B-142, OF-8, 1B-1
1966		147	524	122	19	4	13	2.5	48	54	44	89	3	.233	.359	2	0	3B-141, 1B-8, OF-1
1967		146	563	138	22	2	16	2.8	73	67	46	84	5	.245	.377	0	0	3B-145
1968		151	557	138	11	2	20	3.6	66	62	63	66	1	.248	.382	5	1	3B-145, SS-11
1969		158	562	153	25	2	19	3.4	83	87	70	103	4	.272	.425	5	1	3B-154
1970	2 teams	WAS A (15G – .203)			CAL A (124G – .232)													
"	total	139	481	110	11	3	14	2.9	55	64	64	91	1	.229	.351	4	1	3B-137
1971	CAL A	160	593	148	19	2	21	3.5	63	68	53	74	1	.250	.395	3	0	3B-158
1972		137	472	127	18	1	9	1.9	36	34	48	59	1	.269	.369	0	0	3B-137
1973	LA N	42	85	21	5	0	5	5.9	6	18	6	13	0	.247	.482	19	6	3B-24
1974		44	60	15	1	0	3	5.0	5	12	2	12	0	.250	.417	35	9	3B-7, 2B-3
1975		39	46	11	1	1	2	4.3	4	14	7	12	0	.239	.435	25	6	3B-11, 1B-3
1976	OAK A	98	186	41	6	2	5	2.7	20	23	22	33	1	.220	.355	31	9	3B-35, 1B-26, DH-23, OF-5, 2B-1
1977	MIL A	63	136	31	7	1	5	3.7	15	19	15	33	0	.228	.404	24	5	DH-29, 1B-11, 3B-7
16 yrs.		1583	5131	1273	172	26	156	3.0	568	606	510	815	20	.248	.383	176	41	3B-1318, 1B-62, DH-52, OF-20, SS-11, 2B-5
6 yrs.		234	502	119	16	1	16	3.2	34	74	38	93	1	.237	.369	97	23	3B-117, 1B-16, OF-6, 2B-4

LEAGUE CHAMPIONSHIP SERIES
| 1974 | LA N | 1 | 1 | 0 | 0 | 0 | 0 | 0.0 | 0 | 0 | 0 | 1 | 0 | .000 | .000 | 1 | 0 | |

Joe Medwick

MEDWICK, JOSEPH MICHAEL (Ducky, Muscles)   BR TR 5'10" 187 lbs.
B. Nov. 24, 1911, Carteret, N.J. D. Mar. 21, 1975, St. Petersburg, Fla.
Hall of Fame 1968.

1932	STL N	26	106	37	12	1	2	1.9	13	12	2	10	3	.349	.538	0	0	OF-26
1933		148	595	182	40	10	18	3.0	92	98	26	56	5	.306	.497	1	0	OF-147
1934		149	620	198	40	18	18	2.9	110	106	21	83	3	.319	.529	0	0	OF-149
1935		154	634	224	46	13	23	3.6	132	126	30	59	4	.353	.576	0	0	OF-154
1936		155	636	223	64	13	18	2.8	115	138	34	33	3	.351	.577	0	0	OF-155
1937		156	633	237	56	10	31	4.9	111	154	41	50	4	.374	.641	0	0	OF-156
1938		146	590	190	47	8	21	3.6	100	122	42	41	0	.322	.536	2	0	OF-144
1939		150	606	201	48	8	14	2.3	98	117	45	44	6	.332	.507	1	0	OF-149
1940	2 teams	STL N (37G – .304)			BKN N (106G – .300)													
"	total	143	581	175	30	12	17	2.9	83	86	32	36	2	.301	.482	3	0	OF-140
1941	BKN N	133	538	171	33	10	18	3.3	100	88	38	35	2	.318	.517	2	1	OF-131
1942		142	553	166	37	4	4	0.7	69	96	32	25	2	.300	.403	2	0	OF-140
1943	2 teams	BKN N (48G – .272)			NY N (78G – .281)													
"	total	126	497	138	30	3	5	1.0	54	70	19	22	1	.278	.380	6	2	OF-117, 1B-3
1944	NY N	128	490	165	24	1	7	1.4	64	85	38	24	2	.337	.441	6	1	OF-122
1945	2 teams	NY N (26G – .304)			BOS N (66G – .284)													
"	total	92	310	90	17	0	3	1.0	31	37	14	14	5	.290	.374	17	3	OF-61, 1B-15
1946	BKN N	41	77	24	4	0	2	2.6	7	18	6	5	0	.312	.442	18	4	OF-18, 1B-1
1947	STL N	75	150	46	12	0	4	2.7	19	28	16	12	0	.307	.467	31	7	OF-43

Player Register

	G	AB	H	2B	3B	HR	HR%	R	RBI	BB	SO	SB	BA	SA	Pinch Hit AB H	G by POS

Joe Medwick continued

1948		20	19	4	0	0	0	0.0	0	2	1	2	0	.211	.211	18 4	OF-1
17 yrs.		1984	7635	2471	540	113	205	2.7	1198	1383	437	551	42	.324	.505	107 22	OF-1853, 1B-19
5 yrs.		470	1764	535	102	26	38	2.2	251	293	112	101	7	.303	.455	30 7	OF-434, 1B-1
WORLD SERIES																	
1934 STL N		7	29	11	0	1	1	3.4	4	5	1	7	0	.379	.552	0 0	OF-7
1941 BKN N		5	17	4	1	0	0	0.0	1	0	1	2	0	.235	.294	0 0	OF-5
2 yrs.		12	46	15	1	1	1	2.2	5	5	2	9	0	.326	.457	0 0	OF-12

Fred Merkle

MERKLE, FREDERICK CHARLES BR TR 6'1" 190 lbs.
B. Dec. 20, 1888, Watertown, Wis. D. Mar. 2, 1956, Daytona Beach, Fla.

1907 NY N	15	47	12	1	0	0	0.0	0	5	1		0	.255	.277	0 0	1B-15
1908	38	41	11	2	1	1	2.4	6	7	4		0	.268	.439	16 2	1B-11, OF-5, 3B-1, 2B-1
1909	78	236	45	9	1	0	0.0	15	20	16		7	.191	.237	8 3	1B-69, 2B-1
1910	144	506	148	35	14	4	0.8	75	70	44	59	23	.292	.441	0 0	1B-144
1911	149	541	153	24	12	12	2.2	80	84	43	60	49	.283	.438	0 0	1B-148
1912	129	479	148	22	6	11	2.3	82	84	42	70	37	.309	.449	0 0	1B-129
1913	153	563	147	30	12	3	0.5	78	69	41	60	35	.261	.373	0 0	1B-153
1914	146	512	132	25	7	7	1.4	71	63	52	80	23	.258	.375	0 0	1B-146
1915	140	505	151	25	3	4	0.8	52	62	36	39	20	.299	.384	1 0	1B-111, OF-29
1916 2 teams		NY N (112G – .237)				BKN N (23G – .232)											
" total	135	470	111	20	3	7	1.5	51	46	40	50	19	.236	.336	5 2	1B-127, OF-4
1917 2 teams		BKN N (2G – .125)				CHI N (146G – .266)											
" total	148	557	147	31	9	3	0.5	66	57	42	61	13	.264	.368	1 0	1B-142, OF-6
1918 CHI N	129	482	143	25	5	3	0.6	55	65	35	36	21	.297	.388	0 0	1B-129
1919	133	498	133	20	6	3	0.6	52	62	33	35	20	.267	.349	0 0	1B-132
1920	92	330	94	20	4	3	0.9	33	38	24	32	3	.285	.397	6 0	1B-85, OF-1
1925 NY A	7	13	5	1	0	0	0.0	4	1	1	1	1	.385	.462	2 1	1B-5
1926	1	2	0	0	0	0	0.0	0	0	0	0	0	.000	.000	0 0	1B-1
16 yrs.	1637	5782	1580	290	83	61	1.1	720	733	454	583	271	.273	.384	39 8	1B-1547, OF-45, 2B-2, 3B-1
2 yrs.	25	77	17	2	0	0	0.0	7	2	7	5	2	.221	.247	5 2	1B-17, OF-4
WORLD SERIES																	
1911 NY N	6	20	3	1	0	0	0.0	1	1	2	6	0	.150	.200	0 0	1B-6
1912	8	33	9	2	1	0	0.0	5	3	0	7	1	.273	.394	0 0	1B-8
1913	4	13	3	0	0	1	7.7	3	3	1	2	0	.231	.462	0 0	1B-4
1916 BKN N	3	4	1	0	0	0	0.0	0	0	2	0	0	.250	.250	1 0	1B-1
1918 CHI N	6	18	5	0	0	0	0.0	1	1	4	3	0	.278	.278	0 0	1B-6
5 yrs.	27	88	21	3	1	1	1.1	10	8	9	18	1	.239	.330	1 0	1B-25

Irish Meusel

MEUSEL, EMIL FREDERICK BR TR 5'11½" 178 lbs.
Brother of Bob Meusel.
B. June 9, 1893, Oakland, Calif. D. Mar. 1, 1963, Long Beach, Calif.

1914 WAS A	1	2	0	0	0	0	0.0	0	0	0	0	0	.000	.000	0 0	OF-1
1918 PHI N	124	473	132	25	6	4	0.8	48	62	30	21	18	.279	.383	0 0	OF-120, 2B-4
1919	135	521	159	26	7	5	1.0	65	59	15	13	24	.305	.411	5 1	OF-128
1920	138	518	160	27	8	14	2.7	75	69	32	27	17	.309	.473	7 1	OF-129, 1B-3
1921 2 teams		PHI N (89G – .353)				NY N (62G – .329)											
" total	151	586	201	33	13	14	2.4	96	87	33	29	13	.343	.515	0 0	OF-147
1922 NY N	154	617	204	28	17	16	2.6	100	132	35	33	12	.331	.509	0 0	OF-154
1923	146	595	177	22	14	19	3.2	102	125	38	16	8	.297	.477	1 0	OF-145
1924	139	549	170	26	9	6	1.1	75	102	33	18	11	.310	.423	1 1	OF-138
1925	135	516	169	35	8	21	4.1	82	111	26	19	5	.328	.548	8 2	OF-126
1926	129	449	131	25	10	6	1.3	65	65	16	18	5	.292	.432	15 2	OF-112
1927 BKN N	42	74	18	3	1	1	1.4	7	7	11	5	0	.243	.351	23 6	OF-17
11 yrs.	1294	4900	1521	250	93	106	2.2	701	819	269	199	113	.310	.464	60 13	OF-1217, 2B-4, 1B-3
1 yr.	42	74	18	3	1	1	1.4	7	7	11	5	0	.243	.351	23 6	OF-17
WORLD SERIES																	
1921 NY N	8	29	10	2	1	1	3.4	4	7	2	3	1	.345	.586	0 0	OF-8
1922	5	20	5	0	0	1	5.0	3	7	0	1	0	.250	.400	0 0	OF-5
1923	6	25	7	1	1	1	4.0	3	2	0	2	0	.280	.520	0 0	OF-4
1924	4	13	2	0	0	0	0.0	0	1	2	0	0	.154	.154	1 0	OF-4
4 yrs.	23	87	24	3	2	3	3.4	10	17	4	6	1	.276	.460	1 0	OF-23

Benny Meyer

MEYER, BERNHARD (Earache) BR TR 5'9" 170 lbs.
Brother of Lee Meyer.
B. Jan. 1, 1888, Hematite, Mo. D. Feb. 6, 1974, Festus, Mo.

1913 BKN N	38	87	17	0	1	1	1.1	12	10	10	14	8	.195	.253	2 0	OF-27, C-1
1914 BAL F	143	500	152	18	10	5	1.0	76	40	71		23	.304	.410	5 1	OF-132, SS-4
1915 2 teams		BAL F (35G – .242)				BUF F (93G – .231)											
" total	128	453	106	10	6	1	0.2	57	34	77		15	.234	.289	7 2	OF-122
1925 PHI N	1	1	1	1	0	0	0.0	1	0	0	0	0	1.000	2.000	0 0	2B-1
4 yrs.	310	1041	276	29	17	7	0.7	146	84	158	14	46	.265	.346	14 3	OF-281, SS-4, 2B-1, C-1
1 yr.	38	87	17	0	1	1	1.1	12	10	10	14	8	.195	.253	2 0	OF-27, C-1

Lee Meyer

MEYER, LEE TR
Brother of Benny Meyer.

| 1909 BKN N | 7 | 23 | 3 | 0 | 0 | 0 | 0.0 | 1 | 0 | 2 | | 0 | .130 | .130 | 0 0 | SS-7 |

Chief Meyers

MEYERS, JOHN TORTES BR TR 5'11" 194 lbs.
B. July 29, 1880, Riverside, Calif. D. July 25, 1971, San Bernardino, Calif.

| 1909 NY N | 90 | 220 | 61 | 10 | 5 | 1 | 0.5 | 15 | 30 | 22 | | 3 | .277 | .382 | 24 8 | C-64 |

	G	AB	H	2B	3B	HR	HR%	R	RBI	BB	SO	SB	BA	SA	Pinch Hit AB	Pinch Hit H	G by POS

Chief Meyers continued

	G	AB	H	2B	3B	HR	HR%	R	RBI	BB	SO	SB	BA	SA	PH AB	PH H	G by POS
1910	127	365	104	18	0	1	0.3	25	62	40	18	5	.285	.342	9	1	C-117
1911	133	391	130	18	9	1	0.3	48	61	25	33	7	.332	.432	4	1	C-128
1912	126	371	133	16	5	6	1.6	60	54	47	20	8	.358	.477	2	1	C-122
1913	120	378	118	18	5	3	0.8	37	47	37	22	7	.312	.410	2	1	C-116
1914	134	381	109	13	5	1	0.3	33	55	34	25	4	.286	.354	7	3	C-126
1915	110	289	67	10	5	1	0.3	24	26	26	18	4	.232	.311	11	1	C-110
1916 BKN N	80	239	59	10	3	0	0.0	21	21	26	15	2	.247	.314	5	0	C-74
1917 2 teams	BKN N (47G – .212)				BOS N (25G – .250)												
" total	72	200	45	7	4	0	0.0	13	7	17	11	4	.225	.300	4	0	C-68
9 yrs.	992	2834	826	120	41	14	0.5	276	363	274	162	44	.291	.378	68	16	C-925
2 yrs.	127	371	87	13	3	0	0.0	29	24	39	22	6	.235	.286	8	0	C-118
WORLD SERIES																	
1911 NY N	6	20	6	2	0	0	0.0	2	2	0	3	0	.300	.400	0	0	C-6
1912	8	28	10	0	1	0	0.0	2	3	2	3	1	.357	.429	0	0	C-8
1913	1	4	0	0	0	0	0.0	0	0	0	0	0	.000	.000	0	0	C-1
1916 BKN N	3	10	2	0	1	0	0.0	0	1	1	0	0	.200	.400	0	0	C-3
4 yrs.	18	62	18	2	2	0	0.0	4	6	3	6	1	.290	.387	0	0	C-18

Gene Michael

MICHAEL, GENE RICHARD (Stick)
B. June 2, 1938, Kent, Ohio
Manager 1981-82.
BB TR 6'2" 183 lbs.

	G	AB	H	2B	3B	HR	HR%	R	RBI	BB	SO	SB	BA	SA	PH AB	PH H	G by POS
1966 PIT N	30	33	5	2	1	0	0.0	9	2	0	7	0	.152	.273	10	3	SS-8, 2B-2, 3B-1
1967 LA N	98	223	45	3	1	0	0.0	20	7	11	30	1	.202	.224	2	0	SS-83
1968 NY A	61	116	23	3	0	1	0.9	8	8	2	23	3	.198	.250	0	0	SS-43, P-1
1969	119	412	112	24	4	2	0.5	41	31	43	56	7	.272	.364	1	0	SS-118
1970	134	435	93	10	1	2	0.5	42	38	50	93	3	.214	.255	6	4	SS-123, 3B-4, 2B-3
1971	139	456	102	15	0	3	0.7	36	35	48	64	3	.224	.276	6	2	SS-136
1972	126	391	91	7	4	1	0.3	29	32	32	45	4	.233	.279	5	2	SS-121
1973	129	418	94	11	1	3	0.7	30	47	26	51	1	.225	.278	0	0	SS-129
1974	81	177	46	9	0	0	0.0	19	13	14	24	0	.260	.311	1	1	2B-45, SS-39, 3B-2
1975 DET A	56	145	31	2	0	3	2.1	15	13	8	28	0	.214	.290	1	1	SS-44, 2B-7, 3B-4
10 yrs.	973	2806	642	86	12	15	0.5	249	226	234	421	22	.229	.284	32	13	SS-844, 2B-57, 3B-11, P-1
1 yr.	98	223	45	3	1	0	0.0	20	7	11	30	1	.202	.224	2	0	SS-83

Eddie Miksis

MIKSIS, EDWARD THOMAS
B. Sept. 11, 1926, Burlington, N. J.
BR TR 6'½" 185 lbs.

	G	AB	H	2B	3B	HR	HR%	R	RBI	BB	SO	SB	BA	SA	PH AB	PH H	G by POS
1944 BKN N	26	91	20	2	0	0	0.0	12	11	6	11	4	.220	.242	1	0	3B-15, SS-10
1946	23	48	7	0	0	0	0.0	3	5	3	3	0	.146	.146	3	0	3B-13, 2B-1
1947	45	86	23	1	0	4	4.7	18	10	9	8	0	.267	.419	12	1	2B-13, OF-11, 3B-5, SS-2
1948	86	221	47	7	1	2	0.9	28	16	19	27	5	.213	.281	3	1	2B-54, 3B-22, SS-5
1949	50	113	25	5	0	1	0.9	17	6	7	8	3	.221	.292	8	0	3B-29, SS-4, 2B-3, 1B-1
1950	51	76	19	2	1	2	2.6	13	10	5	10	3	.250	.382	4	1	SS-15, 2B-15, 3B-7
1951 2 teams	BKN N (19G – .200)				CHI N (102G – .266)												
" total	121	431	114	14	3	4	0.9	54	35	34	38	11	.265	.339	5	1	2B-103, 3B-6
1952 CHI N	93	383	89	20	1	2	0.5	44	19	20	32	4	.232	.305	1	0	2B-54, SS-40
1953	142	577	145	17	6	8	1.4	61	39	33	59	13	.251	.343	0	0	2B-92, SS-53
1954	38	99	20	3	0	2	2.0	9	3	3	9	1	.202	.293	10	0	2B-21, 3B-2, OF-1
1955	131	481	113	14	2	9	1.9	52	41	32	55	3	.235	.328	2	0	OF-111, 3B-18
1956	114	356	85	10	3	9	2.5	54	27	32	40	4	.239	.360	13	6	3B-48, OF-33, 2B-19, SS-2
1957 2 teams	STL N (49G – .211)				BAL A (1G – .000)												
" total	50	39	8	0	0	1	2.6	3	2	7	7	0	.205	.282	15	3	OF-31
1958 2 teams	BAL A (3G – .000)				CIN N (69G – .140)												
" total	72	52	7	0	0	0	0.0	15	4	5	6	1	.135	.135	5	0	OF-32, 3B-14, 2B-7, SS-6, 1B-1
14 yrs.	1042	3053	722	95	17	44	1.4	383	228	215	313	52	.236	.322	82	13	2B-382, OF-219, 3B-179, SS-137, 1B-2
7 yrs.	300	645	143	18	2	9	1.4	97	58	50	69	15	.222	.298	36	4	3B-97, 2B-87, SS-36, OF-11, 1B-1
WORLD SERIES																	
1947 BKN N	5	4	1	0	0	0	0.0	1	0	0	1	0	.250	.250	3	0	OF-2
1949	3	7	2	1	0	0	0.0	0	0	0	1	0	.286	.429	1	1	3B-2
2 yrs.	8	11	3	1	0	0	0.0	1	0	0	2	0	.273	.364	4	1	OF-2, 3B-2

Don Miles

MILES, DONALD RAY
B. Mar. 13, 1936, Indianapolis, Ind.
BL TL 6'1" 210 lbs.

	G	AB	H	2B	3B	HR	HR%	R	RBI	BB	SO	SB	BA	SA	PH AB	PH H	G by POS
1958 LA N	8	22	4	0	0	0	0.0	2	0	0	6	0	.182	.182	3	0	OF-5

Hack Miller

MILLER, LAWRENCE H.
B. Jan. 1, 1894, Chicago, Ill. D. Sept. 17, 1971, Oakland, Calif.
BR TR 5'9" 195 lbs.

	G	AB	H	2B	3B	HR	HR%	R	RBI	BB	SO	SB	BA	SA	PH AB	PH H	G by POS
1916 BKN N	3	3	1	0	1	0	0.0	0	1	1	1	0	.333	1.000	0	0	OF-3
1918 BOS A	12	29	8	2	0	0	0.0	2	4	0	4	0	.276	.345	2	0	OF-10
1922 CHI N	122	466	164	28	5	12	2.6	61	78	26	39	3	.352	.511	6	2	OF-116
1923	135	485	146	24	2	20	4.1	74	88	27	39	6	.301	.482	4	4	OF-129
1924	53	131	44	8	1	4	3.1	17	25	8	11	1	.336	.504	20	7	OF-32
1925	24	86	24	3	2	2	2.3	10	9	2	9	0	.279	.430	3	2	OF-21
6 yrs.	349	1200	387	65	11	38	3.2	164	205	64	103	10	.323	.490	35	15	OF-311
1 yr.	3	3	1	0	1	0	0.0	0	1	1	1	0	.333	1.000	0	0	OF-3
WORLD SERIES																	
1918 BOS A	1	1	0	0	0	0	0.0	0	0	0	0	0	.000	.000	1	0	

Player Register 190

	G	AB	H	2B	3B	HR	HR%	R	RBI	BB	SO	SB	BA	SA	Pinch Hit AB	H	G by POS

John Miller
MILLER, JOHN ALLEN
B. Mar. 14, 1944, Alhambra, Calif.
BR TR 5'11" 195 lbs.

	G	AB	H	2B	3B	HR	HR%	R	RBI	BB	SO	SB	BA	SA	PH AB	H	G by POS
1966 NY A	6	23	2	0	0	1	4.3	1	2	0	9	0	.087	.217	0	0	OF-3, 1B-3
1969 LA N	26	38	8	1	0	1	2.6	3	1	2	9	0	.211	.316	15	3	OF-6, 1B-5, 3B-2, 2B-1
2 yrs.	32	61	10	1	0	2	3.3	4	3	2	18	0	.164	.279	15	3	OF-9, 1B-8, 3B-2, 2B-1
1 yr.	26	38	8	1	0	1	2.6	3	1	2	9	0	.211	.316	15	3	OF-6, 1B-5, 3B-2, 2B-1

Lemmie Miller
MILLER, LEMMIE EARL
B. June 2, 1960, Dallas, Tex.
BR TR 6'1" 190 lbs.

	G	AB	H	2B	3B	HR	HR%	R	RBI	BB	SO	SB	BA	SA	PH AB	H	G by POS
1984 LA N	8	12	2	0	0	0	0.0	1	0	1	2	0	.167	.167	5	1	OF-5

Otto Miller
MILLER, LOWELL OTTO (Moonie)
B. June 1, 1889, Minden, Neb. D. Mar. 29, 1962, Brooklyn, N. Y.
BR TR 6' 196 lbs.

	G	AB	H	2B	3B	HR	HR%	R	RBI	BB	SO	SB	BA	SA	PH AB	H	G by POS
1910 BKN N	31	66	11	3	0	0	0.0	5	2	2	19	1	.167	.212	3	0	C-28
1911	25	62	13	2	2	0	0.0	7	8	0	4	2	.210	.306	2	0	C-22
1912	98	316	88	18	1	1	0.3	35	31	18	50	11	.278	.351	2	2	C-94
1913	104	320	87	11	7	0	0.0	26	26	10	31	7	.272	.350	0	0	C-103, 1B-1
1914	54	169	39	6	1	0	0.0	17	9	7	20	0	.231	.278	3	1	C-50
1915	84	254	57	4	6	0	0.0	20	25	6	28	3	.224	.287	1	0	C-84
1916	73	216	55	9	2	1	0.5	16	17	7	29	6	.255	.329	4	2	C-69
1917	92	274	63	5	4	1	0.4	19	17	14	29	5	.230	.288	0	0	C-91
1918	75	228	44	6	1	0	0.0	8	8	9	20	1	.193	.228	11	1	C-62, 1B-1
1919	51	164	37	5	0	0	0.0	18	5	7	14	2	.226	.256	0	0	C-51
1920	90	301	87	9	2	0	0.0	16	33	9	18	0	.289	.332	1	0	C-89
1921	91	286	67	8	6	1	0.3	22	27	9	26	2	.234	.315	0	0	C-91
1922	59	180	47	11	1	1	0.6	20	23	6	13	0	.261	.350	2	1	C-57
13 yrs.	927	2836	695	97	33	5	0.2	229	231	104	301	40	.245	.308	29	7	C-891, 1B-2
13 yrs.	927	2836	695	97	33	5	0.2	229	231	104	301	40	.245	.308	29	7	C-891, 1B-2

WORLD SERIES

	G	AB	H	2B	3B	HR	HR%	R	RBI	BB	SO	SB	BA	SA	PH AB	H	G by POS
1916 BKN N	2	8	1	0	0	0	0.0	0	0	0	1	0	.125	.125	0	0	C-2
1920	6	14	2	0	0	0	0.0	0	0	1	2	0	.143	.143	0	0	C-6
2 yrs.	8	22	3	0	0	0	0.0	0	0	1	3	0	.136	.136	0	0	C-8

Rod Miller
MILLER, RODNEY CARTER
B. Jan. 16, 1940, Portland, Ore.
BL TR 5'10" 160 lbs.

	G	AB	H	2B	3B	HR	HR%	R	RBI	BB	SO	SB	BA	SA	PH AB	H	G by POS
1957 BKN N	1	1	0	0	0	0	0.0	0	0	0	1	0	.000	.000	1	0	

Wally Millies
MILLIES, WALTER LOUIS
B. Oct. 18, 1906, Chicago, Ill.
BR TR 5'10½" 170 lbs.

	G	AB	H	2B	3B	HR	HR%	R	RBI	BB	SO	SB	BA	SA	PH AB	H	G by POS
1934 BKN N	2	7	0	0	0	0	0.0	0	0	0	0	0	.000	.000	0	0	C-2
1936 WAS A	74	215	67	10	2	0	0.0	26	25	11	8	1	.312	.377	1	0	C-72
1937	59	179	40	7	1	0	0.0	21	28	9	15	1	.223	.274	4	1	C-56
1939 PHI N	84	205	48	3	0	0	0.0	12	12	9	5	0	.234	.249	0	0	C-84
1940	26	43	3	0	0	0	0.0	1	0	4	4	0	.070	.070	2	0	C-24
1941	1	2	0	0	0	0	0.0	0	0	0	0	0	.000	.000	0	0	C-1
6 yrs.	246	651	158	20	3	0	0.0	60	65	33	32	2	.243	.283	7	1	C-239
1 yr.	2	7	0	0	0	0	0.0	0	0	0	0	0	.000	.000	0	0	C-2

Buster Mills
MILLS, COLONEL BUSTER
B. Sept. 16, 1908, Ranger, Tex.
Manager 1953.
BR TR 5'11½" 195 lbs.

	G	AB	H	2B	3B	HR	HR%	R	RBI	BB	SO	SB	BA	SA	PH AB	H	G by POS
1934 STL N	29	72	17	4	1	1	1.4	7	8	4	11	0	.236	.361	9	3	OF-18
1935 BKN N	17	56	12	2	1	1	1.8	12	7	5	11	1	.214	.339	0	0	OF-17
1937 BOS A	123	505	149	25	8	7	1.4	85	58	46	41	11	.295	.418	3	1	OF-120
1938 STL A	123	466	133	24	4	3	0.6	66	46	43	46	7	.285	.373	10	3	OF-113
1940 NY A	34	63	25	3	3	1	1.6	10	15	7	5	0	.397	.587	18	6	OF-14
1942 CLE A	80	195	54	4	2	1	0.5	19	26	23	18	5	.277	.333	24	4	OF-53
1946	9	22	6	0	0	0	0.0	1	3	3	5	0	.273	.273	3	0	OF-6
7 yrs.	415	1379	396	62	19	14	1.0	200	163	131	137	24	.287	.390	67	15	OF-341
1 yr.	17	56	12	2	1	1	1.8	12	7	5	11	1	.214	.339	0	0	OF-17

Bobby Mitchell
MITCHELL, ROBERT VAN
B. Apr. 7, 1955, Salt Lake City, Utah
BL TL 5'10" 170 lbs.

	G	AB	H	2B	3B	HR	HR%	R	RBI	BB	SO	SB	BA	SA	PH AB	H	G by POS
1980 LA N	9	3	1	0	0	0	0.0	1	0	1	0	0	.333	.333	1	1	OF-8
1981	10	8	1	0	0	0	0.0	0	0	1	4	0	.125	.125	2	0	OF-7
1982 MIN A	124	454	113	11	6	2	0.4	48	28	54	53	8	.249	.313	3	1	OF-121
1983	59	152	35	4	2	1	0.7	26	15	28	21	1	.230	.303	13	3	OF-44
4 yrs.	202	617	150	15	8	3	0.5	75	43	84	78	9	.243	.308	19	5	OF-180
2 yrs.	19	11	2	0	0	0	0.0	1	0	2	4	0	.182	.182	3	1	OF-15

Clarence Mitchell
MITCHELL, CLARENCE ELMER
B. Feb. 22, 1891, Franklin, Neb. D. Nov. 6, 1963, Grand Island, Neb.
BL TL 5'11½" 190 lbs.

	G	AB	H	2B	3B	HR	HR%	R	RBI	BB	SO	SB	BA	SA	PH AB	H	G by POS
1911 DET A	5	4	2	0	0	0	0.0	2	0	1	0	0	.500	.500	0	0	P-5
1916 CIN N	56	117	28	2	1	0	0.0	11	11	4	6	1	.239	.274	14	4	P-29, 1B-9, OF-3
1917	47	90	25	3	0	0	0.0	13	5	5	5	0	.278	.313	1	0	P-32, 1B-6, OF-5
1918 BKN N	10	24	6	1	0	0	0.0	2	0	0	3	0	.250	.375	2	0	OF-6, 1B-2, P-1
1919	34	49	18	1	0	1	2.0	7	2	4	4	0	.367	.449	9	3	P-23
1920	55	107	25	2	2	0	0.0	9	11	8	9	1	.234	.290	18	6	P-19, 1B-11, OF-4
1921	46	91	24	5	0	0	0.0	11	12	5	7	3	.264	.319	3	0	P-37, 1B-4

Player Register

	G	AB	H	2B	3B	HR	HR%	R	RBI	BB	SO	SB	BA	SA	Pinch Hit AB	H	G by POS

Clarence Mitchell continued

	G	AB	H	2B	3B	HR	HR%	R	RBI	BB	SO	SB	BA	SA	PH AB	H	G by POS
1922	55	155	45	6	3	3	1.9	21	28	19	6	0	.290	.426	9	4	1B-42, P-5
1923 PHI N	53	78	21	3	2	1	1.3	10	9	4	11	0	.269	.397	24	6	P-29
1924	69	102	26	3	0	0	0.0	7	13	2	7	1	.255	.284	37	6	P-30
1925	52	92	18	2	0	0	0.0	7	13	5	9	2	.196	.217	17	1	P-32, 1B-2
1926	39	78	19	4	0	0	0.0	8	6	5	5	0	.244	.295	7	1	P-28, 1B-4
1927	18	42	10	2	0	1	2.4	5	6	2	1	0	.238	.357	3	0	P-13
1928 2 teams	PHI N (5G – .250)				STL N (19G – .125)												
" total	24	60	8	1	0	0	0.0	0	1	0	3	0	.133	.150	1	0	P-22
1929 STL N	26	66	18	3	1	0	0.0	9	9	4	6	1	.273	.348	0	0	P-25
1930 2 teams	STL N (1G – .500)				NY N (24G – .255)												
" total	25	49	13	1	0	0	0.0	9	1	1	5	0	.265	.286	0	0	P-25
1931 NY N	27	73	16	2	0	1	1.4	5	4	2	4	0	.219	.288	0	0	P-27
1932	8	10	2	0	0	0	0.0	2	0	1	1	0	.200	.200	0	0	P-8
18 yrs.	649	1287	324	41	10	7	0.5	138	133	72	92	9	.252	.315	145	31	P-390, 1B-80, OF-18
5 yrs.	200	426	118	15	6	4	0.9	50	55	36	29	4	.277	.369	41	13	P-85, 1B-59, OF-10

WORLD SERIES

	G	AB	H	2B	3B	HR	HR%	R	RBI	BB	SO	SB	BA	SA	PH AB	H	G by POS
1920 BKN N	2	3	1	0	0	0	0.0	0	0	0	0	0	.333	.333	1	1	P-1
1928 STL N	1	2	0	0	0	0	0.0	0	0	0	0	0	.000	.000	0	0	P-1
2 yrs.	3	5	1	0	0	0	0.0	0	0	0	0	0	.200	.200	1	1	P-2

Dale Mitchell

MITCHELL, LOREN DALE
B. Aug. 23, 1921, Colony, Okla. BL TL 6'1" 195 lbs.

	G	AB	H	2B	3B	HR	HR%	R	RBI	BB	SO	SB	BA	SA	PH AB	H	G by POS
1946 CLE A	11	44	19	3	0	0	0.0	7	5	1	2	1	.432	.500	0	0	OF-11
1947	123	493	156	16	10	1	0.2	69	34	23	14	2	.316	.396	8	3	OF-115
1948	141	608	204	30	8	4	0.7	82	56	45	17	13	.336	.431	2	1	OF-140
1949	149	640	203	16	23	3	0.5	81	56	43	11	10	.317	.428	0	0	OF-149
1950	130	506	156	27	5	3	0.6	81	49	67	21	3	.308	.399	4	1	OF-127
1951	134	510	148	21	7	11	2.2	83	62	53	16	7	.290	.424	10	2	OF-124
1952	134	511	165	26	3	5	1.0	61	58	52	9	6	.323	.415	5	1	OF-128
1953	134	500	150	26	4	13	2.6	76	60	42	20	3	.300	.446	2	0	OF-125
1954	53	60	17	1	0	1	1.7	6	6	9	1	0	.283	.350	44	14	OF-6, 1B-1
1955	61	58	15	2	1	0	0.0	4	10	4	3	0	.259	.328	45	13	1B-8, OF-3
1956 2 teams	CLE A (38G – .133)				BKN N (19G – .292)												
" total	57	54	11	1	0	0	0.0	5	7	7	5	0	.204	.222	46	10	OF-3
11 yrs.	1127	3984	1244	169	61	41	1.0	555	403	346	119	45	.312	.416	177	47	OF-931, 1B-9
1 yr.	19	24	7	1	0	0	0.0	3	1	0	3	0	.292	.333	17	6	OF-2

WORLD SERIES

	G	AB	H	2B	3B	HR	HR%	R	RBI	BB	SO	SB	BA	SA	PH AB	H	G by POS
1948 CLE A	6	23	4	1	0	1	4.3	4	1	2	0	0	.174	.348	0	0	OF-6
1954	3	2	0	0	0	0	0.0	0	0	1	0	0	.000	.000	2	0	
1956 BKN N	4	4	0	0	0	0	0.0	0	0	0	1	0	.000	.000	4	0	
3 yrs.	13	29	4	1	0	1	3.4	4	1	3	1	0	.138	.276	6	0	OF-6

Fred Mitchell

MITCHELL, FREDERICK FRANCIS
Born Frederick Francis Yapp.
B. June 5, 1878, Cambridge, Mass. D. Oct. 13, 1970, Newton, Mass.
Manager 1917-23. BR TR 5'9½" 185 lbs.

	G	AB	H	2B	3B	HR	HR%	R	RBI	BB	SO	SB	BA	SA	PH AB	H	G by POS
1901 BOS A	20	44	7	0	2	0	0.0	5	4	2		0	.159	.250	0	0	P-17, 2B-2, SS-1
1902 2 teams	BOS A (1G – .000)				PHI A (20G – .188)												
" total	21	49	9	1	1	0	0.0	7	3	1		1	.184	.245	1	0	P-19, OF-1
1903 PHI N	29	95	19	4	0	0	0.0	11	10	0		1	.200	.242	1	1	P-28
1904 2 teams	PHI N (25G – .207)				BKN N (8G – .292)												
" total	33	106	24	4	2	0	0.0	12	9	6		1	.226	.302	0	0	P-21, 1B-9, 3B-2, OF-1
1905 BKN N	27	79	15	0	0	0	0.0	4	8	4		2	.190	.190	2	1	P-12, 1B-7, 3B-4, OF-1, SS-1
1910 NY N	68	196	45	7	2	0	0.0	16	18	9		6	.230	.286	6	2	C-68
1913 BOS N	4	3	1	0	0	0	0.0	0	0	0		2	.333	.333	3	1	
7 yrs.	202	572	120	16	7	0	0.0	55	52	22		8	.210	.262	13	5	P-97, C-68, 1B-16, 3B-6, OF-3, SS-2, 2B-2
2 yrs.	35	103	22	1	1	0	0.0	7	14	5		0	.214	.243	2	1	P-20, 1B-7, 3B-4, OF-1, SS-1

Johnny Mitchell

MITCHELL, JOHN FRANKLIN
B. Aug. 9, 1894, Detroit, Mich. D. Nov. 4, 1965, Birmingham, Mich. BB TR 5'8" 155 lbs.

	G	AB	H	2B	3B	HR	HR%	R	RBI	BB	SO	SB	BA	SA	PH AB	H	G by POS
1921 NY A	13	42	11	1	0	0	0.0	4	2	4	4	1	.262	.286	0	0	SS-7, 2B-5
1922 2 teams	NY A (4G – .000)				BOS A (59G – .251)												
" total	63	207	51	4	1	1	0.5	21	8	16	18	1	.246	.290	1	0	SS-62
1923 BOS A	92	347	78	15	4	0	0.0	40	19	34	18	7	.225	.291	0	0	SS-87, 2B-5
1924 BKN N	64	243	64	10	0	1	0.4	42	16	37	22	3	.263	.317	0	0	SS-64
1925	97	336	84	8	3	0	0.0	45	18	28	19	2	.250	.292	1	0	SS-90
5 yrs.	329	1175	288	38	8	2	0.2	152	63	119	81	14	.245	.296	2	0	SS-310, 2B-10
2 yrs.	161	579	148	18	3	1	0.2	87	34	65	41	5	.256	.302	1	0	SS-154

Rick Monday

MONDAY, ROBERT JAMES
B. Nov. 20, 1945, Batesville, Ark. BL TL 6'3" 195 lbs.

	G	AB	H	2B	3B	HR	HR%	R	RBI	BB	SO	SB	BA	SA	PH AB	H	G by POS
1966 KC A	17	41	4	1	0	0	0.0	4	2	6	16	1	.098	.171	1	0	OF-15
1967	124	406	102	14	6	14	3.4	52	58	42	107	3	.251	.419	13	2	OF-113
1968 OAK A	148	482	132	24	7	8	1.7	56	49	72	143	14	.274	.402	6	2	OF-144
1969	122	399	108	17	4	12	3.0	57	54	72	100	12	.271	.424	5	1	OF-119
1970	112	376	109	19	7	10	2.7	63	37	58	99	17	.290	.457	1	0	OF-109
1971	116	355	87	9	3	18	5.1	53	56	49	93	6	.245	.439	7	2	OF-111
1972 CHI N	138	434	108	22	5	11	2.5	68	42	78	102	12	.249	.399	3	0	OF-134
1973	149	554	148	24	5	26	4.7	93	56	92	124	5	.267	.469	3	1	OF-148

Player Register 192

Rick Monday continued

	G	AB	H	2B	3B	HR	HR%	R	RBI	BB	SO	SB	BA	SA	Pinch Hit AB	H	G by POS
1974	142	538	158	19	7	20	3.7	84	58	70	94	7	.294	.467	4	0	OF-139
1975	136	491	131	29	4	17	3.5	89	60	83	95	8	.267	.446	4	1	OF-131
1976	137	534	145	20	5	32	6.0	107	77	60	125	5	.272	.507	4	1	OF-103, 1B-32
1977 LA N	118	392	90	13	1	15	3.8	47	48	60	109	1	.230	.383	6	0	OF-115, 1B-3
1978	119	342	87	14	1	19	5.6	54	57	49	100	2	.254	.468	16	2	OF-103, 1B-1
1979	12	33	10	0	0	0	0.0	2	2	5	6	0	.303	.303	1	1	OF-10
1980	96	194	52	7	1	10	5.2	35	25	28	49	2	.268	.469	36	8	OF-50
1981	66	130	41	1	2	11	8.5	24	25	24	42	1	.315	.608	23	8	OF-41
1982	104	210	54	6	4	11	5.2	37	42	39	51	2	.257	.481	35	4	OF-57, 1B-4
1983	99	178	44	7	1	6	3.4	21	20	29	42	0	.247	.399	42	8	OF-44, 1B-4
1984	31	47	9	2	0	1	2.1	4	7	8	16	0	.191	.298	17	3	1B-10, OF-2
19 yrs.	1986	6136	1619	248	64	241	3.9	950	775	924	1513	98	.264	.443	227	44	OF-1688, 1B-54
8 yrs.	645	1526	387	50	10	73	4.8	224	226	242	415	8	.254	.443	176	34	OF-422, 1B-22
							7th								2nd	3rd	

DIVISIONAL PLAYOFF SERIES
	G	AB	H	2B	3B	HR	HR%	R	RBI	BB	SO	SB	BA	SA	AB	H	G by POS
1981 LA N	5	14	3	0	0	0	0.0	1	1	2	4	0	.214	.214	0	0	OF-5

LEAGUE CHAMPIONSHIP SERIES
	G	AB	H	2B	3B	HR	HR%	R	RBI	BB	SO	SB	BA	SA	AB	H	G by POS
1971 OAK A	1	3	0	0	0	0	0.0	0	0	1	2	0	.000	.000	0	0	OF-1
1977 LA N	3	7	2	1	0	0	0.0	1	0	2	1	0	.286	.429	1	0	OF-3
1978	3	10	2	0	1	0	0.0	2	0	1	5	0	.200	.400	1	0	OF-3
1981	3	9	3	0	0	1	11.1	2	1	0	4	0	.333	.667	1	0	OF-2
1983	1	0	0	0	0	0	—	0	0	0	0	0	—	—	0	0	
5 yrs.	11	29	7	1	1	1	3.4	5	1	4	12	0	.241	.448	3	0	OF-9

WORLD SERIES
	G	AB	H	2B	3B	HR	HR%	R	RBI	BB	SO	SB	BA	SA	AB	H	G by POS
1977 LA N	4	12	2	0	0	0	0.0	0	0	0	3	0	.167	.167	0	0	OF-4
1978	5	13	2	1	0	0	0.0	2	0	4	3	0	.154	.231	0	0	OF-4
1981	5	13	3	1	0	0	0.0	1	0	3	6	0	.231	.308	1	0	OF-4
3 yrs.	14	38	7	2	0	0	0.0	3	0	7	12	0	.184	.237	1	0	OF-12

Wally Moon   MOON, WALLACE WADE   BL TR 6' 169 lbs.
B. Apr. 3, 1930, Bay, Ark.

	G	AB	H	2B	3B	HR	HR%	R	RBI	BB	SO	SB	BA	SA	AB	H	G by POS
1954 STL N	151	635	193	29	9	12	1.9	106	76	71	73	18	.304	.435	2	0	OF-148
1955	152	593	175	24	8	19	3.2	86	76	47	65	11	.295	.459	8	2	OF-100, 1B-51
1956	149	540	161	22	11	16	3.0	86	68	80	50	12	.298	.469	0	0	OF-97, 1B-52
1957	142	516	152	28	5	24	4.7	86	73	62	57	5	.295	.508	9	1	OF-133
1958	108	290	69	10	3	7	2.4	36	38	47	30	2	.238	.366	23	2	OF-82
1959 LA N	145	543	164	26	11	19	3.5	93	74	81	64	15	.302	.495	3	2	OF-143, 1B-1
1960	138	469	140	21	6	13	2.8	74	69	67	53	6	.299	.452	12	3	OF-127
1961	134	463	152	25	3	17	3.7	79	88	89	79	7	.328	.505	3	0	OF-133
1962	95	244	59	9	1	4	1.6	36	31	30	33	5	.242	.336	32	6	OF-36, 1B-32
1963	122	343	90	13	2	8	2.3	41	48	45	43	5	.262	.382	25	6	OF-96
1964	68	118	26	2	1	2	1.7	8	9	12	22	1	.220	.305	43	8	OF-23
1965	53	89	18	3	0	1	1.1	6	11	13	22	2	.202	.270	25	5	OF-23
12 yrs.	1457	4843	1399	212	60	142	2.9	737	661	644	591	89	.289	.445	185	35	OF-1141, 1B-136
7 yrs.	755	2269	649	99	24	64	2.8	337	330	337	316	41	.286	.435	143	30	OF-581, 1B-33
															5th	8th	

WORLD SERIES
	G	AB	H	2B	3B	HR	HR%	R	RBI	BB	SO	SB	BA	SA	AB	H	G by POS
1959 LA N	6	23	6	0	0	1	4.3	3	2	2	2	1	.261	.391	0	0	OF-6
1965	2	2	0	0	0	0	0.0	0	0	0	0	0	.000	.000	2	0	
2 yrs.	8	25	6	0	0	1	4.0	3	2	2	2	1	.240	.360	2	0	OF-6

Dee Moore   MOORE, D C   BR TR 6' 200 lbs.
B. Apr. 6, 1914, Hedley, Tex.

	G	AB	H	2B	3B	HR	HR%	R	RBI	BB	SO	SB	BA	SA	AB	H	G by POS
1936 CIN N	6	10	4	2	1	0	0.0	4	1	0	3	0	.400	.800	4	1	P-2, C-1
1937	7	13	1	0	0	0	0.0	2	0	1	2	0	.077	.077	1	0	C-6
1943 2 teams	BKN N (37G – .253)				PHI N (37G – .239)												
" total	74	192	47	7	1	1	0.5	21	20	26	16	1	.245	.307	13	1	C-36, 3B-14, OF-6, 1B-1
1946 PHI N	11	13	1	0	0	0	0.0	2	1	7	3	0	.077	.077	2	0	C-6, 1B-2
4 yrs.	98	228	53	9	2	1	0.4	29	22	34	24	1	.232	.303	20	2	C-49, 3B-14, OF-6, 1B-3, P-2
1 yr.	37	79	20	3	0	0	0.0	8	12	11	8	1	.253	.291	8	0	C-15, 3B-9

Eddie Moore   MOORE, GRAHAM EDWARD   BR TR 5'7" 165 lbs.
B. Jan. 18, 1899, Barlow, Ky.   D. Feb. 10, 1976, Fort Myers, Fla.

	G	AB	H	2B	3B	HR	HR%	R	RBI	BB	SO	SB	BA	SA	AB	H	G by POS
1923 PIT N	6	26	7	1	0	0	0.0	6	1	2	3	1	.269	.308	0	0	SS-6
1924	72	209	75	8	4	2	1.0	47	13	27	12	6	.359	.464	8	4	OF-35, 3B-14, 2B-4
1925	142	547	163	29	8	6	1.1	106	77	73	26	19	.298	.413	2	2	2B-122, OF-15, 3B-3
1926 2 teams	PIT N (43G – .227)				BOS N (54G – .266)												
" total	97	316	79	11	3	0	0.0	36	34	28	18	9	.250	.304	9	3	2B-62, SS-15, 3B-10
1927 BOS N	112	411	124	14	4	1	0.2	53	32	39	17	5	.302	.363	6	3	3B-52, 2B-39, OF-16, SS-1
1928	68	215	51	9	0	2	0.9	27	18	19	12	7	.237	.307	5	0	OF-54, 2B-1
1929 BKN N	111	402	119	18	6	0	0.0	48	48	44	16	3	.296	.371	1	1	2B-74, SS-36, OF-2, 3B-1
1930	76	196	55	13	1	1	0.5	24	20	21	7	5	.281	.372	9	5	OF-23, 2B-23, SS-17, 3B-1
1932 NY N	37	87	23	3	0	1	1.1	9	6	9	6	1	.264	.333	4	0	SS-21, 3B-6, 2B-5
1934 CLE A	27	65	10	2	0	0	0.0	4	8	10	4	0	.154	.185	3	0	2B-18, 3B-3, SS-2
10 yrs.	748	2474	706	108	26	13	0.5	360	257	272	121	52	.285	.366	47	18	2B-348, OF-145, SS-98, 3B-90
2 yrs.	187	598	174	31	7	1	0.2	72	68	65	23	4	.291	.371	10	6	2B-97, SS-53, OF-25, 3B-2

WORLD SERIES
	G	AB	H	2B	3B	HR	HR%	R	RBI	BB	SO	SB	BA	SA	AB	H	G by POS
1925 PIT N	7	26	6	1	0	1	3.8	7	2	5	2	0	.231	.385	0	0	2B-7

193 Player Register

	G	AB	H	2B	3B	HR	HR%	R	RBI	BB	SO	SB	BA	SA	Pinch Hit AB	H	G by POS

Gary Moore
MOORE, GARY DOUGLAS BR TL 5'10" 175 lbs.
B. Feb. 24, 1945, Tulsa, Okla.

| 1970 LA N | 7 | 16 | 3 | 0 | 2 | 0 | 0.0 | 2 | 0 | 0 | 1 | 1 | .188 | .438 | 2 | 1 | OF-5, 1B-1 |

Gene Moore
MOORE, EUGENE, JR. (Rowdy) BL TL 5'11" 175 lbs.
Son of Gene Moore.
B. Aug. 26, 1909, Lancaster, Tex. D. Mar. 12, 1978, Jackson, Miss.

1931 CIN N	4	14	2	1	0	0	0.0	2	1	0	0	0	.143	.214	1	0	OF-3
1933 STL N	11	38	15	3	2	0	0.0	6	8	4	10	1	.395	.579	1	0	OF-10
1934	9	18	5	1	0	0	0.0	2	1	2	2	0	.278	.333	6	2	OF-3
1935	3	3	0	0	0	0	0.0	0	0	0	1	0	.000	.000	3	0	
1936 BOS N	151	637	185	38	12	13	2.0	91	67	40	80	6	.290	.449	0	0	OF-151
1937	148	561	159	29	10	16	2.9	88	70	61	73	11	.283	.456	0	0	OF-148
1938	54	180	49	8	3	3	1.7	27	19	16	20	1	.272	.400	5	1	OF-47
1939 BKN N	107	306	69	13	6	3	1.0	45	39	40	50	4	.225	.337	18	3	OF-86, 1B-1
1940 2 teams	BKN N (10G – .269)				BOS N (103G – .292)												
" total	113	389	113	26	1	5	1.3	49	41	26	35	2	.290	.401	11	1	OF-100
1941 BOS N	129	397	108	17	8	5	1.3	42	43	45	37	5	.272	.393	16	3	OF-110
1942 WAS A	1	2	0	0	0	0	0.0	0	0	0	1	0	.000	.000	0	0	OF-1
1943	92	254	68	14	3	2	0.8	41	39	19	29	0	.268	.370	30	12	OF-57, 1B-1
1944 STL A	110	390	93	13	6	6	1.5	56	58	24	37	0	.238	.349	11	5	OF-98, 1B-1
1945	110	354	92	16	2	5	1.4	48	50	40	26	1	.260	.359	10	0	OF-100
14 yrs.	1042	3543	958	179	53	58	1.6	497	436	317	401	31	.270	.400	112	27	OF-914, 1B-3
2 yrs.	117	332	76	15	6	3	0.9	48	41	41	53	4	.229	.337	21	3	OF-92, 1B-1

WORLD SERIES
| 1944 STL A | 6 | 22 | 4 | 0 | 0 | 0 | 0.0 | 4 | 0 | 3 | 6 | 0 | .182 | .182 | 0 | 0 | OF-6 |

Randy Moore
MOORE, RANDOLPH EDWARD BL TR 6' 185 lbs.
B. June 21, 1905, Naples, Tex.

1927 CHI A	6	15	0	0	0	0	0.0	0	0	0	2	0	.000	.000	2	0	OF-4
1928	24	61	13	4	1	0	0.0	6	5	3	5	0	.213	.311	6	2	OF-16
1930 BOS N	83	191	55	9	0	2	1.0	24	34	10	13	3	.288	.366	30	6	OF-34, 3B-13
1931	83	192	50	8	1	3	1.6	19	34	13	3	1	.260	.359	32	6	OF-29, 3B-22, 2B-1
1932	107	351	103	21	2	3	0.9	41	43	15	11	1	.293	.390	14	4	OF-41, 3B-31, 1B-22, C-1
1933	135	497	150	23	7	8	1.6	64	70	40	16	3	.302	.425	6	1	OF-122, 1B-10
1934	123	422	120	21	2	7	1.7	55	64	40	16	2	.284	.393	13	5	OF-72, 1B-37
1935	125	407	112	20	4	4	1.0	42	42	26	16	1	.275	.373	23	5	OF-78, 1B-21
1936 BKN N	42	88	21	3	0	0	0.0	4	14	8	1	0	.239	.273	18	7	OF-21
1937 2 teams	BKN N (13G – .136)				STL N (8G – .000)												
" total	21	29	3	1	0	0	0.0	3	2	3	2	0	.103	.138	9	0	C-10, OF-1
10 yrs.	749	2253	627	110	17	27	1.2	258	308	158	85	11	.278	.378	153	36	OF-418, 1B-90, 3B-66, C-11, 2B-1
2 yrs.	55	110	24	4	0	0	0.0	7	16	11	3	0	.218	.255	20	7	OF-21, C-10

Jose Morales
MORALES, JOSE MANUEL BR TR 5'11" 187 lbs.
B. Dec. 30, 1944, St. Croix, Virgin Islands

1973 2 teams	OAK A (6G – .286)				MON N (5G – .400)												
" total	11	19	6	1	0	0	0.0	0	1	1	5	0	.316	.368	7	3	DH-3
1974 MON N	25	26	7	4	0	1	3.8	3	5	1	7	0	.269	.538	22	5	C-2
1975	93	163	49	6	1	2	1.2	18	24	14	21	0	.301	.387	51	15	1B-27, OF-6, C-5
1976	104	158	50	11	0	4	2.5	12	37	3	20	0	.316	.462	78	25[1]	1B-21, C-12
1977	65	74	15	4	1	1	1.4	3	9	5	12	0	.203	.324	52	10	1B-8, C-8
1978 MIN A	101	242	76	13	1	2	0.8	22	38	20	35	0	.314	.401	46	14	DH-77, OF-1, 1B-1, C-1
1979	92	191	51	5	1	2	1.0	21	27	14	27	0	.267	.335	42	9	DH-77, 1B-1
1980	97	241	73	17	2	8	3.3	36	36	22	19	0	.303	.490	36	13	DH-86, 1B-2, C-2
1981 BAL A	38	86	21	3	0	2	2.3	6	14	3	13	0	.244	.349	19	5	DH-22, 1B-3
1982 2 teams	BAL A (3G – .000)				LA N (35G – .300)												
" total	38	33	9	1	0	1	3.0	1	8	4	10	0	.273	.394	33	9	
1983 LA N	47	53	15	3	0	3	5.7	4	8	1	11	0	.283	.509	40	12	1B-4
1984	22	19	3	0	0	0	0.0	0	0	1	2	0	.158	.158	19	3	
12 yrs.	733	1305	375	68	6	26	2.0	126	207	89	182	0	.287	.408	445 4th	123 3rd	DH-265, 1B-67, C-30, OF-7
3 yrs.	104	102	27	4	0	4	3.9	5	16	6	21	0	.265	.422	89	24	1B-4

LEAGUE CHAMPIONSHIP SERIES
| 1983 LA N | 2 | 2 | 0 | 0 | 0 | 0 | 0.0 | 0 | 0 | 0 | 1 | 0 | .000 | .000 | 2 | 0 | |

Herbie Moran
MORAN, JOHN HERBERT BL TR 5'5"
B. Feb. 16, 1884, Costello, Pa. D. Sept. 21, 1954, Clarkson, N. Y.

1908 2 teams	PHI A (19G – .153)				BOS N (8G – .276)												
" total	27	88	17	0	0	0	0.0	7	6	8		2	.193	.193	0	0	OF-27
1909 BOS N	8	31	7	1	0	0	0.0	0	5	0		0	.226	.258	0	0	OF-8
1910	20	67	8	0	0	0	0.0	11	3	13	14	6	.119	.119	0	0	OF-20
1912 BKN N	130	508	140	18	10	1	0.2	77	40	69	38	28	.276	.356	0	0	OF-129
1913	132	515	137	15	5	0	0.0	71	26	45	29	21	.266	.315	3	0	OF-129
1914 2 teams	CIN N (107G – .235)				BOS N (41G – .266)												
" total	148	549	134	13	6	1	0.2	67	39	58	40	30	.244	.295	0	0	OF-148
1915 BOS N	130	419	84	13	5	0	0.0	59	21	66	41	16	.200	.255	6	1	OF-123
7 yrs.	595	2177	527	60	26	2	0.1	300	135	264	162	103	.242	.296	9	1	OF-584
2 yrs.	262	1023	277	33	15	1	0.1	148	66	114	67	49	.271	.335	3	0	OF-258

WORLD SERIES
| 1914 BOS N | 3 | 13 | 1 | 1 | 0 | 0 | 0.0 | 2 | 0 | 1 | 1 | 1 | .077 | .154 | 0 | 0 | OF-3 |

Player Register

	G	AB	H	2B	3B	HR	HR%	R	RBI	BB	SO	SB	BA	SA	Pinch Hit AB	H	G by POS

Bobby Morgan
MORGAN, ROBERT MORRIS   BR TR 5'9" 175 lbs.
B. June 29, 1926, Oklahoma City, Okla.

		G	AB	H	2B	3B	HR	HR%	R	RBI	BB	SO	SB	BA	SA	AB	H	G by POS
1950	BKN N	67	199	45	10	3	7	3.5	38	21	32	43	0	.226	.412	5	1	3B-52, SS-10
1952		67	191	45	8	0	7	3.7	36	16	46	35	2	.236	.387	2	0	3B-60, 2B-5, SS-4
1953		69	196	51	6	2	7	3.6	35	33	33	47	2	.260	.418	9	0	3B-36, SS-21
1954	PHI N	135	455	119	25	2	14	3.1	58	50	70	68	3	.262	.418	0	0	SS-129, 3B-8, 2B-5
1955		136	483	112	20	2	10	2.1	61	49	73	72	6	.232	.344	6	2	2B-88, SS-41, 3B-6, 1B-1
1956	2 teams	PHI	N (8G –	.200)		STL	N	(61G –	.195)									
"	total	69	138	27	7	0	3	2.2	15	21	21	28	0	.196	.312	29	5	3B-16, 2B-16, SS-6
1957	2 teams	PHI	N (2G –	.000)		CHI	N	(125G –	.207)									
"	total	127	425	88	20	2	5	1.2	43	27	52	87	5	.207	.299	0	0	2B-118, 3B-12
1958	CHI N	1	1	0	0	0	0	0.0	0	0	0	1	0	.000	.000	1	0	
	8 yrs.	671	2088	487	96	11	53	2.5	286	217	327	381	18	.233	.366	52	8	2B-232, SS-211, 3B-190, 1B-1
	3 yrs.	203	586	141	24	5	21	3.6	109	70	111	125	4	.241	.406	16	1	3B-148, SS-35, 2B-5
WORLD SERIES																			
1952	BKN N	2	1	0	0	0	0	0.0	0	0	0	0	0	.000	.000	1	0	3B-2
1953		1	1	0	0	0	0	0.0	0	0	0	0	0	.000	.000	1	0	
	2 yrs.	3	2	0	0	0	0	0.0	0	0	0	0	0	.000	.000	2	0	3B-2

Eddie Morgan
MORGAN, EDWIN WILLIS (Pepper)   BL TL 5'10" 160 lbs.
B. Nov. 19, 1914, Brady Lake, Ohio   D. June 27, 1982, Lakewood, Ohio

		G	AB	H	2B	3B	HR	HR%	R	RBI	BB	SO	SB	BA	SA	AB	H	G by POS
1936	STL N	8	18	5	0	0	1	5.6	4	3	2	4	0	.278	.444	3	2	OF-4
1937	BKN N	31	48	9	3	0	0	0.0	4	5	9	7	0	.188	.250	8	1	OF-7, 1B-7
	2 yrs.	39	66	14	3	0	1	1.5	8	8	11	11	0	.212	.303	11	3	OF-11, 1B-7
	1 yr.	31	48	9	3	0	0	0.0	4	5	9	7	0	.188	.250	8	1	OF-7, 1B-7

Walt Moryn
MORYN, WALTER JOSEPH (Moose)   BL TR 6'2" 205 lbs.
B. Apr. 12, 1926, St. Paul, Minn.

		G	AB	H	2B	3B	HR	HR%	R	RBI	BB	SO	SB	BA	SA	AB	H	G by POS
1954	BKN N	48	91	25	4	2	2	2.2	16	14	7	11	0	.275	.429	23	5	OF-21
1955		11	19	5	1	0	1	5.3	3	3	5	4	0	.263	.474	4	0	OF-7
1956	CHI N	147	529	151	27	3	23	4.3	69	67	50	67	4	.285	.478	6	0	OF-141
1957		149	568	164	33	0	19	3.3	76	88	50	90	0	.289	.447	4	1	OF-147
1958		143	512	135	26	7	26	5.1	77	77	62	83	1	.264	.494	6	4	OF-141
1959		117	381	89	14	1	14	3.7	41	48	44	66	0	.234	.386	13	5	OF-104
1960	2 teams	CHI	N (38G –	.294)		STL	N	(75G –	.245)									
"	total	113	309	81	8	3	13	4.2	36	46	30	57	2	.262	.434	22	3	OF-92
1961	2 teams	STL	N (17G –	.125)		PIT	N	(40G –	.200)									
"	total	57	97	17	3	0	3	3.1	6	11	3	15	0	.175	.299	36	6	OF-18
	8 yrs.	785	2506	667	116	16	101	4.0	324	354	251	393	7	.266	.446	114	24	OF-671
	2 yrs.	59	110	30	5	2	3	2.7	19	17	12	15	0	.273	.436	27	5	OF-28

Manny Mota
MOTA, MANUEL RAFAEL GERONIMO   BR TR 5'10" 160 lbs.
B. Feb. 18, 1938, Santo Domingo, Dominican Republic

		G	AB	H	2B	3B	HR	HR%	R	RBI	BB	SO	SB	BA	SA	AB	H	G by POS
1962	SF N	47	74	13	1	0	0	0.0	9	9	7	8	3	.176	.189	15	1	OF-27, 3B-7, 2B-3
1963	PIT N	59	126	34	2	3	0	0.0	20	7	7	18	0	.270	.333	22	6	OF-37, 2B-1
1964		115	271	75	8	3	5	1.8	43	32	10	31	4	.277	.384	21	5	OF-93, 2B-1, C-1
1965		121	294	82	7	6	4	1.4	47	29	22	32	2	.279	.384	32	11	OF-95
1966		116	322	107	16	7	5	1.6	54	46	25	28	7	.332	.472	26	10	OF-96, 3B-4
1967		120	349	112	14	8	4	1.1	53	56	14	46	3	.321	.441	30	5	OF-99, 3B-2
1968		111	331	93	10	2	1	0.3	35	33	20	19	4	.281	.332	21	5	OF-92, 3B-1, 2B-1
1969	2 teams	MON	N (31G –	.315)		LA	N	(85G –	.323)									
"	total	116	383	123	7	5	3	0.8	41	30	32	36	6	.321	.389	16	2	OF-102
1970	LA N	124	417	127	12	6	3	0.7	63	41	47	37	11	.305	.384	16	6	OF-111, 3B-1
1971		91	269	84	13	5	0	0.0	24	34	20	20	4	.312	.398	15	5	OF-80
1972		118	371	120	16	5	5	1.3	57	48	27	15	4	.323	.434	25	10	OF-99
1973		89	293	92	11	2	0	0.0	33	23	25	12	1	.314	.365	14	5	OF-74
1974		66	57	16	2	0	0	0.0	5	16	5	4	0	.281	.316	53	15	OF-3
1975		52	49	13	1	0	0	0.0	3	10	5	1	0	.265	.286	40	10	OF-5
1976		50	52	15	3	0	0	0.0	1	13	7	5	0	.288	.346	40	12	OF-6
1977		49	38	15	1	0	1	2.6	5	4	10	0	1	.395	.500	36	14	OF-1
1978		37	33	10	1	0	0	0.0	2	6	3	4	0	.303	.333	33	10	
1979		47	42	15	0	0	0	0.0	1	3	3	4	0	.357	.357	42	15	OF-1
1980		7	7	3	0	0	0	0.0	0	2	0	0	0	.429	.429	7	3	
1982		1	1	0	0	0	0	0.0	0	0	0	0	0	.000	.000	1	0	
	20 yrs.	1536	3779	1149	125	52	31	0.8	496	438	289	320	50	.304	.389	505 2nd	150 1st	OF-1021, 3B-15, 2B-6, C-1
	13 yrs.	816	1923	605	66	22	12	0.6	229	226	178	127	26	.315 6th	.391	332 1st	106 1st	OF-460, 3B-1
LEAGUE CHAMPIONSHIP SERIES																			
1974	LA N	3	3	1	0	0	0	0.0	0	1	0	0	0	.333	.333	3	1	OF-1
1977		1	1	1	1	0	0	0.0	1	0	0	0	0	1.000	2.000	1	1	
1978		2	1	1	1	0	0	0.0	0	0	0	0	0	1.000	2.000	1	1	
	3 yrs.	6	5	3	2	0	0	0.0	1	1	0	0	0	.600	1.000	5	3	OF-1
WORLD SERIES																			
1977	LA N	3	3	0	0	0	0	0.0	0	0	0	1	0	.000	.000	3	0	
1978		1	0	0	0	0	0	–	0	0	1	0	0	–	–	0	0	
	2 yrs.	4	3	0	0	0	0	0.0	0	0	1	1	0	.000	.000	3	0	

Ray Mowe
MOWE, RAYMOND BENJAMIN   BL TR 5'7½" 160 lbs.
B. July 12, 1889, Rochester, Ind.   D. Aug. 14, 1968, Sarasota, Fla.

		G	AB	H	2B	3B	HR	HR%	R	RBI	BB	SO	SB	BA	SA	AB	H	G by POS
1913	BKN N	5	9	1	0	0	0	0.0	0	0	0	1	0	.111	.111	1	0	SS-2

Player Register

	G	AB	H	2B	3B	HR	HR%	R	RBI	BB	SO	SB	BA	SA	Pinch Hit AB	Pinch Hit H	G by POS

Mike Mowrey
MOWREY, HARRY HARLAN BR TR 5'8½" 160 lbs.
B. Apr. 20, 1884, Brown's Mill, Pa. D. Mar. 20, 1947, Chambersburg, Pa.

Year	Team	Lg	G	AB	H	2B	3B	HR	HR%	R	RBI	BB	SO	SB	BA	SA	PH-AB	PH-H	G by POS
1905	CIN	N	7	30	8	1	0	0	0.0	4	6	1		0	.267	.300	0	0	3B-7
1906			21	53	17	3	0	0	0.0	3	6	5		2	.321	.377	4	1	3B-15, SS-1, 2B-1
1907			138	448	113	16	6	1	0.2	43	44	35		10	.252	.321	0	0	3B-127, SS-11
1908			77	227	50	9	1	0	0.0	17	23	12		5	.220	.269	12	2	3B-56, OF-3, SS-3
1909	2 teams	CIN	N (38G – .191)				STL	N (12G – .241)											
"	total		50	144	29	6	0	0	0.0	13	9	24		3	.201	.243	6	1	3B-24, SS-13, 2B-7
1910	STL	N	143	489	138	24	6	2	0.4	69	70	67	38	21	.282	.368	0	0	3B-141
1911			137	471	126	29	7	0	0.0	59	61	59	46	15	.268	.359	1	0	3B-134, SS-1
1912			114	408	104	13	8	2	0.5	59	50	46	29	19	.255	.341	4	1	3B-108
1913			131	449	116	18	4	0	0.0	61	33	53	40	21	.258	.316	0	0	3B-130
1914	PIT	N	79	284	72	7	5	1	0.4	24	25	22	20	8	.254	.324	0	0	3B-78
1915	PIT	F	151	521	146	26	6	1	0.2	56	49	66		40	.280	.359	0	0	3B-151
1916	BKN	N	144	495	121	22	6	0	0.0	57	60	50	60	16	.244	.313	0	0	3B-144
1917			83	271	58	9	5	0	0.0	20	25	29	25	7	.214	.284	1	0	3B-80, 2B-2
13 yrs.			1275	4290	1098	183	54	7	0.2	485	461	469	258	167	.256	.329	28	5	3B-1195, SS-29, 2B-10, OF-3
2 yrs.			227	766	179	31	11	0	0.0	77	85	79	85	23	.234	.303	1	0	3B-224, 2B-2

WORLD SERIES

1916	BKN	N	5	17	3	0	0	0	0.0	2	1	3	2	0	.176	.176	0	0	3B-5

Billy Mullen
MULLEN, WILLIAM JOHN BR TR 5'8" 160 lbs.
B. Jan. 23, 1896, St. Louis, Mo. D. May 4, 1971, St. Louis, Mo.

Year	Team	Lg	G	AB	H	2B	3B	HR	HR%	R	RBI	BB	SO	SB	BA	SA	PH-AB	PH-H	G by POS
1920	STL	A	1	1	0	0	0	0	0.0	0	0	0	0	0	.000	.000	1	0	
1921			4	4	0	0	0	0	0.0	0	0	2	1	0	.000	.000	2	0	3B-2
1923	BKN	N	4	11	3	0	0	0	0.0	1	0	0	0	0	.273	.273	0	0	3B-4
1926	DET	A	11	13	1	0	0	0	0.0	2	0	5	1	1	.077	.077	2	0	3B-9
1928	STL	A	15	18	7	1	0	0	0.0	2	2	3	4	0	.389	.444	8	3	3B-6
5 yrs.			35	47	11	1	0	0	0.0	5	2	10	6	1	.234	.255	13	3	3B-21
1 yr.			4	11	3	0	0	0	0.0	1	0	0	0	0	.273	.273	0	0	3B-4

Joe Mulvey
MULVEY, JOSEPH H. BR TR 5'11½" 178 lbs.
B. Oct. 27, 1858, Providence, R. I. D. Aug. 21, 1928, Philadelphia, Pa.

Year	Team	Lg	G	AB	H	2B	3B	HR	HR%	R	RBI	BB	SO	SB	BA	SA	PH-AB	PH-H	G by POS
1883	2 teams	PRO	N (4G – .125)				PHI	N (3G – .500)											
"	total		7	28	8	2	0	0	0.0	3		0	2		.286	.357	0	0	SS-4, 3B-3
1884	PHI	N	100	401	92	11	2	2	0.5	47		4	49		.229	.282	0	0	3B-100
1885			107	443	119	25	6	6	1.4	74		3	18		.269	.393	0	0	3B-107
1886			107	430	115	16	10	2	0.5	71	53	15	31		.267	.365	0	0	3B-107, OF-1
1887			111	474	136	21	6	2	0.4	93	78	21	14	43	.287	.369	0	0	3B-111
1888			100	398	86	12	3	0	0.0	37	39	9	33	18	.216	.261	0	0	3B-100
1889			129	544	157	21	9	6	1.1	77	77	23	25	23	.289	.393	0	0	3B-129
1890	PHI	P	120	519	149	26	15	6	1.2	96	87	27	36	20	.287	.430	0	0	3B-120
1891	PHI	AA	113	453	115	9	13	5	1.1	62	66	17	32	11	.254	.364	0	0	3B-113
1892	PHI	N	25	98	14	1	1	0	0.0	9	4	6	9	2	.143	.173	0	0	3B-25
1893	WAS	N	55	226	53	9	4	0	0.0	21	19	7	8	2	.235	.310	0	0	3B-55
1895	BKN	N	13	49	15	4	1	0	0.0	8	8	2	0	1	.306	.429	0	0	3B-13
12 yrs.			987	4063	1059	157	70	29	0.7	598	430	134	257	120	.261	.355	0	0	3B-983, SS-4, OF-1
1 yr.			13	49	15	4	1	0	0.0	8	8	2	0	1	.306	.429	0	0	3B-13

Simmy Murch
MURCH, SIMEON AUGUSTUS TR 6'4" 220 lbs.
B. Nov. 21, 1880, Castine, Me. D. June 6, 1939, Exeter, N. H.

Year	Team	Lg	G	AB	H	2B	3B	HR	HR%	R	RBI	BB	SO	SB	BA	SA	PH-AB	PH-H	G by POS
1904	STL	N	13	51	7	1	0	0	0.0	3	1	1		0	.137	.157	0	0	3B-6, 2B-6, SS-1
1905			3	9	1	0	0	0	0.0	0	0	0		0	.111	.111	1	0	2B-2, SS-1
1908	BKN	N	6	11	2	1	0	0	0.0	1	0	1		0	.182	.273	4	0	1B-2
3 yrs.			22	71	10	2	0	0	0.0	4	1	2		0	.141	.169	5	0	2B-8, 3B-6, SS-2, 1B-2
1 yr.			6	11	2	1	0	0	0.0	1	0	1		0	.182	.273	4	0	1B-2

Hy Myers
MYERS, HENRY HARRISON BR TR 5'9½" 175 lbs.
B. Apr. 27, 1889, East Liverpool, Ohio D. May 1, 1965, Minerva, Ohio

Year	Team	Lg	G	AB	H	2B	3B	HR	HR%	R	RBI	BB	SO	SB	BA	SA	PH-AB	PH-H	G by POS
1909	BKN	N	6	22	5	1	0	0	0.0	1	6	2		1	.227	.273	0	0	OF-6
1911			13	43	7	1	0	0	0.0	2	0	2	3	1	.163	.186	0	0	OF-13
1914			70	227	65	3	9	0	0.0	35	17	7	24	2	.286	.379	5	0	OF-60
1915			153	605	150	21	7	2	0.3	69	46	17	51	19	.248	.316	0	0	OF-153
1916			113	412	108	12	14	3	0.7	54	36	21	35	17	.262	.381	6	1	OF-106
1917			120	471	126	15	10	1	0.2	37	41	18	25	5	.268	.348	3	0	OF-66, 1B-22, 2B-19, 3B-16
1918			107	407	104	9	8	4	1.0	36	40	20	26	17	.256	.346	0	0	OF-107
1919			133	512	157	23	14	5	1.0	62	73	23	34	13	.307	.436	0	0	OF-131
1920			154	582	177	36	22	4	0.7	83	80	35	54	9	.304	.462	0	0	OF-152, 3B-2
1921			144	549	158	14	4	4	0.7	51	68	22	51	8	.288	.350	0	0	OF-124, 2B-21, 3B-1
1922			153	618	196	20	9	6	1.0	82	89	13	26	9	.317	.408	0	0	OF-153, 2B-1
1923	STL	N	96	330	99	18	2	2	0.6	29	48	12	19	5	.300	.385	6	0	OF-87
1924			43	124	26	5	1	1	0.8	12	15	3	10	1	.210	.290	5	0	OF-22, 3B-12, 2B-3
1925	3 teams	STL	N (1G – .000)				CIN	N (3G – .167)				STL	N (1G – 1.000)						
"	total		5	8	2	1	0	0	0.0	1	0	0	0	0	.250	.375	2	1	OF-3
14 yrs.			1310	4910	1380	179	100	32	0.7	555	559	195	358	107	.281	.378	27	5	OF-1183, 2B-44, 3B-30, 1B-22
11 yrs.			1166	4448	1253	155 3rd	97	29	0.7	512	496	180	329	101	.282	.380	14	3	OF-1071, 2B-41, 1B-22, 3B-18

WORLD SERIES

1916	BKN	N	5	22	4	0	0	1	4.5	2	3	0	3	0	.182	.318	0	0	OF-5

Player Register 196

	G	AB	H	2B	3B	HR	HR %	R	RBI	BB	SO	SB	BA	SA	Pinch Hit AB	H	G by POS

Hy Myers continued
| 1920 | | 7 | 26 | 6 | 0 | 0 | 0 | 0.0 | 0 | 1 | 0 | 1 | 0 | .231 | .231 | 0 | 0 | OF-7 |
| 2 yrs. | | 12 | 48 | 10 | 0 | 0 | 1 | 2.1 | 2 | 4 | 0 | 4 | 0 | .208 | .271 | 0 | 0 | OF-12 |

Earl Naylor
NAYLOR, EARL EUGENE   BR TR 6'   190 lbs.
B. May 19, 1919, Kansas City, Mo.

1942 PHI N	76	168	33	4	1	0	0.0	9	14	11	18	1	.196	.232	17	5	OF-34, P-20, 1B-1
1943	33	120	21	2	0	3	2.5	12	14	12	16	1	.175	.267	0	0	OF-33
1946 BKN N	3	2	0	0	0	0	0.0	1	0	0	1	0	.000	.000	2	0	
3 yrs.	112	290	54	6	1	3	1.0	22	28	23	35	2	.186	.245	19	5	OF-67, P-20, 1B-1
1 yr.	3	2	0	0	0	0	0.0	1	0	0	1	0	.000	.000	2	0	

Charlie Neal
NEAL, CHARLES LENARD   BR TR 5'10"   165 lbs.
B. Jan. 30, 1931, Longview, Tex.

1956 BKN N	62	136	39	5	1	2	1.5	22	14	14	19	2	.287	.382	8	3	2B-51, SS-1
1957	128	448	121	13	7	12	2.7	62	62	53	83	11	.270	.411	1	1	SS-100, 3B-23, 2B-3
1958 LA N	140	473	120	9	6	22	4.7	87	65	61	91	7	.254	.438	2	1	2B-132, 3B-9
1959	151	616	177	30	11	19	3.1	103	83	43	86	17	.287	.464	0	0	2B-151, SS-1
1960	139	477	122	23	2	8	1.7	60	40	48	75	5	.256	.363	2	0	2B-136, SS-3
1961	108	341	80	6	1	10	2.9	40	48	30	49	3	.235	.346	4	0	2B-104
1962 NY N	136	508	132	14	9	11	2.2	59	58	56	90	2	.260	.388	0	0	2B-85, SS-39, 3B-12
1963 2 teams	NY N (72G – .225)					CIN N (34G – .156)											
" total	106	317	67	13	1	3	0.9	28	21	32	64	1	.211	.287	15	3	3B-85, SS-9, 2B-1
8 yrs.	970	3316	858	113	38	87	2.6	461	391	337	557	48	.259	.394	32	9	2B-663, SS-153, 3B-129
6 yrs.	728	2491	659	86	28	73	2.9	374	312	249	403	45	.265	.409	17	6	2B-577, SS-105, 3B-32

WORLD SERIES
1956 BKN N	1	4	0	0	0	0	0.0	0	0	0	1	0	.000	.000	0	0	2B-1
1959 LA N	6	27	10	2	0	2	7.4	4	6	0	1	1	.370	.667	0	0	2B-6
2 yrs.	7	31	10	2	0	2	6.5	4	6	0	2	1	.323	.581	0	0	2B-7

Bernie Neis
NEIS, BERNARD EDMUND   BB TR 5'7"   160 lbs.
B. Sept. 26, 1895, Bloomington, Ill.   BR 1920-21, 1926
D. Nov. 29, 1972, Inverness, Fla.

1920 BKN N	95	249	63	11	2	2	0.8	38	22	26	35	9	.253	.337	4	0	OF-83
1921	102	230	59	5	4	4	1.7	34	34	25	41	9	.257	.365	16	6	OF-77, 2B-1
1922	61	70	16	4	1	1	1.4	15	9	13	8	3	.229	.357	9	1	OF-27
1923	126	445	122	17	4	5	1.1	78	37	36	38	8	.274	.364	8	1	OF-111
1924	80	211	64	8	3	4	1.9	43	26	27	17	4	.303	.427	11	2	OF-62
1925 BOS N	106	355	101	20	2	5	1.4	47	45	38	19	8	.285	.394	14	6	OF-87
1926	30	93	20	5	2	0	0.0	16	8	8	10	4	.215	.312	2	0	OF-23
1927 2 teams	CLE A (32G – .302)					CHI A (45G – .289)											
" total	77	172	51	14	0	4	2.3	26	29	28	18	1	.297	.448	20	5	OF-50
8 yrs.	677	1825	496	84	18	25	1.4	297	210	201	186	46	.272	.379	84	21	OF-520, 2B-1
5 yrs.	464	1205	324	45	14	16	1.3	208	128	127	139	33	.269	.369	48	10	OF-360, 2B-1

WORLD SERIES
| 1920 BKN N | 4 | 5 | 0 | 0 | 0 | 0 | 0.0 | 0 | 0 | 1 | 0 | 0 | .000 | .000 | 1 | 0 | OF-2 |

Rocky Nelson
NELSON, GLENN RICHARD   BL TL 5'10½"   175 lbs.
B. Nov. 18, 1924, Portsmouth, Ohio

1949 STL N	82	244	54	8	4	4	1.6	28	32	11	12	1	.221	.336	8	2	1B-70
1950	76	235	58	10	4	1	0.4	27	20	26	9	4	.247	.336	4	1	1B-70
1951 3 teams	STL N (9G – .222)					PIT N (71G – .267)					CHI A (6G – .000)						
" total	86	218	56	8	4	1	0.5	32	15	12	7	0	.257	.344	31	6	1B-36, OF-13
1952 BKN N	37	39	10	1	0	0	0.0	6	3	7	4	0	.256	.282	27	7	1B-5
1954 CLE A	4	4	0	0	0	0	0.0	0	0	0	1	0	.000	.000	3	0	1B-2
1956 2 teams	BKN N (31G – .208)					STL N (38G – .232)											
" total	69	152	33	7	0	7	4.6	13	23	10	16	0	.217	.401	26	3	1B-39, OF-8
1959 PIT N	98	175	51	11	0	6	3.4	31	32	23	19	0	.291	.457	33	13	1B-56, OF-2
1960	93	200	60	11	1	7	3.5	34	35	24	15	1	.300	.470	18	4	1B-73
1961	75	127	25	5	1	5	3.9	15	13	17	11	0	.197	.370	37	5	1B-35
9 yrs.	620	1394	347	61	14	31	2.2	186	173	130	94	6	.249	.379	187	41	1B-386, OF-23
2 yrs.	68	135	30	3	0	4	3.0	13	18	11	14	0	.222	.333	34	7	1B-30

WORLD SERIES
1952 BKN N	4	3	0	0	0	0	0.0	0	0	1	2	0	.000	.000	3	0	
1960 PIT N	4	9	3	0	0	1	11.1	2	2	1	0	0	.333	.667	1	0	1B-3
2 yrs.	8	12	3	0	0	1	8.3	2	2	2	2	0	.250	.500	4	0	1B-3

Dick Nen
NEN, RICHARD LeROY   BL TL 6'2"   200 lbs.
B. Sept. 24, 1939, South Gate, Calif.

1963 LA N	7	8	1	0	0	1	12.5	2	1	3	3	0	.125	.500	4	0	1B-5
1965 WAS A	69	246	64	7	1	6	2.4	18	31	19	47	1	.260	.370	5	1	1B-65
1966	94	235	50	8	0	6	2.6	20	30	28	46	0	.213	.323	20	3	1B-76
1967	110	238	52	7	1	6	2.5	21	29	21	39	0	.218	.332	40	6	1B-65, OF-1
1968 CHI N	81	94	17	1	1	2	2.1	8	16	6	17	0	.181	.277	28	4	1B-52
1970 WAS A	6	5	1	0	0	0	0.0	1	0	0	0	0	.200	.200	5	1	1B-1
6 yrs.	367	826	185	23	3	21	2.5	70	107	77	152	1	.224	.335	102	15	1B-264, OF-1
1 yr.	7	8	1	0	0	1	12.5	2	1	3	3	0	.125	.500	4	0	1B-5

197 *Player Register*

	G	AB	H	2B	3B	HR	HR%	R	RBI	BB	SO	SB	BA	SA	Pinch Hit AB	H	G by POS

Don Newcombe
NEWCOMBE, DONALD (Newk)
B. June 14, 1926, Madison, N. J.
BR TR 6'4" 220 lbs.

	G	AB	H	2B	3B	HR	HR%	R	RBI	BB	SO	SB	BA	SA	PH AB	PH H	G by POS
1949 BKN N	39	96	22	4	0	0	0.0	8	10	5	16	0	.229	.271	1	0	P-38
1950	40	97	24	3	1	1	1.0	8	8	10	19	0	.247	.330	0	0	P-40
1951	40	103	23	3	1	0	0.0	11	8	8	9	0	.223	.272	0	0	P-40
1954	31	47	15	1	0	0	0.0	6	4	4	6	0	.319	.340	1	0	P-29
1955	57	117	42	9	1	7	6.0	18	23	6	18	1	.359	.632	21	8	P-34
1956	52	111	26	6	0	2	1.8	13	16	12	18	1	.234	.342	12	0	P-38
1957	34	74	17	2	0	1	1.4	8	7	11	11	0	.230	.297	3	0	P-28
1958 2 teams	LA	N (11G – .417)			CIN	N (39G – .350)											
" total	50	72	26	1	0	1	1.4	11	9	10	12	0	.361	.417	16	6	P-31
1959 CIN N	61	105	32	2	0	3	2.9	10	21	17	23	0	.305	.410	21	5	P-30
1960 2 teams	CIN	N (24G – .139)			CLE	A (24G – .300)											
" total	48	56	11	2	0	0	0.0	1	2	4	15	0	.196	.232	12	1	P-36
10 yrs.	452	878	238	33	3	15	1.7	94	108	87	147	2	.271	.367	87	20	P-344
8 yrs.	304	657	174	28	3	11	1.7	74	76	58	99	2	.265	.367	38	8	P-258

WORLD SERIES

	G	AB	H	2B	3B	HR	HR%	R	RBI	BB	SO	SB	BA	SA	PH AB	PH H	G by POS
1949 BKN N	2	4	0	0	0	0	0.0	0	0	0	3	0	.000	.000	0	0	P-2
1955	1	3	0	0	0	0	0.0	0	0	0	0	0	.000	.000	0	0	P-1
1956	2	1	0	0	0	0	0.0	0	0	0	0	0	.000	.000	0	0	P-2
3 yrs.	5	8	0	0	0	0	0.0	0	0	0	3	0	.000	.000	0	0	P-5

Al Nixon
NIXON, ALBERT RICHARD
B. Apr. 11, 1886, Atlantic City, N. J.   D. Nov. 9, 1960, Opelousas, La.
BR TL 5'7½" 164 lbs.

	G	AB	H	2B	3B	HR	HR%	R	RBI	BB	SO	SB	BA	SA	PH AB	PH H	G by POS
1915 BKN N	14	26	6	1	0	0	0.0	3	2	2	4	1	.231	.269	2	1	OF-14
1916	1	2	2	0	0	0	0.0	0	0	0	0	0	1.000	1.000	0	0	OF-1
1918	6	11	5	0	0	0	0.0	1	0	0	0	0	.455	.455	1	1	OF-4
1921 BOS N	55	138	33	6	3	1	0.7	25	9	7	11	3	.239	.348	6	1	OF-45
1922	86	318	84	14	4	2	0.6	35	22	9	19	6	.264	.352	6	2	OF-79
1923	88	321	88	12	4	0	0.0	53	19	24	14	2	.274	.336	1	0	OF-80
1926 PHI N	93	311	91	18	2	4	1.3	38	41	13	20	5	.293	.402	3	0	OF-88
1927	54	154	48	7	0	0	0.0	18	18	5	5	1	.312	.357	5	1	OF-44
1928	25	64	15	2	0	0	0.0	7	7	6	4	1	.234	.266	3	1	OF-20
9 yrs.	422	1345	372	60	13	7	0.5	180	118	66	77	19	.277	.356	27	7	OF-375
3 yrs.	21	39	13	1	0	0	0.0	4	2	2	4	1	.333	.359	3	2	OF-19

Irv Noren
NOREN, IRVING ARNOLD
B. Nov. 29, 1924, Jamestown, N. Y.
BL TL 6' 190 lbs.

	G	AB	H	2B	3B	HR	HR%	R	RBI	BB	SO	SB	BA	SA	PH AB	PH H	G by POS
1950 WAS A	138	542	160	27	10	14	2.6	80	98	67	77	5	.295	.459	0	0	OF-121, 1B-17
1951	129	509	142	33	5	8	1.6	82	86	51	35	10	.279	.411	3	0	OF-126
1952 2 teams	WAS	A (12G – .245)			NY	A (93G – .235)											
" total	105	321	76	16	3	5	1.6	40	23	32	37	5	.237	.352	18	3	OF-72, 1B-19
1953 NY A	109	345	92	12	6	6	1.7	55	46	42	39	3	.267	.388	15	3	OF-96
1954	125	426	136	21	6	12	2.8	70	66	43	38	4	.319	.481	12	5	OF-116, 1B-1
1955	132	371	94	19	1	8	2.2	49	59	43	33	5	.253	.375	11	1	OF-126
1956	29	37	8	1	0	0	0.0	4	6	12	7	0	.216	.243	13	4	OF-10, 1B-1
1957 2 teams	KC	A (81G – .213)			STL	N (17G – .367)											
" total	98	190	45	12	1	3	1.6	19	26	15	25	0	.237	.358	54	13	1B-25, OF-14
1958 STL N	117	178	47	9	1	4	2.2	24	22	13	21	0	.264	.393	43	8	OF-77
1959 2 teams	STL	N (8G – .125)			CHI	N (65G – .321)											
" total	73	164	51	7	2	4	2.4	27	19	13	26	2	.311	.451	29	12	OF-42, 1B-2
1960 2 teams	CHI	N (12G – .091)			LA	N (26G – .200)											
" total	38	36	6	0	0	1	2.8	1	2	4	12	0	.167	.250	32	5	OF-1, 1B-1
11 yrs.	1093	3119	857	157	35	65	2.1	443	453	335	350	34	.275	.410	230	52	OF-801, 1B-66
1 yr.	26	25	5	0	0	1	4.0	1	1	1	8	0	.200	.320	25	5	

WORLD SERIES

	G	AB	H	2B	3B	HR	HR%	R	RBI	BB	SO	SB	BA	SA	PH AB	PH H	G by POS
1952 NY A	4	10	3	0	0	0	0.0	0	1	1	3	0	.300	.300	1	1	OF-3
1953	2	1	0	0	0	0	0.0	0	0	1	0	0	.000	.000	1	0	
1955	5	16	1	0	0	0	0.0	0	1	1	1	0	.063	.063	0	0	OF-5
3 yrs.	11	27	4	0	0	0	0.0	0	2	3	4	0	.148	.148	2	1	OF-8

Billy North
NORTH, WILLIAM ALEX
B. May 15, 1948, Seattle, Wash.
BB TR 5'11" 185 lbs.

	G	AB	H	2B	3B	HR	HR%	R	RBI	BB	SO	SB	BA	SA	PH AB	PH H	G by POS
1971 CHI N	8	16	6	0	0	0	0.0	3	0	4	6	1	.375	.375	0	0	OF-6
1972	66	127	23	2	3	0	0.0	22	4	13	33	6	.181	.244	13	3	OF-48
1973 OAK A	146	554	158	10	5	5	0.9	98	34	78	89	53	.285	.348	2	0	OF-138, DH-6
1974	149	543	141	20	5	4	0.7	79	33	69	86	54	.260	.337	1	1	OF-138, DH-8
1975	140	524	143	17	5	1	0.2	74	43	81	80	30	.273	.330	1	0	OF-138, DH-1
1976	154	590	163	20	5	2	0.3	91	31	73	95	75	.276	.337	1	0	OF-144, DH-8
1977	56	184	48	3	3	1	0.5	32	9	32	25	17	.261	.326	4	0	OF-52, DH-1
1978 2 teams	OAK	A (24G – .212)			LA	N (110G – .234)											
" total	134	356	82	14	0	0	0.0	59	15	74	61	30	.230	.270	9	4	OF-120
1979 SF N	142	460	119	15	4	5	1.1	87	30	96	84	58	.259	.341	11	1	OF-130
1980	128	415	104	12	1	1	0.2	73	19	81	78	45	.251	.292	19	5	OF-115
1981	46	131	29	7	0	1	0.8	22	12	26	28	26	.221	.298	7	1	OF-37
11 yrs.	1169	3900	1016	120	31	20	0.5	640	230	627	665	395	.261	.323	68	16	OF-1066, DH-24
1 yr.	110	304	71	10	0	0	0.0	54	10	65	48	27	.234	.266	4	1	OF-103

LEAGUE CHAMPIONSHIP SERIES

	G	AB	H	2B	3B	HR	HR%	R	RBI	BB	SO	SB	BA	SA	PH AB	PH H	G by POS
1974 OAK A	4	16	1	1	0	0	0.0	3	0	2	1	1	.063	.125	0	0	OF-4
1975	3	10	0	0	0	0	0.0	0	1	2	0	0	.000	.000	0	0	OF-3
1978 LA N	4	8	0	0	0	0	0.0	1	0	0	1	0	.000	.000	0	0	OF-4
3 yrs.	11	34	1	1	0	0	0.0	3	1	4	2	1	.029	.059	0	0	OF-11

WORLD SERIES

	G	AB	H	2B	3B	HR	HR%	R	RBI	BB	SO	SB	BA	SA	PH AB	PH H	G by POS
1974 OAK A	5	17	1	0	0	0	0.0	3	0	2	5	1	.059	.059	0	0	OF-5

Player Register

	G	AB	H	2B	3B	HR	HR%	R	RBI	BB	SO	SB	BA	SA	Pinch Hit AB	H	G by POS

Billy North continued

	G	AB	H	2B	3B	HR	HR%	R	RBI	BB	SO	SB	BA	SA	PH AB	PH H	G by POS
1978 LA N	4	8	1	1	0	0	0.0	2	2	1	0	1	.125	.250	1	1	
2 yrs.	9	25	2	1	0	0	0.0	5	2	3	5	2	.080	.120	1	1	OF-5

Hub Northen

NORTHEN, HUBBARD ELWIN BL TL 5'8" 175 lbs.
B. Aug. 16, 1885, Atlanta, Tex. D. Oct. 1, 1947, Shreveport, La.

	G	AB	H	2B	3B	HR	HR%	R	RBI	BB	SO	SB	BA	SA	PH AB	PH H	G by POS
1910 STL A	26	96	19	1	0	0	0.0	6	16	5		2	.198	.208	0	0	OF-26
1911 2 teams	CIN N (1G – .000)					BKN N (19G – .316)											
" total	20	76	24	2	2	0	0.0	16	1	14	9	4	.316	.395	0	0	OF-19
1912 BKN N	118	412	116	26	6	2	0.5	54	46	41	46	8	.282	.388	15	4	OF-102
3 yrs.	164	584	159	29	8	2	0.3	76	63	60	55	14	.272	.360	15	4	OF-147
2 yrs.	137	488	140	28	8	2	0.4	70	47	55	55	12	.287	.389	15	4	OF-121

Johnny Oates

OATES, JOHNNY LANE BL TR 5'11" 188 lbs.
B. Jan. 21, 1946, Sylva, N. C.

	G	AB	H	2B	3B	HR	HR%	R	RBI	BB	SO	SB	BA	SA	PH AB	PH H	G by POS
1970 BAL A	5	18	5	0	0	0	0.0	2	2	2	0	0	.278	.389	1	1	C-4
1972	85	253	66	12	1	4	1.6	20	21	28	31	5	.261	.364	10	1	C-82
1973 ATL N	93	322	80	6	0	4	1.2	27	27	22	31	1	.248	.304	6	2	C-86
1974	100	291	65	10	0	1	0.3	22	21	23	24	2	.223	.268	15	4	C-91
1975 2 teams	ATL N (8G – .222)					PHI N (90G – .286)											
" total	98	287	81	15	0	1	0.3	28	25	34	33	1	.282	.345	13	2	C-88
1976 PHI N	37	99	25	2	0	0	0.0	10	8	8	12	0	.253	.273	8	2	C-33
1977 LA N	60	156	42	4	0	3	1.9	18	11	11	11	1	.269	.353	6	0	C-56
1978	40	75	23	1	0	0	0.0	5	6	5	3	0	.307	.320	14	3	C-24
1979	26	46	6	2	0	0	0.0	4	2	4	1	0	.130	.174	6	1	C-20
1980 NY A	39	64	12	3	0	1	1.6	6	3	2	3	1	.188	.281	0	0	C-39
1981	10	26	5	1	0	0	0.0	4	0	2	0	0	.192	.231	0	0	C-10
11 yrs.	593	1637	410	56	2	14	0.9	146	126	141	149	11	.250	.313	79	16	C-533
3 yrs.	126	277	71	7	0	3	1.1	27	19	20	15	1	.256	.314	26	4	C-100

LEAGUE CHAMPIONSHIP SERIES

1976 PHI N	1	1	0	0	0	0	0.0	0	0	0	0	0	.000	.000	0	0	C-1

WORLD SERIES

1977 LA N	1	1	0	0	0	0	0.0	0	0	0	0	0	.000	.000	1	0	C-1
1978	1	1	1	0	0	0	0.0	0	0	0	1	0	1.000	1.000	0	0	C-1
2 yrs.	2	2	1	0	0	0	0.0	0	0	0	1	0	.500	.500	1	0	C-2

Darby O'Brien

O'BRIEN, WILLIAM D. BR TR 6'1" 186 lbs.
B. Sept. 1, 1863, Peoria, Ill. D. June 15, 1893, Peoria, Ill.

	G	AB	H	2B	3B	HR	HR%	R	RBI	BB	SO	SB	BA	SA	PH AB	PH H	G by POS
1887 NY AA	127	522	157	30	13	5	1.0	97		40		49	.301	.437	0	0	OF-121, 1B-10, SS-2, 3B-1, P-1
1888 BKN AA	136	532	149	27	6	2	0.4	105	65	30		55	.280	.365	0	0	OF-136
1889	136	567	170	30	11	5	0.9	146	80	61	76	91	.300	.418	0	0	OF-136
1890 BKN N	85	350	110	28	6	2	0.6	78	63	32	43	38	.314	.446	0	0	OF-85
1891	103	395	100	18	6	5	1.3	79	57	39	53	31	.253	.367	0	0	OF-103
1892	122	490	119	14	5	1	0.2	72	56	29	52	57	.243	.298	0	0	OF-122
6 yrs.	709	2856	805	147	47	20	0.7	577	320	231	224	321	.282	.387	0	0	OF-703, 1B-10, SS-2, 3B-1, P-1
3 yrs.	310	1235	329	60	17	8	0.6	229	176	100	148	126	.266	.362	0	0	OF-310

John O'Brien

O'BRIEN, JOHN J. (Chewing Gum) BL TR 175 lbs.
B. July 14, 1870, St. John, N. B., Canada D. May 13, 1913, Lewiston, Me.

	G	AB	H	2B	3B	HR	HR%	R	RBI	BB	SO	SB	BA	SA	PH AB	PH H	G by POS
1891 BKN N	43	167	41	4	2	0	0.0	22	26	12	17	4	.246	.293	0	0	2B-43
1893 CHI N	4	14	5	0	1	0	0.0	3	1	2	2	0	.357	.500	0	0	2B-4
1895 LOU N	128	539	138	10	4	1	0.2	82	50	45	20	15	.256	.295	0	0	2B-125, 1B-3
1896 2 teams	LOU N (49G – .339)					WAS N (73G – .267)											
" total	122	456	135	15	4	6	1.3	62	57	40	19	8	.296	.386	0	0	2B-122
1897 WAS N	86	320	78	12	2	3	0.9	37	45	19		6	.244	.322	0	0	2B-86
1899 2 teams	BAL N (39G – .193)					PIT N (79G – .226)											
" total	118	414	89	6	4	2	0.5	40	50	36		12	.215	.263	0	0	2B-118
6 yrs.	501	1910	486	47	17	12	0.6	246	229	154	58	45	.254	.316	0	0	2B-498, 1B-3
1 yr.	43	167	41	4	2	0	0.0	22	26	12	17	4	.246	.293	0	0	2B-43

Whitey Ock

OCK, HAROLD DAVID BR TR 5'11" 180 lbs.
B. Mar. 17, 1912, Brooklyn, N. Y. D. Mar. 18, 1975, Mount Kisco, N. Y.

	G	AB	H	2B	3B	HR	HR%	R	RBI	BB	SO	SB	BA	SA	PH AB	PH H	G by POS
1935 BKN N	1	3	0	0	0	0	0.0	0	0	1	2	0	.000	.000	0	0	C-1

Lefty O'Doul

O'DOUL, FRANCIS JOSEPH BL TL 6' 180 lbs.
B. Mar. 4, 1897, San Francisco, Calif. D. Dec. 7, 1969, San Francisco, Calif.

	G	AB	H	2B	3B	HR	HR%	R	RBI	BB	SO	SB	BA	SA	PH AB	PH H	G by POS
1919 NY A	19	16	4	0	0	0	0.0	2	1	1	2	1	.250	.250	14	4	P-3, OF-1
1920	13	12	2	1	0	0	0.0	2	1	1	9	0	.167	.250	9	1	P-2, OF-1
1922	8	9	3	1	0	0	0.0	0	4	0	2	0	.333	.444	2	1	P-6
1923 BOS A	36	35	5	0	0	0	0.0	2	4	2	3	0	.143	.143	12	2	P-23
1928 NY N	114	354	113	19	4	8	2.3	67	46	30	8	9	.319	.463	8	4	OF-94
1929 PHI N	154	638	254	35	6	32	5.0	152	122	76	19	2	.398	.622	6	0	OF-154
1930	140	528	202	37	7	22	4.2	122	97	63	21	3	.383	.604	8	3	OF-131
1931 BKN N	134	512	172	32	11	7	1.4	85	75	48	16	5	.336	.482	2	2	OF-132
1932	148	595	219	32	8	21	3.5	120	90	50	20	11	.368	.555	0	0	OF-148
1933 2 teams	BKN N (43G – .252)					NY N (78G – .306)											
" total	121	388	110	14	2	14	3.6	45	56	44	23	3	.284	.438	14	5	OF-104

	G	AB	H	2B	3B	HR	HR%	R	RBI	BB	SO	SB	BA	SA	Pinch Hit AB	H	G by POS

Lefty O'Doul continued

1934 NY N	83	177	56	4	3	9	5.1	27	46	18	7	2	.316	.525	37	10	OF-38
11 yrs.	970	3264	1140	175	41	113	3.5	624	542	333	122	36	.349	.532	106	32	OF-803, P-34
3 yrs.	325	1266	431	69	20	33	2.6	219	186	113	42	18	.340	.505	4	3	OF-321

WORLD SERIES
| 1933 NY N | 1 | 1 | 1 | 0 | 0 | 0 | 0.0 | 1 | 2 | 0 | 0 | 0 | 1.000 | 1.000 | 1 | 1 | |

Al Oliver

OLIVER, ALBERT (Mr. Scoop)
B. Oct. 14, 1946, Portsmouth, Ohio
BL TL 6' 195 lbs.

1968 PIT N	4	8	1	0	0	0	0.0	0	0	0	4	0	.125	.125	3	0	OF-1
1969	129	463	132	19	2	17	3.7	55	70	21	38	8	.285	.445	7	0	1B-106, OF-21
1970	151	551	149	33	5	12	2.2	63	83	35	35	1	.270	.414	4	2	OF-80, 1B-77
1971	143	529	149	31	7	14	2.6	69	64	27	72	4	.282	.446	6	0	OF-116, 1B-25
1972	140	565	176	27	4	12	2.1	88	89	34	44	2	.312	.437	1	0	OF-138, 1B-3
1973	158	654	191	38	7	20	3.1	90	99	22	52	6	.292	.463	2	0	OF-109, 1B-50
1974	147	617	198	38	12	11	1.8	96	85	33	58	10	.321	.475	2	1	OF-98, 1B-49
1975	155	628	176	39	8	18	2.9	90	84	25	73	4	.280	.454	1	0	OF-153, 1B-4
1976	121	443	143	22	5	12	2.7	62	61	26	29	6	.323	.476	11	3	OF-106, 1B-3
1977	154	568	175	29	6	19	3.3	75	82	40	38	13	.308	.481	6	3	OF-148
1978 TEX A	133	525	170	35	5	14	2.7	65	89	31	41	8	.324	.490	0	0	OF-107, DH-26
1979	136	492	159	28	4	12	2.4	69	76	34	34	4	.323	.470	13	5	OF-119, DH-10
1980	163	656	209	43	3	19	2.9	96	117	39	47	5	.319	.480	2	1	OF-157, DH-4, 1B-1
1981	102	421	130	29	1	4	1.0	53	55	24	28	3	.309	.411	1	1	DH-101, 1B-1
1982 MON N	160	617	204	43	2	22	3.6	90	109	61	59	5	.331	.514	1	1	1B-159
1983	157	614	184	38	3	8	1.3	70	84	44	44	1	.300	.410	4	2	1B-153, OF-1
1984 2 teams	SF	N (91G – .298)			PHI	N (28G – .312)											
" total	119	432	130	26	2	0	0.0	36	48	27	36	3	.301	.370	16	4	1B-101, OF-5
1985 2 teams	LA	N (35G – .253)			TOR	A (61G – .251)											
" total	96	266	67	11	1	5	1.9	21	31	12	24	1	.252	.357	28	6	DH-59, OF-17, 1B-1
18 yrs.	2368	9049	2743	529	77	219	2.4	1189	327	535	756	84	.303	.451	108	29	OF-1376, 1B-733, DH-200
1 yr.	35	79	20	5	0	0	0.0	1	8	5	11	1	.253	.316	17	4	OF-17

LEAGUE CHAMPIONSHIP SERIES
1970 PIT N	2	8	2	0	0	0	0.0	0	1	1	0	0	.250	.250	0	0	1B-2
1971	4	12	3	0	0	1	8.3	2	5	1	3	0	.250	.500	0	0	OF-4
1972	5	20	5	2	1	1	5.0	3	3	0	4	0	.250	.600	0	0	OF-5
1974	4	14	2	0	0	0	0.0	1	1	2	2	0	.143	.143	0	0	OF-4
1975	3	11	2	0	0	1	9.1	1	2	2	0	0	.182	.455	0	0	OF-3
1985 TOR A	4	8	3	1	0	0	0.0	0	3	0	0	0	.375	.500	2	1	DH-3
6 yrs.	22	73	17	3	1	3	4.1	7	15	6	9	0	.233	.425	2	1	OF-16, DH-3, 1B-2

WORLD SERIES
| 1971 PIT N | 5 | 19 | 4 | 2 | 0 | 0 | 0.0 | 1 | 2 | 2 | 5 | 0 | .211 | .316 | 1 | 0 | OF-4 |

Nate Oliver

OLIVER, NATHANIEL (Pee Wee)
B. Dec. 13, 1940, St. Petersburg, Fla.
BR TR 5'10" 160 lbs.

1963 LA N	65	163	39	2	3	1	0.6	23	9	13	25	3	.239	.307	6	0	2B-57, SS-2
1964	99	321	78	9	0	0	0.0	28	21	31	57	7	.243	.271	1	0	2B-98, SS-1
1965	8	1	1	0	0	0	0.0	3	0	0	0	1	1.000	1.000	0	0	2B-2
1966	80	119	23	2	0	0	0.0	17	3	13	17	3	.193	.210	3	1	2B-68, SS-2, 3B-1
1967	77	232	55	6	2	0	0.0	18	7	13	50	3	.237	.280	12	3	2B-39, SS-32, OF-1
1968 SF N	36	73	13	2	0	0	0.0	3	1	1	13	0	.178	.205	3	0	2B-14, SS-13, 3B-1
1969 2 teams	NY	A (1G – .000)			CHI	N (44G – .159)											
" total	45	45	7	3	0	1	2.2	15	4	1	10	0	.156	.289	4	0	2B-13
7 yrs.	410	954	216	24	5	2	0.2	107	45	72	172	17	.226	.268	29	4	2B-291, SS-50, 3B-2, OF-1
5 yrs.	329	836	196	19	5	1	0.1	89	40	70	149	17	.234	.273	22	4	2B-264, SS-37, OF-1, 3B-1

WORLD SERIES
| 1966 LA N | 1 | 0 | 0 | 0 | 0 | 0 | – | 0 | 0 | 0 | 0 | 0 | – | – | 0 | 0 | |

Luis Olmo

OLMO, LUIS FRANCISCO RODRIGUEZ (Jibaro)
B. Aug. 11, 1919, Arecibo, Puerto Rico
BR TR 5'11½" 185 lbs.

1943 BKN N	57	238	72	6	4	4	1.7	29	37	8	20	3	.303	.412	0	0	OF-57
1944	136	520	134	20	5	9	1.7	65	85	17	37	10	.258	.367	6	3	OF-64, 2B-42, 3B-31
1945	141	556	174	27	13	10	1.8	62	110	36	33	15	.313	.462	3	0	OF-106, 3B-31, 2B-1
1949	38	105	32	4	1	1	1.0	15	14	5	11	2	.305	.390	4	2	OF-34
1950 BOS N	69	154	35	7	1	5	3.2	23	22	18	23	3	.227	.383	12	0	OF-55, 3B-1
1951	21	56	11	1	1	0	0.0	4	4	4	4	0	.196	.250	3	0	OF-16
6 yrs.	462	1629	458	65	25	29	1.8	208	272	88	128	33	.281	.405	28	5	OF-332, 3B-63, 2B-43
4 yrs.	372	1419	412	57	23	24	1.7	181	246	66	101	30	.290	.414	13	5	OF-261, 3B-62, 2B-43

WORLD SERIES
| 1949 BKN N | 4 | 11 | 3 | 0 | 0 | 1 | 9.1 | 2 | 2 | 0 | 2 | 0 | .273 | .545 | 0 | 0 | OF-4 |

Ivy Olson

OLSON, IVAN MASSIE
B. Oct. 14, 1885, Kansas City, Mo. D. Sept. 1, 1965, Inglewood, Calif.
BR TR 5'10½" 175 lbs.

1911 CLE A	140	545	142	20	8	1	0.2	89	50	34		20	.261	.332	0	0	SS-139, 3B-1
1912	123	467	118	13	1	0	0.0	68	33	21		16	.253	.285	8	1	SS-56, 3B-35, 2B-21, OF-3
1913	104	370	92	13	3	0	0.0	47	32	22	28	7	.249	.300	7	2	3B-73, 1B-22, 2B-1
1914	89	310	75	6	2	1	0.3	22	20	13	24	15	.242	.284	6	0	SS-31, 2B-23, 3B-19, OF-6, 1B-3

Player Register 200

	G	AB	H	2B	3B	HR	HR%	R	RBI	BB	SO	SB	BA	SA	Pinch Hit AB	H	G by POS

Ivy Olson continued

		G	AB	H	2B	3B	HR	HR%	R	RBI	BB	SO	SB	BA	SA	PH AB	PH H	G by POS
1915	2 teams	CIN	N	(63G –	.232)		BKN	N	(18G –	.077)								
"	total	81	233	50	5	5	0	0.0	20	17	13	13	10	.215	.279	8	0	2B-47, 3B-16, SS-7, 1B-7, OF-1
1916	BKN N	108	351	89	13	4	1	0.3	29	38	21	27	14	.254	.322	2	0	SS-103, 2B-3, 1B-1
1917		139	580	156	18	5	2	0.3	64	38	14	34	6	.269	.328	0	0	SS-133, 3B-6
1918		126	506	121	16	4	1	0.2	63	17	27	18	21	.239	.292	0	0	SS-126
1919		140	590	164	14	9	1	0.2	73	38	30	12	26	.278	.337	0	0	SS-140
1920		143	637	162	13	11	1	0.2	71	46	20	19	4	.254	.314	0	0	SS-125, 2B-21
1921		151	652	174	22	10	3	0.5	88	35	28	26	4	.267	.345	0	0	SS-133, 2B-20
1922		136	551	150	26	6	1	0.2	63	47	25	10	8	.272	.347	0	0	2B-85, SS-51
1923		82	292	76	11	1	1	0.3	33	35	14	10	5	.260	.315	2	0	2B-72, 3B-3, SS-2, 1B-1
1924		10	27	6	1	0	0	0.0	0	0	3	1	0	.222	.259	0	0	SS-8, 2B-2
14 yrs.		1572	6111	1575	191	69	13	0.2	730	446	285	222	156	.258	.318	33	5	SS-1054, 2B-295, 3B-153, 1B-34, OF-10
10 yrs.		1053	4212	1100	134	51	11	0.3	486	297	183	157	88	.261	.325	11	2	SS-828, 2B-213, 3B-10, 1B-2, OF-1

WORLD SERIES

1916	BKN N	5	16	4	0	1	0	0.0	1	2	2	2	0	.250	.375	0	0	SS-5
1920		7	25	8	1	0	0	0.0	2	0	3	1	0	.320	.360	0	0	SS-7
2 yrs.		12	41	12	1	1	0	0.0	3	2	5	3	0	.293	.366	0	0	SS-12

Ollie O'Mara

O'MARA, OLIVER EDWARD
B. Mar. 8, 1891, St. Louis, Mo.
BR TR 5'8" 140 lbs.

1912	DET A	1	4	0	0	0	0	0.0	0	0	0		0	.000	.000	0	0	SS-1
1914	BKN N	67	247	65	10	2	1	0.4	41	7	16	26	14	.263	.332	0	0	SS-63
1915		149	577	141	26	3	0	0.0	77	31	51	40	11	.244	.300	0	0	SS-149
1916		72	193	39	5	2	0	0.0	18	15	12	20	10	.202	.249	11	1	SS-51
1918		121	450	96	8	1	1	0.2	29	24	7	18	11	.213	.242	0	0	3B-121
1919		2	7	0	0	0	0	0.0	1	0	0	0	0	.000	.000	0	0	3B-2
6 yrs.		412	1478	341	49	8	2	0.1	166	77	86	104	46	.231	.279	11	1	SS-264, 3B-123
5 yrs.		411	1474	341	49	8	2	0.1	166	77	86	104	46	.231	.280	11	1	SS-263, 3B-123

WORLD SERIES

| 1916 | BKN N | 1 | 1 | 0 | 0 | 0 | 0 | 0.0 | 0 | 0 | 1 | 0 | .000 | .000 | 1 | 0 | |

Mickey O'Neil

O'NEIL, GEORGE MICHAEL
B. Apr. 12, 1900, St. Louis, Mo.   D. Apr. 8, 1964, St. Louis, Mo.
BR TR 5'10" 185 lbs.

1919	BOS N	11	28	6	0	0	0	0.0	3	1	1	7	0	.214	.214	0	0	C-11
1920		112	304	86	5	4	0	0.0	19	28	21	20	4	.283	.326	7	3	C-105, 2B-1
1921		98	277	69	9	4	2	0.7	26	29	23	21	2	.249	.332	3	0	C-95
1922		83	251	56	5	2	0	0.0	18	26	14	11	1	.223	.259	3	0	C-79
1923		96	306	65	7	4	0	0.0	29	20	17	14	3	.212	.261	1	0	C-95
1924		106	362	89	4	1	0	0.0	32	22	14	27	4	.246	.262	0	0	C-106
1925		70	222	57	6	5	2	0.9	29	30	21	16	1	.257	.356	1	0	C-69
1926	BKN N	75	201	42	5	3	0	0.0	19	20	23	8	3	.209	.264	1	0	C-74
1927	2 teams	WAS	A	(5G –	.000)		NY	N	(16G –	.132)								
"	total	21	44	5	0	0	0	0.0	3	5	3	0	.114	.114	1	0	C-20
9 yrs.		672	1995	475	41	23	4	0.2	177	179	139	127	18	.238	.288	17	3	C-654, 2B-1
1 yr.		75	201	42	5	3	0	0.0	19	20	23	8	3	.209	.264	1	0	C-74

Curly Onis

ONIS, MANUEL DOMINGUEZ (Ralph)
B. Oct. 24, 1908, Tampa, Fla.
BR TR 5'9" 180 lbs.

| 1935 | BKN N | 1 | 1 | 1 | 0 | 0 | 0 | 0.0 | 0 | 0 | 0 | 0 | 0 | 1.000 | 1.000 | 0 | 0 | C-1 |

Joe Orengo

ORENGO, JOSEPH CHARLES
B. Nov. 29, 1914, San Francisco, Calif.
BR TR 6' 185 lbs.

1939	STL N	7	3	0	0	0	0	0.0	0	0	0	1	0	.000	.000	0	0	SS-7
1940		129	415	119	23	4	7	1.7	58	56	65	90	9	.287	.412	0	0	2B-77, 3B-34, SS-19
1941	NY N	77	252	54	11	2	4	1.6	23	25	28	49	1	.214	.321	3	1	3B-59, SS-9, 2B-6
1943	2 teams	NY	N	(83G –	.218)		BKN	N	(7G –	.200)								
"	total	90	281	61	10	2	6	2.1	29	30	40	48	1	.217	.331	2	2	1B-82, 3B-6
1944	DET A	46	154	31	10	0	0	0.0	14	10	20	29	1	.201	.266	1	0	SS-29, SS-7
1945	CHI A	17	15	1	0	0	0	0.0	5	1	3	2	0	.067	.067	5	0	3B-7, 2B-1
6 yrs.		366	1120	266	54	8	17	1.5	129	122	156	219	12	.238	.346	11	3	3B-117, 1B-87, 2B-86, SS-64
1 yr.		7	15	3	2	0	0	0.0	1	1	4	2	0	.200	.333	1	1	3B-6

Frank O'Rourke

O'ROURKE, JAMES FRANCIS (Blackie)
B. Nov. 28, 1894, Hamilton, Ont., Canada
BR TR 5'10½" 165 lbs.

1912	BOS N	61	196	24	3	1	0	0.0	11	16	11	50	1	.122	.148	0	0	SS-59
1917	BKN N	64	198	47	7	1	0	0.0	18	15	14	25	11	.237	.283	4	0	3B-58
1918		4	12	2	0	0	0	0.0	0	2	1	3	0	.167	.167	1	0	2B-2, OF-1
1920	WAS A	14	54	16	1	0	0	0.0	8	5	2	5	2	.296	.315	0	0	SS-13, 3B-1
1921		123	444	104	17	8	3	0.7	51	54	26	56	6	.234	.329	0	0	SS-122
1922	BOS A	67	216	57	14	3	1	0.5	28	17	20	28	6	.264	.370	1	0	SS-48, 3B-19
1924	DET A	47	181	50	11	2	0	0.0	28	19	12	19	7	.276	.359	0	0	2B-40, SS-7
1925		124	482	141	40	7	5	1.0	88	57	32	37	5	.293	.436	0	0	2B-118, 3B-6
1926		111	363	88	16	1	0	0.3	43	41	35	33	8	.242	.300	3	0	3B-58, 2B-41, SS-10
1927	STL A	140	538	144	25	3	1	0.2	85	39	64	43	19	.268	.331	2	0	3B-120, 2B-16, 1B-3
1928		99	391	103	24	3	1	0.3	54	62	21	19	10	.263	.348	0	0	3B-96, SS-2
1929		154	585	147	23	9	2	0.3	81	62	41	28	14	.251	.332	0	0	3B-151, 2B-3, SS-2

	G	AB	H	2B	3B	HR	HR%	R	RBI	BB	SO	SB	BA	SA	Pinch Hit AB	Pinch Hit H	G by POS

Frank O'Rourke continued

	G	AB	H	2B	3B	HR	HR%	R	RBI	BB	SO	SB	BA	SA	PH AB	PH H	G by POS
1930	115	400	107	15	4	1	0.3	52	41	35	30	11	.268	.333	4	1	3B-84, SS-23, 1B-3
1931	8	9	2	0	0	0	0.0	0	0	0	1	1	.222	.222	3	0	SS-2, 1B-1
14 yrs.	1131	4069	1032	196	42	15	0.4	547	430	314	377	101	.254	.333	20	2	3B-593, SS-288, 2B-220, 1B-7, OF-1
2 yrs.	68	210	49	7	1	0	0.0	18	17	15	28	11	.233	.276	5	1	3B-58, 2B-2, OF-1

Jorge Orta

ORTA, JORGE
Born Jorge Orta Nunez.
B. Nov. 26, 1950, Mazatlan, Mexico

BL TR 5'10" 170 lbs.

	G	AB	H	2B	3B	HR	HR%	R	RBI	BB	SO	SB	BA	SA	PH AB	PH H	G by POS
1972 CHI A	51	124	25	3	1	3	2.4	20	11	6	37	3	.202	.315	11	1	SS-18, 2B-14, 3B-9
1973	128	425	113	9	10	6	1.4	46	40	37	87	8	.266	.376	5	2	2B-122, SS-1
1974	139	525	166	31	2	10	1.9	73	67	40	88	9	.316	.440	7	1	2B-123, DH-10, SS-3
1975	140	542	165	26	10	11	2.0	64	83	48	67	16	.304	.450	3	2	2B-135, DH-2
1976	158	636	174	29	8	14	2.2	74	72	38	77	24	.274	.410	3	0	OF-77, 3B-49, DH-31
1977	144	564	159	27	8	11	2.0	71	84	46	49	4	.282	.417	7	1	2B-139
1978	117	420	115	19	2	13	3.1	45	53	42	39	1	.274	.421	3	1	2B-114, DH-2
1979	113	325	85	18	3	11	3.4	49	46	44	33	1	.262	.437	22	4	DH-62, 2B-41
1980 CLE A	129	481	140	18	3	10	2.1	78	64	71	44	6	.291	.403	2	0	OF-120, DH-7
1981	88	338	92	14	3	5	1.5	50	34	21	43	4	.272	.376	5	2	OF-86
1982 LA N	86	115	25	5	0	2	1.7	13	8	12	13	0	.217	.313	60	9	OF-17
1983 TOR A	103	245	58	6	3	10	4.1	30	38	19	29	1	.237	.408	26	5	DH-69, OF-17
1984 KC A	122	403	120	23	7	9	2.2	50	50	28	39	0	.298	.457	13	4	DH-83, OF-26, 2B-1
1985	110	300	80	21	1	4	1.3	32	45	22	28	2	.267	.383	29	8	DH-85
14 yrs.	1628	5443	1517	249	61	119	2.2	695	695	474	673	79	.279	.412	196	40	2B-689, DH-351, OF-343, 3B-58, SS-22
1 yr.	86	115	25	5	0	2	1.7	13	8	12	13	0	.217	.313	60	9	OF-17

LEAGUE CHAMPIONSHIP SERIES

	G	AB	H	2B	3B	HR	HR%	R	RBI	BB	SO	SB	BA	SA	PH AB	PH H	G by POS
1984 KC A	3	10	1	0	1	0	0.0	1	1	0	2	0	.100	.300	0	0	DH-3
1985	2	5	0	0	0	0	0.0	0	0	0	1	0	.000	.000	1	0	DH-1
2 yrs.	5	15	1	0	1	0	0.0	1	1	0	3	0	.067	.200	1	0	DH-4

WORLD SERIES

	G	AB	H	2B	3B	HR	HR%	R	RBI	BB	SO	SB	BA	SA	PH AB	PH H	G by POS
1985 KC A	3	3	1	0	0	0	0.0	0	0	0	0	0	.333	.333	3	1	

Chink Outen

OUTEN, WILLIAM AUSTIN
B. June 17, 1905, Mt. Holly, N. C.   D. Sept. 11, 1961, Durham, N. C.

BL TR 6' 200 lbs.

	G	AB	H	2B	3B	HR	HR%	R	RBI	BB	SO	SB	BA	SA	PH AB	PH H	G by POS
1933 BKN N	93	153	38	10	0	4	2.6	20	17	20	15	1	.248	.392	31	1	C-56

Mickey Owen

OWEN, ARNOLD MALCOLM
B. Apr. 4, 1916, Nixa, Mo.

BR TR 5'10" 190 lbs.

	G	AB	H	2B	3B	HR	HR%	R	RBI	BB	SO	SB	BA	SA	PH AB	PH H	G by POS
1937 STL N	80	234	54	4	2	0	0.0	17	20	15	13	1	.231	.265	2	0	C-78
1938	122	397	106	25	2	4	1.0	45	36	32	14	2	.267	.370	5	1	C-116
1939	131	344	89	18	2	3	0.9	32	35	43	28	6	.259	.349	5	0	C-126
1940	117	307	81	16	2	0	0.0	27	27	34	13	4	.264	.329	4	2	C-113
1941 BKN N	128	386	89	15	2	1	0.3	32	44	34	14	1	.231	.288	0	0	C-128
1942	133	421	109	16	3	0	0.0	53	44	44	17	10	.259	.311	0	0	C-133
1943	106	365	95	11	2	0	0.0	31	54	25	15	4	.260	.301	5	1	C-100, 3B-3, SS-1
1944	130	461	126	20	3	1	0.2	43	42	36	17	4	.273	.336	4	1	C-125, 2B-1
1945	24	84	24	9	0	0	0.0	5	11	10	2	0	.286	.393	0	0	C-24
1949 CHI N	62	198	54	9	3	2	1.0	15	18	12	13	1	.273	.379	3	1	C-59
1950	86	259	63	11	0	2	0.8	22	21	13	16	2	.243	.309	1	0	C-86
1951	58	125	23	6	0	0	0.0	10	15	19	13	1	.184	.232	1	0	C-57
1954 BOS A	32	68	16	3	0	1	1.5	6	11	9	6	0	.235	.324	1	1	C-30
13 yrs.	1209	3649	929	163	21	14	0.4	338	378	326	181	36	.255	.322	31	7	C-1175, 3B-3, SS-1, 2B-1
5 yrs.	521	1717	443	71	10	2	0.1	164	195	149	65	19	.258	.315	9	2	C-510, 3B-3, SS-1, 2B-1

WORLD SERIES

	G	AB	H	2B	3B	HR	HR%	R	RBI	BB	SO	SB	BA	SA	PH AB	PH H	G by POS
1941 BKN N	5	12	2	0	1	0	0.0	1	2	3	0	0	.167	.333	0	0	C-5

Red Owens

OWENS, THOMAS LLEWELLYN
B. Nov. 1, 1874, Pottsville, Pa.   D. Aug. 20, 1952, Harrisburg, Pa.

BR TR

	G	AB	H	2B	3B	HR	HR%	R	RBI	BB	SO	SB	BA	SA	PH AB	PH H	G by POS
1899 PHI N	8	21	1	0	0	0	0.0	0	1	2		0	.048	.048	0	0	2B-8
1905 BKN N	43	168	36	6	2	1	0.6	14	20	6		1	.214	.292	0	0	2B-43
2 yrs.	51	189	37	6	2	1	0.5	14	21	8		1	.196	.265	0	0	2B-51
1 yr.	43	168	36	6	2	1	0.6	14	20	6		1	.214	.292	0	0	2B-43

Tom Paciorek

PACIOREK, THOMAS MARIAN
Brother of John Paciorek.
B. Nov. 2, 1946, Detroit, Mich.

BR TR 6'4" 215 lbs.

	G	AB	H	2B	3B	HR	HR%	R	RBI	BB	SO	SB	BA	SA	PH AB	PH H	G by POS
1970 LA N	8	9	2	1	0	0	0.0	2	0	0	3	0	.222	.333	5	1	OF-3
1971	2	2	1	0	0	0	0.0	0	1	0	0	0	.500	.500	2	1	OF-1
1972	11	47	12	4	0	1	2.1	4	6	1	7	1	.255	.404	0	0	OF-6, 1B-6
1973	96	195	51	8	0	5	2.6	26	18	11	35	3	.262	.379	17	4	OF-77, 1B-4
1974	85	175	42	8	6	1	0.6	23	24	10	32	0	.240	.371	18	6	OF-77, 1B-1
1975	62	145	28	8	0	1	0.7	14	5	11	29	4	.193	.269	10	2	OF-54
1976 ATL N	111	324	94	10	4	1	1.2	39	36	19	57	2	.290	.383	20	8	OF-84, 1B-12, 3B-1
1977	72	155	37	8	0	3	1.9	20	15	6	46	1	.239	.348	32	6	1B-32, OF-9, 3B-1
1978 2 teams		ATL N (5G – .333)				SEA A (70G – .299)											
" total	75	260	78	20	3	4	1.5	34	30	15	40	2	.300	.446	7	2	OF-54, DH-12, 1B-5
1979 SEA A	103	310	89	23	6	1.9		38	42	28	62	6	.287	.445	17	4	OF-75, 1B-15
1980	126	418	114	19	1	15	3.6	44	59	17	67	3	.273	.431	14	2	OF-60, 1B-36, DH-23

Player Register 202

	G	AB	H	2B	3B	HR	HR%	R	RBI	BB	SO	SB	BA	SA	Pinch Hit AB	H	G by POS

Tom Paciorek continued

1981		104	405	132	28	2	14	3.5	50	66	35	50	13	.326	.509	1	1	OF-103
1982	CHI A	104	382	119	27	4	11	2.9	49	55	24	53	3	.312	.490	0	0	1B-102, OF-6
1983		115	420	129	32	3	9	2.1	65	63	25	58	6	.307	.462	9	3	1B-67, OF-55, DH-2
1984		111	363	93	21	2	4	1.1	35	29	25	69	6	.256	.358	18	7	1B-67, OF-41
1985	2 teams	CHI A (46G – .246)			NY N (46G – .284)													
"	total	92	238	63	5	1	1	0.4	28	20	14	36	3	.265	.307	27	5	OF-52, 1B-14, DH-12
16 yrs.		1277	3848	1084	222	30	79	2.1	471	469	241	644	54	.282	.417	197	52	OF-757, 1B-361, DH-49, 3B-2
6 yrs.		264	573	136	29	6	8	1.4	69	54	33	106	9	.237	.351	52	14	OF-218, 1B-11

LEAGUE CHAMPIONSHIP SERIES

1974	LA N	1	1	1	0	0	0	0.0	0	0	0	0	0	1.000	1.000	1	1	OF-1
1983	CHI A	4	16	4	0	0	0	0.0	1	1	1	2	0	.250	.250	0	0	1B-3
2 yrs.		5	17	5	0	0	0	0.0	1	1	1	2	0	.294	.294	1	1	1B-3, OF-1

WORLD SERIES

| 1974 | LA N | 3 | 2 | 1 | 1 | 0 | 0 | 0.0 | 1 | 0 | 0 | 0 | 0 | .500 | 1.000 | 2 | 1 | |

Don Padgett
PADGETT, DON WILSON (Red)   BL TR 6' 190 lbs.
B. Dec. 5, 1911, Caroleen, N. C.   D. Dec. 9, 1980, High Point, N. C.

1937	STL N	123	446	140	22	6	10	2.2	62	74	30	43	4	.314	.457	13	4	OF-109
1938		110	388	105	26	5	8	2.1	59	65	18	28	0	.271	.425	18	6	OF-71, 1B-16, C-6
1939		92	233	93	15	3	5	2.1	38	53	18	11	1	.399	.554	21	4	C-61, 1B-8
1940		93	240	58	15	1	6	2.5	24	41	26	14	1	.242	.388	16	3	C-72, 1B-2
1941		107	324	80	18	0	5	1.5	39	44	21	16	0	.247	.349	22	3	OF-62, C-18, 1B-2
1946	2 teams	BKN N (19G – .167)			BOS N (44G – .255)													
"	total	63	128	30	4	0	3	2.3	8	30	9	11	0	.234	.336	27	4	C-36
1947	PHI N	75	158	50	8	1	0	0.0	14	24	16	5	0	.316	.380	31	8	C-39
1948		36	74	17	3	0	0	0.0	3	7	3	2	0	.230	.270	13	2	C-19
8 yrs.		699	1991	573	111	16	37	1.9	247	338	141	130	6	.288	.415	161	34	C-251, OF-242, 1B-26
1 yr.		19	30	5	1	0	1	3.3	2	9	4	4	0	.167	.300	9	3	C-10

Andy Pafko
PAFKO, ANDREW (Pruschka, Handy Andy)   BR TR 6' 190 lbs.
B. Feb. 25, 1921, Boyceville, Wis.

1943	CHI N	13	58	22	3	0	0	0.0	7	10	2	5	1	.379	.431	0	0	OF-13
1944		128	469	126	16	2	6	1.3	47	62	28	23	2	.269	.350	5	1	OF-123
1945		144	534	159	24	12	12	2.2	64	110	45	36	5	.298	.455	4	1	OF-140
1946		65	234	66	6	4	3	1.3	18	39	27	15	4	.282	.380	1	0	OF-64
1947		129	513	155	25	7	13	2.5	68	66	31	39	4	.302	.454	2	0	OF-127
1948		142	548	171	30	2	26	4.7	82	101	50	50	3	.312	.516	2	1	3B-139
1949		144	519	146	29	2	18	3.5	79	69	63	33	4	.281	.449	1	1	OF-98, 3B-49
1950		146	514	156	24	8	36	7.0	95	92	69	32	4	.304	.591	2	0	OF-144
1951	2 teams	CHI N (49G – .264)			BKN N (84G – .249)													
"	total	133	455	116	16	3	30	6.6	68	93	52	37	2	.255	.501	6	1	OF-126
1952	BKN N	150	551	158	17	5	19	3.4	76	85	64	48	1	.287	.439	4	1	OF-139, 3B-13
1953	MIL N	140	516	153	23	4	17	3.3	70	72	37	33	2	.297	.455	1	0	OF-139
1954		138	510	146	22	4	14	2.7	61	69	37	36	1	.286	.427	0	0	OF-138
1955		86	252	67	3	5	5	2.0	29	34	7	23	1	.266	.377	22	3	OF-58, 3B-12
1956		45	93	24	5	0	2	2.2	15	9	10	13	0	.258	.376	12	3	OF-37
1957		83	220	61	6	1	8	3.6	31	27	10	22	1	.277	.423	22	3	OF-69
1958		95	164	39	7	1	3	1.8	17	23	15	17	0	.238	.348	13	3	OF-93
1959		71	142	31	8	2	1	0.7	17	15	14	15	0	.218	.324	13	2	OF-64
17 yrs.		1852	6292	1796	264	62	213	3.4	844	976	561	477	38	.285	.449	110	20	OF-1572, 3B-213
2 yrs.		234	828	227	28	5	37	4.5	118	143	99	75	5	.274	.454	10	2	OF-217, 3B-13

WORLD SERIES

1945	CHI N	7	28	6	2	1	0	0.0	5	2	2	5	0	.214	.357	0	0	OF-7
1952	BKN N	7	21	4	0	0	0	0.0	0	2	0	4	0	.190	.190	2	0	OF-5
1957	MIL N	6	14	3	0	0	0	0.0	1	0	0	1	0	.214	.214	1	0	OF-5
1958		4	9	3	1	0	0	0.0	0	1	0	0	0	.333	.444	0	0	OF-4
4 yrs.		24	72	16	3	1	0	0.0	6	5	2	10	0	.222	.292	3	0	OF-21

Wes Parker
PARKER, MAURICE WESLEY   BB TL 6'1" 180 lbs.
B. Nov. 13, 1939, Evanston, Ill.

1964	LA N	124	214	55	7	1	3	1.4	29	10	14	45	5	.257	.341	30	6	OF-69, 1B-31
1965		154	542	129	24	7	8	1.5	80	51	75	95	13	.238	.352	1	1	1B-154, OF-1
1966		156	475	120	17	5	12	2.5	67	51	69	83	7	.253	.385	7	1	OF-106, 1B-14
1967		139	413	102	16	5	5	1.2	56	31	65	83	10	.247	.346	13	5	1B-112, OF-18
1968		135	468	112	22	2	3	0.6	42	27	49	87	4	.239	.314	6	0	1B-114, OF-28
1969		132	471	131	23	4	13	2.8	76	68	56	46	4	.278	.447	5	3	1B-128, OF-2
1970		161	614	196	47	4	10	1.6	84	111	79	70	8	.319	.458	0	0	1B-161
1971		157	533	146	24	1	6	1.1	69	62	63	63	6	.274	.356	1	1	1B-148, OF-18
1972		130	427	119	14	3	4	0.9	45	59	62	43	3	.279	.354	8	2	1B-120, OF-5
9 yrs.		1288	4157	1110	194	32	64	1.5	548	470	532	615	60	.267	.375	71	19	1B-1108, OF-155
9 yrs.		1288	4157	1110	194	32	64	1.5	548	470	532	615	60	.267	.375	71	19	1B-1108, OF-155
												10th						

WORLD SERIES

1965	LA N	7	23	7	0	1	1	4.3	3	2	3	3	2	.304	.522	0	0	1B-7
1966		4	13	3	2	0	0	0.0	0	0	1	3	0	.231	.385	0	0	1B-4
2 yrs.		11	36	10	2	1	1	2.8	3	2	4	6	2	.278	.472	0	0	1B-11

Art Parks
PARKS, ARTIE WILLIAM   BL TR 5'9" 170 lbs.
B. Nov. 1, 1911, Paris, Ark.

| 1937 | BKN N | 7 | 16 | 5 | 2 | 0 | 0 | 0.0 | 2 | 0 | 2 | 2 | 0 | .313 | .438 | 3 | 0 | OF-4 |

Player Register

	G	AB	H	2B	3B	HR	HR%	R	RBI	BB	SO	SB	BA	SA	Pinch Hit AB	H	G by POS

Art Parks continued
1939	71	239	65	13	2	1	0.4	27	19	28	14	2	.272	.356	4	2	OF-65
2 yrs.	78	255	70	15	2	1	0.4	29	19	30	16	2	.275	.361	7	2	OF-69
2 yrs.	78	255	70	15	2	1	0.4	29	19	30	16	2	.275	.361	7	2	OF-69

Jay Partridge
PARTRIDGE, JAMES BAGG BL TR 5'11" 160 lbs.
B. Nov. 15, 1902, Mountville, Ga. D. Jan. 4, 1974, Nashville, Tenn.

1927 BKN N	146	572	149	17	6	7	1.2	72	40	20	36	9	.260	.348	6	1	2B-140
1928	37	73	18	0	1	0	0.0	18	12	13	6	2	.247	.274	11	4	2B-18, 3B-2
2 yrs.	183	645	167	17	7	7	1.1	90	52	33	42	11	.259	.340	17	5	2B-158, 3B-2
2 yrs.	183	645	167	17	7	7	1.1	90	52	33	42	11	.259	.340	17	5	2B-158, 3B-2

Kevin Pasley
PASLEY, KEVIN PATRICK BR TR 6' 185 lbs.
B. July 22, 1953, New York, N. Y.

1974 LA N	1	0	0	0	0	0	—	0	0	0	0	0	—	—	0	0	C-1
1976	23	52	12	2	0	0	0.0	4	2	3	7	0	.231	.269	0	0	C-23
1977 2 teams	LA N (2G — .333)			SEA A (4G — .385)													
" total	6	16	6	0	0	0	0.0	1	2	1	2	0	.375	.375	0	0	C-6
1978 SEA A	25	54	13	5	0	1	1.9	3	5	2	4	0	.241	.389	0	0	C-25
4 yrs.	55	122	31	7	0	1	0.8	8	9	6	13	0	.254	.336	0	0	C-55
3 yrs.	26	55	13	2	0	0	0.0	4	2	3	7	0	.236	.273	0	0	C-26

Harry Pattee
PATTEE, HARRY ERNEST BL TR 5'8" 149 lbs.
B. Jan. 17, 1882, Charlestown, Mass. D. July 17, 1971, Lynchburg, Va.

| 1908 BKN N | 80 | 264 | 57 | 5 | 2 | 0 | 0.0 | 19 | 9 | 25 | | 24 | .216 | .250 | 6 | 1 | 2B-74 |

Johnny Peacock
PEACOCK, JOHN GASTON BL TR 5'11" 165 lbs.
B. Jan. 10, 1910, Fremont, N. C. D. Oct. 17, 1981, Wilson, N. C.

1937 BOS A	9	32	10	2	1	0	0.0	3	6	1	0	0	.313	.438	0	0	C-9
1938	72	195	59	7	1	1	0.5	29	39	17	4	4	.303	.364	15	4	C-57, OF-1, 1B-1
1939	92	274	76	11	4	0	0.0	33	36	29	11	1	.277	.347	10	3	C-84
1940	63	131	37	4	1	0	0.0	20	13	23	10	1	.282	.328	12	3	C-48
1941	79	261	74	20	1	0	0.0	28	27	21	3	2	.284	.368	9	3	C-70
1942	88	286	76	7	3	0	0.0	17	25	21	11	1	.266	.311	8	1	C-82
1943	48	114	23	3	1	0	0.0	7	7	10	9	1	.202	.246	14	2	C-32
1944 2 teams	BOS A (4G — .000)			PHI N (83G — .225)													
" total	87	257	57	9	3	0	0.0	21	21	31	5	1	.222	.280	12	4	C-75, 2B-1
1945 2 teams	PHI N (33G — .203)			BKN N (48G — .255)													
" total	81	184	43	11	1	0	0.0	17	20	30	10	3	.234	.304	19	4	C-61
9 yrs.	619	1734	455	74	16	1	0.1	175	194	183	63	14	.262	.325	99	24	C-518, OF-1, 2B-1, 1B-1
1 yr.	48	110	28	5	1	0	0.0	11	14	24	10	2	.255	.318	10	3	C-38

Hal Peck
PECK, HAROLD ARTHUR BL TL 5'11" 175 lbs.
B. Apr. 20, 1917, Big Bend, Wis.

1943 BKN N	1	1	0	0	0	0	0.0	0	0	0	0	0	.000	.000	1	0	
1944 PHI A	2	8	2	0	0	0	0.0	0	1	0	2	0	.250	.250	0	0	OF-2
1945	112	449	124	22	9	5	1.1	51	39	37	28	5	.276	.399	2	0	OF-110
1946	48	150	37	8	2	2	1.3	14	11	16	14	1	.247	.367	12	3	OF-35
1947 CLE A	114	392	115	18	2	8	2.0	58	44	27	31	3	.293	.411	11	4	OF-97
1948	45	63	18	3	0	0	0.0	12	8	4	8	1	.286	.333	30	8	OF-9
1949	33	29	9	1	0	0	0.0	1	9	3	3	0	.310	.345	28	8	OF-2
7 yrs.	355	1092	305	52	13	15	1.4	136	112	87	86	10	.279	.392	84	23	OF-255
1 yr.	1	1	0	0	0	0	0.0	0	0	0	0	0	.000	.000	1	0	

WORLD SERIES
| 1948 CLE A | 1 | 0 | 0 | 0 | 0 | 0 | — | 0 | 0 | 0 | 0 | 0 | — | — | 0 | 0 | OF-1 |

Stu Pederson
PEDERSON, STUART RUSSELL BL TL 6' 190 lbs.
B. Jan. 28, 1960, Palo Alto, Calif.

| 1985 LA N | 8 | 4 | 0 | 0 | 0 | 0 | 0.0 | 1 | 1 | 0 | 2 | 0 | .000 | .000 | 3 | 0 | OF-5 |

Jack Perconte
PERCONTE, JOHN PATRICK BL TR 5'10" 160 lbs.
B. Aug. 31, 1954, Joliet, Ill.

1980 LA N	14	17	4	0	0	0	0.0	2	2	2	1	3	.235	.235	3	0	2B-9
1981	8	9	2	0	1	0	0.0	2	1	2	2	1	.222	.444	5	2	2B-7
1982 CLE A	93	219	52	4	4	0	0.0	27	15	22	25	9	.237	.292	7	1	2B-82, DH-2
1983	14	26	7	1	0	0	0.0	1	0	5	2	3	.269	.308	2	1	2B-13
1984 SEA A	155	612	180	24	0	0	0.0	93	31	57	47	29	.294	.346	4	1	2B-150
1985	125	485	128	17	7	2	0.4	60	23	50	36	31	.264	.340	2	1	2B-125
6 yrs.	409	1368	373	46	16	2	0.1	185	72	138	113	76	.273	.334	23	6	2B-381, DH-2
2 yrs.	22	26	6	0	1	0	0.0	4	3	4	3	4	.231	.308	8	2	2B-11

George Pfister
PFISTER, GEORGE EDWARD BR TR 6' 200 lbs.
B. Sept. 4, 1918, Bound Brook, N. J.

| 1941 BKN N | 1 | 2 | 0 | 0 | 0 | 0 | 0.0 | 0 | 0 | 0 | 0 | 0 | .000 | .000 | 0 | 0 | C-1 |

Player Register 204

	G	AB	H	2B	3B	HR	HR%	R	RBI	BB	SO	SB	BA	SA	Pinch Hit AB	H	G by POS

Babe Phelps
PHELPS, ERNEST GORDON (Blimp)   BL TR 6'2" 225 lbs.
B. Apr. 19, 1908, Odenton, Md.

		G	AB	H	2B	3B	HR	HR%	R	RBI	BB	SO	SB	BA	SA	AB	H	G by POS
1931	WAS A	3	3	1	0	0	0	0.0	0	0	0	0	0	.333	.333	3	1	
1933	CHI N	3	7	2	0	0	0	0.0	0	2	0	1	0	.286	.286	1	0	C-2
1934		44	70	20	5	2	2	2.9	7	12	1	8	0	.286	.500	26	9	C-18
1935	BKN N	47	121	44	7	2	5	4.1	17	22	9	10	0	.364	.579	12	6	C-34
1936		115	319	117	23	2	5	1.6	36	57	27	18	1	.367	.498	15	5	C-98, OF-1
1937		121	409	128	37	3	7	1.7	42	58	25	28	2	.313	.469	8	1	C-111
1938		66	208	64	12	2	5	2.4	33	46	23	15	2	.308	.457	9	1	C-55
1939		98	323	92	21	2	6	1.9	33	42	24	24	0	.285	.418	6	1	C-92
1940		118	370	109	24	5	13	3.5	47	61	30	27	2	.295	.492	16	2	C-99, 1B-1
1941		16	30	7	3	0	2	6.7	3	4	1	2	0	.233	.533	5	1	C-11
1942	PIT N	95	257	73	11	1	9	3.5	21	41	20	21	0	.284	.440	22	7	C-72
	11 yrs.	726	2117	657	143	19	54	2.6	239	345	160	154	9	.310	.472	123	34	C-592, OF-1, 1B-1
	7 yrs.	581	1780	561	127	16	43	2.4	211	290	139	124	7	.315 5th	.477	71	17	C-500, OF-1, 1B-1

Ed Phelps
PHELPS, EDWARD JOSEPH   BR TR 5'10" 185 lbs.
B. Mar. 3, 1879, Albany, N.Y.   D. Jan. 31, 1942, East Greenbush, N.Y.

		G	AB	H	2B	3B	HR	HR%	R	RBI	BB	SO	SB	BA	SA	AB	H	G by POS
1902	PIT N	18	61	13	1	0	0	0.0	5	6	4		2	.213	.230	0	0	C-13, 1B-5
1903		81	273	77	7	3	2	0.7	32	31	17		2	.282	.352	1	0	C-76, 1B-3
1904		94	302	73	5	3	0	0.0	29	28	15		2	.242	.278	1	0	C-91, 1B-1
1905	CIN N	44	156	36	5	0	0	0.0	18	18	12		4	.231	.301	0	0	C-44
1906	2 teams		CIN N (12G – .275)			PIT N (43G – .237)												
"	total	55	158	39	3	3	1	0.6	12	17	12		3	.247	.323	2	0	C-52
1907	PIT N	43	113	24	1	0	0	0.0	11	12	9		1	.212	.221	6	0	C-35, 1B-1
1908		34	64	15	2	2	0	0.0	3	11	2		0	.234	.328	12	7	C-20
1909	STL N	100	306	76	13	1	0	0.0	43	22	39		7	.248	.297	19	3	C-82
1910		93	270	71	4	2	0	0.0	25	37	36	29	9	.263	.293	13	3	C-80
1912	BKN N	52	111	32	4	3	0	0.0	8	23	16	15	1	.288	.378	20	4	C-32
1913		15	18	4	0	0	0	0.0	0	0	1		2	.222	.222	10	2	C-4
	11 yrs.	629	1832	460	45	20	3	0.2	186	205	163	46	31	.251	.302	84	19	C-529, 1B-10
	2 yrs.	67	129	36	4	3	0	0.0	8	23	17	17	1	.279	.357	30	6	C-36
WORLD SERIES																		
1903	PIT N	8	26	6	2	0	0	0.0	1	2	1	6	0	.231	.308	1	0	C-7

Val Picinich
PICINICH, VALENTINE JOHN   BR TR 5'9" 165 lbs.
B. Sept. 8, 1896, New York, N.Y.   D. Dec. 5, 1942, Nobleboro, Me.

		G	AB	H	2B	3B	HR	HR%	R	RBI	BB	SO	SB	BA	SA	AB	H	G by POS
1916	PHI A	40	118	23	3	1	0	0.0	8	5	6	33	1	.195	.237	3	2	C-37
1917		2	6	2	0	0	0	0.0	0	0	1	2	0	.333	.333	0	0	C-2
1918	WAS A	47	148	34	3	2	1	0.7	13	12	9	25	0	.230	.297	1	0	C-46
1919		80	212	58	12	3	3	1.4	18	22	17	43	6	.274	.401	11	2	C-69
1920		48	133	27	6	2	3	2.3	14	14	9	33	0	.203	.346	2	0	C-45
1921		45	141	39	9	0	0	0.0	10	12	16	21	0	.277	.340	0	0	C-45
1922		76	210	48	12	2	0	0.0	16	19	23	33	1	.229	.305	2	0	C-76
1923	BOS A	87	268	74	21	1	2	0.7	33	31	46	32	3	.276	.384	6	0	C-81
1924		68	158	42	5	3	1	0.6	24	24	28	19	5	.266	.354	16	3	C-51
1925		90	251	64	21	0	1	0.4	31	25	33	21	2	.255	.351	11	3	C-74, 1B-2
1926	CIN N	89	240	63	16	1	2	0.8	33	31	29	22	4	.263	.363	2	2	C-86
1927		65	173	44	8	3	0	0.0	16	12	24	15	3	.254	.335	4	0	C-61
1928		96	324	98	15	1	7	2.2	29	35	20	25	1	.302	.420	2	0	C-93
1929	BKN N	93	273	71	16	6	4	1.5	28	31	34	24	3	.260	.407	6	1	C-85
1930		35	46	10	3	0	0	0.0	4	3	5	6	1	.217	.283	1	0	C-22
1931		24	45	12	4	0	1	2.2	5	4	4	9	1	.267	.422	5	2	C-24
1932		41	70	18	6	0	1	1.4	8	11	4	8	0	.257	.386	16	3	C-24
1933	2 teams		BKN N (6G – .167)			PIT N (16G – .250)												
"	total	22	58	14	5	0	1	1.7	7	7	5	11	0	.241	.379	0	0	C-22
	18 yrs.	1048	2874	741	165	25	27	0.9	297	298	313	382	31	.258	.361	86	18	C-943, 1B-2
	5 yrs.	199	440	112	30	6	4	1.4	46	49	47	48	5	.255	.391	28	6	C-161

Joe Pignatano
PIGNATANO, JOSEPH BENJAMIN   BR TR 5'10" 180 lbs.
B. Aug. 4, 1929, Brooklyn, N.Y.

		G	AB	H	2B	3B	HR	HR%	R	RBI	BB	SO	SB	BA	SA	AB	H	G by POS
1957	BKN N	8	14	3	0	0	0	0.0	0	1	0	5	0	.214	.286	0	0	C-6
1958	LA N	63	142	31	4	0	9	6.3	18	17	16	26	4	.218	.437	3	0	C-57
1959		52	139	33	4	1	1	0.7	17	17	21	15	1	.237	.302	0	0	C-49
1960		58	90	21	4	0	2	2.2	11	9	15	17	1	.233	.344	5	3	C-40
1961	KC A	92	243	59	10	3	4	1.6	31	22	36	42	2	.243	.358	7	1	C-83, 3B-2
1962	2 teams		SF N (7G – .200)			NY N (27G – .232)												
"	total	34	61	14	2	0	0	0.0	4	2	6	11	0	.230	.262	5	0	C-32
	6 yrs.	307	689	161	25	4	16	2.3	81	62	94	116	8	.234	.351	20	4	C-267, 3B-2
	4 yrs.	181	385	88	13	1	12	3.1	46	38	52	63	6	.229	.361	8	3	C-152
WORLD SERIES																		
1959	LA N	1	0	0	0	0	0	–	0	0	0	0	–	–	0	0	C-1	

George Pinckney
PINCKNEY, GEORGE BURTON   BR TR 5'7" 160 lbs.
B. Jan. 11, 1862, Peoria, Ill.   D. Nov. 9, 1926, Peoria, Ill.

		G	AB	H	2B	3B	HR	HR%	R	RBI	BB	SO	SB	BA	SA	AB	H	G by POS
1884	CLE N	36	144	45	9	0	0	0.0	18	16	10	7		.313	.375	0	0	2B-25, SS-11
1885	BKN AA	110	447	124	16	5	0	0.0	77		27			.277	.336	0	0	2B-57, 3B-51, SS-3
1886		141	597	156	22	7	0	0.0	119		70			.261	.322	0	0	3B-141, P-1
1887		138	580	155	26	6	3	0.5	133		61		59	.267	.348	0	0	3B-136, SS-2
1888		143	575	156	18	8	4	0.7	134	52	66		51	.271	.351	0	0	3B-143
1889		138	545	134	25	7	4	0.7	103	82	59	43	47	.246	.339	0	0	3B-138

	G	AB	H	2B	3B	HR	HR%	R	RBI	BB	SO	SB	BA	SA	Pinch Hit AB	H	G by POS

George Pinckney continued

1890 BKN N	126	485	150	20	9	7	1.4	115	83	80	19	47	.309	.431	0	0	3B-126
1891	135	501	137	19	6	2	0.4	80	71	66	32	44	.273	.347	0	0	3B-130, SS-5
1892 STL N	78	290	50	3	2	0	0.0	31	25	36	26	4	.172	.197	0	0	3B-78
1893 LOU N	118	446	105	12	6	1	0.2	64	62	50	8	12	.235	.296	0	0	3B-118
10 yrs.	1163	4610	1212	170	56	21	0.5	874	391	525	135	264	.263	.338	0	0	3B-1061, 2B-82, SS-21, P-1
2 yrs.	261	986	287	39	15	9	0.9	195	154	146	51	91	.291	.388	0	0	3B-256, SS-5

Nick Polly

POLLY, NICHOLAS JOSEPH
Born Nicholas Joseph Polachanin.
B. Apr. 18, 1917, Chicago, Ill.

BR TR 5'10½" 190 lbs.

1937 BKN N	10	18	4	0	0	0	0.0	2	2	0	1	0	.222	.222	3	1	3B-7
1945 BOS A	4	7	1	0	0	0	0.0	0	1	0	1	0	.143	.143	2	0	3B-2
2 yrs.	14	25	5	0	0	0	0.0	2	3	0	2	0	.200	.200	5	1	3B-9
1 yr.	10	18	4	0	0	0	0.0	2	2	0	1	0	.222	.222	3	1	3B-7

Paul Popovich

POPOVICH, PAUL EDWARD
B. Aug. 18, 1940, Flemington, W. Va.

BR TR 6' 175 lbs.
BB 1968

1964 CHI N	1	1	1	0	0	0	0.0	0	0	0	0	0	1.000	1.000	1	1	
1966	2	6	0	0	0	0	0.0	0	0	0	2	0	.000	.000	0	0	2B-2
1967	49	159	34	4	0	0	0.0	18	2	9	12	0	.214	.239	5	0	SS-31, 2B-17, 3B-2
1968 LA N	134	418	97	8	1	2	0.5	35	25	29	37	1	.232	.270	4	0	2B-89, SS-45, 3B-7
1969 2 teams	LA	N (28G –	.200)	CHI	N	(60G –	.312)										
" total	88	204	58	6	0	1	0.5	31	18	19	18	0	.284	.328	25	8	2B-48, SS-10, 3B-6, OF-1
1970 CHI N	78	186	47	5	1	4	2.2	22	20	18	18	0	.253	.355	26	2	2B-22, SS-17, 3B-16
1971	89	226	49	7	1	4	1.8	24	28	14	17	0	.217	.310	30	2	2B-40, 3B-16, SS-1
1972	58	129	25	3	2	1	0.8	8	11	12	8	0	.194	.271	12	2	2B-36, SS-8, 3B-1
1973	99	280	66	6	3	2	0.7	24	24	18	27	3	.236	.300	9	1	2B-84, SS-9, 3B-1
1974 PIT N	59	83	18	2	1	0	0.0	9	5	5	10	0	.217	.265	38	9	2B-12, SS-10
1975	25	40	8	1	0	0	0.0	5	1	3	2	0	.200	.225	15	3	SS-8, 2B-8
11 yrs.	682	1732	403	42	9	14	0.8	176	134	127	151	4	.233	.292	165	28	2B-358, SS-139, 3B-49, OF-1
2 yrs.	162	468	107	8	1	2	0.4	40	29	30	41	1	.229	.263	7	1	2B-112, SS-48, 3B-7

LEAGUE CHAMPIONSHIP SERIES

1974 PIT N	3	5	3	0	0	0	0.0	1	0	0	0	0	.600	.600	3	3	SS-3

Sam Post

POST, SAMUEL GILBERT
B. Nov. 17, 1896, Richmond, Va. D. Mar. 31, 1971, Portsmouth, Va.

BL TL 6'1½" 170 lbs.

1922 BKN N	9	25	7	0	0	0	0.0	3	4	1	4	1	.280	.280	1	1	2B-8

Boog Powell

POWELL, JOHN WESLEY
B. Aug. 17, 1941, Lakeland, Fla.

BL TR 6'4½" 230 lbs.

1961 BAL A	4	13	1	0	0	0	0.0	0	1	0	2	0	.077	.077	1	0	OF-3
1962	124	400	97	13	2	15	3.8	44	53	38	79	1	.243	.398	10	2	OF-112, 1B-1
1963	140	491	130	22	2	25	5.1	67	82	49	87	1	.265	.470	3	1	OF-121, 1B-23
1964	134	424	123	17	0	39	9.2	74	99	76	91	0	.290	.606	12	5	OF-124, 1B-5
1965	144	472	117	20	2	17	3.6	54	72	71	93	1	.248	.407	8	1	1B-78, OF-71
1966	140	491	141	18	0	34	6.9	78	109	67	125	0	.287	.532	4	2	1B-136
1967	125	415	97	14	1	13	3.1	53	55	55	94	1	.234	.366	13	4	1B-114
1968	154	550	137	21	1	22	4.0	60	85	73	97	7	.249	.411	4	1	1B-144
1969	152	533	162	25	0	37	6.9	83	121	72	76	1	.304	.559	7	1	1B-144
1970	154	526	156	28	0	35	6.7	82	114	104	80	1	.297	.549	8	2	1B-145
1971	128	418	107	19	0	22	5.3	59	92	82	64	1	.256	.459	4	1	1B-124
1972	140	465	117	20	1	21	4.5	53	81	65	92	4	.252	.434	7	1	1B-133
1973	114	370	98	13	0	11	3.0	52	54	85	64	0	.265	.395	6	3	1B-111
1974	110	344	91	13	1	12	3.5	37	45	52	58	0	.265	.413	8	1	1B-102, DH-1
1975 CLE A	134	435	129	18	0	27	6.2	64	86	59	72	1	.297	.524	11	4	1B-121, DH-5
1976	95	293	63	9	0	9	3.1	29	33	41	43	1	.215	.338	10	3	1B-89
1977 LA N	50	41	10	0	0	0	0.0	0	5	12	9	0	.244	.244	36	8	1B-4
17 yrs.	2042	6681	1776	270	11	339	5.1	889	1187	1001	1226	20	.266	.462	152	37	1B-1479, OF-431, DH-6
1 yr.	50	41	10	0	0	0	0.0	0	5	12	9	0	.244	.244	36	8	1B-4

LEAGUE CHAMPIONSHIP SERIES

1969 BAL A	3	13	5	0	0	1	7.7	2	1	2	0	0	.385	.615	0	0	1B-3
1970	3	14	6	2	0	1	7.1	2	6	0	3	0	.429	.786	0	0	1B-3
1971	3	10	3	0	0	2	20.0	4	3	3	3	0	.300	.900	0	0	1B-3
1973	1	4	0	0	0	0	0.0	1	0	0	1	0	.000	.000	0	0	1B-1
1974	2	8	1	0	0	0	0.0	0	1	0	0	0	.125	.125	0	0	1B-2
5 yrs.	12	49	15	2	0	4	8.2	9	11	5	7	0	.306	.592	0	0	1B-12

WORLD SERIES

1966 BAL A	4	14	5	1	0	0	0.0	1	1	0	1	0	.357	.429	0	0	1B-4
1969	5	19	5	0	0	0	0.0	0	0	1	4	0	.263	.263	0	0	1B-5
1970	5	17	5	1	0	2	11.8	6	5	5	2	0	.294	.706	0	0	1B-5
1971	7	27	3	0	0	1	3.7	1	1	1	3	0	.111	.111	0	0	1B-7
4 yrs.	21	77	18	2	0	2	2.6	8	7	7	10	0	.234	.338	0	0	1B-21

Paul Powell

POWELL, PAUL RAY
B. Mar. 19, 1948, San Angelo, Tex.

BR TR 5'11" 185 lbs.

1971 MIN A	20	31	5	0	0	1	3.2	7	2	3	12	0	.161	.258	2	0	OF-15
1973 LA N	2	1	0	0	0	0	0.0	0	0	0	1	0	.000	.000	1	0	OF-1

Player Register

	G	AB	H	2B	3B	HR	HR%	R	RBI	BB	SO	SB	BA	SA	Pinch Hit AB	H	G by POS

Paul Powell continued
1975	8	10	2	1	0	0	0.0	2	0	1	2	0	.200	.300	0	0	C-7, OF-1
3 yrs.	30	42	7	1	0	1	2.4	9	2	4	15	0	.167	.262	3	0	OF-17, C-7
2 yrs.	10	11	2	1	0	0	0.0	2	0	1	3	0	.182	.273	1	0	C-7, OF-2

Marv Rackley
RACKLEY, MARVIN EUGENE
B. July 25, 1921, Seneca, S. C.   BL TL 5'10" 170 lbs.

1947 BKN N	18	9	2	0	0	0	0.0	2	2	1	0	0	.222	.222	5	1	OF-2
1948	88	281	92	13	5	0	0.0	55	15	19	25	8	.327	.409	11	3	OF-74
1949 3 teams	BKN	N (9G –	.444)	PIT	N (11G –	.314)		BKN	N (54G –	.291)							
" total	74	185	56	7	1	1	0.5	30	17	16	11	2	.303	.368	17	6	OF-55
1950 CIN N	5	2	1	0	0	0	0.0	0	1	0	0	0	.500	.500	2	1	
4 yrs.	185	477	151	20	6	1	0.2	87	35	36	36	10	.317	.390	35	11	OF-131
4 yrs.	169	440	139	18	6	1	0.2	82	32	34	33	9	.316	.391	30	8	OF-123

WORLD SERIES
| 1949 BKN N | 2 | 5 | 0 | 0 | 0 | 0 | 0.0 | 0 | 0 | 0 | 2 | 0 | .000 | .000 | 0 | 0 | OF-2 |

Jack Radtke
RADTKE, JACK WILLIAM
B. Apr. 14, 1913, Denver, Colo.   BB TR 5'8" 155 lbs.

| 1936 BKN N | 33 | 31 | 3 | 0 | 0 | 0 | 0.0 | 8 | 2 | 4 | 9 | 3 | .097 | .097 | 1 | 0 | 2B-14, 3B-5, SS-4 |

Bob Ramazzotti
RAMAZZOTTI, ROBERT LOUIS
B. Jan. 16, 1917, Elanora, Pa.   BR TR 5'8½" 175 lbs.

1946 BKN N	62	120	25	4	0	0	0.0	10	7	9	13	0	.208	.242	15	1	3B-30, 2B-16
1948	4	3	0	0	0	0	0.0	0	0	1	0	0	.000	.000	2	0	3B-2, 2B-1
1949 2 teams	BKN	N (5G –	.154)		CHI	N (65G –	.179)										
" total	70	203	36	3	1	1	0.5	15	9	5	36	9	.177	.217	11	2	3B-39, SS-12, 2B-4
1950 CHI N	61	145	38	3	3	1	0.7	19	6	4	16	3	.262	.345	6	2	3B-31, 3B-10, SS-3
1951	73	158	39	5	2	1	0.6	13	15	10	23	0	.247	.323	9	2	SS-51, 2B-6, 3B-1
1952	50	183	52	5	3	1	0.5	26	12	14	14	3	.284	.361	0	0	2B-50
1953	26	39	6	2	0	0	0.0	3	4	3	4	0	.154	.205	3	0	2B-18
7 yrs.	346	851	196	22	9	4	0.5	86	53	45	107	15	.230	.291	46	7	2B-126, 3B-82, SS-66
3 yrs.	71	136	27	4	0	1	0.7	11	10	9	17	0	.199	.250	19	1	3B-35, 2B-17

Mike Ramsey
RAMSEY, MICHAEL JEFFREY
B. May 29, 1954, Roanoke, Va.   BB TR 6'1" 170 lbs.

1978 STL N	12	5	1	0	0	0	0.0	4	0	1	0	0	.200	.200	1	0	SS-4
1980	59	126	33	8	1	0	0.0	11	8	3	17	0	.262	.341	18	6	2B-24, SS-20, 3B-8
1981	47	124	32	3	0	0	0.0	19	9	8	16	4	.258	.282	7	1	SS-35, 3B-5, OF-1, 2B-1
1982	112	256	59	8	2	1	0.4	18	21	22	34	6	.230	.289	16	4	2B-43, 3B-28, SS-22, OF-2
1983	97	175	46	4	3	1	0.6	25	16	12	23	4	.263	.337	6	1	2B-66, SS-20, 3B-8, OF-1
1984 2 teams	STL	N (21G –	.067)		MON	N (37G –	.214)										
" total	58	85	16	2	0	0	0.0	3	3	1	16	0	.188	.212	2	0	SS-33, 2B-19, 3B-1
1985 LA N	9	15	2	1	0	0	0.0	1	0	2	4	0	.133	.200	5	1	SS-4, 2B-2
7 yrs.	394	786	189	26	6	2	0.3	81	57	48	111	14	.240	.296	55	13	2B-155, SS-138, 3B-50, OF-4
1 yr.	9	15	2	1	0	0	0.0	1	0	2	4	0	.133	.200	5	1	SS-4, 2B-2

WORLD SERIES
| 1982 STL N | 3 | 1 | 0 | 0 | 0 | 0 | 0.0 | 1 | 0 | 0 | 1 | 0 | .000 | .000 | 0 | 0 | 3B-2 |

Phil Reardon
REARDON, PHILIP MICHAEL
B. Oct. 3, 1883, Brooklyn, N. Y.   D. Sept. 28, 1920, Brooklyn, N. Y.   BR TR

| 1906 BKN N | 5 | 14 | 1 | 0 | 0 | 0 | 0.0 | 0 | | 0 | | 0 | .071 | .071 | 1 | 0 | OF-4 |

Harry Redmond
REDMOND, HARRY JOHN
B. Sept. 13, 1887, Cleveland, Ohio   D. July 10, 1960, Cleveland, Ohio   TR

| 1909 BKN N | 6 | 19 | 0 | 0 | 0 | 0 | 0.0 | 3 | 1 | 0 | | 0 | .000 | .000 | 1 | 0 | 2B-5 |

Pee Wee Reese
REESE, HAROLD HENRY (The Little Colonel)
B. July 23, 1918, Ekron, Ky.   BR TR 5'10" 160 lbs.
Hall of Fame 1984.

1940 BKN N	84	312	85	8	4	5	1.6	58	28	45	42	15	.272	.372	0	0	SS-83
1941	152	595	136	23	5	2	0.3	76	46	68	56	10	.229	.294	1	0	SS-151
1942	151	564	144	24	5	3	0.5	87	53	82	55	15	.255	.332	0	0	SS-151
1946	152	542	154	16	10	5	0.9	79	60	87	71	10	.284	.378	0	0	SS-152
1947	142	476	135	24	4	12	2.5	81	73	104	67	7	.284	.426	0	0	SS-142
1948	151	566	155	31	4	9	1.6	96	75	79	63	25	.274	.390	2	0	SS-149
1949	155	617	172	27	3	16	2.6	132	73	116	59	26	.279	.410	0	0	SS-155
1950	141	531	138	21	5	11	2.1	97	52	91	62	17	.260	.380	0	0	SS-134, 3B-7
1951	154	616	176	20	8	10	1.6	94	84	81	57	20	.286	.393	0	0	SS-154
1952	149	559	152	18	8	6	1.1	94	58	86	59	30	.272	.365	4	1	SS-145
1953	140	524	142	25	7	13	2.5	108	61	82	61	22	.271	.420	3	0	SS-135
1954	141	554	171	35	8	10	1.8	98	69	90	62	8	.309	.455	1	1	SS-140
1955	145	553	156	29	4	10	1.8	99	61	78	60	8	.282	.403	3	0	SS-142
1956	147	572	147	19	2	9	1.6	85	46	56	69	13	.257	.344	1	0	SS-136, 3B-12
1957	103	330	74	3	1	1	0.3	33	29	39	32	5	.224	.248	4	1	3B-75, SS-23

Player Register

	G	AB	H	2B	3B	HR	HR%	R	RBI	BB	SO	SB	BA	SA	Pinch Hit AB	H	G by POS

Pee Wee Reese continued

	G	AB	H	2B	3B	HR	HR%	R	RBI	BB	SO	SB	BA	SA	PH AB	H	G by POS
1958 LA N	59	147	33	7	2	4	2.7	21	17	26	15	1	.224	.381	15	1	SS-22, 3B-21
16 yrs.	2166	8058	2170	330	80	126	1.6	1338	885	1210	890	232	.269	.377	34	4	SS-2014, 3B-115
16 yrs.	2166	8058	2170	330	80	126	1.6	1338	885	1210	890	232	.269	.377	34	4	SS-2014, 3B-115
	2nd	2nd	2nd	4th	7th			1st	6th	1st	3rd	4th					

WORLD SERIES

1941 BKN N	5	20	4	0	0	0	0.0	1	2	0	0	0	.200	.200	0	0	SS-5
1947	7	23	7	1	0	0	0.0	5	4	6	3	3	.304	.348	0	0	SS-7
1949	5	19	6	1	0	1	5.3	2	2	1	0	1	.316	.526	0	0	SS-5
1952	7	29	10	0	0	1	3.4	4	4	2	2	1	.345	.448	0	0	SS-7
1953	6	24	5	0	1	0	0.0	0	0	4	1	0	.208	.292	0	0	SS-6
1955	7	27	8	1	0	0	0.0	5	2	3	5	0	.296	.333	0	0	SS-7
1956	7	27	6	0	1	0	0.0	3	2	2	6	0	.222	.296	0	0	SS-7
7 yrs.	44	169	46	3	2	2	1.2	20	16	18	17	5	.272	.349	0	0	SS-44
	9th	9th	5th														

Bobby Reis

REIS, ROBERT JOSEPH THOMAS
B. Jan. 2, 1909, Woodside, N. Y.   D. May 1, 1973, St. Paul, Minn.
BR TR 6'1"   175 lbs.

	G	AB	H	2B	3B	HR	HR%	R	RBI	BB	SO	SB	BA	SA	PH AB	H	G by POS
1931 BKN N	6	17	5	0	0	0	0.0	3	2	2	0	0	.294	.294	0	0	3B-6
1932	1	4	1	0	0	0	0.0	0	0	0	1	0	.250	.250	0	0	3B-1
1935	52	85	21	3	2	0	0.0	10	4	6	13	2	.247	.329	9	3	OF-21, P-14, 2B-4, 3B-1, 1B-1
1936 BOS N	37	60	13	2	0	0	0.0	3	5	3	6	0	.217	.250	0	0	P-35, OF-2
1937	45	86	21	5	0	0	0.0	10	6	13	12	2	.244	.302	13	4	OF-18, 1B-4, P-4
1938	34	49	9	0	0	0	0.0	6	4	1	3	1	.184	.184	2	0	P-16, OF-10, SS-3, 2B-1, C-1
6 yrs.	175	301	70	10	2	0	0.0	32	21	25	35	5	.233	.279	24	7	P-69, OF-51, 3B-8, 2B-5, 1B-5, SS-3, C-1
3 yrs.	59	106	27	3	2	0	0.0	13	6	8	14	2	.255	.321	9	3	OF-21, P-14, 3B-8, 2B-4, 1B-1

Pete Reiser

REISER, HAROLD PATRICK (Pistol Pete)
B. Mar. 17, 1919, St. Louis, Mo.
D. Oct. 25, 1981, Palm Springs, Calif.
BL TR 5'11"   185 lbs.
BB 1948-51

	G	AB	H	2B	3B	HR	HR%	R	RBI	BB	SO	SB	BA	SA	PH AB	H	G by POS
1940 BKN N	58	225	66	11	4	3	1.3	34	20	15	33	2	.293	.418	6	0	3B-30, OF-17, SS-5
1941	137	536	184	39	17	14	2.6	117	76	46	71	4	.343	.558	1	0	OF-133
1942	125	480	149	33	5	10	2.1	89	64	48	45	20	.310	.463	0	0	OF-125
1946	122	423	117	21	5	11	2.6	75	73	55	58	34	.277	.428	10	3	OF-97, 3B-15
1947	110	388	120	23	2	5	1.3	68	46	68	41	14	.309	.418	2	0	OF-108
1948	64	127	30	8	2	1	0.8	17	19	29	21	4	.236	.354	21	10	OF-30, 3B-4
1949 BOS N	84	221	60	8	3	8	3.6	32	40	33	42	3	.271	.443	10	4	OF-63, 3B-4
1950	53	78	16	2	0	1	1.3	12	10	18	22	1	.205	.269	24	3	OF-24, 3B-1
1951 PIT N	74	140	38	9	3	2	1.4	22	13	27	20	4	.271	.421	33	11	OF-27, 3B-5
1952 CLE A	34	44	6	1	0	3	6.8	7	7	4	16	1	.136	.364	15	1	OF-10
10 yrs.	861	2662	786	155	41	58	2.2	473	368	343	369	87	.295	.450	122	32	OF-634, 3B-59, SS-5
6 yrs.	616	2179	666	135	35	44	2.0	400	298	261	269	78	.306	.460	40	13	OF-510, 3B-49, SS-5

WORLD SERIES

1941 BKN N	5	20	4	1	1	1	5.0	1	3	1	6	0	.200	.500	0	0	OF-5
1947	5	8	2	0	0	0	0.0	1	0	3	1	0	.250	.250	0	0	OF-3
2 yrs.	10	28	6	1	1	1	3.6	2	3	4	7	0	.214	.429	0	0	OF-8

Rip Repulski

REPULSKI, ELDON JOHN
B. Oct. 4, 1927, Sauk Rapids, Minn.
BR TR 6'   195 lbs.

	G	AB	H	2B	3B	HR	HR%	R	RBI	BB	SO	SB	BA	SA	PH AB	H	G by POS
1953 STL N	153	567	156	25	4	15	2.6	75	66	33	71	3	.275	.413	0	0	OF-153
1954	152	619	175	39	5	19	3.1	99	79	43	75	8	.283	.454	0	0	OF-152
1955	147	512	138	28	2	23	4.5	64	73	49	66	5	.270	.467	10	3	OF-141
1956	112	376	104	18	3	11	2.9	44	55	24	46	2	.277	.428	17	7	OF-100
1957 PHI N	134	516	134	23	4	20	3.9	65	68	19	74	7	.260	.436	3	0	OF-130
1958	85	238	58	9	4	13	5.5	33	40	15	47	0	.244	.479	30	8	OF-56
1959 LA N	53	94	24	4	0	2	2.1	11	14	13	23	0	.255	.362	25	8	OF-31
1960 2 teams		LA N (4G – .200)				BOS A (73G – .243)											
" total	77	141	34	6	1	3	2.1	14	20	10	26	0	.241	.362	39	9	OF-35
1961 BOS A	15	25	7	1	0	0	0.0	2	1	1	5	0	.280	.320	10	3	OF-4
9 yrs.	928	3088	830	153	23	106	3.4	407	416	207	433	25	.269	.436	134	38	OF-802
2 yrs.	57	99	25	4	0	2	2.0	11	14	13	24	0	.253	.354	27	8	OF-33

WORLD SERIES

| 1959 LA N | 1 | 0 | 0 | 0 | 0 | 0 | – | 0 | 0 | 1 | 0 | 0 | – | – | 0 | 0 | OF-1 |

Gilberto Reyes

REYES, GILBERTO ROLANDO
Also known as Gilberto Rolando Reyes Polanco.
B. Dec. 10, 1963, Santo Domingo, Dominican Republic
BR TR 6'3"   195 lbs.

	G	AB	H	2B	3B	HR	HR%	R	RBI	BB	SO	SB	BA	SA	PH AB	H	G by POS
1983 LA N	19	31	5	2	0	0	0.0	0	0	5	0	.161	.226	0	0	C-19
1984	4	5	0	0	0	0	0.0	0	0	3	0	.000	.000	2	0	C-2
1985	6	1	0	0	0	0	0.0	0	0	1	0	.000	.000	0	0	C-6
3 yrs.	29	37	5	2	0	0	0.0	1	0	9	0	.135	.189	3	0	C-27
3 yrs.	29	37	5	2	0	0	0.0	1	0	9	0	.135	.189	3	0	C-27

R. J. Reynolds

REYNOLDS, ROBERT JAMES
B. Apr. 19, 1959, Sacramento, Calif.
BB TR 6'   180 lbs.

	G	AB	H	2B	3B	HR	HR%	R	RBI	BB	SO	SB	BA	SA	PH AB	H	G by POS
1983 LA N	24	55	13	0	0	2	3.6	5	11	3	11	5	.236	.345	7	2	OF-18
1984	73	240	62	12	2	2	0.8	23	24	14	38	7	.258	.350	13	5	OF-63

Player Register 208

	G	AB	H	2B	3B	HR	HR%	R	RBI	BB	SO	SB	BA	SA	Pinch Hit AB	H	G by POS

R. J. Reynolds continued

1985 2 teams	LA	N (73G – .266)		PIT	N (31G – .308)												
" total	104	337	95	15	7	3	0.9	44	42	22	49	18	.282	.395	19	3	OF-85
3 yrs.	201	632	170	27	9	7	1.1	72	77	39	98	30	.269	.373	39	10	OF-166
3 yrs.	170	502	130	22	6	4	0.8	50	60	30	80	18	.259	.351	39	10	OF-135

Billy Rhiel

RHIEL, WILLIAM JOSEPH BR TR 5'11" 175 lbs.
B. Aug. 16, 1900, Youngstown, Ohio D. Aug. 16, 1946, Youngstown, Ohio

1929 BKN N	76	205	57	9	4	4	2.0	27	25	19	25	0	.278	.420	14	2	2B-47, 3B-7, SS-2
1930 BOS N	20	47	8	4	0	0	0.0	3	4	2	5	0	.170	.255	3	0	3B-13, 2B-2
1932 DET A	84	250	70	13	3	3	1.2	30	38	17	23	2	.280	.392	27	13	3B-36, 1B-12, OF-8, 2B-1
1933	19	17	3	0	1	0	0.0	1	1	5	4	0	.176	.294	13	3	OF-1
4 yrs.	199	519	138	26	8	7	1.3	61	68	43	57	2	.266	.387	57	18	3B-56, 2B-50, 1B-12, OF-9, SS-2
1 yr.	76	205	57	9	4	4	2.0	27	25	19	25	0	.278	.420	14	2	2B-47, 3B-7, SS-2

Paul Richards

RICHARDS, PAUL RAPIER BR TR 6'1½" 180 lbs.
B. Nov. 21, 1908, Waxahachie, Tex.
Manager 1951-61, 1976.

1932 BKN N	3	8	0	0	0	0	0.0	0	0	0	2	0	.000	.000	0	0	C-3
1933 NY N	51	87	17	3	0	0	0.0	4	10	3	12	0	.195	.230	14	2	C-36
1934	42	75	12	1	0	0	0.0	10	3	13	8	0	.160	.173	3	2	C-37
1935 2 teams	NY	N (7G – .250)		PHI	A (85G – .245)												
" total	92	261	64	10	1	4	1.5	31	29	26	13	0	.245	.337	6	2	C-83
1943 DET A	100	313	69	7	1	5	1.6	32	33	38	35	1	.220	.297	0	0	C-100
1944	95	300	71	13	0	3	1.0	24	37	35	30	8	.237	.310	3	0	C-90
1945	83	234	60	12	1	3	1.3	26	32	19	31	4	.256	.355	0	0	C-83
1946	57	139	28	5	2	0	0.0	13	11	23	18	2	.201	.266	3	2	C-54
8 yrs.	523	1417	321	51	5	15	1.1	140	155	157	149	15	.227	.301	29	8	C-486
1 yr.	3	8	0	0	0	0	0.0	0	0	0	2	0	.000	.000	0	0	C-3

WORLD SERIES
1945 DET A	7	19	4	2	0	0	0.0	0	6	4	3	0	.211	.316	0	0	C-7

Danny Richardson

RICHARDSON, DANIEL BR TR 5'8" 165 lbs.
B. Jan. 25, 1863, Elmira, N.Y. D. Sept. 12, 1926, New York, N.Y.
Manager 1892.

1884 NY N	74	277	70	8	1	1	0.4	36		16	17		.253	.300	0	0	OF-55, SS-19
1885	49	198	52	9	3	0	0.0	26		10	14		.263	.338	0	0	OF-22, 3B-21, P-9
1886	68	237	55	9	1	1	0.4	43	27	17	21		.232	.291	0	0	OF-64, P-5, SS-1, 3B-1, 2B-1
1887	122	450	125	19	10	3	0.7	79	62	36	25	41	.278	.384	0	0	2B-108, 3B-14
1888	135	561	127	16	7	8	1.4	82	61	15	35	35	.226	.323	0	0	2B-135
1889	125	497	139	22	8	7	1.4	88	100	46	37	32	.280	.398	0	0	2B-125
1890 NY P	123	528	135	12	9	4	0.8	102	80	37	19	37	.256	.335	0	0	SS-68, 2B-56
1891 NY N	123	516	139	18	5	5	1.0	85	51	33	27	28	.269	.353	0	0	2B-114, SS-9
1892 WAS N	142	551	132	13	4	3	0.5	48	58	25	45	25	.240	.294	0	0	SS-93, 2B-49, 3B-1
1893 BKN N	54	206	46	6	2	0	0.0	36	27	13	18	7	.223	.272	0	0	2B-46, 3B-5, SS-3
1894 LOU N	116	430	109	17	2	1	0.2	51	40	35	31	8	.253	.309	0	0	SS-107, 2B-10
11 yrs.	1131	4451	1129	149	52	33	0.7	676	505	283	289	213	.254	.333	0	0	2B-644, SS-300, OF-141, 3B-42, P-14
1 yr.	54	206	46	6	2	0	0.0	36	27	13	18	7	.223	.272	0	0	2B-46, 3B-5, SS-3

Harry Riconda

RICONDA, HENRY PAUL BR TR 5'10" 175 lbs.
B. Mar. 17, 1897, New York, N.Y. D. Nov. 15, 1958, Mahopac, N.Y.

1923 PHI A	55	175	46	11	4	0	0.0	23	12	12	18	4	.263	.371	4	0	3B-47, SS-2
1924	83	281	71	16	3	1	0.4	34	21	27	43	3	.253	.342	4	0	3B-73, SS-2, C-1
1926 BOS N	4	12	2	0	0	0	0.0	1	0	2	2	0	.167	.167	0	0	3B-4
1928 BKN N	92	281	63	15	4	3	1.1	22	35	20	28	6	.224	.338	1	0	2B-53, 3B-21, SS-16
1929 PIT N	8	15	7	2	0	0	0.0	3	2	0	0	0	.467	.600	3	1	SS-4
1930 CIN N	1	1	0	0	0	0	0.0	0	0	0	0	0	.000	.000	1	0	
6 yrs.	243	765	189	44	11	4	0.5	83	70	61	91	13	.247	.349	13	1	3B-145, 2B-53, SS-24, C-1
1 yr.	92	281	63	15	4	3	1.1	22	35	20	28	6	.224	.338	1	0	2B-53, 3B-21, SS-16

Joe Riggert

RIGGERT, JOSEPH ALOYSIUS BR TR 5'9½" 170 lbs.
B. Dec. 11, 1886, Janesville, Wis. D. Dec. 10, 1973, Kansas City, Mo.

1911 BOS A	50	146	31	4	4	2	1.4	19	13	12		5	.212	.336	8	3	OF-38
1914 2 teams	BKN	N (27G – .193)		STL	N (34G – .213)												
" total	61	172	35	6	5	2	1.2	15	14	9	34	6	.203	.331	8	0	OF-50
1919 BOS N	63	240	68	8	5	4	1.7	34	17	25	30	9	.283	.408	0	0	OF-61
3 yrs.	174	558	134	18	14	8	1.4	68	44	46	64	20	.240	.366	16	3	OF-149
1 yr.	27	83	16	1	3	2	2.4	6	6	4	20	2	.193	.349	4	0	OF-20

Lew Riggs

RIGGS, LEWIS SIDNEY BL TR 6' 175 lbs.
B. Apr. 22, 1910, Mebane, N.C. D. Aug. 12, 1975, Durham, N.C.

1934 STL N	2	1	0	0	0	0	0.0	0	0	1	0	0	.000	.000	1	0	
1935 CIN N	142	532	148	26	8	5	0.9	73	46	43	32	8	.278	.385	2	0	3B-135
1936	141	538	138	20	12	6	1.1	69	57	38	33	5	.257	.372	1	1	3B-140
1937	122	384	93	17	5	6	1.6	43	45	24	17	4	.242	.359	17	4	3B-100, 2B-4, SS-1
1938	142	531	134	21	13	2	0.4	53	55	40	28	3	.252	.352	2	0	3B-142
1939	22	38	6	1	0	0	0.0	5	1	5	4	1	.158	.184	6	1	3B-11
1940	41	72	21	7	1	1	1.4	8	9	2	4	0	.292	.458	27	8	3B-11

209 *Player Register*

	G	AB	H	2B	3B	HR	HR%	R	RBI	BB	SO	SB	BA	SA	Pinch Hit AB	H	G by POS

Lew Riggs continued

1941 BKN N	77	197	60	13	4	5	2.5	27	36	16	12	1	.305	.487	29	10	3B-43, 2B-1, 1B-1
1942	70	180	50	5	0	3	1.7	20	22	13	9	0	.278	.356	21	8	3B-46, 1B-1
1946	1	4	0	0	0	0	0.0	0	0	0	0	0	.000	.000	0	0	3B-1
10 yrs.	760	2477	650	110	43	28	1.1	298	271	181	140	22	.262	.375	106	32	3B-629, 2B-5, 1B-2, SS-1
3 yrs.	148	381	110	18	4	8	2.1	47	58	29	21	1	.289	.420	50	18	3B-90, 1B-2, 2B-1

WORLD SERIES

1940 CIN N	3	3	0	0	0	0	0.0	1	0	0	2	0	.000	.000	3	0	
1941 BKN N	3	8	2	0	0	0	0.0	0	1	1	1	0	.250	.250	1	1	3B-2
2 yrs.	6	11	2	0	0	0	0.0	1	1	1	3	0	.182	.182	4	1	3B-2

Jimmy Ripple

RIPPLE, JAMES ALBERT BL TR 5'10" 170 lbs.
B. Oct. 14, 1909, Export, Pa. BB 1936
D. July 16, 1959, Greensburg, Pa.

1936 NY N	96	311	95	17	2	7	2.3	42	47	28	15	1	.305	.441	19	9	OF-76
1937	121	426	135	23	3	5	1.2	70	66	29	20	3	.317	.420	11	4	OF-111
1938	134	501	131	21	3	10	2.0	68	60	49	21	2	.261	.375	3	0	OF-131
1939 2 teams		NY	N (66G –	.228)		BKN	N (28G –	.330)									
" total	94	229	63	12	4	1	0.4	28	40	19	15	0	.275	.376	38	9	OF-51
1940 2 teams		BKN	N (7G –	.231)		CIN	N (32G –	.307)									
" total	39	114	34	10	0	4	3.5	15	20	15	7	1	.298	.491	5	1	OF-33
1941 CIN N	38	102	22	6	1	1	1.0	10	9	9	4	0	.216	.324	11	2	OF-25
1943 PHI A	32	126	30	3	1	0	0.0	8	15	7	7	0	.238	.278	1	0	OF-31
7 yrs.	554	1809	510	92	14	28	1.5	241	257	156	89	7	.282	.395	88	25	OF-458
2 yrs.	35	119	38	8	4	0	0.0	18	28	13	10	0	.319	.454	3	0	OF-31

WORLD SERIES

1936 NY N	5	12	4	0	0	1	8.3	2	3	3	3	0	.333	.583	0	0	OF-5
1937	5	17	5	0	0	0	0.0	2	0	3	1	0	.294	.294	0	0	OF-5
1940 CIN N	7	21	7	2	0	1	4.8	3	6	4	2	0	.333	.571	0	0	OF-7
3 yrs.	17	50	16	2	0	2	4.0	7	9	10	6	0	.320	.480	0	0	OF-17

Lou Ritter

RITTER, LOUIS ELMER (Old Dog) TR 5'9" 150 lbs.
B. Sept. 7, 1875, Liverpool, Pa. D. May 27, 1952, Harrisburg, Pa.

1902 BKN N	16	57	12	2	0	0	0.0	5	2	1		2	.211	.246	0	0	C-16
1903	78	259	61	9	6	0	0.0	26	37	19		9	.236	.317	2	1	C-74, OF-2
1904	72	214	53	4	1	0	0.0	23	19	20		17	.248	.276	7	2	C-57, 2B-5, 3B-1
1905	92	311	68	10	5	1	0.3	32	28	15		16	.219	.293	2	0	C-84, OF-4, 3B-2
1906	73	226	47	1	3	0	0.0	22	15	16		6	.208	.239	6	1	C-53, OF-9, 1B-3, 3B-2
1907	93	271	55	6	1	0	0.0	15	17	18		5	.203	.232	3	0	C-89
1908	38	99	19	2	1	0	0.0	6	2	7		0	.192	.232	1	0	C-37
7 yrs.	462	1437	315	34	17	1	0.1	129	120	96		55	.219	.269	21	4	C-410, OF-15, 3B-5, 2B-5, 1B-3
7 yrs.	462	1437	315	34	17	1	0.1	129	120	96		55	.219	.269	21	4	C-410, OF-15, 3B-5, 2B-5, 1B-3

German Rivera

RIVERA, GERMAN BR TR 6'2" 170 lbs.
Born German Rivera Diaz.
B. July 6, 1960, Santurce, puerto Rico

1983 LA N	13	17	6	1	0	0	0.0	1	0	2	2	0	.353	.412	5	1	3B-8
1984	94	227	59	12	2	2	0.9	20	17	21	30	1	.260	.357	5	1	3B-90
1985 HOU N	13	36	7	2	1	0	0.0	3	2	4	8	0	.194	.306	3	0	3B-11
3 yrs.	120	280	72	15	3	2	0.7	24	19	27	40	1	.257	.354	13	2	3B-109
2 yrs.	107	244	65	13	2	2	0.8	21	17	23	32	1	.266	.361	10	2	3B-98

Johnny Rizzo

RIZZO, JOHN COSTA BR TR 6' 190 lbs.
B. July 30, 1912, Houston, Tex. D. Dec. 4, 1977, Houston, Tex.

1938 PIT N	143	555	167	31	9	23	4.1	97	111	54	61	1	.301	.514	1	0	OF-140
1939	94	330	86	23	3	6	1.8	49	55	42	27	0	.261	.403	5	1	OF-86
1940 3 teams		PIT	N (9G –	.179)		CIN	N (31G –	.282)		PHI	N (103G –	.292)					
" total	143	505	143	19	2	24	4.8	71	72	56	50	3	.283	.471	6	1	OF-128, 3B-7
1941 PHI N	99	235	51	9	2	4	1.7	20	24	24	34	1	.217	.323	30	5	OF-62, 3B-2
1942 BKN N	78	217	50	8	0	4	1.8	31	27	24	25	2	.230	.323	6	0	OF-70
5 yrs.	557	1842	497	90	16	61	3.3	268	289	200	197	7	.270	.435	48	7	OF-486, 3B-9
1 yr.	78	217	50	8	0	4	1.8	31	27	24	25	2	.230	.323	6	0	OF-70

Earl Robinson

ROBINSON, EARL JOHN BR TR 6'1" 190 lbs.
B. Nov. 3, 1936, New Orleans, La.

1958 LA N	8	15	3	0	0	0	0.0	0	1	4	0	0	.200	.200	0	0	3B-6
1961 BAL A	96	222	59	12	3	8	3.6	37	30	31	54	4	.266	.455	20	5	OF-82
1962	29	63	18	3	1	1	1.6	12	4	8	10	2	.286	.413	6	3	OF-17
1964	37	121	33	5	1	3	2.5	11	10	7	24	0	.273	.405	2	0	OF-34
4 yrs.	170	421	113	20	5	12	2.9	63	44	47	92	7	.268	.425	28	9	OF-133, 3B-6
1 yr.	8	15	3	0	0	0	0.0	3	0	1	4	0	.200	.200	0	0	3B-6

Frank Robinson

ROBINSON, FRANK BR TR 6'1" 183 lbs.
B. Aug. 31, 1935, Beaumont, Tex.
Manager 1975-77, 1981-84.
Hall of Fame 1982.

1956 CIN N	152	572	166	27	6	38	6.6	122	83	64	95	8	.290	.558	0	0	OF-152
1957	150	611	197	29	5	29	4.7	97	75	44	92	10	.322	.529	1	0	OF-136, 1B-24
1958	148	554	149	25	6	31	5.6	90	83	62	80	10	.269	.504	5	0	OF-138, 3B-11

Player Register   210

	G	AB	H	2B	3B	HR	HR%	R	RBI	BB	SO	SB	BA	SA	Pinch Hit AB	H	G by POS

Frank Robinson continued

		G	AB	H	2B	3B	HR	HR%	R	RBI	BB	SO	SB	BA	SA	PH AB	PH H	G by POS
1959		146	540	168	31	4	36	6.7	106	125	69	93	18	.311	.583	0	0	1B-125, OF-40
1960		139	464	138	33	6	31	6.7	86	83	82	67	13	.297	.595	10	5	1B-78, OF-51, 3B-1
1961		153	545	176	32	7	37	6.8	117	124	71	64	22	.323	.611	4	2	OF-150, 3B-1
1962		162	609	208	51	2	39	6.4	**134**	136	76	62	18	.342	**.624**	0	0	OF-161
1963		140	482	125	19	3	21	4.4	79	91	81	69	26	.259	.442	2	2	OF-139, 1B-1
1964		156	568	174	38	6	29	5.1	103	96	79	67	23	.306	.548	0	0	OF-156
1965		156	582	172	33	5	33	5.7	109	113	70	100	13	.296	.540	1	1	OF-155
1966	BAL A	155	576	182	34	2	**49**	8.5	**122**	**122**	87	90	8	**.316**	**.637**	1	1	OF-151, 1B-3
1967		129	479	149	23	7	30	6.3	83	94	71	84	2	.311	.576	0	0	OF-126, 1B-2
1968		130	421	113	27	1	15	3.6	69	52	73	84	11	.268	.444	12	4	OF-117, 1B-3
1969		148	539	166	19	5	32	5.9	111	100	88	62	9	.308	.540	3	2	OF-134, 1B-19
1970		132	471	144	24	1	25	5.3	88	78	69	70	2	.306	.520	6	3	OF-120, 1B-7
1971		133	455	128	16	2	28	6.2	82	99	72	62	3	.281	.510	8	0	OF-92, 1B-37
1972	LA N	103	342	86	6	1	19	5.6	41	59	55	76	2	.251	.442	5	0	OF-95
1973	CAL A	147	534	142	29	0	30	5.6	85	97	82	93	1	.266	.489	2	1	DH-127, OF-17
1974	2 teams		CAL A	(129G –	.251)		CLE A	(15G –	.200)									
"	total	144	477	117	27	3	22	4.6	81	68	85	95	5	.245	.453	6	0	DH-134, 1B-4, OF-1
1975	CLE A	49	118	28	5	0	9	7.6	19	24	29	15	0	.237	.508	6	2	DH-42
1976		36	67	15	0	0	3	4.5	5	10	11	12	0	.224	.358	16	5	DH-18, 1B-2, OF-1
21 yrs.		2808	10006	2943	528	72	586	5.9	1829	1812	1420	1532	204	.294	.537	87	28	OF-2132, DH-321, 1B-305, 3B-13
									4th	10th								
1 yr.		103	342	86	6	1	19	5.6	41	59	55	76	2	.251	.442	5	0	OF-95

LEAGUE CHAMPIONSHIP SERIES

		G	AB	H	2B	3B	HR	HR%	R	RBI	BB	SO	SB	BA	SA	PH AB	PH H	G by POS
1969	BAL A	3	12	4	2	0	1	8.3	1	2	3	3	0	.333	.750	0	0	OF-3
1970		3	10	2	0	0	1	10.0	3	2	5	2	0	.200	.500	0	0	OF-3
1971		3	12	1	1	0	0	0.0	2	1	1	4	0	.083	.167	0	0	OF-3
3 yrs.		9	34	7	3	0	2	5.9	6	5	9	9	0	.206	.471	0	0	OF-9

WORLD SERIES

		G	AB	H	2B	3B	HR	HR%	R	RBI	BB	SO	SB	BA	SA	PH AB	PH H	G by POS
1961	CIN N	5	15	3	2	0	1	6.7	3	4	3	4	0	.200	.533	0	0	OF-5
1966	BAL A	4	14	4	0	1	2	14.3	4	3	2	3	0	.286	.857	0	0	OF-4
1969		5	16	3	0	0	1	6.3	2	1	4	3	0	.188	.375	0	0	OF-5
1970		5	22	6	0	0	2	9.1	5	4	0	5	0	.273	.545	0	0	OF-5
1971		7	25	7	0	0	2	8.0	5	2	2	8	0	.280	.520	0	0	OF-7
5 yrs.		26	92	23	2	1	8	8.7	19	14	11	23	0	.250	.554	0	0	OF-26
									7th	3rd		10th						

Jackie Robinson

ROBINSON, JACK ROOSEVELT BR TR 5'11½" 195 lbs.
B. Jan. 31, 1919, Cairo, Ga.   D. Oct. 24, 1972, Stamford, Conn.
Hall of Fame 1962.

		G	AB	H	2B	3B	HR	HR%	R	RBI	BB	SO	SB	BA	SA	PH AB	PH H	G by POS
1947	BKN N	151	590	175	31	5	12	2.0	125	48	74	36	**29**	.297	.427	0	0	1B-151
1948		147	574	170	38	8	12	2.1	108	85	57	37	22	.296	.453	2	1	2B-116, 1B-30, 3B-6
1949		156	593	203	38	12	16	2.7	122	124	86	27	**37**	**.342**	.528	0	0	2B-156
1950		144	518	170	39	4	14	2.7	99	81	80	24	12	.328	.500	2	1	2B-144
1951		153	548	185	33	7	19	3.5	106	88	79	27	25	.338	.527	1	1	2B-153
1952		149	510	157	17	3	19	3.7	104	75	106	40	24	.308	.465	2	0	2B-146
1953		136	484	159	34	7	12	2.5	109	95	74	30	17	.329	.502	5	1	OF-76, 3B-44, 2B-9, 1B-6, SS-1
1954		124	386	120	22	4	15	3.9	62	59	63	20	7	.311	.505	7	1	OF-64, 3B-50, 2B-4
1955		105	317	81	6	2	8	2.5	51	36	61	18	12	.256	.363	9	1	3B-84, OF-10, 2B-1, 1B-1
1956		117	357	98	15	2	10	2.8	61	43	60	32	12	.275	.412	10	1	3B-72, 2B-22, 1B-9, OF-2
10 yrs.		1382	4877	1518	273	54	137	2.8	947	734	740	291	197	.311	.474	40	7	2B-751, 3B-256, 1B-197, OF-152, SS-1
10 yrs.		1382	4877	1518	273	54	137	2.8	947	734	740	291	197	.311	.474	40	7	2B-751, 3B-256, 1B-197, OF-152, SS-1
									10th		7th	10th	6th		8th	8th		

WORLD SERIES

		G	AB	H	2B	3B	HR	HR%	R	RBI	BB	SO	SB	BA	SA	PH AB	PH H	G by POS
1947	BKN N	7	27	7	2	0	0	0.0	3	3	2	4	2	.259	.333	0	0	1B-7
1949		5	16	3	1	0	0	0.0	2	2	4	2	0	.188	.250	0	0	2B-5
1952		7	23	4	0	0	1	4.3	4	2	7	5	2	.174	.304	0	0	2B-7
1953		6	25	8	2	0	0	0.0	3	2	1	0	1	.320	.400	0	0	OF-6
1955		6	22	4	1	1	0	0.0	5	1	2	1	1	.182	.318	0	0	3B-6
1956		7	24	6	1	0	1	4.2	5	2	5	2	0	.250	.417	0	0	3B-7
6 yrs.		38	137	32	7	1	2	1.5	22	12	21	14	6	.234	.343	0	0	3B-13, 2B-12, 1B-7, OF-6
									9th		9th		8th					

Wilbert Robinson

ROBINSON, WILBERT (Uncle Robbie) BR TR 5'8½" 215 lbs.
Brother of Fred Robinson.
B. June 2, 1863, Bolton, Mass.   D. Aug. 8, 1934, Atlanta, Ga.
Manager 1902, 1914-31.
Hall of Fame 1945.

		G	AB	H	2B	3B	HR	HR%	R	RBI	BB	SO	SB	BA	SA	PH AB	PH H	G by POS
1886	PHI AA	87	342	69	11	3	1	0.3	57		21			.202	.260	0	0	C-61, 1B-22, OF-5
1887		68	264	60	6	2	1	0.4	28		14		15	.227	.277	0	0	C-67, 1B-3, OF-1
1888		66	254	62	7	2	1	0.4	32	31	9		11	.244	.299	0	0	C-65, 1B-1
1889		69	264	61	13	2	0	0.0	31	28	6	34	9	.231	.295	0	0	C-69
1890	2 teams		PHI AA	(82G –	.237)		B-B AA	(14G –	.271)									
"	total	96	377	91	14	4	4	1.1	39		19		21	.241	.332	0	0	C-93, 1B-3
1891	BAL AA	93	334	72	8	5	2	0.6	25	46	18	37	18	.216	.287	0	0	C-92, OF-1
1892	BAL N	90	330	88	14	4	2	0.6	36	57	15	35	5	.267	.352	0	0	C-87, 1B-2, OF-1
1893		95	359	120	21	3	3	0.8	49	57	26	22	17	.334	.435	1	0	C-93, 1B-1
1894		109	414	146	21	4	1	0.2	69	98	46	18	12	.353	.430	0	0	C-109
1895		77	282	74	19	1	0	0.0	38	48	12	19	11	.262	.337	2	1	C-75
1896		67	245	85	9	6	2	0.8	43	38	14	13	9	.347	.457	0	0	C-67
1897		48	181	57	9	0	0	0.0	25	23	8		0	.315	.365	0	0	C-48
1898		79	289	80	12	2	0	0.0	29	38	16		3	.277	.332	1	1	C-77
1899		108	356	101	15	2	0	0.0	40	47	31		5	.284	.337	3	2	C-105

Player Register

	G	AB	H	2B	3B	HR	HR%	R	RBI	BB	SO	SB	BA	SA	Pinch Hit AB	Pinch Hit H	G by POS

Wilbert Robinson continued

1900 STL N	60	210	52	5	1	0	0.0	26	28	11			7	.248	.281	5	1	C-54
1901 BAL A	71	241	72	12	3	0	0.0	34	26	10			9	.299	.373	1	0	C-67
1902	91	335	98	16	7	1	0.3	39	57	12			11	.293	.391	4	2	C-87
17 yrs.	1374	5077	1388	212	51	18	0.4	640	621	286	178	163		.273	.346	17	7	C-1316, 1B-32, OF-8

Sergio Robles

ROBLES, SERGIO VALENZUELA
B. Apr. 16, 1946, Magdalena, Mexico

BR TR 6'2" 190 lbs.

1972 BAL A	2	5	1	0	0	0	0.0	0	0	0	0	0	.200	.200	1	1	C-1
1973	8	13	1	0	0	0	0.0	0	0	3	1	0	.077	.077	0	0	C-8
1976 LA N	6	3	0	0	0	0	0.0	0	0	0	2	0	.000	.000	0	0	C-6
3 yrs.	16	21	2	0	0	0	0.0	0	0	3	3	0	.095	.095	1	1	C-15
1 yr.	6	3	0	0	0	0	0.0	0	0	0	2	0	.000	.000	0	0	C-6

Lou Rochelli

ROCHELLI, LOUIS JOSEPH
B. Jan. 11, 1919, Williamson, Ill.

BR TR 6'1" 175 lbs.

1944 BKN N	5	17	3	0	1	0	0.0	0	2	2	6	0	.176	.294	0	0	SS-5

Ellie Rodriguez

RODRIGUEZ, ELISIO
B. May 24, 1946, Fajardo, Puerto Rico

BR TR 5'11" 185 lbs.

1968 NY A	9	24	5	0	0	0	0.0	1	1	3	3	0	.208	.208	0	0	C-9
1969 KC A	95	267	63	10	0	2	0.7	27	20	31	26	3	.236	.296	6	1	C-90
1970	80	231	52	8	2	1	0.4	25	15	27	35	2	.225	.290	5	2	C-75
1971 MIL A	115	319	67	10	1	1	0.3	28	30	41	51	1	.210	.257	6	1	C-114
1972	116	355	101	14	2	2	0.6	31	35	52	43	1	.285	.352	3	1	C-114
1973	94	290	78	8	1	0	0.0	30	30	41	28	4	.269	.303	6	1	C-75, DH-14
1974 CAL A	140	395	100	20	0	7	1.8	48	36	69	56	4	.253	.357	4	3	C-137, DH-1
1975	90	226	53	6	0	3	1.3	20	27	49	37	2	.235	.301	0	0	C-90
1976 LA N	36	66	14	0	0	0	0.0	10	9	19	12	0	.212	.212	1	1	C-33
9 yrs.	775	2173	533	76	6	16	0.7	220	203	332	291	17	.245	.308	31	10	C-737, DH-15
1 yr.	36	66	14	0	0	0	0.0	10	9	19	12	0	.212	.212	1	1	C-33

Ron Roenicke

ROENICKE, RONALD JON
Brother of Gary Roenicke.
B. Aug. 19, 1956, Covina, Calif.

BB TL 6' 180 lbs.

1981 LA N	22	47	11	0	0	0	0.0	6	0	6	8	1	.234	.234	4	0	OF-20
1982	109	143	37	8	0	1	0.7	18	12	21	32	5	.259	.336	44	13	OF-72
1983 2 teams		LA N (81G – .221)				SEA A (59G – .253)												
" total	140	343	82	16	0	6	1.7	35	35	47	48	9	.239	.338	24	5	OF-116, 1B-6, DH-1
1984 SD N	12	20	6	1	0	1	5.0	4	2	2	5	0	.300	.500	2	0	OF-10
1985 SF N	65	133	34	9	1	3	2.3	23	13	35	27	6	.256	.406	23	4	OF-35
5 yrs.	348	686	170	34	1	11	1.6	86	62	111	120	21	.248	.348	97	22	OF-253, 1B-6, DH-1
3 yrs.	212	335	80	12	0	3	0.9	36	24	41	66	9	.239	.301	70	18	OF-154

WORLD SERIES
| 1984 SD N | 2 | 0 | 0 | 0 | 0 | 0 | – | 0 | 0 | 0 | 0 | 0 | – | – | 0 | 0 | OF-1 |

Oscar Roettger

ROETTGER, OSCAR FREDERICK LOUIS
Brother of Wally Roettger.
B. Feb. 19, 1900, St. Louis, Mo.

BR TR 6' 170 lbs.

1923 NY A	5	2	0	0	0	0	0.0	0	0	0	0	0	.000	.000	0	0	P-5
1924	1	0	0	0	0	0	–	0	0	0	0	0	–	–	0	0	P-1
1927 BKN N	5	4	0	0	0	0	0.0	0	0	1	1	0	.000	.000	2	0	OF-1
1932 PHI A	26	60	14	1	0	0	0.0	7	6	5	4	0	.233	.250	10	0	1B-15
4 yrs.	37	66	14	1	0	0	0.0	7	6	6	5	0	.212	.227	12	0	1B-15, P-6, OF-1
1 yr.	5	4	0	0	0	0	0.0	0	0	1	1	0	.000	.000	2	0	OF-1

Packy Rogers

ROGERS, STANLEY FRANK
Born Stanley Frank Hazinski.
B. Apr. 26, 1913, Swoyersville, Pa.

BR TR 5'8" 175 lbs.

1938 BKN N	23	37	7	1	1	0	0.0	3	5	6	6	0	.189	.270	2	0	SS-9, 3B-8, 2B-3, OF-1

Stan Rojek

ROJEK, STANLEY ANDREW
B. Apr. 21, 1919, North Tonawanda, N.Y.

BR TR 5'10" 170 lbs.

1942 BKN N	1	0	0	0	0	0	–	0	0	0	0	0	–	–	0	0	
1946	45	47	13	2	1	0	0.0	11	2	4	1	1	.277	.362	10	3	SS-15, 2B-6, 3B-4
1947	32	80	21	0	1	0	0.0	7	7	7	3	1	.263	.288	1	0	SS-17, 3B-9, 2B-7
1948 PIT N	156	641	186	27	5	4	0.6	85	51	61	41	24	.290	.367	0	0	SS-156
1949	144	557	136	19	2	0	0.0	72	31	50	31	4	.244	.285	0	0	SS-144
1950	76	230	59	12	1	0	0.0	28	17	18	13	2	.257	.317	4	0	SS-68, 2B-3
1951 2 teams		PIT N (8G – .188)				STL N (51G – .274)												
" total	59	202	54	7	3	0	0.0	21	14	10	11	0	.267	.332	0	0	SS-59
1952 STL A	9	7	1	0	0	0	0.0	0	2	0	0	0	.143	.143	2	0	SS-4, 2B-1
8 yrs.	522	1764	470	67	13	4	0.2	225	122	152	100	32	.266	.326	17	3	SS-463, 2B-17, 3B-13
3 yrs.	78	127	34	2	2	0	0.0	19	9	11	4	2	.268	.315	11	3	SS-32, 3B-13, 2B-13

Johnny Roseboro

ROSEBORO, JOHN JUNIOR
B. May 13, 1933, Ashland, Ohio

BL TR 5'11½" 190 lbs.

1957 BKN N	35	69	10	2	0	2	2.9	6	6	10	20	0	.145	.261	3	0	C-19, 1B-5

Player Register

Johnny Roseboro continued

	G	AB	H	2B	3B	HR	HR%	R	RBI	BB	SO	SB	BA	SA	Pinch Hit AB	H	G by POS
1958 LA N	114	384	104	11	9	14	3.6	52	43	36	56	11	.271	.456	7	1	C-104, OF-5
1959	118	397	92	14	7	10	2.5	39	38	52	69	7	.232	.378	2	0	C-117
1960	103	287	61	15	3	8	2.8	22	42	44	53	7	.213	.369	14	4	C-87, 3B-1, 1B-1
1961	128	394	99	16	6	18	4.6	59	59	56	62	6	.251	.459	7	3	C-125
1962	128	389	97	16	7	7	1.8	45	55	50	60	12	.249	.380	4	0	C-128
1963	135	470	111	13	7	9	1.9	50	49	36	50	7	.236	.351	3	1	C-134
1964	134	414	119	24	1	3	0.7	42	45	44	61	3	.287	.372	12	4	C-128
1965	136	437	102	10	0	8	1.8	42	57	34	51	1	.233	.311	9	4	C-131, 3B-1
1966	142	445	123	23	2	9	2.0	47	53	44	51	3	.276	.398	8	1	C-138
1967	116	334	91	18	2	4	1.2	37	24	38	33	2	.272	.374	17	5	C-107
1968 MIN A	135	380	82	12	0	8	2.1	31	39	46	57	2	.216	.311	22	3	C-117
1969	115	361	95	12	0	3	0.8	33	32	39	44	5	.263	.321	3	0	C-111
1970 WAS A	46	86	20	4	0	1	1.2	7	6	18	10	1	.233	.314	17	3	C-30
14 yrs.	1585	4847	1206	190	44	104	2.1	512	548	547	677	67	.249	.371	128	29	C-1476, 1B-6, OF-5, 3B-2
11 yrs.	1289	4020	1009	162	44	92	2.3	441	471	444	566	59	.251	.382	86	23	C-1218, 1B-6, OF-5, 3B-2

LEAGUE CHAMPIONSHIP SERIES

	G	AB	H	2B	3B	HR	HR%	R	RBI	BB	SO	SB	BA	SA	AB	H	G by POS
1969 MIN A	2	5	1	0	0	0	0.0	0	0	0	0	0	.200	.200	0	0	C-2

WORLD SERIES

	G	AB	H	2B	3B	HR	HR%	R	RBI	BB	SO	SB	BA	SA	AB	H	G by POS
1959 LA N	6	21	2	0	0	0	0.0	0	1	0	2	0	.095	.095	0	0	C-6
1963	4	14	2	0	0	1	7.1	1	3	0	4	0	.143	.357	0	0	C-4
1965	7	21	6	1	0	0	0.0	1	3	5	3	1	.286	.333	0	0	C-7
1966	4	14	1	0	0	0	0.0	0	0	3	0	0	.071	.071	0	0	C-4
4 yrs.	21	70	11	1	0	1	1.4	2	7	5	12	1	.157	.214	0	0	C-21

Goody Rosen

ROSEN, GOODWIN GEORGE
B. Aug. 28, 1912, Toronto, Ont., Canada
BL TL 5'10" 155 lbs.

	G	AB	H	2B	3B	HR	HR%	R	RBI	BB	SO	SB	BA	SA	AB	H	G by POS
1937 BKN N	22	77	24	5	1	0	0.0	10	6	6	6	2	.312	.403	0	0	OF-21
1938	138	473	133	17	11	4	0.8	75	51	65	43	0	.281	.389	19	2	OF-113
1939	54	183	46	6	4	1	0.5	22	12	23	21	4	.251	.344	4	0	OF-47
1944	89	264	69	8	3	0	0.0	38	23	26	27	0	.261	.314	21	5	OF-65
1945	145	606	197	24	11	12	2.0	126	75	50	36	4	.325	.460	3	0	OF-141
1946 2 teams	BKN N (3G – .333)				NY N (100G – .281)												
" total	103	313	88	11	4	5	1.6	39	30	48	33	2	.281	.390	15	3	OF-85
6 yrs.	551	1916	557	71	34	22	1.1	310	197	218	166	12	.291	.398	62	10	OF-472
6 yrs.	451	1606	470	60	30	17	1.1	271	167	170	134	10	.293	.399	49	7	OF-388

Max Rosenfeld

ROSENFELD, MAX
B. Dec. 23, 1902, New York, N.Y. D. Mar. 10, 1969, Miami, Fla.
BR TR 5'8" 175 lbs.

	G	AB	H	2B	3B	HR	HR%	R	RBI	BB	SO	SB	BA	SA	AB	H	G by POS
1931 BKN N	3	9	2	1	0	0	0.0	0	1	1	1	0	.222	.333	0	0	OF-3
1932	34	39	14	3	0	2	5.1	8	7	1	10	2	.359	.590	3	0	OF-30
1933	5	9	1	0	0	0	0.0	0	0	1	1	0	.111	.111	1	0	OF-2
3 yrs.	42	57	17	4	0	2	3.5	8	7	2	12	2	.298	.474	4	0	OF-35
3 yrs.	42	57	17	4	0	2	3.5	8	7	2	12	2	.298	.474	4	0	OF-35

Don Ross

ROSS, DONALD RAYMOND
B. July 16, 1914, Pasadena, Calif.
BR TR 6'1" 185 lbs.

	G	AB	H	2B	3B	HR	HR%	R	RBI	BB	SO	SB	BA	SA	AB	H	G by POS
1938 DET A	77	265	69	7	1	1	0.4	22	30	28	11	1	.260	.306	2	0	3B-75
1940 BKN N	10	38	11	2	0	1	2.6	4	8	3	3	1	.289	.421	0	0	3B-10
1942 DET A	87	226	62	10	2	3	1.3	29	30	36	16	2	.274	.376	22	8	OF-38, 3B-20
1943	89	247	66	13	0	0	0.0	19	18	20	3	2	.267	.320	24	5	OF-38, SS-18, 2B-7, 3B-1
1944	66	167	35	5	0	2	1.2	14	15	14	9	2	.210	.275	4	0	OF-37, SS-2, 1B-1
1945 2 teams	DET A (8G – .379)				CLE A (106G – .262)												
" total	114	392	106	19	2	0	0.5	29	47	47	16	2	.270	.339	1	1	3B-114
1946 CLE A	55	153	41	7	0	3	2.0	12	14	17	12	0	.268	.373	12	1	3B-41, OF-2
7 yrs.	498	1488	390	63	4	12	0.8	129	162	165	70	10	.262	.334	85	23	3B-261, OF-115, SS-20, 2B-7, 1B-1
1 yr.	10	38	11	2	0	1	2.6	4	8	3	3	1	.289	.421	0	0	3B-10

Schoolboy Rowe

ROWE, LYNWOOD THOMAS
B. Jan. 11, 1910, Waco, Tex. D. Jan. 8, 1961, El Dorado, Ark.
BR TR 6'4½" 210 lbs.

	G	AB	H	2B	3B	HR	HR%	R	RBI	BB	SO	SB	BA	SA	AB	H	G by POS
1933 DET A	21	50	11	1	0	0	0.0	6	6	1	4	0	.220	.240	1	0	P-19
1934	51	109	33	8	1	2	1.8	15	22	6	20	0	.303	.450	6	1	P-45
1935	45	109	34	3	2	3	2.8	19	28	12	12	0	.312	.459	3	1	P-42
1936	45	90	23	2	1	1	1.1	16	12	13	15	0	.256	.333	4	2	P-41
1937	10	10	2	0	0	0	0.0	2	1	1	4	0	.200	.200	0	0	P-10
1938	4	6	1	1	0	0	0.0	1	0	0	1	0	.167	.333	0	0	P-4
1939	31	61	15	0	1	1	1.6	7	12	5	7	1	.246	.328	3	1	P-28
1940	27	67	18	6	1	1	1.5	7	18	5	13	1	.269	.433	0	0	P-27
1941	32	55	15	0	3	1	1.8	10	12	5	8	0	.273	.436	5	3	P-27
1942 2 teams	DET A (2G – .000)				BKN N (14G – .211)												
" total	16	23	4	0	0	0	0.0	2	2	1	4	0	.174	.174	5	1	P-11
1943 PHI N	82	120	36	7	0	4	3.3	14	18	15	21	0	.300	.458	49	15	P-27
1946	30	61	11	5	0	1	1.6	4	6	3	16	0	.180	.311	12	2	P-17
1947	43	79	22	2	0	2	2.5	9	11	13	18	0	.278	.380	12	2	P-31
1948	31	52	10	0	0	1	1.9	3	4	4	10	1	.192	.250	1	0	P-30
1949	23	17	4	1	0	1	5.9	1	1	2	4	0	.235	.471	0	0	P-23
15 yrs.	491	909	239	36	9	18	2.0	116	153	86	157	3	.263	.382	101	28	P-382
1 yr.	14	19	4	0	0	0	0.0	2	2	1	4	0	.211	.211	5	1	P-9

WORLD SERIES

	G	AB	H	2B	3B	HR	HR%	R	RBI	BB	SO	SB	BA	SA	AB	H	G by POS
1934 DET A	3	7	0	0	0	0	0.0	0	0	0	5	0	.000	.000	0	0	P-3
1935	3	8	2	1	0	0	0.0	0	0	0	1	0	.250	.375	0	0	P-3

	G	AB	H	2B	3B	HR	HR%	R	RBI	BB	SO	SB	BA	SA	Pinch Hit AB	Pinch Hit H	G by POS

Schoolboy Rowe continued
| 1940 | 2 | 1 | 0 | 0 | 0 | 0 | 0.0 | 0 | 0 | 0 | 1 | 0 | .000 | .000 | 0 | 0 | P-2 |
| 3 yrs. | 8 | 16 | 2 | 1 | 0 | 0 | 0.0 | 0 | 0 | 0 | 7 | 0 | .125 | .188 | 0 | 0 | P-8 |

Jerry Royster
ROYSTER, JERON KENNIS
B. Oct. 18, 1952, Sacramento, Calif.
BR TR 6' 165 lbs.

1973 LA N	10	19	4	0	0	0	0.0	1	2	0	5	1	.211	.211	0	0	3B-6, 2B-1
1974	6	0	0	0	0	0	—	2	0	0	0	0	—	—	0	0	OF-1, 3B-1, 2B-1
1975	13	36	9	2	1	0	0.0	2	1	1	3	1	.250	.361	2	0	OF-7, 2B-4, 3B-3, SS-1
1976 ATL N	149	533	132	13	1	5	0.9	65	45	52	53	24	.248	.304	1	0	3B-148, SS-2
1977	140	445	96	10	2	6	1.3	64	28	38	67	28	.216	.288	4	0	3B-56, SS-51, 2B-38
1978	140	529	137	17	8	2	0.4	67	35	56	49	27	.259	.333	4	2	2B-75, SS-60, 3B-1
1979	154	601	164	25	6	3	0.5	103	51	62	59	35	.273	.349	3	0	3B-80, 2B-77
1980	123	392	95	17	5	1	0.3	42	20	37	48	22	.242	.319	4	1	2B-49, 3B-48, OF-41
1981	64	93	19	4	1	0	0.0	13	9	7	14	7	.204	.269	17	4	3B-24, 2B-13
1982	108	261	77	13	2	2	0.8	43	25	22	36	14	.295	.383	6	1	3B-62, OF-25, 2B-16, SS-10
1983	91	268	63	10	3	3	1.1	32	30	28	35	11	.235	.328	4	1	3B-47, 2B-26, OF-18, SS-13
1984	81	227	47	13	2	1	0.4	22	21	15	41	6	.207	.295	15	4	2B-29, 3B-17, SS-16, OF-11
1985 SD N	90	249	70	13	2	5	2.0	31	31	32	31	6	.281	.410	10	1	2B-58, 3B-29, SS-7, OF-2
13 yrs.	1169	3653	913	137	33	28	0.8	487	298	350	441	182	.250	.328	70	11	3B-522, 2B-387, SS-160, OF-105
3 yrs.	29	55	13	2	1	0	0.0	5	3	1	8	2	.236	.309	2	0	3B-10, OF-8, 2B-6, SS-1

LEAGUE CHAMPIONSHIP SERIES
| 1982 ATL N | 3 | 11 | 2 | 0 | 0 | 0 | 0.0 | 0 | 0 | 0 | 2 | 0 | .182 | .182 | 0 | 0 | OF-3 |

Dutch Ruether
RUETHER, WALTER HENRY
B. Sept. 13, 1893, Alameda, Calif.   D. May 16, 1970, Phoenix, Ariz.
BL TL 6'1½" 180 lbs.

1917 2 teams	CHI N (31G – .273)	CIN N (19G – .208)
" total	50	68	17	3	3	0	0.0	4	12	11	17	1	.250	.382	22	6	P-17, 1B-5
1918 CIN N	2	3	0	0	0	0	0.0	0	0	0	2	0	.000	.000	0	0	P-2
1919	42	92	24	2	3	0	0.0	8	6	4	18	1	.261	.348	7	2	P-33
1920	45	104	20	4	0	0	0.0	3	10	5	24	0	.192	.231	7	0	P-37, 1B-1
1921 BKN N	49	97	34	5	2	2	2.1	12	13	4	9	1	.351	.505	11	3	P-36
1922	67	125	26	6	1	2	1.6	12	20	12	11	0	.208	.320	27	6	P-35
1923	49	117	32	1	0	0	0.0	6	10	12	12	0	.274	.282	12	3	P-34, 1B-1
1924	34	62	15	1	1	0	0.0	5	4	5	2	0	.242	.290	4	0	P-30
1925 WAS A	55	108	36	3	2	1	0.9	18	15	10	8	0	.333	.426	19	6	P-30, 1B-1
1926 2 teams	WAS A (47G – .250)	NY A (13G – .095)
" total	60	113	25	2	0	1	0.9	8	11	6	11	0	.221	.265	30	6	P-28
1927 NY A	35	80	21	3	0	1	1.3	7	10	8	15	0	.263	.338	6	2	P-27
11 yrs.	488	969	250	30	12	7	0.7	83	111	77	129	3	.258	.335	145	34	P-309, 1B-8
4 yrs.	199	401	107	13	4	4	1.0	35	47	33	34	1	.267	.349	54	12	P-135, 1B-1

WORLD SERIES
1919 CIN N	3	6	4	1	2	0	0.0	2	4	1	0	0	.667	1.500	1	0	P-2
1925 WAS A	1	1	0	0	0	0	0.0	0	0	0	0	0	.000	.000	1	0	
1926 NY A	3	4	0	0	0	0	0.0	0	0	0	0	0	.000	.000	2	0	P-1
3 yrs.	7	11	4	1	2	0	0.0	2	4	1	0	0	.364	.818	4	0	P-3

Bill Russell
RUSSELL, WILLIAM ELLIS
B. Oct. 21, 1948, Pittsburg, Kans.
BR TR 6' 175 lbs.

1969 LA N	98	212	48	6	2	5	2.4	35	15	22	45	4	.226	.344	22	6	OF-86
1970	81	278	72	11	9	0	0.0	30	28	16	28	9	.259	.363	7	1	OF-79, SS-1
1971	91	211	48	7	4	2	0.9	29	15	11	39	6	.227	.327	3	0	2B-41, OF-40, SS-6
1972	129	434	118	19	5	4	0.9	47	34	34	64	14	.272	.366	5	2	SS-121, OF-6
1973	162	615	163	26	3	4	0.7	55	56	34	63	15	.265	.337	0	0	SS-162
1974	160	553	149	18	6	5	0.9	61	65	53	53	14	.269	.351	1	0	SS-160, OF-1
1975	84	252	52	9	2	0	0.0	24	14	23	28	5	.206	.258	0	0	SS-83
1976	149	554	152	17	3	5	0.9	53	65	21	46	15	.274	.343	0	0	SS-149
1977	153	634	176	28	6	4	0.6	84	51	24	43	16	.278	.360	0	0	SS-153
1978	155	625	179	32	4	3	0.5	72	46	30	34	10	.286	.365	1	0	SS-155
1979	153	627	170	26	4	7	1.1	72	56	24	43	6	.271	.359	3	1	SS-150
1980	130	466	123	23	2	3	0.6	38	34	18	44	13	.264	.341	1	0	SS-129
1981	82	262	61	9	2	0	0.0	20	22	19	20	2	.233	.282	0	0	SS-80
1982	153	497	136	20	2	3	0.6	64	46	63	30	10	.274	.340	2	2	SS-150
1983	131	451	111	13	1	1	0.2	47	30	33	31	13	.246	.286	5	0	SS-127
1984	89	262	70	12	1	0	0.0	25	19	25	24	4	.267	.321	6	1	SS-65, OF-18, 2B-5
1985	76	169	44	6	1	0	0.0	19	13	18	9	4	.260	.308	20	5	SS-23, OF-21, 2B-8, 3B-5
17 yrs.	2076	7102	1872	282	57	46	0.6	775	609	468	644	160	.264	.339	76	18	SS-1714, OF-251, 2B-54, 3B-5
17 yrs.	2076	7102	1872	282	57	46	0.6	775	609	468	644	160	.264	.339	76	18	SS-1714, OF-251, 2B-54, 3B-5
	3rd	5th	9th	9th							8th						

DIVISIONAL PLAYOFF SERIES
| 1981 LA N | 5 | 16 | 4 | 1 | 0 | 0 | 0.0 | 1 | 2 | 3 | 1 | 0 | .250 | .313 | 0 | 0 | SS-5 |

LEAGUE CHAMPIONSHIP SERIES
1974 LA N	4	18	7	0	0	0	0.0	1	3	1	0	0	.389	.389	0	0	SS-4
1977	4	18	5	1	0	0	0.0	3	2	0	0	0	.278	.333	0	0	SS-4
1978	4	17	7	1	0	0	0.0	1	2	1	1	0	.412	.471	0	0	SS-4
1981	5	16	5	0	1	0	0.0	2	1	1	0	0	.313	.438	0	0	SS-5

Player Register

	G	AB	H	2B	3B	HR	HR%	R	RBI	BB	SO	SB	BA	SA	Pinch Hit AB	H	G by POS

Bill Russell continued

1983	4	14	4	0	0	0	0.0	1	0	2	4	1	.286	.286	0	0	SS-4
5 yrs.	21	83	28	2	1	0	0.0	8	8	5	6	1	.337	.386	0	0	SS-21
WORLD SERIES																	
1974 LA N	5	18	4	0	1	0	0.0	0	2	0	2	0	.222	.333	0	0	SS-5
1977	6	26	4	0	1	0	0.0	3	2	1	3	0	.154	.231	0	0	SS-6
1978	6	26	11	2	0	0	0.0	1	2	2	2	1	.423	.500	0	0	SS-6
1981	6	25	6	0	0	0	0.0	1	2	0	1	1	.240	.240	0	0	SS-6
4 yrs.	23	95	25	2	2	0	0.0	5	8	3	8	2	.263	.326	0	0	SS-23

Jim Russell

RUSSELL, JAMES WILLIAM BB TR 6'1" 181 lbs.
B. Oct. 1, 1918, Fayette City, Pa.

1942 PIT N	3	14	1	0	0	0	0.0	2	0	1	4	0	.071	.071	1	0	OF-3
1943	146	533	138	19	11	4	0.8	79	44	77	67	12	.259	.358	7	2	OF-134, 1B-6
1944	152	580	181	34	14	8	1.4	109	66	79	63	6	.312	.460	2	0	OF-149
1945	146	510	145	24	8	12	2.4	88	77	71	40	15	.284	.433	6	0	OF-140
1946	146	516	143	29	6	8	1.6	68	50	67	54	11	.277	.403	5	1	OF-134, 1B-5
1947	128	478	121	21	8	8	1.7	68	51	63	58	7	.253	.381	9	3	OF-119
1948 BOS N	89	322	85	18	1	9	2.8	44	54	46	31	4	.264	.410	4	0	OF-84
1949	130	415	96	22	1	8	1.9	57	54	64	68	3	.231	.347	6	0	OF-120
1950 BKN N	78	214	49	8	2	10	4.7	37	32	31	36	1	.229	.425	18	3	OF-55
1951	16	13	0	0	0	0	0.0	2	0	4	6	0	.000	.000	10	0	OF-4
10 yrs.	1034	3595	959	175	51	67	1.9	554	428	503	427	59	.267	.400	68	9	OF-942, 1B-11
2 yrs.	94	227	49	8	2	10	4.4	39	32	35	42	1	.216	.401	28	3	OF-59

John Ryan

RYAN, JOHN BERNARD (Jack) BR TR 5'10½" 165 lbs.
B. Nov. 12, 1869, Haverhill, Mass. D. Aug. 21, 1952, Boston, Mass.

1889 LOU AA	21	79	14	1	0	0	0.0	8	2	3	17	2	.177	.190	0	0	C-15, OF-4, 3B-2
1890	93	337	73	16	4	0	0.0	43		12		6	.217	.288	0	0	C-89, OF-3, SS-1, 1B-1
1891	75	253	57	5	4	2	0.8	24	25	15	40	3	.225	.300	0	0	C-56, 1B-11, 3B-6, OF-4, 2B-3
1894 BOS N	53	201	54	12	7	1	0.5	39	29	13	16	3	.269	.413	0	0	C-51, 1B-2
1895	49	189	55	7	0	0	0.0	22	18	6	6	3	.291	.328	0	0	C-43, 2B-5, OF-1
1896	8	32	3	1	0	0	0.0	2	0	0	1	0	.094	.125	0	0	C-8
1898 BKN N	87	301	57	11	4	0	0.0	39	24	15		5	.189	.252	0	0	C-84, 3B-4, 1B-1
1899 BAL N	2	4	2	1	0	0	0.0	0	1	0		1	.500	.750	0	0	C-2
1901 STL N	83	300	59	6	5	0	0.0	27	31	7		5	.197	.250	1	0	C-65, 2B-9, 1B-5, OF-3
1902	76	267	48	4	4	0	0.0	23	14	4		2	.180	.225	0	0	C-66, 3B-4, 1B-4, 2B-2, SS-1, P-1
1903	67	227	54	5	1	1	0.4	18	10	10		2	.238	.282	0	0	C-47, 1B-18, SS-2
1912 WAS A	1	1	0	0	0	0	0.0	0	0	0		0	.000	.000	0	0	3B-1
1913	1	1	0	0	0	0	0.0	0		0	0	0	.000	.000	0	0	C-1
13 yrs.	616	2192	476	69	29	4	0.2	245	154	85	80	32	.217	.281	1	0	C-527, 1B-42, 2B-19, 3B-17, OF-15, SS-4, P-1
1 yr.	87	301	57	11	4	0	0.0	39	24	15		5	.189	.252	0	0	C-84, 3B-4, 1B-1

Lew Ryan

Playing record listed under Lew Malone

Mike Sandlock

SANDLOCK, MICHAEL JOSEPH BB TR 6'1" 180 lbs.
B. Oct. 17, 1915, Old Greenwich, Conn. BL 1944

1942 BOS N	2	1	1	0	0	0	0.0	1	0	0	0	0	1.000	1.000	0	0	SS-2
1944	30	30	3	0	0	0	0.0	1	2	5	3	0	.100	.100	0	0	3B-22, SS-7
1945 BKN N	80	195	55	14	2	2	1.0	21	17	18	19	2	.282	.405	4	2	C-47, SS-22, 2B-4, 3B-2
1946	19	34	5	0	0	0	0.0	1	0	3	4	0	.147	.147	1	1	C-17, 3B-1
1953 PIT N	64	186	43	5	0	0	0.0	10	12	12	19	0	.231	.258	0	0	C-64
5 yrs.	195	446	107	19	2	2	0.4	34	31	38	45	2	.240	.305	5	3	C-128, SS-31, 3B-25, 2B-4
2 yrs.	99	229	60	14	2	2	0.9	22	17	21	23	2	.262	.367	5	3	C-64, SS-22, 2B-4, 3B-3

Ted Savage

SAVAGE, THEODORE EDMUND BR TR 6'1" 185 lbs.
B. Feb. 21, 1937, Venice, Ill.

1962 PHI N	127	335	89	11	2	7	2.1	54	39	40	66	16	.266	.373	21	3	OF-109
1963 PIT N	85	149	29	2	1	5	3.4	22	14	14	31	4	.195	.322	33	5	OF-47
1965 STL N	30	63	10	3	0	1	1.6	7	4	6	9	1	.159	.254	7	2	OF-20
1966	16	29	5	2	1	0	0.0	4	3	4	7	4	.172	.310	9	2	OF-7
1967 2 teams	STL N (9G – .125)					CHI N (96G – .218)											
" total	105	233	50	10	1	5	2.1	41	33	41	57	7	.215	.330	17	4	OF-86, 3B-1
1968 2 teams	CHI N (3G – .250)					LA N (61G – .206)											
" total	64	134	28	6	1	2	1.5	7	7	10	21	1	.209	.313	21	3	OF-41
1969 CIN N	68	110	25	7	0	2	1.8	20	11	20	27	3	.227	.345	27	5	OF-17, 2B-1
1970 MIL A	114	276	77	10	5	12	4.3	43	50	57	44	10	.279	.482	31	6	OF-82, 1B-1
1971 2 teams	MIL A (14G – .176)					KC A (19G – .172)											
" total	33	46	8	0	0	0	0.0	4	2	8	10	3	.174	.174	18	2	OF-15
9 yrs.	642	1375	321	51	11	34	2.5	202	163	200	272	49	.233	.361	184	32	OF-424, 3B-1, 2B-1, 1B-1
1 yr.	61	126	26	6	1	2	1.6	7	7	10	20	1	.206	.317	18	2	OF-39

Dave Sax

SAX, DAVID JOHN BR TR 6' 175 lbs.
Brother of Steve Sax.
B. Sept. 22, 1958, West Sacramento, Calif.

| 1982 LA N | 2 | 2 | 0 | 0 | 0 | 0 | 0.0 | 0 | 0 | 0 | 0 | 0 | .000 | .000 | 1 | 0 | OF-1 |
| 1983 | 7 | 8 | 0 | 0 | 0 | 0 | 0.0 | 0 | 1 | 0 | 0 | 0 | .000 | .000 | 4 | 0 | C-4 |

Player Register

	G	AB	H	2B	3B	HR	HR%	R	RBI	BB	SO	SB	BA	SA	Pinch Hit AB	H	G by POS

Dave Sax continued

		G	AB	H	2B	3B	HR	HR%	R	RBI	BB	SO	SB	BA	SA	PH AB	PH H	G by POS
1985	BOS A	22	36	11	3	0	0	0.0	2	6	3	3	0	.306	.389	0	0	C-16, OF-4
3 yrs.		31	46	11	3	0	0	0.0	2	7	3	3	0	.239	.304	5	0	C-20, OF-5
2 yrs.		9	10	0	0	0	0	0.0	0	1	0	0	0	.000	.000	5	0	C-4, OF-1

Steve Sax

SAX, STEPHEN LOUIS BR TR 5'11" 185 lbs.
Brother of Dave Sax.
B. Jan. 20, 1960, Sacramento, Calif.

		G	AB	H	2B	3B	HR	HR%	R	RBI	BB	SO	SB	BA	SA	PH AB	PH H	G by POS
1981	LA N	31	119	33	2	0	2	1.7	15	9	7	14	5	.277	.345	2	1	2B-29
1982		150	638	180	23	7	4	0.6	88	47	49	53	49	.282	.359	1	1	2B-149
1983		155	623	175	18	5	5	0.8	94	41	58	73	56	.281	.350	4	1	2B-152
1984		145	569	138	24	4	1	0.2	70	35	47	53	34	.243	.304	3	0	2B-141
1985		136	488	136	8	4	1	0.2	62	42	54	43	27	.279	.318	1	0	2B-135, 3B-1
5 yrs.		617	2437	662	75	20	13	0.5	329	174	215	236	171	.272	.335	11	3	2B-606, 3B-1
5 yrs.		617	2437	662	75	20	13	0.5	329	174	215	236	171	.272	.335	11	3	2B-606, 3B-1
													10th					

DIVISIONAL PLAYOFF SERIES

		G	AB	H	2B	3B	HR	HR%	R	RBI	BB	SO	SB	BA	SA	PH AB	PH H	G by POS
1981	LA N	1	0	0	0	0	0	—	0	0	0	0	0	—	—	0	0	2B-1

LEAGUE CHAMPIONSHIP SERIES

		G	AB	H	2B	3B	HR	HR%	R	RBI	BB	SO	SB	BA	SA	PH AB	PH H	G by POS
1981	LA N	1	0	0	0	0	0	—	0	0	0	0	0	—	—	0	0	2B-1
1983		4	16	4	0	0	0	0.0	0	0	1	0	1	.250	.250	0	0	2B-4
1985		6	20	6	3	0	0	0.0	1	1	1	5	0	.300	.450	0	0	2B-6
3 yrs.		11	36	10	3	0	0	0.0	1	1	2	5	1	.278	.361	0	0	2B-11

WORLD SERIES

		G	AB	H	2B	3B	HR	HR%	R	RBI	BB	SO	SB	BA	SA	PH AB	PH H	G by POS
1981	LA N	2	1	0	0	0	0	0.0	0	0	0	0	0	.000	.000	1	0	2B-1

Al Scheer

SCHEER, ALLAN G. BL TR 5'9" 165 lbs.
B. Oct. 21, 1888, Dayton, Ohio D. May 6, 1959, Logansport, Ind.

		G	AB	H	2B	3B	HR	HR%	R	RBI	BB	SO	SB	BA	SA	PH AB	PH H	G by POS
1913	BKN N	6	22	5	0	0	0	0.0	3	0	2	4	1	.227	.227	0	0	OF-6
1914	IND F	120	363	111	23	6	3	0.8	63	45	49		9	.306	.427	13	5	OF-102, 2B-4, SS-1
1915	NWK F	155	546	146	25	14	2	0.4	75	60	65		31	.267	.375	0	0	OF-155
3 yrs.		281	931	262	48	20	5	0.5	141	105	116	4	41	.281	.392	13	5	OF-263, 2B-4, SS-1
1 yr.		6	22	5	0	0	0	0.0	3	0	2	4	1	.227	.227	0	0	OF-6

Dutch Schliebner

SCHLIEBNER, FREDERICK PAUL BR TR 5'10" 180 lbs.
B. May 19, 1891, Charlottenburg, Germany D. Apr. 15, 1975, Toledo, Ohio

		G	AB	H	2B	3B	HR	HR%	R	RBI	BB	SO	SB	BA	SA	PH AB	PH H	G by POS
1923	2 teams	BKN N (19G – .250)			STL A (127G – .275)													
"	total	146	520	141	23	6	4	0.8	61	56	44	67	4	.271	.362	0	0	1B-146

Ray Schmandt

SCHMANDT, RAYMOND HENRY BR TR 6'1" 175 lbs.
B. Jan. 25, 1896, St. Louis, Mo. D. Feb. 1, 1969, St. Louis, Mo.

		G	AB	H	2B	3B	HR	HR%	R	RBI	BB	SO	SB	BA	SA	PH AB	PH H	G by POS
1915	STL A	3	4	0	0	0	0	0.0	0	0	0	1	0	.000	.000	2	0	1B-1
1918	BKN N	34	114	35	5	4	0	0.0	11	18	7	7	1	.307	.421	0	0	2B-34
1919		47	127	21	4	0	0	0.0	8	10	4	13	0	.165	.197	10	2	2B-18, 1B-12, 3B-6
1920		28	63	15	2	1	0	0.0	7	7	3	4	1	.238	.302	6	3	1B-20
1921		95	350	107	8	5	1	0.3	42	43	11	22	3	.306	.366	2	0	1B-92
1922		110	396	106	17	3	2	0.5	54	44	21	28	6	.268	.341	0	0	1B-110
6 yrs.		317	1054	284	36	13	3	0.3	122	122	46	75	11	.269	.337	20	5	1B-235, 2B-52, 3B-6
5 yrs.		314	1050	284	36	13	3	0.3	122	122	46	74	11	.270	.338	18	5	1B-234, 2B-52, 3B-6

WORLD SERIES

		G	AB	H	2B	3B	HR	HR%	R	RBI	BB	SO	SB	BA	SA	PH AB	PH H	G by POS
1920	BKN N	1	1	0	0	0	0	0.0	0	0	0	0	0	.000	.000	1	0	

Dick Schofield

SCHOFIELD, JOHN RICHARD (Ducky) BB TR 5'9" 163 lbs.
Father of Dick Schofield.
B. Jan. 7, 1935, Springfield, Ill.

		G	AB	H	2B	3B	HR	HR%	R	RBI	BB	SO	SB	BA	SA	PH AB	PH H	G by POS
1953	STL N	33	39	7	0	0	2	5.1	9	4	2	11	0	.179	.333	1	0	SS-15
1954		43	7	1	0	1	0	0.0	17	1	0	3	1	.143	.429	3	1	SS-11
1955		12	4	0	0	0	0	0.0	3	0	0	1	0	.000	.000	2	0	SS-3
1956		16	30	3	2	0	0	0.0	3	1	0	6	0	.100	.167	4	0	SS-9
1957		65	56	9	0	0	0	0.0	10	1	7	13	1	.161	.161	11	1	SS-23
1958	2 teams	STL N (39G – .213)			PIT N (26G – .148)													
"	total	65	135	27	4	1	1	0.7	20	10	26	21	0	.200	.267	14	3	SS-32, 3B-2
1959	PIT N	81	145	34	10	1	1	0.7	21	9	16	22	1	.234	.338	14	3	2B-28, SS-8, OF-3
1960		65	102	34	4	1	0	0.0	9	10	16	20	0	.333	.392	19	5	SS-23, 2B-10, 3B-1
1961		60	78	15	2	1	0	0.0	16	2	10	19	0	.192	.244	18	3	3B-11, SS-9, 2B-5, OF-3
1962		54	104	30	3	0	2	1.9	19	10	17	22	0	.288	.375	26	8	3B-20, 2B-2, SS-1
1963		138	541	133	18	2	3	0.6	54	32	69	83	2	.246	.303	0	0	SS-117, 2B-20, 3B-1
1964		121	398	98	22	5	3	0.8	50	36	54	60	1	.246	.349	10	0	SS-111
1965	2 teams	PIT N (31G – .229)			SF N (101G – .203)													
"	total	132	488	102	15	1	2	0.4	52	25	48	69	3	.209	.256	11	1	SS-121
1966	3 teams	SF N (11G – .063)			NY A (25G – .155)			LA N (20G – .257)										
"	total	56	144	28	2	0	0	0.0	19	6	19	18	1	.194	.208	4	1	SS-30, 3B-19
1967	LA N	84	232	50	10	1	2	0.9	23	15	31	40	0	.216	.293	6	0	SS-69, 2B-4, 3B-2
1968	STL N	69	127	28	7	1	0	0.0	14	8	13	31	1	.220	.315	11	0	SS-43, 2B-23
1969	BOS A	94	226	58	9	3	2	0.9	30	20	29	44	0	.257	.350	33	11	2B-37, SS-11, 3B-9, OF-5
1970		76	139	26	1	2	1	0.7	16	14	21	26	0	.187	.245	43	7	3B-15, 2B-15, SS-3
1971	2 teams	STL N (34G – .217)			MIL A (23G – .107)													
"	total	57	88	16	4	0	1	1.1	9	7	12	17	0	.182	.261	17	5	SS-21, 3B-15, 2B-15
19 yrs.		1321	3083	699	113	20	21	0.7	394	211	390	526	12	.227	.297	247	49	SS-660, 3B-159, 3B-95, OF-11
2 yrs.		104	302	68	10	1	2	0.7	33	19	39	48	2	.225	.285	6	0	SS-72, 3B-21, 2B-4

WORLD SERIES

		G	AB	H	2B	3B	HR	HR%	R	RBI	BB	SO	SB	BA	SA	PH AB	PH H	G by POS
1960	PIT N	3	3	1	0	0	0	0.0	0	0	1	0	0	.333	.333	3	1	SS-2

Player Register 216

	G	AB	H	2B	3B	HR	HR%	R	RBI	BB	SO	SB	BA	SA	Pinch Hit AB H	G by POS

Dick Schofield continued

	G	AB	H	2B	3B	HR	HR%	R	RBI	BB	SO	SB	BA	SA	PH AB	PH H	G by POS
1968 STL N	2	0	0	0	0	0	—	0	0	0	0	0	—	—	0	0	
2 yrs.	5	3	1	0	0	0	0.0	0	0	1	0	0	.333	.333	3	1	SS-2

Howie Schultz

SCHULTZ, HOWARD HENRY (Steeple, Stretch)   BR TR 6'6"   200 lbs.
B. July 3, 1922, St. Paul, Minn.

	G	AB	H	2B	3B	HR	HR%	R	RBI	BB	SO	SB	BA	SA	PH AB	PH H	G by POS
1943 BKN N	45	182	49	12	0	1	0.5	20	34	6	24	3	.269	.352	0	0	1B-45
1944	138	526	134	32	3	11	2.1	59	83	24	67	6	.255	.390	6	5	1B-136
1945	39	142	34	8	2	1	0.7	18	19	10	14	2	.239	.345	1	0	1B-38
1946	90	249	63	14	1	3	1.2	27	27	16	34	2	.253	.353	3	0	1B-87
1947 2 teams		BKN N (2G – .000)				PHI N (114G – .223)											
" total	116	404	90	19	1	6	1.5	30	35	21	70	0	.223	.319	1	0	1B-115
1948 2 teams		PHI N (6G – .077)				CIN N (36G – .167)											
" total	42	85	13	0	0	2	2.4	9	10	5	9	2	.153	.224	10	2	1B-29
6 yrs.	470	1588	383	85	7	24	1.5	163	208	82	218	15	.241	.349	21	7	1B-450
5 yrs.	314	1100	280	66	6	16	1.5	124	163	56	139	13	.255	.369	11	5	1B-307

Joe Schultz

SCHULTZ, JOSEPH CHARLES (Germany)   BR TR 5'11½" 172 lbs.
Father of Joe Schultz.
B. July 24, 1893, Pittsburgh, Pa.   D. Apr. 13, 1941, Columbia, S. C.

	G	AB	H	2B	3B	HR	HR%	R	RBI	BB	SO	SB	BA	SA	PH AB	PH H	G by POS
1912 BOS N	4	12	3	1	0	0	0.0	1	4	0	2	0	.250	.333	0	0	2B-4
1913	9	18	4	0	0	0	0.0	2	1	2	7	1	.222	.222	1	0	OF-5, 2B-1
1915 2 teams		BKN N (56G – .292)				CHI N (7G – .250)											
" total	63	128	37	3	2	0	0.0	14	7	10	20	3	.289	.344	29	8	3B-55, 2B-2, SS-1
1916 PIT N	77	204	53	8	2	0	0.0	18	22	7	14	6	.260	.319	20	5	3B-24, 2B-24, OF-6, SS-1
1919 STL N	88	229	58	9	1	2	0.9	24	21	11	7	4	.253	.328	31	8	OF-49, 2B-5
1920	99	320	84	5	5	0	0.0	38	32	21	11	5	.263	.309	14	2	OF-80
1921	92	275	85	20	3	6	2.2	37	45	15	11	4	.309	.469	18	6	OF-67, 3B-3, 1B-2
1922	112	344	108	13	4	2	0.6	50	64	19	10	3	.314	.392	22	8	OF-89
1923	2	7	2	0	0	0	0.0	0	1	1	0	0	.286	.286	0	0	OF-2
1924 2 teams		STL N (12G – .167)				PHI N (88G – .282)											
" total	100	296	82	15	1	5	1.7	35	31	23	18	6	.277	.385	17	6	OF-78
1925 2 teams		PHI N (24G – .344)				CIN N (33G – .323)											
" total	57	126	42	9	1	0	0.0	16	21	7	2	4	.333	.421	18	3	OF-35, 2B-1
11 yrs.	703	1959	558	83	19	15	0.8	235	249	116	102	35	.285	.370	170	46	OF-411, 3B-82, 2B-37, SS-2, 1B-2
1 yr.	56	120	35	3	2	0	0.0	13	4	10	18	3	.292	.350	25	7	3B-55, SS-1

Mike Scioscia

SCIOSCIA, MICHAEL LORRI   BL TR 6'2"   200 lbs.
B. Nov. 27, 1958, Darby, Pa.

	G	AB	H	2B	3B	HR	HR%	R	RBI	BB	SO	SB	BA	SA	PH AB	PH H	G by POS
1980 LA N	54	134	34	5	1	1	0.7	8	8	12	9	1	.254	.328	1	0	C-54
1981	93	290	80	10	0	2	0.7	27	29	36	18	0	.276	.331	2	1	C-91
1982	129	365	80	11	1	5	1.4	31	38	44	31	2	.219	.296	8	0	C-123
1983	12	35	11	3	0	1	2.9	3	7	5	2	0	.314	.486	1	0	C-11
1984	114	341	93	18	0	5	1.5	29	38	52	26	2	.273	.370	7	0	C-112
1985	141	429	127	26	3	7	1.6	47	53	77	21	3	.296	.420	7	1	C-139
6 yrs.	543	1594	425	73	5	21	1.3	145	173	226	107	8	.267	.358	26	2	C-530
6 yrs.	543	1594	425	73	5	21	1.3	145	173	226	107	8	.267	.358	26	2	C-530

DIVISIONAL PLAYOFF SERIES
| 1981 LA N | 4 | 13 | 2 | 0 | 0 | 0 | 0.0 | 0 | 1 | 1 | 2 | 0 | .154 | .154 | 0 | 0 | C-4 |

LEAGUE CHAMPIONSHIP SERIES
1981 LA N	5	15	2	0	0	1	6.7	1	1	2	1	0	.133	.333	0	0	C-5
1985	6	16	4	0	0	0	0.0	2	1	4	0	0	.250	.250	0	0	C-6
2 yrs.	11	31	6	0	0	1	3.2	3	2	6	1	0	.194	.290	0	0	C-11

WORLD SERIES
| 1981 LA N | 3 | 4 | 1 | 0 | 0 | 0 | 0.0 | 1 | 0 | 1 | 0 | 0 | .250 | .250 | 1 | 0 | C-3 |

Jimmy Sebring

SEBRING, JAMES DENNISON   BL TL 6'   180 lbs.
B. Mar. 25, 1882, Liberty, Pa.   D. Dec. 22, 1909, Williamsport, Pa.

	G	AB	H	2B	3B	HR	HR%	R	RBI	BB	SO	SB	BA	SA	PH AB	PH H	G by POS
1902 PIT N	19	80	26	4	4	0	0.0	15	15	5		2	.325	.475	0	0	OF-19
1903	124	506	140	16	13	4	0.8	71	64	32		20	.277	.383	0	0	OF-124
1904 2 teams		PIT N (80G – .269)				CIN N (56G – .225)											
" total	136	527	132	20	9	0	0.0	50	56	31		16	.250	.323	0	0	OF-136
1905 CIN N	58	217	62	10	5	2	0.9	31	28	14		11	.286	.406	2	0	OF-56
1909 2 teams		BKN N (25G – .099)				WAS A (1G – .000)											
" total	26	81	8	1	0	0	0.0	11	5	11		3	.099	.136	0	0	OF-26
5 yrs.	363	1411	368	51	32	6	0.4	178	168	93		52	.261	.355	2	0	OF-361
1 yr.	25	81	8	1	1	0	0.0	11	5	11		3	.099	.136	0	0	OF-25

WORLD SERIES
| 1903 PIT N | 8 | 30 | 11 | 0 | 1 | 1 | 3.3 | 3 | 5 | 1 | | 4 | .367 | .533 | 0 | 0 | OF-8 |

Merv Shea

SHEA, MERVIN DAVID JOHN   BR TR 5'11"   175 lbs.
B. Sept. 5, 1900, San Francisco, Calif.   D. Jan. 27, 1953, Sacramento, Calif.

	G	AB	H	2B	3B	HR	HR%	R	RBI	BB	SO	SB	BA	SA	PH AB	PH H	G by POS
1927 DET A	34	85	15	6	3	0	0.0	5	9	7	15	0	.176	.318	3	0	C-31
1928	39	85	20	2	3	0	0.0	8	9	9	11	2	.235	.329	7	0	C-30
1929	50	162	47	6	0	3	1.9	23	24	19	18	2	.290	.383	3	0	C-50
1933 2 teams		BOS A (16G – .143)				STL A (94G – .262)											
" total	110	335	81	14	1	1	0.3	27	35	47	33	2	.242	.299	8	2	C-101
1934 CHI A	62	176	28	3	0	0	0.0	8	5	24	19	0	.159	.176	2	0	C-60
1935	46	122	28	2	0	0	0.0	8	13	30	9	0	.230	.246	2	0	C-43
1936	14	24	3	0	0	0	0.0	3	2	6	5	0	.125	.125	0	0	C-14
1937	25	71	15	1	0	0	0.0	7	5	15	10	1	.211	.225	0	0	C-25

Player Register

	G	AB	H	2B	3B	HR	HR%	R	RBI	BB	SO	SB	BA	SA	Pinch Hit AB H	G by POS

Merv Shea continued

1938 BKN N	48	120	22	5	0	0	0.0	14	12	28	20	1	.183	.225	0 0	C-47
1939 DET A	4	2	0	0	0	0	0.0	0	0	0	1	0	.000	.000	0 0	C-4
1944 PHI N	7	15	4	0	0	1	6.7	2	1	4	4	0	.267	.467	1 0	C-6
11 yrs.	439	1197	263	39	7	5	0.4	105	115	189	145	8	.220	.277	26 2	C-411
1 yr.	48	120	22	5	0	0	0.0	14	12	28	20	1	.183	.225	0 0	C-47

Jimmy Sheckard

SHECKARD, SAMUEL JAMES TILDEN BL TR 5'9" 175 lbs.
B. Nov. 23, 1878, Upper Chanceford, Pa. D. Jan. 15, 1947, Lancaster, Pa.

1897 BKN N	13	49	16	3	2	3	6.1	12	14	6		5	.327	.653	0 0	SS-11, OF-2
1898	105	409	119	17	9	4	1.0	51	64	37		8	.291	.406	0 0	OF-105, 3B-1
1899 BAL N	147	536	158	18	10	3	0.6	104	75	56		77	.295	.382	0 0	OF-146, 1B-1
1900 BKN N	85	273	82	19	10	1	0.4	74	39	42		30	.300	.454	6 1	OF-78
1901	133	558	197	31	19	11	2.0	116	104	47		35	.353	.536	0 0	OF-121, 3B-12
1902 2 teams		BAL	A (4G –	.267)		BKN	N	(123G –	.270)							
" total	127	501	135	21	10	4	0.8	89	37	58		25	.269	.375	0 0	OF-127
1903 BKN N	139	515	171	29	9	9	1.7	99	75	75		67	.332	.476	0 0	OF-139
1904	143	507	121	23	6	1	0.2	70	46	56		21	.239	.314	0 0	OF-141, 2B-2
1905	130	480	140	20	11	3	0.6	58	41	61		23	.292	.398	0 0	OF-129
1906 CHI N	149	549	144	27	10	1	0.2	90	45	67		30	.262	.353	0 0	OF-149
1907	142	484	129	23	1	1	0.2	76	36	76		31	.267	.324	1 0	OF-142
1908	115	403	93	18	3	2	0.5	54	22	62		18	.231	.305	0 0	OF-115
1909	148	525	134	29	5	1	0.2	81	43	72		15	.255	.335	0 0	OF-148
1910	144	507	130	27	6	5	1.0	82	51	83	53	22	.256	.363	1 1	OF-143
1911	156	539	149	26	11	4	0.7	121	50	147	58	32	.276	.388	0 0	OF-156
1912	146	523	128	22	10	3	0.6	85	47	122	81	15	.245	.342	0 0	OF-146
1913 2 teams		STL	N (52G –	.199)		CIN	N	(47G –	.190)							
" total	99	252	49	3	4	0	0.0	34	24	68	41	11	.194	.238	12 2	OF-84
17 yrs.	2121	7610	2095	356	136	56	0.7	1296	813	1135	233	465	.275	.380	20 4	OF-2071, 3B-13, SS-11, 2B-2, 1B-1
8 yrs.	871	3277	977	162	76 8th	36	1.1	566	420	381		212 5th	.298	.427	6 1	OF-838, 3B-13, SS-11, 2B-2

WORLD SERIES

1906 CHI N	6	21	0	0	0	0	0.0	0	1	2	4	1	.000	.000	0 0	OF-6
1907	5	21	5	2	0	0	0.0	0	2	0	1	1	.238	.333	0 0	OF-5
1908	5	21	5	0	0	0	0.0	2	1	2	3	1	.238	.333	0 0	OF-5
1910	5	14	4	2	0	0	0.0	5	1	7	2	1	.286	.429	0 0	OF-5
4 yrs.	21	77	14	6	0	0	0.0	7	5	11	10	4	.182	.260	0 0	OF-21

Jack Sheehan

SHEEHAN, JOHN THOMAS BL TR 5'8½" 165 lbs.
B. Apr. 15, 1893, Chicago, Ill.

1920 BKN N	3	5	2	1	0	0	0.0	0	0	1		0	.400	.600	0 0	SS-2, 3B-1
1921	5	12	0	0	0	0	0.0	2	0	0	1	0	.000	.000	0 0	2B-2, SS-1, 3B-1
2 yrs.	8	17	2	1	0	0	0.0	2	0	1	1	0	.118	.176	0 0	SS-3, 3B-2, 2B-2
2 yrs.	8	17	2	1	0	0	0.0	2	0	1	1	0	.118	.176	0 0	SS-3, 3B-2, 2B-2

WORLD SERIES

1920 BKN N	3	11	2	0	0	0	0.0	0	0	0		1	.182	.182	0 0	3B-3

Tommy Sheehan

SHEEHAN, THOMAS H. TR
B. Nov. 6, 1877, Sacramento, Calif. D. May 22, 1959, Canal Zone, Panama

1906 PIT N	95	315	76	6	3	1	0.3	28	34	18		13	.241	.289	5 1	3B-90
1907	75	226	62	2	3	0	0.0	23	25	23		10	.274	.310	6 2	3B-57, SS-10
1908 BKN N	146	468	100	18	2	0	0.0	45	29	53		9	.214	.261	1 1	3B-145
3 yrs.	316	1009	238	26	8	1	0.1	96	88	94		32	.236	.280	12 4	3B-292, SS-10
1 yr.	146	468	100	18	2	0	0.0	45	29	53		9	.214	.261	1 1	3B-145

Red Sheridan

SHERIDAN, EUGENE ANTHONY (Gene) BR TR 5'10½" 160 lbs.
B. Nov. 14, 1896, Brooklyn, N. Y. D. Sept. 25, 1975, Queens, N. Y.

1918 BKN N	2	4	1	0	0	0	0.0	0	0	1	0	1	.250	.250	0 0	2B-2
1920	3	2	0	0	0	0	0.0	0	0	0	1	0	.000	.000	0 0	SS-3
2 yrs.	5	6	1	0	0	0	0.0	0	0	1	1	1	.167	.167	0 0	SS-3, 2B-2
2 yrs.	5	6	1	0	0	0	0.0	0	0	1	1	1	.167	.167	0 0	SS-3, 2B-2

Vince Sherlock

SHERLOCK, VINCENT THOMAS BR TR 6' 180 lbs.
Brother of Monk Sherlock.
B. Mar. 27, 1909, Buffalo, N. Y.

1935 BKN N	9	26	12	1	0	0	0.0	4	6	1	2	1	.462	.500	0 0	2B-8

Norm Sherry

SHERRY, NORMAN BURT BR TR 5'11" 180 lbs.
Brother of Larry Sherry.
B. July 16, 1931, New York, N. Y.
Manager 1976-77.

1959 LA N	2	3	1	0	0	0	0.0	0	2	0	0	0	.333	.333	0 0	C-2
1960	47	138	39	4	1	8	5.8	22	19	12	29	0	.283	.500	5 1	C-44
1961	47	121	31	2	0	5	4.1	10	21	9	30	0	.256	.397	10 1	C-45
1962	35	88	16	2	0	3	3.4	7	16	6	17	0	.182	.307	1 1	C-34
1963 NY N	63	147	20	1	0	2	1.4	6	11	10	26	1	.136	.184	2 1	C-61
5 yrs.	194	497	107	9	1	18	3.6	45	69	37	102	1	.215	.346	18 4	C-186
4 yrs.	131	350	87	8	1	16	4.6	39	58	27	76	0	.249	.414	16 3	C-125

Player Register   218

	G	AB	H	2B	3B	HR	HR%	R	RBI	BB	SO	SB	BA	SA	Pinch Hit AB	Pinch Hit H	G by POS

Bill Shindle
SHINDLE, WILLIAM
B. Dec. 5, 1860, Gloucester City, N. J.   D. June 3, 1936, Lakeland, N. J.   BR TR 6'   155 lbs.

Year	Team	G	AB	H	2B	3B	HR	HR%	R	RBI	BB	SO	SB	BA	SA	PH AB	PH H	G by POS
1886	DET N	7	26	7	0	0	0	0.0	4	4	0	5		.269	.269	0	0	SS-7
1887		22	84	24	3	2	0	0.0	17	12	7	10	13	.286	.369	0	0	3B-21, OF-1
1888	BAL AA	135	514	107	14	8	1	0.2	61	53	20		52	.208	.272	0	0	3B-135
1889		138	567	178	24	7	3	0.5	122	64	42	37	56	.314	.397	0	0	3B-138
1890	PHI P	132	584	188	21	21	10	1.7	127	90	40	30	51	.322	.481	0	0	SS-130, 3B-2
1891	PHI N	103	415	87	13	1	0	0.0	68	38	33	39	17	.210	.246	0	0	3B-100, SS-3
1892	BAL N	143	619	156	20	18	3	0.5	100	50	35	34	24	.252	.357	0	0	3B-134, SS-9
1893		125	521	136	22	11	1	0.2	100	75	66	17	17	.261	.351	0	0	3B-125
1894	BKN N	116	476	141	22	9	4	0.8	94	96	29	20	19	.296	.405	0	0	3B-116
1895		118	486	135	22	3	3	0.6	92	69	47	28	17	.278	.354	0	0	3B-116
1896		131	516	144	24	9	1	0.2	75	61	24	20	24	.279	.366	0	0	3B-131
1897		134	542	154	32	6	3	0.6	83	105	35		23	.284	.382	0	0	3B-134
1898		120	466	105	10	3	1	0.2	50	41	10		3	.225	.266	0	0	3B-120
13 yrs.		1424	5816	1562	227	98	30	0.5	993	758	388	240	316	.269	.357	0	0	3B-1272, SS-149, OF-1
5 yrs.		619	2486	679	110	30	12	0.5	394	372	145	68	86	.273	.356	0	0	3B-617

Bart Shirley
SHIRLEY, BARTON ARVIN
B. Jan. 4, 1940, Corpus Christi, Tex.   BR TR 5'10"   183 lbs.

Year	Team	G	AB	H	2B	3B	HR	HR%	R	RBI	BB	SO	SB	BA	SA	PH AB	PH H	G by POS
1964	LA N	18	62	17	1	1	0	0.0	6	7	4	8	0	.274	.323	0	0	3B-10, SS-8
1966		12	5	1	0	0	0	0.0	2	0	0	2	0	.200	.200	4	1	SS-5
1967	NY N	6	12	0	0	0	0	0.0	1	0	0	5	0	.000	.000	2	0	2B-3
1968	LA N	39	83	15	3	0	0	0.0	6	4	10	13	0	.181	.217	1	0	SS-21, 2B-18
4 yrs.		75	162	33	4	1	0	0.0	15	11	14	28	0	.204	.241	7	1	SS-34, 2B-21, 3B-10
3 yrs.		69	150	33	4	1	0	0.0	14	11	14	23	0	.220	.260	5	1	SS-34, 2B-18, 3B-10

George Shoch
SHOCH, GEORGE QUINTUS
B. Jan. 6, 1859, Philadelphia, Pa.   D. Sept. 30, 1937, Philadelphia, Pa.   BR TR

Year	Team	G	AB	H	2B	3B	HR	HR%	R	RBI	BB	SO	SB	BA	SA	PH AB	PH H	G by POS
1886	WAS N	26	95	28	2	1	1	1.1	11	18	2	13		.295	.368	0	0	OF-25, SS-1
1887		70	264	63	9	1	1	0.4	47	18	21	16	29	.239	.292	0	0	OF-63, SS-6, 2B-1
1888		90	317	58	6	3	2	0.6	46	24	25	22	23	.183	.240	0	0	SS-52, OF-35, 2B-1, P-1
1889		30	109	26	2	0	0	0.0	12	11	20	5	9	.239	.257	0	0	OF-29, SS-1
1891	C-M AA	34	127	40	7	1	1	0.8	29	16	18	5	12	.315	.409	0	0	SS-25, 3B-9
1892	BAL N	76	308	85	15	3	1	0.3	42	50	24	19	14	.276	.354	0	0	SS-57, OF-12, 3B-7
1893	BKN N	94	327	86	17	1	2	0.6	53	54	48	13	9	.263	.339	0	0	OF-46, 3B-37, SS-11, 2B-3
1894		64	239	77	6	5	1	0.4	47	37	26	6	16	.322	.402	0	0	OF-35, 3B-14, 2B-9, SS-6
1895		61	216	56	9	7	0	0.0	49	29	32	6	7	.259	.366	0	0	OF-39, 2B-13, SS-6, 3B-3
1896		76	250	73	7	4	1	0.4	36	28	33	10	11	.292	.364	1	0	2B-62, OF-10, 3B-3, SS-1
1897		85	284	79	9	2	0	0.0	42	38	49		6	.278	.324	0	0	2B-68, SS-13, OF-4
11 yrs.		706	2536	671	89	28	10	0.4	414	323	298	115	136	.265	.334	1	0	OF-298, SS-179, 2B-157, 3B-73, P-1
5 yrs.		380	1316	371	48	19	4	0.3	227	186	188	35	49	.282	.356	1	0	2B-155, OF-134, 3B-57, SS-37

Burt Shotton
SHOTTON, BURTON EDWIN (Barney)
B. Oct. 18, 1884, Brownhelm, Ohio   D. July 29, 1962, Lake Wales, Fla.
Manager 1928-34, 1947-50.   BL TR 5'11"   175 lbs.

Year	Team	G	AB	H	2B	3B	HR	HR%	R	RBI	BB	SO	SB	BA	SA	PH AB	PH H	G by POS
1909	STL A	17	61	16	0	1	0	0.0	5	0	5		3	.262	.295	0	0	OF-17
1911		139	572	146	11	8	0	0.0	85	36	51		26	.255	.302	0	0	OF-139
1912		154	580	168	15	8	2	0.3	87	40	86		35	.290	.353	0	0	OF-154
1913		147	549	163	23	8	1	0.2	105	22	99	63	43	.297	.373	1	0	OF-146
1914		154	579	156	19	9	0	0.0	82	38	64	66	40	.269	.333	2	0	OF-152
1915		156	559	158	18	11	1	0.2	93	30	118	62	43	.283	.360	2	0	OF-154
1916		157	618	174	23	6	1	0.2	97	36	111	67	41	.282	.343	0	0	OF-157
1917		118	398	89	9	1	1	0.3	47	20	62	47	16	.224	.259	5	0	OF-107
1918	WAS A	126	505	132	16	7	0	0.0	68	21	67	28	25	.261	.321	3	1	OF-122
1919	STL N	85	270	77	13	5	1	0.4	35	20	22	25	17	.285	.381	14	1	OF-67
1920		62	180	41	5	0	1	0.6	28	12	18	14	5	.228	.272	7	1	OF-51
1921		38	48	12	1	1	1	2.1	9	7	7	4	0	.250	.375	22	7	OF-11
1922		34	30	6	1	0	0	0.0	5	2	4	6	0	.200	.233	26	5	OF-3
1923		1	0	0	0	0	0	—	1	0	0	0	0	—	—	0	0	
14 yrs.		1388	4949	1338	154	65	9	0.2	747	290	714	382	294	.270	.333	82	15	OF-1280

George Shuba
SHUBA, GEORGE THOMAS (Shotgun)
B. Dec. 13, 1924, Youngstown, Ohio   BL TR 5'11"   180 lbs.

Year	Team	G	AB	H	2B	3B	HR	HR%	R	RBI	BB	SO	SB	BA	SA	PH AB	PH H	G by POS
1948	BKN N	63	161	43	6	0	4	2.5	21	32	34	31	1	.267	.379	6	2	OF-56
1949		1	1	0	0	0	0	0.0	0	0	0	0	0	.000	.000	1	0	
1950		34	111	23	8	2	3	2.7	15	12	13	22	2	.207	.396	5	1	OF-27
1952		94	256	78	12	1	9	3.5	40	40	38	29	1	.305	.465	25	8	OF-67
1953		74	169	43	12	1	5	3.0	19	23	17	20	1	.254	.426	29	7	OF-44
1954		45	65	10	5	0	2	3.1	3	10	7	10	0	.154	.323	30	4	OF-13
1955		44	51	14	2	0	1	2.0	8	8	11	10	0	.275	.373	29	11	OF-9
7 yrs.		355	814	211	45	4	24	2.9	106	125	120	122	5	.259	.413	125	33	OF-216
7 yrs.		355	814	211	45	4	24	2.9	106	125	120	122	5	.259	.413	125	33	OF-216
																8th	4th	

WORLD SERIES

Year	Team	G	AB	H	2B	3B	HR	HR%	R	RBI	BB	SO	SB	BA	SA	PH AB	PH H	G by POS
1952	BKN N	4	10	3	1	0	0	0.0	0	0	0	4	0	.300	.400	1	0	OF-3
1953		2	1	1	0	0	1	0.0	1	2	0	0	0	1.000	4.000	1	1	

219   *Player Register*

	G	AB	H	2B	3B	HR	HR %	R	RBI	BB	SO	SB	BA	SA	Pinch Hit AB H	G by POS

George Shuba continued

| 1955 | 1 | 1 | 0 | 0 | 0 | 0 | 0.0 | 0 | 0 | 0 | 0 | 0 | .000 | .000 | 1 | 0 | |
| 3 yrs. | 7 | 12 | 4 | 1 | 0 | 1 | 8.3 | 1 | 2 | 0 | 4 | 0 | .333 | .667 | 3 | 1 | OF-3 |

Dick Siebert

SIEBERT, RICHARD WALTHER BL TL 6' 170 lbs.
Father of Paul Siebert.
B. Feb. 19, 1912, Fall River, Mass. D. Nov. 9, 1978, Minneapolis, Minn.

1932 BKN N	6	7	2	0	0	0	0.0	1	0	2	2	0	.286	.286	3	1	1B-6
1936	2	0	0	0	0	0	0.0	0	0	0	0	0	.000	.000	1	0	OF-1
1937 STL N	22	38	7	2	0	0	0.0	3	2	4	8	1	.184	.237	13	3	1B-7
1938 2 teams	STL	N (1G – 1.000)			PHI	A	(48G – .284)										
" total	49	195	56	8	3	0	0.0	24	28	10	9	2	.287	.359	3	2	1B-46
1939 PHI A	101	402	118	28	3	6	1.5	58	47	21	22	4	.294	.423	2	0	1B-99
1940	154	595	170	31	6	5	0.8	69	77	33	34	8	.286	.383	0	0	1B-154
1941	123	467	156	28	8	5	1.1	63	79	37	22	1	.334	.460	0	0	1B-123
1942	153	612	159	25	7	2	0.3	57	74	24	17	4	.260	.333	0	0	1B-152
1943	146	558	140	26	7	1	0.2	50	72	33	21	6	.251	.328	1	0	1B-145
1944	132	468	143	27	5	6	1.3	52	52	62	17	2	.306	.423	0	0	1B-74, OF-58
1945	147	573	153	29	1	7	1.2	62	51	50	33	2	.267	.358	0	0	1B-147
11 yrs.	1035	3917	1104	204	40	32	0.8	439	482	276	185	30	.282	.379	23	6	1B-953, OF-59
2 yrs.	8	9	2	0	0	0	0.0	1	0	2	2	0	.222	.222	4	1	1B-6, OF-1

Joe Simpson

SIMPSON, JOSEPH ALLEN BL TL 6'3" 175 lbs.
B. Dec. 31, 1951, Purcell, Okla.

1975 LA N	9	6	2	0	0	0	0.0	3	0	0	2	0	.333	.333	1	0	OF-6
1976	23	30	4	1	0	0	0.0	2	0	1	6	0	.133	.167	0	0	OF-20
1977	29	23	4	0	0	0	0.0	2	1	2	6	1	.174	.174	0	0	OF-28, 1B-1
1978	10	5	2	0	0	0	0.0	1	1	0	2	0	.400	.400	0	0	OF-10
1979 SEA A	120	265	75	11	0	2	0.8	29	27	11	21	6	.283	.347	9	2	OF-105, DH-3
1980	129	365	91	15	3	0	0.8	42	34	28	43	17	.249	.332	11	1	OF-119, 1B-3
1981	91	288	64	11	3	2	0.7	32	30	15	41	12	.222	.302	7	1	OF-88
1982	105	296	76	14	4	2	0.7	39	23	22	48	8	.257	.351	7	3	OF-97
1983 KC A	91	119	20	2	2	0	0.0	16	8	11	21	1	.168	.218	2	0	1B-54, OF-38, DH-2, P-2
9 yrs.	607	1397	338	54	12	9	0.6	166	124	90	190	45	.242	.317	37	7	OF-511, 1B-58, DH-5, P-2
4 yrs.	71	64	12	1	0	0	0.0	8	2	3	16	1	.188	.203	1	0	OF-64, 1B-1

Duke Sims

SIMS, DUANE B BL TR 6'2" 197 lbs.
B. June 5, 1941, Salt Lake City, Utah

1964 CLE A	2	6	0	0	0	0	0.0	0	0	0	2	0	.000	.000	1	0	C-1
1965	48	118	21	0	0	6	5.1	9	15	15	33	0	.178	.331	12	2	C-40
1966	52	133	35	2	2	6	4.5	12	19	11	31	0	.263	.444	9	0	C-48
1967	88	272	55	8	2	12	4.4	25	37	30	64	3	.202	.379	5	2	C-85
1968	122	361	90	21	0	11	3.0	48	44	62	68	1	.249	.399	9	2	C-84, 1B-31, OF-4
1969	114	326	77	8	0	18	5.5	40	45	66	80	1	.236	.426	13	1	C-102, OF-3, 1B-1
1970	110	345	91	12	0	23	6.7	46	56	46	59	0	.264	.499	9	1	C-39, OF-36, 1B-29
1971 LA N	90	230	63	7	2	6	2.6	23	25	30	39	0	.274	.400	18	2	C-74
1972 2 teams	LA	N (51G – .192)			DET	A	(38G – .316)										
" total	89	249	60	11	0	6	2.4	18	30	36	41	0	.241	.357	12	3	C-73, OF-4
1973 2 teams	DET	A (80G – .242)			NY	A	(4G – .333)										
" total	84	261	64	10	0	9	3.4	34	31	33	37	1	.245	.387	9	1	C-69, OF-6, DH-2
1974 2 teams	NY	A (5G – .133)			TEX	A	(39G – .208)										
" total	44	121	24	1	0	3	2.5	8	8	9	29	0	.198	.281	7	3	C-31, DH-5, OF-1
11 yrs.	843	2422	580	80	6	100	4.1	263	310	338	483	6	.239	.401	104	17	C-646, 1B-61, OF-54, DH-7
2 yrs.	141	381	92	14	2	8	2.1	30	36	47	62	0	.241	.352	24	4	C-122

LEAGUE CHAMPIONSHIP SERIES
| 1972 DET A | 4 | 14 | 3 | 2 | 1 | 0 | 0.0 | 0 | 0 | 1 | 2 | 0 | .214 | .500 | 0 | 0 | C-2 |

Fred Sington

SINGTON, FREDERICK WILLIAM BR TR 6'2" 215 lbs.
B. Feb. 24, 1910, Birmingham, Ala.

1934 WAS A	9	35	10	2	0	0	0.0	2	6	4	3	0	.286	.343	0	0	OF-9
1935	20	22	4	0	0	0	0.0	1	3	5	1	0	.182	.182	11	2	OF-4
1936	25	94	30	8	0	1	1.1	13	28	15	9	0	.319	.436	0	0	OF-25
1937	78	228	54	15	4	3	1.3	27	36	37	33	1	.237	.377	14	0	OF-64
1938 BKN N	17	53	19	6	1	2	3.8	10	5	13	5	1	.358	.623	0	0	OF-17
1939	32	84	23	5	0	1	1.2	13	7	15	15	0	.274	.369	6	2	OF-22
6 yrs.	181	516	140	36	5	7	1.4	66	85	89	66	2	.271	.401	31	4	OF-141
2 yrs.	49	137	42	11	1	3	2.2	23	12	28	20	1	.307	.467	6	2	OF-39

Ted Sizemore

SIZEMORE, TED CRAWFORD BR TR 5'10" 165 lbs.
B. Apr. 15, 1946, Gadsden, Ala.

1969 LA N	159	590	160	20	5	4	0.7	69	46	45	40	5	.271	.342	0	0	2B-118, SS-46, OF-1
1970	96	340	104	10	1	3	0.3	40	34	34	19	5	.306	.350	3	2	2B-86, OF-9, SS-2
1971 STL N	135	478	126	14	5	3	0.6	53	42	42	26	4	.264	.333	6	3	2B-93, SS-39, OF-15, 3B-1
1972	120	439	116	17	4	2	0.5	53	38	37	36	8	.264	.335	13	1	2B-111
1973	142	521	147	22	1	1	0.2	69	54	68	34	6	.282	.334	1	0	2B-139, 3B-3
1974	129	504	126	17	0	2	0.4	68	47	70	37	8	.250	.296	2	0	2B-128, OF-1, SS-1
1975	153	562	135	23	1	3	0.5	56	49	45	37	1	.240	.301	1	1	2B-153
1976 LA N	84	266	64	8	1	0	0.0	18	18	15	22	2	.241	.278	13	5	2B-71, 3B-3, C-2
1977 PHI N	152	519	146	20	3	4	0.8	64	47	52	40	8	.281	.355	1	0	2B-152
1978	108	351	77	12	0	0	0.0	38	25	29	45	8	.219	.254	1	0	2B-107

Player Register

220

	G	AB	H	2B	3B	HR	HR%	R	RBI	BB	SO	SB	BA	SA	Pinch Hit AB	H	G by POS

Ted Sizemore continued

1979 2 teams	CHI N (98G – .248)				BOS A (26G – .261)												
" total	124	418	105	24	0	3	0.7	48	30	36	30	4	.251	.330	3	0	2B-122, C-2
1980 BOS A	9	23	5	1	0	0	0.0	1	0	0	0	0	.217	.261	1	0	2B-8
12 yrs.	1411	5011	1311	188	21	23	0.5	577	430	469	350	59	.262	.321	45	12	2B-1288, SS-88, OF-26, 3B-7, C-4
3 yrs.	339	1196	328	38	7	5	0.4	127	98	94	81	12	.274	.330	16	7	2B-275, SS-48, OF-10, 3B-3, C-2

LEAGUE CHAMPIONSHIP SERIES

1977 PHI N	4	13	3	0	0	0	0.0	1	0	2	0	0	.231	.231	0	0	2B-4
1978	4	13	5	0	1	0	0.0	3	1	1	0	0	.385	.538	0	0	2B-4
2 yrs.	8	26	8	0	1	0	0.0	4	1	3	0	0	.308	.385	0	0	2B-8

Frank Skaff

SKAFF, FRANCIS MICHAEL BR TR 5'10" 185 lbs.
B. Sept. 30, 1913, LaCrosse, Wis.
Manager 1966.

1935 BKN N	6	11	6	1	1	0	0.0	4	3	0	2	0	.545	.818	3	1	3B-3
1943 PHI A	32	64	18	2	1	1	1.6	8	8	6	11	0	.281	.391	7	1	1B-18, 3B-3, SS-1
2 yrs.	38	75	24	3	2	1	1.3	12	11	6	13	0	.320	.453	10	2	1B-18, 3B-6, SS-1
1 yr.	6	11	6	1	1	0	0.0	4	3	0	2	0	.545	.818	3	1	3B-3

Bill Skowron

SKOWRON, WILLIAM JOSEPH (Moose) BR TR 5'11" 195 lbs.
B. Dec. 18, 1930, Chicago, Ill.

1954 NY A	87	215	73	12	9	7	3.3	37	41	19	18	2	.340	.577	22	7	1B-61, 3B-5, 2B-2
1955	108	288	92	17	3	12	4.2	46	61	21	32	1	.319	.524	35	6	1B-74, 3B-3
1956	134	464	143	21	6	23	5.0	78	90	50	60	4	.308	.528	12	2	1B-120, 3B-2
1957	122	457	139	15	5	17	3.7	54	88	31	60	3	.304	.470	9	3	1B-115
1958	126	465	127	22	3	14	3.0	61	73	28	69	1	.273	.424	7	3	1B-118, 3B-2
1959	74	282	84	13	5	15	5.3	39	59	20	47	1	.298	.539	3	1	1B-72
1960	146	538	166	34	3	26	4.8	63	91	38	95	2	.309	.528	6	1	1B-142
1961	150	561	150	23	4	28	5.0	76	89	35	108	0	.267	.472	1	0	1B-149
1962	140	478	129	16	6	23	4.8	63	80	26	99	0	.270	.473	12	4	1B-135
1963 LA N	89	237	48	8	0	4	1.7	19	19	13	49	0	.203	.287	24	6	1B-66, 3B-1
1964 2 teams	WAS A (73G – .271)				CHI A (73G – .293)												
" total	146	535	151	21	3	17	3.2	47	79	30	92	0	.282	.428	13	3	1B-136
1965 CHI A	146	559	153	24	3	18	3.2	63	78	32	77	1	.274	.424	1	1	1B-145
1966	120	337	84	15	2	6	1.8	27	29	26	45	1	.249	.359	23	3	1B-98
1967 2 teams	CHI A (8G – .000)				CAL A (62G – .220)												
" total	70	131	27	2	1	1	0.8	8	11	4	19	0	.206	.260	37	7	1B-32
14 yrs.	1658	5547	1566	243	53	211	3.8	681	888	383	870	16	.282	.459	205	47	1B-1463, 3B-13, 2B-2
1 yr.	89	237	48	8	0	4	1.7	19	19	13	49	0	.203	.287	24	6	1B-66, 3B-1

WORLD SERIES

1955 NY A	5	12	4	2	0	1	8.3	2	3	0	1	0	.333	.750	2	0	1B-3
1956	3	10	1	0	0	1	10.0	1	4	0	3	0	.100	.400	1	0	1B-2
1957	2	4	0	0	0	0	0.0	0	0	0	0	0	.000	.000	1	0	1B-2
1958	7	27	7	0	0	2	7.4	3	7	1	4	0	.259	.481	0	0	1B-7
1960	7	32	12	2	0	2	6.3	7	6	0	6	0	.375	.625	0	0	1B-7
1961	5	17	6	0	0	1	5.9	3	5	3	4	0	.353	.529	0	0	1B-5
1962	6	18	4	0	1	0	0.0	1	1	1	5	0	.222	.333	0	0	1B-6
1963 LA N	4	13	5	0	0	1	7.7	2	3	1	3	0	.385	.615	0	0	1B-4
8 yrs.	39	133	39	4	1	8	6.0	19	29	6	26	0	.293	.519	4	0	1B-36
							7th		6th		6th						

Gordon Slade

SLADE, GORDON (Oskie) BR TR 5'10½" 160 lbs.
B. Oct. 9, 1904, Salt Lake City, Utah   D. Jan. 2, 1974, Long Beach, Calif.

1930 BKN N	25	37	8	2	0	1	2.7	8	2	3	5	0	.216	.351	0	0	SS-21
1931	85	272	65	13	2	1	0.4	27	29	23	28	2	.239	.313	0	0	SS-82, 3B-2
1932	79	250	60	15	1	1	0.4	23	23	11	26	3	.240	.320	1	1	SS-55, 3B-23
1933 STL N	39	62	7	1	0	0	0.0	6	3	6	7	1	.113	.129	3	0	SS-31, 2B-1
1934 CIN N	138	555	158	19	8	4	0.7	61	52	25	34	6	.285	.369	1	0	SS-97, 2B-39
1935	71	196	55	10	0	1	0.5	22	14	16	16	0	.281	.347	7	2	SS-30, 2B-19, OF-8, 3B-7
6 yrs.	437	1372	353	60	11	8	0.6	147	123	84	116	12	.257	.335	12	3	SS-316, 2B-59, 3B-32, OF-8
3 yrs.	189	559	133	30	3	2	0.3	58	54	37	59	5	.238	.318	1	1	SS-158, 3B-25

Broadway Aleck Smith

SMITH, ALEXANDER BENJAMIN TR
B. 1871, New York, N.Y.   D. July 9, 1919, New York, N.Y.

1897 BKN N	66	237	71	13	1	1	0.4	36	39	4		12	.300	.376	0	0	C-43, OF-18, 1B-6
1898	52	199	52	6	5	0	0.0	25	23	3		7	.261	.342	2	0	OF-26, C-20, 3B-2, 2B-2, 1B-1
1899 2 teams	BKN N (17G – .180)				BAL N (41G – .383)												
" total	58	181	57	6	5	0	0.0	23	31	6		7	.315	.403	1	0	C-53, OF-2, 1B-1
1900 BKN N	7	25	6	0	0	0	0.0	2	3	1		2	.240	.240	0	0	3B-6, C-1
1901 NY N	26	78	11	0	1	0	0.0	5	6	0		1	.141	.167	1	0	C-25
1902 BAL A	41	145	34	3	0	0	0.0	10	21	8		5	.234	.255	0	0	C-27, 1B-7, OF-4, 2B-3, 3B-1
1903 BOS A	11	33	10	1	0	0	0.0	4	4	0		0	.303	.333	1	0	C-10
1904 CHI N	10	29	6	1	0	0	0.0	2	1	3		1	.207	.241	2	0	OF-6, 3B-1, C-1
1906 NY N	16	28	5	0	0	0	0.0	0	2	1		0	.179	.179	4	1	C-8, 1B-3, OF-1
9 yrs.	287	955	252	30	12	1	0.1	107	130	26		38	.264	.324	11	1	C-188, OF-57, 1B-18, 3B-10, 2B-5
4 yrs.	142	522	140	19	7	1	0.2	69	71	10		21	.268	.337	2	0	C-81, OF-44, 3B-8, 1B-7, 2B-2

Player Register

	G	AB	H	2B	3B	HR	HR%	R	RBI	BB	SO	SB	BA	SA	Pinch Hit AB	Pinch Hit H	G by POS

Charley Smith
SMITH, CHARLES WILLIAM
B. Sept. 15, 1937, Charleston, S. C.
BR TR 6'1" 170 lbs.

Year	Team																
1960	LA N	18	60	10	1	1	0	0.0	2	5	1	15	0	.167	.217	0	0	3B-18
1961	2 teams	LA	N (9G – .250)			PHI	N (112G – .248)										
"	total	121	435	108	14	4	11	2.5	47	50	24	82	3	.248	.375	5	1	3B-98, SS-17
1962	CHI A	65	145	30	4	0	2	1.4	11	17	9	32	0	.207	.276	13	2	3B-54
1963		4	7	2	0	1	0	0.0	0	1	0	2	0	.286	.571	3	1	SS-1
1964	2 teams	CHI	A (2G – .143)			NY	N (127G – .239)										
"	total	129	450	107	12	1	20	4.4	45	58	20	102	2	.238	.402	7	2	3B-87, SS-36, OF-13
1965	NY N	135	499	122	20	3	16	3.2	49	62	17	123	2	.244	.393	3	0	3B-131, SS-6, 2B-1
1966	STL N	116	391	104	13	4	10	2.6	34	43	22	81	0	.266	.396	8	3	3B-107, SS-1
1967	NY A	135	425	95	15	3	9	2.1	38	38	32	110	0	.224	.336	20	6	3B-115
1968		46	70	16	4	1	1	1.4	2	7	5	18	0	.229	.357	31	10	3B-13
1969	CHI N	2	2	0	0	0	0	0.0	0	0	0	0	0	.000	.000	2	0	
	10 yrs.	771	2484	594	83	18	69	2.8	228	281	130	565	7	.239	.370	92	25	3B-623, SS-61, OF-13, 2B-1
	2 yrs.	27	84	16	2	1	2	2.4	6	8	2	21	0	.190	.310	1	0	3B-22, SS-3

Dick Smith
SMITH, RICHARD ARTHUR
B. May 17, 1939, Lebanon, Ore.
BR TR 6'2" 205 lbs.

Year	Team	G	AB	H	2B	3B	HR	HR%	R	RBI	BB	SO	SB	BA	SA	PH AB	PH H	G by POS
1963	NY N	20	42	10	0	1	0	0.0	4	3	5	10	3	.238	.286	5	1	OF-10, 1B-2
1964		46	94	21	6	1	0	0.0	14	3	1	29	6	.223	.309	8	1	1B-18, OF-13
1965	LA N	10	6	0	0	0	0	0.0	0	1	0	3	0	.000	.000	0	0	OF-9
	3 yrs.	76	142	31	6	2	0	0.0	18	7	6	42	9	.218	.289	13	2	OF-32, 1B-20
	1 yr.	10	6	0	0	0	0	0.0	0	1	0	3	0	.000	.000	0	0	OF-9

Germany Smith
SMITH, GEORGE J.
B. Apr. 21, 1863, Pittsburgh, Pa. D. Dec. 1, 1927, Altoona, Pa.
BR TR 6' 175 lbs.

Year	Team	G	AB	H	2B	3B	HR	HR%	R	RBI	BB	SO	SB	BA	SA	PH AB	PH H	G by POS
1884	2 teams	ALT	U (25G – .315)			CLE	N (72G – .254)										
"	total	97	399	108	22	5	4	1.0	40	26	3	45		.271	.381	0	0	SS-55, 2B-42, P-1
1885	BKN AA	108	419	108	17	11	4	1.0	63		10			.258	.379	0	0	SS-108
1886		105	426	105	17	6	2	0.5	66		19			.246	.329	0	0	SS-105, OF-1, C-1
1887		103	435	128	19	16	4	0.9	79		13		26	.294	.439	0	0	SS-101, 3B-2
1888		103	402	86	10	7	3	0.7	47	61	22		27	.214	.296	0	0	SS-103, 2B-1
1889		121	446	103	22	3	3	0.7	89	53	40	42	35	.231	.314	0	0	SS-120, OF-1
1890	BKN N	129	481	92	6	5	1	0.2	76	47	42	23	24	.191	.231	0	0	SS-129
1891	CIN N	138	512	103	11	5	3	0.6	50	53	38	32	16	.201	.260	0	0	SS-138
1892		139	506	121	13	6	8	1.6	58	63	42	52	19	.239	.336	0	0	SS-139
1893		130	500	118	18	6	3	0.6	63	56	38	20	14	.236	.314	0	0	SS-130
1894		127	482	127	33	5	3	0.6	73	76	41	28	15	.263	.371	0	0	SS-127
1895		127	503	151	23	6	4	0.8	75	74	34	24	13	.300	.394	0	0	SS-127
1896		120	456	131	22	9	2	0.4	65	71	28	22	22	.287	.388	0	0	SS-120
1897	BKN N	112	428	86	17	3	0	0.0	47	29	14		1	.201	.255	0	0	SS-112
1898	STL N	51	157	25	2	1	1	0.6	16	9	24			.159	.204	0	0	SS-51
	15 yrs.	1710	6552	1592	252	94	45	0.7	907	618	408	288	213	.243	.331	0	0	SS-1665, 2B-43, OF-2, 3B-2, C-1, P-1
	2 yrs.	241	909	178	23	8	1	0.1	123	76	56	23	25	.196	.242	0	0	SS-241

Hap Smith
SMITH, HENRY JOSEPH
B. July 14, 1883, Coquille, Ore. D. Feb. 26, 1961, San Jose, Calif.
BL TR 6' 185 lbs.

Year	Team	G	AB	H	2B	3B	HR	HR%	R	RBI	BB	SO	SB	BA	SA	PH AB	PH H	G by POS
1910	BKN N	35	76	18	2	0	0	0.0	6	5	4	14	4	.237	.263	17	3	OF-16

Red Smith
SMITH, JAMES CARLISLE
B. Apr. 6, 1890, Greenville, S. C. D. Oct. 10, 1966, Atlanta, Ga.
BR TR 5'11" 165 lbs.

Year	Team	G	AB	H	2B	3B	HR	HR%	R	RBI	BB	SO	SB	BA	SA	PH AB	PH H	G by POS
1911	BKN N	28	111	29	6	1	0	0.0	10	19	5	13	5	.261	.333	0	0	3B-28
1912		128	486	139	28	6	4	0.8	75	57	54	51	22	.286	.393	3	1	3B-125
1913		151	540	160	40	10	6	1.1	70	76	45	67	22	.296	.441	0	0	3B-151
1914	2 teams	BKN	N (90G – .245)			BOS	N (60G – .314)										
"	total	150	537	146	27	9	7	1.3	69	85	58	50	15	.272	.395	0	0	3B-150
1915	BOS N	157	549	145	34	4	2	0.4	66	65	67	49	10	.264	.352	0	0	3B-157
1916		150	509	132	16	10	3	0.6	48	60	53	55	13	.259	.348	0	0	3B-150
1917		147	505	149	31	6	2	0.4	60	62	53	61	16	.295	.392	1	0	3B-147
1918		119	429	128	20	3	2	0.5	55	65	45	47	8	.298	.373	0	0	3B-119
1919		87	241	59	6	0	1	0.4	24	25	40	22	6	.245	.282	15	4	OF-48, 3B-23
	9 yrs.	1117	3907	1087	208	49	27	0.7	477	514	420	415	117	.278	.377	19	5	3B-1050, OF-48
	4 yrs.	397	1467	409	84	25	14	1.0	194	200	134	157	60	.279	.399	3	1	3B-394

Reggie Smith
SMITH, CARL REGINALD
B. Apr. 2, 1945, Shreveport, La.
BB TR 6' 180 lbs.

Year	Team	G	AB	H	2B	3B	HR	HR%	R	RBI	BB	SO	SB	BA	SA	PH AB	PH H	G by POS
1966	BOS A	6	26	4	1	0	0	0.0	1	0	0	5	0	.154	.192	0	0	OF-6
1967		158	565	139	24	6	15	2.7	78	61	57	95	16	.246	.389	10	1	OF-144, 2B-6
1968		155	558	148	37	5	15	2.7	78	69	64	77	22	.265	.430	0	0	OF-155
1969		143	543	168	29	7	25	4.6	87	93	54	67	7	.309	.527	4	1	OF-139
1970		147	580	176	32	7	22	3.8	109	74	51	60	10	.303	.497	2	0	OF-145
1971		159	618	175	33	2	30	4.9	85	96	63	82	11	.283	.489	0	0	OF-159
1972		131	467	126	25	4	21	4.5	75	74	68	63	15	.270	.475	2	0	OF-129
1973		115	423	128	23	2	21	5.0	79	69	68	49	3	.303	.515	1	0	OF-104, DH-8, 1B-1
1974	STL N	143	517	160	26	9	23	4.4	79	100	71	70	4	.309	.528	10	4	OF-132, 1B-1
1975		135	449	137	19	4	19	4.0	67	76	63	59	9	.302	.488	7	3	OF-69, 1B-66, 3B-1
1976	2 teams	STL	N (47G – .218)			LA	N (65G – .280)										
"	total	112	395	100	15	5	18	4.6	55	49	32	70	3	.253	.453	8	4	OF-74, 1B-17, 3B-14
1977	LA N	148	488	150	27	4	32	6.6	104	87	104	76	7	.307	.576	6	1	OF-140
1978		128	447	132	27	3	29	6.5	82	93	70	90	12	.295	.559	2	0	OF-126

Player Register

	G	AB	H	2B	3B	HR	HR%	R	RBI	BB	SO	SB	BA	SA	Pinch Hit AB	H	G by POS

Reggie Smith continued

Year	Tm Lg	G	AB	H	2B	3B	HR	HR%	R	RBI	BB	SO	SB	BA	SA	PH AB	PH H	G by POS
1979		68	234	64	13	1	10	4.3	41	32	31	50	6	.274	.466	5	2	OF-62
1980		92	311	100	13	0	15	4.8	47	55	41	63	5	.322	.508	6	3	OF-84
1981		41	35	7	1	0	1	2.9	5	8	7	8	0	.200	.314	31	6	1B-2
1982 SF N		106	349	99	11	0	18	5.2	51	56	46	46	7	.284	.470	6	1	1B-99
17 yrs.		1987	7033	2020	363	57	314	4.5	1123	1092	890	1030	137	.287	.489	100	26	OF-1668, 1B-186, 3B-15, DH-8, 2B-6
6 yrs.		542	1740	516	89	11	97	5.6 4th	314	301	271	329	32	.297	.528 4th	55	15	OF-470, 1B-2, 3B-1

DIVISIONAL PLAYOFF SERIES
| 1981 LA N | 2 | 1 | 0 | 0 | 0 | 0 | 0.0 | 0 | 1 | 0 | 1 | 0 | .000 | .000 | 1 | 0 | |

LEAGUE CHAMPIONSHIP SERIES
1977 LA N	4	16	3	0	1	0	0.0	2	1	2	5	1	.188	.313	0	0	OF-4
1978	4	16	3	1	0	0	0.0	2	1	0	2	0	.188	.250	0	0	OF-4
1981	1	1	1	0	0	0	0.0	0	1	0	0	0	1.000	1.000	1	1	
3 yrs.	9	33	7	1	1	0	0.0	4	3	2	7	1	.212	.303	1	1	OF-8

WORLD SERIES
1967 BOS A	7	24	6	1	0	2	8.3	3	3	2	2	0	.250	.542	0	0	OF-7
1977 LA N	6	22	6	1	0	3	13.6	7	5	4	3	0	.273	.727	0	0	OF-6
1978	6	25	5	0	0	1	4.0	3	5	2	6	0	.200	.320	0	0	OF-6
1981	2	2	1	0	0	0	0.0	0	0	0	1	0	.500	.500	2	1	
4 yrs.	21	73	18	2	0	6	8.2 6th	13	13	8	12	0	.247	.521	2	1	OF-19

Tony Smith

SMITH, ANTHONY BR TR 5'9" 150 lbs.
B. May 14, 1884, Chicago, Ill. D. Feb. 27, 1964, Galveston, Tex.

1907 WAS A	51	139	26	1	1	0	0.0	12	8	18		3	.187	.209	0	0	SS-51
1910 BKN N	106	321	58	10	1	0	0.3	31	16	69	53	9	.181	.227	0	0	SS-101, 3B-6
1911	13	40	6	1	0	0	0.0	3	2	8	7	1	.150	.175	0	0	SS-10, 2B-3
3 yrs.	170	500	90	12	2	1	0.2	46	26	95	60	13	.180	.218	0	0	SS-162, 3B-6, 2B-3
2 yrs.	119	361	64	11	1	0	0.3	34	18	77	60	10	.177	.222	0	0	SS-111, 3B-6, 2B-3

Clancy Smyres

SMYRES, CLARENCE MELVIN BB TL 5'11½" 175 lbs.
B. May 24, 1922, Culver City, Calif.

| 1944 BKN N | 5 | 2 | 0 | 0 | 0 | 0 | 0.0 | 1 | 0 | 0 | 0 | 0 | .000 | .000 | 2 | 0 | |

Red Smyth

SMYTH, JAMES DANIEL BL TR 5'9" 152 lbs.
B. Jan. 30, 1893, Holly Springs, Miss. D. Apr. 14, 1958, Inglewood, Calif.

1915 BKN N	19	22	3	1	0	0	0.0	3	3	4	2	1	.136	.182	4	0	OF-9
1916	2	5	0	0	0	0	0.0	0	0	0	3	0	.000	.000	1	0	2B-2
1917 2 teams	BKN N (29G – .125)					STL N (28G – .208)											
" total	57	96	18	0	2	0	0.0	10	5	8	15	3	.188	.229	24	5	OF-25, 3B-4
1918 STL N	40	113	24	1	2	0	0.0	19	4	16	11	3	.212	.257	1	0	OF-25, 2B-11
4 yrs.	118	236	45	2	4	0	0.0	32	12	28	31	7	.191	.233	30	5	OF-59, 2B-13, 3B-4
3 yrs.	50	51	6	1	0	0	0.0	8	4	8	11	1	.118	.137	18	2	OF-11, 3B-4, 2B-2

Duke Snider

SNIDER, EDWIN DONALD (The Silver Fox) BL TR 6'½" 198 lbs.
B. Sept. 19, 1926, Los Angeles, Calif.
Hall of Fame 1980.

1947 BKN N	40	83	20	3	1	0	0.0	6	5	3	24	2	.241	.301	15	4	OF-25
1948	53	160	39	6	6	5	3.1	22	21	12	27	4	.244	.450	6	2	OF-47
1949	146	552	161	28	7	23	4.2	100	92	56	92	12	.292	.493	1	1	OF-145
1950	152	620	199	31	10	31	5.0	109	107	58	79	16	.321	.553	1	1	OF-151
1951	150	606	168	26	6	29	4.8	96	101	62	97	14	.277	.483	0	0	OF-150
1952	144	534	162	25	7	21	3.9	80	92	55	77	7	.303	.494	2	1	OF-141
1953	153	590	198	38	4	42	7.1	132	126	82	90	16	.336	.627	4	3	OF-151
1954	149	584	199	39	10	40	6.8	120	130	84	96	6	.341	.647	1	1	OF-148
1955	148	538	166	34	6	42	7.8	126	136	104	87	9	.309	.628	1	0	OF-146
1956	151	542	158	33	2	43	7.9	112	101	99	101	3	.292	.598	1	1	OF-150
1957	139	508	139	25	7	40	7.9	91	92	77	104	3	.274	.587	3	2	OF-136
1958 LA N	106	327	102	12	3	15	4.6	45	58	32	49	2	.312	.505	15	4	OF-92
1959	126	370	114	11	2	23	6.2	59	88	58	71	1	.308	.535	21	7	OF-107
1960	101	235	57	13	5	14	6.0	38	36	46	54	1	.243	.519	25	6	OF-75
1961	85	233	69	8	3	16	6.9	35	56	29	43	1	.296	.562	18	4	OF-66
1962	80	158	44	11	3	5	3.2	28	30	36	32	2	.278	.481	33	6	OF-39
1963 NY N	129	354	86	8	3	14	4.0	44	45	56	74	0	.243	.401	29	6	OF-106
1964 SF N	91	167	35	7	0	4	2.4	16	17	22	40	0	.210	.323	47	10	OF-43
18 yrs.	2143	7161	2116	358	85	407	5.7	1259	1333	971	1237	99	.295	.540	223	59	OF-1918
16 yrs.	1923	6640	1995	343	82	389	5.9	1199	1271	893	1123	99	.300	.553	147	43	OF-1769
	7th	7th	4th	2nd	5th	1st	1st	3rd	1st	4th	1st		2nd	3rd	2nd		

WORLD SERIES
1949 BKN N	5	21	3	1	0	0	0.0	2	0	0	8	0	.143	.190	0	0	OF-5
1952	7	29	10	2	0	4	13.8	5	8	1	5	1	.345	.828	0	0	OF-7
1953	6	25	8	3	0	1	4.0	3	5	2	6	0	.320	.560	0	0	OF-6
1955	7	25	8	1	0	4	16.0	5	7	2	6	0	.320	.840	0	0	OF-7
1956	7	23	7	1	0	1	4.3	5	4	6	8	0	.304	.478	0	0	OF-7
1959 LA N	4	10	2	0	0	1	10.0	1	2	2	0	0	.200	.500	1	0	OF-3
6 yrs.	36	133	38	8	0	11	8.3 6th	21	26	13	33	1	.286	.594	1	0	OF-35
					4th	5th	10th	7th		3rd							

223　　Player Register

	G	AB	H	2B	3B	HR	HR%	R	RBI	BB	SO	SB	BA	SA	Pinch Hit AB H	G by POS

Jack Snyder

SNYDER, JOHN WILLIAM　　　　　　　　　　　　　　　　BR　TR　5'9"　　168 lbs.
B. Oct. 6, 1886, Lincoln Township, Pa.　　D. Dec. 13, 1981, Brownsville, Pa.

		G	AB	H	2B	3B	HR	HR%	R	RBI	BB	SO	SB	BA	SA	PH AB	PH H	G by POS
1914	BUF F	1	0	0	0	0	0	–	0	0	1	0	0	–	–	0	0	C-1
1917	BKN N	7	11	3	0	0	0	0.0	1	1	0	2	0	.273	.273	1	0	C-5
2 yrs.		8	11	3	0	0	0	0.0	1	1	1	2	0	.273	.273	1	0	C-6
1 yr.		7	11	3	0	0	0	0.0	1	1	0	2	0	.273	.273	1	0	C-5

Denny Sothern

SOTHERN, DENNIS ELWOOD　　　　　　　　　　　　　　　BR　TR　5'11"　　175 lbs.
B. Jan. 20, 1904, Washington, D. C.　　D. Dec. 7, 1977, Durham, N. C.

		G	AB	H	2B	3B	HR	HR%	R	RBI	BB	SO	SB	BA	SA	PH AB	PH H	G by POS
1926	PHI N	14	53	13	1	0	3	5.7	5	10	4	10	0	.245	.434	1	1	OF-13
1928		141	579	165	27	5	5	0.9	82	38	34	53	17	.285	.375	2	2	OF-136
1929		76	294	90	21	3	5	1.7	52	27	16	24	13	.306	.449	1	0	OF-71
1930	2 teams	PHI N (90G – .280)			PIT N (17G – .176)													
"	total	107	398	106	30	1	6	1.5	70	40	25	41	8	.266	.392	8	4	OF-97
1931	BKN N	19	31	5	1	0	0	0.0	10	0	4	8	0	.161	.194	3	1	OF-10
5 yrs.		357	1355	379	80	9	19	1.4	219	115	83	136	38	.280	.394	15	8	OF-327
1 yr.		19	31	5	1	0	0	0.0	10	0	4	8	0	.161	.194	3	1	OF-10

Daryl Spencer

SPENCER, DARYL DEAN (Big Dee)　　　　　　　　　　　　BR　TR　6'2½"　　185 lbs.
B. July 13, 1929, South Webster, Ohio

		G	AB	H	2B	3B	HR	HR%	R	RBI	BB	SO	SB	BA	SA	PH AB	PH H	G by POS
1952	NY N	7	17	5	0	1	0	0.0	2	3	1	4	0	.294	.412	1	0	SS-3, 3B-3
1953		118	408	85	18	5	20	4.9	55	56	42	74	0	.208	.424	3	0	SS-53, 3B-36, 2B-32
1956		146	489	108	13	2	14	2.9	46	42	35	65	1	.221	.342	2	0	2B-70, SS-66, 3B-12
1957		148	534	133	31	2	11	2.1	65	50	50	50	3	.249	.376	2	0	SS-110, 2B-36, 3B-6
1958	SF N	148	539	138	20	5	17	3.2	71	74	73	60	1	.256	.406	0	0	SS-134, 2B-17
1959		152	555	147	20	1	12	2.2	59	62	58	67	5	.265	.369	1	0	2B-151, SS-4
1960	STL N	148	507	131	20	3	16	3.2	70	58	81	74	1	.258	.404	2	1	SS-138, 2B-16
1961	2 teams	STL N (37G – .254)			LA N (60G – .243)													
"	total	97	319	79	11	0	12	3.8	46	48	43	52	1	.248	.395	1	0	3B-57, SS-40
1962	LA N	77	157	37	5	1	2	1.3	24	12	32	31	0	.236	.318	13	1	3B-57, SS-10
1963	2 teams	LA N (7G – .111)			CIN N (50G – .239)													
"	total	57	164	38	7	0	1	0.6	21	23	34	39	1	.232	.293	7	0	3B-51
10 yrs.		1098	3689	901	145	20	105	2.8	457	428	449	516	13	.244	.380	32	2	SS-558, 2B-322, 3B-222
3 yrs.		144	355	84	12	1	10	2.8	51	39	55	68	0	.237	.361	18	1	3B-117, SS-13

Roy Spencer

SPENCER, ROY HAMPTON　　　　　　　　　　　　　　　BR　TR　5'10"　　168 lbs.
B. Feb. 22, 1900, Scranton, N. C.　　D. Feb. 8, 1973, Port Charlotte, Fla.

		G	AB	H	2B	3B	HR	HR%	R	RBI	BB	SO	SB	BA	SA	PH AB	PH H	G by POS
1925	PIT N	14	28	6	1	0	0	0.0	1	2	1	3	1	.214	.250	3	0	C-11
1926		28	43	17	3	0	0	0.0	5	4	1	0	0	.395	.465	10	6	C-16
1927		38	92	26	3	1	0	0.0	9	13	3	3	0	.283	.337	4	2	C-34
1929	WAS A	50	116	18	4	0	1	0.9	18	9	8	15	0	.155	.216	5	1	C-41
1930		93	321	82	11	4	0	0.0	32	36	18	27	3	.255	.315	0	0	C-93
1931		145	483	133	16	3	1	0.2	48	60	35	21	0	.275	.327	0	0	C-145
1932		102	317	78	9	0	1	0.3	28	41	24	17	0	.246	.284	3	1	C-98
1933	CLE A	75	227	46	5	2	0	0.0	26	23	23	17	0	.203	.242	3	1	C-72
1934		5	7	1	1	0	0	0.0	0	2	0	1	0	.143	.286	1	0	C-4
1936	NY N	19	18	5	1	0	0	0.0	3	3	2	3	0	.278	.333	2	1	C-14
1937	BKN N	51	117	24	2	2	0	0.0	5	4	8	17	0	.205	.256	5	0	C-45
1938		16	45	12	1	0	0	0.0	2	6	5	6	0	.267	.333	1	0	C-16
12 yrs.		636	1814	448	57	13	3	0.2	177	203	128	130	4	.247	.298	36	13	C-589
2 yrs.		67	162	36	3	2	0	0.0	7	10	13	23	0	.222	.278	5	0	C-61

WORLD SERIES
| 1927 | PIT N | 1 | 1 | 0 | 0 | 0 | 0 | 0.0 | 0 | 0 | 0 | 0 | 0 | .000 | .000 | 0 | 0 | C-1 |

Tuck Stainback

STAINBACK, GEORGE TUCKER　　　　　　　　　　　　　BR　TR　5'11½"　175 lbs.
B. Aug. 4, 1910, Los Angeles, Calif.

		G	AB	H	2B	3B	HR	HR%	R	RBI	BB	SO	SB	BA	SA	PH AB	PH H	G by POS
1934	CHI N	104	359	110	14	3	2	0.6	47	46	8	42	7	.306	.379	8	3	OF-96, 3B-1
1935		47	94	24	4	0	3	3.2	16	11	0	13	1	.255	.394	10	3	OF-28
1936		44	75	13	3	0	1	1.3	13	5	6	14	1	.173	.253	9	1	OF-26
1937		72	160	37	7	1	0	0.0	18	14	7	16	3	.231	.288	10	2	OF-49
1938	3 teams	STL N (6G – .000)			PHI N (30G – .259)			BKN N (35G – .327)										
"	total	71	195	55	9	3	1	0.5	26	31	5	10	2	.282	.374	17	4	OF-50
1939	BKN N	168	201	54	7	3	1.5	22	19	4	23	0	.269	.348	10	2	OF-55
1940	DET A	15	40	9	2	0	0	0.0	4	1	1	9	0	.225	.275	5	1	OF-9
1941		94	200	49	8	1	2	1.0	19	10	3	21	6	.245	.325	8	1	OF-80
1942	NY A	15	10	2	0	0	0	0.0	0	2	0	2	0	.200	.200	1	0	OF-3
1943		71	231	60	11	2	0	0.0	31	10	7	16	3	.260	.325	5	3	OF-61
1944		30	78	17	3	0	0	0.0	13	5	3	7	1	.218	.256	5	1	OF-24
1945		95	327	84	12	2	5	1.5	40	32	13	20	0	.257	.352	9	2	OF-83
1946	PHI A	91	291	71	10	2	0	0.0	35	20	7	20	3	.244	.292	23	5	OF-66
13 yrs.		917	2261	585	90	14	17	0.8	284	204	64	213	27	.259	.333	120	28	OF-630, 3B-1
2 yrs.		203	305	88	13	3	1	0.4	37	39	6	27	1	.289	.380	22	6	OF-78

WORLD SERIES
1942	NY A	2	0	0	0	0	0	–	0	0	0	0	0	–	–	0	0	
1943		5	17	3	0	0	0	0.0	0	0	0	2	0	.176	.176	0	0	OF-5
2 yrs.		7	17	3	0	0	0	0.0	0	0	0	2	0	.176	.176	0	0	OF-5

George Stallings

STALLINGS, GEORGE TWEEDY (The Miracle Man)　　　　　BR　TR　6'1"　　187 lbs.
B. Nov. 17, 1867, Augusta, Ga.　　D. May 13, 1929, Haddock, Ga.
Manager 1897-98, 1901, 1909-10, 1913-20.

| 1890 | BKN N | 4 | 11 | 0 | 0 | 0 | 0 | 0.0 | 1 | 0 | 1 | 3 | 0 | .000 | .000 | 0 | 0 | C-4 |

Player Register

	G	AB	H	2B	3B	HR	HR%	R	RBI	BB	SO	SB	BA	SA	Pinch Hit AB	H	G by POS

George Stallings continued

	G	AB	H	2B	3B	HR	HR%	R	RBI	BB	SO	SB	BA	SA	PH AB	PH H	G by POS
1897 PHI N	2	9	2	1	0	0	0.0	1	0	0		0	.222	.333	0	0	OF-1, 1B-1
1898	1	0	0	0	0	0	–	1	0	0		0	–	–	0	0	
3 yrs.	7	20	2	1	0	0	0.0	3	0	1	3	0	.100	.150	0	0	C-4, OF-1, 1B-1
1 yr.	4	11	0	0	0	0	0.0	1	0	1	3	0	.000	.000	0	0	C-4

Jerry Standaert
STANDAERT, JEROME JOHN
B. Nov. 2, 1901, Chicago, Ill.   D. Aug. 4, 1964, Chicago, Ill.
BR TR 5'10" 168 lbs.

	G	AB	H	2B	3B	HR	HR%	R	RBI	BB	SO	SB	BA	SA	PH AB	PH H	G by POS
1925 BKN N	1	1	0	0	0	0	0.0	0	0	0	1	0	.000	.000	1	0	
1926	66	113	39	8	2	0	0.0	13	14	5	7	0	.345	.451	22	6	2B-21, 3B-14, SS-6
1929 BOS A	19	18	3	2	0	0	0.0	1	4	3	2	0	.167	.278	8	1	1B-10
3 yrs.	86	132	42	10	2	0	0.0	14	18	8	10	0	.318	.424	31	7	2B-21, 3B-14, 1B-10, SS-6
2 yrs.	67	114	39	8	2	0	0.0	13	14	5	8	0	.342	.447	23	6	2B-21, 3B-14, SS-6

Eddie Stanky
STANKY, EDWARD RAYMOND (The Brat, Muggsy)
B. Sept. 3, 1916, Philadelphia, Pa.
Manager 1952-55, 1966-68, 1977.
BR TR 5'8" 170 lbs.

	G	AB	H	2B	3B	HR	HR%	R	RBI	BB	SO	SB	BA	SA	PH AB	PH H	G by POS
1943 CHI N	142	510	125	15	1	0	0.0	92	47	92	42	4	.245	.278	0	0	2B-131, SS-12, 3B-2
1944 2 teams	CHI	N (13G –	.240)		BKN	N (89G –	.276)										
" total	102	286	78	9	3	0	0.0	36	16	46	15	4	.273	.325	5	0	2B-61, SS-38, 3B-4
1945 BKN N	153	555	143	29	5	1	0.2	128	39	148	42	6	.258	.333	0	0	2B-153, SS-1
1946	144	483	132	24	7	0	0.0	98	36	137	56	8	.273	.352	2	0	2B-141
1947	146	559	141	24	5	3	0.5	97	53	103	39	3	.252	.329	0	0	2B-146
1948 BOS N	67	247	79	14	2	2	0.8	49	29	61	13	3	.320	.417	1	1	2B-66
1949	138	506	144	24	5	1	0.2	90	42	113	41	3	.285	.358	3	0	2B-135
1950 NY N	152	527	158	25	5	8	1.5	115	51	144	50	9	.300	.412	0	0	2B-151
1951	145	515	127	17	2	14	2.7	88	43	127	63	8	.247	.369	4	0	2B-140
1952 STL N	53	83	19	4	0	0	0.0	13	7	19	9	0	.229	.277	26	9	2B-20
1953	17	30	8	0	0	0	0.0	5	1	6	4	0	.267	.267	5	0	2B-8
11 yrs.	1259	4301	1154	185	35	29	0.7	811	364	996	374	48	.268	.348	46	10	2B-1152, SS-51, 3B-6
4 yrs.	532	1858	488	86	19	4	0.2	355	144	432	150	20	.263	.336	3	0	2B-498, SS-36, 3B-1

WORLD SERIES

	G	AB	H	2B	3B	HR	HR%	R	RBI	BB	SO	SB	BA	SA	PH AB	PH H	G by POS
1947 BKN N	7	25	6	1	0	0	0.0	4	2	3	2	0	.240	.280	0	0	2B-7
1948 BOS N	6	14	4	1	0	0	0.0	0	1	7	1	0	.286	.357	0	0	2B-6
1951 NY N	6	22	3	0	0	0	0.0	3	1	3	2	0	.136	.136	0	0	2B-6
3 yrs.	19	61	13	2	0	0	0.0	7	4	13	5	0	.213	.246	0	0	2B-19

Dolly Stark
STARK, MONROE RANDOLPH
B. Jan. 19, 1885, Ripley, Miss.   D. Dec. 1, 1924, Memphis, Tenn.
BR TR

	G	AB	H	2B	3B	HR	HR%	R	RBI	BB	SO	SB	BA	SA	PH AB	PH H	G by POS
1909 CLE A	19	60	12	0	0	0	0.0	4	1	6		4	.200	.200	0	0	SS-19
1910 BKN N	30	103	17	3	0	0	0.0	7	8	7	19	2	.165	.194	0	0	SS-30
1911	70	193	57	4	1	0	0.0	25	19	20	24	6	.295	.326	11	3	SS-34, 2B-18, 3B-3
1912	8	22	4	0	0	0	0.0	2	2	1	3	2	.182	.182	1	0	SS-7
4 yrs.	127	378	90	7	1	0	0.0	38	30	34	46	14	.238	.262	12	3	SS-90, 2B-18, 3B-3
3 yrs.	108	318	78	7	1	0	0.0	34	29	28	46	10	.245	.274	12	3	SS-71, 2B-18, 3B-3

Jigger Statz
STATZ, ARNOLD JOHN
B. Oct. 20, 1897, Waukegan, Ill.
BR TR 5'7½" 150 lbs.
BB 1922

	G	AB	H	2B	3B	HR	HR%	R	RBI	BB	SO	SB	BA	SA	PH AB	PH H	G by POS
1919 NY N	21	60	18	2	1	0	0.0	7	6	3	8	2	.300	.367	0	0	OF-18, 2B-5
1920 2 teams	NY	N (16G –	.133)		BOS	A (2G –	.000)										
" total	18	33	4	0	1	0	0.0	0	5	2	9	0	.121	.182	3	0	OF-14
1922 CHI N	110	462	137	19	5	1	0.2	77	34	41	31	16	.297	.366	0	0	OF-110
1923	154	655	209	33	8	10	1.5	110	70	56	42	29	.319	.440	0	0	OF-154
1924	135	549	152	22	5	3	0.5	69	49	37	50	13	.277	.352	2	1	OF-131, 2B-1
1925	38	148	38	6	3	2	1.4	21	14	11	16	4	.257	.378	1	0	OF-37
1927 BKN N	130	507	139	24	7	1	0.2	64	21	26	43	10	.274	.355	4	0	OF-122, 2B-1
1928	77	171	40	8	1	0	0.0	28	16	18	12	3	.234	.292	5	2	OF-77, 2B-1
8 yrs.	683	2585	737	114	31	17	0.7	376	215	194	211	77	.285	.373	15	3	OF-663, 2B-8
2 yrs.	207	678	179	32	8	1	0.1	92	37	44	55	13	.264	.339	9	2	OF-199, 2B-2

Farmer Steelman
STEELMAN, MORRIS JAMES
B. June 29, 1875, Millville, N. J.   D. Sept. 16, 1944, Merchantville, N. J.
TR

	G	AB	H	2B	3B	HR	HR%	R	RBI	BB	SO	SB	BA	SA	PH AB	PH H	G by POS
1899 LOU N	4	15	1	0	1	0	0.0	2	2			0	.067	.200	0	0	C-4
1900 BKN N	1	4	0	0	0	0	0.0	0	0			0	.000	.000	0	0	C-1
1901 2 teams	BKN	N (1G –	.333)		PHI	A (27G –	.261)										
" total	28	91	24	2	0	0	0.0	5	7	10		4	.264	.286	0	0	C-15, OF-12
1902 PHI A	10	32	6	1	0	0	0.0	1	6	2		2	.188	.219	0	0	OF-5, C-5
4 yrs.	43	142	31	3	1	0	0.0	8	15	14		6	.218	.254	0	0	C-25, OF-17
2 yrs.	2	7	1	0	1	0	0.0	0	0			0	.143	.143	0	0	C-2

Casey Stengel
STENGEL, CHARLES DILLON (The Old Professor)
B. July 30, 1890, Kansas City, Mo.   D. Sept. 29, 1975, Glendale, Calif.
Manager 1934-36, 1938-43, 1949-60, 1962-65.
Hall of Fame 1966.
BL TL 5'11" 175 lbs.

	G	AB	H	2B	3B	HR	HR%	R	RBI	BB	SO	SB	BA	SA	PH AB	PH H	G by POS
1912 BKN N	17	57	18	1	0	1	1.8	9	13	15	9	5	.316	.386	0	0	OF-17
1913	124	438	119	16	8	7	1.6	60	43	56	58	19	.272	.393	5	1	OF-119
1914	126	412	130	13	10	4	1.0	55	60	56	55	19	.316	.425	4	0	OF-121
1915	132	459	109	20	12	3	0.7	52	50	34	46	5	.237	.353	1	0	OF-129
1916	127	462	129	27	8	8	1.7	66	53	33	51	11	.279	.424	6	2	OF-121
1917	150	549	141	23	12	6	1.1	69	73	60	62	18	.257	.375	0	0	OF-150
1918 PIT N	39	122	30	4	1	1	0.8	18	12	16	14	11	.246	.320	3	0	OF-27

Player Register

	G	AB	H	2B	3B	HR	HR%	R	RBI	BB	SO	SB	BA	SA	Pinch Hit AB	H	G by POS

Casey Stengel continued

	G	AB	H	2B	3B	HR	HR%	R	RBI	BB	SO	SB	BA	SA	PH AB	H	G by POS
1919	89	321	94	10	10	4	1.2	38	43	35	35	12	.293	.424	2	0	OF-87
1920 PHI N	129	445	130	25	6	9	2.0	53	50	38	35	7	.292	.436	10	3	OF-118
1921 2 teams		PHI N (24G – .305)				NY N (18G – .227)											
" total	42	81	23	4	1	0	0.0	11	6	7	12	1	.284	.358	13	3	OF-42
1922 NY N	84	250	92	8	10	7	2.8	48	48	21	17	4	.368	.564	1	0	OF-77
1923	75	218	74	11	5	5	2.3	39	43	20	18	6	.339	.505	15	3	OF-57
1924 BOS N	131	461	129	20	6	5	1.1	57	39	45	39	13	.280	.382	4	0	OF-126
1925	12	13	1	0	0	0	0.0	0	2	1	2	0	.077	.077	9	0	OF-1
14 yrs.	1277	4288	1219	182	89	60	1.4	575	535	437	453	131	.284	.410	73	12	OF-1192
6 yrs.	676	2377	646	100	50	29	1.2	311	292	254	281	77	.272	.393	16	3	OF-657

WORLD SERIES

	G	AB	H	2B	3B	HR	HR%	R	RBI	BB	SO	SB	BA	SA	PH AB	H	G by POS
1916 BKN N	4	11	4	0	0	0	0.0	2	0	0	1	0	.364	.364	0	0	OF-3
1922 NY N	2	5	2	0	0	0	0.0	0	0	0	1	0	.400	.400	0	0	OF-2
1923	6	12	5	0	0	2	16.7	3	4	4	0	0	.417	.917	1	0	OF-6
3 yrs.	12	28	11	0	0	2	7.1	5	4	4	2	0	.393	.607	1	0	OF-11

Ed Stevens

STEVENS, EDWARD LEE (Big Ed)
B. Jan. 12, 1925, Galveston, Tex.
BL TL 6'1" 190 lbs.

	G	AB	H	2B	3B	HR	HR%	R	RBI	BB	SO	SB	BA	SA	PH AB	H	G by POS
1945 BKN N	55	201	55	14	3	4	2.0	29	29	32	20	0	.274	.433	0	0	1B-55
1946	103	310	75	13	7	10	3.2	34	60	27	44	2	.242	.426	4	1	1B-99
1947	5	13	2	1	0	0	0.0	0	0	1	5	0	.154	.231	1	0	1B-5
1948 PIT N	128	429	109	19	6	10	2.3	47	69	35	53	4	.254	.396	10	3	1B-117
1949	67	221	58	10	1	4	1.8	22	32	22	24	1	.262	.371	9	0	1B-58
1950	17	46	9	2	0	0	0.0	2	3	4	5	0	.196	.239	4	2	1B-12
6 yrs.	375	1220	308	59	17	28	2.3	134	193	121	151	7	.252	.398	28	6	1B-346
3 yrs.	163	524	132	28	10	14	2.7	63	89	60	69	2	.252	.424	5	1	1B-159

Stuffy Stewart

STEWART, JOHN FRANKLIN
B. Jan. 31, 1894, Jasper, Fla.   D. Dec. 30, 1980, Lake City, Fla.
BR TR 5'9½" 160 lbs.

	G	AB	H	2B	3B	HR	HR%	R	RBI	BB	SO	SB	BA	SA	PH AB	H	G by POS
1916 STL N	9	17	3	0	0	0	0.0	0	1	0	3	0	.176	.176	0	0	2B-8
1917	13	9	0	0	0	0	0.0	4	0	0	4	0	.000	.000	1	0	OF-7, 2B-2
1922 PIT N	3	13	2	0	0	0	0.0	3	0	0	1	0	.154	.154	0	0	2B-3
1923 BKN N	4	11	4	1	0	1	9.1	3	1	1	1	0	.364	.727	0	0	2B-3
1925 WAS A	7	17	6	1	0	0	0.0	3	3	1	2	1	.353	.412	0	0	3B-5, 2B-1
1926	62	63	17	6	1	0	0.0	27	9	6	6	8	.270	.397	3	1	2B-25, 3B-1
1927	56	129	31	6	2	0	0.0	24	4	8	15	12	.240	.318	3	0	2B-37, 3B-2
1929	22	6	0	0	0	0	0.0	10	0	1	0	0	.000	.000	2	0	2B-3
8 yrs.	176	265	63	14	3	1	0.4	74	18	17	32	21	.238	.325	9	1	2B-82, 3B-8, OF-7
1 yr.	4	11	4	1	0	1	9.1	3	1	1	1	0	.364	.727	0	0	2B-3

Bob Stinson

STINSON, GORRELL ROBERT
B. Oct. 11, 1945, Elkin, N. C.
BB TR 5'11" 180 lbs.

	G	AB	H	2B	3B	HR	HR%	R	RBI	BB	SO	SB	BA	SA	PH AB	H	G by POS
1969 LA N	4	8	3	0	0	0	0.0	1	2	0	2	0	.375	.375	0	0	C-4
1970	4	3	0	0	0	0	0.0	1	0	0	1	0	.000	.000	0	0	C-3
1971 STL N	17	19	4	1	0	0	0.0	3	1	1	7	0	.211	.263	2	0	C-6, OF-3
1972 HOU N	27	35	6	1	0	0	0.0	3	2	1	6	0	.171	.200	15	1	C-12, OF-3
1973 MON N	48	111	29	6	1	3	2.7	12	12	17	15	0	.261	.414	10	3	C-35, 3B-1
1974	38	87	15	2	0	1	1.1	4	6	15	16	1	.172	.230	12	3	C-29
1975 KC A	63	147	39	9	1	1	0.7	18	9	18	29	1	.265	.361	4	0	C-59, DH-1, OF-1, 2B-1, 1B-1
1976	79	209	55	7	1	2	1.0	26	25	25	29	3	.263	.335	2	0	C-79
1977 SEA A	105	297	80	11	1	8	2.7	27	32	37	50	0	.269	.394	11	2	C-99, DH-1
1978	124	364	94	14	3	11	3.0	46	55	45	42	2	.258	.404	7	1	C-123
1979	95	247	60	8	0	6	2.4	19	28	33	38	1	.243	.348	7	1	C-91
1980	48	107	23	2	0	1	0.9	6	8	9	19	0	.215	.262	12	1	C-45
12 yrs.	652	1634	408	61	7	33	2.0	166	180	201	254	8	.250	.356	82	13	C-585, OF-7, DH-2, 3B-1, 2B-1, 1B-1
2 yrs.	8	11	3	0	0	0	0.0	2	2	0	3	0	.273	.273	0	0	C-7

LEAGUE CHAMPIONSHIP SERIES

	G	AB	H	2B	3B	HR	HR%	R	RBI	BB	SO	SB	BA	SA	PH AB	H	G by POS
1976 KC A	2	1	0	0	0	0	0.0	0	0	0	0	0	.000	.000	1	0	C-1

Milt Stock

STOCK, MILTON JOSEPH
B. July 11, 1893, Chicago, Ill.   D. July 16, 1977, Montrose, Ala.
BR TR 5'8" 154 lbs.

	G	AB	H	2B	3B	HR	HR%	R	RBI	BB	SO	SB	BA	SA	PH AB	H	G by POS
1913 NY N	7	17	3	1	0	0	0.0	2	1	2	1	2	.176	.235	0	0	SS-1
1914	115	365	96	17	1	3	0.8	52	41	34	21	11	.263	.340	0	0	3B-113, SS-1
1915 PHI N	69	227	59	7	3	1	0.4	37	15	22	26	6	.260	.330	10	1	3B-55, SS-4
1916	132	509	143	25	6	1	0.2	61	43	27	33	21	.281	.360	3	1	3B-117, SS-15
1917	150	564	149	27	6	3	0.5	76	53	51	34	25	.264	.349	0	0	3B-133, SS-19
1918	123	481	132	14	1	1	0.2	62	42	35	22	20	.274	.314	1	0	3B-123
1919 STL N	135	492	151	16	4	0	0.0	56	52	49	21	17	.307	.356	0	0	2B-77, 3B-58
1920	155	639	204	28	6	0	0.0	85	76	40	27	15	.319	.382	0	0	3B-155
1921	149	587	180	27	6	3	0.5	96	84	48	26	11	.307	.388	0	0	3B-149
1922	151	581	177	33	9	5	0.9	85	79	42	29	7	.305	.418	1	0	3B-149, SS-1
1923	151	603	174	33	3	2	0.3	63	96	40	21	9	.289	.363	1	0	3B-150, 2B-1
1924 BKN N	142	561	136	14	4	2	0.4	66	52	26	32	3	.242	.292	0	0	3B-142
1925	146	615	202	28	9	1	0.2	98	62	38	28	8	.328	.408	0	0	2B-141, 3B-5
1926	3	3	0	0	0	0	0.0	0	0	1	0	0	.000	.000	0	0	2B-3
14 yrs.	1628	6249	1806	270	58	22	0.4	839	696	455	321	155	.289	.361	16	2	3B-1349, 2B-222, SS-41
3 yrs.	291	1184	338	42	13	3	0.3	164	114	65	60	11	.285	.351	0	0	3B-147, 2B-144

WORLD SERIES

	G	AB	H	2B	3B	HR	HR%	R	RBI	BB	SO	SB	BA	SA	PH AB	H	G by POS
1915 PHI N	5	17	2	1	0	0	0.0	1	0	1	0	0	.118	.176	0	0	3B-5

Player Register

	G	AB	H	2B	3B	HR	HR%	R	RBI	BB	SO	SB	BA	SA	Pinch Hit AB	H	G by POS

Harry Stovey

STOVEY, HARRY DUFFIELD BR TR 5'11½" 180 lbs.
Born Harry Duffield Stow.
B. Dec. 20, 1856, Philadelphia, Pa. D. Sept. 20, 1937, New Bedford, Mass.

		G	AB	H	2B	3B	HR	HR%	R	RBI	BB	SO	SB	BA	SA	PH-AB	PH-H	G by POS
1880	WOR N	83	355	94	21	14	6	1.7	76		12		46	.265	.454	0	0	OF-46, 1B-37, P-2
1881		75	341	92	25	7	2	0.6	57	30	12		23	.270	.402	0	0	1B-57, OF-18
1882		84	360	104	13	10	5	1.4	90		22		34	.289	.422	0	0	1B-43, OF-41
1883	PHI AA	94	421	148	32	8	14	3.3	110		26			.352	.565	0	0	1B-93, OF-3, P-1
1884		106	443	179	25	25	11	2.5	126		26			**.404**	**.648**	0	0	1B-104
1885		112	486	164	27	11	13	2.7	130		39			.337	.519	0	0	1B-82, OF-30
1886		123	489	154	28	11	7	1.4	115		64			.315	.460	0	0	OF-63, 1B-62, P-1
1887		124	497	142	31	12	4	0.8	125		56		74	.286	.421	0	0	OF-80, 1B-46
1888		130	530	152	25	**20**	9	1.7	127	65	62		87	.287	.460	0	0	OF-118, 1B-13
1889		137	536	171	37	14	**19**	**3.4**	**152**	119	77		68	.308	**.527**	0	0	OF-137, 1B-1
1890	BOS P	118	481	143	25	12	11	2.3	142	83	81	38	**97**	.297	.468	0	0	OF-117, 1B-1
1891	BOS N	134	544	152	31	**20**	16	2.9	118	95	78	**69**	57	.279	.498	0	0	OF-135, 1B-1
1892	2 teams		BOS	N	(38G − .164)		BAL	N	(74G − .272)									
"	total	112	429	101	20	15	2	0.5	79	67	54	51	40	.235	.366	0	0	OF-102, 1B-10
1893	2 teams		BAL	N	(8G − .154)		BKN	N	(48G − .251)									
"	total	56	201	48	8	6	1	0.5	47	34	52	14	23	.239	.353	1	0	OF-55
14 yrs.		1488	6133	1844	348	185	120	2.0	1494	518	661	343	441	.301	.476	1	0	OF-945, 1B-550, P-4
1 yr.		48	175	44	6	6	1	0.6	43	29	44	11	22	.251	.371	0	0	OF-48

Sammy Strang

STRANG, SAMUEL NICKLIN (The Dixie Thrush) BB TR 5'8" 160 lbs.
Also known as Samuel Strang Nicklin.
B. Dec. 16, 1876, Chattanooga, Tenn. D. Mar. 13, 1932, Chattanooga, Tenn.

		G	AB	H	2B	3B	HR	HR%	R	RBI	BB	SO	SB	BA	SA	PH-AB	PH-H	G by POS
1896	LOU N	14	46	12	0	0	0	0.0	6	7	6		6	.261	.261	0	0	SS-14
1900	CHI N	27	102	29	3	0	0	0.0	15	9	8		1	.284	.314	0	0	3B-16, SS-9, 2B-2
1901	NY N	135	493	139	14	6	1	0.2	55	34	59		40	.282	.341	0	0	3B-91, 2B-37, OF-5, SS-4
1902	2 teams		CHI	A	(137G − .295)		CHI	N	(3G − .364)									
"	total	140	547	162	18	5	3	0.5	109	46	76		39	.296	.364	0	0	3B-139, 2B-2
1903	BKN N	135	508	138	21	5	0	0.0	101	38	75		46	.272	.333	0	0	3B-124, OF-8, 2B-3
1904		77	271	52	11	0	1	0.4	28	9	45		16	.192	.244	0	0	2B-63, 3B-12, SS-1
1905	NY N	111	294	76	9	4	3	1.0	51	29	58		23	.259	.347	14	8	2B-47, OF-38, SS-9, 3B-1, 1B-1
1906		113	313	100	16	4	4	1.3	50	49	54		21	.319	.435	9	1	2B-57, OF-39, SS-4, 3B-3, 1B-1
1907		123	306	77	20	4	4	1.3	56	30	60		21	.252	.382	19	4	OF-70, 2B-13, 3B-7, 1B-5, SS-1
1908		28	53	5	0	0	0	0.0	8	2	23		5	.094	.094	4	2	2B-14, OF-5, SS-3
10 yrs.		903	2933	790	112	28	16	0.5	479	253	464	6	216	.269	.343	46	15	3B-393, 2B-238, OF-165, SS-45, 1B-7
2 yrs.		212	779	190	32	5	1	0.1	129	47	120		62	.244	.302	0	0	3B-136, 2B-66, OF-8, SS-1

WORLD SERIES

| 1905 | NY N | 1 | 1 | 0 | 0 | 0 | 0 | 0.0 | 0 | 0 | 0 | 1 | 0 | .000 | .000 | 1 | 0 | |

Joe Stripp

STRIPP, JOSEPH VALENTINE (Jersey Joe) BR TR 5'11½" 175 lbs.
B. Feb. 3, 1903, Harrison, N. J.

		G	AB	H	2B	3B	HR	HR%	R	RBI	BB	SO	SB	BA	SA	PH-AB	PH-H	G by POS
1928	CIN N	42	139	40	7	3	1	0.7	18	17	9	8	0	.288	.403	2	1	OF-21, 3B-17, SS-1
1929		64	187	40	3	2	3	1.6	24	20	24	15	2	.214	.299	7	2	3B-55, 2B-2
1930		130	464	142	37	6	3	0.6	74	64	51	37	15	.306	.431	6	0	1B-75, 3B-48
1931		105	426	138	26	2	3	0.7	71	42	21	31	5	.324	.415	1	1	3B-96, 1B-9
1932	BKN N	138	534	162	36	9	6	1.1	94	64	36	30	14	.303	.438	0	0	3B-93, 1B-43
1933		141	537	149	20	7	1	0.2	69	51	26	23	5	.277	.346	1	1	3B-140
1934		104	384	121	19	6	1	0.3	50	40	22	20	2	.315	.404	1	0	3B-96, 1B-7, SS-1
1935		109	373	114	13	5	3	0.8	44	43	22	15	2	.306	.391	4	2	3B-88, 1B-15, OF-1
1936		110	439	139	31	1	1	0.2	51	60	22	12	2	.317	.399	3	1	3B-106
1937		90	300	73	10	2	1	0.3	37	26	20	18	1	.243	.300	9	3	3B-66, 1B-14, SS-3
1938	2 teams		STL	N	(54G − .286)		BOS	N	(59G − .275)									
"	total	113	428	120	17	0	1	0.2	43	37	28	17	2	.280	.327	4	2	3B-109
11 yrs.		1146	4211	1238	219	43	24	0.6	575	464	280	226	50	.294	.384	38	13	3B-914, 1B-163, OF-22, SS-5, 2B-2
6 yrs.		692	2567	758	129	30	13	0.5	345	284	148	118	26	.295	.384	18	7	3B-589, 1B-79, SS-4, OF-1

Dick Stuart

STUART, RICHARD LEE (Dr. Strangeglove) BR TR 6'4" 212 lbs.
B. Nov. 7, 1932, San Francisco, Calif.

		G	AB	H	2B	3B	HR	HR%	R	RBI	BB	SO	SB	BA	SA	PH-AB	PH-H	G by POS
1958	PIT N	67	254	68	12	5	16	6.3	38	48	11	75	0	.268	.543	3	0	1B-64
1959		118	397	118	15	2	27	6.8	64	78	42	86	1	.297	.549	16	5	1B-105, OF-1
1960		122	438	114	17	5	23	5.3	48	83	39	107	0	.260	.479	13	4	1B-108
1961		138	532	160	28	8	35	6.6	83	117	34	**121**	0	.301	.581	3	1	1B-132, OF-1
1962		114	394	90	11	4	16	4.1	52	64	32	94	0	.228	.398	13	3	1B-101
1963	BOS A	157	612	160	25	4	42	6.9	81	**118**	44	144	0	.261	.521	2	0	1B-155
1964		156	603	168	27	1	33	5.5	73	114	37	130	0	.279	.491	1	0	1B-155
1965	PHI N	149	538	126	19	1	28	5.2	53	95	39	136	1	.234	.429	8	1	1B-143, 3B-1
1966	2 teams		NY	N	(31G − .218)		LA	N	(38G − .264)									
"	total	69	178	43	1	0	7	3.9	11	22	20	43	0	.242	.365	16	3	1B-48
1969	CAL A	22	51	8	2	0	1	2.0	3	4	3	21	0	.157	.255	9	1	1B-13
10 yrs.		1112	3997	1055	157	30	228	5.7	506	743	301	957	2	.264	.489	84	19	1B-1024, OF-2, 3B-1
1 yr.		38	91	24	1	0	3	3.3	4	9	11	17	0	.264	.374	11	3	1B-25

WORLD SERIES

| 1960 | PIT N | 6 | 20 | 3 | 0 | 0 | 0 | 0.0 | 0 | 0 | 3 | 0 | 0 | .150 | .150 | 0 | 0 | 1B-6 |

Player Register

	G	AB	H	2B	3B	HR	HR%	R	RBI	BB	SO	SB	BA	SA	Pinch Hit AB	H	G by POS

Dick Stuart continued
| 1966 LA N | 2 | 2 | 0 | 0 | 0 | 0 | 0.0 | 0 | 0 | 0 | 1 | 0 | .000 | .000 | 2 | 0 | |
| 2 yrs. | 8 | 22 | 3 | 0 | 0 | 0 | 0.0 | 0 | 0 | 0 | 4 | 0 | .136 | .136 | 2 | 0 | 1B-6 |

Franklin Stubbs
STUBBS, FRANKLIN LEE
B. Oct. 21, 1960, Laurinburg, N. C.
BL TL 6'2" 205 lbs.

1984 LA N	87	217	42	2	3	8	3.7	22	17	24	63	2	.194	.341	22	4	1B-51, OF-20
1985	10	9	2	0	0	0	0.0	0	2	0	3	0	.222	.222	7	2	1B-4
2 yrs.	97	226	44	2	3	8	3.5	22	19	24	66	2	.195	.336	29	6	1B-55, OF-20
2 yrs.	97	226	44	2	3	8	3.5	22	19	24	66	2	.195	.336	29	6	1B-55, OF-20

Bill Sudakis
SUDAKIS, WILLIAM PAUL (Suds)
B. Mar. 27, 1946, Joliet, Ill.
BB TR 6'1" 190 lbs.

1968 LA N	24	87	24	4	2	3	3.4	11	12	15	14	1	.276	.471	0	0	3B-24
1969	132	462	108	17	5	14	3.0	50	53	40	94	3	.234	.383	12	1	3B-121
1970	94	269	71	11	0	14	5.2	37	44	35	46	4	.264	.461	21	5	C-38, 3B-37, OF-3, 1B-1
1971	41	83	16	3	0	3	3.6	10	7	12	22	0	.193	.337	21	4	C-19, 3B-3, OF-1, 1B-1
1972 NY N	18	49	7	0	0	1	2.0	3	7	6	14	0	.143	.204	6	1	1B-7, C-5
1973 TEX A	82	235	60	11	0	15	6.4	32	43	23	53	0	.255	.494	14	5	3B-29, 1B-24, C-9, DH-8, OF-2
1974 NY A	89	259	60	8	0	7	2.7	26	39	25	48	0	.232	.344	15	2	DH-39, 1B-33, 3B-3, C-1
1975 2 teams	CAL A (30G – .121)							CLE A (20G – .196)									
" total	50	104	16	2	0	2	1.9	9	9	16	22	1	.154	.231	19	1	1B-14, DH-13, C-11
8 yrs.	530	1548	362	56	7	59	3.8	177	214	172	313	9	.234	.393	108	19	3B-217, C-83, 1B-80, DH-60, OF-6
4 yrs.	291	901	219	35	7	34	3.8	108	116	102	176	8	.243	.411	54	10	3B-185, C-57, OF-4, 1B-2

Clyde Sukeforth
SUKEFORTH, CLYDE LeROY (Sukey)
B. Nov. 30, 1901, Washington, Me.
Manager 1947.
BL TR 5'10" 155 lbs.

1926 CIN N	1	1	0	0	0	0	0.0	0	0	0	1	0	.000	.000	1	0	
1927	38	58	11	2	0	0	0.0	12	2	7	2	2	.190	.224	3	1	C-24
1928	33	53	7	2	1	0	0.0	5	3	3	5	0	.132	.208	4	0	C-26
1929	84	237	84	16	2	1	0.4	31	33	17	6	8	.354	.451	3	2	C-76
1930	94	296	84	9	3	1	0.3	30	19	17	12	1	.284	.345	7	1	C-82
1931	112	351	90	15	4	0	0.0	22	25	38	13	0	.256	.322	4	1	C-106
1932 BKN N	59	111	26	4	4	0	0.0	14	12	6	10	1	.234	.342	22	3	C-36
1933	20	36	2	0	0	0	0.0	1	0	2	1	0	.056	.056	0	0	C-18
1934	27	43	7	1	0	0	0.0	5	1	1	6	0	.163	.186	5	0	C-18
1945	18	51	15	1	0	0	0.0	2	1	4	1	0	.294	.314	5	0	C-13
10 yrs.	486	1237	326	50	14	2	0.2	122	96	95	57	12	.264	.331	54	8	C-399
4 yrs.	124	241	50	6	4	0	0.0	22	14	13	18	1	.207	.266	32	3	C-85

Billy Sullivan
SULLIVAN, WILLIAM JOSEPH, JR.
Son of Billy Sullivan.
B. Oct. 23, 1910, Chicago, Ill.
BL TR 6' 170 lbs.

1931 CHI A	92	363	100	16	5	2	0.6	48	33	20	14	4	.275	.364	7	4	3B-83, OF-2, 1B-1
1932	93	307	97	16	1	1	0.3	31	45	20	9	1	.316	.384	19	3	1B-52, 3B-17, C-5
1933	54	125	24	0	1	0	0.0	9	13	10	5	0	.192	.208	22	5	1B-22, C-8
1935 CIN N	85	241	64	9	4	2	0.8	29	36	19	16	4	.266	.361	21	7	1B-40, 3B-15, 2B-6
1936 CLE A	93	319	112	32	6	2	0.6	39	48	16	9	5	.351	.508	11	5	C-72, 3B-5, 1B-3, OF-1
1937	72	168	48	12	3	3	1.8	26	22	17	7	1	.286	.446	24	5	C-38, 1B-5, 3B-1
1938 STL A	111	375	104	16	1	7	1.9	35	49	20	10	8	.277	.381	8	1	C-99, 1B-6
1939	118	332	96	17	5	5	1.5	53	50	34	18	3	.289	.416	33	9	OF-59, C-19, 1B-4
1940 DET A	78	220	68	14	4	3	1.4	36	41	31	11	2	.309	.450	15	5	C-57, 3B-6
1941	85	234	66	15	1	3	1.3	29	29	35	11	0	.282	.393	21	6	C-63
1942 BKN N	43	101	27	2	1	1	1.0	11	14	12	6	1	.267	.337	11	5	C-41
1947 PIT N	38	55	14	3	0	0	0.0	1	8	6	3	1	.255	.309	25	5	C-12
12 yrs.	962	2840	820	152	32	29	1.0	347	388	240	119	30	.289	.395	207	55	C-414, 1B-133, 3B-127, OF-62, 2B-6
1 yr.	43	101	27	2	1	1	1.0	11	14	12	6	1	.267	.337	1	0	C-41

WORLD SERIES
| 1940 DET A | 5 | 13 | 2 | 0 | 0 | 0 | 0.0 | 3 | 0 | 5 | 2 | 0 | .154 | .154 | 1 | 0 | C-4 |

Tommy Tatum
TATUM, V. T.
B. July 16, 1919, Boyd, Tex.
BR TR 6' 185 lbs.

1941 BKN N	8	12	2	1	0	0	0.0	1	1	3	0	.167	.250	4	0	OF-4		
1947 2 teams	BKN N (4G – .000)			CIN N (69G – .273)													
" total	73	182	48	5	2	1	0.5	19	16	16	17	7	.264	.330	7	0	OF-52, 2B-1
2 yrs.	81	194	50	6	2	1	0.5	20	17	17	20	7	.258	.325	11	0	OF-56, 2B-1
2 yrs.	12	18	2	1	0	0	0.0	1	1	1	4	0	.111	.167	5	0	OF-7

Alex Taveras
TAVERAS, ALEJANDRO
Also known as Alejandro Betances.
B. Oct. 9, 1955, Santiago, Dominican Republic
BR TR 5'10" 155 lbs.

| 1976 HOU N | 14 | 46 | 10 | 0 | 0 | 0 | 0.0 | 3 | 2 | 2 | 1 | 0 | .217 | .217 | 0 | 0 | SS-7, 2B-7 |
| 1982 LA N | 11 | 3 | 1 | 1 | 0 | 0 | 0.0 | 1 | 2 | 0 | 2 | 0 | .333 | .667 | 0 | 0 | 3B-4, 2B-4, SS-2 |

Player Register   228

	G	AB	H	2B	3B	HR	HR%	R	RBI	BB	SO	SB	BA	SA	Pinch Hit AB	H	G by POS

Alex Taveras continued

1983	10	4	0	0	0	0	0.0	0	0	0	1	0	.000	.000	0	0	SS-3, 2B-2, 3B-1
3 yrs.	35	53	11	1	0	0	0.0	4	4	2	3	1	.208	.226	0	0	2B-13, SS-12, 3B-5
2 yrs.	21	7	1	1	0	0	0.0	1	2	0	2	0	.143	.286	0	0	2B-6, SS-5, 3B-5

Danny Taylor
TAYLOR, DANIEL TURNEY   BR TR 5'10" 190 lbs.
B. Dec. 23, 1900, Lash, Pa.   D. Oct. 13, 1972, Latrobe, Pa.

1926 WAS A	21	50	15	0	1	1	2.0	10	5	5	7	1	.300	.400	5	2	OF-12
1929 CHI N	2	3	0	0	0	0	0.0	0	0	1	1	0	.000	.000	1	0	OF-1
1930	74	219	62	14	3	2	0.9	43	37	27	34	6	.283	.402	14	7	OF-52
1931	88	270	81	13	6	5	1.9	48	41	31	46	4	.300	.448	18	6	OF-67
1932 2 teams	CHI	N	(6G –	.227)		BKN	N	(105G –	.324)								
" total	111	417	133	24	7	11	2.6	87	51	36	42	14	.319	.489	3	0	OF-102
1933 BKN N	103	358	102	21	9	9	2.5	75	40	47	45	11	.285	.469	11	3	OF-91
1934	120	405	121	24	6	7	1.7	62	57	63	47	12	.299	.440	10	2	OF-108
1935	112	352	102	19	5	7	2.0	51	59	46	32	6	.290	.432	9	4	OF-99
1936	43	116	34	6	0	2	1.7	12	15	11	14	2	.293	.397	8	1	OF-31
9 yrs.	674	2190	650	121	37	44	2.0	388	305	267	268	56	.297	.446	79	25	OF-563
5 yrs.	483	1626	487	92	27	36	2.2	284	219	200	179	44	.300	.456	41	10	OF-425

Zack Taylor
TAYLOR, JAMES WREN   BR TR 5'11½" 180 lbs.
B. July 27, 1898, Yulee, Fla.   D. July 6, 1974, Orlando, Fla.
Manager 1946, 1948-51.

1920 BKN N	9	13	5	2	0	0	0.0	3	5	0	2	0	.385	.538	0	0	C-9
1921	30	102	20	2	0	0	0.0	6	8	1	8	2	.196	.235	0	0	C-30
1922	7	14	3	0	0	0	0.0	0	2	1	1	0	.214	.214	1	0	C-7
1923	96	337	97	11	6	0	0.0	29	46	9	13	2	.288	.356	11	4	C-84
1924	99	345	100	9	4	1	0.3	36	39	14	14	0	.290	.348	6	2	C-93
1925	109	352	109	16	4	3	0.9	33	44	17	19	0	.310	.403	12	5	C-96
1926 BOS N	125	432	110	22	5	0	0.0	36	42	28	27	1	.255	.319	1	0	C-123
1927 2 teams	BOS	N	(30G –	.240)		NY	N	(83G –	.233)								
" total	113	354	83	9	4	1	0.3	26	35	25	25	2	.234	.291	5	1	C-108
1928 BOS N	125	399	100	15	1	2	0.5	36	30	33	29	2	.251	.308	1	0	C-124
1929 2 teams	BOS	N	(34G –	.248)		CHI	N	(64G –	.274)								
" total	98	316	84	23	3	1	0.3	37	41	26	27	0	.266	.367	3	0	C-95
1930 CHI N	32	95	22	2	1	1	1.1	12	11	2	12	0	.232	.305	2	0	C-28
1931	8	4	1	0	0	0	0.0	0	0	2	1	0	.250	.250	1	0	C-5
1932	21	30	6	1	0	0	0.0	2	3	1	4	0	.200	.233	7	1	C-14
1933	16	11	0	0	0	0	0.0	0	0	0	1	0	.000	.000	4	0	C-12
1934 NY A	4	7	1	0	0	0	0.0	0	1	0	1	0	.143	.143	1	0	C-3
1935 BKN N	26	54	7	3	0	0	0.0	2	5	2	8	0	.130	.185	0	0	C-26
16 yrs.	918	2865	748	113	28	9	0.3	258	311	161	192	9	.261	.329	55	10	C-857
7 yrs.	376	1217	341	41	16	4	0.3	109	149	44	65	4	.280	.350	30	8	C-345

WORLD SERIES
| 1929 CHI N | 5 | 17 | 3 | 0 | 0 | 0 | 0.0 | 0 | 3 | 0 | 3 | 0 | .176 | .176 | 0 | 0 | C-5 |

Dick Teed
TEED, RICHARD LEROY   BB TR 5'11" 180 lbs.
B. Mar. 8, 1926, Springfield, Mass.

| 1953 BKN N | 1 | 1 | 0 | 0 | 0 | 0 | 0.0 | 0 | 0 | 0 | 1 | 0 | .000 | .000 | 1 | 0 | |

Joe Tepsic
TEPSIC, JOSEPH JOHN   BR TR 5'9" 170 lbs.
B. Sept. 18, 1923, Slovan, Pa.

| 1946 BKN N | 15 | 5 | 0 | 0 | 0 | 0 | 0.0 | 0 | 1 | 1 | 0 | .000 | .000 | 3 | 0 | OF-1 |

Adonis Terry
TERRY, WILLIAM H   BR TR 168 lbs.
B. Aug. 7, 1864, Westfield, Mass.   D. Feb. 24, 1915, Milwaukee, Wis.

1884 BKN AA	68	240	56	10	3	0	0.0	16		8			.233	.300	0	0	P-57, OF-13
1885	71	264	45	1	3	1	0.4	23		10			.170	.208	0	0	OF-47, P-25, 3B-1
1886	75	299	71	8	9	2	0.7	34		10			.237	.344	0	0	P-34, OF-32, SS-13
1887	86	352	103	6	10	3	0.9	56		16		27	.293	.392	0	0	OF-49, P-40, SS-2
1888	30	115	29	6	0	0	0.0	13	8	5		7	.252	.304	0	0	P-23, OF-7, 1B-2
1889	49	160	48	6	6	2	1.3	29	26	14	14	8	.300	.450	0	0	P-41, 1B-10
1890 BKN N	99	363	101	17	9	4	1.1	63	59	40	34	32	.278	.408	0	0	OF-54, P-46, 1B-1
1891	30	91	19	7	1	0	0.0	10	6	9	26	4	.209	.308	0	0	P-25, OF-5
1892 2 teams	BAL	N	(1G –	.000)		PIT	N	(31G –	.160)								
" total	32	104	16	0	4	2	1.9	10	11	10	12	2	.154	.288	0	0	P-31, OF-1
1893 PIT N	26	71	18	4	3	0	0.0	9	11	3	11	1	.254	.394	0	0	P-26
1894 2 teams	PIT	N	(1G –	.000)		CHI	N	(30G –	.347)								
" total	31	95	33	4	2	0	0.0	19	17	11	12	2	.347	.432	0	0	P-24, OF-7, 1B-2
1895 CHI N	40	137	30	3	2	1	0.7	18	10	2	17	1	.219	.292	0	0	P-38, OF-1, SS-1
1896	30	99	26	4	2	0	0.0	14	15	8	12	4	.263	.343	0	0	P-30
1897	1	3	0	0	0	0	0.0	1	0	0		0	.000	.000	0	0	P-1
14 yrs.	668	2393	595	76	54	15	0.6	315	162	146	138	89	.249	.344	0	0	P-441, OF-216, SS-16, 1B-15, 3B-1
2 yrs.	129	454	120	24	10	4	0.9	73	65	49	60	36	.264	.388	0	0	P-71, OF-59, 1B-1

Wayne Terwilliger
TERWILLIGER, WILLARD WAYNE (Twig)   BR TR 5'11" 165 lbs.
B. June 27, 1925, Clare, Mich.

| 1949 CHI N | 36 | 112 | 25 | 2 | 1 | 2 | 1.8 | 11 | 10 | 16 | 22 | 0 | .223 | .313 | 1 | 0 | 2B-34 |
| 1950 | 133 | 480 | 116 | 22 | 3 | 10 | 2.1 | 63 | 32 | 43 | 63 | 13 | .242 | .363 | 4 | 1 | 2B-126, OF-1, 3B-1, 1B-1 |

229　　*Player Register*

	G	AB	H	2B	3B	HR	HR%	R	RBI	BB	SO	SB	BA	SA	Pinch Hit AB H	G by POS

Wayne Terwilliger continued

1951 2 teams	CHI N (50G – .214)			BKN N (37G – .280)												
" total	87	242	55	7	0	0	0.0	37	14	37	28	4	.227	.256	7 3	2B-73, 3B-1
1953 WAS A	134	464	117	24	4	4	0.9	62	46	64	65	7	.252	.347	1 1	2B-133
1954	106	337	70	10	1	3	0.9	42	24	32	40	3	.208	.270	1 0	2B-90, 3B-10, SS-3
1955 NY N	80	257	66	16	1	1	0.4	29	18	36	42	2	.257	.339	0 0	2B-78, SS-1, 3B-1
1956	14	18	4	1	0	0	0.0	0	0	0	5	0	.222	.278	4 0	2B-6
1959 KC A	74	180	48	11	0	2	1.1	27	18	19	31	2	.267	.361	6 0	2B-63, SS-2, 3B-1
1960	2	1	0	0	0	0	0.0	0	0	0	0	0	.000	.000	0 0	2B-2
9 yrs.	666	2091	501	93	10	22	1.1	271	162	247	296	31	.240	.325	24 5	2B-605, 3B-14, SS-6, OF-1, 1B-1
1 yr.	37	50	14	1	0	0	0.0	11	4	8	7	1	.280	.300	7 3	2B-24, 3B-1

Derrel Thomas

THOMAS, DERREL OSBON　　　　　　　　　　　BB TR 6'　　160 lbs.
B. Jan. 14, 1951, Los Angeles, Calif.

1971 HOU N	5	5	0	0	0	0	0.0	0	0	0	2	0	.000	.000	0 0	2B-1
1972 SD N	130	500	115	15	5	5	1.0	48	36	41	73	9	.230	.310	2 0	2B-83, SS-49, OF-3
1973	113	404	96	7	1	0	0.0	41	22	34	52	15	.238	.260	6 2	SS-74, 2B-47
1974	141	523	129	24	6	3	0.6	48	41	51	58	7	.247	.333	5 3	2B-104, 3B-22, OF-20, SS-5
1975 SF N	144	540	149	21	9	6	1.1	99	48	57	56	28	.276	.381	2 1	2B-141, OF-1
1976	81	272	63	5	4	2	0.7	38	19	29	26	10	.232	.301	11 2	2B-69, OF-2, SS-1, 3B-1
1977	148	506	135	13	10	8	1.6	75	44	46	70	15	.267	.379	19 5	OF-78, 2B-27, SS-26, 3B-6, 1B-3
1978 SD N	128	352	80	10	2	3	0.9	36	26	35	37	11	.227	.293	7 1	OF-77, 2B-40, 3B-26, 1B-14
1979 LA N	141	406	104	15	4	5	1.2	47	44	41	49	18	.256	.350	11 1	OF-119, 3B-18, 2B-5, SS-3, 1B-1
1980	117	297	79	18	3	1	0.3	32	22	26	48	7	.266	.357	8 3	OF-52, SS-49, 2B-18, C-5, 3B-4
1981	80	218	54	4	0	4	1.8	25	24	25	23	7	.248	.321	3 0	2B-30, SS-26, OF-18, 3B-10
1982	66	98	26	2	1	0	0.0	13	2	10	12	2	.265	.306	5 0	OF-28, 2B-18, 3B-14, SS-6
1983	118	192	48	6	6	2	1.0	38	8	27	36	9	.250	.375	16 3	OF-82, SS-13, 2B-9, 3B-7
1984 2 teams	MON N (108G – .255)			CAL A (14G – .138)												
" total	122	272	66	12	3	0	0.0	29	22	23	37	0	.243	.309	14 0	SS-66, OF-55, 2B-15, 3B-7, 1B-1
1985 PHI N	63	92	19	2	0	4	4.3	16	12	11	14	2	.207	.359	35 7	SS-21, OF-7, 3B-1, 2B-1, C-1
15 yrs.	1597	4677	1163	154	54	43	0.9	585	370	456	593	140	.249	.332	144 28	2B-608, OF-542, SS-339, 3B-116, 1B-19, C-6
5 yrs.	522	1211	311	45	14	12	1.0	155	100	129	168	43	.257	.347	43 7	OF-299, SS-97, 2B-80, 3B-53, C-5, 1B-1

DIVISIONAL PLAYOFF SERIES
1981 LA N	4	7	2	0	0	0	0.0	1	0	0	1	0	.000	.000	1 0	OF-4

LEAGUE CHAMPIONSHIP SERIES
1981 LA N	2	1	1	0	0	0	0.0	2	0	0	0	0	1.000	1.000	1 1	3B-1
1983	4	9	4	1	0	0	0.0	0	0	3	1	0	.444	.556	1 0	OF-4
2 yrs.	6	10	5	1	0	0	0.0	2	0	3	1	0	.500	.600	2 1	OF-4, 3B-1

WORLD SERIES
1981 LA N	5	7	0	0	0	0	0.0	2	1	1	2	0	.000	.000	2 0	SS-1

Ray Thomas

THOMAS, RAYMOND JOSEPH　　　　　　　　　BR TR 5'11"　　175 lbs.
B. July 9, 1910, Dover, N. H.

1938 BKN N	1	3	1	0	0	0	0.0	1	0	0	0	0	.333	.333	0 0	C-1

Gary Thomasson

THOMASSON, GARY LEAH　　　　　　　　　　BL TL 6'1"　　180 lbs.
B. July 29, 1951, San Diego, Calif.

1972 SF N	10	27	9	1	1	0	0.0	5	1	1	7	0	.333	.444	2 1	1B-7, OF-2
1973	112	235	67	10	4	4	1.7	35	30	22	43	2	.285	.413	18 4	1B-47, OF-43
1974	120	315	77	14	3	2	0.6	41	29	38	56	7	.244	.327	30 6	OF-76, 1B-15
1975	114	326	74	12	3	7	2.1	44	32	37	48	9	.227	.347	17 4	OF-74, 1B-17
1976	103	328	85	20	5	8	2.4	45	38	30	45	8	.259	.424	16 4	OF-54, 1B-39
1977	145	446	114	24	6	17	3.8	63	71	75	102	16	.256	.451	16 5	OF-113, 1B-31
1978 2 teams	OAK A (47G – .201)			NY A (55G – .276)												
" total	102	270	63	8	2	8	3.0	37	36	28	66	4	.233	.367	7 2	OF-94, 1B-5, DH-1
1979 LA N	115	315	78	11	1	14	4.4	39	45	43	70	4	.248	.422	18 2	OF-100, 1B-1
1980	80	111	24	3	0	1	0.9	6	12	17	26	0	.216	.270	45 11	OF-31, 1B-1
9 yrs.	901	2373	591	103	25	61	2.6	315	294	291	463	50	.249	.391	169 39	OF-587, 1B-163, DH-1
2 yrs.	195	426	102	14	1	15	3.5	45	57	60	96	4	.239	.383	63 13	OF-131, 1B-2

LEAGUE CHAMPIONSHIP SERIES
1978 NY A	3	1	0	0	0	0	0.0	0	0	0	0	0	.000	.000	1 0	OF-3

WORLD SERIES
1978 NY A	3	4	1	0	0	0	0.0	0	0	0	1	0	.250	.250	0 0	OF-3

Don Thompson

THOMPSON, DONALD NEWLIN　　　　　　　　BL TL 6'　　185 lbs.
B. Dec. 28, 1923, Swepsonville, N. C.

1949 BOS N	7	11	2	0	0	0	0.0	0	0	2	0	0	.182	.182	5 0	OF-2
1951 BKN N	80	118	27	3	0	0	0.0	25	6	12	12	2	.229	.254	11 3	OF-61
1953	96	153	37	5	0	1	0.7	25	12	14	13	2	.242	.294	13 0	OF-81

Player Register

	G	AB	H	2B	3B	HR	HR%	R	RBI	BB	SO	SB	BA	SA	Pinch Hit AB	H	G by POS

Don Thompson continued
	G	AB	H	2B	3B	HR	HR%	R	RBI	BB	SO	SB	BA	SA	PH AB	PH H	G by POS
1954	34	25	1	0	0	0	0.0	2	1	5	5	0	.040	.040	5	0	OF-29
4 yrs.	217	307	67	8	0	1	0.3	52	19	31	32	4	.218	.254	34	3	OF-173
3 yrs.	210	296	65	8	0	1	0.3	52	19	31	30	4	.220	.257	29	3	OF-171

WORLD SERIES
1953 BKN N	2	0	0	0	0	0	–	0	0	0	0	–	–	–	0	0	OF-2

Fresco Thompson
THOMPSON, LAFAYETTE FRESCO (Tommy)   BR TR 5'8" 150 lbs.
B. June 6, 1902, Centreville, Ala.   D. Nov. 20, 1968, Fullerton, Calif.

	G	AB	H	2B	3B	HR	HR%	R	RBI	BB	SO	SB	BA	SA	PH AB	PH H	G by POS
1925 PIT N	14	37	9	2	1	0	0.0	4	8	4	1	2	.243	.351	2	0	2B-12
1926 NY N	2	8	5	0	0	0	0.0	1	1	2	0	1	.625	.625	0	0	2B-2
1927 PHI N	153	597	181	32	14	1	0.2	78	70	34	36	19	.303	.409	0	0	2B-153
1928	152	634	182	34	11	3	0.5	99	50	42	27	19	.287	.390	0	0	2B-152
1929	148	623	202	41	3	4	0.6	115	53	75	34	16	.324	.419	0	0	2B-148
1930	122	478	135	34	4	4	0.8	77	46	35	29	7	.282	.395	8	3	2B-112
1931 BKN N	74	181	48	6	1	1	0.6	26	21	23	16	5	.265	.326	4	1	2B-63, SS-10, 3B-5
1932	3	1	0	0	0	0	0.0	0	0	0	0	0	.000	.000	1	0	
1934 NY N	1	1	0	0	0	0	0.0	0	0	0	0	0	.000	.000	1	0	
9 yrs.	669	2560	762	149	34	13	0.5	400	249	215	143	69	.298	.398	16	4	2B-642, SS-10, 3B-5
2 yrs.	77	182	48	6	1	1	0.5	26	21	23	16	5	.264	.324	5	1	2B-63, SS-10, 3B-5

Tim Thompson
THOMPSON, CHARLES LEMOINE   BL TR 5'11" 190 lbs.
B. Mar. 1, 1924, Coalport, Pa.

	G	AB	H	2B	3B	HR	HR%	R	RBI	BB	SO	SB	BA	SA	PH AB	PH H	G by POS
1954 BKN N	10	13	2	1	0	0	0.0	2	1	1	1	0	.154	.231	5	1	C-2, OF-1
1956 KC A	92	268	73	13	2	1	0.4	21	27	17	23	2	.272	.347	23	4	C-68
1957	81	230	47	10	0	7	3.0	25	19	18	26	0	.204	.339	19	1	C-62
1958 DET A	4	6	1	0	0	0	0.0	1	0	3	2	0	.167	.167	1	0	C-4
4 yrs.	187	517	123	24	2	8	1.5	49	47	39	52	2	.238	.338	48	6	C-136, OF-1
1 yr.	10	13	2	1	0	0	0.0	2	1	1	1	0	.154	.231	5	1	C-2, OF-1

Sloppy Thurston
THURSTON, HOLLIS JOHN   BR TR 5'11" 165 lbs.
B. June 2, 1899, Fremont, Neb.   D. Sept. 14, 1973, Los Angeles, Calif.

	G	AB	H	2B	3B	HR	HR%	R	RBI	BB	SO	SB	BA	SA	PH AB	PH H	G by POS
1923 2 teams	STL A (2G – .000)					CHI A (45G – .316)											
" total	47	79	25	5	1	0	0.0	10	4	2	6	0	.316	.405	1	0	P-46
1924 CHI A	51	122	31	6	3	1	0.8	15	9	5	14	0	.254	.377	10	3	P-38, OF-1
1925	44	84	24	7	2	0	0.0	2	13	5	13	0	.286	.417	6	2	P-36
1926	38	61	19	4	0	0	0.0	5	5	3	6	0	.311	.377	5	0	P-31
1927 WAS A	42	92	29	4	2	2	2.2	11	17	5	10	1	.315	.467	9	1	P-29
1930 BKN N	36	50	10	3	0	1	2.0	3	11	0	16	0	.200	.320	10	2	P-24
1931	24	60	13	2	1	1	1.7	8	8	2	10	0	.217	.333	0	0	P-24
1932	29	56	17	5	1	0	0.0	7	5	2	9	0	.304	.429	1	0	P-28
1933	32	44	7	2	0	0	0.0	4	7	0	7	0	.159	.205	0	0	P-32
9 yrs.	343	648	175	38	10	5	0.8	65	79	24	91	1	.270	.383	42	8	P-288, OF-1
4 yrs.	121	210	47	12	2	2	1.0	22	31	4	42	0	.224	.329	11	2	P-108

Cotton Tierney
TIERNEY, JAMES ARTHUR   BR TR 5'8" 175 lbs.
B. Feb. 10, 1894, Kansas City, Kans.   D. Apr. 18, 1953, Kansas City, Mo.

	G	AB	H	2B	3B	HR	HR%	R	RBI	BB	SO	SB	BA	SA	PH AB	PH H	G by POS
1920 PIT N	12	46	11	5	0	0	0.0	4	8	3	4	1	.239	.348	0	0	2B-10, SS-2
1921	117	442	132	22	8	3	0.7	49	52	24	31	4	.299	.405	3	0	2B-72, 3B-37, OF-4, SS-3
1922	122	441	152	26	14	7	1.6	58	86	22	40	7	.345	.515	13	3	2B-105, OF-2, SS-1, 3B-1
1923 2 teams	PIT N (29G – .292)					PHI N (121G – .317)											
" total	150	600	187	36	3	13	2.2	90	88	26	52	5	.312	.447	0	0	2B-143, OF-5, 3B-2
1924 BOS N	136	505	131	16	1	6	1.2	38	58	22	37	11	.259	.331	2	1	2B-115, 3B-22
1925 BKN N	93	265	68	14	4	2	0.8	27	39	12	23	0	.257	.362	28	7	3B-61, 2B-1, 1B-1
6 yrs.	630	2299	681	119	30	31	1.3	266	331	109	187	28	.296	.415	46	11	2B-446, 3B-123, OF-11, SS-6, 1B-1
1 yr.	93	265	68	14	4	2	0.8	27	39	12	23	0	.257	.362	28	7	3B-61, 2B-1, 1B-1

Al Todd
TODD, ALFRED CHESTER   BR TR 6'1" 198 lbs.
B. Jan. 7, 1904, Troy, N. Y.   D. Mar. 8, 1985, Elmira, N. Y.

	G	AB	H	2B	3B	HR	HR%	R	RBI	BB	SO	SB	BA	SA	PH AB	PH H	G by POS
1932 PHI N	33	70	16	5	0	0	0.0	8	9	1	9	1	.229	.300	7	1	C-25
1933	73	136	28	4	0	0	0.0	13	10	4	18	1	.206	.235	34	7	C-34, OF-2
1934	91	302	96	22	2	4	1.3	33	41	10	39	3	.318	.444	8	4	C-82
1935	107	328	95	18	3	3	0.9	40	42	19	35	3	.290	.390	20	5	C-87
1936 PIT N	76	267	73	10	5	2	0.7	28	28	11	24	6	.273	.371	6	2	C-70
1937	133	514	158	18	10	8	1.6	51	86	16	36	2	.307	.428	5	2	C-128
1938	133	491	130	19	7	7	1.4	52	75	18	31	2	.265	.375	1	0	C-132
1939 BKN N	86	245	68	10	5	5	2.0	28	32	13	16	1	.278	.380	13	5	C-73
1940 CHI N	104	381	97	13	2	6	1.6	31	42	11	29	1	.255	.346	0	0	C-104
1941	6	6	1	0	0	0	0.0	0	1	0	1	0	.167	.167	6	1	
1943	21	45	6	0	0	0	0.0	1	1	5	0	0	.133	.133	4	1	C-17
11 yrs.	863	2785	768	119	29	35	1.3	286	366	104	243	18	.276	.377	104	28	C-752, OF-2
1 yr.	86	245	68	10	5	5	2.0	28	32	13	16	1	.278	.380	13	5	C-73

Bert Tooley
TOOLEY, ALBERT   BR TR 5'10" 155 lbs.
B. Aug. 30, 1886, Howell, Mich.   D. Aug. 17, 1976, Marshall, Mich.

	G	AB	H	2B	3B	HR	HR%	R	RBI	BB	SO	SB	BA	SA	PH AB	PH H	G by POS
1911 BKN N	119	433	89	11	3	1	0.2	55	29	53	63	18	.206	.252	3	1	SS-114
1912	77	265	62	6	5	2	0.8	34	37	19	21	12	.234	.317	0	0	SS-76
2 yrs.	196	698	151	17	8	3	0.4	89	66	72	84	30	.216	.277	3	1	SS-190
2 yrs.	196	698	151	17	8	3	0.4	89	66	72	84	30	.216	.277	3	1	SS-190

231 *Player Register*

	G	AB	H	2B	3B	HR	HR%	R	RBI	BB	SO	SB	BA	SA	Pinch Hit AB	H	G by POS

Jeff Torborg
TORBORG, JEFFREY ALLEN
B. Nov. 26, 1941, Plainfield, N. J.
Manager 1977-79.
BR TR 6'½" 195 lbs.

		G	AB	H	2B	3B	HR	HR%	R	RBI	BB	SO	SB	BA	SA	PH-AB	PH-H	G by POS
1964	LA N	28	43	10	1	1	0	0.0	4	4	3	8	0	.233	.302	1	0	C-27
1965		56	150	36	5	1	3	2.0	8	13	10	26	0	.240	.347	6	1	C-53
1966		46	120	27	3	0	1	0.8	4	13	10	23	0	.225	.275	2	0	C-45
1967		76	196	42	4	1	2	1.0	11	12	13	31	1	.214	.276	1	1	C-75
1968		37	93	15	2	0	0	0.0	2	4	6	10	0	.161	.183	0	0	C-37
1969		51	124	23	4	0	0	0.0	7	7	9	17	1	.185	.218	1	0	C-50
1970		64	134	31	8	0	1	0.7	11	17	14	15	1	.231	.313	2	1	C-63
1971	CAL A	55	123	25	5	0	0	0.0	6	5	3	6	0	.203	.244	6	0	C-49
1972		59	153	32	3	0	0	0.0	5	8	14	21	0	.209	.229	1	0	C-58
1973		102	255	56	7	0	1	0.4	20	18	21	32	0	.220	.259	0	0	C-102
10 yrs.		574	1391	297	42	3	8	0.6	78	101	103	189	3	.214	.265	20	3	C-559
7 yrs.		358	860	184	27	3	7	0.8	47	70	65	130	3	.214	.277	13	3	C-350

Dick Tracewski
TRACEWSKI, RICHARD JOSEPH
B. Feb. 3, 1935, Eynon, Pa.
BR TR 5'11" 160 lbs.

		G	AB	H	2B	3B	HR	HR%	R	RBI	BB	SO	SB	BA	SA	PH-AB	PH-H	G by POS
1962	LA N	15	2	0	0	0	0	0.0	3	0	2	0	0	.000	.000	1	0	SS-4
1963		104	217	49	2	1	1	0.5	23	10	19	39	2	.226	.258	0	0	SS-81, 2B-23
1964		106	304	75	13	4	1	0.3	31	26	31	61	3	.247	.326	4	2	2B-56, 3B-30, SS-19
1965		78	186	40	6	0	1	0.5	17	20	25	30	2	.215	.263	8	1	3B-53, 2B-14, SS-7
1966	DET A	81	124	24	1	1	0	0.0	15	7	10	32	1	.194	.218	7	0	2B-70, SS-3
1967		74	107	30	4	2	1	0.9	19	9	8	20	1	.280	.383	9	3	SS-44, 2B-12, 3B-10
1968		90	212	33	3	1	4	1.9	30	15	24	51	3	.156	.236	9	1	SS-41, 2B-16, 2B-14
1969		66	79	11	2	0	0	0.0	10	4	15	20	3	.139	.165	3	1	SS-41, 2B-13, 3B-6
8 yrs.		614	1231	262	31	9	8	0.6	148	91	134	253	15	.213	.272	41	8	SS-250, 2B-202, 3B-115
4 yrs.		303	709	164	21	5	3	0.4	74	56	77	130	7	.231	.288	13	3	SS-111, 2B-93, 3B-83

WORLD SERIES

		G	AB	H	2B	3B	HR	HR%	R	RBI	BB	SO	SB	BA	SA	PH-AB	PH-H	G by POS
1963	LA N	4	13	2	0	0	0	0.0	1	0	1	2	0	.154	.154	0	0	2B-4
1965		6	17	2	0	0	0	0.0	1	0	1	5	0	.118	.118	1	0	2B-6
1968	DET A	2	0	0	0	0	0	—	1	0	0	0	0	—	—	0	0	3B-1
3 yrs.		12	30	4	0	0	0	0.0	2	0	2	7	0	.133	.133	1	0	2B-10, 3B-1

George Treadway
TREADWAY, GEORGE B.
B. Nov. 11, 1866, County, Ky. D. Nov. 17, 1928, Riverside, Calif.
BL

		G	AB	H	2B	3B	HR	HR%	R	RBI	BB	SO	SB	BA	SA	PH-AB	PH-H	G by POS
1893	BAL N	115	458	119	16	17	1	0.2	78	67	57	50	24	.260	.376	0	0	OF-115
1894	BKN N	123	479	157	27	26	4	0.8	124	102	72	43	27	.328	.518	1	0	OF-122, 1B-1
1895		86	339	87	14	3	7	2.1	54	54	33	22	9	.257	.378	0	0	OF-86
1896	LOU N	2	7	1	0	0	0	0.0	0	1	1	0	0	.143	.143	0	0	OF-1, 1B-1
4 yrs.		326	1283	364	57	46	12	0.9	256	224	163	115	60	.284	.428	1	0	OF-324, 1B-2
2 yrs.		209	818	244	41	29	11	1.3	178	156	105	65	36	.298	.460	1	0	OF-208, 1B-1

Nick Tremark
TREMARK, NICHOLAS JOSEPH
B. Oct. 15, 1912, Yonkers, N. Y.
BL TL 5'5" 150 lbs.

		G	AB	H	2B	3B	HR	HR%	R	RBI	BB	SO	SB	BA	SA	PH-AB	PH-H	G by POS
1934	BKN N	17	28	7	1	0	0	0.0	3	6	2	2	0	.250	.286	7	1	OF-9
1935		10	13	3	1	0	0	0.0	1	3	1	1	0	.231	.308	5	2	OF-4
1936		8	32	8	2	0	0	0.0	6	1	3	2	0	.250	.313	0	0	OF-8
3 yrs.		35	73	18	4	0	0	0.0	10	10	6	5	0	.247	.301	12	3	OF-21
3 yrs.		35	73	18	4	0	0	0.0	10	10	6	5	0	.247	.301	12	3	OF-21

Overton Tremper
TREMPER, CARLTON OVERTON
B. Mar. 22, 1906, Brooklyn, N. Y.
BR TR 5'10" 163 lbs.

		G	AB	H	2B	3B	HR	HR%	R	RBI	BB	SO	SB	BA	SA	PH-AB	PH-H	G by POS
1927	BKN N	36	60	14	0	0	0	0.0	4	4	0	2	0	.233	.233	8	1	OF-18
1928		10	31	6	2	1	0	0.0	1	1	0	1	0	.194	.323	1	1	OF-10
2 yrs.		46	91	20	2	1	0	0.0	5	5	0	3	0	.220	.264	9	2	OF-28
2 yrs.		46	91	20	2	1	0	0.0	5	5	0	3	0	.220	.264	9	2	OF-28

Tommy Tucker
TUCKER, THOMAS JOSEPH
B. Oct. 28, 1863, Holyoke, Mass. D. Oct. 22, 1935, Montague, Mass.
BB TR 5'11" 165 lbs.

		G	AB	H	2B	3B	HR	HR%	R	RBI	BB	SO	SB	BA	SA	PH-AB	PH-H	G by POS
1887	BAL AA	136	524	144	15	9	6	1.1	114		29		85	.275	.372	0	0	1B-136
1888		136	520	149	17	12	6	1.2	74	61	16		43	.287	.400	0	0	1B-129, OF-7, P-1
1889		134	527	196	22	11	5	0.9	103	99	42	26	63	.372	.484	0	0	1B-123, OF-12
1890	BOS N	132	539	159	17	8	1	0.2	104	62	56	22	43	.295	.362	0	0	1B-132
1891		140	548	148	16	5	2	0.4	103	69	37	30	26	.270	.328	0	0	1B-140, P-1
1892		149	542	153	15	7	1	0.2	85	62	45	35	22	.282	.341	0	0	1B-149
1893		121	486	138	13	2	7	1.4	83	91	27	31	8	.284	.362	0	0	1B-121
1894		123	500	165	24	3	3	0.6	112	100	53	21	18	.330	.420	0	0	1B-123, OF-1
1895		125	462	115	19	9	3	0.6	87	73	61	29	15	.249	.335	0	0	1B-125
1896		122	474	144	27	5	2	0.4	74	72	30		29	6	.304	.395	0	0	1B-122
1897	2 teams	BOS N (4G – .214)					WAS N (93G – .338)												
"	total	97	366	122	20	5	5	1.4	52	65	29		18	.333	.456	0	0	1B-97
1898	2 teams	BKN N (73G – .279)					STL N (72G – .238)												
"	total	145	535	139	16	6	1	0.2	53	54	30		2	.260	.318	0	0	1B-145
1899	CLE N	127	456	110	19	3	0	0.0	40	40	24		3	.241	.296	0	0	1B-127
13 yrs.		1687	6479	1882	240	85	42	0.6	1084	847	479	223	352	.290	.373	0	0	1B-1669, OF-20, P-2
1 yr.		73	283	79	9	4	1	0.4	35	34	12		1	.279	.350	0	0	1B-73

Ty Tyson
TYSON, ALBERT THOMAS
B. June 1, 1892, Wilkes-Barre, Pa. D. Aug. 16, 1953, Buffalo, N. Y.
BR TR 5'11" 169 lbs.

		G	AB	H	2B	3B	HR	HR%	R	RBI	BB	SO	SB	BA	SA	PH-AB	PH-H	G by POS
1926	NY N	97	335	98	16	1	3	0.9	40	35	15	28	6	.293	.373	4	1	OF-92

Player Register

	G	AB	H	2B	3B	HR	HR%	R	RBI	BB	SO	SB	BA	SA	Pinch Hit AB	H	G by POS

Ty Tyson continued

1927		43	159	42	7	2	1	0.6	24	17	10	19	5	.264	.352	1	1	OF-41
1928 BKN N		59	210	57	11	1	1	0.5	25	21	10	14	3	.271	.348	1	0	OF-55
3 yrs.		199	704	197	34	4	5	0.7	89	73	35	61	14	.280	.361	6	2	OF-188
1 yr.		59	210	57	11	1	1	0.5	25	21	10	14	3	.271	.348	1	0	OF-55

Mike Vail

VAIL, MICHAEL LEWIS
B. Nov. 10, 1951, San Francisco, Calif.
BR TR 6'1" 180 lbs.

1975 NY N	38	162	49	8	1	3	1.9	17	17	9	37	0	.302	.420	1	1	OF-36
1976	53	143	31	5	1	0	0.0	8	9	6	19	0	.217	.266	17	4	OF-35
1977	108	279	73	12	1	8	2.9	29	35	19	58	0	.262	.398	30	4	OF-85
1978 2 teams	CLE	A (14G – .235)	CHI	N (74G – .333)
" total	88	214	68	8	3	4	1.9	17	35	4	33	1	.318	.439	35	13	OF-54, DH-1, 3B-1
1979 CHI N	87	179	60	8	2	7	3.9	28	35	14	27	0	.335	.520	44	12	OF-39, 3B-2
1980	114	312	93	17	2	6	1.9	30	47	14	77	2	.298	.423	45	8	OF-77
1981 CIN N	31	31	5	0	0	0	0.0	1	3	0	9	0	.161	.161	28	5	OF-3
1982	78	189	48	10	1	4	2.1	9	29	6	33	0	.254	.381	29	8	OF-52
1983 2 teams	SF	N (18G – .154)	MON	N (34G – .283)
" total	52	79	19	3	0	2	2.5	6	7	8	17	0	.241	.354	25	5	OF-17, 1B-5, 3B-1
1984 LA N	16	16	1	0	0	0	0.0	1	2	1	7	0	.063	.063	13	1	OF-1
10 yrs.	665	1604	447	71	11	34	2.1	146	219	81	317	3	.279	.400	267	61	OF-399, 1B-5, 3B-4, DH-1
1 yr.	16	16	1	0	0	0	0.0	1	2	1	7	0	.063	.063	13	1	OF-1

Bobby Valentine

VALENTINE, ROBERT JOHN
B. May 13, 1950, Stamford, Conn.
Manager 1985.
BR TR 5'10" 189 lbs.

1969 LA N	5	0	0	0	0	0	–	3	0	0	0	0	–	–	0	0	
1971	101	281	70	10	2	1	0.4	32	25	15	20	5	.249	.310	14	5	SS-37, 3B-23, 2B-21, OF-11
1972	119	391	107	11	2	3	0.8	42	32	27	33	5	.274	.335	10	1	2B-49, 3B-39, OF-16, SS-10
1973 CAL A	32	126	38	5	2	1	0.8	12	13	5	9	6	.302	.397	0	0	SS-25, OF-8
1974	117	371	97	10	3	3	0.8	39	39	25	25	8	.261	.329	9	3	OF-62, SS-36, 3B-15, DH-4, 2B-1
1975 2 teams	CAL	A (26G – .281)	SD	N (7G – .133)
" total	33	72	18	2	0	1	1.4	6	6	8	3	1	.250	.319	10	2	OF-6, 1B-3, 3B-2
1976 SD N	15	49	18	4	0	0	0.0	3	4	6	2	0	.367	.449	1	0	OF-10, 1B-4
1977 2 teams	SD	N (44G – .179)	NY	N (42G – .133)
" total	86	150	23	4	0	2	1.3	13	13	13	19	0	.153	.220	44	9	SS-24, 1B-16, 3B-14
1978 NY N	69	160	43	7	0	1	0.6	17	18	19	18	1	.269	.331	15	4	2B-45, 3B-9
1979 SEA A	62	98	27	6	0	0	0.0	9	7	22	5	1	.276	.337	20	7	SS-29, OF-15, 3B-4, 2B-4, C-2, DH-1
10 yrs.	639	1698	441	59	9	12	0.7	176	157	140	134	27	.260	.326	123	31	SS-161, OF-128, 2B-120, 3B-106, 1B-23, DH-5, C-2
3 yrs.	225	672	177	21	4	4	0.6	77	57	42	53	10	.263	.324	24	6	2B-70, 3B-62, SS-47, OF-27

Hector Valle

VALLE, HECTOR JOSE
B. Oct. 27, 1940, Vega Baja, Puerto Rico
BR TR 5'9" 180 lbs.

| 1965 LA N | 9 | 13 | 4 | 0 | 0 | 0 | 0.0 | 1 | 2 | 2 | 3 | 0 | .308 | .308 | 2 | 1 | C-6 |

Elmer Valo

VALO, ELMER WILLIAM
B. Mar. 5, 1921, Ribnik, Czechoslovakia
BL TR 5'11" 190 lbs.

1940 PHI A	6	23	8	0	0	0	0.0	6	0	3	0	2	.348	.348	0	0	OF-6
1941	15	50	21	0	1	2	4.0	13	6	4	2	0	.420	.580	4	1	OF-10
1942	133	459	115	13	10	2	0.4	64	40	70	21	13	.251	.336	9	2	OF-122
1943	77	249	55	6	2	3	1.2	31	18	35	13	2	.221	.297	13	1	OF-63
1946	108	348	107	21	6	1	0.3	59	31	60	18	9	.307	.411	15	5	OF-90
1947	112	370	111	12	6	5	1.4	60	36	64	21	11	.300	.405	5	1	OF-104
1948	113	383	117	17	4	3	0.8	72	46	81	13	10	.305	.394	3	1	OF-109
1949	150	547	155	27	12	5	0.9	86	85	119	32	14	.283	.404	0	0	OF-150
1950	129	446	125	16	5	10	2.2	62	46	83	22	12	.280	.406	6	1	OF-117
1951	123	444	134	27	8	7	1.6	75	55	75	20	11	.302	.446	8	2	OF-116
1952	129	388	109	26	4	5	1.3	69	47	101	16	12	.281	.407	10	1	OF-121
1953	50	85	19	3	0	0	0.0	15	9	22	7	0	.224	.259	19	4	OF-25
1954	95	224	48	11	6	1	0.4	28	33	51	18	2	.214	.330	22	1	OF-62
1955 KC A	112	283	103	17	4	3	1.1	50	37	52	18	5	.364	.484	31	14	OF-72
1956 2 teams	KC	A (9G – .222)	PHI	N (98G – .289)
" total	107	300	86	13	3	5	1.7	41	39	49	22	7	.287	.400	16	5	OF-88
1957 BKN N	81	161	44	10	1	4	2.5	14	26	25	16	0	.273	.422	34	8	OF-36
1958 LA N	65	101	25	2	1	1	1.0	9	14	12	11	0	.248	.317	36	9	OF-26
1959 CLE A	34	24	7	0	0	0	0.0	3	5	7	0	0	.292	.292	24	7	OF-2
1960 2 teams	NY	A (8G – .000)	WAS	A (76G – .281)
" total	84	69	18	3	0	0	0.0	7	16	19	5	0	.261	.304	59	14	OF-8
1961 2 teams	MIN	A (33G – .156)	PHI	N (50G – .186)
" total	83	75	13	4	0	1	1.3	4	12	11	9	0	.173	.267	72	13	OF-2
20 yrs.	1806	5029	1420	228	73	58	1.2	768	601	943	284	110	.282	.391	386	90	OF-1329
2 yrs.	146	262	69	12	2	5	1.9	23	40	37	27	0	.263	.382	70	17	OF-62

Player Register

	G	AB	H	2B	3B	HR	HR%	R	RBI	BB	SO	SB	BA	SA	Pinch Hit AB	Pinch Hit H	G by POS

Deacon Van Buren
VAN BUREN, EDWARD EUGENE BL
B. Dec. 14, 1870, County, Ill. D. June 29, 1957, Portland, Ore.

| 1904 2 teams | BKN N (1G – 1.000) | | | | PHI N (12G – .233) | | | | | | | | | | | | |
| " total | 13 | 44 | 11 | 2 | 0 | 0 | 0.0 | 2 | 3 | 3 | | 2 | .250 | .295 | 1 | 1 | OF-12 |

Arky Vaughan
VAUGHAN, JOSEPH FLOYD BL TR 5'10½" 175 lbs.
B. Mar. 9, 1912, Clifty, Ark. D. Aug. 30, 1952, Eagleville, Calif.
Hall of Fame 1985.

1932 PIT N	129	497	158	15	10	4	0.8	71	61	39	26	10	.318	.412	1	0	SS-128
1933	152	573	180	29	19	9	1.6	85	97	64	23	3	.314	.478	0	0	SS-152
1934	149	558	186	41	11	12	2.2	115	94	94	38	10	.333	.511	0	0	SS-149
1935	137	499	192	34	10	19	3.8	108	99	97	18	4	.385	.607	0	0	SS-137
1936	156	568	190	30	11	9	1.6	122	78	118	21	6	.335	.474	0	0	SS-156
1937	126	469	151	17	17	5	1.1	71	72	54	22	7	.322	.463	6	2	SS-108, OF-12
1938	148	541	174	35	5	7	1.3	88	68	104	21	14	.322	.444	1	0	SS-147
1939	152	595	182	30	11	6	1.0	94	62	70	20	12	.306	.424	0	0	SS-152
1940	156	594	178	40	15	7	1.2	113	95	88	25	12	.300	.453	0	0	SS-155, 3B-2
1941	106	374	118	20	7	6	1.6	69	38	50	13	8	.316	.455	4	0	SS-97, 3B-3
1942 BKN N	128	495	137	18	4	2	0.4	82	49	51	17	8	.277	.341	3	1	3B-119, SS-5, 2B-1
1943	149	610	186	39	6	5	0.8	112	66	60	13	20	.305	.413	1	0	SS-99, 3B-55
1947	64	126	41	5	2	2	1.6	24	25	27	11	4	.325	.444	26	10	OF-22, 3B-10
1948	65	123	30	3	0	3	2.4	19	22	21	8	0	.244	.341	29	8	OF-26, 3B-8
14 yrs.	1817	6622	2103	356	128	96	1.4	1173	926	937	276	118	.318	.453	71	21	SS-1485, 3B-197, OF-60, 2B-1
4 yrs.	406	1354	394	65	12	12	0.9	237	162	159	49	32	.291	.383	59	19	3B-192, SS-104, OF-48, 2B-1

WORLD SERIES
| 1947 BKN N | 3 | 2 | 1 | 1 | 0 | 0 | 0.0 | 0 | 0 | 1 | 0 | 0 | .500 | 1.000 | 2 | 1 | |

Zoilo Versalles
VERSALLES, ZOILO CASANOVA (Zorro) BR TR 5'10" 146 lbs.
B. Dec. 18, 1939, Vedado, Cuba

1959 WAS A	29	59	9	0	0	1	1.7	4	1	4	15	1	.153	.203	0	0	SS-29
1960	15	45	6	2	0	0	0.0	2	4	2	5	0	.133	.267	0	0	SS-15
1961 MIN A	129	510	143	25	5	7	1.4	65	53	25	61	16	.280	.390	0	0	SS-129
1962	160	568	137	18	3	17	3.0	69	67	37	71	5	.241	.373	0	0	SS-160
1963	159	621	162	31	13	10	1.6	74	54	33	66	7	.261	.401	0	0	SS-159
1964	160	659	171	33	10	20	3.0	94	64	42	88	14	.259	.431	1	1	SS-160
1965	160	666	182	45	12	19	2.9	126	77	41	122	27	.273	.462	0	0	SS-160
1966	137	543	135	20	6	7	1.3	73	36	40	85	10	.249	.346	2	0	SS-135
1967	160	581	116	16	7	6	1.0	63	50	33	113	5	.200	.282	0	0	SS-159
1968 LA N	122	403	79	16	3	2	0.5	29	24	26	84	6	.196	.266	2	1	SS-119
1969 2 teams	CLE A (72G – .226)				WAS A (31G – .267)												
" total	103	292	69	13	2	1	0.3	30	19	24	60	4	.236	.305	13	4	2B-52, 3B-35, SS-16
1971 ATL N	66	194	37	11	0	5	2.6	21	22	11	40	2	.191	.325	9	1	3B-30, SS-24, 2B-1
12 yrs.	1400	5141	1246	230	63	95	1.8	650	471	318	810	97	.242	.367	27	7	SS-1265, 3B-65, 2B-53
1 yr.	122	403	79	16	3	2	0.5	29	24	26	84	6	.196	.266	2	1	SS-119

WORLD SERIES
| 1965 MIN A | 7 | 28 | 8 | 1 | 1 | 1 | 3.6 | 3 | 4 | 2 | 7 | 1 | .286 | .500 | 0 | 0 | SS-7 |

Joe Vosmik
VOSMIK, JOSEPH FRANKLIN BR TR 6' 185 lbs.
B. Apr. 4, 1910, Cleveland, Ohio D. Jan. 27, 1962, Cleveland, Ohio

1930 CLE A	9	26	6	2	0	0	0.0	1	4	1	1	0	.231	.308	2	0	OF-5
1931	149	591	189	36	14	7	1.2	80	117	38	30	7	.320	.464	2	1	OF-147
1932	153	621	194	39	12	10	1.6	106	97	58	42	2	.312	.462	0	0	OF-153
1933	119	438	115	20	10	4	0.9	53	56	42	13	0	.263	.381	5	1	OF-113
1934	104	405	138	33	2	6	1.5	71	78	35	10	1	.341	.477	1	1	OF-104
1935	152	620	216	47	20	10	1.6	93	110	59	30	2	.348	.537	2	1	OF-150
1936	138	506	145	29	7	7	1.4	76	94	79	21	5	.287	.413	2	2	OF-136
1937 STL A	144	594	193	47	9	4	0.7	81	93	49	38	2	.325	.455	1	1	OF-143
1938 BOS A	146	621	201	37	6	9	1.4	121	86	59	26	0	.324	.446	0	0	OF-146
1939	145	554	153	29	6	7	1.3	89	84	66	33	4	.276	.388	0	0	OF-144
1940 BKN N	116	404	114	14	6	1	0.2	45	42	22	21	0	.282	.354	17	5	OF-99
1941	25	56	11	0	0	0	0.0	0	4	4	4	0	.196	.196	7	1	OF-18
1944 WAS A	14	36	7	2	0	0	0.0	2	9	2	3	0	.194	.250	2	2	OF-12
13 yrs.	1414	5472	1682	335	92	65	1.2	818	874	514	272	23	.307	.438	41	15	OF-1370
2 yrs.	141	460	125	14	6	1	0.2	45	46	26	25	0	.272	.335	24	6	OF-117

Butts Wagner
WAGNER, ALBERT BR TR 5'10" 170 lbs.
Brother of Honus Wagner.
B. Sept. 17, 1869, Carnegie, Pa. D. Nov. 26, 1928, Pittsburgh, Pa.

| 1898 2 teams | WAS N (63G – .224) | | | | BKN N (11G – .237) | | | | | | | | | | | | |
| " total | 74 | 261 | 59 | 12 | 3 | 1 | 0.4 | 22 | 34 | 16 | | 4 | .226 | .307 | 1 | 0 | 3B-50, OF-10, SS-8, 2B-5 |

Dixie Walker
WALKER, FRED (The People's Cherce) BL TR 6'1" 175 lbs.
Son of Dixie Walker. Brother of Harry Walker.
B. Sept. 24, 1910, Villa Rica, Ga. D. May 17, 1982, Birmingham, Ala.

1931 NY A	2	10	3	2	0	0	0.0	1	1	0	4	0	.300	.500	0	0	OF-2
1933	98	328	90	15	7	15	4.6	68	51	26	28	2	.274	.500	18	4	OF-77
1934	17	17	2	0	0	0	0.0	2	0	1	3	0	.118	.118	12	2	OF-1
1935	8	13	2	1	0	0	0.0	1	0	1	0	0	.154	.231	5	1	OF-2

	G	AB	H	2B	3B	HR	HR%	R	RBI	BB	SO	SB	BA	SA	Pinch Hit AB	Pinch Hit H	G by POS

Dixie Walker continued

	G	AB	H	2B	3B	HR	HR%	R	RBI	BB	SO	SB	BA	SA	PH AB	PH H	G by POS
1936 2 teams	NY	A (6G – .350)		CHI	A (26G – .271)												
" total	32	90	26	2	2	1	1.1	15	16	15	9	2	.289	.389	10	2	OF-22
1937 CHI A	154	593	179	28	16	9	1.5	105	95	78	26	1	.302	.449	0	0	OF-154
1938 DET A	127	454	140	27	6	6	1.3	84	43	65	32	5	.308	.434	10	3	OF-114
1939 2 teams	DET	A (43G – .305)		BKN	N (61G – .280)												
" total	104	379	110	10	9	6	1.6	57	57	35	18	5	.290	.412	6	2	OF-96
1940 BKN N	143	556	171	37	8	6	1.1	75	66	42	21	3	.308	.435	6	4	OF-136
1941	148	531	165	32	8	9	1.7	88	71	70	18	4	.311	.452	2	0	OF-146
1942	118	393	114	28	1	6	1.5	57	54	47	15	1	.290	.412	6	2	OF-110
1943	138	540	163	32	6	5	0.9	83	71	49	24	3	.302	.411	2	1	OF-136
1944	147	535	191	37	8	13	2.4	77	91	72	27	6	**.357**	.529	7	2	OF-140
1945	154	607	182	42	9	8	1.3	102	**124**	75	16	6	.300	.438	1	0	OF-153
1946	150	576	184	29	9	9	1.6	80	116	67	28	14	.319	.448	1	0	OF-149
1947	148	529	162	31	3	9	1.7	77	94	97	26	6	.306	.427	1	0	OF-147
1948 PIT N	129	408	129	19	3	2	0.5	39	54	52	18	1	.316	.392	16	3	OF-112
1949	88	181	51	4	1	1	0.6	26	18	26	11	0	.282	.331	40	**13**	OF-39, 1B-3
18 yrs.	1905	6740	2064	376	96	105	1.6	1037	1023	817	325	59	.306	.437	143	39	OF-1736, 1B-3
9 yrs.	1207	4492	1395	274	56	67	1.5	666	725	539	185	44	.311	.441	28	10	OF-1176
				10th										9th			

WORLD SERIES

	G	AB	H	2B	3B	HR	HR%	R	RBI	BB	SO	SB	BA	SA	PH AB	PH H	G by POS
1941 BKN N	5	18	4	2	0	0	0.0	3	0	2	1	0	.222	.333	0	0	OF-5
1947	7	27	6	1	0	1	3.7	1	4	3	1	1	.222	.370	0	0	OF-7
2 yrs.	12	45	10	3	0	1	2.2	4	4	5	2	1	.222	.356	0	0	OF-12

Rube Walker

WALKER, ALBERT BLUFORD
B. May 16, 1926, Lenoir, N. C.
BL TR 6' 175 lbs.

	G	AB	H	2B	3B	HR	HR%	R	RBI	BB	SO	SB	BA	SA	PH AB	PH H	G by POS
1948 CHI N	79	171	47	8	0	5	2.9	17	26	24	17	0	.275	.409	32	7	C-44
1949	56	172	42	4	1	3	1.7	11	22	9	18	0	.244	.331	12	3	C-43
1950	74	213	49	7	1	6	2.8	19	16	18	34	0	.230	.357	14	1	C-62
1951 2 teams	CHI	N (37G – .234)		BKN	N (36G – .243)												
" total	73	181	43	8	0	4	2.2	15	14	18	27	0	.238	.348	17	3	C-54
1952 BKN N	46	139	36	8	0	1	0.7	9	19	8	17	0	.259	.338	6	1	C-40
1953	43	95	23	6	0	3	3.2	5	9	7	11	0	.242	.400	14	5	C-28
1954	50	155	28	7	0	5	3.2	12	23	24	17	0	.181	.323	3	0	C-47
1955	48	103	26	5	0	2	1.9	6	13	15	11	1	.252	.359	10	2	C-35
1956	54	146	31	6	1	3	2.1	5	20	7	18	0	.212	.329	9	2	C-43
1957	60	166	30	8	0	2	1.2	12	23	15	33	2	.181	.265	10	3	C-50
1958 LA N	25	44	5	2	0	1	2.3	3	7	5	10	0	.114	.227	5	1	C-20
11 yrs.	608	1585	360	69	3	35	2.2	114	192	150	213	3	.227	.341	132	28	C-466
8 yrs.	362	922	197	46	1	19	2.1	58	123	87	131	3	.214	.328	69	16	C-286

WORLD SERIES

	G	AB	H	2B	3B	HR	HR%	R	RBI	BB	SO	SB	BA	SA	PH AB	PH H	G by POS
1956 BKN N	2	2	0	0	0	0	0.0	0	0	0	0	0	.000	.000	2	0	

Joe Wall

WALL, JOSEPH FRANCIS (Gummy)
B. July 24, 1873, Brooklyn, N. Y. D. July 17, 1936, Brooklyn, N. Y.
BL TL

	G	AB	H	2B	3B	HR	HR%	R	RBI	BB	SO	SB	BA	SA	PH AB	PH H	G by POS
1901 NY N	4	8	4	0	0	0	0.0	1	0		0	0	.500	.500	1	1	C-2, OF-1
1902 2 teams	NY	N (6G – .357)		BKN	N (5G – .167)												
" total	11	32	8	2	0	0	0.0	2	5		0	0	.250	.313	3	1	C-5, OF-3
2 yrs.	15	40	12	2	0	0	0.0	3	5		0	0	.300	.350	4	2	C-7, OF-4
1 yr.	5	18	3	0	0	0	0.0	0	3		0	0	.167	.167	0	0	C-5

Lee Walls

WALLS, RAY LEE
B. Jan. 6, 1933, San Diego, Calif.
BR TR 6'3" 205 lbs.

	G	AB	H	2B	3B	HR	HR%	R	RBI	BB	SO	SB	BA	SA	PH AB	PH H	G by POS
1952 PIT N	32	80	15	0	1	2	2.5	6	5	8	22	0	.188	.288	10	1	OF-19
1956	143	474	130	20	11	11	2.3	72	54	50	83	3	.274	.432	10	1	OF-134
1957 2 teams	PIT	N (8G – .182)		CHI	N (117G – .240)												
" total	125	388	92	11	5	6	1.5	45	33	29	72	6	.237	.338	22	8	OF-101, 3B-1
1958 CHI N	136	513	156	19	3	24	4.7	80	72	47	62	4	.304	.493	4	2	OF-132
1959	120	354	91	18	3	8	2.3	43	33	42	73	0	.257	.393	4	0	OF-119
1960 2 teams	CIN	N (29G – .274)		PHI	N (65G – .199)												
" total	94	265	59	9	3	4	1.5	31	26	31	52	5	.223	.325	20	5	OF-37, 3B-34, 1B-9
1961 PHI N	91	261	73	6	4	8	3.1	32	30	19	48	2	.280	.425	19	4	1B-28, 3B-26, OF-18
1962 LA N	60	109	29	3	1	0	0.0	9	17	10	21	1	.266	.312	12	1	OF-17, 1B-11, 3B-4
1963	64	86	20	1	0	3	3.5	12	11	7	25	0	.233	.349	39	7	OF-18, 1B-5, 3B-2
1964	37	28	5	1	0	0	0.0	1	3	2	12	0	.179	.214	28	5	OF-6, C-1
10 yrs.	902	2558	670	88	31	66	2.6	331	284	245	470	21	.262	.398	183	46	OF-601, 3B-67, 1B-53, C-1
3 yrs.	161	223	54	5	1	3	1.3	22	31	19	58	1	.242	.314	94	25	OF-41, 1B-16, 3B-6, C-1

Danny Walton

WALTON, DANIEL JAMES (Mickey)
B. July 14, 1947, Los Angeles, Calif.
BR TR 6' 195 lbs.

	G	AB	H	2B	3B	HR	HR%	R	RBI	BB	SO	SB	BA	SA	PH AB	PH H	G by POS
1968 HOU N	2	2	0	0	0	0	0.0	0	0	0	1	0	.000	.000	2	0	
1969 SEA A	23	92	20	3	3	3	3.3	12	10	5	26	2	.217	.370	0	0	OF-23
1970 MIL A	117	397	102	20	1	17	4.3	32	66	51	126	2	.257	.441	6	2	OF-114, 3B-1
1971 2 teams	MIL	A (30G – .203)		NY	A (5G – .143)												
" total	35	83	16	3	0	3	3.6	6	11	7	29	0	.193	.337	10	2	OF-23, 3B-1
1973 MIN A	37	96	17	1	1	4	4.2	13	8	17	28	0	.177	.333	5	0	OF-18, DH-11, 3B-1
1975	42	63	11	2	0	1	1.6	4	8	4	18	0	.175	.254	32	7	1B-7, DH-6, C-2
1976 LA N	18	15	2	0	0	0	0.0	0	2	1	2	0	.133	.133	15	2	
1977 HOU N	13	21	4	0	0	0	0.0	0	0	5	0	.190	.190	8	2	1B-5

Player Register

	G	AB	H	2B	3B	HR	HR%	R	RBI	BB	SO	SB	BA	SA	Pinch Hit AB	H	G by POS

Danny Walton continued

	G	AB	H	2B	3B	HR	HR%	R	RBI	BB	SO	SB	BA	SA	PH AB	PH H	G by POS
1980 TEX A	10	10	2	0	0	0	0.0	2	1	3	5	0	.200	.200	7	2	DH-1
9 yrs.	297	779	174	27	4	28	3.6	69	107	88	240	4	.223	.376	85	17	OF-178, DH-18, 1B-12, 3B-3, C-2
1 yr.	18	15	2	0	0	0	0.0	0	2	1	2	0	.133	.133	15	2	

Zach Walton

Playing record listed under Tom Zachary

Lloyd Waner

WANER, LLOYD JAMES (Little Poison)   BL TR 5'9" 150 lbs.
Brother of Paul Waner.
B. Mar. 16, 1906, Harrah, Okla.   D. July 22, 1982, Oklahoma City, Okla.
Hall of Fame 1967.

		G	AB	H	2B	3B	HR	HR%	R	RBI	BB	SO	SB	BA	SA	PH AB	PH H	G by POS
1927 PIT N		150	629	223	17	6	2	0.3	133	27	37	23	14	.355	.410	0	0	OF-150, 2B-1
1928		152	659	221	22	14	5	0.8	121	61	40	13	8	.335	.434	0	0	OF-152
1929		151	662	234	28	20	5	0.8	134	74	37	20	6	.353	.479	0	0	OF-151
1930		68	260	94	8	3	1	0.4	32	36	5	5	3	.362	.427	2	1	OF-65
1931		154	681	214	25	13	4	0.6	90	57	39	16	7	.314	.407	0	0	OF-153, 2B-1
1932		134	565	188	27	11	3	0.5	90	38	31	11	6	.333	.435	2	1	OF-131
1933		121	500	138	14	5	0	0.0	59	26	22	8	3	.276	.324	6	4	OF-114
1934		140	611	173	27	6	1	0.2	95	48	38	12	6	.283	.352	1	0	OF-139
1935		122	537	166	22	14	0	0.0	83	46	22	10	1	.309	.402	1	1	OF-121
1936		106	414	133	13	8	1	0.2	67	31	31	5	1	.321	.399	11	1	OF-92
1937		129	537	177	23	4	1	0.2	80	45	34	12	3	.330	.393	5	2	OF-123
1938		147	619	194	25	7	5	0.8	79	57	28	11	5	.313	.401	3	0	OF-144
1939		112	379	108	15	3	0	0.0	49	24	17	13	0	.285	.340	17	3	OF-92, 3B-1
1940		72	166	43	3	0	0	0.0	30	3	5	5	2	.259	.277	18	6	OF-42
1941 3 teams	PIT N (3G – .250)					BOS N (19G – .412)				CIN N (55G – .256)								
" total		77	219	64	5	1	0	0.0	26	11	12	0	1	.292	.324	11	4	OF-60
1942 PHI N		100	287	75	7	3	0	0.0	23	10	16	6	1	.261	.307	22	4	OF-75
1944 2 teams	BKN N (15G – .286)					PIT N (19G – .357)												
" total		34	28	9	0	0	0	0.0	5	3	5	0	0	.321	.321	18	7	OF-11
1945 PIT N		23	19	5	0	0	0	0.0	1	1	3	0	0	.263	.263	17	5	OF-3
18 yrs.		1992	7772	2459	281	118	28	0.4	1201	598	420	173	67	.316	.394	134	39	OF-1818, 2B-2, 3B-1
1 yr.		15	14	4	0	0	0	0.0	3	1	3	0	0	.286	.286	8	3	OF-4

WORLD SERIES

1927 PIT N	4	15	6	1	1	0	0.0	5	0	1	0	0	.400	.600	0	0	OF-4

Paul Waner

WANER, PAUL GLEE (Big Poison)   BL TL 5'8½" 153 lbs.
Brother of Lloyd Waner.
B. Apr. 16, 1903, Harrah, Okla.   D. Aug. 29, 1965, Sarasota, Fla.
Hall of Fame 1952.

		G	AB	H	2B	3B	HR	HR%	R	RBI	BB	SO	SB	BA	SA	PH AB	PH H	G by POS
1926 PIT N		144	536	180	35	22	8	1.5	101	79	66	19	11	.336	.528	3	0	OF-139
1927		155	623	237	40	17	9	1.4	113	131	60	14	5	.380	.543	0	0	OF-143, 1B-14
1928		152	602	223	50	19	6	1.0	142	86	77	16	6	.370	.547	0	0	OF-131, 1B-24
1929		151	596	200	43	15	15	2.5	131	100	89	24	15	.336	.534	1	0	OF-143, 1B-7
1930		145	589	217	32	18	8	1.4	117	77	57	18	18	.368	.525	2	0	OF-143
1931		150	559	180	35	10	6	1.1	88	70	73	21	6	.322	.453	2	0	OF-138, 1B-10
1932		154	630	215	62	10	7	1.1	107	82	56	24	13	.341	.505	0	0	OF-154
1933		154	618	191	38	16	7	1.1	101	70	60	20	3	.309	.456	0	0	OF-154
1934		146	599	217	32	16	14	2.3	122	90	68	24	8	.362	.539	1	1	OF-145
1935		139	549	176	29	12	11	2.0	98	78	61	22	4	.321	.477	3	1	OF-136
1936		148	585	218	53	9	5	0.9	107	94	74	29	7	.373	.520	3	1	OF-145
1937		154	619	219	30	9	5	0.8	94	74	63	34	4	.354	.441	2	0	OF-150, 1B-3
1938		148	625	175	31	6	6	1.0	77	69	47	28	2	.280	.378	1	0	OF-147
1939		125	461	151	30	6	3	0.7	62	45	35	18	0	.328	.438	11	3	OF-106
1940		89	238	69	16	1	1	0.4	32	32	23	14	0	.290	.378	34	6	OF-45, 1B-8
1941 2 teams	BKN N (11G – .171)					BOS N (95G – .279)												
" total		106	329	88	10	2	2	0.6	45	50	55	14	1	.267	.328	18	3	OF-86, 1B-1
1942 BOS N		114	333	86	17	1	1	0.3	43	39	62	20	2	.258	.324	17	2	OF-94
1943 BKN N		82	225	70	16	0	1	0.4	29	26	35	9	0	.311	.396	21	10	OF-57
1944 2 teams	BKN N (83G – .287)					NY A (9G – .143)												
" total		92	143	40	4	1	0	0.0	17	17	29	8	0	.280	.322	45	13	OF-32
1945 NY A		1	0	0	0	0	0	–	0	0	1	0	0	–	–	0	0	
20 yrs.		2549	9459	3152	603	190	112	1.2	1626	1309	1091	376	104	.333	.473	164	40	OF-2288, 1B-67
3 yrs.		176	396	115	20 (9th)	1 (10th)	1	0.3	50	46	70	16	0	.290	.354	61	22	OF-98

WORLD SERIES

1927 PIT N	4	15	5	1	0	0	0.0	0	3	0	1	0	.333	.400	0	0	OF-4

Chuck Ward

WARD, CHARLES WILLIAM   BR TR 6'2" 180 lbs.
B. July 30, 1894, St. Louis, Mo.   D. Apr. 4, 1969, Indian Rocks, Fla.

	G	AB	H	2B	3B	HR	HR%	R	RBI	BB	SO	SB	BA	SA	PH AB	PH H	G by POS
1917 PIT N	125	423	100	12	3	0	0.0	25	43	32	43	5	.236	.279	1	0	SS-112, 2B-8, 3B-5
1918 BKN N	2	6	2	0	0	0	0.0	0	3	0	0	0	.333	.333	0	0	3B-2
1919	45	150	35	1	2	0	0.0	7	8	7	11	0	.233	.267	0	0	3B-45
1920	19	71	11	1	0	0	0.0	7	4	3	3	1	.155	.169	0	0	SS-19
1921	12	28	2	1	0	0	0.0	4	2	0	4	2	.071	.107	0	0	SS-12
1922	33	91	25	5	1	0	0.0	12	14	5	8	1	.275	.352	0	0	SS-31, 3B-2
6 yrs.	236	769	175	20	6	0	0.0	52	72	51	67	7	.228	.269	1	0	SS-174, 3B-54, 2B-8
5 yrs.	111	346	75	8	3	0	0.0	27	29	19	24	2	.217	.257	0	0	SS-62, 3B-49

Player Register 236

	G	AB	H	2B	3B	HR	HR%	R	RBI	BB	SO	SB	BA	SA	Pinch Hit AB	H	G by POS

Monte Ward

WARD, JOHN MONTGOMERY
B. Mar. 3, 1860, Bellefonte, Pa.
D. Mar. 4, 1925, Augusta, Ga.
Manager 1884, 1890-94.
Hall of Fame 1964.

BL TR 5'9" 165 lbs.
BB 1888

		G	AB	H	2B	3B	HR	HR%	R	RBI	BB	SO	SB	BA	SA	PH AB	PH H	G by POS
1878	PRO N	37	138	27	5	4	1	0.7	14	15	2	13		.196	.312	0	0	P-37
1879		83	364	104	10	4	2	0.5	71	41	7	14		.286	.352	0	0	P-70, 3B-16, OF-8
1880		86	356	81	12	2	0	0.0	53	27	6	16		.228	.272	0	0	P-70, 3B-25, OF-2
1881		85	357	87	18	6	0	0.0	56	53	5	10		.244	.328	0	0	OF-40, P-39, SS-13
1882		83	355	87	10	4	0	0.0	58		13	22		.245	.296	0	0	OF-50, P-33, SS-4
1883	NY N	88	380	97	18	7	7	1.8	76		8	25		.255	.395	0	0	OF-56, P-33, 3B-5, SS-2, 2B-1
1884		113	482	122	11	8	2	0.4	98		28	47		.253	.322	0	0	OF-59, 2B-47, P-9
1885		111	446	101	8	9	0	0.0	72		17	39		.226	.285	0	0	SS-111
1886		122	491	134	17	5	2	0.4	82	81	19	46		.273	.340	0	0	SS-122
1887		129	545	184	16	5	1	0.2	114	53	29	12	111	.338	.391	0	0	SS-129
1888		122	510	128	14	5	2	0.4	70	49	9	13	38	.251	.310	0	0	SS-122
1889		114	479	143	13	4	1	0.2	87	67	27	7	62	.299	.349	0	0	SS-108, 2B-7
1890	BKN P	128	561	207	15	12	4	0.7	134	60	51	22	63	.369	.460	0	0	SS-128
1891	BKN N	105	441	122	13	5	0	0.0	85	39	36	10	57	.277	.329	0	0	SS-87, 2B-18
1892		148	614	163	13	3	2	0.3	109	47	82	19	88	.265	.306	0	0	2B-148
1893	NY N	135	588	193	27	9	2	0.3	129	77	47	5	46	.328	.415	1	0	2B-134
1894		136	540	143	12	5	0	0.0	100	77	34	6	39	.265	.306	0	0	2B-136
17 yrs.		1825	7647	2123	232	97	26	0.3	1408	686	420	326	504	.278	.344	1	0	SS-826, 2B-491, P-291, OF-215, 3B-46
2 yrs.		253	1055	285	26	8	2	0.2	194	86	118	29	145	.270	.316	0	0	2B-166, SS-87

Preston Ward

WARD, PRESTON MEYER
B. July 24, 1927, Columbia, Mo.

BL TR 6'4" 190 lbs.

		G	AB	H	2B	3B	HR	HR%	R	RBI	BB	SO	SB	BA	SA	PH AB	PH H	G by POS
1948	BKN N	42	146	38	9	2	1	0.7	19	21	15	23	0	.260	.370	3	0	1B-38
1950	CHI N	80	285	72	11	2	6	2.1	31	33	27	42	3	.253	.368	14	1	1B-76
1953	2 teams	CHI	N (33G – .230)				PIT	N (88G – .210)										
"	total	121	381	82	12	1	12	3.1	45	39	62	60	4	.215	.346	9	2	1B-85, OF-27
1954	PIT N	117	360	97	16	2	7	1.9	37	48	39	61	0	.269	.383	18	4	1B-48, OF-42, 3B-11
1955		84	179	38	7	4	5	2.8	16	25	22	28	0	.212	.380	30	6	1B-48, OF-1
1956	2 teams	PIT	N (16G – .333)				CLE	A (87G – .253)										
"	total	103	180	48	10	1	7	3.9	21	32	22	24	0	.267	.450	26	8	1B-60, OF-22, 3B-5
1957	CLE A	10	11	2	1	0	0	0.0	2	0	0	2	0	.182	.273	9	1	1B-1
1958	2 teams	CLE	A (48G – .338)				KC	A (81G – .254)										
"	total	129	416	118	13	2	10	2.4	50	45	37	63	0	.284	.397	18	4	1B-60, 3B-58, OF-2
1959	KC A	58	109	27	4	1	2	1.8	8	19	7	12	0	.248	.358	32	8	1B-22, OF-1
9 yrs.		744	2067	522	83	15	50	2.4	219	262	231	315	7	.253	.380	159	34	1B-438, OF-95, 3B-74
1 yr.		42	146	38	9	2	1	0.7	9	21	15	23	0	.260	.370	3	0	1B-38

Rube Ward

WARD, JOHN ANDREW
B. Feb. 6, 1879, New Lexington, Ohio   D. Jan. 17, 1945, Akron, Ohio

		G	AB	H	2B	3B	HR	HR%	R	RBI	BB	SO	SB	BA	SA	PH AB	PH H	G by POS
1902	BKN N	13	31	9	1	0	0	0.0	4	2	2		0	.290	.323	2	0	OF-11

Jack Warner

WARNER, JOHN RALPH
B. Aug. 29, 1903, Evansville, Ind.

BR TR 5'9½" 165 lbs.

		G	AB	H	2B	3B	HR	HR%	R	RBI	BB	SO	SB	BA	SA	PH AB	PH H	G by POS
1925	DET A	10	39	13	0	0	0	0.0	7	2	3	6	0	.333	.333	0	0	3B-10
1926		100	311	78	8	6	0	0.0	41	34	38	24	8	.251	.315	2	0	3B-95, SS-3
1927		139	559	149	22	9	1	0.2	78	45	47	45	15	.267	.343	1	0	3B-138
1928		75	206	44	4	4	0	0.0	33	13	16	15	4	.214	.272	1	0	3B-52, SS-7
1929	BKN N	17	62	17	2	0	0	0.0	3	4	7	6	3	.274	.306	0	0	SS-17
1930		21	25	8	1	0	0	0.0	4	0	2	7	1	.320	.360	3	1	3B-21
1931		9	4	2	0	0	0	0.0	2	0	1	1	0	.500	.500	0	0	SS-2, 3B-1
1933	PHI N	107	340	76	15	1	0	0.0	31	22	28	33	1	.224	.274	5	1	2B-71, 3B-30, SS-1
8 yrs.		478	1546	387	52	20	1	0.1	199	120	142	137	32	.250	.312	12	2	3B-347, 2B-71, SS-30
3 yrs.		47	91	27	3	0	0	0.0	9	4	10	14	4	.297	.330	3	1	3B-22, SS-19

Carl Warwick

WARWICK, CARL WAYNE
B. Feb. 27, 1937, Dallas, Tex.

BR TL 5'10" 170 lbs.

		G	AB	H	2B	3B	HR	HR%	R	RBI	BB	SO	SB	BA	SA	PH AB	PH H	G by POS
1961	2 teams	LA	N (19G – .091)				STL	N (55G – .250)										
"	total	74	163	39	6	2	4	2.5	29	17	20	36	3	.239	.374	13	4	OF-60
1962	2 teams	STL	N (13G – .348)				HOU	N (130G – .260)										
"	total	143	500	132	17	7	17	3.4	67	64	40	79	4	.264	.404	13	4	OF-138
1963	HOU N	150	528	134	19	5	7	1.3	49	47	49	70	3	.254	.348	10	2	OF-141, 1B-2
1964	STL N	88	158	41	7	1	3	1.9	14	15	11	30	2	.259	.373	43	11	OF-49
1965	2 teams	STL	N (50G – .156)				BAL	A (9G – .000)										
"	total	59	91	12	2	1	0	0.0	6	6	7	20	1	.132	.176	36	4	OF-24, 1B-4
1966	CHI N	16	22	5	0	0	0	0.0	3	0	0	6	0	.227	.227	7	2	OF-10
6 yrs.		530	1462	363	51	10	31	2.1	168	149	127	241	13	.248	.360	122	27	OF-422, 1B-6
1 yr.		19	11	1	0	0	0	0.0	2	1	2	3	0	.091	.091	6	1	OF-12

WORLD SERIES

		G	AB	H	2B	3B	HR	HR%	R	RBI	BB	SO	SB	BA	SA	PH AB	PH H	G by POS
1964	STL N	5	4	3	0	0	0	0.0	2	1	1	0	0	.750	.750	4	3 (1st)	

Jimmy Wasdell

WASDELL, JAMES CHARLES
B. May 15, 1914, Cleveland, Ohio   D. Aug. 6, 1983, New Port Richey, Fla.

BL TL 5'11" 185 lbs.

		G	AB	H	2B	3B	HR	HR%	R	RBI	BB	SO	SB	BA	SA	PH AB	PH H	G by POS
1937	WAS A	32	110	28	4	4	2	1.8	13	12	7	13	0	.255	.418	4	1	1B-21, OF-7
1938		53	140	33	2	1	2	1.4	19	16	12	12	5	.236	.307	18	4	1B-26, OF-6

Player Register

	G	AB	H	2B	3B	HR	HR%	R	RBI	BB	SO	SB	BA	SA	Pinch Hit AB	H	G by POS

Jimmy Wasdell continued

	G	AB	H	2B	3B	HR	HR%	R	RBI	BB	SO	SB	BA	SA	PH AB	PH H	G by POS
1939	29	109	33	5	1	0	0.0	12	13	9	16	3	.303	.367	1	0	1B-28
1940 2 teams	WAS A (10G – .086)				BKN N (77G – .278)												
" total	87	265	67	15	4	3	1.1	38	37	20	31	4	.253	.374	14	5	OF-42, 1B-25
1941 BKN N	94	265	79	14	3	4	1.5	39	48	16	15	2	.298	.419	23	4	OF-54, 1B-15
1942 PIT N	122	409	106	11	2	3	0.7	44	38	47	22	1	.259	.318	16	1	OF-97, 1B-7
1943 2 teams	PIT N (4G – .500)				PHI N (141G – .261)												
" total	145	524	137	19	6	4	0.8	54	68	48	22	6	.261	.344	5	4	1B-82, OF-56
1944 PHI N	133	451	125	20	3	3	0.7	47	40	45	17	0	.277	.355	9	2	OF-121, 1B-4
1945	134	500	150	19	8	7	1.4	65	60	32	11	7	.300	.412	8	5	OF-65, 1B-63
1946 2 teams	PHI N (26G – .255)				CLE A (32G – .268)												
" total	58	92	24	0	2	1	1.1	8	9	7	6	1	.261	.337	36	10	OF-14, 1B-6
1947 CLE A	1	1	0	0	0	0	0.0	0	0	0	0	0	.000	.000	1	0	
11 yrs.	888	2866	782	109	34	29	1.0	339	341	243	165	29	.273	.365	135	36	OF-462, 1B-277
2 yrs.	171	495	143	28	7	7	1.4	74	85	34	39	6	.289	.416	35	8	OF-96, 1B-32
WORLD SERIES																	
1941 BKN N	3	5	1	1	0	0	0.0	0	2	0	0	0	.200	.400	3	1	OF-1

Ron Washington

WASHINGTON, RONALD
B. Apr. 29, 1952, New Orleans, La.
BR TR 5'11" 156 lbs.

	G	AB	H	2B	3B	HR	HR%	R	RBI	BB	SO	SB	BA	SA	PH AB	PH H	G by POS
1977 LA N	10	19	7	0	0	0	0.0	4	1	0	2	1	.368	.368	0	0	SS-10
1981 MIN A	28	84	19	3	1	0	0.0	8	5	4	14	4	.226	.286	0	0	SS-26, OF-2
1982	119	451	122	17	6	5	1.1	48	39	14	79	3	.271	.368	2	0	SS-91, 2B-37, 3B-1
1983	99	317	78	7	3	4	1.3	28	26	22	50	10	.246	.325	4	1	SS-81, 2B-14, DH-1, 3B-1
1984	88	197	58	11	5	3	1.5	25	23	4	31	1	.294	.447	12	2	SS-71, 2B-9, DH-4, 3B-2
1985	69	135	37	6	4	1	0.7	24	14	8	15	5	.274	.400	12	2	SS-31, 2B-24, DH-7, 3B-7, 1B-1
6 yrs.	413	1203	321	44	19	13	1.1	137	108	52	191	24	.267	.367	30	5	SS-310, 2B-84, DH-12, 3B-11, OF-2, 1B-1
1 yr.	10	19	7	0	0	0	0.0	4	1	0	2	1	.368	.368	0	0	SS-10

George Watkins

WATKINS, GEORGE ARCHIBALD
B. June 4, 1902, Palestine, Tex. D. June 1, 1970, Houston, Tex.
BL TR 6' 175 lbs.

	G	AB	H	2B	3B	HR	HR%	R	RBI	BB	SO	SB	BA	SA	PH AB	PH H	G by POS
1930 STL N	119	391	146	32	7	17	4.3	85	87	24	49	5	.373	.621	15	5	OF-89, 1B-13, 2B-1
1931	131	503	145	30	13	13	2.6	93	51	31	66	15	.288	.477	2	0	OF-129
1932	137	458	143	35	3	9	2.0	67	63	45	46	18	.312	.461	6	2	OF-120
1933	138	525	146	24	5	5	1.0	66	62	39	62	11	.278	.371	3	0	OF-135
1934 NY N	105	296	73	18	3	6	2.0	38	33	24	34	2	.247	.389	16	3	OF-81
1935 PHI N	150	600	162	25	5	17	2.8	80	76	40	78	3	.270	.413	2	1	OF-148
1936 2 teams	PHI N (19G – .243)				BKN N (105G – .255)												
" total	124	434	110	28	6	6	1.4	61	48	43	47	7	.253	.387	8	2	OF-115
7 yrs.	904	3207	925	192	42	73	2.3	490	420	246	382	61	.288	.443	52	13	OF-817, 1B-13, 2B-1
1 yr.	105	364	93	24	6	4	1.1	54	43	38	34	5	.255	.387	6	0	OF-98
WORLD SERIES																	
1930 STL N	4	12	2	0	0	1	8.3	2	1	1	3	0	.167	.417	0	0	OF-4
1931	5	14	4	1	0	1	7.1	4	2	2	1	1	.286	.571	0	0	OF-5
2 yrs.	9	26	6	1	0	2	7.7	6	3	3	4	1	.231	.500	0	0	OF-9

Gary Weiss

WEISS, GARY LEE
B. Dec. 27, 1955, Brenham, Tex.
BL TR 5'10" 170 lbs.

	G	AB	H	2B	3B	HR	HR%	R	RBI	BB	SO	SB	BA	SA	PH AB	PH H	G by POS
1980 LA N	8	0	0	0	0	0	—	2	0	0	0	0	—	—	0	0	SS-13
1981	14	19	2	0	0	0	0.0	2	1	1	4	0	.105	.105	1	0	SS-13
2 yrs.	22	19	2	0	0	0	0.0	4	1	1	4	0	.105	.105	1	0	SS-13
2 yrs.	22	19	2	0	0	0	0.0	4	1	1	4	0	.105	.105	1	0	SS-13

Johnny Werhas

WERHAS, JOHN CHARLES (Peaches)
B. Feb. 7, 1938, Highland Park, Mich.
BR TR 6'2" 200 lbs.

	G	AB	H	2B	3B	HR	HR%	R	RBI	BB	SO	SB	BA	SA	PH AB	PH H	G by POS
1964 LA N	29	83	16	2	1	0	0.0	6	8	13	12	0	.193	.241	1	0	3B-28
1965	4	3	0	0	0	0	0.0	1	0	1	2	0	.000	.000	2	0	1B-1
1967 2 teams	LA N (7G – .143)				CAL A (49G – .160)												
" total	56	82	13	1	1	2	2.4	8	6	10	25	0	.159	.268	23	3	3B-30, 1B-4, OF-1
3 yrs.	89	168	29	3	2	2	1.2	15	14	24	39	0	.173	.250	26	3	3B-58, 1B-5, OF-1
3 yrs.	40	93	17	2	1	0	0.0	7	8	14	17	0	.183	.226	10	1	3B-28, 1B-1

Max West

WEST, WALTER MAXWELL
B. July 14, 1904, Sunset, Tex. D. Apr. 25, 1971, Houston, Tex.
BR TR 5'11" 165 lbs.

	G	AB	H	2B	3B	HR	HR%	R	RBI	BB	SO	SB	BA	SA	PH AB	PH H	G by POS
1928 BKN N	7	21	6	1	1	0	0.0	4	1	4	1	0	.286	.429	1	0	OF-7
1929	5	8	2	1	0	0	0.0	1	1	1	0	0	.250	.375	2	1	OF-2
2 yrs.	12	29	8	2	1	0	0.0	5	2	5	1	0	.276	.414	3	1	OF-9
2 yrs.	12	29	8	2	1	0	0.0	5	2	5	1	0	.276	.414	3	1	OF-9

Mack Wheat

WHEAT, McKINLEY DAVIS
Brother of Zack Wheat.
B. June 9, 1893, Polo, Mo. D. Aug. 14, 1979, Los Banos, Calif.
BR TR 5'11½" 167 lbs.

	G	AB	H	2B	3B	HR	HR%	R	RBI	BB	SO	SB	BA	SA	PH AB	PH H	G by POS
1915 BKN N	8	14	1	0	0	0	0.0	0	0	5	0	0	.071	.071	0	0	C-8
1916	2	2	0	0	0	0	0.0	0	0	1	0	0	.000	.000	0	0	C-2
1917	29	60	8	1	0	0	0.0	1	2	12	1	0	.133	.150	0	0	C-18, OF-9
1918	57	157	34	7	1	1	0.6	11	3	8	24	2	.217	.293	8	2	C-38, OF-7
1919	47	112	23	3	0	0	0.0	5	8	2	22	1	.205	.232	1	0	C-38
1920 PHI N	78	230	52	10	3	3	1.3	15	20	8	35	3	.226	.335	2	0	C-74

Player Register

	G	AB	H	2B	3B	HR	HR%	R	RBI	BB	SO	SB	BA	SA	Pinch Hit AB	H	G by POS

Mack Wheat continued

1921	10	27	5	2	1	0	0.0	1	4	0	3	0	.185	.333	1	1	C-9
7 yrs.	231	602	123	23	5	4	0.7	34	35	19	102	7	.204	.279	12	3	C-187, OF-16
5 yrs.	143	345	66	11	1	1	0.3	18	11	11	64	4	.191	.238	9	2	C-104, OF-16

Zack Wheat

WHEAT, ZACHARIAH DAVIS (Buck)   BL TR 5'10" 170 lbs.
Brother of Mack Wheat.
B. May 23, 1888, Hamilton, Mo.   D. Mar. 11, 1972, Sedalia, Mo.
Hall of Fame 1959.

1909 BKN N	26	102	31	7	3	0	0.0	15	4	6		1	.304	.431	0	0	OF-26
1910	156	606	172	36	15	2	0.3	78	55	47	80	16	.284	.403	0	0	OF-156
1911	140	534	153	26	13	5	0.9	55	76	29	58	21	.287	.412	4	2	OF-136
1912	123	453	138	28	7	8	1.8	70	65	39	40	16	.305	.450	3	0	OF-122
1913	138	535	161	28	10	7	1.3	64	71	25	45	19	.301	.430	2	0	OF-135
1914	145	533	170	26	9	9	1.7	66	89	47	50	20	.319	.452	1	0	OF-144
1915	146	528	136	15	12	5	0.9	64	66	52	42	21	.258	.360	2	1	OF-144
1916	149	568	177	32	13	9	1.6	76	73	43	49	19	.312	**.461**	0	0	OF-149
1917	109	362	113	15	11	1	0.3	38	41	20	18	5	.312	.423	10	2	OF-109
1918	105	409	137	15	3	0	0.0	39	51	16	17	9	**.335**	.386	0	0	OF-105
1919	137	536	159	23	11	5	0.9	70	62	33	27	15	.297	.409	0	0	OF-137
1920	148	583	191	26	13	9	1.5	89	73	48	21	8	.328	.463	0	0	OF-148
1921	148	568	182	31	10	14	2.5	91	85	44	19	11	.320	.484	0	0	OF-148
1922	152	600	201	29	12	16	2.7	92	112	45	22	9	.335	.503	0	0	OF-152
1923	98	349	131	13	5	8	2.3	63	65	23	12	3	.375	.510	11	4	OF-87
1924	141	566	212	41	8	14	2.5	92	97	49	18	3	.375	.549	1	0	OF-139
1925	150	616	221	42	14	14	2.3	125	103	45	22	3	.359	.541	1	0	OF-149
1926	111	411	119	31	2	5	1.2	68	35	21	14	4	.290	.411	9	2	OF-102
1927 PHI A	88	247	80	12	1	1	0.4	34	38	18	5	2	.324	.393	24	6	OF-62
19 yrs.	2410	9106	2884	476	172	132	1.4	1289	1261	650	559	205	.317	.450	68	17	OF-2350
18 yrs.	2322	8859	2804	464	171	131	1.5	1255	1223	632	554	203	.317	.452	44	11	OF-2288
	1st	1st	1st	1st	1st			2nd	3rd	7th		6th	4th				

WORLD SERIES

1916 BKN N	5	19	4	0	1	0	0.0	2	1	2	2	1	.211	.316	0	0	OF-5
1920	7	27	9	2	0	0	0.0	2	2	1	2	0	.333	.407	0	0	OF-7
2 yrs.	12	46	13	2	1	0	0.0	4	3	3	4	1	.283	.370	0	0	OF-12

Ed Wheeler

WHEELER, EDWARD L.   BB TR 5'10" 160 lbs.
B. June 15, 1879, Sherman, Mich.   D. Aug. 15, 1960, Ft. Worth, Tex.

1902 BKN N	30	96	12	0	0	0	0.0	4	5	3		1	.125	.125	3	0	3B-11, 2B-10, SS-5

Bill White

WHITE, WILLIAM BARNEY   BR TR 5'10½" 190 lbs.
B. June 25, 1924, Paris, Tex.

1945 BKN N	4	1	0	0	0	0	0.0	2	0	1	1	0	.000	.000	0	0	SS-1

Myron White

WHITE, MYRON ALAN   BL TL 5'11" 180 lbs.
B. Aug. 1, 1957, Long Beach, Calif.

1978 LA N	7	4	2	0	0	0	0.0	1	1	0		1	.500	.500	0	0	OF-4

Terry Whitfield

WHITFIELD, TERRY BERTLAND   BL TR 6'1½" 197 lbs.
B. Jan. 12, 1953, Blythe, Calif.

1974 NY A	2	5	1	0	0	0	0.0	0	0	0	1	0	.200	.200	1	0	OF-1
1975	28	81	22	1	1	0	0.0	9	7	1	17	1	.272	.309	2	2	OF-25, DH-1
1976	1	0	0	0	0	0	—	0	0	0	0	0	—	—	1	0	OF-1
1977 SF N	114	326	93	21	3	7	2.1	41	36	20	46	2	.285	.433	32	11	OF-84
1978	149	488	141	20	2	10	2.0	70	32	33	69	5	.289	.400	10	3	OF-141
1979	133	394	113	20	4	5	1.3	52	44	36	47	0	.287	.396	31	7	OF-106
1980	118	321	95	16	2	4	1.2	38	26	20	44	4	.296	.396	25	5	OF-95
1984 LA N	87	180	44	8	0	4	2.2	15	18	17	35	1	.244	.356	29	8	OF-58
1985	79	104	27	7	0	3	2.9	8	16	6	27	0	.260	.413	50	14	OF-28
9 yrs.	711	1899	536	93	12	33	1.7	233	179	133	286	18	.282	.396	181	50	OF-539, DH-1
2 yrs.	166	284	71	15	0	7	2.5	23	34	23	62	1	.250	.377	79	22	OF-86

LEAGUE CHAMPIONSHIP SERIES

1985 LA N	1	0	0	0	0	0	—	0	0	0	0	0	—	—	0	0	

Dick Whitman

WHITMAN, DICK CORWIN   BL TR 5'11" 170 lbs.
B. Nov. 9, 1920, Woodburn, Ore.

1946 BKN N	104	265	69	15	3	2	0.8	39	31	22	19	5	.260	.362	14	4	OF-85
1947	4	10	4	0	0	0	0.0	1	2	1	0	0	.400	.400	1	0	OF-3
1948	60	165	48	13	0	0	0.0	24	20	14	12	0	.291	.370	12	5	OF-48
1949	23	49	9	2	0	0	0.0	8	2	4	4	0	.184	.224	12	2	OF-11
1950 PHI N	75	132	33	7	0	0	0.0	21	12	10	10	5	.250	.303	39	12	OF-32
1951	19	17	2	0	0	0	0.0	0	0	0	1	0	.118	.118	13	2	OF-6
6 yrs.	285	638	165	37	3	2	0.3	93	67	51	46	10	.259	.335	91	26	OF-185
4 yrs.	191	489	130	30	3	2	0.4	72	55	41	35	9	.266	.352	39	12	OF-147

WORLD SERIES

1949 BKN N	1	1	0	0	0	0	0.0	0	0	0	1	0	.000	.000	1	0	

Dick Whitman continued

	G	AB	H	2B	3B	HR	HR%	R	RBI	BB	SO	SB	BA	SA	Pinch Hit AB	H	G by POS
1950 PHI N	3	2	0	0	0	0	0.0	0	0	1	0	0	.000	.000	2	0	
2 yrs.	4	3	0	0	0	0	0.0	0	0	1	1	0	.000	.000	3	0	

Possum Whitted

WHITTED, GEORGE BOSTIC
B. Feb. 4, 1890, Durham, N. C. D. Oct. 16, 1962, Wilmington, N. C.
BR TR 5'8½" 168 lbs.

	G	AB	H	2B	3B	HR	HR%	R	RBI	BB	SO	SB	BA	SA	PH AB	H	G by POS
1912 STL N	12	46	12	3	0	0	0.0	7	7	3	5	1	.261	.326	0	0	3B-12
1913	122	402	89	10	5	0	0.0	44	38	31	44	9	.221	.271	15	3	OF-40, SS-37, 3B-21, 2B-7, 1B-2
1914 2 teams	STL N (20G – .129)				BOS N (66G – .261)												
" total	86	249	61	12	4	2	0.8	39	32	18	21	11	.245	.349	6	1	OF-41, 3B-16, 2B-16, 1B-4, SS-3
1915 PHI N	125	448	126	17	3	1	0.2	46	43	29	47	24	.281	.339	1	0	OF-109, 1B-7
1916	147	526	148	20	12	6	1.1	68	68	19	46	29	.281	.399	1	0	OF-136, 1B-16
1917	149	553	155	24	9	3	0.5	69	70	30	56	10	.280	.373	0	0	OF-141, 1B-10, 3B-6, 2B-1
1918	24	86	21	4	0	0	0.0	7	3	4	10	4	.244	.291	2	1	OF-22, 1B-1
1919 2 teams	PHI N (78G – .249)				PIT N (35G – .389)												
" total	113	420	123	21	8	3	0.7	47	53	20	24	12	.293	.402	2	1	OF-48, 1B-35, 2B-20, 3B-2
1920 PIT N	134	494	129	11	12	1	0.2	53	74	35	36	11	.261	.338	0	0	3B-125, 1B-10, OF-1
1921	108	403	114	23	7	7	1.7	60	63	26	21	5	.283	.427	1	0	OF-102, 1B-7
1922 BKN N	1	1	0	0	0	0	0.0	0	0	0	0	0	.000	.000	1	0	
11 yrs.	1021	3628	978	145	60	23	0.6	440	451	215	310	116	.270	.362	29	6	OF-640, 3B-182, 1B-92, 2B-44, SS-40
1 yr.	1	1	0	0	0	0	0.0	0	0	0	0	0	.000	.000	1	0	
WORLD SERIES																	
1914 BOS N	4	14	3	1	0	0	0.0	2	2	3	1	1	.214	.357	0	0	OF-4
1915 PHI N	5	15	1	0	0	0	0.0	0	1	1	0	1	.067	.067	0	0	OF-5
2 yrs.	9	29	4	1	0	0	0.0	2	3	4	1	2	.138	.207	0	0	OF-9

Dick Williams

WILLIAMS, RICHARD HIRSHFIELD
B. May 7, 1928, St. Louis, Mo.
Manager 1967-69, 1971-85.
BR TR 6' 190 lbs.

	G	AB	H	2B	3B	HR	HR%	R	RBI	BB	SO	SB	BA	SA	PH AB	H	G by POS
1951 BKN N	23	60	12	3	1	1	1.7	5	5	4	10	0	.200	.333	8	2	OF-15
1952	36	68	21	4	1	0	0.0	13	11	2	10	0	.309	.397	6	1	OF-25, 3B-1, 1B-1
1953	30	55	12	2	0	2	3.6	4	5	3	10	0	.218	.364	5	0	OF-24
1954	16	34	5	0	0	1	2.9	5	2	2	7	0	.147	.235	3	0	OF-14
1956 2 teams	BKN N (7G – .286)				BAL A (87G – .286)												
" total	94	360	103	18	4	11	3.1	45	37	30	41	5	.286	.450	8	2	OF-81, 2B-10, 1B-10, 3B-4
1957 2 teams	BAL A (47G – .234)				CLE A (67G – .283)												
" total	114	372	97	17	2	7	1.9	49	34	26	40	3	.261	.374	11	2	OF-63, 3B-34, 1B-12
1958 BAL A	128	409	113	17	0	4	1.0	36	32	37	47	0	.276	.347	13	0	OF-70, 3B-45, 1B-26, 2B-7
1959 KC A	130	488	130	33	1	16	3.3	72	75	28	60	4	.266	.436	8	1	3B-80, 1B-32, OF-23, 2B-3
1960	127	420	121	31	0	12	2.9	47	65	39	68	0	.288	.448	15	5	3B-57, 1B-34, OF-25
1961 BAL A	103	310	64	15	2	8	2.6	37	24	20	38	0	.206	.345	16	6	OF-75, 1B-20, 3B-2
1962	82	178	44	7	1	1	0.6	20	18	14	26	0	.247	.315	31	13	OF-29, 1B-21, 3B-4
1963 BOS A	79	136	35	8	0	2	1.5	15	12	15	25	0	.257	.360	48	16	3B-17, 1B-11, OF-7
1964	61	69	11	2	0	5	7.2	10	11	7	10	0	.159	.406	25	3	1B-21, 3B-13, OF-5
13 yrs.	1023	2959	768	157	12	70	2.4	358	331	227	392	12	.260	.392	197	51	OF-456, 3B-257, 1B-188, 2B-20
5 yrs.	112	224	52	9	2	4	1.8	27	23	11	38	0	.232	.344	29	5	OF-78, 3B-1, 1B-1
WORLD SERIES																	
1953 BKN N	3	2	1	0	0	0	0.0	0	0	1	1	0	.500	.500	2	1	

Reggie Williams

WILLIAMS, REGINALD DeWAYNE
B. Aug. 29, 1960, Memphis, Tenn.
BR TR 5'11" 185 lbs.

	G	AB	H	2B	3B	HR	HR%	R	RBI	BB	SO	SB	BA	SA	PH AB	H	G by POS
1985 LA N	22	9	3	0	0	0	0.0	4	0	4	1	1	.333	.333	3	1	OF-15

Woody Williams

WILLIAMS, WOODROW WILSON
B. Aug. 22, 1912, Pamplin, Va.
BR TR 5'11" 175 lbs.

	G	AB	H	2B	3B	HR	HR%	R	RBI	BB	SO	SB	BA	SA	PH AB	H	G by POS
1938 BKN N	20	51	17	1	1	0	0.0	6	6	4	1	1	.333	.392	0	0	SS-18, 3B-1
1943 CIN N	30	69	26	2	1	0	0.0	8	11	1	3	0	.377	.435	5	1	2B-12, 3B-7, SS-5
1944	155	653	157	23	3	1	0.2	73	35	44	24	7	.240	.289	0	0	2B-155
1945	133	482	114	14	0	0	0.0	46	27	39	24	6	.237	.266	0	0	2B-133
4 yrs.	338	1255	314	40	5	1	0.1	133	79	88	52	14	.250	.292	5	1	2B-300, SS-23, 3B-8
1 yr.	20	51	17	1	1	0	0.0	6	6	4	1	1	.333	.392	0	0	SS-18, 3B-1

Maury Wills

WILLS, MAURICE MORNING
Father of Bump Wills.
B. Oct. 2, 1932, Washington, D. C.
Manager 1980-81.
BB TR 5'11" 170 lbs.

	G	AB	H	2B	3B	HR	HR%	R	RBI	BB	SO	SB	BA	SA	PH AB	H	G by POS
1959 LA N	83	242	63	5	2	0	0.0	27	7	13	27	7	.260	.298	0	0	SS-82
1960	148	516	152	15	2	0	0.0	75	27	35	47	50	.295	.331	0	0	SS-145
1961	148	613	173	12	10	1	0.2	105	31	59	50	35	.282	.339	1	0	SS-148
1962	165	695	208	13	10	6	0.9	130	48	51	57	104	.299	.373	0	0	SS-165
1963	134	527	159	19	3	0	0.0	83	34	44	48	40	.302	.349	0	0	SS-109, 3B-33
1964	158	630	173	15	5	2	0.3	81	34	41	73	53	.275	.324	4	0	SS-149, 3B-6
1965	158	650	186	14	7	0	0.0	92	33	40	64	94	.286	.329	2	0	SS-155
1966	143	594	162	14	2	1	0.2	60	39	34	60	38	.273	.308	1	0	SS-139, 3B-4
1967 PIT N	149	616	186	12	9	3	0.5	92	45	31	44	29	.302	.365	3	1	3B-144, SS-2
1968	153	627	174	12	6	0	0.0	76	31	45	57	52	.278	.316	3	0	3B-141, SS-10

Player Register

	G	AB	H	2B	3B	HR	HR %	R	RBI	BB	SO	SB	BA	SA	Pinch Hit AB H	G by POS

Maury Wills continued

1969 2 teams		MON N (47G – .222)			LA N (104G – .297)											
" total	151	623	171	10	8	4	0.6	80	47	59	61	40	.274	.335	1 1	SS-150, 2B-1
1970 LA N	132	522	141	19	3	0	0.0	77	34	50	34	28	.270	.318	5 1	SS-126, 3B-4
1971	149	601	169	14	3	3	0.5	73	44	40	44	15	.281	.329	6 1	SS-144, 3B-4
1972	71	132	17	3	1	0	0.0	16	4	10	18	1	.129	.167	5 1	SS-31, 3B-26
14 yrs.	1942	7588	2134	177	71	20	0.3	1067	458	552	684	586 8th	.281	.331	31 5	SS-1555, 3B-362, 2B-1
12 yrs.	1593 10th	6156 10th	1732 10th	150	56	17	0.3	876 10th	374	456	562	490 1st	.281	.332	25 4	SS-1497, 3B-77
WORLD SERIES																
1959 LA N	6	20	5	0	0	0	0.0	2	1	0	3	1	.250	.250	0 0	SS-6
1963	4	15	2	0	0	0	0.0	1	0	1	3	1	.133	.133	0 0	SS-4
1965	7	30	11	3	0	0	0.0	3	3	1	3	3	.367	.467	0 0	SS-7
1966	4	13	1	0	0	0	0.0	0	0	3	3	1	.077	.077	0 0	SS-4
4 yrs.	21	78	19	3	0	0	0.0	6	4	5	12	6	.244	.282	0 0	SS-21

Bob Wilson
WILSON, ROBERT BR TR 5'11" 197 lbs.
B. Feb. 22, 1928, Dallas, Tex.

1958 LA N	3	5	1	0	0	0	0.0	0	0	0	1	0	.200	.200	2 1	OF-1

Eddie Wilson
WILSON, EDWARD FRANCIS BL TL 5'11" 165 lbs.
B. Sept. 7, 1909, New Haven, Conn. D. Apr. 11, 1979, Hamden, Conn.

1936 BKN N	52	173	60	8	1	3	1.7	28	25	14	25	3	.347	.457	5 0	OF-47
1937	36	54	12	4	1	1	1.9	11	8	17	14	1	.222	.389	9 1	OF-21
2 yrs.	88	227	72	12	2	4	1.8	39	33	31	39	4	.317	.441	14 1	OF-68
2 yrs.	88	227	72	12	2	4	1.8	39	33	31	39	4	.317	.441	14 1	OF-68

Hack Wilson
WILSON, LEWIS ROBERT BR TR 5'6" 190 lbs.
B. Apr. 26, 1900, Elwood City, Pa. D. Nov. 23, 1948, Baltimore, Md.
Hall of Fame 1979.

1923 NY N	3	10	2	0	0	0	0.0	0	0	0	1	0	.200	.200	0 0	OF-3
1924	107	383	113	19	12	10	2.6	62	57	44	46	4	.295	.486	4 0	OF-103
1925	62	180	43	7	4	6	3.3	28	30	21	33	5	.239	.422	5 2	OF-50
1926 CHI N	142	529	170	36	8	21	4.0	97	109	69	61	10	.321	.539	2 1	OF-140
1927	146	551	175	30	12	30	5.4	119	129	71	70	13	.318	.579	0 0	OF-146
1928	145	520	163	32	9	31	6.0	89	120	77	94	4	.313	.588	2 0	OF-143
1929	150	574	198	30	5	39	6.8	135	159	78	83	3	.345	.618	0 0	OF-150
1930	155	585	208	35	6	56	9.6	146	190[1]	105	84	3	.356	.723	0 0	OF-155
1931	112	395	103	22	4	13	3.3	66	61	63	69	1	.261	.435	8 2	OF-103
1932 BKN N	135	481	143	37	5	23	4.8	77	123	51	85	2	.297	.538	7 1	OF-125
1933	117	360	96	13	2	9	2.5	41	54	52	50	7	.267	.389	16 5	OF-90, 2B-5
1934 2 teams		BKN N (67G – .262)			PHI N (7G – .100)											
" total	74	192	47	5	0	6	3.1	24	30	43	37	0	.245	.365	20 5	OF-49
12 yrs.	1348	4760	1461	266	67	244	5.1	884	1062	674	713	52	.307	.545	64 16	OF-1257, 2B-5
3 yrs.	319	1013	284	55	7	38	3.8	142	204	143	168	9	.280	.461	42 10	OF-258, 2B-5
WORLD SERIES																
1924 NY N	7	30	7	1	0	0	0.0	1	3	1	9	0	.233	.267	0 0	OF-7
1929 CHI N	5	17	8	0	1	0	0.0	2	0	4	3	0	.471	.588	0 0	OF-5
2 yrs.	12	47	15	1	1	0	0.0	3	3	5	12	0	.319	.383	0 0	OF-12

Gordie Windhorn
WINDHORN, GORDON RAY BR TR 6'1" 185 lbs.
B. Dec. 19, 1933, Watseka, Ill.

1959 NY A	7	11	0	0	0	0	0.0	0	0	0	3	0	.000	.000	3 0	OF-4
1961 LA N	34	33	8	2	1	2	6.1	10	6	4	3	0	.242	.545	8 1	OF-17
1962 2 teams		KC A (14G – .158)			LA N (40G – .178)											
" total	54	64	11	7	0	0	0.0	10	2	7	13	1	.172	.281	12 0	OF-41
3 yrs.	95	108	19	9	1	2	1.9	20	8	11	19	1	.176	.333	23 1	OF-62
1 yr.	34	33	8	2	1	2	6.1	10	6	4	3	0	.242	.545	8 1	OF-17

Tom Winsett
WINSETT, JOHN THOMAS (Long Tom) BL TR 6'2" 190 lbs.
B. Nov. 24, 1909, McKenzie, Tenn.

1930 BOS A	1	1	0	0	0	0	0.0	0	0	0	1	0	.000	.000	0 0	
1931	64	76	15	1	0	1	1.3	6	7	4	21	0	.197	.250	52 11	OF-8
1933	6	12	1	0	0	0	0.0	1	0	1	6	0	.083	.083	2 0	OF-4
1935 STL N	7	12	6	1	0	0	0.0	2	2	2	3	0	.500	.583	5 2	OF-2
1936 BKN N	22	85	20	7	0	1	1.2	13	18	11	14	0	.235	.353	1 1	OF-21
1937	118	350	83	15	5	5	1.4	32	42	45	64	3	.237	.351	15 5	OF-101, P-1
1938	12	30	9	1	0	1	3.3	6	7	6	4	0	.300	.433	2 0	OF-9
7 yrs.	230	566	134	25	5	8	1.4	60	76	69	113	3	.237	.341	77 19	OF-145, P-1
3 yrs.	152	465	112	23	5	7	1.5	51	67	62	82	3	.241	.357	18 6	OF-131, P-1

Whitey Witt
WITT, LAWTON WALTER BL TR 5'7" 150 lbs.
Born Ladislaw Waldemar Wittkowski.
B. Sept. 28, 1895, Orange, Mass.

1916 PHI A	143	563	138	16	15	2	0.4	64	36	55	71	19	.245	.337	1 0	SS-142
1917	128	452	114	13	4	0	0.0	62	28	65	45	12	.252	.299	4 0	SS-111, OF-7, 3B-6
1919	122	460	123	15	6	0	0.0	56	33	46	26	11	.267	.326	4 1	OF-59, 2B-56, 3B-2
1920	65	218	70	11	3	1	0.5	29	25	27	16	2	.321	.413	2 0	OF-49, 2B-11, SS-2
1921	154	629	198	31	11	4	0.6	100	45	77	52	10	.315	.418	0 0	OF-154

Player Register

Whitey Witt continued

	G	AB	H	2B	3B	HR	HR%	R	RBI	BB	SO	SB	BA	SA	Pinch Hit AB	H	G by POS
1922 NY A	140	528	157	11	6	4	0.8	98	40	89	29	5	.297	.364	1	1	OF-139
1923	146	596	187	18	10	6	1.0	113	56	67	42	2	.314	.408	2	0	OF-144
1924	147	600	178	26	5	1	0.2	88	36	45	20	9	.297	.362	3	0	OF-143
1925	31	40	8	2	1	0	0.0	9	0	6	2	1	.200	.300	9	3	OF-10
1926 BKN N	63	85	22	1	1	0	0.0	13	3	12	6	1	.259	.294	28	6	OF-22
10 yrs.	1139	4171	1195	144	62	18	0.4	632	302	489	309	78	.287	.364	54	11	OF-727, SS-255, 2B-67, 3B-8
1 yr.	63	85	22	1	1	0	0.0	13	3	12	6	1	.259	.294	28	6	OF-22
WORLD SERIES																	
1922 NY A	5	18	4	1	1	0	0.0	1	0	1	2	0	.222	.389	0	0	OF-5
1923	6	25	6	2	0	0	0.0	1	4	1	1	0	.240	.320	0	0	OF-6
2 yrs.	11	43	10	3	1	0	0.0	2	4	2	3	0	.233	.349	0	0	OF-11

Glenn Wright

WRIGHT, FORREST GLENN (Buckshot)   BR TR 5'11" 170 lbs.
B. Feb. 6, 1901, Archie, Mo.   D. Apr. 6, 1984, Olathe, Kans.

	G	AB	H	2B	3B	HR	HR%	R	RBI	BB	SO	SB	BA	SA	PH AB	H	G by POS
1924 PIT N	153	616	177	28	18	7	1.1	80	111	27	52	14	.287	.425	0	0	SS-153
1925	153	614	189	32	10	18	2.9	97	121	31	32	3	.308	.480	0	0	SS-153, 3B-1
1926	119	458	141	15	15	8	1.7	73	77	19	26	6	.308	.459	3	0	SS-116
1927	143	570	160	26	4	9	1.6	78	105	39	46	4	.281	.388	0	0	SS-143
1928	108	407	126	20	8	8	2.0	63	66	21	53	3	.310	.457	6	1	SS-101, OF-1, 1B-1
1929 BKN N	24	25	5	0	0	1	4.0	4	6	3	6	0	.200	.320	17	2	SS-3
1930	135	532	171	28	12	22	4.1	83	126	32	70	2	.321	.543	1	0	SS-134
1931	77	268	76	9	4	9	3.4	36	32	14	35	1	.284	.448	2	0	SS-75
1932	127	446	122	31	5	10	2.2	50	60	12	57	4	.274	.433	4	0	SS-122, 1B-2
1933	71	192	49	13	0	1	0.5	19	18	11	24	1	.255	.339	9	2	SS-51, 1B-9, 3B-2
1935 CHI A	9	25	3	1	0	0	0.0	1	1	0	6	0	.120	.160	2	0	2B-7
11 yrs.	1119	4153	1219	203	76	93	2.2	584	723	209	407	38	.294	.446	44	5	SS-1051, 1B-12, 2B-7, 3B-3, OF-1
5 yrs.	434	1463	423	81	21	43	2.9	192	242	72	192	8	.289	.461	33	4	SS-385, 1B-11, 3B-2
WORLD SERIES																	
1925 PIT N	7	27	5	1	0	1	3.7	3	3	1	4	0	.185	.333	0	0	SS-7
1927	4	13	2	0	0	0	0.0	1	2	0	0	0	.154	.154	0	0	SS-4
2 yrs.	11	40	7	1	0	1	2.5	4	5	1	4	0	.175	.275	0	0	SS-11

Zeke Wrigley

WRIGLEY, GEORGE WATSON   5'8½" - 150 lbs.
B. Jan. 18, 1874, Philadelphia, Pa.   D. Sept. 28, 1952, Philadelphia, Pa.

	G	AB	H	2B	3B	HR	HR%	R	RBI	BB	SO	SB	BA	SA	PH AB	H	G by POS
1896 WAS N	5	9	1	0	0	0	0.0	1	2	1	0	0	.111	.111	1	0	2B-3, SS-1
1897	104	388	110	14	8	3	0.8	65	64	21		5	.284	.384	0	0	OF-36, SS-33, 3B-30, 2B-9
1898	111	400	98	9	10	2	0.5	50	39	20		10	.245	.333	0	0	SS-97, 2B-11, OF-3, 3B-1
1899 2 teams	NY N (4G – .200)				BKN N (15G – .204)												
" total	19	64	13	2	2	0	0.0	5	12	4		3	.203	.297	0	0	SS-14, 3B-5
4 yrs.	239	861	222	25	20	5	0.6	121	117	46		18	.258	.351	1	0	SS-145, OF-39, 3B-36, 2B-23
1 yr.	15	49	10	2	2	0	0.0	4	11	3		2	.204	.327	0	0	SS-14, 3B-1

Jimmy Wynn

WYNN, JAMES SHERMAN (The Toy Cannon)   BR TR 5'10" 160 lbs.
B. Mar. 12, 1942, Cincinnati, Ohio

	G	AB	H	2B	3B	HR	HR%	R	RBI	BB	SO	SB	BA	SA	PH AB	H	G by POS
1963 HOU N	70	250	61	10	5	4	1.6	31	27	30	53	4	.244	.372	1	0	OF-53, SS-21, 3B-2
1964	67	219	49	7	0	5	2.3	19	18	24	58	5	.224	.324	3	0	OF-64
1965	157	564	155	30	7	22	3.9	90	73	84	126	43	.275	.470	3	0	OF-155
1966	105	418	107	21	1	18	4.3	62	62	41	81	13	.256	.440	0	0	OF-104
1967	158	594	148	29	3	37	6.2	102	107	74	137	16	.249	.495	1	0	OF-157
1968	156	542	146	23	5	26	4.8	85	67	90	131	11	.269	.474	3	0	OF-153
1969	149	495	133	17	1	33	6.7	113	87	148	142	23	.269	.507	0	0	OF-149
1970	157	554	156	32	2	27	4.9	82	88	106	96	24	.282	.493	2	1	OF-151
1971	123	404	82	16	0	7	1.7	38	45	56	63	10	.203	.295	9	2	OF-116
1972	145	542	148	29	3	24	4.4	117	90	103	99	17	.273	.470	1	0	OF-144
1973	139	481	106	14	5	20	4.2	90	55	91	102	14	.220	.395	4	0	OF-133
1974 LA N	150	535	145	17	4	32	6.0	104	108	108	104	18	.271	.497	3	0	OF-148
1975	130	412	102	16	0	18	4.4	80	58	110	77	7	.248	.417	10	0	OF-120
1976 ATL N	148	449	93	19	1	17	3.8	75	66	127	111	16	.207	.367	8	2	OF-138
1977 2 teams	NY A (30G – .143)				MIL A (36G – .197)												
" total	66	194	34	5	2	1	0.5	17	33	32	47	2	.175	.237	13	1	OF-25, DH-18
15 yrs.	1920	6653	1665	285	39	291	4.4	1105	964	1224	1427	225	.250	.436	61	5	OF-1810, SS-21, DH-18, 3B-2
2 yrs.	280	947	247	33	4	50	5.3	184	166	218	181	25	.261	.463	13	0	OF-268
LEAGUE CHAMPIONSHIP SERIES																	
1974 LA N	4	10	2	2	0	0	0.0	4	2	9	1	1	.200	.400	0	0	OF-4
WORLD SERIES																	
1974 LA N	5	16	3	1	0	1	6.3	1	2	4	4	0	.188	.438	0	0	OF-5

Ad Yale

YALE, WILLIAM M.
B. Apr. 17, 1870, Bristol, Conn.   D. Apr. 27, 1948, Bridgeport, Conn.

	G	AB	H	2B	3B	HR	HR%	R	RBI	BB	SO	SB	BA	SA	PH AB	H	G by POS
1905 BKN N	4	13	1	0	0	0	0.0	1	1	1		0	.077	.077	0	0	1B-4

Joe Yeager

YEAGER, JOSEPH F. (Little Joe)   TR
B. Aug. 28, 1875, Philadelphia, Pa.   D. July 2, 1937, Detroit, Mich.

	G	AB	H	2B	3B	HR	HR%	R	RBI	BB	SO	SB	BA	SA	PH AB	H	G by POS
1898 BKN N	43	134	23	5	0	0	0.0	12	15	7		1	.172	.224	0	0	P-36, OF-4, SS-2, 2B-1
1899	23	47	9	0	1	0	0.0	12	4	6		0	.191	.234	0	0	SS-11, P-10, OF-1, 3B-1

Player Register

	G	AB	H	2B	3B	HR	HR%	R	RBI	BB	SO	SB	BA	SA	Pinch Hit AB	H	G by POS

Joe Yeager continued

		G	AB	H	2B	3B	HR	HR%	R	RBI	BB	SO	SB	BA	SA	PH AB	PH H	G by POS
1900		3	9	3	0	0	0	0.0	0	0			0	.333	.333	0	0	P-2, 3B-1
1901	DET A	41	125	37	7	1	2	1.6	18	17	4		3	.296	.416	2	0	P-26, SS-12, 2B-1
1902		50	161	39	6	5	1	0.6	17	23	5		0	.242	.360	1	0	P-19, OF-13, 2B-12, SS-3, 3B-1
1903		109	402	103	15	6	0	0.0	36	43	18		9	.256	.323	0	0	3B-107, SS-1, P-1
1905	NY A	115	401	107	16	7	0	0.0	53	42	25		8	.267	.342	3	2	3B-90, SS-21
1906		57	123	37	6	1	0	0.0	20	12	13		3	.301	.366	18	3	SS-22, 2B-13, 3B-3
1907	STL A	123	436	104	21	7	1	0.2	32	44	31		11	.239	.326	4	1	3B-92, 2B-17, SS-10
1908		10	15	5	1	0	0	0.0	3	1	1		2	.333	.400	5	1	2B-4, SS-1
10 yrs.		574	1853	467	77	29	4	0.2	203	201	110		37	.252	.331	33	7	3B-295, P-94, SS-83, 2B-48, OF-18
3 yrs.		69	190	35	5	2	0	0.0	24	19	13		1	.184	.232	0	0	P-48, SS-13, OF-5, 3B-2, 2B-1

Steve Yeager

YEAGER, STEPHEN WAYNE
B. Nov. 24, 1948, Huntington, W. Va.

BR TR 6' 190 lbs.

		G	AB	H	2B	3B	HR	HR%	R	RBI	BB	SO	SB	BA	SA	PH AB	PH H	G by POS
1972	LA N	35	106	29	0	1	4	3.8	18	15	16	26	0	.274	.406	0	0	C-35
1973		54	134	34	5	0	2	1.5	18	10	15	33	1	.254	.336	4	1	C-50
1974		94	316	84	16	1	12	3.8	41	41	32	77	2	.266	.437	0	0	C-93
1975		135	452	103	16	1	12	2.7	34	54	40	75	2	.228	.347	0	0	C-135
1976		117	359	77	11	3	11	3.1	42	35	30	84	3	.214	.354	1	1	C-115
1977		125	387	99	21	2	16	4.1	53	55	43	84	1	.256	.444	3	0	C-123
1978		94	228	44	7	0	4	1.8	19	23	36	41	0	.193	.276	4	1	C-91
1979		105	310	67	9	2	13	4.2	33	41	29	68	1	.216	.384	2	2	C-103
1980		96	227	48	8	0	2	0.9	20	20	20	54	2	.211	.273	4	1	C-95
1981		42	86	18	2	0	3	3.5	5	7	6	14	0	.209	.337	5	2	C-40
1982		82	196	48	5	2	2	1.0	13	18	13	28	0	.245	.321	9	2	C-76
1983		113	335	68	8	3	15	4.5	31	41	23	57	1	.203	.379	2	0	C-112
1984		74	197	45	4	0	4	2.0	16	29	20	38	1	.228	.310	17	4	C-65
1985		53	121	25	4	1	0	0.0	4	9	7	24	0	.207	.256	7	1	C-48
14 yrs.		1219	3454	789	116	16	100	2.9	347	398	330	703	14	.228	.358	58	15	C-1181
14 yrs.		1219	3454	789	116	16	100	2.9	347	398	330	703	14	.228	.358	58	15	C-1181

7th

DIVISIONAL PLAYOFF SERIES

1981	LA N	2	5	2	1	0	0	0.0	1	0	0	1	0	.400	.600	1	1	C-2

LEAGUE CHAMPIONSHIP SERIES

1974	LA N	3	9	0	0	0	0	0.0	1	0	3	3	0	.000	.000	0	0	C-3
1977		4	13	3	0	0	0	0.0	1	2	1	3	0	.231	.231	0	0	C-4
1978		4	13	3	0	0	1	7.7	2	2	2	2	1	.231	.462	0	0	C-4
1981		1	2	1	0	0	0	0.0	0	0	0	0	0	.500	.500	1	1	C-1
1983		2	6	1	1	0	0	0.0	0	0	0	1	0	.167	.333	0	0	C-2
1985		1	2	0	0	0	0	0.0	0	0	1	1	0	.000	.000	0	0	C-1
6 yrs.		15	45	8	1	0	1	2.2	5	4	7	9	2	.178	.267	1	1	C-15

WORLD SERIES

1974	LA N	4	11	4	1	0	0	0.0	0	1	1	4	0	.364	.455	0	0	C-4
1977		6	19	6	1	0	2	10.5	2	5	1	1	0	.316	.684	0	0	C-6
1978		5	13	3	1	0	0	0.0	2	0	1	2	0	.231	.308	0	0	C-5
1981		6	14	4	1	0	2	14.3	2	4	2	2	0	.286	.786	0	0	C-6
4 yrs.		21	57	17	4	0	4	7.0	6	10	3	9	0	.298	.579	0	0	C-21

9th

Earl Yingling

YINGLING, EARL HERSHEY (Chink)
B. Oct. 29, 1888, Chillicothe, Ohio   D. Oct. 2, 1962, Columbus, Ohio

BL TL 5'11½" 180 lbs.

		G	AB	H	2B	3B	HR	HR%	R	RBI	BB	SO	SB	BA	SA	PH AB	PH H	G by POS
1911	CLE A	5	11	3	0	0	0	0.0	1	2	1		0	.273	.273	0	0	P-4
1912	BKN N	25	64	16	2	1	0	0.0	9	3	4	6	0	.250	.313	0	0	P-25
1913		40	60	23	1	0	0	0.0	11	5	9	8	0	.383	.400	11	4	P-26
1914	CIN N	61	120	23	2	0	1	0.8	9	11	9	15	3	.192	.233	13	2	P-34, OF-13
1918	WAS A	8	15	7	0	0	0	0.0	2	2	1	0	0	.467	.467	3	1	P-5
5 yrs.		139	270	72	5	1	1	0.4	31	23	25	30	3	.267	.304	27	7	P-94, OF-13
2 yrs.		65	124	39	3	1	0	0.0	20	8	13	14	0	.315	.355	11	4	P-51

Don Zimmer

ZIMMER, DONALD WILLIAM
B. Jan. 17, 1931, Cincinnati, Ohio
Manager 1972-73, 1976-82.

BR TR 5'9" 165 lbs.

		G	AB	H	2B	3B	HR	HR%	R	RBI	BB	SO	SB	BA	SA	PH AB	PH H	G by POS
1954	BKN N	24	33	6	0	1	0	0.0	3	3	3	8	2	.182	.242	2	0	SS-13
1955		88	280	67	10	1	15	5.4	38	50	19	66	5	.239	.443	3	0	2B-62, SS-21, 3B-8
1956		17	20	6	1	0	0	0.0	4	2	0	7	0	.300	.350	0	0	SS-8, 3B-3, 2B-1
1957		84	269	59	9	1	6	2.2	23	19	16	63	1	.219	.327	1	0	3B-39, SS-37, 2B-5
1958	LA N	127	455	119	15	2	17	3.7	52	60	28	92	14	.262	.415	1	0	SS-114, 3B-12, OF-1, 2B-1
1959		97	249	41	7	1	4	1.6	21	28	37	56	3	.165	.249	4	1	SS-88, 3B-5, 2B-1
1960	CHI N	132	368	95	16	7	6	1.6	37	35	27	56	8	.258	.389	13	3	2B-75, 3B-45, SS-5, OF-2
1961		128	477	120	25	4	13	2.7	57	40	25	70	5	.252	.403	8	1	2B-116, 3B-5, OF-1
1962	2 teams	NY	N (14G – .077)					CIN	N (63G – .250)									
"	total	77	244	52	12	2	4	1.6	19	17	17	40	1	.213	.303	9	4	3B-57, 2B-17, SS-1
1963	2 teams	LA	N (22G – .217)					WAS	A (83G – .248)									
"	total	105	321	79	13	1	14	4.4	41	46	21	67	3	.246	.424	14	5	3B-88, 2B-3, SS-1
1964	WAS A	121	341	84	16	2	12	3.5	38	38	27	94	1	.246	.411	38	10	3B-87, OF-4, C-2, 2B-1
1965		95	226	45	6	0	2	0.9	20	17	26	59	2	.199	.252	27	5	3B-36, C-33, 2B-12
12 yrs.		1095	3283	773	130	22	91	2.8	353	352	246	678	45	.235	.372	120	29	3B-385, 2B-294, SS-288, C-35, OF-8
7 yrs.		459	1329	303	43	6	43	3.2	145	161	106	302	25	.228	.366	21	3	SS-282, 3B-77, 2B-71, OF-1

WORLD SERIES

1955	BKN N	4	9	2	0	0	0	0.0	0	2	2	5	0	.222	.222	1	0	2B-4

	G	AB	H	2B	3B	HR	HR%	R	RBI	BB	SO	SB	BA	SA	Pinch Hit AB	Pinch Hit H	G by POS

Don Zimmer continued

	G	AB	H	2B	3B	HR	HR%	R	RBI	BB	SO	SB	BA	SA	PH AB	PH H	G by POS
1959 LA N	1	1	0	0	0	0	0.0	0	0	0	0	0	.000	.000	0	0	SS-1
2 yrs.	5	10	2	0	0	0	0.0	0	2	2	5	0	.200	.200	1	0	2B-4, SS-1

Bill Zimmerman

ZIMMERMAN, WILLIAM H.
B. Jan. 20, 1889, Kengen, Germany D. Oct. 4, 1952, Newark, N. J.
BR TR 5'8½" 172 lbs.

	G	AB	H	2B	3B	HR	HR%	R	RBI	BB	SO	SB	BA	SA	PH AB	PH H	G by POS
1915 BKN N	22	57	16	2	0	0	0.0	3	7	4	8	1	.281	.316	3	0	OF-18

Eddie Zimmerman

ZIMMERMAN, EDWARD DESMOND (Zimmie)
B. Jan. 4, 1883, Oceanic, N. J. D. May 6, 1945, Allentown, Pa.
BR TR

	G	AB	H	2B	3B	HR	HR%	R	RBI	BB	SO	SB	BA	SA	PH AB	PH H	G by POS
1906 STL N	5	14	3	0	0	0	0.0	0	1	0			.214	.214	0	0	3B-5
1911 BKN N	122	417	77	10	7	3	0.7	31	36	34	37	9	.185	.264	0	0	3B-122
2 yrs.	127	431	80	10	7	3	0.7	31	37	34	37	9	.186	.262	0	0	3B-127
1 yr.	122	417	77	10	7	3	0.7	31	36	34	37	9	.185	.264	0	0	3B-122

Pitcher Register

The Pitcher Register is an alphabetical list of every man who pitched in the major leagues and played or managed for the Brooklyn or Los Angeles Dodgers since 1890. Included are lifetime totals of League Championship Series and World Series.

The player and team information for the Pitcher Register is the same as that for the Player Register explained on page 211.

	W	L	PCT	ERA	G	GS	CG	IP	H	BB	SO	ShO	Relief Pitching W L SV	BATTING AB H HR	BA

John Doe DOE, JOHN LEE (Slim) TR 6'2" 165 lbs.
Played as John Cherry part of 1900.
Born John Lee Doughnut. Brother of Bill Doe.
B. Jan. 1, 1850, New York, N.Y. D. July 1, 1955, New York, N.Y.
Hall of Fame 1946.

Year	Team	Lg	W	L	PCT	ERA	G	GS	CG	IP	H	BB	SO	ShO	RW	RL	SV	AB	H	HR	BA
1884	STL	U	4	2	.667	3.40	26	0	0	54.2	41	38	40	0	1	0	0	4	0	0	.000
1885	LOU	AA	14	10	.583	4.12	40	19	10	207.2	193	76	70	0	1	0	1	16	2	0	.111
1886	CLE	N	10	5	.667	4.08	40	8	4	117	110	55	77	0	0	1	0	10	0	0	.000
1887	BOS	N	9	3	.750	3.38	27	5	2	88	90	36	34	0	2	2	5	44	3	0	.214
1888	NY	N	13	4	.765	4.17	39	4	0	110	121	50	236	0	0	0	0	3	0	0	-
1889	3 teams				DET N (10G 4-2)				PIT N (2G 0-0)				PHI N (10G 4-0)								
"	total		8	2	.800	4.25	22	2	2	91.1	90	41	43	0	2	1	10	37	1	0	.036
1890	NY	P	13	6	.684	4.43	38	0	0	61.1	57	28	30	0	4	4	8	45	0	0	.000
1900	CHI	N	18	4	.818	3.71	35	1	0	63.1	58	15	23	0	4	2	3	42	2	0	.027
1901	BAL	A	18	4	.818	1.98	35	0	0	77.1	68	40	29	0	0	2	0	38	10	0	.132
1906	BKN	N	14	10	.583	3.41	31	0	0	58	66	23	24	0	0	0	1	32	3	0	.057
1907			13	4	.765	2.51	37	0	0	68	44	30	31	0	0	1	0	31	1	0	.500
1908			0	0	-	3.38	1	1	0	8	8	1	0	0	1	2	3	25	0	0	.000
1914	CHI	F	3	1	.750	2.78	6	0	0	54.2	41	28	9	0	1	0	1	41	2	0	.400
13 yrs.			137	55	.714	3.50	377	40	18	1059.1	987	461	647	0	16	18	32 8th	*			
3 yrs.			27	14	.659	2.96	69	1	0	134	118	54	56	0	5	5	3	79	25	1	.316

LEAGUE CHAMPIONSHIP SERIES
| 1901 | BAL | A | 1 | 1 | .500 | 4.76 | 4 | 0 | 0 | 22.2 | 26 | 8 | 16 | 8 | 0 | 0 | 0 | 0 | 0 | 0 | - |

WORLD SERIES
1901	BAL	A	2	0	1.000	1.00	2	2	2	18	14	7	31	0	0	0	1	7	1	0	.143
1908	DET	A	2	0	.500	2.30	4	4	3	30	20	3	24	0	0	0	0	4	1	0	.250
2 yrs.			4	0	1.000	1.15	6	6	5	48	34	10	55 9th	0	0	0	1	11	2	0	.182

COLUMN HEADINGS INFORMATION

	W	L	PCT	ERA	G	GS	CG	IP	H	BB	SO	ShO	Relief Pitching W L SV	BATTING AB H HR	BA

Total Pitching (including all starting and relief appearances)

W	Wins	*Relief Pitching*	
L	Losses		
PCT	Winning Percentage	W	Wins
ERA	Earned Run Average	L	Losses
G	Games Pitched	SV	Saves
GS	Games Started		
CG	Complete Games	*Batting*	
IP	Innings Pitched		
H	Hits Allowed	AB	At Bats
BB	Bases on Balls Allowed	H	Hits
SO	Strikeouts	HR	Home Runs
ShO	Shutouts	BA	Batting Average

Partial Innings Pitched. These are shown in the Innings Pitched column, and are indicated by a ".1" or ".2" after the total. Doe, for example, pitched 54⅔ innings in 1884.

All-Time Single Season Leaders. (Starts with 1893, the first year that the pitcher's box was moved to its present distance of 60 feet 6 inches.) Indicated by the small number that appears next to the statistic. Doe, for example, is shown by a small number "1" next to his earned run average in 1901. This means he is first on the all-time major league list for having the lowest earned run average in a single season. All pitchers who tied for first are also shown by the same number.

Meaningless Averages. Indicated by the use of a dash (—). In the case of Doe, a dash is shown for his 1908 winning percentage. This means that although he pitched in one game he never had a decision. A percentage of .000 would mean that he had at least one loss.

Estimated Earned Run Averages. Any time an earned run average appears in italics, it indicates that not all the earned runs allowed by the pitcher are known, and the information had to be estimated. Doe's 1885 earned run average, for example, appears in italics. It is known that Doe's team, Louisville, allowed 560 runs in 112 games. Of these games, it is known that in 90 of them Louisville allowed 420 runs of which 315 or 75% were earned. Doe pitched 207⅔ innings in 40 games and allowed 134 runs. In 35 of these games, it is known that he allowed 118 runs of which 83 were earned. By multiplying the team's known ratio of earned runs to total runs (75%), by Doe's 16 (134 minus 118) remaining runs allowed, a figure of 12 additional estimated earned runs is calculated. This means that Doe allowed an estimated total of 95 earned runs in 207⅔ innings, for an estimated earned run average of 4.12. In all cases at least 50% of the runs allowed by the team were "known" as a basis for estimating earned run averages. (Any time the symbol "infinity" (∞) is shown for a pitcher's earned run average, it means that the pitcher allowed one or more earned runs during a season without retiring a batter.)

Batting Statistics. Because a pitcher's batting statistics are of relatively minor importance—and the Designated Hitter rule may eliminate pitchers' batting entirely—only the most significant statistics are given; number of hits, home runs, and batting average.

An asterisk (*) shown in the lifetime batting totals means that the pitcher's complete year-by-year and lifetime batting record is listed in the Player Register.

247   Pitcher Register

	W	L	PCT	ERA	G	GS	CG	IP	H	BB	SO	ShO	Relief Pitching W L SV	BATTING AB H HR	BA

Bert Abbey

ABBEY, BERT WOOD   BR TR 5'11"   175 lbs.
B. Nov. 29, 1869, Essex, Vt.   D. June 11, 1962, Essex Junction, Vt.

1892 WAS N	5	18	.217	3.45	27	23	19	195.2	207	76	77	0	0 2 1	75	9	0	.120
1893 CHI N	2	4	.333	5.46	7	7	5	56	74	20	6	0	0 0 0	26	6	0	.231
1894	2	7	.222	5.18	11	11	10	92	119	37	24	0	0 0 0	39	5	0	.128
1895 2 teams			CHI	N (1G 0–1)		BKN	N (8G 5–2)										
" total	5	3	.625	4.35	9	7	6	60	76	11	17	0	1 0 0	22	6	0	.273
1896 BKN N	8	8	.500	5.15	25	18	12	164.1	210	48	37	0	1 1 0	63	12	0	.190
5 yrs.	22	40	.355	4.52	79	66	52	568	686	192	161	0	2 3 1	225	38	0	.169
2 yrs.	13	10	.565	4.95	33	24	17	216.1	276	57	51	0	2 1 0	82	17	0	.207

Hank Aguirre

AGUIRRE, HENRY JOHN   BR TL 6'4"   205 lbs.
B. Jan. 31, 1932, Azusa, Calif.   BB 1965-68

1955 CLE A	2	0	1.000	1.42	4	1	1	12.2	6	12	6	1	1 0 0	4	0	0	.000
1956	3	5	.375	3.72	16	9	2	65.1	63	27	31	1	1 0 1	18	2	0	.111
1957	1	1	.500	5.75	10	1	0	20.1	26	13	9	0	0 1 0	4	0	0	.000
1958 DET A	3	4	.429	3.75	44	3	0	69.2	67	27	38	0	2 2 5	14	3	0	.214
1959	0	0	–	3.38	3	0	0	2.2	4	3	3	0	0 0 0	0	0	0	–
1960	5	3	.625	2.85	37	6	1	94.2	75	30	80	0	2 1 10	28	1	0	.036
1961	4	4	.500	3.25	45	0	0	55.1	44	38	32	0	4 4 8	9	0	0	.000
1962	16	8	.667	**2.21**	42	22	11	216	162	65	156	2	4 2 3	75	2	0	.027
1963	14	15	.483	3.67	38	33	14	225.2	222	68	134	3	0 2 0	76	10	0	.132
1964	5	10	.333	3.79	32	27	3	161.2	134	59	88	0	0 0 1	53	3	0	.057
1965	14	10	.583	3.59	32	32	10	208.1	185	60	141	2	0 0 0	70	6	0	.086
1966	3	9	.250	3.82	30	14	2	103.2	104	26	50	0	0 3 0	25	3	0	.120
1967	0	1	.000	2.40	31	1	0	41.1	34	17	33	0	0 1 0	2	1	0	.500
1968 LA N	1	2	.333	0.69	25	0	0	39	32	13	25	0	1 2 3	3	0	0	.000
1969 CHI N	1	0	1.000	2.60	41	0	0	45	45	12	19	0	1 0 1	5	2	0	.400
1970	3	0	1.000	4.50	17	0	0	14	13	9	11	0	3 0 1	2	0	0	.000
16 yrs.	75	72	.510	3.25	447	149	44	1375.1	1216	479	856	9	19 18 33	388	33	0	.085
1 yr.	1	2	.333	0.69	25	0	0	39	32	13	25	0	1 2 3	3	0	0	.000

Eddie Ainsmith

AINSMITH, EDWARD WILBUR   BR TR 5'11"   180 lbs.
B. Feb. 4, 1890, Cambridge, Mass.   D. Sept. 6, 1981, Fort Lauderdale, Fla.

1913 WAS A	0	0	–	54.00	1	0	0	.1	2	0	0	0	0 0 0	*			

Raleigh Aitchison

AITCHISON, RALEIGH LEONIDAS (Redskin)   BR TL 5'11½" 175 lbs.
B. Dec. 5, 1887, Tyndall, S. D.   D. Sept. 26, 1958, Columbus, Kans.

1911 BKN N	0	1	.000	0.00	1	0	0	1.1	1	1	0	0	0 1 0	0	0	0	–
1914	12	7	.632	2.66	26	17	8	172.1	156	60	87	3	1 2 0	51	10	0	.196
1915	0	4	.000	4.96	7	5	2	32.2	36	6	14	0	0 0 0	8	0	0	.000
3 yrs.	12	12	.500	3.01	34	22	10	206.1	193	67	101	3	1 3 0	59	10	0	.169
3 yrs.	12	12	.500	3.01	34	22	10	206.1	193	67	101	3	1 3 0	59	10	0	.169

Ed Albosta

ALBOSTA, EDWARD JOHN (Rube)   BR TR 6'1"   175 lbs.
B. Oct. 27, 1918, Saginaw, Mich.

1941 BKN N	0	2	.000	6.23	2	2	0	13	11	8	5	0	0 0 0	4	0	0	.000
1946 PIT N	0	6	.000	6.13	17	6	0	39.2	41	35	19	0	0 1 0	8	1	0	.125
2 yrs.	0	8	.000	6.15	19	8	0	52.2	52	43	24	0	0 1 0	12	1	0	.083
1 yr.	0	2	.000	6.23	2	2	0	13	11	8	5	0	0 0 0	4	0	0	.000

Doyle Alexander

ALEXANDER, DOYLE LAFAYETTE   BR TR 6'3"   190 lbs.
B. Sept. 4, 1950, Cordova, Ala.

1971 LA N	6	6	.500	3.82	17	12	4	92	105	18	30	0	1 0 0	33	9	0	.273
1972 BAL A	6	8	.429	2.45	35	9	2	106.1	78	30	49	2	4 5 2	25	2	0	.080
1973	12	8	.600	3.86	29	26	10	175	169	52	63	0	1 0 0	0	0	0	–
1974	6	9	.400	4.03	30	12	2	114	127	43	40	0	3 2 0	0	0	0	–
1975	8	8	.500	3.04	32	9	3	133.1	127	47	46	1	3 4 1	0	0	0	–
1976 2 teams			BAL	A (11G 3–4)		NY	A (19G 10–5)										
" total	13	9	.591	3.36	30	25	7	201	172	63	58	3	2 0 0	0	0	0	–
1977 TEX A	17	11	.607	3.65	34	34	12	237	221	82	82	1	0 0 0	0	0	0	–
1978	9	10	.474	3.86	31	28	7	191	198	71	81	1	0 0 0	0	0	0	–
1979	5	7	.417	4.46	23	18	0	113	114	69	50	0	0 0 0	0	0	0	–
1980 ATL N	14	11	.560	4.19	35	35	7	232	227	74	114	1	0 0 0	83	15	0	.181
1981 SF N	11	7	.611	2.90	24	24	1	152	156	44	77	1	0 0 0	51	9	0	.176
1982 NY A	1	7	.125	6.08	16	11	0	66.2	81	14	26	0	0 0 0	0	0	0	–
1983 2 teams			NY	A (8G 0–2)		TOR	A (17G 7–6)										
" total	7	8	.467	4.41	25	20	5	145	157	33	63	0	1 0 0	0	0	0	–
1984 TOR A	17	6	**.739**	3.13	36	35	11	261.2	238	59	139	2	0 0 0	0	0	0	–

Pitcher Register   248

	W	L	PCT	ERA	G	GS	CG	IP	H	BB	SO	ShO	Relief Pitching W	L	SV	BATTING AB	H	HR	BA

Doyle Alexander continued

1985	17	10	.630	3.45	36	36	6	260.2	268	67	142	1	0	0	0	0	0	0	–
15 yrs.	149	125	.544	3.67	433	336	77	2480.2	2438	766	1060	13	15	11	3	192	35	0	.182
1 yr.	6	6	.500	3.82	17	12	4	92	105	18	30	0	1	0	0	33	9	0	.273

LEAGUE CHAMPIONSHIP SERIES
1973 BAL A	0	1	.000	4.91	1	1	0	3.2	5	0	1	0	0	0	0	0	0	0	–
1985 TOR A	0	1	.000	8.71	2	2	0	10.1	14	3	9	0	0	0	0	0	0	0	–
2 yrs.	0	2	.000	7.71	3	3	0	14	19	3	10	0	0	0	0	0	0	0	–

WORLD SERIES
| 1976 NY A | 0 | 1 | .000 | 7.50 | 1 | 1 | 0 | 6 | 9 | 2 | 1 | 0 | 0 | 0 | 0 | 0 | 0 | 0 | – |

Frank Allen

ALLEN, FRANK LEON (Thin Man) BR TL 6'1½" 158 lbs.
B. Aug. 26, 1888, Newbern, Ala.   D. July 30, 1933, Gainesville, Ala.

1912 BKN N	3	9	.250	3.63	20	15	5	109	119	57	58	1	0	0	0	36	6	1	.167
1913	4	18	.182	2.83	34	25	11	174.2	144	81	82	0	0	3	2	51	7	1	.137
1914 2 teams			BKN N (36G 8–14)			PIT F (1G 1–0)													
" total	9	14	.391	3.18	37	22	11	178.1	174	57	71	1	1	2	0	49	7	0	.143
1915 PIT F	23	12	.657	2.51	41	37	24	283.1	230	100	127	6	1	1	0	89	7	0	.079
1916 BOS N	8	2	.800	2.07	19	14	7	113	102	31	63	2	1	0	1	34	7	0	.206
1917	3	11	.214	3.94	29	14	2	112	124	47	56	0	0	4	0	29	5	0	.172
6 yrs.	50	66	.431	2.93	180	127	60	970.1	893	373	457	10	3	10	3	288	39	2	.135
3 yrs.	15	41	.268	3.13	90	61	26	455	428	195	208	2	1	5	2	134	19	2	.142

Johnny Allen

ALLEN, JOHN THOMAS BR TR 5'11½" 180 lbs.
B. Sept. 30, 1905, Lenoir, N. C.   D. Mar. 29, 1959, St. Petersburg, Fla.

1932 NY A	17	4	.810	3.70	33	21	13	192	162	76	109	3	4	0	0	73	9	1	.123
1933	15	7	.682	4.39	25	24	10	184.2	171	87	119	1	0	0	1	72	13	0	.181
1934	5	2	.714	2.89	13	10	4	71.2	62	32	54	0	0	0	0	26	5	0	.192
1935	13	6	.684	3.61	23	23	12	167	149	58	113	2	0	0	0	67	15	1	.224
1936 CLE A	20	10	.667	3.44	36	31	19	243	234	97	165	4	2	1	1	87	14	0	.161
1937	15	1	.938	2.55	24	20	14	173	157	60	87	0	0	0	0	67	6	0	.090
1938	14	8	.636	4.19	30	27	13	200	189	81	112	0	1	1	0	79	20	1	.253
1939	9	7	.563	4.58	28	26	9	175	199	56	79	2	0	0	0	71	16	0	.225
1940	9	8	.529	3.44	32	17	5	138.2	126	48	62	3	3	1	5	48	10	0	.208
1941 2 teams			STL A (20G 2–5)			BKN N (11G 3–0)													
" total	5	5	.500	4.71	31	13	3	124.1	127	41	48	0	1	3	1	42	4	1	.095
1942 BKN N	10	6	.625	3.20	27	15	5	118	106	39	50	1	1	3	3	39	7	0	.179
1943 2 teams			BKN N (17G 5–1)			NY N (15G 1–3)													
" total	6	4	.600	3.65	32	1	0	79	79	39	39	0	6	4	3	21	3	0	.143
1944 NY N	4	7	.364	4.07	18	13	2	84	88	24	33	1	0	0	0	24	2	0	.083
13 yrs.	142	75	.654	3.75	352	241	109	1950.1	1849	738	1070	17	18	13	18	716	124	4	.173
3 yrs.	18	7	.720	3.21	55	20	6	213.1	186	76	86	1	7	4	4	66	11	0	.167

WORLD SERIES
1932 NY A	0	0	–	40.50	1	1	0	.2	5	0	0	0	0	0	0	0	0	0	–
1941 BKN N	0	0	–	0.00	3	0	0	3.2	1	3	0	0	0	0	0	0	0	0	–
2 yrs.	0	0	–	6.23	4	1	0	4.1	6	3	0	0	0	0	0	0	0	0	–

Ed Appleton

APPLETON, EDWARD SAM (Whitey) BR TR 6'½" 173 lbs.
B. Feb. 29, 1892, Arlington, Tex.   D. Jan. 27, 1932, Arlington, Tex.

1915 BKN N	4	10	.286	3.32	34	10	5	138.1	133	66	50	0	1	4	0	44	7	0	.159
1916	1	2	.333	3.06	14	3	1	47	49	18	14	0	1	0	1	12	2	0	.167
2 yrs.	5	12	.294	3.25	48	13	6	185.1	182	84	64	0	2	4	1	56	9	0	.161
2 yrs.	5	12	.294	3.25	48	13	6	185.1	182	84	64	0	2	4	1	56	9	0	.161

Johnny Babich

BABICH, JOHN CHARLES BR TR 6'1½" 185 lbs.
B. May 14, 1913, Albion, Calif.

1934 BKN N	7	11	.389	4.20	25	19	7	135	148	51	62	0	0	2	1	50	7	0	.140
1935	7	14	.333	6.66	37	24	7	143.1	191	52	55	2	0	3	0	49	9	0	.184
1936 BOS N	0	0	–	10.50	3	0	0	6	11	6	1	0	0	0	0	1	0	0	.000
1940 PHI A	14	13	.519	3.73	31	30	16	229.1	222	80	94	1	0	0	0	86	10	0	.116
1941	2	7	.222	6.09	16	14	4	78.1	85	31	19	0	0	1	0	25	10	0	.400
5 yrs.	30	45	.400	4.93	112	87	34	592	657	220	231	3	0	6	1	211	36	0	.171
2 yrs.	14	25	.359	5.46	62	43	14	278.1	339	103	117	2	0	5	1	99	16	0	.162

Sweetbreads Bailey

BAILEY, ABRAHAM LINCOLN BR TR 6' 205 lbs.
B. Feb. 12, 1895, Joliet, Ill.   D. Sept. 27, 1939, Joliet, Ill.

1919 CHI N	3	5	.375	3.15	21	9	3	71.1	75	20	19	0	3	2	0	18	7	0	.389
1920	1	2	.333	7.12	21	1	0	36.2	38	11	8	0	0	1	0	7	1	0	.143
1921 2 teams			CHI N (3G 0–0)			BKN N (7G 0–0)													
" total	0	0	–	4.91	10	0	0	29.1	41	9	8	0	0	0	0	5	0	0	.000
3 yrs.	4	7	.364	4.59	52	6	0	137.1	154	40	35	0	3	3	0	30	8	0	.267
1 yr.	0	0	–	5.18	7	0	0	24.1	35	7	6	0	0	0	0	5	0	0	.000

Bob Bailor

BAILOR, ROBERT MICHAEL BR TR 5'11" 170 lbs.
B. July 10, 1951, Connellsville, Pa.

| 1980 TOR A | 0 | 0 | – | 9.00 | 3 | 0 | 0 | 2 | 4 | 1 | 0 | 0 | 0 | 0 | 0 | * | | | |

Pitcher Register

	W	L	PCT	ERA	G	GS	CG	IP	H	BB	SO	ShO	Relief Pitching W L SV	AB	BATTING H HR	BA

Tom Baker
BAKER, THOMAS CALVIN (Rattlesnake) BR TR 6'1½" 180 lbs.
B. June 11, 1915, Victoria, Tex.

	W	L	PCT	ERA	G	GS	CG	IP	H	BB	SO	ShO	W	L	SV	AB	H	HR	BA
1935 BKN N	1	0	1.000	4.29	11	1	1	42	48	20	10	0	1	0	0	19	9	0	.474
1936	1	8	.111	4.72	35	8	2	87.2	98	48	35	0	1	2	2	30	7	0	.233
1937 2 teams			BKN	N (7G 0–1)		NY	N (13G 1–0)												
" total	1	1	.500	5.03	20	0	0	39.1	44	21	13	0	1	1	0	9	2	0	.222
1938 NY N	0	0	—	6.75	2	0	0	4	5	3	0	0	0	0	0	0	0	0	—
4 yrs.	3	9	.250	4.73	68	9	3	173	195	92	58	0	3	3	2	58	18	0	.310
3 yrs.	2	9	.182	4.83	53	9	3	138	160	73	47	0	2	3	2	49	16	0	.327

Lady Baldwin
BALDWIN, CHARLES BUSTED BL TL 5'11" 170 lbs.
B. Apr. 10, 1859, Ormel, N.Y. D. Mar. 7, 1937, Hastings, Mich.

	W	L	PCT	ERA	G	GS	CG	IP	H	BB	SO	ShO	W	L	SV	AB	H	HR	BA
1884 MIL U	1	1	.500	2.65	2	2	2	17	7	1	21	0	0	0	0	27	6	0	.222
1885 DET N	11	9	.550	1.86	21	20	19	179.1	137	28	135	1	0	0	1	124	30	0	.242
1886	42	13	.764	2.24	56	56	55	487	371	100	323	7	0	0	0	204	41	0	.201
1887	13	10	.565	3.84	24	24	24	211	225	61	60	1	0	0	0	85	23	0	.271
1888	3	3	.500	5.43	6	6	5	53	76	15	26	0	0	0	0	23	6	0	.261
1890 2 teams			BKN	N (2G 1–0)		BUF	P (7G 2–5)												
" total	3	5	.375	4.78	9	8	7	69.2	105	28	17	0	0	0	0	31	8	0	.258
6 yrs.	73	41	.640	2.85	118	116	112	1017	921	233	582	9	0	0	1	494	114	0	.231
1 yr.	1	0	1.000	7.04	2	1	0	7.2	15	4	4	0	0	0	0	3	0	0	.000

Win Ballou
BALLOU, NOBLE WINFIELD (Old Pard) BR TR 5'10½" 170 lbs.
B. Nov. 30, 1897, Mount Morgan, Ky. D. Jan. 30, 1963, San Francisco, Calif.

	W	L	PCT	ERA	G	GS	CG	IP	H	BB	SO	ShO	W	L	SV	AB	H	HR	BA
1925 WAS A	1	1	.500	4.55	10	1	1	27.2	38	13	13	0	1	0	0	7	1	0	.143
1926 STL A	11	10	.524	4.79	43	13	5	154	186	71	59	0	6	3	2	42	2	1	.048
1927	5	6	.455	4.78	21	11	4	90.1	105	46	17	0	2	1	0	28	1	0	.036
1929 BKN N	2	3	.400	6.71	25	1	0	57.2	69	38	20	0	2	2	0	16	1	0	.063
4 yrs.	19	20	.487	5.11	99	26	10	329.2	398	168	109	0	11	6	2	93	5	1	.054
1 yr.	2	3	.400	6.71	25	1	0	57.2	69	38	20	0	2	2	0	16	1	0	.063
WORLD SERIES																			
1925 WAS A	0	0	—	0.00	2	0	0	1.2	0	1	1	0	0	0	0	0	0	0	—

Dan Bankhead
BANKHEAD, DANIEL ROBERT BR TR 6'1" 184 lbs.
B. May 3, 1920, Empire, Ala. D. May 2, 1976, Houston, Tex.

	W	L	PCT	ERA	G	GS	CG	IP	H	BB	SO	ShO	W	L	SV	AB	H	HR	BA
1947 BKN N	0	0	—	7.20	4	0	0	10	15	8	6	0	0	0	0	4	1	1	.250
1950	9	4	.692	5.50	41	12	2	129.1	119	88	96	1	5	1	3	39	9	0	.231
1951	0	1	.000	15.43	7	1	0	14	27	14	9	0	0	0	0	2	0	0	.000
3 yrs.	9	5	.643	6.52	52	13	2	153.1	161	110	111	1	5	1	4	45	10	1	.222
3 yrs.	9	5	.643	6.52	52	13	2	153.1	161	110	111	1	5	1	4	45	10	1	.222
WORLD SERIES																			
1947 BKN N	0	0	—	0.00	0	0	0		0	0	0	0	0	0	0	0	0	0	—

Jack Banta
BANTA, JOHN KAY BL TR 6'2½" 175 lbs.
B. June 24, 1925, Hutchinson, Kans.

	W	L	PCT	ERA	G	GS	CG	IP	H	BB	SO	ShO	W	L	SV	AB	H	HR	BA
1947 BKN N	0	1	.000	7.04	3	1	0	7.2	7	4	3	0	0	1	0	2	0	0	.000
1948	0	1	.000	8.10	2	1	0	3.1	5	5	1	0	0	0	0	1	0	0	.000
1949	10	6	.625	3.37	48	12	2	152.1	125	68	97	1	6	2	3	46	5	0	.109
1950	4	4	.500	4.35	16	5	1	41.1	39	36	15	0	2	3	2	12	2	0	.167
4 yrs.	14	12	.538	3.78	69	19	3	204.2	176	113	116	1	8	6	5	61	7	0	.115
4 yrs.	14	12	.538	3.78	69	19	3	204.2	176	113	116	1	8	6	5	61	7	0	.115
WORLD SERIES																			
1949 BKN N	0	0	—	3.18	3	0	0	5.2	5	1	4	0	0	0	0	1	0	0	.000

Cy Barger
BARGER, EROS BOLIVAR BL TR 6' 160 lbs.
B. May 18, 1885, Jamestown, Ky. D. Sept. 23, 1964, Columbia, Ky.

	W	L	PCT	ERA	G	GS	CG	IP	H	BB	SO	ShO	W	L	SV	AB	H	HR	BA
1906 NY A	0	0	—	10.13	2	1	0	5.1	7	3	3	0	0	0	0	3	1	0	.333
1907	0	0	—	3.00	1	0	0	6	10	1	0	0	0	0	0	2	0	0	.000
1910 BKN N	15	15	.500	2.88	35	30	25	271.2	267	107	87	2	1	0	1	104	24	0	.231
1911	11	15	.423	3.52	30	30	21	217.1	224	71	60	1	0	0	0	145	33	0	.228
1912	1	9	.100	5.46	16	11	6	94	120	42	30	0	0	0	0	37	7	0	.189
1914 PIT F	10	16	.385	4.34	33	26	18	228.1	252	63	70	1	1	1	1	83	17	0	.205
1915	10	7	.588	2.29	34	13	8	153	130	47	47	1	4	1	5	54	15	0	.278
7 yrs.	47	62	.431	3.56	151	111	78	975.2	1010	334	297	5	6	2	8	*			
3 yrs.	27	39	.409	3.54	81	71	52	583	611	220	177	3	1	0	1	286	64	0	.224

Jesse Barnes
BARNES, JESSE LAWRENCE BL TR 6' 170 lbs.
Brother of Virgil Barnes.
B. Aug. 26, 1892, Perkins, Okla. D. Sept. 9, 1961, Santa Rosa, N.M.

	W	L	PCT	ERA	G	GS	CG	IP	H	BB	SO	ShO	W	L	SV	AB	H	HR	BA
1915 BOS N	4	0	1.000	1.39	9	3	2	45.1	41	10	16	0	1	0	0	17	3	0	.176
1916	6	14	.300	2.37	33	18	9	163	154	37	55	3	1	4	1	48	9	0	.188
1917	13	21	.382	2.68	50	33	27	295	261	50	107	2	0	3	1	101	24	0	.238
1918 NY N	6	1	.857	1.81	9	9	4	54.2	53	13	12	2	0	0	0	18	4	0	.222
1919	25	9	.735	2.40	38	34	23	295.2	263	35	92	4	2	1	1	120	32	0	.267
1920	20	15	.571	2.64	43	35	23	292.2	271	56	63	2	3	2	0	108	22	0	.204
1921	15	9	.625	3.10	42	31	15	258.2	298	44	56	1	1	1	6	92	19	0	.207
1922	13	8	.619	3.51	37	30	14	212.2	236	38	52	2	0	1	0	77	14	0	.182
1923 2 teams			NY	N (12G 3–1)		BOS	N (31G 10–14)												
" total	13	15	.464	3.31	43	27	13	231.1	252	56	53	5	2	4	3	79	13	0	.165
1924 BOS N	15	20	.429	3.23	37	32	21	267.2	292	53	49	4	1	2	0	90	20	0	.222

Pitcher Register

	W	L	PCT	ERA	G	GS	CG	IP	H	BB	SO	ShO	Relief Pitching W L SV	BATTING AB H HR	BA

Jesse Barnes continued

	W	L	PCT	ERA	G	GS	CG	IP	H	BB	SO	ShO	RW	RL	SV	AB	H	HR	BA
1925	11	16	.407	4.53	32	28	17	216.1	255	63	55	0	0	1	0	81	16	1	.198
1926 BKN N	10	11	.476	5.24	31	24	10	158	204	35	29	1	0	0	1	59	14	0	.237
1927	2	10	.167	5.72	18	10	2	78.2	106	25	14	0	1	2	0	23	5	0	.217
13 yrs.	153	149	.507	3.22	422	314	180	2569.2	2686	515	653	26	12	21	13	913	195	1	.214
2 yrs.	12	21	.364	5.40	49	34	12	236.2	310	60	43	1	1	2	1	82	19	0	.232

WORLD SERIES
1921 NY N	2	0	1.000	1.65	3	0	0	16.1	6	6	18	0	2	0	0	9	4	0	.444
1922	0	0	–	1.80	1	1	1	10	8	2	6	0	0	0	0	4	0	0	.000
2 yrs.	2	0	1.000	1.71	4	1	1	26.1	14	8	24	0	2	0	0	13	4	0	.308
			1st											2nd					

Rex Barney

BARNEY, REX EDWARD
B. Dec. 19, 1924, Omaha, Neb.
BR TR 6'3" 185 lbs.

1943 BKN N	2	2	.500	6.35	9	8	1	45.1	36	41	23	0	0	1	0	18	1	0	.056
1946	2	5	.286	5.87	16	9	1	53.2	46	51	36	0	0	0	0	17	4	0	.235
1947	5	2	.714	4.98	28	9	0	77.2	66	59	36	0	2	0	0	27	3	0	.111
1948	15	13	.536	3.10	44	34	12	246.2	193	122	138	4	1	3	0	84	14	0	.167
1949	9	8	.529	4.41	38	20	6	140.2	108	89	80	2	2	3	1	47	10	0	.213
1950	2	1	.667	6.42	20	1	0	33.2	25	48	23	0	2	1	0	8	1	0	.125
6 yrs.	35	31	.530	4.34	155	81	20	597.2	474	410	336	6	7	8	1	201	33	0	.164
6 yrs.	35	31	.530	4.34	155	81	20	597.2	474	410	336	6	7	8	1	201	33	0	.164

WORLD SERIES
1947 BKN N	0	1	.000	2.70	3	1	0	6.2	4	10	3	0	0	0	0	1	0	0	.000
1949	0	1	.000	16.88	1	1	0	2.2	3	6	2	0	0	0	0	0	0	0	–
2 yrs.	0	2	.000	6.75	4	2	0	9.1	7	16	5	0	0	0	0	1	0	0	.000

Bob Barr

BARR, ROBERT ALEXANDER
B. Mar. 12, 1908, Newton, Mass.
BR TR 6' 175 lbs.

| 1935 BKN N | 0 | 0 | – | 3.86 | 2 | 0 | 0 | 2.1 | 5 | 2 | 0 | 0 | 0 | 0 | 0 | 0 | 0 | 0 | – |

Boom-Boom Beck

BECK, WALTER WILLIAM
B. Oct. 16, 1904, Decatur, Ill.
BR TR 6'2" 200 lbs.

1924 STL A	0	0	–	0.00	1	0	0	1	2	1	0	0	0	0	0	0	0	0	–
1927	1	0	1.000	5.56	3	1	1	11.1	15	5	6	0	0	0	0	4	1	0	.250
1928	2	3	.400	4.41	16	4	2	49	52	20	17	0	1	0	0	14	6	0	.429
1933 BKN N	12	20	.375	3.54	43	35	15	257	270	69	89	3	1	1	1	95	18	0	.189
1934	2	6	.250	7.42	22	9	2	57	72	32	24	0	1	1	0	17	4	0	.235
1939 PHI N	7	14	.333	4.73	34	16	12	182.2	203	64	77	0	3	4	3	68	9	0	.132
1940	4	9	.308	4.31	29	15	4	129.1	147	41	38	0	2	0	0	36	2	0	.056
1941	1	9	.100	4.63	34	7	2	95.1	104	35	34	0	0	3	0	25	3	0	.120
1942	0	1	.000	4.75	26	1	0	53	69	17	10	0	0	0	0	12	4	0	.333
1943	0	0	–	9.88	4	0	0	13.2	24	5	3	0	0	0	0	4	2	0	.500
1944 DET A	1	2	.333	3.89	28	2	0	74	67	27	25	0	1	1	1	22	7	0	.318
1945 2 teams		CIN N (11G 2-4)			PIT N (14G 6-1)														
" total	8	5	.615	2.68	25	11	6	110.2	96	26	29	0	2	1	0	30	5	0	.167
12 yrs.	38	69	.355	4.30	265	101	44	1034	1121	342	352	3	11	11	6	327	61	0	.187
2 yrs.	14	26	.350	4.24	65	44	17	314	342	101	113	3	2	2	1	112	22	0	.196

Joe Beckwith

BECKWITH, THOMAS JOSEPH
B. Jan. 28, 1955, Auburn, Ala.
BL TR 6'3" 180 lbs.

1979 LA N	1	2	.333	4.38	17	0	0	37	42	15	28	0	1	2	2	5	0	0	.000
1980	3	3	.500	1.95	38	0	0	60	60	23	40	0	3	3	0	2	0	0	.000
1982	2	1	.667	2.70	19	1	0	40	38	14	33	0	2	1	1	7	0	0	.000
1983	3	4	.429	3.55	42	3	0	71	73	35	50	0	3	2	1	5	1	0	.200
1984 KC A	8	4	.667	3.40	49	1	0	100.2	92	25	75	0	8	3	2	0	0	0	–
1985	1	5	.167	4.07	49	0	0	95	99	32	80	0	1	5	1	0	0	0	–
6 yrs.	18	19	.486	3.39	214	5	0	403.2	404	144	306	0	18	16	7	19	1	0	.053
4 yrs.	9	10	.474	3.07	116	4	0	208	213	87	151	0	9	8	4	19	1	0	.053

LEAGUE CHAMPIONSHIP SERIES
| 1983 LA N | 0 | 0 | – | 0.00 | 2 | 0 | 0 | 2.1 | 1 | 2 | 3 | 0 | 0 | 0 | 0 | 0 | 0 | 0 | – |

WORLD SERIES
| 1985 KC A | 0 | 0 | – | 0.00 | 1 | 0 | 0 | 2 | 1 | 0 | 3 | 0 | 0 | 0 | 0 | 0 | 0 | 0 | – |

Hank Behrman

BEHRMAN, HENRY BERNARD
B. June 27, 1921, Brooklyn, N. Y.
BR TR 5'11" 174 lbs.

1946 BKN N	11	5	.688	2.93	47	11	2	150.2	138	69	78	0	6	1	4	42	4	0	.095
1947 2 teams		PIT N (10G 0-2)			BKN N (40G 5-3)														
" total	5	5	.500	6.25	50	8	0	116.2	130	65	44	0	1	4	8	32	6	0	.188
1948 BKN N	5	4	.556	4.05	34	4	2	91	95	42	42	1	3	2	7	28	3	0	.107
1949 NY N	3	3	.500	4.92	43	4	1	71.1	64	52	25	0	2	2	0	13	1	0	.077
4 yrs.	24	17	.585	4.40	174	27	5	429.2	427	228	189	2	12	9	19	115	14	0	.122
3 yrs.	21	12	.636	3.94	121	21	4	333.2	330	159	153	1	10	6	19	96	13	0	.135

WORLD SERIES
| 1947 BKN N | 0 | 0 | – | 7.11 | 5 | 0 | 0 | 6.1 | 9 | 5 | 3 | 0 | 0 | 0 | 0 | 0 | 0 | 0 | – |

George Bell

BELL, GEORGE GLENN (Farmer)
B. Nov. 2, 1874, Bronx, N. Y. D. Dec. 25, 1941, New York, N. Y.
BR TR 6' 195 lbs.

| 1907 BKN N | 8 | 16 | .333 | 2.25 | 35 | 27 | 20 | 263.2 | 222 | 77 | 88 | 3 | 1 | 1 | 1 | 84 | 8 | 0 | .095 |

Pitcher Register

	W	L	PCT	ERA	G	GS	CG	IP	H	BB	SO	ShO	Relief Pitching W	L	SV	BATTING AB	H	HR	BA

George Bell continued
1908	4	15	.211	3.59	29	22	12	155.1	162	45	63	2	0	1	1	47	8	0	.170
1909	16	15	.516	2.71	33	30	29	256	236	73	95	6	1	0	1	90	15	0	.167
1910	10	27	.270	2.64	44	36	25	310	267	82	102	4	0	3	1	97	13	0	.134
1911	5	6	.455	4.28	19	12	6	101	123	28	28	2	1	0	0	33	4	0	.121
5 yrs.	43	79	.352	2.85	160	127	92	1086	1010	305	376	17	3	5	4	351	48	0	.137
5 yrs.	43	79	.352	2.85 9th	160	127	92	1086	1010	305	376	17	3	5	4	351	48	0	.137

Ray Benge
BENGE, RAYMOND ADELPHIA (Silent Cal) BR TR 5'9½" 160 lbs.
B. Apr. 22, 1902, Jacksonville, Tex.

1925 CLE A	1	0	1.000	1.54	2	2	1	11.2	9	3	3	1	0	0	0	5	2	0	.400
1926	1	0	1.000	3.86	8	0	0	11.2	15	4	3	0	1	0	0	3	1	0	.333
1928 PHI N	8	18	.308	4.55	40	28	12	201.2	219	88	68	1	2	0	1	58	12	0	.207
1929	11	15	.423	6.29	38	26	9	199	255	77	78	2	0	3	4	74	15	0	.203
1930	11	15	.423	5.70	38	29	14	225.2	305	81	70	0	0	3	1	88	18	0	.205
1931	14	18	.438	3.17	38	31	16	247	251	61	117	2	1	2	2	88	18	0	.205
1932	13	12	.520	4.05	41	28	13	222.1	247	58	89	2	0	0	6	75	13	0	.173
1933 BKN N	10	17	.370	3.42	37	30	16	228.2	238	55	74	2	0	1	1	76	14	1	.184
1934	14	12	.538	4.32	36	32	14	227	252	61	64	1	1	0	0	89	15	0	.169
1935	9	9	.500	4.48	23	17	5	124.2	142	47	39	1	1	1	1	47	9	0	.191
1936 2 teams		BOS	N	(21G 7–9)		PHI	N	(15G 1–4)											
" total	8	13	.381	5.49	36	25	2	160.2	231	57	45	0	1	0	1	53	6	0	.113
1938 CIN N	1	1	.500	4.11	9	0	0	15.1	13	6	5	0	1	1	2	3	1	0	.333
12 yrs.	101	130	.437	4.52	346	248	102	1875.1	2177	598	655	12	8	11	19	659	124	1	.188
3 yrs.	33	38	.465	4.00	96	79	35	580.1	632	163	177	4	2	2	2	212	38	1	.179

Bill Bergen
BERGEN, WILLIAM ALOYSIUS BR TR 6' 184 lbs.
Brother of Marty Bergen.
B. June 13, 1873, N. Brookfield, Mass.   D. Dec. 19, 1943, Worcester, Mass.

| 1902 CIN N | 1 | 1 | .500 | 2.40 | 2 | 2 | 2 | 15 | 11 | 6 | 4 | 0 | 0 | 0 | 0 | * | | | |

Don Bessent
BESSENT, FRED DONALD (The Weasel) BR TR 6' 175 lbs.
B. Mar. 13, 1931, Jacksonville, Fla.

1955 BKN N	8	1	.889	2.70	24	2	1	63.1	51	21	29	0	6	1	3	20	2	0	.100
1956	4	3	.571	2.50	38	0	0	79.1	63	31	52	0	4	3	9	18	2	0	.111
1957	1	3	.250	5.73	27	0	0	44	58	19	24	0	1	3	0	4	1	0	.250
1958 LA N	1	0	1.000	3.33	19	0	0	24.1	24	17	13	0	1	0	0	2	0	0	.000
4 yrs.	14	7	.667	3.33	108	2	1	211	196	88	118	0	12	7	12	44	5	0	.114
4 yrs.	14	7	.667	3.33	108	2	1	211	196	88	118	0	12	7	12	44	5	0	.114

WORLD SERIES
1955 BKN N	0	0	–	0.00	3	0	0	3.1	3	1	1	0	0	0	0	1	0	0	.000
1956	1	0	1.000	1.80	2	0	0	10	8	3	5	0	1	0	0	2	1	0	.500
2 yrs.	1	0	1.000	1.35	5	0	0	13.1	11	4	6	0	1	0	0	3	1	0	.333

Jack Billingham
BILLINGHAM, JOHN EUGENE BR TR 6'4" 195 lbs.
B. Feb. 21, 1943, Orlando, Fla.

1968 LA N	3	0	1.000	2.14	50	1	0	71.1	54	30	46	0	3	0	8	3	0	0	.000
1969 HOU N	6	7	.462	4.23	52	4	1	83	92	29	71	0	0	0	2	14	1	0	.071
1970	13	9	.591	3.97	46	24	8	188	190	63	134	2	2	0	0	58	6	0	.103
1971	10	16	.385	3.39	33	33	8	228	205	68	139	3	0	0	0	73	9	0	.123
1972 CIN N	12	12	.500	3.18	36	31	8	217.2	197	64	137	4	0	1	0	71	5	0	.070
1973	19	10	.655	3.04	40	**40**	16	**293.1**	257	95	155	**7**	0	0	0	93	6	0	.065
1974	19	11	.633	3.95	36	35	8	212	233	64	103	3	1	0	0	67	5	0	.075
1975	15	10	.600	4.11	33	32	5	208	222	76	79	0	0	0	0	65	7	0	.108
1976	12	10	.545	4.32	34	29	5	177	190	62	76	2	1	1	1	59	14	0	.237
1977	10	10	.500	5.22	36	23	3	162	195	56	76	1	1	2	0	56	9	0	.161
1978 DET A	15	8	.652	3.88	30	30	10	201.2	218	65	59	4	0	0	0	0	0	0	–
1979	10	7	.588	3.20	35	19	2	158	163	60	59	0	3	2	3	0	0	0	–
1980 2 teams		DET	A	(8G 0–0)		BOS	A	(7G 1–3)											
" total	1	3	.250	10.45	15	4	0	31	56	18	7	0	0	0	0	0	0	0	–
13 yrs.	145	113	.562	3.83	476	305	74	2231	2272	750	1141	27	11	5	15	559	62	0	.111
1 yr.	3	0	1.000	2.14	50	1	0	71.1	54	30	46	0	3	0	8	3	0	0	.000

LEAGUE CHAMPIONSHIP SERIES
1972 CIN N	0	0	–	3.86	1	1	0	4.2	5	2	4	0	0	0	0	2	0	0	.000
1973	0	1	.000	4.50	2	2	0	12	9	4	9	0	0	0	0	3	0	0	.000
2 yrs.	0	1	.000	4.32	3	3	0	16.2	14	6	13	0	0	0	0	5	0	0	.000

WORLD SERIES
1972 CIN N	1	0	1.000	0.00	3	2	0	13.2	6	4	11	0	0	0	1	5	0	0	.000
1975	0	0	–	1.00	3	1	0	9	8	5	7	0	0	0	0	2	0	0	.000
1976	1	0	1.000	0.00	1	0	0	2.2	0	0	1	0	1	0	0	0	0	0	–
3 yrs.	2	0	1.000	0.36 1st	7	3	0	25.1	14	9	19	0	1	0	1	7	0	0	.000

Ralph Birkofer
BIRKOFER, RALPH JOSEPH (Lefty) BL TL 5'11" 213 lbs.
B. Nov. 5, 1908, Cincinnati, Ohio   D. Mar. 16, 1971, Cincinnati, Ohio

1933 PIT N	4	2	.667	2.31	9	8	3	50.2	43	17	20	1	0	0	0	22	7	0	.318
1934	11	12	.478	4.10	41	24	11	204	227	66	71	0	2	1	1	75	17	0	.227
1935	9	7	.563	4.07	37	18	8	150.1	173	42	80	1	2	0	1	58	14	0	.241
1936	7	5	.583	4.69	34	13	2	109.1	130	41	44	0	6	2	0	41	9	0	.220

Pitcher Register

	W	L	PCT	ERA	G	GS	CG	IP	H	BB	SO	ShO	Relief Pitching W L SV	BATTING AB H HR	BA

Ralph Birkofer continued

1937 BKN N	0	2	.000	6.67	11	1	0	29.2	45	9	9	0	0 1 0	11 3 0	.273
5 yrs.	31	28	.525	4.19	132	64	24	544	618	175	224	2	10 4 2	207 50 0	.242
1 yr.	0	2	.000	6.67	11	1	0	29.2	45	9	9	0	0 1 0	11 3 0	.273

Babe Birrer

BIRRER, WERNER JOSEPH   BR TR 6'   195 lbs.
B. July 4, 1928, Buffalo, N.Y.

1955 DET A	4	3	.571	4.15	36	3	1	80.1	77	29	28	0	3 1 3	19 3 2	.158
1956 BAL A	0	0	—	6.75	4	0	0	5.1	9	1	1	0	0 0 0	1 0 0	.000
1958 LA N	0	0	—	4.50	16	0	0	34	43	7	16	0	0 0 1	7 4 0	.571
3 yrs.	4	3	.571	4.36	56	3	1	119.2	129	37	45	0	3 1 4	27 7 2	.259
1 yr.	0	0	—	4.50	16	0	0	34	43	7	16	0	0 0 1	7 4 0	.571

Joe Black

BLACK, JOSEPH   BR TR 6'2"   220 lbs.
B. Feb. 8, 1924, Plainfield, N.J.

1952 BKN N	15	4	.789	2.15	56	2	1	142.1	102	41	85	0	14 3 15	36 5 0	.139
1953	6	3	.667	5.33	34	3	0	72.2	74	27	42	0	6 2 5	17 4 0	.235
1954	0	0	—	11.57	5	0	0	7	11	5	3	0	0 0 0	0 0 0	—
1955 2 teams			BKN N (6G 1–0)		CIN N (32G 5–2)										
" total	6	2	.750	4.05	38	11	1	117.2	121	30	63	0	3 0 3	33 4 0	.121
1956 CIN N	3	2	.600	4.52	32	0	0	61.2	61	25	27	0	3 2 2	10 0 0	.000
1957 WAS A	0	1	.000	7.11	7	0	0	12.2	22	1	2	0	1 0 0	0 0 0	—
6 yrs.	30	12	.714	3.91	172	16	2	414	391	129	222	0	26 8 25	96 13 0	.135
4 yrs.	22	7	.759	3.45	101	5	1	237.1	202	78	139	0	21 5 20	56 10 0	.179

WORLD SERIES

1952 BKN N	1	2	.333	2.53	3	3	1	21.1	15	8	9	0	0 0 0	6 0 0	.000
1953	0	0	—	9.00	1	0	0	1	1	0	2	0	0 0 0	0 0 0	—
2 yrs.	1	2	.333	2.82	4	3	1	22.1	16	8	11	0	0 0 0	6 0 0	.000

Clarence Blethen

BLETHEN, CLARENCE WALDO (Climax)   BL TR 5'11"   165 lbs.
B. July 11, 1893, Dover-Foxcroft, Me.   D. Apr. 11, 1973, Frederick, Md.

1923 BOS A	0	0	—	7.13	5	0	0	17.2	29	7	2	0	0 0 0	6 0 0	.000
1929 BKN N	0	0	—	9.00	2	0	0	2	4	3	0	0	0 0 0	0 0 0	—
2 yrs.	0	0	—	7.32	7	0	0	19.2	33	10	2	0	0 0 0	6 0 0	.000
1 yr.	0	0	—	9.00	2	0	0	2	4	3	0	0	0 0 0	0 0 0	—

George Boehler

BOEHLER, GEORGE HENRY   BR TR 6'2"   180 lbs.
B. Jan. 2, 1892, Lawrenceburg, Ind.   D. June 23, 1958, Lawrenceburg, Ind.

1912 DET A	0	2	.000	6.68	4	4	2	31	49	14	13	0	0 0 0	10 1 0	.100
1913	0	1	.000	6.75	1	1	1	8	11	6	2	0	0 0 0	3 1 0	.333
1914	2	3	.400	3.57	18	6	2	63	54	48	37	0	0 1 0	17 3 0	.176
1915	1	1	.500	1.80	8	0	0	15	19	4	7	0	1 1 0	4 3 0	.750
1916	1	1	.500	4.73	5	2	1	13.1	12	9	8	0	0 0 0	3 0 0	.000
1920 STL A	0	1	.000	7.71	3	1	0	7	10	4	2	0	0 0 0	1 0 0	.000
1921	0	0	—	0.00	1	0	0	1	1	0	0	0	0 0 0	0 0 0	—
1923 PIT N	1	3	.250	6.04	10	3	1	28.1	33	26	12	0	0 1 0	10 3 0	.300
1926 BKN N	1	0	1.000	4.41	10	1	0	34.2	42	23	10	0	0 0 0	12 3 0	.250
9 yrs.	6	12	.333	4.74	60	18	7	201.1	231	134	91	0	1 3 0	60 14 0	.233
1 yr.	1	0	1.000	4.41	10	1	0	34.2	42	23	10	0	0 0 0	12 3 0	.250

Joe Bradshaw

BRADSHAW, JOSEPH SIAH   BR TR 6'2½"   200 lbs.
B. Aug. 17, 1897, Dyersburg, Tenn.

| 1929 BKN N | 0 | 0 | — | 4.50 | 2 | 0 | 0 | 4 | 3 | 4 | 1 | 0 | 0 0 0 | 0 0 0 | — |

Ralph Branca

BRANCA, RALPH THEODORE JOSEPH (Hawk)   BR TR 6'3"   220 lbs.
B. Jan. 6, 1926, Mt. Vernon, N.Y.

1944 BKN N	0	2	.000	7.05	21	1	0	44.2	46	32	16	0	0 1 1	6 0 0	.000
1945	5	6	.455	3.04	16	15	7	109.2	73	79	69	0	0 0 1	40 4 0	.100
1946	3	1	.750	3.88	24	10	2	67.1	62	41	42	2	0 1 3	18 2 0	.111
1947	21	12	.636	2.67	43	36	15	280	251	98	148	4	3 1 1	97 12 0	.124
1948	14	9	.609	3.51	36	28	11	215.2	189	80	122	1	1 0 1	74 15 0	.203
1949	13	5	.722	4.39	34	27	9	186.2	181	91	109	2	0 1 1	62 5 0	.081
1950	7	9	.438	4.69	43	15	5	142	152	55	100	0	2 4 7	34 4 2	.118
1951	13	12	.520	3.26	42	27	13	204	180	85	118	3	1 2 3	63 11 0	.175
1952	4	2	.667	3.84	16	7	2	61	52	21	26	0	1 0 0	19 3 0	.158
1953 2 teams			BKN N (7G 0–0)		DET A (17G 4–7)										
" total	4	7	.364	4.70	24	14	7	113	113	36	55	0	0 0 1	34 4 0	.118
1954 2 teams			DET A (17G 3–3)		NY A (5G 1–0)										
" total	4	3	.571	5.12	22	8	0	58	72	43	22	0	2 3 0	17 6 0	.353
1956 BKN N	0	0	—	0.00	1	0	0	2	1	2	2	0	0 0 0	0 0 0	—
12 yrs.	88	68	.564	3.79	322	188	71	1484	1372	663	829	12	10 13 19	464 66 2	.142
11 yrs.	80	58	.580	3.70	283	166	64	1324	1202	589	757	12	8 10 18	413 56 2	.136

WORLD SERIES

1947 BKN N	1	1	.500	8.64	3	1	0	8.1	12	5	8	0	1 0 0	4 0 0	.000
1949	0	1	.000	4.15	1	1	0	8.2	4	4	6	0	0 0 0	3 0 0	.000
2 yrs.	1	2	.333	6.35	4	2	0	17	16	9	14	0	1 0 0	7 0 0	.000

PORTRAIT GALLERY

In 1983, the Dodgers commissioned photographer Rich Kee to take a series of individual player portraits. The results captured not only the players' personalities, but elements of the types of players who have played the game since it began. We are pleased to present these full-page photos of current Dodgers from the series.

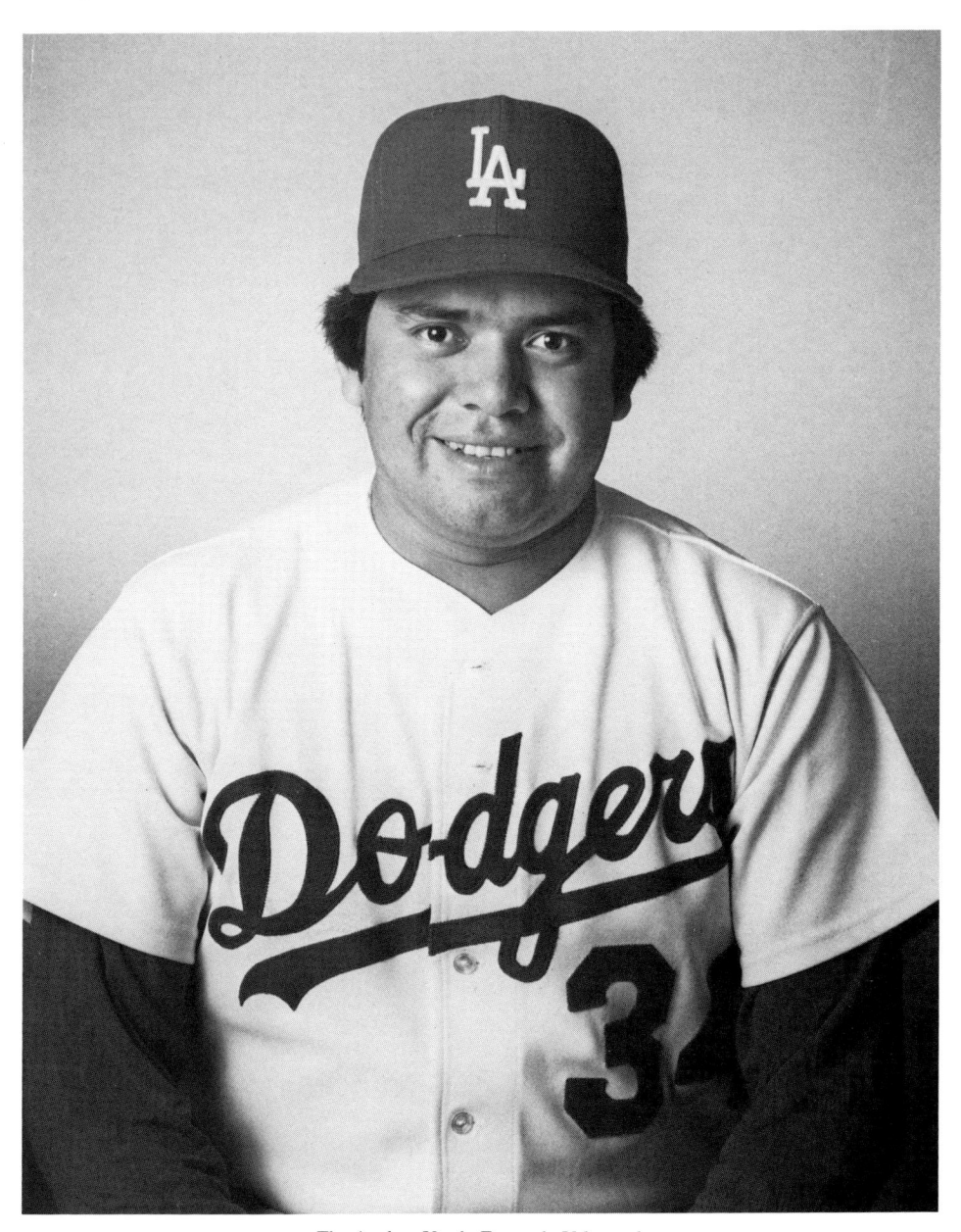

The Ageless Youth: Fernando Valenzuela

The Wily Veteran: Jerry Reuss

The Kid: Steve Sax

The Slugger: Mike Marshall

The Superstar: Pedro Guerrero

The Survivor: Bill Russell

The Comer: Greg Brock

The All-American Boy: Orel Hershiser

Pitcher Register

	W	L	PCT	ERA	G	GS	CG	IP	H	BB	SO	ShO	Relief Pitching W	L	SV	AB	BATTING H	HR	BA

Ed Brandt
BRANDT, EDWARD ARTHUR BL TL 6'1" 190 lbs.
B. Feb. 17, 1905, Spokane, Wash.   D. Nov. 1, 1944, Spokane, Wash.

Year	Team	W	L	PCT	ERA	G	GS	CG	IP	H	BB	SO	ShO	RW	RL	SV	AB	H	HR	BA
1928	BOS N	9	21	.300	5.07	38	31	12	225.1	234	109	84	1	1	2	0	70	17	0	.243
1929		8	13	.381	5.53	26	21	13	167.2	196	83	50	0	1	1	0	64	15	0	.234
1930		4	11	.267	5.01	41	13	4	147.1	168	59	65	1	2	2	1	50	12	0	.240
1931		18	11	.621	2.92	33	29	23	250	228	77	112	3	0	1	2	82	21	0	.256
1932		16	16	.500	3.97	35	31	19	254	271	57	79	2	1	2	1	92	19	0	.207
1933		18	14	.563	2.60	41	32	23	287.2	256	77	104	3	1	1	4	97	30	0	.309
1934		16	14	.533	3.53	40	28	20	255	249	83	106	3	2	2	5	96	23	0	.240
1935		5	19	.208	5.00	29	25	12	174.2	224	66	61	0	0	2	0	62	13	0	.210
1936	BKN N	11	13	.458	3.50	38	29	12	234	246	65	104	1	1	1	2	84	16	0	.190
1937	PIT N	11	10	.524	3.11	33	25	7	176.1	177	67	74	3	0	1	2	59	10	0	.169
1938		5	4	.556	3.46	24	13	5	96.1	93	35	38	1	1	1	0	37	11	0	.297
11 yrs.		121	146	.453	3.86	378	277	150	2268.1	2342	778	877	18	10	16	17	793	187	0	.236
1 yr.		11	13	.458	3.50	38	29	12	234	246	65	104	1	1	1	2	84	16	0	.190

Tom Brennan
BRENNAN, THOMAS MARTIN (The Gray Flamingo) BR TR 6'1" 180 lbs.
B. Oct. 30, 1952, Chicago, Ill.

Year	Team	W	L	PCT	ERA	G	GS	CG	IP	H	BB	SO	ShO	RW	RL	SV	AB	H	HR	BA
1981	CLE A	2	2	.500	3.19	7	6	1	48	49	14	15	0	0	0	0	0	0	0	—
1982		4	2	.667	4.27	30	4	0	92.2	112	10	46	0	1	2	2	0	0	0	—
1983		2	2	.500	3.86	11	5	1	39.2	45	8	21	1	0	0	0	0	0	0	—
1984	CHI A	0	1	.000	4.05	4	1	0	6.2	8	3	3	0	0	0	0	0	0	0	—
1985	LA N	1	3	.250	7.39	12	4	0	31.2	41	11	17	0	1	1	0	8	1	0	.125
5 yrs.		9	10	.474	4.40	64	20	2	218.2	255	46	102	1	2	3	2	8	1	0	.125
1 yr.		1	3	.250	7.39	12	4	0	31.2	41	11	17	0	1	1	0	8	1	0	.125

Rube Bressler
BRESSLER, RAYMOND BLOOM BR TL 6' 187 lbs.
B. Oct. 23, 1894, Coder, Pa.   D. Nov. 7, 1966, Cincinnati, Ohio

Year	Team	W	L	PCT	ERA	G	GS	CG	IP	H	BB	SO	ShO	RW	RL	SV	AB	H	HR	BA
1914	PHI A	10	4	.714	1.77	29	10	8	147.2	112	56	96	1	3	2	2	51	11	0	.216
1915		4	17	.190	5.20	32	20	7	178.1	183	118	69	1	0	4	0	55	8	1	.145
1916		0	2	.000	6.60	4	2	0	15	16	14	8	0	0	0	0	5	1	0	.200
1917	CIN N	0	0	—	6.00	2	1	0	9	15	5	2	0	0	0	0	5	1	0	.200
1918		8	5	.615	2.46	17	13	10	128	124	39	37	0	1	0	0	62	17	0	.274
1919		2	4	.333	3.46	13	4	1	41.2	37	8	13	0	2	1	0	165	34	2	.206
1920		2	0	1.000	1.77	10	2	1	20.1	24	2	4	1	1	0	0	30	8	0	.267
7 yrs.		26	32	.448	3.40	107	52	27	540	511	242	229	3	7	7	2	*			

Ken Brett
BRETT, KENNETH ALVIN BL TL 6' 190 lbs.
Brother of George Brett.
B. Sept. 18, 1948, Brooklyn, N.Y.

Year	Team	W	L	PCT	ERA	G	GS	CG	IP	H	BB	SO	ShO	RW	RL	SV	AB	H	HR	BA
1967	BOS A	0	0	—	4.50	1	0	0	2	3	0	2	0	0	0	0	0	0	0	—
1969		2	3	.400	5.26	8	8	0	39.1	41	22	23	0	0	0	0	10	3	1	.300
1970		8	9	.471	4.08	41	14	1	139	118	79	155	1	3	5	2	41	13	2	.317
1971		0	3	.000	5.34	29	2	0	59	57	35	57	0	0	2	1	10	2	0	.200
1972	MIL A	7	12	.368	4.53	26	22	2	133	121	49	74	1	0	0	0	44	10	0	.227
1973	PHI N	13	9	.591	3.44	31	25	10	211.2	206	74	111	1	1	1	0	80	20	4	.250
1974	PIT N	13	9	.591	3.30	27	27	10	191	192	52	96	3	0	0	0	87	27	2	.310
1975		9	5	.643	3.36	23	16	4	118	110	43	47	1	1	1	0	52	12	1	.231
1976	2 teams	NY A (2G 0-0)				CHI A (27G 10-12)														
"	total	10	12	.455	3.28	29	26	16	203	173	76	92	1	0	0	0	12	1	0	.083
1977	2 teams	CHI A (13G 6-4)				CAL A (21G 7-10)														
"	total	13	14	.481	4.52	34	34	7	225	258	53	80	0	0	0	0	0	0	0	—
1978	CAL A	3	5	.375	4.95	31	10	1	100	100	42	43	1	0	0	1	0	0	0	—
1979	2 teams	MIN A (9G 0-0)				LA N (30G 4-3)														
"	total	4	3	.571	3.75	39	0	0	60	68	18	16	0	4	3	2	11	3	0	.273
1980	KC A	0	0	—	0.00	8	0	0	13	8	5	4	0	0	0	1	0	0	0	—
1981		1	1	.500	4.22	22	0	0	32	35	14	7	0	1	1	2	0	0	0	—
14 yrs.		83	85	.494	3.93	349	184	51	1526	1490	562	807	9	11	13	11	*			
1 yr.		4	3	.571	3.45	30	0	0	47	52	12	13	0	4	3	2	11	3	0	.273

LEAGUE CHAMPIONSHIP SERIES

Year	Team	W	L	PCT	ERA	G	GS	CG	IP	H	BB	SO	ShO	RW	RL	SV	AB	H	HR	BA
1974	PIT N	0	0	—	7.71	1	0	0	2.1	3	2	1	0	0	0	0	1	0	0	.000
1975		0	0	—	0.00	2	0	0	2.1	1	0	1	0	0	0	0	0	0	0	—
2 yrs.		0	0	—	3.86	3	0	0	4.2	4	2	2	0	0	0	0	1	0	0	.000

WORLD SERIES

Year	Team	W	L	PCT	ERA	G	GS	CG	IP	H	BB	SO	ShO	RW	RL	SV	AB	H	HR	BA
1967	BOS A	0	0	—	0.00	2	0	0	1.1	0	1	1	0	0	0	0	0	0	0	—

Jim Brewer
BREWER, JAMES THOMAS BL TL 6'1" 186 lbs.
B. Nov. 14, 1937, Merced, Calif.

Year	Team	W	L	PCT	ERA	G	GS	CG	IP	H	BB	SO	ShO	RW	RL	SV	AB	H	HR	BA
1960	CHI N	0	3	.000	5.82	5	4	0	21.2	25	6	7	0	0	0	0	6	1	0	.167
1961		1	7	.125	5.82	36	11	0	86.2	116	21	57	0	0	1	0	22	4	0	.182
1962		0	1	.000	9.53	6	1	0	5.2	10	3	1	0	0	1	0	0	0	0	—
1963		3	2	.600	4.89	29	1	0	49.2	59	15	35	0	3	1	0	6	0	0	.000
1964	LA N	4	3	.571	3.00	34	5	1	93	79	25	63	1	2	2	1	22	6	0	.273
1965		3	2	.600	1.82	19	2	0	49.1	33	28	31	0	3	1	2	10	0	0	.000
1966		0	2	.000	3.68	13	0	0	22	17	11	8	0	0	2	2	0	0	0	—
1967		5	4	.556	2.68	30	11	0	100.2	78	31	74	0	1	0	1	22	1	0	.045
1968		8	3	.727	2.49	54	0	0	76	59	33	75	0	8	3	14	9	2	0	.222
1969		7	6	.538	2.56	59	0	0	88	71	41	92	0	7	6	20	11	1	0	.091
1970		7	6	.538	3.13	58	0	0	89	66	33	91	0	7	6	24	12	1	0	.083
1971		6	5	.545	1.89	55	0	0	81	55	24	66	0	6	5	22	9	3	0	.333
1972		8	7	.533	1.26	51	0	0	78.1	41	25	69	0	8	7	17	1	0	0	.000
1973		6	8	.429	3.01	56	0	0	71.2	58	25	56	0	6	8	20	5	2	0	.400

Pitcher Register 254

	W	L	PCT	ERA	G	GS	CG	IP	H	BB	SO	ShO	Relief Pitching W L SV	BATTING AB H HR	BA

Jim Brewer continued

1974	4	4	.500	2.54	24	0	0	39	29	10	26	0	4 4 0	2 0 0	.000
1975 2 teams	LA	N	(21G 3-1)		CAL	A	(21G 1-0)								
" total	4	1	.800	3.46	42	0	0	67.2	82	23	43	0	4 1 7	3 0 0	.000
1976 CAL A	3	1	.750	2.70	13	0	0	20	20	6	16	0	3 1 2	0 0 0	-
17 yrs.	69	65	.515	3.07	584	35	1	1039.1	898	360	810	1	62 49 132	140 21 0	.150
12 yrs.	61	51	.545	2.62	474	18	1	821	630	298	672	1	55 45 125	106 16 0	.151
				5th		3rd							2nd 1st		

WORLD SERIES

1965 LA N	0	0	-	4.50	1	0	0	2	3	0	1	0	0 0 0	0 0 0	-
1966	0	0	-	0.00	1	0	0	1	0	0	1	0	0 0 0	0 0 0	-
1974	0	0	-	0.00	1	0	0	.1	0	0	1	0	0 0 0	0 0 0	-
3 yrs.	0	0	-	2.70	3	0	0	3.1	3	0	3	0	0 0 0	0 0 0	-

Dan Brouthers

BROUTHERS, DENNIS JOSEPH (Big Dan)   BL TL 6'2" 207 lbs.
B. May 8, 1858, Sylvan Lake, N.Y. D. Aug. 2, 1932, East Orange, N.J.
Hall of Fame 1945.

1879 TRO N	0	2	.000	5.57	3	2	2	21	35	8	6	0	0 0 0	168 46 4	.274
1883 BUF N	0	0	-	31.50	1	0	0	2	9	3	2	0	0 0 0	425 159 3	**.374**
2 yrs.	0	2	.000	7.83	4	2	2	23	44	11	8	0	0 0 0	*	

Elmer Brown

BROWN, ELMER YOUNG (Shook)   BL TR 5'11½" 172 lbs.
B. Mar. 25, 1883, Southport, Ind. D. Jan. 23, 1955, Indianapolis, Ind.

1911 STL A	1	1	.500	6.61	5	3	1	16.1	16	14	5	0	0 0 0	7 1 0	.143
1912	5	8	.385	2.99	23	11	2	120.1	122	42	45	1	1 2 0	36 6 0	.167
1913 BKN N	0	0	-	2.08	3	1	0	13	6	10	6	0	0 0 0	4 0 0	.000
1914	2	2	.500	3.93	11	4	1	36.2	33	23	22	0	2 2 0	12 1 0	.083
1915	0	0	-	9.00	1	0	0	2	4	3	1	0	0 0 0	0 0 0	-
5 yrs.	8	11	.421	3.49	43	19	4	188.1	181	92	79	2	3 4 0	59 8 0	.136
3 yrs.	2	2	.500	3.66	15	5	1	51.2	43	36	29	1	2 2 0	16 1 0	.063

John Brown

BROWN, JOHN J.
B. Trenton, N.J. Deceased.

| 1897 BKN N | 0 | 1 | .000 | 7.20 | 1 | 1 | 0 | 5 | 7 | 4 | 0 | 0 | 0 0 0 | 2 1 0 | .500 |

Lloyd Brown

BROWN, LLOYD ANDREW (Gimpy)   BL TL 5'9" 170 lbs.
B. Dec. 25, 1904, Beeville, Tex. D. Jan. 14, 1974, Opalocka, Fla.

1925 BKN N	0	3	.000	4.12	17	5	1	63.1	79	25	23	0	0 0 0	23 2 0	.087
1928 WAS A	4	4	.500	4.04	27	10	2	107	112	40	38	0	2 0 1	31 5 0	.161
1929	8	7	.533	4.18	40	15	7	168	186	69	48	1	4 4 0	50 11 0	.220
1930	16	12	.571	4.25	38	22	10	197	220	65	59	0	6 2 0	65 14 1	.215
1931	15	14	.517	3.20	42	32	15	258.2	256	79	79	1	1 2 0	96 22 0	.229
1932	15	12	.556	4.44	46	24	10	202.2	239	55	53	2	4 2 5	70 7 0	.100
1933 2 teams	STL	A	(8G 1-6)		BOS	A	(33G 8-11)								
" total	9	17	.346	4.63	41	27	9	202.1	237	81	44	2	0 3 1	68 19 2	.279
1934 CLE A	5	10	.333	3.85	38	15	5	117	116	51	39	0	3 1 6	30 7 0	.233
1935	8	7	.533	3.61	42	8	4	122	123	37	45	2	0 2 4	37 4 0	.108
1936	8	10	.444	4.17	24	16	12	140.1	166	45	34	1	1 1 1	45 10 1	.222
1937	2	6	.250	6.55	18	5	2	77	107	27	32	0	1 2 0	24 4 0	.167
1940 PHI N	1	3	.250	6.21	18	2	0	37.2	58	16	16	0	0 3 3	13 1 0	.077
12 yrs.	91	105	.464	4.20	404	181	77	1693	1899	590	510	10	22 22 21	552 106 4	.192
1 yr.	0	3	.000	4.12	17	5	1	63.1	79	25	23	0	0 0 0	23 2 0	.087

Mace Brown

BROWN, MACE STANLEY   BR TR 6'1" 190 lbs.
B. May 21, 1909, North English, Iowa

1935 PIT N	4	1	.800	3.59	18	5	2	72.2	84	22	28	0	1 0 0	24 4 0	.167
1936	10	11	.476	3.87	47	10	3	165	178	55	56	0	6 4 3	60 10 0	.167
1937	7	2	.778	4.18	50	2	0	107.2	109	45	60	0	6 1 7	30 9 0	.300
1938	15	9	.625	3.80	51	2	0	132.2	155	44	55	0	15 8 5	38 5 0	.132
1939	9	13	.409	3.37	47	19	8	200.1	232	52	71	1	2 3 9	64 7 0	.109
1940	10	9	.526	3.49	48	17	5	172.2	181	49	73	2	5 2 7	52 6 0	.115
1941 2 teams	PIT	N	(1G 0-0)		BKN	N	(24G 3-2)								
" total	3	2	.600	3.07	25	0	0	44	33	26	22	0	3 2 3	8 0 0	.000
1942 BOS A	9	3	.750	3.43	34	0	0	60.1	56	28	20	0	9 3 6	15 1 0	.067
1943	6	6	.500	2.12	49	0	0	93.1	71	51	40	0	6 6 9	17 1 0	.059
1946	3	1	.750	2.05	18	0	0	26.1	26	16	10	0	3 1 1	5 0 0	.000
10 yrs.	76	57	.571	3.47	387	55	18	1075	1125	388	435	3	56 30 48	313 43 0	.137
1 yr.	3	2	.600	3.16	24	0	0	42.2	31	26	22	0	3 2 3	8 0 0	.000

WORLD SERIES

| 1946 BOS A | 0 | 0 | - | 27.00 | 1 | 0 | 0 | 1 | 4 | 1 | 0 | 0 | 0 0 0 | 0 0 0 | - |

Pete Browning

BROWNING, LOUIS ROGERS (The Gladiator)   BR TR 6' 180 lbs.
B. June 17, 1861, Louisville, Ky. D. Sept. 10, 1905, Louisville, Ky.

| 1884 LOU AA | 0 | 1 | .000 | 54.00 | 1 | 1 | 0 | .1 | 2 | 2 | 0 | 0 | 0 0 0 | * | |

Bruce Brubaker

BRUBAKER, BRUCE ELLSWORTH   BR TR 6'1" 198 lbs.
B. Dec. 29, 1941, Harrisburg, Pa.

| 1967 LA N | 0 | 0 | - | 20.25 | 1 | 0 | 0 | 1.1 | 3 | 0 | 2 | 0 | 0 0 0 | 0 0 0 | - |

	W	L	PCT	ERA	G	GS	CG	IP	H	BB	SO	ShO	Relief Pitching W L SV	BATTING AB H HR	BA

Bruce Brubaker continued

	W	L	PCT	ERA	G	GS	CG	IP	H	BB	SO	ShO	RW	RL	SV	AB	H	HR	BA
1970 MIL A	0	0	–	9.00	1	0	0	2	2	1	0	0	0	0	0	0	0	0	–
2 yrs.	0	0	–	13.50	2	0	0	3.1	5	1	2	0	0	0	0	0	0	0	–
1 yr.	0	0	–	20.25	1	0	0	1.1	3	0	2	0	0	0	0	0	0	0	–

Cy Buker

BUKER, CYRIL OWEN   BL TR 5'11" 190 lbs.
B. Feb. 5, 1919, Greenwood, Wis.

	W	L	PCT	ERA	G	GS	CG	IP	H	BB	SO	ShO	RW	RL	SV	AB	H	HR	BA
1945 BKN N	7	2	.778	3.30	42	4	0	87.1	90	45	48	0	2	0	5	16	3	0	.188

Jim Bunning

BUNNING, JAMES PAUL DAVID   BR TR 6'3" 190 lbs.
B. Oct. 23, 1931, Southgate, Ky.

	W	L	PCT	ERA	G	GS	CG	IP	H	BB	SO	ShO	RW	RL	SV	AB	H	HR	BA
1955 DET A	3	5	.375	6.35	15	8	0	51	59	32	37	0	2	0	1	15	3	0	.200
1956	5	1	.833	3.71	15	3	0	53.1	55	28	34	0	4	0	1	18	6	0	.333
1957	20	8	.714	2.69	45	30	14	267.1	214	72	182	1	2	1	1	94	20	1	.213
1958	14	12	.538	3.52	35	34	10	219.2	188	79	177	3	0	0	0	75	14	0	.187
1959	17	13	.567	3.89	40	35	14	249.2	220	75	201	1	0	1	1	89	17	1	.191
1960	11	14	.440	2.79	36	34	10	252	217	64	201	3	0	0	0	81	13	0	.160
1961	17	11	.607	3.19	38	37	12	268	232	71	194	4	0	0	1	100	13	0	.130
1962	19	10	.655	3.59	41	35	12	258	262	74	184	2	0	0	6	95	23	1	.242
1963	12	13	.480	3.88	39	35	6	248.1	245	69	196	2	0	0	1	84	13	0	.155
1964 PHI N	19	8	.704	2.63	41	39	13	284.1	248	46	219	5	0	0	2	99	12	0	.121
1965	19	9	.679	2.60	39	39	15	291	253	62	268	7	0	0	0	103	22	1	.214
1966	19	14	.576	2.41	43	41	16	314	260	55	252	5	1	0	1	106	19	0	.179
1967	17	15	.531	2.29	40	40	16	302.1	241	73	253	6	0	0	0	104	17	2	.163
1968 PIT N	4	14	.222	3.88	27	26	3	160	168	48	95	1	0	0	0	51	5	0	.098
1969 2 teams			PIT N (25G 10–9)					LA N (9G 3–1)											
" total	13	10	.565	3.69	34	34	5	212.1	212	59	157	0	0	0	0	65	4	0	.062
1970 PHI N	10	15	.400	4.11	34	33	4	219	233	56	147	0	0	0	0	71	9	0	.127
1971	5	12	.294	5.48	29	16	1	110	126	37	58	0	0	2	1	25	3	1	.120
17 yrs.	224	184	.549	3.27	591	519	151	3760.1	3433	1000	2855	40	9	4	16	1275	213	7	.167
1 yr.	3	1	.750	3.36	9	9	1	56.1	65	10	33	0	0	0	0	18	2	0	.111

Sandy Burk

BURK, CHARLES SANFORD   BR TR
B. Apr. 22, 1887, Columbus, Ohio   D. Oct. 11, 1934, Brooklyn, N. Y.

	W	L	PCT	ERA	G	GS	CG	IP	H	BB	SO	ShO	RW	RL	SV	AB	H	HR	BA
1910 BKN N	0	3	.000	6.05	4	3	1	19.1	17	27	14	0	0	0	0	5	0	0	.000
1911	1	3	.250	5.12	13	7	1	58	54	47	15	0	0	0	0	19	2	0	.105
1912 2 teams			BKN N (2G 0–0)					STL N (12G 1–3)											
" total	3	3	.250	2.55	14	4	2	53	46	15	19	0	0	1	1	15	1	0	.067
1913 STL N	1	2	.333	5.14	19	5	0	70	81	33	29	0	0	2	1	22	2	0	.091
1915 PIT F	2	0	1.000	1.00	2	2	1	18	8	11	9	0	0	0	0	6	1	0	.167
5 yrs.	5	11	.313	4.25	52	21	5	218.1	206	133	86	0	0	3	2	67	6	0	.090
3 yrs.	1	6	.143	5.15	19	10	2	85.2	80	77	31	0	0	0	0	28	3	0	.107

Oyster Burns

BURNS, THOMAS P.   BR TR 5'8" 183 lbs.
B. Sept. 6, 1864, Philadelphia, Pa.   D. Nov. 11, 1928, Brooklyn, N. Y.

	W	L	PCT	ERA	G	GS	CG	IP	H	BB	SO	ShO	RW	RL	SV	AB	H	HR	BA
1884 BAL AA	0	0	–	3.00	2	0	0	9	12	2	6	0	0	0	1	138	40	6	.290
1885	7	4	.636	3.58	15	11	10	105.2	112	21	30	1	0	0	3	321	74	5	.231
1887	1	0	1.000	9.53	3	0	0	11.1	16	4	2	0	1	0	0	551	188	10	.341
1888	0	1	.000	4.26	5	0	0	12.2	12	3	2	0	0	1	0	528	158	6	.299
4 yrs.	8	5	.615	4.09	25	11	10	138.2	152	30	40	1	1	1	4	*			

Max Butcher

BUTCHER, ALBERT MAXWELL   BR TR 6'2" 220 lbs.
B. Sept. 21, 1910, Holden, W. Va.   D. Sept. 15, 1957, Man, W. Va.

	W	L	PCT	ERA	G	GS	CG	IP	H	BB	SO	ShO	RW	RL	SV	AB	H	HR	BA
1936 BKN N	6	6	.500	3.96	38	15	5	147.2	154	59	55	0	2	0	2	48	6	0	.125
1937	11	15	.423	4.27	39	24	8	191.2	203	75	57	1	5	0	0	62	10	0	.161
1938 2 teams			BKN N (24G 5–4)					PHI N (12G 4–8)											
" total	9	12	.429	4.47	36	20	14	171	198	70	50	1	1	2	2	60	13	1	.217
1939 2 teams			PHI N (19G 2–13)					PIT N (14G 4–4)											
" total	6	17	.261	4.62	33	28	8	191	235	74	48	0	0	1	0	69	10	0	.145
1940 PIT N	8	9	.471	6.01	35	24	6	136.1	161	46	40	2	0	0	0	50	15	0	.300
1941	17	12	.586	3.05	33	32	19	236	249	66	61	0	0	1	0	82	15	0	.183
1942	5	8	.385	2.93	24	18	9	150.2	144	44	49	0	0	0	1	49	7	0	.143
1943	10	8	.556	2.60	33	21	10	193.2	191	57	45	2	1	0	1	61	10	0	.164
1944	13	11	.542	3.12	35	27	13	199	216	46	43	5	1	1	0	63	12	0	.190
1945	10	8	.556	3.03	28	20	12	169.1	184	46	37	2	2	0	0	54	12	0	.222
10 yrs.	95	106	.473	3.73	334	229	104	1786.1	1935	583	485	15	12	4	9	598	110	1	.184
3 yrs.	22	25	.468	4.57	101	47	16	412	461	173	133	2	8	2	4	135	20	1	.148

Leon Cadore

CADORE, LEON JOSEPH   BR TR 6'1" 190 lbs.
B. Nov. 20, 1890, Chicago, Ill.   D. Mar. 16, 1958, Spokane, Wash.

	W	L	PCT	ERA	G	GS	CG	IP	H	BB	SO	ShO	RW	RL	SV	AB	H	HR	BA
1915 BKN N	0	2	.000	5.57	7	2	1	21	28	8	12	0	0	0	0	6	0	0	.000
1916	0	0	–	4.50	1	0	0	6	10	0	2	0	0	0	0	3	0	0	.000
1917	13	13	.500	2.45	37	30	21	264	231	63	115	1	0	0	3	92	24	0	.261
1918	1	0	1.000	0.53	2	2	1	17	6	2	5	1	0	0	0	4	0	0	.000
1919	14	12	.538	2.37	35	27	16	250.2	228	39	94	3	2	0	0	87	14	0	.161
1920	15	14	.517	2.62	35	30	16	254.1	256	56	79	4	1	1	0	91	20	2	.220
1921	13	14	.481	4.17	35	30	12	211.2	243	46	79	1	1	2	0	75	14	1	.187
1922	8	15	.348	4.35	29	21	13	190.1	224	57	49	0	4	0	0	71	19	2	.268
1923 2 teams			BKN N (8G 4–1)					CHI A (1G 0–1)											
" total	4	2	.667	4.46	9	5	3	38.1	45	15	8	0	1	0	0	13	1	0	.077

Pitcher Register 256

	W	L	PCT	ERA	G	GS	CG	IP	H	BB	SO	ShO	Relief Pitching W	L	SV	BATTING AB	H	HR	BA

Leon Cadore continued

1924 NY N	0	0	–	0.00	2	0	0	4	2	3	2	0	0	0	0	0	0	0	–
10 yrs.	68	72	.486	3.14	192	147	83	1257.1	1273	289	445	10	9	3	3	442	92	5	.208
9 yrs.	68	71	.489	3.11	189	146	83	1251	1265	284	440	10	9	3	3	442	92	5	.208

WORLD SERIES
| 1920 BKN N | 0 | 1 | .000 | 9.00 | 2 | 1 | 0 | 2 | 4 | 1 | 1 | 0 | 0 | 0 | 0 | 0 | 0 | 0 | – |

Dick Calmus

CALMUS, RICHARD LEE   BR TR 6'4" 187 lbs.
B. Jan. 7, 1944, Los Angeles, Calif.

1963 LA N	3	1	.750	2.66	21	1	0	44	32	16	25	0	3	0	0	6	0	0	.000
1967 CHI N	0	0	–	8.31	1	1	0	4.1	5	0	1	0	0	0	0	2	1	0	.500
2 yrs.	3	1	.750	3.17	22	2	0	48.1	37	16	26	0	3	0	0	8	1	0	.125
1 yr.	3	1	.750	2.66	21	1	0	44	32	16	25	0	3	0	0	6	0	0	.000

Guy Cantrell

CANTRELL, DEWEY GUY (Gunner)   BR TR 6' 190 lbs.
B. Apr. 9, 1904, Clarita, Okla.   D. Jan. 31, 1961, McAlester, Okla.

1925 BKN N	1	0	1.000	3.00	14	3	1	36	42	14	13	0	0	0	0	9	0	0	.000
1927 2 teams			BKN	N (6G 0–0)	PHI	A (2G 0–2)													
" total	0	2	.000	4.18	8	2	2	28	35	13	12	0	0	0	0	9	2	0	.222
1930 DET A	1	5	.167	5.66	16	2	1	35	38	20	20	0	1	3	0	9	0	0	.000
3 yrs.	2	7	.222	4.27	38	7	4	99	115	47	45	0	1	3	0	27	2	0	.074
2 yrs.	1	0	1.000	2.93	20	3	1	46	52	20	18	0	0	0	0	12	1	0	.083

Ben Cantwell

CANTWELL, BENJAMIN CALDWELL   BR TR 6'1" 168 lbs.
B. Apr. 13, 1902, Milan, Tenn.   D. Dec. 4, 1962, Salem, Mo.

1927 NY N	1	1	.500	4.12	5	2	1	19.2	26	2	6	0	0	0	0	8	2	0	.250
1928 2 teams			NY	N (7G 1–0)	BOS	N (22G 3–3)													
" total	4	3	.571	4.98	29	10	3	108.1	132	40	18	0	1	0	1	33	7	0	.212
1929 BOS N	4	13	.235	4.47	27	20	8	157	171	52	25	0	1	0	2	50	9	0	.180
1930	9	15	.375	4.88	31	21	10	173.1	213	45	43	0	4	1	2	63	19	0	.302
1931	7	9	.438	3.63	33	16	9	156.1	160	34	32	2	1	1	2	57	13	0	.228
1932	13	11	.542	2.96	37	9	3	146	133	33	33	1	12	8	5	50	14	0	.280
1933	20	10	**.667**	2.62	40	29	18	254.2	242	54	57	2	4	1	2	85	12	0	.141
1934	5	11	.313	4.33	27	19	6	143.1	163	34	45	1	1	0	5	43	12	0	.279
1935	4	**25**	.138	4.61	39	24	13	210.2	235	44	34	0	1	5	0	67	19	0	.284
1936	9	9	.500	3.04	34	12	4	133.1	127	35	42	0	6	3	2	41	8	0	.195
1937 2 teams			NY	N (1G 0–1)	BKN	N (13G 0–0)													
" total	0	1	.000	5.17	14	1	0	31.1	38	9	13	0	0	0	0	6	1	0	.167
11 yrs.	76	108	.413	3.91	316	163	75	1534	1640	382	348	6	31	19	21	503	116	0	.231
1 yr.	0	0	–	4.61	13	0	0	27.1	32	8	12	0	0	0	0	6	1	0	.167

Tex Carleton

CARLETON, JAMES OTTO   BB TR 6'1½" 180 lbs.
B. Aug. 19, 1906, Comanche, Tex.   BR 1933-34
D. Jan. 11, 1977, Fort Worth, Tex.

1932 STL N	10	13	.435	4.08	44	22	9	196.1	198	70	113	3	3	2	0	60	9	1	.150
1933	17	11	.607	3.38	44	33	15	277	263	97	147	4	1	1	3	91	17	1	.187
1934	16	11	.593	4.26	40	31	16	240.2	260	52	103	0	0	1	2	88	17	1	.193
1935 CHI N	11	8	.579	3.89	31	22	8	171	169	60	84	0	2	2	1	62	8	0	.129
1936	14	10	.583	3.65	35	26	12	197.1	204	67	88	4	2	1	1	60	14	3	.233
1937	16	8	.667	3.15	32	27	18	208.1	183	94	105	4	0	1	0	71	12	0	.169
1938	10	9	.526	5.42	33	24	9	167.2	213	74	80	0	2	1	0	65	15	0	.231
1940 BKN N	6	6	.500	3.81	34	17	4	149	140	47	88	1	2	1	2	43	8	0	.186
8 yrs.	100	76	.568	3.91	293	202	91	1607.1	1630	561	808	16	12	10	9	540	100	6	.185
1 yr.	6	6	.500	3.81	34	17	4	149	140	47	88	1	2	1	2	43	8	0	.186

WORLD SERIES
1934 STL N	0	0	–	7.36	2	1	0	3.2	5	2	2	0	0	0	0	1	0	0	.000
1935 CHI N	0	1	.000	1.29	1	1	0	7	6	7	4	0	0	0	0	1	0	0	.000
1938	0	0	–	∞	1	0	0			1	2	0	0	0	0	0	0	0	–
3 yrs.	0	1	.000	5.06	4	2	0	10.2	12	11	6	0	0	0	0	2	0	0	.000

Ownie Carroll

CARROLL, OWEN THOMAS   BR TR 5'10½" 165 lbs.
B. Nov. 11, 1902, Kearny, N.J.   D. June 18, 1975, Orange, N.J.

1925 DET A	3	1	.750	3.76	10	4	2	40.2	46	28	12	0	1	1	0	16	6	0	.375
1927	10	6	.625	3.98	31	15	8	172	186	73	41	0	3	0	0	69	12	0	.174
1928	16	12	.571	3.27	34	28	19	231	219	87	51	2	2	2	2	98	19	0	.194
1929	9	17	.346	4.63	34	26	12	202	249	86	54	0	2	3	1	74	17	0	.230
1930 3 teams			DET	A (6G 0–5)	NY	A (10G 0–1)	CIN	N (3G 0–1)											
" total	0	7	.000	7.39	19	6	1	67	96	30	12	0	0	3	0	22	4	0	.182
1931 CIN N	3	9	.250	5.53	29	12	4	107.1	135	51	24	0	1	2	0	34	7	0	.206
1932	10	19	.345	4.50	32	26	15	210	245	44	55	0	1	0	1	77	16	0	.208
1933 BKN N	13	15	.464	3.78	33	31	11	226.1	248	54	45	0	0	0	0	74	11	0	.149
1934	1	3	.250	6.42	26	5	0	74.1	108	33	17	0	1	0	1	25	6	0	.240
9 yrs.	65	89	.422	4.43	248	153	71	1330.2	1532	486	311	2	11	10	5	489	98	0	.200
2 yrs.	14	18	.438	4.43	59	36	11	300.2	356	87	62	0	1	0	1	99	17	0	.172

Kid Carsey

CARSEY, WILFRED   BL TR 5'7" 168 lbs.
B. Oct. 22, 1870, New York, N.Y.   D. Mar. 29, 1960, Miami, Fla.

1891 WAS AA	14	37	.275	4.99	54	53	46	415	513	161	174	1	0	0	0	187	28	0	.150
1892 PHI N	19	16	.543	3.12	43	36	30	317.2	320	104	76	1	2	0	1	131	20	1	.153
1893	20	15	.571	4.81	39	35	30	318.1	375	124	50	1	1	2	0	145	27	0	.186
1894	18	12	.600	5.56	35	31	26	277	349	102	41	0	0	0	1	125	34	0	.272

Pitcher Register

	W	L	PCT	ERA	G	GS	CG	IP	H	BB	SO	ShO	Relief Pitching W L SV	AB	BATTING H	HR	BA

Kid Carsey continued

1895	24	16	.600	4.92	44	40	35	342.1	460	118	64	0	1	1	1	141	41	0	.291
1896	11	11	.500	5.62	27	21	18	187.1	273	72	36	1	2	0	1	81	18	0	.222
1897 2 teams			PHI	N (4G 2-1)		STL	N (12G 3-8)												
" total	5	9	.357	5.81	16	15	13	127	168	47	15	0	0	0	0	56	16	0	.286
1898 STL N	2	12	.143	6.33	20	13	10	123.2	177	37	10	0	0	1	0	105	21	1	.200
1899 2 teams			CLE	N (10G 1-8)		WAS	N (4G 1-2)												
" total	2	10	.167	5.15	14	12	10	106.2	136	28	14	0	1	0	0	65	16	0	.246
1901 BKN N	1	0	1.000	10.29	2	0	0	7	9	3	4	0	1	0	0	2	0	0	.000
10 yrs.	116	138	.457	4.95	294	256	218	2222	2780	796	484	4	9	5	3	*			
1 yr.	1	0	1.000	10.29	2	0	0	7	9	3	4	0	1	0	0	2	0	0	.000

Bob Caruthers

CARUTHERS, ROBERT LEE (Parisian Bob)   BL TR 5'7"   138 lbs.
B. Jan. 5, 1864, Memphis, Tenn.   D. Aug. 5, 1911, Peoria, Ill.

1884 STL AA	7	2	.778	2.61	13	7	7	82.2	61	15	58	0	3	0	0	82	21	2	.256
1885	40	13	.755	2.07	53	53	53	482.1	430	57	190	6	0	0	0	222	50	1	.225
1886	30	14	.682	2.32	44	43	42	387.1	323	86	166	2	1	0	0	317	106	4	.334
1887	29	9	.763	3.30	39	39	39	341	337	61	74	2	0	0	0	364	130	8	.357
1888 BKN AA	29	15	.659	2.39	44	43	42	391.2	337	53	140	4	1	0	0	335	77	5	.230
1889	40	11	.784	3.13	56	50	46	445	444	104	118	7	4	0	1	172	43	2	.250
1890 BKN N	23	11	.676	3.09	37	33	30	300	292	87	64	2	1	0	0	238	63	1	.265
1891	18	14	.563	3.12	38	32	29	297	323	107	69	2	1	0	1	171	48	2	.281
1892 STL N	2	8	.200	5.84	16	10	10	101.2	131	27	21	0	0	2	1	513	142	3	.277
9 yrs.	218	97	.692 2nd	2.83	340	310	298	2828.2	2678	597	900	25	11	2	3	*			
2 yrs.	41	25	.621	3.11	75	65	59	597	615	194	133	4	2	0	1	409	111	3	.271

Hugh Casey

CASEY, HUGH THOMAS   BR TR 6'1"   207 lbs.
B. Oct. 14, 1913, Atlanta, Ga.   D. July 3, 1951, Atlanta, Ga.

1935 CHI N	0	0	-	3.86	13	0	0	25.2	29	14	10	0	0	0	0	6	1	0	.167
1939 BKN N	15	10	.600	2.93	40	25	15	227.1	228	54	79	0	2	1	1	74	15	0	.203
1940	11	8	.579	3.62	44	10	5	154	136	51	53	2	6	5	2	36	9	0	.250
1941	14	11	.560	3.89	45	18	4	162	155	57	61	1	8	4	7	50	6	0	.120
1942	6	3	.667	2.25	50	2	0	112	91	44	54	0	6	1	13	27	4	0	.148
1946	11	5	.688	1.99	46	1	0	99.2	101	33	31	0	11	4	5	22	3	0	.136
1947	10	4	.714	3.99	46	0	0	76.2	75	29	40	0	10	4	18	18	1	0	.056
1948	3	0	1.000	8.00	22	0	0	36	59	17	7	0	3	0	4	7	0	0	.000
1949 2 teams			PIT	N (33G 4-1)		NY	A (4G 1-0)												
" total	5	1	.833	5.24	37	0	0	46.1	61	22	14	0	5	1	5	4	1	0	.250
9 yrs.	75	42	.641	3.45	343	56	24	939.2	935	321	349	3	51	20	55	244	40	0	.164
7 yrs.	70	41	.631 8th	3.34	293	56	24	867.2	845	285	325	3	46	19	50 4th	7th	234	38	0	.162

WORLD SERIES

1941 BKN N	0	2	.000	3.38	3	0	0	5.1	9	2	1	0	0	2	0	2	1	0	.500
1947	2	0	1.000	0.87	6	0	0	10.1	5	1	3	0	2	0	1	1	0	0	.000
2 yrs.	2	2	.500	1.72	9	0	0	15.2	14	3	4	0	2	2	1 2nd 2nd	3	1	0	.333

Bobby Castillo

CASTILLO, ROBERT ERNIE   BR TR 5'10"   170 lbs.
B. Apr. 18, 1955, Los Angeles, Calif.

1977 LA N	1	0	1.000	4.09	6	1	0	11	12	2	7	0	1	0	0	1	0	0	.000
1978	0	4	.000	3.97	18	0	0	34	28	33	30	0	0	3	1	7	0	0	.000
1979	2	0	1.000	1.13	19	0	0	24	26	13	25	0	2	0	7	3	0	0	.000
1980	8	6	.571	2.76	61	0	0	98	70	45	60	0	8	6	5	9	1	0	.111
1981	2	4	.333	5.29	34	1	0	51	50	24	35	0	2	4	5	9	4	0	.444
1982 MIN A	13	11	.542	3.66	40	25	6	218.2	194	85	123	1	2	0	0	0	0	0	-
1983	8	12	.400	4.77	27	25	3	158.1	170	65	90	0	0	0	0	0	0	0	-
1984	2	1	.667	1.78	10	2	0	25.1	14	19	7	0	1	0	0	0	0	0	-
1985 LA N	2	2	.500	5.43	35	5	0	68	59	41	57	0	0	1	0	10	1	0	.100
9 yrs.	38	40	.487	3.95	250	59	9	688.1	623	327	434	1	16	15	18	39	6	0	.154
6 yrs.	15	16	.484	3.90	173	7	0	286	245	158	214	0	13	14	18	39	6	0	.154

LEAGUE CHAMPIONSHIP SERIES

1981 LA N	0	0	-	0.00	1	0	0	1	0	0	1	0	0	0	0	0	0	0	-
1985	0	0	-	3.38	1	0	0	5.1	4	2	4	0	0	0	0	2	0	0	.000
2 yrs.	0	0	-	2.84	2	0	0	6.1	4	2	5	0	0	0	0	2	0	0	.000

WORLD SERIES

| 1981 LA N | 0 | 0 | - | 9.00 | 1 | 0 | 0 | 1 | 0 | 5 | 0 | 0 | 0 | 0 | 0 | 0 | 0 | 0 | - |

Ed Chandler

CHANDLER, EDWARD OLIVER   BR TR 6'2"   190 lbs.
B. Feb. 17, 1922, Pinson, Ala.

| 1947 BKN N | 0 | 1 | .000 | 6.37 | 15 | 1 | 0 | 29.2 | 31 | 12 | 8 | 0 | 0 | 0 | 1 | 2 | 0 | 0 | .000 |

Ben Chapman

CHAPMAN, WILLIAM BENJAMIN   BR TR 6'   190 lbs.
B. Dec. 25, 1908, Nashville, Tenn.
Manager 1945-48.

1944 BKN N	5	3	.625	3.40	11	9	6	79.1	75	33	37	0	0	1	0	38	14	0	.368
1945 2 teams			BKN	N (10G 3-3)		PHI	N (3G 0-0)												
" total	3	3	.500	5.79	13	7	2	60.2	71	38	27	0	1	0	0	73	19	0	.260

Pitcher Register

	W	L	PCT	ERA	G	GS	CG	IP	H	BB	SO	ShO	Relief Pitching W L SV	AB	BATTING H HR	BA

Ben Chapman continued
	W	L	PCT	ERA	G	GS	CG	IP	H	BB	SO	ShO	W	L	SV	AB	H	HR	BA
1946 PHI N	0	0	–	0.00	1	0	0	1.1	1	0	1	0	0	0	0	1	0	0	.000
3 yrs.	8	6	.571	4.39	25	16	8	141.1	147	71	65	0	1	1	0	*			
2 yrs.	8	6	.571	4.26	21	16	8	133	139	65	60	0	1	1	0	60	17	0	.283

Larry Cheney
CHENEY, LAURANCE RUSSELL   BR TR 6'1½" 185 lbs.
B. May 2, 1886, Belleville, Kans.   D. Jan. 6, 1969, Daytona Beach, Fla.

	W	L	PCT	ERA	G	GS	CG	IP	H	BB	SO	ShO	W	L	SV	AB	H	HR	BA
1911 CHI N	1	0	1.000	0.00	3	1	0	10	8	3	11	0	0	0	0	4	1	0	.250
1912	26	10	.722	2.85	42	37	28	303.1	262	111	140	4	2	0	0	106	24	1	.226
1913	21	14	.600	2.57	54	36	25	305	271	98	136	2	4	0	11	104	20	0	.192
1914	20	18	.526	2.54	50	40	21	311.1	239	140	157	6	3	0	5	100	18	0	.180
1915 2 teams		CHI	N (25G 8–9)		BKN	N (5G 0–2)													
" total	8	11	.421	3.24	30	22	7	158.1	136	72	79	1	2	2	0	47	7	0	.149
1916 BKN N	18	12	.600	1.92	41	32	15	253	178	105	166	5	2	3	0	79	9	0	.114
1917	8	12	.400	2.35	35	24	14	210.1	185	73	102	1	1	0	2	68	14	0	.206
1918	11	13	.458	3.00	32	21	15	200.2	177	74	83	0	3	2	1	66	16	0	.242
1919 3 teams		BKN	N (9G 1–3)		BOS	N (8G 0–2)		PHI	N (9G 2–5)										
" total	3	10	.231	4.18	26	12	7	129.1	149	57	52	0	1	1	0	43	6	0	.140
9 yrs.	116	100	.537	2.70	313	225	132	1881.1	1605	733	926	20	18	8	19	617	115	1	.186
5 yrs.	38	42	.475	2.45	122	85	47	730	601	283	376	6	6	5	3	231	42	0	.182

WORLD SERIES
| 1916 BKN N | 0 | 0 | – | 3.00 | 1 | 0 | 0 | 3 | 4 | 1 | 5 | 0 | 0 | 0 | 0 | 0 | 0 | 0 | – |

Bob Chipman
CHIPMAN, ROBERT HOWARD (Mr. Chips)   BL TL 6'2" 190 lbs.
B. Oct. 11, 1918, Brooklyn, N.Y.   D. Nov. 8, 1973, Huntington, N.Y.

	W	L	PCT	ERA	G	GS	CG	IP	H	BB	SO	ShO	W	L	SV	AB	H	HR	BA
1941 BKN N	1	0	1.000	0.00	1	0	0	5	3	1	3	0	1	0	0	3	0	0	.000
1942	0	0	–	0.00	2	0	0	1.1	1	2	1	0	0	0	0	0	0	0	–
1943	0	0	–	0.00	1	0	0	1.2	2	2	0	0	0	0	0	0	0	0	–
1944 2 teams		BKN	N (11G 3–1)		CHI	N (26G 9–9)													
" total	12	10	.545	3.65	37	24	9	165.1	185	64	61	1	2	3	2	59	7	0	.119
1945 CHI N	4	5	.444	3.50	25	10	3	72	63	34	29	1	0	1	0	17	3	0	.176
1946	6	5	.545	3.13	34	10	5	109.1	103	54	42	3	1	0	2	33	2	0	.061
1947	7	6	.538	3.68	32	17	5	134.2	135	66	51	1	1	0	0	44	4	0	.091
1948	2	1	.667	3.58	34	3	0	60.1	73	24	16	0	2	0	4	16	4	0	.250
1949	7	8	.467	3.97	38	11	3	113.1	110	63	46	1	3	2	1	24	3	0	.125
1950 BOS N	7	7	.500	4.43	27	12	4	124	127	37	40	0	2	1	1	39	6	0	.154
1951	4	3	.571	4.85	33	0	0	52	59	19	17	0	4	3	4	10	1	0	.100
1952	1	1	.500	2.81	29	0	0	41.2	28	20	16	0	1	1	0	5	2	0	.400
12 yrs.	51	46	.526	3.72	293	87	29	880.2	889	386	322	7	17	11	14	250	32	0	.128
4 yrs.	4	1	.800	3.45	15	3	1	44.1	44	29	24	0	3	1	0	14	2	0	.143

WORLD SERIES
| 1945 CHI N | 0 | 0 | – | 0.00 | 1 | 0 | 0 | .1 | 0 | 1 | 0 | 0 | 0 | 0 | 0 | 0 | 0 | 0 | – |

Chuck Churn
CHURN, CLARENCE NOTTINGHAM   BR TR 6'3" 205 lbs.
B. Feb. 1, 1930, Bridgetown, Va.

	W	L	PCT	ERA	G	GS	CG	IP	H	BB	SO	ShO	W	L	SV	AB	H	HR	BA
1957 PIT N	0	0	–	4.32	5	0	0	8.1	9	4	4	0	0	0	0	1	0	0	.000
1958 CLE A	0	0	–	6.23	6	0	0	8.2	12	5	4	0	0	0	0	0	0	0	–
1959 LA N	3	2	.600	4.99	14	0	0	30.2	28	10	24	0	3	2	1	6	1	0	.167
3 yrs.	3	2	.600	5.10	25	0	0	47.2	49	19	32	0	3	2	1	7	1	0	.143
1 yr.	3	2	.600	4.99	14	0	0	30.2	28	10	24	0	3	2	1	6	1	0	.167

WORLD SERIES
| 1959 LA N | 0 | 0 | – | 27.00 | 1 | 0 | 0 | .2 | 5 | 0 | 0 | 0 | 0 | 0 | 0 | 0 | 0 | 0 | – |

Watty Clark
CLARK, WILLIAM WATSON   BL TL 6'½" 175 lbs.
B. May 16, 1902, St. Joseph, La.   D. Mar. 4, 1972, Clearwater, Fla.

	W	L	PCT	ERA	G	GS	CG	IP	H	BB	SO	ShO	W	L	SV	AB	H	HR	BA
1924 CLE A	1	3	.250	7.01	12	1	0	25.2	38	14	6	0	1	2	0	9	2	0	.222
1927 BKN N	7	2	.778	2.32	27	3	1	73.2	74	19	32	0	5	2	2	21	3	0	.143
1928	12	9	.571	2.68	40	19	10	194.2	193	50	85	2	2	4	3	66	10	0	.152
1929	16	19	.457	3.74	41	36	19	279	295	71	140	3	0	3	1	97	16	0	.165
1930	13	13	.500	4.19	44	24	9	200	209	38	81	1	4	1	6	68	14	1	.206
1931	14	10	.583	3.20	34	28	16	233.1	243	52	96	3	1	0	1	84	21	0	.250
1932	20	12	.625	3.49	40	36	19	273	282	49	99	2	1	0	0	97	21	0	.216
1933 2 teams		BKN	N (11G 2–4)		NY	N (16G 3–4)													
" total	5	8	.385	4.75	27	13	4	94.2	119	17	25	1	2	1	1	24	5	0	.208
1934 2 teams		NY	N (5G 1–2)		BKN	N (17G 2–0)													
" total	3	2	.600	5.93	22	5	1	44	63	14	16	0	1	0	0	14	2	0	.143
1935 BKN N	13	8	.619	3.30	33	25	11	207	215	28	35	1	4	0	0	79	14	0	.177
1936	7	11	.389	4.43	33	16	1	120	162	28	28	1	3	2	2	39	9	0	.231
1937	0	0	–	7.71	2	0	0	2.1	4	3	0	0	0	0	0	0	0	0	–
12 yrs.	111	97	.534	3.66	355	206	91	1747.1	1897	383	643	14	24	15	16	598	117	1	.196
11 yrs.	106	88	.546	3.55	322	196	90	1659	1778	353	620	14	21	12	16	572	111	1	.194

Rocky Colavito
COLAVITO, ROCCO DOMENICO   BR TR 6'3" 190 lbs.
B. Aug. 10, 1933, New York, N.Y.

	W	L	PCT	ERA	G	GS	CG	IP	H	BB	SO	ShO	W	L	SV	AB	H	HR	BA
1958 CLE A	0	0	–	0.00	1	0	0	3	0	3	1	0	0	0	0	489	148	41	.303
1968 NY A	1	0	1.000	0.00	1	0	0	2.2	1	2	1	0	1	0	0	204	43	8	.211
2 yrs.	1	0	1.000	0.00	2	0	0	5.2	1	5	2	0	1	0	0	*			

Pitcher Register

	W	L	PCT	ERA	G	GS	CG	IP	H	BB	SO	ShO	Relief Pitching W	L	SV	BATTING AB	H	HR	BA

Jackie Collum
COLLUM, JACK DEAN
B. June 21, 1927, Victor, Iowa
BL TL 5'7½" 160 lbs.

		W	L	PCT	ERA	G	GS	CG	IP	H	BB	SO	ShO	W	L	SV	AB	H	HR	BA
1951	STL N	2	1	.667	1.59	3	2	1	17	11	10	5	1	0	1	0	7	3	0	.429
1952		0	0	-	0.00	2	0	0	3	2	1	0	0	0	0	0	0	0	0	-
1953	2 teams		STL	N (7G 0-0)		CIN	N (30G 7-11)													
"	total	7	11	.389	3.97	37	12	4	136	138	43	56	1	3	3	3	39	10	0	.256
1954	CIN N	7	3	.700	3.74	36	2	1	79.1	86	32	28	0	7	2	0	13	3	1	.231
1955		9	8	.529	3.63	32	17	5	134	128	37	49	0	2	1	1	40	10	0	.250
1956	STL N	6	2	.750	4.20	38	1	0	60	63	27	17	0	6	2	7	14	3	0	.214
1957	2 teams		CHI	N (9G 1-1)		BKN	N (3G 0-0)													
"	total	1	1	.500	7.20	12	0	0	15	15	10	10	0	1	1	1	0	0	0	-
1958	LA N	0	0	-	8.10	2	0	0	3.1	4	2	0	0	0	0	0	1	0	0	.000
1962	2 teams		MIN	A (8G 0-2)		CLE	A (1G 0-0)													
"	total	0	2	.000	11.34	9	3	0	16.2	33	11	6	0	0	0	0	4	0	0	.000
9 yrs.		32	28	.533	4.15	171	37	11	464.1	480	173	171	2	19	10	12	118	29	1	.246
2 yrs.		0	0	-	8.22	5	0	0	7.2	11	3	3	0	0	0	0	1	0	0	.000

Jack Coombs
COOMBS, JOHN WESLEY (Colby Jack)
B. Nov. 18, 1882, LeGrand, Iowa   D. Apr. 15, 1957, LeGrand, Iowa
Manager 1919.
BB TR 6' 185 lbs.

		W	L	PCT	ERA	G	GS	CG	IP	H	BB	SO	ShO	W	L	SV	AB	H	HR	BA
1906	PHI A	10	10	.500	2.50	23	18	13	173	144	68	90	1	2	2	0	67	16	0	.239
1907		6	9	.400	3.12	23	17	10	132.2	109	64	73	2	0	0	2	48	8	1	.167
1908		7	5	.583	2.00	26	18	10	153	130	64	80	4	1	0	0	220	56	1	.255
1909		12	11	.522	2.32	31	25	19	205.2	156	73	97	6	0	3	1	83	14	0	.169
1910		31	9	.775	1.30	45	38	35	353	248	115	224	13	4	1	1	132	29	0	.220
1911		28	12	.700	3.53	47	40	26	336.2	360	119	185	1	3	1	2	141	45	2	.319
1912		21	10	.677	3.29	40	32	23	262.1	227	94	120	1	3	0	2	110	28	0	.255
1913		1	0	1.000	10.13	2	2	0	5.1	5	6	0	0	0	0	0	3	1	0	.333
1914		0	1	.000	4.50	2	2	0	8	8	3	1	0	0	0	0	11	3	0	.273
1915	BKN N	15	10	.600	2.58	29	24	17	195.2	166	91	56	2	2	1	0	75	21	0	.280
1916		13	8	.619	2.66	27	21	10	159	136	44	47	3	2	0	0	61	11	0	.180
1917		7	11	.389	3.96	31	14	9	141	147	49	34	0	3	2	0	44	10	0	.227
1918		8	14	.364	3.81	27	22	16	189	191	49	44	2	1	0	0	113	19	0	.168
1920	DET A	0	0	-	3.18	2	0	0	5.2	7	2	1	0	0	0	0	2	0	0	.000
14 yrs.		159	110	.591	2.78	355	273	188	2320	2034	841	1052	35	21	10	8	*			
4 yrs.		43	43	.500	3.22	114	81	52	684.2	640	233	181	7	8	3	0	293	61	0	.208

WORLD SERIES

		W	L	PCT	ERA	G	GS	CG	IP	H	BB	SO	ShO	W	L	SV	AB	H	HR	BA
1910	PHI A	3	0	1.000	3.33	3	3	3	27	23	14	17	0	0	0	0	13	5	0	.385
1911		1	0	1.000	1.35	2	2	1	20	11	6	16	0	0	0	0	8	2	0	.250
1916	BKN N	1	0	1.000	4.26	1	1	0	6.1	7	1	1	0	0	0	0	3	1	0	.333
3 yrs.		5	0	1.000	2.70	6	6	4	53.1	41	21	34	0	0	0	0	24	8	0	.333
		8th		1st																

Johnny Cooney
COONEY, JOHN WALTER
Son of Jimmy Cooney.   Brother of Jimmy Cooney.
B. Mar. 18, 1901, Cranston, R. I.
BR TL 5'10" 165 lbs.

		W	L	PCT	ERA	G	GS	CG	IP	H	BB	SO	ShO	W	L	SV	AB	H	HR	BA
1921	BOS N	0	1	.000	3.92	8	1	0	20.2	19	10	9	0	0	0	0	5	1	0	.200
1922		1	2	.333	2.16	4	3	1	25	19	6	7	0	0	0	0	8	0	0	.000
1923		3	5	.375	3.31	23	8	5	98	92	22	23	2	0	0	0	66	25	0	.379
1924		8	9	.471	3.18	34	19	12	181	176	50	67	2	0	0	2	130	33	0	.254
1925		14	14	.500	3.48	31	29	20	245.2	267	50	65	2	2	0	0	103	33	0	.320
1926		3	3	.500	4.00	19	8	3	83.1	106	29	23	1	1	0	0	126	38	0	.302
1928		3	7	.300	4.32	24	6	2	89.2	106	31	18	0	2	2	1	41	7	0	.171
1929		2	3	.400	5.00	14	2	1	45	57	22	11	0	1	3	3	72	23	0	.319
1930		0	0	-	18.00	2	0	0	7	16	3	1	0	0	0	0	3	0	0	.000
9 yrs.		34	44	.436	3.72	159	76	44	795.1	858	223	224	7	6	6	6	*			

Pop Corkhill
CORKHILL, JOHN STEWART
B. Apr. 11, 1858, Parkesburg, Pa.   D. Apr. 4, 1921, Pennsauken, N. J.
BL TR 5'10" 180 lbs.

		W	L	PCT	ERA	G	GS	CG	IP	H	BB	SO	ShO	W	L	SV	AB	H	HR	BA
1884	CIN AA	1	0	1.000	1.80	1	0	0	5	1	2	4	0	1	0	0	452	124	4	.274
1885		1	4	.200	3.65	8	1	0	37	36	10	12	0	1	3	1	440	111	1	.252
1886		0	0	-	13.50	1	0	0	.2	1	0	1	0	0	0	0	540	143	4	.265
1887		1	0	1.000	5.52	5	0	0	14.2	22	5	3	0	1	0	0	541	168	5	.311
1888	2 teams		CIN	AA (2G 0-0)		BKN	AA (0G 0-0)													
"	total	0	0	-	10.80	2	0	0	5	8	0	1	0	0	0	1	561	160	2	.285
5 yrs.		3	4	.429	4.62	17	1	0	62.1	68	17	21	0	3	3	2	*			

George Crable
CRABLE, GEORGE E.
B. 1885, Nebraska
BL TL 6'1" 190 lbs.

		W	L	PCT	ERA	G	GS	CG	IP	H	BB	SO	ShO	W	L	SV	AB	H	HR	BA
1910	BKN N	0	0	-	4.91	2	1	1	7.1	5	5	3	0	0	0	0	2	0	0	.000

Roger Craig
CRAIG, ROGER LEE
B. Feb. 17, 1931, Durham, N. C.
Manager 1978-79, 1985.
BR TR 6'4" 185 lbs.

		W	L	PCT	ERA	G	GS	CG	IP	H	BB	SO	ShO	W	L	SV	AB	H	HR	BA
1955	BKN N	5	3	.625	2.78	21	10	3	90.2	81	43	48	0	0	1	2	26	2	0	.077
1956		12	11	.522	3.71	35	32	8	199	169	87	109	2	0	2	1	61	1	0	.016
1957		6	9	.400	4.61	32	13	1	111.1	102	47	69	0	4	2	0	29	4	0	.138
1958	LA N	2	1	.667	4.50	9	2	1	32	30	12	16	0	0	1	0	9	0	0	.000
1959		11	5	.688	2.06	29	17	7	152.2	122	45	76	4	2	0	0	52	3	0	.058
1960		8	3	.727	3.27	21	15	6	115.2	99	43	69	1	1	0	0	36	2	0	.056
1961		5	6	.455	6.15	40	14	2	112.2	130	52	63	0	2	1	2	27	4	0	.148
1962	NY N	10	24	.294	4.51	33	33	13	233.1	261	70	118	2	4	2	3	76	4	0	.053

Pitcher Register

	W	L	PCT	ERA	G	GS	CG	IP	H	BB	SO	ShO	Relief Pitching W	L	SV	BATTING AB	H	HR	BA

Roger Craig continued

Year/Team	W	L	PCT	ERA	G	GS	CG	IP	H	BB	SO	ShO	W	L	SV	AB	H	HR	BA
1963	5	22	.185	3.78	46	31	14	236	249	58	108	0	0	1	2	69	6	0	.087
1964 STL N	7	9	.438	3.25	39	19	3	166	180	35	84	0	2	1	5	48	10	0	.208
1965 CIN N	1	4	.200	3.64	40	0	0	64.1	74	25	30	0	1	4	3	11	2	0	.182
1966 PHI N	2	1	.667	5.56	14	0	0	22.2	31	5	13	0	2	1	1	4	0	0	.000
12 yrs.	74	98	.430	3.83	368	186	58	1536.1	1528	522	803	7	18	16	19	448	38	0	.085
7 yrs.	49	38	.563	3.73	187	103	28	814	733	329	450	7	9	7	5	240	16	0	.067

WORLD SERIES

Year/Team	W	L	PCT	ERA	G	GS	CG	IP	H	BB	SO	ShO	W	L	SV	AB	H	HR	BA
1955 BKN N	1	0	1.000	3.00	1	1	0	6	4	5	4	0	0	0	0	0	0	0	–
1956	0	1	.000	12.00	2	1	0	6	10	3	4	0	0	0	0	2	1	0	.500
1959 LA N	0	1	.000	8.68	2	2	0	9.1	15	5	8	0	0	0	0	3	0	0	.000
1964 STL N	1	0	1.000	0.00	2	0	0	5	2	3	9	0	1	0	0	1	0	0	.000
4 yrs.	2	2	.500	6.49	7	4	0	26.1	31	16	25	0	1	0	0	6	1	0	.167

Cannonball Crane
CRANE, EDWARD NICHOLAS BR TR 5'10½" 204 lbs.
B. May, 1862, Boston, Mass. D. Sept. 19, 1896, Rochester, N.Y.

Year/Team	W	L	PCT	ERA	G	GS	CG	IP	H	BB	SO	ShO	W	L	SV	AB	H	HR	BA
1884 BOS U	0	2	.000	4.00	4	2	1	18	17	6	13	0	0	0	0	428	122	12	.285
1885 BUF N	0	0	–	0.00	0	0	0	0	0	0	0	0	0	0	0	53	14	2	.264
1886 WAS N	1	7	.125	7.20	10	8	7	70	91	53	39	1	0	0	0	292	50	0	.171
1888 NY N	5	6	.455	2.43	12	11	11	92.2	70	40	58	1	0	0	1	37	6	1	.162
1889	14	10	.583	3.68	29	25	23	230	221	136	130	0	1	1	0	103	21	2	.204
1890 NY P	16	18	.471	4.63	43	35	28	330.1	323	210	117	0	1	1	0	146	46	0	.315
1891 2 teams		C-M	AA (32G 14–14)			CIN	N	(15G 4–8)											
" total	18	22	.450	2.97	47	44	36	366.2	350	203	173	2	0	0	0	156	22	1	.141
1892 NY N	16	24	.400	3.80	47	43	35	364.1	350	189	174	2	0	1	1	163	40	0	.245
1893 2 teams		NY	N (10G 2–4)			BKN	N	(2G 0–2)											
" total	2	6	.250	6.89	12	9	5	78.1	103	50	16	0	0	0	0	31	14	0	.452
9 yrs.	72	95	.431	3.99	204	177	146	1550.1	1525	887	720	6	2	3	2	*			
1 yr.	0	2	.000	13.50	2	2	1	10	19	9	5	0	0	0	0	5	2	0	.400

Claude Crocker
CROCKER, CLAUDE ARTHUR BR TR 6'2" 185 lbs.
B. July 20, 1924, Caroleen, N.Y.

Year/Team	W	L	PCT	ERA	G	GS	CG	IP	H	BB	SO	ShO	W	L	SV	AB	H	HR	BA
1944 BKN N	0	0	–	10.80	2	0	0	3.1	6	5	1	0	0	0	0	1	1	0	1.000
1945	0	0	–	0.00	1	0	0	2	2	1	1	0	0	0	1	0	0	0	–
2 yrs.	0	0	–	6.75	3	0	0	5.1	8	6	2	0	0	0	1	1	1	0	1.000
2 yrs.	0	0	–	6.75	3	0	0	5.1	8	6	2	0	0	0	1	1	1	0	1.000

John Cronin
CRONIN, JOHN J. BR TR 6' 200 lbs.
B. May 26, 1874, Staten Island, N.Y. D. July 13, 1929, Middletown, N.Y.

Year/Team	W	L	PCT	ERA	G	GS	CG	IP	H	BB	SO	ShO	W	L	SV	AB	H	HR	BA
1895 BKN N	0	0	–	10.80	2	0	0	5	10	3	1	0	0	0	2	2	1	0	.500
1898 PIT N	2	2	.500	3.54	4	4	2	28	35	8	9	1	0	0	0	10	1	0	.100
1899 CIN N	2	2	.500	5.49	5	5	5	41	56	16	9	0	0	0	0	17	2	0	.118
1901 DET A	13	15	.464	3.89	30	28	21	219.2	261	67	62	1	1	0	0	85	21	0	.247
1902 3 teams		DET	A (4G 0–0)			BAL	A	(10G 3–5)			NY	N	(13G 5–6)						
" total	8	11	.421	3.09	27	20	19	207	197	50	77	0	0	0	0	99	15	0	.152
1903 NY N	6	4	.600	3.81	20	11	8	115.2	130	37	50	0	1	0	1	46	9	0	.196
1904 BKN N	12	23	.343	2.70	40	34	33	307	284	79	110	4	1	1	0	108	17	0	.157
7 yrs.	43	57	.430	3.40	128	102	88	923.1	973	235	318	6	3	1	3	367	66	0	.180
2 yrs.	12	23	.343	2.83	42	34	33	312	294	82	111	4	1	1	2	110	18	0	.164

Bill Crouch
CROUCH, WILLIAM ELMER BB TR 6'1" 180 lbs.
Son of Bill Crouch.
B. Aug. 20, 1910, Wilmington, Del. D. Dec. 26, 1980, Howell, Mich.

Year/Team	W	L	PCT	ERA	G	GS	CG	IP	H	BB	SO	ShO	W	L	SV	AB	H	HR	BA
1939 BKN N	4	0	1.000	2.58	6	3	3	38.1	37	14	10	0	1	0	0	15	2	0	.133
1941 2 teams		PHI	N (20G 2–3)			STL	N	(18G 1–2)											
" total	3	5	.375	3.81	38	9	1	104	110	31	41	0	0	2	7	24	1	0	.042
1945 STL N	1	0	1.000	3.38	6	0	0	13.1	12	7	4	0	1	0	0	2	0	0	.000
3 yrs.	8	5	.615	3.47	50	12	4	155.2	159	52	55	0	2	2	7	41	3	0	.073
1 yr.	4	0	1.000	2.58	6	3	3	38.1	37	14	10	0	1	0	0	15	2	0	.133

Nick Cullop
CULLOP, HENRY NICHOLAS (Tomato Face) BR TR 6' 200 lbs.
B. Oct. 16, 1900, St. Louis, Mo. D. Dec. 8, 1978, Westerville, Ohio

Year/Team	W	L	PCT	ERA	G	GS	CG	IP	H	BB	SO	ShO	W	L	SV	AB	H	HR	BA
1927 CLE A	0	0	–	9.00	1	0	0	1	3	0	0	0	0	0	0	*			

George Culver
CULVER, GEORGE RAYMOND BR TR 6'2" 185 lbs.
B. July 8, 1943, Salinas, Calif.

Year/Team	W	L	PCT	ERA	G	GS	CG	IP	H	BB	SO	ShO	W	L	SV	AB	H	HR	BA
1966 CLE A	0	2	.000	8.38	5	1	0	9.2	15	7	6	0	0	1	0	2	0	0	.000
1967	7	3	.700	3.96	53	1	0	75	71	31	41	0	7	2	3	4	1	0	.250
1968 CIN N	11	16	.407	3.23	42	35	5	226	229	84	114	2	2	0	2	66	8	0	.121
1969	5	7	.417	4.28	32	13	0	101	117	52	58	0	0	0	0	31	3	0	.097
1970 2 teams		STL	N (11G 3–3)			HOU	N	(32G 3–3)											
" total	6	6	.500	3.98	43	7	2	101.2	108	45	54	0	3	6	3	21	4	0	.190
1971 HOU N	5	8	.385	2.65	59	0	0	95	89	38	57	0	5	8	7	11	1	0	.091
1972	6	2	.750	3.33	45	0	0	97.1	73	43	82	0	6	2	6	19	3	0	.158
1973 2 teams		LA	N (28G 4–4)			PHI	N	(14G 3–1)											
" total	7	5	.583	3.56	42	0	0	60.2	71	36	30	0	7	5	2	4	0	0	.000
1974 PHI N	1	0	1.000	6.55	14	0	0	22	20	16	9	0	1	0	0	5	0	0	.000
9 yrs.	48	49	.495	3.62	335	57	7	788.1	793	352	451	2	31	24	23	161	20	0	.124
1 yr.	4	4	.500	3.00	28	0	0	42	45	21	23	0	4	4	2	4	0	0	.000

Pitcher Register

	W	L	PCT	ERA	G	GS	CG	IP	H	BB	SO	ShO	Relief Pitching W L SV	BATTING AB H HR	BA

Cliff Curtis
CURTIS, CLIFTON GARFIELD BR TR
B. July 3, 1883, Delaware, Ohio D. Apr. 23, 1943, Newark, Ohio

	W	L	PCT	ERA	G	GS	CG	IP	H	BB	SO	ShO	W	L	SV	AB	H	HR	BA
1909 BOS N	4	5	.444	1.41	10	9	8	83	53	30	22	2	0	1	0	29	1	0	.034
1910	6	24	.200	3.55	43	37	12	251	251	124	75	2	0	1	2	82	12	0	.146
1911 3 teams		BOS N (12G 1–8)			CHI N (4G 1–2)			PHI N (8G 2–1)											
" total	4	11	.267	3.77	24	15	8	129	131	54	40	1	1	2	1	45	12	0	.267
1912 2 teams		PHI N (10G 2–5)			BKN N (19G 4–7)														
" total	6	12	.333	3.67	29	17	5	130	127	54	42	0	1	2	0	41	8	0	.195
1913 BKN N	8	9	.471	3.26	30	16	5	151.2	145	55	57	0	3	1	1	49	6	0	.122
5 yrs.	28	61	.315	3.31	136	94	38	744.2	707	317	236	5	5	7	4	246	39	0	.159
2 yrs.	12	16	.429	3.50	49	25	8	231.2	217	92	79	0	4	3	1	75	14	0	.187

Bob Darnell
DARNELL, ROBERT JACK BR TR 5'10" 175 lbs.
B. Nov. 6, 1930, Wewoka, Okla.

	W	L	PCT	ERA	G	GS	CG	IP	H	BB	SO	ShO	W	L	SV	AB	H	HR	BA
1954 BKN N	0	0	—	3.14	6	1	0	14.1	15	7	5	0	0	0	0	2	0	0	.000
1956	0	0	—	0.00	1	0	0	1.1	1	0	0	0	0	0	0	0	0	0	—
2 yrs.	0	0	—	2.87	7	1	0	15.2	16	7	5	0	0	0	0	2	0	0	.000
2 yrs.	0	0	—	2.87	7	1	0	15.2	16	7	5	0	0	0	0	2	0	0	.000

Bobby Darwin
DARWIN, ARTHUR BOBBY LEE BR TR 6'2" 190 lbs.
B. Feb. 16, 1943, Los Angeles, Calif.

	W	L	PCT	ERA	G	GS	CG	IP	H	BB	SO	ShO	W	L	SV	AB	H	HR	BA
1962 LA A	0	1	.000	10.80	1	1	0	3.1	8	4	6	0	0	0	0	1	0	0	.000
1969 LA N	0	0	—	9.00	3	0	0	4	4	5	0	0	0	0	0	0	0	0	—
2 yrs.	0	1	.000	9.82	4	1	0	7.1	12	9	6	0	0	0	0	*			
1 yr.	0	0	—	9.00	3	0	0	4	4	5	0	0	0	0	0	20	5	1	.250

Dan Daub
DAUB, DANIEL WILLIAM (Mickey) BR TR 5'10" 160 lbs.
B. Jan. 12, 1868, Middletown, Ohio D. Mar. 25, 1951, Bradenton, Fla.

	W	L	PCT	ERA	G	GS	CG	IP	H	BB	SO	ShO	W	L	SV	AB	H	HR	BA
1892 CIN N	1	2	.333	2.88	4	3	2	25	23	13	7	0	0	0	0	7	0	0	.000
1893 BKN N	6	6	.500	3.84	12	12	12	103	104	61	25	0	0	0	0	42	8	0	.190
1894	9	12	.429	6.32	33	26	14	215	283	90	45	0	0	0	0	92	16	0	.174
1895	10	10	.500	4.29	25	21	16	184.2	212	51	36	0	0	0	0	71	14	0	.197
1896	12	11	.522	3.60	32	24	18	225	255	63	53	0	2	0	0	84	19	0	.226
1897	6	11	.353	6.08	19	16	11	137.2	180	48	19	0	2	1	0	49	11	0	.224
6 yrs.	44	52	.458	4.79	125	102	73	890.1	1057	326	185	0	5	1	0	345	68	0	.197
5 yrs.	43	50	.462	4.85	121	99	71	865.1	1034	313	178	0	5	1	0	338	68	0	.201

Vic Davalillo
DAVALILLO, VICTOR JOSE BL TL 5'7" 150 lbs.
Brother of Yo-Yo Davalillo.
B. July 31, 1939, Cabimas, Venezuela

	W	L	PCT	ERA	G	GS	CG	IP	H	BB	SO	ShO	W	L	SV	AB	H	HR	BA
1969 2 teams		CAL A (0G 0–0)			STL N (2G 0–0)														
" total	0	0	—	∞	2	0	0		2	2	0	0	0	0	0	*			

Curt Davis
DAVIS, CURTIS BENTON (Coonskin) BR TR 6'2" 185 lbs.
B. Sept. 7, 1903, Greenfield, Mo. D. Oct. 13, 1965, Covina, Calif.

	W	L	PCT	ERA	G	GS	CG	IP	H	BB	SO	ShO	W	L	SV	AB	H	HR	BA
1934 PHI N	19	17	.528	2.95	51	31	18	274.1	283	60	99	3	6	2	5	95	20	1	.211
1935	16	14	.533	3.66	44	27	19	231	264	47	74	3	2	2	2	75	13	1	.173
1936 2 teams		PHI N (10G 2–4)			CHI N (24G 11–9)														
" total	13	13	.500	3.46	34	28	13	213.1	217	50	70	0	1	2	1	79	12	0	.152
1937 CHI N	10	5	.667	4.08	28	14	8	123.2	138	30	32	0	1	1	1	40	12	1	.300
1938 STL N	12	8	.600	3.63	40	21	8	173.1	187	27	36	2	4	0	3	57	13	3	.228
1939	22	16	.579	3.63	49	31	13	248	279	48	70	3	3	5	7	105	40	1	.381
1940 2 teams		STL N (14G 0–4)			BKN N (22G 8–7)														
" total	8	11	.421	4.19	36	25	9	191	208	38	58	0	1	1	3	66	6	1	.091
1941 BKN N	13	7	.650	2.97	28	16	10	154.1	141	27	50	5	2	3	2	59	11	2	.186
1942	15	6	.714	2.36	32	26	13	206	179	51	60	5	1	0	2	68	12	0	.176
1943	10	13	.435	3.78	31	21	8	164.1	182	39	47	2	3	1	3	55	9	0	.164
1944	10	11	.476	3.34	31	23	12	194	207	39	49	1	1	0	4	63	10	0	.159
1945	10	10	.500	3.25	24	18	10	149.2	171	21	39	0	0	2	0	51	7	1	.137
1946	0	0	—	13.50	1	0	0	2	3	2	0	0	0	0	0	0	0	0	—
13 yrs.	158	131	.547	3.42	429	281	141	2325	2459	479	684	24	25	19	33	813	165	11	.203
7 yrs.	66	54	.550	3.23	169	122	62	1007.1	1018	198	291	13	8	7	13	343	55	4	.160

WORLD SERIES
| 1941 BKN N | 0 | 1 | .000 | 5.06 | 1 | 1 | 0 | 5.1 | 6 | 3 | 1 | 0 | 0 | 0 | 0 | 2 | 0 | 0 | .000 |

Pea Ridge Day
DAY, CLYDE HENRY BR TR 6' 190 lbs.
B. Aug. 27, 1899, Pea Ridge, Ark. D. Mar. 21, 1934, Kansas City, Mo.

	W	L	PCT	ERA	G	GS	CG	IP	H	BB	SO	ShO	W	L	SV	AB	H	HR	BA
1924 STL N	1	1	.500	4.58	3	3	1	17.2	22	6	3	0	0	0	0	8	1	0	.125
1925	2	4	.333	6.30	17	4	1	40	53	7	13	0	1	1	1	13	2	0	.154
1926 CIN N	0	0	—	7.36	4	0	0	7.1	13	2	2	0	0	0	0	2	0	0	.000
1931 BKN N	2	2	.500	4.55	22	2	1	57.1	75	13	30	0	2	0	1	18	4	0	.222
4 yrs.	5	7	.417	5.30	46	9	3	122.1	163	28	48	0	3	1	2	41	7	0	.171
1 yr.	2	2	.500	4.55	22	2	1	57.1	75	13	30	0	2	0	1	18	4	0	.222

Art Decatur
DECATUR, ARTHUR RUE BR TR 6'1" 190 lbs.
B. Jan. 14, 1894, Cleveland, Ohio D. Apr. 25, 1966, Talladega, Ala.

	W	L	PCT	ERA	G	GS	CG	IP	H	BB	SO	ShO	W	L	SV	AB	H	HR	BA
1922 BKN N	3	4	.429	2.77	29	2	1	87.2	87	29	31	0	3	3	1	25	2	0	.080
1923	3	3	.500	2.67	36	5	2	104.2	115	34	27	0	2	0	3	21	0	0	.000
1924	10	9	.526	4.07	31	10	4	128.1	158	28	39	0	7	2	1	44	5	0	.114

Pitcher Register

	W	L	PCT	ERA	G	GS	CG	IP	H	BB	SO	ShO	Relief Pitching W L SV	BATTING AB H HR	BA

Art Decatur continued

1925 2 teams	BKN	N (1G 0–0)		PHI	N (25G 4–13)										
" total	4	13	.235	5.37	26	15	4	129	173	35	31	0	0 4 2	41 2 0	.049
1926 PHI N	0	0	–	6.00	2	1	0	3	6	2	0	0	0 0 0	1 0 0	.000
1927	3	5	.375	7.26	29	3	0	96.2	130	20	27	0	3 3 0	27 6 0	.222
6 yrs.	23	34	.404	4.47	153	36	11	549.1	669	148	155	0	15 12 7	159 15 0	.094
4 yrs.	16	16	.500	3.30	97	17	7	321.2	363	91	97	0	12 5 5	90 7 0	.078

Wheezer Dell

DELL, WILLIAM GEORGE   BR TR 6'4" 210 lbs.
B. June 11, 1887, Tuscarora, Nev.   D. Aug. 24, 1966, Independence, Calif.

1912 STL N	0	0	–	11.57	3	0	0	2.1	3	3	0	0	0 0 0	0 0 0	–
1915 BKN N	11	10	.524	2.34	40	24	12	215	166	100	94	4	2 0 1	66 10 0	.152
1916	8	9	.471	2.26	32	16	9	155	143	43	76	2	2 1 1	44 4 0	.091
1917	0	4	.000	3.72	17	4	0	58	55	25	28	0	0 1 1	16 1 0	.063
4 yrs.	19	23	.452	2.55	92	44	21	430.1	367	171	198	6	4 2 3	126 15 0	.119
3 yrs.	19	23	.452	2.50	89	44	21	428	364	168	198	6	4 2 3	126 15 0	.119
WORLD SERIES															
1916 BKN N	0	0	–	0.00	1	0	0	1	1	0	0	0	0 0 0	0 0 0	–

Eddie Dent

DENT, ELLIOTT ESTILL   BR TR 6'1" 190 lbs.
B. Dec. 8, 1887, Baltimore, Md.   D. Nov. 25, 1974, Birmingham, Ala.

1909 BKN N	2	4	.333	4.29	6	5	4	42	47	15	17	0	0 1 0	15 1 0	.067
1911	2	1	.667	3.69	5	3	1	31.2	30	10	3	0	0 0 0	10 1 0	.100
1912	0	0	–	36.00	1	0	0	1	4	1	1	0	0 0 0	1 0 0	.000
3 yrs.	4	5	.444	4.46	12	8	5	74.2	81	26	21	0	0 1 0	26 2 0	.077
3 yrs.	4	5	.444	4.46	12	8	5	74.2	81	26	21	0	0 1 0	26 2 0	.077

Rube Dessau

DESSAU, FRANK ROLLAND   BB TR 5'11" 175 lbs.
B. Mar. 29, 1883, New Galilee, Pa.   D. May 6, 1952, York, Pa.

1907 BOS N	0	1	.000	10.61	2	2	1	9.1	13	10	1	0	0 0 0	4 0 0	.000
1910 BKN N	2	3	.400	5.79	19	0	0	51.1	67	29	24	0	2 3 0	15 1 0	.067
2 yrs.	2	4	.333	6.53	21	2	1	60.2	80	39	25	0	2 3 0	19 1 0	.053
1 yr.	2	3	.400	5.79	19	0	0	51.1	67	29	24	0	2 3 0	15 1 0	.067

Carlos Diaz

DIAZ, CARLOS ANTONIO   BR TL 6' 170 lbs.
B. Jan. 7, 1958, Kapeotte, Hawaii

1982 2 teams	ATL	N (19G 3–2)		NY	N (4G 0–0)										
" total	3	2	.600	4.03	23	0	0	29	37	13	16	0	3 2 1	3 0 0	.000
1983 NY N	3	1	.750	2.05	54	0	0	83.1	62	35	64	0	3 1 2	5 0 0	.000
1984 LA N	1	0	1.000	5.49	37	0	0	41	47	24	36	0	1 0 1	1 0 0	.000
1985	6	3	.667	2.61	46	0	0	79.1	70	18	73	0	6 3 0	4 0 0	.000
4 yrs.	13	6	.684	3.09	160	0	0	232.2	216	90	189	0	13 6 4	13 0 0	.000
2 yrs.	7	3	.700	3.59	83	0	0	120.1	117	42	109	0	7 3 1	5 0 0	.000
LEAGUE CHAMPIONSHIP SERIES															
1985 LA N	0	0	–	3.00	2	0	0	3	5	1	2	0	0 0 0	0 0 0	–

Leo Dickerman

DICKERMAN, LEO LOUIS   BR TR 6'4" 192 lbs.
B. Oct. 31, 1896, DeSoto, Mo.   D. Apr. 30, 1982, Atkins, Ark.

1923 BKN N	8	12	.400	3.59	35	20	7	165.2	185	71	57	1	2 1 0	52 13 2	.250
1924 2 teams	BKN	N (7G 0–0)		STL	N (18G 7–4)										
" total	7	4	.636	2.84	25	15	8	139.1	128	67	37	1	0 0 0	45 10 0	.222
1925 STL N	4	11	.267	5.58	29	20	7	130.2	135	79	40	2	0 0 1	44 5 0	.114
3 yrs.	19	27	.413	3.95	89	55	22	435.2	448	217	134	4	2 1 1	141 28 2	.199
2 yrs.	8	12	.400	3.79	42	22	7	185.1	205	87	66	1	2 1 0	58 14 2	.241

Bill Doak

DOAK, WILLIAM LEOPOLD (Spittin' Bill)   BR TR 6'½" 165 lbs.
B. Jan. 28, 1891, Pittsburgh, Pa.   D. Nov. 26, 1954, Bradenton, Fla.

1912 CIN N	0	0	–	4.50	1	1	0	2	4	1	0	0	0 0 0	0 0 0	–
1913 STL N	2	8	.200	3.10	15	12	5	93	79	39	51	1	0 0 1	31 1 0	.032
1914	20	6	.769	1.72	36	33	16	256	193	87	118	7	1 0 0	85 10 0	.118
1915	16	18	.471	2.64	38	36	19	276	263	85	124	3	0 0 1	86 15 0	.174
1916	12	8	.600	2.63	29	26	11	192	177	55	82	3	0 0 0	62 8 0	.129
1917	16	20	.444	3.10	44	37	16	281.1	257	85	111	3	2 1 2	95 12 0	.126
1918	9	15	.375	2.43	31	23	16	211	191	60	74	1	0 2 1	66 12 0	.182
1919	13	14	.481	3.11	31	29	13	202.2	182	55	69	3	1 0 0	64 7 0	.109
1920	20	12	.625	2.53	39	37	20	270	256	80	90	5	0 0 1	88 10 0	.114
1921	15	6	.714	2.59	32	28	13	208.2	224	37	83	1	1 0 1	70 10 0	.143
1922	11	13	.458	5.54	37	29	8	180.1	222	69	73	2	1 1 2	54 7 0	.130
1923	8	13	.381	3.26	30	26	7	185	199	69	53	3	0 3 0	67 3 0	.045
1924 2 teams	STL	N (11G 2–1)		BKN	N (21G 11–5)										
" total	13	6	.684	3.10	32	17	8	171.1	155	49	39	2	4 2 3	61 11 1	.180
1927 BKN N	11	8	.579	3.48	27	20	6	145	153	40	32	1	3 0 0	47 6 0	.128
1928	2	4	.273	3.26	28	12	4	99.1	104	35	12	1	1 2 3	27 3 0	.111
1929 STL N	1	2	.333	12.00	3	2	0	9	17	5	3	0	0 1 0	2 0 0	.000
16 yrs.	170	157	.520	2.98	453	368	162	2782.2	2676	851	1014	36	14 12 15	905 115 1	.127
3 yrs.	25	21	.543	3.27	76	48	18	393.2	387	110	76	4	6 3 3	130 19 1	.146

Pitcher Register

	W	L	PCT	ERA	G	GS	CG	IP	H	BB	SO	ShO	Relief Pitching W L SV	AB	H	HR	BA

George Dockins
DOCKINS, GEORGE WOODROW (Lefty)   BL TL 6'   175 lbs.
B. May 5, 1917, Clyde, Kans.

	W	L	PCT	ERA	G	GS	CG	IP	H	BB	SO	ShO	W	L	SV	AB	H	HR	BA
1945 STL N	8	6	.571	3.21	31	12	5	126.1	132	38	33	2	3	4	0	34	6	0	.176
1947 BKN N	0	0	—	11.81	4	0	0	5.1	10	2	1	0	0	0	0	1	0	0	.000
2 yrs.	8	6	.571	3.55	35	12	5	131.2	142	40	34	2	3	4	0	35	6	0	.171
1 yr.	0	0	—	11.81	4	0	0	5.1	10	2	1	0	0	0	0	1	0	0	.000

Cozy Dolan
DOLAN, PATRICK HENRY   BL TL 5'10"   160 lbs.
B. Dec. 3, 1872, Cambridge, Mass.   D. Mar. 29, 1907, Louisville, Ky.

	W	L	PCT	ERA	G	GS	CG	IP	H	BB	SO	ShO	W	L	SV	AB	H	HR	BA
1895 BOS N	11	7	.611	4.27	25	21	18	198.1	215	67	47	3	0	0	1	83	20	0	.241
1896	1	4	.200	4.83	6	5	3	41	55	27	14	0	0	0	0	14	2	0	.143
1905	0	1	.000	9.00	2	0	0	4	7	1	1	0	0	1	0	510	137	3	.269
1906	0	1	.000	4.50	2	0	0	12	12	6	7	0	0	1	0	549	136	0	.248
4 yrs.	12	13	.480	4.44	35	26	21	255.1	289	101	69	3	0	2	1	*			

Wild Bill Donovan
DONOVAN, WILLIAM EDWARD   BR TR 5'11"   190 lbs.
B. Oct. 13, 1876, Lawrence, Mass.   D. Dec. 9, 1923, Forsyth, N.Y.
Manager 1915-17, 1921.

	W	L	PCT	ERA	G	GS	CG	IP	H	BB	SO	ShO	W	L	SV	AB	H	HR	BA
1898 WAS N	1	6	.143	4.30	17	7	6	88	88	69	36	0	0	0	0	103	17	1	.165
1899 BKN N	1	2	.333	4.32	5	2	2	25	35	13	11	0	0	1	1	13	3	0	.231
1900	1	2	.333	6.68	5	4	2	31	36	18	13	0	0	0	0	13	0	0	.000
1901	25	15	.625	2.77	45	38	36	351	324	152	226	2	4	0	1	135	23	2	.170
1902	17	15	.531	2.78	35	33	30	297.2	250	111	170	4	0	0	1	161	27	1	.168
1903 DET A	17	16	.515	2.29	35	34	34	307	247	95	187	4	0	0	0	124	30	0	.242
1904	17	16	.515	2.46	34	34	30	293	251	94	137	3	0	0	0	140	38	1	.271
1905	18	15	.545	2.60	34	32	27	280.2	236	101	135	5	1	1	0	130	25	0	.192
1906	9	15	.375	3.15	25	25	22	211.2	221	72	85	0	0	0	0	91	11	0	.121
1907	25	4	.862	2.19	32	28	27	271	222	82	123	3	2	0	1	109	29	0	.266
1908	18	7	.720	2.08	29	28	25	242.2	210	53	141	6	0	0	0	82	13	0	.159
1909	8	7	.533	2.31	21	17	13	140.1	121	60	76	4	0	0	2	45	9	0	.200
1910	17	7	.708	2.42	26	23	20	208.2	184	61	107	3	1	0	0	69	10	0	.145
1911	10	9	.526	3.31	20	19	15	168.1	160	64	81	1	1	0	0	60	12	1	.200
1912	1	0	1.000	0.90	3	1	0	10	5	2	6	0	0	0	0	13	1	0	.077
1915 NY A	0	3	.000	4.81	9	1	0	33.2	35	10	17	0	0	2	0	12	1	0	.083
1916	0	0	—	0.00	1	0	0	1	1	1	0	0	0	0	0	0	0	0	—
1918 DET A	1	0	1.000	1.50	2	1	0	9	5	4	1	0	0	0	0	2	1	0	.500
18 yrs.	186	139	.572	2.69	378	327	289	2966.2	2631	1059	1552	35	9	4	6	*			
4 yrs.	44	34	.564	3.00	90	77	70	704.2	645	294	420	6	4	1	3	322	53	3	.165

WORLD SERIES

	W	L	PCT	ERA	G	GS	CG	IP	H	BB	SO	ShO	W	L	SV	AB	H	HR	BA
1907 DET A	0	1	.000	1.29	2	2	2	21	17	5	16	0	0	0	0	8	0	0	.000
1908	0	2	.000	4.24	2	2	2	17	17	4	10	0	0	0	0	4	0	0	.000
1909	1	1	.500	3.00	2	2	1	12	7	8	7	0	0	0	0	4	0	0	.000
3 yrs.	1	4	.200	2.70	6	6	5	50	41	17	33	0	0	0	0	16	0	0	.000
			7th								10th								

John Doscher
DOSCHER, JOHN HENRY   BR TR 6'1"
Son of Herm Doscher.
B. July 27, 1880, Troy, N.Y.   D. May 27, 1971, Ridgefield Park, N.J.

	W	L	PCT	ERA	G	GS	CG	IP	H	BB	SO	ShO	W	L	SV	AB	H	HR	BA
1903 2 teams	CHI	N (1G 0–1)	BKN	N (3G 0–0)															
" total	0	1	.000	9.00	4	1	0	10	14	11	9	0	0	0	0	4	0	0	.000
1904 BKN N	0	1	.000	0.00	2	0	0	6.1	1	2	0	0	0	0	0	2	1	0	.500
1905	1	5	.167	3.17	12	7	6	71	60	30	33	0	0	0	0	24	2	0	.083
1906	0	1	.000	1.29	2	1	1	14	12	4	10	0	0	0	0	5	0	0	.000
1908 CIN N	1	3	.250	1.83	7	4	3	44.1	31	22	7	0	0	0	0	15	2	0	.133
5 yrs.	2	11	.154	2.84	27	13	10	145.2	118	68	61	0	0	0	0	50	5	0	.100
4 yrs.	1	7	.125	3.02	19	8	7	98.1	81	44	49	0	0	0	0	34	3	0	.088

Phil Douglas
DOUGLAS, PHILLIP BROOKS (Shufflin' Phil)   BR TR 6'5"   210 lbs.
B. June 17, 1890, Cedartown, Ga.   D. Aug. 1, 1952, Sequatchie Valley, Tenn.

	W	L	PCT	ERA	G	GS	CG	IP	H	BB	SO	ShO	W	L	SV	AB	H	HR	BA
1912 CHI A	0	1	.000	7.30	3	1	0	12.1	21	6	7	0	0	0	0	2	0	0	.000
1914 CIN N	11	18	.379	2.56	45	25	13	239.1	186	92	121	0	4	4	1	73	10	0	.137
1915 3 teams	CIN	N (8G 1–5)	BKN	N (20G 5–5)	CHI	N (4G 1–1)													
" total	7	11	.389	3.25	32	24	7	188.1	174	47	110	2	0	0	0	64	8	0	.125
1917 CHI N	14	20	.412	2.55	51	37	20	293.1	269	50	151	5	3	0	1	89	11	0	.124
1918	9	9	.500	2.13	25	19	11	156.2	145	31	51	2	1	1	2	55	14	0	.255
1919 2 teams	CHI	N (25G 10–6)	NY	N (8G 2–4)															
" total	12	10	.545	2.03	33	25	12	213	186	40	84	4	2	0	0	66	8	0	.121
1920 NY N	14	10	.583	2.71	46	21	10	226	225	55	71	3	4	5	2	73	11	0	.151
1921	15	10	.600	4.22	40	27	13	221.2	266	55	55	3	2	1	2	81	16	1	.198
1922	11	4	.733	2.63	24	21	9	157.2	154	35	33	1	1	0	0	58	12	1	.207
9 yrs.	93	93	.500	2.80	299	200	95	1708.1	1626	411	683	20	17	11	8	561	90	2	.160
1 yr.	5	5	.500	2.62	20	13	5	116.2	104	17	63	1	0	0	0	39	6	0	.154

WORLD SERIES

	W	L	PCT	ERA	G	GS	CG	IP	H	BB	SO	ShO	W	L	SV	AB	H	HR	BA
1918 CHI N	0	1	.000	0.00	1	0	0	1	1	0	0	0	0	0	0	0	0	0	—
1921 NY N	2	1	.667	2.08	3	3	2	26	24	5	17	0	0	0	0	7	0	0	.000
2 yrs.	2	2	.500	2.00	4	3	2	27	25	5	17	0	0	0	0	7	0	0	.000

Al Downing
DOWNING, ALPHONSO ERWIN   BR TL 5'11"   175 lbs.
B. June 28, 1941, Trenton, N.J.

	W	L	PCT	ERA	G	GS	CG	IP	H	BB	SO	ShO	W	L	SV	AB	H	HR	BA
1961 NY A	0	1	.000	8.00	5	1	0	9	7	12	12	0	0	0	0	1	0	0	.000
1962	0	0	—	0.00	1	0	0	1	0	0	1	0	0	0	0				—
1963	13	5	.722	2.56	24	22	10	175.2	114	80	171	4	0	1	0	58	6	0	.103

Pitcher Register

	W	L	PCT	ERA	G	GS	CG	IP	H	BB	SO	ShO	Relief Pitching W L SV	BATTING AB H HR	BA

Al Downing continued

1964	13	8	.619	3.47	37	35	11	244	201	120	217	1	0 0 2	85 15 0	.176
1965	12	14	.462	3.40	35	32	8	212	185	105	179	2	0 0 0	74 8 1	.108
1966	10	11	.476	3.56	30	30	1	200	178	79	152	0	0 0 0	70 7 0	.100
1967	14	10	.583	2.63	31	28	10	201.2	158	61	171	4	2 0 0	66 8 1	.121
1968	3	3	.500	3.52	15	12	1	61.1	54	20	40	0	0 0 0	17 3 0	.176
1969	7	5	.583	3.38	30	15	5	130.2	117	49	85	1	1 1 0	44 6 0	.136
1970 2 teams			OAK A (10G 3–3)			MIL A (17G 2–10)									
" total	5	13	.278	3.52	27	22	2	135.1	118	81	79	0	0 0 0	35 4 0	.114
1971 LA N	20	9	.690	2.68	37	36	12	262	245	84	136	5	0 0 0	92 16 0	.174
1972	9	9	.500	2.98	31	30	7	202.2	196	67	117	0	0 0 0	66 8 0	.121
1973	9	9	.500	3.31	30	28	5	193	155	68	124	2	1 0 0	57 5 0	.088
1974	5	6	.455	3.67	21	16	1	98	94	45	63	1	0 0 0	29 5 0	.172
1975	2	1	.667	2.88	22	6	0	75	59	28	39	0	2 1 1	16 0 0	.000
1976	1	2	.333	3.86	17	3	0	46.2	43	18	30	0	1 1 0	6 0 0	.000
1977	0	1	.000	6.75	12	1	0	20	22	16	23	0	0 1 0	2 0 0	.000
17 yrs.	123	107	.535	3.22	405	317	73	2268	1946	933	1639	24	7 5 3	717 91 2	.127
7 yrs.	46	37	.554	3.16	170	120	25	897.1	814	326	532	12	4 3 1	267 34 0	.127

LEAGUE CHAMPIONSHIP SERIES
| 1974 LA N | 0 | 0 | — | 0.00 | 1 | 0 | 0 | 4 | 1 | 1 | 0 | 0 | 0 0 0 | 1 0 0 | .000 |

WORLD SERIES
1963 NY A	0	1	.000	5.40	1	1	0	5	7	1	6	0	0 0 0	1 0 0	.000
1964	0	1	.000	8.22	3	1	0	7.2	9	2	5	0	0 0 0	2 0 0	.000
1974 LA N	0	1	.000	2.45	1	1	0	3.2	4	4	3	0	0 0 0	1 0 0	.000
3 yrs.	0	3	.000	6.06	5	3	0	16.1	20	7	14	0	0 0 0	4 0 0	.000

Carl Doyle

DOYLE, WILLIAM CARL BR TR 6'1" 185 lbs.
B. July 30, 1912, Knoxville, Tenn. D. Sept. 4, 1951, Knoxville, Tenn.

1935 PHI A	2	7	.222	5.99	14	9	3	79.2	86	72	34	0	0 1 0	30 4 0	.133
1936	0	3	.000	10.94	8	6	1	38.2	66	29	12	0	0 0 0	15 4 0	.267
1939 BKN N	1	2	.333	1.02	5	1	1	17.2	8	7	7	1	0 2 1	6 1 0	.167
1940 2 teams			BKN N (3G 0–0)			STL N (21G 3–3)									
" total	3	3	.500	7.27	24	5	1	86.2	117	47	48	0	2 2 1	31 7 1	.226
4 yrs.	6	15	.286	6.95	51	21	6	222.2	277	155	101	1	2 5 2	82 16 1	.195
2 yrs.	1	2	.333	7.33	8	1	1	23.1	26	13	11	1	0 2 2	7 2 0	.286

Tom Drake

DRAKE, THOMAS KENDALL BR TR 6'1" 185 lbs.
B. Aug. 7, 1914, Birmingham, Ala.

1939 CLE A	0	1	.000	9.00	8	1	0	15	23	19	1	0	0 1 0	2 0 0	.000
1941 BKN N	1	1	.500	4.38	10	2	0	24.2	26	9	12	0	0 0 0	5 2 0	.400
2 yrs.	1	2	.333	6.13	18	3	0	39.2	49	28	13	0	0 1 0	7 2 0	.286
1 yr.	1	1	.500	4.38	10	2	0	24.2	26	9	12	0	0 0 0	5 2 0	.400

Don Drysdale

DRYSDALE, DONALD SCOTT (Big D) BR TR 6'5" 190 lbs.
B. July 23, 1936, Van Nuys, Calif.
Hall of Fame 1984.

1956 BKN N	5	5	.500	2.64	25	12	2	99	95	31	55	0	1 0 0	26 5 1	.192
1957	17	9	.654	2.69	34	29	9	221	197	61	148	4	2 1 0	73 9 2	.123
1958 LA N	12	13	.480	4.17	44	29	6	211.2	214	72	131	1	1 1 0	66 15 7	.227
1959	17	13	.567	3.46	44	36	15	270.2	237	93	242	4	1 2 2	91 15 4	.165
1960	15	14	.517	2.84	41	36	15	269	214	72	246	5	1 1 2	83 13 0	.157
1961	13	10	.565	3.69	40	37	10	244	236	83	182	3	0 0 0	83 16 5	.193
1962	25	9	.735	2.83	43	41	19	314.1	272	78	232	2	0 1 1	111 22 0	.198
1963	19	17	.528	2.63	42	42	17	315.1	287	57	251	3	0 0 0	96 16 0	.167
1964	18	16	.529	2.18	40	40	21	321.1	242	68	237	5	0 0 0	110 19 1	.173
1965	23	12	.657	2.77	44	42	20	308.1	270	66	210	7	0 0 1	130 39 7	.300
1966	13	16	.448	3.42	40	40	11	273.2	279	45	177	3	0 0 0	106 20 2	.189
1967	13	16	.448	2.74	38	38	9	282	269	60	196	3	0 0 0	93 12 0	.129
1968	14	12	.538	2.15	31	31	12	239	201	56	155	8	0 0 0	79 14 0	.177
1969	5	4	.556	4.43	12	12	1	63	71	13	24	1	0 0 0	22 3 0	.136
14 yrs.	209	166	.557	2.95	518	465	167	3432.1	3084	855	2486	49	6 6 6	1169 218 29	.186
14 yrs.	209	166	.557	2.95	518	465	167	3432.1	3084	855	2486	49	6 6 6	1169 218 29	.186
	2nd	2nd						2nd	5th		2nd		3rd	2nd 2nd	

WORLD SERIES
1956 BKN N	0	0	—	9.00	1	0	0	2	2	1	1	0	0 0 0	0 0 0	—
1959 LA N	1	0	1.000	1.29	1	1	0	7	11	4	5	0	0 0 0	2 0 0	.000
1963	1	0	1.000	0.00	1	1	1	9	3	1	9	1	0 0 0	1 0 0	.000
1965	1	1	.500	3.86	2	2	1	11.2	12	3	15	0	0 0 0	5 0 0	.000
1966	0	2	.000	4.50	2	2	1	10	8	3	6	0	0 0 0	2 0 0	.000
5 yrs.	3	3	.500	2.95	7	6	3	39.2	36	12	36	1	0 0 0	10 0 0	.000

Clise Dudley

DUDLEY, ELZIE CLISE BL TR 6'1" 195 lbs.
B. Aug. 8, 1903, Graham, N. C.

1929 BKN N	6	14	.300	5.69	35	21	8	156.2	202	64	33	1	1 2 0	51 5 2	.098
1930	2	4	.333	6.35	21	7	2	66.2	103	27	18	0	0 0 1	24 5 0	.208
1931 PHI N	8	14	.364	3.52	30	24	8	179	206	56	50	0	0 0 0	84 18 0	.214
1932	1	1	.500	7.13	13	0	0	17.2	23	8	5	0	1 1 1	14 4 1	.286
1933 PIT N	0	0	—	135.00	1	0	0	.1	6	1	0	0	0 0 0	0 0 0	—
5 yrs.	17	33	.340	5.03	100	52	18	420.1	540	156	106	1	2 3 2	173 32 3	.185
2 yrs.	8	18	.308	5.88	56	28	10	223.1	305	91	51	1	1 2 1	75 10 2	.133

Pitcher Register

	W	L	PCT	ERA	G	GS	CG	IP	H	BB	SO	ShO	Relief Pitching W L SV	AB	H	HR	BA

John Duffie
DUFFIE, JOHN BROWN BR TR 6'7" 210 lbs.
B. Oct. 4, 1945, Greenwood, S. C.

1967 LA N	0	2	.000	2.79	2	2	0	9.2	11	4	6	0	0 0 0	2	0	0	.000

Jack Dunn
DUNN, JOHN JOSEPH BR TR 5'9"
B. Oct. 6, 1872, Meadville, Pa. D. Oct. 22, 1928, Towson, Md.

	W	L	PCT	ERA	G	GS	CG	IP	H	BB	SO	ShO	W L SV	AB	H	HR	BA
1897 BKN N	14	9	.609	4.57	25	21	21	216.2	251	66	26	0	1 1 0	131	29	0	.221
1898	16	21	.432	3.60	41	37	31	322.2	352	82	66	0	2 0 0	167	41	0	.246
1899	23	13	.639	3.70	41	34	29	299.1	323	86	48	2	2 1 2	122	30	0	.246
1900 2 teams		BKN	N (10G 3–4)		PHI	N (10G 5–5)											
" total	8	9	.471	5.16	20	16	14	143	175	57	18	1	1 1 0	59	16	0	.271
1901 2 teams		PHI	N (2G 0–1)		BAL	A (9G 3–3)											
" total	3	4	.429	4.90	11	8	6	64.1	85	28	6	0	0 0 0	363	91	0	.251
1902 NY N	0	3	.000	3.71	3	2	2	26.2	28	12	6	0	0 1 0	342	72	0	.211
1904	0	0	–	4.50	1	0	0	4	3	3	1	0	0 0 1	181	56	1	.309
7 yrs.	64	59	.520	4.11	142	118	103	1076.2	1217	334	171	3	6 4 3	*			.238
4 yrs.	56	47	.544	4.00	117	99	86	901.2	1014	262	146	2	5 3 2	446	106	0	.238

Bull Durham
DURHAM, LOUIS STAUB (Judge Whitey) TR 5'10"
Born Louis Raphael Staub.
B. June 27, 1877, New Oxford, Pa. D. June 28, 1960, Bentley, Kans.

	W	L	PCT	ERA	G	GS	CG	IP	H	BB	SO	ShO	W L SV	AB	H	HR	BA
1904 BKN N	1	0	1.000	3.27	2	2	1	11	10	5	1	0	0 0 0	4	1	0	.250
1907 WAS A	0	0	–	12.60	2	0	0	5	10	4	1	0	0 0 0	1	0	0	.000
1908 NY N	0	0	–	9.00	1	0	0	2	2	1	2	0	0 0 0	0	0	0	–
1909	0	0	–	3.27	4	0	0	11	15	2	2	0	0 0 1	2	0	0	.000
4 yrs.	1	0	1.000	5.28	9	2	1	29	37	12	6	0	0 0 1	7	1	0	.143
1 yr.	1	0	1.000	3.27	2	2	1	11	10	5	1	0	0 0 0	4	1	0	.250

Dick Durning
DURNING, RICHARD KNOTT BL TL 6'3" 178 lbs.
B. Oct. 10, 1892, Louisville, Ky. D. Sept. 23, 1948, Castle Point, N. Y.

	W	L	PCT	ERA	G	GS	CG	IP	H	BB	SO	ShO	W L SV	AB	H	HR	BA
1917 BKN N	0	0	–	0.00	1	0	0	1	0	0	0	0	0 0 0	0	0	0	–
1918	0	0	–	13.50	1	0	0	2	3	4	0	0	0 0 0	0	0	0	–
2 yrs.	0	0	–	9.00	2	0	0	3	3	4	0	0	0 0 0	0	0	0	–
2 yrs.	0	0	–	9.00	2	0	0	3	3	4	0	0	0 0 0	0	0	0	–

George Earnshaw
EARNSHAW, GEORGE LIVINGSTON (Moose) BR TR 6'4" 210 lbs.
B. Feb. 15, 1900, New York, N. Y. D. Dec. 1, 1976, Little Rock, Ark.

	W	L	PCT	ERA	G	GS	CG	IP	H	BB	SO	ShO	W L SV	AB	H	HR	BA
1928 PHI A	7	7	.500	3.81	26	22	7	158.1	143	100	117	3	0 0 1	57	14	0	.246
1929	24	8	.750	3.29	44	33	13	254.2	233	125	149	3	3 0 1	87	15	1	.172
1930	22	13	.629	4.44	49	39	20	296	299	139	193	3	2 2 2	114	26	0	.228
1931	21	7	.750	3.67	43	30	23	281.2	255	75	152	3	1 0 6	114	30	2	.263
1932	19	13	.594	4.77	36	33	21	245.1	262	94	109	1	1 1 0	91	26	0	.286
1933	5	10	.333	5.97	21	18	4	117.2	153	58	37	0	1 0 0	44	8	0	.182
1934 CHI A	14	11	.560	4.52	33	30	16	227	242	104	97	2	0 1 0	79	16	0	.203
1935 2 teams		CHI	A (3G 1–2)		BKN	N (25G 8–12)											
" total	9	14	.391	4.60	28	25	6	184	201	64	80	2	1 1 0	67	15	0	.224
1936 2 teams		BKN	N (19G 4–9)		STL	N (20G 2–1)											
" total	6	10	.375	5.73	39	19	5	150.2	193	50	71	1	3 0 2	51	12	0	.235
9 yrs.	127	93	.577	4.38	319	249	115	1915.1	1981	809	1005	18	12 5 12	704	162	3	.230
2 yrs.	12	21	.364	4.55	44	35	10	259	288	83	115	3	2 1 1	93	21	0	.226
WORLD SERIES																	
1929 PHI A	1	1	.500	2.63	2	2	1	13.2	14	6	17	0	0 0 0	5	0	0	.000
1930	2	0	1.000	0.72	3	3	2	25	13	7	19	0	0 0 0	9	0	0	.000
1931	1	2	.333	1.88	3	3	2	24	12	4	20	1	0 0 0	8	0	0	.000
3 yrs.	4	3	.571	1.58	8	8	5	62.2	39	17	56	1	0 0 0	22	0	0	.000
							10th 10th				7th						

Mal Eason
EASON, MALCOLM WAYNE (Kid) TR
B. Mar. 13, 1879, Brookville, Pa. D. Apr. 16, 1970, Douglas, Ariz.

	W	L	PCT	ERA	G	GS	CG	IP	H	BB	SO	ShO	W L SV	AB	H	HR	BA
1900 CHI N	1	0	1.000	1.00	1	1	1	9	9	3	2	0	0 0 0	3	0	0	.000
1901	8	17	.320	3.59	27	25	23	220.2	246	60	68	1	0 0 0	87	12	0	.138
1902 2 teams		CHI	N (2G 1–1)		BOS	N (27G 9–14)											
" total	10	15	.400	2.61	29	28	22	224.1	258	61	54	2	0 0 0	77	7	0	.091
1903 DET A	2	5	.286	3.36	7	6	6	56.1	60	19	21	1	0 1 0	20	2	0	.100
1905 BKN N	5	21	.192	4.30	27	27	20	207	230	72	64	3	0 0 0	81	14	0	.173
1906	10	17	.370	3.25	34	26	18	227	212	74	64	3	1 0 0	88	8	0	.091
6 yrs.	36	75	.324	3.39	125	113	90	944.1	1015	289	273	10	1 1 0	356	43	0	.121
2 yrs.	15	38	.283	3.75	61	53	38	434	442	146	128	6	1 0 0	169	22	0	.130

Eddie Eayrs
EAYRS, EDWIN BL TL 5'7" 160 lbs.
B. Nov. 10, 1890, Blackstone, Mass. D. Nov. 30, 1969, Warwick, R. I.

	W	L	PCT	ERA	G	GS	CG	IP	H	BB	SO	ShO	W L SV	AB	H	HR	BA
1913 PIT N	0	0	–	2.25	2	0	0	8	8	6	5	0	0 0 0	6	1	0	.167
1920 BOS N	1	2	.333	5.47	9	7	3	26.1	36	12	7	0	0 0 0	244	80	1	.328
1921 2 teams		BOS	N (2G 0–0)		BKN	N (0G 0–0)											
" total	0	0	–	17.36	2	0	0	4.2	9	9	1	0	0 0 0	21	2	0	.095
3 yrs.	1	2	.333	6.23	11	3	0	39	53	27	13	0	0 0 0	*			
1 yr.	0	0	–	0.00	2	0	0	0	0	0	0	0	0 0 0	6	1	0	.167

Pitcher Register

	W	L	PCT	ERA	G	GS	CG	IP	H	BB	SO	ShO	Relief Pitching W L SV	BATTING AB H HR	BA

Dick Egan
EGAN, RICHARD WALLIS
B. Mar. 24, 1937, Berkeley, Calif. BL TL 6'4" 193 lbs.

	W	L	PCT	ERA	G	GS	CG	IP	H	BB	SO	ShO	W	L	SV	AB	H	HR	BA
1963 DET A	0	1	.000	5.14	20	0	0	21	25	3	16	0	0	1	0	0	0	0	—
1964	0	0	—	4.46	23	0	0	34.1	33	17	21	0	0	0	2	3	0	0	.000
1966 CAL A	0	0	—	4.40	11	0	0	14.1	17	6	11	0	0	0	0	1	0	0	.000
1967 LA N	1	1	.500	6.25	20	0	0	31.2	34	15	20	0	1	1	0	1	0	0	.000
4 yrs.	1	2	.333	5.15	74	0	0	101.1	109	41	68	0	1	2	2	5	0	0	.000
1 yr.	1	1	.500	6.25	20	0	0	31.2	34	15	20	0	1	1	0	1	0	0	.000

Rube Ehrhardt
EHRHARDT, WELTON CLAUDE
B. Nov. 20, 1894, Beecher, Ill. D. Apr. 27, 1980, Chicago Heights, Ill. BR TR 6'2" 190 lbs.

	W	L	PCT	ERA	G	GS	CG	IP	H	BB	SO	ShO	W	L	SV	AB	H	HR	BA
1924 BKN N	5	3	.625	2.26	15	9	6	83.2	71	17	13	0	0	0	0	29	4	0	.138
1925	10	14	.417	5.03	36	24	12	207.2	239	62	47	0	1	3	1	71	15	1	.211
1926	2	5	.286	3.90	44	1	0	97	101	35	25	0	2	4	4	24	6	0	.250
1927	3	7	.300	3.57	46	3	2	95.2	90	37	22	0	2	6	2	24	6	0	.250
1928	1	3	.250	4.67	28	2	1	54	74	27	12	0	0	2	2	14	4	0	.286
1929 CIN N	1	2	.333	4.74	24	1	1	49.1	58	22	9	1	0	2	1	11	2	0	.182
6 yrs.	22	34	.393	4.15	193	40	22	587.2	633	200	128	3	5	17	10	173	37	1	.214
5 yrs.	21	32	.396	4.10	169	39	21	538	575	178	119	2	5	15	9	162	35	1	.216

Harry Eisenstat
EISENSTAT, HARRY
B. Oct. 10, 1915, Brooklyn, N. Y. BL TL 5'11" 180 lbs.

	W	L	PCT	ERA	G	GS	CG	IP	H	BB	SO	ShO	W	L	SV	AB	H	HR	BA
1935 BKN N	0	1	.000	13.50	2	0	0	4.2	9	2	2	0	0	1	0	1	0	0	.000
1936	1	2	.333	5.65	5	2	1	14.1	22	6	5	0	0	1	0	3	1	0	.333
1937	3	3	.500	3.97	13	4	0	47.2	61	11	12	0	2	1	0	11	0	0	.000
1938 DET A	9	6	.600	3.73	32	9	5	125.1	131	29	37	0	6	5	4	36	5	0	.139
1939 2 teams	DET A (10G 2–2)				CLE A (26G 6–7)														
" total	8	9	.471	4.12	36	13	5	133.1	148	32	44	1	4	2	2	40	11	0	.275
1940 CLE A	1	4	.200	3.14	27	3	0	71.2	78	12	27	0	1	2	4	22	6	0	.273
1941	1	1	.500	4.24	21	0	0	34	43	16	11	0	1	1	2	6	2	0	.333
1942	2	1	.667	2.45	29	1	0	47.2	58	6	19	0	2	0	2	4	1	0	.250
8 yrs.	25	27	.481	3.84	165	32	11	478.2	550	114	157	1	16	13	14	123	26	0	.211
3 yrs.	4	6	.400	5.00	20	6	1	66.2	92	19	19	0	2	3	0	15	1	0	.067

Jumbo Elliott
ELLIOTT, JAMES THOMAS
B. Oct. 22, 1900, St. Louis, Mo. D. Jan. 7, 1970, Terre Haute, Ind. BR TL 6'3" 235 lbs.

	W	L	PCT	ERA	G	GS	CG	IP	H	BB	SO	ShO	W	L	SV	AB	H	HR	BA
1923 STL A	0	0	—	27.00	1	0	0	1	3	0	0	0	0	0	0	0	0	0	—
1925 BKN N	0	2	.000	8.44	3	1	0	10.2	17	9	3	0	0	1	0	4	0	0	.000
1927	6	13	.316	3.30	30	21	12	188.1	188	60	99	2	0	2	3	64	9	0	.141
1928	9	14	.391	3.89	41	21	7	192	194	64	74	2	2	4	1	68	12	3	.176
1929	1	2	.333	6.63	6	3	0	19	21	16	7	0	0	0	0	4	1	0	.250
1930	10	7	.588	3.95	35	21	6	198.1	204	70	59	2	3	0	1	68	10	1	.147
1931 PHI N	19	14	.576	4.27	52	30	12	249	288	83	99	2	3	0	5	90	11	0	.122
1932	11	10	.524	5.42	39	22	8	166	210	47	62	0	2	3	0	61	12	0	.197
1933	6	10	.375	3.84	35	21	6	161.2	188	49	43	0	1	0	2	52	12	0	.231
1934 2 teams	PHI N (3G 0–1)				BOS N (7G 1–1)														
" total	1	2	.333	6.97	10	4	0	20.2	27	13	7	0	0	1	0	5	1	0	.200
10 yrs.	63	74	.460	4.24	252	144	51	1206.2	1338	414	453	8	11	11	12	416	68	4	.163
5 yrs.	26	38	.406	3.89	115	67	25	608.1	624	219	242	6	5	7	5	208	32	1	.154

Don Elston
ELSTON, DONALD RAY
B. Apr. 26, 1929, Campbellstown, Ohio BR TR 6' 165 lbs.

	W	L	PCT	ERA	G	GS	CG	IP	H	BB	SO	ShO	W	L	SV	AB	H	HR	BA
1953 CHI N	0	1	.000	14.40	2	1	0	5	11	0	2	0	0	0	0	1	0	0	.000
1957 2 teams	BKN N (1G 0–0)				CHI N (39G 6–7)														
" total	6	7	.462	3.54	40	14	2	145	140	55	103	0	3	1	8	37	4	0	.108
1958 CHI N	9	8	.529	2.88	69	0	0	97	75	39	84	0	9	8	10	14	5	0	.357
1959	10	8	.556	3.32	65	0	0	97.2	77	46	82	0	10	8	13	19	4	0	.211
1960	8	9	.471	3.40	60	0	0	127	109	55	85	0	8	9	11	24	3	0	.125
1961	6	7	.462	5.59	58	0	0	93.1	108	45	59	0	6	7	8	11	2	0	.182
1962	4	8	.333	2.44	57	0	0	66.1	57	32	37	0	4	8	7	8	0	0	.000
1963	4	1	.800	2.83	51	0	0	70	57	21	41	0	4	1	4	4	0	0	.000
1964	2	5	.286	5.30	48	0	0	54.1	68	34	26	0	2	5	2	6	1	0	.167
9 yrs.	49	54	.476	3.69	450	15	2	755.2	702	327	519	0	46	47	63	124	19	0	.153
1 yr.	0	0	—	0.00	1	0	0	1	1	0	0	0	0	0	0	0	0	0	—

Bones Ely
ELY, FREDERICK WILLIAM
B. June 7, 1863, Girard, Pa. D. Jan. 10, 1952, Berkeley, Calif. BR TR 6'1" 155 lbs.

	W	L	PCT	ERA	G	GS	CG	IP	H	BB	SO	ShO	W	L	SV	AB	H	HR	BA
1884 BUF N	0	1	.000	14.40	1	1	0	5	17	5	4	0	0	0	0	4	0	0	.000
1886 LOU AA	0	4	.000	5.32	6	4	4	44	53	26	28	0	0	0	1	32	5	0	.156
1890 SYR AA	0	0	—	22.50	1	0	0	2	7	0	0	0	0	0	0	496	130	0	.262
1894 STL N	0	0	—	0.00	1	0	0	1	0	3	0	0	0	0	0	510	156	12	.306
4 yrs.	0	5	.000	6.75	9	5	4	52	77	34	32	0	0	0	1	*			

Johnny Enzmann
ENZMANN, JOHN (Gentleman John)
B. Mar. 4, 1890, Brooklyn, N. Y. D. Mar. 14, 1984, Riverhead, N. Y. BR TR 5'10" 165 lbs.

	W	L	PCT	ERA	G	GS	CG	IP	H	BB	SO	ShO	W	L	SV	AB	H	HR	BA
1914 BKN N	1	0	1.000	4.74	7	1	0	19	21	8	5	0	0	0	0	6	0	0	.000
1918 CLE A	5	7	.417	2.37	30	14	8	136.2	130	29	38	0	1	1	2	47	7	0	.149
1919	3	2	.600	2.28	14	4	2	55.1	67	8	13	0	1	1	0	15	2	0	.133
1920 PHI N	2	3	.400	3.84	16	1	1	58.2	79	16	35	0	1	2	0	24	4	0	.167
4 yrs.	11	12	.478	2.84	67	20	11	269.2	297	61	91	0	3	4	2	92	13	0	.141
1 yr.	1	0	1.000	4.74	7	1	0	19	21	8	5	0	0	0	0	6	0	0	.000

Pitcher Register

	W	L	PCT	ERA	G	GS	CG	IP	H	BB	SO	ShO	Relief Pitching W L SV	BATTING AB H HR	BA

Al Epperly
EPPERLY, ALBERT PAUL (Pard)
B. May 7, 1918, Glidden, Iowa
BL TR 6'2" 194 lbs.

	W	L	PCT	ERA	G	GS	CG	IP	H	BB	SO	ShO	W	L	SV	AB	H	HR	BA
1938 CHI N	2	0	1.000	3.67	9	4	1	27	28	15	10	0	0	0	0	8	2	0	.250
1950 BKN N	0	0	–	5.00	5	0	0	9	14	5	3	0	0	0	0	0	0	0	–
2 yrs.	2	0	1.000	4.00	14	4	1	36	42	20	13	0	0	0	0	8	2	0	.250
1 yr.	0	0	–	5.00	5	0	0	9	14	5	3	0	0	0	0	0	0	0	–

Carl Erskine
ERSKINE, CARL DANIEL (Oisk)
B. Dec. 13, 1926, Anderson, Ind.
BR TR 5'10" 165 lbs.

	W	L	PCT	ERA	G	GS	CG	IP	H	BB	SO	ShO	W	L	SV	AB	H	HR	BA
1948 BKN N	6	3	.667	3.23	17	9	3	64	51	35	29	0	3	1	0	21	2	0	.095
1949	8	1	.889	4.63	22	3	2	79.2	68	51	49	0	6	1	0	26	3	0	.115
1950	7	6	.538	4.72	22	13	3	103	109	35	50	0	1	0	1	37	9	0	.243
1951	16	12	.571	4.46	46	19	7	189.2	206	78	95	0	9	7	4	61	8	0	.131
1952	14	6	.700	2.70	33	26	10	206.2	167	71	131	4	1	1	2	66	10	0	.152
1953	20	6	.769	3.54	39	33	16	246.2	213	95	187	4	1	0	3	93	20	0	.215
1954	18	15	.545	4.15	38	37	12	260.1	239	92	166	2	0	0	1	88	14	0	.159
1955	11	8	.579	3.79	31	29	7	194.2	185	64	84	2	1	0	1	74	15	1	.203
1956	13	11	.542	4.25	31	28	8	186.1	189	57	95	1	2	1	0	66	8	0	.121
1957	5	3	.625	3.55	15	7	1	66	62	20	26	0	1	0	0	22	2	0	.091
1958 LA N	4	4	.500	5.13	31	9	2	98.1	115	35	54	1	1	1	0	27	1	0	.037
1959	0	3	.000	7.71	10	3	0	23.1	33	13	15	0	0	0	1	7	0	0	.000
12 yrs.	122	78	.610	4.00	335	216	71	1718.2	1637	646	981	14	26	12	13	588	92	1	.156
12 yrs.	122	78	.610	4.00	335	216	71	1718.2	1637	646 10th	981 9th	14	26	12	13	588	92	1	.156

WORLD SERIES

	W	L	PCT	ERA	G	GS	CG	IP	H	BB	SO	ShO	W	L	SV	AB	H	HR	BA
1949 BKN N	0	0	–	16.20	2	0	0	1.2	3	1	0	0	0	0	0	0	0	0	–
1952	1	1	.500	4.50	3	2	1	18	12	10	10	0	0	0	0	6	0	0	.000
1953	1	0	1.000	5.79	3	3	1	14	14	9	16	0	0	0	0	4	1	0	.250
1955	0	0	–	9.00	1	1	0	3	3	2	3	0	0	0	0	1	0	0	.000
1956	0	1	.000	5.40	2	1	0	5	4	2	2	0	0	0	0	1	0	0	.000
5 yrs.	2	2	.500	5.83	11 10th	7	2	41.2	36	24	31	0	0	0	0	12	1	0	.083

Red Evans
EVANS, RUSSELL EDISON
B. Nov. 12, 1906, Chicago, Ill. D. June 14, 1982, Lakeview, Ark.
BR TR 5'11" 168 lbs.

	W	L	PCT	ERA	G	GS	CG	IP	H	BB	SO	ShO	W	L	SV	AB	H	HR	BA
1936 CHI A	0	3	.000	7.61	17	0	0	47.1	70	22	19	0	0	3	1	15	2	0	.133
1939 BKN N	1	8	.111	5.18	24	6	0	64.1	74	26	28	0	1	2	1	13	4	0	.308
2 yrs.	1	11	.083	6.21	41	6	0	111.2	144	48	47	0	1	5	2	28	6	0	.214
1 yr.	1	8	.111	5.18	24	6	0	64.1	74	26	28	0	1	2	1	13	4	0	.308

Roy Evans
EVANS, ROY
B. Mar. 19, 1874, Knoxville, Tenn. D. Aug. 15, 1915, Galveston, Tex.
BR TR 6' 180 lbs.

	W	L	PCT	ERA	G	GS	CG	IP	H	BB	SO	ShO	W	L	SV	AB	H	HR	BA
1897 2 teams		STL	N (3G 0–0)		LOU	N (9G 5–4)													
" total	5	4	.556	5.10	12	8	6	72.1	99	37	24	0	0	1	0	26	3	0	.115
1898 WAS N	3	3	.500	3.38	7	6	4	50.2	50	25	11	0	0	0	0	19	1	0	.053
1899	3	4	.429	5.67	7	7	6	54	60	25	27	0	0	0	0	20	4	0	.200
1902 2 teams		NY	N (23G 8–13)		BKN	N (13G 5–6)													
" total	13	19	.406	3.00	36	28	28	273.1	277	91	83	2	2	3	0	88	17	0	.193
1903 2 teams		BKN	N (15G 4–8)		STL	A (7G 0–4)													
" total	4	12	.250	3.57	22	19	13	164	187	55	66	0	1	1	0	48	7	0	.146
5 yrs.	28	42	.400	3.66	84	68	57	614.1	673	233	211	2	3	5	0	201	32	0	.159
2 yrs.	9	14	.391	3.00	28	23	20	207.1	212	74	77	2	1	2	0	63	14	0	.222

Dick Farrell
FARRELL, RICHARD JOSEPH (Turk)
B. Apr. 8, 1934, Boston, Mass. D. June 11, 1977, Great Yarmouth, England
BR TR 6'4" 215 lbs.

	W	L	PCT	ERA	G	GS	CG	IP	H	BB	SO	ShO	W	L	SV	AB	H	HR	BA
1956 PHI N	0	1	.000	12.46	1	1	0	4.1	6	3	0	0	0	0	0	1	0	0	.000
1957	10	2	.833	2.38	52	0	0	83.1	74	36	54	0	10	2	10	9	1	1	.111
1958	8	9	.471	3.35	54	0	0	94	84	40	73	0	8	9	11	24	5	0	.208
1959	1	6	.143	4.74	38	0	0	57	61	25	31	0	1	6	6	6	1	0	.167
1960	10	6	.625	2.70	59	0	0	103.1	88	29	70	0	10	6	11	15	3	0	.200
1961 2 teams		PHI	N (5G 2–1)		LA	N (50G 6–6)													
" total	8	7	.533	5.20	55	0	0	98.2	117	49	90	0	8	7	10	20	1	0	.050
1962 HOU N	10	20	.333	3.02	43	29	11	241.2	210	55	203	2	2	4	4	78	14	2	.179
1963	14	13	.519	3.02	34	26	12	202.1	161	35	141	0	3	1	1	63	9	0	.143
1964	11	10	.524	3.27	32	27	7	198.1	196	52	117	0	0	1	0	69	5	0	.072
1965	11	11	.500	3.50	33	29	8	208.1	202	35	122	3	1	0	1	74	10	0	.135
1966	6	10	.375	4.60	32	21	3	152.2	167	28	101	0	2	0	2	48	7	1	.146
1967 2 teams		HOU	N (7G 1–0)		PHI	N (50G 9–6)													
" total	10	6	.625	2.34	57	1	0	103.2	87	22	78	0	10	5	12	20	2	0	.100
1968 PHI N	4	6	.400	3.48	54	0	0	82.2	83	32	57	0	4	6	12	6	1	0	.167
1969	3	4	.429	4.01	46	0	0	74	92	27	40	0	3	4	3	3	0	0	.000
14 yrs.	106	111	.488	3.45	590	134	41	1704.1	1628	468	1177	5	62	51	83	436	59	4	.135
1 yr.	6	6	.500	5.06	50	0	0	89	107	43	80	2	6	6	10	18	0	0	.000

Jim Faulkner
FAULKNER, JAMES LeROY (Lefty)
B. July 27, 1899, Beatrice, Neb.
D. June 1, 1962, West Palm Beach, Fla.
BB TL 6'3" 190 lbs.
BL 1927

	W	L	PCT	ERA	G	GS	CG	IP	H	BB	SO	ShO	W	L	SV	AB	H	HR	BA
1927 NY N	1	0	1.000	3.72	3	1	0	9.2	13	5	2	0	0	0	0	2	1	0	.500
1928	9	8	.529	3.53	38	8	3	117.1	131	41	32	0	7	6	2	39	9	0	.231

Pitcher Register

	W	L	PCT	ERA	G	GS	CG	IP	H	BB	SO	ShO	Relief Pitching W	L	SV	BATTING AB	H	HR	BA

Jim Faulkner continued

1930 BKN N	0	0	–	81.00	2	1	0	.1	2	1	0	0	0	0	1	0	0	0	–
3 yrs.	10	8	.556	3.75	43	10	3	127.1	146	47	34	0	7	6	3	41	10	0	.244
1 yr.	0	0	–	81.00	2	1	0	.1	2	1	0	0	0	0	1	0	0	0	–

Alex Ferguson
FERGUSON, JAMES ALEXANDER BR TR 6' 180 lbs.
B. Feb. 16, 1897, Montclair, N. J. D. Apr. 26, 1976, Sepulveda, Calif.

1918 NY A	0	0	–	0.00	1	0	0	1.2	2	2	1	0	0	0	0	1	0	0	.000
1921	3	1	.750	5.91	17	4	1	56.1	64	27	9	0	1	0	1	19	4	0	.211
1922 BOS A	9	16	.360	4.31	39	27	10	198.1	201	62	44	1	3	0	2	65	6	0	.092
1923	9	13	.409	4.04	34	27	11	198.1	229	67	72	0	1	0	0	62	6	0	.097
1924	14	17	.452	3.79	40	32	15	235	257	107	78	0	3	1	2	85	11	0	.129
1925 3 teams	BOS	A	(5G 0–2)	NY	A	(21G 4–2)	WAS	A	(7G 5–1)										
" total	9	5	.643	6.18	33	15	3	125.1	157	70	49	0	3	2	2	39	3	0	.077
1926 WAS A	3	4	.429	7.74	19	4	0	47.2	69	18	16	0	2	2	1	11	2	0	.182
1927 PHI N	8	16	.333	4.84	31	31	16	227	280	65	73	0	0	0	0	70	7	0	.100
1928	5	10	.333	5.67	34	19	5	131.2	162	48	50	1	1	0	2	39	1	0	.026
1929 2 teams	PHI	N	(5G 1–2)	BKN	N	(3G 0–1)													
" total	1	3	.250	13.50	8	7	1	14.2	26	11	4	0	0	0	0	5	1	0	.200
10 yrs.	61	85	.418	4.91	256	166	62	1236	1447	477	396	2	14	5	10	396	41	0	.104
1 yr.	0	1	.000	22.50	3	3	0	2	7	1	1	0	0	0	0	1	1	0	1.000

WORLD SERIES
| 1925 WAS A | 1 | 1 | .500 | 3.21 | 2 | 2 | 2 | 14 | 13 | 6 | 11 | 0 | 0 | 0 | 0 | 4 | 0 | 0 | .000 |

Sid Fernandez
FERNANDEZ, CHARLES SID BL TL 6'1" 220 lbs.
B. Oct. 12, 1962, Honolulu, Hawaii

1983 LA N	0	1	.000	6.00	2	1	0	6	7	7	9	0	0	0	0	1	1	0	1.000
1984 NY N	6	6	.500	3.50	15	15	0	90	74	34	62	0	0	0	0	28	5	0	.179
1985	9	9	.500	2.80	26	26	3	170.1	108	80	180	0	0	0	0	52	11	0	.212
3 yrs.	15	16	.484	3.11	43	42	3	266.1	189	121	251	0	0	0	0	81	17	0	.210
1 yr.	0	1	.000	6.00	2	1	0	6	7	7	9	0	0	0	0	1	1	0	1.000

Wes Ferrell
FERRELL, WESLEY CHEEK BR TR 6'2" 195 lbs.
Brother of Rick Ferrell.
B. Feb. 2, 1908, Greensboro, N. C. D. Dec. 9, 1976, Sarasota, Fla.

1927 CLE A	0	0	–	27.00	1	0	0	1	3	2	0	0	0	0	0	0	0	0	–
1928	0	2	.000	2.25	2	2	1	16	15	5	4	0	0	0	0	4	1	0	.250
1929	21	10	.677	3.60	43	25	18	242.2	256	109	100	1	4	2	5	93	22	1	.237
1930	25	13	.658	3.31	43	35	25	296.2	299	106	143	1	2	1	3	118	35	0	.297
1931	22	12	.647	3.75	40	35	27	276.1	276	130	123	2	1	1	3	116	37	9	.319
1932	23	13	.639	3.66	38	34	26	287.2	299	104	105	3	1	2	1	128	31	2	.242
1933	11	12	.478	4.21	28	26	16	201	225	70	41	1	0	0	0	140	38	7	.271
1934 BOS A	14	5	.737	3.63	26	23	17	181	205	49	67	3	1	0	1	78	22	4	.282
1935	25	14	.641	3.52	41	38	31	322.1	336	108	110	3	0	3	0	150	52	7	.347
1936	20	15	.571	4.19	39	38	28	301	330	119	106	3	0	0	0	135	36	5	.267
1937 2 teams	BOS	A	(12G 3–6)	WAS	A	(25G 11–13)													
" total	14	19	.424	4.90	37	35	26	281	325	122	123	0	1	0	0	139	39	1	.281
1938 2 teams	WAS	A	(23G 13–8)	NY	A	(5G 2–2)													
" total	15	10	.600	6.28	28	26	10	179	245	86	43	0	1	0	0	61	13	1	.213
1939 NY A	1	2	.333	4.66	3	3	1	19.1	14	17	6	0	0	0	0	8	1	0	.125
1940 BKN N	0	0	–	6.75	1	0	0	4	4	4	0	0	0	0	0	2	0	0	.000
1941 BOS N	2	1	.667	5.14	4	3	1	14	13	9	10	0	1	0	0	4	2	1	.500
15 yrs.	193	128	.601	4.04	374	323	227	2623	2845	1040	985	17	11	9	13	*			
1 yr.	0	0	–	6.75	1	0	0	4	4	4	0	0	0	0	0	2	0	0	.000

Lou Fette
FETTE, LOUIS HENRY WILLIAM BR TR 6'1½" 200 lbs.
B. Mar. 15, 1907, Alma, Mo. D. Jan. 3, 1981, Warrensburg, Mo.

1937 BOS N	20	10	.667	2.88	35	33	23	259	243	81	70	5	0	1	0	92	22	0	.239
1938	11	13	.458	3.15	33	32	17	239.2	235	79	83	3	0	0	1	85	16	0	.188
1939	10	10	.500	2.96	27	26	11	146	123	61	35	6	0	0	0	49	3	0	.061
1940 2 teams	BOS	N	(7G 0–5)	BKN	N	(2G 0–0)													
" total	0	5	.000	5.09	9	5	0	35.1	41	20	2	0	0	0	0	8	3	0	.375
1945 BOS N	0	2	.000	5.73	5	1	0	11	16	7	4	0	0	1	0	2	0	0	.000
5 yrs.	41	40	.506	3.15	109	97	51	691	658	248	194	14	0	2	1	236	44	0	.186
1 yr.	0	0	–	0.00	2	0	0	3	3	2	0	0	0	0	0	1	0	0	–

Pembroke Finlayson
FINLAYSON, PEMBROKE BR TR
B. July 31, 1888, Cheraw, S. C. D. Mar. 6, 1912, Brooklyn, N. Y.

1908 BKN N	0	0	–	135.00	1	0	0	.1	0	4	0	0	0	0	0	0	0	0	–
1909	0	0	–	5.14	1	0	0	7	7	4	2	0	0	0	0	3	0	0	.000
2 yrs.	0	0	–	11.05	2	0	0	7.1	7	8	2	0	0	0	0	3	0	0	.000
2 yrs.	0	0	–	11.05	2	0	0	7.1	7	8	2	0	0	0	0	3	0	0	.000

Chauncey Fisher
FISHER, CHAUNCEY BURR (Peach) BR TR 5'11" 175 lbs.
Brother of Tom Fisher.
B. Jan. 8, 1872, Anderson, Ind. D. Apr. 27, 1939, Los Angeles, Calif.

1893 CLE N	0	2	.000	5.50	2	2	2	18	26	9	9	0	0	0	0	8	2	0	.250
1894 2 teams	CLE	N	(3G 0–2)	CIN	N	(11G 2–8)													
" total	2	10	.167	7.76	14	13	10	102	156	49	14	0	0	0	0	47	10	1	.213
1896 CIN N	10	7	.588	4.45	27	15	13	159.2	199	36	25	2	2	2	2	57	14	0	.246
1897 BKN N	9	7	.563	4.23	20	13	11	149	184	43	31	1	2	1	1	59	12	0	.203

	W	L	PCT	ERA	G	GS	CG	IP	H	BB	SO	ShO	Relief Pitching W L SV	BATTING AB H HR	BA

Chauncey Fisher continued

1901 2 teams	NY N (1G 0–1)	STL N (1G 0–0)													
" total	0	1	.000	15.43	2	1	0	7	18	3	1	0	0 0 0	3 0 0	.000
5 yrs.	21	27	.438	5.37	65	44	36	435.2	583	140	80	3	4 3 3	174 38 1	.218
1 yr.	9	7	.563	4.23	20	13	11	149	184	43	31	1	2 1 1	59 12 0	.203

Freddie Fitzsimmons

FITZSIMMONS, FREDERICK LANDIS (Fat Freddie) BR TR 5'11" 185 lbs.
B. July 28, 1901, Mishawaka, Ind. D. Nov. 18, 1979, Yucca Valley, Calif.
Manager 1943-45.

1925 NY N	6	3	.667	2.65	10	8	6	74.2	70	18	17	1	1 0 0	29 9 0	.310
1926	14	10	.583	2.88	37	26	12	219	224	58	48	0	1 2 0	86 11 0	.128
1927	17	10	.630	3.72	42	31	14	244.2	260	67	78	1	2 1 3	87 18 0	.207
1928	20	9	.690	3.68	40	32	16	261.1	264	65	67	1	4 0 1	94 18 0	.191
1929	15	11	.577	4.10	37	31	14	221.2	242	66	55	4	1 0 1	82 15 0	.183
1930	19	7	**.731**	4.25	41	29	17	224.1	230	59	76	1	3 0 1	83 22 2	.265
1931	18	11	.621	3.05	35	33	19	253.2	242	62	78	4	0 1 0	92 21 4	.228
1932	11	11	.500	4.43	35	31	11	237.2	287	83	65	0	1 0 0	86 19 2	.221
1933	16	11	.593	2.90	36	**35**	13	251.2	243	72	65	1	0 0 1	95 19 2	.200
1934	18	14	.563	3.04	38	37	14	263.1	266	51	73	3	0 0 1	95 22 2	.232
1935	4	8	.333	4.02	18	15	6	94	104	22	23	**4**	0 0 0	31 8 0	.258
1936	10	7	.588	3.32	28	17	7	141	147	39	35	0	1 2 2	47 7 0	.149
1937 2 teams	NY N (6G 2–2)	BKN N (13G 4–8)													
" total	6	10	.375	4.35	19	17	5	118	119	40	42	1	1 0 0	40 8 1	.200
1938 BKN N	11	8	.579	3.02	27	26	12	202.2	205	43	38	3	0 0 0	70 12 0	.171
1939	7	9	.438	3.87	27	20	5	151.1	178	28	44	0	1 1 3	47 11 1	.234
1940	16	2	**.889**	2.81	20	18	11	134.1	120	25	35	4	1 0 1	47 5 0	.106
1941	6	1	.857	2.07	13	12	3	82.2	78	26	19	1	1 0 0	28 4 0	.143
1942	0	0	–	15.00	1	1	0	3	6	1	0	0	0 0 0	2 1 0	.500
1943	3	4	.429	5.44	9	7	1	44.2	50	21	12	0	0 1 0	14 1 0	.071
19 yrs.	217	146	.598	3.51	513	426	186	3223.2	3335	846	870	29	17 8 13	1155 231 14	.200
7 yrs.	47	32	.595	3.41	110	97	36	709.1	728	176	177	8	3 2 4	238 39 1	.164

WORLD SERIES
1933 NY N	0	1	.000	5.14	1	1	0	7	9	0	2	0	0 0 0	2 1 0	.500
1936	0	2	.000	5.40	2	2	1	11.2	13	2	6	0	0 0 0	4 2 0	.500
1941 BKN N	0	0	–	0.00	1	1	0	7	4	3	1	0	0 0 0	2 0 0	.000
3 yrs.	0	3	.000	3.86	4	4	1	25.2	26	5	9	0	0 0 0	8 3 0	.375

Sam Fletcher

FLETCHER, SAMUEL S. TR 6'2" 210 lbs.
B. Altoona, Pa.

1909 BKN N	0	1	.000	8.00	1	1	1	9	13	2	5	0	0 0 0	3 0 0	.000
1912 CIN N	0	0	–	12.10	2	0	0	9.2	15	11	3	0	0 0 0	4 2 0	.500
2 yrs.	0	1	.000	10.13	3	1	1	18.2	28	13	8	0	0 0 0	7 2 0	.286
1 yr.	0	1	.000	8.00	1	1	1	9	13	2	5	0	0 0 0	3 0 0	.000

Wes Flowers

FLOWERS, CHARLES WESLEY BL TL 6'1½" 190 lbs.
B. Aug. 13, 1913, Vanndale, Ark.

1940 BKN N	1	1	.500	3.43	5	2	0	21	23	10	8	0	1 0 0	5 1 0	.200
1944	1	1	.500	7.79	9	1	0	17.1	26	13	3	0	0 1 0	5 3 0	.600
2 yrs.	2	2	.500	5.40	14	3	0	38.1	49	23	11	0	1 1 0	10 4 0	.400
2 yrs.	2	2	.500	5.40	14	3	0	38.1	49	23	11	0	1 1 0	10 4 0	.400

Terry Forster

FORSTER, TERRY JAY BL TL 6'3" 200 lbs.
B. Jan. 14, 1952, Sioux Falls, S. D.

1971 CHI A	2	3	.400	3.96	45	3	0	50	46	23	48	0	2 2 1	5 2 0	.400
1972	6	5	.545	2.25	62	0	0	100	75	44	104	0	6 5 29	19 10 0	.526
1973	6	11	.353	3.23	51	12	4	172.2	174	78	120	0	3 4 16	1 0 0	.000
1974	7	8	.467	3.63	59	1	0	134	120	48	105	0	7 7 **24**	0 0 0	–
1975	3	3	.500	2.19	17	1	0	37	30	24	32	0	3 3 4	0 0 0	–
1976	2	12	.143	4.38	29	16	1	111	126	41	70	0	0 5 1	0 0 0	–
1977 PIT N	6	4	.600	4.45	33	6	0	87	90	32	58	0	4 1 1	26 9 0	.346
1978 LA N	5	4	.556	1.94	47	0	0	65	56	23	46	0	5 4 22	8 4 0	.500
1979	1	2	.333	5.63	17	0	0	16	18	11	8	0	1 2 2	0 0 0	–
1980	0	0	–	3.00	9	0	0	12	10	4	2	0	0 0 0	0 0 0	–
1981	0	1	.000	4.06	21	0	0	31	37	15	17	0	0 1 0	2 0 0	.000
1982	5	6	.455	3.04	56	0	0	83	66	31	52	0	5 6 3	2 0 0	.000
1983 ATL N	3	2	.600	2.16	56	0	0	79.1	60	31	54	0	3 2 13	8 4 0	.500
1984	2	0	1.000	2.70	25	0	0	26.2	30	7	10	0	2 0 5	3 2 0	.667
1985	2	3	.400	2.28	46	0	0	59.1	49	28	37	0	2 3 1	4 0 0	.000
15 yrs.	50	64	.439	3.22	573	39	5	1064	987	440	763	0	43 45 122	78 31 0	.397
5 yrs.	11	13	.458	3.04	150	0	0	207	187	84	125	0	11 13 27	12 4 0	.333

DIVISIONAL PLAYOFF SERIES
| 1981 LA N | 0 | 0 | – | 0.00 | 1 | 0 | 0 | .1 | 0 | 0 | 0 | 0 | 0 0 0 | 0 0 0 | – |

LEAGUE CHAMPIONSHIP SERIES
1978 LA N	1	0	1.000	0.00	1	0	0	1	1	0	2	0	1 0 0	0 0 0	–
1981	0	0	–	0.00	1	0	0	.1	0	0	1	0	0 0 0	0 0 0	–
2 yrs.	1	0	1.000	0.00	2	0	0	1.1	1	0	3	0	1 0 0	0 0 0	–

WORLD SERIES
| 1978 LA N | 0 | 0 | – | 0.00 | 3 | 0 | 0 | 4 | 5 | 1 | 6 | 0 | 0 0 0 | 0 0 0 | – |

Pitcher Register 270

	W	L	PCT	ERA	G	GS	CG	IP	H	BB	SO	ShO	Relief Pitching W	L	SV	BATTING AB	H	HR	BA

Terry Forster continued

| 1981 | 0 | 0 | – | 0.00 | 2 | 0 | 0 | 2 | 1 | 3 | 0 | 0 | 0 | 0 | 0 | 0 | 0 | 0 | – |
| 2 yrs. | 0 | 0 | – | 0.00 | 5 | 0 | 0 | 6 | 6 | 4 | 6 | 0 | 0 | 0 | 0 | 0 | 0 | 0 | – |

Alan Foster

FOSTER, ALAN BENTON BR TR 6' 180 lbs.
B. Dec. 8, 1946, Pasadena, Calif.

1967 LA N	0	1	.000	2.16	4	2	0	16.2	10	3	15	0	0	0	0	4	0	0	.000
1968	1	1	.500	1.72	3	3	0	15.2	11	2	10	0	0	0	0	4	1	0	.250
1969	3	9	.250	4.37	24	15	2	103	119	29	59	2	0	0	0	27	2	0	.074
1970	10	13	.435	4.25	33	33	7	199	200	81	83	1	0	0	0	64	7	0	.109
1971 CLE A	8	12	.400	4.15	36	26	3	182	158	82	97	0	1	0	0	51	2	0	.039
1972 CAL A	0	1	.000	4.85	8	0	0	13	12	6	11	0	0	1	0	0	0	0	–
1973 STL N	13	9	.591	3.14	35	29	6	203.2	195	63	106	2	0	2	0	68	13	0	.191
1974	7	10	.412	3.89	31	25	5	162	167	61	78	1	0	0	0	48	8	0	.167
1975 SD N	3	1	.750	2.40	17	4	1	45	41	21	20	1	0	0	0	11	1	0	.091
1976	3	6	.333	3.22	26	11	2	86.2	75	35	22	0	0	0	0	18	1	0	.056
10 yrs.	48	63	.432	3.73	217	148	26	1026.2	988	383	501	6	2	3	0	295	35	0	.119
4 yrs.	14	24	.368	4.06	64	53	9	334.1	340	115	167	3	0	0	0	99	10	0	.101

Jack Fournier

FOURNIER, JOHN FRANK (Jacques) BL TR 6' 195 lbs.
B. Sept. 28, 1892, Au Sable, Mich. D. Sept. 5, 1973, Tacoma, Wash.

| 1922 STL N | 0 | 0 | – | 0.00 | 1 | 0 | 0 | 1 | 0 | 0 | 0 | 0 | 0 | 0 | 0 | * | | | |

Dave Foutz

FOUTZ, DAVID LUTHER (Scissors) BR TR 6'2" 161 lbs.
B. Sept. 7, 1856, Carroll County, Md. D. Mar. 5, 1897, Waverly, Md.
Manager 1893-96.

1884 STL AA	15	6	.714	2.18	25	25	19	206.2	167	36	95	2	0	0	0	119	27	0	.227
1885	33	14	.702	2.63	47	46	46	407.2	351	92	147	2	1	0	0	238	59	0	.248
1886	41	16	.719	2.11	59	57	55	504	418	144	283	11	1	0	1	414	116	3	.280
1887	25	12	.676	3.87	40	38	36	339.1	369	90	94	1	0	0	0	423	151	4	.357
1888 BKN AA	12	7	.632	2.51	23	19	19	176	146	35	73	0	0	0	0	563	156	3	.277
1889	3	0	1.000	4.37	12	4	3	59.2	70	19	21	0	0	0	0	553	153	7	.277
1890 BKN N	2	1	.667	1.86	5	2	2	29	29	6	4	0	1	0	2	509	154	5	.303
1891	3	2	.600	3.29	6	5	5	52	51	16	14	0	0	0	0	521	134	2	.257
1892	13	8	.619	3.41	27	20	17	203	210	63	56	0	0	2	1	220	41	1	.186
1893	0	0	–	7.50	6	0	0	18	28	8	3	0	0	0	0	557	137	7	.246
1894	0	0	–	13.50	1	0	0	2	4	1	0	0	0	0	0	293	90	0	.307
11 yrs.	147	66	.690 3rd	2.84	251	216	202	1997.1	1843	510	790	16	3	2	4	*			
5 yrs.	18	11	.621	3.55	45	27	24	304	322	94	77	0	1	2	3	2223	592	15	.266

Art Fowler

FOWLER, JOHN ARTHUR BR TR 5'11" 180 lbs.
Brother of Jesse Fowler.
B. July 3, 1922, Converse, S. C.

1954 CIN N	12	10	.545	3.83	40	29	8	227.2	256	85	93	1	1	2	0	60	6	0	.100
1955	11	10	.524	3.90	46	28	8	207.2	198	63	94	3	1	0	2	60	12	0	.200
1956	11	11	.500	4.05	45	23	8	177.2	191	35	86	0	3	1	1	48	7	0	.146
1957	3	0	1.000	6.47	33	7	1	87.2	111	24	45	0	1	0	0	17	3	0	.176
1959 LA N	3	4	.429	5.31	36	0	0	61	70	23	47	0	3	4	2	12	1	0	.083
1961 LA A	5	8	.385	3.64	53	3	0	89	68	29	78	0	5	6	11	13	1	0	.077
1962	4	3	.571	2.81	48	0	0	77	67	25	38	0	4	3	5	11	3	0	.273
1963	5	3	.625	2.42	57	0	0	89.1	70	19	53	0	5	3	10	9	2	0	.222
1964	0	2	.000	10.29	4	0	0	7	8	5	5	0	0	2	1	1	0	0	.000
9 yrs.	54	51	.514	4.03	362	90	25	1024	1039	308	539	4	23	21	32	231	35	0	.152
1 yr.	3	4	.429	5.31	36	0	0	61	70	23	47	0	3	4	2	12	1	0	.083

Fred Frankhouse

FRANKHOUSE, FREDRICK MELOY BR TR 5'11" 175 lbs.
B. Apr. 9, 1904, Port Royal, Pa.

1927 STL N	5	1	.833	2.70	6	6	5	50	41	16	20	1	0	0	0	20	5	0	.250
1928	3	2	.600	3.96	21	10	1	84	91	36	29	0	0	0	1	27	5	0	.185
1929	7	2	.778	4.12	30	12	6	133.1	149	43	37	0	1	0	1	52	15	1	.288
1930 2 teams	STL N (8G 2–3)				BOS N (27G 7–6)														
" total	9	9	.500	5.87	35	12	3	130.1	169	54	34	1	5	3	0	44	14	0	.318
1931 BOS N	8	8	.500	4.03	26	15	6	127.1	125	43	50	0	0	1	1	40	6	0	.150
1932	4	6	.400	3.56	37	6	3	108.2	113	45	35	0	2	3	0	30	3	0	.100
1933	16	15	.516	3.16	43	30	14	244.2	249	77	83	2	2	2	2	80	19	0	.238
1934	17	9	.654	3.20	37	31	13	233.2	239	77	78	0	0	0	1	85	17	0	.200
1935	11	15	.423	4.76	40	29	10	230.2	278	81	64	0	0	0	0	76	20	0	.263
1936 BKN N	13	10	.565	3.65	41	31	9	234.1	236	89	84	1	1	1	2	91	13	0	.143
1937	10	13	.435	4.27	33	26	9	179.1	214	78	64	1	2	1	0	58	11	0	.190
1938	3	5	.375	4.04	30	8	2	93.2	92	44	32	1	2	1	0	26	4	0	.154
1939 BOS N	0	2	.000	2.61	23	0	0	38	37	18	12	0	0	2	4	7	0	0	.000
13 yrs.	106	97	.522	3.92	402	216	81	1888	2033	701	622	10	15	14	12	636	132	1	.208
3 yrs.	26	28	.481	3.94	104	65	20	507.1	542	211	180	5	3	2	5	175	28	0	.160

Jack Franklin

FRANKLIN, JAMES WILFORD BR TR 5'11½" 170 lbs.
B. Oct. 20, 1919, Paris, Ill.

| 1944 BKN N | 0 | 0 | – | 13.50 | 1 | 0 | 0 | 2 | 2 | 4 | 0 | 0 | 0 | 0 | 0 | 0 | 0 | 0 | – |

Pitcher Register

	W	L	PCT	ERA	G	GS	CG	IP	H	BB	SO	ShO	Relief Pitching W L SV	BATTING AB H HR	BA

Larry French
FRENCH, LAWRENCE ROBERT
B. Nov. 1, 1907, Visalia, Calif.
BR TL 6'1" 195 lbs.
BB 1934, 1940-42

	W	L	PCT	ERA	G	GS	CG	IP	H	BB	SO	ShO	W	L	SV	AB	H	HR	BA
1929 PIT N	7	5	.583	4.90	30	13	6	123	130	62	49	0	2	1	1	42	8	0	.190
1930	17	18	.486	4.36	42	35	21	274.2	325	89	90	3	1	1	1	91	22	0	.242
1931	15	13	.536	3.26	39	33	20	275.2	301	70	73	1	1	0	1	95	17	0	.179
1932	18	16	.529	3.02	47	33	20	274.1	301	62	72	3	2	2	4	92	19	0	.207
1933	18	13	.581	2.72	47	35	21	291.1	290	55	88	5	1	2	1	101	15	0	.149
1934	12	18	.400	3.58	49	35	16	263.2	299	59	103	3	1	4	1	84	16	0	.190
1935 CHI N	17	10	.630	2.96	42	30	16	246.1	279	44	90	4	1	3	2	85	12	0	.141
1936	18	9	.667	3.39	43	28	16	252.1	262	54	104	4	3	2	3	85	18	0	.212
1937	16	10	.615	3.98	42	28	11	208	229	65	100	4	3	1	0	71	9	0	.127
1938	10	19	.345	3.80	43	27	10	201.1	210	62	83	3	2	4	0	62	13	0	.210
1939	15	8	.652	3.29	36	21	10	194	205	50	98	2	4	0	1	73	14	1	.192
1940	14	14	.500	3.29	40	33	18	246	240	64	107	3	1	1	2	85	14	0	.165
1941 2 teams		CHI	N (26G 5-14)		BKN	N (6G 0-0)													
" total	5	14	.263	4.51	32	19	6	153.2	177	47	68	1	1	0	0	51	10	0	.196
1942 BKN N	15	4	.789	1.83	38	14	8	147.2	127	36	62	4	7	1	0	40	12	0	.300
14 yrs.	197	171	.535	3.44	570	384	199	3152	3375	819	1187	40	30	22	17	1057	199	1	.188
2 yrs.	15	4	.789	1.98	44	15	8	163.1	143	40	70	4	7	1	0	44	13	0	.295

WORLD SERIES
1935 CHI N	0	2	.000	3.38	2	1	1	10.2	15	2	8	0	0	1	0	4	1	0	.250
1938	0	0	-	2.70	3	0	0	3.1	1	1	2	0	0	0	0	0	0	0	-
1941 BKN N	0	0	-	0.00	2	0	0	1	0	0	0	0	0	0	0	0	0	0	-
3 yrs.	0	2	.000	3.00	7	1	1	15	16	3	10	0	0	1	0	4	1	0	.250

Charlie Fuchs
FUCHS, CHARLES THOMAS
B. Nov. 18, 1913, Union Hall, N.J. D. June 10, 1969, Weehawken, N.J.
BB TR 5'10" 178 lbs.

	W	L	PCT	ERA	G	GS	CG	IP	H	BB	SO	ShO	W	L	SV	AB	H	HR	BA
1942 DET A	3	3	.500	6.63	9	4	1	36.2	43	19	15	1	0	2	0	13	1	0	.077
1943 2 teams		PHI	N (17G 2-7)		STL	A (13G 0-0)													
" total	2	7	.222	4.21	30	9	4	113.1	118	45	21	1	0	1	1	29	2	0	.069
1944 BKN N	1	0	1.000	5.74	8	0	0	15.2	25	9	5	0	1	0	0	1	0	0	.000
3 yrs.	6	10	.375	4.89	47	13	5	165.2	186	73	41	2	1	3	1	43	3	0	.070
1 yr.	1	0	1.000	5.74	8	0	0	15.2	25	9	5	0	1	0	0	1	0	0	.000

John Gaddy
GADDY, JOHN WILSON (Sheriff)
B. Feb. 5, 1914, Wadesboro, N.C. D. May 3, 1966, Albermarle, N.C.
BR TR 6½" 182 lbs.

| 1938 BKN N | 2 | 0 | 1.000 | 0.69 | 2 | 2 | 1 | 13 | 13 | 4 | 3 | 0 | 0 | 0 | 0 | 6 | 0 | 0 | .000 |

Phil Gallivan
GALLIVAN, PHILIP JOSEPH
B. May 29, 1907, Seattle, Wash. D. Nov. 24, 1969, St. Paul, Minn.
BR TR 6' 180 lbs.

1931 BKN N	0	1	.000	5.28	6	1	0	15.1	23	7	1	0	0	0	0	3	0	0	.000
1932 CHI A	1	3	.250	7.56	13	3	1	33.1	49	24	12	0	1	0	0	8	3	0	.375
1934	4	7	.364	5.61	35	7	3	126.2	155	64	55	0	4	4	1	40	9	0	.225
3 yrs.	5	11	.313	5.95	54	11	4	175.1	227	95	68	0	5	4	1	51	12	0	.235
1 yr.	0	1	.000	5.28	6	1	0	15.1	23	7	1	0	0	0	0	3	0	0	.000

Mike Garman
GARMAN, MICHAEL DOUGLAS
B. Sept. 16, 1949, Caldwell, Ida.
BR TR 6'3" 195 lbs.

1969 BOS A	1	0	1.000	4.38	2	2	0	12.1	13	10	10	0	0	0	0	5	2	0	.400
1971	1	1	.500	3.79	3	3	0	19	15	9	6	0	0	0	0	6	2	0	.333
1972	0	1	.000	12.00	3	1	0	3	4	2	1	0	0	0	0	0	0	0	-
1973	0	0	-	5.32	12	0	0	22	32	15	9	0	0	0	0	0	0	0	-
1974 STL N	7	2	.778	2.63	64	0	0	82	66	27	45	0	7	2	6	10	1	0	.100
1975	3	8	.273	2.39	66	0	0	79	73	48	48	0	3	8	10	2	0	0	.000
1976 CHI N	2	4	.333	4.97	47	2	0	76	79	35	37	0	2	2	1	7	0	0	.000
1977 LA N	4	4	.500	2.71	49	0	0	63	60	22	29	0	4	4	12	7	0	0	.000
1978 2 teams		LA	N (10G 0-1)		MON	N (47G 4-6)													
" total	4	7	.364	4.40	57	0	0	77.2	69	34	28	0	4	7	13	5	0	0	.000
9 yrs.	22	27	.449	3.63	303	8	0	434	411	202	213	0	20	23	42	42	5	0	.119
2 yrs.	4	5	.444	3.06	59	0	0	79.1	75	25	34	0	4	5	12	7	0	0	.000

LEAGUE CHAMPIONSHIP SERIES
| 1977 LA N | 0 | 0 | - | 0.00 | 2 | 0 | 0 | 1.1 | 0 | 0 | 1 | 0 | 0 | 0 | 1 | 0 | 0 | 0 | - |

WORLD SERIES
| 1977 LA N | 0 | 0 | - | 0.00 | 2 | 0 | 0 | 4 | 2 | 1 | 3 | 0 | 0 | 0 | 0 | 0 | 0 | 0 | - |

Ned Garvin
GARVIN, VIRGIL LEE
B. Jan. 1, 1874, Navasota, Tex. D. June 16, 1908, Fresno, Calif.
TR 6'3½" 160 lbs.

1896 PHI N	0	1	.000	7.62	2	1	1	13	19	7	4	0	0	0	0	6	0	0	.000
1899 CHI N	9	13	.409	2.85	24	23	22	199	202	42	69	4	0	0	0	71	11	0	.155
1900	10	18	.357	2.41	30	28	25	246.1	225	63	107	1	0	1	0	91	14	0	.154
1901 MIL A	7	20	.259	3.46	37	27	27	257.1	258	90	122	1	0	0	2	93	10	0	.108
1902 2 teams		CHI	A (23G 10-10)		BKN	N (2G 1-1)													
" total	11	11	.500	2.09	25	21	18	193.1	184	47	62	3	1	0	0	66	10	0	.152
1903 BKN N	15	18	.455	3.08	38	34	30	298	277	84	154	2	0	1	2	106	8	0	.075
1904 2 teams		BKN	N (23G 5-15)		NY	A (2G 0-1)													
" total	5	16	.238	1.72	25	24	16	193.2	155	80	94	2	0	0	0	67	8	0	.119
7 yrs.	57	97	.370	2.72	181	158	134	1400.2	1320	413	612	13	1	2	4	500	61	0	.122
3 yrs.	21	34	.382	2.50	63	58	48	497.2	433	166	247	5	0	1	2	176	17	0	.097

Pitcher Register

	W	L	PCT	ERA	G	GS	CG	IP	H	BB	SO	ShO	Relief Pitching W	L	SV	BATTING AB	H	HR	BA

Welcome Gaston

GASTON, WELCOME THORNBURG
B. Dec. 19, 1872, Guernsey County, Ohio   D. Dec. 13, 1944, Columbus, Ohio   TL

		W	L	PCT	ERA	G	GS	CG	IP	H	BB	SO	ShO	W	L	SV	AB	H	HR	BA
1898	BKN N	1	1	.500	2.81	2	2	2	16	17	9	0	0	0	0	0	8	1	0	.125
1899		0	0	–	3.00	1	0	0	3	3	4	0	0	0	0	0	1	1	0	1.000
2 yrs.		1	1	.500	2.84	3	2	2	19	20	13	0	0	0	0	0	9	2	0	.222
2 yrs.		1	1	.500	2.84	3	2	2	19	20	13	0	0	0	0	0	9	2	0	.222

Hank Gastright

GASTRIGHT, HENRY CARL
Born Henry Carl Gastreich.
B. Mar. 29, 1865, Covington, Ky.   D. Oct. 9, 1937, Cold Springs, Ky.   BR TR 6'2" 190 lbs.

		W	L	PCT	ERA	G	GS	CG	IP	H	BB	SO	ShO	W	L	SV	AB	H	HR	BA
1889	COL AA	10	16	.385	4.57	32	26	21	222.2	255	104	115	0	0	1	0	94	17	0	.181
1890		30	14	.682	2.94	48	45	41	401.1	312	135	199	4	3	0	0	169	36	0	.213
1891		12	19	.387	3.78	35	33	28	283.2	280	136	109	1	0	1	0	117	23	0	.197
1892	WAS N	3	3	.500	5.08	11	7	6	79.2	94	38	32	0	0	0	0	29	4	0	.138
1893	2 teams			PIT N	(9G 3–1)			BOS N	(19G 12–4)											
"	total	15	5	.750	5.44	28	23	19	215	253	115	39	0	2	0	0	92	14	0	.152
1894	BKN N	2	6	.250	6.39	16	8	6	93	135	55	20	1	0	2	2	41	7	0	.171
1896	CIN N	0	0	–	4.50	1	0	0	6	8	1	0	0	0	0	0	2	0	0	.000
7 yrs.		72	63	.533	4.20	171	142	121	1301.1	1337	584	514	6	5	4	2	544	101	0	.186
1 yr.		2	6	.250	6.39	16	8	6	93	135	55	20	1	0	2	2	41	7	0	.171

Bob Giallombardo

GIALLOMBARDO, ROBERT PAUL
B. May 20, 1937, Brooklyn, N. Y.   BL TL 6' 175 lbs.

		W	L	PCT	ERA	G	GS	CG	IP	H	BB	SO	ShO	W	L	SV	AB	H	HR	BA
1958	LA N	1	1	.500	3.76	6	5	0	26.1	29	15	14	0	0	0	0	6	1	0	.167

Jim Golden

GOLDEN, JAMES EDWARD
B. Mar. 20, 1936, Eldon, Mo.   BL TR 6' 175 lbs.

		W	L	PCT	ERA	G	GS	CG	IP	H	BB	SO	ShO	W	L	SV	AB	H	HR	BA
1960	LA N	1	0	1.000	6.43	1	1	0	7	6	4	4	0	0	0	0	3	1	0	.333
1961		1	1	.500	5.79	28	0	0	42	52	20	18	0	1	1	0	3	0	0	.000
1962	HOU N	7	11	.389	4.07	37	18	5	152.2	163	50	88	2	2	1	1	54	12	0	.222
1963		0	1	.000	5.68	3	1	0	6.1	12	2	5	0	0	0	0	0	0	0	–
4 yrs.		9	13	.409	4.54	69	20	5	208	233	76	115	2	3	2	1	60	13	0	.217
2 yrs.		2	1	.667	5.88	29	1	0	49	58	24	22	0	1	1	0	6	1	0	.167

Dave Goltz

GOLTZ, DAVID ALLAN
B. June 23, 1949, Pelican Rapids, Minn.   BR TR 6'4" 200 lbs.

		W	L	PCT	ERA	G	GS	CG	IP	H	BB	SO	ShO	W	L	SV	AB	H	HR	BA
1972	MIN A	3	3	.500	2.67	15	11	2	91	75	26	38	0	0	0	1	29	3	0	.103
1973		6	4	.600	5.25	32	10	1	106.1	138	32	66	0	3	0	1	0	0	0	–
1974		10	10	.500	3.26	28	24	5	174	192	45	89	1	1	0	0	0	0	0	–
1975		14	14	.500	3.67	32	32	15	243	235	72	128	1	0	0	0	0	0	0	–
1976		14	14	.500	3.36	36	35	13	249.1	239	91	133	4	0	0	0	0	0	0	–
1977		20	11	.645	3.36	39	39	19	303	284	91	186	2	0	0	0	0	0	0	–
1978		15	10	.600	2.49	29	29	13	220.1	209	67	116	2	0	0	0	0	0	0	–
1979		14	13	.519	4.16	36	35	12	251	282	69	132	1	0	0	0	0	0	0	–
1980	LA N	7	11	.389	4.32	35	27	2	171	198	59	91	2	0	0	1	47	6	0	.128
1981		2	7	.222	4.09	26	8	0	77	83	25	48	0	1	3	1	17	1	0	.059
1982	2 teams			LA N	(2G 0–1)			CAL A	(28G 8–5)											
"	total	8	6	.571	4.12	30	8	1	89.2	88	32	52	0	4	4	3	1	0	0	.000
1983	CAL A	0	6	.000	6.22	15	6	0	63.2	81	37	27	0	0	2	0	0	0	0	–
12 yrs.		113	109	.509	3.69	353	264	83	2039.1	2104	646	1106	13	9	9	8	94	10	0	.106
3 yrs.		9	19	.321	4.26	63	36	2	251.2	287	84	142	2	1	4	2	65	7	0	.108

LEAGUE CHAMPIONSHIP SERIES

		W	L	PCT	ERA	G	GS	CG	IP	H	BB	SO	ShO	W	L	SV	AB	H	HR	BA
1982	CAL A	0	0	–	7.36	1	0	0	3.2	4	2	2	0	0	0	0	0	0	0	–

WORLD SERIES

		W	L	PCT	ERA	G	GS	CG	IP	H	BB	SO	ShO	W	L	SV	AB	H	HR	BA
1981	LA N	0	0	–	5.40	2	0	0	3.1	4	1	2	0	0	0	0	0	0	0	–

Ray Gordonier

GORDONIER, RAYMOND CHARLES
B. Apr. 11, 1892, Rochester, N. Y.
D. Nov. 15, 1960, Rochester, N. Y.   BR TR 5'8½" 170 lbs.
BB 1922

		W	L	PCT	ERA	G	GS	CG	IP	H	BB	SO	ShO	W	L	SV	AB	H	HR	BA
1921	BKN N	1	0	1.000	5.25	3	3	0	12	10	8	4	0	0	0	0	4	1	0	.250
1922		0	0	–	8.74	5	0	0	11.1	13	8	5	0	0	0	0	2	0	0	.000
2 yrs.		1	0	1.000	6.94	8	3	0	23.1	23	16	9	0	0	0	0	6	1	0	.167
2 yrs.		1	0	1.000	6.94	8	3	0	23.1	23	16	9	0	0	0	0	6	1	0	.167

Mudcat Grant

GRANT, JAMES TIMOTHY
B. Aug. 13, 1935, Lacoochee, Fla.   BR TR 6'1" 186 lbs.

		W	L	PCT	ERA	G	GS	CG	IP	H	BB	SO	ShO	W	L	SV	AB	H	HR	BA
1958	CLE A	10	11	.476	3.84	44	28	11	204	173	104	111	1	2	2	4	66	5	0	.076
1959		10	7	.588	4.14	38	19	6	165.1	140	81	85	1	1	1	3	55	11	1	.200
1960		9	8	.529	4.40	33	19	5	159.2	147	78	75	0	1	3	0	57	16	0	.281
1961		15	9	.625	3.86	35	35	11	244.2	207	109	146	3	0	0	0	88	15	1	.170
1962		7	10	.412	4.27	26	23	6	149.2	128	81	90	1	0	0	0	53	8	0	.151
1963		13	14	.481	3.69	38	32	10	229.1	213	87	157	2	1	0	1	69	13	1	.188
1964	2 teams			CLE A	(13G 3–4)			MIN A	(26G 11–9)											
"	total	14	13	.519	3.67	39	32	11	228	244	61	118	1	1	0	1	82	16	2	.195
1965	MIN A	21	7	.750	3.30	41	39	14	270.1	252	61	142	6	0	1	0	97	15	0	.155
1966		13	13	.500	3.25	35	35	10	249	248	49	110	3	0	0	0	78	15	0	.192
1967		5	6	.455	4.72	27	14	2	95.1	121	17	50	0	0	0	0	28	5	0	.179
1968	LA N	6	4	.600	2.08	37	1	0	95	77	19	35	0	5	2	3	31	4	1	.129
1969	2 teams			MON N	(11G 1–6)			STL N	(30G 7–5)											
"	total	8	11	.421	4.42	41	13	2	114	126	36	55	0	0	0	7	33	7	0	.212

Pitcher Register

	W	L	PCT	ERA	G	GS	CG	IP	H	BB	SO	ShO	Relief Pitching W L SV	BATTING AB H HR	BA

Mudcat Grant continued

1970 2 teams	OAK A (72G 6-2)			PIT N (8G 2-1)											
" total	8	3	.727	1.87	80	0	0	135	112	32	58	0	8 3 24	11 2 0	.182
1971 2 teams	PIT N (42G 5-3)			OAK A (15G 1-0)											
" total	6	3	.667	3.18	57	0	0	102	104	34	35	0	6 3 10	11 3 0	.273
14 yrs.	145	119	.549	3.63	571	293	89	2441.1	2292	849	1267	18	25 15 53	759 135 6	.178
1 yr.	6	4	.600	2.08	37	4	1	95	77	19	35	0	5 2 3	31 4 1	.129
LEAGUE CHAMPIONSHIP SERIES															
1971 OAK A	0	0	–	0.00	1	0	0	2	3	0	2	0	0 0 0	0 0 0	–
WORLD SERIES															
1965 MIN A	2	1	.667	2.74	3	3	2	23	22	2	12	0	0 0 0	8 2 1	.250

Harvey Green

GREEN, HARVEY GEORGE (Buck)   BB TR 6'4"   187 lbs.
B. Feb. 9, 1915, Kenosha, Wis.   D. July 24, 1970, Franklin, La.

1935 BKN N	0	0	–	9.00	2	0	0	1	2	3	0	0	0 0 0	0 0 0	–

Nelson Greene

GREENE, NELSON GEORGE (Lefty)   BL TL 6'   185 lbs.
B. Sept. 20, 1900, Philadelphia, Pa.   D. Apr. 6, 1983, Lebanon, Pa.

1924 BKN N	0	1	.000	4.00	4	1	0	9	14	2	3	0	0 0 0	1 0 0	.000
1925	2	0	1.000	10.64	11	0	0	22	45	7	4	0	2 0 1	7 2 0	.286
2 yrs.	2	1	.667	8.71	15	1	0	31	59	9	7	0	2 0 1	8 2 0	.250
2 yrs.	2	1	.667	8.71	15	1	0	31	59	9	7	0	2 0 1	8 2 0	.250

Kent Greenfield

GREENFIELD, KENT   BR TR 6'1"   180 lbs.
B. July 1, 1902, Guthrie, Ky.   D. Mar. 14, 1978, Guthrie, Ky.

1924 NY N	0	1	.000	15.00	1	1	0	3	9	1	1	0	0 0 0	0 0 0	–
1925	12	8	.600	3.88	29	21	12	171.2	195	64	66	0	1 0 0	62 5 0	.081
1926	13	12	.520	3.96	39	28	8	222.2	206	82	74	1	2 3 1	65 6 0	.092
1927 2 teams	NY N (12G 2-2)			BOS N (27G 11-14)											
" total	13	16	.448	4.37	39	27	11	210	242	72	63	1	2 2 0	66 11 0	.167
1928 BOS N	3	11	.214	5.32	32	23	5	143.2	173	60	30	0	0 0 0	38 2 0	.053
1929 2 teams	BOS N (6G 0-0)			BKN N (6G 0-0)											
" total	0	0	–	9.99	12	2	0	24.1	46	18	8	0	0 0 0	6 0 0	.000
6 yrs.	41	48	.461	4.54	152	102	36	775.1	871	297	242	2	5 5 1	237 24 0	.101
1 yr.	0	0	–	8.31	6	0	0	8.2	13	3	1	0	0 0 0	1 0 0	.000

Hal Gregg

GREGG, HAROLD DANA   BR TR 6'3½"   195 lbs.
B. July 11, 1921, Anaheim, Calif.

1943 BKN N	0	3	.000	9.64	5	4	0	18.2	21	21	7	0	0 0 0	2 0 0	.000
1944	9	16	.360	5.46	39	31	6	197.2	201	**137**	92	0	1 0 2	68 14 0	.206
1945	18	13	.581	3.47	42	34	13	254.1	221	**120**	139	2	1 2 2	91 20 1	.220
1946	6	4	.600	2.99	26	16	4	117.1	103	44	54	2	1 1 2	32 4 0	.125
1947	4	5	.444	5.87	37	16	2	104.1	115	55	59	1	1 0 1	34 9 0	.265
1948 PIT N	2	4	.333	4.60	22	8	1	74.1	72	34	25	0	0 2 1	22 6 1	.273
1949	1	1	.500	3.38	8	1	0	18.2	20	8	9	0	1 0 0	5 0 0	.000
1950	0	1	.000	13.50	5	1	0	5.1	10	7	3	0	0 0 0	1 0 0	.000
1952 NY N	0	1	.000	4.71	16	4	1	36.1	42	17	13	0	0 0 1	8 1 0	.125
9 yrs.	40	48	.455	4.54	200	115	27	827	805	443	401	5	5 5 9	263 54 2	.205
5 yrs.	37	41	.474	4.48	149	101	25	692.1	661	377	351	5	4 3 7	227 47 1	.207
WORLD SERIES															
1947 BKN N	0	1	.000	3.55	3	1	0	12.2	9	8	10	0	0 0 0	3 0 0	.000

John Grim

GRIM, JOHN HELM   BR TR 6'2"   175 lbs.
B. Aug. 9, 1867, Lebanon, Ky.   D. July 28, 1961, Indianapolis, Ind.

1890 ROC AA	0	0	–	0.00	1	0	0	3.1	3	4	3	0	0 0 0	*	

Burleigh Grimes

GRIMES, BURLEIGH ARLAND (Ol' Stubblebeard)   BR TR 5'10"   175 lbs.
B. Aug. 18, 1893, Clear Lake, Wis.   D. Dec. 6, 1985, Clear Lake, Wis.
Manager 1937-38.
Hall of Fame 1964.

1916 PIT N	2	3	.400	2.36	6	5	4	45.2	40	10	20	0	1 0 0	17 3 0	.176
1917	3	16	.158	3.53	37	17	8	194	186	70	72	1	1 4 0	69 16 0	.232
1918 BKN N	19	9	.679	2.14	**41**	28	19	269.2	210	76	113	7	1 1 1	90 18 0	.200
1919	10	11	.476	3.47	25	21	13	181.1	179	60	82	1	1 1 0	69 17 0	.246
1920	23	11	**.676**	2.22	40	33	25	303.2	271	67	131	5	2 1 2	111 34 0	.306
1921	**22**	13	.629	2.83	37	35	**30**	302.1	313	76	**136**	2	0 1 0	114 27 1	.237
1922	17	14	.548	4.76	36	34	18	259	324	84	99	1	0 0 0	93 22 0	.237
1923	21	18	.538	3.58	39	**38**	**33**	**327**	356	100	119	2	0 0 1	126 30 0	.238
1924	22	13	.629	3.82	38	**36**	**30**	**310.2**	**351**	91	135	1	0 0 0	124 37 0	.298
1925	12	**19**	.387	5.04	33	31	19	246.2	305	102	73	0	1 0 0	96 24 0	.250
1926	12	13	.480	3.71	30	29	18	225.1	238	88	64	1	0 0 0	81 18 0	.222
1927 NY N	19	8	.704	3.54	39	34	15	259.2	274	87	102	2	1 0 2	96 18 0	.188
1928 PIT N	**25**	14	.641	2.99	**48**	**37**	**28**	**330.2**	311	77	97	**4**	4 1 3	131 42 0	**.321**
1929	17	7	.708	3.13	33	29	18	232.2	245	70	62	2	0 1 2	91 26 0	.286
1930 2 teams	BOS N (11G 3-5)			STL N (22G 13-6)											
" total	16	11	.593	4.07	33	28	11	201.1	246	65	73	1	2 2 0	73 18 0	.247
1931 STL N	17	9	.654	3.65	29	28	17	212.1	240	59	67	3	1 0 0	76 14 0	.184
1932 CHI N	6	11	.353	4.78	30	18	5	141.1	174	50	36	1	0 2 1	44 11 0	.250

Pitcher Register 274

	W	L	PCT	ERA	G	GS	CG	IP	H	BB	SO	ShO	Relief Pitching W L SV	BATTING AB H HR	BA

Burleigh Grimes continued

1933 2 teams	CHI N (17G 3-6)	STL N (4G 0-1)													
" total	3	7	.300	3.78	21	10	3	83.1	86	37	16	1	1 1 4	25 4 0	.160
1934 3 teams	STL N (4G 2-1)	PIT N (8G 1-2)	NY A (10G 1-2)												
" total	4	5	.444	6.11	22	4	0	53	63	26	15	0	4 3 1	9 1 0	.111
19 yrs.	270	212	.560	3.53	617	495	314	4179.2	4412	1295	1512	35	21 19 18	1535 380 2	.248
9 yrs.	158	121	.566	3.47	319	285	205	2425.2	2547	744	952	20	6 5 5	904 227 2	.251
	6th	7th					3rd	5th			6th				

WORLD SERIES
1920 BKN N	1	2	.333	4.19	3	3	1	19.1	23	9	4	1	0 0 0	6 2 0	.333
1930 STL N	0	2	.000	3.71	2	2	2	17	10	6	13	0	0 0 0	5 2 0	.400
1931	2	0	1.000	2.04	2	2	1	17.2	9	9	11	0	0 0 0	7 2 0	.286
1932 CHI N	0	0	—	23.63	2	0	0	2.2	7	2	0	0	0 0 0	1 0 0	.000
4 yrs.	3	4	.429	4.29	9	7	4	56.2	49	26	28	1	0 0 0	19 6 0	.316
			7th								8th				

Dan Griner
GRINER, DONALD DEXTER (Rusty)   BL TR 6'1½" 200 lbs.
B. Mar. 7, 1888, Centerville, Tenn.   D. June 3, 1950, Bishopville, S. C.

1912 STL N	3	4	.429	3.17	12	7	2	54	59	15	20	0	0 0 0	13 1 0	.077
1913	10	22	.313	5.08	34	34	18	225	279	66	79	1	0 0 0	81 21 0	.259
1914	9	13	.409	2.51	37	16	11	179	163	57	74	2	1 1 2	55 14 0	.255
1915	5	11	.313	2.81	37	18	9	150.1	137	46	46	3	0 3 3	52 14 0	.269
1916	0	0	—	4.09	4	0	0	11	15	3	3	0	0 0 1	4 1 0	.250
1918 BKN N	1	5	.167	2.15	11	6	3	54.1	47	15	22	1	0 0 0	14 1 0	.071
6 yrs.	28	55	.337	3.49	135	81	43	673.2	700	202	244	7	1 4 6	219 52 0	.237
1 yr.	1	5	.167	2.15	11	6	3	54.1	47	15	22	1	0 0 0	14 1 0	.071

Lee Grissom
GRISSOM, LEE THEO (Lefty)   BB TL 6'3" 200 lbs.
Brother of Marv Grissom.   BR 1934,1937
B. Oct. 23, 1907, Sherman, Tex.

1934 CIN N	0	1	.000	15.43	4	1	0	7	13	7	4	0	0 0 0	1 0 0	.000
1935	1	1	.500	3.86	3	3	1	21	31	4	13	0	0 0 0	7 0 0	.000
1936	1	1	.500	6.29	6	4	0	24.1	33	9	13	0	0 0 0	9 0 0	.000
1937	12	17	.414	3.26	50	30	14	223.2	193	93	149	5	1 1 6	64 7 0	.109
1938	2	3	.400	5.29	14	7	0	51	60	22	16	0	0 0 0	16 3 0	.188
1939	9	7	.563	4.10	33	21	3	153.2	145	56	53	0	1 1 0	47 4 0	.085
1940 2 teams	NY A (5G 0-0)	BKN N (14G 2-5)													
" total	2	5	.286	2.64	19	10	3	78.1	63	36	52	1	0 0 0	23 5 0	.217
1941 2 teams	BKN N (4G 0-0)	PHI N (29G 2-13)													
" total	2	13	.133	3.85	33	19	2	142.2	130	78	79	0	0 0 1	38 7 0	.184
8 yrs.	29	48	.377	3.89	162	95	23	701.2	668	305	379	6	2 2 7	205 26 0	.127
2 yrs.	2	5	.286	2.75	18	11	3	85	69	42	56	1	0 0 1	25 6 0	.240

WORLD SERIES
| 1939 CIN N | 0 | 0 | — | 0.00 | 1 | 0 | 0 | 1.1 | 0 | 1 | 0 | 0 | 0 0 0 | 0 0 0 | — |

Ad Gumbert
GUMBERT, ADDISON COURTNEY   BR TR 5'10" 200 lbs.
Brother of Billy Gumbert.
B. Oct. 10, 1868, Pittsburgh, Pa.   D. Apr. 23, 1925, Pittsburgh, Pa.

1888 CHI N	3	3	.500	3.14	6	6	5	48.2	44	10	16	0	0 0 0	24 8 0	.333
1889	16	13	.552	3.62	31	28	25	246.1	258	76	91	2	2 0 0	153 44 7	.288
1890 BOS P	22	11	.667	3.96	39	33	27	277.1	338	86	81	1	3 0 0	145 35 3	.241
1891 CHI N	17	11	.607	3.58	32	31	24	256.1	282	90	73	1	0 0 0	105 32 0	.305
1892	22	19	.537	3.41	46	45	39	382.2	399	107	118	0	0 0 0	178 42 1	.236
1893 PIT N	11	7	.611	5.15	22	20	16	162.2	207	78	40	2	1 0 0	95 21 0	.221
1894	15	14	.517	6.02	37	31	26	269	372	84	65	0	1 0 0	113 33 1	.292
1895 BKN N	11	16	.407	5.08	33	26	20	234	288	69	45	0	1 1 1	97 35 2	.361
1896 2 teams	BKN N (5G 0-4)	PHI N (11G 5-3)													
" total	5	7	.417	4.32	16	14	9	108.1	133	34	17	1	0 0 0	45 11 1	.244
9 yrs.	122	101	.547	4.27	262	234	191	1985.1	2321	634	546	7	8 2 1	*	
2 yrs.	11	20	.355	4.92	38	30	22	265	322	80	48	0	1 1 1	108 37 2	.343

George Haddock
HADDOCK, GEORGE SILAS (Gentleman George)   TR 5'11" 155 lbs.
B. Dec. 25, 1866, Portsmouth, N. H.   D. Apr. 18, 1926, Boston, Mass.

1888 WAS N	0	2	.000	2.25	2	2	1	16	9	2	3	0	0 0 0	5 1 0	.200
1889	11	19	.367	4.20	33	31	30	276.1	299	123	106	0	0 0 0	112 25 0	.223
1890 BUF P	9	26	.257	5.76	35	34	31	290.2	366	149	123	0	1 0 0	146 36 0	.247
1891 BOS AA	34	11	.756	2.49	51	47	37	379.2	330	137	169	5	2 0 1	185 45 3	.243
1892 BKN N	29	13	.690	3.14	46	44	39	381.1	340	163	153	3	0 0 1	158 28 0	.177
1893	8	9	.471	5.60	23	20	12	151	193	89	37	0	1 0 0	85 24 1	.282
1894 2 teams	PHI N (10G 4-3)	WAS N (4G 0-4)													
" total	4	7	.364	6.78	14	11	9	85	113	51	8	0	0 0 0	45 8 0	.178
7 yrs.	95	87	.522	4.07	204	189	160	1580	1650	714	599	8	4 0 2	*	
2 yrs.	37	22	.627	3.84	69	64	51	532.1	533	252	190	3	1 0 1	243 52 1	.214

Bill Hall
HALL, WILLIAM BERNARD (Beanie)   BR TR 6'2" 250 lbs.
B. Feb. 22, 1894, Charleston, W. Va.   D. Aug. 15, 1947, Newport, Ky.

| 1913 BKN N | 0 | 0 | — | 5.79 | 3 | 0 | 0 | 4.2 | 4 | 5 | 3 | 0 | 0 0 0 | 1 0 0 | .000 |

Pitcher Register

	W	L	PCT	ERA	G	GS	CG	IP	H	BB	SO	ShO	Relief Pitching W	L	SV	BATTING AB	H	HR	BA

Johnny Hall
HALL, JOHN SYLVESTER BR TR 6'2½" 170 lbs.
B. Jan. 9, 1924, Muskogee, Okla.

| 1948 BKN N | 0 | 0 | — | 6.23 | 3 | 0 | 0 | 4.1 | 4 | 2 | 2 | 0 | 0 | 0 | 0 | 0 | 0 | 0 | — |

Bill Hallman
HALLMAN, WILLIAM WILSON BR TR 5'8"
B. Mar. 30, 1867, Pittsburgh, Pa.   D. Sept. 11, 1920, Philadelphia, Pa.
Manager 1897.

| 1896 PHI N | 0 | 0 | — | 18.00 | 1 | 0 | 0 | 2 | 4 | 2 | 0 | 0 | 0 | 0 | 0 | * | | | |

Luke Hamlin
HAMLIN, LUKE DANIEL (Hot Potato) BL TR 6'2" 168 lbs.
B. July 3, 1906, Terris Center, Mich.   D. Feb. 18, 1978, Clare, Mich.

1933 DET A	1	0	1.000	4.86	3	3	0	16.2	20	10	10	0	0	0	0	5	2	0	.400
1934	2	3	.400	5.38	20	5	1	75.1	87	44	30	0	0	3	1	26	6	0	.231
1937 BKN N	11	13	.458	3.59	39	25	11	185.2	183	48	93	1	2	2	1	59	11	0	.186
1938	12	15	.444	3.68	44	30	10	237.1	243	65	97	3	1	1	6	78	11	0	.141
1939	20	13	.606	3.64	40	36	19	269.2	255	54	88	2	2	0	0	103	13	1	.126
1940	9	8	.529	3.06	33	25	9	182.1	183	34	91	2	0	0	0	58	5	0	.086
1941	8	8	.500	4.24	30	20	5	136	139	41	58	1	1	0	1	41	6	0	.146
1942 PIT N	4	4	.500	3.94	23	14	6	112	128	19	38	1	0	0	0	37	9	0	.243
1944 PHI A	6	12	.333	3.74	29	23	9	190	204	38	58	2	0	1	0	56	13	0	.232
9 yrs.	73	76	.490	3.77	261	181	70	1405	1442	353	563	12	6	7	9	463	76	1	.164
5 yrs.	60	57	.513	3.61	186	136	54	1011	1003	242	427	9	6	3	8	339	46	1	.136

Gerry Hannahs
HANNAHS, GERALD ELLIS BL TL 6'3" 210 lbs.
B. Mar. 6, 1953, Binghamton, N.Y.

1976 MON N	2	0	1.000	6.75	3	3	0	16	20	12	10	0	0	0	0	8	3	0	.375
1977	1	5	.167	4.86	8	7	0	37	43	17	21	0	0	0	0	7	0	0	.000
1978 LA N	0	0	—	9.00	1	0	0	2	3	0	5	0	0	0	0	0	0	0	—
1979	0	2	.000	3.38	4	2	0	16	10	13	6	0	0	0	1	4	1	0	.250
4 yrs.	3	7	.300	5.07	16	12	0	71	76	42	42	0	0	0	1	19	4	0	.211
2 yrs.	0	2	.000	4.00	5	2	0	18	13	13	11	0	0	0	1	4	1	0	.250

F. C. Hansford
HANSFORD, F. C.
Deceased.

| 1898 BKN N | 0 | 0 | — | 3.86 | 1 | 0 | 0 | 7 | 10 | 5 | 0 | 0 | 0 | 0 | 0 | 3 | 0 | 0 | .000 |

George Harper
HARPER, GEORGE B.
B. Aug. 17, 1866, Milwaukee, Wis.   D. Dec. 11, 1931, Stockton, Calif.

1894 PHI N	6	6	.500	5.32	12	9	7	86.1	128	49	24	0	1	2	0	40	6	0	.150
1896 BKN N	4	8	.333	5.55	16	11	7	86	106	39	22	0	1	1	0	37	6	0	.162
2 yrs.	10	14	.417	5.43	28	20	14	172.1	234	88	46	0	2	3	0	77	12	0	.156
1 yr.	4	8	.333	5.55	16	11	7	86	106	39	22	0	1	1	0	37	6	0	.162

Harry Harper
HARPER, HARRY CLAYTON BL TL 6'2" 165 lbs.
B. Apr. 24, 1895, Hackensack, N.J.   D. Apr. 23, 1963, Layton, N.J.

1913 WAS A	0	0	—	3.55	4	0	0	12.2	10	5	9	0	0	0	0	4	1	0	.250
1914	2	1	.667	3.47	23	3	1	57	45	35	50	0	1	0	2	12	3	0	.250
1915	4	4	.500	1.77	19	10	5	86.1	66	40	54	2	0	0	2	25	0	0	.000
1916	14	10	.583	2.45	36	34	12	249.2	209	101	149	2	0	0	0	87	18	0	.207
1917	11	12	.478	3.01	31	31	10	179.1	145	106	99	4	0	0	0	60	7	0	.117
1918	11	10	.524	2.18	35	32	14	244	182	104	78	3	0	0	1	82	11	0	.134
1919	6	21	.222	3.72	35	30	8	208	220	97	87	0	0	0	0	65	11	0	.169
1920 BOS A	5	14	.263	3.04	27	22	11	162.2	163	66	71	1	0	0	0	50	6	0	.120
1921 NY A	4	3	.571	3.76	8	7	4	52.2	52	25	22	0	0	0	0	16	2	0	.125
1923 BKN N	0	1	.000	14.73	1	1	0	3.2	8	3	4	0	0	0	0	1	0	0	.000
10 yrs.	57	76	.429	2.87	219	170	65	1256	1100	582	623	12	1	0	5	402	59	0	.147
1 yr.	0	1	.000	14.73	1	1	0	3.2	8	3	4	0	0	0	0	1	0	0	.000

WORLD SERIES
| 1921 NY A | 0 | 0 | — | 20.25 | 1 | 1 | 0 | 1.1 | 3 | 2 | 1 | 0 | 0 | 0 | 0 | 0 | 0 | 0 | — |

Bill Harris
HARRIS, WILLIAM THOMAS (Billy) BL TR 5'8" 187 lbs.
B. Dec. 3, 1931, Duguayville, N.B., Canada

1957 BKN N	0	1	.000	3.86	1	1	0	7	9	1	3	0	0	0	0	2	1	0	.500
1959 LA N	0	0	—	0.00	1	0	0	1.2	0	3	0	0	0	0	0	0	0	0	—
2 yrs.	0	1	.000	3.12	2	1	0	8.2	9	4	3	0	0	0	0	2	1	0	.500
2 yrs.	0	1	.000	3.12	2	1	0	8.2	9	4	3	0	0	0	0	2	1	0	.500

Bill Hart
HART, WILLIAM FRANKLIN TR 6' 160 lbs.
B. July 19, 1865, Louisville, Ky.   D. Sept. 19, 1936, Cincinnati, Ohio

1886 PHI AA	9	13	.409	3.19	22	22	22	186	183	66	78	2	0	0	0	73	10	0	.137
1887	1	2	.333	4.50	3	3	3	26	28	17	4	0	0	0	0	13	1	0	.077
1892 BKN N	9	12	.429	3.28	28	23	16	195	188	96	65	2	1	1	1	125	24	2	.192
1895 PIT N	14	17	.452	4.75	36	29	24	261.2	293	135	85	0	1	1	1	106	25	0	.236
1896 STL N	12	29	.293	5.12	42	41	37	336	411	141	65	0	0	1	0	161	30	0	.186
1897	9	27	.250	6.26	39	38	31	294.2	395	148	67	0	0	0	0	156	39	2	.250
1898 PIT N	5	9	.357	4.82	16	15	13	125	141	44	19	1	0	0	1	50	12	0	.240

Pitcher Register 276

	W	L	PCT	ERA	G	GS	CG	IP	H	BB	SO	ShO	Relief Pitching W L SV	BATTING AB H HR	BA

Bill Hart continued

	W	L	PCT	ERA	G	GS	CG	IP	H	BB	SO	ShO	W	L	SV	AB	H	HR	BA
1901 CLE A	7	11	.389	3.77	20	19	16	157.2	180	57	48	0	0	0	0	64	14	0	.219
8 yrs.	66	120	.355	4.65	206	190	162	1582	1819	704	431	5	2	3	3	*			
1 yr.	9	12	.429	3.28	28	23	16	195	188	96	65	2	1	1	1	125	24	2	.192

Gil Hatfield

HATFIELD, GILBERT TR 5'9" 168 lbs.
Brother of John Hatfield.
B. Jan. 27, 1855, Hoboken, N. J.   D. May 27, 1921, Hoboken, N. J.

	W	L	PCT	ERA	G	GS	CG	IP	H	BB	SO	ShO	W	L	SV	AB	H	HR	BA
1889 NY N	2	4	.333	3.98	6	5	5	52	53	25	28	0	1	0	0	125	23	1	.184
1890 NY P	1	1	.500	3.52	3	0	0	7.2	8	4	3	0	1	1	1	287	80	1	.279
1891 WAS AA	0	0	—	11.00	4	0	0	18	29	14	3	0	0	0	0	500	128	1	.256
3 yrs.	3	5	.375	5.56	13	5	5	77.2	90	43	34	0	2	1	1	*			

Ray Hathaway

HATHAWAY, RAY WILSON BR TR 6' 165 lbs.
B. Oct. 13, 1916, Greenville, Ohio

	W	L	PCT	ERA	G	GS	CG	IP	H	BB	SO	ShO	W	L	SV	AB	H	HR	BA
1945 BKN N	0	1	.000	4.00	4	1	0	9	11	6	3	0	0	0	0	*			

Joe Hatten

HATTEN, JOSEPH HILARIAN BR TL 6' 176 lbs.
B. Nov. 7, 1916, Bancroft, Iowa

	W	L	PCT	ERA	G	GS	CG	IP	H	BB	SO	ShO	W	L	SV	AB	H	HR	BA
1946 BKN N	14	11	.560	2.84	42	30	13	222	207	110	85	1	1	1	2	79	6	0	.076
1947	17	8	.680	3.63	42	32	11	225.1	211	105	76	3	2	0	0	83	17	0	.205
1948	13	10	.565	3.58	42	30	11	208.2	228	94	73	1	0	1	0	63	13	0	.206
1949	12	8	.600	4.18	37	29	11	187.1	194	69	58	2	2	0	2	67	12	0	.179
1950	2	2	.500	4.59	23	8	2	68.2	82	31	29	1	0	0	0	18	2	0	.111
1951 2 teams	BKN	N	(11G 1-0)		CHI	N	(23G 2-6)												
" total	3	6	.333	4.91	34	12	1	124.2	137	58	45	0	2	1	0	32	6	0	.188
1952 CHI N	4	4	.500	6.08	13	8	2	50.1	65	25	15	0	2	0	0	15	1	0	.067
7 yrs.	65	49	.570	3.87	233	149	51	1087	1124	492	381	8	9	3	4	357	57	0	.160
6 yrs.	59	39	.602	3.66	197	135	48	961.1	977	430	343	8	5	2	4	325	52	0	.160

WORLD SERIES

	W	L	PCT	ERA	G	GS	CG	IP	H	BB	SO	ShO	W	L	SV	AB	H	HR	BA
1947 BKN N	0	0	—	7.00	4	1	0	9	12	7	5	0	0	0	0	3	1	0	.333
1949	0	0	—	16.20	2	0	0	1.2	4	2	0	0	0	0	0	0	0	0	—
2 yrs.	0	0	—	8.44	6	1	0	10.2	16	9	5	0	0	0	0	3	1	0	.333

Chris Haughey

HAUGHEY, CHRISTOPHER FRANCIS (Bud) BR TR 6'1" 180 lbs.
B. Oct. 3, 1925, Astoria, N. Y.

	W	L	PCT	ERA	G	GS	CG	IP	H	BB	SO	ShO	W	L	SV	AB	H	HR	BA
1943 BKN N	0	1	.000	3.86	1	0	0	7	5	10	0	0	0	0	0	3	0	0	.000

Phil Haugstad

HAUGSTAD, PHILIP DONALD BR TR 6'2" 165 lbs.
B. Feb. 23, 1924, Black River Falls, Wis.

	W	L	PCT	ERA	G	GS	CG	IP	H	BB	SO	ShO	W	L	SV	AB	H	HR	BA
1947 BKN N	1	0	1.000	2.84	6	1	0	12.2	14	4	4	0	1	0	0	2	0	0	.000
1948	0	0	—	0.00	1	0	0	1	1	0	0	0	0	0	0	0	0	0	—
1951	0	1	.000	6.46	21	1	0	30.2	28	24	22	0	0	1	0	1	0	0	.000
1952 CIN N	0	0	—	6.75	9	0	0	12	8	13	2	0	0	0	0	1	0	0	.000
4 yrs.	1	1	.500	5.59	37	2	0	56.1	51	41	28	0	1	1	0	4	0	0	.000
3 yrs.	1	1	.500	5.28	28	2	0	44.1	43	28	26	0	1	1	0	3	0	0	.000

Ed Head

HEAD, EDWARD MARVIN BR TR 6'1" 175 lbs.
B. Jan. 25, 1918, Selma, La.   D. Jan. 31, 1980, Bastrop, La.

	W	L	PCT	ERA	G	GS	CG	IP	H	BB	SO	ShO	W	L	SV	AB	H	HR	BA
1940 BKN N	1	2	.333	4.12	13	5	2	39.1	40	18	13	0	0	0	0	11	2	0	.182
1942	10	6	.625	3.56	36	15	5	136.2	118	47	78	1	3	1	4	39	13	0	.333
1943	9	10	.474	3.66	47	18	7	169.2	166	66	83	3	2	3	6	46	7	0	.152
1944	4	3	.571	2.70	9	8	5	63.1	54	19	17	0	0	0	0	19	5	0	.263
1946	3	2	.600	3.21	13	7	3	56	56	24	17	1	0	0	1	16	5	0	.313
5 yrs.	27	23	.540	3.48	118	53	22	465	434	174	208	5	5	4	11	131	32	0	.244
5 yrs.	27	23	.540	3.48	118	53	22	465	434	174	208	5	5	4	11	131	32	0	.244

Jake Hehl

HEHL, HERMAN JACOB BR TR 5'11" 180 lbs.
B. Dec. 8, 1899, Brooklyn, N. Y.   D. July 4, 1961, Brooklyn, N. Y.

	W	L	PCT	ERA	G	GS	CG	IP	H	BB	SO	ShO	W	L	SV	AB	H	HR	BA
1918 BKN N	0	0	—	0.00	1	0	0	1	0	0	0	0	0	0	0	0	0	0	—

Fred Heimach

HEIMACH, FRED AMOS (Lefty) BL TL 6' 175 lbs.
B. Jan. 27, 1901, Camden, N. J.   D. June 1, 1973, Fort Myers, Fla.

	W	L	PCT	ERA	G	GS	CG	IP	H	BB	SO	ShO	W	L	SV	AB	H	HR	BA
1920 PHI A	0	1	.000	14.40	1	1	0	5	13	1	0	0	0	0	0	1	0	0	.000
1921	1	0	1.000	0.00	2	1	1	9	7	1	1	0	0	0	0	4	1	0	.250
1922	7	11	.389	5.03	37	19	7	171.2	220	63	47	0	3	2	1	60	15	0	.250
1923	6	12	.333	4.32	40	19	10	208.1	238	69	63	0	1	1	0	118	30	1	.254
1924	14	12	.538	4.73	40	26	10	198	243	60	60	0	3	0	0	90	29	0	.322
1925	0	1	.000	3.98	10	0	0	20.1	24	9	7	0	0	0	0	6	1	0	.167
1926 2 teams	PHI	A	(13G 1-0)		BOS	A	(20G 2-9)												
" total	3	9	.250	4.98	33	14	6	133.2	147	25	0	0	1	1	0	54	14	0	.259
1928 NY A	2	3	.400	3.31	19	9	5	68	66	16	25	0	1	0	0	30	5	0	.167
1929	11	6	.647	4.01	35	10	3	134.2	141	29	26	3	7	2	4	49	9	1	.184
1930 BKN N	0	2	.000	4.91	9	0	0	7.1	14	3	1	0	0	2	1	4	1	0	.250
1931	9	7	.563	3.46	31	10	7	135.1	145	23	43	1	4	2	1	61	12	0	.197
1932	9	4	.692	3.97	36	15	7	167.2	203	28	30	0	3	2	0	55	9	1	.164

	W	L	PCT	ERA	G	GS	CG	IP	H	BB	SO	ShO	Relief Pitching W	L	SV	AB	BATTING H	HR	BA

Fred Heimach continued
1933	0	1	.000	10.01	10	3	0	29.2	49	11	7	0	0	1	0	10	2	0	.200
13 yrs.	62	69	.473	4.46	296	127	56	1288.2	1510	360	334	5	22	14	7	*			
4 yrs.	18	14	.563	4.31	86	28	14	340	411	65	81	1	7	7	2	130	24	1	.185

Henry Heitman
HEITMAN, HARRY ANTHONY   BR TR 6'   175 lbs.
B. Oct. 6, 1897, New York, N.Y.   D. Dec. 15, 1958, Brooklyn, N.Y.

| 1918 BKN N | 0 | 1 | .000 | 108.00 | 1 | 1 | 0 | .1 | 4 | 0 | 0 | 0 | 0 | 0 | 0 | 0 | 0 | 0 | – |

George Hemming
HEMMING, GEORGE EARL (Old Wax Figger)   BR TR 5'11"   170 lbs.
B. Dec. 15, 1868, Carrollton, Ohio   D. June 3, 1930, Springfield, Mass.

1890 2 teams	CLE P (3G 0-1)				BKN P (19G 8-4)														
" total	8	5	.615	4.25	22	12	12	144	142	78	35	0	1	0	3	68	11	0	.162
1891 BKN N	8	15	.348	4.96	27	22	19	199.2	231	84	83	1	0	1	1	82	13	0	.159
1892 2 teams	CIN N (1G 0-1)				LOU N (4G 2-2)														
" total	2	3	.400	5.05	5	4	4	41	46	19	12	0	0	1	0	16	2	0	.125
1893 LOU N	18	17	.514	5.18	41	33	33	332	373	176	79	1	2	0	1	158	32	0	.203
1894 2 teams	LOU N (35G 13-19)				BAL N (6G 4-0)														
" total	17	19	.472	4.27	41	38	36	339.2	406	159	70	1	0	0	1	152	39	2	.257
1895 BAL N	20	13	.606	4.05	34	31	26	262.1	288	96	43	1	0	2	0	117	33	1	.282
1896	15	6	.714	4.19	25	21	20	202	233	54	33	3	1	0	0	97	25	0	.258
1897 LOU N	3	4	.429	5.10	9	8	7	67	80	25	7	0	0	0	0	28	5	0	.179
8 yrs.	91	82	.526	4.55	204	169	157	1587.2	1799	691	362	7	4	4	6	718	160	3	.223
1 yr.	8	15	.348	4.96	27	22	19	199.2	231	84	83	1	0	1	1	82	13	0	.159

Lafayette Henion
HENION, LAFAYETTE M.   BR TR 5'11"   154 lbs.
B. June 7, 1899, Eureka, Calif.   D. July 22, 1955, San Luis Obispo, Calif.

| 1919 BKN N | 0 | 0 | – | 6.00 | 1 | 0 | 0 | 3 | 2 | 2 | 2 | 0 | 0 | 0 | 0 | 1 | 0 | 0 | .000 |

Weldon Henley
HENLEY, WELDON   BR TR 6'   175 lbs.
B. Oct. 20, 1880, Jasper, Ga.   D. Nov. 17, 1960, Palatka, Fla.

1903 PHI A	12	9	.571	3.91	29	21	13	186.1	186	67	86	1	2	0	0	68	9	0	.132
1904	15	17	.469	2.53	36	34	31	295.2	245	76	130	5	0	0	0	108	24	0	.222
1905	4	12	.250	2.60	25	19	12	183.2	155	67	82	2	0	0	0	65	11	0	.169
1907 BKN N	1	5	.167	3.05	7	7	5	56	54	21	11	0	0	0	0	20	4	0	.200
4 yrs.	32	43	.427	2.94	97	81	61	721.2	640	231	309	8	2	0	0	261	48	0	.184
1 yr.	1	5	.167	3.05	7	7	5	56	54	21	11	0	0	0	0	20	4	0	.200

Dutch Henry
HENRY, FRANK JOHN   BL TL 6'1"   173 lbs.
B. May 12, 1902, Cleveland, Ohio   D. Aug. 23, 1968, Cleveland, Ohio

1921 STL A	0	0	–	4.50	1	0	0	2	2	0	1	0	0	0	0	1	1	0	1.000
1922	0	0	–	5.40	4	0	0	5	7	5	3	0	0	0	0	0	0	0	–
1923 BKN N	4	6	.400	3.91	17	9	5	94.1	105	28	28	2	1	1	0	35	8	0	.229
1924	1	2	.333	5.67	16	4	0	46	69	15	11	0	1	1	0	20	5	0	.250
1927 NY N	11	6	.647	4.23	45	15	7	163.2	184	31	40	1	6	2	4	55	13	0	.236
1928	3	6	.333	3.80	17	8	4	64	82	25	23	0	0	1	1	19	3	0	.158
1929 2 teams	NY N (27G 5-6)				CHI A (2G 1-0)														
" total	6	6	.500	4.10	29	10	5	116.1	149	38	29	0	1	3	1	35	8	0	.229
1930 CHI A	2	17	.105	4.88	35	16	4	155	211	48	35	0	2	2	0	51	12	0	.235
8 yrs.	27	43	.386	4.39	164	62	25	646.1	809	190	170	3	11	10	6	216	50	0	.231
2 yrs.	5	8	.385	4.49	33	13	5	140.1	174	43	39	2	2	2	0	55	13	0	.236

Roy Henshaw
HENSHAW, ROY KNICKELBINE   BR TL 5'8"   155 lbs.
B. July 29, 1911, Chicago, Ill.

1933 CHI N	2	1	.667	4.19	21	0	0	38.2	32	20	16	0	2	1	0	10	2	0	.200
1935	13	5	.722	3.28	31	18	9	142.2	135	68	53	3	4	0	1	51	13	0	.255
1936	6	5	.545	3.97	39	14	6	129.1	152	56	69	2	1	3	1	44	6	0	.136
1937 BKN N	5	12	.294	5.07	42	16	5	156.1	176	69	98	0	1	3	2	48	8	0	.167
1938 STL N	5	11	.313	4.02	27	15	4	130	132	48	34	0	2	1	0	41	9	0	.220
1942 DET A	2	4	.333	4.09	23	2	0	61.2	63	27	24	0	2	3	1	12	1	0	.083
1943	0	2	.000	3.79	26	3	0	71.1	75	33	33	0	0	1	2	18	2	0	.111
1944	0	0	–	8.76	7	1	0	12.1	17	6	10	0	0	0	0	5	0	0	.000
8 yrs.	33	40	.452	4.16	216	69	22	742.1	782	327	337	5	12	12	7	229	41	0	.179
1 yr.	5	12	.294	5.07	42	16	5	156.1	176	69	98	0	1	3	2	48	8	0	.167

WORLD SERIES
| 1935 CHI N | 0 | 0 | – | 7.36 | 1 | 0 | 0 | 3.2 | 2 | 5 | 2 | 0 | 0 | 0 | 0 | 1 | 0 | 0 | .000 |

Art Herring
HERRING, ARTHUR L (Sandy)   BR TR 5'7"   168 lbs.
B. Mar. 10, 1907, Altus, Okla.

1929 DET A	2	1	.667	4.78	4	4	2	32	38	19	15	0	0	0	0	14	3	0	.214
1930	3	3	.500	5.33	23	6	1	77.2	97	36	16	0	1	0	0	23	3	0	.130
1931	7	13	.350	4.31	35	16	9	165	186	67	64	0	1	4	1	55	11	0	.200
1932	1	2	.333	5.24	12	0	0	22.1	25	15	12	0	1	2	2	4	0	0	.000
1933	1	2	.333	3.84	24	3	1	61	61	20	20	0	0	2	0	13	1	0	.077
1934 BKN N	2	4	.333	6.20	14	4	2	49.1	63	29	15	0	1	3	0	14	2	0	.143
1939 CHI A	0	0	–	5.65	7	0	0	14.1	13	5	8	0	0	0	0	4	0	0	.000
1944 BKN N	3	4	.429	3.42	12	6	3	55.1	59	17	19	1	0	1	0	15	3	0	.200
1945	7	4	.636	3.48	22	15	7	124	103	43	34	2	1	0	0	42	4	0	.095
1946	7	2	.778	3.35	35	2	0	86	91	29	34	0	5	2	5	22	4	0	.182

Pitcher Register 278

	W	L	PCT	ERA	G	GS	CG	IP	H	BB	SO	ShO	Relief Pitching W	L	SV	BATTING AB	H	HR	BA

Art Herring continued
1947 PIT N	1	3	.250	8.44	11	0	0	10.2	18	4	6	0	1	3	2	2	0	0	.000
11 yrs.	34	38	.472	4.32	199	56	25	697.2	754	284	243	3	12	16	13	208	31	0	.149
4 yrs.	19	14	.576	3.86	83	27	12	314.2	316	118	102	3	8	5	8	93	13	0	.140

Marty Herrmann
HERRMANN, MARTIN JOHN (Lefty) BL TL 5'10" 150 lbs.
B. Jan. 10, 1893, Oldenburg, Ind. D. Sept. 11, 1956, Cincinnati, Ohio

| 1918 BKN N | 0 | 0 | – | 0.00 | 1 | 0 | 0 | 1 | 0 | 1 | 0 | 0 | 0 | 0 | 0 | 0 | 0 | 0 | – |

Orel Hershiser
HERSHISER, OREL LEONARD QUINTON IV BR TR 6'3" 190 lbs.
B. Sept. 16, 1958, Buffalo, N. Y.

1983 LA N	0	0	–	3.38	8	0	0	8	7	6	5	0	0	0	0	0	0	0	–
1984	11	8	.579	2.66	45	20	8	189.2	160	50	150	4	3	0	2	50	10	0	.200
1985	19	3	.864	2.03	36	34	9	239.2	179	68	157	5	1	0	0	76	15	0	.197
3 yrs.	30	11	.732	2.33	89	54	17	437.1	346	124	312	9	4	0	3	126	25	0	.198
3 yrs.	30	11	.732	2.33	89	54	17	437.1	346	124	312	9	4	0	3	126	25	0	.198

LEAGUE CHAMPIONSHIP SERIES
| 1985 LA N | 1 | 0 | 1.000 | 3.52 | 2 | 2 | 1 | 15.1 | 17 | 6 | 5 | 0 | 0 | 0 | 0 | 7 | 2 | 0 | .286 |

Greg Heydeman
HEYDEMAN, GREGORY GEORGE BR TR 6' 180 lbs.
B. Jan. 2, 1952, Pocatello, Ida.

| 1973 LA N | 0 | 0 | – | 4.50 | 1 | 0 | 0 | 2 | 2 | 1 | 1 | 0 | 0 | 0 | 0 | 0 | 0 | 0 | – |

Jim Hickman
HICKMAN, JAMES LUCIUS BR TR 6'3" 192 lbs.
B. May 10, 1937, Henning, Tenn.

| 1967 LA N | 0 | 0 | – | 4.50 | 1 | 0 | 0 | 2 | 2 | 0 | 0 | 0 | 0 | 0 | 0 | * | | | |

Kirby Higbe
HIGBE, WALTER KIRBY BR TR 5'11" 190 lbs.
B. Apr. 8, 1915, Columbia, S. C. D. May 6, 1985, Columbia, S. C.

1937 CHI N	1	0	1.000	5.40	1	0	0	5	4	1	2	0	1	0	0	3	0	0	.000
1938	0	0	–	5.40	2	0	0	10	10	6	4	0	0	0	0	3	0	0	.000
1939 2 teams		CHI N (9G 2–1)			PHI N (34G 10–14)														
" total	12	15	.444	4.67	43	28	14	210	220	123	95	1	1	1	2	73	13	0	.178
1940 PHI N	14	19	.424	3.72	41	36	20	283	242	121	137	1	1	0	1	103	17	0	.165
1941 BKN N	22	9	.710	3.14	48	39	19	298	244	132	121	2	1	1	3	112	21	0	.188
1942	16	11	.593	3.25	38	32	13	221.2	180	106	115	2	1	2	0	77	8	0	.104
1943	13	10	.565	3.70	35	27	8	185	189	95	108	1	1	2	0	65	9	1	.138
1946	17	8	.680	3.03	42	29	11	210.2	178	107	134	3	2	2	1	77	10	0	.130
1947 2 teams		BKN N (4G 2–0)			PIT N (46G 11–17)														
" total	13	17	.433	3.81	50	33	10	240.2	222	122	109	1	2	1	5	77	11	1	.143
1948 PIT N	8	7	.533	3.36	56	8	3	158	140	83	86	0	6	4	10	48	10	1	.208
1949 2 teams		PIT N (7G 0–2)			NY N (37G 2–0)														
" total	2	2	.500	5.08	44	3	0	95.2	97	53	43	0	2	1	2	18	1	0	.056
1950 NY N	0	3	.000	4.93	18	1	0	34.2	37	30	17	0	0	2	0	4	1	0	.250
12 yrs.	118	101	.539	3.69	418	238	98	1952.1	1763	979	971	11	18	17	24	660	101	3	.153
5 yrs.	70	38	.648	3.29	167	130	51	931	809	452	488	8	5	8	4	336	49	1	.146
				6th															

WORLD SERIES
| 1941 BKN N | 0 | 0 | – | 7.36 | 1 | 1 | 0 | 3.2 | 6 | 2 | 1 | 0 | 0 | 0 | 0 | 1 | 1 | 0 | 1.000 |

Still Bill Hill
HILL, WILLIAM C. BL TL 6'1" 201 lbs.
Brother of Hugh Hill.
B. Aug. 2, 1874, Chattanooga, Tenn. D. Jan. 28, 1938, Cincinnati, Ohio

1896 LOU N	9	28	.243	4.31	43	39	32	319.2	353	155	104	0	0	1	2	116	24	0	.207
1897	7	17	.292	3.62	27	26	20	199	209	69	55	1	0	0	0	74	7	0	.095
1898 CIN N	13	14	.481	3.98	33	32	26	262	261	119	75	2	0	0	0	98	13	0	.133
1899 3 teams		CLE N (11G 3–6)			BAL N (8G 3–4)			BKN N (2G 1–0)											
" total	7	10	.412	4.93	21	18	14	144.1	171	63	46	0	0	0	0	60	14	0	.233
4 yrs.	36	69	.343	4.16	124	115	92	925	994	406	280	3	0	1	3	348	58	0	.167
1 yr.	7	0	1.000	0.82	2	1	1	11	11	6	3	0	0	0	0	5	3	0	.600

Al Hollingsworth
HOLLINGSWORTH, ALBERT WAYNE (Boots) BL TL 6' 174 lbs.
B. Feb. 25, 1908, St. Louis, Mo.

1935 CIN N	6	13	.316	3.89	38	22	8	173.1	165	76	89	0	1	1	0	54	8	0	.148
1936	9	10	.474	4.16	39	25	9	184	204	66	76	0	1	1	0	73	23	1	.315
1937	9	15	.375	3.91	43	24	11	202.1	229	73	74	1	2	3	5	76	19	0	.250
1938 2 teams		CIN N (9G 2–2)			PHI N (24G 5–16)														
" total	7	18	.280	4.36	33	25	12	208.1	220	89	93	1	2	0	1	79	18	0	.228
1939 2 teams		PHI N (15G 1–9)			BKN N (8G 1–2)														
" total	2	11	.154	5.67	23	15	4	87.1	111	38	35	0	1	0	0	28	3	0	.107
1940 WAS A	1	0	1.000	5.50	3	2	0	18	18	11	7	0	0	0	0	6	1	0	.167
1942 STL A	10	6	.625	2.96	33	18	7	161	173	52	60	1	1	2	4	56	10	0	.179
1943	6	13	.316	4.21	35	20	9	154	169	51	63	1	1	2	3	50	7	0	.140
1944	5	7	.417	4.47	26	10	3	92.2	108	37	22	2	2	1	1	28	2	0	.071
1945	12	9	.571	2.70	22	15	7	173.1	164	68	64	1	1	1	1	61	12	1	.197
1946 2 teams		STL A (5G 0–0)			CHI A (21G 3–2)														
" total	3	2	.600	4.91	26	2	0	66	86	26	25	0	3	1	1	14	0	0	.000
11 yrs.	70	104	.402	3.99	315	185	78	1520.1	1647	587	608	7	15	14	15	525	103	2	.196
1 yr.	1	2	.333	5.27	8	5	1	27.1	33	11	11	0	0	0	0	8	1	0	.125

Pitcher Register

Al Hollingsworth continued

	W	L	PCT	ERA	G	GS	CG	IP	H	BB	SO	ShO	Relief Pitching W	L	SV	BATTING AB	H	HR	BA
WORLD SERIES																			
1944 STL A	0	0	—	2.25	1	0	0	4	5	2	1	0	0	0	0	1	0	0	.000

Bonnie Hollingsworth

HOLLINGSWORTH, JOHN BURNETTE
B. Dec. 26, 1895, Knoxville, Tenn.
BR TR 5'10½" 170 lbs.

	W	L	PCT	ERA	G	GS	CG	IP	H	BB	SO	ShO	W	L	SV	AB	H	HR	BA
1922 PIT N	0	0	—	7.90	9	0	0	13.2	17	8	7	0	0	0	0	0	0	0	—
1923 WAS A	3	7	.300	4.09	17	8	1	72.2	72	50	26	0	0	1	0	22	2	0	.091
1924 BKN N	1	0	1.000	6.75	3	1	1	8	7	9	6	0	0	0	0	3	0	0	.000
1928 BOS N	0	2	.000	5.24	7	2	0	22.1	30	13	10	0	0	1	0	6	1	0	.167
4 yrs.	4	9	.308	4.94	36	11	2	116.2	126	80	49	0	0	2	0	31	3	0	.097
1 yr.	1	0	1.000	6.75	3	1	1	8	7	9	6	0	0	0	0	3	0	0	.000

Jim Holmes

HOLMES, JAMES SCOTT
B. Aug. 2, 1882, Lawrenceburg, Ky.   D. Mar. 10, 1960, Jacksonville, Fla.

	W	L	PCT	ERA	G	GS	CG	IP	H	BB	SO	ShO	W	L	SV	AB	H	HR	BA
1906 PHI A	0	1	.000	4.00	3	1	0	9	10	8	1	0	0	0	0	5	3	0	.600
1908 BKN N	1	4	.200	3.38	13	1	1	40	37	20	10	0	1	3	0	13	1	0	.077
2 yrs.	1	5	.167	3.49	16	2	1	49	47	28	11	0	1	3	0	18	4	0	.222
1 yr.	1	4	.200	3.38	13	1	1	40	37	20	10	0	1	3	0	13	1	0	.077

Brian Holton

HOLTON, BRIAN JOHN
B. Nov. 29, 1959, McKeesport, Pa.
BR TR 6'3" 190 lbs.

	W	L	PCT	ERA	G	GS	CG	IP	H	BB	SO	ShO	W	L	SV	AB	H	HR	BA
1985 LA N	1	1	.500	9.00	3	0	0	4	9	1	1	0	1	1	0	0	0	0	—

Rick Honeycutt

HONEYCUTT, FREDERICK WAYNE
B. June 29, 1952, Chattanooga, Tenn.
BL TL 6'1" 185 lbs.

	W	L	PCT	ERA	G	GS	CG	IP	H	BB	SO	ShO	W	L	SV	AB	H	HR	BA
1977 SEA A	0	1	.000	4.34	10	3	0	29	26	11	17	0	0	0	0	0	0	0	—
1978	5	11	.313	4.89	26	24	4	134.1	150	49	50	1	0	0	0	0	0	0	—
1979	11	12	.478	4.04	33	28	8	194	201	67	83	1	1	3	0	0	0	0	—
1980	10	17	.370	3.95	30	30	9	203	221	60	79	1	0	0	0	0	0	0	—
1981 TEX A	11	6	.647	3.30	20	20	8	128	120	17	40	2	0	0	0	0	0	0	—
1982	5	17	.227	5.27	30	26	4	164	201	54	64	1	0	0	0	0	0	0	—
1983 2 teams			TEX A (25G 14–8)			LA	N (9G 2–3)												
" total	16	11	.593	3.03	34	32	6	213.2	214	50	74	2	0	0	0	12	1	0	.083
1984 LA N	10	9	.526	2.84	29	28	6	183.2	180	51	75	2	0	0	0	56	8	0	.143
1985	8	12	.400	3.42	31	25	1	142	141	49	67	0	0	1	1	38	5	0	.132
9 yrs.	76	96	.442	3.82	243	216	46	1391.2	1454	408	549	10	1	4	1	106	14	0	.132
3 yrs.	20	24	.455	3.38	69	60	8	364.2	367	113	160	2	0	1	1	106	14	0	.132
LEAGUE CHAMPIONSHIP SERIES																			
1983 LA N	0	0	—	21.60	2	0	0	1.2	4	0	2	0	0	0	0	0	0	0	—
1985	0	0	—	13.50	2	0	0	1.1	4	2	1	0	0	0	0	0	0	0	—
2 yrs.	0	0	—	18.00	4	0	0	3	8	2	3	0	0	0	0	0	0	0	—

Burt Hooton

HOOTON, BURT CARLTON (Happy)
B. Feb. 7, 1950, Greenville, Tex.
BR TR 6'1" 210 lbs.

	W	L	PCT	ERA	G	GS	CG	IP	H	BB	SO	ShO	W	L	SV	AB	H	HR	BA
1971 CHI N	2	0	1.000	2.14	3	3	2	21	8	10	22	1	0	0	0	7	0	0	.000
1972	11	14	.440	2.80	33	31	9	218.1	201	81	132	3	1	0	0	72	9	1	.125
1973	14	17	.452	3.68	42	34	9	240	248	73	134	2	1	2	0	70	9	0	.129
1974	7	11	.389	4.81	48	21	3	176	214	51	94	1	1	2	1	50	3	0	.060
1975 2 teams			CHI N (3G 0–2)			LA	N (31G 18–7)												
" total	18	9	.667	3.07	34	33	12	234.2	190	68	153	4	0	1	0	73	9	1	.123
1976 LA N	11	15	.423	3.26	33	33	8	226.2	203	60	116	4	0	0	0	62	6	0	.097
1977	12	7	.632	2.62	32	31	6	223	184	60	153	2	0	0	1	67	11	0	.164
1978	19	10	.655	2.71	32	32	10	236	196	61	104	3	0	0	0	67	10	0	.149
1979	11	10	.524	2.97	29	29	12	212	191	63	129	1	0	0	0	75	11	0	.147
1980	14	8	.636	3.65	34	33	4	207	194	64	118	2	0	0	1	64	4	1	.063
1981	11	6	.647	2.28	23	23	5	142	124	33	74	4	0	0	0	42	8	0	.190
1982	4	7	.364	4.03	21	21	2	120.2	130	33	51	2	0	0	0	35	3	1	.086
1983	9	8	.529	4.22	33	27	2	160	156	59	87	0	0	0	0	50	8	0	.160
1984	3	6	.333	3.44	54	6	0	110	109	43	62	0	3	4	4	14	1	0	.071
1985 TEX A	5	8	.385	5.23	29	20	2	124	149	40	62	0	0	0	0	0	0	0	—
15 yrs.	151	136	.526	3.38	480	377	86	2651.1	2497	799	1491	29	6	9	7	748	92	4	.123
10 yrs.	112	84	.571	3.14	322	265	61	1861	1659	540	1042	22	3	4	6	546	71	3	.130
								10th			8th	10th							
DIVISIONAL PLAYOFF SERIES																			
1981 LA N	1	0	1.000	1.29	1	1	0	7	3	3	2	0	0	0	0	3	0	0	.000
LEAGUE CHAMPIONSHIP SERIES																			
1977 LA N	0	0	—	16.20	1	1	0	1.2	2	4	1	0	0	0	0	1	1	0	1.000
1978	0	0	—	7.71	1	1	0	4.2	10	0	5	0	0	0	0	2	0	0	.000
1981	2	0	1.000	0.00	2	2	0	14.2	11	6	7	0	0	0	0	5	0	0	.000
3 yrs.	2	0	1.000	3.00	4	4	0	21	23	10	13	0	0	0	0	8	1	0	.125
WORLD SERIES																			
1977 LA N	1	1	.500	3.75	2	2	1	12	8	2	9	0	0	0	0	5	0	0	.000
1978	1	1	.500	6.48	2	2	0	8.1	13	3	6	0	0	0	0	0	0	0	—
1981	1	1	.500	1.59	2	2	0	11.1	8	9	3	0	0	0	0	4	0	0	.000
3 yrs.	3	3	.500	3.69	6	6	1	31.2	29	14	18	0	0	0	0	9	0	0	.000

Lefty Hopper

HOPPER, CLARENCE F.
B. Ridgewood, N. J.   Deceased.
TL

	W	L	PCT	ERA	G	GS	CG	IP	H	BB	SO	ShO	W	L	SV	AB	H	HR	BA
1898 BKN N	0	2	.000	4.91	2	2	2	11	14	5	5	0	0	0	0	4	0	0	.000

Pitcher Register

	W	L	PCT	ERA	G	GS	CG	IP	H	BB	SO	ShO	Relief Pitching W	L	SV	AB	BATTING H	HR	BA

Elmer Horton

HORTON, ELMER E. (Herky Jerky)
B. Sept. 4, 1869, Hamilton, Ohio   D. Aug. 13, 1920, Vienna, N.Y.

	W	L	PCT	ERA	G	GS	CG	IP	H	BB	SO	ShO	W	L	SV	AB	H	HR	BA
1896 PIT N	0	2	.000	9.60	2	2	2	15	22	9	3	0	0	0	0	7	0	0	.000
1898 BKN N	0	1	.000	10.00	1	1	1	9	16	6	0	0	0	0	0	4	1	0	.250
2 yrs.	0	3	.000	9.75	3	3	3	24	38	15	3	0	0	0	0	11	1	0	.091
1 yr.	0	1	.000	10.00	1	1	1	9	16	6	0	0	0	0	0	4	1	0	.250

Charlie Hough

HOUGH, CHARLES OLIVER   BR TR 6'2"   190 lbs.
B. Jan. 5, 1948, Honolulu, Hawaii

	W	L	PCT	ERA	G	GS	CG	IP	H	BB	SO	ShO	W	L	SV	AB	H	HR	BA
1970 LA N	0	0	–	5.29	8	0	0	17	18	11	8	0	0	0	2	3	1	0	.333
1971	0	0	–	4.50	4	0	0	4	3	3	4	0	0	0	0	0	0	0	–
1972	0	0	–	3.38	2	0	0	2.2	2	2	4	0	0	0	0	0	0	0	–
1973	4	2	.667	2.76	37	0	0	71.2	52	45	70	0	4	2	5	14	3	0	.214
1974	9	4	.692	3.75	49	0	0	96	65	40	63	0	9	4	1	12	0	0	.000
1975	3	7	.300	2.95	38	0	0	61	43	34	34	0	3	7	4	6	2	0	.333
1976	12	8	.600	2.21	77	0	0	142.2	102	77	81	0	12	8	18	21	6	0	.286
1977	6	12	.333	3.33	70	1	0	127	98	70	105	0	5	12	22	22	4	1	.182
1978	5	5	.500	3.29	55	0	0	93	69	48	66	0	5	5	7	12	4	0	.333
1979	7	5	.583	4.77	42	14	0	151	152	66	76	0	1	2	0	38	6	0	.158
1980 2 teams			LA N (19G 1–3)			TEX A (16G 2–2)													
" total	3	5	.375	4.55	35	3	2	93	91	58	72	1	2	3	1	2	1	0	.500
1981 TEX A	4	1	.800	2.96	21	5	2	82	61	31	69	0	0	0	1	0	0	0	–
1982	16	13	.552	3.95	34	34	12	228	217	72	128	2	0	0	0	0	0	0	–
1983	15	13	.536	3.18	34	33	11	252	219	95	152	3	1	0	0	0	0	0	–
1984	16	14	.533	3.76	36	**36**	**17**	266	**260**	94	165	1	0	0	0	0	0	0	–
1985	14	16	.467	3.31	34	34	14	250.1	198	83	141	1	0	0	0	0	0	0	–
16 yrs.	114	105	.521	3.52	576	160	58	1937.1	1650	829	1238	8	42	43	61	130	27	1	.208
11 yrs.	47	46	.505	3.51	401	16	0	798	641	417	536	0	40	43	60	130	27	1	.208
					6th								5th		4th				

LEAGUE CHAMPIONSHIP SERIES

	W	L	PCT	ERA	G	GS	CG	IP	H	BB	SO	ShO	W	L	SV	AB	H	HR	BA
1974 LA N	0	0	–	7.71	1	0	0	2.1	4	0	2	0	0	0	0	0	0	0	–
1977	0	0	–	4.50	1	0	0	2	2	0	3	0	0	0	0	0	0	0	–
1978	0	0	–	4.50	1	0	0	2	1	0	1	0	0	0	0	0	0	0	–
3 yrs.	0	0	–	5.68	3	0	0	6.1	7	0	6	0	0	0	0	0	0	0	–

WORLD SERIES

	W	L	PCT	ERA	G	GS	CG	IP	H	BB	SO	ShO	W	L	SV	AB	H	HR	BA
1974 LA N	0	0	–	0.00	1	0	0	2	0	1	4	0	0	0	0	0	0	0	–
1977	0	0	–	1.80	2	0	0	5	3	0	5	0	0	0	0	0	0	0	–
1978	0	0	–	8.44	2	0	0	5.1	10	2	5	0	0	0	0	0	0	0	–
3 yrs.	0	0	–	4.38	5	0	0	12.1	13	3	14	0	0	0	0	0	0	0	–

Steve Howe

HOWE, STEVEN ROY   BL TL 6'1"   180 lbs.
B. Mar. 10, 1958, Pontiac, Mich.

	W	L	PCT	ERA	G	GS	CG	IP	H	BB	SO	ShO	W	L	SV	AB	H	HR	BA
1980 LA N	7	9	.438	2.65	59	0	0	85	83	22	39	0	7	9	17	11	1	0	.091
1981	5	3	.625	2.50	41	0	0	54	51	18	32	0	5	3	8	1	0	0	.000
1982	7	5	.583	2.08	66	0	0	99.1	87	17	49	0	7	5	13	7	0	0	.000
1983	4	7	.364	1.44	46	0	0	68.2	55	12	52	0	4	7	18	8	1	0	.125
1985 2 teams			LA N (19G 1–1)			MIN A (13G 2–3)													
" total	3	4	.429	5.49	32	0	0	41	58	12	21	0	3	4	3	0	0	0	–
5 yrs.	26	28	.481	2.56	244	0	0	348	334	81	193	0	26	28	59	27	2	0	.074
5 yrs.	24	25	.490	2.35	231	0	0	329	306	74	183	0	24	25	59	27	2	0	.074
													10th		5th				

DIVISIONAL PLAYOFF SERIES

	W	L	PCT	ERA	G	GS	CG	IP	H	BB	SO	ShO	W	L	SV	AB	H	HR	BA
1981 LA N	0	0	–	0.00	2	0	0	2	1	0	2	0	0	0	0	0	0	0	–

LEAGUE CHAMPIONSHIP SERIES

	W	L	PCT	ERA	G	GS	CG	IP	H	BB	SO	ShO	W	L	SV	AB	H	HR	BA
1981 LA N	0	0	–	0.00	2	0	0	2	1	0	2	0	0	0	0	0	0	0	–

WORLD SERIES

	W	L	PCT	ERA	G	GS	CG	IP	H	BB	SO	ShO	W	L	SV	AB	H	HR	BA
1981 LA N	1	0	1.000	3.86	3	0	0	7	7	1	4	0	1	0	1	2	0	0	.000

Harry Howell

HOWELL, HENRY (Handsome Harry)   BR TR 5'9"
B. Nov. 14, 1876, New Jersey   D. May 22, 1956, Spokane, Wash.

	W	L	PCT	ERA	G	GS	CG	IP	H	BB	SO	ShO	W	L	SV	AB	H	HR	BA
1898 BKN N	2	0	1.000	5.00	2	2	2	18	15	11	2	0	0	0	0	8	2	0	.250
1899 BAL N	13	8	.619	3.91	28	25	21	209.1	248	69	58	0	1	0	1	82	12	0	.146
1900 BKN N	6	5	.545	3.75	21	10	7	110.1	131	36	26	2	1	1	0	42	12	1	.286
1901 BAL A	14	21	.400	3.67	37	34	32	294.2	333	79	93	1	1	1	0	188	41	2	.218
1902	9	15	.375	4.12	26	23	19	199	243	48	33	1	0	0	0	347	93	2	.268
1903 NY A	9	6	.600	3.53	25	15	13	155.2	140	44	62	0	1	0	0	106	23	1	.217
1904 STL A	13	21	.382	2.19	34	33	32	299.2	254	60	122	2	0	1	0	113	25	1	.221
1905	15	22	.405	1.98	38	37	35	323	252	101	198	4	0	0	0	135	26	1	.193
1906	15	14	.517	2.11	35	33	30	276.2	233	61	140	6	0	1	1	104	13	0	.125
1907	16	15	.516	1.93	42	35	26	316.1	258	88	118	2	0	0	3	114	27	2	.237
1908	18	18	.500	1.89	41	32	27	324.1	279	70	117	2	5	1	1	120	22	1	.183
1909	1	1	.500	3.13	10	3	0	37.1	42	8	16	0	1	1	0	34	6	0	.176
1910	0	0	–	10.80	1	0	0	3.1	7	2	1	0	0	0	0	2	0	0	.000
13 yrs.	131	146	.473	2.74	340	282	244	2567.2	2435	677	986	20	11	6	6	*			
2 yrs.	8	5	.615	3.93	23	12	9	128.1	146	47	28	2	1	1	0	50	14	1	.280

Ken Howell

HOWELL, KENNETH   BR TR 6'3"   195 lbs.
B. Nov. 28, 1960, Detroit, Mich.

	W	L	PCT	ERA	G	GS	CG	IP	H	BB	SO	ShO	W	L	SV	AB	H	HR	BA
1984 LA N	5	5	.500	3.33	32	1	0	51.1	51	9	54	0	5	5	6	5	0	0	.000

	W	L	PCT	ERA	G	GS	CG	IP	H	BB	SO	ShO	Relief Pitching W L SV	BATTING AB H HR	BA

Ken Howell continued
1985	4	7	.364	3.77	56	0	0	86	66	35	85	0	4 7 12	4 0 0	.000
2 yrs.	9	12	.429	3.60	88	1	0	137.1	117	44	139	0	9 12 18	9 0 0	.000
2 yrs.	9	12	.429	3.60	88	1	0	137.1	117	44	139	0	9 12 18	9 0 0	.000

LEAGUE CHAMPIONSHIP SERIES
| 1985 LA N | 0 | 0 | – | 0.00 | 1 | 0 | 0 | 2 | 0 | 0 | 2 | 0 | 0 0 0 | 0 0 0 | – |

Waite Hoyt
HOYT, WAITE CHARLES (Schoolboy) BR TR 6' 180 lbs.
B. Sept. 9, 1899, Brooklyn, N.Y. D. Aug. 25, 1984, Cincinnati, Ohio
Hall of Fame 1969.

1918 NY N	0	0	–	0.00	1	0	0	1	0	0	2	0	0 0 0	1 0 0	.000
1919 BOS A	4	6	.400	3.25	13	11	6	105.1	99	22	28	1	0 0 0	38 5 0	.132
1920	6	6	.500	4.38	22	11	6	121.1	123	47	45	2	0 0 1	43 5 0	.116
1921 NY A	19	13	.594	3.09	43	44	21	282.1	301	81	102	1	3 2 3	99 22 0	.222
1922	19	12	.613	3.43	37	31	17	265	271	76	95	3	3 1 0	92 20 0	.217
1923	17	9	.654	3.02	37	28	19	238.2	227	66	60	1	3 0 1	84 16 0	.190
1924	18	13	.581	3.79	46	32	14	247	295	76	71	2	3 2 4	75 10 0	.133
1925	11	14	.440	4.00	46	30	17	243	283	78	86	1	0 1 6	79 24 0	.304
1926	16	12	.571	3.85	40	27	12	217.2	224	62	79	1	4 1 4	76 16 0	.211
1927	**22**	7	.759	**2.63**	36	32	23	256.1	242	54	86	3	0 1 1	99 22 0	.222
1928	23	7	.767	3.36	42	31	19	273	279	60	67	3	2 1 **8**	109 28 0	.257
1929	10	9	.526	4.24	30	25	12	201.2	219	69	57	0	0 0 1	76 17 0	.224
1930 2 teams			NY A (8G 2-2)		DET A (26G 9-8)										
" total	11	10	.524	4.71	34	27	10	183.1	240	56	35	1	1 0 4	62 10 0	.161
1931 2 teams			DET A (16G 3-8)		PHI A (16G 10-5)										
" total	13	13	.500	4.97	32	26	14	203	254	69	40	2	0 2 0	73 17 0	.233
1932 2 teams			BKN N (8G 1-3)		NY N (18G 5-7)										
" total	6	10	.375	4.35	26	16	3	124	141	37	36	0	2 1 1	37 3 0	.081
1933 PIT N	5	7	.417	2.92	36	8	4	117	118	19	44	1	2 2 4	32 5 0	.156
1934	15	6	.714	2.93	48	15	6	190.2	184	43	105	3	**7** 1 5	56 10 0	.179
1935	7	11	.389	3.40	39	11	5	164	187	27	63	0	**5** 3 6	54 14 0	.259
1936	7	5	.583	2.70	22	9	6	116.2	115	20	37	0	2 2 1	39 6 0	.154
1937 2 teams			PIT N (11G 1-2)		BKN N (27G 7-7)										
" total	8	9	.471	3.41	38	19	10	195.1	211	36	65	1	2 2 2	60 5 0	.083
1938 BKN N	0	3	.000	4.96	6	1	0	16.1	24	5	3	0	0 2 0	3 0 0	.000
21 yrs.	237	182	.566	3.59	674	434	224	3762.2	4037	1003	1206	26	39 26 52	1287 255 0	.198
3 yrs.	8	13	.381	3.94	41	24	10	210	242	47	54	1	2 2 1	57 4 0	.070

WORLD SERIES
1921 NY A	2	1	.667	0.00	3	3	3	27	18	11	18	1	0 0 0	9 2 0	.222
1922	0	1	.000	1.13	2	1	0	8	11	2	4	0	0 0 0	2 1 0	.500
1923	0	0	–	15.43	1	0	0	2.1	4	1	0	0	0 0 0	1 0 0	.000
1926	1	1	.500	1.20	2	2	1	15	19	1	10	0	0 0 0	6 0 0	.000
1927	1	0	1.000	4.91	1	1	0	7.1	8	1	2	0	0 0 0	3 0 0	.000
1928	2	0	1.000	1.50	2	2	2	18	14	6	14	0	0 0 0	7 1 0	.143
1931 PHI A	0	1	.000	4.50	1	0	0	6	7	0	1	0	0 0 0	2 0 0	.000
7 yrs.	6	4	.600	1.83	12	11	6	83.2	81	22	49	1	0 0 0	30 4 0	.133
	5th	7th				7th	2nd	6th	5th	2nd		8th			

Bill Hubbell
HUBBELL, WILBERT WILLIAM BR TR 6'2" 205 lbs.
B. June 17, 1897, San Francisco, Calif. D. Aug. 3, 1980, Lakewood, Colo.

1919 NY N	1	1	.500	1.96	2	2	2	18.1	19	2	3	0	0 0 0	8 1 0	.125
1920 2 teams			NY N (14G 0-1)		PHI N (24G 9-9)										
" total	9	10	.474	3.55	38	20	9	180	202	57	34	1	1 2 4	58 8 0	.138
1921 PHI N	9	16	.360	4.33	36	30	15	220.1	269	38	43	1	0 0 2	75 12 1	.160
1922	7	15	.318	5.00	35	24	11	189	257	41	33	1	0 0 1	70 12 0	.171
1923	1	6	.143	8.35	22	5	1	55	102	17	8	0	1 3 0	17 4 0	.235
1924	10	9	.526	4.83	36	22	9	179	233	45	30	2	2 2 2	59 13 0	.220
1925 2 teams			PHI N (2G 0-0)		BKN N (33G 3-6)										
" total	3	6	.333	5.14	35	5	3	89.1	125	25	16	0	2 2 1	21 3 0	.143
7 yrs.	40	63	.388	4.68	204	108	50	931	1207	225	167	5	6 9 10	308 53 1	.172
1 yr.	3	6	.333	5.30	33	5	3	86.2	120	24	16	0	2 2 1	20 3 0	.150

Rex Hudson
HUDSON, REX HAUGHTON BR TR 5'11" 165 lbs.
B. Aug. 11, 1953, Tulsa, Okla.

| 1974 LA N | 0 | 0 | – | 22.50 | 1 | 0 | 0 | 2 | 6 | 0 | 0 | 0 | 0 0 0 | 0 0 0 | – |

Jim Hughes
HUGHES, JAMES JAY
Brother of Mickey Hughes.
B. Jan. 22, 1874, Sacramento, Calif. D. June 2, 1924, Sacramento, Calif.

1898 BAL N	23	12	.657	3.20	38	35	31	300.2	268	100	81	5	2 1 0	164 37 2	.226
1899 BKN N	**28**	6	**.824**	2.68	35	35	30	291.2	250	119	99	3	0 0 0	107 27 0	.252
1901	17	12	.586	3.27	31	29	24	250.2	265	102	96	0	1 0 0	91 16 0	.176
1902	15	11	.577	2.87	31	30	27	254	228	55	94	0	0 0 0	94 20 1	.213
4 yrs.	83	41	.669	3.00	135	129	112	1097	1011	376	370	8	3 1 0	456 100 3	.219
3 yrs.	60	29	.674	2.93	97	94	81	796.1	743	276	289	3	1 0 0	292 63 1	.216
				3rd											

Jim Hughes
HUGHES, JAMES ROBERT BR TR 6'1½" 200 lbs.
B. Mar. 21, 1923, Chicago, Ill.

1952 BKN N	2	1	.667	1.45	6	0	0	18.2	16	11	8	0	2 1 0	4 0 0	.000
1953	4	3	.571	3.47	48	0	0	85.2	80	41	49	0	4 3 9	14 4 0	.286
1954	8	4	.667	3.22	**60**	0	0	86.2	76	44	58	0	8 4 **24**	16 3 0	.188

Pitcher Register 282

	W	L	PCT	ERA	G	GS	CG	IP	H	BB	SO	ShO	Relief Pitching W	L	SV	BATTING AB	H	HR	BA

Jim Hughes continued
1955	0	2	.000	4.22	24	0	0	42.2	41	19	20	0	0	2	6	10	0	0	.000
1956 2 teams		BKN	N (5G 0-0)		CHI	N (25G 1-3)													
" total	1	3	.250	5.18	30	1	0	57.1	53	34	28	0	1	2	0	9	2	0	.222
1957 CHI A	0	0	—	10.80	4	0	0	5	12	3	2	0	0	0	0	0	0	0	—
6 yrs.	15	13	.536	3.83	172	1	0	296	278	152	165	0	15	12	39	53	9	0	.170
5 yrs.	14	10	.583	3.44	143	0	0	245.2	223	119	143	0	14	10	39 10th	46	7	0	.152

WORLD SERIES
1953 BKN N	0	0	—	2.25	1	0	0	4	3	1	3	0	0	0	0	1	0	0	.000

Mickey Hughes
HUGHES, MICHAEL J. Brother of Jim Hughes.
B. Oct. 25, 1866, New York, N. Y.   D. Apr. 10, 1931, Jersey City, N. J.   TR 5'6" 165 lbs.

1888 BKN AA	25	13	.658	2.13	40	40	40	363	281	98	159	2	0	0	0	139	19	0	.137
1889	9	8	.529	4.35	20	17	13	153	172	86	54	0	0	1	0	68	12	0	.176
1890 2 teams		BKN	N (9G 4-4)		PHI	AA (6G 1-3)													
" total	5	7	.417	5.27	15	13	10	107.2	141	51	37	0	0	1	0	42	3	0	.071
3 yrs.	39	28	.582	3.22	75	70	63	623.2	594	235	250	2	0	2	0	249	34	0	.137
1 yr.	4	4	.500	5.02	9	8	6	66.1	77	30	22	0	0	1	0	26	1	0	.038

George Hunter
HUNTER, GEORGE HENRY Brother of Bill Hunter.
B. July 8, 1886, Buffalo, N. Y.   D. Jan. 11, 1968, Harrisburg, Pa.   BB TL 5'8½" 165 lbs.

1909 BKN N	4	10	.286	2.46	16	13	10	113.1	104	38	43	0	1	2	0	*			

Willard Hunter
HUNTER, WILLARD MITCHELL
B. Mar. 18, 1934, Newark, N. J.   BR TL 6'2" 180 lbs.

1962 2 teams		LA	N (1G 0-0)		NY	N (27G 1-6)													
" total	1	6	.143	6.65	28	6	1	65	73	38	41	0	1	0	0	13	3	0	.231
1964 NY N	3	3	.500	4.41	41	0	0	49	54	9	22	0	3	3	5	1	1	0	1.000
2 yrs.	4	9	.308	5.68	69	6	1	114	127	47	63	0	4	3	5	14	4	0	.286
1 yr.	0	0	—	40.50	1	0	0	2	6	4	1	0	0	0	0	0	0	0	—

Ira Hutchinson
HUTCHINSON, IRA KENDALL
B. Aug. 31, 1910, Chicago, Ill.   D. Aug. 21, 1973, Chicago, Ill.   BR TR 5'10½" 180 lbs.

1933 CHI A	0	0	—	13.50	1	0	0	4	7	3	2	0	0	0	0	2	1	0	.500
1937 BOS N	4	6	.400	3.73	31	8	1	91.2	99	35	29	0	4	0	0	26	3	0	.115
1938	9	8	.529	2.74	36	12	4	151	150	61	38	1	5	3	4	52	9	0	.173
1939 BKN N	5	2	.714	4.34	41	1	0	105.2	103	51	46	0	5	2	1	27	1	0	.037
1940 STL N	4	2	.667	3.13	20	2	1	63.1	68	19	19	0	2	2	1	18	4	0	.222
1941	1	5	.167	3.86	29	0	0	46.2	32	19	19	0	1	5	5	8	2	0	.250
1944 BOS N	9	7	.563	4.21	40	8	1	119.2	136	53	22	1	6	4	1	29	4	0	.138
1945	2	3	.400	5.02	11	0	0	28.2	33	8	4	0	2	3	1	9	0	0	.000
8 yrs.	34	33	.507	3.76	209	32	7	610.2	628	249	179	2	25	19	13	171	24	0	.140
1 yr.	5	2	.714	4.34	41	1	0	105.2	103	51	46	0	5	2	1	27	1	0	.037

Tom Hutton
HUTTON, THOMAS GEORGE
B. Apr. 20, 1946, Los Angeles, Calif.   BL TL 5'11" 180 lbs.

1980 MON N	0	0	—	27.00	1	0	0	1	3	1	1	0	0	0	0	*			

Bert Inks
INKS, ALBERT JOHN
B. Jan. 27, 1871, Ligonier, Ind.   D. Oct. 3, 1941, Ligonier, Ind.   BL TL 6'3" 175 lbs.

1891 BKN N	3	10	.231	4.02	13	13	11	96.1	99	43	47	1	0	0	0	35	10	0	.286
1892 2 teams		BKN	N (9G 4-2)		WAS	N (3G 1-2)													
" total	5	4	.556	4.22	12	11	7	79	77	43	36	1	0	0	0	35	13	0	.371
1894 2 teams		BAL	N (22G 9-4)		LOU	N (8G 2-6)													
" total	11	10	.524	5.84	30	22	18	192.2	268	88	38	0	1	0	1	84	30	0	.357
1895 LOU N	7	20	.259	6.40	28	27	21	205.1	294	78	42	0	0	0	0	84	21	0	.250
1896 2 teams		PHI	N (3G 0-1)		CIN	N (3G 1-1)													
" total	1	2	.333	5.64	6	4	2	30.1	42	14	4	0	0	0	0	12	1	0	.083
5 yrs.	27	46	.370	5.52	89	77	59	603.2	780	266	167	2	1	0	1	250	75	0	.300
2 yrs.	7	12	.368	3.97	22	21	15	154.1	147	76	72	2	0	0	0	60	20	0	.333

George Jeffcoat
JEFFCOAT, GEORGE EDWARD Brother of Hal Jeffcoat.
B. Dec. 24, 1913, New Brookland, S. C.   D. Oct. 13, 1978, Leesville, S. C.   BR TR 5'11½" 175 lbs.

1936 BKN N	5	6	.455	4.52	40	5	3	95.2	84	63	46	0	4	3	3	23	3	0	.130
1937	1	3	.250	5.13	21	3	1	54.1	58	27	29	1	1	2	0	12	0	0	.000
1939	0	0	—	0.00	1	0	0	2	0	2	0	0	0	0	0	1	0	0	—
1943 BOS N	1	2	.333	3.06	8	1	0	17.2	15	10	10	0	0	0	0	4	2	0	.500
4 yrs.	7	11	.389	4.51	70	9	4	169.2	159	100	86	1	5	7	3	39	5	0	.128
3 yrs.	6	9	.400	4.68	62	8	4	152	144	90	76	1	5	5	3	35	3	0	.086

Jack Jenkins
JENKINS, WARREN WASHINGTON
B. Dec. 22, 1942, Covington, Va.   BR TR 6'2" 195 lbs.

1962 WAS A	0	1	.000	4.05	3	1	0	13.1	12	7	10	0	0	0	0	4	0	0	.000
1963	0	2	.000	5.84	4	2	0	12.1	16	12	5	0	0	0	0	3	1	0	.333

Pitcher Register

	W	L	PCT	ERA	G	GS	CG	IP	H	BB	SO	ShO	Relief Pitching W	L	SV	BATTING AB	H	HR	BA

Jack Jenkins continued

1969 LA N	0	0	–	0.00	1	0	0	1	0	0	1	0	0	0	0	0	0	0	–
3 yrs.	0	3	.000	4.73	8	3	1	26.2	28	19	16	0	0	0	0	7	1	0	.143
1 yr.	0	0	–	0.00	1	0	0	1	0	0	1	0	0	0	0	0	0	0	–

Tommy John

JOHN, THOMAS EDWARD BR TL 6'3" 180 lbs.
B. May 22, 1943, Terre Haute, Ind.

1963 CLE A	0	2	.000	2.21	6	3	0	20.1	23	6	9	0	0	0	0	6	0	0	.000
1964	2	9	.182	3.91	25	14	2	94.1	97	35	65	1	0	0	0	24	5	0	.208
1965 CHI A	14	7	.667	3.09	39	27	6	183.2	162	58	126	1	1	1	3	59	10	1	.169
1966	14	11	.560	2.62	34	33	10	223	195	57	138	5	0	0	0	69	10	2	.145
1967	10	13	.435	2.47	31	29	9	178.1	143	47	110	6	0	1	0	51	8	0	.157
1968	10	5	.667	1.98	25	25	5	177.1	135	49	117	1	0	0	0	62	12	1	.194
1969	9	11	.450	3.25	33	33	6	232.1	230	90	128	2	0	0	0	79	9	0	.114
1970	12	17	.414	3.28	37	37	10	269	253	101	138	3	0	0	0	84	17	0	.202
1971	13	16	.448	3.62	38	35	10	229	244	58	131	3	0	0	0	69	10	0	.145
1972 LA N	11	5	.688	2.89	29	29	4	186.2	172	40	117	1	0	0	0	63	10	0	.159
1973	16	7	.696	3.10	36	31	4	218	202	50	116	2	0	0	0	74	15	0	.203
1974	13	3	.813	2.59	22	22	5	153	133	42	78	3	0	0	0	51	6	0	.118
1976	10	10	.500	3.09	31	31	6	207	207	61	91	2	0	0	0	64	7	0	.109
1977	20	7	.741	2.78	31	31	11	220	225	50	123	3	0	0	0	79	14	1	.177
1978	17	10	.630	3.30	33	30	7	213	230	53	124	0	1	0	1	66	8	0	.121
1979 NY A	21	9	.700	2.97	37	36	17	276	268	65	111	3	1	0	0	0	0	0	–
1980	22	9	.710	3.43	36	36	16	265	270	56	78	6	0	0	0	0	0	0	–
1981	9	8	.529	2.64	20	20	7	140	135	39	50	0	0	0	0	0	0	0	–
1982 2 teams		NY	A (30G 10–10)			CAL	A (7G 4–2)												
" total	14	12	.538	3.69	37	33	10	221.2	239	39	68	2	0	0	0	0	0	0	–
1983 CAL A	11	13	.458	4.33	34	34	9	234.2	287	49	65	0	0	0	0	0	0	0	–
1984	7	13	.350	4.52	32	29	4	181.1	223	56	47	1	0	0	0	0	0	0	–
1985 2 teams		CAL	A (12G 2–4)			OAK	A (11G 2–6)												
" total	4	10	.286	5.53	23	17	0	86.1	117	28	25	0	1	1	0	0	0	0	–
22 yrs.	259	207	.556	3.23	669	615	158	4210	4190	1129	2055	45	4	3	4	900	141	5	.157
6 yrs.	87	42	.674	2.98	182	174	37	1197.2	1169	296	649	11	1	0	1	397	60	1	.151
				2nd															

DIVISIONAL PLAYOFF SERIES

| 1981 NY A | 0 | 1 | .000 | 6.43 | 1 | 1 | 0 | 7 | 8 | 2 | 0 | 0 | 0 | 0 | 0 | 0 | 0 | 0 | – |

LEAGUE CHAMPIONSHIP SERIES

1977 LA N	1	0	1.000	0.66	2	2	1	13.2	11	5	11	0	0	0	0	5	1	0	.200
1978	1	0	1.000	0.00	1	1	1	9	4	2	4	1	0	0	0	3	0	0	.000
1980 NY A	0	0	–	2.70	1	1	0	6.2	8	1	3	0	0	0	0	0	0	0	–
1981	1	0	1.000	1.50	1	1	0	6	6	1	3	0	0	0	0	0	0	0	–
1982 CAL A	1	1	.500	5.11	2	2	1	12.1	11	6	6	0	0	0	0	0	0	0	–
5 yrs.	4	1	.800	2.08	7	7	3	47.2	40	15	27	1	0	0	0	8	1	0	.125

WORLD SERIES

1977 LA N	0	1	.000	6.00	1	1	0	6	9	3	7	0	0	0	0	2	0	0	.000
1978	1	0	1.000	3.07	2	2	0	14.2	14	4	6	0	0	0	0	0	0	0	–
1981 NY A	1	0	1.000	0.69	3	2	0	13	11	0	8	0	0	0	0	2	0	0	.000
3 yrs.	2	1	.667	2.67	6	5	0	33.2	34	7	21	0	0	0	0	4	0	0	.000

Art Jones

JONES, ARTHUR LENOX BR TR 6' 165 lbs.
B. Feb. 7, 1906, Kershaw, S. C.   D. Nov. 25, 1980, Columbia, S. C.

| 1932 BKN N | 0 | 0 | – | 18.00 | 1 | 0 | 0 | 1 | 2 | 1 | 0 | 0 | 0 | 0 | 0 | 0 | 0 | 0 | – |

Oscar Jones

JONES, OSCAR WINFIELD (Flip Flap) BR TR 5'7" 163 lbs.
B. Jan. 21, 1879, London Grove, Pa.   D. Oct. 8, 1946, Perkasie, Pa.

1903 BKN N	20	16	.556	2.94	38	36	31	324.1	320	77	95	4	0	1	0	125	32	0	.256
1904	17	25	.405	2.75	46	41	38	377	387	92	96	0	1	0	0	137	24	0	.175
1905	8	15	.348	4.66	29	20	14	174	197	56	66	0	2	1	1	65	13	0	.200
3 yrs.	45	56	.446	3.20	113	97	83	875.1	904	225	257	4	3	2	1	327	69	0	.211
3 yrs.	45	56	.446	3.20	113	97	83	875.1	904	225	257	4	3	2	1	327	69	0	.211

Chet Kehn

KEHN, CHESTER LAWRENCE BR TR 5'11" 168 lbs.
B. Oct. 30, 1921, San Diego, Calif.   D. Apr. 5, 1984, San Diego, Calif.

| 1942 BKN N | 0 | 0 | – | 7.04 | 3 | 1 | 0 | 7.2 | 8 | 4 | 3 | 0 | 0 | 0 | 0 | 2 | 2 | 0 | 1.000 |

Mike Kekich

KEKICH, MICHAEL DENNIS BR TL 6'1" 196 lbs.
B. Apr. 2, 1945, San Diego, Calif.

1965 LA N	0	1	.000	9.58	5	1	0	10.1	10	13	9	0	0	0	0	2	0	0	.000
1968	2	10	.167	3.91	25	20	1	115	116	46	84	1	0	0	0	37	3	0	.081
1969 NY A	4	6	.400	4.54	28	13	1	105	91	49	66	0	1	0	1	27	3	0	.111
1970	6	9	.667	4.82	26	14	1	99	103	55	63	0	0	0	0	32	3	0	.094
1971	10	9	.526	4.08	37	24	3	170	167	82	93	0	2	0	0	52	8	0	.154
1972	10	13	.435	3.70	29	28	2	175.1	172	76	78	0	0	0	0	59	8	0	.136
1973 2 teams		NY	A (5G 1–1)			CLE	A (16G 1–4)												
" total	2	5	.286	7.52	21	10	0	64.2	93	49	30	0	0	0	0	0	0	0	–
1975 TEX A	0	0	–	3.73	23	0	0	31.1	33	21	19	0	0	0	2	0	0	0	–
1977 SEA A	5	4	.556	5.60	41	2	0	90	90	51	55	0	5	2	3	0	0	0	–
9 yrs.	39	51	.433	4.59	235	112	8	860.2	875	442	497	1	8	2	6	209	25	0	.120
2 yrs.	2	11	.154	4.38	30	21	1	125.1	126	59	93	1	0	0	0	39	3	0	.077

Pitcher Register

284

	W	L	PCT	ERA	G	GS	CG	IP	H	BB	SO	ShO	Relief Pitching W	L	SV	BATTING AB	H	HR	BA

George Kelly
KELLY, GEORGE LANGE (Highpockets) BR TR 6'4" 190 lbs.
Brother of Ren Kelly.
B. Sept. 10, 1895, San Francisco, Calif.   D. Oct. 13, 1984, Burlingame, Calif.
Hall of Fame 1973.

	W	L	PCT	ERA	G	GS	CG	IP	H	BB	SO	ShO	W	L	SV	AB	H	HR	BA
1917 NY N	1	0	1.000	0.00	1	0	0	5	4	1	2	0	1	0	0	*			

Brickyard Kennedy
KENNEDY, WILLIAM V. TR
B. Oct. 7, 1868, Bellaire, Ohio   D. Sept. 23, 1915, Bellaire, Ohio

	W	L	PCT	ERA	G	GS	CG	IP	H	BB	SO	ShO	W	L	SV	AB	H	HR	BA
1892 BKN N	13	9	.591	3.86	26	21	18	191	189	95	108	0	1	0	1	85	14	0	.165
1893	26	20	.565	3.72	46	44	40	382.2	376	168	107	2	0	1	1	157	39	0	.248
1894	22	19	.537	4.92	48	41	34	360.2	445	149	107	0	4	0	2	161	49	0	.304
1895	18	13	.581	5.12	39	33	26	279.2	335	93	39	2	3	0	1	127	39	0	.307
1896	15	20	.429	4.42	42	38	28	305.2	334	130	76	1	0	0	1	122	23	0	.189
1897	19	22	.463	3.91	44	40	36	343.1	370	149	81	2	1	1	1	147	40	1	.272
1898	16	21	.432	3.37	40	39	38	339.1	360	123	73	0	0	0	0	135	34	0	.252
1899	22	8	.733	2.79	40	33	27	277.1	297	86	55	2	1	0	2	109	27	0	.248
1900	20	13	.606	3.91	42	35	26	292	316	111	75	2	2	0	0	123	37	0	.301
1901	3	5	.375	3.06	14	8	6	85.1	80	24	28	0	0	0	0	36	6	0	.167
1902 NY N	1	4	.200	3.96	6	6	4	38.2	44	16	9	1	0	0	0	15	4	0	.267
1903 PIT N	9	6	.600	3.45	18	15	10	125.1	130	57	39	1	0	1	0	58	21	0	.362
12 yrs.	184	160	.535	3.96	405	353	293	3021	3276	1201	797	13	12	3	9	1275	333	1	.261
10 yrs.	174	150	.537	3.98	381	332	279	2857	3102	1128	749	11	12	2	9	1202	308	1	.256
	4th	3rd			8th					1st	3rd				1st				

WORLD SERIES
| 1903 PIT N | 0 | 1 | .000 | 5.14 | 1 | 1 | 0 | 7 | 11 | 3 | 3 | 0 | 0 | 0 | 0 | 2 | 1 | 0 | .500 |

Maury Kent
KENT, MAURICE ALLEN BB TR 6' 168 lbs.
B. Sept. 17, 1885, Marshalltown, Iowa   D. Apr. 19, 1966, Iowa City, Iowa

	W	L	PCT	ERA	G	GS	CG	IP	H	BB	SO	ShO	W	L	SV	AB	H	HR	BA
1912 BKN N	5	5	.500	4.84	20	9	2	93	107	46	24	1	1	1	0	35	8	0	.229
1913	0	0	-	2.45	3	0	0	7.1	5	3	1	0	0	0	0	3	0	0	.000
2 yrs.	5	5	.500	4.66	23	9	2	100.1	112	49	25	1	1	1	0	38	8	0	.211
2 yrs.	5	5	.500	4.66	23	9	2	100.1	112	49	25	1	1	1	0	38	8	0	.211

Newt Kimball
KIMBALL, NEWELL W. BR TR 6'2½" 190 lbs.
B. Mar. 27, 1915, Logan, Utah

	W	L	PCT	ERA	G	GS	CG	IP	H	BB	SO	ShO	W	L	SV	AB	H	HR	BA
1937 CHI N	0	0	-	10.80	2	0	0	5	12	1	0	0	0	0	0	1	0	0	.000
1938	0	0	-	9.00	1	0	0	1	3	0	1	0	0	0	0	0	0	0	-
1940 2 teams			BKN	N (21G 3-1)		STL	N (2G 1-0)												
" total	4	1	.800	3.02	23	1	1	47.2	40	21	27	0	3	1	1	11	2	0	.182
1941 BKN N	3	1	.750	3.63	15	5	1	52	43	29	17	0	1	0	1	14	3	0	.214
1942	2	0	1.000	3.68	14	1	0	29.1	27	19	8	0	1	0	0	5	1	0	.200
1943 2 teams			BKN	N (5G 1-1)		PHI	N (34G 1-6)												
" total	2	7	.222	3.84	39	6	2	100.2	94	47	35	0	1	4	3	19	3	0	.158
6 yrs.	11	9	.550	3.78	94	13	4	235.2	219	117	88	0	6	5	5	50	9	0	.180
4 yrs.	9	3	.750	3.36	55	6	1	126	108	68	48	0	6	2	3	27	4	0	.148

Clyde King
KING, CLYDE EDWARD BB TR 6'1" 175 lbs.
B. May 23, 1925, Goldsboro, N. C.
Manager 1969-70, 1974-75, 1982.

	W	L	PCT	ERA	G	GS	CG	IP	H	BB	SO	ShO	W	L	SV	AB	H	HR	BA
1944 BKN N	2	1	.667	3.09	14	3	1	43.2	42	12	14	0	0	0	0	10	2	0	.200
1945	5	5	.500	4.09	42	2	0	112.1	131	48	29	0	0	1	3	32	4	0	.125
1947	6	5	.545	2.77	29	9	2	87.2	85	29	31	0	2	0	0	26	3	0	.115
1948	0	1	.000	8.03	9	0	0	12.1	14	6	5	0	0	1	0	2	0	0	.000
1951	14	7	.667	4.15	48	3	1	121.1	118	50	33	0	13	6	6	29	4	0	.138
1952	2	0	1.000	5.06	23	0	0	42.2	56	12	17	0	2	0	0	5	0	0	.000
1953 CIN N	3	6	.333	5.21	35	4	0	76	78	32	21	0	2	4	2	10	0	0	.000
7 yrs.	32	25	.561	4.14	200	21	4	496	524	189	150	0	19	14	11	114	13	0	.114
6 yrs.	29	19	.604	3.94	165	17	4	420	446	157	129	0	17	10	9	104	13	0	.125

Fred Kipp
KIPP, FRED LEO BL TL 6'4" 200 lbs.
B. Oct. 1, 1931, Piqua, Kans.

	W	L	PCT	ERA	G	GS	CG	IP	H	BB	SO	ShO	W	L	SV	AB	H	HR	BA
1957 BKN N	0	0	-	9.00	1	0	0	4	6	0	3	0	0	0	0	1	0	0	.000
1958 LA N	6	6	.500	5.01	40	9	0	102.1	107	45	58	0	2	3	0	36	9	0	.250
1959	0	0	-	0.00	2	0	0	2.2	2	3	1	0	0	0	0	0	0	0	-
1960 NY A	0	1	.000	6.23	4	0	0	4.1	4	0	2	0	0	1	0	0	0	0	-
4 yrs.	6	7	.462	5.08	47	9	0	113.1	119	48	64	0	2	4	0	37	9	0	.243
3 yrs.	6	6	.500	5.04	43	9	0	109	115	48	62	0	2	3	0	37	9	0	.243

Frank Kitson
KITSON, FRANK L. BL TR 5'11" 165 lbs.
B. Apr. 11, 1872, Hopkins, Mich.   D. Apr. 14, 1930, Allegan, Mich.

	W	L	PCT	ERA	G	GS	CG	IP	H	BB	SO	ShO	W	L	SV	AB	H	HR	BA
1898 BAL N	8	6	.571	3.24	17	13	13	119.1	123	35	32	1	0	1	0	86	27	0	.314
1899	22	16	.579	2.76	40	37	35	329.2	329	66	75	3	0	1	0	134	27	0	.201
1900 BKN N	15	13	.536	4.19	40	30	21	253.1	283	56	55	2	2	0	4	109	32	0	.294
1901	19	11	.633	2.98	38	32	26	280.2	312	67	127	5	1	2	2	133	35	1	.263
1902	19	12	.613	2.84	31	30	28	259.2	251	48	107	3	0	1	0	113	30	0	.265
1903 DET A	15	16	.484	2.58	31	28	28	257.2	277	38	102	2	2	1	0	116	21	0	.181
1904	8	13	.381	3.07	26	24	19	199.2	211	38	69	0	0	0	1	72	15	1	.208
1905	12	14	.462	3.47	33	27	21	225.2	230	57	78	3	2	0	1	87	16	0	.184
1906 WAS A	6	14	.300	3.65	30	21	15	197	196	57	59	1	1	2	0	90	22	0	.244

	W	L	PCT	ERA	G	GS	CG	IP	H	BB	SO	ShO	Relief Pitching W L SV	BATTING AB H HR	BA

Frank Kitson continued
1907 2 teams	WAS	A	(5G 0–3)	NY	A	(12G 4–0)									
" total	4	3	.571	3.39	17	7	5	93	116	26	25	0	1 0 0	31 7 0	.226
10 yrs.	128	118	.520	3.17	303	249	211	2215.2	2328	488	729	20	9 8 8	*	
3 yrs.	53	36	.596	3.32	109	92	75	793.2	846	171	289	10	3 3 6	355 97 2	.273

Johnny Klippstein
KLIPPSTEIN, JOHN CALVIN BR TR 6'1" 173 lbs.
B. Oct. 17, 1927, Washington, D. C.

1950 CHI N	2	9	.182	5.25	33	11	3	104.2	112	64	51	0	1 1 1	33 11 1	.333
1951	6	6	.500	4.29	35	11	1	123.2	121	53	56	1	4 0 2	37 4 1	.108
1952	9	14	.391	4.44	41	25	7	202.2	208	89	110	2	4 0 3	63 11 1	.175
1953	10	11	.476	4.83	48	20	5	167.2	169	107	113	0	2 4 6	58 9 1	.155
1954	4	11	.267	5.29	36	21	4	148	155	96	69	0	0 2 1	45 6 0	.133
1955 CIN N	9	10	.474	3.39	39	14	3	138	120	60	68	2	4 2 0	31 2 0	.065
1956	12	11	.522	4.09	37	29	11	211	219	82	86	0	2 0 1	71 7 0	.099
1957	8	11	.421	5.05	46	18	3	146	146	68	99	1	3 2 3	41 3 0	.073
1958 2 teams	CIN	N	(12G 3–2)	LA	N	(45G 3–5)									
" total	6	7	.462	4.10	57	4	0	123	118	58	95	0	5 6 10	28 2 0	.071
1959 LA N	4	0	1.000	5.91	28	0	0	45.2	48	33	30	0	4 0 2	7 1 0	.143
1960 CLE A	5	5	.500	2.91	49	0	0	74.1	53	35	46	0	5 5 14	14 2 0	.143
1961 WAS A	2	2	.500	6.78	42	1	0	71.2	83	43	41	0	2 1 0	7 1 0	.143
1962 CIN N	7	6	.538	4.47	40	7	0	108.2	113	64	67	0	6 3 4	24 3 1	.125
1963 PHI N	5	6	.455	1.93	49	1	0	112	80	46	86	0	5 5 8	26 1 0	.038
1964 2 teams	PHI	N	(11G 2–1)	MIN	A	(33G 0–4)									
" total	2	5	.286	2.65	44	0	0	68	66	28	52	0	2 5 3	6 0 0	.000
1965 MIN A	9	3	.750	2.24	56	0	0	76.1	59	31	59	0	9 3 5	8 0 0	.000
1966	1	1	.500	3.40	26	0	0	39.2	35	20	26	0	1 1 3	3 0 0	.000
1967 DET A	0	0	–	5.40	5	0	0	6.2	6	1	4	0	0 0 0	0 0 0	–
18 yrs.	101	118	.461	4.24	711	162	37	1967.2	1911	978	1158	6	59 40 66	502 63 5	.125
2 yrs.	7	5	.583	4.51	73	0	0	135.2	129	77	103	0	7 5 11	27 2 0	.074

WORLD SERIES
1959 LA N	0	0	–	0.00	1	0	0	2	1	0	2	0	0 0 0	0 0 0	–
1965 MIN A	0	0	–	0.00	2	0	0	2.2	2	2	3	0	0 0 0	0 0 0	–
2 yrs.	0	0	–	0.00	3	0	0	4.2	3	2	5	0	0 0 0	0 0 0	–

Elmer Knetzer
KNETZER, ELMER ELLSWORTH (Baron) BR TR 5'10" 180 lbs.
B. July 22, 1885, Carrick, Pa. D. Oct. 3, 1975, Pittsburgh, Pa.

1909 BKN N	1	3	.250	3.03	5	4	3	35.2	33	22	7	0	0 0 0	12 0 0	.000
1910	7	5	.583	3.19	20	15	10	132.2	122	60	56	3	0 0 0	38 2 0	.053
1911	11	12	.478	3.49	35	20	11	204	202	93	66	3	2 3 0	62 6 0	.097
1912	7	9	.438	4.55	33	16	4	140.1	135	70	61	1	2 1 0	37 5 0	.135
1914 PIT F	19	11	.633	2.88	37	30	20	272	257	88	146	3	4 0 1	91 9 0	.099
1915	18	15	.545	2.58	41	33	22	279	256	89	120	3	1 1 3	91 12 0	.132
1916 2 teams	BOS	N	(2G 0–2)	CIN	N	(36G 5–12)									
" total	5	14	.263	3.01	38	16	12	176.1	172	47	72	0	0 5 1	52 8 0	.154
1917 CIN N	0	0	–	2.96	11	0	0	27.1	29	12	7	0	0 0 1	3 0 0	.000
8 yrs.	68	69	.496	3.15	220	134	82	1267.1	1206	481	535	13	9 10 6	386 42 0	.109
4 yrs.	26	29	.473	3.67	93	55	28	512.2	492	245	190	7	4 4 0	149 13 0	.087

Hub Knolls
KNOLLS, OSCAR EDWARD TR
B. Dec. 18, 1883, Valparaiso, Ind. D. July 1, 1946, Chicago, Ill.

| 1906 BKN N | 0 | 0 | – | 4.05 | 2 | 0 | 0 | 6.2 | 13 | 2 | 3 | 0 | 0 0 0 | 1 1 0 | 1.000 |

Ed Konetchy
KONETCHY, EDWARD JOSEPH (Big Ed) BR TR 6'2½" 195 lbs.
Also appeared in box score as Koney
B. Sept. 3, 1885, LaCrosse, Wis. D. May 27, 1947, Fort Worth, Tex.

1910 STL N	0	0	–	4.50	1	0	0	4	4	1	0	0	0 0 0	520 157 3	.302
1913	1	0	1.000	0.00	1	0	0	4.2	1	4	3	0	1 0 0	502 137 7	.273
1918 BOS N	0	1	.000	6.75	1	1	1	8	14	2	3	0	0 0 0	437 103 0	.236
3 yrs.	1	1	.500	4.32	3	1	1	16.2	19	7	6	0	1 0 0	*	

Jim Korwan
KORWAN, JAMES
B. Mar. 4, 1874, Brooklyn, N. Y. D. Aug., 1899, Brooklyn, N. Y.

1894 BKN N	0	0	–	14.40	1	0	0	5	9	5	2	0	0 0 0	2 0 0	.000
1897 CHI N	1	2	.333	5.82	5	4	3	34	47	28	12	0	0 0 0	12 0 0	.000
2 yrs.	1	2	.333	6.92	6	4	3	39	56	33	14	0	0 0 0	14 0 0	.000
1 yr.	0	0	–	14.40	1	0	0	5	9	5	2	0	0 0 0	2 0 0	.000

Sandy Koufax
KOUFAX, SANFORD BR TL 6'2" 210 lbs.
B. Dec. 30, 1935, Brooklyn, N. Y.
Hall of Fame 1971.

1955 BKN N	2	2	.500	3.02	12	5	2	41.2	33	28	30	2	0 1 0	12 0 0	.000
1956	2	4	.333	4.91	16	10	0	58.2	66	29	30	0	0 0 0	17 2 0	.118
1957	5	4	.556	3.88	34	13	2	104.1	83	51	122	0	1 0 0	26 0 0	.000
1958 LA N	11	11	.500	4.48	40	26	5	158.2	132	105	131	0	3 1 1	49 6 0	.122
1959	8	6	.571	4.05	35	23	6	153.1	136	92	173	1	0 0 2	54 6 0	.111
1960	8	13	.381	3.91	37	26	7	175	133	100	197	2	1 0 1	57 7 0	.123
1961	18	13	.581	3.52	42	35	15	255.2	212	96	269	2	1 0 0	77 5 0	.065
1962	14	7	.667	2.54	28	26	11	184.1	134	57	216	2	0 0 0	69 6 1	.087
1963	25	5	.833	1.88	40	40	20	311	214	58	306	11	0 0 0	110 7 1	.064

Pitcher Register 286

	W	L	PCT	ERA	G	GS	CG	IP	H	BB	SO	ShO	Relief Pitching W	L	SV	BATTING AB	H	HR	BA

Sandy Koufax continued

1964	19	5	.792	1.74	29	28	15	223	154	53	223	7	0	0	1	74	7	0	.095
1965	26	8	.765	2.04	43	41	27	335.2	216	71	382	8	0	0	2	113	20	0	.177
1966	27	9	.750	1.73	41	41	27	323	241	77	317	5	0	0	0	118	9	0	.076
12 yrs.	165	87	.655	2.76	397	314	137	2324.1	1754	817	2396	40	6	2	9	776	75	2	.097
12 yrs.	165	87	.655	2.76	397	314	137	2324.1	1754	817	2396	40	6	2	9	776	75	2	.097
	5th			4th	7th	7th		8th	8th		3rd	3rd							

WORLD SERIES
1959 LA N	0	1	.000	1.00	2	1	0	9	5	1	7	0	0	0	0	2	0	0	.000
1963	2	0	1.000	1.50	2	2	2	18	12	3	23	0	0	0	0	6	0	0	.000
1965	2	1	.667	0.38	3	3	2	24	13	5	29	2	0	0	0	9	1	0	.111
1966	0	1	.000	1.50	1	1	0	6	6	2	2	0	0	0	0	2	0	0	.000
4 yrs.	4	3	.571	0.95	8	7	4	57	36	11	61	2	0	0	0	19	1	0	.053
				5th							4th	4th							

Joe Koukalik

KOUKALIK, JOSEPH   BR TR 5'8" 160 lbs.
B. Mar. 3, 1880, Chicago, Ill.   D. Dec. 27, 1945, Chicago, Ill.

| 1904 BKN N | 0 | 1 | .000 | 1.13 | 1 | 1 | 1 | 8 | 10 | 4 | 2 | 1 | 0 | 0 | 0 | 3 | 0 | 0 | .000 |

Lou Koupal

KOUPAL, LOUIS LADDIE   BR TR 5'11" 175 lbs.
B. Dec. 19, 1898, Tabor, S. D.   D. Dec. 8, 1961, San Gabriel, Calif.

1925 PIT N	0	0	—	9.00	6	0	0	9	14	7	0	0	0	0	0	1	0	0	.000
1926	0	2	.000	3.20	6	2	1	19.2	22	8	7	0	0	0	1	4	1	0	.250
1928 BKN N	1	0	1.000	2.41	19	4	1	37.1	43	15	10	0	0	0	1	9	1	0	.111
1929 2 teams			BKN	N (18G 0-1)		PHI	N (15G 5-5)												
" total	5	6	.455	4.96	33	14	3	127	155	54	35	0	0	0	6	46	5	0	.109
1930 PHI N	0	4	.000	8.59	13	4	1	36.2	52	17	11	0	0	1	0	12	1	0	.083
1937 STL A	4	9	.308	6.56	26	13	6	105.2	150	55	24	0	0	0	0	32	3	0	.094
6 yrs.	10	21	.323	5.58	101	34	12	335.1	436	156	87	0	0	1	7	104	11	0	.106
2 yrs.	1	1	.500	3.94	35	4	1	77.2	92	40	27	0	0	0	5	23	2	0	.087

Abe Kruger

KRUGER, ABRAHAM   BR TR 6'2" 190 lbs.
B. Feb. 14, 1885, Morris Run, Pa.   D. July 4, 1962, Elmira, N. Y.

| 1908 BKN N | 0 | 1 | .000 | 4.26 | 2 | 1 | 0 | 6.1 | 5 | 3 | 2 | 0 | 0 | 0 | 0 | 2 | 0 | 0 | .000 |

Clem Labine

LABINE, CLEMENT WALTER   BR TR 6' 180 lbs.
B. Aug. 6, 1926, Lincoln, R. I.

1950 BKN N	0	0	—	4.50	1	0	0	2	2	2	1	0	0	0	0	0	0	0	—
1951	5	1	.833	2.20	14	6	5	65.1	52	20	39	2	0	0	0	21	3	0	.143
1952	8	4	.667	5.14	25	9	0	77	76	47	43	0	6	1	0	22	1	0	.045
1953	11	6	.647	2.77	37	7	0	110.1	92	30	44	0	10	4	7	28	2	0	.071
1954	7	6	.538	4.15	47	2	0	108.1	101	56	43	0	6	5	5	30	1	0	.033
1955	13	5	.722	3.24	60	8	1	144.1	121	55	67	0	10	4	11	31	3	3	.097
1956	10	6	.625	3.35	62	3	1	115.2	111	39	75	0	9	6	19	23	2	0	.087
1957	5	7	.417	3.44	58	0	0	104.2	104	27	67	0	5	7	17	20	2	0	.100
1958 LA N	6	6	.500	4.15	52	2	0	104	112	33	43	0	5	5	14	18	1	0	.056
1959	5	10	.333	3.93	56	0	0	84.2	75	37	25	0	5	10	9	16	0	0	.000
1960 3 teams			LA	N (13G 0-1)		DET	A (14G 0-3)		PIT	N (15G 3-0)									
" total	3	4	.429	3.65	42	0	0	66.2	74	31	42	0	3	4	6	8	1	0	.125
1961 PIT N	4	1	.800	3.69	56	1	0	92.2	102	31	49	0	4	1	8	10	1	0	.100
1962 NY N	0	0	—	11.25	3	0	0	4	5	1	2	0	0	0	0	0	0	0	—
13 yrs.	77	56	.579	3.63	513	38	7	1079.2	1043	396	551	2	63	45	96	227	17	3	.075
11 yrs.	70	52	.574	3.63	425	37	7	933.1	888	341	473	2	56	41	83	211	16	3	.076
				5th									1st		3rd				

WORLD SERIES
1953 BKN N	0	2	.000	3.60	3	0	0	5	10	1	3	0	0	2	1	2	0	0	.000
1955	1	0	1.000	2.89	4	0	0	9.1	6	2	2	0	1	0	1	4	0	0	.000
1956	1	0	1.000	0.00	2	1	1	12	8	3	7	1	0	0	0	4	1	0	.250
1959 LA N	0	0	—	0.00	1	0	0	1	0	0	1	0	0	0	0	0	0	0	—
1960 PIT N	0	0	—	13.50	3	0	0	4	13	1	2	0	0	0	0	0	0	0	—
5 yrs.	2	2	.500	3.16	13	1	1	31.1	37	7	15	1	1	2	2	10	1	0	.100
				6th										2nd	10th				

Lerrin LaGrow

LaGROW, LERRIN HARRIS   BR TR 6'5" 220 lbs.
B. July 8, 1948, Phoenix, Ariz.

1970 DET A	0	1	.000	7.50	10	0	0	12	16	6	7	0	0	1	0	1	0	0	.000
1972	0	1	.000	1.33	16	0	0	27	22	6	9	0	0	1	2	0	0	0	—
1973	1	5	.167	4.33	21	3	0	54	54	23	33	0	0	3	3	0	0	0	—
1974	8	19	.296	4.67	37	34	11	216	245	80	85	0	0	0	0	0	0	0	—
1975	7	14	.333	4.38	32	26	7	164.1	183	66	75	2	0	0	0	0	0	0	—
1976 STL N	0	1	.000	1.48	8	2	1	24.1	21	7	10	0	0	0	0	5	0	0	.000
1977 CHI A	7	3	.700	2.45	66	0	0	99	81	35	63	0	7	3	25	0	0	0	—
1978	6	5	.545	4.40	52	0	0	88	85	38	71	0	6	5	16	0	0	0	—
1979 2 teams			CHI	A (11G 0-3)		LA	N (31G 5-1)												
" total	5	4	.556	5.24	42	2	0	55	65	34	31	0	5	2	5	3	1	0	.333
1980 PHI N	0	2	.000	4.15	25	0	0	39	42	17	21	0	0	2	3	4	1	0	.250
10 yrs.	34	55	.382	4.11	309	67	19	778.2	814	312	375	2	18	17	54	13	2	0	.154
1 yr.	5	1	.833	3.41	31	0	0	37	38	18	22	0	5	1	4	3	1	0	.333

LEAGUE CHAMPIONSHIP SERIES
| 1972 DET A | 0 | 0 | — | 0.00 | 1 | 0 | 0 | 1 | 0 | 0 | 1 | 0 | 0 | 0 | 0 | 0 | 0 | 0 | — |

Pitcher Register

	W	L	PCT	ERA	G	GS	CG	IP	H	BB	SO	ShO	Relief Pitching W	L	SV	BATTING AB	H	HR	BA

Frank Lamanske
LAMANSKE, FRANK JAMES (Lefty)   BL TL 5'11"   170 lbs.
B. Sept. 30, 1906, Oglesby, Ill.   D. Aug. 4, 1971, Olney, Ill.

	W	L	PCT	ERA	G	GS	CG	IP	H	BB	SO	ShO	W	L	SV	AB	H	HR	BA
1935 BKN N	0	0	—	7.36	2	0	0	3.2	5	1	1	0	0	0	0	1	0	0	.000

Wayne LaMaster
LaMASTER, WAYNE LEE   BL TL 5'8"   170 lbs.
B. Feb. 13, 1907, Speed, Ind.

	W	L	PCT	ERA	G	GS	CG	IP	H	BB	SO	ShO	W	L	SV	AB	H	HR	BA
1937 PHI N	15	19	.441	5.31	50	30	10	220.1	255	82	135	1	3	4	4	79	15	0	.190
1938 2 teams			PHI N (18G 4–7)			BKN N (3G 0–1)													
" total	4	8	.333	7.32	21	12	1	75	97	34	38	1	0	2	0	28	10	0	.357
2 yrs.	19	27	.413	5.82	71	42	11	295.1	352	116	173	2	3	6	4	107	25	0	.234
1 yr.	0	1	.000	4.76	3	0	0	11.1	17	3	3	0	0	1	0	6	1	0	.167

Ray Lamb
LAMB, RAYMOND RICHARD   BR TR 6'1"   170 lbs.
B. Dec. 28, 1944, Glendale, Calif.

	W	L	PCT	ERA	G	GS	CG	IP	H	BB	SO	ShO	W	L	SV	AB	H	HR	BA
1969 LA N	0	1	.000	1.80	10	0	0	15	12	7	11	0	0	1	1	1	0	0	.000
1970	6	1	.857	3.79	35	0	0	57	59	27	32	0	6	1	0	4	0	0	.000
1971 CLE A	6	12	.333	3.36	43	21	3	158	147	69	91	1	0	2	1	43	4	0	.093
1972	5	6	.455	3.08	34	9	0	108	101	29	64	0	4	1	0	21	0	0	.000
1973	3	3	.500	4.60	32	1	0	86	98	42	60	0	3	2	2	0	0	0	—
5 yrs.	20	23	.465	3.54	154	31	3	424	417	174	258	1	13	7	4	69	4	0	.058
2 yrs.	6	2	.750	3.38	45	0	0	72	71	34	43	0	6	2	1	5	0	0	.000

Joe Landrum
LANDRUM, JOSEPH BUTLER   BR TR 5'11"   180 lbs.
B. Dec. 13, 1928, Columbia, S. C.

	W	L	PCT	ERA	G	GS	CG	IP	H	BB	SO	ShO	W	L	SV	AB	H	HR	BA
1950 BKN N	0	0	—	8.10	7	0	0	6.2	12	1	5	0	0	0	1	0	0	0	—
1952	1	3	.250	5.21	9	5	2	38	46	10	17	0	0	0	0	8	1	0	.125
2 yrs.	1	3	.250	5.64	16	5	2	44.2	58	11	22	0	0	0	1	8	1	0	.125
2 yrs.	1	3	.250	5.64	16	5	2	44.2	58	11	22	0	0	0	1	8	1	0	.125

Tom Lasorda
LASORDA, THOMAS CHARLES   BL TL 5'10"   175 lbs.
B. Sept. 22, 1927, Norristown, Pa.
Manager 1976-85.

	W	L	PCT	ERA	G	GS	CG	IP	H	BB	SO	ShO	W	L	SV	AB	H	HR	BA
1954 BKN N	0	0	—	5.00	4	0	0	9	8	5	5	0	0	0	0	1	0	0	.000
1955	0	0	—	13.50	4	1	0	4	5	6	4	0	0	0	0	0	0	0	—
1956 KC A	0	4	.000	6.15	18	5	0	45.1	40	45	28	0	0	0	1	13	1	0	.077
3 yrs.	0	4	.000	6.48	26	6	0	58.1	53	56	37	0	0	0	1	14	1	0	.071
2 yrs.	0	0	—	7.62	8	1	0	13	13	11	9	0	0	0	0	1	0	0	.000

Bob Lee
LEE, ROBERT DEAN (Moose, Horse)   BR TR 6'3"   225 lbs.
B. Nov. 26, 1937, Ottumwa, Iowa

	W	L	PCT	ERA	G	GS	CG	IP	H	BB	SO	ShO	W	L	SV	AB	H	HR	BA
1964 LA A	6	5	.545	1.51	64	5	0	137	87	58	111	0	5	4	19	22	0	0	.000
1965 CAL A	9	7	.563	1.92	69	0	0	131.1	95	42	89	0	9	7	23	21	3	1	.143
1966	5	4	.556	2.74	61	0	0	101.2	90	31	46	0	5	4	16	11	0	0	.000
1967 2 teams			LA N (4G 0–0)			CIN N (27G 3–3)													
" total	3	3	.500	4.55	31	1	0	57.1	57	28	35	0	2	3	2	8	3	0	.375
1968 CIN N	2	4	.333	5.15	44	1	0	64.2	73	37	34	0	2	4	3	5	1	0	.200
5 yrs.	25	23	.521	2.71	269	7	0	492	402	196	315	0	23	22	63	67	7	1	.104
1 yr.	0	0	—	5.40	4	0	0	6.2	6	3	2	0	0	0	0	0	0	0	—

Ken Lehman
LEHMAN, KENNETH KARL   BL TL 6'   170 lbs.
B. June 10, 1928, Seattle, Wash.

	W	L	PCT	ERA	G	GS	CG	IP	H	BB	SO	ShO	W	L	SV	AB	H	HR	BA
1952 BKN N	1	2	.333	5.28	4	3	0	15.1	19	6	7	0	1	0	0	4	0	0	.000
1956	2	3	.400	5.66	25	4	0	49.1	65	23	29	0	2	1	0	10	3	0	.300
1957 2 teams			BKN N (3G 0–0)			BAL A (30G 8–3)													
" total	8	3	.727	2.52	33	3	1	75	64	23	35	0	7	1	6	22	5	0	.227
1958 BAL A	2	1	.667	3.48	31	1	1	62	64	18	36	0	2	1	0	14	1	0	.071
1961 PHI N	1	1	.500	4.26	41	2	0	63.1	61	25	27	0	1	0	1	6	0	0	.000
5 yrs.	14	10	.583	3.91	134	13	2	265	273	95	134	0	13	3	7	56	9	0	.161
3 yrs.	3	5	.375	5.02	32	7	0	71.2	91	30	39	0	3	1	0	16	4	0	.250
WORLD SERIES																			
1952 BKN N	0	0	—	0.00	1	0	0	2	2	1	0	0	0	0	0	0	0	0	—

Dutch Leonard
LEONARD, EMIL JOHN   BR TR 6'   175 lbs.
B. Mar. 25, 1909, Auburn, Ill.   D. Apr. 17, 1983, Springfield, Ill.

	W	L	PCT	ERA	G	GS	CG	IP	H	BB	SO	ShO	W	L	SV	AB	H	HR	BA
1933 BKN N	2	3	.400	2.93	10	3	2	40	42	10	6	0	1	1	0	11	0	0	.000
1934	14	11	.560	3.28	44	20	11	183.2	210	34	58	2	5	3	5	67	12	0	.179
1935	2	9	.182	3.92	43	11	4	137.2	152	29	41	0	0	4	8	39	1	0	.026
1936	0	0	—	3.66	16	0	0	32	34	5	8	0	0	0	1	5	2	0	.400
1938 WAS A	12	15	.444	3.43	33	31	15	223.1	221	53	68	3	1	0	0	82	19	0	.232
1939	20	8	.714	3.54	34	34	21	269.1	273	59	88	2	0	0	0	95	21	0	.221
1940	14	19	.424	3.49	35	35	23	289	328	78	124	2	0	0	0	101	16	0	.158
1941	18	13	.581	3.45	34	33	19	256	271	54	91	4	0	0	0	88	9	0	.102
1942	2	2	.500	4.11	6	5	1	35	28	5	15	1	0	0	0	10	1	0	.100
1943	11	13	.458	3.28	31	30	15	219.2	218	46	51	2	0	0	1	67	7	0	.104
1944	14	14	.500	3.06	32	31	17	229.1	222	37	62	3	0	1	0	79	18	0	.228
1945	17	7	.708	2.13	31	29	12	216	208	35	96	4	1	0	0	78	18	0	.231
1946	10	10	.500	3.56	26	23	7	161.2	182	36	62	2	0	0	0	53	9	0	.170
1947 PHI N	17	12	.586	2.68	32	29	19	235	224	57	103	3	1	1	0	80	14	0	.175
1948	12	17	.414	2.51	34	31	16	225.2	226	54	92	1	1	0	0	83	12	0	.145
1949 CHI N	7	16	.304	4.15	33	28	10	180	198	43	83	1	0	0	0	59	12	0	.203

Pitcher Register 288

	W	L	PCT	ERA	G	GS	CG	IP	H	BB	SO	ShO	Relief Pitching W	L	SV	BATTING AB	H	HR	BA

Dutch Leonard continued

	W	L	PCT	ERA	G	GS	CG	IP	H	BB	SO	ShO	W	L	SV	AB	H	HR	BA
1950	5	1	.833	3.77	35	1	0	74	70	27	28	0	4	1	6	16	1	0	.063
1951	10	6	.625	2.64	41	1	0	81.2	69	28	30	0	10	5	3	21	0	0	.000
1952	2	2	.500	2.16	45	0	0	66.2	56	24	37	0	2	2	11	10	2	0	.200
1953	2	3	.400	4.60	45	0	0	62.2	72	24	27	0	2	3	8	10	3	0	.300
20 yrs.	191	181	.513	3.25	640	375	192	3218.1	3304	738	1170	30	28	22	44	1054	177	0	.168
4 yrs.	18	23	.439	3.50	113	34	17	393.1	438	78	113	0	2	6	8	14	122	15	0	.123

Dennis Lewallyn
LEWALLYN, DENNIS DALE
B. Aug. 11, 1953, Pensacola, Fla.
BR TR 6'4" 195 lbs.

	W	L	PCT	ERA	G	GS	CG	IP	H	BB	SO	ShO	W	L	SV	AB	H	HR	BA
1975 LA N	0	0	–	0.00	2	0	0	3	1	0	0	0	0	0	0	0	0	0	–
1976	1	1	.500	2.16	4	2	0	16.2	12	6	4	0	0	0	0	5	0	0	.000
1977	3	1	.750	4.24	5	1	0	17	22	4	8	0	2	1	1	6	0	0	.000
1978	0	0	–	0.00	1	0	0	2	2	0	0	0	0	0	0	0	0	0	–
1979	0	1	.000	5.25	7	0	0	12	19	5	1	0	0	1	0	2	1	0	.500
1980 TEX A	0	0	–	7.50	4	0	0	6	7	4	1	0	0	0	0	0	0	0	–
1981 CLE A	0	0	–	5.54	7	0	0	13	16	2	11	0	0	0	0	0	0	0	–
1982	0	1	.000	6.97	4	0	0	10.1	13	1	3	0	0	1	0	0	0	0	–
8 yrs.	4	4	.500	4.50	34	3	0	80	92	22	28	0	2	3	1	13	1	0	.077
5 yrs.	4	3	.571	3.38	19	3	0	50.2	56	15	13	0	2	2	1	13	1	0	.077

Jim Lindsey
LINDSEY, JAMES KENDRICK
B. Jan. 24, 1898, Greensburg, La.   D. Oct. 25, 1963, Jackson, La.
BR TR 6'1" 175 lbs.

	W	L	PCT	ERA	G	GS	CG	IP	H	BB	SO	ShO	W	L	SV	AB	H	HR	BA
1922 CLE A	4	5	.444	6.02	29	5	0	83.2	105	24	29	0	4	2	1	24	4	0	.167
1924	0	0	–	21.00	3	0	0	3	8	3	0	0	0	0	0	0	0	0	–
1929 STL N	1	1	.500	5.51	2	2	1	16.1	20	2	8	0	0	0	0	5	1	0	.200
1930	7	5	.583	4.43	39	6	3	105.2	131	46	50	0	4	2	5	28	8	0	.286
1931	6	4	.600	2.77	35	2	1	74.2	77	45	32	1	5	4	7	9	1	0	.111
1932	3	3	.500	4.94	33	5	0	89.1	96	38	31	0	3	2	3	21	3	0	.143
1933	0	0	–	4.50	1	0	0	2	2	1	1	0	0	0	0	0	0	0	–
1934 2 teams			CIN N (4G 0-0)			STL N (11G 0-1)													
" total	0	1	.000	6.00	15	0	0	18	25	5	9	0	0	1	1	1	0	0	.000
1937 BKN N	0	1	.000	3.52	20	0	0	38.1	43	12	15	0	0	1	2	6	1	0	.167
9 yrs.	21	20	.512	4.70	177	20	5	431	507	176	175	1	16	12	19	94	18	0	.191
1 yr.	0	1	.000	3.52	20	0	0	38.1	43	12	15	0	0	1	2	6	1	0	.167
WORLD SERIES																			
1930 STL N	0	0	–	1.93	2	0	0	4.2	1	2	2	0	0	0	0	1	1	0	1.000
1931	0	0	–	5.40	2	0	0	3.1	4	3	2	0	0	0	0	0	0	0	–
2 yrs.	0	0	–	3.38	4	0	0	8	5	4	4	0	0	0	0	1	1	0	1.000

Billy Loes
LOES, WILLIAM
B. Dec. 13, 1929, Long Island City, N. Y.
BR TR 6'1" 165 lbs.

	W	L	PCT	ERA	G	GS	CG	IP	H	BB	SO	ShO	W	L	SV	AB	H	HR	BA
1950 BKN N	0	0	–	7.82	10	0	0	12.2	16	5	2	0	0	0	0	1	0	0	.000
1952	13	8	.619	2.69	39	21	8	187.1	154	71	115	4	5	2	1	54	5	0	.093
1953	14	8	.636	4.54	32	25	9	162.2	165	53	75	1	3	1	0	56	7	0	.125
1954	13	5	.722	4.14	28	21	6	147.2	154	60	97	0	3	2	0	51	6	0	.118
1955	10	4	.714	3.59	22	19	6	128	116	46	85	0	0	2	0	44	4	0	.091
1956 2 teams			BKN N (1G 0-0)			BAL A (21G 2-7)													
" total	2	8	.200	5.59	22	7	1	58	70	24	24	0	1	6	3	17	3	0	.176
1957 BAL A	12	7	.632	3.24	31	18	8	155.1	142	37	86	3	2	1	4	50	4	0	.080
1958	3	9	.250	3.63	32	10	1	114	106	44	44	0	3	3	5	30	2	0	.067
1959 SF N	4	7	.364	4.06	37	0	0	64.1	58	25	34	0	4	7	14	8	1	0	.125
1960	3	2	.600	4.93	37	0	0	45.2	40	17	28	0	3	2	5	4	1	0	.250
1961	6	5	.545	4.24	26	18	3	114.2	114	39	55	1	1	0	0	32	5	0	.156
11 yrs.	80	63	.559	3.89	316	139	42	1190.1	1135	421	645	9	25	26	32	347	38	0	.110
6 yrs.	50	26	.658	3.86	132	87	29	639.2	610	236	376	5	11	7	1	206	22	0	.107
WORLD SERIES																			
1952 BKN N	0	1	.000	4.35	2	1	0	10.1	11	5	5	0	0	0	0	3	1	0	.333
1953	1	0	1.000	3.38	1	1	0	8	8	2	8	0	0	0	0	3	2	0	.667
1955	0	1	.000	9.82	1	1	0	3.2	7	1	5	0	0	0	0	1	0	0	.000
3 yrs.	1	2	.333	4.91	4	3	0	22	26	8	18	0	0	0	0	7	3	0	.429

Bob Logan
LOGAN, ROBERT DEAN (Lefty)
B. Feb. 10, 1910, Thompson, Neb.   D. May 20, 1978, Indianapolis, Ind.
BR TL 5'10" 170 lbs.

	W	L	PCT	ERA	G	GS	CG	IP	H	BB	SO	ShO	W	L	SV	AB	H	HR	BA
1935 BKN N	0	1	.000	3.38	2	0	0	2.2	2	1	1	0	0	1	0	0	0	0	–
1937 2 teams			DET A (1G 0-0)			CHI N (4G 0-0)													
" total	0	0	–	1.29	5	0	0	7	7	5	3	0	0	0	0	1	0	0	.000
1938 CHI N	0	2	.000	2.78	14	0	0	22.2	18	17	10	0	0	2	0	3	0	0	.000
1941 CIN N	0	1	.000	8.10	2	0	0	3.1	5	5	0	0	0	1	0	0	0	0	–
1945 BOS N	7	11	.389	3.18	34	25	5	187	213	53	53	1	0	2	1	61	13	0	.213
5 yrs.	7	15	.318	3.15	57	25	5	222.2	245	81	67	1	0	6	4	65	13	0	.200
1 yr.	0	0	–	3.38	2	0	0	2.2	2	1	1	0	0	0	0	0	0	0	–

Bill Lohrman
LOHRMAN, WILLIAM LeROY
B. May 22, 1913, Brooklyn, N. Y.
BR TR 6'1" 185 lbs.

	W	L	PCT	ERA	G	GS	CG	IP	H	BB	SO	ShO	W	L	SV	AB	H	HR	BA
1934 PHI N	0	1	.000	4.50	4	0	0	6	5	1	2	0	0	1	1	2	1	0	.500
1937 NY N	1	0	1.000	0.90	2	1	1	10	5	2	3	0	0	0	1	2	0	0	.000
1938	9	6	.600	3.32	31	14	3	152	152	33	52	0	4	0	4	49	4	0	.082
1939	12	13	.480	4.07	38	24	9	185.2	200	45	70	1	2	2	1	60	14	2	.233
1940	10	15	.400	3.78	31	27	11	195	200	43	73	5	1	0	1	65	8	0	.123
1941	9	10	.474	4.02	33	20	6	159	184	40	61	2	1	3	3	48	11	0	.229

Pitcher Register

	W	L	PCT	ERA	G	GS	CG	IP	H	BB	SO	ShO	Relief Pitching W L SV	BATTING AB H HR	BA

Bill Lohrman continued

	W	L	PCT	ERA	G	GS	CG	IP	H	BB	SO	ShO	W	L	SV	AB	H	HR	BA
1942 2 teams			STL N (5G 1–1)			NY N (26G 13–4)													
" total	14	5	.737	2.48	31	19	12	170.2	154	35	47	2	2	1	0	61	9	0	.148
1943 2 teams			NY N (17G 5–6)			BKN N (6G 0–2)													
" total	5	8	.385	4.75	23	14	5	108	139	35	21	0	1	1	1	34	2	0	.059
1944 2 teams			BKN N (3G 0–0)			CIN N (2G 0–1)													
" total	0	1	.000	10.38	5	1	0	4.1	9	6	1	0	0	0	0	0	0	0	–
9 yrs.	60	59	.504	3.69	198	120	47	990.2	1048	240	330	10	11	8	8	321	49	2	.153
2 yrs.	0	2	.000	3.26	9	2	2	30.1	33	14	6	0	0	0	0	7	1	0	.143

Vic Lombardi
LOMBARDI, VICTOR ALVIN BL TL 5'7" 158 lbs.
B. Sept. 20, 1922, Reedley, Calif.

	W	L	PCT	ERA	G	GS	CG	IP	H	BB	SO	ShO	W	L	SV	AB	H	HR	BA
1945 BKN N	10	11	.476	3.31	38	24	9	203.2	195	86	64	0	3	1	4	71	13	0	.183
1946	13	10	.565	2.89	41	25	13	193	170	84	60	2	1	2	3	61	14	0	.230
1947	12	11	.522	2.99	33	20	7	174.2	156	65	72	3	3	1	3	66	16	0	.242
1948 PIT N	10	9	.526	3.70	38	17	9	163	156	67	54	0	3	1	4	48	10	0	.208
1949	5	5	.500	4.57	34	12	4	134	149	68	64	0	1	2	1	49	17	0	.347
1950	0	5	.000	6.60	39	2	0	76.1	93	48	26	0	0	3	1	16	4	0	.250
6 yrs.	50	51	.495	3.68	223	100	42	944.2	919	418	340	5	11	10	16	311	74	0	.238
3 yrs.	35	32	.522	3.07	112	69	29	571.1	521	235	196	5	7	4	10	198	43	0	.217

WORLD SERIES
| 1947 BKN N | 0 | 1 | .000 | 12.15 | 2 | 2 | 0 | 6.2 | 14 | 1 | 5 | 0 | 0 | 0 | 0 | 3 | 0 | 0 | .000 |

Tom Long
LONG, THOMAS FRANCIS BL TL 5'7" 140 lbs.
B. Apr. 22, 1898, Memphis, Tenn. D. Sept. 16, 1973, Louisville, Ky.

| 1924 BKN N | 0 | 0 | – | 9.00 | 1 | 0 | 0 | 2 | 2 | 2 | 0 | 0 | 0 | 0 | 0 | 0 | 0 | 0 | – |

Tom Lovett
LOVETT, THOMAS JOSEPH BR 5'8" 165 lbs.
B. Dec. 7, 1863, Providence, R. I. D. Mar. 20, 1928, Providence, R. I.

	W	L	PCT	ERA	G	GS	CG	IP	H	BB	SO	ShO	W	L	SV	AB	H	HR	BA
1885 PHI AA	7	8	.467	3.70	16	16	15	138.2	130	38	56	1	0	0	0	58	13	0	.224
1889 BKN AA	17	10	.630	4.32	29	28	23	229	234	65	92	1	0	0	0	100	19	2	.190
1890 BKN N	30	11	.732	2.78	44	41	39	372	327	141	124	4	1	0	0	164	33	1	.201
1891	23	19	.548	3.69	44	43	39	365.2	361	129	129	3	0	0	0	153	25	0	.163
1893	3	5	.375	6.56	14	8	6	96	134	35	15	0	1	0	1	50	9	0	.180
1894 BOS N	8	6	.571	5.97	15	13	10	104	155	36	23	0	1	1	0	49	7	1	.143
6 yrs.	88	59	.599	3.94	162	149	132	1305.1	1341	444	439	9	3	1	1	574	106	4	.185
3 yrs.	56	35	.615	3.62	102	92	84	833.2	822	305	268	7	2	0	1	367	67	1	.183
				10th															

Ray Lucas
LUCAS, RAY WESLEY (Luke) BR TR 6'2" 175 lbs.
B. Oct. 2, 1908, Springfield, Ohio D. Oct. 9, 1969, Harrison, Mich.

	W	L	PCT	ERA	G	GS	CG	IP	H	BB	SO	ShO	W	L	SV	AB	H	HR	BA
1929 NY N	0	0	–	0.00	3	0	0	8	3	3	1	0	0	0	1	2	1	0	.500
1930	0	0	–	6.97	6	0	0	10.1	9	10	1	0	0	0	1	1	0	0	.000
1931	0	0	–	4.50	1	0	0	2	1	1	0	0	0	0	0	0	0	0	–
1933 BKN N	0	0	–	7.20	2	0	0	5	6	4	0	0	0	0	0	0	0	0	–
1934	1	1	.500	6.75	10	2	0	30.2	39	14	3	0	1	0	0	6	2	0	.333
5 yrs.	1	1	.500	5.79	22	2	0	56	58	32	5	0	1	0	1	9	3	0	.333
2 yrs.	1	1	.500	6.81	12	2	0	35.2	45	18	3	0	1	0	0	6	2	0	.333

Con Lucid
LUCID, CORNELIUS CECIL
B. Feb. 24, 1874, Dublin, Ireland D. June 25, 1931, Houston, Tex.

	W	L	PCT	ERA	G	GS	CG	IP	H	BB	SO	ShO	W	L	SV	AB	H	HR	BA
1893 LOU N	0	1	.000	15.00	2	1	0	6	10	10	0	0	0	0	0	3	1	0	.333
1894 BKN N	5	3	.625	6.56	10	9	7	71.1	87	44	15	0	0	0	0	33	7	0	.212
1895 2 teams			BKN N (21G 10–7)			PHI N (10G 6–3)													
" total	16	10	.615	5.66	31	29	19	206.2	244	107	43	3	1	0	0	82	23	0	.280
1896 PHI N	1	4	.200	8.36	5	5	5	42	75	17	3	0	0	0	0	16	2	0	.125
1897 STL N	1	5	.167	3.67	6	6	5	49	66	26	4	0	0	0	0	17	3	0	.176
5 yrs.	23	23	.500	6.02	54	50	36	375	482	204	65	3	1	0	0	151	36	0	.238
2 yrs.	15	10	.600	5.88	31	28	19	208.1	251	116	39	2	1	0	0	86	20	0	.233

Dolf Luque
LUQUE, ADOLFO (The Pride Of Havana) BR TR 5'7" 160 lbs.
B. Aug. 4, 1890, Havana, Cuba D. July 3, 1957, Havana, Cuba

	W	L	PCT	ERA	G	GS	CG	IP	H	BB	SO	ShO	W	L	SV	AB	H	HR	BA
1914 BOS N	0	1	.000	4.15	2	1	1	8.2	5	4	1	0	0	0	0	2	0	0	.000
1915	0	0	–	3.60	2	1	0	5	6	4	3	0	0	0	0	2	0	0	.000
1918 CIN N	6	3	.667	3.80	12	10	9	83	84	32	26	1	0	0	0	28	9	0	.321
1919	9	3	.750	2.63	30	9	6	106	89	36	40	2	3	0	3	32	4	0	.125
1920	13	9	.591	2.51	37	23	10	207.2	168	60	72	1	1	1	1	64	17	0	.266
1921	17	19	.472	3.38	41	36	25	304	318	64	102	3	0	0	3	111	30	0	.270
1922	13	23	.361	3.31	39	32	18	261	266	72	79	0	3	2	0	86	18	0	.209
1923	27	8	.771	1.93	41	37	28	322	279	88	151	6	1	0	2	104	21	1	.202
1924	10	15	.400	3.16	31	28	13	219.1	229	53	86	2	0	1	0	73	13	1	.178
1925	16	18	.471	2.63	36	36	22	291	263	78	140	4	0	0	1	102	26	2	.255
1926	13	16	.448	3.43	34	30	16	233.2	231	77	83	1	1	1	0	78	27	0	.346
1927	13	12	.520	3.20	29	27	17	230.2	225	56	76	2	1	0	0	83	18	0	.217
1928	11	10	.524	3.57	33	29	11	234.1	254	84	72	1	0	1	0	67	8	0	.119
1929	5	16	.238	4.50	32	22	8	176	213	56	43	1	0	1	0	54	15	1	.278
1930 BKN N	14	8	.636	4.30	31	24	16	199	221	58	62	2	1	0	2	75	18	0	.240
1931	7	6	.538	4.56	19	15	5	102.2	122	27	25	0	2	0	0	30	4	0	.133
1932 NY N	6	7	.462	4.01	38	5	1	110	128	32	32	0	6	3	5	25	1	0	.040
1933	8	2	.800	2.69	35	0	0	80.1	75	19	23	0	8	2	4	19	5	0	.263
1934	4	3	.571	3.83	26	0	0	42.1	54	17	12	0	4	3	7	7	2	0	.286

Pitcher Register

	W	L	PCT	ERA	G	GS	CG	IP	H	BB	SO	ShO	Relief Pitching W	L	SV	BATTING AB	H	HR	BA

Dolf Luque continued

1935	1	0	1.000	0.00	2	0	0	3.2	1	1	2	0	1	0	0	1	1	0	1.000
20 yrs.	193	179	.519	3.24	550	365	206	3220.1	3231	918	1130	26	32	16	28	1043	237	5	.227
2 yrs.	21	14	.600	4.39	50	39	21	301.2	343	85	87	2	3	0	2	105	22	0	.210

WORLD SERIES

1919 CIN N	0	0	–	0.00	2	0	0	5	1	0	6	0	0	0	0	1	0	0	.000
1933 NY N	1	0	1.000	0.00	1	0	0	4.1	2	2	5	0	1	0	0	1	1	0	1.000
2 yrs.	1	0	1.000	0.00	3	0	0	9.1	3	2	11	0	1	0	0	2	1	0	.500

Max Macon

MACON, MAX CULLEN BL TL 6'3" 175 lbs.
B. Oct. 14, 1915, Pensacola, Fla.

1938 STL N	4	11	.267	4.11	38	12	5	129.1	133	61	39	1	2	2	2	36	11	0	.306
1940 BKN N	1	0	1.000	22.50	2	0	0	2	5	0	1	0	1	0	0	1	1	0	1.000
1942	5	3	.625	1.93	14	8	4	84	67	33	27	1	2	0	1	43	12	0	.279
1943	7	5	.583	5.96	25	9	0	77	89	32	21	0	3	2	0	55	9	0	.164
1944 BOS N	0	0	–	21.00	1	0	0	3	10	1	1	0	0	0	0	366	100	3	.273
1947	0	0	–	0.00	1	0	0	2	1	1	1	0	0	0	0	1	0	0	.000
6 yrs.	17	19	.472	4.24	81	29	9	297.1	305	128	90	2	8	4	3	*			
3 yrs.	13	8	.619	4.09	41	17	4	163	161	65	49	1	6	2	1	99	22	0	.222

Sal Maglie

MAGLIE, SALVATORE ANTHONY (The Barber) BR TR 6'2" 180 lbs.
B. Apr. 26, 1917, Niagara Falls, N. Y.

1945 NY N	5	4	.556	2.35	13	10	7	84.1	72	22	32	3	0	1	0	30	5	0	.167
1950	18	4	.818	2.71	47	16	12	206	169	86	96	5	5	2	1	66	8	0	.121
1951	23	6	.793	2.93	42	37	22	298	254	86	146	3	1	0	4	112	17	1	.152
1952	18	8	.692	2.92	35	31	12	216	199	75	112	5	1	1	1	69	5	0	.072
1953	8	9	.471	4.15	27	24	9	145.1	158	47	80	3	0	0	0	48	13	0	.271
1954	14	6	.700	3.26	34	32	9	218.1	222	70	117	1	0	0	2	63	8	0	.127
1955 2 teams	NY	N	(23G 9-5)	CLE	A	(10G 0-2)													
" total	9	7	.563	3.77	33	23	6	155.1	168	55	82	0	1	0	2	45	5	0	.111
1956 2 teams	CLE	A	(2G 0-0)	BKN	N	(28G 13-5)													
" total	13	5	.722	2.89	30	26	9	196	160	54	110	3	0	0	0	70	9	0	.129
1957 2 teams	BKN	N	(19G 6-6)	NY	A	(6G 2-0)													
" total	8	6	.571	2.69	25	20	5	127.1	116	33	59	2	0	0	4	37	3	0	.081
1958 2 teams	NY	A	(7G 1-1)	STL	N	(10G 2-6)													
" total	3	7	.300	4.72	17	13	2	76.1	73	34	28	0	0	0	0	23	3	1	.130
10 yrs.	119	62	.657 9th	3.15	303	232	93	1723	1591	562	862	25	8	4	14	563	76	2	.135
2 yrs.	19	11	.633	2.89	47	43	13	292.1	248	78	158	4	0	0	1	99	10	0	.101

WORLD SERIES

1951 NY N	0	1	.000	7.20	1	1	0	5	8	2	3	0	0	0	0	1	0	0	.000
1954	0	0	–	2.57	1	1	0	7	7	2	2	0	0	0	0	3	0	0	.000
1956 BKN N	1	1	.500	2.65	2	2	2	17	14	6	15	0	0	0	0	5	0	0	.000
3 yrs.	1	2	.333	3.41	4	4	2	29	29	10	20	0	0	0	0	9	0	0	.000

Duster Mails

MAILS, JOHN WALTER (The Great) BL TL 6' 195 lbs.
B. Oct. 1, 1895, San Quentin, Calif. D. July 5, 1974, San Francisco, Calif.

1915 BKN N	0	1	.000	3.60	2	0	0	5	6	5	3	0	0	1	0	1	0	0	.000
1916	0	1	.000	3.63	11	0	0	17.1	9	13	0	0	0	0	0	4	1	0	.250
1920 CLE A	7	0	1.000	1.85	9	8	6	63.1	54	18	25	2	0	0	0	20	4	0	.200
1921	14	8	.636	3.94	34	24	10	194.1	210	89	87	2	2	1	2	64	6	0	.094
1922	4	7	.364	5.28	26	13	4	104	122	40	54	1	1	1	0	31	5	0	.161
1925 STL N	7	7	.500	4.60	21	14	9	131	145	58	49	0	0	1	0	45	6	0	.133
1926	0	1	.000	0.00	1	0	0	2	1	2	1	0	1	1	0	0	0	0	–
7 yrs.	32	25	.561	4.10	104	59	29	516	554	220	232	5	3	6	2	165	22	0	.133
2 yrs.	0	2	.000	3.63	13	0	0	22.1	21	14	16	0	0	2	0	5	1	0	.200

WORLD SERIES

| 1920 CLE A | 1 | 0 | 1.000 | 0.00 | 2 | 1 | 1 | 15.2 | 6 | 6 | 6 | 1 | 0 | 0 | 0 | 5 | 0 | 0 | .000 |

Mal Mallette

MALLETTE, MALCOLM FRANCIS BL TL 6'2" 200 lbs.
B. Jan. 30, 1922, Syracuse, N. Y.

| 1950 BKN N | 0 | 0 | – | 0.00 | 2 | 0 | 0 | 1.1 | 2 | 1 | 2 | 0 | 0 | 0 | 0 | 0 | 0 | 0 | – |

Al Mamaux

MAMAUX, ALBERT LEON BR TR 6'1½" 168 lbs.
B. May 30, 1894, Pittsburgh, Pa. D. Jan. 2, 1963, Santa Monica, Calif.

1913 PIT N	0	0	–	3.00	1	0	0	3	2	2	2	0	0	0	0	1	0	0	.000
1914	5	2	.714	1.71	13	6	4	63	41	24	20	2	1	1	0	20	5	0	.250
1915	21	8	.724	2.04	38	31	17	251.2	182	96	152	8	3	0	0	92	15	0	.163
1916	21	15	.583	2.53	45	38	26	310	264	136	163	1	1	0	2	110	21	0	.191
1917	2	11	.154	5.25	16	13	5	85.2	92	50	22	0	0	1	0	31	7	0	.226
1918 BKN N	0	1	.000	6.75	2	1	0	8	14	2	2	0	0	0	0	2	0	0	.000
1919	10	12	.455	2.66	30	22	16	199.1	174	66	80	2	1	0	0	63	11	0	.175
1920	12	8	.600	2.69	41	18	9	190.2	172	63	101	2	5	1	4	60	10	0	.167
1921	3	3	.500	3.14	12	1	0	43	36	13	21	0	3	2	1	11	2	0	.182
1922	1	4	.200	3.70	37	7	1	87.2	97	33	35	0	2	2	3	17	4	1	.235
1923	0	2	.000	8.31	5	1	0	13	20	6	5	0	0	1	0	2	1	0	.500
1924 NY A	1	1	.500	5.68	14	2	0	38	44	20	12	0	0	1	0	13	1	0	.077
12 yrs.	76	67	.531	2.90	254	140	78	1293	1138	511	625	15	14	9	10	422	77	1	.182
6 yrs.	26	30	.464	3.07	127	50	26	541.2	513	183	244	5	9	6	8	155	28	1	.181

WORLD SERIES

| 1920 BKN N | 0 | 0 | – | 4.50 | 3 | 0 | 0 | 4 | 2 | 0 | 5 | 0 | 0 | 0 | 0 | 1 | 0 | 0 | .000 |

Pitcher Register

	W	L	PCT	ERA	G	GS	CG	IP	H	BB	SO	ShO	Relief Pitching W	L	SV	BATTING AB	H	HR	BA

Juan Marichal

MARICHAL, JUAN ANTONIO SANCHEZ (Manito, The Dominican Dandy)
BR TR 6' 185 lbs.
B. Oct. 20, 1938, Laguna Verde, Dominican Republic
Hall of Fame 1983.

Year	Tm	Lg	W	L	PCT	ERA	G	GS	CG	IP	H	BB	SO	ShO	W	L	SV	AB	H	HR	BA
1960	SF	N	6	2	.750	2.66	11	11	6	81.1	59	28	58	1	0	0	0	31	4	0	.129
1961			13	10	.565	3.89	29	27	9	185	183	48	124	3	1	1	0	59	7	0	.119
1962			18	11	.621	3.36	37	36	18	262.2	233	90	153	3	0	0	1	89	21	0	.236
1963			25	8	.758	2.41	41	40	18	321.1	259	61	248	5	1	0	0	112	20	1	.179
1964			21	8	.724	2.48	33	33	22	269	241	52	206	4	0	0	0	97	14	0	.144
1965			22	13	.629	2.13	39	37	24	295.1	224	46	240	10	1	0	1	98	17	0	.173
1966			25	6	.806	2.23	37	36	25	307.1	228	36	222	4	1	0	0	112	28	1	.250
1967			14	10	.583	2.76	26	26	18	202.1	195	42	166	2	0	0	0	79	14	0	.177
1968			26	9	.743	2.43	38	38	30	325.2	295	46	218	5	0	0	0	123	20	0	.163
1969			21	11	.656	2.10	37	36	27	300	244	54	205	8	0	0	0	109	15	0	.138
1970			12	10	.545	4.11	34	33	14	243	269	48	123	1	0	0	0	85	5	0	.059
1971			18	11	.621	2.94	37	37	18	279	244	56	159	4	0	0	0	105	14	2	.133
1972			6	16	.273	3.71	25	24	6	165	176	46	72	0	0	1	0	51	10	0	.196
1973			11	15	.423	3.79	34	32	9	209	231	37	87	2	0	0	0	69	13	0	.188
1974	BOS	A	5	1	.833	4.87	11	9	0	57.1	61	14	21	0	1	0	0	0	0	0	-
1975	LA	N	0	1	.000	13.50	2	2	0	6	11	5	1	0	0	0	0	2	0	0	.000
16 yrs.			243	142	.631	2.89	471	457	244	3509.1	3153	709	2303	52	5	2	2	1221	202	4	.165
1 yr.			0	1	.000	13.50	2	2	0	6	11	5	1	0	0	0	0	2	0	0	.000

LEAGUE CHAMPIONSHIP SERIES

1971	SF	N	0	1	.000	2.25	1	1	1	8	4	0	6	0	0	0	0	0	0	0	.000

WORLD SERIES

1962	SF	N	0	0	-	0.00	1	1	0	4	2	2	4	0	0	0	0	2	0	0	.000

Rube Marquard

MARQUARD, RICHARD WILLIAM
BB TL 6'3" 180 lbs.
BL 1925
B. Oct. 9, 1889, Cleveland, Ohio
D. June 1, 1980, Pikesville, Md.
Hall of Fame 1971.

Year	Tm	Lg	W	L	PCT	ERA	G	GS	CG	IP	H	BB	SO	ShO	W	L	SV	AB	H	HR	BA
1908	NY	N	0	1	.000	3.60	1	1	0	5	6	2	2	0	0	0	0	1	0	0	.000
1909			5	13	.278	2.60	29	21	8	173.	155	73	109	0	2	0	0	54	8	0	.148
1910			4	4	.500	4.46	13	8	2	70.2	65	40	52	0	0	1	0	27	3	0	.111
1911			24	7	.774	2.50	45	33	22	277.2	221	106	237	5	2	1	2	104	17	1	.163
1912			26	11	.703	2.57	43	38	22	294.2	286	80	175	1	2	0	0	96	21	0	.219
1913			23	10	.697	2.50	42	33	20	288	248	49	151	4	5	0	2	105	23	0	.219
1914			12	22	.353	3.06	39	33	15	268	261	47	92	4	1	0	2	84	15	0	.179
1915	2 teams						NY	N	(27G 9-8)	BKN	N	(6G 2-2)										
"	total		11	10	.524	4.04	33	23	10	193.2	207	38	92	2	4	1	2	63	7	0	.111
1916	BKN	N	13	6	.684	1.58	36	20	15	205	169	38	107	2	3	0	5	63	9	0	.143
1917			19	12	.613	2.55	37	29	14	232.2	200	60	117	2	2	5	1	75	15	0	.200
1918			9	18	.333	2.64	34	29	19	239	231	59	89	4	0	0	0	76	13	0	.171
1919			3	3	.500	2.29	8	7	3	59	54	10	29	0	0	0	0	23	6	0	.261
1920			10	7	.588	3.23	28	26	10	189.2	181	35	89	1	0	0	0	59	10	0	.169
1921	CIN	N	17	14	.548	3.39	39	35	18	265.2	291	50	88	2	0	1	0	95	19	0	.200
1922	BOS	N	11	15	.423	5.09	39	24	7	198	255	66	57	0	3	1	1	63	14	0	.222
1923			11	14	.440	3.73	38	29	11	239	265	65	78	3	0	2	0	86	12	0	.140
1924			1	2	.333	3.00	6	6	1	36	33	13	10	0	0	0	0	11	3	0	.273
1925			2	8	.200	5.75	26	8	0	72	105	27	19	0	0	4	0	22	3	0	.136
18 yrs.			201	177	.532	3.08	536	403	197	3306.2	3233	858	1593	30	27	12	14	1107	198	1	.179
6 yrs.			56	48	.538	2.58	149	114	61	950	864	207	444	9	10	1	5	304	54	0	.178
						4th															

WORLD SERIES

1911	NY	N	0	1	.000	1.54	3	2	2	11.2	9	1	8	0	0	0	0	2	0	0	.000
1912			2	0	1.000	0.50	2	2	2	18	14	2	9	0	0	0	0	4	0	0	.000
1913			0	1	.000	7.00	2	1	0	9	10	3	3	0	0	0	0	1	0	0	.000
1916	BKN	N	0	2	.000	4.91	2	2	0	11	12	6	9	0	0	0	0	3	0	0	.000
1920			0	1	.000	2.00	2	1	0	9	7	3	6	0	0	0	0	1	0	0	.000
5 yrs.			2	5	.286	2.76	11	8	4	58.2	52	15	35	0	0	0	0	11	0	0	.000
						2nd			10th	10th											

Buck Marrow

MARROW, CHARLES KENNON
BR TR 6'4" 200 lbs.
B. Aug. 29, 1909, Tarboro, N. C.   D. Nov. 21, 1982, Newport News, Va.

Year	Tm	Lg	W	L	PCT	ERA	G	GS	CG	IP	H	BB	SO	ShO	W	L	SV	AB	H	HR	BA
1932	DET	A	2	5	.286	4.81	18	7	2	63.2	70	29	31	0	1	0	1	19	3	0	.158
1937	BKN	N	1	2	.333	6.61	6	3	1	16.1	19	9	2	0	0	0	0	5	0	0	.000
1938			0	1	.000	4.58	15	0	0	19.2	23	11	6	0	0	1	0	1	0	0	.000
3 yrs.			3	8	.273	5.06	39	10	3	99.2	112	49	39	0	1	1	1	25	3	0	.120
2 yrs.			1	3	.250	5.50	21	3	1	36	42	20	8	0	0	1	0	6	0	0	.000

Mike Marshall

MARSHALL, MICHAEL GRANT
BR TR 5'10" 180 lbs.
B. Jan. 15, 1943, Adrian, Mich.

Year	Tm	Lg	W	L	PCT	ERA	G	GS	CG	IP	H	BB	SO	ShO	W	L	SV	AB	H	HR	BA
1967	DET	A	1	3	.250	1.98	37	0	0	59	51	20	41	0	1	3	10	9	2	0	.222
1969	SEA	A	3	10	.231	5.13	20	14	3	87.2	99	35	47	1	0	1	0	27	7	1	.259
1970	2 teams					HOU	N	(4G 0-1)	MON	N	(24G 3-7)										
"	total		3	8	.273	3.86	28	5	0	70	64	33	43	0	3	4	3	11	1	0	.091
1971	MON	N	5	8	.385	4.30	66	0	0	111	100	50	85	0	5	8	23	16	3	0	.188
1972			14	8	.636	1.78	65	0	0	116	82	47	95	0	14	8	18	22	3	0	.136
1973			14	11	.560	2.66	92	0	0	179	163	75	124	0	14	11	31	33	8	0	.242
1974	LA	N	15	12	.556	2.42	106[1]	0	0	208	191	56	143	0	15	12	21	34	8	0	.235
1975			9	14	.391	3.30	57	0	0	109	98	39	64	0	9	14	13	15	1	0	.067
1976	2 teams					LA	N	(30G 4-3)	ATL	N	(24G 2-1)										
"	total		6	4	.600	3.99	54	0	0	99.1	99	39	56	0	6	4	14	11	1	0	.091

Pitcher Register

	W	L	PCT	ERA	G	GS	CG	IP	H	BB	SO	ShO	Relief Pitching W	L	SV	BATTING AB	H	HR	BA

Mike Marshall continued

	W	L	PCT	ERA	G	GS	CG	IP	H	BB	SO	ShO	W	L	SV	AB	H	HR	BA
1977 2 teams	ATL N (4G 1-0)				TEX A (12G 2-2)														
" total	3	2	.600	4.71	16	4	0	42	54	15	24	0	1	2	1	1	1	0	1.000
1978 MIN A	10	12	.455	2.36	54	0	0	99	80	37	56	0	10	12	21	0	0	0	—
1979	10	15	.400	2.64	90	1	0	143	132	48	81	0	10	14	32	0	0	0	—
1980	1	3	.250	6.19	18	0	0	32	42	12	13	0	1	3	1	0	0	0	—
1981 NY N	3	2	.600	2.61	20	0	0	31	26	8	8	0	3	2	0	0	0	0	—
14 yrs.	97	112	.464	3.14	723	24	3	1386	1281	514	880	1	92 6th	98	188 8th	179	35	1	.196
3 yrs.	28	29	.491	3.01	193	0	0	379.2	353	120	246	0	28 7th	29	42 9th	54	9	0	.167

LEAGUE CHAMPIONSHIP SERIES
| 1974 LA N | 0 | 0 | — | 0.00 | 2 | 0 | 0 | 3 | 0 | 0 | 1 | 0 | 0 | 0 | 0 | 0 | 0 | 0 | — |

WORLD SERIES
| 1974 LA N | 0 | 1 | .000 | 1.00 | 5 | 0 | 0 | 9 | 6 | 1 | 10 | 0 | 0 | 1 | 1 | 0 | 0 | 0 | — |

Morrie Martin

MARTIN, MORRIS WEBSTER BL TL 6' 173 lbs.
B. Sept. 3, 1922, Dixon, Mo.

	W	L	PCT	ERA	G	GS	CG	IP	H	BB	SO	ShO	W	L	SV	AB	H	HR	BA
1949 BKN N	1	3	.250	7.04	10	4	0	30.2	39	15	15	0	1	0	0	10	2	0	.200
1951 PHI A	11	4	.733	3.78	35	13	3	138	139	63	35	1	5	0	0	50	11	0	.220
1952	0	2	.000	6.39	5	5	0	25.1	32	15	13	0	0	0	0	9	1	0	.111
1953	10	12	.455	4.43	58	11	2	156.1	158	59	64	0	8	5	7	42	4	0	.095
1954 2 teams	PHI A (13G 2-4)				CHI A (35G 5-4)														
" total	7	8	.467	3.52	48	8	3	122.2	109	43	55	0	4	5	5	32	6	0	.188
1955 CHI A	2	3	.400	3.63	37	0	0	52	50	22	22	0	2	3	2	10	3	0	.300
1956 2 teams	CHI A (10G 1-0)				BAL A (9G 1-1)														
" total	2	1	.667	6.17	19	0	0	23.1	31	9	12	0	2	1	0	5	1	0	.200
1957 STL N	0	0	—	2.53	4	1	0	10.2	5	4	7	0	0	0	0	2	0	0	.000
1958 2 teams	STL N (17G 3-1)				CLE A (14G 2-0)														
" total	5	1	.833	3.74	31	0	0	43.1	39	20	21	0	5	1	1	5	0	0	.000
1959 CHI N	0	0	—	19.29	3	0	0	2.1	5	1	0	0	0	0	0	0	0	0	—
10 yrs.	38	34	.528	4.29	250	42	8	604.2	607	251	245	1	27	15	15	165	28	0	.170
1 yr.	1	3	.250	7.04	10	4	0	30.2	39	15	15	0	1	0	0	10	2	0	.200

Earl Mattingly

MATTINGLY, LAURENCE EARL BR TR 5'10½" 164 lbs.
B. Nov. 4, 1904, Newport, Md.

| 1931 BKN N | 0 | 1 | .000 | 2.51 | 8 | 0 | 0 | 14.1 | 15 | 10 | 6 | 0 | 0 | 1 | 0 | 3 | 0 | 0 | .000 |

Al Maul

MAUL, ALBERT JOSEPH (Smiling Al) BR TR 6' 175 lbs.
B. Oct. 9, 1865, Philadelphia, Pa. D. May 3, 1958, Philadelphia, Pa.

	W	L	PCT	ERA	G	GS	CG	IP	H	BB	SO	ShO	W	L	SV	AB	H	HR	BA
1884 PHI U	0	1	.000	4.50	1	1	1	8	10	1	7	0	0	0	0	4	0	0	.000
1887 PHI N	4	2	.667	5.54	7	5	4	50.1	72	15	18	0	2	0	0	56	17	1	.304
1888 PIT N	0	2	.000	6.35	3	1	1	17	26	5	12	0	0	1	0	259	54	0	.208
1889	1	4	.200	9.86	6	4	4	42	64	28	11	0	0	1	0	257	71	4	.276
1890 PIT P	16	12	.571	3.79	30	28	26	246.2	258	104	81	2	0	1	0	162	42	0	.259
1891 PIT N	1	2	.333	2.31	8	3	3	39	44	16	13	0	0	0	1	149	28	0	.188
1893 WAS N	12	21	.364	5.30	37	33	29	297	355	144	72	1	1	0	0	134	34	0	.254
1894	11	15	.423	5.98	28	26	21	201.2	272	73	34	0	0	0	0	124	30	2	.242
1895	10	5	.667	2.45	16	16	14	135.2	136	37	34	0	0	0	0	72	18	0	.250
1896	5	2	.714	3.63	8	8	7	62	75	20	18	0	0	0	0	28	8	0	.286
1897 2 teams	WAS N (1G 0-1)				BAL N (2G 0-0)														
" total	0	1	.000	7.45	3	3	0	9.2	13	9	2	0	0	0	0	4	1	0	.250
1898 BAL N	20	6	.769	2.10	28	28	26	239.2	207	49	31	1	0	0	0	93	19	0	.204
1899 BKN N	2	0	1.000	4.50	4	4	2	26	35	6	2	0	0	0	0	11	3	0	.273
1900 PHI N	2	3	.400	6.16	5	4	3	38	53	3	6	0	1	0	0	15	3	0	.200
1901 NY N	0	2	.000	11.37	3	3	2	19	39	8	5	0	0	0	0	8	3	0	.375
15 yrs.	84	78	.519	4.43	187	167	143	1431.2	1659	518	346	4	4	3	1	*			
1 yr.	2	0	1.000	4.50	4	4	2	26	35	6	2	0	0	0	0	11	3	0	.273

Ralph Mauriello

MAURIELLO, RALPH (Tami) BR TR 6'3" 195 lbs.
B. Aug. 25, 1934, Brooklyn, N. Y.

| 1958 LA N | 1 | 1 | .500 | 4.63 | 3 | 2 | 0 | 11.2 | 10 | 8 | 11 | 0 | 0 | 0 | 0 | 4 | 0 | 0 | .000 |

Al McBean

McBEAN, ALVIN O'NEAL BR TR 5'11½" 165 lbs.
B. May 15, 1938, Charlotte Amalie, Virgin Islands

	W	L	PCT	ERA	G	GS	CG	IP	H	BB	SO	ShO	W	L	SV	AB	H	HR	BA
1961 PIT N	3	2	.600	3.75	27	2	0	74.1	72	42	49	0	3	1	0	15	4	1	.267
1962	15	10	.600	3.70	33	29	6	189.2	212	65	119	2	0	0	0	67	14	0	.209
1963	13	3	.813	2.57	55	7	2	122.1	100	39	74	1	11	2	11	31	6	1	.194
1964	8	3	.727	1.91	58	0	0	89.2	76	17	41	0	8	3	22	12	1	0	.083
1965	6	6	.500	2.29	62	1	0	114	111	42	54	0	5	6	18	27	6	0	.222
1966	4	3	.571	3.22	47	0	0	86.2	95	24	54	0	4	3	3	10	1	0	.100
1967	7	4	.636	2.54	51	8	5	131	118	43	54	0	3	2	4	29	6	0	.207
1968	9	12	.429	3.58	36	28	9	198.1	204	63	100	2	0	1	0	67	13	0	.194
1969 2 teams	SD N (1G 0-1)				LA N (31G 2-6)														
" total	2	7	.222	4.07	32	1	0	55.1	56	23	27	0	2	6	2	5	1	0	.200
1970 2 teams	LA N (1G 0-0)				PIT N (7G 0-0)														
" total	0	0	—	7.36	8	0	0	11	14	7	3	0	0	0	0	0	0	0	.000
10 yrs.	67	50	.573	3.13	409	76	22	1072.1	1058	365	575	5	36	24	63	264	52	3	.197
2 yrs.	2	6	.250	3.83	32	0	0	49.1	47	21	26	0	2	6	4	3	0	0	.000

Pitcher Register

Gene McCann
McCANN, HENRY EUGENE TR 5'10"
B. June 13, 1876, Baltimore, Md. D. Apr. 26, 1943, New York, N. Y.

		W	L	PCT	ERA	G	GS	CG	IP	H	BB	SO	ShO	Relief Pitching W	L	SV	AB	BATTING H	HR	BA
1901	BKN N	2	3	.400	3.44	6	5	3	34	34	16	9	0	0	0	0	10	0	0	.000
1902		1	2	.333	2.40	3	3	3	30	32	12	9	0	0	0	0	12	1	0	.083
2 yrs.		3	5	.375	2.95	9	8	6	64	66	28	18	0	0	0	0	22	1	0	.045
2 yrs.		3	5	.375	2.95	9	8	6	64	66	28	18	0	0	0	0	22	1	0	.045

Johnny McCarthy
McCARTHY, JOHN JOSEPH BL TL 6'1½" 185 lbs.
B. Jan. 7, 1910, Chicago, Ill. D. Sept. 13, 1973, Nundelein, Ill.

| 1939 NY N | 0 | 0 | — | 7.20 | 1 | 0 | 0 | 5 | 8 | 2 | 0 | 0 | 0 | 0 | 0 | * | | |

Tommy McCarthy
McCARTHY, THOMAS FRANCIS MICHAEL BR TR 5'7" 170 lbs.
B. July 24, 1864, Boston, Mass. D. Aug. 5, 1922, Boston, Mass.
Manager 1890.
Hall of Fame 1946.

1884	BOS U	0	7	.000	4.82	7	6	5	56	73	14	18	0	0	1	0	209	45	0	.215
1886	PHI N	0	0	—	0.00	1	0	0	1	0	1	1	0	0	0	0	27	5	0	.185
1888	STL AA	0	0	—	4.15	2	0	0	4.1	3	2	1	0	0	0	0	511	140	1	.274
1889		0	0	—	7.20	1	0	0	5	4	6	1	0	0	0	0	604	176	2	.291
1891		0	0	—	9.00	1	0	0	1	2	0	0	0	0	0	0	578	179	8	.310
1894	BOS N	0	0	—	4.50	1	0	0	2	1	3	0	0	0	0	0	539	188	13	.349
6 yrs.		0	7	.000	4.93	13	6	5	69.1	83	26	21	0	0	1	0	*			

Tom McCreery
McCREERY, THOMAS LIVINGSTON BB TR 5'11" 180 lbs.
B. Oct. 19, 1874, Beaver, Pa. D. July 3, 1941, Beaver, Pa.

1895	LOU N	3	1	.750	5.36	8	4	3	48.2	51	38	14	1	0	0	1	108	35	0	.324
1896		0	1	.000	36.00	1	1	0	1	4	5	0	0	0	0	0	441	155	7	.351
1900	PIT N	0	0	—	12.00	1	0	0	3	3	1	0	0	0	0	0	132	29	1	.220
3 yrs.		3	2	.600	6.32	10	5	3	52.2	58	44	14	1	0	0	1	*			

Danny McDevitt
McDEVITT, DANIEL EUGENE BL TL 5'10" 175 lbs.
B. Nov. 18, 1932, New York, N. Y.

1957	BKN N	7	4	.636	3.25	22	17	5	119	105	72	90	2	0	0	0	39	6	0	.154
1958	LA N	2	6	.250	7.45	13	10	2	48.1	71	31	26	0	0	0	0	15	2	0	.133
1959		10	8	.556	3.97	39	22	6	145	149	51	106	2	1	0	4	46	5	0	.109
1960		0	4	.000	4.25	24	7	0	53	51	42	30	0	0	2	0	10	2	0	.200
1961	2 teams	NY A (8G 1–2)				MIN A (16G 1–0)														
"	total	2	2	.500	4.08	24	3	0	39.2	38	27	23	0	2	0	1	4	0	0	.000
1962	KC A	0	3	.000	5.82	33	1	0	51	47	41	28	0	0	2	2	9	2	0	.222
6 yrs.		21	27	.438	4.40	155	60	13	456	461	264	303	4	3	4	7	123	17	0	.138
4 yrs.		19	22	.463	4.24	98	56	13	365.1	376	196	252	4	1	2	4	110	15	0	.136

John McDougal
McDOUGAL, JOHN ARCHANBOLT (Sandy) BR TR 5'10" 155 lbs.
B. May 21, 1874, Buffalo, N. Y. D. Oct. 2, 1910, Buffalo, N. Y.

1895	BKN N	0	0	—	12.00	1	0	0	3	3	5	2	0	0	0	1	1	0	0	.000
1905	STL N	1	4	.200	3.43	5	5	5	44.2	50	12	10	0	0	0	0	15	2	0	.133
2 yrs.		1	4	.200	3.97	6	5	5	47.2	53	17	12	0	0	0	1	16	2	0	.125
1 yr.		0	0	—	12.00	1	0	0	3	3	5	2	0	0	0	0	1	0	0	.000

Dan McFarlan
McFARLAN, ANDERSON DANIEL
Brother of Alex McFarlan.
B. Nov. 1, 1873, Gainesville, Tex. D. Sept. 23, 1924, Louisville, Ky.

1895	LOU N	0	7	.000	6.65	7	7	6	46	80	15	10	0	0	0	0	21	5	0	.238
1899	2 teams	BKN	N (1G 0–0)			WAS	N (32G 8–18)													
"	total	8	18	.308	4.67	33	28	22	217.2	274	67	41	1	0	0	0	88	16	0	.182
2 yrs.		8	25	.242	5.02	40	35	28	263.2	354	82	51	1	0	0	0	109	21	0	.193
1 yr.		0	0	—	1.50	1	0	0	6	6	3	0	0	0	0	0	2	0	0	.000

Chappie McFarland
McFARLAND, CHARLES A. TR 6'1"
Brother of Monte McFarland.
B. Mar. 13, 1875, White Hill, Ill. D. Dec. 14, 1924, Houston, Tex.

1902	STL N	0	1	.000	5.73	2	1	1	11	11	3	3	0	0	0	0	4	0	0	.000
1903		9	18	.333	3.07	28	26	25	229	253	48	76	2	0	2	0	74	8	0	.108
1904		14	17	.452	3.21	32	31	28	269.2	266	56	111	1	0	0	0	99	13	0	.131
1905		8	18	.308	3.82	31	28	22	250	281	65	85	3	0	0	1	85	14	0	.165
1906	3 teams	STL	N (6G 2–1)			PIT N (6G 1–3)				BKN	N (1G 0–1)									
"	total	3	5	.375	2.87	13	10	5	81.2	82	20	32	0	0	0	1	31	7	0	.226
5 yrs.		34	59	.366	3.35	106	96	81	841	893	192	307	6	0	2	2	293	42	0	.143
1 yr.		0	1	.000	8.00	1	1	1	9	10	5	5	0	0	0	0	3	0	0	.000

Joe McGinnity
McGINNITY, JOSEPH JEROME (Iron Man) BR TR 5'11" 206 lbs.
B. Mar. 19, 1871, Rock Island, Ill. D. Nov. 14, 1929, Brooklyn, N. Y.
Hall of Fame 1946.

1899	BAL N	28	17	.622	2.58	48	41	38	380	358	93	74	4	3	2	2	145	28	0	.193
1900	BKN N	29	9	.763	2.90	45	37	32	347	350	113	93	1	3	0	0	145	28	0	.193
1901	BAL A	26	20	.565	3.56	48	43	39	382	412	96	75	0	2	1	1	148	31	0	.209
1902	2 teams	BAL	A (25G 13–10)			NY	N (19G 8–8)													
"	total	21	18	.538	2.84	44	39	35	351.2	341	78	106	0	1	0	0	153	33	0	.216
1903	NY N	31	20	.608	2.43	55	48	44	434	391	109	171	3	2	2	2	165	34	0	.206
1904		35	8	.814	1.61	51	44	38	408	307	86	144	9	2	0	5	142	25	0	.176

Pitcher Register

	W	L	PCT	ERA	G	GS	CG	IP	H	BB	SO	ShO	Relief Pitching W L SV	BATTING AB H HR	BA

Joe McGinnity continued

	W	L	PCT	ERA	G	GS	CG	IP	H	BB	SO	ShO	W	L	SV	AB	H	HR	BA
1905	21	15	.583	2.87	46	38	26	320	289	71	125	2	0	1	3	120	28	0	.233
1906	27	12	.692	2.25	45	37	32	339.2	316	71	105	3	2	1	2	115	15	0	.130
1907	18	18	.500	3.16	47	34	23	310.1	320	58	120	3	3	4	4	103	18	0	.175
1908	11	7	.611	2.27	37	20	7	186	192	37	55	5	4	1	4	61	11	0	.180
10 yrs.	247	144	.632	2.64	466	381	314	3458.2	3276	812	1068	32	21	13	23	1297	251	0	.194
1 yr.	29	9	.763	2.90	45	37	32	347	350	113	93	1	3	0	0	145	28	0	.193

WORLD SERIES

| 1905 NY N | 1 | 1 | .500 | 0.00 | 2 | 2 | 1 | 17 | 10 | 3 | 6 | 1 | 0 | 0 | 0 | 5 | 0 | 0 | .000 |

Pat McGlothin

McGLOTHIN, EZRA MAC
B. Oct. 20, 1920, Coalfield, Tenn.   BL TR 6'3½" 180 lbs.

1949 BKN N	1	1	.500	4.60	7	0	0	15.2	13	5	11	0	1	1	0	3	0	0	.000
1950	0	0	–	13.50	1	0	0	2	5	1	2	0	0	0	0	0	0	0	–
2 yrs.	1	1	.500	5.60	8	0	0	17.2	18	6	13	0	1	1	0	3	0	0	.000
2 yrs.	1	1	.500	5.60	8	0	0	17.2	18	6	13	0	1	1	0	3	0	0	.000

Bob McGraw

McGRAW, ROBERT EMMETT
B. Apr. 10, 1895, La Veta, Colo.   D. June 2, 1978, Boise, Ida.   BR TR 6'2" 160 lbs.

1917 NY A	0	1	.000	0.82	2	2	1	11	9	3	0	0	0	0	0	3	0	0	.000
1918	0	1	.000	∞	1	1	0	0	4	0	0	0	0	0	0	0	0	0	–
1919 2 teams			NY	A (6G 1-0)			BOS	A (10G 0-2)											
" total	1	2	.333	5.44	16	1	0	43	44	27	9	0	1	1	0	13	1	0	.077
1920 NY A	0	0	–	4.67	15	0	0	27	24	20	11	0	0	0	0	7	0	0	.000
1925 BKN N	0	2	.000	3.20	2	2	2	19.2	14	13	3	0	0	0	0	6	1	0	.167
1926	9	13	.409	4.59	38	21	10	174.1	197	67	49	0	1	2	1	55	8	0	.145
1927 2 teams			BKN	N (1G 0-1)			STL	N (18G 4-5)											
" total	4	6	.400	5.23	19	13	4	98	126	32	39	1	0	1	0	34	6	1	.176
1928 PHI N	7	8	.467	4.64	39	3	0	132	150	56	28	0	5	8	1	36	4	0	.111
1929	5	5	.500	5.73	41	4	0	86.1	113	43	22	0	4	4	4	20	4	0	.200
9 yrs.	26	38	.406	4.89	168	47	17	591.1	677	265	164	1	11	16	6	174	24	1	.138
3 yrs.	9	16	.360	4.55	36	24	12	198	216	82	54	0	1	2	1	62	9	0	.145

Deacon McGuire

McGUIRE, JAMES THOMAS
B. Nov. 2, 1865, Youngstown, Ohio   D. Oct. 31, 1936, Albion, Mich.   BR TL 6'1" 185 lbs.
Manager 1898, 1907-11.

| 1890 ROC AA | 0 | 0 | – | 6.75 | 1 | 0 | 0 | 4 | 10 | 1 | 0 | 1 | 0 | 0 | 0 | 0 | * | | |

Harry McIntyre

McINTYRE, JOHN REED (Rocks)
B. Jan. 11, 1879, Dayton, Ohio   D. Jan. 9, 1949, Daytona Beach, Fla.   BR TR 5'11" 180 lbs.

1905 BKN N	8	25	.242	3.70	40	35	29	309	340	101	135	1	0	1	1	138	34	1	.246
1906	13	21	.382	2.97	39	31	25	276	254	89	121	4	2	2	3	103	18	0	.175
1907	7	15	.318	2.39	28	22	19	199.2	178	79	49	3	1	0	0	69	15	0	.217
1908	11	20	.355	2.69	40	35	26	288	259	90	108	4	0	1	2	100	20	0	.200
1909	7	17	.292	3.63	32	26	20	228	200	91	84	2	0	1	0	76	13	0	.171
1910 CHI N	13	9	.591	3.07	28	19	10	176	152	50	65	2	4	1	0	66	17	1	.258
1911	11	7	.611	4.11	25	17	9	149	147	33	56	1	2	0	0	53	14	0	.264
1912	1	2	.333	3.80	4	3	2	23.2	22	6	8	0	0	1	0	10	3	0	.300
1913 CIN N	0	1	.000	27.00	1	0	0	3	3	0	0	0	0	1	0	0	0	0	–
9 yrs.	71	117	.378	3.22	237	188	140	1650.1	1555	539	626	17	9	8	6	*			
5 yrs.	46	98	.319	3.11	179	149	119	1300.2	1231	450	497	14	3	5	6	486	100	1	.206
			10th				10th												

WORLD SERIES

| 1910 CHI N | 0 | 1 | .000 | 6.75 | 2 | 0 | 0 | 5.1 | 4 | 3 | 3 | 0 | 0 | 1 | 0 | 1 | 0 | 0 | .000 |

Doc McJames

McJAMES, JAMES McCUTCHEN
Born James McCutchen James.
B. Aug. 27, 1873, Williamsburg, S. C.   D. Sept. 23, 1901, Charleston, S. C.   TR

1895 WAS N	1	1	.500	1.59	2	2	1	17	17	16	9	0	0	0	0	7	1	0	.143
1896	12	20	.375	4.27	37	33	29	280.1	310	135	103	0	0	0	1	111	18	0	.162
1897	15	23	.395	3.61	44	39	33	323.2	361	137	156	3	2	1	2	124	21	0	.169
1898 BAL N	27	15	.643	2.36	45	42	40	374	327	113	178	2	1	1	0	149	27	0	.181
1899 BKN N	19	15	.559	3.50	37	34	27	275.1	295	122	105	1	1	0	1	112	19	0	.170
1901	5	6	.455	4.75	13	12	6	91	104	40	42	0	0	1	0	34	1	0	.029
6 yrs.	79	80	.497	3.43	178	162	137	1361.1	1414	563	593	6	4	3	4	537	87	0	.162
2 yrs.	24	21	.533	3.81	50	46	33	366.1	399	162	147	1	1	1	1	146	20	0	.137

Kit McKenna

McKENNA, JAMES WILLIAM
B. Feb. 10, 1873, Lynchburg, Va.   D. Mar. 31, 1941, Lynchburg, Va.

1898 BKN N	2	6	.250	5.63	14	9	7	100.2	118	57	27	0	1	0	0	40	9	0	.225
1899 BAL N	2	3	.400	4.60	8	4	4	45	66	19	7	0	1	0	1	17	1	0	.059
2 yrs.	4	9	.308	5.31	22	13	11	145.2	184	76	34	0	2	0	1	57	10	0	.175
1 yr.	2	6	.250	5.63	14	9	7	100.2	118	57	27	0	1	0	0	40	9	0	.225

Cal McLish

McLISH, CALVIN COOLIDGE JULIUS CAESAR TUSKAHOMA (Buster)
B. Dec. 1, 1925, Anadarko, Okla.   BR TR 6' 179 lbs.
BR 1944

1944 BKN N	3	10	.231	7.82	23	13	3	84	110	48	24	0	0	2	0	32	7	0	.219
1946	0	0	–	∞	1	0	0	0	1	0	0	0	0	0	0	0	0	0	–
1947 PIT N	0	0	–	18.00	1	0	0	1	2	0	0	0	0	0	0	0	0	0	–
1948	0	0	–	9.00	2	1	0	5	8	2	1	0	0	0	0	1	0	0	.000

	W	L	PCT	ERA	G	GS	CG	IP	H	BB	SO	ShO	Relief Pitching W L SV	BATTING AB H HR BA

Cal McLish continued

Year	Team	W	L	PCT	ERA	G	GS	CG	IP	H	BB	SO	ShO	RW	RL	SV	AB	H	HR	BA
1949	CHI N	1	1	.500	5.87	8	2	0	23	31	12	6	0	0	0	0	9	3	1	.333
1951		4	10	.286	4.45	30	17	5	145.2	159	52	46	1	0	1	0	42	5	0	.119
1956	CLE A	2	4	.333	4.96	37	2	0	61.2	67	32	27	0	1	3	1	9	1	0	.111
1957		9	7	.563	2.74	42	7	2	144.1	117	67	88	0	7	5	1	43	8	2	.186
1958		16	8	.667	2.99	39	30	13	225.2	214	70	97	0	0	0	1	64	6	0	.094
1959		19	8	.704	3.63	35	32	13	235.1	253	72	113	0	0	0	1	74	14	0	.189
1960	CIN N	4	14	.222	4.16	37	21	2	151.1	170	48	56	1	0	3	0	41	2	0	.049
1961	CHI A	10	13	.435	4.38	31	27	4	162.1	178	47	80	0	0	0	1	54	9	0	.167
1962	PHI N	11	5	.688	4.25	32	24	5	154.2	184	45	71	1	1	0	1	51	4	0	.078
1963		13	11	.542	3.26	32	32	10	209.2	184	56	98	2	0	0	0	69	14	0	.203
1964		0	1	.000	3.38	2	1	0	5.1	6	1	6	0	0	0	0	1	0	0	.000
15 yrs.		92	92	.500	4.01	352	209	57	1609	1684	552	713	5	9	14	6	490	73	3	.149
2 yrs.		3	10	.231	8.04	24	13	3	84	111	48	24	0	0	2	0	32	7	0	.219

Sadie McMahon McMAHON, JOHN JOSEPH BR TR 5'9" 185 lbs.
B. Sept. 19, 1867, Wilmington, Del. D. Feb. 20, 1954, Delaware City, Del.

Year	Team	W	L	PCT	ERA	G	GS	CG	IP	H	BB	SO	ShO	RW	RL	SV	AB	H	HR	BA
1889	PHI AA	16	12	.571	3.35	30	29	29	255	265	104	117	2	0	1	0	104	16	0	.154
1890	2 teams			PHI	AA (48G 29–18)			B-B	AA (12G 7–3)											
"	total	36	21	.632	3.27	60	57	55	509	498	166	291	1	0	1	0	214	44	2	.206
1891	BAL AA	34	25	.576	2.81	61	58	53	503	493	149	219	5	2	0	1	210	43	1	.205
1892	BAL N	20	25	.444	3.24	48	46	44	397	430	145	118	2	1	0	0	177	25	0	.141
1893		24	16	.600	4.37	43	40	35	346.1	378	156	79	0	0	1	1	148	36	0	.243
1894		25	8	.758	4.21	35	33	26	275.2	317	111	60	0	0	1	0	126	36	0	.286
1895		10	4	.714	2.94	15	15	15	122.1	110	32	37	4	0	0	0	51	16	0	.314
1896		12	9	.571	3.48	22	22	19	175.2	195	55	33	0	0	0	0	73	9	0	.123
1897	BKN N	0	5	.000	5.86	9	7	5	63	75	29	13	0	0	1	0	25	5	0	.200
9 yrs.		177	125	.586	3.49	323	307	281	2647	2761	947	967	14	3	5	3	1128	230	3	.204
1 yr.		0	5	.000	5.86	9	7	5	63	75	29	13	0	0	1	0	25	5	0	.200

John McMakin McMAKIN, JOHN WEAVER (Spartanburg John) BR TL 5'11" 165 lbs.
B. Mar. 6, 1878, Spartanburg, S. C. D. Sept. 25, 1956, Lyman, S. C.

Year	Team	W	L	PCT	ERA	G	GS	CG	IP	H	BB	SO	ShO	RW	RL	SV	AB	H	HR	BA
1902	BKN N	2	2	.500	3.09	4	4	4	32	34	11	6	0	0	0	0	11	2	0	.182

Doug McWeeny McWEENY, DOUGLAS LAWRENCE (Buzz) BR TR 6'2" 180 lbs.
B. Aug. 17, 1896, Chicago, Ill. D. Jan. 1, 1953, Melrose Park, Ill.

Year	Team	W	L	PCT	ERA	G	GS	CG	IP	H	BB	SO	ShO	RW	RL	SV	AB	H	HR	BA
1921	CHI A	3	6	.333	6.08	27	9	4	97.2	127	45	46	0	1	0	2	31	1	0	.032
1922		0	1	.000	5.91	4	1	0	10.2	13	7	5	0	0	0	0	1	0	0	.000
1924		1	3	.250	4.57	13	5	2	43.1	47	13	18	0	1	0	0	9	0	0	.000
1926	BKN N	11	13	.458	3.04	42	25	10	216.1	213	84	96	1	2	0	1	64	7	0	.109
1927		4	8	.333	3.56	34	22	6	164.1	167	70	73	0	0	1	1	47	2	0	.043
1928		14	14	.500	3.17	42	32	12	244	218	114	79	4	0	2	1	81	14	0	.173
1929		4	10	.286	6.10	36	24	4	146	167	93	59	0	0	2	1	48	5	0	.104
1930	CIN N	0	2	.000	7.36	8	2	0	25.2	28	20	10	0	0	1	0	7	1	0	.143
8 yrs.		37	57	.394	4.17	206	120	38	948	980	450	386	5	4	6	6	288	30	0	.104
4 yrs.		33	45	.423	3.77	154	103	32	770.2	765	361	307	5	2	5	4	240	28	0	.117

Rube Melton MELTON, REUBEN FRANKLIN BR TR 6'5" 205 lbs.
B. Feb. 27, 1917, Cramerton, N. C. D. Sept. 11, 1971, Greer, S. C.

Year	Team	W	L	PCT	ERA	G	GS	CG	IP	H	BB	SO	ShO	RW	RL	SV	AB	H	HR	BA
1941	PHI N	1	5	.167	4.73	25	5	2	83.2	81	47	57	0	1	2	0	19	2	0	.105
1942		9	20	.310	3.70	42	29	10	209.1	180	114	107	1	1	1	4	65	8	1	.123
1943	BKN N	5	8	.385	3.92	30	17	4	119.1	102	79	63	2	1	1	0	38	4	0	.105
1944		9	13	.409	3.46	37	23	6	187.1	178	96	91	1	2	0	0	57	7	0	.123
1946		6	3	.667	1.99	24	12	3	99.2	72	52	44	2	1	1	1	28	3	0	.107
1947		0	1	.000	13.50	4	1	0	4.2	7	7	1	0	0	0	0	1	1	0	1.000
6 yrs.		30	50	.375	3.62	162	87	25	704	620	395	363	6	6	5	5	208	25	1	.120
4 yrs.		20	25	.444	3.35	95	53	13	411	359	234	199	5	4	2	1	124	15	0	.121

Andy Messersmith MESSERSMITH, JOHN ALEXANDER BR TR 6'1" 200 lbs.
B. Aug. 6, 1945, Toms River, N. J.

Year	Team	W	L	PCT	ERA	G	GS	CG	IP	H	BB	SO	ShO	RW	RL	SV	AB	H	HR	BA
1968	CAL A	4	2	.667	2.21	28	5	2	81.1	44	35	74	1	2	0	4	20	2	0	.100
1969		16	11	.593	2.52	40	33	10	250	169	100	211	2	0	0	2	77	12	0	.156
1970		11	10	.524	3.00	37	26	6	195	144	78	162	1	3	0	5	70	11	1	.157
1971		20	13	.606	2.99	38	38	14	277	224	121	179	4	0	0	0	93	16	2	.172
1972		8	11	.421	2.81	25	21	10	170	125	68	142	3	0	0	2	53	10	0	.189
1973	LA N	14	10	.583	2.70	33	33	10	249.2	196	77	177	3	0	0	0	89	15	0	.169
1974		20	6	.769	2.59	39	39	13	292	227	94	221	3	0	0	0	96	23	1	.240
1975		19	14	.576	2.29	42	40	19	322	244	96	213	7	0	0	0	108	17	0	.157
1976	ATL N	11	11	.500	3.04	29	28	12	207	166	74	135	3	0	0	0	67	12	0	.179
1977		5	4	.556	4.41	16	16	1	102	101	39	69	0	0	0	0	34	4	1	.118
1978	NY A	0	3	.000	5.64	6	5	0	22.1	24	15	16	0	0	0	0	0	0	0	—
1979	LA N	2	4	.333	4.94	11	11	1	62	55	34	26	0	0	0	0	22	2	0	.091
12 yrs.		130	99	.568	2.86	344	295	98	2230.1	1719	831	1625	27	5	0	15	729	124	5	.170
4 yrs.		55	34	.618	2.67	125	123	43	925.2	722	301	637	13	0	0	1	315	57	1	.181
					9th			6th												

LEAGUE CHAMPIONSHIP SERIES
| 1974 | LA N | 1 | 0 | 1.000 | 2.57 | 1 | 1 | 1 | 7 | 8 | 3 | 0 | 0 | 0 | 0 | 0 | 3 | 0 | 0 | .000 |

WORLD SERIES
| 1974 | LA N | 0 | 2 | .000 | 4.50 | 2 | 2 | 0 | 14 | 11 | 7 | 12 | 0 | 0 | 0 | 0 | 4 | 2 | 0 | .500 |

Pitcher Register

	W	L	PCT	ERA	G	GS	CG	IP	H	BB	SO	ShO	Relief Pitching W L SV	BATTING AB H HR	BA

Russ Meyer
MEYER, RUSSELL CHARLES (The Mad Monk)
B. Oct. 25, 1923, Peru, Ill.   BB TR 6'1"   175 lbs.

Year	Team	W	L	PCT	ERA	G	GS	CG	IP	H	BB	SO	ShO	RW	RL	SV	AB	H	HR	BA
1946	CHI N	0	0	–	3.18	4	1	0	17	21	10	10	0	0	0	1	5	1	0	.200
1947		3	2	.600	3.40	23	2	1	45	43	14	22	0	3	1	0	12	3	0	.250
1948		10	10	.500	3.66	29	26	8	164.2	157	77	89	3	0	2	0	56	6	0	.107
1949	PHI N	17	8	.680	3.08	37	28	14	213	199	70	78	2	2	1	1	70	10	0	.143
1950		9	11	.450	5.30	32	25	3	159.2	193	67	74	0	0	1	1	50	7	0	.140
1951		8	9	.471	3.48	28	24	7	168	172	55	65	2	0	0	0	48	5	0	.104
1952		13	14	.481	3.14	37	32	14	232.1	235	65	92	1	0	1	1	79	7	1	.089
1953	BKN N	15	5	.750	4.56	34	32	10	191.1	201	63	106	2	0	1	0	75	11	0	.147
1954		11	6	.647	3.99	36	28	6	180.1	193	49	70	2	0	0	0	47	2	0	.043
1955		6	2	.750	5.42	18	11	2	73	86	31	26	1	1	1	0	27	1	0	.037
1956	2 teams		CHI N (20G 1–6)			CIN N (1G 0–0)														
"	total	1	6	.143	6.21	21	9	0	58	72	26	29	0	0	1	0	12	1	0	.083
1957	BOS A	0	0	–	5.40	2	1	0	5	10	3	1	0	0	0	0	1	1	0	1.000
1959	KC A	1	0	1.000	4.50	18	0	0	24	24	11	10	0	1	0	1	2	0	0	.000
13 yrs.		94	73	.563	3.99	319	219	65	1531.1	1606	541	672	13	7	10	5	484	55	1	.114
3 yrs.		32	13	.711	4.47	88	71	18	444.2	480	143	202	5	1	2	0	149	14	0	.094

WORLD SERIES

1950	PHI N	0	1	.000	5.40	2	0	0	1.2	4	0	1	0	0	0	0	0	0	0	–
1953	BKN N	0	0	–	6.23	1	1	0	4.1	8	4	5	0	0	0	0	1	0	0	.000
1955		0	0	–	0.00	1	0	0	5.2	4	2	4	0	0	0	0	2	0	0	.000
3 yrs.		0	1	.000	3.09	4	0	0	11.2	16	6	10	0	0	1	0	3	0	0	–

Gene Michael
MICHAEL, GENE RICHARD (Stick)
B. June 2, 1938, Kent, Ohio
Manager 1981-82.   BB TR 6'2"   183 lbs.

| 1968 | NY A | 0 | 0 | – | 0.00 | 1 | 0 | 0 | 3 | 5 | 0 | 3 | 0 | 0 | 0 | 0 | * | | | |

Glenn Mickens
MICKENS, GLENN ROGER
B. July 26, 1930, Wilmar, Calif.   BR TR 6'   175 lbs.

| 1953 | BKN N | 0 | 1 | .000 | 11.37 | 4 | 2 | 0 | 6.1 | 11 | 4 | 5 | 0 | 0 | 0 | 0 | 2 | 0 | 0 | .000 |

Pete Mikkelsen
MIKKELSEN, PETER JAMES
B. Oct. 25, 1939, Staten Island, N.Y.   BR TR 6'2"   210 lbs.

1964	NY A	7	4	.636	3.56	50	0	0	86	79	41	63	0	7	4	12	16	1	0	.063
1965		4	9	.308	3.28	41	3	0	82.1	78	36	69	0	4	6	1	10	1	0	.100
1966	PIT N	9	8	.529	3.07	71	0	0	126	106	51	76	0	9	8	14	20	3	0	.150
1967	2 teams		PIT N (32G 1–2)			CHI N (7G 0–0)														
"	total	1	2	.333	4.55	39	0	0	63.1	59	24	30	0	1	2	2	4	0	0	.000
1968	2 teams		CHI N (3G 0–0)			STL N (5G 0–0)														
"	total	0	0	–	2.61	8	0	0	20.2	17	8	13	0	0	0	0	4	1	0	.250
1969	LA N	7	5	.583	2.78	48	0	0	81	57	30	51	0	7	5	4	6	1	0	.167
1970		4	2	.667	2.76	33	0	0	62	48	20	47	0	4	2	6	6	2	0	.333
1971		8	5	.615	3.65	41	0	0	74	67	17	46	0	8	5	5	10	2	0	.200
1972		5	5	.500	4.06	33	0	0	57.2	65	23	41	0	5	5	5	7	0	0	.000
9 yrs.		45	40	.529	3.38	364	3	0	653	576	250	436	0	45	37	49	83	11	0	.133
4 yrs.		24	17	.585	3.28	155	0	0	274.2	237	90	185	0	24	17	20	29	5	0	.172
														10th						

WORLD SERIES

| 1964 | NY A | 0 | 1 | .000 | 5.79 | 4 | 0 | 0 | 4.2 | 4 | 2 | 4 | 0 | 0 | 1 | 0 | 0 | 0 | 0 | – |

Johnny Miljus
MILJUS, JOHN KENNETH (Big Serb)
B. June 30, 1895, Pittsburgh, Pa.   D. Feb. 11, 1976, Polson, Mont.   BR TR 6'1"   178 lbs.

1915	PIT F	0	0	–	0.00	1	0	0	1	1	0	0	0	0	0	0	0	0	0	–
1917	BKN N	0	1	.000	0.60	4	1	1	15	14	8	9	0	0	0	0	5	0	0	.000
1920		1	0	1.000	3.09	9	0	0	23.1	24	4	9	0	1	0	0	6	2	0	.333
1921		6	3	.667	4.23	28	9	3	93.2	115	27	37	0	2	0	1	30	5	0	.167
1927	PIT N	8	3	.727	1.90	19	6	3	75.2	62	17	24	2	4	1	0	28	5	0	.179
1928	2 teams		PIT N (21G 5–7)			CLE A (11G 1–4)														
"	total	6	11	.353	4.19	32	14	4	120.1	136	53	45	0	3	2	2	41	11	0	.268
1929	CLE A	8	8	.500	5.19	34	15	4	128.1	174	64	42	0	4	1	2	43	11	0	.256
7 yrs.		29	26	.527	3.92	127	45	15	457.1	526	173	166	2	14	4	5	153	34	0	.222
3 yrs.		7	4	.636	3.61	41	10	4	132	153	39	55	0	3	0	1	41	7	0	.171

WORLD SERIES

| 1927 | PIT N | 0 | 1 | .000 | 1.35 | 2 | 0 | 0 | 6.2 | 4 | 4 | 6 | 0 | 0 | 1 | 0 | 2 | 0 | 0 | .000 |

Bob Miller
MILLER, ROBERT LANE
B. Feb. 18, 1939, St. Louis, Mo.   BR TR 6'1"   180 lbs.

1957	STL N	0	0	–	7.00	5	0	0	9	13	5	7	0	0	0	0	0	0	0	–
1959		4	3	.571	3.31	11	10	3	70.2	66	21	43	0	0	0	0	24	5	0	.208
1960		4	3	.571	3.42	15	7	0	52.2	53	17	33	0	1	0	0	14	2	0	.143
1961		1	3	.250	4.24	34	5	0	74.1	82	46	39	0	1	1	3	14	5	0	.357
1962	NY N	1	12	.077	4.89	33	21	1	143.2	146	62	91	0	0	1	0	41	5	0	.122
1963	LA N	10	8	.556	2.89	42	23	2	187	171	65	125	0	4	2	1	57	4	0	.070
1964		7	7	.500	2.62	74	2	0	137.2	115	63	94	0	6	7	9	19	3	0	.158
1965		6	7	.462	2.97	61	1	0	103	82	26	77	0	6	6	6	16	0	0	.000
1966		4	2	.667	2.77	46	0	0	84.1	70	29	58	0	4	2	5	13	1	0	.077
1967		2	9	.182	4.31	52	4	0	85.2	88	27	32	0	2	6	0	8	1	0	.125
1968	MIN A	0	3	.000	2.74	45	0	0	72.1	65	24	41	0	0	3	2	7	1	0	.143
1969		5	5	.500	3.02	48	11	1	119.1	118	32	57	0	0	4	3	31	0	0	.000

Pitcher Register

	W	L	PCT	ERA	G	GS	CG	IP	H	BB	SO	ShO	Relief Pitching W L SV	BATTING AB H HR	BA

Bob Miller continued

1970 3 teams	CLE	A (15G 2-2)			CHI	N (7G 0-0)		CHI	A (15G 4-6)						
" total	6	8	.429	4.79	37	15	0	107	129	54	55	0	2 0 3	28 5 0	.179
1971 3 teams	CHI	N (2G 0-0)			SD	N (38G 7-3)		PIT	N (16G 1-2)						
" total	8	5	.615	1.64	56	0	0	98.2	83	40	51	0	8 5 10	12 0 0	.000
1972 PIT N	5	2	.714	2.65	36	0	0	54.1	54	24	18	0	5 2 3	4 0 0	.000
1973 3 teams	DET	A (22G 4-2)			SD	N (18G 0-0)		NY	N (1G 0-0)						
" total	4	2	.667	3.67	41	0	0	73.2	63	34	39	0	4 2 1	2 0 0	.000
1974 NY N	2	2	.500	3.58	58	0	0	78	89	39	35	0	2 2 2	9 1 0	.111
17 yrs.	69	81	.460	3.37	694	99	7	1551.1	1487	608	895	0	45 43 52	299 33 0	.110
5 yrs.	29	33	.468	3.03	275	30	2	597.2	526	210	386	0	22 23 24	113 9 0	.080
LEAGUE CHAMPIONSHIP SERIES															
1969 MIN A	0	1	.000	5.40	1	1	0	1.2	5	0	0	0	0 0 0	0 0 0	—
1971 PIT N	0	0	—	6.00	1	0	0	3	3	3	3	0	0 0 0	1 0 0	.000
1972	0	0	—	0.00	1	0	0	1	0	0	1	0	0 0 0	0 0 0	—
3 yrs.	0	1	.000	4.76	3	1	0	5.2	8	3	4	0	0 0 0	1 0 0	.000
WORLD SERIES															
1965 LA N	0	0	—	0.00	2	0	0	1.1	0	0	0	0	0 0 0	0 0 0	—
1966	0	0	—	0.00	1	0	0	3	2	2	1	0	0 0 0	0 0 0	—
1971 PIT N	0	1	.000	3.86	3	0	0	4.2	7	1	2	0	0 0 0	0 0 0	—
3 yrs.	0	1	.000	2.00	6	0	0	9	9	3	3	0	0 0 0	0 0 0	—

Fred Miller

MILLER, FREDERICK HOLMAN (Speedy) BL TL 6'2" 190 lbs.
B. June 28, 1886, Fairfield, Ind. D. May 2, 1953, Brookville, Ind.

1910 BKN N	1	1	.500	4.71	6	2	0	21	25	13	2	0	0 0 0	8 2 0	.250

Larry Miller

MILLER, LARRY DON BL TL 6' 195 lbs.
B. June 19, 1937, Topeka, Kans.

1964 LA N	4	8	.333	4.18	16	14	1	79.2	87	28	50	0	1 0 0	26 7 0	.269
1965 NY N	1	4	.200	5.02	28	5	0	57.1	66	25	36	0	1 0 0	11 2 0	.182
1966	0	2	.000	7.56	4	1	0	8.1	9	4	7	0	0 1 0	2 1 0	.500
3 yrs.	5	14	.263	4.71	48	20	1	145.1	162	57	93	0	2 1 0	39 10 0	.256
1 yr.	4	8	.333	4.18	16	14	1	79.2	87	28	50	0	1 0 0	26 7 0	.269

Ralph Miller

MILLER, RALPH DARWIN BR TR 5'11" 170 lbs.
B. Mar. 15, 1873, Cincinnati, Ohio D. Cincinnati, Ohio

1898 BKN N	4	14	.222	5.34	23	21	16	151.2	161	86	43	0	1 0 0	62 12 0	.194
1899 BAL N	1	3	.250	4.76	5	4	3	34	42	13	3	0	1 0 0	11 2 0	.182
2 yrs.	5	17	.227	5.24	28	25	19	185.2	203	99	46	0	2 0 0	73 14 0	.192
1 yr.	4	14	.222	5.34	23	21	16	151.2	161	86	43	0	1 0 0	62 12 0	.194

Walt Miller

MILLER, WALTER W. BR TR 5'11½" 180 lbs.
B. Oct. 19, 1884, Gas City, Ind. D. Mar. 1, 1956, Marion, Ind.

1911 BKN N	0	1	.000	6.55	3	2	0	11	16	6	0	0	0 0 0	4 0 0	.000

Bob Milliken

MILLIKEN, ROBERT FOGLE (Bobo) BR TR 6' 195 lbs.
B. Aug. 25, 1926, Majorsville, W. Va.

1953 BKN N	8	4	.667	3.37	37	10	3	117.2	94	42	65	0	5 2 2	34 4 0	.118
1954	5	2	.714	4.02	24	3	0	62.2	58	18	25	0	5 0 2	17 3 0	.176
2 yrs.	13	6	.684	3.59	61	13	3	180.1	152	60	90	0	10 2 4	51 7 0	.137
2 yrs.	13	6	.684	3.59	61	13	3	180.1	152	60	90	0	10 2 4	51 7 0	.137
WORLD SERIES															
1953 BKN N	0	0	—	0.00	1	0	0	2	2	1	0	0	0 0 0	0 0 0	—

Paul Minner

MINNER, PAUL EDISON (Lefty) BL TL 6'5" 200 lbs.
B. July 30, 1923, New Wilmington, Pa.

1946 BKN N	0	1	.000	6.75	3	0	0	4	6	3	3	0	0 1 0	0 0 0	—
1948	4	3	.571	2.44	28	2	0	62.2	61	26	23	0	3 3 1	21 4 0	.190
1949	3	1	.750	3.80	27	1	0	47.1	49	18	17	0	3 1 2	14 3 0	.214
1950 CHI N	8	13	.381	4.11	39	24	9	190.1	217	72	99	1	0 0 0	65 14 1	.215
1951	6	17	.261	3.79	33	28	14	201.2	219	64	68	3	0 0 1	71 18 0	.254
1952	14	9	.609	3.74	28	27	12	180.2	180	54	61	2	0 0 0	64 15 1	.234
1953	12	15	.444	4.21	31	27	9	201	227	40	64	2	2 0 1	68 15 1	.221
1954	11	11	.500	3.96	32	29	12	218	236	50	79	0	0 1 1	76 13 2	.171
1955	9	9	.500	3.48	22	22	7	157.2	173	47	53	1	0 0 0	56 13 0	.232
1956	2	5	.286	6.89	10	9	1	47	60	19	14	0	0 0 0	12 3 0	.250
10 yrs.	69	84	.451	3.94	253	169	64	1310.1	1428	393	481	9	8 6 10	447 98 6	.219
3 yrs.	7	5	.583	3.16	58	3	0	114	116	47	43	0	6 5 3	35 7 0	.200
WORLD SERIES															
1949 BKN N	0	0	—	0.00	1	0	0	1	1	0	0	0	0 0 0	0 0 0	—

Clarence Mitchell

MITCHELL, CLARENCE ELMER BL TL 5'11½" 190 lbs.
B. Feb. 22, 1891, Franklin, Neb. D. Nov. 6, 1963, Grand Island, Neb.

1911 DET A	1	0	1.000	8.16	5	1	0	14.1	20	7	4	0	1 0 0	4 2 0	.500
1916 CIN N	11	10	.524	3.14	29	24	17	194.2	211	45	52	1	0 0 0	117 28 0	.239
1917	9	15	.375	3.22	32	20	10	159.1	166	34	37	2	2 3 1	90 25 0	.278
1918 BKN N	0	1	.000	108.00	1	1	0	.1	4	0	0	0	0 0 0	24 6 0	.250
1919	7	5	.583	3.06	23	11	9	108.2	123	23	43	0	0 1 0	49 18 1	.367
1920	5	2	.714	3.09	19	7	3	78.2	85	23	18	1	0 0 1	107 25 0	.234

Pitcher Register

	W	L	PCT	ERA	G	GS	CG	IP	H	BB	SO	ShO	Relief Pitching W L SV	BATTING AB H HR BA

Clarence Mitchell continued

	W	L	PCT	ERA	G	GS	CG	IP	H	BB	SO	ShO	W	L	SV	AB	H	HR	BA
1921	11	9	.550	2.89	37	18	13	190	206	46	39	3	2	2	2	91	24	0	.264
1922	0	3	.000	14.21	5	3	0	12.2	28	7	1	0	0	0	0	155	45	3	.290
1923 PHI N	9	10	.474	4.72	29	19	8	139.1	170	46	42	1	1	1	0	78	21	1	.269
1924	6	13	.316	5.62	30	26	9	165	223	58	36	0	0	1	1	102	26	0	.255
1925	10	17	.370	5.28	32	26	12	199.1	245	51	46	1	0	1	1	92	18	0	.196
1926	9	14	.391	4.58	28	25	12	178.2	232	55	52	0	1	0	1	78	19	0	.244
1927	6	3	.667	4.09	13	12	8	94.2	99	28	17	1	0	0	0	42	10	1	.238
1928 2 teams			PHI	N	(3G	0-0)	STL	N	(19G	8-9)									
" total	8	9	.471	3.53	22	18	9	155.2	162	40	31	1	1	0	0	60	8	0	.133
1929 STL N	8	11	.421	4.27	25	22	16	173	221	60	39	0	0	0	0	66	18	0	.273
1930 2 teams			STL	N	(1G	1-0)	NY	N	(24G	10-3)									
" total	11	3	.786	4.02	25	17	5	132	156	38	41	0	1	2	0	49	13	0	.265
1931 NY N	13	11	.542	4.07	27	25	13	190.1	221	52	39	0	0	0	0	73	16	1	.219
1932	1	3	.250	4.15	8	3	1	30.1	41	11	7	0	0	1	2	10	2	0	.200
18 yrs.	125	139	.473	4.12	390	278	145	2217	2613	624	544	12	10	13	9	*			
5 yrs.	23	20	.535	3.44	85	40	25	390.1	446	99	101	4	3	3	3	426	118	4	.277

WORLD SERIES

	W	L	PCT	ERA	G	GS	CG	IP	H	BB	SO	ShO	W	L	SV	AB	H	HR	BA
1920 BKN N	0	0	—	0.00	1	0	0	4.2	3	3	1	0	0	0	0	3	1	0	.333
1928 STL N	0	0	—	1.59	1	0	0	5.2	2	2	2	0	0	0	0	2	0	0	.000
2 yrs.	0	0	—	0.87	2	0	0	10.1	5	5	3	0	0	0	0	5	1	0	.200

Fred Mitchell

MITCHELL, FREDERICK FRANCIS   BR TR 5'9½" 185 lbs.
Born Frederick Francis Yapp.
B. June 5, 1878, Cambridge, Mass.   D. Oct. 13, 1970, Newton, Mass.
Manager 1917-23.

	W	L	PCT	ERA	G	GS	CG	IP	H	BB	SO	ShO	W	L	SV	AB	H	HR	BA
1901 BOS A	6	6	.500	3.81	17	13	10	108.2	115	51	34	0	1	0	0	44	7	0	.159
1902 2 teams			BOS	A	(1G	0-1)	PHI	A	(18G	5-7)									
" total	5	8	.385	3.87	19	14	9	111.2	128	64	24	0	1	1	1	49	9	0	.184
1903 PHI N	11	15	.423	4.48	28	28	24	227	250	102	69	1	0	0	0	95	19	0	.200
1904 2 teams			PHI	N	(13G	4-7)	BKN	N	(8G	2-5)									
" total	6	12	.333	3.56	21	21	19	174.2	206	48	45	1	0	0	0	106	24	0	.226
1905 BKN N	3	7	.300	4.78	12	10	9	96	107	38	44	0	0	0	0	79	15	0	.190
5 yrs.	31	48	.392	4.10	97	86	71	718	806	303	216	2	2	1	1	*			
2 yrs.	5	12	.294	4.39	20	18	17	162	180	61	60	1	0	0	0	103	22	0	.214

Joe Moeller

MOELLER, JOSEPH DOUGLAS   BR TR 6'5" 192 lbs.
B. Feb. 15, 1943, Blue Island, Ill.

	W	L	PCT	ERA	G	GS	CG	IP	H	BB	SO	ShO	W	L	SV	AB	H	HR	BA
1962 LA N	6	5	.545	5.25	19	15	1	85.2	87	58	46	0	0	1	1	33	7	0	.212
1964	7	13	.350	4.21	27	24	1	145.1	153	31	97	0	0	0	0	45	3	0	.067
1966	2	4	.333	2.52	29	8	0	78.2	73	14	31	0	1	1	0	12	2	0	.167
1967	0	0	—	9.00	6	0	0	5	9	3	2	0	0	0	0	0	0	0	—
1968	1	1	.500	5.06	3	3	0	16	17	2	11	0	0	0	0	7	0	0	.000
1969	1	0	1.000	3.35	23	4	0	51	54	13	25	0	0	0	0	10	2	0	.200
1970	7	9	.438	3.93	31	19	2	135	131	43	63	1	1	0	4	39	6	0	.154
1971	2	4	.333	3.82	28	1	0	66	72	12	32	0	2	3	1	9	0	0	.000
8 yrs.	26	36	.419	4.02	166	74	4	582.2	596	176	307	1	4	5	7	155	20	0	.129
8 yrs.	26	36	.419	4.02	166	74	4	582.2	596	176	307	1	4	5	7	155	20	0	.129

WORLD SERIES

	W	L	PCT	ERA	G	GS	CG	IP	H	BB	SO	ShO	W	L	SV	AB	H	HR	BA
1966 LA N	0	0	—	4.50	1	0	0	2	1	1	0	0	0	0	0	0	0	0	—

George Mohart

MOHART, BENJAMIN GEORGE   BR TR 5'9" 165 lbs.
B. Mar. 6, 1892, Buffalo, N.Y.   D. Oct. 2, 1970, Silver Creek, N.Y.

	W	L	PCT	ERA	G	GS	CG	IP	H	BB	SO	ShO	W	L	SV	AB	H	HR	BA
1920 BKN N	0	1	.000	1.77	13	1	0	35.2	33	7	13	0	0	0	0	8	1	0	.125
1921	0	0	—	3.86	2	0	0	7	8	1	1	0	0	0	0	2	1	0	.500
2 yrs.	0	1	.000	2.11	15	1	0	42.2	41	8	14	0	0	0	0	10	2	0	.200
2 yrs.	0	1	.000	2.11	15	1	0	42.2	41	8	14	0	0	1	0	10	2	0	.200

Cy Moore

MOORE, WILLIAM AUSTIN   BR TR 6'1" 190 lbs.
B. Feb. 7, 1905, Elberton, Ga.   D. Mar. 28, 1972, Augusta, Ga.

	W	L	PCT	ERA	G	GS	CG	IP	H	BB	SO	ShO	W	L	SV	AB	H	HR	BA
1929 BKN N	3	3	.500	5.56	32	4	0	68	87	31	17	0	2	1	2	16	3	0	.188
1930	0	0	—	0.00	1	0	0	2	0	0	0	0	0	0	0	0	0	0	—
1931	1	2	.333	3.79	23	1	1	61.2	62	13	35	0	1	1	0	13	2	0	.154
1932	0	3	.000	4.81	20	2	0	48.2	56	17	23	0	0	2	0	14	3	0	.214
1933 PHI N	8	9	.471	3.74	36	18	9	161.1	177	42	53	3	2	0	1	48	3	0	.063
1934	4	9	.308	6.47	35	15	3	126.2	163	65	55	0	2	0	0	42	6	0	.143
6 yrs.	16	26	.381	4.86	147	40	13	466.1	547	168	183	3	7	4	3	133	17	0	.128
4 yrs.	4	8	.333	4.74	76	7	1	178.1	207	61	75	0	3	4	2	43	8	0	.186

Dee Moore

MOORE, D C   BR TR 6' 200 lbs.
B. Apr. 6, 1914, Hedley, Tex.

	W	L	PCT	ERA	G	GS	CG	IP	H	BB	SO	ShO	W	L	SV	AB	H	HR	BA
1936 CIN N	0	0	—	0.00	2	1	0	7	3	2	3	0	0	0	0	*			

Ray Moore

MOORE, RAYMOND LEROY (Farmer)   BR TR 6' 195 lbs.
B. June 1, 1926, Meadows, Md.

	W	L	PCT	ERA	G	GS	CG	IP	H	BB	SO	ShO	W	L	SV	AB	H	HR	BA
1952 BKN N	1	2	.333	4.76	14	2	0	28.1	29	26	11	0	1	0	0	3	0	0	.000
1953	0	1	.000	3.38	1	1	1	8	6	4	4	0	0	0	0	3	0	0	.000
1955 BAL A	10	10	.500	3.92	46	14	3	151.2	128	80	80	1	3	7	6	44	6	0	.136
1956	12	7	.632	4.18	32	27	9	185	161	99	105	1	1	1	0	70	19	2	.271
1957	11	13	.458	3.72	34	32	7	227.1	196	112	117	0	1	0	0	84	18	3	.214
1958 CHI A	9	7	.563	3.82	32	20	4	136.2	107	70	73	2	2	3	2	44	9	1	.205

	W	L	PCT	ERA	G	GS	CG	IP	H	BB	SO	ShO	Relief Pitching W L SV	BATTING AB H HR	BA

Ray Moore continued
1959	3	6	.333	4.12	29	8	0	89.2	86	46	49	0	2 1 0	23 2 0	.087
1960 2 teams		CHI	A	(14G 1–1)		WAS	A	(37G 3–2)							
" total	4	3	.571	3.54	51	0	0	86.1	68	38	32	0	4 3 13	16 1 0	.063
1961 MIN A	4	4	.500	3.67	46	0	0	56.1	49	38	45	0	4 4 14	4 0 0	.000
1962	8	3	.727	4.73	49	0	0	64.2	55	30	58	0	8 3 9	5 0 0	.000
1963	1	3	.250	6.98	31	1	0	38.2	50	17	38	0	1 2 2	3 1 0	.333
11 yrs.	63	59	.516	4.06	365	105	24	1072.2	935	560	612	5	26 25 46	299 56 6	.187
2 yrs.	1	3	.250	4.46	15	3	1	36.1	35	30	15	0	1 0 0	6 0 0	.000

WORLD SERIES
| 1959 CHI A | 0 | 0 | – | 9.00 | 1 | 0 | 0 | 1 | 1 | 0 | 1 | 0 | 0 0 0 | 0 0 0 | – |

Johnny Morrison
MORRISON, JOHN DEWEY (Jughandle Johnny)   BR TR 5'11" 188 lbs.
Brother of Phil Morrison.
B. Oct. 22, 1895, Pelleville, Ky.   D. Mar. 20, 1966, Louisville, Ky.

1920 PIT N	1	0	1.000	0.00	2	1	1	7	4	1	3	1	0 0 0	3 0 0	.000
1921	9	7	.563	2.88	21	17	11	144	131	33	52	3	0 0 0	42 5 0	.119
1922	17	11	.607	3.43	45	33	20	286.1	315	87	104	5	1 1 1	101 20 0	.198
1923	25	13	.658	3.49	42	37	27	301.2	287	110	114	2	1 0 2	115 21 0	.183
1924	11	16	.407	3.75	41	25	10	237.2	213	73	85	0	6 1 2	77 13 0	.169
1925	17	14	.548	3.88	44	26	10	211	245	60	60	0	6 3 4	73 13 0	.178
1926	6	8	.429	3.38	26	14	6	122.1	119	44	39	2	1 1 2	39 3 0	.077
1927	3	2	.600	4.19	21	2	1	53.2	63	21	21	0	2 2 3	13 2 0	.154
1929 BKN N	13	7	.650	4.48	39	10	4	136.2	150	61	57	0	10 2 8	43 7 0	.163
1930	1	2	.333	5.45	16	0	0	34.2	47	16	11	0	1 2 1	5 0 0	.000
10 yrs.	103	80	.563	3.65	297	165	90	1535	1574	506	546	13	28 12 23	511 84 0	.164
2 yrs.	14	9	.609	4.68	55	10	4	171.1	197	77	68	0	11 4 9	48 7 0	.146

WORLD SERIES
| 1925 PIT N | 0 | 0 | – | 2.89 | 3 | 0 | 0 | 9.1 | 11 | 1 | 7 | 0 | 0 0 0 | 2 1 0 | .500 |

Ray Moss
MOSS, RAYMOND EARL   BR TR 6'1" 185 lbs.
B. Dec. 5, 1901, Chattanooga, Tenn.

1926 BKN N	0	0	–	9.00	1	0	0	1	3	0	0	0	0 0 0	1 0 0	.000
1927	1	0	1.000	3.24	7	1	0	8.1	11	1	0	0	0 0 0	3 1 0	.333
1928	0	3	.000	4.92	22	5	1	60.1	62	35	5	1	0 0 1	25 8 0	.320
1929	11	6	.647	5.24	39	20	7	182	214	81	59	2	2 1 0	66 5 0	.076
1930	9	6	.600	5.10	36	11	5	118.1	127	55	30	0	3 3 1	39 6 0	.154
1931 2 teams		BKN	N	(1G 0–0)		BOS	N	(12G 1–3)							
" total	1	3	.250	4.50	13	5	0	46	57	17	14	0	1 0 0	15 2 0	.133
6 yrs.	22	18	.550	4.95	112	42	13	416	474	189	109	3	6 5 2	149 22 0	.148
6 yrs.	21	15	.583	5.00	100	37	13	371	418	173	95	3	5 5 2	134 20 0	.149

Earl Mossor
MOSSOR, EARL DALTON   BL TR 6'1" 175 lbs.
B. July 21, 1925, Forbes, Tenn.

| 1951 BKN N | 0 | 0 | – | 32.40 | 3 | 0 | 0 | 1.2 | 2 | 7 | 1 | 0 | 0 0 0 | 1 1 0 | 1.000 |

Glen Moulder
MOULDER, GLEN HUBERT   BR TR 6' 180 lbs.
B. Sept. 28, 1917, Cleveland, Okla.

1946 BKN N	0	0	–	4.50	1	0	0	2	2	1	0	0	0 0 0	0 0 0	–
1947 STL A	4	2	.667	3.82	32	2	0	73	78	43	23	0	3 1 2	17 4 0	.235
1948 CHI A	3	6	.333	6.41	33	9	0	85.2	108	54	26	0	1 2 2	20 6 0	.300
3 yrs.	7	8	.467	5.21	66	11	0	160.2	188	98	50	0	4 3 4	37 10 0	.270
1 yr.	0	0	–	4.50	1	0	0	2	2	1	0	0	0 0 0	0 0 0	–

Van Mungo
MUNGO, VAN LINGLE   BR TR 6'2" 185 lbs.
B. June 8, 1911, Pageland, S. C.   D. Feb. 12, 1985, Pageland, S. C.

1931 BKN N	3	1	.750	2.32	5	4	2	31	27	13	12	1	0 0 0	12 3 0	.250
1932	13	11	.542	4.43	39	33	11	223.1	224	115	107	1	0 1 2	79 16 0	.203
1933	16	15	.516	2.72	41	28	18	248	223	84	110	3	2 2 0	84 15 0	.179
1934	18	16	.529	3.37	45	38	22	315.1	300	104	184	3	1 1 3	121 30 0	.248
1935	16	10	.615	3.65	37	26	18	214.1	205	90	143	4	1 1 2	90 26 0	.289
1936	18	19	.486	3.35	45	37	22	311.2	275	118	238	2	1 2 3	123 22 0	.179
1937	9	11	.450	2.91	25	21	14	161	136	56	122	0	0 0 3	64 16 0	.250
1938	4	11	.267	3.92	24	18	6	133.1	133	72	72	2	1 1 0	47 9 0	.191
1939	4	5	.444	3.26	14	10	1	77.1	70	33	34	0	1 0 0	29 10 0	.345
1940	1	0	1.000	2.45	9	2	0	22	24	10	9	0	1 0 1	7 0 0	.000
1941	0	0	–	4.50	2	0	0	2	1	2	0	0	0 0 0	0 0 0	–
1942 NY N	1	2	.333	5.94	9	5	0	36.1	38	21	27	0	0 0 0	14 3 0	.214
1943	3	7	.300	3.91	45	13	2	154.1	140	79	83	2	3 7 2	44 7 0	.159
1945	14	7	.667	3.20	26	26	7	183	161	71	101	2	0 0 0	73 17 0	.233
14 yrs.	120	115	.511	3.47	364	259	123	2113	1957	868	1242	20	11 16 16	787 174 0	.221
11 yrs.	102	99	.507	3.41	284	215	114	1739.1	1618	697	1031	16	8 9 14	656 147 0	.224
		9th								8th	10th				

Les Munns
MUNNS, LESLIE ERNEST (Nemo, Big Ed)   BR TR 6'5" 212 lbs.
B. Dec. 1, 1908, Fort Bragg, Calif.

| 1934 BKN N | 3 | 7 | .300 | 4.71 | 33 | 9 | 4 | 99.1 | 106 | 60 | 41 | 0 | 1 1 0 | 29 7 0 | .241 |
| 1935 | 1 | 3 | .250 | 5.55 | 21 | 5 | 0 | 58.1 | 74 | 33 | 13 | 0 | 1 0 1 | 16 3 0 | .188 |

Pitcher Register   300

	W	L	PCT	ERA	G	GS	CG	IP	H	BB	SO	ShO	Relief Pitching W L SV	BATTING AB H HR	BA

Les Munns continued

1936 STL N	0	3	.000	3.00	7	1	0	24	23	12	4	0	0 3 1	9 1 0	.111
3 yrs.	4	13	.235	4.76	61	15	4	181.2	203	105	58	0	2 4 2	54 11 0	.204
2 yrs.	4	10	.286	5.02	54	14	4	157.2	180	93	54	0	2 1 1	45 10 0	.222

Jim Murray

MURRAY, JAMES FRANCIS (Big Jim)   BL TL 6'2"   200 lbs.
B. Dec. 31, 1900, Scranton, Pa.   D. July 15, 1973, New York, N. Y.

| 1922 BKN N | 0 | 0 | — | 4.50 | 4 | 0 | 0 | 6 | 8 | 3 | 3 | 0 | 0 0 1 | 2 1 0 | .500 |

Sam Nahem

NAHEM, SAMUEL RALPH (Subway)   BR TR 6'1½"   190 lbs.
B. Oct. 19, 1915, New York, N. Y.

1938 BKN N	1	0	1.000	3.00	1	1	1	9	6	4	2	0	0 0 0	5 2 0	.400
1941 STL N	5	2	.714	2.98	26	8	2	81.2	76	38	31	0	1 1 1	23 4 0	.174
1942 PHI N	1	3	.250	4.94	35	2	0	74.2	72	40	38	0	1 2 0	20 2 0	.100
1948	3	3	.500	7.02	28	1	0	59	68	45	30	0	3 2 0	13 2 0	.154
4 yrs.	10	8	.556	4.69	90	12	3	224.1	222	127	101	0	5 5 1	61 10 0	.164
1 yr.	1	0	1.000	3.00	1	1	1	9	6	4	2	0	0 0 0	5 2 0	.400

Earl Naylor

NAYLOR, EARL EUGENE   BR TR 6'   190 lbs.
B. May 19, 1919, Kansas City, Mo.

| 1942 PHI N | 0 | 5 | .000 | 6.12 | 20 | 4 | 1 | 60.1 | 68 | 29 | 19 | 0 | 0 2 0 | * | |

Ron Negray

NEGRAY, RONALD ALVIN   BR TR 6'1"   185 lbs.
B. Feb. 26, 1930, Akron, Ohio

1952 BKN N	0	0	—	3.46	4	0	0	13	15	5	5	0	0 0 0	2 0 0	.000
1955 PHI N	4	3	.571	3.52	19	10	2	71.2	71	21	30	0	1 0 0	24 0 0	.000
1956	2	3	.400	4.19	39	4	0	66.2	72	24	44	0	2 2 3	7 3 0	.429
1958 LA N	0	0	—	7.15	4	0	0	11.1	12	7	2	0	0 0 0	2 0 0	.000
4 yrs.	6	6	.500	4.04	66	15	2	162.2	170	57	81	0	3 2 3	35 3 0	.086
2 yrs.	0	0	—	5.18	8	0	0	24.1	27	12	7	0	0 0 0	4 0 0	.000

Don Newcombe

NEWCOMBE, DONALD (Newk)   BR TR 6'4"   220 lbs.
B. June 14, 1926, Madison, N. J.

1949 BKN N	17	8	.680	3.17	38	31	19	244.1	223	73	149	5	0 0 1	96 22 0	.229
1950	19	11	.633	3.70	40	35	20	267.1	258	75	130	4	0 0 3	97 24 1	.247
1951	20	9	.690	3.28	40	36	18	272	235	91	164	3	1 1 0	103 23 0	.223
1954	9	8	.529	4.55	29	25	6	144.1	158	49	82	0	0 0 0	47 15 0	.319
1955	20	5	.800	3.20	34	31	17	233.2	222	38	'.3	1	1 0 0	117 42 7	.359
1956	27	7	.794	3.06	38	36	18	268	219	46	139	5	2 0 0	111 26 2	.234
1957	11	12	.478	3.49	28	28	12	198.2	199	33	90	4	0 0 0	74 17 1	.230
1958 2 teams	LA	N	(11G 0–6)		CIN	N	(20G 7–7)								
" total	7	13	.350	4.67	31	29	10	167.2	212	36	69	0	0 1 1	72 26 1	.361
1959 CIN N	13	8	.619	3.16	30	29	17	222	216	27	100	2	0 0 1	105 32 3	.305
1960 2 teams	CIN	N	(16G 4–6)		CLE	A	(20G 2–3)								
" total	6	9	.400	4.48	36	17	1	136.2	160	22	63	0	2 1 1	56 11 0	.196
10 yrs.	149	90	.623	3.56	344	294	136	2154.2	2102	490	1129	24	6 3 7	*	
8 yrs.	123	66	.651	3.51	258	230	111	1662.2	1567	413	913	22	4 1 4	657 174 11	.265
			10th				5th				10th				

WORLD SERIES
1949 BKN N	0	2	.000	3.09	2	2	1	11.2	10	3	11	0	0 0 0	4 0 0	.000
1955	0	1	.000	9.53	1	1	0	5.2	8	2	4	0	0 0 0	3 0 0	.000
1956	0	1	.000	21.21	2	2	0	4.2	11	3	4	0	0 0 0	1 0 0	.000
3 yrs.	0	4	.000	8.59	5	5	1	22	29	8	19	0	0 0 0	8 0 0	.000
			7th												

Bobo Newsom

NEWSOM, NORMAN LOUIS (Buck)   BR TR 6'3"   200 lbs.
B. Aug. 11, 1907, Hartsville, S. C.   D. Dec. 7, 1962, Orlando, Fla.

1929 BKN N	0	3	.000	10.61	3	2	0	9.1	15	5	6	0	0 1 0	2 0 0	.000
1930	0	0	—	0.00	2	0	0	3	2	2	1	0	0 0 0	0 0 0	—
1932 CHI N	0	0	—	0.00	1	0	0	1	1	0	0	0	0 0 0	0 0 0	—
1934 STL A	16	20	.444	4.01	47	32	15	262.1	259	149	135	2	3 4 5	93 17 0	.183
1935 2 teams	STL	A	(7G 0–4)	WAS	A	(28G 11–12)									
" total	11	18	.379	4.52	35	29	18	241	276	97	87	2	0 2 3	84 23 0	.274
1936 WAS A	17	15	.531	4.32	43	38	24	285.2	294	146	156	4	0 0 2	108 23 0	.213
1937 2 teams	WAS	A	(11G 3–4)	BOS	A	(30G 13–10)									
" total	16	14	.533	4.74	41	37	17	275.1	271	167	166	1	1 1 0	100 22 1	.220
1938 STL A	20	16	.556	5.08	44	40	31	329.2	334	192	226	0	1 1 0	124 31 0	.250
1939 2 teams	STL	A	(6G 3–1)	DET	A	(35G 17–10)									
" total	20	11	.645	3.58	41	37	24	291.2	272	126	192	3	0 0 0	115 22 0	.191
1940 DET A	21	5	.808	2.83	36	34	20	264	235	100	164	3	1 1 0	107 23 0	.215
1941	12	20	.375	4.60	36	36	12	250.1	265	118	175	2	1 1 2	88 9 0	.102
1942 2 teams	WAS	A	(30G 11–17)	BKN	N	(6G 2–2)									
" total	13	19	.406	4.73	36	34	17	245.2	264	106	134	3	0 1 0	86 12 0	.140
1943 3 teams	BKN	N	(22G 9–4)	STL	A	(10G 1–6)	WAS	A	(6G 3–3)						
" total	13	13	.500	4.22	38	27	8	217.1	220	113	123	0	4 1 1	74 18 0	.243
1944 PHI A	13	15	.464	2.82	37	33	18	265	243	82	142	2	0 0 1	88 10 0	.114
1945	8	20	.286	3.29	36	34	16	257.1	255	103	127	3	0 1 0	86 14 0	.163
1946 2 teams	PHI	A	(10G 3–5)	WAS	A	(24G 11–8)									
" total	14	13	.519	2.93	34	31	17	236.2	224	90	114	3	0 1 0	81 12 0	.148
1947 2 teams	WAS	A	(14G 4–6)	NY	A	(17G 7–5)									
" total	11	11	.500	3.34	31	28	7	199.1	208	67	82	0	0 0 0	71 11 0	.155
1948 NY N	0	4	.000	4.21	11	4	0	25.2	35	13	9	0	0 1 0	7 3 0	.429

	W	L	PCT	ERA	G	GS	CG	IP	H	BB	SO	ShO	Relief Pitching W L SV	BATTING AB H HR	BA

Bobo Newsom continued

1952 2 teams		WAS	A (10G 1-1)		PHI	A (14G 3-3)									
" total	4	4	.500	3.88	24	5	1	60.1	54	32	27	0	3 2 3	17 2 0	.118
1953 PHI A	2	1	.667	4.89	17	2	1	38.2	44	24	16	0	1 0 0	6 1 0	.167
20 yrs.	211	222	.487	3.98	600	483	246	3759.1	3771	1732 4th	2082	31	15 15 21	1337 253 1	.189
4 yrs.	11	9	.550	3.45	33	19	8	169.1	158	78	103	2	4 2 1	57 11 0	.193
WORLD SERIES															
1940 DET A	2	1	.667	1.38	3	3	3	26	18	4	17	1	0 0 0	10 1 0	.100
1947 NY A	0	1	.000	19.29	2	1	0	2.1	6	2	0	0	0 0 0	0 0 0	—
2 yrs.	2	2	.500	2.86	5	4	3	28.1	24	6	17	1	0 0 0	10 1 0	.100

Doc Newton

NEWTON, EUSTACE JAMES BL TL 6' 185 lbs.
B. Oct. 26, 1877, Indianapolis, Ind. D. May 14, 1931, Memphis, Tenn.

1900 CIN N	9	15	.375	4.14	35	27	22	234.2	255	100	88	1	2 1 0	86 17 0	.198
1901 2 teams		CIN	N (20G 4-14)		BKN	N (13G 6-5)									
" total	10	19	.345	3.62	33	30	26	273.1	300	89	110	0	0 1 0	110 18 0	.164
1902 BKN N	15	14	.517	2.42	31	28	26	264.1	208	87	107	5	2 0 0	109 19 0	.174
1905 NY A	2	2	.500	2.11	11	7	2	59.2	61	24	15	0	0 0 0	22 3 0	.136
1906	6	5	.545	3.17	21	15	6	125	118	33	52	2	1 0 0	41 9 0	.220
1907	7	10	.412	3.18	19	15	10	133	132	31	70	0	2 0 0	37 4 0	.108
1908	4	5	.444	2.95	23	13	6	88.1	78	41	49	1	0 1 1	25 4 0	.160
1909	0	3	.000	2.82	4	4	1	22.1	27	11	11	0	0 0 0	6 1 0	.167
8 yrs.	53	73	.421	3.22	177	139	99	1200.2	1179	416	502	9	7 3 1	436 75 0	.172
2 yrs.	21	19	.525	2.53	44	40	35	369.1	318	117	152	5	2 0 0	150 28 0	.187

Tom Niedenfuer

NIEDENFUER, THOMAS EDWARD BR TR 6'5" 225 lbs.
B. Aug. 13, 1959, St. Louis Park, Minn.

1981 LA N	3	1	.750	3.81	17	0	0	26	25	6	12	0	3 1 2	0 0 0	—
1982	3	4	.429	2.71	55	0	0	69.2	71	25	60	0	3 4 9	3 0 0	.000
1983	8	3	.727	1.90	66	0	0	94.2	55	29	66	0	8 3 11	4 0 0	.000
1984	2	5	.286	2.47	33	0	0	47.1	39	23	45	0	2 5 11	3 0 0	.000
1985	7	9	.438	2.71	64	0	0	106.1	86	24	102	0	7 9 19	9 1 0	.111
5 yrs.	23	22	.511	2.54	235	0	0	344	276	107	285	0	23 22 52	19 1 0	.053
5 yrs.	23	22	.511	2.54	235	0	0	344	276	107	285	0	23 22 52 6th	19 1 0	.053
DIVISIONAL PLAYOFF SERIES															
1981 LA N	0	0	—	0.00	1	0	0	.1	1	1	1	0	0 0 0	0 0 0	—
LEAGUE CHAMPIONSHIP SERIES															
1981 LA N	0	0	—	0.00	1	0	0	.1	2	0	0	0	0 0 0	0 0 0	—
1983	0	0	—	0.00	2	0	0	2	0	1	3	0	0 0 1	0 0 0	—
1985	0	2	.000	6.35	3	0	0	5.2	5	2	5	0	0 2 1	1 0 0	.000
3 yrs.	0	2	.000	4.50	6	0	0	8	7	3	8	0	0 2 2	1 0 0	.000
WORLD SERIES															
1981 LA N	0	0	—	0.00	2	0	0	5	3	1	0	0	0 0 0	0 0 0	—

Otho Nitcholas

NITCHOLAS, OTHO JAMES (Nick) BR TR 6' 195 lbs.
B. Sept. 13, 1908, McKinney, Tex.

1945 BKN N	1	0	1.000	5.30	7	0	0	18.2	19	1	4	0	1 0 0	4 1 0	.250

Jerry Nops

NOPS, JEREMIAH H. TL
B. June 23, 1875, Toledo, Ohio D. Mar. 26, 1937, Camden, N. J.

1896 2 teams		PHI	N (1G 1-0)		BAL	N (3G 2-1)									
" total	3	1	.750	5.90	4	4	4	29	40	3	9	0	0 0 0	13 1 0	.077
1897 BAL N	20	6	.769	2.81	30	25	23	220.2	235	52	69	1	1 1 0	92 18 0	.196
1898	16	9	.640	3.56	33	29	23	235	241	78	91	2	1 0 0	91 20 0	.220
1899	17	11	.607	4.03	33	33	26	259	296	71	60	2	0 0 0	105 29 0	.276
1900 BKN N	4	4	.500	3.84	9	8	6	68	79	18	22	1	0 0 1	25 4 0	.160
1901 BAL A	11	10	.524	4.08	27	23	17	176.2	192	59	43	1	0 0 1	59 13 0	.220
6 yrs.	71	41	.634	3.70	136	122	99	988.1	1083	281	294	7	2 1 1	385 85 0	.221
1 yr.	4	4	.500	3.84	9	8	6	68	79	18	22	1	0 0 0	25 4 0	.160

Fred Norman

NORMAN, FREDIE HUBERT BL TL 5'8" 155 lbs.
B. Aug. 20, 1942, San Antonio, Tex.

1962 KC A	0	0	—	2.25	2	0	0	4	4	1	2	0	0 0 0	0 0 0	—
1963	0	1	.000	11.37	2	2	0	6.1	9	7	6	0	0 0 0	1 0 0	.000
1964 CHI N	0	4	.000	6.54	8	5	0	31.2	34	21	20	0	0 0 0	11 1 0	.091
1966	0	0	—	4.50	2	0	0	4	5	2	6	0	0 0 0	0 0 0	—
1967	0	0	—	0	1	0	0	1	0	1	0	0	0 0 0	0 0 0	—
1970 2 teams		LA	N (30G 2-0)		STL	N (1G 0-0)									
" total	2	0	1.000	5.14	31	0	0	63	66	33	47	0	2 0 1	7 1 0	.143
1971 2 teams		STL	N (4G 0-0)		SD	N (20G 3-12)									
" total	3	12	.200	3.57	24	18	5	131	121	63	81	0	0 0 0	38 9 0	.237
1972 SD N	9	11	.450	3.44	42	28	10	211.2	195	88	167	6	1 0 2	64 8 0	.125
1973 2 teams		SD	N (12G 1-7)		CIN	N (24G 12-6)									
" total	13	13	.500	3.60	36	35	8	240.1	208	101	161	0	0 0 0	80 6 0	.075
1974 CIN N	13	12	.520	3.15	35	26	8	186	170	68	141	2	0 2 0	61 8 0	.131
1975	12	4	.750	3.73	34	26	2	188	163	84	119	0	1 0 0	60 7 0	.117
1976	12	7	.632	3.10	33	24	8	180	153	70	126	3	0 0 0	50 7 0	.140
1977	14	13	.519	3.38	35	34	8	221	200	98	160	1	0 0 0	73 8 0	.110
1978	11	9	.550	3.71	36	31	0	177	173	82	111	0	1 0 1	50 7 0	.140

Pitcher Register

	W	L	PCT	ERA	G	GS	CG	IP	H	BB	SO	ShO	Relief Pitching W	L	SV	BATTING AB	H	HR	BA

Fred Norman continued

1979	11	13	.458	3.65	34	31	5	195	193	57	95	0	0	1	0	59	9	0	.153
1980 MON N	4	4	.500	4.05	48	8	2	98.6	96	40	58	0	0	1	4	20	1	0	.050
16 yrs.	104	103	.502	3.64	403	268	56	1938.6	1790	815	1303	15	6	4	8	574	72	0	.125
1 yr.	2	0	1.000	5.23	30	0	0	62	65	33	47	0	2	0	1	7	1	0	.143

LEAGUE CHAMPIONSHIP SERIES

1973 CIN N	0	0	–	1.80	1	1	0	5	1	3	3	0	0	0	0	1	0	0	.000
1975	1	0	1.000	1.50	1	1	0	6	4	5	4	0	0	0	0	1	0	0	.000
1979	0	0	–	18.00	1	0	0	2	4	1	1	0	0	0	0	1	0	0	.000
3 yrs.	1	0	1.000	4.15	3	2	0	13	9	9	8	0	0	0	0	3	0	0	.000

WORLD SERIES

1975 CIN N	0	1	.000	9.00	2	1	0	4	8	3	2	0	0	0	0	1	0	0	.000
1976	0	0	–	4.26	1	1	0	6.1	9	2	2	0	0	0	0	0	0	0	–
2 yrs.	0	1	.000	6.10	3	2	0	10.1	17	5	4	0	0	0	0	1	0	0	.000

Bob O'Brien

O'BRIEN, ROBERT ALLEN JR
B. Apr. 23, 1949, Pittsburgh, Pa.   BL TL 5'10" 170 lbs.

1971 LA N	2	2	.500	3.00	14	4	1	42	42	13	15	1	1	1	0	9	1	0	.111

Darby O'Brien

O'BRIEN, WILLIAM D.
B. Sept. 1, 1863, Peoria, Ill.   D. June 15, 1893, Peoria, Ill.   BR TR 6'1" 186 lbs.

1887 NY AA	0	0	–	7.36	1	0	0	3.2	4	5	0	0	0	0	0	*			

Lefty O'Doul

O'DOUL, FRANCIS JOSEPH
B. Mar. 4, 1897, San Francisco, Calif.   D. Dec. 7, 1969, San Francisco, Calif.   BL TL 6' 180 lbs.

1919 NY A	0	0	–	3.60	3	0	0	5	7	4	2	0	0	0	0	16	4	0	.250
1920	0	0	–	4.91	2	0	0	3.2	4	2	2	0	0	0	0	12	2	0	.167
1922	0	0	–	3.38	6	0	0	16	24	12	5	0	0	0	0	9	3	0	.333
1923 BOS A	1	1	.500	5.43	23	0	0	53	69	31	10	0	1	1	0	35	5	0	.143
4 yrs.	1	1	.500	4.87	34	0	0	77.2	104	49	19	0	1	1	0	*			

Joe Oeschger

OESCHGER, JOSEPH CARL
B. 1892, Chicago, Ill.   BR TR 6' 190 lbs.

1914 PHI N	4	8	.333	3.77	32	10	5	124	129	54	47	0	3	0	1	40	3	0	.075
1915	1	0	1.000	3.42	6	1	1	23.2	21	9	8	0	0	0	0	7	0	0	.000
1916	1	0	1.000	2.37	14	0	0	30.1	18	14	17	0	1	0	0	5	0	0	.000
1917	16	14	.533	2.75	42	30	18	262	241	72	123	5	3	0	0	88	10	0	.114
1918	6	18	.250	3.03	30	23	13	184	159	83	60	2	0	3	3	60	5	0	.083
1919 3 teams			PHI N (5G 0–1)					NY N (5G 0–1)					BOS N (7G 4–2)						
" total	4	4	.500	3.94	17	12	6	102.2	127	39	24	0	0	1	0	38	2	0	.053
1920 BOS N	15	13	.536	3.46	38	30	20	299	294	99	80	5	0	2	1	101	18	0	.178
1921	20	14	.588	3.52	46	36	19	299	303	97	68	3	2	1	0	110	28	0	.255
1922	6	21	.222	5.06	46	23	10	195.2	234	81	51	1	2	3	1	63	12	0	.190
1923	5	15	.250	5.68	44	19	6	166.1	227	54	33	1	2	2	2	52	12	0	.231
1924 2 teams			NY N (10G 2–0)					PHI N (19G 2–7)												
" total	4	7	.364	4.01	29	10	0	94.1	123	30	18	0	2	2	0	27	8	0	.296
1925 BKN N	1	2	.333	6.08	21	3	1	37	60	19	6	0	0	1	0	8	1	0	.125
12 yrs.	83	116	.417	3.81	365	197	99	1818	1936	651	535	18	15	14	7	599	99	0	.165
1 yr.	1	2	.333	6.08	21	3	1	37	60	19	6	0	0	1	0	8	1	0	.125

Phil Ortega

ORTEGA, FILOMENO CORONADO (Kemo)
B. Oct. 7, 1939, Gilbert, Ariz.   BR TR 6'2" 170 lbs.

1960 LA N	0	0	–	17.05	3	1	0	6.1	12	5	4	0	0	0	0	1	0	0	.000
1961	0	2	.000	5.54	4	2	1	13	10	2	15	0	0	0	0	4	1	0	.250
1962	0	2	.000	6.88	24	3	0	53.2	60	39	30	0	0	0	1	7	0	0	.000
1963	0	0	–	18.00	1	0	0	1	2	0	1	0	0	0	0	0	0	0	–
1964	7	9	.438	4.00	34	25	4	157.1	149	56	107	3	1	0	1	44	6	0	.136
1965 WAS A	12	15	.444	5.11	35	29	4	179.2	176	97	88	2	2	0	0	53	11	0	.208
1966	12	12	.500	3.92	33	31	9	197.1	158	53	121	1	1	0	0	54	3	0	.056
1967	10	10	.500	3.03	34	34	5	219.2	189	57	122	2	0	0	0	66	4	0	.061
1968	5	12	.294	4.98	31	16	1	115.2	115	62	57	1	1	3	0	24	4	0	.167
1969 CAL A	0	0	–	10.13	5	0	0	8	13	7	4	0	0	0	0	0	0	0	–
10 yrs.	46	62	.426	4.43	204	141	20	951.2	884	378	549	9	5	3	2	253	29	0	.115
5 yrs.	7	13	.350	5.17	66	31	4	231.1	233	102	157	3	1	0	2	56	7	0	.125

Tiny Osborne

OSBORNE, EARNEST PRESTON
Father of Bobo Osborne.
B. Apr. 9, 1893, Porterdale, Ga.   D. Jan. 5, 1969, Atlanta, Ga.   BL TR 6'4½" 215 lbs.

1922 CHI N	9	5	.643	4.50	41	14	7	184	183	95	81	1	2	1	3	67	9	0	.134
1923	8	15	.348	4.56	37	25	8	179.2	174	89	69	1	1	3	1	60	12	0	.200
1924 2 teams			CHI N (2G 0–0)					BKN N (21G 6–5)												
" total	6	5	.545	5.03	23	13	6	107.1	126	56	54	0	1	0	1	36	9	0	.250
1925 BKN N	8	15	.348	4.94	41	22	10	175	210	75	59	0	2	4	1	57	14	0	.246
4 yrs.	31	40	.437	4.72	142	74	31	646	693	315	263	2	6	8	6	220	44	0	.200
2 yrs.	14	20	.412	4.99	62	35	16	279.1	333	129	111	0	3	4	1	93	23	0	.247

Charlie Osgood

OSGOOD, CHARLES BENJAMIN
B. Nov. 23, 1926, Somerville, Mass.   BR TR 5'10" 180 lbs.

1944 BKN N	0	0	–	3.00	1	0	0	3	2	3	0	0	0	0	0	0	0	0	–

Pitcher Register

	W	L	PCT	ERA	G	GS	CG	IP	H	BB	SO	ShO	Relief Pitching W L SV	BATTING AB H HR	BA

Claude Osteen

OSTEEN, CLAUDE WILSON BL TL 5'11" 160 lbs.
B. Aug. 9, 1939, Caney Springs, Tenn.

1957 CIN N	0	0	–	2.25	3	0	0	4	4	3	3	0	0 0 0	1 0 0	.000
1959	0	0	–	7.04	2	0	0	7.2	11	9	3	0	0 0 0	2 0 0	.000
1960	0	1	.000	5.03	20	3	0	48.1	53	30	15	0	0 0 0	12 1 0	.083
1961 2 teams			CIN	N (1G 0–0)		WAS	A (3G 1–1)								
" total	1	1	.500	4.82	4	3	0	18.2	14	9	14	0	0 0 0	7 1 0	.143
1962 WAS A	8	13	.381	3.65	28	22	7	150.1	140	47	59	2	0 0 1	48 10 0	.208
1963	9	14	.391	3.35	40	29	8	212.1	222	60	109	2	1 1 0	70 12 1	.171
1964	15	13	.536	3.33	37	36	13	257	256	64	133	0	0 0 0	90 14 1	.156
1965 LA N	15	15	.500	2.79	40	40	9	287	253	78	162	1	0 0 0	99 12 0	.121
1966	17	14	.548	2.85	39	38	8	240.1	238	65	137	3	0 0 0	76 16 1	.211
1967	17	17	.500	3.22	39	39	14	288.1	298	52	152	5	0 0 0	101 18 2	.178
1968	12	18	.400	3.08	39	36	5	254	267	54	119	3	0 0 0	84 15 0	.179
1969	20	15	.571	2.66	41	41	16	321	293	74	183	7	0 0 0	111 24 1	.216
1970	16	14	.533	3.82	37	37	11	259	280	52	114	4	0 0 0	93 19 1	.204
1971	14	11	.560	3.51	38	38	11	259	262	63	109	4	0 0 0	86 16 0	.186
1972	20	11	.645	2.64	33	33	14	252	232	69	100	4	0 0 0	88 24 1	.273
1973	16	11	.593	3.31	33	33	12	236.2	227	61	86	3	0 0 0	78 12 0	.154
1974 2 teams			HOU	N (23G 9–9)		STL	N (8G 0–2)								
" total	9	11	.450	3.80	31	23	7	161	184	58	51	2	0 1 0	53 13 0	.245
1975 CHI A	7	16	.304	4.36	37	37	5	204.1	237	92	63	0	0 0 0	0 0 0	–
18 yrs.	196	195	.501	3.30	541	488	140	3461	3471	940	1612	40	1 2 1	1099 207 8	.188
9 yrs.	147	126	.538	3.09	339	335	100	2397.1	2350	568	1162	34	0 0 0	816 156 6	.191
	7th		6th					6th			7th	5th			

WORLD SERIES

1965 LA N	1	1	.500	0.64	2	2	1	14	9	5	4	1	0 0 0	3 1 0	.333
1966	0	1	.000	1.29	1	1	0	7	3	1	3	0	0 0 0	2 0 0	.000
2 yrs.	1	2	.333	0.86	3	3	1	21	12	6	7	1	0 0 0	5 1 0	.200

Fritz Ostermueller

OSTERMUELLER, FREDERICK RAYMOND BL TL 5'11" 175 lbs.
B. Sept. 15, 1907, Quincy, Ill.   D. Dec. 17, 1957, Quincy, Ill.

1934 BOS A	10	13	.435	3.49	33	24	10	198.2	200	99	75	0	4 0 3	78 13 0	.167
1935	7	8	.467	3.92	22	19	10	137.2	135	78	41	0	0 0 0	49 14 0	.286
1936	10	16	.385	4.87	43	23	7	181	210	84	90	1	2 4 2	64 15 0	.234
1937	3	7	.300	4.98	25	7	2	86.2	101	44	29	0	1 4 1	33 11 0	.333
1938	13	5	.722	4.58	31	18	10	176.2	199	58	46	1	3 1 2	74 16 0	.216
1939	11	7	.611	4.24	34	20	8	159.1	173	58	61	0	3 1 4	56 9 0	.161
1940	5	9	.357	4.95	31	16	5	143.2	166	70	80	1	1 2 0	54 17 0	.315
1941 STL A	0	3	.000	4.50	15	2	0	46	45	23	20	0	0 3 0	14 3 0	.214
1942	3	1	.750	3.71	10	4	2	43.2	46	17	21	0	0 0 0	16 3 0	.188
1943 2 teams			STL	A (11G 0–2)		BKN	N (7G 1–1)								
" total	1	3	.250	4.18	18	4	0	56	57	25	19	0	1 2 0	18 2 0	.111
1944 2 teams			BKN	N (10G 2–1)		PIT	N (28G 11–7)								
" total	13	8	.619	2.81	38	28	17	246.1	247	77	97	1	0 0 2	93 22 0	.237
1945 PIT N	5	4	.556	4.57	14	11	4	80.2	74	37	29	1	0 0 0	28 9 0	.321
1946	13	10	.565	2.84	27	25	16	193.1	193	56	57	2	0 0 0	64 21 0	.328
1947	12	10	.545	3.84	26	24	12	183	181	68	66	3	0 0 0	64 12 0	.188
1948	8	11	.421	4.42	23	22	10	134.1	143	41	43	2	0 0 0	44 8 0	.182
15 yrs.	114	115	.498	3.99	390	247	113	2067	2170	835	774	11	15 17 15	749 175 0	.234
2 yrs.	3	2	.600	3.26	17	5	3	69	67	24	32	0	1 1 1	24 2 0	.083

Phil Page

PAGE, PHILIP RAUSAC BR TL 6'2" 175 lbs.
B. Aug. 23, 1905, Springfield, Mass.   D. June 26, 1958, Springfield, Mass.

1928 DET A	2	0	1.000	2.45	3	2	2	22	21	10	3	0	0 0 0	9 2 0	.222
1929	0	2	.000	8.17	10	4	1	25.1	29	19	6	0	0 1 0	8 1 0	.125
1930	0	1	.000	9.75	12	0	0	12	23	9	2	0	0 1 0	0 0 0	–
1934 BKN N	1	0	1.000	5.40	6	0	0	10	13	6	4	0	1 0 0	1 0 0	.000
4 yrs.	3	3	.500	6.23	31	6	3	69.1	86	44	15	0	1 2 0	18 3 0	.167
1 yr.	1	0	1.000	5.40	6	0	0	10	13	6	4	0	1 0 0	1 0 0	.000

Erv Palica

PALICA, ERVIN MARTIN BR TR 6'1½" 180 lbs.
Born Ervin Martin Pavliecivich.
B. Feb. 9, 1928, Lomita, Calif.   D. May 29, 1982, Huntington Beach, Calif.

1945 BKN N	0	0	–	0.00	0	0	0	0	0	0	0	0	0 0 0	0 0 0	–
1947	0	1	.000	3.00	3	0	0	3	2	1	0	0	1 0 0	0 0 0	–
1948	6	6	.500	4.45	41	10	3	125.1	111	58	74	0	3 3 3	39 5 0	.128
1949	8	9	.471	3.62	49	1	0	97	93	49	44	0	8 8 6	19 3 0	.158
1950	13	8	.619	3.58	43	19	10	201.1	176	98	131	2	2 2 1	68 15 1	.221
1951	2	6	.250	4.75	19	8	0	53	55	20	15	0	2 1 0	13 2 0	.154
1953	0	0	–	12.00	4	0	0	6	10	8	3	0	0 0 0	1 1 0	1.000
1954	3	3	.500	5.32	25	3	0	67.2	77	31	25	0	3 2 0	16 4 0	.250
1955 BAL A	5	11	.313	4.14	33	25	5	169.2	165	83	68	1	0 0 2	55 13 0	.236
1956	4	11	.267	4.49	29	14	2	116.1	117	50	62	0	2 3 0	32 5 0	.156
10 yrs.	41	55	.427	4.22	246	80	20	839.1	806	399	423	3	20 20 12	243 48 1	.198
7 yrs.	32	33	.492	4.20	184	41	13	553.1	524	266	293	2	18 17 8	156 30 1	.192

WORLD SERIES

| 1949 BKN N | 0 | 0 | – | 0.00 | 1 | 0 | 0 | 2 | 1 | 1 | 1 | 0 | 0 0 0 | 0 0 0 | – |

Ed Palmquist

PALMQUIST, EDWIN LEE BR TR 6'3" 195 lbs.
B. June 10, 1933, Los Angeles, Calif.

| 1960 LA N | 0 | 1 | .000 | 2.54 | 22 | 0 | 0 | 39 | 34 | 16 | 23 | 0 | 0 1 0 | 7 0 0 | .000 |

Pitcher Register 304

	W	L	PCT	ERA	G	GS	CG	IP	H	BB	SO	ShO	Relief Pitching W	L	SV	BATTING AB	H	HR	BA

Ed Palmquist continued

1961 2 teams	LA N (5G 0–1)		MIN A (9G 1–1)																
" total	1	2	.333	8.49	14	2	0	29.2	43	20	18	0	1	1	1	3	0	0	.000
2 yrs.	1	3	.250	5.11	36	2	0	68.2	77	36	41	0	1	2	1	10	0	0	.000
2 yrs.	0	2	.000	3.21	27	0	0	47.2	44	23	28	0	0	2	1	7	0	0	.000

Camilo Pascual

PASCUAL, CAMILO ALBERTO (Little Potato)   BR TR 5'11"   175 lbs.
Brother of Carlos Pascual.
B. Jan. 20, 1934, Havana, Cuba

1954 WAS A	4	7	.364	4.22	48	4	1	119.1	126	61	60	0	4	4	3	30	4	0	.133
1955	2	12	.143	6.14	43	16	1	129	158	70	82	0	0	4	3	32	7	0	.219
1956	6	18	.250	5.87	39	27	6	188.2	194	89	162	0	1	1	2	58	8	0	.138
1957	8	17	.320	4.10	29	26	8	175.2	168	76	113	2	0	3	0	50	7	0	.140
1958	8	12	.400	3.15	31	27	6	177.1	166	60	146	2	0	0	0	57	9	0	.158
1959	17	10	.630	2.64	32	30	17	238.2	202	69	185	6	0	0	0	86	26	0	.302
1960	12	8	.600	3.03	26	22	8	151.2	139	53	143	3	0	1	2	51	9	1	.176
1961 MIN A	15	16	.484	3.46	35	33	15	252.1	205	100	221	8	0	1	0	85	14	0	.165
1962	20	11	.645	3.32	34	33	18	257.2	236	59	206	5	0	0	0	97	26	2	.268
1963	21	9	.700	2.46	31	31	18	248.1	205	81	202	3	0	0	0	92	23	0	.250
1964	15	12	.556	3.30	36	36	14	267.1	245	98	213	1	0	0	0	94	17	0	.181
1965	9	3	.750	3.35	27	27	5	156	126	63	96	1	0	0	0	60	12	2	.200
1966	8	6	.571	4.89	21	19	2	103	113	30	56	0	0	0	0	37	8	0	.216
1967 WAS A	12	10	.545	3.28	28	27	5	164.2	147	43	106	1	0	0	0	51	9	0	.176
1968	13	12	.520	2.69	31	31	8	201	181	59	111	4	0	0	0	65	12	0	.185
1969 2 teams	WAS	A (14G 2–5)		CIN	N (5G 0–0)														
" total	2	5	.286	7.07	19	14	0	62.1	63	42	37	0	0	0	0	17	4	0	.235
1970 LA N	0	0	–	2.57	10	0	0	14	12	5	8	0	0	0	0	0	0	0	–
1971 CLE A	2	2	.500	3.13	9	1	0	23	17	11	20	0	2	1	0	5	3	0	.600
18 yrs.	174	170	.506	3.63	529	404	132	2930	2703	1069	2167	36	7	15	10	967	198	5	.205
1 yr.	0	0	–	2.57	10	0	0	14	12	5	8	0	0	0	0	0	0	0	–

WORLD SERIES

1965 MIN A	0	1	.000	5.40	1	1	0	5	8	1	0	0	0	0	0	1	0	0	.000

Jim Pastorius

PASTORIUS, JAMES W.   BL TL
B. July 12, 1881, Pittsburgh, Pa.   D. May 10, 1941, Pittsburgh, Pa.

1906 BKN N	10	14	.417	3.61	29	24	16	211.2	225	69	58	3	1	2	0	71	10	0	.141
1907	16	12	.571	2.35	28	26	20	222	218	77	70	4	2	0	0	73	15	0	.205
1908	4	20	.167	2.44	28	25	16	213.2	171	74	54	2	0	1	0	62	8	0	.129
1909	1	9	.100	5.76	12	9	5	79.2	91	58	23	1	0	1	0	25	2	0	.080
4 yrs.	31	55	.360	3.12	97	84	57	727	705	278	205	10	3	4	0	231	35	0	.152
4 yrs.	31	55	.360	3.12	97	84	57	727	705	278	205	10	3	4	0	231	35	0	.152

Dave Patterson

PATTERSON, DAVID GLENN   BR TR 6'   170 lbs.
B. July 25, 1956, Springfield, Mo.

1979 LA N	4	1	.800	5.26	36	0	0	53	62	22	34	0	4	1	6	7	1	0	.143

Jimmy Pattison

PATTISON, JAMES WELLS   BL TL 6'   185 lbs.
B. Dec. 18, 1908, Brooklyn, N.Y.

1929 BKN N	0	1	.000	4.63	6	0	0	11.2	9	4	5	0	0	1	0	2	1	0	.500

Harley Payne

PAYNE, HARLEY FENWICK (Lady)   TL 6'   160 lbs.
B. Jan. 9, 1866, Windsor, Ont., Canada   D. Dec. 29, 1935, Orwell, Ohio

1896 BKN N	14	16	.467	3.39	34	28	24	241.2	284	58	52	2	2	2	0	98	21	0	.214
1897	14	17	.452	4.63	40	38	30	280	350	71	86	1	0	0	0	110	26	0	.236
1898	1	0	1.000	4.00	1	1	1	9	11	3	2	0	0	0	0	4	3	0	.750
1899 PIT N	1	3	.250	3.76	5	5	2	26.1	33	4	8	0	0	0	0	10	1	0	.100
4 yrs.	30	36	.455	4.04	80	72	57	557	678	136	148	3	2	2	0	222	51	0	.230
3 yrs.	29	33	.468	4.05	75	67	55	530.2	645	132	140	3	2	2	0	212	50	0	.236

Alejandro Pena

PENA, ALEJANDRO   BR TR 6'3"   200 lbs.
Born Alejandro Pena Vasquez.
B. June 25, 1959, Cambiaso Puerto Plata, Dominican Republic

1981 LA N	1	1	.500	2.88	14	0	0	25	18	11	14	0	1	1	2	6	0	0	.000
1982	0	2	.000	4.79	29	0	0	35.2	37	21	20	0	0	2	0	0	0	0	–
1983	12	9	.571	2.75	34	26	4	177	152	51	120	3	2	1	1	60	6	1	.100
1984	12	6	.667	2.48	28	28	8	199.1	186	46	135	4	0	0	0	66	8	0	.121
1985	0	1	.000	8.31	2	1	0	4.1	7	3	2	0	0	1	0	1	0	0	.000
5 yrs.	25	19	.568	2.85	107	55	12	441.1	400	132	291	7	3	5	3	133	14	1	.105
5 yrs.	25	19	.568	2.85	107	55	12	441.1	400	132	291	7	3	5	3	133	14	1	.105

LEAGUE CHAMPIONSHIP SERIES

1981 LA N	0	0	–	0.00	2	0	0	2.1	1	0	0	0	0	0	0	0	0	0	–
1983	0	0	–	6.75	1	0	0	2.2	4	1	3	0	0	0	0	1	1	0	1.000
2 yrs.	0	0	–	3.60	3	0	0	5	5	1	3	0	0	0	0	1	1	0	1.000

Jose Pena

PENA, JOSE   BR TR 6'2"   190 lbs.
B. Dec. 3, 1942, Ciudad Juarez, Mexico

1969 CIN N	1	1	.500	18.00	6	0	0	5	10	5	3	0	1	1	0	0	0	0	–
1970 LA N	4	3	.571	4.42	29	0	0	57	51	29	31	0	4	3	0	8	1	0	.125
1971	2	0	1.000	3.56	21	0	0	43	32	18	44	0	2	0	1	3	2	0	.667

Pitcher Register

	W	L	PCT	ERA	G	GS	CG	IP	H	BB	SO	ShO	Relief Pitching W	L	SV	BATTING AB	H	HR	BA

Jose Pena continued

1972	0	0	–	8.59	5	0	0	7.1	13	6	4	0	0	0	0	0	0	0	–
4 yrs.	7	4	.636	4.97	61	0	0	112.1	106	58	82	0	7	4	5	11	3	0	.273
3 yrs.	6	3	.667	4.36	55	0	0	107.1	96	53	79	0	6	3	5	11	3	0	.273

Charlie Perkins

PERKINS, CHARLES SULLIVAN (Lefty) BR TL 6' 175 lbs.
B. Sept. 9, 1905, Birmingham, Ala.

1930 PHI A	0	0	–	6.46	8	1	0	23.2	25	15	15	0	0	0	0	8	1	0	.125
1934 BKN N	0	3	.000	8.51	11	2	0	24.1	37	14	5	0	0	1	0	7	2	0	.286
2 yrs.	0	3	.000	7.50	19	3	0	48	62	29	20	0	0	1	0	15	3	0	.200
1 yr.	0	3	.000	8.51	11	2	0	24.1	37	14	5	0	0	1	0	7	2	0	.286

Ron Perranoski

PERRANOSKI, RONALD PETER BL TL 6' 180 lbs.
B. Apr. 1, 1936, Paterson, N.J.

1961 LA N	7	5	.583	2.65	53	1	0	91.2	82	41	56	0	7	5	6	12	1	0	.083
1962	6	6	.500	2.85	70	0	0	107.1	103	36	68	0	6	6	20	14	1	0	.071
1963	16	3	.842	1.67	69	0	0	129	112	43	75	0	16	3	21	24	3	0	.125
1964	5	7	.417	3.09	72	0	0	125.1	128	46	79	0	5	7	14	19	2	0	.105
1965	6	6	.500	2.24	59	0	0	104.2	85	40	53	0	6	6	17	19	3	0	.158
1966	6	7	.462	3.18	55	0	0	82	82	31	50	0	6	7	7	8	2	0	.250
1967	6	7	.462	2.45	70	0	0	110	97	45	75	0	6	7	16	10	1	0	.100
1968 MIN A	8	7	.533	3.10	66	0	0	87	86	38	65	0	8	7	6	7	0	0	.000
1969	9	10	.474	2.11	75	0	0	119.2	85	52	62	0	9	10	31	24	2	0	.083
1970	7	8	.467	2.43	67	0	0	111	108	42	55	0	7	8	34	24	1	0	.042
1971 2 teams			MIN A (36G 1–4)				DET A (11G 0–1)												
" total	1	5	.167	5.49	47	0	0	60.2	76	31	29	0	1	5	7	5	0	0	.000
1972 2 teams			DET A (17G 0–1)				LA N (9G 2–0)												
" total	2	1	.667	5.30	26	0	0	35.2	42	16	15	0	2	1	0	1	0	0	.000
1973 CAL A	0	2	.000	4.09	8	0	0	11	11	7	5	0	0	2	0	0	0	0	–
13 yrs.	79	74	.516	2.79	737	1	0	1175	1097	468	687	0	79	74	179 10th	167	16	0	.096
8 yrs.	54	41	.568	2.56 3rd	457 4th	1	0	766.2	708	290	461	0	54 3rd	41	101 2nd	106	13	0	.123

LEAGUE CHAMPIONSHIP SERIES

1969 MIN A	0	1	.000	5.79	3	0	0	4.2	8	0	2	0	0	1	0	1	0	0	.000
1970	0	0	–	19.29	2	0	0	2.1	5	1	3	0	0	0	0	0	0	0	–
2 yrs.	0	1	.000	10.29	5	0	0	7	13	1	5	0	0	1	0	1	0	0	.000

WORLD SERIES

1963 LA N	0	0	–	0.00	1	0	0	.2	1	0	1	0	0	0	1	0	0	0	–
1965	0	0	–	7.36	2	0	0	3.2	3	4	1	0	0	0	0	0	0	0	–
1966	0	0	–	5.40	2	0	0	3.1	4	1	2	0	0	0	0	0	0	0	–
3 yrs.	0	0	–	5.87	5	0	0	7.2	8	5	4	0	0	0	1	0	0	0	–

Jim Peterson

PETERSON, JAMES NIELS BR TR 6'½" 200 lbs.
B. Aug. 18, 1908, Philadelphia, Pa. D. Apr. 8, 1975, Palm Beach, Fla.

1931 PHI A	0	1	.000	6.23	6	1	1	13	18	4	7	0	0	0	0	2	1	0	.500
1933	2	5	.286	4.96	32	5	0	90.2	114	36	18	0	2	3	0	27	4	0	.148
1937 BKN N	0	0	–	7.94	3	0	0	5.2	8	2	4	0	0	0	0	0	0	0	–
3 yrs.	2	6	.250	5.27	41	6	1	109.1	140	42	29	0	2	3	0	29	5	0	.172
1 yr.	0	0	–	7.94	3	0	0	5.2	8	2	4	0	0	0	0	0	0	0	–

Jesse Petty

PETTY, JESSE LEE (The Silver Fox) BR TL 6' 195 lbs.
B. Nov. 23, 1894, Orr, Okla. D. Oct. 23, 1971, St. Paul, Minn.

1921 CLE A	0	0	–	2.00	4	0	0	9	10	0	0	0	0	0	0	2	0	0	.000
1925 BKN N	9	9	.500	4.88	28	22	7	153	188	47	39	0	3	0	0	50	7	0	.140
1926	17	17	.500	2.84	38	33	23	275.2	246	79	101	1	2	1	1	97	17	0	.175
1927	13	18	.419	2.98	42	33	19	271.2	263	53	101	2	2	1	1	91	9	0	.099
1928	15	15	.500	4.04	40	31	15	234	264	56	74	2	1	2	1	81	9	0	.111
1929 PIT N	11	10	.524	3.71	36	25	12	184.1	197	42	58	1	1	0	0	67	7	0	.104
1930 2 teams			PIT N (10G 1–6)				CHI N (9G 1–3)												
" total	2	9	.182	5.69	19	10	0	80.2	118	19	34	0	1	1	1	25	4	0	.160
7 yrs.	67	78	.462	3.68	207	154	76	1208.1	1286	296	407	6	10	5	4	413	53	0	.128
4 yrs.	54	59	.478	3.52	148	119	64	934.1	961	235	315	5	8	4	3	319	42	0	.132

Jeff Pfeffer

PFEFFER, EDWARD JOSEPH BR TR 6'3" 210 lbs.
Brother of Big Jeff Pfeffer.
B. Mar. 4, 1888, Seymour, Ill. D. Aug. 15, 1972, Chicago, Ill.

1911 STL A	0	0	–	7.20	2	0	0	10	11	4	0	0	0	0	0	4	0	0	.000
1913 BKN N	0	1	.000	3.33	5	2	1	24.1	28	13	13	0	0	0	0	7	0	0	.000
1914	23	12	.657	1.97	43	34	27	315	264	91	135	3	0	2	4	116	23	0	.198
1915	19	14	.576	2.10	40	34	26	291.2	243	76	84	6	1	2	3	106	27	0	.255
1916	25	11	.694	1.92	41	37	30	328.2	274	63	128	6	1	0	1	122	34	0	.279
1917	11	15	.423	2.23	30	30	24	266	225	66	115	3	0	0	0	100	13	0	.130
1918	1	0	1.000	0.00	1	1	1	9	2	3	1	1	0	0	0	4	1	0	.250
1919	17	13	.567	2.66	30	30	26	267	270	49	92	4	0	0	0	97	20	0	.206
1920	16	9	.640	3.01	30	28	20	215	225	45	80	2	0	0	0	74	18	0	.243
1921 2 teams			BKN N (6G 1–5)				STL N (18G 9–3)												
" total	10	8	.556	4.35	24	18	9	130.1	151	37	30	1	2	0	0	40	4	0	.100
1922 STL N	19	12	.613	3.58	44	32	19	261.2	286	58	83	1	3	1	2	98	24	0	.245
1923	8	9	.471	4.02	26	18	7	152.1	171	40	32	1	1	1	0	55	7	0	.127

Pitcher Register

	W	L	PCT	ERA	G	GS	CG	IP	H	BB	SO	ShO	Relief Pitching W L SV	BATTING AB H HR	BA

Jeff Pfeffer continued

1924 2 teams	STL N (16G 4–5)				PIT N (15G 5–3)										
" total	9	8	.529	4.35	31	16	4	136.2	170	47	39	0	4 3 0	51 9 0	.176
13 yrs.	158	112	.585	2.77	347	280	194	2407.1	2320	592	836	28	13 9 10	874 180 0	.206
9 yrs.	113	80	.585	2.31	226	201	157	1748.1	1567	415	656	25	3 4 8	637 136 0	.214
				1st			6th					7th			

WORLD SERIES

1916 BKN N	0	1	.000	2.53	3	1	0	10.2	7	4	5	0	0 0 1	4 1 0	.250
1920	0	0	–	3.00	1	0	0	3	4	2	1	0	0 0 0	1 0 0	.000
2 yrs.	0	1	.000	2.63	4	1	0	13.2	11	6	6	0	0 0 1	5 1 0	.200

Lee Pfund

PFUND, LeROY HERBERT BR TR 6'1" 185 lbs.
B. Oct. 10, 1919, Oak Park, Ill.

| 1945 BKN N | 3 | 2 | .600 | 5.20 | 15 | 10 | 2 | 62.1 | 69 | 35 | 27 | 0 | 0 0 0 | 22 4 0 | .182 |

Ray Phelps

PHELPS, RAYMOND CLIFFORD BR TR 6'2" 200 lbs.
B. Dec. 11, 1903, Dunlap, Tenn. D. July 7, 1971, Fort Pierce, Fla.

1930 BKN N	14	7	.667	4.11	36	24	11	179.2	198	52	64	2	2 1 0	68 10 1	.147
1931	7	9	.438	5.00	28	26	3	149.1	184	44	50	2	0 0 0	51 8 0	.157
1932	4	5	.444	5.90	20	8	4	79.1	101	27	21	1	1 3 0	23 2 0	.087
1935 CHI A	4	8	.333	4.82	27	17	4	125	126	55	38	0	0 1 1	41 5 0	.122
1936	4	6	.400	6.03	15	4	2	68.2	91	42	17	0	3 3 0	26 6 0	.231
5 yrs.	33	35	.485	4.93	126	79	24	602	700	220	190	5	6 8 1	209 31 1	.148
3 yrs.	25	21	.543	4.78	84	58	18	408.1	483	123	135	5	3 4 0	142 20 1	.141

George Pinckney

PINCKNEY, GEORGE BURTON BR TR 5'7" 160 lbs.
B. Jan. 11, 1862, Peoria, Ill. D. Nov. 9, 1926, Peoria, Ill.

| 1886 BKN AA | 0 | 0 | – | 4.50 | 1 | 0 | 0 | 2 | 2 | 0 | 0 | 0 | 0 0 0 | * | |

Ed Pipgras

PIPGRAS, EDWARD JOHN BR TR 6'2½" 175 lbs.
Brother of George Pipgras.
B. June 15, 1904, Schleswig, Iowa D. Apr. 13, 1964, Currie, Minn.

| 1932 BKN N | 0 | 1 | .000 | 5.40 | 5 | 1 | 0 | 10 | 16 | 6 | 5 | 0 | 0 1 0 | 2 0 0 | .000 |

Norman Plitt

PLITT, NORMAN WILLIAM (Duke) BR TR 5'11" 180 lbs.
B. Feb. 21, 1893, York, Pa. D. Feb. 1, 1954, New York, N.Y.

1918 BKN N	0	0	–	4.50	1	0	0	2	3	1	0	0	0 0 0	1 1 0	1.000
1927 2 teams	BKN N (19G 2–6)				NY N (3G 1–0)										
" total	3	6	.333	4.78	22	8	1	69.2	82	37	9	0	2 1 0	19 4 0	.211
2 yrs.	3	6	.333	4.77	23	8	1	71.2	85	38	9	0	2 1 0	20 5 0	.250
2 yrs.	2	6	.250	4.90	20	8	1	64.1	76	37	9	0	1 1 0	19 5 0	.263

Bud Podbielan

PODBIELAN, CLARENCE ANTHONY BR TR 6'1½" 170 lbs.
B. Mar. 6, 1924, Curlew, Wash. D. Oct. 26, 1982, Syracuse, N.Y.

1949 BKN N	0	1	.000	3.65	7	1	0	12.1	9	9	5	0	0 1 0	3 0 0	.000
1950	5	4	.556	5.33	20	10	2	72.2	93	29	28	0	1 2 1	28 3 0	.107
1951	3	0	.500	3.50	27	5	1	79.2	67	36	26	0	2 1 0	23 7 0	.304
1952 2 teams	BKN N (3G 0–0)				CIN N (24G 4–5)										
" total	4	5	.444	3.15	27	7	4	88.2	82	29	23	1	1 1 1	25 4 0	.160
1953 CIN N	6	16	.273	4.73	36	24	8	186.1	214	67	74	1	1 1 1	56 7 0	.125
1954	7	10	.412	5.36	27	24	4	131	157	58	42	0	0 0 0	42 6 0	.143
1955	1	2	.333	3.21	17	2	0	42	36	11	26	0	1 0 0	5 2 0	.400
1957	0	1	.000	6.19	5	3	1	16	18	4	13	0	0 0 0	5 0 0	.000
1959 CLE A	0	1	.000	5.84	6	0	0	12.1	17	2	5	0	0 0 0	1 0 0	.000
9 yrs.	25	42	.373	4.49	172	76	20	641	693	245	242	2	6 7 3	188 29 0	.154
4 yrs.	7	7	.500	4.48	57	16	3	166.2	173	77	60	0	3 4 1	54 10 0	.185

Johnny Podres

PODRES, JOHN JOSEPH BL TL 5'11" 170 lbs.
B. Sept. 30, 1932, Witherbee, N.Y.

1953 BKN N	9	4	.692	4.23	33	18	3	115	126	64	82	1	4 0 0	36 11 0	.306
1954	11	7	.611	4.27	29	21	6	151.2	147	53	79	2	1 0 0	60 17 0	.283
1955	9	10	.474	3.95	27	24	5	159.1	160	57	114	2	0 0 0	60 11 0	.183
1957	12	9	.571	2.66	31	27	10	196	168	44	109	6	1 0 3	72 15 0	.208
1958 LA N	13	15	.464	3.72	39	31	10	210.1	208	78	143	2	0 1 1	71 9 0	.127
1959	14	9	.609	4.11	34	29	6	195	192	74	145	2	1 0 0	65 16 0	.246
1960	14	12	.538	3.08	34	33	8	227.2	217	71	159	1	1 0 0	66 9 0	.136
1961	18	5	.783	3.74	32	29	6	182.2	192	51	124	5	2 0 0	69 16 0	.232
1962	15	13	.536	3.81	40	40	8	255	270	71	178	0	0 0 0	88 14 1	.159
1963	14	12	.538	3.54	37	34	10	198.1	196	64	134	5	0 0 1	64 9 1	.141
1964	0	2	.000	16.88	2	2	0	2.2	5	3	0	0	0 0 0	0 0 0	–
1965	7	6	.538	3.43	27	22	2	134	126	39	63	1	0 2 0	45 8 0	.178
1966 2 teams	LA N (1G 0–0)				DET A (36G 4–5)										
" total	4	5	.444	3.38	37	13	2	109.1	108	35	54	1	2 1 4	30 7 0	.233
1967 DET A	3	1	.750	3.84	21	8	0	63.1	58	10	34	0	1 0 1	20 2 0	.100
1969 SD N	5	6	.455	4.29	17	9	1	65	66	28	17	0	0 0 0	16 1 0	.063
15 yrs.	148	116	.561	3.67	440	340	77	2265.1	2239	743	1435	24	13 4 11	762 145 2	.190
13 yrs.	136	104	.567	3.66	366	310	74	2029.1	2009	670	1331	23	10 3 6	696 135 2	.194
	8th	8th			10th			9th		9th	5th	8th			

WORLD SERIES

| 1953 BKN N | 0 | 1 | .000 | 3.38 | 1 | 1 | 0 | 2.2 | 1 | 2 | 0 | 0 | 0 0 0 | 1 1 0 | 1.000 |

Johnny Podres continued

	W	L	PCT	ERA	G	GS	CG	IP	H	BB	SO	ShO	Relief Pitching W L SV	AB	BATTING H	HR	BA
1955	2	0	1.000	1.00	2	2	2	18	15	4	10	1	0 0 0	7	1	0	.143
1959 LA N	1	0	1.000	4.82	2	2	0	9.1	7	6	4	0	0 0 0	4	2	0	.500
1963	1	0	1.000	1.08	1	1	0	8.1	6	1	4	0	0 0 0	4	1	0	.250
4 yrs.	4	1	.800	2.11	6	6	2	38.1	29	13	18	1	0 0 0	16	5	0	.313

Boots Poffenberger

POFFENBERGER, CLETUS ELWOOD
B. July 1, 1915, Williamsport, Md.
BR TR 5'10" 178 lbs.

1937 DET A	10	5	.667	4.65	29	16	5	137.1	147	79	35	0	3	1	3	51	11	0	.216
1938	6	7	.462	4.82	25	15	8	125	147	66	28	0	0	2	1	44	8	0	.182
1939 BKN N	0	0	–	5.40	3	1	0	5	7	4	2	0	0	0	0	1	0	0	.000
3 yrs.	16	12	.571	4.75	57	32	13	267.1	301	149	65	0	3	3	4	96	19	0	.198
1 yr.	0	0	–	5.40	3	1	0	5	7	4	2	0	0	0	0	1	0	0	.000

Ed Poole

POOLE, EDWARD I.
B. Sept. 7, 1874, Canton, Ohio D. Mar. 11, 1919, Malvern, Ohio
BR TR 5'10" 175 lbs.

1900 PIT N	1	0	1.000	1.29	1	0	0	7	4	0	3	0	1	0	0	4	2	1	.500
1901	5	4	.556	3.60	12	10	8	80	78	30	26	1	0	0	0	78	16	1	.205
1902 2 teams			PIT N (1G 0–0)			CIN N (16G 12–4)													
" total	12	4	.750	2.10	17	16	16	146	136	57	57	2	0	0	0	65	8	0	.123
1903 CIN N	8	13	.381	3.28	25	21	18	184	188	77	73	1	0	0	0	70	17	0	.243
1904 BKN N	8	13	.381	3.39	25	23	19	178	178	74	67	1	1	0	1	62	8	0	.129
5 yrs.	34	34	.500	3.04	80	70	61	595	584	238	226	5	2	0	1	279	51	2	.183
1 yr.	8	13	.381	3.39	25	23	19	178	178	74	67	1	1	0	1	62	8	0	.129

Bill Posedel

POSEDEL, WILLIAM JOHN (Sailor Bill)
B. Aug. 2, 1906, San Francisco, Calif.
BR TR 5'11" 175 lbs.

1938 BKN N	8	9	.471	5.66	33	17	6	140	178	46	49	1	0	3	1	44	10	0	.227
1939 BOS N	15	13	.536	3.92	33	29	18	220.2	221	78	73	5	1	0	0	73	8	0	.110
1940	12	17	.414	4.13	35	32	18	233	263	81	86	0	1	0	1	82	14	0	.171
1941	4	4	.500	4.87	18	9	3	57.1	61	30	10	0	1	0	0	25	8	0	.320
1946	2	0	1.000	6.99	19	0	0	28.1	34	13	9	0	2	0	4	3	0	0	.000
5 yrs.	41	43	.488	4.56	138	87	45	679.1	757	248	227	6	5	3	6	227	40	0	.176
1 yr.	8	9	.471	5.66	33	17	6	140	178	46	49	1	0	3	1	44	10	0	.227

Dykes Potter

POTTER, MARYLAND DYKES
Brother of Squire Potter.
B. Sept. 7, 1910, Ashland, Ky.
BR TR 6' 185 lbs.

| 1938 BKN N | 0 | 0 | – | 4.50 | 2 | 0 | 0 | 2 | 4 | 0 | 1 | 0 | 0 | 0 | 0 | 0 | 0 | 0 | – |

Bill Pounds

POUNDS, JEARED WELLS
B. Mar. 11, 1878, Paterson, N. J. D. July 7, 1936, Paterson, N. J.
5'10½" 178 lbs.

1903 2 teams			CLE A (1G 0–0)			BKN N (1G 0–0)													
" total	0	0	–	8.18	2	0	0	11	16	2	4	0	0	0	0	5	3	0	.600

Dennis Powell

POWELL, DENNIS CLAY
B. Aug. 13, 1963, Moultrie, Ga.
BR TL 6'3" 175 lbs.

| 1985 LA N | 1 | 1 | .500 | 5.22 | 16 | 2 | 0 | 29.1 | 30 | 13 | 19 | 0 | 1 | 0 | 1 | 3 | 0 | 0 | .000 |

Ted Power

POWER, TED HENRY
B. Jan. 31, 1955, Guthrie, Okla.
BR TR 6'4" 220 lbs.

1981 LA N	1	3	.250	3.21	5	2	0	14	16	7	7	0	1	1	0	3	0	0	.000
1982	1	1	.500	6.68	12	4	0	33.2	38	23	15	0	0	0	0	6	0	0	.000
1983 CIN N	5	6	.455	4.54	49	6	1	111	120	49	57	0	4	3	2	16	0	0	.000
1984	9	7	.563	2.82	78	0	0	108.2	93	46	81	0	9	7	11	5	0	0	.000
1985	8	6	.571	2.70	64	0	0	80	65	45	42	0	8	6	27	0	0	0	–
5 yrs.	24	23	.511	3.73	208	12	1	347.1	332	170	202	0	22	17	40	30	0	0	.000
2 yrs.	2	4	.333	5.66	17	6	0	47.2	54	30	22	0	1	1	0	9	0	0	.000

Tot Pressnell

PRESSNELL, FOREST CHARLES
B. Aug. 8, 1906, Findlay, Ohio
BR TR 5'10½" 175 lbs.

1938 BKN N	11	14	.440	3.56	43	19	6	192	209	56	57	1	4	3	3	63	9	0	.143
1939	9	7	.563	4.02	31	18	10	156.2	171	33	43	2	0	0	2	51	10	0	.196
1940	6	5	.545	3.69	24	4	1	68.1	58	17	21	1	4	4	2	17	0	0	.000
1941 CHI N	5	3	.625	3.09	29	1	0	70	69	23	27	0	5	2	1	15	3	0	.200
1942	1	1	.500	5.49	27	0	0	39.1	40	5	9	0	1	1	4	3	2	0	.667
5 yrs.	32	30	.516	3.80	154	42	17	526.1	547	134	157	4	14	10	12	149	24	0	.161
3 yrs.	26	26	.500	3.76	98	41	17	417	438	106	121	4	8	7	7	131	19	0	.145

John Purdin

PURDIN, JOHN NOLAN
B. July 16, 1942, Lynx, Ohio
BR TR 6'2" 185 lbs.

1964 LA N	2	0	1.000	0.56	3	2	1	16	6	6	8	1	0	0	0	5	1	0	.200
1965	2	1	.667	6.75	11	2	0	22.2	26	13	16	0	2	0	0	3	0	0	.000
1968	2	3	.400	3.07	35	1	0	55.2	42	21	38	0	2	3	2	6	3	0	.500
1969	0	0	–	6.19	9	0	0	16	19	12	6	0	0	0	0	2	0	0	.000
4 yrs.	6	4	.600	3.92	58	5	1	110.1	93	52	68	1	4	3	2	16	4	0	.250
4 yrs.	6	4	.600	3.92	58	5	1	110.1	93	52	68	1	4	3	2	16	4	0	.250

Pitcher Register

308

	W	L	PCT	ERA	G	GS	CG	IP	H	BB	SO	ShO	Relief Pitching W L SV	BATTING AB H HR	BA

Jack Quinn

QUINN, JOHN PICUS
Born John Quinn Picus.
B. July 5, 1883, Jeanesville, Pa.   D. Apr. 17, 1946, Pottsville, Pa.   BR TR 6'   196 lbs.

Year	Team	Lg	W	L	PCT	ERA	G	GS	CG	IP	H	BB	SO	ShO	RW	RL	SV	AB	H	HR	BA
1909	NY	A	9	5	.643	1.97	23	11	8	118.2	110	24	36	0	4	0	1	45	7	0	.156
1910			18	12	.600	2.36	35	31	20	236.2	214	58	82	0	3	0	0	82	19	0	.232
1911			8	10	.444	3.76	40	16	7	174.2	203	41	71	0	4	2	2	61	10	1	.164
1912			5	7	.417	5.79	18	11	7	102.2	139	23	47	0	2	0	0	39	8	0	.205
1913	BOS	N	4	3	.571	2.40	8	7	6	56.1	55	7	33	1	0	0	0	20	4	0	.200
1914	BAL	F	26	14	.650	2.60	46	42	27	342.2	335	65	164	4	2	1	1	121	33	2	.273
1915			9	22	.290	3.45	44	31	21	273.2	289	63	118	0	2	2	1	110	29	0	.264
1918	CHI	A	5	1	.833	2.29	6	5	5	51	38	7	22	0	1	0	0	18	4	0	.222
1919	NY	A	15	14	.517	2.63	38	31	18	264	242	65	97	4	3	1	0	91	19	0	.209
1920			18	10	.643	3.20	41	31	16	253.1	271	48	101	2	1	0	3	88	8	2	.091
1921			8	7	.533	3.48	33	13	6	129.1	158	32	44	0	3	2	0	41	9	0	.220
1922	BOS	A	13	15	.464	3.48	40	32	16	256	263	59	67	4	1	3	0	91	9	1	.099
1923			13	17	.433	3.89	42	28	16	243	302	53	71	1	2	2	7	80	18	0	.225
1924			12	13	.480	3.20	43	25	13	227.2	237	51	64	2	3	0	7	77	14	0	.182
1925	2 teams		BOS	A	(19G 7–8)		PHI	A	(18G 6–3)												
"	total		13	11	.542	4.13	37	29	12	204.2	259	42	43	0	1	2	0	63	6	0	.095
1926	PHI	A	10	11	.476	3.41	31	21	8	163.2	191	36	58	3	1	2	1	46	8	0	.174
1927			15	10	.600	3.17	34	25	11	207.1	211	37	43	3	1	2	1	66	6	0	.091
1928			18	7	.720	2.90	31	28	18	211.1	239	34	43	0	0	0	1	79	13	0	.165
1929			11	9	.550	3.97	35	18	7	161	182	39	41	0	4	2	2	60	8	0	.133
1930			9	7	.563	4.42	35	7	0	89.2	109	22	28	0	8	3	6	34	9	1	.265
1931	BKN	N	5	4	.556	2.66	39	1	0	64.1	65	24	25	0	5	3	15	15	3	0	.200
1932			3	7	.300	3.30	42	0	0	87.1	102	24	28	0	3	7	8	20	4	0	.200
1933	CIN	N	0	1	.000	4.02	14	0	0	15.2	20	5	3	0	0	1	1	1	0	0	.000
23 yrs.			247	217	.532	3.27	755	443	242	3934.2	4234	859	1329	28	54	35	57	1348	248	8	.184
2 yrs.			8	11	.421	3.03	81	1	0	151.2	167	48	53	0	8	10	23	35	7	0	.200

WORLD SERIES

1921	NY	A	0	1	.000	9.82	1	0	0	3.2	8	2	2	0	0	0	0	2	0	0	.000
1929	PHI	A	0	0	–	9.00	1	0	0	5	7	2	2	0	0	0	0	2	0	0	.000
1930			0	0	–	4.50	1	0	0	2	3	0	1	0	0	0	0	0	0	0	–
3 yrs.			0	1	.000	8.44	3	0	0	10.2	18	4	5	0	0	0	0	4	0	0	.000

Steve Rachunok

RACHUNOK, STEPHEN STEPANOVICH (The Mad Russian)   BR TR 6'3½" 200 lbs.
B. Dec. 5, 1916, Rittman, Ohio

1940	BKN	N	0	1	.000	4.50	2	1	1	10	9	5	10	0	0	0	0	2	0	0	.000

Pat Ragan

RAGAN, DON CARLOS PATRICK   BR TR 5'10½" 185 lbs.
B. Nov. 15, 1888, Blanchard, Iowa   D. Sept. 4, 1956, Los Angeles, Calif.

1909	2 teams		CIN	N	(2G 0–1)		CHI	N	(2G 0–0)												
"	total		0	1	.000	3.09	4	0	0	11.2	11	5	4	0	0	1	0	4	1	0	.250
1911	BKN	N	4	3	.571	2.11	22	7	5	93.2	81	31	39	2	0	0	1	29	4	0	.138
1912			7	18	.280	3.63	36	26	12	208	211	65	101	1	1	2	1	67	4	0	.060
1913			15	18	.455	3.77	44	32	14	264.2	284	64	109	0	3	3	0	91	15	0	.165
1914			10	15	.400	2.98	38	26	14	208.1	214	85	106	1	1	2	3	75	10	0	.133
1915	2 teams		BKN	N	(5G 1–0)		BOS	N	(33G 15–12)												
"	total		16	12	.571	2.34	38	26	13	246.2	219	67	88	3	4	1	0	86	13	0	.151
1916	BOS	N	9	9	.500	2.08	28	23	14	182	143	47	94	3	0	0	0	60	13	0	.217
1917			6	9	.400	2.93	30	13	5	147.2	138	35	61	1	3	2	1	48	6	1	.125
1918			8	17	.320	3.23	30	25	15	206.1	212	54	68	2	0	2	0	71	13	0	.183
1919	3 teams		BOS	N	(4G 0–2)		NY	N	(7G 1–0)		CHI	A	(1G 0–0)								
"	total		1	2	.333	3.44	12	4	1	36.2	36	17	10	0	0	0	0	11	4	0	.364
1923	PHI	N	0	0	–	6.00	1	0	0	3	6	0	0	0	0	0	0	2	1	0	.500
11 yrs.			76	104	.422	2.99	283	182	93	1608.2	1555	470	680	13	12	13	6	544	84	1	.154
5 yrs.			37	54	.407	3.26	145	91	45	794.1	801	253	362	4	6	7	5	268	34	0	.127

Ed Rakow

RAKOW, EDWARD CHARLES (Rock)   BB TR 5'11" 178 lbs.
B. May 30, 1936, Pittsburgh, Pa.   BR 1960-61

1960	LA	N	0	1	.000	7.36	9	2	0	22	30	11	9	0	0	0	0	6	2	0	.333
1961	KC	A	2	8	.200	4.76	45	11	1	124.2	131	49	81	0	1	3	1	29	3	0	.103
1962			14	17	.452	4.25	42	35	11	235.1	232	98	159	2	1	2	1	82	8	0	.098
1963			9	10	.474	3.92	34	26	7	174.1	173	61	104	1	0	0	0	57	6	0	.105
1964	DET	A	8	9	.471	3.72	42	13	1	152.1	155	59	96	0	5	1	3	39	0	0	.000
1965			0	0	–	6.08	6	0	0	13.1	14	11	10	0	0	0	0	3	0	0	.000
1967	ATL	N	3	2	.600	5.26	17	3	0	39.1	36	15	25	0	1	2	0	10	0	0	.000
7 yrs.			36	47	.434	4.33	195	90	20	761.1	771	304	484	3	8	8	5	226	19	0	.084
1 yr.			0	1	.000	7.36	9	2	0	22	30	11	9	0	0	0	0	6	2	0	.333

Willie Ramsdell

RAMSDELL, JAMES WILLARD (Willie the Knuck)   BR TR 5'11" 165 lbs.
B. Apr. 4, 1916, Williamsburg, Kans.   D. Oct. 8, 1969, Wichita, Kans.

1947	BKN	N	1	1	.500	6.75	2	0	0	2.2	4	3	3	0	1	1	0	1	1	0	1.000
1948			4	4	.500	5.19	27	1	0	50.1	48	41	34	0	4	3	4	11	1	0	.091
1950	2 teams		BKN	N	(5G 1–2)		CIN	N	(27G 7–12)												
"	total		8	14	.364	3.68	32	22	8	163.2	158	77	85	1	1	3	0	53	10	0	.189
1951	CIN	N	9	17	.346	4.04	31	31	10	196	204	70	88	1	0	0	0	58	9	0	.155
1952	CHI	N	2	3	.400	2.42	19	4	0	67	41	24	30	0	2	0	0	18	1	0	.056
5 yrs.			24	39	.381	3.83	111	58	18	479.2	455	215	240	2	8	7	5	141	22	0	.156
3 yrs.			6	7	.462	5.01	34	1	0	59.1	59	46	39	0	6	6	5	15	2	0	.133

Pitcher Register

	W	L	PCT	ERA	G	GS	CG	IP	H	BB	SO	ShO	Relief Pitching W	L	SV	AB	BATTING H	HR	BA

Doug Rau

RAU, DOUGLAS JAMES
B. Dec. 15, 1948, Columbus, Tex.
BL TL 6'2" 175 lbs.

		W	L	PCT	ERA	G	GS	CG	IP	H	BB	SO	ShO	W	L	SV	AB	H	HR	BA
1972	LA N	2	2	.500	2.20	7	3	2	32.2	18	11	19	0	1	0	0	7	1	0	.143
1973		4	2	.667	3.96	31	3	0	63.2	64	28	51	0	4	1	3	11	1	0	.091
1974		13	11	.542	3.73	36	35	3	198	191	70	126	1	0	0	0	64	9	0	.141
1975		15	9	.625	3.10	38	38	8	258	227	61	151	2	0	0	0	87	17	0	.195
1976		16	12	.571	2.57	34	32	8	231	221	69	98	3	0	0	0	60	9	0	.150
1977		14	8	.636	3.44	32	32	4	212	232	49	126	2	0	0	0	71	10	0	.141
1978		15	9	.625	3.26	30	30	7	199	219	68	95	2	0	0	0	63	9	0	.143
1979		1	5	.167	5.30	11	11	1	56	73	22	28	1	0	0	0	14	2	0	.143
1981	CAL A	1	2	.333	9.00	3	3	0	10	14	4	3	0	0	0	0	0	0	0	—
9 yrs.		81	60	.574	3.35	222	187	33	1260.1	1259	382	697	11	5	1	3	377	58	0	.154
8 yrs.		80	58	.580	3.30	219	184	33	1250.1	1245	378	694	11	5	1	3	377	58	0	.154

LEAGUE CHAMPIONSHIP SERIES

1974	LA N	0	1	.000	40.50	1	1	0	.2	3	1	0	0	0	0	0	0	0	0	—
1977		0	0	—	0.00	1	0	0	1	0	0	1	0	0	0	0	0	0	0	—
1978		0	0	—	3.60	1	1	0	5	5	2	1	0	0	0	0	1	0	0	.000
3 yrs.		0	1	.000	6.75	3	2	0	6.2	8	3	2	0	0	0	0	1	0	0	.000

WORLD SERIES

1977	LA N	0	1	.000	11.57	2	1	0	2.1	4	0	1	0	0	0	0	0	0	0	—
1978		0	0	—	0.00	1	0	0	2	1	0	3	0	0	0	0	0	0	0	—
2 yrs.		0	1	.000	6.23	3	1	0	4.1	5	0	4	0	0	0	0	0	0	0	—

Lance Rautzhan

RAUTZHAN, CLARENCE GEORGE
B. Aug. 20, 1952, Pottsville, Pa.
BR TL 6'1" 195 lbs.

1977	LA N	4	1	.800	4.29	25	0	0	21	25	7	13	0	4	1	2	1	0	0	.000
1978		2	1	.667	2.95	43	0	0	61	61	19	25	0	2	1	4	4	0	0	.000
1979	2 teams	LA N (12G 0–2)				MIL A (3G 0–0)														
"	total	0	2	.000	7.62	15	0	0	13	12	21	7	0	0	2	1	0	0	0	—
3 yrs.		6	4	.600	3.88	83	0	0	95	98	47	45	0	6	4	7	5	0	0	.000
3 yrs.		6	4	.600	3.72	80	0	0	92	95	37	43	0	6	4	7	5	0	0	.000

LEAGUE CHAMPIONSHIP SERIES

1977	LA N	1	0	1.000	0.00	1	0	0	.1	0	0	0	0	1	0	0	0	0	0	—
1978		0	0	—	6.75	1	0	0	1.1	3	2	0	0	0	0	0	0	0	0	—
2 yrs.		1	0	1.000	5.40	2	0	0	1.2	3	2	0	0	1	0	0	0	0	0	—

WORLD SERIES

1977	LA N	0	0	—	0.00	1	0	0	.1	0	2	0	0	0	0	0	0	0	0	—
1978		0	0	—	13.50	2	0	0	2	4	2	0	0	0	0	0	0	0	0	—
2 yrs.		0	0	—	11.57	3	0	0	2.1	4	2	0	0	0	0	0	0	0	0	—

Howie Reed

REED, HOWARD DEAN (Diz)
B. Dec. 21, 1936, Dallas, Tex. D. Dec. 7, 1984, Corpus Christi, Tex.
BR TR 6'1" 195 lbs.

1958	KC A	1	0	1.000	0.87	3	1	1	10.1	5	4	5	0	0	0	0	2	0	0	.000
1959		0	3	.000	7.40	6	3	0	20.2	26	10	11	0	0	1	0	3	0	0	.000
1960		0	0	—	0.00	1	0	0	1.2	2	0	1	0	0	0	0	0	0	0	—
1964	LA N	3	4	.429	3.20	26	7	0	90	79	36	52	0	0	1	1	20	2	0	.100
1965		7	5	.583	3.12	38	5	0	78	73	27	47	0	6	3	1	12	0	0	.000
1966	2 teams	LA N (1G 0–0)				CAL A (19G 0–1)														
"	total	0	1	.000	2.82	20	1	0	44.2	40	15	17	0	0	0	0	7	0	0	.000
1967	HOU N	1	1	.500	3.44	4	2	0	18.1	19	2	9	0	1	0	0	4	0	0	.000
1969	MON N	6	7	.462	4.84	31	15	2	106	119	50	59	1	0	0	1	32	4	1	.125
1970		6	5	.545	3.13	57	1	0	89	81	40	42	0	6	4	5	10	0	0	.000
1971		2	3	.400	4.26	43	0	0	57	66	24	25	0	2	3	0	1	0	0	.000
10 yrs.		26	29	.473	3.72	229	35	3	515.2	510	208	268	1	15	12	9	91	6	1	.066
3 yrs.		10	9	.526	3.13	65	12	0	169.2	153	63	99	0	6	4	2	33	2	0	.061

WORLD SERIES

| 1965 | LA N | 0 | 0 | — | 8.10 | 2 | 0 | 0 | 3.1 | 2 | 2 | 4 | 0 | 0 | 0 | 0 | 0 | 0 | 0 | — |

Phil Regan

REGAN, PHILIP RAYMOND (The Vulture)
B. Apr. 6, 1937, Otsego, Mich.
BR TR 6'3" 200 lbs.

1960	DET A	0	4	.000	4.50	17	7	0	68	70	25	38	0	0	0	1	17	1	0	.059
1961		10	7	.588	5.25	32	16	6	120	134	41	46	0	2	2	2	40	3	0	.075
1962		11	9	.550	4.04	35	23	6	171.1	169	64	87	0	1	2	0	63	13	0	.206
1963		15	9	.625	3.86	38	27	5	189	179	59	115	0	2	1	1	63	9	1	.143
1964		5	10	.333	5.03	32	21	2	146.2	162	49	91	0	1	0	1	41	13	0	.317
1965		1	5	.167	5.05	16	7	1	51.2	57	20	37	0	0	0	0	12	1	0	.083
1966	LA N	14	1	.933	1.62	65	0	0	116.2	85	24	88	0	14	1	21	21	3	0	.143
1967		6	9	.400	2.99	55	3	0	96.1	108	32	53	0	5	7	6	10	1	0	.100
1968	2 teams	LA N (5G 2–0)				CHI N (68G 10–5)														
"	total	12	5	.706	2.27	73	0	0	134.2	119	25	67	0	12	5	25	21	3	0	.143
1969	CHI N	12	6	.667	3.70	71	0	0	112	120	35	56	0	12	6	17	15	1	0	.067
1970		5	9	.357	4.74	54	0	0	76	81	32	31	0	5	9	12	9	0	0	.000
1971		5	5	.500	3.95	48	0	0	73	84	33	28	0	4	5	6	8	0	0	.000
1972	2 teams	CHI N (5G 0–1)				CHI A (10G 0–0)														
"	total	0	2	.000	3.63	15	0	0	17.1	24	8	6	0	0	2	0	1	1	0	1.000
13 yrs.		96	81	.542	3.84	551	105	20	1372.2	1392	447	743	1	58	40	92	321	49	1	.153
3 yrs.		22	10	.688	2.28	125	3	0	220.2	203	57	148	0	21	8	27	32	4	0	.125

WORLD SERIES

| 1966 | LA N | 0 | 0 | — | 0.00 | 2 | 0 | 0 | 1.2 | 0 | 1 | 2 | 0 | 0 | 0 | 0 | 0 | 0 | 0 | — |

Pitcher Register 310

	W	L	PCT	ERA	G	GS	CG	IP	H	BB	SO	ShO	Relief Pitching W	L	SV	BATTING AB	H	HR	BA

Bill Reidy
REIDY, WILLIAM JOSEPH   TR 5'8" 160 lbs.
B. Oct. 9, 1873, Cleveland, Ohio   D. Oct. 14, 1915, Cleveland, Ohio

	W	L	PCT	ERA	G	GS	CG	IP	H	BB	SO	ShO	W	L	SV	AB	H	HR	BA
1896 NY N	0	1	.000	7.62	2	1	1	13	24	2	1	0	0	0	0	5	0	0	.000
1899 BKN N	1	0	1.000	2.57	2	1	1	7	9	2	2	0	0	0	1	3	0	0	.000
1901 MIL A	16	20	.444	4.21	37	33	28	301.1	364	62	50	2	2	2	0	112	16	0	.143
1902 STL A	3	4	.429	4.45	12	9	7	95	111	13	16	0	0	1	0	41	8	0	.195
1903 2 teams			STL	A (5G 1–4)		BKN	N (15G 7–6)												
" total	8	10	.444	3.61	20	18	16	147	183	21	29	1	0	0	0	52	10	0	.192
1904 BKN N	0	4	.000	4.46	6	4	2	38.1	49	6	11	0	0	0	1	32	5	0	.156
6 yrs.	28	39	.418	4.17	79	66	55	601.2	740	106	109	3	2	4	2	245	39	0	.159
3 yrs.	8	10	.444	3.68	23	18	14	149.1	188	22	34	0	0	1	2	72	14	0	.194

Bobby Reis
REIS, ROBERT JOSEPH THOMAS   BR TR 6'1" 175 lbs.
B. Jan. 2, 1909, Woodside, N. Y.   D. May 1, 1973, St. Paul, Minn.

	W	L	PCT	ERA	G	GS	CG	IP	H	BB	SO	ShO	W	L	SV	AB	H	HR	BA
1935 BKN N	3	2	.600	2.83	14	2	1	41.1	46	24	7	0	1	2	2	85	21	0	.247
1936 BOS N	6	5	.545	4.48	35	5	3	138.2	152	74	25	0	5	1	0	60	13	0	.217
1937	0	0	–	1.80	4	0	0	5	3	5	0	0	0	0	0	86	21	0	.244
1938	1	6	.143	4.99	16	2	1	57.2	61	41	20	0	1	4	0	49	9	0	.184
4 yrs.	10	13	.435	4.27	69	9	5	242.2	262	144	52	0	7	7	2	*			
1 yr.	3	2	.600	2.83	14	2	1	41.1	46	24	7	0	1	2	2	106	27	0	.255

Doc Reisling
REISLING, FRANK CARL   BR TR
B. July 25, 1874, Martins Ferry, Ohio   D. Mar. 4, 1955, Tulsa, Okla.

	W	L	PCT	ERA	G	GS	CG	IP	H	BB	SO	ShO	W	L	SV	AB	H	HR	BA
1904 BKN N	3	4	.429	2.12	7	7	6	51	45	10	19	1	0	0	0	13	2	0	.154
1905	0	1	.000	3.00	2	0	0	3	3	4	2	0	0	1	0	1	0	0	.000
1909 WAS A	2	4	.333	2.43	10	6	6	66.2	70	17	22	1	0	0	0	24	4	0	.167
1910	10	10	.500	2.54	30	20	13	191	185	44	57	2	1	2	1	60	12	0	.200
4 yrs.	15	19	.441	2.45	49	33	25	311.2	303	75	100	4	1	3	1	98	18	0	.184
2 yrs.	3	5	.375	2.17	9	7	6	54	48	14	21	1	0	1	0	14	2	0	.143

Ed Reulbach
REULBACH, EDWARD MARVIN (Big Ed)   BR TR 6'1" 190 lbs.
B. Dec. 1, 1882, Detroit, Mich.   D. July 17, 1961, Glens Falls, N. Y.

	W	L	PCT	ERA	G	GS	CG	IP	H	BB	SO	ShO	W	L	SV	AB	H	HR	BA
1905 CHI N	18	13	.581	1.42	34	29	28	292	208	73	152	5	2	1	1	110	14	0	.127
1906	19	4	.826	1.65	33	24	20	218	129	92	94	6	1	0	2	83	13	0	.157
1907	17	4	.810	1.69	27	22	16	192	147	64	96	4	2	0	0	63	11	1	.175
1908	24	7	.774	2.03	46	35	25	297.2	227	106	133	7	3	0	1	99	23	0	.232
1909	19	10	.655	1.78	35	32	23	262.2	194	82	105	6	0	1	0	86	12	0	.140
1910	12	8	.600	3.12	24	23	13	173.1	161	49	55	1	0	0	0	56	6	0	.107
1911	16	9	.640	2.96	33	29	15	221.2	191	103	79	2	1	0	0	67	6	0	.090
1912	10	6	.625	3.78	39	19	8	169	161	60	75	0	3	1	3	55	6	0	.109
1913 2 teams			CHI	N (9G 1–3)		BKN	N (15G 7–6)												
" total	8	9	.471	2.66	24	14	9	148.2	118	55	56	2	1	0	0	41	6	0	.146
1914 BKN N	11	18	.379	2.64	44	29	14	256	228	83	119	3	1	3	3	74	9	0	.122
1915 NWK F	20	10	.667	2.23	33	30	23	270	233	69	117	4	1	0	1	92	18	0	.196
1916 BOS N	7	6	.538	2.47	21	11	6	109.1	99	41	47	0	2	1	0	33	3	0	.091
1917	0	1	.000	2.82	5	2	0	22.1	21	15	9	0	0	0	0	3	0	0	.000
13 yrs.	181	105	.633	2.28	398	299	200	2632.2	2117	892	1137	40	17	8	11	862	127	1	.147
2 yrs.	18	24	.429	2.46	59	41	22	366	305	117	165	5	2	3	3	103	12	0	.117
WORLD SERIES																			
1906 CHI N	1	0	1.000	2.45	2	2	1	11	6	8	4	0	0	0	0	3	0	0	.000
1907	1	0	1.000	0.75	2	1	1	12	6	3	4	0	0	0	0	5	1	0	.200
1908	0	0	–	4.70	2	1	0	7.2	9	1	5	0	0	0	0	3	0	0	.000
1910	0	0	–	13.50	1	1	0	2	3	2	0	0	0	0	0	0	0	0	–
4 yrs.	2	0	1.000	3.03	7	5	2	32.2	24	14	13	0	0	0	0	11	1	0	.091
				1st															

Jerry Reuss
REUSS, JERRY   BL TL 6'5" 200 lbs.
B. June 19, 1949, St. Louis, Mo.

	W	L	PCT	ERA	G	GS	CG	IP	H	BB	SO	ShO	W	L	SV	AB	H	HR	BA
1969 STL N	1	0	1.000	0.00	1	1	0	7	2	3	3	0	0	0	0	3	1	0	.333
1970	7	8	.467	4.11	20	20	5	127	132	49	74	2	0	0	0	40	2	0	.050
1971	14	14	.500	4.78	36	35	7	211	228	109	131	2	0	0	0	65	8	0	.123
1972 HOU N	9	13	.409	4.17	33	30	4	192	177	83	174	1	0	0	1	66	7	0	.106
1973	16	13	.552	3.74	41	40	12	279.1	271	117	177	3	1	0	0	95	13	0	.137
1974 PIT N	16	11	.593	3.50	35	35	14	260	259	101	105	1	0	0	0	86	13	0	.151
1975	18	11	.621	2.54	32	32	15	237	224	78	131	6	0	0	0	71	14	0	.197
1976	14	9	.609	3.53	31	29	11	209.1	209	51	108	3	0	0	2	66	16	0	.242
1977	10	13	.435	4.11	33	33	8	208	225	71	116	2	0	0	0	70	12	0	.171
1978	3	2	.600	4.88	23	12	3	83	97	23	42	0	0	0	0	27	5	0	.185
1979 LA N	7	14	.333	3.54	39	21	4	160	178	60	83	1	2	4	3	42	7	0	.167
1980	18	6	.750	2.52	37	29	10	229	193	40	111	6	3	0	3	68	6	1	.088
1981	10	4	.714	2.29	22	22	8	153	138	27	51	2	0	0	0	51	10	0	.196
1982	18	11	.621	3.11	39	37	8	254.2	232	50	138	4	1	0	0	77	17	0	.221
1983	12	11	.522	2.94	32	31	7	223.1	233	50	143	5	0	0	0	71	20	0	.282
1984	5	7	.417	3.82	30	15	2	99	102	31	44	0	0	2	0	24	4	0	.167
1985	14	10	.583	2.92	34	33	5	212.2	210	58	84	3	0	0	0	74	10	0	.135
17 yrs.	192	157	.550	3.44	518	455	123	3145.1	3110	1001	1715	36	7	6	10	996	165	1	.166
7 yrs.	84	63	.571	2.96	233	188	44	1331.2	1286	316	654	16	6	6	7	407	74	1	.182
DIVISIONAL PLAYOFF SERIES																			
1981 LA N	1	0	1.000	0.00	2	2	1	18	10	5	7	1	0	0	0	8	0	0	.000
LEAGUE CHAMPIONSHIP SERIES																			
1974 PIT N	0	2	.000	3.72	2	2	0	9.2	7	8	3	0	0	0	0	2	0	0	.000
1975	0	0	–	13.50	1	1	0	2.2	4	4	1	0	0	0	0	1	0	0	.000

Pitcher Register

	W	L	PCT	ERA	G	GS	CG	IP	H	BB	SO	ShO	Relief Pitching W L SV	BATTING AB H HR	BA

Jerry Reuss continued

1981 LA N	0	1	.000	5.14	1	1	0	7	7	1	2	0	0 0 0	2 0 0	.000
1983	0	2	.000	4.50	2	2	0	12	14	3	4	0	0 0 0	3 0 0	.000
1985	0	1	.000	10.80	1	1	0	1.2	5	1	0	0	0 0 0	0 0 0	—
5 yrs.	0	7	.000	5.45	7	7	0	33	37	17	10	0	0 0 0	8 0 0	.000

WORLD SERIES

| 1981 LA N | 1 | 1 | .500 | 3.86 | 2 | 2 | 1 | 11.2 | 10 | 3 | 8 | 0 | 0 0 0 | 3 0 0 | .000 |

Rick Rhoden
RHODEN, RICHARD ALAN   BR TR 6'3"   195 lbs.
B. May 16, 1953, Boynton Beach, Fla.

1974 LA N	1	0	1.000	2.00	4	0	0	9	5	4	7	0	1 0 0	2 1 0	.500
1975	3	3	.500	3.09	26	11	1	99	94	32	40	0	0 1 0	28 2 0	.071
1976	12	3	.800	2.98	27	26	10	181	165	53	77	3	0 0 0	65 20 0	.308
1977	16	10	.615	3.75	31	31	4	216	223	63	122	1	0 0 0	78 18 3	.231
1978	10	8	.556	3.65	30	23	6	165	160	51	79	3	0 2 0	52 7 0	.135
1979 PIT N	0	1	.000	7.20	1	1	0	5	5	2	2	0	0 0 0	1 1 0	1.000
1980	7	5	.583	3.83	20	19	2	127	133	40	70	0	0 0 0	40 15 1	.375
1981	9	4	.692	3.90	21	21	4	136	147	53	76	2	0 0 0	48 9 0	.188
1982	11	14	.440	4.14	35	35	6	230.1	239	70	128	1	0 0 0	83 22 3	.265
1983	13	13	.500	3.09	36	35	7	244.1	256	68	153	2	0 0 1	86 13 0	.151
1984	14	9	.609	2.72	33	33	6	238.1	216	62	136	3	0 0 0	84 28 0	.333
1985	10	15	.400	4.47	35	35	2	213.1	254	69	128	0	0 0 0	74 14 0	.189
12 yrs.	106	85	.555	3.56	299	270	48	1864.1	1897	567	1018	15	1 3 1	641 150 8	.234
5 yrs.	42	24	.636	3.40	118	91	21	670	647	203	325	7	1 3 0	225 48 4	.213

LEAGUE CHAMPIONSHIP SERIES

1977 LA N	0	0	—	0.00	1	0	0	4.1	2	2	0	0	0 0 0	1 0 0	.000
1978	0	0	—	2.25	1	0	0	4	2	1	3	0	0 0 0	1 0 0	.000
2 yrs.	0	0	—	1.08	2	0	0	8.1	4	3	3	0	0 0 0	2 0 0	.000

WORLD SERIES

| 1977 LA N | 0 | 1 | .000 | 2.57 | 2 | 0 | 0 | 7 | 4 | 1 | 5 | 0 | 0 1 0 | 2 1 0 | .500 |

Danny Richardson
RICHARDSON, DANIEL   BR TR 5'8"   165 lbs.
B. Jan. 25, 1863, Elmira, N. Y.   D. Sept. 12, 1926, New York, N. Y.
Manager 1892.

1885 NY N	7	1	.875	2.40	9	8	7	75	58	18	21	1	1 0 0	198 52 0	.263
1886	1	1	.500	5.76	5	1	1	25	33	11	17	0	1 0 0	237 55 1	.232
1887	0	0	—	0.00	1	0	0	0	0	1	0	0	0 0 0	450 125 3	.278
3 yrs.	8	2	.800	3.24	15	9	8	100	91	30	38	1	2 0 0	*	

Pete Richert
RICHERT, PETER GERARD   BL TL 5'11"   165 lbs.
B. Oct. 29, 1939, Floral Park, N. Y.

1962 LA N	5	4	.556	3.87	19	12	1	81.1	77	45	75	0	1 1 0	25 2 0	.080
1963	5	3	.625	4.50	20	12	1	78	80	28	54	0	1 1 0	22 4 0	.182
1964	2	3	.400	4.15	8	6	1	34.2	38	18	25	1	0 0 0	11 1 0	.091
1965 WAS A	15	12	.556	2.60	34	29	6	194	146	84	161	0	1 0 0	64 10 0	.156
1966	14	14	.500	3.37	36	34	7	245.2	196	69	195	0	0 0 0	86 14 1	.163
1967 2 teams		WAS A	(11G 2–6)		BAL A	(26G 7–10)									
" total	9	16	.360	3.47	37	29	6	186.2	156	56	131	2	2 0 0	54 5 0	.093
1968 BAL A	6	3	.667	3.47	36	0	0	62.1	51	12	47	0	6 3 6	10 2 0	.200
1969	7	4	.636	2.20	44	0	0	57.1	42	14	54	0	7 4 12	8 1 0	.125
1970	7	2	.778	1.96	50	0	0	55	36	24	66	0	7 2 13	4 0 0	.000
1971	3	5	.375	3.50	35	0	0	36	26	22	35	0	3 5 4	2 0 0	.000
1972 LA N	2	3	.400	2.25	37	0	0	52	42	18	38	0	2 3 6	6 3 0	.500
1973	3	3	.500	3.18	39	0	0	51	44	19	31	0	3 3 7	5 1 0	.200
1974 2 teams		STL N	(13G 0–0)		PHI N	(21G 2–1)									
" total	2	1	.667	2.27	34	0	0	31.2	25	15	13	0	2 1 1	0 0 0	—
13 yrs.	80	73	.523	3.19	429	122	22	1165.2	959	424	925	3	35 23 51	297 43 1	.145
5 yrs.	17	16	.515	3.67	123	30	3	297	281	128	223	1	7 8 13	69 11 0	.159

LEAGUE CHAMPIONSHIP SERIES

| 1969 BAL A | 0 | 0 | — | 0.00 | 1 | 0 | 0 | 1 | 0 | 2 | 2 | 0 | 0 0 0 | 0 0 0 | — |

WORLD SERIES

1969 BAL A	0	0	—	0.00	1	0	0	0	0	0	0	0	0 0 0	0 0 0	—
1970	0	0	—	0.00	1	0	0	.1	0	0	0	0	0 0 1	0 0 0	—
1971	0	0	—	0.00	1	0	0	.2	0	0	1	0	0 0 0	0 0 0	—
3 yrs.	0	0	—	0.00	3	0	0	1	0	0	1	0	0 0 1	0 0 0	—

Jim Roberts
ROBERTS, JAMES NEWSON (Big Jim)   BR TR 6'3"   205 lbs.
B. Oct. 13, 1895, Artesia, Miss.   D. June 24, 1984, Columbus, Miss.

1924 BKN N	0	3	.000	7.46	11	5	0	25.1	41	8	10	0	0 0 0	7 1 0	.143
1925	0	0	—	0.00	1	0	0	1	1	0	0	0	0 0 0	0 0 0	—
2 yrs.	0	3	.000	7.18	12	5	0	26.1	42	8	10	0	0 0 0	7 1 0	.143
2 yrs.	0	3	.000	7.18	12	5 *	0	26.1	42	8	10	0	0 0 0	7 1 0	.143

Dick Robertson
ROBERTSON, RICHARD J.   BR TR 5'9"   160 lbs.
B. 1891, Washington, D. C.   D. Oct. 2, 1944, New Orleans, La.

| 1913 CIN N | 0 | 1 | .000 | 7.20 | 2 | 1 | 1 | 10 | 13 | 9 | 1 | 0 | 0 0 0 | 3 0 0 | .000 |
| 1918 BKN N | 3 | 6 | .333 | 2.59 | 13 | 9 | 7 | 87 | 87 | 28 | 18 | 1 | 1 0 0 | 30 9 0 | .300 |

Pitcher Register

	W	L	PCT	ERA	G	GS	CG	IP	H	BB	SO	ShO	Relief Pitching W	L	SV	BATTING AB	H	HR	BA

Dick Robertson continued

	W	L	PCT	ERA	G	GS	CG	IP	H	BB	SO	ShO	W	L	SV	AB	H	HR	BA
1919 WAS A	0	1	.000	2.28	7	4	0	27.2	25	9	7	0	0	0	0	7	0	0	.000
3 yrs.	3	8	.273	2.89	22	14	8	124.2	125	46	26	1	1	0	0	40	9	0	.225
1 yr.	3	6	.333	2.59	13	9	7	87	87	28	18	1	1	0	0	30	9	0	.300

Rich Rodas

RODAS, RICHARD MARTIN
B. Nov. 7, 1959, Roseville, Calif.
BL TL 6'2" 180 lbs.

	W	L	PCT	ERA	G	GS	CG	IP	H	BB	SO	ShO	W	L	SV	AB	H	HR	BA
1983 LA N	0	0	–	1.93	7	0	0	4.2	4	3	5	0	0	0	0	0	0	0	–
1984	0	0	–	5.40	3	0	0	5	5	1	1	0	0	0	0	1	0	0	.000
2 yrs.	0	0	–	3.72	10	0	0	9.2	9	4	6	0	0	0	0	1	0	0	.000
2 yrs.	0	0	–	3.72	10	0	0	9.2	9	4	6	0	0	0	0	1	0	0	.000

Preacher Roe

ROE, ELWIN CHARLES
B. Feb. 26, 1915, Ashflat, Ark.
BR TL 6'2" 170 lbs.

	W	L	PCT	ERA	G	GS	CG	IP	H	BB	SO	ShO	W	L	SV	AB	H	HR	BA
1938 STL N	0	0	–	13.50	1	0	0	2.2	6	2	1	0	0	0	0	1	0	0	.000
1944 PIT N	13	11	.542	3.11	39	25	7	185.1	182	59	88	1	5	1	1	53	7	0	.132
1945	14	13	.519	2.87	33	31	15	235	228	46	148	3	0	0	1	75	8	0	.107
1946	3	8	.273	5.14	21	10	1	70	83	25	28	0	2	1	2	15	1	0	.067
1947	4	15	.211	5.25	38	22	4	144	156	63	59	1	1	0	2	40	5	0	.125
1948 BKN N	12	8	.600	2.63	34	22	8	177.2	156	33	86	2	2	0	2	51	5	0	.098
1949	15	6	.714	2.79	30	27	13	212.2	201	44	109	3	0	1	1	70	8	0	.114
1950	19	11	.633	3.30	36	32	16	250.2	245	66	125	2	2	0	1	91	14	0	.154
1951	22	3	.880	3.04	34	33	19	257.2	247	64	113	2	1	0	0	89	10	0	.112
1952	11	2	.846	3.12	27	25	8	158.2	163	39	83	2	1	0	0	57	4	0	.070
1953	11	3	.786	4.36	25	24	9	157	171	40	85	1	0	0	0	57	3	1	.053
1954	3	4	.429	5.00	15	10	1	63	69	23	31	0	0	0	0	21	3	0	.143
12 yrs.	127	84	.602	3.43	333	261	101	1914.1	1907	504	956	17	14	3	10	620	68	1	.110
7 yrs.	93	37	.715 1st	3.26	201	173	74	1277.1	1252	309	632	12	6	1	4	436	47	1	.108

WORLD SERIES

	W	L	PCT	ERA	G	GS	CG	IP	H	BB	SO	ShO	W	L	SV	AB	H	HR	BA
1949 BKN N	1	0	1.000	0.00	1	1	1	9	6	0	3	1	0	0	0	3	0	0	.000
1952	1	0	1.000	3.18	3	1	1	11.1	9	6	7	0	0	0	0	2	0	0	.000
1953	0	1	.000	4.50	1	1	1	8	5	4	4	0	0	0	0	3	0	0	.000
3 yrs.	2	1	.667	2.54	5	3	3	28.1	20	10	14	1	0	0	0	8	0	0	.000

Ed Roebuck

ROEBUCK, EDWARD JACK
B. July 3, 1931, East Millsboro, Pa.
BR TR 6'2" 185 lbs.

	W	L	PCT	ERA	G	GS	CG	IP	H	BB	SO	ShO	W	L	SV	AB	H	HR	BA
1955 BKN N	5	6	.455	4.71	47	0	0	84	96	24	33	0	5	6	12	18	2	0	.111
1956	5	4	.556	3.93	43	0	0	89.1	83	29	60	0	5	4	1	18	6	0	.333
1957	8	2	.800	2.71	44	1	0	96.1	70	46	73	0	8	1	8	21	5	2	.238
1958 LA N	0	1	.000	3.48	32	0	0	44	45	15	26	0	0	1	5	4	2	0	.500
1960	8	3	.727	2.78	58	0	0	116.2	109	38	77	0	8	3	8	24	4	0	.167
1961	2	0	1.000	5.00	5	0	0	9	12	2	2	0	2	0	0	2	0	0	.000
1962	10	2	.833	3.09	64	0	0	119.1	102	54	72	0	10	2	9	28	6	0	.214
1963 2 teams	LA N (29G 2–4)				WAS A (26G 2–1)														
" total	4	5	.444	3.69	55	0	0	97.2	117	50	51	0	4	5	4	15	3	0	.200
1964 2 teams	WAS A (2G 0–0)				PHI N (60G 5–3)														
" total	5	3	.625	2.30	62	0	0	78.1	55	27	42	0	5	3	12	6	0	0	.000
1965 PHI N	5	3	.625	3.40	44	0	0	50.1	55	15	29	0	5	3	3	5	0	0	.000
1966	0	2	.000	6.00	6	0	0	6	9	2	5	0	0	2	0	0	0	0	–
11 yrs.	52	31	.627	3.35	460	1	0	791	753	302	477	0	52	30	62	137	28	2	.204
8 yrs.	40	22	.645	3.46	322	1	0	599	571	229	376	0	40 5th	21	43 8th	119	26	2	.218

WORLD SERIES

	W	L	PCT	ERA	G	GS	CG	IP	H	BB	SO	ShO	W	L	SV	AB	H	HR	BA
1955 BKN N	0	0	–	0.00	1	0	0	2	1	0	0	0	0	0	0	0	0	0	–
1956	0	0	–	2.08	3	0	0	4.1	1	0	5	0	0	0	0	0	0	0	–
2 yrs.	0	0	–	1.42	4	0	0	6.1	2	0	5	0	0	0	0	0	0	0	–

Oscar Roettger

ROETTGER, OSCAR FREDERICK LOUIS
Brother of Wally Roettger.
B. Feb. 19, 1900, St. Louis, Mo.
BR TR 6' 170 lbs.

	W	L	PCT	ERA	G	GS	CG	IP	H	BB	SO	ShO	W	L	SV	AB	H	HR	BA
1923 NY A	0	0	–	8.49	5	0	0	11.2	16	12	7	0	0	0	1	2	0	0	.000
1924	0	0	–	0.00	1	0	0	1	2	0	0	0	0	0	0	0	0	0	–
2 yrs.	0	0	–	8.49	6	0	0	11.2	17	14	7	0	0	0	1	*			

Lee Rogers

ROGERS, LEE OTIS (Buck, Lefty)
B. Oct. 8, 1913, Tuscaloosa, Ala.
BR TL 5'11" 170 lbs.

	W	L	PCT	ERA	G	GS	CG	IP	H	BB	SO	ShO	W	L	SV	AB	H	HR	BA
1938 2 teams	BOS A (14G 1–1)				BKN N (12G 0–2)														
" total	1	3	.250	6.14	26	4	0	51.1	55	28	18	0	1	0	0	7	0	0	.000

Jim Romano

ROMANO, JAMES KING
B. Apr. 6, 1927, Brooklyn, N. Y.
BR TR 6'4" 190 lbs.

	W	L	PCT	ERA	G	GS	CG	IP	H	BB	SO	ShO	W	L	SV	AB	H	HR	BA
1950 BKN N	0	0	–	5.68	3	1	0	6.1	8	2	8	0	0	0	0	1	0	0	.000

	W	L	PCT	ERA	G	GS	CG	IP	H	BB	SO	ShO	Relief Pitching W L SV	BATTING AB H HR	BA

Vicente Romo

ROMO, VICENTE (Huevo) BR TR 6'1" 180 lbs.
Born Vicente Romo Navarro. Brother of Enrique Romo.
B. Apr. 12, 1943, Santa Rosalia, Mexico

	W	L	PCT	ERA	G	GS	CG	IP	H	BB	SO	ShO	W	L	SV	AB	H	HR	BA
1968 2 teams		LA	N (1G 0-0)		CLE	A	(40G 5-3)												
" total	5	3	.625	1.60	41	1	0	84.1	44	33	54	0	5	2	12	14	2	0	.143
1969 2 teams		CLE	A (3G 1-1)		BOS	A	(52G 7-9)												
" total	8	10	.444	3.13	55	11	4	135.1	123	53	96	1	3	8	11	33	5	0	.152
1970 BOS A	7	3	.700	4.08	48	10	0	108	115	43	71	0	6	0	6	27	4	1	.148
1971 CHI A	1	7	.125	3.38	45	2	0	72	52	37	48	0	1	5	5	11	4	0	.364
1972	3	0	1.000	3.31	28	0	0	51.2	47	18	46	0	3	0	1	9	0	0	.000
1973 SD N	2	3	.400	3.70	49	1	0	87.2	85	46	51	0	2	2	7	16	2	0	.125
1974	5	5	.500	4.56	54	1	0	71	78	37	26	0	5	5	9	6	0	0	.000
1982 LA N	1	2	.333	3.03	15	6	0	35.2	25	14	24	0	0	1	1	5	1	0	.200
8 yrs.	32	33	.492	3.36	335	32	4	645.2	569	281	416	1	25	23	52	121	18	1	.149
2 yrs.	1	2	.333	2.95	16	6	0	36.2	26	14	24	0	0	1	1	5	1	0	.200

Ken Rowe

ROWE, KENNETH DARRELL BR TR 6'2" 185 lbs.
B. Dec. 31, 1933, Ferndale, Mich.

	W	L	PCT	ERA	G	GS	CG	IP	H	BB	SO	ShO	W	L	SV	AB	H	HR	BA
1963 LA N	1	1	.500	2.93	14	0	0	27.2	28	11	12	0	1	1	1	5	0	0	.000
1964 BAL A	1	0	1.000	8.31	6	0	0	4.1	10	1	4	0	1	0	0	0	0	0	-
1965	0	0	-	3.38	6	0	0	13.1	17	2	3	0	0	0	0	1	1	0	1.000
3 yrs.	2	1	.667	3.57	26	0	0	45.1	55	14	19	0	2	1	1	6	1	0	.167
1 yr.	1	1	.500	2.93	14	0	0	27.2	28	11	12	0	1	1	1	5	0	0	.000

Schoolboy Rowe

ROWE, LYNWOOD THOMAS BR TR 6'4½" 210 lbs.
B. Jan. 11, 1910, Waco, Tex. D. Jan. 8, 1961, El Dorado, Ark.

	W	L	PCT	ERA	G	GS	CG	IP	H	BB	SO	ShO	W	L	SV	AB	H	HR	BA
1933 DET A	7	4	.636	3.58	19	15	8	123.1	129	31	75	1	1	0	0	50	11	0	.220
1934	24	8	.750	3.45	45	30	20	266	259	81	149	4	6	1	1	109	33	2	.303
1935	19	13	.594	3.69	42	34	21	275.2	272	68	140	6	3	0	3	109	34	3	.312
1936	19	10	.655	4.51	41	35	19	245.1	266	64	115	4	1	0	3	90	23	1	.256
1937	1	4	.200	8.62	10	2	1	31.1	49	9	6	0	1	2	0	10	2	0	.200
1938	0	2	.000	3.00	4	3	0	21	20	11	4	0	0	0	0	6	1	0	.167
1939	10	12	.455	4.99	28	24	8	164	192	61	51	1	1	1	0	61	15	1	.246
1940	16	3	.842	3.46	27	23	11	169	170	43	61	1	1	0	0	67	18	1	.269
1941	8	6	.571	4.14	27	14	4	139	155	33	54	0	4	2	1	55	15	1	.273
1942 2 teams		DET	A (2G 1-0)		BKN	N	(9G 1-0)												
" total	2	0	1.000	3.98	11	3	0	40.2	45	14	13	0	0	0	0	23	4	0	.174
1943 PHI N	14	8	.636	2.94	27	25	11	199	194	29	52	3	0	0	1	120	36	4	.300
1946	11	4	.733	2.12	17	16	9	136	112	21	51	2	0	0	1	61	11	1	.180
1947	14	10	.583	4.32	31	28	15	195.2	232	45	74	1	0	0	1	79	22	2	.278
1948	10	10	.500	4.07	30	20	8	148	167	31	46	0	1	2	2	52	10	1	.192
1949	3	7	.300	4.82	23	6	2	65.1	68	17	22	0	3	2	0	17	4	1	.235
15 yrs.	158	101	.610	3.87	382	278	137	2219.1	2330	558	913	23	22	10	12	*			
1 yr.	1	0	1.000	5.34	9	2	0	30.1	36	12	6	0	0	0	0	19	4	0	.211

WORLD SERIES

	W	L	PCT	ERA	G	GS	CG	IP	H	BB	SO	ShO	W	L	SV	AB	H	HR	BA
1934 DET A	1	1	.500	2.95	3	2	2	21.1	19	0	12	0	0	0	0	7	0	0	.000
1935	1	2	.333	2.57	3	2	2	21	19	1	14	0	1	0	0	8	2	0	.250
1940	0	2	.000	17.18	2	2	0	3.2	12	1	1	0	0	0	0	1	0	0	.000
3 yrs.	2	5	.286	3.91	8	6	4	46	50	2	27	0	1	0	0	16	2	0	.125
			2nd																

Jean Pierre Roy

ROY, JEAN-PIERRE BB TR 5'10" 160 lbs.
B. June 26, 1920, Montreal, Que., Canada

	W	L	PCT	ERA	G	GS	CG	IP	H	BB	SO	ShO	W	L	SV	AB	H	HR	BA
1946 BKN N	0	0	-	9.95	3	1	0	6.1	5	5	6	0	0	0	0	2	0	0	.000

Luther Roy

ROY, LUTHER FRANKLIN BR TR 5'10½" 161 lbs.
Brother of Charlie Roy.
B. July 29, 1902, Ooltewah, Tenn. D. July 24, 1963, Grand Rapids, Mich.

	W	L	PCT	ERA	G	GS	CG	IP	H	BB	SO	ShO	W	L	SV	AB	H	HR	BA
1924 CLE A	0	5	.000	7.77	16	5	2	48.2	62	31	14	0	0	1	0	15	4	0	.267
1925	0	0	-	3.60	6	1	0	10	14	11	1	0	0	0	0	2	0	0	.000
1927 CHI N	3	1	.750	2	11	0	0	19.2	14	11	5	0	3	1	0	3	1	0	.333
1929 2 teams		PHI	N (21G 3-6)		BKN	N	(2G 0-0)												
" total	3	6	.333	8.29	23	12	1	92.1	141	39	16	0	1	1	0	33	9	0	.273
4 yrs.	6	12	.333	7.17	56	18	3	170.2	231	92	36	0	4	3	0	53	14	0	.264
1 yr.	0	0	-	4.91	2	0	0	3.2	4	2	0	0	0	0	0	1	0	0	.000

Nap Rucker

RUCKER, GEORGE NAPOLEON BR TL 5'11" 190 lbs.
B. Sept. 30, 1884, Crabapple, Ga. D. Dec. 19, 1970, Alpharetta, Ga.

	W	L	PCT	ERA	G	GS	CG	IP	H	BB	SO	ShO	W	L	SV	AB	H	HR	BA
1907 BKN N	15	13	.536	2.06	37	30	26	275.1	242	80	131	4	1	0	0	97	15	0	.155
1908	17	19	.472	2.08	42	36	30	333.1	265	125	199	6	1	1	0	117	21	0	.179
1909	13	19	.406	2.24	38	33	28	309.1	245	101	201	6	0	2	1	101	12	0	.119
1910	17	18	.486	2.58	41	39	27	320.1	293	84	147	6	1	0	0	110	23	0	.209
1911	22	18	.550	2.71	48	33	23	315.2	255	110	190	5	5	4	4	104	21	1	.202
1912	18	21	.462	2.21	45	34	23	297.2	272	72	151	6	3	4	4	102	25	0	.245
1913	14	15	.483	2.87	41	33	16	260	236	67	111	4	1	1	3	87	21	0	.241
1914	7	6	.538	3.39	16	16	5	103.2	113	27	35	0	0	0	0	34	9	0	.265
1915	9	4	.692	2.42	19	15	7	122.2	134	28	38	1	2	0	1	42	9	0	.214
1916	2	1	.667	1.69	9	4	1	37.1	34	7	14	0	1	0	0	11	1	0	.091
10 yrs.	134	134	.500	2.42	336	273	186	2375.1	2089	701	1217	38	15	12	13	805	157	1	.195
10 yrs.	134	134	.500	2.42	336	273	186	2375.1	2089	701	1217	38	15	12	13	805	157	1	.195
	9th	4th		2nd		4th		7th		7th	6th	4th							

WORLD SERIES

	W	L	PCT	ERA	G	GS	CG	IP	H	BB	SO	ShO	W	L	SV	AB	H	HR	BA
1916 BKN N	0	0	-	0.00	1	0	0	2	1	0	3	0	0	0	0	0	0	0	-

Pitcher Register

	W	L	PCT	ERA	G	GS	CG	IP	H	BB	SO	ShO	Relief Pitching W L SV	BATTING AB H HR	BA

Ernie Rudolph
RUDOLPH, ERNEST WILLIAM
B. Feb. 13, 1910, Black River Falls, Wis.
BL TR 5'8" 165 lbs.

	W	L	PCT	ERA	G	GS	CG	IP	H	BB	SO	ShO	W	L	SV	AB	H	HR	BA
1945 BKN N	1	0	1.000	5.19	7	0	0	8.2	12	7	3	0	1	0	0	0	0	0	—

Dutch Ruether
RUETHER, WALTER HENRY
B. Sept. 13, 1893, Alameda, Calif. D. May 16, 1970, Phoenix, Ariz.
BL TL 6'1½" 180 lbs.

	W	L	PCT	ERA	G	GS	CG	IP	H	BB	SO	ShO	W	L	SV	AB	H	HR	BA
1917 2 teams	CHI N (10G 2–0)				CIN N (7G 1–2)														
" total	3	2	.600	3.00	17	8	2	72	80	26	35	1	0	0	0	68	17	0	.250
1918 CIN N	0	1	.000	2.70	2	2	1	10	10	3	10	0	0	0	0	3	0	0	.000
1919	19	6	.760	1.82	33	29	20	242.2	195	83	78	3	0	0	0	92	24	0	.261
1920	16	12	.571	2.47	37	33	23	265.2	235	96	99	5	0	1	3	104	20	0	.192
1921 BKN N	10	13	.435	4.26	36	27	12	211.1	247	67	78	1	0	0	2	97	34	2	.351
1922	21	12	.636	3.53	35	35	26	267.1	290	92	89	2	0	0	0	125	26	2	.208
1923	15	14	.517	4.22	34	34	20	275	308	86	87	0	0	0	0	117	32	0	.274
1924	8	13	.381	3.94	30	21	13	166.2	189	45	65	2	1	1	3	62	15	0	.242
1925 WAS A	18	7	.720	3.87	30	29	16	223.1	241	105	68	1	0	1	0	108	36	1	.333
1926 2 teams	WAS A (23G 12–6)				NY A (5G 2–3)														
" total	14	9	.609	4.60	28	28	10	205.1	246	84	56	0	0	0	0	113	25	1	.221
1927 NY A	13	6	.684	3.38	27	26	12	184	202	52	45	3	0	0	0	80	21	1	.263
11 yrs.	137	95	.591	3.50	309	272	155	2123.1	2243	739	710	18	1	3	8	*			
4 yrs.	54	52	.509	3.98	135	117	71	920.1	1034	290	319	5	1	1	5	401	107	4	.267
WORLD SERIES																			
1919 CIN N	1	0	1.000	2.57	2	2	1	14	12	4	1	0	0	0	0	6	4	0	.667
1926 NY A	0	1	.000	8.31	1	1	0	4.1	7	2	1	0	0	0	0	4	0	0	.000
2 yrs.	1	1	.500	3.93	3	3	1	18.1	19	6	2	0	0	0	0	11	4	0	.364

Andy Rush
RUSH, JESS HOWARD
B. Dec. 26, 1889, Longton, Kans. D. Mar. 16, 1969, Fresno, Calif.
BR TR 6'3" 180 lbs.

	W	L	PCT	ERA	G	GS	CG	IP	H	BB	SO	ShO	W	L	SV	AB	H	HR	BA
1925 BKN N	0	1	.000	9.31	4	2	0	9.2	16	5	4	0	0	0	0	3	0	0	.000

John Russell
RUSSELL, JOHN ALBERT
B. Oct. 20, 1894, San Mateo, Calif. D. Nov. 19, 1930, Ely, Nev.
BL TL 6'2" 195 lbs.

	W	L	PCT	ERA	G	GS	CG	IP	H	BB	SO	ShO	W	L	SV	AB	H	HR	BA
1917 BKN N	0	1	.000	4.50	5	1	1	16	12	6	1	0	0	0	0	4	1	0	.250
1918	0	0	—	18.00	1	0	0	1	2	1	0	0	0	0	0	0	0	0	—
1921 CHI A	2	5	.286	5.29	11	8	4	66.1	82	35	15	0	0	0	0	25	10	0	.400
1922	0	1	.000	6.75	4	1	0	6.2	7	4	3	0	0	0	1	1	0	0	.000
4 yrs.	2	7	.222	5.40	21	10	5	90	103	46	19	0	0	0	1	30	11	0	.367
2 yrs.	0	1	.000	5.29	6	1	1	17	14	7	1	0	0	0	0	4	1	0	.250

Johnny Rutherford
RUTHERFORD, JOHN WILLIAM (Doc)
B. May 5, 1925, Belleville, Ont., Canada
BL TR 5'10½" 170 lbs.

	W	L	PCT	ERA	G	GS	CG	IP	H	BB	SO	ShO	W	L	SV	AB	H	HR	BA
1952 BKN N	7	7	.500	4.25	22	11	4	97.1	97	29	29	0	2	2	2	31	9	0	.290
WORLD SERIES																			
1952 BKN N	0	0	—	9.00	1	0	0	1	1	1	0	0	0	0	0	0	0	0	—

Jack Ryan
RYAN, JACK (Gulfport)
B. Sept. 19, 1884, Lawrenceville, Ill. D. Oct. 16, 1949, Hondsboro, Miss.
TR

	W	L	PCT	ERA	G	GS	CG	IP	H	BB	SO	ShO	W	L	SV	AB	H	HR	BA
1908 CLE A	1	1	.500	2.27	8	1	1	35.2	27	2	7	0	0	1	1	11	1	0	.091
1909 BOS A	4	3	.571	3.23	13	8	2	61.1	65	20	24	0	1	0	0	19	4	0	.211
1911 BKN N	0	1	.000	3.00	3	1	0	6	9	4	1	0	0	0	0	1	0	0	.000
3 yrs.	5	5	.500	2.88	24	10	3	103	101	26	32	0	1	1	1	31	5	0	.161
1 yr.	0	1	.000	3.00	3	1	0	6	9	4	1	0	0	0	0	1	0	0	.000

John Ryan
RYAN, JOHN BERNARD (Jack)
B. Nov. 12, 1869, Haverhill, Mass. D. Aug. 21, 1952, Boston, Mass.
BR TR 5'10½" 165 lbs.

	W	L	PCT	ERA	G	GS	CG	IP	H	BB	SO	ShO	W	L	SV	AB	H	HR	BA
1902 STL N	1	0	1.000	0.00	1	1	1	7	3	4	1	1	0	0	0	*			

Rosy Ryan
RYAN, WILFRED PATRICK DOLAN
B. Mar. 15, 1898, Worcester, Mass. D. Dec. 10, 1980, Scottsdale, Ariz.
BL TR 6' 185 lbs.

	W	L	PCT	ERA	G	GS	CG	IP	H	BB	SO	ShO	W	L	SV	AB	H	HR	BA
1919 NY N	1	2	.333	3.10	4	3	1	20.1	20	9	7	0	1	0	0	6	0	0	.000
1920	0	1	.000	1.76	9	1	1	15.1	14	4	5	0	0	0	0	5	0	0	.000
1921	7	10	.412	3.73	36	16	5	147.1	140	32	58	0	1	4	3	45	9	0	.200
1922	17	12	.586	3.01	46	20	12	191.2	194	74	75	1	7	3	3	62	12	0	.194
1923	16	5	.762	3.49	45	15	7	172.2	169	46	58	0	9	2	4	53	11	0	.208
1924	8	6	.571	4.26	37	9	2	124.2	137	37	36	0	6	2	5	36	5	0	.139
1925 BOS N	2	8	.200	6.31	37	7	1	122.2	152	52	48	0	2	5	2	39	11	1	.282
1926	0	2	.000	7.58	7	2	0	19	29	7	1	0	0	0	0	5	1	0	.200
1928 NY A	0	0	—	16.50	3	0	0	6	17	5	5	0	0	0	0	4	0	0	.000
1933 BKN N	1	1	.500	4.55	30	0	0	61.1	69	16	22	0	1	1	2	13	2	0	.154
10 yrs.	52	47	.525	4.14	248	73	29	881	941	278	315	1	27	17	19	268	51	1	.190
1 yr.	1	1	.500	4.55	30	0	0	61.1	69	16	22	0	1	1	2	13	2	0	.154
WORLD SERIES																			
1922 NY N	1	0	1.000	0.00	1	0	0	2	1	0	2	0	1	0	0	0	0	0	—
1923	1	0	1.000	0.96	3	0	0	9.1	11	3	3	0	1	0	0	2	0	0	.000
1924	1	0	1.000	3.18	2	0	0	5.2	7	4	3	0	1	0	0	2	1	1	.500
3 yrs.	3	0	1.000	1.59	6	0	0	17	19	7	8	0	3	0	0	4	1	1	.250

1st

Pitcher Register

	W	L	PCT	ERA	G	GS	CG	IP	H	BB	SO	ShO	Relief Pitching W	L	SV	AB	BATTING H	HR	BA

Bill Sayles
SAYLES, WILLIAM NISBETH BR TR 6'2" 175 lbs.
B. July 27, 1917, Portland, Ore.

1939 BOS A	0	0	–	7.07	5	0	0	14	14	13	9	0	0	0	0	7	1	0	.143
1943 2 teams			NY	N (18G 1–3)		BKN	N (5G 0–0)												
" total	1	3	.250	5.29	23	3	1	64.2	73	33	43	0	0	2	0	15	5	0	.333
2 yrs.	1	3	.250	5.61	28	3	1	78.2	87	46	52	0	0	2	0	22	6	0	.273
1 yr.	0	0	–	7.71	5	0	0	11.2	13	10	5	0	0	0	0	2	1	0	.500

Doc Scanlan
SCANLAN, WILLIAM DENNIS BL TR 5'8" 165 lbs.
Brother of Frank Scanlan.
B. Mar. 7, 1881, Syracuse, N. Y.   D. May 29, 1949, Brooklyn, N. Y.

1903 PIT N	0	1	.000	4.00	1	1	1	9	5	6	0	0	0	0	0	2	0	0	.000
1904 2 teams			PIT	N (4G 1–3)		BKN	N (13G 7–6)												
" total	8	9	.471	2.64	17	15	12	126	115	60	50	3	0	1	0	41	5	0	.122
1905 BKN N	14	12	.538	2.92	33	28	22	250	220	104	135	2	0	2	0	96	16	0	.167
1906	18	13	.581	3.19	38	33	28	288	230	127	120	6	1	0	1	97	18	0	.186
1907	6	8	.429	3.20	17	15	10	107	90	61	59	2	0	0	0	34	9	0	.265
1909	8	7	.533	2.93	19	17	12	141.1	125	65	72	2	0	0	0	44	12	0	.273
1910	9	11	.450	2.61	34	25	14	217.1	175	116	103	0	0	0	2	69	14	0	.203
1911	3	10	.231	3.64	22	15	3	113.2	101	69	45	0	1	1	1	33	4	0	.121
8 yrs.	66	71	.482	3.00	181	149	102	1252.1	1061	608	584	15	2	4	4	416	78	0	.188
7 yrs.	65	67	.492	2.95	176	145	100	1221.1	1035	582	574	15	2	3	4	408	78	0	.191

Bill Schardt
SCHARDT, WILBURT (Big Bill) BR TR 6'4" 210 lbs.
B. Jan. 20, 1886, Cleveland, Ohio   D. July 26, 1964, Vermilion, Ohio

1911 BKN N	5	15	.250	3.59	39	22	10	195.1	190	91	77	1	2	0	4	59	10	0	.169
1912	0	1	.000	4.35	7	0	0	20.2	25	6	7	0	0	1	1	6	0	0	.000
2 yrs.	5	16	.238	3.67	46	22	10	216	215	97	84	1	2	1	5	65	10	0	.154
2 yrs.	5	16	.238	3.67	46	22	10	216	215	97	84	1	2	1	5	65	10	0	.154

Henry Schmidt
SCHMIDT, HENRY MARTIN BR TR 5'11" 170 lbs.
B. June 26, 1873, Brownsville, Tex.   D. Apr. 23, 1926, Nashville, Tenn.

| 1903 BKN N | 21 | 13 | .618 | 3.83 | 40 | 36 | 29 | 301 | 321 | 120 | 96 | 5 | 1 | 0 | 2 | 107 | 21 | 1 | .196 |

Johnny Schmitz
SCHMITZ, JOHN ALBERT (Bear Tracks) BR TL 6' 170 lbs.
B. Nov. 27, 1920, Wausau, Wis.

1941 CHI N	2	0	1.000	1.31	5	3	1	20.2	12	9	11	0	1	0	0	7	4	0	.571
1942	3	7	.300	3.43	23	10	1	86.2	70	45	51	0	0	1	2	26	4	0	.154
1946	11	11	.500	2.61	41	31	14	224.1	184	94	135	3	1	1	2	70	9	1	.129
1947	13	18	.419	3.22	38	28	10	207	209	80	97	3	1	3	4	68	9	0	.132
1948	18	13	.581	2.64	34	30	18	242	186	97	100	2	3	0	1	84	11	0	.131
1949	11	13	.458	4.35	36	31	9	207	227	92	75	3	1	1	3	70	10	0	.143
1950	10	16	.385	4.99	39	27	8	193	217	91	75	3	1	1	0	67	8	0	.119
1951 2 teams			CHI	N (8G 1–2)		BKN	N (16G 1–4)												
" total	2	6	.250	5.29	24	10	0	73.2	77	43	26	0	0	2	0	24	5	1	.208
1952 3 teams			BKN	N (10G 1–1)		NY	A (5G 1–1)		CIN	N (3G 1–0)									
" total	3	2	.600	3.71	18	5	2	53.1	47	30	17	0	1	0	1	13	4	0	.308
1953 2 teams			NY	A (3G 0–0)		WAS	A (24G 2–7)												
" total	2	7	.222	3.62	27	13	5	112	120	40	39	0	1	1	4	34	2	0	.059
1954 WAS A	11	8	.579	2.91	29	23	12	185.1	176	64	56	2	0	1	1	60	7	0	.117
1955	7	10	.412	3.71	32	21	6	165	187	54	49	1	0	0	1	54	10	0	.185
1956 2 teams			BOS	A (2G 0–0)		BAL	A (18G 0–3)												
" total	0	3	.000	3.59	20	3	0	42.2	54	18	15	0	0	1	0	6	0	0	.000
13 yrs.	93	114	.449	3.55	366	235	86	1812.2	1766	757	746	17	10	13	19	587	83	2	.141
2 yrs.	2	5	.286	4.96	26	10	1	89	84	46	31	0	0	1	0	26	5	1	.192

Charlie Schmutz
SCHMUTZ, CHARLES OTTO (King) BR TR 6'3" 195 lbs.
B. Jan. 1, 1890, San Diego, Calif.   D. June 27, 1962, Seattle, Wash.

1914 BKN N	1	3	.250	3.30	18	5	1	57.1	57	13	21	0	1	0	0	16	3	0	.188
1915	0	0	–	6.75	1	0	0	4	7	1	1	0	0	0	0	1	0	0	.000
2 yrs.	1	3	.250	3.52	19	5	1	61.1	64	14	22	0	1	0	0	17	3	0	.176
2 yrs.	1	3	.250	3.52	19	5	1	61.1	64	14	22	0	1	0	0	17	3	0	.176

Frank Schneiberg
SCHNEIBERG, FRANK FREDERICK
B. Mar. 12, 1882, Milwaukee, Wis.   D. May 18, 1948, Milwaukee, Wis.

| 1910 BKN N | 0 | 0 | – | 63.00 | 1 | 0 | 0 | 1 | 5 | 4 | 0 | 0 | 0 | 0 | 0 | 0 | 0 | 0 | – |

Gene Schott
SCHOTT, ARTHUR EUGENE BR TR 6'2" 185 lbs.
B. July 14, 1913, Batavia, Ohio

1935 CIN N	8	11	.421	3.91	33	19	9	159	153	64	49	1	0	1	0	60	12	0	.200
1936	11	11	.500	3.80	31	22	8	180	184	73	65	0	3	1	1	60	18	1	.300
1937	4	13	.235	2.97	37	17	7	154.1	150	48	56	2	0	3	1	49	7	0	.143
1938	5	5	.500	4.45	31	4	0	83	89	32	21	0	4	3	2	24	3	0	.125
1939 2 teams			PHI	N (4G 0–1)		BKN	N (0G 0–0)												
" total	0	1	.000	4.91	4	0	0	11	14	5	1	0	0	1	0	6	2	0	.333
5 yrs.	28	41	.406	3.72	136	62	24	587.1	590	222	192	3	7	9	4	199	42	1	.211
1 yr.	0	0	–	0.00	0	0	0	0	0	0	0	0	0	0	0	0	0	0	–

Pitcher Register

	W	L	PCT	ERA	G	GS	CG	IP	H	BB	SO	ShO	Relief Pitching W L SV	BATTING AB H HR	BA

Paul Schreiber
SCHREIBER, PAUL FREDERICK (Von)   BR TR 6'2" 180 lbs.
B. Oct. 8, 1902, Jacksonville, Fla.   D. Jan. 28, 1982, Sarasota, Fla.

Year	W	L	PCT	ERA	G	GS	CG	IP	H	BB	SO	ShO	RW	RL	SV	AB	H	HR	BA
1922 BKN N	0	0	–	0.00	1	0	0	1	2	0	0	0	0	0	0	0	0	0	–
1923	0	0	–	4.20	9	0	0	15	16	8	4	0	0	0	1	2	0	0	.000
1945 NY A	0	0	–	4.15	2	0	0	4.1	4	2	1	0	0	0	0	1	0	0	.000
3 yrs.	0	0	–	3.98	12	0	0	20.1	22	10	5	0	0	0	1	3	0	0	.000
2 yrs.	0	0	–	3.94	10	0	0	16	18	8	4	0	0	0	1	2	0	0	.000

Ferdie Schupp
SCHUPP, FERDINAND MAURICE   BR TL 5'10" 150 lbs.
B. Jan. 16, 1891, Louisville, Ky.   D. Dec. 16, 1971, Los Angeles, Calif.

Year	W	L	PCT	ERA	G	GS	CG	IP	H	BB	SO	ShO	RW	RL	SV	AB	H	HR	BA
1913 NY N	0	0	–	0.75	5	1	0	12	10	3	2	0	0	0	0	3	1	0	.333
1914	0	0	–	5.82	8	0	0	17	19	9	9	0	0	0	1	2	0	0	.000
1915	1	0	1.000	5.10	23	1	0	54.2	57	29	28	0	1	0	0	10	2	0	.200
1916	9	3	.750	0.90	30	11	8	140.1	79	37	86	4	2	1	1	41	4	0	.098
1917	21	7	**.750**	1.95	36	32	25	272	202	70	147	6	0	1	0	93	15	0	.161
1918	0	1	.000	7.56	10	2	1	33.1	42	27	22	0	0	0	0	9	1	0	.111
1919 2 teams			STL	N (9G 1–3)			STL	N (10G 4–4)											
" total	5	7	.417	4.34	19	13	6	101.2	87	48	54	0	1	0	1	26	3	1	.115
1920 STL N	16	13	.552	3.52	38	37	17	250.2	246	**127**	119	0	0	0	0	86	22	0	.256
1921 2 teams			STL	N (9G 2–0)			BKN	N (20G 3–4)											
" total	5	4	.556	4.39	29	11	2	98.1	117	48	48	1	3	0	3	26	5	0	.192
1922 CHI A	4	4	.500	6.08	18	12	3	74	79	66	38	1	1	0	0	25	5	0	.200
10 yrs.	61	39	.610	3.32	216	120	62	1054	938	464	553	11	8	2	6	321	58	1	.181
1 yr.	3	4	.429	4.57	20	7	1	61	75	27	26	0	2	0	2	12	1	0	.083

WORLD SERIES

1917 NY N	1	0	1.000	1.74	2	2	1	10.1	11	2	9	1	0	0	0	4	1	0	.250

Dick Scott
SCOTT, RICHARD LEWIS   BR TL 6'2" 185 lbs.
B. Mar. 15, 1933, Portsmouth, N. H.

Year	W	L	PCT	ERA	G	GS	CG	IP	H	BB	SO	ShO	RW	RL	SV	AB	H	HR	BA
1963 LA N	0	0	–	6.75	9	0	0	12	17	3	6	0	0	0	2	0	0	0	–
1964 CHI N	0	0	–	12.46	3	0	0	4.1	10	1	1	0	0	0	0	0	0	0	–
2 yrs.	0	0	–	8.27	12	0	0	16.1	27	4	7	0	0	0	2	0	0	0	–
1 yr.	0	0	–	6.75	9	0	0	12	17	3	6	0	0	0	2	0	0	0	–

Tom Seats
SEATS, THOMAS EDWARD   BR TL 5'11" 190 lbs.
B. Sept. 24, 1911, Farmington, N. C.   BB 1940

Year	W	L	PCT	ERA	G	GS	CG	IP	H	BB	SO	ShO	RW	RL	SV	AB	H	HR	BA
1940 DET A	2	2	.500	4.69	26	2	0	55.2	67	21	25	0	2	1	1	12	1	0	.083
1945 BKN N	10	7	.588	4.36	31	18	6	121.2	127	37	44	2	2	1	0	43	9	0	.209
2 yrs.	12	9	.571	4.47	57	20	6	177.1	194	58	69	2	4	2	1	55	10	0	.182
1 yr.	10	7	.588	4.36	31	18	6	121.2	127	37	44	2	2	1	0	43	9	0	.209

Dave Sells
SELLS, DAVID WAYNE   BR TR 5'11" 175 lbs.
B. Sept. 18, 1946, Vacaville, Calif.

Year	W	L	PCT	ERA	G	GS	CG	IP	H	BB	SO	ShO	RW	RL	SV	AB	H	HR	BA
1972 CAL A	2	0	1.000	2.81	10	0	0	16	11	5	2	0	2	0	0	0	0	0	–
1973	7	2	.778	3.71	51	0	0	68	72	35	25	0	7	2	10	0	0	0	–
1974	2	3	.400	3.69	20	0	0	39	48	16	14	0	2	3	2	0	0	0	–
1975 2 teams			CAL	A (4G 0–0)			LA	N (5G 0–2)											
" total	0	2	.000	6.46	9	0	0	15.1	15	11	8	0	0	2	0	1	1	0	1.000
4 yrs.	11	7	.611	3.90	90	0	0	138.1	146	67	49	0	11	7	12	1	1	0	1.000
1 yr.	0	2	.000	3.86	5	0	0	7	6	3	1	0	0	2	0	1	1	0	1.000

Elmer Sexauer
SEXAUER, ELMER GEORGE   BR TR 6'4" 220 lbs.
B. May 21, 1926, St. Louis County, Mo.

1948 BKN N	0	0	–	13.50	2	0	0	.2	0	2	0	0	0	0	0	0	0	0	–

Greg Shanahan
SHANAHAN, PAUL GREGORY JR.   BR TR 6'2" 190 lbs.
B. Dec. 11, 1947, Eureka, Calif.

Year	W	L	PCT	ERA	G	GS	CG	IP	H	BB	SO	ShO	RW	RL	SV	AB	H	HR	BA
1973 LA N	0	0	–	3.45	7	0	0	15.2	14	4	11	0	0	0	1	1	0	0	.000
1974	0	0	–	3.86	4	0	0	7	7	5	2	0	0	0	0	0	0	0	–
2 yrs.	0	0	–	3.57	11	0	0	22.2	21	9	13	0	0	0	1	1	0	0	.000
2 yrs.	0	0	–	3.57	11	0	0	22.2	21	9	13	0	0	0	1	1	0	0	.000

George Sharrott
SHARROTT, GEORGE OSCAR
B. Nov. 2, 1869, Staten Island, N. Y.   D. Jan. 6, 1932, Jamaica, N. Y.

Year	W	L	PCT	ERA	G	GS	CG	IP	H	BB	SO	ShO	RW	RL	SV	AB	H	HR	BA
1893 BKN N	4	6	.400	5.87	13	10	10	95	114	58	24	0	0	0	0	39	9	1	.231
1894	0	1	.000	7.00	2	2	1	9	7	5	2	0	0	0	0	3	1	0	.333
2 yrs.	4	7	.364	5.97	15	12	11	104	121	63	26	0	0	0	0	42	10	1	.238
2 yrs.	4	7	.364	5.97	15	12	11	104	121	63	26	0	0	0	0	42	10	1	.238

Joe Shaute
SHAUTE, JOSEPH BENJAMIN (Lefty)   BL TL 6' 190 lbs.
B. Aug. 1, 1899, Peckville, Pa.   D. Feb. 21, 1970, Scranton, Pa.

Year	W	L	PCT	ERA	G	GS	CG	IP	H	BB	SO	ShO	RW	RL	SV	AB	H	HR	BA
1922 CLE A	0	0	–	19.64	2	0	0	3.2	7	3	0	0	0	0	0	5	0	0	.000
1923	10	8	.556	3.51	33	16	7	172	176	53	61	0	2	2	0	68	11	0	.162
1924	20	17	.541	3.75	46	34	21	283	317	83	68	2	3	2	2	107	34	1	.318
1925	4	12	.250	5.43	26	17	10	131	160	44	34	1	0	2	4	53	16	0	.302
1926	14	10	.583	3.53	34	25	15	206.2	215	65	47	1	2	1	1	73	20	0	.274
1927	9	16	.360	4.22	45	28	14	230.1	255	75	63	0	1	0	2	83	27	0	.325
1928	13	17	.433	4.04	36	32	21	253.2	295	68	81	1	1	0	2	92	21	0	.228

Pitcher Register

	W	L	PCT	ERA	G	GS	CG	IP	H	BB	SO	ShO	Relief Pitching W L SV	AB	BATTING H HR	BA

Joe Shaute continued

Year	Tm	W	L	PCT	ERA	G	GS	CG	IP	H	BB	SO	ShO	RW	RL	SV	AB	H	HR	BA
1929		8	8	.500	4.28	26	24	8	162	211	52	43	0	1	0	0	58	17	0	.293
1930		0	0	–	15.43	4	0	0	4.2	8	4	2	0	0	0	0	0	0	0	–
1931	BKN N	11	8	.579	4.83	25	19	6	128.2	162	32	50	0	1	0	0	45	8	0	.178
1932		7	7	.500	4.62	34	9	1	117	147	21	32	0	6	4	4	45	9	0	.200
1933		3	4	.429	3.49	41	4	0	108.1	125	31	26	0	3	2	2	27	6	0	.222
1934	CIN N	0	2	.000	4.15	8	1	0	17.1	19	3	2	0	0	1	1	4	1	0	.250
13 yrs.		99	109	.476	4.15	360	209	103	1818.1	2097	534	512	5	20	14	18	660	170	1	.258
3 yrs.		21	19	.525	4.35	100	32	7	354	434	84	108	0	10	6	6	117	23	0	.197

Larry Sherry

SHERRY, LAWRENCE BR TR 6'2" 180 lbs.
Brother of Norm Sherry.
B. July 25, 1935, Los Angeles, Calif.

Year	Tm	W	L	PCT	ERA	G	GS	CG	IP	H	BB	SO	ShO	RW	RL	SV	AB	H	HR	BA
1958	LA N	0	0	–	12.46	5	0	0	4.1	10	7	2	0	0	0	0	0	0	0	–
1959		7	2	.778	2.19	23	9	1	94.1	75	43	72	1	2	0	3	32	7	2	.219
1960		14	10	.583	3.79	57	3	1	142.1	125	82	114	0	13	8	7	37	6	1	.162
1961		4	4	.500	3.90	53	1	0	94.2	90	39	79	0	4	3	15	13	2	0	.154
1962		7	3	.700	3.20	58	0	0	90	81	44	71	0	7	3	11	17	2	0	.118
1963		2	6	.250	3.73	36	3	0	79.2	82	24	47	0	2	4	3	9	1	0	.111
1964	DET A	7	5	.583	3.66	38	0	0	66.1	52	37	58	0	7	5	11	14	0	0	.000
1965		3	6	.333	3.10	39	0	0	78.1	71	40	46	0	3	6	5	10	3	0	.300
1966		8	5	.615	3.82	55	0	0	77.2	66	36	63	0	8	5	20	10	4	0	.400
1967	2 teams	DET A (20G 0–1)				HOU N (29G 1–2)														
"	total	1	3	.250	5.50	49	0	0	68.2	88	20	52	0	1	3	7	6	0	0	.000
1968	CAL A	0	0	–	6.00	3	0	0	3	7	2	2	0	0	0	0	0	0	0	–
11 yrs.		53	44	.546	3.67	416	16	2	799.1	747	374	606	1	47	37	82	148	25	3	.169
6 yrs.		34	25	.576	3.47	232	16	2	505.1	463	239	385	1	28	18	39	108	18	3	.167
														7th		10th				

WORLD SERIES

1959	LA N	2	0	1.000	0.71	4	0	0	12.2	8	2	5	0	2	0	2	4	2	0	.500
														2nd		10th				

Steve Shirley

SHIRLEY, STEVEN BRIAN BL TL 6' 185 lbs.
B. Oct. 12, 1956, San Francisco, Calif.

1982	LA N	1	1	.500	4.26	11	0	0	12.2	15	7	8	0	1	1	0	1	1	0	1.000

George Shoch

SHOCH, GEORGE QUINTUS BR TR
B. Jan. 6, 1859, Philadelphia, Pa. D. Sept. 30, 1937, Philadelphia, Pa.

1888	WAS N	0	0	–	0.00	1	0	0	3	2	1	0	0	0	0	0	*			

Harry Shriver

SHRIVER, HARRY GRAYDON (Pop) BR TR 6'2" 180 lbs.
B. Sept. 2, 1896, Wadestown, W. Va. D. Jan. 21, 1970, Morgantown, W. Va.

1922	BKN N	4	6	.400	2.99	25	14	4	108.1	114	48	38	2	0	0	0	27	1	0	.037
1923		0	0	–	6.75	1	1	0	4	8	0	1	0	0	0	0	1	0	0	.000
2 yrs.		4	6	.400	3.12	26	15	4	112.1	122	48	39	2	0	0	0	28	1	0	.036
2 yrs.		4	6	.400	3.12	26	15	4	112.1	122	48	39	2	0	0	0	28	1	0	.036

Joe Simpson

SIMPSON, JOSEPH ALLEN BL TL 6'3" 175 lbs.
B. Dec. 31, 1951, Purcell, Okla.

1983	KC A	0	0	–	3.00	2	0	0	3	4	2	1	0	0	0	0	*			

Bill Singer

SINGER, WILLIAM ROBERT (The Singer Throwing Machine) BR TR 6'4" 184 lbs.
B. Apr. 24, 1944, Los Angeles, Calif.

Year	Tm	W	L	PCT	ERA	G	GS	CG	IP	H	BB	SO	ShO	RW	RL	SV	AB	H	HR	BA
1964	LA N	0	1	.000	3.21	2	2	0	14	11	12	3	0	0	0	0	6	1	0	.167
1965		0	0	–	0.00	2	0	0	1	2	2	1	0	0	0	0	0	0	0	–
1966		0	0	–	0.00	3	0	0	4	4	2	4	0	0	0	0	0	0	0	–
1967		12	8	.600	2.64	32	29	7	204.1	185	61	169	3	0	1	0	67	6	0	.090
1968		13	17	.433	2.88	37	36	12	256.1	227	78	227	6	0	1	0	81	12	0	.148
1969		20	12	.625	2.34	41	40	16	316	244	74	247	2	0	0	1	108	11	0	.102
1970		8	5	.615	3.14	16	16	5	106	79	32	93	3	0	0	0	38	5	0	.132
1971		10	17	.370	4.17	31	31	8	203	195	71	144	1	0	0	0	58	6	0	.103
1972		6	16	.273	3.67	26	25	4	169.1	148	60	101	3	0	1	0	55	4	0	.073
1973	CAL A	20	14	.588	3.22	40	40	19	315.2	280	130	241	2	0	0	0	0	0	0	–
1974		7	4	.636	2.97	14	14	8	109	102	43	77	0	0	0	0	0	0	0	–
1975		7	15	.318	4.98	29	27	8	179	171	81	78	0	0	1	1	0	0	0	–
1976	2 teams	TEX A (10G 4–1)				MIN A (26G 9–9)														
"	total	13	10	.565	3.69	36	36	7	236.2	233	96	97	4	0	0	0	0	0	0	–
1977	TOR A	2	8	.200	6.75	13	12	0	60	71	39	33	0	0	0	0	0	0	0	–
14 yrs.		118	127	.482	3.39	322	308	94	2174.1	1952	781	1515	24	0	4	2	413	45	0	.109
9 yrs.		69	76	.476	3.03	190	179	52	1274	1095	392	989	18	0	3	1	413	45	0	.109

Dwain Sloat

SLOAT, DWAIN CLIFFORD (Lefty) BR TL 6' 168 lbs.
B. Dec. 1, 1918, Nokomis, Ill.

1948	BKN N	0	1	.000	6.14	4	1	0	7.1	7	8	1	0	0	0	0	1	0	0	.000
1949	CHI N	0	0	–	7.00	5	1	0	9	14	3	3	0	0	0	0	0	0	0	–
2 yrs.		0	1	.000	6.61	9	2	0	16.1	21	11	4	0	0	0	0	1	0	0	.000
1 yr.		0	1	.000	6.14	4	1	0	7.1	7	8	1	0	0	0	0	1	0	0	.000

Pitcher Register

	W	L	PCT	ERA	G	GS	CG	IP	H	BB	SO	ShO	Relief Pitching W L SV	AB	BATTING H	HR	BA

George Smith
SMITH, GEORGE ALLEN (Columbia George)   BR TR 5'11" 156 lbs.
B. May 31, 1892, Byram, Conn.   D. Jan. 7, 1965, Greenwich, Conn.

Year	Team	W	L	PCT	ERA	G	GS	CG	IP	H	BB	SO	ShO	RW	RL	SV	AB	H	HR	BA
1916	NY N	1	0	1.000	2.61	9	1	0	20.2	14	6	9	0	0	0	0	2	0	0	.000
1917		0	3	.000	2.84	14	1	1	38	38	11	16	0	0	2	0	9	0	0	.000
1918	3 teams			CIN N (10G 2–3)				NY N (5G 2–3)			BKN N (8G 4–1)									
"	total	8	7	.533	3.41	23	13	9	132	140	22	41	1	2	1	0	40	5	0	.125
1919	2 teams			NY N (3G 0–2)				PHI N (31G 5–11)												
"	total	5	13	.278	3.36	34	22	11	195.2	212	50	42	1	1	1	0	63	8	0	.127
1920	PHI N	13	18	.419	3.45	43	28	10	250.2	265	51	51	2	3	5	2	72	7	0	.097
1921		4	20	.167	4.76	39	28	12	221.1	303	52	45	1	1	1	1	71	4	0	.056
1922		5	14	.263	4.78	42	18	6	194	250	35	44	1	1	3	0	66	5	0	.076
1923	BKN N	3	6	.333	3.66	25	7	3	91	99	28	15	0	0	3	1	26	5	0	.192
8 yrs.		39	81	.325	3.89	229	118	52	1143.1	1321	255	263	6	8	16	4	349	34	0	.097
2 yrs.		7	7	.500	3.19	33	12	7	141	142	33	33	0	0	3	1	41	8	0	.195

Germany Smith
SMITH, GEORGE J.   BR TR 6' 175 lbs.
B. Apr. 21, 1863, Pittsburgh, Pa.   D. Dec. 1, 1927, Altoona, Pa.

Year	Team	W	L	PCT	ERA	G	GS	CG	IP	H	BB	SO	ShO	RW	RL	SV	AB	H	HR	BA
1884	2 teams			ALT U (1G 0–0)				CLE N (0G 0–0)												
"	total	0	0	–	9.00	1	0	0	1	3	0	1	0	0	0	0	*			

Jack Smith
SMITH, JACK HATFIELD   BR TR 6' 185 lbs.
B. Nov. 15, 1935, Pikeville, Ky.

Year	Team	W	L	PCT	ERA	G	GS	CG	IP	H	BB	SO	ShO	RW	RL	SV	AB	H	HR	BA
1962	LA N	0	0	–	4.50	8	0	0	10	10	4	7	0	0	0	1	1	0	0	.000
1963		0	0	–	7.56	4	0	0	8.1	10	2	5	0	0	0	0	2	0	0	.000
1964	MIL N	2	2	.500	3.77	22	0	0	31	28	11	19	0	2	2	0	3	1	0	.333
3 yrs.		2	2	.500	4.56	34	0	0	49.1	48	17	31	0	2	2	1	6	1	0	.167
2 yrs.		0	0	–	5.89	12	0	0	18.1	20	6	12	0	0	0	1	3	0	0	.000

Sherry Smith
SMITH, SHERROD MALONE   BL TL 6'1" 170 lbs.
B. Feb. 18, 1891, Monticello, Ga.   D. Sept. 12, 1949, Reidsville, Ga.

Year	Team	W	L	PCT	ERA	G	GS	CG	IP	H	BB	SO	ShO	RW	RL	SV	AB	H	HR	BA
1911	PIT N	0	0	–	54.00	1	0	0	.2	4	1	0	0	0	0	0	0	0	0	–
1912		0	0	–	6.75	3	0	0	4	6	1	3	0	0	0	0	0	0	0	–
1915	BKN N	14	8	.636	2.59	29	20	11	173.2	169	42	52	2	3	1	2	57	14	0	.246
1916		14	10	.583	2.34	36	23	15	219	193	45	67	4	2	4	1	77	21	0	.273
1917		12	12	.500	3.32	38	23	15	211.1	210	51	58	0	2	1	3	77	15	0	.195
1919		7	12	.368	2.24	30	19	13	173	181	29	40	2	0	1	1	54	8	0	.148
1920		11	9	.550	1.85	33	12	6	136.1	134	27	33	2	6	3	3	43	10	0	.233
1921		7	11	.389	3.90	35	17	9	175.1	232	34	36	0	1	2	4	57	13	1	.228
1922	2 teams			BKN N (28G 4–8)				CLE A (2G 1–0)												
"	total	5	8	.385	4.42	30	11	4	124.1	146	38	19	1	2	3	2	41	11	1	.268
1923	CLE A	9	6	.600	3.27	30	16	10	124	129	37	23	1	1	0	1	45	11	1	.244
1924		12	14	.462	3.02	39	27	20	247.2	267	42	34	2	2	0	1	89	18	1	.202
1925		11	14	.440	4.86	31	30	22	237	296	48	30	1	0	0	1	92	28	1	.304
1926		11	10	.524	3.73	27	24	16	188.1	214	31	25	2	1	0	0	65	14	1	.215
1927		1	4	.200	5.45	11	2	1	38	53	14	8	0	1	2	1	12	2	0	.167
14 yrs.		114	118	.491	3.32	373	224	142	2052.2	2234	440	428	17	21	17	20	709	165	6	.233
7 yrs.		69	70	.496	2.91	229	123	72	1197.1	1247	263	301	11	16	15	16	400	90	2	.225

WORLD SERIES

Year	Team	W	L	PCT	ERA	G	GS	CG	IP	H	BB	SO	ShO	RW	RL	SV	AB	H	HR	BA
1916	BKN N	0	1	.000	1.35	1	1	1	13.1	7	6	2	0	0	0	0	5	1	0	.200
1920		1	1	.500	0.53	2	2	2	17	10	3	3	0	0	0	0	6	0	0	.000
2 yrs.		1	2	.333	0.89 4th	3	3	3	30.1	17	9	5	0	0	0	0	11	1	0	.091

Harry Smythe
SMYTHE, WILLIAM HENRY   BL TL 5'10½" 179 lbs.
B. Oct. 24, 1904, Augusta, Ga.   D. Aug. 28, 1980, Augusta, Ga.

Year	Team	W	L	PCT	ERA	G	GS	CG	IP	H	BB	SO	ShO	RW	RL	SV	AB	H	HR	BA
1929	PHI N	4	6	.400	5.24	19	7	2	68.2	94	15	12	0	4	1	1	26	5	0	.192
1930		0	3	.000	7.79	25	9	2	49.2	84	31	9	0	0	1	2	14	4	0	.286
1934	2 teams			NY A (8G 0–2)				BKN N (8G 1–1)												
"	total	1	3	.250	6.69	16	0	0	36.1	54	16	12	0	1	3	1	14	4	0	.286
3 yrs.		5	12	.294	6.40	60	10	2	154.2	232	62	33	0	5	5	4	54	13	0	.241
1 yr.		1	1	.500	5.91	8	0	0	21.1	30	8	5	0	1	1	0	9	3	0	.333

Gene Snyder
SNYDER, GENE WALTER   BR TL 5'11" 175 lbs.
B. Mar. 31, 1931, York, Pa.

Year	Team	W	L	PCT	ERA	G	GS	CG	IP	H	BB	SO	ShO	RW	RL	SV	AB	H	HR	BA
1959	LA N	1	1	.500	5.47	11	2	0	26.1	32	20	20	0	1	0	0	6	0	0	.000

Eddie Solomon
SOLOMON, EDDIE JR (Buddy)   BR TR 6'3½" 198 lbs.
B. Feb. 9, 1951, Perry, Ga.

Year	Team	W	L	PCT	ERA	G	GS	CG	IP	H	BB	SO	ShO	RW	RL	SV	AB	H	HR	BA
1973	LA N	0	0	–	7.11	4	0	0	6.1	10	4	6	0	0	0	0	1	0	0	.000
1974		0	0	–	1.35	4	0	0	6.2	5	2	2	0	0	0	1	0	0	0	–
1975	CHI N	0	0	–	1.29	6	0	0	7	7	6	3	0	0	0	0	0	0	0	–
1976	STL N	1	1	.500	4.86	26	2	0	37	45	16	19	0	0	1	0	5	2	0	.400
1977	ATL N	6	6	.500	4.55	18	16	0	89	110	34	54	0	0	0	0	31	4	0	.129
1978		4	6	.400	4.08	37	8	0	106	98	50	64	0	1	3	2	29	4	0	.138
1979		7	14	.333	4.21	31	30	4	186	184	51	96	0	0	0	0	64	13	0	.203
1980	PIT N	7	3	.700	2.70	26	12	2	100	96	37	35	0	2	0	0	32	7	0	.219
1981		8	6	.571	3.12	22	17	2	127	133	27	38	0	1	1	0	43	7	0	.163
1982	2 teams			PIT N (11G 2–6)				CHI A (6G 1–0)												
"	total	3	6	.333	6.33	17	10	0	54	76	20	20	0	2	0	0	15	2	0	.133
10 yrs.		36	42	.462	3.99	191	95	8	719	764	247	337	0	6	5	4	220	39	0	.177
2 yrs.		0	0	–	4.15	8	0	0	13	15	6	8	0	0	0	1	1	0	0	.000

319 Pitcher Register

	W	L	PCT	ERA	G	GS	CG	IP	H	BB	SO	ShO	Relief Pitching W L SV	BATTING AB H HR	BA

Eddie Solomon continued
LEAGUE CHAMPIONSHIP SERIES
| 1974 LA N | 0 | 0 | – | 0.00 | 1 | 0 | 0 | 2 | 2 | 1 | 1 | 0 | 0 0 0 | 0 0 0 | – |

Andy Sommerville
SOMMERVILLE, ANDREW HENRY
Born Henry Travers Summersgill.
B. Feb. 6, 1876, Brooklyn, N. Y. D. June 16, 1931, Richmond Hill, N. Y.

| 1894 BKN N | 0 | 1 | .000 | 162.00 | 1 | 1 | 0 | .1 | 1 | 5 | 0 | 0 | 0 0 0 | 0 0 0 | – |

Elias Sosa
SOSA, ELIAS BR TR 6'2" 186 lbs.
Born Elias Sosa Martinez.
B. June 10, 1950, La Vega, Dominican Republic

1972 SF N	0	1	.000	2.25	8	0	0	16	10	12	10	0	0 1 3	4 0 0	.000
1973	10	4	.714	3.28	71	1	0	107	95	41	70	0	10 3 18	14 1 0	.071
1974	9	7	.563	3.48	68	0	0	101	94	45	48	0	9 7 6	15 1 0	.067
1975 2 teams	STL N (14G 0–3)				ATL N (43G 2–2)										
" total	2	5	.286	4.32	57	1	0	89.2	92	43	46	0	2 4 2	15 2 0	.133
1976 2 teams	ATL N (21G 4–4)				LA N (24G 2–4)										
" total	6	8	.429	4.43	45	0	0	69	71	25	52	0	6 8 4	7 1 0	.143
1977 LA N	2	2	.500	1.97	44	0	0	64	42	12	47	0	2 2 1	4 1 0	.250
1978 OAK A	8	2	.800	2.64	68	0	0	109	106	44	61	0	8 2 14	0 0 0	–
1979 MON N	8	7	.533	1.95	62	0	0	97	77	37	59	0	8 7 18	13 2 0	.154
1980	9	6	.600	3.06	67	0	0	94	104	19	58	0	9 6 9	11 1 0	.091
1981	1	2	.333	3.69	32	0	0	39	46	8	18	0	1 2 3	2 2 0	1.000
1982 DET A	3	3	.500	4.43	38	0	0	61	64	18	24	0	3 3 4	0 0 0	–
1983 SD N	1	4	.200	4.35	41	1	0	72.1	72	30	45	0	1 4 1	7 1 0	.143
12 yrs.	59	51	.536	3.32	601	3	0	919	873	334	538	0	59 49 83	92 12 0	.130
2 yrs.	4	6	.400	2.49	68	0	0	97.2	72	24	67	0	4 6 2	4 1 0	.250

DIVISIONAL PLAYOFF SERIES
| 1981 MON N | 0 | 0 | – | 3.00 | 2 | 0 | 0 | 3 | 4 | 0 | 1 | 0 | 0 0 0 | 0 0 0 | – |

LEAGUE CHAMPIONSHIP SERIES
1977 LA N	0	1	.000	10.13	2	0	0	2.2	5	0	0	0	0 1 0	1 0 0	.000
1981 MON N	0	0	–	0.00	1	0	0	.1	1	1	0	0	0 0 0	0 0 0	–
2 yrs.	0	1	.000	9.00	3	0	0	3	6	1	0	0	0 1 0	1 0 0	.000

WORLD SERIES
| 1977 LA N | 0 | 0 | – | 11.57 | 2 | 0 | 0 | 2.1 | 3 | 1 | 1 | 0 | 0 0 0 | 0 0 0 | – |

Karl Spooner
SPOONER, KARL BENJAMIN BR TL 6' 185 lbs.
B. June 23, 1931, Oriskany Falls, N. Y. D. Apr. 10, 1984, Vero Beach, Fla.

1954 BKN N	2	0	1.000	0.00	2	2	2	18	7	6	27	2	0 0 0	6 1 0	.167
1955	8	6	.571	3.65	29	14	2	98.2	79	41	78	1	5 1 2	28 8 0	.286
2 yrs.	10	6	.625	3.09	31	16	4	116.2	86	47	105	3	5 1 2	34 9 0	.265
2 yrs.	10	6	.625	3.09	31	16	4	116.2	86	47	105	3	5 1 2	34 9 0	.265

WORLD SERIES
| 1955 BKN N | 0 | 1 | .000 | 13.50 | 2 | 1 | 0 | 3.1 | 4 | 3 | 6 | 0 | 0 0 0 | 0 0 0 | – |

Eddie Stack
STACK, WILLIAM EDWARD BR TR
B. Oct. 24, 1887, Chicago, Ill. D. Aug. 28, 1958, Chicago, Ill.

1910 PHI N	6	7	.462	4.00	20	16	7	117	115	34	48	1	0 0 0	36 3 0	.083
1911	5	5	.500	3.59	13	10	5	77.2	67	41	36	0	0 0 0	24 2 0	.083
1912 BKN N	7	5	.583	3.36	28	17	4	142	139	55	45	0	2 1 1	52 7 0	.135
1913 2 teams	BKN N (23G 4–4)				CHI N (11G 4–2)										
" total	8	6	.571	3.07	34	16	7	138	135	47	62	0	0 1 1	41 5 0	.122
1914 CHI N	0	1	.000	4.96	7	1	0	16.1	13	11	9	0	0 0 0	4 0 0	.000
5 yrs.	26	24	.520	3.52	102	60	23	491	469	188	200	3	2 2 2	157 17 0	.108
2 yrs.	11	9	.550	2.99	51	26	8	229	218	87	79	1	2 2 1	77 11 0	.143

Don Stanhouse
STANHOUSE, DONALD JOSEPH (Stan The Man Unusual) BR TR 6'2½" 185 lbs.
B. Feb. 12, 1951, DuQuoin, Ill.

1972 TEX A	2	9	.182	3.77	24	16	1	105	83	73	78	0	0 0 0	31 4 0	.129
1973	1	7	.125	4.76	21	5	1	70	70	44	42	0	1 3 1	0 0 0	–
1974	1	1	.500	4.94	18	0	0	31	38	17	26	0	1 1 0	0 0 0	–
1975 MON N	0	0	–	8.31	4	3	0	13	19	11	5	0	0 0 0	3 1 0	.333
1976	9	12	.429	3.77	34	26	8	184	182	92	79	1	2 0 1	52 11 0	.212
1977	10	10	.500	3.42	47	16	1	158	147	84	89	1	6 2 10	47 9 1	.191
1978 BAL A	6	9	.400	2.89	56	0	0	74.2	60	52	42	0	6 9 24	0 0 0	–
1979	7	3	.700	2.84	52	0	0	73	49	51	34	0	7 3 21	0 0 0	–
1980 LA N	2	2	.500	5.04	21	0	0	25	30	16	5	0	2 2 7	2 0 0	.000
1982 BAL A	0	1	.000	5.40	17	0	0	26.2	29	15	8	0	0 1 0	0 0 0	–
10 yrs.	38	54	.413	3.84	294	66	11	760.1	707	455	408	2	25 21 64	135 25 1	.185
1 yr.	2	2	.500	5.04	21	0	0	25	30	16	5	0	2 2 7	2 0 0	.000

LEAGUE CHAMPIONSHIP SERIES
| 1979 BAL A | 1 | 1 | .500 | 6.00 | 3 | 0 | 0 | 3 | 5 | 3 | 0 | 0 | 1 1 0 | 0 0 0 | – |

WORLD SERIES
| 1979 BAL A | 0 | 1 | .000 | 13.50 | 3 | 0 | 0 | 2 | 6 | 3 | 0 | 0 | 0 0 0 | 0 0 0 | – |

Bill Steele
STEELE, WILLIAM MITCHELL (Big Bill) BR TR 6'2" 196 lbs.
B. Oct. 5, 1885, Milford, Pa. D. Oct. 19, 1949, Overland, Mo.

| 1910 STL N | 4 | 4 | .500 | 3.27 | 9 | 8 | 8 | 71.2 | 71 | 24 | 25 | 0 | 0 0 1 | 31 8 0 | .258 |

Pitcher Register

	W	L	PCT	ERA	G	GS	CG	IP	H	BB	SO	ShO	Relief Pitching W L SV	BATTING AB H HR	BA

Bill Steele continued

1911	18	19	.486	3.73	43	34	23	287.1	287	113	115	1	2 2 3	101 21 0	.208
1912	9	13	.409	4.69	40	25	7	194	245	66	67	0	4 2 1	61 11 0	.180
1913	4	4	.500	5.00	12	9	2	54	58	18	10	0	0 0 0	18 1 0	.056
1914 2 teams			STL	N (17G 2-2)		BKN	N (8G 0-1)								
" total	2	3	.400	3.36	25	3	0	69.2	72	14	19	0	2 3 0	20 6 0	.300
5 yrs.	37	43	.463	4.02	129	79	40	676.2	733	235	236	1	8 7 5	231 47 0	.203
1 yr.	0	1	.000	5.51	8	1	0	16.1	17	7	3	0	0 1 0	3 1 0	.333

Elmer Steele

STEELE, ELMER RAE BB TR 5'11" 200 lbs.
B. May 17, 1884, Muitzeskill, N. Y.   D. Mar. 9, 1966, Rhinebeck, N. Y.

1907 BOS A	0	1	.000	1.59	4	1	0	11.1	11	1	10	0	0 0 0	4 0 0	.000
1908	5	7	.417	1.83	16	13	9	118	85	13	37	1	1 0 0	39 2 0	.051
1909	4	4	.500	2.85	16	8	2	75.2	75	15	32	0	1 0 1	24 6 0	.250
1910 PIT N	0	3	.000	2.25	8	2	2	24	19	3	7	0	0 0 0	7 0 0	.000
1911 2 teams			PIT	N (31G 9-9)		BKN	N (5G 0-0)								
" total	9	9	.500	2.67	36	18	7	189	177	36	61	2	3 2 2	70 11 0	.157
5 yrs.	18	24	.429	2.41	75	43	20	418	367	68	147	3	5 2 3	144 19 0	.132
1 yr.	0	0	—	3.13	5	2	0	23	24	5	9	0	0 0 0	9 0 0	.000

Ed Stein

STEIN, EDWARD F. TR 5'11" 170 lbs.
B. Sept. 5, 1869, Detroit, Mich.   D. May 10, 1928, Detroit, Mich.

1890 CHI N	12	6	.667	3.81	20	18	14	160.2	147	83	65	1	0 1 0	59 9 0	.153
1891	7	6	.538	3.74	14	10	9	101	99	57	38	1	2 1 0	43 7 0	.163
1892 BKN N	27	16	.628	2.84	48	42	38	377.1	310	150	190	6	3 0 1	144 31 0	.215
1893	19	15	.559	3.77	37	34	28	298.1	294	119	81	1	2 0 0	118 25 0	.212
1894	27	14	.659	4.54	45	41	38	359	396	171	84	2	2 0 1	146 38 2	.260
1895	15	13	.536	4.72	32	27	24	255.1	282	93	55	1	1 0 1	104 26 0	.250
1896	3	6	.333	4.88	17	10	6	90.1	130	51	16	0	1 0 0	39 10 0	.256
1898	0	2	.000	5.48	3	2	2	23	39	9	6	0	0 0 0	10 4 0	.400
8 yrs.	110	78	.585	3.96	216	184	159	1665	1697	733	535	12	11 2 3	663 150 2	.226
6 yrs.	91	66	.580	3.99	182	156	136	1403.1	1451	593	432	10	9 0 3	561 134 2	.239
							9th								

Jerry Stephenson

STEPHENSON, JERRY JOSEPH BL TR 6'2" 185 lbs.
Son of Joe Stephenson.
B. Oct. 6, 1943, Detroit, Mich.

1963 BOS A	0	0	—	7.71	1	1	0	2.1	5	2	3	0	0 0 0	1 0 0	.000
1965	1	5	.167	6.23	15	8	0	52	62	33	49	0	0 0 0	13 3 0	.231
1966	2	5	.286	5.83	15	11	1	66.1	68	44	50	0	0 0 0	17 2 0	.118
1967	3	1	.750	3.86	8	6	0	39.2	32	16	24	0	0 0 1	16 4 0	.250
1968	2	8	.200	5.64	23	7	2	68.2	81	42	51	0	0 3 0	17 6 0	.353
1969 SEA A	0	0	—	10.13	2	0	0	2.2	6	3	1	0	0 0 0	0 0 0	—
1970 LA N	0	0	—	9.00	3	0	0	7	11	5	6	0	0 0 0	1 0 0	.000
7 yrs.	8	19	.296	5.69	67	33	3	238.2	265	145	184	0	0 3 1	65 15 0	.231
1 yr.	0	0	—	9.00	3	0	0	7	11	5	6	0	0 0 0	1 0 0	.000

WORLD SERIES
| 1967 BOS A | 0 | 0 | — | 9.00 | 1 | 0 | 0 | 2 | 3 | 1 | 0 | 0 | 0 0 0 | 0 0 0 | — |

Dave Stewart

STEWART, DAVID KEITH BR TR 6'2" 200 lbs.
B. Feb. 19, 1957, Oakland, Calif.

1978 LA N	0	0	—	0.00	1	0	0	2	1	0	1	0	0 0 0	0 0 0	—
1981	4	3	.571	2.51	32	0	0	43	40	14	29	0	4 3 6	5 2 0	.400
1982	9	8	.529	3.81	45	14	0	146.1	137	49	80	0	6 3 1	39 7 0	.179
1983 2 teams			LA	N (46G 5-2)		TEX	A (8G 5-2)								
" total	10	4	.714	2.60	54	9	2	135	117	50	78	0	5 2 8	7 1 0	.143
1984 TEX A	7	14	.333	4.73	32	27	3	192.1	193	87	119	0	0 1 0	0 0 0	—
1985 2 teams			TEX	A (42G 0-6)		PHI	N (4G 0-0)								
" total	0	6	.000	5.46	46	5	0	85.2	91	41	66	0	0 4 4	0 0 0	—
6 yrs.	30	35	.462	3.96	210	55	5	604.1	579	241	373	0	15 13 19	51 10 0	.196
4 yrs.	18	13	.581	3.33	124	15	0	267.1	245	96	164	0	15 8 15	51 10 0	.196

DIVISIONAL PLAYOFF SERIES
| 1981 LA N | 0 | 2 | .000 | 40.50 | 2 | 0 | 0 | .2 | 4 | 0 | 1 | 0 | 0 2 0 | 0 0 0 | — |

WORLD SERIES
| 1981 LA N | 0 | 0 | — | 0.00 | 2 | 0 | 0 | 1.2 | 1 | 2 | 1 | 0 | 0 0 0 | 0 0 0 | — |

Harry Stovey

STOVEY, HARRY DUFFIELD BR TR 5'11½" 180 lbs.
Born Harry Duffield Stow.
B. Dec. 20, 1856, Philadelphia, Pa.   D. Sept. 20, 1937, New Bedford, Mass.

1880 WOR N	0	0	—	4.50	2	0	0	6	8	3	3	0	0 0 0	355 94 6	.265
1883 PHI AA	0	0	—	9.00	1	0	0	3	5	0	4	0	0 0 0	421 148 14	.352
1886	0	0	—	27.00	1	0	0	.1	2	0	0	0	0 0 0	489 154 7	.315
3 yrs.	0	0	—	6.75	4	0	0	9.1	15	3	7	0	0 0 0	*	

Mike Strahler

STRAHLER, MICHAEL WAYNE BR TR 6'4" 180 lbs.
B. Mar. 14, 1947, Chicago, Ill.

1970 LA N	1	1	.500	1.42	6	0	0	19	13	10	11	0	1 1 1	8 2 0	.250
1971	0	0	—	2.77	6	0	0	13	10	8	7	0	0 0 0	1 0 0	.000
1972	1	2	.333	3.26	19	2	1	47	42	22	25	0	0 1 0	11 2 0	.182

321   Pitcher Register

	W	L	PCT	ERA	G	GS	CG	IP	H	BB	SO	ShO	Relief Pitching W	L	SV	AB	BATTING H	HR	BA

Mike Strahler continued

1973 DET A	4	5	.444	4.39	22	11	1	80	84	39	37	0	0	1	0	0	0	0	—
4 yrs.	6	8	.429	3.57	53	13	2	159	149	79	80	0	1	3	1	20	4	0	.200
3 yrs.	2	3	.400	2.73	31	2	1	79	65	40	43	0	1	2	1	20	4	0	.200

Elmer Stricklett

STRICKLETT, ELMER GRIFFIN BR TR 5'6" 140 lbs.
B. Aug. 29, 1876, Glasco, Kans. D. June 7, 1964, Santa Cruz, Calif.

1904 CHI A	0	1	.000	10.29	1	1	0	7	12	2	3	0	0	0	0	3	0	0	.000
1905 BKN N	9	18	.333	3.34	33	28	25	237	259	71	77	1	0	0	1	88	13	0	.148
1906	14	18	.438	2.72	41	35	28	291.2	273	77	88	5	0	1	5	97	20	0	.206
1907	12	14	.462	2.27	29	26	25	229.2	211	65	69	4	1	1	0	81	12	0	.148
4 yrs.	35	51	.407	2.85	104	90	78	765.1	755	215	237	10	1	2	6	269	45	0	.167
3 yrs.	35	50	.412	2.78 8th	103	89	78	758.1	743	213	234	10	1	2	6	266	45	0	.169

Dutch Stryker

STRYKER, STERLING ALPA BR TR 5'11½" 180 lbs.
B. July 29, 1895, Atlantic Highlands, N. J. D. Nov. 5, 1964, Red Bank, N. J.

1924 BOS N	3	8	.273	6.01	20	10	2	73.1	90	22	22	0	2	2	0	23	5	0	.217
1926 BKN N	0	0	—	27.00	2	0	0	2	8	1	0	0	0	0	0	0	0	0	—
2 yrs.	3	8	.273	6.57	22	10	2	75.1	98	23	22	0	2	2	0	23	5	0	.217
1 yr.	0	0	—	27.00	2	0	0	2	8	1	0	0	0	0	0	0	0	0	—

Tom Sunkel

SUNKEL, THOMAS JACOB (Lefty) BL TL 6'1" 190 lbs.
B. Aug. 9, 1912, Paris, Ill.

1937 STL N	0	0	—	2.06	9	1	0	39.1	24	11	9	0	0	0	1	9	1	0	.111
1939	4	4	.500	4.22	20	11	2	85.1	79	56	54	1	0	0	0	28	9	0	.321
1941 NY N	1	1	.500	2.93	2	2	1	15.1	7	12	14	1	0	0	0	6	2	0	.333
1942	3	6	.333	4.81	19	11	3	63.2	65	41	29	0	0	0	0	19	2	0	.105
1943	0	1	.000	10.13	1	1	0	2.2	4	3	0	0	0	0	0	0	0	0	—
1944 BKN N	1	3	.250	7.50	12	3	0	24	39	10	6	0	1	1	1	4	0	0	.000
6 yrs.	9	15	.375	4.34	63	29	6	230.1	218	133	112	2	1	1	2	66	14	0	.212
1 yr.	1	3	.250	7.50	12	3	0	24	39	10	6	0	1	1	1	4	0	0	.000

Rick Sutcliffe

SUTCLIFFE, RICHARD LEE BL TR 6'7" 215 lbs.
B. June 21, 1956, Independence, Mo.

1976 LA N	0	0	—	0.00	1	1	0	5	2	1	3	0	0	0	0	1	0	0	.000
1978	0	0	—	0.00	2	0	0	2	2	1	0	0	0	0	0	0	0	0	—
1979	17	10	.630	3.46	39	30	5	242	217	97	117	1	1	2	0	85	21	1	.247
1980	3	9	.250	5.56	42	10	1	110	122	55	59	1	2	5	5	27	4	0	.148
1981	2	2	.500	4.02	14	6	0	47	41	20	16	0	0	0	0	11	2	0	.182
1982 CLE A	14	8	.636	2.96	34	27	6	216	174	98	142	1	2	1	1	0	0	0	—
1983	17	11	.607	4.29	36	35	10	243.1	251	102	160	2	1	0	0	0	0	0	—
1984 2 teams			CLE A (15G 4–5)			CHI N (20G 16–1)													
" total	20	6	.769	3.64	35	35	9	244.2	234	85	213	3	0	0	0	56	14	0	.250
1985 CHI N	8	8	.500	3.18	20	20	6	130	119	44	102	3	0	0	0	43	10	1	.233
9 yrs.	81	54	.600	3.73	223	164	37	1240	1162	503	812	11	6	8	6	223	51	2	.229
5 yrs.	22	21	.512	4.03	98	47	6	406	384	174	195	2	3	7	5	124	27	1	.218

LEAGUE CHAMPIONSHIP SERIES
| 1984 CHI N | 1 | 1 | .500 | 3.38 | 2 | 2 | 0 | 13.1 | 9 | 8 | 10 | 0 | 0 | 0 | 0 | 6 | 3 | 1 | .500 |

Don Sutton

SUTTON, DONALD HOWARD BR TR 6'1" 185 lbs.
B. Apr. 2, 1945, Clio, Ala.

1966 LA N	12	12	.500	2.99	37	35	6	225.2	192	52	209	2	0	0	0	82	15	0	.183
1967	11	15	.423	3.95	37	34	11	232.2	223	57	169	3	0	1	1	75	10	0	.133
1968	11	15	.423	2.60	35	27	7	207.2	179	59	162	2	1	1	1	62	11	0	.177
1969	17	18	.486	3.47	41	41	11	293	269	91	217	4	0	0	0	98	15	0	.153
1970	15	13	.536	4.08	38	38	10	260	251	78	201	4	0	0	0	84	13	0	.155
1971	17	12	.586	2.55	38	37	12	265	231	55	194	4	0	0	1	88	19	0	.216
1972	19	9	.679	2.08	33	33	18	272.2	186	63	207	9	0	0	0	91	13	0	.143
1973	18	10	.643	2.42	33	33	14	256.1	196	56	200	3	0	0	0	84	10	0	.119
1974	19	9	.679	3.23	40	40	9	276	241	80	179	5	0	0	0	98	18	0	.184
1975	16	13	.552	2.87	35	35	11	254	202	62	175	4	0	0	0	80	11	0	.138
1976	21	10	.677	3.06	35	34	15	267.2	231	82	161	4	1	0	0	84	7	0	.083
1977	14	8	.636	3.19	33	33	9	240	207	69	150	3	0	0	0	73	11	0	.151
1978	15	11	.577	3.55	34	34	12	238	228	54	154	2	0	0	0	72	6	0	.083
1979	12	15	.444	3.82	33	32	6	226	201	61	146	1	0	0	1	77	11	0	.143
1980	13	5	.722	2.21	32	31	4	212	163	47	128	2	0	0	1	64	5	0	.078
1981 HOU N	11	9	.550	2.60	23	23	6	159	132	29	104	3	0	0	0	51	7	0	.137
1982 2 teams			HOU N (27G 13–8)			MIL A (7G 4–1)													
" total	17	9	.654	3.06	34	34	6	249.2	224	64	175	1	0	0	0	68	11	0	.162
1983 MIL A	8	13	.381	4.08	31	31	4	220.1	209	54	134	0	0	0	0	0	0	0	—
1984	14	12	.538	3.77	33	33	1	212.2	224	51	143	0	0	0	0	0	0	0	—
1985 2 teams			OAK A (29G 13–8)			CAL A (5G 2–2)													
" total	15	10	.600	3.86	34	34	1	226	221	59	107	1	0	0	0	0	0	0	—
20 yrs.	295	228	.564	3.17	689	672	174	4794.1	4210	1223	3315 6th	57 8th	2	3	5	1331	193	0	.145
15 yrs.	230	175	.568 1st	3.07 1st	534	517 1st	156 7th	3726.2 1st	3200	966 2nd	2652 1st	52 1st	2	3	5	1212	175	0	.144

LEAGUE CHAMPIONSHIP SERIES
| 1974 LA N | 2 | 0 | 1.000 | 0.53 | 2 | 2 | 1 | 17 | 7 | 2 | 13 | 1 | 0 | 0 | 0 | 7 | 2 | 0 | .286 |
| 1977 | 1 | 0 | 1.000 | 1.00 | 1 | 1 | 1 | 9 | 9 | 0 | 4 | 0 | 0 | 0 | 0 | 3 | 0 | 0 | .000 |

Pitcher Register

	W	L	PCT	ERA	G	GS	CG	IP	H	BB	SO	ShO	Relief Pitching W L SV	AB	BATTING H	HR	BA

Don Sutton continued

	W	L	PCT	ERA	G	GS	CG	IP	H	BB	SO	ShO	W	L	SV	AB	H	HR	BA
1978	0	1	.000	6.35	1	1	0	5.2	7	2	0	0	0	0	0	2	0	0	.000
1982 MIL A	1	0	1.000	3.52	1	1	0	7.2	8	2	9	0	0	0	0	0	0	0	—
4 yrs.	4	1	.800	2.06	5	5	2	39.1	31	6	26	1	0	0	0	12	2	0	.167

WORLD SERIES

	W	L	PCT	ERA	G	GS	CG	IP	H	BB	SO	ShO	W	L	SV	AB	H	HR	BA
1974 LA N	1	0	1.000	2.77	2	2	0	13	9	3	12	0	0	0	0	3	0	0	.000
1977	1	0	1.000	3.94	2	2	1	16	17	1	6	0	0	0	0	6	0	0	.000
1978	0	2	.000	7.50	2	2	0	12	17	4	8	0	0	0	0	0	0	0	—
1982 MIL A	0	1	.000	7.84	2	2	0	10.1	12	1	5	0	0	0	0	0	0	0	—
4 yrs.	2	3	.400	5.26	8	8	1	51.1	55	9	31	0	0	0	0	9	0	0	.000
								10th			9th								

Bill Swift

SWIFT, WILLIAM VINCENT BR TR 6'1½" 192 lbs.
B. Jan. 10, 1908, Elmira, N.Y.   D. Feb. 23, 1969, Bartow, Fla.

	W	L	PCT	ERA	G	GS	CG	IP	H	BB	SO	ShO	W	L	SV	AB	H	HR	BA
1932 PIT N	14	10	.583	3.61	39	23	11	214.1	205	26	64	0	6	1	4	78	15	0	.192
1933	14	10	.583	3.13	37	29	13	218.1	214	36	64	2	2	0	0	82	20	0	.244
1934	11	13	.458	3.98	37	24	13	212.2	244	46	81	1	1	2	0	84	18	0	.214
1935	15	8	.652	2.70	39	21	11	203.2	193	37	74	3	3	4	1	78	19	0	.244
1936	16	16	.500	4.01	45	31	17	262.1	275	63	92	0	4	1	2	105	31	2	.295
1937	9	10	.474	3.95	36	17	9	164	160	34	84	0	2	2	3	54	9	0	.167
1938	7	5	.583	3.24	36	9	2	150	155	40	77	0	5	2	4	50	10	1	.200
1939	5	7	.417	3.89	36	8	2	129.2	150	28	56	1	2	4	4	42	10	0	.238
1940 BOS N	1	1	.500	2.89	4	0	0	9.1	12	7	7	0	1	1	1	3	0	0	.000
1941 BKN N	3	0	1.000	3.27	9	0	0	22	26	7	9	0	3	0	1	5	1	0	.200
1943 CHI N	0	2	.000	4.21	18	1	0	51.1	48	27	28	0	0	1	0	10	1	0	.100
11 yrs.	95	82	.537	3.58	336	163	78	1637.2	1682	351	636	7	29	18	20	591	134	3	.227
1 yr.	3	0	1.000	3.27	9	0	0	22	26	7	9	0	3	0	1	5	1	0	.200

Vito Tamulis

TAMULIS, VITAUTIS CASIMIRUS BL TL 5'9" 170 lbs.
B. July 11, 1911, Cambridge, Mass.   D. May 5, 1974, Nashville, Tenn.

	W	L	PCT	ERA	G	GS	CG	IP	H	BB	SO	ShO	W	L	SV	AB	H	HR	BA
1934 NY A	1	0	1.000	0.00	1	1	1	9	7	1	5	1	0	0	0	4	1	0	.250
1935	10	5	.667	4.09	30	19	9	160.2	178	55	57	3	2	0	1	57	14	1	.246
1938 2 teams			STL A (3G 0–3)			BKN N (38G 12–6)													
" total	12	9	.571	4.17	41	20	9	175	207	50	81	0	3	3	2	60	9	0	.150
1939 BKN N	9	8	.529	4.37	39	17	8	158.2	177	45	83	1	1	1	4	55	10	0	.182
1940	8	5	.615	3.09	41	12	4	154.1	147	34	55	1	3	5	2	46	6	0	.130
1941 2 teams			PHI N (6G 0–1)			BKN N (12G 0–0)													
" total	0	1	.000	5.56	18	1	0	34	42	17	13	0	0	0	1	7	0	0	.000
6 yrs.	40	28	.588	3.97	170	70	31	691.2	758	202	294	6	9	9	10	229	40	1	.175
4 yrs.	29	19	.604	3.77	130	47	21	494.2	526	129	216	2	7	8	9	161	23	0	.143

Harry Taylor

TAYLOR, JAMES HARRY BR TR 6'1" 175 lbs.
B. May 20, 1919, East Glenn, Ind.

	W	L	PCT	ERA	G	GS	CG	IP	H	BB	SO	ShO	W	L	SV	AB	H	HR	BA
1946 BKN N	0	0	—	3.86	4	0	0	4.2	5	1	6	0	0	0	1	0	0	0	—
1947	10	5	.667	3.11	33	20	10	162	130	83	58	2	0	0	1	62	8	0	.129
1948	2	7	.222	5.36	17	13	2	80.2	90	61	32	0	0	1	0	22	6	0	.273
1950 BOS A	2	0	1.000	1.42	3	2	2	19	13	8	8	1	0	0	0	7	2	0	.286
1951	4	9	.308	5.75	31	8	1	81.1	100	42	22	0	2	5	2	29	3	0	.103
1952	1	0	1.000	1.80	2	1	1	10	6	6	1	0	0	0	0	4	1	0	.250
6 yrs.	19	21	.475	4.10	90	44	16	357.2	344	201	127	3	2	6	4	124	20	0	.161
3 yrs.	12	12	.500	3.86	54	33	12	247.1	225	145	96	2	0	1	2	84	14	0	.167

WORLD SERIES

	W	L	PCT	ERA	G	GS	CG	IP	H	BB	SO	ShO	W	L	SV	AB	H	HR	BA
1947 BKN N	0	0	—	0.00	1	1	0	2	1	0	0	0	0	0	0	0	0	0	—

Chuck Templeton

TEMPLETON, CHARLES SHERMAN BR TL 6'3" 210 lbs.
B. June 1, 1932, Detroit, Mich.

	W	L	PCT	ERA	G	GS	CG	IP	H	BB	SO	ShO	W	L	SV	AB	H	HR	BA
1955 BKN N	0	1	.000	11.57	4	0	0	4.2	5	5	3	0	0	1	0	0	0	0	—
1956	0	1	.000	6.61	6	2	0	16.1	20	10	8	0	0	0	0	3	0	0	.000
2 yrs.	0	2	.000	7.71	10	2	0	21	25	15	11	0	0	1	0	3	0	0	.000
2 yrs.	0	2	.000	7.71	10	2	0	21	25	15	11	0	0	1	0	3	0	0	.000

Adonis Terry

TERRY, WILLIAM H BR TR 168 lbs.
B. Aug. 7, 1864, Westfield, Mass.   D. Feb. 24, 1915, Milwaukee, Wis.

	W	L	PCT	ERA	G	GS	CG	IP	H	BB	SO	ShO	W	L	SV	AB	H	HR	BA
1884 BKN AA	20	35	.364	3.49	57	56	55	485	487	75	233	3	0	0	0	240	56	0	.233
1885	6	17	.261	4.26	25	23	23	209	213	42	96	0	0	0	1	264	45	1	.170
1886	18	16	.529	3.09	34	34	32	288.1	263	115	162	5	0	0	0	299	71	2	.237
1887	16	16	.500	4.02	40	35	35	318	331	99	138	1	0	0	3	352	103	3	.293
1888	13	8	.619	2.03	23	23	20	195	145	67	138	2	0	0	0	115	29	0	.252
1889	22	15	.595	3.29	41	39	35	326	285	126	186	2	0	0	0	160	48	2	.300
1890 BKN N	26	16	.619	2.94	46	44	38	370	362	133	185	1	0	0	0	363	101	4	.278
1891	6	16	.273	4.22	25	22	18	194	207	80	65	1	0	0	1	91	19	0	.209
1892 2 teams			BAL N (1G 0–1)			PIT N (30G 17–7)													
" total	17	8	.680	2.57	31	27	25	249	192	113	98	2	0	0	1	104	16	2	.154
1893 PIT N	12	8	.600	4.45	26	19	14	170	177	99	52	0	2	1	0	71	18	0	.254
1894 2 teams			PIT N (1G 0–1)			CHI N (23G 5–11)													
" total	5	12	.294	6.09	24	22	16	164	234	127	39	0	0	0	0	95	33	0	.347
1895 CHI N	21	14	.600	4.80	38	34	31	311.1	346	131	88	0	2	0	0	137	30	1	.219
1896	15	13	.536	4.28	30	28	25	235.1	268	88	74	1	1	1	0	99	26	0	.263
1897	0	1	.000	10.13	1	1	1	8	11	6	1	0	0	0	0	3	0	0	.000
14 yrs.	197	195	.503	3.72	441	407	368	3523	3521	1301	1555	18	5	2	6	*	120	4	.264
2 yrs.	32	32	.500	3.38	71	66	56	564	569	213	250	2	0	0	1	454	120	4	.264

Pitcher Register

	W	L	PCT	ERA	G	GS	CG	IP	H	BB	SO	ShO	Relief Pitching W L SV	BATTING AB H HR	BA

Grant Thatcher
THATCHER, ULYSSES GRANT TR 5'10½" 180 lbs.
B. Feb. 23, 1877, Maytown, Pa. D. Mar. 17, 1936, Lancaster, Pa.

		W	L	PCT	ERA	G	GS	CG	IP	H	BB	SO	ShO	W	L	SV	AB	H	HR	BA
1903	BKN N	3	1	.750	2.89	4	4	4	28	33	7	9	0	0	0	0	11	2	0	.182
1904		1	0	1.000	4.00	1	0	0	9	9	2	4	0	1	0	0	4	1	0	.250
2 yrs.		4	1	.800	3.16	5	4	4	37	42	9	13	0	1	0	0	15	3	0	.200
2 yrs.		4	1	.800	3.16	5	4	4	37	42	9	13	0	1	0	0	15	3	0	.200

Henry Thielman
THIELMAN, HENRY JOSEPH BR TR 5'11" 175 lbs.
Brother of Jake Thielman.
B. Oct. 30, 1880, St. Cloud, Minn. D. Sept. 2, 1942, New York, N. Y.

		W	L	PCT	ERA	G	GS	CG	IP	H	BB	SO	ShO	W	L	SV	AB	H	HR	BA
1902	2 teams	NY	N	(2G 0–1)		CIN	N	(25G 8–15)												
"	total	8	16	.333	3.19	27	25	22	217	209	84	54	0	0	0	1	104	13	0	.125
1903	BKN N	0	3	.000	4.66	4	3	3	29	31	14	10	0	0	0	0	23	5	1	.217
2 yrs.		8	19	.296	3.37	31	28	25	246	240	98	64	0	0	0	1	127	18	1	.142
1 yr.		0	3	.000	4.66	4	3	3	29	31	14	10	0	0	0	0	23	5	1	.217

Fay Thomas
THOMAS, FAY WESLEY (Scow) BR TR 6'2" 195 lbs.
B. Oct. 10, 1904, Holyrood, Kans.

		W	L	PCT	ERA	G	GS	CG	IP	H	BB	SO	ShO	W	L	SV	AB	H	HR	BA
1927	NY N	0	0	–	3.31	9	0	0	16.1	19	4	11	0	0	0	0	2	0	0	.000
1931	CLE A	2	4	.333	5.18	16	2	1	48.2	63	32	25	0	1	3	0	13	2	0	.154
1932	BKN N	0	1	.000	7.41	7	2	0	17	22	8	9	0	0	0	0	3	0	0	.000
1935	STL A	7	15	.318	4.78	49	19	4	147	165	89	67	0	5	2	1	38	4	0	.105
4 yrs.		9	20	.310	4.95	81	23	5	229	269	133	112	0	6	5	1	56	6	0	.107
1 yr.		0	1	.000	7.41	7	2	0	17	22	8	9	0	0	0	0	3	0	0	.000

Hank Thormahlen
THORMAHLEN, HERBERT EHLER (Lefty) BL TL 6' 180 lbs.
B. July 5, 1896, Jersey City, N. J. D. Feb. 6, 1955, Los Angeles, Calif.

		W	L	PCT	ERA	G	GS	CG	IP	H	BB	SO	ShO	W	L	SV	AB	H	HR	BA
1917	NY A	0	1	.000	2.25	1	1	0	8	9	4	5	0	0	0	0	2	0	0	.000
1918		7	3	.700	2.48	16	12	5	112.2	85	52	22	2	1	1	0	39	3	0	.077
1919		12	10	.545	2.62	30	25	13	188.2	155	61	62	2	0	1	1	59	11	0	.186
1920		9	6	.600	4.14	29	14	5	143.1	178	43	35	0	3	0	1	45	10	0	.222
1921	BOS A	1	7	.125	4.48	23	9	3	96.1	101	34	17	0	0	1	0	23	4	0	.174
1925	BKN N	0	3	.000	3.94	5	2	0	16	22	9	7	0	0	1	0	5	1	0	.200
6 yrs.		29	30	.492	3.33	104	63	26	565	550	203	148	4	4	3	2	173	29	0	.168
1 yr.		0	3	.000	3.94	5	2	0	16	22	9	7	0	0	1	0	5	1	0	.200

Sloppy Thurston
THURSTON, HOLLIS JOHN BR TR 5'11" 165 lbs.
B. June 2, 1899, Fremont, Neb. D. Sept. 14, 1973, Los Angeles, Calif.

		W	L	PCT	ERA	G	GS	CG	IP	H	BB	SO	ShO	W	L	SV	AB	H	HR	BA
1923	2 teams	STL	A	(2G 0–0)		CHI	A	(44G 7–8)												
"	total	7	8	.467	3.13	46	13	8	195.2	231	38	55	0	4	3	4	79	25	0	.316
1924	CHI A	20	14	.588	3.80	38	36	28	291	330	60	37	1	0	1	1	122	31	1	.254
1925		10	14	.417	6.17	36	25	9	175	250	47	35	0	1	4	1	84	24	0	.286
1926		6	8	.429	5.02	31	13	6	134.1	164	36	35	1	2	3	3	61	19	0	.311
1927	WAS A	13	13	.500	4.47	29	28	13	205.1	254	60	38	2	0	1	0	92	29	2	.315
1930	BKN N	6	4	.600	3.40	24	11	5	106	110	17	26	2	0	1	0	50	10	1	.200
1931		9	9	.500	3.97	24	17	11	143	175	39	23	0	1	3	0	60	13	1	.217
1932		12	8	.600	4.06	28	20	10	153	174	38	35	2	1	1	0	56	17	0	.304
1933		6	8	.429	4.52	32	15	5	131.1	171	34	22	0	3	1	3	44	7	0	.159
9 yrs.		89	86	.509	4.26	288	178	95	1534.2	1859	369	306	8	13	17	13	*			
4 yrs.		33	29	.532	4.02	108	63	31	533.1	630	128	106	4	6	5	4	210	47	2	.224

Tommy Tucker
TUCKER, THOMAS JOSEPH BB TR 5'11" 165 lbs.
B. Oct. 28, 1863, Holyoke, Mass. D. Oct. 22, 1935, Montague, Mass.

		W	L	PCT	ERA	G	GS	CG	IP	H	BB	SO	ShO	W	L	SV	AB	H	HR	BA
1888	BAL AA	0	0	–	3.86	1	0	0	2.1	4	0	2	0	0	0	0	520	149	6	.287
1891	BOS N	0	0	–	9.00	1	0	0	1	3	0	0	0	0	0	0	548	148	2	.270
2 yrs.		0	0	–	5.40	2	0	0	3.1	7	0	2	0	0	0	0	*			

Fred Underwood
UNDERWOOD, FREDERICK THEODORE
B. Oct. 14, 1868, St. Louis, Mo. D. Jan. 26, 1906, Kansas City, Mo.

		W	L	PCT	ERA	G	GS	CG	IP	H	BB	SO	ShO	W	L	SV	AB	H	HR	BA
1894	BKN N	2	4	.333	7.85	7	6	5	47	80	30	10	0	0	0	0	18	7	0	.389

Rene Valdes
VALDES, RENE GUTIERREZ (Latigo) BR TR 6'3" 175 lbs.
B. June 2, 1929, Guanabocco, Cuba

		W	L	PCT	ERA	G	GS	CG	IP	H	BB	SO	ShO	W	L	SV	AB	H	HR	BA
1957	BKN N	1	1	.500	5.54	5	1	0	13	13	7	10	0	1	0	0	3	0	0	.000

Fernando Valenzuela
VALENZUELA, FERNANDO BL TL 5'11" 180 lbs.
Born Fernando Valenzuela Anguamea.
B. Nov. 1, 1960, Navajoa, Sonora, Mexico

		W	L	PCT	ERA	G	GS	CG	IP	H	BB	SO	ShO	W	L	SV	AB	H	HR	BA
1980	LA N	2	0	1.000	0.00	10	0	0	18	8	5	16	0	2	0	1	1	0	0	.000
1981		13	7	.650	2.48	25	25	11	192	140	61	180	8	0	0	0	64	16	0	.250
1982		19	13	.594	2.87	37	37	18	285	247	83	199	4	0	0	0	95	16	1	.168
1983		15	10	.600	3.75	35	35	9	257	245	99	189	4	0	0	0	91	17	1	.187
1984		12	17	.414	3.03	34	34	12	261	218	106	240	2	0	0	0	79	15	3	.190
1985		17	10	.630	2.45	35	35	14	272.1	211	101	208	5	0	0	0	97	21	0	.216
6 yrs.		78	57	.578	2.89	176	166	64	1285.1	1069	455	1032	23	2	0	1	427	85	6	.199
6 yrs.		78	57	.578	2.89	176	166	64	1285.1	1069	455	1032	23	2	0	1	427	85	6	.199
												9th	8th							

DIVISIONAL PLAYOFF SERIES

		W	L	PCT	ERA	G	GS	CG	IP	H	BB	SO	ShO	W	L	SV	AB	H	HR	BA
1981	LA N	1	0	1.000	1.06	2	2	1	17	10	3	10	0	0	0	0	4	0	0	.000

Pitcher Register   324

	W	L	PCT	ERA	G	GS	CG	IP	H	BB	SO	ShO	Relief Pitching W L SV	BATTING AB H HR	BA

Fernando Valenzuela continued

LEAGUE CHAMPIONSHIP SERIES
1981 LA N	1	1	.500	2.45	2	2	0	14.2	10	5	10	0	0	0	0	5	0	0	.000
1983	1	0	1.000	1.13	1	1	0	8	7	4	5	0	0	0	0	3	0	0	.000
1985	1	0	1.000	1.88	2	2	0	14.1	11	10	13	0	0	0	0	5	1	0	.200
3 yrs.	3	1	.750	1.95	5	5	0	37	28	19	28	0	0	0	0	13	1	0	.077

WORLD SERIES
| 1981 LA N | 1 | 0 | 1.000 | 4.00 | 1 | 1 | 1 | 9 | 9 | 7 | 6 | 0 | 0 | 0 | 0 | 3 | 0 | 0 | .000 |

Dazzy Vance

VANCE, CLARENCE ARTHUR   BR TR 6'2" 200 lbs.
B. Mar. 4, 1891, Orient, Iowa   D. Feb. 16, 1961, Homosassa Springs, Fla.
Hall of Fame 1955.

1915 2 teams		PIT N (1G 0–1)		NY A (8G 0–3)															
" total	0	4	.000	4.11	9	4	1	30.2	26	21	18	0	0	0	0	4	2	0	.500
1918 NY A	0	0	–	15.43	2	0	0	2.1	9	2	0	0	0	0	0	0	0	0	–
1922 BKN N	18	12	.600	3.70	36	30	16	245.2	259	94	134	5	0	1	0	89	20	0	.225
1923	18	15	.545	3.50	37	35	21	280.1	263	100	197	3	2	0	0	83	7	1	.084
1924	**28**	6	.824	**2.16**	35	34	**30**	308.2	238	77	**262**	3	1	0	0	106	16	2	.151
1925	**22**	9	.710	3.53	31	31	26	265.1	247	66	**221**	4	0	0	0	98	14	3	.143
1926	9	10	.474	3.89	24	22	12	169	172	58	**140**	1	0	0	1	55	10	0	.182
1927	16	15	.516	2.70	34	32	**25**	273.1	242	69	**184**	2	0	0	0	90	15	0	.167
1928	22	10	.688	**2.09**	38	32	24	280.1	226	72	**200**	4	1	1	2	96	17	0	.177
1929	14	13	.519	3.89	31	26	17	231.1	244	47	126	1	1	2	0	74	10	0	.135
1930	17	15	.531	**2.61**	35	31	20	258.2	241	55	173	4	1	1	0	89	12	0	.135
1931	11	13	.458	3.38	30	29	12	218.2	221	53	150	2	1	0	0	67	9	0	.134
1932	12	11	.522	4.20	27	24	9	175.2	171	57	103	1	1	0	1	56	5	0	.089
1933 STL N	6	2	.750	3.55	28	11	2	99	105	28	67	0	0	0	0	28	5	0	.179
1934 2 teams		STL N (19G 1–1)		CIN N (6G 0–2)															
" total	1	3	.250	4.56	25	6	1	77	90	25	42	0	0	0	1	19	3	1	.158
1935 BKN N	3	2	.600	4.41	20	0	0	51	55	16	28	0	3	2	2	17	1	0	.059
16 yrs.	197	140	.585	3.24	442	347	216	2967	2809	840	2045	30	14	7	11	971	146	7	.150
12 yrs.	190	131	.592	3.17	378	326	212	2758	2579	764	1918	30	11	7	7	920	136	6	.148
	3rd	5th				9th	2nd		4th		5th	4th	6th						

WORLD SERIES
| 1934 STL N | 0 | 0 | – | 0.00 | 1 | 0 | 0 | 1.1 | 2 | 1 | 3 | 0 | 0 | 0 | 0 | 0 | 0 | 0 | – |

Sandy Vance

VANCE, GENE COVINGTON   BR TR 6'2" 180 lbs.
B. Jan. 5, 1947, Lamar, Colo.

1970 LA N	7	7	.500	3.13	20	18	2	115	109	37	45	0	0	0	0	37	7	0	.189
1971	2	1	.667	6.92	10	3	0	26	38	9	11	0	1	1	0	5	0	0	.000
2 yrs.	9	8	.529	3.83	30	21	2	141	147	46	56	0	1	1	0	42	7	0	.167
2 yrs.	9	8	.529	3.83	30	21	2	141	147	46	56	0	1	1	0	42	7	0	.167

Chris Van Cuyk

VAN CUYK, CHRISTIAN GERALD   BL TL 6'6" 215 lbs.
Brother of Johnny Van Cuyk.
B. Mar. 1, 1927, Kimberly, Wis.

1950 BKN N	1	3	.250	4.86	12	4	1	33.1	33	12	21	0	0	1	0	10	1	0	.100
1951	1	2	.333	5.52	9	6	0	29.1	33	11	16	0	0	0	0	8	2	0	.250
1952	5	6	.455	5.16	23	16	4	97.2	104	40	66	0	0	1	1	33	8	0	.242
3 yrs.	7	11	.389	5.16	44	26	5	160.1	170	63	103	0	0	2	1	51	11	0	.216
3 yrs.	7	11	.389	5.16	44	26	5	160.1	170	63	103	0	0	2	1	51	11	0	.216

Johnny Van Cuyk

VAN CUYK, JOHN HENRY   BL TL 6'1" 190 lbs.
Brother of Chris Van Cuyk.
B. July 7, 1921, Little Chute, Wis.

1947 BKN N	0	0	–	5.40	2	0	0	3.1	5	1	2	0	0	0	0	0	0	0	–
1948	0	0	–	3.60	3	0	0	5	4	1	1	0	0	0	0	0	0	0	–
1949	0	0	–	9.00	2	0	0	2	3	1	0	0	0	0	0	0	0	0	–
3 yrs.	0	0	–	5.23	7	0	0	10.1	12	3	3	0	0	0	0	0	0	0	–
3 yrs.	0	0	–	5.23	7	0	0	10.1	12	3	3	0	0	0	0	0	0	0	–

Rube Vickers

VICKERS, HARRY PORTER   BR TR 6'2" 225 lbs.
B. May 17, 1878, Pittsford, Mich.   D. Dec. 9, 1958, Belleville, Mich.

1902 CIN N	0	3	.000	6.00	3	3	3	21	31	8	6	0	0	0	0	11	4	0	.364
1903 BKN N	0	1	.000	10.93	4	1	1	14	27	9	5	0	0	0	0	10	1	0	.100
1907 PHI A	2	2	.500	3.40	10	4	3	50.1	44	12	21	1	1	0	0	20	3	0	.150
1908	18	19	.486	2.34	53	33	21	300	264	71	156	6	6	2	1	106	17	0	.160
1909	2	2	.500	3.40	18	3	1	55.2	60	19	25	0	1	1	1	16	1	0	.063
5 yrs.	22	27	.449	3.04	88	44	29	441	426	119	213	7	8	3	2	163	26	0	.160
1 yr.	0	1	.000	10.93	4	1	1	14	27	9	5	0	0	0	0	10	1	0	.100

Paul Wachtel

WACHTEL, PAUL HORINE   BR TR 5'11" 175 lbs.
B. Apr. 30, 1888, Myersville, Md.   D. Dec. 15, 1964, San Antonio, Tex.

| 1917 BKN N | 0 | 0 | – | 10.50 | 2 | 0 | 0 | 6 | 9 | 4 | 3 | 0 | 0 | 0 | 0 | 3 | 1 | 0 | .333 |

Ben Wade

WADE, BENJAMIN STYRON   BR TR 6'3" 195 lbs.
Brother of Jake Wade.
B. Nov. 26, 1922, Morehead City, N. C.

| 1948 CHI N | 0 | 1 | .000 | 7.20 | 2 | 0 | 0 | 5 | 4 | 4 | 1 | 0 | 0 | 0 | 0 | 2 | 0 | 0 | .000 |

Pitcher Register

	W	L	PCT	ERA	G	GS	CG	IP	H	BB	SO	ShO	Relief Pitching W L SV	AB	H	HR	BA

Ben Wade continued

	W	L	PCT	ERA	G	GS	CG	IP	H	BB	SO	ShO	W	L	SV	AB	H	HR	BA
1952 BKN N	11	9	.550	3.60	37	24	5	180	166	94	118	1	2	0	3	60	7	3	.117
1953	7	5	.583	3.79	32	0	0	90.1	79	33	65	0	7	5	3	24	4	1	.167
1954 2 teams		BKN	N (23G 1–1)		STL	N (13G 0–0)													
" total	1	1	.500	7.28	36	0	0	68	89	36	44	0	1	1	3	8	0	0	.000
1955 PIT N	0	1	.000	3.21	11	1	0	28	26	14	7	0	0	1	1	4	0	0	.000
5 yrs.	19	17	.528	4.34	118	25	5	371.1	364	181	235	1	10	8	10	98	11	4	.112
3 yrs.	19	15	.559	4.31	92	24	5	315.1	307	148	208	1	10	6	9	89	11	4	.124
WORLD SERIES																			
1953 BKN N	0	0	–	15.43	2	0	0	2.1	4	1	2	0	0	0	0	0	0	0	–

Bull Wagner
WAGNER, WILLIAM GEORGE BR TR 6'½" 225 lbs.
B. Jan. 1, 1887, Lillie, Mich. D. Oct. 2, 1967, Muskegon, Mich.

	W	L	PCT	ERA	G	GS	CG	IP	H	BB	SO	ShO	W	L	SV	AB	H	HR	BA
1913 BKN N	4	2	.667	5.48	18	1	0	70.2	77	30	11	0	4	2	0	26	6	0	.231
1914	0	1	.000	6.57	6	0	0	12.1	14	12	4	0	0	1	0	1	0	0	.000
2 yrs.	4	3	.571	5.64	24	1	0	83	91	42	15	0	4	3	0	27	6	0	.222
2 yrs.	4	3	.571	5.64	24	1	0	83	91	42	15	0	4	3	0	27	6	0	.222

Mysterious Walker
WALKER, FREDERICK MITCHELL BR TR 5'10½" 185 lbs.
B. Mar. 21, 1884, Utica, Neb. D. Feb. 1, 1958, Oak Park, Ill.

	W	L	PCT	ERA	G	GS	CG	IP	H	BB	SO	ShO	W	L	SV	AB	H	HR	BA
1910 CIN N	0	0	–	3.00	1	0	0	3	4	4	1	0	0	0	0	1	0	0	.000
1913 BKN N	1	3	.250	3.55	11	8	3	58.1	44	35	35	0	0	0	0	18	3	0	.167
1914 PIT F	3	16	.158	4.31	35	21	12	169.1	197	74	79	0	1	1	0	53	6	0	.113
1915 BKN F	2	4	.333	3.70	13	7	2	65.2	61	22	28	0	0	1	1	27	6	0	.222
4 yrs.	6	23	.207	4.01	60	36	17	296.1	306	135	143	0	1	2	1	99	15	0	.152
1 yr.	1	3	.250	3.55	11	8	3	58.1	44	35	35	0	0	0	0	18	3	0	.167

Stan Wall
WALL, STANLEY ARTHUR BL TL 6'1" 175 lbs.
B. June 15, 1951, Butler, Mo.

	W	L	PCT	ERA	G	GS	CG	IP	H	BB	SO	ShO	W	L	SV	AB	H	HR	BA
1975 LA N	0	1	.000	1.69	10	0	0	16	12	7	6	0	0	1	0	0	0	0	–
1976	2	2	.500	3.60	31	0	0	50	50	15	27	0	2	2	1	4	0	0	.000
1977	2	3	.400	5.34	25	0	0	32	36	13	22	0	2	3	0	1	0	0	.000
3 yrs.	4	6	.400	3.86	66	0	0	98	98	35	55	0	4	6	1	5	0	0	.000
3 yrs.	4	6	.400	3.86	66	0	0	98	98	35	55	0	4	6	1	5	0	0	.000

Monte Ward
WARD, JOHN MONTGOMERY BL TR 5'9" 165 lbs.
B. Mar. 3, 1860, Bellefonte, Pa. BB 1888
D. Mar. 4, 1925, Augusta, Ga.
Manager 1884, 1890-94.
Hall of Fame 1964.

	W	L	PCT	ERA	G	GS	CG	IP	H	BB	SO	ShO	W	L	SV	AB	H	HR	BA
1878 PRO N	22	13	.629	1.51	37	37	37	334	308	34	116	6	0	0	0	138	27	1	.196
1879	47	17	.734	2.15	70	60	58	587	571	36	239	2	5	1	1	364	104	2	.286
1880	40	23	.635	1.74	70	67	59	595	501	45	230	9	1	1	1	356	81	0	.228
1881	18	18	.500	2.13	39	35	32	330	326	53	119	3	1	1	0	357	87	0	.244
1882	19	13	.594	2.59	33	32	29	278	261	36	72	4	0	0	1	355	87	0	.245
1883 NY N	12	14	.462	2.70	33	25	24	277	278	31	121	1	4	1	0	380	97	7	.255
1884	3	3	.500	3.41	9	5	5	60.2	72	18	23	0	0	1	0	482	122	2	.253
7 yrs.	161	101	.615	2.10 4th	291	261	244	2461.2	2317	253	920	25	11	5	3	*			

Tommy Warren
WARREN, THOMAS GENTRY BL TR 6'1" 180 lbs.
B. July 5, 1927, Tulsa, Okla. D. Jan. 2, 1968, Tulsa, Okla.

	W	L	PCT	ERA	G	GS	CG	IP	H	BB	SO	ShO	W	L	SV	AB	H	HR	BA
1944 BKN N	1	4	.200	4.98	22	4	2	68.2	74	40	18	0	0	1	0	43	11	0	.256

Hank Webb
WEBB, HENRY GAYLON MATTHEW BR TR 6'3" 175 lbs.
B. May 21, 1950, Amityville, N.Y.

	W	L	PCT	ERA	G	GS	CG	IP	H	BB	SO	ShO	W	L	SV	AB	H	HR	BA
1972 NY N	0	0	–	4.42	6	2	0	18.1	18	9	15	0	0	0	0	5	0	0	.000
1973	0	0	–	10.80	2	0	0	1.2	2	2	1	0	0	0	0	0	0	0	–
1974	0	2	.000	7.20	3	2	0	10	15	10	8	0	0	1	0	3	0	0	.000
1975	7	6	.538	4.07	29	15	3	115	102	62	38	1	2	0	0	31	8	0	.258
1976	0	1	.000	4.50	8	0	0	16	17	7	7	0	0	1	0	1	0	0	.000
1977 LA N	0	0	–	2.25	5	0	0	8	5	1	2	0	0	0	0	0	0	0	–
6 yrs.	7	9	.438	4.31	53	19	3	169	159	91	71	1	2	2	0	40	8	0	.200
1 yr.	0	0	–	2.25	5	0	0	8	5	1	2	0	0	0	0	0	0	0	–

Les Webber
WEBBER, LESTER ELMER BR TR 6'½" 185 lbs.
B. May 6, 1915, Lakeport, Calif.

	W	L	PCT	ERA	G	GS	CG	IP	H	BB	SO	ShO	W	L	SV	AB	H	HR	BA
1942 BKN N	3	2	.600	2.96	19	3	1	51.2	46	22	23	0	1	2	1	14	1	0	.071
1943	2	2	.500	3.81	54	0	0	115.2	112	69	24	0	2	2	10	25	3	0	.120
1944	7	8	.467	4.94	48	9	1	140.1	157	64	42	0	7	2	3	39	8	1	.205
1945	7	3	.700	3.58	17	7	5	75.1	69	25	30	0	2	1	0	22	2	0	.091
1946 2 teams		BKN	N (11G 3–3)		CLE	A (4G 1–1)													
" total	4	4	.500	4.66	15	6	0	48.1	47	20	21	0	2	0	0	11	1	0	.091
1948 CLE A	0	0	–	40.50	1	0	0	.2	3	1	0	0	0	0	0	0	0	0	–
6 yrs.	23	19	.548	4.19	154	25	7	432	434	201	141	0	14	8	14	111	15	1	.135
5 yrs.	22	18	.550	3.89	149	23	7	426	418	195	135	0	14	8	14	110	15	1	.136

Pitcher Register

	W	L	PCT	ERA	G	GS	CG	IP	H	BB	SO	ShO	Relief Pitching W	L	SV	BATTING AB	H	HR	BA

Bob Welch
WELCH, ROBERT LYNN
B. Nov. 3, 1956, Detroit, Mich.   BR TR 6'3" 190 lbs.

Year	Tm	Lg	W	L	PCT	ERA	G	GS	CG	IP	H	BB	SO	ShO	W	L	SV	AB	H	HR	BA
1978	LA	N	7	4	.636	2.03	23	13	4	111	92	26	66	3	1	0	3	29	5	0	.172
1979			5	6	.455	4.00	25	12	1	81	82	32	64	0	3	1	5	19	3	0	.158
1980			14	9	.609	3.28	32	32	3	214	190	79	141	2	0	0	0	70	17	0	.243
1981			9	5	.643	3.45	23	23	2	141	141	41	88	1	0	0	0	45	10	0	.222
1982			16	11	.593	3.36	36	36	9	235.2	199	81	176	3	0	0	0	85	12	0	.141
1983			15	12	.556	2.65	31	31	4	204	164	72	156	3	0	0	0	73	7	1	.096
1984			13	13	.500	3.78	31	29	3	178.2	191	58	126	1	0	0	0	51	4	0	.078
1985			14	4	.778	2.31	23	23	8	167.1	141	35	96	3	0	0	0	50	9	0	.180
8 yrs.			93	64	.592	3.10	224	199	34	1332.2	1200	424	913	16	4	1	8	422	67	1	.159
8 yrs.			93	64	.592	3.10	224	199	34	1332.2	1200	424	913	16	4	1	8	422	67	1	.159

DIVISIONAL PLAYOFF SERIES

| 1981 | LA | N | 0 | 0 | – | 0.00 | 1 | 0 | 0 | 1 | 0 | 1 | 1 | 0 | 0 | 0 | 0 | 0 | 0 | 0 | – |

LEAGUE CHAMPIONSHIP SERIES

1978	LA	N	1	0	1.000	2.08	1	0	0	4.1	2	0	5	0	1	0	0	2	0	0	.000
1981			0	0	–	5.40	3	0	0	1.2	2	2	0	0	0	0	1	0	0	0	–
1983			0	1	.000	6.75	1	1	0	1.1	0	2	0	0	0	0	0	0	0	0	–
1985			0	1	.000	6.75	1	1	0	2.2	5	6	2	0	0	0	0	1	0	0	.000
4 yrs.			1	2	.333	4.50	6	2	0	10	9	8	9	0	1	0	1	3	0	0	.000

WORLD SERIES

1978	LA	N	0	1	.000	6.23	3	0	0	4.1	4	2	6	0	0	1	1	0	0	0	–
1981			0	0	–	∞	1	1	0		3	1	0	0	0	0	0	0	0	0	–
2 yrs.			0	1	.000	10.38	4	1	0	4.1	7	3	6	0	0	1	1	0	0	0	–

John Wells
WELLS, JOHN FREDERICK
B. Nov. 25, 1923, Junction City, Kans.   BR TR 5'11½" 180 lbs.

| 1944 | BKN | N | 0 | 2 | .000 | 5.40 | 4 | 2 | 0 | 15 | 18 | 11 | 7 | 0 | 0 | 1 | 0 | 4 | 1 | 0 | .250 |

Gus Weyhing
WEYHING, AUGUST
Brother of John Weyhing.
B. Sept. 29, 1866, Louisville, Ky.   D. Sept. 3, 1955, Louisville, Ky.   BR TR 5'10" 145 lbs.

1887	PHI	AA	26	28	.481	4.27	55	55	53	466.1	465	167	193	2	0	0	0	209	42	0	.201
1888			28	18	.609	2.25	47	47	45	404	314	111	204	3	0	0	0	184	40	1	.217
1889			30	21	.588	2.95	54	53	50	449	382	212	213	4	0	0	0	191	25	0	.131
1890	BKN	P	30	16	.652	3.60	49	46	38	390	419	179	177	3	1	1	0	165	27	1	.164
1891	PHI	AA	31	20	.608	3.18	52	51	51	450	428	161	219	3	0	0	0	198	22	0	.111
1892	PHI	N	32	21	.604	2.66	59	49	46	469.2	411	168	202	6	4	0	3	214	29	0	.136
1893			23	16	.590	4.74	42	40	33	345.1	399	145	101	2	1	1	0	147	22	0	.150
1894			16	14	.533	5.81	38	34	25	266.1	365	116	81	2	1	0	1	115	20	0	.174
1895	3 teams				PHI	N (2G 0–2)		PIT	N (1G 1–0)		LOU	N (28G 7–19)									
"	total		8	21	.276	5.81	31	28	23	231	318	84	61	1	1	0	0	97	21	1	.216
1896	LOU	N	2	3	.400	6.64	5	5	4	42	62	15	9	0	0	0	0	15	2	0	.133
1898	WAS	N	15	26	.366	4.51	45	42	39	361	428	84	92	0	0	1	0	141	25	0	.177
1899			17	23	.425	4.54	43	38	34	334.2	414	76	96	2	1	0	0	126	26	0	.206
1900	2 teams				STL	N (7G 3–4)		BKN	N (8G 3–3)												
"	total		6	7	.462	4.47	15	13	6	94.2	126	41	14	0	1	0	0	39	6	0	.154
1901	2 teams				CLE	A (2G 0–0)		CIN	N (1G 0–1)												
"	total		0	1	.000	5.75	3	2	1	20.1	31	7	3	0	0	0	0	0	0	0	.000
14 yrs.			264	235	.529	3.89	538	503	448	4324.1	4562	1566 8th	1665	28	10	3	4	1849	307	3	.166
1 yr.			3	3	.500	4.31	8	8	3	48	66	20	8	0	0	0	0	18	4	0	.222

Larry White
WHITE, LARRY DAVID
B. Sept. 25, 1958, San Fernando, Calif.   BR TR 6'4" 185 lbs.

1983	LA	N	0	0	–	1.29	4	0	0	7	4	3	5	0	0	0	0	0	0	0	–
1984			0	1	.000	3.00	7	1	0	12	9	6	10	0	0	1	0	1	0	0	.000
2 yrs.			0	1	.000	2.37	11	1	0	19	13	9	15	0	0	1	0	1	0	0	.000
2 yrs.			0	1	.000	2.37	11	1	0	19	13	9	15	0	0	1	0	1	0	0	.000

Jesse Whiting
WHITING, JESSE W.
B. May 30, 1879, Philadelphia, Pa.   D. Oct. 28, 1937, Philadelphia, Pa.

1902	PHI	N	0	1	.000	5.00	1	1	1	9	13	6	0	0	0	0	0	3	1	0	.333
1906	BKN	N	1	1	.500	2.92	3	2	2	24.2	26	6	7	1	0	0	0	10	3	0	.300
1907			0	0	–	12.00	1	0	0	3	3	3	2	0	0	0	0	2	0	0	.000
3 yrs.			1	2	.333	4.17	5	3	3	36.2	42	15	9	1	0	0	0	15	4	0	.267
2 yrs.			1	1	.500	3.90	4	2	2	27.2	29	9	9	1	0	0	0	12	3	0	.250

Kemp Wicker
WICKER, KEMP CASWELL
Also known as Kemp Caswell Whicker.
B. Aug. 13, 1906, Kernersville, N. C.   D. June 11, 1973, Kernersville, N. C.   BR TL 5'11" 182 lbs.

1936	NY	A	1	2	.333	7.65	7	0	0	20	31	11	5	0	1	2	0	7	1	0	.143
1937			7	3	.700	4.40	16	10	6	88	107	26	14	1	1	0	0	35	4	0	.114
1938			1	0	1.000	0.00	1	0	0	1	0	1	0	0	1	0	0	0	0	0	–
1941	BKN	N	1	2	.333	3.66	16	2	0	32	30	14	8	0	1	1	1	4	1	0	.250
4 yrs.			10	7	.588	4.66	40	12	6	141	168	52	27	1	4	3	1	46	6	0	.130
1 yr.			1	2	.333	3.66	16	2	0	32	30	14	8	0	1	1	1	4	1	0	.250

WORLD SERIES

| 1937 | NY | A | 0 | 0 | – | 0.00 | 1 | 0 | 0 | 1 | 0 | 0 | 0 | 0 | 0 | 0 | 0 | 0 | 0 | 0 | – |

327 Pitcher Register

	W	L	PCT	ERA	G	GS	CG	IP	H	BB	SO	ShO	Relief Pitching W L SV	BATTING AB H HR	BA

Hoyt Wilhelm

WILHELM, JAMES HOYT
B. July 26, 1923, Huntersville, N. C.
Hall of Fame 1985.
BR TR 6' 190 lbs.

1952 NY N	15	3	.833	2.43	71	0	0	159.1	127	57	108	0	15 3 11	38 6 1	.158
1953	7	8	.467	3.04	68	0	0	145	127	77	71	0	7 8 15	33 5 0	.152
1954	12	4	.750	2.10	57	0	0	111.1	77	52	64	0	12 4 7	21 1 0	.048
1955	4	1	.800	3.93	59	0	0	103	104	40	71	0	4 1 0	19 3 0	.158
1956	4	9	.308	3.83	64	0	0	89.1	97	43	71	0	4 9 8	9 2 0	.222
1957 2 teams		STL	N (40G 1–4)		CLE	A	(2G 1–0)								
" total	2	4	.333	4.14	42	0	0	58.2	54	22	29	0	2 4 12	6 0 0	.000
1958 2 teams		CLE	A (30G 2–7)		BAL	A	(9G 1–3)								
" total	3	10	.231	2.34	39	10	4	131	95	45	92	1	2 4 5	32 3 0	.094
1959 BAL A	15	11	.577	2.19	32	27	13	226	178	77	139	3	0 1 0	76 4 0	.053
1960	11	8	.579	3.31	41	11	3	147	125	39	107	1	7 5 7	42 3 0	.071
1961	9	7	.563	2.30	51	1	0	109.2	89	41	87	0	9 7 18	20 1 0	.050
1962	7	10	.412	1.94	52	0	0	93	64	34	90	0	7 10 15	16 2 0	.125
1963 CHI A	5	8	.385	2.64	55	3	0	136.1	106	30	111	0	5 7 21	29 2 0	.069
1964	12	9	.571	1.99	73	0	0	131.1	94	30	95	0	12 9 27	21 3 0	.143
1965	7	7	.500	1.81	66	0	0	144	88	32	106	0	7 7 20	22 0 0	.000
1966	5	2	.714	1.66	46	0	0	81.1	50	17	61	0	5 2 6	8 1 0	.125
1967	8	3	.727	1.31	49	0	0	89	58	34	76	0	8 3 12	13 1 0	.077
1968	4	4	.500	1.73	72	0	0	93.2	69	24	72	0	4 4 12	3 0 0	.000
1969 2 teams		CAL	A (44G 5–7)		ATL	N	(8G 2–0)								
" total	7	7	.500	2.20	52	0	0	77.2	50	22	67	0	7 7 14	9 0 0	.000
1970 2 teams		ATL	N (50G 6–4)		CHI	N	(3G 0–1)								
" total	6	5	.545	3.40	53	0	0	82	73	42	68	0	6 5 13	11 1 0	.091
1971 2 teams		ATL	N (3G 0–0)		LA	N	(9G 0–1)								
" total	0	1	.000	2.70	12	0	0	20	12	5	16	0	0 1 3	3 0 0	.000
1972 LA N	0	1	.000	4.62	16	0	0	25.1	20	15	9	0	0 1 1	1 0 0	.000
21 yrs.	143	122	.540	2.52	1070 1st	52	20	2254	1757	778	1610	5	123 102 227 1st 5th	432 38 1	.088
2 yrs.	0	2	.000	3.14	25	0	0	43	26	19	24	0	0 2 4	4 0 0	.000

WORLD SERIES

1954 NY N	0	0	–	0.00	2	0	0	2.1	1	0	3	0	0 0 1	1 0 0	.000

Kaiser Wilhelm

WILHELM, IRVIN KEY
B. Jan. 26, 1874, Wooster Ohio D. May 21, 1936, Rochester, N. Y.
Manager 1921-22.
BR TR 6' 162 lbs.

1903 PIT N	5	4	.556	3.24	12	9	7	86	88	25	20	1	0 0 0	34 3 0	.088
1904 BOS N	14	22	.389	3.69	39	36	30	288	316	74	73	3	0 1 0	100 7 0	.070
1905	4	23	.148	4.54	34	27	23	242	287	75	76	0	1 0 0	100 16 0	.160
1908 BKN N	16	22	.421	1.87	42	36	33	332	266	83	99	6	1 2 0	111 12 0	.108
1909	3	13	.188	3.26	22	17	14	163	176	59	45	1	0 0 0	57 13 0	.228
1910	3	7	.300	4.74	15	5	0	68.1	88	18	17	0	3 1 0	19 6 0	.316
1914 BAL F	13	17	.433	4.03	47	27	11	243.2	263	81	113	1	5 2 4	84 21 0	.250
1915	0	0	–	0.00	1	0	0	1	0	0	0	0	0 0 0	0 0 0	–
1921 PHI N	0	0	–	3.38	4	0	0	8	11	3	1	0	0 0 0	2 0 0	.000
9 yrs.	58	108	.349	3.44	216	157	118	1432	1495	418	444	12	10 6 4	507 78 0	.154
3 yrs.	22	42	.344	2.62	79	58	47	563.1	530	160	161	7	4 3 0	187 31 0	.166

Nick Willhite

WILLHITE, JON NICHOLAS
B. Jan. 27, 1941, Tulsa, Okla.
BL TL 6'2" 190 lbs.

1963 LA N	2	3	.400	3.79	8	8	1	38	44	10	28	1	0 0 0	10 3 0	.300
1964	2	4	.333	3.71	10	7	2	43.2	43	13	24	0	0 0 0	11 0 0	.000
1965 2 teams		WAS	A (5G 0–0)		LA	N	(15G 2–2)								
" total	2	2	.500	5.59	20	6	0	48.1	57	26	31	0	0 2 1	10 4 0	.400
1966 LA N	0	0	–	2.08	6	0	0	4.1	3	5	4	0	0 0 0	0 0 0	–
1967 2 teams		CAL	A (10G 0–2)		NY	N	(4G 0–1)								
" total	0	3	.000	5.10	14	8	0	47.2	48	21	31	0	0 0 0	12 0 0	.000
5 yrs.	6	12	.333	4.55	58	29	3	182	195	75	118	1	0 2 1	43 7 0	.163
4 yrs.	6	9	.400	4.22	39	21	3	128	137	50	84	1	0 2 1	31 7 0	.226

Leon Williams

WILLIAMS, LEON THEO
B. Dec. 2, 1905, Macon, Ga.
BL TL 5'10½" 165 lbs.

1926 BKN N	0	0	–	5.40	8	0	0	8.1	16	2	3	0	0 0 0	5 1 0	.200

Stan Williams

WILLIAMS, STANLEY WILSON
B. Sept. 14, 1936, Enfield, N. H.
BR TR 6'5" 230 lbs.

1958 LA N	9	7	.563	4.01	27	21	3	119	99	65	80	2	1 1 0	40 2 1	.050
1959	5	5	.500	3.97	35	15	2	124.2	102	86	89	0	2 2 0	36 7 0	.194
1960	14	10	.583	3.00	38	30	9	207.1	162	72	175	2	0 0 1	64 9 2	.141
1961	15	12	.556	3.90	41	35	6	235.1	213	108	205	2	1 0 0	78 13 0	.167
1962	14	12	.538	4.46	40	28	4	185.2	184	98	108	1	1 1 1	66 5 2	.076
1963 NY A	9	8	.529	3.20	29	21	6	146.1	137	57	98	1	2 2 0	49 5 0	.102
1964	1	5	.167	3.84	21	10	1	82	76	38	54	0	1 1 0	21 3 0	.143
1965 CLE A	0	0	–	6.23	3	0	0	4.1	6	3	1	0	0 0 0	0 0 0	–
1967	6	4	.600	2.62	16	8	2	79	64	24	75	1	3 0 1	22 2 0	.091
1968	13	11	.542	2.50	44	24	6	194.1	163	51	147	2	2 0 9	56 9 0	.161
1969	6	14	.300	3.94	61	15	3	178.1	155	67	139	0	2 9 12	40 4 0	.100
1970 MIN A	10	1	.909	1.99	68	0	0	113	85	32	76	0	10 1 15	19 0 0	.000
1971 2 teams		MIN	A (46G 4–5)		STL	N	(10G 3–0)								
" total	7	5	.583	3.76	56	1	0	91	76	46	55	0	7 5 4	11 0 0	.000

Pitcher Register

	W	L	PCT	ERA	G	GS	CG	IP	H	BB	SO	ShO	Relief Pitching W L SV	BATTING AB H HR	BA

Stan Williams continued

1972 BOS A	0	0	–	6.75	3	0	0	4	5	1	3	0	0 0 0	0 0 0	–
14 yrs.	109	94	.537	3.48	482	208	42	1764.1	1527	748	1305	11	32 22 43	502 59 5	.118
5 yrs.	57	46	.553	3.83	181	129	24	872	760	429	657	7	5 4 2	284 36 5	.127

LEAGUE CHAMPIONSHIP SERIES
| 1970 MIN A | 0 | 0 | – | 0.00 | 2 | 0 | 0 | 6 | 2 | 1 | 2 | 0 | 0 0 0 | 0 0 0 | – |

WORLD SERIES
1959 LA N	0	0	–	0.00	1	0	0	2	0	2	1	0	0 0 0	0 0 0	–
1963 NY A	0	0	–	0.00	1	0	0	3	1	0	5	0	0 0 0	0 0 0	–
2 yrs.	0	0	–	0.00	2	0	0	5	1	2	6	0	0 0 0	0 0 0	–

Tex Wilson

WILSON, GOMER RUSSELL   BL TL 5'10" 170 lbs.
B. July 8, 1901, Trenton, Tex.   D. Sept. 15, 1946, Sulphur Springs, Tex.

| 1924 BKN N | 0 | 0 | – | 14.73 | 2 | 0 | 0 | 3.2 | 7 | 1 | 1 | 0 | 0 0 0 | 1 0 0 | .000 |

Jim Winford

WINFORD, JAMES HEAD (Cowboy)   BR TR 6'1" 180 lbs.
B. Oct. 9, 1909, Shelbyville, Tenn.   D. Dec. 16, 1970, Oakland, Calif.

1932 STL N	1	1	.500	6.48	4	1	0	8.1	9	5	4	0	1 0 0	3 2 0	.667
1934	0	2	.000	7.82	5	1	0	12.2	17	6	3	0	0 1 0	1 0 0	.000
1935	0	0	–	3.97	2	1	0	11.1	13	5	7	0	0 0 0	2 0 0	.000
1936	11	10	.524	3.80	39	23	10	192	203	68	72	1	1 2 3	59 5 0	.085
1937	2	4	.333	5.83	16	4	0	46.1	56	27	19	0	2 0 0	8 1 0	.125
1938 BKN N	0	1	.000	11.12	2	1	0	5.2	9	4	4	0	0 0 0	1 0 0	.000
6 yrs.	14	18	.438	4.56	68	31	10	276.1	307	115	109	1	4 3 3	74 8 0	.108
1 yr.	0	1	.000	11.12	2	1	0	5.2	9	4	4	0	0 0 0	1 0 0	.000

Lave Winham

WINHAM, LAFAYETTE SYLVESTER   TL
B. 1881, Brooklyn, N.Y.   D. Sept. 11, 1951, Brooklyn, N.Y.

1902 BKN N	0	0	–	0.00	1	0	0	3	4	2	1	0	0 0 0	2 0 0	.000
1903 PIT N	3	1	.750	2.25	5	4	3	36	33	21	22	1	0 0 0	14 1 0	.071
2 yrs.	3	1	.750	2.08	6	4	3	39	37	23	23	1	0 0 0	16 1 0	.063
1 yr.	0	0	–	0.00	1	0	0	3	4	2	1	0	0 0 0	2 0 0	.000

Tom Winsett

WINSETT, JOHN THOMAS (Long Tom)   BL TR 6'2" 190 lbs.
B. Nov. 24, 1909, McKenzie, Tenn.

| 1937 BKN N | 0 | 0 | – | 18.00 | 1 | 0 | 0 | 1 | 3 | 2 | 0 | 0 | 0 0 0 | * | |

Hank Winston

WINSTON, HENRY RUDOLPH   BL TR 6'3½" 226 lbs.
B. June 15, 1904, Youngsville, N.C.   D. Feb. 7, 1974, Jacksonville, Fla.

1933 PHI A	0	0	–	6.75	1	0	0	6.2	7	6	2	0	0 0 0	3 0 0	.000
1936 BKN N	1	3	.250	6.12	14	0	0	32.1	40	16	8	0	1 3 0	11 1 0	.091
2 yrs.	1	3	.250	6.23	15	0	0	39	47	22	10	0	1 3 0	14 1 0	.071
1 yr.	1	3	.250	6.12	14	0	0	32.1	40	16	8	0	1 3 0	11 1 0	.091

Pete Wojey

WOJEY, PETER PAUL   BR TR 5'11" 185 lbs.
B. Dec. 1, 1919, Stowe, Pa.

1954 BKN N	1	1	.500	3.25	14	1	0	27.2	24	14	21	0	0 0 1	3 0 0	.000
1956 DET A	0	0	–	2.25	2	0	0	4	2	1	1	0	0 0 0	0 0 0	–
1957	0	0	–	0.00	2	0	0	1.1	1	0	0	0	0 0 0	0 0 0	–
3 yrs.	1	1	.500	3.00	18	1	0	33	27	15	22	0	0 0 1	3 0 0	.000
1 yr.	1	1	.500	3.25	14	1	0	27.2	24	14	21	0	0 0 1	3 0 0	.000

Clarence Wright

WRIGHT, CLARENCE EUGENE   BR TR 6'2½" 190 lbs.
B. Dec. 11, 1878, Cleveland, Ohio   D. Oct. 29, 1930, Barberton, Ohio

1901 BKN N	1	0	1.000	1.00	1	1	1	9	6	1	6	0	0 0 0	3 1 0	.333
1902 CLE A	7	11	.389	3.95	21	18	15	148	150	75	52	1	0 1 0	70 10 1	.143
1903 2 teams			CLE A (15G 3–9)		STL A (8G 3–5)										
" total	6	14	.300	4.98	23	20	15	162.2	195	74	79	1	0 1 0	64 12 0	.188
1904 STL A	0	1	.000	13.50	1	1	0	4	10	2	3	0	0 0 0	1 0 0	.000
4 yrs.	14	26	.350	4.50	46	40	31	323.2	361	152	140	2	0 2 1	138 23 1	.167
1 yr.	1	0	1.000	1.00	1	1	1	9	6	1	6	0	0 0 0	3 1 0	.333

Ricky Wright

WRIGHT, JAMES RICHARD   BL TL 6'3" 175 lbs.
B. Nov. 22, 1958, Paris, Tex.

1982 LA N	2	1	.667	3.03	14	5	0	32.2	28	20	24	0	1 1 0	8 1 0	.125
1983 2 teams			LA N (6G 0–0)		TEX A (1G 0–0)										
" total	0	0	–	2.16	7	0	0	8.1	5	3	7	0	0 0 0	0 0 0	–
1984 TEX A	0	2	.000	6.14	8	1	0	14.2	20	11	6	0	0 2 0	0 0 0	–
1985	0	0	–	4.70	5	0	0	7.2	5	5	7	0	0 0 0	0 0 0	–
4 yrs.	2	3	.400	3.84	34	6	0	63.1	58	39	44	0	1 3 0	8 1 0	.125
2 yrs.	2	1	.667	3.00	20	5	0	39	33	22	29	0	1 1 0	8 1 0	.125

Frank Wurm

WURM, FRANK JAMES   BB TL 6'1" 175 lbs.
B. Apr. 27, 1924, Cambridge, N.Y.

| 1944 BKN N | 0 | 0 | – | 108.00 | 1 | 1 | 0 | .1 | 1 | 5 | 1 | 0 | 0 0 0 | 0 0 0 | – |

Pitcher Register

	W	L	PCT	ERA	G	GS	CG	IP	H	BB	SO	ShO	Relief Pitching W	L	SV	BATTING AB	H	HR	BA

Whit Wyatt
WYATT, JOHN WHITLOW
B. Sept. 27, 1907, Kensington, Ga.
BR TR 6'1" 185 lbs.

		W	L	PCT	ERA	G	GS	CG	IP	H	BB	SO	ShO	W	L	SV	AB	H	HR	BA
1929	DET A	0	1	.000	6.75	4	4	1	25.1	30	18	14	0	0	0	0	10	1	0	.100
1930		4	5	.444	3.57	21	7	2	85.2	76	35	68	0	3	2	2	34	12	1	.353
1931		0	2	.000	8.44	4	1	1	21.1	30	12	8	0	0	1	0	7	2	0	.286
1932		9	13	.409	5.03	43	22	10	205.2	228	102	82	0	3	1	1	78	15	2	.192
1933	2 teams		DET	A	(10G 0–1)		CHI	A	(26G 3–4)											
"	total	3	5	.375	4.56	36	7	2	104.2	111	54	40	0	1	2	1	30	6	0	.200
1934	CHI A	4	11	.267	7.18	23	6	2	67.2	83	37	36	0	3	6	2	26	6	0	.231
1935		4	3	.571	6.75	30	1	0	52	65	25	22	0	4	3	5	13	3	0	.231
1936		0	0	–	0.00	3	0	0	3	3	0	0	0	0	0	1	0	0	0	–
1937	CLE A	2	3	.400	4.44	29	4	2	73	67	40	52	0	2	2	0	18	7	0	.389
1939	BKN N	8	3	.727	2.31	16	14	6	109	88	39	52	2	2	0	0	36	6	0	.167
1940		15	14	.517	3.46	37	34	16	239.1	233	62	124	5	1	1	0	80	14	1	.175
1941		22	10	.688	2.34	38	35	23	288.1	223	82	176	7	0	1	1	109	26	3	.239
1942		19	7	.731	2.73	31	30	16	217.1	185	63	104	0	1	0	0	77	14	0	.182
1943		14	5	.737	2.49	26	26	13	180.2	139	43	80	3	0	0	0	60	17	0	.283
1944		2	6	.250	7.17	9	9	1	37.2	51	16	4	0	0	0	0	13	2	0	.154
1945	PHI N	0	7	.000	5.26	10	10	2	51.1	72	14	10	0	0	0	0	16	2	0	.125
16 yrs.		106	95	.527	3.78	360	210	97	1762	1684	642	872	17	20	19	13	607	133	7	.219
6 yrs.		80	45	.640	2.86	157	148	75	1072.1	919	305	540	17	4	2	1	375	79	4	.211
					7th			10th												

WORLD SERIES

| 1941 BKN N | 1 | 1 | .500 | 2.50 | 2 | 2 | 2 | 18 | 15 | 10 | 14 | 0 | 0 | 0 | 0 | 6 | 1 | 0 | .167 |

Rube Yarrison
YARRISON, BYRON WARDSWORTH
B. Mar. 9, 1896, Montgomery, Pa. D. Apr. 22, 1977, Williamsport, Pa.
BR TR 5'11" 165 lbs.

		W	L	PCT	ERA	G	GS	CG	IP	H	BB	SO	ShO	W	L	SV	AB	H	HR	BA
1922	PHI A	1	2	.333	8.29	18	1	0	33.2	50	12	10	0	1	1	0	6	1	0	.167
1924	BKN N	0	2	.000	6.55	3	2	0	11	12	3	2	0	0	0	0	2	0	0	.000
2 yrs.		1	4	.200	7.86	21	3	0	44.2	62	15	12	0	1	1	0	8	1	0	.125
1 yr.		0	2	.000	6.55	3	2	0	11	12	3	2	0	0	0	0	2	0	0	.000

Joe Yeager
YEAGER, JOSEPH F. (Little Joe)
B. Aug. 28, 1875, Philadelphia, Pa. D. July 2, 1937, Detroit, Mich.
TR

		W	L	PCT	ERA	G	GS	CG	IP	H	BB	SO	ShO	W	L	SV	AB	H	HR	BA
1898	BKN N	12	22	.353	3.65	36	33	32	291.1	333	80	70	0	1	2	0	134	23	0	.172
1899		2	2	.500	4.72	10	4	2	47.2	56	16	6	1	1	1	1	47	9	0	.191
1900		1	1	.500	6.88	2	2	2	17	21	5	2	0	0	0	0	9	3	0	.333
1901	DET A	12	11	.522	2.61	26	25	22	199.2	209	46	38	3	0	0	1	125	37	2	.296
1902		6	12	.333	4.82	19	15	14	140	171	41	28	0	1	2	0	161	39	1	.242
1903		0	1	.000	4.00	1	1	1	9	15	0	1	0	0	0	0	402	103	0	.256
6 yrs.		33	49	.402	3.74	94	80	73	704.2	805	188	145	4	3	5	2	*			
3 yrs.		15	25	.375	3.94	48	39	36	356	410	101	78	1	2	3	1	190	35	0	.184

Earl Yingling
YINGLING, EARL HERSHEY (Chink)
B. Oct. 29, 1888, Chillicothe, Ohio D. Oct. 2, 1962, Columbus, Ohio
BL TL 5'11½" 180 lbs.

		W	L	PCT	ERA	G	GS	CG	IP	H	BB	SO	ShO	W	L	SV	AB	H	HR	BA
1911	CLE A	1	0	1.000	4.43	4	3	1	22.1	30	9	6	0	0	0	0	11	3	0	.273
1912	BKN N	6	11	.353	3.59	25	16	12	163	186	56	51	0	1	3	0	64	16	0	.250
1913		8	8	.500	2.58	26	13	8	146.2	158	10	40	2	3	3	0	60	23	0	.383
1914	CIN N	8	13	.381	3.45	34	27	8	198	207	54	80	3	0	0	0	120	23	1	.192
1918	WAS A	1	2	.333	2.13	5	2	2	38	30	12	15	0	1	0	0	15	7	0	.467
5 yrs.		24	34	.414	3.22	94	61	31	568	611	141	192	5	5	6	0	*			
2 yrs.		14	19	.424	3.11	51	29	20	309.2	344	66	91	2	4	6	0	124	39	0	.315

Chink Zachary
ZACHARY, ALBERT MYRON
Born Albert Myron Zarski.
B. Oct. 19, 1917, Brooklyn, N. Y.
BR TR 5'11" 182 lbs.

| 1944 BKN N | 0 | 2 | .000 | 9.58 | 4 | 2 | 0 | 10.1 | 10 | 7 | 3 | 0 | 0 | 2 | 0 | 3 | 0 | 0 | .000 |

Tom Zachary
ZACHARY, JONATHAN THOMPSON WALTON
Played as Zach Walton 1918.
B. May 7, 1896, Graham, N. C. D. Jan. 24, 1969, Burlington, N. C.
BL TL 6'1" 187 lbs.

		W	L	PCT	ERA	G	GS	CG	IP	H	BB	SO	ShO	W	L	SV	AB	H	HR	BA
1918	PHI A	2	0	1.000	5.63	2	2	0	8	9	7	1	0	0	0	0	4	2	0	.500
1919	WAS A	1	5	.167	2.92	17	7	0	61.2	68	20	9	0	0	1	0	15	5	0	.333
1920		15	16	.484	3.77	44	30	18	262.2	289	78	53	3	3	0	2	111	29	0	.261
1921		18	16	.529	3.96	39	31	17	250	314	59	53	2	3	3	1	90	23	0	.256
1922		15	10	.600	3.12	32	25	13	184.2	190	43	37	1	1	1	1	71	21	1	.296
1923		10	16	.385	4.49	35	29	10	204.1	270	63	40	0	1	2	0	78	15	0	.192
1924		15	9	.625	2.75	33	27	13	202.2	198	53	45	1	1	0	0	72	22	0	.306
1925		12	15	.444	3.85	38	33	11	217.2	247	74	58	1	1	2	2	69	12	1	.174
1926	STL A	14	15	.483	3.60	34	31	18	247.1	264	97	53	3	0	3	0	86	23	1	.267
1927	2 teams		STL	A	(13G 4–6)		WAS	A	(15G 4–7)											
"	total	8	13	.381	3.96	28	26	11	188.2	236	57	26	1	0	2	0	64	8	0	.125
1928	2 teams		WAS	A	(20G 6–9)		NY	A	(7G 3–3)											
"	total	9	12	.429	4.98	27	20	8	148.1	184	55	26	1	0	1	1	48	12	1	.250
1929	NY A	12	0	1.000	2.48	26	11	7	119.2	131	30	35	2	0	0	2	42	10	0	.238
1930	2 teams		NY	A	(3G 1–1)		BOS	N	(24G 11–5)											
"	total	12	6	.667	4.77	27	25	10	168	210	59	58	1	1	0	0	62	15	2	.242
1931	BOS N	11	15	.423	3.10	33	28	16	229	243	53	64	3	0	3	2	84	14	0	.167
1932		12	11	.522	3.10	32	24	12	212	231	55	67	1	2	1	0	77	21	0	.273
1933		7	9	.438	3.53	26	20	6	125	134	35	22	2	0	0	2	42	5	0	.119

Pitcher Register

	W	L	PCT	ERA	G	GS	CG	IP	H	BB	SO	ShO	Relief Pitching W L SV	AB	H	HR	BA

Tom Zachary continued

1934 2 teams		BOS	N (5G 1-2)		BKN	N (22G 5-6)											
" total	6	8	.429	4.23	27	16	6	125.2	149	29	32	1	1 1 2	46	7	0	.152
1935 BKN N	7	12	.368	3.59	25	21	9	158	193	35	33	1	0 0 4	52	7	0	.135
1936 2 teams		BKN	N (1G 0-0)		PHI	N (7G 0-3)											
" total	0	3	.000	8.71	8	2	0	20.2	30	12	8	0	0 0 1	9	3	0	.333
19 yrs.	186	191	.493	3.72	533	408	185	3134	3590	914	720	24	17 20 22	1122	254	6	.226
3 yrs.	12	18	.400	3.98	48	33	13	260	317	57	61	1	1 1 6	90	14	0	.156

WORLD SERIES

1924 WAS A	2	0	1.000	2.04	2	2	1	17.2	13	3	3	0	0 0 0	5	0	0	.000
1925	0	0	–	10.80	1	0	0	1.2	3	1	0	0	0 0 0	0	0	0	–
1928 NY A	1	0	1.000	3.00	1	1	1	9	9	1	7	0	0 0 0	4	0	0	.000
3 yrs.	3	0	1.000 1st	2.86	4	3	2	28.1	25	5	10	0	0 0 0	9	0	0	.000

Pat Zachry

ZACHRY, PATRICK PAUL
B. Apr. 24, 1952, Richmond, Tex.
BR TR 6'5" 180 lbs.

1976 CIN N	14	7	.667	2.74	38	28	6	204	170	83	143	1	2 0 0	62	7	0	.113
1977 2 teams		CIN	N (12G 3-7)		NY	N (19G 7-6)											
" total	10	13	.435	4.25	31	31	5	194.2	207	77	99	2	0 0 0	64	9	0	.141
1978 NY N	10	6	.625	3.33	21	21	5	138	120	60	78	2	0 0 0	43	3	0	.070
1979	5	1	.833	3.56	7	7	1	43	44	21	17	0	0 0 0	16	2	0	.125
1980	6	10	.375	3.00	28	26	7	165	145	58	88	3	0 1 0	46	2	0	.043
1981	7	14	.333	4.14	24	24	3	139	151	56	76	0	0 0 0	38	6	0	.158
1982	6	9	.400	4.05	36	16	2	137.2	149	57	69	0	2 3 1	38	3	0	.079
1983 LA N	6	1	.857	2.49	40	1	0	61.1	63	21	36	0	5 1 0	4	2	0	.500
1984	5	6	.455	3.81	58	0	0	82.2	84	51	55	0	5 6 2	6	2	0	.333
1985 PHI N	0	0	–	4.26	10	0	0	12.2	14	11	8	0	0 0 0	1	0	0	.000
10 yrs.	69	67	.507	3.52	293	154	29	1178	1147	495	669	8	14 11 3	318	36	0	.113
2 yrs.	11	7	.611	3.25	98	1	0	144	147	72	91	0	10 7 2	10	4	0	.400

LEAGUE CHAMPIONSHIP SERIES

1976 CIN N	1	0	1.000	3.60	1	1	0	5	6	3	3	0	0 0 0	1	0	0	.000
1983 LA N	0	0	–	2.25	2	0	0	4	4	2	2	0	0 0 0	0	0	0	–
2 yrs.	1	0	1.000	3.00	3	1	0	9	10	5	5	0	0 0 0	1	0	0	.000

WORLD SERIES

| 1976 CIN N | 1 | 0 | 1.000 | 2.70 | 1 | 1 | 0 | 6.2 | 6 | 5 | 6 | 0 | 0 0 0 | 0 | 0 | 0 | – |

Geoff Zahn

ZAHN, GEOFFREY CLAYTON
B. Dec. 19, 1946, Baltimore, Md.
BL TL 6'1" 180 lbs.

1973 LA N	1	0	1.000	1.35	6	1	0	13.1	5	2	9	0	0 0 0	2	0	0	.000
1974	3	5	.375	2.03	21	10	1	80	78	16	33	0	0 1 0	23	4	0	.174
1975 2 teams		LA	N (2G 0-1)		CHI	N (16G 2-7)											
" total	2	8	.200	4.66	18	10	0	65.2	69	31	22	0	2 1 1	15	2	0	.133
1976 CHI N	0	1	.000	11.25	3	2	0	8	16	2	4	0	0 0 0	3	0	0	.000
1977 MIN A	12	14	.462	4.68	34	32	7	198	234	66	88	1	0 0 0	0	0	0	–
1978	14	14	.500	3.03	35	35	12	252.1	260	81	106	1	0 0 0	0	0	0	–
1979	13	7	.650	3.57	26	24	4	169	181	41	58	0	0 0 0	0	0	0	–
1980	14	18	.438	4.40	38	35	13	233	273	66	96	5	0 1 0	0	0	0	–
1981 CAL A	10	11	.476	4.42	25	25	9	161	181	43	52	0	0 0 0	0	0	0	–
1982	18	8	.692	3.73	34	34	12	229.1	225	65	81	4	0 0 0	0	0	0	–
1983	9	11	.450	3.33	29	28	11	203	212	51	81	3	0 0 0	0	0	0	–
1984	13	10	.565	3.12	28	27	9	199.1	200	48	61	5	0 0 0	0	0	0	–
1985	2	2	.500	4.38	7	7	1	37	44	14	14	1	0 0 0	0	0	0	–
13 yrs.	111	109	.505	3.74	304	270	79	1849	1978	526	705	20	2 3 1	43	6	0	.140
3 yrs.	4	6	.400	2.15	29	11	1	96.1	85	23	43	0	0 2 0	25	4	0	.160

LEAGUE CHAMPIONSHIP SERIES

| 1982 CAL A | 0 | 1 | .000 | 7.36 | 1 | 1 | 0 | 3.2 | 4 | 1 | 2 | 0 | 0 0 0 | 0 | 0 | 0 | – |

Manager Register

The Manager Register is an alphabetical listing of every man who has managed the Brooklyn or Los Angeles Dodgers. Included are facts about the managers and their year-by-year managerial records for the regular season, League Championship Series, and the World Series.

Most of the information in this section is self-explanatory. That which is not is explained as follows:

Games Managed includes tie games.

Lifetime Total. The first total shown after the regular season's statistics is the manager's total lifetime record in the major leagues.

Dodgers Lifetime Total. The second line is the manager's total lifetime record with the Dodgers.

Blank space appearing beneath a team and league means that the team and league are the same.

Standing. The figures in this column indicate the standing of the team at the end of the season and when there was a managerial change. The four possible cases are as follows:

> *Only Manager for the Team That Year.* Indicated by a single bold-faced figure that appears in the extreme left-hand column and shows the final standing of the team.
>
> *Manager Started Season, But Did Not Finish.* Indicated by two figures: the first is bold-faced and shows the standing of the team when this manager left; the second shows the final standing of the team.

Manager Finished Season, But Did Not Start. Indicated by two figures: the first shows the standing of the team when this manager started; the second is bold-faced and shows the final standing of the team.

Manager Did Not Start or Finish Season. Indicated by three figures: the first shows the standing of the team when this manager started; the second is bold-faced and shows the standing of the team when this manager left; the third shows the final standing of the team.

1981 Split Season Indicator. The managers' records for the 1981 split season are given separately for each half. "(1st)" or "(2nd)" will appear to the right of the standings to indicate which half.

Manager Register

	G	W	L	PCT	Standing

Walter Alston
ALSTON, WALTER EMMONS (Smokey)
B. Dec. 1, 1911, Venice, Ohio
D. Oct. 1, 1984, Oxford, Ohio
Hall of Fame 1983.

		G	W	L	PCT	Standing
1954	BKN N	154	92	62	.597	2
1955		154	98	55	.641	1
1956		154	93	61	.604	1
1957		154	84	70	.545	3
1958	LA N	154	71	83	.461	7
1959		156	88	68	.564	1
1960		154	82	72	.532	4
1961		154	89	65	.578	2
1962		165	102	63	.618	2
1963		163	99	63	.611	1
1964		164	80	82	.494	6
1965		162	97	65	.599	1
1966		162	95	67	.586	1
1967		162	73	89	.451	8
1968		162	76	86	.469	7
1969		162	85	77	.525	4
1970		161	87	74	.540	2
1971		162	89	73	.549	2
1972		155	85	70	.548	3
1973		161	95	66	.590	2
1974		162	102	60	.630	1
1975		162	88	74	.543	2
1976		158	90	68	.570	2	2
23 yrs.		3657	2040	1613	.558	
		6th	5th	8th		
23 yrs.		3657	2040	1613	.558	

LEAGUE CHAMPIONSHIP SERIES
1974	LA N	4	3	1	.750

WORLD SERIES
1955	BKN N	7	4	3	.571
1956		7	3	4	.429
1959	LA N	6	4	2	.667
1963		4	4	0	1.000
1965		7	4	3	.571
1966		4	0	4	.000
1974		5	1	4	.200
7 yrs.		40	20	20	.500
		5th	5th	3rd	8th
7 yrs.		40	20	20	.500

Billy Barnie
BARNIE, WILLIAM HARRISON (Bald Billy)
B. Jan. 26, 1853, New York, N. Y.
D. July 15, 1900, Hartford, Conn.

1883	BAL AA	96	28	68	.292	8
1884		108	63	43	.594	6
1885		110	41	68	.376	8
1886		139	48	83	.366	8
1887		141	77	58	.570	3
1888		137	57	80	.416	5
1889		139	70	65	.519	5
1890	B-B AA	34	15	19	.441	8	8
1891	BAL AA	133	68	61	.527	3	3
1891	PHI AA	8	4	3	.571	4	4
1892	WAS N	34	13	21	.382	9	10
1893	LOU N	126	50	75	.400	11
1894		130	36	94	.277	12
1897	BKN N	136	61	71	.462	6
1898		35	15	20	.429	9	10
14 yrs.		1506	646	829	.438	
2 yrs.		171	76	91	.455	

Max Carey
CAREY, MAX GEORGE (Scoops)
Also known as Maximilian Carnarius.
B. Jan. 11, 1890, Terre Haute, Ind.
D. May 30, 1976, Miami, Fla.
Hall of Fame 1961.

1932	BKN N	154	81	73	.526	3
1933		157	65	88	.425	6
2 yrs.		311	146	161	.476	
2 yrs.		311	146	161	.476	

Bill Dahlen
DAHLEN, WILLIAM FREDERICK (Bad Bill)
B. Jan. 5, 1870, Nelliston, N. Y.
D. Dec. 5, 1950, Brooklyn, N. Y.

1910	BKN N	156	64	90	.416	6
1911		154	64	86	.427	7
1912		153	58	95	.379	7
1913		152	65	84	.436	6
4 yrs.		615	251	355	.414	
4 yrs.		615	251	355	.414	

Patsy Donovan
DONOVAN, PATRICK JOSEPH
B. Mar. 16, 1865, County Cork, Ireland
D. Dec. 25, 1953, Lawrence, Mass.

1897	PIT N	135	60	71	.458	8
1899		129	68	57	.544	10	7
1901	STL N	142	76	64	.543	4
1902		140	56	78	.418	6
1903		139	43	94	.314	8
1904	WAS A	139	37	97	.276	8	8
1906	BKN N	153	66	86	.434	5
1907		153	65	83	.439	5
1908		154	53	101	.344	7
1910	BOS A	158	81	72	.529	4
1911		153	78	75	.510	5
11 yrs.		1595	683	878	.438	
3 yrs.		460	184	270	.405	

Chuck Dressen
DRESSEN, CHARLES WALTER
B. Sept. 20, 1898, Decatur, Ill.
D. Aug. 10, 1966, Detroit, Mich.

1934	CIN N	66	25	41	.379	8	8
1935		154	68	85	.444	6
1936		154	74	80	.481	5
1937		130	51	78	.395	8	8
1951	BKN N	158	97	60	.618	2
1952		155	96	57	.627	1
1953		155	105	49	.682	1
1955	WAS A	154	53	101	.344	8
1956		155	59	95	.383	7
1957		21	5	16	.238	8	8
1960	MIL N	154	88	66	.571	2
1961		130	71	58	.550	3	4
1963	DET A	102	55	47	.539	9	5
1964		163	85	77	.525	4
1965		162	89	73	.549	4
1966		26	16	10	.615	3	3
16 yrs.		2039	1037	993	.511	
3 yrs.		468	298	166	.642	

WORLD SERIES
1952	BKN N	7	3	4	.429
1953		6	2	4	.333
2 yrs.		13	5	8	.385
2 yrs.		13	5	8	.385

Leo Durocher
DUROCHER, LEO ERNEST (The Lip)
B. July 27, 1905, W. Springfield, Mass.

1939	BKN N	157	84	69	.549	3
1940		156	88	65	.575	2
1941		157	100	54	.649	1
1942		155	104	50	.675	2
1943		153	81	72	.529	3
1944		155	63	91	.409	7
1945		155	87	67	.565	3
1946		157	96	60	.615	2
1948		75	37	38	.493	5	3
1948	NY N	79	41	38	.519	4	5
1949		156	73	81	.474	5
1950		154	86	68	.558	3
1951		157	98	59	.624	1
1952		154	92	62	.597	2
1953		155	70	84	.455	5
1954		154	97	57	.630	1
1955		154	80	74	.519	3

Manager Register

| | G | W | L | PCT | Standing | | | | | G | W | L | PCT | Standing | |

Leo Durocher continued

	G	W	L	PCT	Standing	
1966 CHI N	162	59	103	.364	10	
1967	162	87	74	.540	3	
1968	163	84	78	.519	3	
1969	163	92	70	.568	2	
1970	162	84	78	.519	2	
1971	162	83	79	.512	3	
1972	90	46	44	.511	4	2
1972 HOU N	31	16	15	.516	2	2
1973	162	82	80	.506	4	
24 yrs.	3740	2010	1710	.540		
		5th	6th	7th		
9 yrs.	1320	740	566	.567		

WORLD SERIES

1941 BKN N	5	1	4	.200	
1951 NY N	6	2	4	.333	
1954	4	4	0	1.000	
3 yrs.	15	7	8	.467	
1 yr.	5	1	4	.200	

Charlie Ebbets
EBBETS, CHARLES HERCULES
B. Oct. 29, 1859, New York, N. Y.
D. Apr. 18, 1925, New York, N. Y.

	G	W	L	PCT		Standing
1898 BKN N	110	38	68	.358	9	10

Dave Foutz
FOUTZ, DAVID LUTHER (Scissors)
B. Sept. 7, 1856, Carroll County, Md.
D. Mar. 5, 1897, Waverly, Md.

	G	W	L	PCT	Standing
1893 BKN N	130	65	63	.508	6
1894	134	70	61	.534	5
1895	133	71	60	.542	5
1896	133	58	73	.443	9
4 yrs.	530	264	257	.507	
4 yrs.	530	264	257	.507	

Mike Griffin
GRIFFIN, MICHAEL JOSEPH
B. Mar. 20, 1865, Utica, N. Y.
D. Apr. 10, 1908, Utica, N. Y.

	G	W	L	PCT			Standing
1898 BKN N	4	1	3	.250	9	9	10

Burleigh Grimes
GRIMES, BURLEIGH ARLAND (Ol' Stubblebeard)
B. Aug. 18, 1893, Clear Lake, Wis.
D. Dec. 6, 1985, Clear Lake, Wis.
Hall of Fame 1964.

	G	W	L	PCT	Standing
1937 BKN N	155	62	91	.405	6
1938	150	68	80	.459	7
2 yrs.	305	130	171	.432	
2 yrs.	305	130	171	.432	

Ned Hanlon
HANLON, EDWARD HUGH
B. Aug. 22, 1857, Montville, Conn.
D. Apr. 14, 1937, Baltimore, Md.

	G	W	L	PCT	Standing	
1889 PIT N	47	26	19	.578	5	
1890 PIT P	128	60	68	.469	6	
1891 PIT N	78	31	47	.397	8	8
1892 BAL N	135	45	85	.346	12	12
1893	130	60	70	.462	8	
1894	129	89	39	.695	1	
1895	132	87	43	.669	1	
1896	132	90	39	.698	1	
1897	136	90	40	.692	2	
1898	154	96	53	.644	2	
1899 BKN N	150	101	47	.682	1	
1900	142	82	54	.603	1	
1901	137	79	57	.581	3	
1902	141	75	63	.543	2	
1903	139	70	66	.515	5	
1904	154	56	97	.366	6	

Ned Hanlon continued

	G	W	L	PCT	Standing
1905	155	48	104	.316	8
1906 CIN N	155	64	87	.424	6
1907	156	66	87	.431	6
19 yrs.	2530	1315	1165	.530	
7 yrs.	1018	511	488	.512	

Tom Lasorda
LASORDA, THOMAS CHARLES
B. Sept. 22, 1927, Norristown, Pa.

	G	W	L	PCT	Standing	
1976 LA N	4	2	2	.500	2	2
1977	162	98	64	.605	1	
1978	162	95	67	.586	1	
1979	162	79	83	.488	3	
1980	163	92	71	.564	2	
1981	57	36	21	.632	1	(1st)
1981	53	27	26	.509	4	(2nd)
1982	162	88	74	.543	2	
1983	162	91	71	.562	1	
1984	162	79	83	.488	4	
1985	162	95	67	.586	1	
10 yrs.	1411	782	629	.554		
11 yrs.	1411	782	629	.554		

DIVISIONAL PLAYOFF SERIES

	G	W	L	PCT	Standing
1981 LA N	5	3	2	.600	

LEAGUE CHAMPIONSHIP SERIES

	G	W	L	PCT
1977 LA N	4	3	1	.750
1978	4	3	1	.750
1981	5	3	2	.600
1983	4	1	3	.250
1985	6	2	4	.333
5 yrs.	23	12	11	.522
	1st	3rd	2nd	3rd
5 yrs.	23	12	11	.522

WORLD SERIES

	G	W	L	PCT
1977 LA N	6	2	4	.333
1978	6	2	4	.333
1981	6	4	2	.667
3 yrs.	18	8	10	.444
3 yrs.	18	8	10	.444

Harry Lumley
LUMLEY, HARRY G
B. Sept. 29, 1880, Forest City, Pa.
D. May 22, 1938, Binghamton, N. Y.

	G	W	L	PCT	Standing
1909 BKN N	155	55	98	.359	6

Bill McGunnigle
McGUNNIGLE, WILLIAM HENRY (Gunner)
B. Jan. 1, 1855, Boston, Mass.
D. Mar. 9, 1899, Brockton, Mass.

	G	W	L	PCT	Standing	
1880 BUF N	17	4	13	.235	8	7
1888 BKN AA	143	88	52	.629	2	
1889	140	93	44	.679	1	
1890 BKN N	129	86	43	.667	1	
1891 PIT N	59	24	33	.421	8	8
1896 LOU N	89	29	59	.330	12	12
6 yrs.	577	324	244	.570		
1 yr.	129	86	43	.667		

Wilbert Robinson
ROBINSON, WILBERT (Uncle Robbie)
Brother of Fred Robinson.
B. June 2, 1863, Bolton, Mass.
D. Aug. 8, 1934, Atlanta, Ga.
Hall of Fame 1945.

	G	W	L	PCT	Standing	
1902 BAL A	78	22	54	.289	7	8
1914 BKN N	154	75	79	.487	5	
1915	154	80	72	.526	3	
1916	156	94	60	.610	1	
1917	156	70	81	.464	7	
1918	126	57	69	.452	5	
1919	141	69	71	.493	5	
1920	155	93	61	.604	1	
1921	152	77	75	.507	5	

334

| | G | W | L | PCT | Standing | | | | G | W | L | PCT | Standing | | |

Wilbert Robinson continued

Year	G	W	L	PCT	Standing
1922	155	76	78	.494	6
1923	155	76	78	.494	6
1924	154	92	62	.597	2
1925	153	68	85	.444	6
1926	155	71	82	.464	6
1927	154	65	88	.425	6
1928	155	77	76	.503	6
1929	153	70	83	.458	6
1930	154	86	68	.558	4
1931	153	79	73	.520	4
19 yrs.	2813	1397	1395	.500	
18 yrs.	2735	1375	1341	.506	

WORLD SERIES
1916 BKN N	5	1	4	.200
1920	7	2	5	.286
2 yrs.	12	3	9	.250
2 yrs.	12	3	9	.250

Burt Shotton

SHOTTON, BURTON EDWIN (Barney)
B. Oct. 18, 1884, Brownhelm, Ohio
D. July 29, 1962, Lake Wales, Fla.

Year	G	W	L	PCT	Standing
1928 PHI N	152	43	109	.283	8
1929	154	71	82	.464	5
1930	156	52	102	.338	8
1931	155	66	88	.429	6
1932	154	78	76	.506	4
1933	152	60	92	.395	7
1934 CIN N	1	1	0	1.000	8 8
1947 BKN N	154	93	60	.608	1 1
1948	79	47	32	.595	5 3
1949	156	97	57	.630	1
1950	155	89	65	.578	2
11 yrs.	1468	697	763	.477	
4 yrs.	544	326	214	.604	

WORLD SERIES
1947 BKN N	7	3	4	.429
1949	5	1	4	.200
2 yrs.	12	4	8	.333
2 yrs.	12	4	8	.333

Casey Stengel

STENGEL, CHARLES DILLON (The Old Professor)
B. July 30, 1890, Kansas City, Mo.
D. Sept. 29, 1975, Glendale, Calif.
Hall of Fame 1966.

Year	G	W	L	PCT	Standing
1934 BKN N	153	71	81	.467	6
1935	154	70	83	.458	5
1936	156	67	87	.435	7
1938 BOS N	153	77	75	.507	5
1939	152	63	88	.417	7
1940	152	65	87	.428	7
1941	156	62	92	.403	7
1942	150	59	89	.399	7
1943	153	68	85	.444	6
1949 NY A	155	97	57	.630	1
1950	155	98	56	.636	1
1951	154	98	56	.636	1
1952	154	95	59	.617	1
1953	151	99	52	.656	1
1954	155	103	51	.669	2
1955	154	96	58	.623	1
1956	154	97	57	.630	1
1957	154	98	56	.636	1
1958	155	92	62	.597	1
1959	155	79	75	.513	3
1960	155	97	57	.630	1
1962 NY N	161	40	120	.250	10
1963	162	51	111	.315	10
1964	163	53	109	.327	10
1965	96	31	64	.326	10 10
25 yrs.	3812	1926	1867	.508	
	4th	7th	5th		
3 yrs.	463	208	251	.453	

WORLD SERIES
1949 NY A	5	4	1	.800
1950	4	4	0	1.000
1951	6	4	2	.667

Casey Stengel continued

Year	G	W	L	PCT	Standing
1952	7	4	3	.571
1953	6	4	2	.667
1955	7	3	4	.429
1956	7	4	3	.571
1957	7	3	4	.429
1958	7	4	3	.571
1960	7	3	4	.429
10 yrs.	63	37	26	.587
	1st	1st	2nd	2nd

Clyde Sukeforth

SUKEFORTH, CLYDE LeROY (Sukey)
B. Nov. 30, 1901, Washington, Me.

| 1947 BKN N | 1 | 1 | 0 | 1.000 | 1 1 |

Monte Ward

WARD, JOHN MONTGOMERY
B. Mar. 3, 1860, Bellefonte, Pa.
D. Mar. 4, 1925, Augusta, Ga.
Hall of Fame 1964.

Year	G	W	L	PCT	Standing
1884 NY N	16	6	8	.429	4 4
1890 BKN P	133	76	56	.576	2
1891 BKN N	137	61	76	.445	6
1892	158	95	59	.617	3
1893 NY N	136	68	64	.515	5
1894	137	88	44	.667	2
6 yrs.	717	394	307	.562	
2 yrs.	295	156	135	.536	

Dodgers World Series Highlights and Summaries

This section provides information on the seventeen World Series and six League Championship Series the Dodgers have played in. Included are facts about the individual games; most of the information is self-explanatory. That which may appear unfamiliar is listed below.

INDIVIDUAL GAME INFORMATION

Innings Pitched. Pitchers are listed in the order of appearance. In parentheses, following each pitcher's name, are the number of innings he pitched in the game. For example: Doe (2.1) would mean that he pitched 2⅓ innings.

Winning and Losing Pitchers. Indicated by bold-faced print.

Saves. The pitcher who is credited with a Save is indicated by the abbreviation SV, which appears in bold-faced print after his innings pitched.

Home Runs. Players are listed in the order their home runs were hit.

World Series 1916

LINE SCORES & PITCHERS (inn. pit.)	HOME RUNS (men on)	HIGHLIGHTS

Boston (A.L.) defeats Brooklyn (N.L.) 4 games to 1

GAME 1 - OCTOBER 7
BKN N 000 100 004   5 10 4
BOS A 001 010 31x   6 8 1
Marquard (7), Pfeffer (1)
Shore (8.2), Mays (0.1) SV

The Dodgers' ninth-inning rally fell short when Scott made a great stop of Daubert's hard grounder with two out and the bases filled.

GAME 2 - OCTOBER 9
BKN N 100 000 000 000 00   1 6 2
BOS A 001 000 000 000 01   2 7 1
Smith (13.1)
Ruth (14)

Myers

Gainor's pinch single in the 14th scored pinch-runner McNally to break the 1-1 deadlock. The only Dodger run off Ruth came on Myers's inside-the-park homer in the first.

GAME 3 - OCTOBER 10
BOS A 000 002 100   3 7 1
BKN N 001 120 00x   4 10 0
Mays (5), Foster (3)
Coombs (6.1), Pfeffer (2.2) SV

Gardner

Pfeffer retired all eight men he faced after relieving Coombs in the seventh to preserve Brooklyn's one-run lead.

GAME 4 - OCTOBER 11
BOS A 030 110 100   6 10 1
BKN N 200 000 000   2 5 4
Leonard (9)
Marquard (4), Cheney (3), Rucker (2)

Gardner (2 on)

Gardner's three-run homer in the second paced Boston's attack. Leonard held the Dodgers to three hits and no runs after their two-run first.

GAME 5 - OCTOBER 12
BKN N 010 000 000   1 3 3
BOS A 012 010 00x   4 7 2
Pfeffer (7), Dell (1)
Shore (9)

Shore held Brooklyn hitless for four and a third innings and then scattered three singles in locking up the Series for Boston.

Team Totals

	W	AB	H	2B	3B	HR	R	RBI	BA	BB	SO	ERA
BOS A	4	164	39	7	6	2	21	18	.238	18	25	1.47
BKN N	1	170	34	2	5	1	13	11	.200	14	19	2.85

Individual Batting

BOSTON (A.L.)

	AB	H	2B	3B	HR	R	RBI	BA
H. Janvrin, 2b	23	5	3	0	0	2	1	.217
H. Hooper, of	21	7	1	1	0	6	1	.333
L. Gardner, 3b	17	3	0	0	2	2	6	.176
D. Hoblitzell, 1b	17	4	1	1	0	3	2	.235
D. Lewis, of	17	6	2	1	0	3	1	.353
E. Scott, ss	16	2	0	1	0	1	1	.125
T. Walker, of	11	3	0	1	0	1	1	.273
E. Shore, p	7	0	0	0	0	0	0	.000
C. Shorten, of	7	4	0	0	0	0	2	.571
P. Thomas, c	7	1	0	1	0	0	0	.143
B. Ruth, p	5	0	0	0	0	0	1	.000
H. Cady, c	4	1	0	0	0	0	1	.250
B. Carrigan, c	3	2	0	0	0	0	1	.667
D. Leonard, p	3	0	0	0	0	0	0	.000
J. Walsh, of	3	0	0	0	0	0	0	.000
R. Foster, p	1	0	0	0	0	0	0	.000
D. Gainor	1	1	0	0	0	0	1	1.000
C. Mays, p	1	0	0	0	0	0	0	.000
O. Henriksen	0	0	0	0	0	1	0	–
M. McNally	0	0	0	0	0	1	0	–

Errors: L. Gardner (2), H. Janvrin (2), E. Scott (2)
Stolen bases: H. Hooper

BROOKLYN (N.L.)

	AB	H	2B	3B	HR	R	RBI	BA
H. Myers, of	22	4	0	0	1	2	3	.182
G. Cutshaw, 2b	19	2	1	0	0	2	2	.105
Z. Wheat, of	19	4	0	1	0	2	1	.211
J. Daubert, 1b	17	3	0	1	0	1	0	.176
M. Mowrey, 3b	17	3	0	0	0	2	1	.176
I. Olson, ss	16	4	0	1	0	1	2	.250
C. Stengel, of	11	4	0	0	0	2	0	.364
J. Johnston, of	10	3	0	1	0	1	0	.300
C. Meyers, c	10	2	0	1	0	0	1	.200
O. Miller, c	8	1	0	0	0	0	0	.125
S. Smith, p	5	1	1	0	0	0	0	.200
F. Merkle, 1b	4	1	0	0	0	0	0	.250
J. Pfeffer, p	4	1	0	0	0	0	0	.250
J. Coombs, p	3	1	0	0	0	0	1	.333
R. Marquard, p	3	0	0	0	0	0	0	.000
G. Getz	1	0	0	0	0	0	0	.000
O. O'Mara	1	0	0	0	0	0	0	.000

Errors: I. Olson (4), G. Cutshaw (2), M. Mowrey (2), L. Cheney, J. Johnston, F. Merkle,
C. Stengel, Z. Wheat
Stolen bases: Z. Wheat

Individual Pitching

BOSTON (A.L.)

	W	L	ERA	IP	H	BB	SO	SV
E. Shore	2	0	1.53	17.2	12	4	9	0
B. Ruth	1	0	0.64	14	6	3	4	0
D. Leonard	1	0	1.00	9	5	4	3	0
C. Mays	0	1	5.06	5.1	8	3	2	1
R. Foster	0	0	0.00	3	3	0	1	0

BROOKLYN (N.L.)

	W	L	ERA	IP	H	BB	SO	SV
S. Smith	0	1	1.35	13.1	7	6	2	0
R. Marquard	0	2	4.91	11	12	6	9	0
J. Pfeffer	0	1	2.53	10.2	7	4	5	1
J. Coombs	1	0	4.26	6.1	7	1	1	0
L. Cheney	0	0	3.00	3	4	1	5	0
N. Rucker	0	0	0.00	2	1	0	3	0
W. Dell	0	0	0.00	1	1	0	0	0

World Series 1920

LINE SCORES & PITCHERS (inn. pit.)	HOME RUNS (men on)	HIGHLIGHTS

Cleveland (A.L.) defeats Brooklyn (N.L.) 5 games to 2

GAME 1 - OCTOBER 5
CLE A 020 100 000   3 5 0
BKN N 000 000 100   1 5 1
Coveleski (9)
Marquard (6), Mamaux (2), Cadore (1)

O'Neill drove in two runs and Wood scored two to back up Coveleski's five-hitter.

GAME 2 - OCTOBER 6
CLE A 000 000 000   0 7 1
BKN N 101 010 00x   3 7 0
Bagby (6), Uhle (2)
Grimes (9)

Brooklyn bounced back as Grimes, like Coveleski a spitballer, blanked the Tribe on seven hits.

GAME 3 - OCTOBER 7
CLE A 000 100 000   1 3 1
BKN N 200 000 00x   2 6 1
Caldwell (0.1), Mails (6.2), Uhle (1)
S. Smith (9)

The Dodgers made quick work of Caldwell, batting him out in the first, and Sherry Smith allowed just three hits while inducing twenty ground-ball outs.

GAME 4 - OCTOBER 9
BKN N 000 100 000   1 5 1
CLE A 202 001 00x   5 12 2
Cadore (1), Mamaux (1), Marquard (3), Pfeffer (3)
Coveleski (9)

Coveleski again baffled Brooklyn as Wambsganss and Speaker each had two hits and scored two runs.

GAME 5 - OCTOBER 10
BKN N 000 000 001   1 13 1
CLE A 400 310 00x   8 12 2
Grimes (3.1), Mitchell (4.2)
Bagby (9)

E. Smith (3 on)
Bagby (2 on)

In a strange and memorable game, Elmer Smith hit the first World Series grand slam and Bagby hit the first home run by a pitcher. But both were overshadowed by Wambsganss's unassisted triple play in the fifth, as he caught Mitchell's line drive, stepped on second before Kilduff could duck back, and tagged Miller, running from first on the pitch.

GAME 6 - OCTOBER 11
BKN N 000 000 000   0 3 0
CLE A 000 001 00x   1 7 3
S. Smith (8)
Mails (9)

The Indians scored the only run in the sixth when Speaker singled with two out and tallied on a double by Burns to the centerfield fence.

GAME 7 - OCTOBER 12
BKN N 000 000 000   0 5 2
CLE A 000 110 10x   3 7 3
Grimes (7), Mamaux (1)
Coveleski (9)

Coveleski won for the third time with a superb shutout, yielding five harmless singles: three starts, three wins, three five-hitters.

Team Totals

	W	AB	H	2B	3B	HR	R	RBI	BA	BB	SO	ERA
CLE A	5	217	53	9	2	2	21	18	.244	21	21	0.89
BKN N	2	215	44	5	1	0	8	8	.205	10	20	2.59

Individual Batting

CLEVELAND (A.L.)

	AB	H	2B	3B	HR	R	RBI	BA
B. Wambsganss, 2b	26	4	0	0	0	3	1	.154
T. Speaker, of	25	8	2	1	0	6	1	.320
L. Gardner, 3b	24	5	1	0	0	1	1	.208
J. Sewell, ss	23	4	0	0	0	0	2	.174
S. O'Neill, c	21	7	3	0	0	1	2	.333
C. Jamieson, of	15	5	1	0	0	2	1	.333
J. Evans, of	13	4	0	0	0	0	0	.308
E. Smith, of	13	4	0	1	1	6	.308
D. Johnston, 1b	11	3	0	0	0	1	0	.273
G. Burns, 1b	10	3	1	0	0	1	3	.300
S. Coveleski, p	10	1	0	0	0	2	0	.100
J. Wood, of	10	2	1	0	0	2	0	.200
J. Bagby, p	6	2	0	0	1	1	3	.333
D. Mails, p	5	0	0	0	0	0	0	.000
J. Graney, of	3	0	0	0	0	0	0	.000
L. Nunamaker, c	2	1	0	0	0	0	0	.500
H. Lunte, ss	0	0	0	0	0	0	0	—
P. Thomas, c	0	0	0	0	0	0	0	—

Errors: J. Sewell (6), L. Gardner (2), J. Bagby, G. Burns, S. Coveleski, S. O'Neill
Stolen bases: C. Jamieson, D. Johnston

BROOKLYN (N.L.)

	AB	H	2B	3B	HR	R	RBI	BA
Z. Wheat, of	27	9	2	0	0	2	2	.333
H. Myers, of	26	6	0	0	0	0	1	.231
I. Olson, ss	25	8	1	0	0	2	0	.320
E. Konetchy, 1b	23	4	0	1	0	0	2	.174
T. Griffith, of	21	4	2	0	0	1	3	.190
P. Kilduff, 2b	21	2	0	0	0	0	0	.095
J. Johnston, 3b	14	3	0	0	0	2	0	.214
O. Miller, c	14	2	0	0	0	0	0	.143
J. Sheehan, 3b	11	2	0	0	0	0	0	.182
B. Grimes, p	6	2	0	0	0	1	0	.333
E. Krueger, c	6	1	0	0	0	0	0	.167
S. Smith, p	6	0	0	0	0	0	0	.000
B. Neis, of	5	0	0	0	0	0	0	.000
B. Lamar	3	0	0	0	0	0	0	.000
C. Mitchell, p	3	1	0	0	0	0	0	.333
A. Mamaux, p	1	0	0	0	0	0	0	.000
R. Marquard, p	1	0	0	0	0	0	0	.000
J. Pfeffer, p	1	0	0	0	0	0	0	.000
R. Schmandt	1	0	0	0	0	0	0	.000
B. McCabe	0	0	0	0	0	0	0	—

Errors: J. Sheehan (2), Z. Wheat (2), B. Grimes, E. Konetchy
Stolen bases: J. Johnston

Individual Pitching

CLEVELAND (A.L.)

	W	L	ERA	IP	H	BB	SO	SV
S. Coveleski	3	0	0.67	27	15	2	8	0
J. Bagby	1	1	1.80	15	20	1	3	0
D. Mails	1	0	0.00	15.2	6	6	6	0
G. Uhle	0	0	0.00	3	1	0	3	0
R. Caldwell	0	1	27.00	0.1	2	1	0	0

BROOKLYN (N.L.)

	W	L	ERA	IP	H	BB	SO	SV
B. Grimes	1	2	4.19	19.1	23	9	4	0
S. Smith	1	1	0.53	17	10	3	3	0
R. Marquard	0	1	2.00	9	7	3	6	0
A. Mamaux	0	0	4.50	4	2	0	5	0
C. Mitchell	0	0	0.00	4.2	3	3	1	0
J. Pfeffer	0	0	3.00	3	4	2	1	0
L. Cadore	0	1	9.00	2	4	1	1	0

World Series 1941

LINE SCORES & PITCHERS (inn. pit.) **HOME RUNS** (men on) **HIGHLIGHTS**

New York (A.L.) defeats Brooklyn (N.L.) 4 games to 1

GAME 1 - OCTOBER 1
BKN N 000 010 100   2 6 0
NY   A 010 101 00x   3 6 1
Davis (5.1), Casey (0.2), Allen (2)
Ruffing (9)

Gordon

The Brooklyn rally in the seventh fell short when Reese was thrown out trying to go from second to third with one out on Wasdell's foul pop to Rolfe.

GAME 2 - OCTOBER 2
BKN N 000 021 000   3 6 2
NY   A 011 000 000   2 9 1
Wyatt (9)
Chandler (5), Murphy (4)

Camilli's single in the sixth brought home Walker with the deciding run of the game, stopping the Yankees' Series winning streak at ten games.

GAME 3 - OCTOBER 4
NY   A 000 000 020   2 8 0
BKN N 000 000 010   1 4 0
Russo (9)
Fitzsimmons (7), Casey (0.1),
  French (0.2), Allen (1)

The Dodgers' Series hopes were shaken when Russo's savage drive caromed off Fitzsimmons's leg in the seventh, forcing him out of the game. The Yankees, who had just four hits to that point, reached Casey for four more and two runs.

GAME 4 - OCTOBER 5
NY   A 100 200 004   7 12 0
BKN N 000 220 000   4 9 1
Donald (4), Breuer (3), Murphy (2)
Higbe (3.2), French (0.1), Allen (0.2),
  Casey (4.1)

Reiser (1 on)

The Dodgers led 4-3 in the top of the ninth with two outs. Casey threw strike three past Henrich, but it also got past catcher Owen, allowing Henrich to reach first. The Yankees then pounced for four runs to take a commanding 3-1 Series lead. Keller's double, scoring two runs, keyed the big inning.

GAME 5 - OCTOBER 6
NY   A 020 010 000   3 6 0
BKN N 001 000 000   1 4 1
Bonham (9)
Wyatt (9)

Henrich

Bonham allows only one hit after the third to check the Dodgers and bring the Yankees another Series victory. Gordon's single in the second sent home Keller with the deciding run.

Team Totals

		W	AB	H	2B	3B	HR	R	RBI	BA	BB	SO	ERA
NY	A	4	166	41	5	1	2	17	16	.247	23	18	1.80
BKN	N	1	159	29	7	2	1	11	11	.182	14	21	2.66

Individual Batting

NEW YORK (A.L.)

	AB	H	2B	3B	HR	R	RBI	BA
J. Sturm, 1b	21	6	0	0	0	0	2	.286
R. Rolfe, 3b	20	6	0	0	0	2	0	.300
J. DiMaggio, of	19	5	0	0	0	1	1	.263
B. Dickey, c	18	3	1	0	0	3	1	.167
T. Henrich, of	18	3	1	0	1	4	1	.167
C. Keller, of	18	7	2	0	0	5	5	.389
P. Rizzuto, ss	18	2	0	0	0	0	0	.111
J. Gordon, 2b	14	7	1	1	1	2	5	.500
E. Bonham, p	4	0	0	0	0	0	0	.000
M. Russo, p	4	0	0	0	0	0	0	.000
R. Ruffing, p	3	0	0	0	0	0	0	.000
S. Chandler, p	2	1	0	0	0	0	1	.500
A. Donald, p	2	0	0	0	0	0	0	.000
J. Murphy, p	2	0	0	0	0	0	0	.000
G. Selkirk	2	1	0	0	0	0	0	.500
M. Breuer, p	1	0	0	0	0	0	0	.000
F. Bordagaray	0	0	0	0	0	0	0	—
B. Rosar, c	0	0	0	0	0	0	0	—

Errors: J. Gordon, P. Rizzuto
Stolen bases: P. Rizzuto, J. Sturm

BROOKLYN (N.L.)

	AB	H	2B	3B	HR	R	RBI	BA
P. Reese, ss	20	4	0	0	0	1	2	.200
P. Reiser, of	20	4	1	1	1	1	3	.200
D. Camilli, 1b	18	3	1	0	0	1	1	.167
D. Walker, of	18	4	2	0	0	3	0	.222
J. Medwick, of	17	4	1	0	0	1	0	.235
M. Owen, c	12	2	0	1	0	1	2	.167
C. Lavagetto, 3b	10	1	0	0	0	1	0	.100
B. Herman, 2b	8	1	0	0	0	0	0	.125
L. Riggs, 3b	8	2	0	0	0	0	1	.250
P. Coscarart, 2b	7	0	0	0	0	1	0	.000
W. Wyatt, p	6	1	1	0	0	1	0	.167
J. Wasdell, of	5	1	1	0	0	0	2	.200
H. Casey, p	2	1	0	0	0	0	1	.500
C. Davis, p	2	0	0	0	0	0	0	.000
Fitzsimmons, p	2	0	0	0	0	0	0	.000
A. Galan	2	0	0	0	0	0	0	.000
H. Franks, c	1	0	0	0	0	0	0	.000
K. Higbe, p	1	1	0	0	0	0	0	1.000

Errors: P. Reese (3), M. Owen

Individual Pitching

NEW YORK (A.L.)

	W	L	ERA	IP	H	BB	SO	SV
E. Bonham	1	0	1.00	9	4	2	2	0
R. Ruffing	1	0	1.00	9	6	3	5	0
M. Russo	1	0	1.00	9	4	2	5	0
J. Murphy	1	0	0.00	6	2	1	3	0
S. Chandler	0	1	3.60	5	4	2	2	0
A. Donald	0	0	9.00	4	6	3	2	0
M. Breuer	0	0	0.00	3	3	1	2	0

BROOKLYN (N.L.)

	W	L	ERA	IP	H	BB	SO	SV
W. Wyatt	1	1	2.50	18	15	10	14	0
Fitzsimmons	0	0	0.00	7	4	3	1	0
H. Casey	0	2	3.38	5.1	9	2	1	0
C. Davis	0	1	5.06	5.1	6	3	1	0
J. Allen	0	0	0.00	3.2	1	3	0	0
K. Higbe	0	0	7.36	3.2	6	2	1	0
L. French	0	0	0.00	1	0	0	0	0

World Series 1947

LINE SCORES & PITCHERS (inn. pit.)	HOME RUNS (men on)	HIGHLIGHTS

New York (A.L.) defeats Brooklyn (N.L.) 4 games to 3

GAME 1 - SEPTEMBER 30
BKN N 100 001 100   3 6 0
NY   A 000 050 00x   5 4 0
Branca (4), Behrman (2), Casey (2)
Shea (5), Page (4) **SV**

Branca retired the first twelve batters but was knocked out as the Yankees got five in the fifth on three hits, three walks, and a hit batsman.

GAME 2 - OCTOBER 1
BKN N 001 100 001   3 9 2
NY   A 101 121 40x 10 15 1
Lombardi (4), Gregg (2),
  Behrman (0.1), Barney (1.2)
Reynolds (9)

Walker
Henrich

Reynolds spaced nine Dodger hits and fanned 12 as he breezed to an easy win.

GAME 3 - OCTOBER 2
NY   A 002 221 100   8 13 0
BKN N 061 200 00x   9 13 1
Newsom (1.2), Raschi (0.1),
  Drew (1), Chandler (2), Page (3)
Hatten (4.1), Branca (2), **Casey** (2.2)

DiMaggio (1 on), Berra

The Dodgers jumped on Newsom and Raschi for six runs in the second to outlast the Yankees in the slugfest. Berra's pinch homer was the first in Series history.

GAME 4 - OCTOBER 3
NY   A 100 100 000   2 8 1
BKN N 000 010 002   3 1 3
Bevens (8.2)
Taylor (0), Gregg (7), Behrman (1.1), **Casey** (0.2)

Bevens was one out from the first Series no-hitter when Lavagetto doubled home two men to win the game for the Dodgers.

GAME 5 - OCTOBER 4
NY   A 000 110 000   2 5 0
BKN N 000 001 000   1 4 1
Shea (9)
Barney (4.2), Hatten (1.1), Behrman (1), Casey (2)

DiMaggio

A fifth-inning homer by DiMaggio proved the deciding run. Shea aided his own cause with two hits and an RBI.

GAME 6 - OCTOBER 5
BKN N 202 004 000   8 12 1
NY   A 004 100 001   6 15 2
Lombardi (2.2), **Branca** (2.1),
  Hatten (3), Casey (1) **SV**
Reynolds (2.1), Drews (2), **Page** (1),
  Newsom (0.2), Raschi (1), Wensloff (2)

A record 38 players were used as the Dodgers knotted the Series. Gionfriddo's great catch of DiMaggio's 415-foot drive in the sixth with two aboard helped to subdue the Yankees.

GAME 7 - OCTOBER 6
BKN N 020 000 000   2 7 0
NY   A 010 201 10x   5 7 0
Gregg (3.2), Behrman (1.2),
  Hatten (0.1), Barney (0.1), Casey (2)
Shea (1.1), Bevens (2.2), **Page** (5)

Page, the Yankees' relief ace, checked the Dodgers on one hit for the last five innings to give the Yankees the Series victory. Henrich's go-ahead RBI single in the fourth marked the third time in the Series that he delivered the clutch run.

Team Totals

		W	AB	H	2B	3B	HR	R	RBI	BA	BB	SO	ERA
NY	A	4	238	67	11	5	4	38	36	.282	38	37	4.09
BKN	N	3	226	52	13	1	1	29	26	.230	30	32	5.55

Individual Batting

NEW YORK (A.L.)

	AB	H	2B	3B	HR	R	RBI	BA
T. Henrich, of	31	10	2	0	1	2	5	.323
S. Stirnweiss, 2b	27	7	0	1	0	3	3	.259
J. DiMaggio, of	26	6	0	0	2	4	5	.231
B. Johnson, 3b	26	7	0	3	0	8	2	.269
P. Rizzuto, ss	26	8	1	0	0	3	2	.308
G. McQuinn, 1b	23	3	0	0	0	3	1	.130
Y. Berra, c, of	19	3	0	0	1	2	2	.158
J. Lindell, of	18	9	3	1	0	3	7	.500
A. Robinson, c	10	2	0	0	0	2	1	.200
S. Shea, p	5	2	1	0	0	0	1	.400
B. Bevens, p	4	0	0	0	0	0	0	.000
S. Lollar, c	4	3	2	0	0	3	1	.750
J. Page, p	4	0	0	0	0	0	0	.000
A. Reynolds, p	4	2	0	0	0	2	1	.500
B. Brown	3	3	2	0	0	2	3	1.000
A. Clark, of	2	1	0	0	0	1	1	.500
K. Drews, p	2	0	0	0	0	0	0	.000
J. Phillips, 1b	2	0	0	0	0	0	0	.000
L. Frey	1	0	0	0	0	0	1	.000
R. Houk	1	1	0	0	0	0	0	1.000

Errors: Y. Berra (2), G. McQuinn, A. Robinson.
Stolen bases: P. Rizzuto (2).

BROOKLYN (N.L.)

	AB	H	2B	3B	HR	R	RBI	BA
B. Edwards, c	27	6	1	0	0	3	2	.222
J. Robinson, 1b	27	7	2	0	0	3	3	.259
D. Walker, of	27	6	1	0	1	1	4	.222
E. Stanky, 2b	25	6	1	0	0	4	2	.240
P. Reese, ss	23	7	1	0	0	5	4	.304
S. Jorgensen, 3b	20	4	2	0	0	1	3	.200
G. Hermanski, of	19	3	0	1	0	4	1	.158
C. Furillo, of	17	6	2	0	0	2	3	.353
P. Reiser, of	8	2	0	0	0	1	0	.250
C. Lavagetto, 3b	7	1	1	0	0	0	3	.143
R. Branca, p	4	0	0	0	0	0	0	.000
E. Miksis, of, 2b	4	1	0	0	0	1	0	.250
A. Gionfriddo, of	3	0	0	0	0	2	0	.000
H. Gregg, p	3	0	0	0	0	0	0	.000
J. Hatten, p	3	1	0	0	0	1	0	.333
V. Lombardi, p	3	0	0	0	0	0	0	.000
A. Vaughan	2	1	1	0	0	0	0	.500
R. Barney, p	1	0	0	0	0	0	0	.000
B. Bragan	1	1	1	0	0	0	1	1.000
H. Casey, p	1	0	0	0	0	0	0	.000
G. Hodges	1	0	0	0	0	0	0	.000
D. Bankhead	0	0	0	0	0	1	0	—

Errors: S. Jorgensen (2), B. Edwards, C. Furillo, E. Miksis, P. Reese, P. Reiser, E. Stanky.
Stolen bases: P. Reese (3), J. Robinson (2), A. Gionfriddo, D. Walker.

Individual Pitching

NEW YORK (A.L.)

	W	L	ERA	IP	H	BB	SO	SV
S. Shea	2	0	2.35	15.1	10	8	10	0
J. Page	1	1	4.15	13	12	2	7	1
B. Bevens	0	1	2.38	11.1	3	11	7	0
A. Reynolds	1	0	4.76	11.1	15	3	6	0
K. Drews	0	0	3.00	3	2	1	0	0
S. Chandler	0	0	9.00	2	2	3	1	0
B. Newsom	0	1	19.29	2.1	6	2	0	0
B. Wensloff	0	0	0.00	2	0	0	0	0

BROOKLYN (N.L.)

	W	L	ERA	IP	H	BB	SO	SV
H. Gregg	0	1	3.55	12.2	9	8	10	0
H. Casey	2	0	0.87	10.1	5	1	3	1
J. Hatten	0	0	7.00	9	12	7	5	0
R. Branca	1	1	8.64	8.1	12	5	8	0
R. Barney	0	1	2.70	6.2	4	10	3	0
H. Behrman	0	0	7.11	6.1	9	5	3	0
V. Lombardi	0	1	12.15	6.2	14	1	5	0
D. Bankhead	0	0	—	0.0	0	0	0	0

342

World Series 1949

LINE SCORES & PITCHERS (inn. pit.)	HOME RUNS (men on)	HIGHLIGHTS

New York (A.L.) defeats Brooklyn (N.L.) 4 games to 1

GAME 1 - OCTOBER 5
BKN N 000 000 000   0 2 0
NY A 000 000 001   1 5 1
Newcombe (8)
Reynolds (9)

Henrich

A stirring pitching duel was resolved in the ninth when Henrich hit a leadoff homer for the game's only run.

GAME 2 - OCTOBER 6
BKN N 010 000 000   1 7 2
NY A 000 000 000   0 6 1
Roe (9)
Raschi (8), Page (1)

The Dodgers reversed the score and squared accounts when Roe blanked the Yankees on six hits. Robinson scored the only Dodger run on Hodges's single.

GAME 3 - OCTOBER 7
NY A 001 000 003   4 5 0
BKN N 000 100 002   3 5 0
Byrne (3.1), **Page** (5.2)
Branca (8.2), Banta (0.1)

Reese, Olmo, Campanella

With the score tied 1-1 in the ninth, the Yankees scored three times, and the Dodgers came back with two. A two-run pinch single by Mize is the big blow for the Bombers, while homers by Olmo and Campanella left Brooklyn one run short.

GAME 4 - OCTOBER 8
NY A 000 330 000   6 10 0
BKN N 000 004 000   4 9 1
Lopat (5.2), Reynolds (3.1) **SV**
Newcombe (3.2), Hatten (1.1),
  Erskine (1), Banta (3)

Reynolds came into the game with runners on first and third and two out in the sixth. He retired all ten batters who faced him to save Lopat's win.

GAME 5 - OCTOBER 9
NY A 203 113 000   10 11 1
BKN N 001 001 400   6 11 2
Raschi (6.2), Page (2.1) **SV**
Barney (2.2), Banta (2.1),
  Erskine (0.2), Hatten (0.1),
  Palica (2), Minner (1)

DiMaggio
Hodges (2 on)

Barney's wildness enabled the Yankees to take an early lead and Page relieved Raschi to choke off the Dodger comeback effort.

Team Totals

	W	AB	H	2B	3B	HR	R	RBI	BA	BB	SO	ERA
NY A	4	164	37	10	2	2	21	20	.226	18	27	2.80
BKN N	1	162	34	7	1	4	14	14	.210	15	38	4.30

Individual Batting

NEW YORK (A.L.)

	AB	H	2B	3B	HR	R	RBI	BA
J. Coleman, 2b	20	5	3	0	0	0	4	.250
T. Henrich, 1b	19	5	0	0	1	4	1	.263
J. DiMaggio, of	18	2	0	0	1	2	2	.111
P. Rizzuto, ss	18	3	0	0	0	2	1	.167
Y. Berra, c	16	1	0	0	0	2	1	.063
B. Brown, 3b	12	6	1	2	0	4	5	.500
C. Mapes, of	10	1	1	0	0	3	2	.100
G. Woodling, of	10	4	3	0	0	4	0	.400
B. Johnson, 3b	7	1	0	0	0	0	0	.143
J. Lindell, of	7	1	0	0	0	0	0	.143
H. Bauer, of	6	1	0	0	0	0	0	.167
V. Raschi, p	5	1	0	0	0	0	1	.200
J. Page, p	4	0	0	0	0	0	0	.000
A. Reynolds, p	4	2	1	0	0	0	0	.500
E. Lopat, p	3	1	1	0	0	0	1	.333
J. Mize	2	2	0	0	0	0	2	1.000
C. Silvera, c	2	0	0	0	0	0	0	.000
T. Byrne, p	1	1	0	0	0	0	0	1.000
G. Niarhos, c	0	0	0	0	0	0	0	–
S. Stirnweiss	0	0	0	0	0	0	0	–

Errors: J. Coleman, J. Lindell, C. Mapes
Stolen bases: B. Johnson, P. Rizzuto

BROOKLYN (N.L.)

	AB	H	2B	3B	HR	R	RBI	BA
D. Snider, of	21	3	1	0	0	2	0	.143
P. Reese, ss	19	6	1	0	1	2	2	.316
G. Hodges, 1b	17	4	0	0	1	2	4	.235
J. Robinson, 2b	16	3	1	0	0	2	2	.188
R. Campanella, c	15	4	1	0	1	2	2	.267
G. Hermanski, of	13	4	0	1	0	1	2	.308
S. Jorgensen, 3b	11	2	2	0	0	1	0	.182
L. Olmo, of	11	3	0	0	1	2	2	.273
C. Furillo, of	8	1	0	0	0	0	0	.125
E. Miksis, 3b	7	2	1	0	0	0	0	.286
M. Rackley, of	5	0	0	0	0	0	0	.000
D. Newcombe, p	4	0	0	0	0	0	0	.000
R. Branca, p	3	0	0	0	0	0	0	.000
B. Cox, 3b	3	1	0	0	0	0	0	.333
P. Roe, p	3	0	0	0	0	0	0	.000
T. Brown	2	0	0	0	0	0	0	.000
B. Edwards	2	1	0	0	0	0	0	.500
J. Banta, p	1	0	0	0	0	0	0	.000
D. Whitman	1	0	0	0	0	0	0	.000
M. McCormick, of	0	0	0	0	0	0	0	–

Errors: R. Barney, E. Miksis, P. Reese, J. Robinson, P. Roe
Stolen bases: P. Reese

Individual Pitching

NEW YORK (A.L.)

	W	L	ERA	IP	H	BB	SO	SV
V. Raschi	1	1	4.30	14.2	15	5	11	0
A. Reynolds	1	0	0.00	12.1	2	4	14	1
J. Page	1	0	2.00	9	6	3	8	1
E. Lopat	1	0	6.35	5.2	9	1	4	0
T. Byrne	0	0	2.70	3.1	2	2	1	0

BROOKLYN (N.L.)

	W	L	ERA	IP	H	BB	SO	SV
D. Newcombe	0	2	3.09	11.2	10	3	11	0
P. Roe	1	0	0.00	9	6	0	3	0
R. Branca	0	1	4.15	8.2	4	4	6	0
J. Banta	0	0	3.18	5.2	5	1	4	0
R. Barney	0	1	16.88	2.2	3	6	2	0
E. Palica	0	0	0.00	2	1	1	1	0
C. Erskine	0	0	16.20	1.2	3	1	0	0
J. Hatten	0	0	16.20	1.2	4	2	0	0
P. Minner	0	0	0.00	1	1	0	0	0

World Series 1952

LINE SCORES & PITCHERS (inn. pit.)	HOME RUNS (men on)	HIGHLIGHTS

New York (A.L.) defeats Brooklyn (N.L.) 4 games to 3

GAME 1 - OCTOBER 1
NY A 001 000 010   2 6 2
BKN N 010 002 01x   4 6 0
Reynolds (7), Scarborough (1)
Black (9)

McDougald
Robinson, Snider (1 on),
Reese

Snider's two-run homer in the sixth gave the Dodgers a lead they never relinquished.

GAME 2 - OCTOBER 2
NY A 000 115 000   7 10 0
BKN N 001 000 000   1 3 1
Raschi (9)
Erskine (5), Loes (2), Lehman (2)

Martin (2 on)

Martin's double, homer, and four RBIs led the Yankee attack. Brooklyn got all three of their hits in the third.

GAME 3 - OCTOBER 3
BKN N 001 010 012   5 11 0
NY A 010 000 011   3 6 2
Roe (9)
Lopat (8.1), Gorman (0.2)

Berra, Mize

A passed ball by Berra let in two runs in the ninth. Mize's pinch-hit homer in the bottom of the frame went for naught.

GAME 4 - OCTOBER 4
BKN N 000 000 000   0 4 1
NY A 000 100 01x   2 4 1
Black (7), Rutherford (1)
Reynolds (9)

Mize

Reynolds allowed four singles and struck out ten as the Yankees scored on Mize's homer in the fourth, and Mantle's triple and Reese's error in the eighth.

GAME 5 - OCTOBER 5
BKN N 010 030 100 01   6 10 0
NY A 000 050 000 00   5 5 1
Erskine (11)
Blackwell (5), **Sain** (6)

Snider (1 on)
Mize (2 on)

Erskine retired the last 19 batters after the Yankees score five runs in the fifth. Snider's single drove in the winning run in the eleventh.

GAME 6 - OCTOBER 6
NY A 000 000 210   3 9 0
BKN N 000 001 010   2 8 1
Raschi (7.2), Reynolds (1.1) **SV**
Loes (8.1), Roe (0.2)

Berra, Mantle
Snider, Snider

Berra's homer, Woodling's single, a balk by Loes, and Raschi's ground single off Loes's knee gave the Yanks the lead in the seventh, and Mantle's homer in the eighth insured the victory.

GAME 7 - OCTOBER 7
NY A 000 111 100   4 10 4
BKN N 000 110 000   2 8 1
Lopat (3), **Reynolds** (3), Raschi (0.1),
  Kuzava (2.2) **SV**
Black (5.1), Roe (1.2), Erskine (2)

Woodling, Mantle

The Yankees went ahead on Mantle's homer in the sixth and Kuzava saved the victory by retiring the last eight batters.

Team Totals

	W	AB	H	2B	3B	HR	R	RBI	BA	BB	SO	ERA
NY A	4	232	50	5	2	10	26	24	.216	31	32	2.81
BKN N	3	233	50	7	0	6	20	18	.215	24	49	3.52

Individual Batting

NEW YORK (A.L.)

	AB	H	2B	3B	HR	R	RBI	BA
M. Mantle, of	29	10	1	1	2	5	3	.345
Y. Berra, c	28	6	1	0	2	2	3	.214
P. Rizzuto, ss	27	4	1	0	0	2	0	.148
G. McDougald, 3b	25	5	0	0	1	5	3	.200
B. Martin, 2b	23	5	0	0	1	2	4	.217
G. Woodling, of	23	8	1	1	1	4	1	.348
H. Bauer, of	18	1	0	0	0	2	1	.056
J. Mize, 1b	15	6	1	0	3	3	6	.400
J. Collins, 1b	12	0	0	0	0	1	0	.000
I. Noren, of	10	3	0	0	0	0	1	.300
A. Reynolds, p	7	0	0	0	0	0	0	.000
V. Raschi, p	6	1	0	0	0	0	1	.167
E. Lopat, p	3	1	0	0	0	0	1	.333
J. Sain, p	3	0	0	0	0	0	0	.000
E. Blackwell, p	1	0	0	0	0	0	0	.000
R. Houk	1	0	0	0	0	0	0	.000
B. Kuzava, p	1	0	0	0	0	0	0	.000

Errors: G. McDougald (4), A. Reynolds (2), Y. Berra, B. Martin, P. Rizzuto, G. Woodling
Stolen bases: G. McDougald

BROOKLYN (N.L.)

	AB	H	2B	3B	HR	R	RBI	BA
P. Reese, ss	29	10	0	0	1	4	4	.345
D. Snider, of	29	10	2	0	4	5	8	.345
R. Campanella, c	28	6	0	0	0	0	1	.214
B. Cox, 3b	27	8	2	0	0	4	0	.296
C. Furillo, of	23	4	2	0	0	1	0	.174
J. Robinson, 2b	23	4	0	0	1	4	2	.174
G. Hodges, 1b	21	0	0	0	0	1	1	.000
A. Pafko, of	21	4	0	0	0	0	2	.190
G. Shuba, of	10	3	1	0	0	0	0	.300
J. Black, p	6	0	0	0	0	0	0	.000
C. Erskine, p	6	0	0	0	0	1	0	.000
B. Loes, p	3	1	0	0	0	0	0	.333
R. Nelson	3	0	0	0	0	0	0	.000
P. Roe, p	2	0	0	0	0	0	0	.000
T. Holmes, of	1	0	0	0	0	0	0	.000
B. Morgan, 3b	1	0	0	0	0	0	0	.000
S. Amoros	0	0	0	0	0	0	0	—

Errors: P. Reese (2), B. Cox, G. Hodges
Stolen bases: J. Robinson (2), B. Loes, P. Reese, D. Snider

Individual Pitching

NEW YORK (A.L.)

	W	L	ERA	IP	H	BB	SO	SV
A. Reynolds	2	1	1.77	20.1	12	6	18	1
V. Raschi	2	0	1.59	17	12	8	18	0
E. Lopat	0	1	4.76	11.1	14	4	3	0
J. Sain	0	1	3.00	6	6	3	3	0
E. Blackwell	0	0	7.20	5	4	3	4	0
B. Kuzava	0	0	0.00	2.2	0	0	2	1
Scarborough	0	0	9.00	1	1	0	1	0
T. Gorman	0	0	0.00	0.2	1	0	0	0

BROOKLYN (N.L.)

	W	L	ERA	IP	H	BB	SO	SV
J. Black	1	2	2.53	21.1	15	8	9	0
C. Erskine	1	1	4.50	18	12	10	10	0
P. Roe	1	0	3.18	11.1	9	6	7	0
B. Loes	0	1	4.35	10.1	11	5	5	0
K. Lehman	0	0	0.00	2	2	1	0	0
J. Rutherford	0	0	9.00	1	1	1	1	0

World Series 1953

LINE SCORES & PITCHERS (inn. pit.)	HOME RUNS (men on)	HIGHLIGHTS

New York (A.L.) defeats Brooklyn (N.L.) 4 games to 2

GAME 1 - SEPTEMBER 30
BKN N 000 013 100   5 12 2
NY   A 400 010 13x   9 12 0
Erskine (1), Hughes (4), **Labine** (1.2), Wade (1.1)
Reynolds (5.1), **Sain** (3.2)

Gilliam, Hodges, Shuba (1 on)
Berra, Collins

Martin's triple with the bases loaded in the first gave the Yankees the lead, and after the Dodgers tied the score in the sixth, Collins's homer in the seventh provided the go-ahead run.

GAME 2 - OCTOBER 1
BKN N 000 200 000   2 9 1
NY   A 100 000 12x   4 5 0
Roe (8)
Lopat (9)

Martin, Mantle (1 on)

Mantle homered in the eighth to break the deadlock.

GAME 3 - OCTOBER 2
NY   A 000 010 010   2 6 0
BKN N 000 011 01x   3 9 0
Raschi (8)
Erskine (9)

Campanella

Erskine struck out 14, including Mantle four times in four appearances, to set a new Series record.

GAME 4 - OCTOBER 3
NY   A 000 020 001   3 9 0
BKN N 300 102 10x   7 12 0
Ford (1), Gorman (3), Sain (2), Schallock (2)
Loes (8), Labine (1) **SV**

McDougald (1 on)
Snider

Snider drove in four runs with two doubles and a homer.

GAME 5 - OCTOBER 4
NY   A 105 000 311 11 11 1
BKN N 010 010 041   7 14 1
McDonald (7.2), Kuzava (0.2), Reynolds (0.2) **SV**
Podres (2.2), Meyer (4.1), Wade (1), Black (1)

Woodling, Mantle (3 on), Martin (1 on), McDougald
Cox (2 on), Gilliam

Mantle homered with the bases full after a two-out error by Hodges in the third. A Series record was set as both teams combined for 47 total bases.

GAME 6 - OCTOBER 5
BKN N 000 001 002   3 8 3
NY   A 210 000 001   4 13 0
Erskine (4), Milliken (2), **Labine** (2.1)
Ford (7), **Reynolds** (2)

Furillo (1 on)

Martin's twelfth hit of the Series in the bottom of the ninth scored Bauer for the winning run. The win gave the Yankees their fifth consecutive World Series crown, an all-time record.

Team Totals

		W	AB	H	2B	3B	HR	R	RBI	BA	BB	SO	ERA
NY	A	4	201	56	6	4	9	33	32	.279	25	43	4.50
BKN	N	2	213	64	13	1	8	27	26	.300	15	30	4.91

Individual Batting

NEW YORK (A.L.)

	AB	H	2B	3B	HR	R	RBI	BA
J. Collins, 1b	24	4	1	0	1	4	2	.167
M. Mantle, of	24	5	0	0	2	3	7	.208
B. Martin, 2b	24	12	1	2	2	5	8	.500
G. McDougald, 3b	24	4	0	1	2	2	4	.167
H. Bauer, of	23	6	0	1	0	6	1	.261
Y. Berra, c	21	9	1	0	1	3	4	.429
G. Woodling, of	20	6	0	0	1	5	3	.300
P. Rizzuto, ss	19	6	1	0	0	4	0	.316
W. Ford, p	3	1	0	0	0	0	0	.333
E. Lopat, p	3	0	0	0	0	0	0	.000
J. Mize	3	0	0	0	0	0	0	.000
D. Bollweg, 1b	2	0	0	0	0	0	0	.000
J. McDonald, p	2	1	1	0	0	0	1	.500
V. Raschi, p	2	0	0	0	0	0	0	.000
A. Reynolds, p	2	1	0	0	0	0	0	.500
J. Sain, p	2	1	0	0	0	1	2	.500
T. Gorman, p	1	0	0	0	0	0	0	.000
B. Kuzava, p	1	0	0	0	0	0	0	.000
I. Noren	1	0	0	0	0	0	0	.000

Errors: P. Rizzuto
Stolen bases: B. Martin, P. Rizzuto

BROOKLYN (N.L.)

	AB	H	2B	3B	HR	R	RBI	BA
J. Gilliam, 2b	27	8	3	0	2	4	4	.296
J. Robinson, of	25	8	2	0	0	3	2	.320
D. Snider, of	25	8	3	0	1	3	5	.320
C. Furillo, of	24	8	2	0	1	4	4	.333
P. Reese, ss	24	5	0	1	0	0	0	.208
B. Cox, 3b	23	7	3	0	1	3	6	.304
R. Campanella, c	22	6	0	0	1	6	2	.273
G. Hodges, 1b	22	8	0	0	1	3	1	.364
C. Erskine, p	4	1	0	0	0	0	0	.250
B. Loes, p	3	2	0	0	0	0	0	.667
P. Roe, p	3	0	0	0	0	0	0	.000
W. Belardi	2	0	0	0	0	0	0	.000
C. Labine, p	2	0	0	0	0	0	0	.000
D. Williams	2	1	0	0	0	0	0	.500
J. Hughes, p	1	0	0	0	0	0	0	.000
R. Meyer, p	1	0	0	0	0	0	0	.000
B. Morgan	1	0	0	0	0	0	0	.000
J. Podres, p	1	1	0	0	0	0	1	1.000
G. Shuba	1	1	0	0	1	1	2	1.000
D. Thompson, of	1	0	0	0	0	0	0	—

Errors: C. Furillo (2), B. Cox, C. Erskine, J. Gilliam, G. Hodges, J. Hughes
Stolen bases: G. Hodges, J. Robinson

Individual Pitching

NEW YORK (A.L.)

	W	L	ERA	IP	H	BB	SO	SV
E. Lopat	1	0	2.00	9	9	4	3	0
W. Ford	0	1	4.50	8	9	2	7	0
V. Raschi	0	1	3.38	8	9	3	4	0
A. Reynolds	1	0	6.75	8	9	4	9	1
J. McDonald	1	0	5.87	7.2	12	0	3	0
J. Sain	1	0	4.76	5.2	8	1	1	0
T. Gorman	0	0	3.00	3	4	0	1	0
A. Schallock	0	0	4.50	2	2	1	1	0
B. Kuzava	0	0	13.50	0.2	2	0	1	0

BROOKLYN (N.L.)

	W	L	ERA	IP	H	BB	SO	SV
C. Erskine	1	0	5.79	14	14	9	16	0
B. Loes	1	0	3.38	8	8	2	8	0
P. Roe	0	1	4.50	8	5	4	4	0
C. Labine	0	2	3.60	5	10	1	3	1
J. Hughes	0	0	2.25	4	3	1	3	0
R. Meyer	0	0	6.23	4.1	8	4	5	0
B. Milliken	0	0	0.00	2	2	1	0	0
J. Podres	0	1	3.38	2.2	1	2	0	0
B. Wade	0	0	15.43	2.1	4	1	2	0
J. Black	0	0	9.00	1	1	0	2	0

World Series 1955

LINE SCORES & PITCHERS (inn. pit.)	HOME RUNS (men on)	HIGHLIGHTS

Brooklyn (N.L.) defeats New York (A.L.) 4 games to 3

GAME 1 - SEPTEMBER 28
BKN N 021 000 020   5 10 0
NY A 021 102 00x   6 9 1
Newcombe (5.2), Bessent (1.1), Labine (1)
Ford (8), Grim (1) **SV**

Furillo, Snider
Howard (1 on), Collins, Collins (1 on)

Collins's two-run homer in the sixth put the Yankees ahead 6-3. Robinson stole home in the eighth to bring the Dodgers within one run of a tie.

GAME 2 - SEPTEMBER 29
BKN N 000 110 000   2 5 2
NY A 000 400 00x   4 8 0
Loes (3.2), Bessent (0.1), Spooner (3), Labine (1)
Byrne (9)

Byrne capped a four-run fourth-inning with a two-run single and became the first lefty to pitch a complete game victory over the Dodgers in 1955.

GAME 3 - SEPTEMBER 30
NY A 020 000 100   3 7 0
BKN N 220 200 20x   8 11 1
Turley (1.1), Morgan (2.2), Kucks (2), Sturdivant (2)
Podres (9)

Mantle
Campanella (1 on)

Campanella led the Dodger attack with three hits and three RBIs.

GAME 4 - OCTOBER 1
NY A 110 102 000   5 9 0
BKN N 001 330 10x   8 14 0
Larsen (4), Kucks (2), Coleman (1), Morgan (1), Sturdivant (1)
Erskine (3), Bessent (1.2), Labine (4.1)

McDougald
Campanella, Hodges (1 on), Snider (2 on)

Homers by Campanella and Hodges gave the Dodgers a 4-3 lead in the fourth and Snider's three-run homer in the fifth insured the victory.

GAME 5 - OCTOBER 2
NY A 000 100 110   3 6 0
BKN N 021 010 01x   5 9 2
Grim (6), Turley (2)
Craig (6), Labine (3) **SV**

Cerv, Berra
Amoros (1 on), Snider, Snider

Three homers off Grim in the first five innings paced the Dodger victory.

GAME 6 - OCTOBER 3
BKN N 000 100 000   1 4 1
NY A 500 000 00x   5 8 0
Spooner (0.1), Meyer (5.2), Roebuck (2)
Ford (9)

Skowron (2 on)

The Yankees knocked out Spooner with five runs in the first on two walks, singles by Berra and Bauer, and Skowron's homer.

GAME 7 - OCTOBER 4
BKN N 000 101 000   2 5 0
NY A 000 000 00x   0 8 1
Podres (9)
Byrne (5.1), Grim (1.2), Turley (2)

The Dodgers won their first Series on Podres's shutout and two RBIs by Hodges. Amoros saved the game in the sixth with a spectacular running catch of Berra's fly down the left field line.

Team Totals

	W	AB	H	2B	3B	HR	R	RBI	BA	BB	SO	ERA
BKN N	4	223	58	8	1	9	31	30	.260	33	38	3.75
NY A	3	222	55	4	2	8	26	25	.248	22	39	4.20

Individual Batting

BROOKLYN (N.L.)

	AB	H	2B	3B	HR	R	RBI	BA
R. Campanella, c	27	7	3	0	2	4	4	.259
C. Furillo, of	27	8	1	0	1	4	3	.296
P. Reese, ss	27	8	1	0	0	5	2	.296
D. Snider, of	25	8	1	0	4	5	7	.320
J. Gilliam, 2b, of	24	7	1	0	0	2	3	.292
G. Hodges, 1b	24	7	0	0	1	2	5	.292
J. Robinson, 3b	22	4	1	1	0	5	1	.182
S. Amoros, of	12	4	0	0	1	3	3	.333
D. Zimmer, 2b	9	2	0	0	0	0	2	.222
J. Podres, p	7	1	0	0	0	1	0	.143
C. Labine, p	4	0	0	0	0	0	0	.000
D. Hoak, 3b	3	1	0	0	0	0	0	.333
F. Kellert	3	1	0	0	0	0	0	.333
D. Newcombe, p	3	0	0	0	0	0	0	.000
R. Meyer, p	2	0	0	0	0	0	0	.000
D. Bessent, p	1	0	0	0	0	0	0	.000
C. Erskine, p	1	0	0	0	0	0	0	.000
B. Loes, p	1	0	0	0	0	0	0	.000
G. Shuba	1	0	0	0	0	0	0	.000

Errors: J. Robinson (2), D. Zimmer (2), R. Campanella, P. Reese
Stolen bases: J. Gilliam, J. Robinson

NEW YORK (A.L.)

	AB	H	2B	3B	HR	R	RBI	BA
G. McDougald, 3b	27	7	0	0	1	2	1	.259
E. Howard, of	26	5	0	0	1	3	3	.192
B. Martin, 2b	25	8	1	1	0	2	4	.320
Y. Berra, c	24	10	1	0	1	5	2	.417
B. Cerv, of	16	2	0	0	1	1	1	.125
I. Noren, of	16	1	0	0	0	0	1	.063
P. Rizzuto, ss	15	4	0	0	0	2	1	.267
H. Bauer, of	14	6	0	0	0	1	1	.429
J. Collins, 1b, of	12	2	0	0	2	6	3	.167
B. Skowron, 1b	12	4	2	0	1	2	3	.333
M. Mantle, of	10	2	0	0	1	1	1	.200
T. Byrne, p	6	1	0	0	0	0	2	.167
W. Ford, p	6	0	0	0	0	1	0	.000
J. Coleman, ss	3	0	0	0	0	0	0	.000
E. Robinson, 1b	3	2	0	0	0	0	1	.667
A. Carey	2	1	0	1	0	0	1	.500
B. Grim, p	2	0	0	0	0	0	0	.000
D. Larsen, p	2	0	0	0	0	0	0	.000
B. Turley, p	1	0	0	0	0	0	0	.000
T. Carroll	0	0	0	0	0	0	0	—

Errors: G. McDougald, B. Skowron
Stolen bases: P. Rizzuto (2), J. Collins

Individual Pitching

BROOKLYN (N.L.)

	W	L	ERA	IP	H	BB	SO	SV
J. Podres	2	0	1.00	18	15	4	10	0
C. Labine	1	0	2.89	9.1	6	2	2	1
R. Craig	1	0	3.00	6	4	5	4	0
R. Meyer	0	0	0.00	5.2	4	2	4	0
D. Newcombe	0	1	9.53	5.2	8	2	4	0
D. Bessent	0	0	0.00	3.1	3	1	1	0
C. Erskine	0	0	9.00	3	3	2	3	0
B. Loes	0	1	9.82	3.2	7	1	5	0
K. Spooner	0	1	13.50	3.1	4	3	6	0
E. Roebuck	0	0	0.00	2	1	0	0	0

NEW YORK (A.L.)

	W	L	ERA	IP	H	BB	SO	SV
W. Ford	2	0	2.12	17	13	8	10	0
T. Byrne	1	1	1.88	14.1	8	8	8	0
B. Grim	0	1	4.15	8.2	8	5	8	1
B. Turley	0	1	8.44	5.1	4	7	4	0
D. Larsen	0	1	11.25	4	5	2	2	0
J. Kucks	0	0	6.00	3	4	1	1	0
T. Morgan	0	0	4.91	3.2	3	3	1	0
T. Sturdivant	0	0	6.00	3	5	2	0	0
R. Coleman	0	0	9.00	1	5	0	1	0

World Series 1956

LINE SCORES & PITCHERS (inn. pit.)	HOME RUNS (men on)	HIGHLIGHTS

New York (A.L.) defeats Brooklyn (N.L.) 4 games to 3

GAME 1 - OCTOBER 3
NY A 200 100 000   3 9 1
BKN N 023 100 00x   6 9 0
Ford (3), Kucks (2), Morgan (2), Turley (1)
Maglie (9)

Mantle (1 on), Martin
Robinson, Hodges (2 on)

Hodges' three-run homer in the third broke a 2-2 deadlock.

GAME 2 - OCTOBER 5
NY A 150 100 001   8 12 2
BKN N 061 220 02x   13 12 0
Larsen (1.2), Kucks (0), Byrne (0.1), Sturdivant (0.2), **Morgan** (2), Turley (0.1), McDermott (3)
Newcombe (1.2), Roebuck (0.1), Bessent (7)

Berra (3 on)
Snider (2 on)

The Yankees used seven pitchers to set a Series record as the Dodgers win the slugfest in the longest nine-inning game in Series history (3 hours, 26 minutes).

GAME 3 - OCTOBER 6
BKN N 010 001 100   3 8 1
NY A 010 003 01x   5 8 1
Craig (6), Labine (2)
Ford (9)

Martin, Slaughter (2 on)

Slaughter's three-run homer in th sixth put the Yankees ahead to stay.

GAME 4 - OCTOBER 7
BKN N 000 100 001   2 6 0
NY A 100 201 20x   6 7 2
Erskine (4), Roebuck (2), Drysdale (2)
Sturdivant (9)

Mantle, Bauer (1 on)

Martin's single in the fourth scored the go-ahead run, and homers by Mantle in the sixth and Bauer in the seventh iced the game.

GAME 5 - OCTOBER 8
BKN N 000 000 000   0 0 0
NY A 000 101 00x   2 5 0
Maglie (8)
Larsen (9)

Mantle

Larsen threw 97 pitches in hurling a perfect game for the first World Series no-hitter.

GAME 6 - OCTOBER 9
NY A 000 000 000 0   0 7 0
BKN N 000 000 000 1   1 4 0
Turley (9.2)
Labine (10)

Robinson singled in the winning run in the tenth on a fly ball misjudged by Slaughter.

GAME 7 - OCTOBER 10
NY A 202 100 400   9 10 0
BKN N 000 000 000   0 3 1
Kucks (9)
Newcombe (3), Bessent (3), Craig (0), Roebuck (2), Erskine (1)

Berra (1 on),
Berra (1 on), Howard,
Skowron (3 on)

Kucks allowed three hits and Skowron hit a grand-slam homer to give the Yankees the Series victory.

Team Totals

	W	AB	H	2B	3B	HR	R	RBI	BA	BB	SO	ERA
NY A	4	229	58	6	0	12	33	33	.253	21	43	2.48
BKN N	3	215	42	8	1	3	25	24	.195	32	47	4.72

Individual Batting

NEW YORK (A.L.)

	AB	H	2B	3B	HR	R	RBI	BA
H. Bauer, of	32	9	0	0	1	3	3	.281
B. Martin, 2b, 3b	27	8	0	0	2	5	3	.296
Y. Berra, c	25	9	2	0	3	5	10	.360
M. Mantle, of	24	6	1	0	3	6	4	.250
J. Collins, 1b	21	5	2	0	0	2	2	.238
G. McDougald, ss	21	3	0	0	0	0	1	.143
E. Slaughter, of	20	7	0	0	1	6	4	.350
A. Carey, 3b	19	3	0	0	0	2	0	.158
B. Skowron, 1b	10	1	0	0	1	1	4	.100
E. Howard, of	5	2	1	0	1	1	1	.400
W. Ford, p	4	0	0	0	0	0	0	.000
B. Turley, p	4	0	0	0	0	0	0	.000
J. Kucks, p	3	0	0	0	0	0	0	.000
D. Larsen, p	3	1	0	0	0	1	1	.333
T. Sturdivant, p	3	1	0	0	0	0	0	.333
J. Coleman, 2b	2	0	0	0	0	0	0	.000
T. Byrne, p	1	0	0	0	0	0	0	.000
B. Cerv	1	1	0	0	0	0	0	1.000
M. McDermott, p	1	1	0	0	0	0	0	1.000
T. Morgan, p	1	1	0	0	0	0	1	1.000
N. Siebern	1	0	0	0	0	0	0	.000
T. Wilson	1	0	0	0	0	0	0	.000

Errors: A. Carey (2), J. Collins (2), H. Bauer, B. Skowron
Stolen bases: H. Bauer, M. Mantle

BROOKLYN (N.L.)

	AB	H	2B	3B	HR	R	RBI	BA
P. Reese, ss	27	6	0	1	0	3	2	.222
C. Furillo, of	25	6	2	0	0	2	1	.240
J. Gilliam, 2b, of	24	2	0	0	0	2	2	.083
J. Robinson, 3b	24	6	1	0	1	5	2	.250
G. Hodges, 1b	23	7	2	0	1	5	8	.304
D. Snider, of	23	7	1	0	1	5	4	.304
R. Campanella, c	22	4	1	0	0	2	3	.182
S. Amoros, of	19	1	0	0	0	1	1	.053
S. Maglie, p	5	0	0	0	0	0	0	.000
C. Labine, p	4	1	1	0	0	0	0	.250
D. Mitchell	4	0	0	0	0	0	0	.000
C. Neal, 2b	4	0	0	0	0	0	0	.000
R. Jackson	3	0	0	0	0	0	0	.000
D. Bessent, p	2	1	0	0	0	0	1	.500
R. Craig, p	2	1	0	0	0	0	0	.500
R. Walker	2	0	0	0	0	0	0	.000
C. Erskine, p	1	0	0	0	0	0	0	.000
D. Newcombe, p	1	0	0	0	0	0	0	.000
G. Cimoli, of	1	0	0	0	0	0	0	—

Errors: C. Neal, P. Reese
Stolen bases: J. Gilliam

Individual Pitching

NEW YORK (A.L.)

	W	L	ERA	IP	H	BB	SO	SV
W. Ford	1	1	5.25	12	14	2	8	0
J. Kucks	1	0	0.82	11	6	3	2	0
B. Turley	0	1	0.82	11	4	8	14	0
D. Larsen	1	0	0.00	10.2	1	4	7	0
T. Sturdivant	1	0	2.79	9.2	8	8	9	0
T. Morgan	0	1	9.00	4	6	4	3	0
M. McDermott	0	0	3.00	3	2	3	3	0
T. Byrne	0	0	0.00	0.1	1	0	1	0

BROOKLYN (N.L.)

	W	L	ERA	IP	H	BB	SO	SV
S. Maglie	1	1	2.65	17	14	6	15	0
C. Labine	1	0	0.00	12	8	3	7	0
D. Bessent	1	0	1.80	10	8	3	5	0
R. Craig	0	1	12.00	6	10	3	4	0
C. Erskine	0	1	5.40	4	4	2	2	0
D. Newcombe	0	1	21.21	4.2	11	3	4	0
E. Roebuck	0	0	2.08	4.1	1	0	5	0
D. Drysdale	0	0	9.00	2	2	1	1	0

World Series 1959

Los Angeles (N.L.) defeats Chicago (A.L.) 4 games to 2

LINE SCORES & PITCHERS (inn. pit.)	HOME RUNS (men on)	HIGHLIGHTS

GAME 1 - OCTOBER 1
```
LA  N  000 000 000   0  8  3
CHI A  207 200 00x  11 11  0
```
Craig (2.1), Churn (0.2), Labine (1), Koufax (2), Klippstein (2)
Wynn (7), Staley (2) **SV**

Kluszewski (1 on), Kluszewski (1 on)

Wynn and Staley subdued the Dodgers as Kluszewski's five RBIs pace the 11-run attack.

GAME 2 - OCTOBER 2
```
LA  N  000 010 300  4  9  1
CHI A  200 000 010  3  8  0
```
Podres (6), Sherry (3) **SV**
Shaw (6.2), Lown (2.1)

Neal, Essegian, Neal (1 on)

Two home runs by Neal and Essegian's two-out pinch homer in the seventh gave the Dodgers the win.

GAME 3 - OCTOBER 4
```
CHI A  000 000 010  1 12  0
LA  N  000 000 21x  3  5  0
```
Donovan (6.2), Staley (1.1)
Drysdale (7), Sherry (2) **SV**

Furillo's pinch-hit single in the seventh with the bases full broke a scoreless tie and provided the winning margin.

GAME 4 - OCTOBER 5
```
CHI A  000 000 400  4 10  3
LA  N  004 000 01x  5  9  0
```
Wynn (2.2), Lown (0.1), Pierce (3), **Staley** (2)
Craig (7), **Sherry** (2)

Lollar (2 on), Hodges

Hodges's homer in the eighth broke the deadlock after Lollar's three-run shot in the seventh pulled the White Sox even.

GAME 5 - OCTOBER 6
```
CHI A  000 100 000  1  5  0
LA  N  000 000 000  0  9  0
```
Shaw (7.1), Pierce (0), **Donovan** (1.2) **SV**
Koufax (7), Williams (2)

Rivera's back-to-the-plate catch of Neal's fly with two men on and two out in the seventh choked off a Dodger rally. The White Sox set a Series record by using three pitchers in posting a 1-0 shutout. The game was witnessed by a record crowd of 92,706.

GAME 6 - OCTOBER 8
```
LA  N  002 600 001  9 13  0
CHI A  000 300 000  3  6  1
```
Podres (3.1), **Sherry** (5.2)
Wynn (3.1), Donavan (0), Lown (0.2), Staley (3), Pierce (1), Moore (1)

Snider (1 on), Moon (1 on), Essegian, Kluszewski (2 on)

The Dodgers jumped to an early 8-0 lead. Kluszewski homered for three runs in the fourth before Sherry came on to check the White Sox. It was Sherry's second win to go along with his two saves.

Team Totals

	W	AB	H	2B	3B	HR	R	RBI	BA	BB	SO	ERA
LA N	4	203	53	3	1	7	21	19	.261	12	27	3.23
CHI A	2	199	52	10	0	4	23	19	.261	20	33	3.46

Individual Batting

LOS ANGELES (N.L.)

	AB	H	2B	3B	HR	R	RBI	BA
C. Neal, 2b	27	10	2	0	2	4	6	.370
J. Gilliam, 3b	25	6	0	0	0	2	0	.240
G. Hodges, 1b	23	9	0	1	1	2	2	.391
W. Moon, of	23	6	0	0	1	3	2	.261
J. Roseboro, c	21	2	0	0	0	0	1	.095
M. Wills, ss	20	5	0	0	0	2	1	.250
N. Larker, of	16	3	0	0	0	2	0	.188
D. Demeter, of	12	3	0	0	0	2	0	.250
D. Snider, of	10	2	0	0	1	1	2	.200
C. Furillo, of	4	1	0	0	0	0	2	.250
J. Podres, p	4	2	0	0	0	1	1	.500
L. Sherry, p	4	2	0	0	0	0	0	.500
R. Craig, p	3	0	0	0	0	0	0	.000
C. Essegian	3	2	0	0	2	2	2	.667
R. Fairly, of	3	0	0	0	0	0	0	.000
D. Drysdale, p	2	0	0	0	0	0	0	.000
S. Koufax, p	2	0	0	0	0	0	0	.000
D. Zimmer, ss	1	0	0	0	0	0	0	.000
J. Pignatano, c	0	0	0	0	0	0	0	—
R. Repulski, of	0	0	0	0	0	0	0	—

Errors: D. Snider (2), C. Neal, M. Wills
Stolen bases: J. Gilliam (2), W. Moon, C. Neal, M. Wills

CHICAGO (A.L.)

	AB	H	2B	3B	HR	R	RBI	BA
L. Aparicio, ss	26	8	1	0	0	1	0	.308
N. Fox, 2b	24	9	3	0	0	4	0	.375
J. Landis, of	24	7	0	0	0	6	1	.292
T. Kluszewski, 1b	23	9	1	0	3	5	10	.391
S. Lollar, c	22	5	0	0	1	3	5	.227
A. Smith, of	20	5	3	0	0	1	1	.250
B. Goodman, 3b	13	3	0	0	0	1	1	.231
J. Rivera, of	11	0	0	0	0	1	0	.000
B. Phillips, 3b, of	10	3	1	0	0	0	0	.300
J. McAnany, of	5	0	0	0	0	0	0	.000
E. Wynn, p	5	1	1	0	0	0	1	.200
N. Cash	4	0	0	0	0	0	0	.000
B. Shaw, p	4	1	0	0	0	0	0	.250
D. Donovan, p	3	1	0	0	0	0	0	.333
S. Esposito, 3b	2	0	0	0	0	0	0	.000
J. Romano	1	0	0	0	0	0	0	.000
G. Staley, p	1	0	0	0	0	0	0	.000
E. Torgeson, 1b	1	0	0	0	0	1	0	.000

Errors: L. Aparicio (2), J. Landis, B. Pierce
Stolen bases: L. Aparicio, J. Landis

Individual Pitching

LOS ANGELES (N.L.)

	W	L	ERA	IP	H	BB	SO	SV
L. Sherry	2	0	0.71	12.2	8	2	5	2
R. Craig	0	1	8.68	9.1	15	5	8	0
S. Koufax	0	1	1.00	9	5	1	7	0
J. Podres	1	0	4.82	9.1	7	6	4	0
D. Drysdale	1	0	1.29	7	11	4	5	0
J. Klippstein	0	0	0.00	2	1	0	2	0
S. Williams	0	0	0.00	2	0	2	1	0
C. Labine	0	0	0.00	1	0	0	1	0
C. Churn	0	0	27.00	0.2	5	0	0	0

CHICAGO (A.L.)

	W	L	ERA	IP	H	BB	SO	SV
B. Shaw	1	1	2.57	14	17	2	2	0
E. Wynn	1	1	5.54	13	19	4	10	0
D. Donovan	0	1	5.40	8.1	4	3	5	1
G. Staley	0	1	2.16	8.1	8	0	3	1
B. Pierce	0	0	0.00	4	2	2	3	0
T. Lown	0	0	0.00	3.1	2	1	3	0
R. Moore	0	0	9.00	1	1	0	1	0

World Series 1963

LINE SCORES & PITCHERS (inn. pit.)   **HOME RUNS** (men on)   **HIGHLIGHTS**

Los Angeles (N.L.) defeats New York (A.L.) 4 games to 0

GAME 1 - OCTOBER 2
```
LA  N  041 000 000   5  9  0
NY  A  000 000 020   2  6  0
```
Koufax (9)
Ford (5), Williams (3), Hamilton (1)

Roseboro (2 on)
Tresh (1 on)

Koufax struck out 15 to set a new Series record and Roseboro hit a three-run homer in the second. Yankee pitchers struck out ten Dodgers, bringing the two-team total to 25 strikeouts, also a record.

GAME 2 - OCTOBER 3
```
LA  N  200 100 010   4 10  1
NY  A  000 000 001   1  7  0
```
Podres (8.1), Perranoski (0.2) SV
Downing (5), Terry (3), Reniff (1)

Skowron

Willie Davis drove in two runs in the first on a ball that went for a double after Maris slipped chasing the hit.

GAME 3 - OCTOBER 5
```
NY  A  000 000 000   0  3  0
LA  N  100 000 00x   1  4  1
```
Bouton (7), Reniff (1)
Drysdale (9)

Drysdale allowed three hits in pitching a shutout, walking only one batter while striking out nine. The Dodgers' run came in the first when Gilliam scored on Tommy Davis's single.

GAME 4 - OCTOBER 6
```
NY  A  000 000 100   1  6  1
LA  N  000 010 10x   2  2  1
```
Ford (7), Reniff (1)
Koufax (9)

Mantle
F. Howard

Pepitone lost Boyer's throw in the shirts in the crowd, and Gilliam sped around to third to lead off the seventh. Willie Davis's sacrifice fly then scored him with the winning run.

Team Totals

		W	AB	H	2B	3B	HR	R	RBI	BA	BB	SO	ERA
LA	N	4	117	25	3	2	3	12	12	.214	11	25	1.00
NY	A	0	129	22	3	0	2	4	4	.171	5	37	2.91

Individual Batting

LOS ANGELES (N.L.)

	AB	H	2B	3B	HR	R	RBI	BA
T. Davis, of	15	6	0	2	0	0	2	.400
M. Wills, ss	15	2	0	0	0	1	0	.133
J. Roseboro, c	14	2	0	0	1	1	3	.143
J. Gilliam, 3b	13	2	0	0	0	3	0	.154
B. Skowron, 1b	13	5	0	0	1	2	3	.385
D. Tracewski, 2b	13	2	0	0	0	1	0	.154
W. Davis, of	12	2	2	0	0	2	3	.167
F. Howard, of	10	3	1	0	1	2	1	.300
S. Koufax, p	6	0	0	0	0	0	0	.000
J. Podres, p	4	1	0	0	0	0	0	.250
D. Drysdale, p	1	0	0	0	0	0	0	.000
R. Fairly, of	1	0	0	0	0	0	0	.000

Errors: J. Podres, D. Tracewski, M. Wills
Stolen bases: T. Davis, M. Wills

NEW YORK (A.L.)

	AB	H	2B	3B	HR	R	RBI	BA
T. Kubek, ss	16	3	0	0	0	1	0	.188
E. Howard, c	15	5	0	0	0	0	1	.333
M. Mantle, of	15	2	0	0	1	1	1	.133
T. Tresh, of	15	3	0	0	1	1	2	.200
B. Richardson, 2b	14	3	1	0	0	0	0	.214
C. Boyer, 3b	13	1	0	0	0	0	0	.077
J. Pepitone, 1b	13	2	0	0	0	0	0	.154
H. Lopez, of	8	2	2	0	0	1	0	.250
R. Maris, of	5	0	0	0	0	0	0	.000
J. Blanchard, of	3	0	0	0	0	0	0	.000
W. Ford, p	3	0	0	0	0	0	0	.000
P. Linz	3	1	0	0	0	0	0	.333
J. Bouton, p	2	0	0	0	0	0	0	.000
H. Bright	2	0	0	0	0	0	0	.000
Y. Berra	1	0	0	0	0	0	0	.000
A. Downing, p	1	0	0	0	0	0	0	.000

Errors: J. Pepitone

Individual Pitching

LOS ANGELES (N.L.)

	W	L	ERA	IP	H	BB	SO	SV
S. Koufax	2	0	1.50	18	12	3	23	0
D. Drysdale	1	0	0.00	9	3	1	9	0
J. Podres	1	0	1.08	8.1	6	1	4	0
R. Perranoski	0	0	0.00	0.2	1	0	1	1

NEW YORK (A.L.)

	W	L	ERA	IP	H	BB	SO	SV
W. Ford	0	2	4.50	12	10	3	8	0
J. Bouton	0	1	1.29	7	4	5	4	0
A. Downing	0	1	5.40	5	7	1	6	0
H. Reniff	0	0	0.00	3	0	1	1	0
R. Terry	0	0	3.00	3	3	1	0	0
S. Williams	0	0	0.00	3	1	0	5	0
S. Hamilton	0	0	0.00	1	0	0	1	0

World Series 1965

350

| LINE SCORES & PITCHERS (inn. pit.) | HOME RUNS (men on) | HIGHLIGHTS |

Los Angeles (N.L.) defeats Minnesota (A.L.) 4 games to 3

GAME 1 - OCTOBER 6
```
LA  N  010 000 001   2 10 1
MIN A  016 001 00x   8 10 0
```
Drysdale (2.2), Reed (1.1), Brewer (2), Perranoski (2)
Grant (9)

Fairly
Mincher,
Versalles (2 on)

The Twins broke away on a six-run third-inning barrage featuring Versalles's three-run homer and Quilici's two singles.

GAME 2 - OCTOBER 7
```
LA  N  000 000 100   1 7 3
MIN A  000 002 12x   5 9 0
```
Koufax (6), Perranoski (1.2), Miller (0.1)
Kaat (9)

The Twins rolled behind Kaat as Oliva and Killebrew supplied the hitting. Allison made a diving catch of Lefebvre's drive to spark the defense.

GAME 3 - OCTOBER 9
```
MIN A  000 000 000   0 5 0
LA  N  000 211 00x   4 10 1
```
Pascual (5), Merritt (2), Klippstein (1)
Osteen (9)

Roseboro opened the scoring with a single driving in two runs as Osteen checked the Twins on five hits.

GAME 4 - OCTOBER 10
```
MIN A  000 101 000   2 5 2
LA  N  110 103 01x   7 10 0
```
Grant (5), Worthington (2), Pleis (1)
Drysdale (9)

Killebrew, Oliva
Parker, Johnson

Drysdale returned with an 11-strikeout performance as Fairly drove in three runs.

GAME 5 - OCTOBER 11
```
MIN A  000 000 000   0 4 1
LA  N  202 100 20x   7 14 0
```
Kaat (2.1), Boswell (2.2), Perry (3)
Koufax (9)

Koufax regained his form, striking out ten and scattering four singles. Wills had two singles and two doubles; Willie Davis stole three bases.

GAME 6 - OCTOBER 13
```
LA  N  000 000 100   1 6 1
MIN A  000 203 00x   5 6 1
```
Osteen (5), Reed (2), Miller (1)
Grant (9)

Fairly
Allison (1 on),
Grant (2 on)

The Twins tied the Series behind Grant's six-hit pitching and his three-run homer.

GAME 7 - OCTOBER 14
```
LA  N  000 200 000   2 7 0
MIN A  000 000 000   0 3 1
```
Koufax (9)
Kaat (3), Worthington (2), Klippstein (1.2), Merritt (1.1), Perry (1)

Johnson

Koufax ended the Series with a flourish, earning his second shutout and again fanning ten. Lou Johnson's homer provided the winning margin.

Team Totals

		W	AB	H	2B	3B	HR	R	RBI	BA	BB	SO	ERA
LA	N	4	234	64	10	1	5	24	21	.274	13	31	2.10
MIN	A	3	215	42	7	2	6	20	19	.195	19	54	3.15

Individual Batting

LOS ANGELES (N.L.)

	AB	H	2B	3B	HR	R	RBI	BA
M. Wills, ss	30	11	3	0	0	3	3	.367
R. Fairly, of	29	11	3	0	2	7	6	.379
J. Gilliam, 3b	28	6	1	0	0	2	2	.214
L. Johnson, of	27	8	2	0	2	3	4	.296
W. Davis, of	26	6	0	0	0	3	0	.231
W. Parker, 1b	23	7	0	1	1	3	2	.304
J. Roseboro, c	21	6	1	0	0	1	3	.286
D. Tracewski, 2b	17	2	0	0	0	0	0	.118
J. Lefebvre, 2b	10	4	0	0	0	2	0	.400
S. Koufax, p	9	1	0	0	0	0	1	.111
D. Drysdale, p	5	0	0	0	0	0	0	.000
C. Osteen, p	3	1	0	0	0	0	0	.333
W. Crawford	2	1	0	0	0	0	0	.500
W. Moon	2	0	0	0	0	0	0	.000
J. Kennedy, 3b	1	0	0	0	0	0	0	.000
D. LeJohn	1	0	0	0	0	0	0	.000

Errors: J. Gilliam (2), L. Johnson, J. Kennedy, J. Lefebvre, D. Tracewski
Stolen bases: W. Davis (3), M. Wills (3), W. Parker (2), J. Roseboro

MINNESOTA (A.L.)

	AB	H	2B	3B	HR	R	RBI	BA
Z. Versalles, ss	28	8	1	1	1	3	4	.286
T. Oliva, of	26	5	1	0	1	2	2	.192
E. Battey, c	25	3	0	1	0	1	2	.120
D. Mincher, 1b	23	3	0	0	1	3	1	.130
H. Killebrew, 3b	21	6	0	0	1	2	2	.286
J. Nossek, of	20	4	0	0	0	0	0	.200
F. Quilici, 2b	20	4	2	0	0	2	1	.200
B. Allison, of	16	2	1	0	1	3	2	.125
S. Valdespino, of	11	3	1	0	0	1	0	.273
M. Grant, p	8	2	1	0	1	3	3	.250
J. Hall, of	7	1	0	0	0	0	0	.143
J. Kaat, p	6	1	0	0	0	0	0	.167
R. Rollins	2	0	0	0	0	0	0	.000
C. Pascual, p	1	0	0	0	0	0	0	.000
J. Zimmerman, c	1	0	0	0	0	0	0	.000

Errors: F. Quilici (2), H. Killebrew, T. Oliva, Worthington
Stolen bases: B. Allison, Z. Versalles

Individual Pitching

LOS ANGELES (N.L.)

	W	L	ERA	IP	H	BB	SO	SV
S. Koufax	2	1	0.38	24	13	5	29	0
C. Osteen	1	1	0.64	14	9	5	4	0
D. Drysdale	1	1	3.86	11.2	12	3	15	0
R. Perranoski	0	0	7.36	3.2	4	1	0	0
H. Reed	0	0	8.10	3.1	2	2	4	0
J. Brewer	0	0	4.50	2	3	0	1	0
B. Miller	0	0	0.00	1.1	3	0	0	0

MINNESOTA (A.L.)

	W	L	ERA	IP	H	BB	SO	SV
M. Grant	2	1	2.74	23	22	2	12	0
J. Kaat	1	2	3.77	14.1	18	2	6	0
C. Pascual	0	1	5.40	5	8	1	0	0
J. Perry	0	0	4.50	4	5	2	4	0
Worthington	0	0	0.00	4	2	2	2	0
J. Merritt	0	0	2.70	3.1	2	0	1	0
D. Boswell	0	0	3.38	2.2	3	2	3	0
J. Klippstein	0	0	0.00	2.2	2	2	3	0
B. Pleis	0	0	9.00	1	2	0	0	0

World Series 1966

LINE SCORES & PITCHERS (inn. pit.)	HOME RUNS (men on)	HIGHLIGHTS

Baltimore (A.L.) defeats Los Angeles (N.L.) 4 games to 0

GAME 1 - OCTOBER 5
BAL A 310 100 000 5 9 0
LA N 011 000 000 2 3 0
McNally (2.1), **Drabowsky** (6.2)
Drysdale (2), Moeller (2),
Miller (3), Perranoski (2)

F. Robinson (1 on),
B. Robinson
Lefebvre

Superb relief work by Drabowsky, who fanned 11 (including six in a row) after rushing to the aid of McNally in the third, preserved the victory for the Orioles. Baltimore took the early lead on back-to-back homers in the first by Frank and Brooks Robinson.

GAME 2 - OCTOBER 6
BAL A 000 031 020 6 8 0
LA N 000 000 000 0 4 6
Palmer (9)
Koufax (6), Perranoski (1.1),
Regan (0.2), Brewer (1)

Palmer blanked the Dodgers as Koufax was upended by Willie Davis's three successive errors in the fifth.

GAME 3 - OCTOBER 8
LA N 000 000 000 0 6 0
BAL A 000 010 00x 1 3 0
Osteen (7), Regan (1)
Bunker (9)

Blair

Blair's 430-foot homer in the fifth gave Bunker all the edge he needed. The Dodgers doubled the Orioles' hit total, but were unable to score as only one of their six hits went for extra bases.

GAME 4 - OCTOBER 9
LA N 000 000 000 0 4 0
BAL A 000 100 00x 1 4 0
Drysdale (8)
McNally (9)

F. Robinson

The Orioles swept the Series on a fourth-inning homer by Frank Robinson as the Dodgers went scoreless again, completing a streak of 33 consecutive innings without a run.

Team Totals

	W	AB	H	2B	3B	HR	R	RBI	BA	BB	SO	ERA
BAL A	4	120	24	3	1	4	13	10	.200	11	17	0.50
LA N	0	120	17	3	0	1	2	2	.142	13	28	2.65

Individual Batting

BALTIMORE (A.L.)

	AB	H	2B	3B	HR	R	RBI	BA
L. Aparicio, ss	16	4	1	0	0	0	2	.250
D. Johnson, 2b	14	4	1	0	0	1	1	.286
B. Powell, 1b	14	5	1	0	0	1	1	.357
B. Robinson, 3b	14	3	0	0	1	2	1	.214
F. Robinson, of	14	4	0	1	2	4	3	.286
C. Blefary, of	13	1	0	0	0	0	0	.077
Etchebarren, c	12	1	0	0	0	2	0	.083
P. Blair, of	6	1	0	0	1	2	1	.167
R. Snyder, of	6	1	0	0	0	1	0	.167
J. Palmer, p	4	0	0	0	0	0	0	.000
D. McNally, p	3	0	0	0	0	0	0	.000
W. Bunker, p	2	0	0	0	0	0	0	.000
M. Drabowsky, p	2	0	0	0	0	0	0	.000

LOS ANGELES (N.L.)

	AB	H	2B	3B	HR	R	RBI	BA
W. Davis, of	16	1	0	0	0	0	0	.063
L. Johnson, of	15	4	1	0	0	1	0	.267
J. Roseboro, c	14	1	0	0	0	0	0	.071
W. Parker, 1b	13	3	2	0	0	0	0	.231
M. Wills, ss	13	1	0	0	0	0	0	.077
J. Lefebvre, 2b	12	2	0	0	1	1	1	.167
T. Davis, of	8	2	0	0	0	0	0	.250
R. Fairly, of, 1b	7	1	0	0	0	0	0	.143
J. Gilliam, 3b	6	0	0	0	0	0	1	.000
J. Kennedy, 3b	5	1	0	0	0	0	0	.200
D. Drysdale, p	2	0	0	0	0	0	0	.000
S. Koufax, p	2	0	0	0	0	0	0	.000
C. Osteen, p	2	0	0	0	0	0	0	.000
D. Stuart	2	0	0	0	0	0	0	.000
J. Barbieri	1	0	0	0	0	0	0	.000
W. Covington	1	0	0	0	0	0	0	.000
A. Ferrara	1	1	0	0	0	0	0	1.000
N. Oliver	0	0	0	0	0	0	0	–

Errors: W. Davis (3), R. Fairly, J. Gilliam, R. Perranoski
Stolen bases: M. Wills

Individual Pitching

BALTIMORE (A.L.)

	W	L	ERA	IP	H	BB	SO	SV
D. McNally	1	0	1.59	11.1	6	7	5	0
W. Bunker	1	0	0.00	9	6	1	6	0
J. Palmer	1	0	0.00	9	4	3	6	0
M. Drabowsky	1	0	0.00	6.2	1	2	11	0

LOS ANGELES (N.L.)

	W	L	ERA	IP	H	BB	SO	SV
D. Drysdale	0	2	4.50	10	8	3	6	0
C. Osteen	0	1	1.29	7	3	1	3	0
S. Koufax	0	1	1.50	6	6	2	2	0
B. Miller	0	0	0.00	3	2	2	1	0
R. Perranoski	0	0	5.40	3.1	4	1	2	0
J. Moeller	0	0	4.50	2	1	1	0	0
J. Brewer	0	0	0.00	1	0	0	1	0
P. Regan	0	0	0.00	1.2	0	1	2	0

National League Championship Series 1974

| LINE SCORES & PITCHERS (inn. pit.) | HOME RUNS (men on) | HIGHLIGHTS |

Los Angeles (West) defeats Pittsburgh (East) 3 games to 1

GAME 1 - OCTOBER 5
```
LA   W  010 000 002   3  9  2
PIT  E  000 000 000   0  4  0
Sutton (9)
Reuss (7), Giusti (2)
```
Don Sutton pitched a 4-hitter for his 10th straight victory while Jimmy Wynn, Joe Ferguson and Dave Lopes drove in a run each off loser Jerry Reuss in the Dodgers' opening win.

GAME 2 - OCTOBER 6
```
LA   W  100 100 030   5 12  0
PIT  E  000 000 200   2  8  3
Messersmith (7), Marshall (2)
Rooker (7), Giusti (0),
   Demery (0), Hernandez (2)
```
Cey

Ron Cey slammed a homer, two doubles and a single as the Dodgers racked four Pittsburgh pitchers for 12 hits and gained a 2-0 lead in the series. Andy Messersmith was the winner.

GAME 3 - OCTOBER 8
```
PIT  E  502 000 000   7 10  0
LA   W  000 000 000   0  4  5
Kison (6.2), Hernandez (2.1)
Rau (0.2), Hough (2.1),
   Downing (4), Solomon (2)
```
Hebner (1 on),
Stargell (2 on)

Willie Stargell and Richie Hebner each hammered two hits, including home runs, and drove in six runs between them as the Pirates broke through for their only victory. Bruce Kison and Ramon Hernandez shared the shutout.

GAME 4 - OCTOBER 9
```
PIT  E  000 000 100    1  3  1
LA   W  102 022 23x   12 12  0
Reuss (2.2), Brett (2.1),
   Demery (1), Giusti (1.1), Pizarro (0.2)
Sutton (8), Marshall (1)
```
Stargell
Garvey (1 on),
Garvey

Steve Garvey slammed two home runs and two singles, driving in four runs as the Dodgers clobbered 5 Pittsburgh pitchers for 12 hits to clinch the series. Don Sutton hurled his 2nd series win and 11th consecutive victory of the year.

Team Totals

		W	AB	H	2B	3B	HR	R	RBI	BA	BB	SO	ERA
LA	W	3	138	37	8	1	3	20	19	.268	30	16	2.00
PIT	E	1	129	25	1	1	3	10	10	.194	8	17	4.89

Individual Batting

LOS ANGELES (WEST)
	AB	H	2B	3B	HR	R	RBI	BA
B. Russell, ss	18	7	0	0	0	1	3	.389
S. Garvey, 1b	18	7	1	0	2	4	5	.389
B. Buckner, of	18	3	1	0	0	0	0	.167
R. Cey, 3b	16	5	3	0	1	2	1	.313
D. Lopes, 2b	15	4	0	1	0	4	3	.267
J. Ferguson, of, c	13	3	0	0	0	3	2	.231
J. Wynn, of	10	2	2	0	0	4	2	.200
S. Yeager, c	9	0	0	0	0	1	0	.000
D. Sutton, p	7	2	0	0	0	0	1	.286
W. Crawford, of	4	1	0	0	0	1	1	.250
M. Mota, of	3	1	0	0	0	0	1	.333
Messersmith, p	3	0	0	0	0	0	0	.000
A. Downing, p	1	0	0	0	0	0	0	.000
K. McMullen	1	0	0	0	0	0	0	.000
R. Auerbach	1	1	0	0	0	0	0	1.000
T. Paciorek, of	1	1	0	0	0	0	0	1.000
V. Joshua	0	0	0	0	0	0	0	—
L. Lacy	0	0	0	0	0	0	0	—

Errors: R. Cey (2), A. Downing, S. Garvey, J. Ferguson, C. Hough, D. Lopes
Stolen bases: D. Lopes (3), J. Wynn, S. Yeager

PITTSBURGH (EAST)
	AB	H	2B	3B	HR	R	RBI	BA
M. Sanguillen, c	16	4	1	0	0	0	0	.250
R. Stennett, 2b	16	1	0	0	0	1	0	.063
W. Stargell, of	15	6	0	0	2	3	4	.400
A. Oliver, of	14	2	0	0	0	1	1	.143
R. Hebner, 3b	13	3	0	0	1	1	4	.231
R. Zisk, of	10	3	0	0	0	1	0	.300
Kirkpatrick, 1b	9	0	0	0	0	0	0	.000
D. Parker, of	8	1	0	0	0	0	0	.125
P. Popovich, ss	5	3	0	0	0	1	0	.600
B. Robertson, 1b	5	0	0	0	0	1	0	.000
M. Mendoza, ss	5	1	0	0	0	0	1	.200
B. Kison, p	3	0	0	0	0	0	0	.000
J. Rooker, p	2	1	0	0	0	0	0	.500
J. Reuss, p	2	0	0	0	0	0	0	.000
F. Taveras, ss	2	0	0	0	0	0	0	.000
K. Brett, p	1	0	0	0	0	0	0	.000
R. Hernandez, p	1	0	0	0	0	0	0	.000
A. Howe	1	0	0	0	0	0	0	.000
G. Clines, of	1	0	0	0	0	1	0	.000

Errors: M. Sanguillen (2), J. Rooker, R. Stennett
Stolen bases: F. Taveras

Individual Pitching

LOS ANGELES (WEST)
	W	L	ERA	IP	H	BB	SO	SV
D. Sutton	2	0	0.53	17	7	2	13	0
Messersmith	1	0	2.57	7	8	3	0	0
A. Downing	0	0	0.00	4	1	1	0	0
M. Marshall	0	0	0.00	3	0	0	1	0
C. Hough	0	0	7.71	2.1	4	0	2	0
E. Solomon	0	0	0.00	2	2	1	1	0
D. Rau	0	1	40.50	0.2	3	1	0	0

PITTSBURGH (EAST)
	W	L	ERA	IP	H	BB	SO	SV
J. Reuss	0	2	3.72	9.2	7	8	3	0
J. Rooker	0	0	2.57	7	6	5	4	0
B. Kison	1	0	0.00	6.2	2	6	5	0
R. Hernandez	0	0	0.00	4.1	3	1	2	0
D. Giusti	0	1	21.60	3.1	13	5	1	0
K. Brett	0	0	7.71	2.1	3	2	1	0
L. Demery	0	0	27.00	1	3	2	0	0
J. Pizarro	0	0	0.00	0.2	0	1	0	0

353   *World Series   1974*

LINE SCORES & PITCHERS (inn. pit.)	HOME RUNS (men on)	HIGHLIGHTS

Oakland (A.L.) defeats Los Angeles (N.L.) 4 games to 1

GAME 1 - OCTOBER 12
```
OAK  A  010 010 010    3  6  2
LA   N  000 010 001    2 11  1
```
Holtzman (4.1), **Fingers** (4.1), Hunter (0.1), **SV** Messersmith (8), Marshall (1)

Jackson
Wynn

A second-inning home run by Jackson proved to be the difference. Starting pitcher Holtzman doubled in the fifth and scored on a squeeze bunt by Campaneris. Fingers, in relief, was credited with the victory.

GAME 2 - OCTOBER 13
```
OAK  A  000 000 002    2  6  0
LA   N  010 002 00x    3  6  1
```
Blue (7), Odom (1)
Sutton (8), Marshall (1), **SV**

Ferguson (1 on)

Ferguson's home run with a runner on base in the sixth off Blue gave Sutton the victory with help from Marshall, who picked off designated pinch runner Herb Washington in the ninth.

GAME 3 - OCTOBER 15
```
LA   N  000 000 011    2  7  2
OAK  A  002 100 00x    3  5  2
```
Downing (3.2), Brewer (0.1), Hough (2), Marshall (2)
Hunter (7.1), Fingers (1.2), **SV**

Buckner, Crawford

Two unearned runs in the third brought about the downfall of Al Downing and gave the A's their second victory in three 3-2 decisions. Fingers saved Hunter's victory.

GAME 4 - OCTOBER 16
```
LA   N  000 200 000    2  7  1
OAK  A  001 004 00x    5  7  0
```
Messersmith (8), Marshall
Holtzman (7.2), Fingers (1.1), **SV**

Holtzman

Holtzman helped his cause with a home run after the Dodgers had taken a 2-1 lead on Russell's two-run triple. The A's erupted for 4 runs in the sixth. Pinch hitter Holt drove in two runs with a single.

GAME 5 - OCTOBER 17
```
LA   N  000 002 000    2  5  1
OAK  A  110 000 10x    3  6  1
```
Sutton (5), **Marshall** (3)
Blue (6.2), **Odom** (0.1), Fingers (2), **SV**

Fosse, Rudi

Rudi's home run off ace reliever Marshall broke a 2-2 tie in the 7th, giving the A's their third 3-2 victory and their third straight Series title. Fingers matched Larry Sherry's feat from 1959 by figuring in all four Oakland wins with three saves and a win.

Team Totals

	W	AB	H	2B	3B	HR	R	RBI	BA	BB	SO	ERA
OAK A	4	142	30	4	0	4	16	14	.211	16	42	2.05
LA N	1	158	36	4	1	4	11	10	.228	16	32	2.79

Individual Batting

OAKLAND (A.L.)

	AB	H	2B	3B	HR	R	RBI	BA
J. Rudi, 1b	18	6	0	0	1	1	4	.333
B. Campaneris, ss	17	6	2	0	0	1	2	.353
B. North, of	17	1	0	0	0	3	0	.059
S. Bando, 3b	16	1	0	0	0	3	2	.063
R. Fosse, c	14	2	0	0	1	1	1	.143
R. Jackson, of	14	4	1	0	1	3	1	.286
D. Green, 2b	13	0	0	0	0	1	1	.000
G. Tenace, 1b	9	2	0	0	0	0	0	.222
C. Washington, of	7	4	0	0	0	1	0	.571
K. Holtzman, p	4	2	1	0	1	2	1	.500
V. Blue, p	4	0	0	0	0	0	0	.000
J. Holt, 1b	3	2	0	0	0	0	2	.667
C. Hunter, p	2	0	0	0	0	0	0	.000
R. Fingers, p	2	0	0	0	0	0	0	.000
J. Alou	1	0	0	0	0	0	0	.000
A. Mangual	1	0	0	0	0	0	0	.000
L. Haney, c	0	0	0	0	0	0	0	–
D. Maxvill, 2b	0	0	0	0	0	0	0	–
H. Washington	0	0	0	0	0	0	0	–

Errors: B. Campaneris (2), D. Green, R. Jackson, B. North
Stolen bases: B. Campaneris, R. Jackson, B. North

LOS ANGELES (N.L.)

	AB	H	2B	3B	HR	R	RBI	BA
S. Garvey, 1b	21	8	0	0	0	2	1	.381
B. Buckner, of	20	5	1	0	1	1	1	.250
B. Russell, ss	18	4	0	1	0	0	2	.222
D. Lopes, 2b	18	2	0	0	0	2	0	.111
R. Cey, 3b	17	3	0	0	0	1	0	.176
J. Wynn, of	16	3	1	0	1	1	2	.188
J. Ferguson, c, of	16	2	0	0	1	2	2	.125
S. Yeager, c	11	4	1	0	0	0	1	.364
W. Crawford, of	6	2	0	0	1	1	0	.333
Messersmith, p	4	2	0	0	0	0	0	.500
V. Joshua	4	0	0	0	0	0	0	.000
D. Sutton, p	3	0	0	0	0	0	0	.000
T. Paciorek	2	1	1	0	0	1	0	.500
A. Downing, p	1	0	0	0	0	0	0	.000
L. Lacy	1	0	0	0	0	0	0	.000
M. Marshall, p	0	0	0	0	0	0	1	–
R. Auerbach	0	0	0	0	0	0	0	–

Errors: J. Ferguson (2), B. Russell, Messersmith, R. Cey, S. Yeager
Stolen bases: D. Lopes (2), J. Ferguson

Individual Pitching

OAKLAND (A.L.)

	W	L	ERA	IP	H	BB	SO	SV
V. Blue	0	1	3.29	13.2	10	7	9	0
K. Holtzman	1	0	1.50	12	13	4	10	0
R. Fingers	1	0	1.93	9.1	8	2	6	2
C. Hunter	1	0	1.17	7.2	5	2	5	1
B. Odom	1	0	0.00	1.1	0	1	2	0

LOS ANGELES (N.L.)

	W	L	ERA	IP	H	BB	SO	SV
Messersmith	0	2	4.50	14	11	7	12	0
D. Sutton	1	0	2.77	13	9	3	12	0
M. Marshall	0	1	1.00	9	6	1	10	1
A. Downing	0	1	2.45	3.2	4	4	3	0
C. Hough	0	0	0.00	2	0	1	4	0
J. Brewer	0	0	0.00	0.1	0	0	1	0

National League Championship Series 1977

Los Angeles (West) defeats Philadelphia (East) 3 games to 1

LINE SCORES & PITCHERS (inn. pit.)	HOME RUNS (men on)	HIGHLIGHTS

GAME 1 - OCTOBER 4
```
PHI  E  200 021 002   7 9 0
LA   W  000 010 400   5 9 2
```
Carlton (6.2), **Garber** (1.1), McGraw (1) SV
John (4.2), Garman (0.1), Hough (2), **Sosa** (2)

Luzinski (1 on)
Cey (3 on)

The Phillies broke a 5-5 tie in the ninth on singles by Bake McBride, Larry Bowa and Mike Schmidt, good for two runs.

GAME 2 - OCTOBER 5
```
PHI  E  001 000 000   1 9 1
LA   W  001 401 10x   7 9 1
```
Lonborg (4), Reed (2), Brusstar (2)
Sutton (9)

McBride
Baker (3 on)

Dusty Baker's grand slam snapped a 1-1 tie, and Don Sutton spaced 9 hits.

GAME 3 - OCTOBER 7
```
LA   W  020 100 003   6 12 2
PHI  E  030 000 020   5  6 2
```
Hooton (1.2), Rhoden (4.1), Rau (1), Sosa (0.2), **Rautzhan** (0.1), Garman (1) SV
Christenson (3.1), Brusstar (0.2), Reed (2), **Garber** (3)

The Dodgers rallied for three runs with two outs in the 9th. Pinch hitter Manny Mota doubled after Vic Davalillo singled. Davey Lopes singled in the tying run and scored the winning run on a single by Bill Russell.

GAME 4 - OCTOBER 8
```
LA   W  020 020 000   4 5 0
PHI  E  000 100 000   1 7 0
```
John (9)
Carlton (5), Reed (1), McGraw (2), Garber (1)

Baker (1 on)

Dusty Baker drove in 2 runs with his second homer, scored twice, and Tommy John permitted only 7 hits as the Dodgers clinched the series.

Team Totals

		W	AB	H	2B	3B	HR	R	RBI	BA	BB	SO	ERA
LA	W	3	133	35	6	1	3	22	20	.263	14	22	2.25
PHI	E	1	138	31	3	0	2	14	12	.225	11	21	5.40

Individual Batting

LOS ANGELES (WEST)

	AB	H	2B	3B	HR	R	RBI	BA
B. Russell, ss	18	5	1	0	0	3	2	.278
D. Lopes, 2b	17	4	0	0	0	2	3	.235
R. Smith, of	16	3	0	1	0	2	1	.188
D. Baker, of	14	5	1	0	2	4	8	.357
S. Garvey, 1b	13	4	0	0	0	2	0	.308
R. Cey, 3b	13	4	1	0	1	4	4	.308
S. Yeager, c	13	3	0	0	0	1	2	.231
R. Monday, of	7	2	1	0	0	1	0	.286
G. Burke, of	7	0	0	0	0	0	0	.000
T. John, p	5	1	0	0	0	0	0	.200
D. Sutton, p	3	0	0	0	0	0	0	.000
V. Davalillo	1	1	0	0	0	1	0	1.000
M. Mota	1	1	1	0	0	0	1	1.000
R. Rhoden, p	1	0	0	0	0	0	0	.000
E. Goodson	1	0	0	0	0	0	0	.000
B. Hooton, p	1	1	1	0	0	0	0	1.000
L. Lacy	1	1	0	0	0	1	0	1.000
E. Sosa, p	1	0	0	0	0	0	0	.000
J. Grote, c	0	0	0	0	0	0	0	—

Errors: B. Russell (2), R. Smith, R. Cey, D. Lopes
Stolen bases: R. Smith, S. Garvey, R. Cey

PHILADELPHIA (EAST)

	AB	H	2B	3B	HR	R	RBI	BA
B. McBride, of	18	4	0	0	1	2	2	.222
L. Bowa, ss	17	2	0	0	0	2	1	.118
M. Schmidt, 3b	16	1	0	0	0	2	1	.063
R. Hebner, 1b	14	5	2	0	0	2	0	.357
G. Luzinski, of	14	4	1	0	1	2	2	.286
T. Sizemore, 2b	13	3	0	0	0	1	0	.231
B. Boone, c	10	4	0	0	0	1	0	.400
G. Maddox, of	7	3	0	0	0	1	2	.429
T. McCarver, c	6	1	0	0	0	1	0	.167
J. Johnstone, of	5	1	0	0	0	0	0	.200
S. Carlton, p	4	2	0	0	0	0	1	.500
D. Johnson, 1b	4	1	0	0	0	0	2	.250
J. Martin, of	4	0	0	0	0	0	0	.000
T. Hutton, 1b, ph	3	0	0	0	0	0	0	.000
O. Brown	2	0	0	0	0	0	0	.000
J. Lonborg, p	1	0	0	0	0	0	0	.000
Christenson, p	0	0	0	0	0	0	1	—

Errors: T. Sizemore (2), G. Garber
Stolen bases: G. Luzinski

Individual Pitching

LOS ANGELES (WEST)

	W	L	ERA	IP	H	BB	SO	SV
T. John	1	0	0.66	13.2	11	5	11	0
D. Sutton	1	0	1.00	9	9	0	4	0
R. Rhoden	0	0	0.00	4.1	2	2	0	0
C. Hough	0	0	4.50	2	2	0	3	0
E. Sosa	0	1	10.13	2.2	5	0	0	0
M. Garman	0	0	0.00	1.1	0	0	1	1
B. Hooton	0	0	16.20	1.2	2	4	1	0
D. Rau	0	0	0.00	1	0	0	1	0
L. Rautzhan	1	0	0.00	0.1	0	0	0	0

PHILADELPHIA (EAST)

	W	L	ERA	IP	H	BB	SO	SV
S. Carlton	0	1	6.94	11.2	13	8	6	0
R. Reed	0	0	1.80	5	3	2	5	0
G. Garber	1	1	3.38	5.1	4	0	3	0
J. Lonborg	0	1	11.25	4	5	1	1	0
T. McGraw	0	0	0.00	3	1	2	3	1
Christenson	0	0	8.10	3.1	7	0	2	0
W. Brusstar	0	0	3.38	2.2	2	1	2	0

World Series 1977

LINE SCORES & PITCHERS (inn. pit.)	HOME RUNS (men on)	HIGHLIGHTS

New York (A.L.) defeats Los Angeles (N.L.) 4 games to 2

GAME 1 - OCTOBER 11
LA N 200 000 001 000   3 6 0
NY A 100 001 010 001   4 11 0
Sutton (7), Rautzhan (0.1), Sosa (0.2),
 Garman (3), **Rhoden** (0)
Gullett (8.1), **Lyle** (3.2)

Randolph

Randolph doubled in the twelfth and scored on a single by Blair against loser Rhoden.

GAME 2 - OCTOBER 12
LA N 212 000 001   6 9 0
NY A 000 100 000   1 5 0
Hooton (9)
Hunter (2.1), Tidrow (2.2),
 Clay (3), Lyle (1)

Cey (1 on), Yeager,
Smith (1 on), Garvey

The Dodgers exploded for four homers to rout Hunter. Hooton allowed just five singles.

GAME 3 - OCTOBER 14
NY A 300 110 000   5 10 0
LA N 003 000 000   3 7 1
Torrez (9)
John (6), Hough (3)

Baker (2 on)

Rivers cracked three hits, including two doubles, to lead the Yankees' attack against loser John.

GAME 4 - OCTOBER 15
NY A 030 001 000   4 7 0
LA N 002 000 000   2 4 0
Guidry (9)
Rau (1), Rhoden (7), Garman (1)

Jackson
Lopes (1 on)

Jackson homered and doubled in support of Ron Guidry's four-hitter. Guidry fanned seven.

GAME 5 - OCTOBER 16
NY A 000 000 220   4 9 2
LA N 100 432 00x   10 13 0
Gullett (4.1), Clay (0.2),
 Tidrow (1), Hunter (2)
Sutton (9)

Munson, Jackson
Yeager (2 on),
Smith (1 on)

Yeager homered and drove in four runs, Baker had three hits, and Sutton breezed to an easy victory.

GAME 6 - OCTOBER 18
LA N 201 000 001   4 9 0
NY A 020 320 01x   8 8 1
Hooton (3), Sosa (1.2), Rau (1.1), Hough (2)
Torrez (9)

Smith
Chambliss (1 on),
Jackson (1 on),
Jackson (1 on),
Jackson

Jackson hit three successive homers, each on the first pitch, each off a different pitcher, amounting to five RBIs to give the Yankees their first World Series title since 1962.

Team Totals

		W	AB	H	2B	3B	HR	R	RBI	BA	BB	SO	ERA
NY	A	4	205	50	10	0	8	26	25	.244	11	37	4.02
LA	N	2	208	48	5	3	9	28	28	.231	16	36	4.09

Individual Batting

NEW YORK (A.L.)

	AB	H	2B	3B	HR	R	RBI	BA
M. Rivers, of	27	6	2	0	0	1	1	.222
T. Munson, c	25	8	2	0	1	4	3	.320
W. Randolph, 2b	25	4	2	0	1	5	1	.160
C. Chambliss, 1b	24	7	2	0	1	4	4	.292
L. Piniella, of	22	6	0	0	0	1	3	.273
G. Nettles, 3b	21	4	1	0	0	1	2	.190
R. Jackson, of	20	9	1	0	5	10	8	.450
B. Dent, ss	19	5	0	0	0	0	2	.263
M. Torrez, p	6	0	0	0	0	0	0	.000
P. Blair, of	4	1	0	0	0	0	1	.250
R. White, ph	2	0	0	0	0	0	0	.000
S. Lyle, p	2	0	0	0	0	0	0	.000
R. Guidry, p	2	0	0	0	0	0	0	.000
D. Gullett, p	2	0	0	0	0	0	0	.000
G. Zeber, ph	2	0	0	0	0	0	0	.000
C. Johnson, c	1	0	0	0	0	0	0	.000
D. Tidrow, p	1	0	0	0	0	0	0	.000
F. Stanley, ss	0	0	0	0	0	0	0	—

Errors: L. Piniella, G. Nettles, B. Dent
Stolen bases: M. Rivers

LOS ANGELES (N.L.)

	AB	H	2B	3B	HR	R	RBI	BA
B. Russell, ss	26	4	0	1	0	3	2	.154
D. Baker, of	24	7	0	0	1	4	5	.292
S. Garvey, 1b	24	9	1	1	1	5	3	.375
D. Lopes, 2b	24	4	0	1	1	3	2	.167
R. Smith, of	22	6	1	0	3	7	5	.273
R. Cey, 3b	21	4	1	0	1	2	3	.190
S. Yeager, c	19	6	1	0	2	2	5	.316
R. Monday, of	12	2	0	0	0	0	0	.167
L. Lacy, of	7	3	0	0	0	1	2	.429
D. Sutton, p	6	0	0	0	0	0	0	.000
G. Burke, of	5	1	0	0	0	0	0	.200
B. Hooton, p	5	0	0	0	0	0	0	.000
V. Davalillo	3	1	0	0	0	0	1	.333
M. Mota	3	0	0	0	0	0	0	.000
T. John, p	2	0	0	0	0	0	0	.000
R. Rhoden, p	2	1	1	0	0	1	0	.500
J. Grote, c	1	0	0	0	0	0	0	.000
E. Goodson	1	0	0	0	0	0	0	.000
J. Oates, c	1	0	0	0	0	0	0	.000
R. Landestoy	0	0	0	0	0	0	0	—

Errors: D. Baker
Stolen bases: D. Lopes (2)

Individual Pitching

NEW YORK (A.L.)

	W	L	ERA	IP	H	BB	SO	SV
M. Torrez	2	0	2.50	18	16	5	15	0
D. Gullett	0	1	6.39	12.2	13	7	10	0
R. Guidry	1	0	2.00	9	4	3	7	0
C. Hunter	0	1	10.38	4.1	6	0	1	0
S. Lyle	1	0	1.93	4.2	2	0	2	0
K. Clay	0	0	2.45	3.2	2	1	0	0
D. Tidrow	0	0	4.91	3.2	5	0	1	0

LOS ANGELES (N.L.)

	W	L	ERA	IP	H	BB	SO	SV
D. Sutton	1	0	3.94	16	17	1	6	0
B. Hooton	1	1	3.75	12	8	2	9	0
R. Rhoden	0	1	2.57	7	4	1	5	0
T. John	0	1	6.00	6	9	3	7	0
C. Hough	0	0	1.80	5	3	0	5	0
M. Garman	0	0	0.00	4	2	1	3	0
D. Rau	0	1	11.57	2.1	4	0	1	0
E. Sosa	0	0	11.57	2.1	3	1	1	0
L. Rautzhan	0	0	0.00	0.1	0	2	0	0

National League Championship Series 1978

LINE SCORES & PITCHERS (inn. pit.) — **HOME RUNS** (men on) — **HIGHLIGHTS**

Los Angeles (West) defeats Philadelphia (East) 3 games to 1

GAME 1 - OCTOBER 4
```
LA   W  004 211 001   9 13 1
PHI  E  010 030 001   5 12 1
```
Hooton (4.2), **Welch** (4.1)
Christenson (4.1), Brusstar (0.2), Eastwick (1), McGraw (3)

Lopes, Yeager, Garvey, Garvey (1 on) Martin

Garvey drove in four runs with 2 home runs and a triple, and Welch pitched two-hit ball for 4.1 innings in relief.

GAME 2 - OCTOBER 5
```
LA   W  000 120 100   4 8 0
PHI  E  000 000 000   0 4 0
```
John (9)
Ruthven (4.2), Brusstar (1.1), Reed (2), McGraw (1)

Lopes (1 on)

Tommy John pitched a 4-hit shutout, and Davey Lopes drove in 3 runs with a homer, triple and single.

GAME 3 - OCTOBER 6
```
PHI  E  040 003 101   9 11 1
LA   W  012 000 010   4 8 2
```
Carlton (9)
Sutton (5.2), Rautzhan (1.1), Hough (2)

Carlton (2 on), Luzinski Garvey

Carlton helped his cause at bat, driving in 4 runs with a home run and sacrifice fly as he went the route on an 8-hitter.

GAME 4 - OCTOBER 7
```
PHI  E  002 000 100 0   3 8 2
LA   W  010 101 000 1   4 13 0
```
Lerch (5.1), Brusstar (0.2), Reed (2), **McGraw** (1.2)
Rau (5), Rhoden (4), **Forster** (1)

Luzinski (1 on), McBride Cey, Garvey

Bill Russell's 10th inning single, after a muff of a fly ball by Garry Maddox, scored Ron Cey with the winning run giving the Dodgers the NL championship.

Team Totals

		W	AB	H	2B	3B	HR	R	RBI	BA	BB	SO	ERA
LA	W	3	147	42	8	3	8	21	21	.286	9	22	3.41
PHI	E	1	140	35	3	2	5	17	16	.250	9	21	4.66

Individual Batting

LOS ANGELES (WEST)

	AB	H	2B	3B	HR	R	RBI	BA
S. Garvey, 1b	18	7	1	1	4	6	7	.389
D. Lopes, 2b	18	7	1	1	2	3	5	.389
B. Russell, ss	17	7	1	0	0	1	2	.412
R. Smith, of	16	3	1	0	0	2	1	.188
R. Cey, 3b	16	5	1	0	1	4	3	.313
D. Baker, of	15	7	2	0	0	1	1	.467
S. Yeager, c	13	3	0	0	1	2	2	.231
R. Monday, of	10	2	0	1	0	2	0	.200
B. North, of	8	0	0	0	0	0	0	.000
T. John, p	3	0	0	0	0	0	0	.000
D. Sutton, p	2	0	0	0	0	0	0	.000
J. Ferguson	2	0	0	0	0	0	0	.000
B. Hooton, p	2	0	0	0	0	0	0	.000
B. Welch, p	2	0	0	0	0	0	0	.000
L. Lacy	2	0	0	0	0	0	0	.000
M. Mota	1	1	1	0	0	0	0	1.000
R. Rhoden, p	1	0	0	0	0	0	0	.000
D. Rau, p	1	0	0	0	0	0	0	.000
J. Grote, c	0	0	0	0	0	0	0	—

Errors: D. Lopes (2), R. Smith
Stolen bases: D. Lopes, S. Yeager

PHILADELPHIA (EAST)

	AB	H	2B	3B	HR	R	RBI	BA
G. Maddox, of	19	5	0	0	0	1	2	.263
L. Bowa, ss	18	6	0	0	0	2	0	.333
G. Luzinski, of	16	6	0	1	2	3	3	.375
M. Schmidt, 3b	15	3	2	0	0	1	1	.200
T. Sizemore, 2b	13	5	0	1	0	3	1	.385
B. Boone, c	11	2	0	0	0	0	0	.182
R. Hebner, 1b	9	1	0	0	0	0	1	.111
J. Martin, of	9	2	1	0	1	1	2	.222
B. McBride, of	9	2	0	0	1	2	1	.222
J. Cardenal, 1b	6	1	0	0	0	0	0	.167
S. Carlton, p	4	2	0	0	1	2	4	.500
T. McCarver, c	4	0	0	0	0	2	1	.000
R. Lerch, p	2	0	0	0	0	0	0	.000
O. Gonzalez	1	0	0	0	0	0	0	.000
J. Morrison	1	0	0	0	0	0	0	.000
Christenson, p	1	0	0	0	0	0	0	.000
B. Foote	1	0	0	0	0	0	0	.000
D. Ruthven, p	1	0	0	0	0	0	0	.000

Errors: M. Schmidt (2), B. Boone, G. Maddox

Individual Pitching

LOS ANGELES (WEST)

	W	L	ERA	IP	H	BB	SO	SV
T. John	1	0	0.00	9	4	2	4	0
D. Sutton	0	1	6.35	5.2	7	2	0	0
D. Rau	0	0	3.60	5	5	2	1	0
R. Rhoden	0	0	2.25	4	2	1	3	0
B. Hooton	0	0	7.71	4.2	10	0	5	0
B. Welch	1	0	2.08	4.1	2	0	5	0
C. Hough	0	0	4.50	2	1	0	1	0
T. Forster	1	0	0.00	1	1	0	2	0
L. Rautzhan	0	0	6.75	1.1	3	2	0	0

PHILADELPHIA (EAST)

	W	L	ERA	IP	H	BB	SO	SV
S. Carlton	1	0	4.00	9	8	2	8	0
T. McGraw	0	1	1.59	5.2	3	5	5	0
R. Lerch	0	0	5.06	5.1	7	0	0	0
R. Reed	0	0	2.25	4	6	0	2	0
Christenson	0	1	12.46	4.1	7	1	3	0
D. Ruthven	0	1	5.79	4.2	6	0	3	0
W. Brusstar	0	0	0.00	2.2	2	1	0	0
R. Eastwick	0	0	9.00	1	3	0	1	0

World Series 1978

LINE SCORES & PITCHERS (inn. pit.)	HOME RUNS (men on)	HIGHLIGHTS

New York (A.L.) defeats Los Angeles (N.L.) 4 games to 2

GAME 1 - OCTOBER 10
NY A 000 000 320   5 9 1
LA N 030 310 31x 11 15 2
Figueroa (1.2), Clay (2.1),
  Lindblad (2.1), Tidrow (1.2)
John (7.2), Foster (1.1)

Jackson
Lopes (1 on), Lopes (2 on),
Baker

Lopes hammered two homers for five RBIs while Russell and Baker had three hits each as the Dodgers rapped four Yankee pitchers for 15 hits.

GAME 2 - OCTOBER 11
NY A 002 000 100 3 11 0
LA N 000 103 00x 4 7 0
Hunter (6), Gossage (2)
Hooton (6), Forster (2.1), Welch (0.2), **SV**

Cey (2 on)

Cey drove in all four runs with a single and three-run homer off Hunter. Welch saved Hooton's victory by striking out Jackson in the ninth.

GAME 3 - OCTOBER 13
LA N 001 000 000 1 8 0
NY A 110 000 30x 5 10 1
Sutton (6.1), Rautzhan (0.2), Hough (1)
Guidry (9)

White

Aided by the spectacular fielding of third baseman Nettles, who made four dazzling stops, Guidry went the distance despite allowing 8 hits and 7 walks.

GAME 4 - OCTOBER 14
LA N 000 030 000 0 3 6 1
NY A 000 002 010 1 4 9 0
John (7), Forster (0.1), **Welch** (2.1)
Figueroa (5), Tidrow (3), **Gossage** (2)

Smith (2 on)

Piniella's single off Welch with two out in the tenth enabled the Yankees to square the Series. The hit scored White, who had walked and was singled to second by Reggie Jackson.

GAME 5 - OCTOBER 15
LA N 101 000 000   2 9 3
NY A 004 300 41x 12 18 0
Hooton (2.1), Rautzahn (1.1), Hough (4.1)
Beattie (9)

The Yankees routed three Dodger pitchers with an 18-hit attack that included 3 each by Rivers, Doyle and Dent. Jim Beattie went the route for the first time in his major league career.

GAME 6 - OCTOBER 17
NY A 030 002 200 7 11 0
LA N 101 000 000 2 7 1
Hunter (7), Gossage (2)
Sutton (5.2), Welch (1.1), Rau

Jackson
Lopes

Hunter scattered 6 hits in 7 innings, and Doyle and Dent had 3 hits apiece as the Yankees wrapped up their 22nd world championship. Dent was named the Series MVP.

Team Totals

	W	AB	H	2B	3B	HR	R	RBI	BA	BB	SO	ERA
NY A	4	222	68	8	0	3	36	34	.306	16	40	3.74
LA N	2	199	52	8	0	6	23	22	.261	20	31	5.46

Individual Batting

NEW YORK (A.L.)

	AB	H	2B	3B	HR	R	RBI	BA
L. Piniella, of	25	7	0	0	0	3	4	.280
G. Nettles, 3b	25	4	0	0	0	2	1	.160
T. Munson, c	25	8	3	0	0	5	7	.320
R. White, of	24	8	0	0	1	9	4	.333
B. Dent, ss	24	10	1	0	0	3	7	.417
R. Jackson, dh	23	9	1	0	2	2	8	.391
M. Rivers, of	18	6	0	0	0	2	1	.333
B. Doyle, 2b	16	7	1	0	0	4	2	.438
J. Spencer, 1b	12	2	0	0	0	3	0	.167
C. Chambliss, 1b	11	2	0	0	0	1	0	.182
P. Blair, of	8	3	1	0	0	2	0	.375
F. Stanley, 2b	5	1	1	0	0	0	0	.200
G. Thomasson, of	4	1	0	0	0	0	0	.250
C. Johnson	2	0	0	0	0	0	0	.000
J. Johnstone, of	0	0	0	0	0	0	0	—
M. Heath, c	0	0	0	0	0	0	0	—

Errors: B. Dent (2)
Stolen bases: R. White (2), L. Piniella, T. Munson, M. Rivers

LOS ANGELES (N.L.)

	AB	H	2B	3B	HR	R	RBI	BA
B. Russell, ss	26	11	2	0	0	1	2	.423
D. Lopes, 2b	26	8	0	0	3	7	7	.308
R. Smith, of	25	5	0	0	1	3	5	.200
S. Garvey, 1b	24	5	1	0	0	1	0	.208
D. Baker, of	21	5	0	0	1	2	1	.238
R. Cey, 3b	21	6	0	0	1	2	4	.286
L. Lacy, dh	14	2	0	0	0	0	1	.143
R. Monday, of, dh	13	2	1	0	0	2	0	.154
S. Yeager, c	13	3	1	0	0	2	0	.231
B. North, of	8	1	1	0	0	2	2	.125
J. Ferguson, c	4	2	0	0	0	1	0	.500
V. Davalillo, dh	3	1	0	0	0	0	0	.333
J. Oates, c	1	1	0	0	0	0	0	1.000
J. Grote, c	0	0	0	0	0	0	0	—
M. Mota	0	0	0	0	0	0	0	—

Errors: B. Russell (3), R. Smith, S. Garvey, J. Ferguson, D. Lopes
Stolen bases: D. Lopes (2), B. Russell, S. Garvey, B. North

Individual Pitching

NEW YORK (A.L.)

	W	L	ERA	IP	H	BB	SO	SV
C. Hunter	1	1	4.15	13	13	1	5	0
R. Guidry	1	0	1.00	9	8	7	4	0
J. Beattie	1	0	2.00	9	9	4	8	0
E. Figueroa	0	1	8.10	6.2	9	5	2	0
G. Gossage	1	0	0.00	6	1	1	4	0
D. Tidrow	0	0	1.93	4.2	4	0	5	0
P. Lindblad	0	0	11.57	2.1	4	0	1	0
K. Clay	0	0	11.57	2.1	4	2	2	0

LOS ANGELES (N.L.)

	W	L	ERA	IP	H	BB	SO	SV
T. John	1	0	3.07	14.2	14	4	6	0
D. Sutton	0	2	7.50	12	17	4	8	0
B. Hooton	1	1	6.48	8.1	13	3	6	0
C. Hough	0	0	8.44	5.1	10	2	5	0
T. Forster	0	0	0.00	4	5	1	6	0
B. Welch	0	1	6.23	4.1	4	2	6	1
L. Rautzhan	0	0	13.50	2	4	0	0	0
D. Rau	0	0	0.00	2	1	0	3	0

National League Western Division Playoff 1981

LINE SCORES & PITCHERS (inn. pit.)	HOME RUNS (men on)	HIGHLIGHTS

Los Angeles defeats Houston 3 games to 2

GAME 1 - OCTOBER 6
```
LA  W 000 000 100   1 2 0
HOU W 000 001 002   3 8 0
Valenzuela (8), Stewart (0.2)
Ryan (9)
```
Garvey
Ashby (1 on)

Ashby's 2-run homer in the 9th lifted Ryan and the Astros to a 3-1 win.

GAME 2 - OCTOBER 7
```
LA  W 000 000 000 00   0 9 1
HOU W 000 000 000 01   1 9 0
Reuss (9), S. Howe (1), Stewart (0),
   Forster (0.1), Niedenfuer (0.1)
J. Niekro (8), D. Smith (2)
Sambito (1)
```

Pinch hitter Dennis Walling singled with 2 out and the bases full in the 11th inning to drive in the run that gave the Astros a 1-0 victory and a 2-0 lead in the series.

GAME 3 - OCTOBER 9
```
HOU W 001 000 000   1 3 2
LA  W 300 000 03x   6 10 0
Knepper (5), LaCorte (2), Sambito (0.2),
   B. Smith (0.1)
Hooton (7), S. Howe (1), Welch (1)
```
A. Howe
Garvey (1 on)

A 2-run homer by Garvey capped a 3-run first inning that sent the Dodgers to a 6-1 win. Hooton allowed 3 hits in 7 innings for the victory.

GAME 4 - OCTOBER 10
```
HOU W 000 000 001   1 4 0
LA  W 000 010 10x   2 4 0
Ruhle (8)
Valenzuela (9)
```
Guerrero

A home run by Guerrero and a run-producing single by Russell gave the Dodgers a 2-1 win and tied the series.

GAME 5 - OCTOBER 11
```
HOU W 000 000 000   0 5 3
LA  W 000 003 10x   4 7 2
Ryan (6), D. Smith (0.1), LaCorte (1.2)
Reuss (9)
```

A 3-run outburst in the 6th broke up a scoreless duel between Reuss and Ryan and enabled the Dodgers to win three straight after losing the first two games. Garvey led the attack with a single and triple as the Dodgers won the NL West Division Series.

Team Totals

	W	AB	H	2B	3B	HR	R	RBI	BA	BB	SO	ERA
LA W	3	162	32	6	1	3	13	12	.198	13	13	1.17
HOU	2	162	29	3	0	2	6	6	.179	13	24	2.45

Individual Batting

LOS ANGELES

	AB	H	2B	3B	HR	R	RBI	BA
K. Landreaux, of	20	4	1	0	0	1	1	.200
D. Lopes, 2b	20	4	1	0	0	1	0	.200
S. Garvey, 1b	19	7	0	1	2	4	4	.368
D. Baker, of	18	3	1	0	0	2	1	.167
P. Guerrero, 3b	17	3	1	0	1	1	1	.176
B. Russell, ss	16	4	1	0	0	1	2	.250
R. Monday, of	14	3	0	0	0	1	1	.214
M. Scioscia, c	13	2	0	0	0	0	1	.154
J. Reuss, p	8	0	0	0	0	0	0	.000
S. Yeager, c	5	2	1	0	0	1	0	.400
F. Valenzuela, p	4	0	0	0	0	0	0	.000
B. Hooton, p	3	0	0	0	0	0	0	.000
D. Thomas, of	2	0	0	0	0	1	0	.000
J. Johnstone	1	0	0	0	0	0	0	.000
R. Smith	1	0	0	0	0	0	1	.000
M. Marshall	1	0	0	0	0	0	0	.000
S. Sax, 2b	0	0	0	0	0	0	0	—

Errors: B. Russell (2), P. Guerrero
Stolen bases: P. Guerrero, D. Lopes

HOUSTON

	AB	H	2B	3B	HR	R	RBI	BA
T. Puhl, of	21	4	1	0	0	2	0	.190
J. Cruz, of	20	6	1	0	0	0	0	.300
T. Scott, of	20	3	0	0	0	0	2	.150
P. Garner, 2b	18	2	0	0	0	1	0	.111
A. Howe, 3b	17	4	0	0	1	1	1	.235
C. Cedeno, 1b	13	3	1	0	0	0	0	.231
D. Thon, ss	11	2	0	0	0	0	0	.182
A. Ashby, c	9	1	0	0	1	1	2	.111
D. Walling, 1b, of	6	2	0	0	0	0	1	.333
L. Pujols, c	6	0	0	0	0	0	0	.000
N. Ryan, p	4	1	0	0	0	0	0	.250
K. Garcia, ss	4	0	0	0	0	0	0	.000
C. Reynolds, ss	3	1	0	0	0	1	0	.333
J. Niekro, p	2	0	0	0	0	0	0	.000
G. Woods	2	0	0	0	0	0	0	.000
J. Pittman	2	0	0	0	0	0	0	.000
V. Ruhle, p	1	0	0	0	0	0	0	.000
B. Knepper, p	1	0	0	0	0	0	0	.000
H. Spilman	1	0	0	0	0	0	0	.000
D. Roberts	1	0	0	0	0	0	0	.000

Errors: C. Cedeno, J. Cruz, D. Walling, D. Thon, P. Garner
Stolen bases: C. Cedeno (2), J. Cruz, T. Puhl

Individual Pitching

LOS ANGELES

	W	L	ERA	IP	H	BB	SO	SV
J. Reuss	1	0	0.00	18	10	5	7	0
F. Valenzuela	1	0	1.06	17	10	3	10	0
B. Hooton	1	0	1.29	7	3	3	2	0
S. Howe	0	0	0.00	2	1	0	2	0
B. Welch	0	0	0.00	1	0	1	1	0
T. Forster	0	0	4.04	0.1	0	0	0	0
D. Stewart	0	2	40.50	0.2	4	0	1	0
T. Niedenfuer	0	0	0.00	0.1	1	1	1	0

HOUSTON

	W	L	ERA	IP	H	BB	SO	SV
N. Ryan	1	1	1.80	15	6	3	14	0
J. Niekro	0	0	0.00	8	7	3	4	0
V. Ruhle	0	1	2.25	8	4	2	1	0
B. Knepper	0	1	5.40	5	6	2	4	0
F. LaCorte	0	0	0.00	3.2	2	1	5	0
D. Smith	0	0	3.86	2.1	2	0	4	0
J. Sambito	1	0	16.20	1.2	5	2	2	0
B. Smith	0	0	0.00	0.1	0	0	0	0

National League Championship Series 1981

| LINE SCORES & PITCHERS (inn. pit.) | HOME RUNS (men on) | HIGHLIGHTS |

Los Angeles (West) defeats Montreal (East) 3 games to 2

GAME 1 - OCTOBER 13
MON E 000 000 001 1 9 0
LA W 020 000 03x 5 8 0
Gullickson (7), Reardon (1)
Hooton (7.1), Welch (0.2), Howe (1)

Guerrero (2 on), Scioscia

Cey, activated prior to the start of the series, doubled home the first run and scored another to lead the Dodgers to an opening win over the Expos. Homers by Guerrero and Scioscia ensured victory.

GAME 2 - OCTOBER 14
MON E 020 001 000 3 10 1
LA W 000 000 000 0 5 1
Burris (9)
Valenzuela (6), Niedenfuer (0.1),
  Forster (0.1), Pena (1.1), Castillo (1)

Burris pitched a 5-hitter and Raines rapped 3 hits to enable the Expos to deadlock the series with a 3-0 victory.

GAME 3 - OCTOBER 16
LA W 000 100 000 1 7 0
MON E 000 004 00x 4 7 1
Reuss (7), Pena (1)
Rogers (9)

White (2 on)

A 3-run homer by White highlighted a 4-run outburst in the 6th that carried the Expos to a 4-1 triumph behind Rogers's seven-hit pitching.

GAME 4 - OCTOBER 17
LA W 001 000 024 7 12 1
MON E 000 100 000 1 5 1
Hooton (7.1), Welch (0.2), Howe (1)
Gullickson (7.1), Fryman (1), Sosa (0.1),
  Lee (0.1)

Garvey (1 on)

Garvey's 2-run homer in the 8th broke a 1-1 tie and led the Dodgers to a 7-1 win that evened the series at 2 games apiece.

GAME 5 - OCTOBER 19
LA W 000 010 001 2 6 0
MON E 100 000 000 1 3 1
Valenzuela (8.2), Welch (0.1) SV
Burris (8), **Rogers** (1)

Monday

Monday walloped a 2-out homer in the 9th inning, giving the Dodgers a 2-1 victory over the Expos and the NL pennant. Valenzuela allowed 3 hits but needed help from Welch to get the last out.

Team Totals

		W	AB	H	2B	3B	HR	R	RBI	BA	BB	SO	ERA
LA	W	3	163	38	3	1	4	15	15	.233	12	23	1.84
MON	E	2	158	34	7	0	1	10	8	.215	12	25	2.86

Individual Batting

LOS ANGELES (WEST)

	AB	H	2B	3B	HR	R	RBI	BA
S. Garvey, 1b	21	6	0	0	1	2	2	.286
D. Baker, of	19	6	1	0	0	3	3	.316
P. Guerrero, of	19	2	0	0	1	1	2	.105
R. Cey, 3b	18	5	1	0	0	1	3	.278
D. Lopes, 2b	18	5	0	0	0	0	0	.278
B. Russell, ss	16	5	0	1	0	2	1	.313
M. Scioscia, c	15	2	0	0	1	1	1	.133
K. Landreaux, of	10	1	1	0	0	0	0	.100
R. Monday, of	9	3	0	0	1	2	1	.333
B. Hooton, p	5	0	0	0	0	0	0	.000
F. Valenzuela, p	5	0	0	0	0	0	1	.000
J. Johnstone	2	0	0	0	0	0	0	.000
J. Reuss, p	2	0	0	0	0	0	0	.000
S. Yeager, c	2	1	0	0	0	1	0	.500
R. Smith	1	1	0	0	0	0	1	1.000
D. Thomas, 3b, of	1	1	0	0	0	2	0	1.000
S. Sax, 2b	0	0	0	0	0	0	0	–

Errors: D. Baker, R. Cey
Stolen bases: D. Lopes (5)

MONTREAL (EAST)

	AB	H	2B	3B	HR	R	RBI	BA
T. Raines, of	21	5	2	0	0	1	1	.238
A. Dawson, of	20	3	0	0	0	2	0	.150
L. Parrish, 3b	19	5	2	0	0	2	2	.263
W. Cromartie, 1b	18	3	1	0	0	0	2	.167
R. Scott, 2b	18	3	0	0	0	0	0	.167
G. Carter, c	16	7	1	0	0	3	0	.438
J. White, of	16	5	1	0	1	2	3	.313
C. Speier, ss	16	3	0	0	0	0	0	.188
R. Burris, p	6	0	0	0	0	0	0	.000
B. Gullickson, p	3	0	0	0	0	0	0	.000
S. Rogers, p	2	0	0	0	0	0	0	.000
J. Milner	1	0	0	0	0	0	0	.000
T. Wallach	1	0	0	0	0	0	0	.000
T. Francona, of	1	0	0	0	0	0	0	.000
J. Manuel	0	0	0	0	0	0	0	–

Errors: C. Speier (2), L. Parrish, R. Scott
Stolen bases: J. White, R. Scott

Individual Pitching

LOS ANGELES (WEST)

	W	L	ERA	IP	H	BB	SO	SV
B. Hooton	2	0	0.00	14.2	11	6	7	0
F. Valenzuela	1	1	2.45	14.2	10	5	10	0
J. Reuss	0	1	5.14	7	7	1	2	0
S. Howe	0	0	0.00	2	1	0	2	0
A. Pena	0	0	0.00	2.1	0	0	0	0
B. Castillo	0	0	0.00	1	0	0	1	0
B. Welch	0	0	5.40	1.2	2	0	2	1
T. Forster	0	0	0.00	0.1	0	0	1	0
T. Niedenfuer	0	0	0.00	0.1	2	0	0	0

MONTREAL (EAST)

	W	L	ERA	IP	H	BB	SO	SV
R. Burris	1	0	0.53	17	10	3	4	0
B. Gullickson	0	2	2.51	14.1	12	6	12	0
S. Rogers	1	1	1.80	10	8	1	6	0
W. Fryman	0	0	36.00	1	3	1	1	0
J. Reardon	0	0	27.00	1	3	0	0	0
B. Lee	0	0	0.00	0.1	0	0	0	0
E. Sosa	0	0	0.00	0.1	1	1	0	0

World Series 1981

LINE SCORES & PITCHERS (inn. pit.) — **HOME RUNS (men on)** — **HIGHLIGHTS**

Los Angeles (N.L.) defeats New York (A.L.) 4 games to 2

GAME 1 - OCTOBER 20
```
LA  N  000 010 020   3  5  0
NY  A  301 100 00x   5  6  0
```
Reuss (2.2), Castillo (1), Goltz (0.1),
  Niedenfuer (3), Stewart (1)
Guidry (7), Davis (0), Gossage (2) **SV**

Yeager
Watson (2 on)

Watson homered with two on in the first inning to propel the Yankees to a 5-3 win. Gossage quelled a Dodger rally in the 8th to preserve Guidry's triumph.

GAME 2 - OCTOBER 21
```
LA  N  000 000 000   0  4  2
NY  A  000 010 02x   3  6  1
```
Hooton (6), Forster (1.0), Howe (0.1),
  Stewart (0.2)
John (7), Gossage (2) **SV**

John and Gossage combined to shut out the Dodgers on 4 hits. Watson continued his hot streak with 2 hits and an RBI.

GAME 3 - OCTOBER 23
```
NY  A  022 000 000   4  9  0
LA  N  300 020 00x   5 11  1
```
Righetti (2), **Frazier** (2), May (3),
  Davis (1)
Valenzuela (9)

Watson, Cerone (1 on)
Cey (2 on)

Cey hit a 3-run homer but the winning run crossed the plate on a double play as the Dodgers came from behind to win 5-4. Valenzuela staggered to victory despite giving up 9 hits and 7 walks.

GAME 4 - OCTOBER 24
```
NY  A  211 002 010   7 13  1
LA  N  002 013 20x   8 14  2
```
Reuschel (3), May (1.1), Davis (1),
  Frazier (0.2), John (2)
Welch (0), Goltz (3), Forster (1),
  Niedenfuer (2), **Howe** (3)

Randolph, Jackson
Johnstone (1 on)

A pinch 2-run homer by Johnstone and some shoddy fielding by Yankee outfielders helped the Dodgers score 5 runs in the 7th and 8th innings and overcome a 6-3 deficit. The 8-7 victory tied the Series at 2 games each.

GAME 5 - OCTOBER 25
```
NY  A  010 000 000   1  5  0
LA  N  000 000 20x   2  4  3
```
Guidry (7), Gossage (1)
Reuss (9)

Guerrero, Yeager

Eighth-inning back-to-back homers by Guerrero and Yeager off Guidry provided the Dodgers with a 2-1 win and third straight over the Yankees. Reuss allowed only 5 hits.

GAME 6 - OCTOBER 27
```
LA  N  000 134 010   9 13  1
NY  A  001 001 000   2  7  2
```
Hooton (5.1), Howe (3.1)
John (4), **Frazier** (1), Davis (0.2),
  Reuschel (0.2), May (2), LaRoche (1)

Guerrero
Randolph

Guerrero drove in 5 runs as the Dodgers pounded 6 pitchers for 13 hits to win their 4th straight and capture the World Series, 4 games to 2. Frazier, in relief, was charged with his 3rd loss.

Team Totals

	W	AB	H	2B	3B	HR	R	RBI	BA	BB	SO	ERA
LA N	4	198	51	6	1	6	27	26	.258	20	44	3.29
NY A	2	193	46	8	1	6	22	22	.238	33	24	4.24

Individual Batting

LOS ANGELES (N.L.)

	AB	H	2B	3B	HR	R	RBI	BA
B. Russell, ss	25	6	0	0	0	1	2	.240
D. Baker, of	24	4	0	0	0	3	1	.167
S. Garvey, 1b	24	10	1	0	0	3	0	.417
D. Lopes, 2b	22	5	1	0	0	6	2	.227
P. Guerrero, of	21	7	1	1	2	2	7	.333
R. Cey, 3b	20	7	0	0	1	3	6	.350
S. Yeager, c	14	4	1	0	2	2	4	.286
R. Monday, of	13	3	1	0	0	1	0	.231
D. Thomas, ss, 3b, of	7	0	0	0	0	2	1	.000
K. Landreaux, of	6	1	0	0	0	1	0	.167
B. Hooton, p	4	0	0	0	0	1	0	.000
M. Scioscia, c	4	1	0	0	0	1	0	.250
J. Johnstone	3	2	0	0	1	1	3	.667
J. Reuss, p	3	0	0	0	0	0	0	.000
F. Valenzuela, p	3	0	0	0	0	0	0	.000
R. Smith	2	1	0	0	0	0	0	.500
S. Howe, p	2	0	0	0	0	0	0	.000
S. Sax, 2b	1	0	0	0	0	0	0	.000

Errors: D. Lopes (6), B. Russell, D. Stewart, S. Howe
Stolen bases: D. Lopes (4), B. Russell, K. Landreaux

NEW YORK (A.L.)

	AB	H	2B	3B	HR	R	RBI	BA
B. Watson, 1b	22	7	1	0	2	2	7	.318
D. Winfield, of	22	1	0	0	0	0	1	.045
R. Cerone, c	21	4	1	0	1	2	3	.190
L. Milbourne, ss	20	5	2	0	0	2	3	.250
W. Randolph, 2b	18	4	1	1	2	5	3	.222
L. Piniella, of	16	7	1	0	0	2	3	.438
J. Mumphrey, of	15	3	0	0	0	0	0	.200
R. Jackson, of, dh	12	4	1	0	1	3	1	.333
A. Rodriguez, 3b	12	5	0	0	0	1	0	.417
G. Nettles, 3b	10	4	1	0	0	1	0	.400
O. Gamble, of	6	2	0	0	0	1	1	.333
R. Guidry, p	5	0	0	0	0	0	0	.000
B. Murcer	3	0	0	0	0	0	0	.000
T. John, p	2	0	0	0	0	0	0	.000
G. Frazier, p	2	0	0	0	0	0	0	.000
R. Reuschel, p	2	0	0	0	0	0	0	.000
R. May, p	1	0	0	0	0	0	0	.000
B. Brown, of	1	0	0	0	0	1	0	.000
D. Righetti, p	1	0	0	0	0	0	0	.000
G. Gossage, p	1	0	0	0	0	0	0	.000
B. Foote	1	0	0	0	0	0	0	.000
A. Robertson	0	0	0	0	0	0	0	—

Errors: L. Milbourne (2), R. Jackson, G. Nettles
Stolen bases: L. Piniella, J. Mumphrey, W. Randolph, D. Winfield

Individual Pitching

LOS ANGELES (N.L.)

	W	L	ERA	IP	H	BB	SO	SV
J. Reuss	1	1	3.86	11.2	10	3	8	0
B. Hooton	1	1	1.59	11.1	8	9	3	0
F. Valenzuela	1	0	4.00	9	9	7	6	0
S. Howe	1	0	3.86	7	7	1	4	1
T. Niedenfuer	0	0	0.00	5	3	1	0	0
D. Goltz	0	0	5.40	3.1	4	1	2	0
T. Forster	0	0	0.00	2	1	3	0	0
B. Castillo	0	0	9.00	1	0	5	0	0
D. Stewart	0	0	0.00	1.2	1	2	1	0
B. Welch	0	0	∞	0.0	3	1	0	0

NEW YORK (A.L.)

	W	L	ERA	IP	H	BB	SO	SV
R. Guidry	1	1	1.93	14	8	4	15	0
T. John	1	0	0.69	13	10	1	8	0
R. May	0	0	2.84	6.1	5	1	5	0
G. Gossage	0	0	0.00	5	2	2	3	2
G. Frazier	0	3	17.18	3.2	9	3	2	0
R. Reuschel	0	0	4.91	3.2	7	3	2	0
R. Davis	0	0	23.14	2.1	4	5	4	0
D. Righetti	0	0	13.50	2	5	2	1	0
D. LaRoche	0	0	0.00	1	0	2	0	0

National League Championship Series 1983

Philadelphia (East) defeats Los Angeles (West) 3 games to 1

LINE SCORES & PITCHERS (inn. pit.)	HOME RUNS (men on)	HIGHLIGHTS

GAME 1 - OCTOBER 4
PHI E 100 000 000   1 5 1
LA   W 000 000 000   0 7 0
Carlton (7.2), Holland (1.1) **SV**
Reuss (8), Niedenfuer (1)

Schmidt

Mike Schmidt's first-inning homer accounted for all the scoring, and Al Holland shut down a bases-loaded threat in the eighth to preserve the 1-0 win.

GAME 2 - OCTOBER 5
PHI E 010 000 000   1 7 2
LA   W 100 020 01x   4 6 1
Denny (6), Reed (2)
Valenzuela (8), Niedenfuer (1) **SV**

Matthews

Two Philadelphia errors and a two-run triple by Pedro Guerrero gave the Dodgers the win behind Valenzuela's and Niedenfuer's seven-hitter.

GAME 3 - OCTOBER 7
LA   W 000 200 000   2 4 0
PHI E 021 120 10x   7 9 1
Welch (1.1), Pena (2.2), Honeycutt (0.1),
Beckwith (1.2), Zachry (2)
Hudson (9)

Marshall (1 on)
Matthews

Gary Matthews went three-for-three and drove in four runs as rookie Charlie Hudson went the distance for the Phillies.

GAME 4 - OCTOBER 8
LA   W 000 100 010   2 10 0
PHI E 300 022 00x   7 13 1
Reuss (4), Beckwith (0.2),
Honeycutt (1.1), Zachry (2)
Carlton (6), Reed (1.1),
Holland (1.2)

Baker
Matthews (2 on),
Lezcano (1 on)

Gary Matthews's three-run homer in the first and Sixto Lezcano's three hits led the 13-hit attack that gave Steve Carlton his second victory and Philadelphia the National League pennant.

Team Totals

		W	AB	H	2B	3B	HR	R	RBI	BA	BB	SO	ERA
PHI	E	3	130	34	4	0	5	16	15	.262	15	22	1.03
LA	W	1	129	27	5	1	2	8	7	.209	11	31	3.97

Individual Batting

PHILADELPHIA (EAST)

	AB	H	2B	3B	HR	R	RBI	BA
P. Rose, 1b	16	6	0	0	0	3	0	.375
J. Morgan, 2b	15	1	0	0	0	1	0	.067
M. Schmidt, 3b	15	7	2	0	1	5	2	.467
G. Matthews, of	14	6	0	0	3	4	8	.429
S. Lezcano, of	13	4	0	0	1	2	2	.308
B. Diaz, c	13	2	1	0	0	0	0	.154
I. DeJesus, ss	12	3	0	0	0	0	1	.250
G. Maddox, of	11	3	1	0	0	0	1	.273
S. Carlton, p	5	1	0	0	0	0	0	.200
G. Gross, of	5	0	0	0	0	1	0	.000
C. Hudson, p	4	0	0	0	0	0	0	.000
J. Lefebvre, of	2	0	0	0	0	0	1	.000
V. Hayes, of	2	0	0	0	0	0	0	.000
T. Perez	1	1	0	0	0	0	0	1.000
J. Denny, p	1	0	0	0	0	0	0	.000
O. Virgil	1	0	0	0	0	0	0	.000
B. Dernier, of	0	0	0	0	0	0	0	—
J. Samuel	0	0	0	0	0	0	0	—

Errors: I. DeJesus (2), S. Lezcano, G. Maddox, M. Schmidt
Stolen bases: P. Rose, G. Matthews

LOS ANGELES (WEST)

	AB	H	2B	3B	HR	R	RBI	BA
S. Sax, 2b	16	4	0	0	0	0	0	.250
M. Marshall, 1b, of	15	2	1	0	1	1	2	.133
B. Russell, ss	14	4	0	0	0	1	0	.286
D. Baker, of	14	5	1	0	1	4	1	.357
K. Landreaux, of	14	2	0	0	0	0	1	.143
P. Guerrero, 3b	12	3	1	1	0	1	2	.250
D. Thomas, of	9	4	1	0	0	0	0	.444
G. Brock, 1b	9	0	0	0	0	1	0	.000
J. Fimple, c	7	1	0	0	0	0	1	.143
S. Yeager, c	6	1	1	0	0	0	0	.167
J. Reuss, p	3	0	0	0	0	0	0	.000
F. Valenzuela, p	3	0	0	0	0	0	0	.000
R. Landestoy	2	0	0	0	0	0	0	.000
C. Maldonado	2	0	0	0	0	0	0	.000
J. Morales	2	0	0	0	0	0	0	.000
A. Pena, p	1	1	0	0	0	0	1	1.000
R. Monday	0	0	0	0	0	0	0	—

Errors: B. Russell
Stolen bases: B. Russell, D. Thomas, S. Sax

Individual Pitching

PHILADELPHIA (EAST)

	W	L	ERA	IP	H	BB	SO	SV
S. Carlton	2	0	0.66	13.2	13	5	13	0
C. Hudson	1	0	2.00	9	4	2	9	0
J. Denny	0	1	0.00	6	5	3	3	0
R. Reed	0	0	2.70	3.1	4	1	3	0
A. Holland	0	0	0.00	3	1	0	3	1

LOS ANGELES (WEST)

	W	L	ERA	IP	H	BB	SO	SV
J. Reuss	0	2	4.50	12	14	3	4	0
F. Valenzuela	1	0	1.13	8	7	4	5	0
P. Zachry	0	0	2.25	4	4	2	2	0
J. Beckwith	0	0	0.00	2.1	1	2	3	0
T. Niedenfuer	0	0	0.00	2	0	1	3	1
A. Pena	0	0	6.75	2.2	4	1	3	0
R. Honeycutt	0	0	21.60	1.2	4	0	2	0
B. Welch	0	1	6.75	1.1	0	2	0	0

National League Championship Series 1985

St. Louis (East) defeats Los Angeles (West) 4 games to 2

GAME 1 - OCTOBER 9
```
STL  E  000 000 100    1  8  1
LA   W  000 103 00x    4  8  0
```
Tudor (5.2), Dayley (0.1),
Campbell (1.0), Worrell (1)
Valenzuela (6.1), Niedenfuer (2.2) **SV**

Uncharactistic Cardinal fielding lapses led to all four Dodger runs as Los Angeles chased St. Louis's ace Tudor, winner of twenty of his last twenty-one decisions.

GAME 2 - OCTOBER 10
```
STL  E  001 000 001    2  8  1
LA   W  003 212 00x    8 13  1
```
Andujar (4.1), Horton (1.1),
Campbell (0.1), Dayley (1), Lahti (1)
Hershiser (9)

Brock (1 on)

Every Dodger starter had at least one hit, battering five Cardinal pitchers to take a 2-0 lead in the series.

GAME 3 - OCTOBER 12
```
LA   W  000 100 100    2  7  2
STL  E  220 000 00x    4  8  0
```
Welch (2.2), Honeycutt (1.1),
Diaz (2), Howell (2)
Cox (6.0), Horton (0.2),
Worrell (1.1), Dayley (1) **SV**

Herr

The St. Louis running game revived with the move to Busch Stadium's artificial surface; their first three runs were aided by three stolen bases and two errors on pickoff attempts.

GAME 4 - OCTOBER 13
```
LA   W  000 000 110    2  5  2
STL  E  090 110 01x   12 15  0
```
Reuss (1.2), Honeycutt (0),
Castillo (5.1), Diaz (1)
Tudor (7), Horton (1), Campbell (1)

Madlock

The Cardinals sent fourteen men to the plate in the home second, scoring an LCS-record nine runs on eight singles, two walks, and an error.

GAME 5 - OCTOBER 14
```
LA   W  000 200 000    2  5  2
STL  E  200 000 001    3  5  1
```
Valenzuela (8), **Niedenfuer** (0.1)
Forsch (3.1), Dayley (2.2), Worrell (2)
Lahti (1)

Madlock (1 on)
Smith

Ozzie Smith's one-out homer in the ninth (his first ever from the left side of the plate) was the game-winning blow.

GAME 6 - OCTOBER 16
```
STL  E  001 000 303    7 12  1
LA   W  110 020 010    5  8  0
```
Andujar (6), **Worrell** (2), Dayley (1) **SV**
Hershiser (6.1), **Niedenfuer** (2.2)

Clark (2 on)
Madlock, Marshall

Marshall's eighth-inning home run gave the Dodgers a 5-4 lead. But with two out in the ninth and runners on second and third, the Dodgers chose to pitch to Jack Clark. Clark's towering homer gave the Cardinals the pennant.

Team Totals

		W	AB	H	2B	3B	HR	R	RBI	BA	BB	SO	ERA
STL	E	4	201	56	10	1	3	29	26	.279	30	34	3.46
LA	W	2	197	46	12	1	5	23	23	.234	19	31	3.51

Individual Batting

ST. LOUIS (EAST)

	AB	H	2B	3B	HR	R	RBI	BA
W. McGee, of	26	7	1	0	0	6	3	.269
T. Pendleton, 3b	24	5	1	0	0	2	4	.208
O. Smith, ss	23	10	1	1	1	4	3	.435
J. Clark, 1b	21	8	0	0	1	4	4	.381
T. Herr, 2b	21	7	4	0	1	2	6	.333
D. Porter, c	15	4	1	0	0	1	0	.267
T. Landrum, of	14	6	0	0	0	2	4	.429
V. Coleman, of	14	4	0	0	0	2	1	.286
C. Cedeno, of	12	2	1	0	0	2	0	.167
A. Van Slyke, of	11	1	0	0	0	1	1	.091
J. Andujar, p	4	1	1	0	0	1	0	.250
J. Tudor, p	4	0	0	0	0	1	0	.000
T. Nieto, c	3	0	0	0	0	0	0	.000
M. Jorgensen	2	0	0	0	0	0	0	.000
S. Braun	2	0	0	0	0	0	0	.000
K. Dayley, p	2	1	0	0	0	0	0	.500
D. Cox, p	2	0	0	0	0	0	0	.000
B. Harper	1	0	0	0	0	0	0	.000

Errors: J. Andujar (2), D. Porter, T. Pendleton
Stolen bases: W. McGee (3), O. Smith, T. Herr, T. Landrum, V. Coleman

LOS ANGELES (WEST)

	AB	H	2B	3B	HR	R	RBI	BA
B. Madlock, 3b	24	8	1	0	3	5	7	.333
M. Marshall, of	23	5	2	0	1	1	3	.217
P. Guerrero, of	20	5	1	0	0	2	4	.250
S. Sax, 2b	20	6	3	0	0	1	1	.300
K. Landreaux, of	18	7	3	0	0	4	2	.389
M. Duncan, ss	18	4	2	1	0	2	1	.222
M. Scioscia, c	16	4	0	0	0	2	1	.250
E. Cabell, 1b	13	1	0	0	0	1	0	.077
G. Brock, 1b	12	1	0	0	1	2	2	.083
C. Maldonado, of	7	1	0	0	0	0	1	.143
O. Hershiser, p	7	2	0	0	0	1	1	.286
F. Valenzuela, p	5	1	0	0	0	0	0	.200
D. Anderson, ss, 3b	5	0	0	0	0	1	0	.000
B. Castillo, p	2	0	0	0	0	0	0	.000
S. Yeager, c	2	0	0	0	0	0	0	.000
J. Johnstone	1	0	0	0	0	0	0	.000
B. Bailor, 3b	1	0	0	0	0	1	0	.000
B. Welch, p	1	0	0	0	0	0	0	.000
L. Matuszek, of, 1b	1	1	0	0	0	1	0	1.000
T. Niedenfuer, p	1	0	0	0	0	0	0	.000
T. Whitfield	0	0	0	0	0	0	0	—

Errors: J. Reuss, B. Welch, M. Scioscia, F. Valenzuela, C. Maldonado, M. Duncan
Stolen bases: P. Guerrero (2), M. Duncan, B. Madlock

Individual Pitching

ST. LOUIS (EAST)

	W	L	ERA	IP	H	BB	SO	SV
J. Tudor	1	1	2.84	12.2	10	3	8	0
J. Andujar	0	1	6.97	10.1	14	4	9	0
K. Dayley	0	0	0.00	6	2	1	3	2
D. Cox	1	0	3.00	6	4	5	4	0
T. Worrell	1	0	1.42	6.1	4	2	3	0
B. Forsch	0	0	5.40	3.1	3	2	0	0
R. Horton	0	0	9.00	3	4	2	1	0
J. Lahti	1	0	0.00	2	2	0	1	0
B. Campbell	0	0	0.00	2.1	3	0	2	0

LOS ANGELES (WEST)

	W	L	ERA	IP	H	BB	SO	SV
O. Hershiser	1	0	3.52	15.1	17	6	5	0
F. Valenzuela	1	0	1.88	14.1	11	10	13	0
B. Castillo	0	0	3.38	5.1	4	2	4	0
T. Niedenfuer	0	2	6.35	5.2	5	2	5	1
C. Diaz	0	0	3.00	3	5	1	2	0
B. Welch	0	1	6.75	2.2	5	6	2	0
K. Howell	0	0	0.00	2	0	2	0	0
J. Reuss	0	1	10.80	1.2	5	1	0	0
R. Honeycutt	0	0	13.50	1.1	4	2	1	0

Macmillan Brings You the Best in Baseball Books

The Baseball Encyclopedia, edited by Joseph L. Reichler
　The complete and official record of major league baseball—every player, every record, every statistic in the history of the game. Now in its sixth edition. "I cannot imagine life without it."—Jonathan Yardley, *The Washington Post Book World*

The 1986 Baseball Encyclopedia Update
　Keep your *Encyclopedia* current with the *1986 Update*. Complete career listings for everyone who played at least one game in the 1985 season, standings and leaders for the '85 season, and World Series and League Championship Series highlights.

The 1986 Elias Baseball Analyst, by Seymour Siwoff, Steve Hirdt, and Peter Hirdt
　The most complete, detailed analysis of player performance ever, from the secret files of the Elias Sports Bureau. Complete batting and pitching performance at home and on the road, vs. lefties and righties, with men on base and bases empty, even with runners in scoring position in the late innings of close ball games! "The best book of baseball statistics ever created. By a multiple of about 10."—Thomas Boswell, *The Washington Post*

Baseball America, by Donald Honig
　Donald Honig, our leading baseball historian, portrays the lives of the game's greatest stars: how they were shaped by their times, and how their lives and legends reflect the changes in our society over the past hundred years. *"Baseball America* is part history, part biography, part drama, and a complete pleasure."—Ira Berkow, sports columnist, *The New York Times*

Weaver on Strategy, by Earl Weaver with Terry Pluto
　A guide for armchair managers, by baseball's master tactician. "Once in a lifetime, a genuine, 24-karat genius comes along, and we ought to listen. *Weaver on Strategy* is gold, burnished by the master."—Tony Kubek

A Baseball Winter: The Off-Season Life of the Summer Game,
　　edited by Terry Pluto and Jeffrey Neuman
　An in-depth look at the events of a baseball off-season, from the last out of the World Series to the first pitch of opening day. A unique, involving, fresh, and innovative look at the overlooked end of the year-round business of baseball. "The inside information here gives the best look I've ever seen at how a baseball team really operates."—Brooks Robinson

Voices from Cooperstown, by Anthony J. Connor
　The thoughts and reminiscences of sixty-five Hall of Famers, skillfully blended to create a touching portrait of a life in the game. "Through the recollections of these old-time craftsmen, who happen to have played baseball and played it with love, we have a lively informal history of an epoch that will never come again."—Studs Terkel

The World Series, by Richard M. Cohen, David S. Neft, and Jordan A. Deutsch
　Complete play-by-play of every World Series game ever, from the first Series in 1903 through the Royals' come-from-behind triumph in 1985.
(Available in August)